Enzyklopädie der Psychologie

# ENZYKLOPÄDIE DER PSYCHOLOGIE

In Verbindung mit der
Deutschen Gesellschaft für Psychologie

herausgegeben von
Prof. Dr. Carl F. Graumann, Heidelberg
Prof. Dr. Martin Irle, Mannheim
Prof. Dr. Julius Kuhl, Osnabrück
Prof. Dr. Wolfgang Prinz, Bielefeld
Prof. Dr. Dr. h. c. Hans Thomae, Bonn
Prof. Dr. Franz E. Weinert, München

Themenbereich D
Praxisgebiete

Serie III
Wirtschafts-, Organisations- und Arbeitspsychologie

Band 2
Ingenieurpsychologie

Verlag für Psychologie · Dr. C. J. Hogrefe
Göttingen · Toronto · Zürich

# Ingenieurpsychologie

Herausgegeben von

Prof. Dr. Carl Graf Hoyos, München

und

Prof. Dr. Bernhard Zimolong, Bochum

Verlag für Psychologie · Dr. C. J. Hogrefe
Göttingen · Toronto · Zürich

© by Verlag für Psychologie · Dr. C. J. Hogrefe, Göttingen 1990

Das Werk einschließlich aller seiner Teile ist urheberrechtlich geschützt. Jede Verwertung außerhalb der engen Grenzen des Urheberrechtsgesetzes ist ohne Zustimmung des Verlages unzulässig und strafbar. Das gilt insbesondere für Vervielfältigungen, Übersetzungen, Mikroverfilmungen und die Einspeicherung und Verarbeitung in elektronischen Systemen.

Satz: Druckvorlagen Bernert GmbH, Göttingen,
Druck und Bindung: Hubert & Co., Göttingen
Printed in Germany.
ISBN 3 8017 0519-6

# Autorenverzeichnis

*Prof. Dr. Helmut von Benda*
Institut für Psychologie
der Universität Erlangen-Nürnberg
Bismarckstraße 1
8520 Erlangen

*Prof. Dr. Heiner Bubb*
Katholische Universität Eichstätt
Fachgebiet Psychologie
Ostenstraße 26
8078 Eichstätt

*Prof. Dr. Walter Bungard*
Lehrstuhl Psychologie I
der Universität Mannheim
Schloß, Ehrenhof Ost
6800 Mannheim 1

*Dr. Ingrid Colin*
Institut für Psychologie
der J. W. Goethe-Universität
Mertonstraße 17
6000 Frankfurt

*Prof. Dr. Ekkehart Frieling*
Universität Gesamthochschule Kassel
Fachbereich Arbeitswissenschaft
Heinrich-Plett-Straße 40
3500 Kassel

*Dipl.-Psych. Ilka Hilbig*
Universität Gesamthochschule Kassel
Fachbereich Arbeitswissenschaft
Heinrich-Plett-Straße 40
3500 Kassel

*Dr. Erik Hollnagel*
Computer Resources Intern. A/S
Versterbrogade 1 A
DK-1620 Kopenhagen

*Prof. Dr. Carl Graf Hoyos*
Lehrstuhl für Psychologie
der Technischen Universität München
Lothstraße 17
8000 München 2

*Prof. Dr.-Ing. Gunnar Johannsen*
Gesamthochschule Universität Kassel
Fachbereich Maschinenbau
Möncheberstraße 7
3500 Kassel

*Dr. Werner Kannheiser*
Institut für Psychologie München
Leopoldstraße 15
8000 München 40

*Prof. Dr. Rainer H. Kluwe*
Universität der Bundeswehr Hamburg
Fachbereich Pädagogik
Holstenhofweg 85
2000 Hamburg 70

*Dr. Karl-Friedrich Kraiss*
Forschungsinstitut für
Anthropotechnik der Forschungs-
gesellschaft für Angewandte
Naturwissenschaften e. V. (FGAN)
Neuenahrerstraße 20
5307 Wachtberg-Werthhoven

Dr. Klaus Peter Muthig
Psychologisches Institut
der Universität Tübingen
Friedrichstraße 21
7400 Tübingen

Dr. Heinzpeter Rühmann
Institut für Konstruktions-, Produktions- und Arbeitswissenschaften der
Technischen Universität München
Barbarastraße 16
8000 München 40

Prof. Dr. Heinz Schmidtke
Institut für Konstruktions-, Produktions- und Arbeitswissenschaften der
Technischen Universität München
Barbarastraße 16
8000 München 40

Dr. Jürgen Schultz-Gambard
Lehrstuhl Psychologie I
der Universität Mannheim
Schloß, Ehrenhof Ost
6800 Mannheim 1

PD Dr. Karlheinz Sonntag
Universität Gesamthochschule Kassel
Heinrich-Plett-Straße 40
3500 Kassel

Dr. Dr. Norbert A. Streitz
Institut für Integrierte Publikations- und Informationssysteme (F4)
der Gesellschaft für Mathematik
und Datenverarbeitung
Dolivostraße 15
6100 Darmstadt

Prof. Dr. Klaus-Peter Timpe
Sektion Psychologie
der Humboldt-Universität zu Berlin
Oranienburger Straße 18
DDR-1020 Berlin

Prof. Dr. Eberhard Ulich
Lehrstuhl für Arbeits- und
Organisationspsychologie
der Eidgenössischen
Technischen Hochschule Zürich
Nelkenstraße 11
CH-8092 Zürich

Dr. Heino Widdel
Forschungsinstitut für
Anthropotechnik der Forschungsgesellschaft für Angewandte
Naturwissenschaften e. V. (FGAN)
Neuenahrer Straße 20
5307 Wachtberg-Werthhoven

Prof. Dr. Alf Zimmer
Institut für Psychologie
Universität Regensburg
Universitätsstraße 31
Gebäude PT
8400 Regensburg

Prof. Dr. Bernhard Zimolong
Fakultät für Psychologie
der Ruhr-Universität Bochum
Arbeitseinheit Arbeits- und
Organisationspsychologie
Postfach 10 21 48
4630 Bochum

# Vorwort

In der Bundesrepublik Deutschland gibt es keine etablierte Ingenieurpsychologie. Zwar findet man in der arbeitswissenschaftlichen und ergonomischen Literatur Beiträge, die man der Ingenieurpsychologie zurechnen könnte; eine eigenständige Disziplin ist daraus nicht entstanden. Verlag und Herausgeber der Enzyklopädie der Psychologie haben daher eine denkwürdige und in gewisser Weise auch riskante Entscheidung getroffen, als sie für den Themenbereich D III Wirtschafts-, Organisations- und Arbeitspsychologie einen Band *Ingenieurpsychologie* planten. Ohne wesentliche Vorgaben überließen sie es den Herausgebern dieses Bandes, auf das Signal zu reagieren, das sie mit ihrer Planung gegeben hatten.

Das „Signal" kann man zuallererst so verstehen: die Psychologie soll in einer von der Technik geprägten Gesellschaft Flagge zeigen, d. h. ihre Fähigkeit und Bereitschaft zu erkennen geben, zur Lösung einschlägiger Probleme beizutragen, ja sogar mitzuhelfen, diese Gesellschaft und den Umgang mit der Technik humaner zu gestalten. Diese Aufgabe hat die Psychologie nicht erst jetzt erkannt, aber wohl doch noch nicht mit dem Profil versehen, das der Sache zukommt.

Das Signal sollte wohl auch so verstanden werden: Die Psychologie muß auf die Ingenieure zugehen und mit ihnen ins Gespräch kommen, wenn sie einen Anspruch auf Mitwirkung erheben will. Ein Band innerhalb eines umfassenden psychologischen Werkes kann sicher keinen Durchbruch auf dieses Ziel hin erreichen, wohl aber den Weg bereiten. Dazu erschien den Herausgebern keine Methode besser geeignet, als Ingenieure als Autoren zu gewinnen.

Eine Ingenieurpsychologie etablieren, heißt aber auch — und das scheint eine dritte Bedeutung des „Signals" zu sein: Die Psychologie muß sich — neben den so geliebten Aufgaben einer *Evaluationswissenschaft* — verstärkt, in gewisser Weise überhaupt, erstmalig als *Gestaltungswissenschaft* profilieren.
Auf diese Aspekte wollen die Autoren in der Einführung hinweisen, durch einige historische Reminiszenzen sowie Aufweis wichtiger Aufgaben der Ingenieurpsychologie (C. Graf Hoyos), durch eine Betrachtung der Mensch-Maschine-Systeme (E. Hollnagel) und durch einen Überblick über einschlägige Methoden (W. Kannheiser).

Ingenieurpsychologie ist eine angewandte Disziplin — von den Fachvertretern stets so verstanden — auf der Basis der Allgemeinen und Experimentellen Psychologie. Ergebnisse aus diesen Grundlagendisziplinen müssen deshalb im Überblick und im Hinblick auf ingenieurpsychologischen Zielsetzungen in diesem Band dargestellt werden. Den Autoren (K. Muthig, R. Kluwe, A. Zimmer) war damit eine schwierige, fast unerfüllbare Aufgabe gestellt.

Im Zentrum ingenieurpsychologischer Bemühungen steht zweifellos die Gestaltung der Stellen, an denen Mensch und Maschinen im weitesten Sinne aufeinandertreffen, kurz der Mensch-Maschine-Schnittstellen. Sie werden aus der Sicht der Maschine als Informationsgeber (K.-P. Timpe) und aus der Sicht des Menschen als Informationsgeber (H. Rühmann und H. Schmidtke) behandelt. Der sehr aktuellen und in vieler Hinsicht von den traditionellen Schnittstellenbetrachtungen abweichenden Mensch-Computer-Interaktion wird ein eigenes Kapitel gewidmet (N. Streitz).

Nicht erst jüngste Katastrophen und Störfälle haben den Blick auf die Frage gerichtet, wie zuverlässig technische Systeme sind, in denen Menschen Teilsysteme sind. Wie kaum in einem anderen Themenbereich der Ingenieurpsychologie treffen hier ingenieurwissenschaftliche und psychologische Ansätze aufeinander; wie in kaum einem anderen Bereich sind die Konsequenzen so evident, die mit Gestaltungs- und Vollzugsmängeln verbunden sind. So war eine breite Behandlung in drei Kapiteln angezeigt (H. Bubb, B. Zimolong, I. Colin).

Im Rahmen einer angewandten Disziplin von Anwendungen zu sprechen, erscheint tautologisch. Wenn wir dennoch einen Abschnitt mit „Anwendungen" überschrieben haben, so wollten wir folgenden Akzent setzen: Wo sind die Felder mit aktuellen ingenieurpsychologischen Fragestellungen? Fünf solcher Felder werden beschrieben: Informationstechniken in der Konstruktion (E. Frieling und I. Hilbig), Prozeßsteuerung (H. Widdel), Fahrzeugführung (G. Johannsen), Entscheidungshilfen (K.-F. Kraiss) und Bürokommunikation (H. v. Benda). Sie sind sicher repräsentativ, aber zweifellos nicht erschöpfend. Auch in einem umfänglichen Band muß das Prinzip des Exemplarischen herrschen!

Gestaltungswissen ist nicht allein auf die technische Realisierung von Systemzielen bezogen. Sie betrifft auch, und das hat die Ingenieurpsychologie stets gesehen, den Menschen selbst und seinen Arbeitsvollzug. Ein Kapitel ist daher der Qualifikation von Personal gewidmet (K. Sonntag), ein weiteres der Gestaltung von Arbeit in inhaltlicher und organisatorischer Hinsicht (E. Ulich).

Schließlich hatten die Herausgeber den Ehrgeiz, ihr Feld auszuweiten und damit Ansprüche auf erweiterte Mitsprache in der Technikdiskussion zu erheben, und baten W. Bungard und J. Schultz-Gambard um einen Beitrag zur Technikbewertung aus psychologischer Sicht. Für ein sich erst etablierendes Gebiet mögen Zukunftsaussichten besonders wichtig sein. H. Schmidtke versucht, solche Perspektiven aufzuzeigen.

In der Serie „Wirtschafts-, Organisations- und Arbeitspsychologie" erscheinen die Bände „Arbeitspsychologie", „Ingenieurpsychologie" und „Organisationspsychologie". Auch wenn die Ingenieurpsychologie, wie oben schon zu zeigen versucht wurde und die Beiträge dieses Bandes in vielfältiger Weise dokumentieren, ein eigenes Erkenntnis- und Handlungsfeld repräsentiert, mag doch die getroffene Einteilung willkürlich erscheinen. Besonders zur Arbeitspsychologie hin gibt es vielerlei Überschneidungen. Die Herausgeber sind hier pragmatisch verfahren, indem sie Themen wegließen, die schon in der „Arbeitspsychologie" behandelt wurden. Das gilt z. B. für ein typisches ergonomisch-ingenieurpsychologisches Gebiet wie der „Einfluß von Umgebungsfaktoren", in gewisser Weise auch für „Belastung und Beanspruchung". Andererseits haben die Herausgeber der Arbeitspsychologie keine speziellen Problemfelder behandeln lassen, wie dies in diesem Band der Fall ist. Hier wird man z. T. Ausführungen finden, die auch in die „Arbeitspsychologie" gepaßt hätten.

Wir möchten an dieser Stelle allen herzlichen Dank sagen, die ihren Beitrag für das Gelingen des Bandes geleistet haben. An erster Stelle stehen die Autoren, die ihren Beitrag so anwendungsorientiert zu schreiben hatten, daß auch der Berufspraktiker daraus einen Gewinn schöpfen kann. Andererseits mußten aber auch Entwicklungen in der Theoriebildung verfolgt werden, um einem Eklektizismus vorzubeugen. Wir haben diese Gefahr durch einen für den einzelnen Autor arbeitsintensiven Reviewprozeß zu mindern gesucht. Wie das Studium der Beiträge zeigen wird, ist uns dies nicht immer voll gelungen (wobei sich auch die Herausgeber nicht ausschließen wollen).

Weiter sei besonders Frau Dr. Elke gedankt, die uns im Reviewprozeß und in der Organisation hilfreich unterstützt hat. Nicht zuletzt möchten wir die fruchtbare Zusammenarbeit der beiden Herausgeber nennen, die trotz großer räumlicher Distanz zu einer Annäherung ihrer Standpunkte über Inhalte und Methoden einer Ingenieurpsychologie führte.

München/Bochum, im Juli 1989

Carl Graf Hoyos　　　　　　　　　　　　　Bernhard Zimolong

# Inhaltsverzeichnis

I Einführung

## 1. Kapitel: Menschliches Handeln in technischen Systemen
Von Carl Graf Hoyos

| | |
|---|---|
| 1 Einleitung | 1 |
| 2 Ingenieurpsychologische Themen und Aufgaben | 5 |
| 3 Ingenieurpsychologie und „technischer Wandel" | 7 |
| 3.1 Technischer Einsatz und technischer Determinismus | 7 |
| 3.2 Die Rolle des Menschen in technischen Systemen | 9 |
| 3.4 Aufgabenverteilung zwischen Mensch und Maschine | 13 |
| 3.5 Die Mensch-Maschine-Schnittstelle | 18 |
| 4 Nutzen und Folgen | 24 |
| Literatur | 25 |

## 2. Kapitel: Die Komplexität von Mensch-Maschine-Systemen
Von Erik Hollnagel

| | |
|---|---|
| 1 Einführung | 31 |
| 2 Die Entwicklung von Mensch-Maschine-Systemen (MMS) | 33 |
| 2.1 Stufe I: Manuelle Steuerung | 34 |
| 2.2 Stufe II: Überwachungstätigkeit | 34 |
| 2.3 Stufe III: Kognitive Steuerung | 36 |
| 2.4 Die Rolle des Operateurs in gegenwärtigen Systemen | 37 |
| 2.5 Effekte der Automatisierung | 38 |
| 3 Beschreibung und Modellierung von Systemen | 39 |
| 3.1 Denken über Modelle | 40 |
| 3.2 Kognitive Modelle | 41 |
| 3.3 Bausteine und Komponenten anno 1974 | 42 |
| 3.4 Bausteine und Komponenten anno 1984 | 43 |
| 4 Analyse kognitiver Aufgaben | 44 |
| 4.1 Kognitive Anforderungen | 45 |
| 4.2 Oberflächliches und tiefgründiges Denken und Wissen | 46 |
| 4.3 Der kognitive Gebrauch von Information | 47 |
| 4.4 Pragmatisches Urteilen | 48 |
| 4.5 Informationsdarbietung und Systemkomplexität | 49 |

| | | |
|---|---|---|
| 4.6 | Determinanten der Transparenz | 50 |
| 4.7 | Transparenz und kognitive Anforderungen | 50 |
| 5 | Schlußfolgerungen | 51 |
| | Literatur | 53 |

# 3. Kapitel: Methoden der Ingenieurpsychologie
## Von Werner Kannheiser

| | | |
|---|---|---|
| 1 | Bedeutung ingenieurwissenschaftlicher Methoden | 55 |
| 2 | Überblick über ingenieurpsychologische Methoden | 57 |
| 3 | Methoden der Systemplanung | 60 |
| | 3.1 Situations- und Systemzielanalyse | 61 |
| | 3.2 Funktionsanalyse | 62 |
| | 3.3 Funktionszuweisung | 63 |
| |     3.3.1 Bestimmung von Alternativen der Arbeitsteilung | 65 |
| |     3.3.2 Alternativenvergleich und -bewertung | 66 |
| 4 | Methoden der vorläufigen Designphase | 68 |
| | 4.1 Festlegung der Aufgaben und der Qualifikationsanforderungen | 69 |
| | 4.2 Konkretisierung der Gestaltungslösung | 70 |
| |     4.2.1 Standardisierte Zeit- und Bewegungsstudien | 70 |
| |     4.2.2 Funktionsflußdiagramme | 71 |
| |     4.2.3 Entscheidungs-/Handlungsdiagramme | 71 |
| |     4.2.4 Zeitverlaufsstudien | 71 |
| |     4.2.5 Operationale Sequenzdiagramme | 72 |
| |     4.2.6 Verknüpfungsanalyse | 74 |
| 5 | Methoden des Detaildesign | 75 |
| | 5.1 Belastungs-/Beanspruchungsvorhersage und -messung | 75 |
| |     5.1.1 Primär- und Sekundäraufgabenmaße | 77 |
| |     5.1.2 Subjektive Einschätzungen | 78 |
| |     5.1.3 Physiologische Meßverfahren | 78 |
| | 5.2 Zuverlässigkeitsanalysen | 79 |
| |     5.2.1 Quantitative Ansätze | 79 |
| |     5.2.2 Qualitative Modelle | 80 |
| |     5.2.3 Einsatz objektiver Skalierungstechniken | 82 |
| 6 | Test- und Bewertungsverfahren | 83 |
| | 6.1 Bewertung der Mensch-Maschine-Schnittstellen | 83 |
| | 6.2 Ingenieurpsychologische Bewertung des Gesamtsystems | 85 |
| | 6.3 Bewertung der Systemeffizienz | 85 |
| 7 | Abschließende Bemerkungen | 85 |
| | Literatur | 86 |

## II Grundlagen

### 4. Kapitel: Informationsaufnahme und Informationsverarbeitung
Von Klaus-Peter Muthig

| | | |
|---|---|---:|
| 1 | Inhaltliche Abgrenzung und Zielsetzung | 92 |
| 2 | Der Mensch als Informationsverarbeitendes System | 94 |
| 3 | Ein Rahmenmodell menschlicher Informationsaufnahme und Informationsverarbeitung | 95 |
| 4 | Ausgewählte Aspekte menschlicher Informationsaufnahme und Informationsverarbeitung in den Funktionsbereichen „Wahrnehmung", „Aufmerksamkeit" und „Gedächtnis" | 99 |
| | 4.1 Sensorische Informationsaufnahme und Funktion der Wahrnehmungssysteme | 99 |
| | 4.2 Wahrnehmen | 107 |
| | 4.3 Aufmerksamkeit und Kapazität des sequentiellen Prozessors | 109 |
| | 4.4 Gedächtnis | 111 |
| 5 | Schlußbemerkungen | 113 |
| | Literatur | 114 |

### 5. Kapitel: Problemlösen, Entscheiden und Denkfehler
Von Rainer H. Kluwe

| | | |
|---|---|---:|
| 1 | Einleitung | 121 |
| 2 | Merkmale von Problemsituationen | 122 |
| 3 | Kognitionspsychologische Modellvorstellungen | 124 |
| | 3.1 Die interne Repräsentation | 124 |
| | 3.2 Mentale Modelle | 125 |
| | 3.3 Lösungssuche und Entscheidungen | 128 |
| | 4 Unzulänglichkeiten des Denkens | 132 |
| 5 | Die Unterstützung des Denkens | 139 |
| 6 | Schluß | 142 |
| | Literatur | 143 |

### 6. Kapitel: Der Erwerb komplexer motorischer Fertigkeiten
Von Alf C. Zimmer

| | | |
|---|---|---:|
| 1 | Die Rolle der Motorik in ingenieurpsychologischen Fragestellungen | 148 |
| 2 | Geschichtlicher Abriß der Motorikforschung und Zielsetzung des Artikels | 151 |
| 3 | Motorische Fertigkeiten | 153 |
| 4 | Vergleich von Theorieansätzen zum Erwerb motorischer Fertigkeiten | 155 |

| 5 | Paradigmatische experimentelle Untersuchungen zur Kontrolle von komplexem motorischen Verhalten | 160 |
|---|---|---|
| 6 | Konsequenzen des integrierten Schemamodells der motorischen Steuerung für die Gestaltung von Training und Unterweisung | 166 |
| 7 | Die Untersuchung von Handlungsfehlern bei motorischen Fertigkeiten | 169 |
| 8 | Schlußbemerkung | 173 |
| | Literatur | 174 |

## III Schnittstellen zwischen Mensch und Maschine

## 7. Kapitel: Informationsdarstellungen in Mensch-Maschine-Systemen
### Von Klaus-Peter Timpe

| 1 | Psychologische Kriterien für die Entwicklung der Informationsdarstellung | 178 |
|---|---|---|
| 2 | Theoretische Grundlagen der Informationsdarstellung | 180 |
| | 2.1 Zur Informationszirkulation im Mensch-Maschine-System | 180 |
| | 2.2 Informationsaufnahme | 182 |
| | 2.3 Informationsverarbeitung | 183 |
| | 2.4 Informationsausgabe | 185 |
| 3 | Analoge Meßwertanzeige | 186 |
| 4 | Diskrete Informationsdarbietung | 188 |
| 5 | Simultane Informationsdarbietung | 190 |
| 6 | Akustische Informationsdarbietung | 192 |
| | 6.1 Informationsdarbietung mittels technischer Signalgeber | 192 |
| | 6.2 Sprachliche Kommunikation | 193 |
| 7 | Informationsdarbietung auf Bildschirmen | 193 |
| | 7.1 Rahmenbedingungen | 193 |
| | 7.2 Psychologisch relevante Eigenschaften der Bildschirmdarstellung | 194 |
| | 7.3 Gestaltungsrichtlinien | 195 |
| | 7.4 Bildschirmtechnik und Prozeßführung | 196 |
| | 7.5 Bedieneinheiten bei der Bildschirmtechnik | 198 |
| 8 | Ausblick | 198 |
| | Literatur | 199 |

## 8. Kapitel: Gestaltung der Schnittstelle Mensch — Maschine
### Von Heinzpeter Rühmann und Heinz Schmidtke

| 1 | Einführung | 204 |
|---|---|---|
| 2 | Einteilung von Stellteilen | 205 |
| | 2.1 Bedienung | 205 |
| | 2.2 Bewegungsart | 206 |

|     |                                                                         |     |
| --- | ----------------------------------------------------------------------- | --- |
|     | 2.3 Wirkungsweise                                                       | 206 |
|     | 2.4 Dimensionalität                                                     | 207 |
|     | 2.5 Integration                                                         | 207 |
|     | 2.6 Eignungsmerkmale                                                    | 207 |
| 3   | Anthropometrische und biomechanische Aspekte der Stellteilgestaltung    | 210 |
|     | 3.1 Abmessungen                                                         | 210 |
|     | 3.2 Stellwege und Stellwinkel                                           | 210 |
|     | 3.3 Montageabstände                                                     | 211 |
|     | 3.4 Betätigungswiderstände                                              | 211 |
|     | 3.5 Materialauswahl und Oberflächengestaltung                           | 215 |
| 4   | Informatorische Aspekte der Stellteilgestaltung                         | 217 |
|     | 4.1 Kompatibilität                                                      | 218 |
|     | 4.2 Gruppierung                                                         | 220 |
|     | 4.3 Kodierung                                                           | 223 |
| 5   | Regelungstechnische Aspekte der Stellteilgestaltung                     | 224 |
|     | 5.1 Maschinendynamik                                                    | 224 |
|     | 5.2 Stellteildynamik                                                    | 226 |
|     |     5.2.1 Reibung                                   | 227 |
|     |     5.2.2 Mechanisches Spiel                        | 227 |
|     |     5.2.3 Massenträgheit                            | 227 |
|     |     5.2.4 Viskose Dämpfung                          | 228 |
|     |     5.2.5 Federkraft                                | 228 |
| 6   | Anordnung von Stellteilen im technischen System                         | 229 |
|     | 6.1 Anordnung im Seh- und Greifraum                                     | 229 |
|     | 6.2 Informationsmittel in Warten und Leitständen                        | 234 |
| 7   | Ausblick                                                                | 236 |
| Literatur |                                                                   | 237 |

## 9. Kapitel: Psychologische Aspekte der Mensch-Computer-Interaktion
## Von Norbert A. Streitz

|     |                                                              |     |
| --- | ------------------------------------------------------------ | --- |
| 1   | Mensch-Maschine-Interaktion im Wandel                        | 240 |
|     | 1.1 Ausgangslage                                             | 240 |
|     | 1.2 Fragestellungen der MCI-Forschung                        | 242 |
|     | 1.3 Rechnerentwicklung und MCI-Forschung                     | 244 |
|     | 1.4 Mensch-Computer-Interaktion als interaktives Problemlösen | 245 |
|     | 1.5 Beteiligte Disziplinen und Forschungsstrategien          | 248 |
| 2   | Determinanten der Mensch-Computer-Interaktion                | 253 |
|     | 2.1 Kompatibilität und Handlungsspielraum                    | 253 |
|     | 2.2 Eine Klassifikation interaktiver Systeme                 | 254 |
|     | 2.3 Funktionsaufteilung zwischen Mensch und Computer         | 256 |
| 3   | Das Beschreibungsproblem: Mentale Modelle und Metaphern      | 257 |
|     | 3.1 Kognitive Kompatibilität                                 | 258 |
|     | 3.2 Empirische Untersuchungen und Beispiele                  | 261 |
|     | 3.3 Der Konflikt zwischen Metaphern und Funktionalität       | 264 |

4 Interaktions- und Dialogformen ............................................................. 265
　4.1 Interaktionssprachen ..................................................................... 266
　4.2 Menüauswahl ............................................................................... 268
　4.3 Direkte Manipulation ................................................................... 273
　4.4 Interaktionsformen im Vergleich .................................................. 275

5 Schlußbemerkungen ............................................................................. 278

Literatur .................................................................................................. 279

# IV Zuverlässigkeit in technischen Systemen

## 10. Kapitel: Bewertung und Vorhersage der Systemzuverlässigkeit
### Von Heiner Bubb

1 Einführung ........................................................................................... 285
2 Grundlagen der Systemzuverlässigkeit ................................................. 286
　2.1 Grundlegende Zusammenhänge ................................................... 286
　　2.1.1 System ................................................................................. 286
　　2.1.2 Qualität und Zuverlässigkeit .............................................. 287
　　2.1.3 Begriffe der Sicherheitstechnik .......................................... 289
　2.2 Zuverlässigkeitstheorie ................................................................. 290
　　2.2.1 Grundbegriffe ..................................................................... 290
　　2.2.2 Zeitabhängigkeit der Zuverlässigkeit (Zuverlässigkeitsfunktion) .... 292
　　2.2.3 Verknüpfungen von Wahrscheinlichkeiten ....................... 295
3 Maßnahmen zur Verbesserung und Abschätzung der Zuverlässigkeit ......... 296
　3.1 Konstruktive Maßnahmen der sicherheitsgerechten Systemgestaltung .... 296
　3.2 Zuverlässigkeitsanalysen .............................................................. 299
　　3.2.1 Ausfalleffektanalyse ........................................................... 299
　　3.2.2 Störfallablaufanalyse .......................................................... 299
　　3.2.3 Fehlerbaummethode ........................................................... 301
　　3.2.4 Entscheidungstabellentechnik ............................................ 303
4 Berücksichtigung der menschlichen Zuverlässigkeit ........................... 303
　4.1 Modellierung menschlicher Eigenschaften und Fähigkeiten ...... 303
　4.2 Das Problem der Komplexität der Zusammenhänge .................. 305
5 Anwendung von Zuverlässigkeitsabschätzungen ................................. 306
　5.1 Die Probleme der Verknüpfung extrem kleiner Werte ................ 306
　5.2 Zuverlässigkeits- bzw. Sicherheitsbewertung .............................. 307

Literatur .................................................................................................. 311

## 11. Kapitel: Fehler und Zuverlässigkeit
### Von Bernhard Zimolong

1 Stand der Fehlerforschung .................................................................... 313
2 Fehlerbedingungen und Fehlerursachen ............................................... 317

3 Psychologische Fehlermodelle .................................................... 319
  3.1 Handlungsfehler ........................................................... 319
  3.2 Ein Fehlermodell unter Berücksichtigung von Kontrollprozessen ......... 320
  3.3 Maßnahmen zur Erhöhung der Zuverlässigkeit ........................... 326
4 Zuverlässigkeitsberechnung ..................................................... 328
  4.1 Konzepte und Verfahren ................................................... 328
  4.2 Ereignisbaummethode THERP ............................................. 332
  4.3 Bewertung von THERP ..................................................... 334
  4.4 Expertenschätzverfahren SLIM-MAUD ................................... 335
5 Zusammenfassende Bewertung ................................................. 337
Literatur ............................................................................. 340

## 12. Kapitel: Gestaltungsmaßnahmen zur Erhöhung von Sicherheit und Zuverlässigkeit
### Von Ingrid Colin

1 Zuverlässigkeit und Sicherheit ................................................. 346
2 Nutzung psychologischer Erkenntnisse für die Gestaltung ................. 348
  2.1 Grundlagen .................................................................. 348
  2.2 Gestaltungsansätze der Informationsaufnahme und Informationsverarbeitung ............................................................................. 350
  2.3 Gestaltungsansätze der Arbeitshandlungen und der Kommunikation ..... 352
3 Gestaltungsmaßnahmen ......................................................... 353
  3.1 Kodierung optischer Zeichen und Signale ................................ 353
  3.2 Digitale Anzeigen .......................................................... 354
  3.3 Skalenanzeigen ............................................................. 355
  3.4 Information auf Bildschirmen ............................................. 356
  3.5 Anpassung der Informationsdarstellung an Steuer- und Regelaktivitäten 358
4 Bewertung der Wirksamkeit ..................................................... 359
Literatur ............................................................................. 360

# V Anwendungen

## 13. Kapitel: Informationstechniken in der Konstruktion
### Von Ekkehart Frieling und Ilka Hilbig

1 Einleitung ........................................................................ 363
  1.1 Beschreibung der Technik ................................................. 364
  1.2 Charakterisierung der Konstrukteurstätigkeit ........................... 366
2 Veränderungen und Gestaltungsmöglichkeiten auf der Ebene der Operationen bzw. des Handlungsvollzuges ............................................ 371
  2.1 Vergleich zwischen Brett- und Bildschirmarbeit ........................ 371
  2.2 Gestaltungs- bzw. Eingriffsmöglichkeiten im Bereich der Handlungsausführung ............................................................................ 376

    2.2.1 Schnittstellengestaltung ................................................. 378
    2.2.2 Arbeitsplatzgestaltung .................................................... 380
3 Veränderungen und Gestaltungsmöglichkeiten auf der Ebene der Tätigkeit und des Betriebes ......................................................................... 381
   3.1 Qualifikation und berufliche Entwicklung ............................... 382
   3.2 Arbeitsablauforganisation ...................................................... 385
   3.3 Arbeitsraum und Arbeitsumfeld ............................................. 388
4 Ausblick .............................................................................................. 389
Literatur .................................................................................................. 390

## 14. Kapitel: Steuerung und Überwachung industrieller Prozesse
### Von Heino Widdel

1 Prozeß ................................................................................................ 396
2 Steuerung von Prozessen ................................................................... 397
   2.1 Definition ............................................................................... 397
   2.2 Automatisierung .................................................................... 398
   2.3 Arbeitsorganisation ............................................................... 400
3 Verhalten des Operateurs .................................................................. 401
   3.1 Informationsaufnahme und -verarbeitung ............................. 401
       3.1.1 Visuelle Suche ............................................................. 401
       3.1.2 Beobachten und Überwachen ..................................... 402
   3.2 Kognitive Anforderungen ...................................................... 405
       3.2.1 Vorhersage .................................................................. 405
       3.2.2 Fehlerbehandlung ....................................................... 406
       3.2.3 Mentales Modell ......................................................... 408
4 Streß und Monotonie ......................................................................... 410
   4.1 Einfluß von Streß ................................................................... 410
   4.2 Einfluß von Monotonie .......................................................... 411
   4.3 Operationale Relevanz ........................................................... 412
5 Sicherheit in der Prozeßführung ........................................................ 413
6 Ausblick .............................................................................................. 415
Literatur .................................................................................................. 418

## 15. Kapitel: Fahrzeugführung
### Von Gunnar Johannsen

1 Aufgaben und psychische Prozesse in der Fahrzeugführung ............ 426
2 Spezielle Aufgabensituationen .......................................................... 429
   2.1 Flugführung ........................................................................... 429
   2.2 Kraftfahrzeugführung ............................................................ 433
   2.3 Schiffsführung ....................................................................... 434

3  Manuelle Fahrzeugregelung .................................................. 434
   3.1 Experimentelle Untersuchungen ................................. 435
   3.2 Grundlegende Regler-Mensch-Modelle ........................ 437
   3.3 Piloten-Modelle ............................................................ 439
   3.4 Fahrer-Modelle ............................................................. 440
   3.5 Überwachend-eingreifende Regelung .......................... 443
   3.6 Bewertung der Modelle des Menschen ........................ 444

4  Fehlermanagement und Planung ........................................... 444
   4.1 Fehlermanagement im Fahrzeug .................................. 445
   4.2 Online-Planungsverhalten des Fahrzeugführers .......... 446

5  Rechnerunterstützungen ........................................................ 446
   5.1 Rechnergestützte Anzeigen .......................................... 447
   5.2 Entscheidungsunterstützungs- und Expertensysteme .. 447

6  Training und Simulatoren ...................................................... 449

7  Schlußbemerkung ................................................................... 450

Literatur ........................................................................................ 451


# 16. Kapitel: Entscheidungshilfen in hochautomatisierten Systemen
## Von Karl-Friedrich Kraiss

1  Kognitive Anforderungen in hochautomatisierten Systemen ...... 455

2  Methoden zur Unterstützung kognitiver Prozesse ................ 459

3  Implementierung von Entscheidungshilfen .......................... 461
   3.1 Moderne Techniken der Schnittstellengestaltung ......... 462
   3.2 Unterstützung von Entscheidungsprozessen ................ 464
   3.3 Simulationsverfahren .................................................... 467
   3.4 Graphentheoretische Methoden ................................... 468
   3.5 Expertensysteme ........................................................... 471

4  Bewertung und Ausblick ........................................................ 474

Literatur ........................................................................................ 476


# 17. Kapitel: Information und Kommunikation im Büro
## Von Helmut v. Benda

1  Arbeit in Büro und Verwaltung .............................................. 479

2  Technische Grundlagen .......................................................... 480

3  Anwendungssysteme .............................................................. 482

4  Entwicklungstendenzen .......................................................... 483

| | | |
|---|---|---|
| 5 | Auswirkungen auf das Arbeitssystem | 484 |
| | 5.1 Arbeitsorganisation | 485 |
| | 5.2 Die Arbeitsaufgabe | 487 |
| | 5.3 Qualifikation | 488 |
| 6 | Problemfelder | 489 |
| | 6.1 Mensch-Computer-Interaktion | 490 |
| | 6.2 Belastung und Beanspruchung | 491 |
| | 6.3 Akzeptanz | 496 |
| | 6.4 Planung und Einführung | 496 |
| | 6.5 Schulung und Training | 500 |
| 7 | Ausblick | 501 |
| Literatur | | 502 |

# VI Intervention

## 18. Kapitel: Individualisierung und differentielle Arbeitsgestaltung
### Von Eberhard Ulich

| | | |
|---|---|---|
| 1 | Bewertungskriterien und Strategien der Arbeitsgestaltung | 511 |
| 2 | Das Prinzip der differentiellen Arbeitsgestaltung | 513 |
| | 2.1 Differentielle Arbeitsgestaltung im Fertigungsbereich | 515 |
| | 2.2 Der Fall Flachbaugruppenfertigung | 516 |
| 3 | Differentielle Arbeitsgestaltung und computerunterstützte Büroarbeit | 520 |
| | 3.1 Kriterien für benutzerorientierte Dialoggestaltung | 520 |
| | 3.2 Empirische Untersuchungen und Vorgehensweisen | 522 |
| 4 | Zur Konstrukteurstätigkeit | 526 |
| 5 | Zukünftige Möglichkeiten und Einschränkungen | 528 |
| Literatur | | 529 |

## 19. Kapitel: Qualifikation und Qualifizierung bei komplexen Arbeitstätigkeiten
### Von Karlheinz Sonntag

| | | |
|---|---|---|
| 1 | Einleitung | 536 |
| | 1.1 Ingenieurpsychologie und Qualifizierung | 536 |
| | 1.2 Anforderungsveränderungen durch technische Entwicklung | 537 |
| 2 | Verfahren zur Ermittlung von Qualifikationsanforderungen | 540 |
| | 2.1 Anforderungen als Gegenstand der Qualifikationsermittlung | 540 |
| | 2.2 Darstellung ausgewählter Ansätze und Instrumente zur Ermittlung von Qualifikationsanforderungen | 542 |

2.2.1 Ermittlung durch aufgabenanalytische Untersuchungen ............. 543
2.2.2 Ermittlung durch Expertenurteile in Begriffen erforderlicher Leistungsvoraussetzungen ................................................... 544
2.2.3 Ermittlung durch die Analyse psychischer Regulationsgrundlagen 545
2.2.4 Ermittlung durch experimentelle Analysen ......................... 548
2.3 Zusammenfassende Diskussion ................................................ 549

3 Methoden zur Vermittlung von Qualifikationen ................................ 550
3.1 „Fähigkeiten" und „Verallgemeinerte Verfahren" als Qualifizierungsgegenstand ................................................................... 551
3.2 Vorstufen kognitiver Trainingsverfahren ................................... 552
3.3 Elemente kognitiven Trainings ............................................... 553

4 Anwendungsgebiete und Formen kognitiver Trainingsverfahren ............... 555
4.1 Planung und Vorbereitung von Arbeitstätigkeiten ......................... 556
4.2 Störungssuche und -beseitigung ............................................. 556
4.3 Kollektive Formen des kognitiven Trainings ............................... 558
4.4 Kognitives Training auf der Grundlage von Simulationstechniken ......... 559

5 Bewertung .................................................................... 561

Literatur ....................................................................... 563

# VII Evaluation

## 20. Kapitel: Technikbewertung als integrativer Bestandteil der Ingenieurpsychologie
### Von Walter Bungard und Jürgen Schultz-Gambard

1 Einleitung in die Thematik ................................................... 572

2 Psychologie und Technik: Beschreibung und Erklärung eines Defizits ........ 573
2.1 Beschreibung des Defizits ................................................... 574
2.2 Versuch einer Erklärung des Defizits ....................................... 576

3 Technikbewertung als notwendige Ergänzung der Technikforschung in der Ingenieurpsychologie ......................................................... 582
3.1 Grundsätzliche Überlegungen zur Forschungsstrategie ..................... 582
3.2 Die Aufgabe der Psychologie bei der Planung und Entwicklung von Technik ...................................................................... 586
3.3 Die Aufgabe der Psychologie bei der Implementation und Nutzung von Technik ...................................................................... 589
3.4 Die Rolle der Psychologie bei der Kommunikation und bei Entscheidungen über Technik ................................................. 592

4 Abschließende Bemerkungen ................................................... 594

Literatur ....................................................................... 595

## 21. Kapitel: Perspektiven einer Ingenieurpsychologie
Von Heinz Schmidtke

| | |
|---|---|
| 1 Perspektiven technischer Entwicklung | 600 |
| 2 Perspektiven einer Ingenieurpsychologie | 602 |
| 3 Perspektiven der Psychologen-Ausbildung | 603 |
| Literatur | 605 |

| | |
|---|---|
| Autoren-Register | 606 |
| Sach-Register | 619 |

1. Kapitel

# Menschliches Handeln in technischen Systemen

*Carl Graf Hoyos*

## 1 Einleitung

*Anfänge der Ingenieurpsychologie.* — Wie im Vorwort bereits betont wurde, gibt es bisher auf dem Gebiet der Bundesrepublik Deutschland keine „Ingenieurpsychologie" als eigenständige Disziplin der Angewandten Psychologie. Ist nun diese Feststellung lediglich eine Sache der Etikettierung oder wird damit eine Erkenntnislücke angezeigt? Beides trifft in gewisser Weise zu. Unschwer lassen sich in der ergonomischen, arbeitswissenschaftlichen und arbeitspsychologischen Literatur der Bundesrepublik Publikationen finden, die von ihrem Inhalt her der Ingenieurpsychologie zuzurechnen wären; sie werden weitgehend von den Autoren dieses Bandes berücksichtigt. Es kann und muß daher darauf verzichtet werden, „Ingenieurpsychologie" aus den genannten Bereichen zu destillieren, wohl aber werden wir weiter unten (s. S. 3) auf „Vorläufer" einer Ingenieurpsychologie hinweisen. Andererseits gilt unbezweifelbar: Themen, die in diesem Band aufgegriffen werden, gehörten bisher kaum zu den Forschungsthemen der hiesigen Psychologen, die wohl ihre Verdienste auf vielen Teilgebieten des Themenbereiches „Mensch und Arbeit" erworben haben, Probleme der „Nutzung, Steuerung und Wartung ingenieurwissenschaftlicher Produkte" jedoch wenig Aufmerksamkeit schenkten. Den offensichtlichen Wandel dieser Perspektive dokumentiert der vorliegende Band; die Ursprünge der „Ingenieurpsychologie" müssen allerdings an anderen Stellen gesucht werden.

*Ingenieurpsychologie und das Aufkommen der „Mensch-Maschine-Systeme".* — Das „Human Factors Engineering" und damit auch die Ingenieurpsychologie entstanden in der Flugzeugindustrie der USA während des Zweiten Weltkriegs (Hendrick, 1987; Smith, 1987). Chapanis (1986) erinnert in seinem Beitrag zu einer Retrospektive über psychologische Forschung in Amerika in den letzten hundert Jahren (Hulse & Green, 1986) an die durchaus dramatischen Veränderungen in den Anforderungen an Militärpersonal während des Zweiten Weltkriegs und die sich daraus ergebende Problemflut, die auf die Psychologie zukam. Fluggerät wurde entwickelt, das in Höhen fliegen konnte, in denen der

Mensch nicht ohne lebenserhaltende Ausrüstung auskommt. Flugzeuge mußten nun und überwiegend mit Hilfe von Instrumenten geflogen werden. Vergleichbare Entwicklungen waren auch bei anderem Kriegsgerät zu beobachten. So veränderten Radar und Sonar die Seekriegsführung grundlegend. Wie Chapanis betont, gab es in der Kriegsführung ein neues Produkt: Information. Eine Flut sich permanent ändernder Information vom Radar, Sonar, Telefon, Radio, Beobachtung mußte — z. B. in Leitständen — dargestellt, verarbeitet, bewertet und den Gefechtsstationen zugeleitet werden. Die für die Psychologie durchaus traditionelle Praxis der Personalauswahl sah sich vor gänzlich neue Aufgaben gestellt, galt es doch, Operateure für Tätigkeiten auszuwählen, die es vorher noch gar nicht gegeben hatte. Gleiches galt für die Ausbildung und für das Training von Personal.

Bei der Nutzung der neueren Geräte traten jedoch und z. B. ungeachtet der Bemühungen um eine gute Personalauswahl Fehler in gravierendem und beängstigendem Ausmaß auf, aber erst allmählich „dämmerte" es den Betreibern, daß nicht nur Menschen fehlsam sind, sondern vor allen Dingen auch die Geräte und mehr oder weniger zwangsläufig Fehler produzieren. Die nun einsetzenden Bemühungen um eine Gestaltung und Optimierung von *Mensch-Maschine-Systemen,* wie man den „Verbund" von Operateuren mit ihren Geräten in der Folgezeit genannt hat, markieren die Geburtsstunde des „Human Factors Engineering" und ihres Teilgebietes, der „Ingenieurpsychologie".

Waren die Probleme, die es zu lösen galt, zunächst eher praktischer Natur, da ja in bestimmten Situationen Fehler und Minderleistungen auftraten, die eben auch praktische Lösungen erforderten, haben dann sehr bald auch grundlegende theoretische Probleme dieses Feld der Anwendung von Psychologie beschäftigt (siehe z. B. Smith, 1987). Wiewohl kriegsbedingte Probleme die Initialzündung für diese Anwendung von Psychologie — und im Rahmen des „Human Factors Engineering" für eine Reihe anderer Disziplinen — brachten, haben sich nach Beendigung des Krieges sehr rasch Themen aus der Wirtschaft und Industrie, die mit ingenieurwissenschaftlichen Planungen, Konstruktionen und Verfahren zusammenhängen, in den Vordergrund des Interesses geschoben.

Eine deutliche Markierung in der Entwicklung der Ingenieurpsychologie bedeutet Lomows „Ingenieurpsychologie", die 1963 in der UdSSR und bereits 1964 in der DDR in deutscher Sprache erschien (Lomow, 1964) und nun selbst wieder auf einer großen Menge an Vorarbeiten basierte. Lomow sieht wie die Initiatoren der Ingenieurpsychologie in den USA, auf die der Autor ausdrücklich hinweist, die Hauptaufgabe der Ingenieurpsychologie in „... der Koordinierung der Eigenschaften von Mensch und Maschine innerhalb von Regelungssystemen..." (a.a.O., S. 16), setzt allerdings — wie könnte es anders sein — besondere Akzente aus der Sicht des dialektischen Materialismus: „Die Einheit von

Erkenntnis und Arbeit erscheint als eine der Grundbedingungen für die Entwicklung der schöpferischen Potenzen des Menschen." (a.a.O., S. 18)

In der DDR wurde diese Initiative rasch aufgegriffen. Schon 1965 fand am damaligen Institut für Psychologie der Humboldt-Universität Berlin eine erste Konferenz zu Fragen der Ingenieurpsychologie statt (Timpe, 1971, S. 15). Dieser Hinweis ist einem Sammelband „Psychologie in der sozialistischen Industrie" entnommen, den Timpe eingeleitet hat und der wichtige ingenieurpsychologische Forschungen in der DDR dokumentiert, die bis heute fortgeführt werden. Die Aufgaben der Ingenieurpsychologie wurden klar umrissen: „Die allgemeine Zielstellung, unter der die Aufgabe der Ingenieurpsychologie zu sehen ist, besteht in der qualitativen und quantitativen Erhöhung der Arbeitsproduktivität im Zeitalter der wissenschaftlich-technischen Revolution." (Timpe, 1971, S. 18) Hacker veröffentlichte seine umfangreiche Monografie erstmalig 1973 unter dem Titel „Allgemeine Arbeits- und Ingenieurpsychologie", deren Neuausgabe (1986) er — bei gleichem Inhalt — „Arbeitspsychologie" genannt hat.

*Vorläufer.* — Die Entstehung einer Ingenieurpsychologie auf die Jahre während des Zweiten Weltkrieges zu datieren, ist zwar unbestritten, in gewisser Weise aber auch insofern willkürlich, als die Forscher und Praktiker jener Jahre nicht „bei Null" beginnen mußten, sondern auf vielfältige Vorarbeiten zurückgreifen konnten. Bei diesen Vorarbeiten wird man in erster Linie an eine Richtung denken, die als „Psychotechnik" bekannt geworden ist. W. Stern (1871—1938), der diesen Begriff prägte, verstand unter Psychotechnik allerdings keine primär technik-orientierte Anwendung, sondern in weitem Sinne Menschenbehandlung — im Gegensatz zur Psychodiagnostik = Menschenkenntnis. Auch Münsterberg (1863—1916), dem wohl mit der stärkste Einfluß auf die Anwendungen der Psychologie im Wirtschaftsleben zugeschrieben werden kann, faßte Psychotechnik noch sehr breit als die „praktische Anwendung der Psychologie im Dienste von Kulturaufgaben" auf, war dann in seinen Arbeiten aber intensiv mit Problemen befaßt, die das Aufkommen der Technik für das Verhalten aufwarfen, so u. a. mit Eignungsprüfungen, Anlern- und Arbeitsmethoden, Entwicklung von Arbeitsproben u. a. m. (Münsterberg, 1913, 1914).

Einen engeren Bezug der heutigen Ingenieurpsychologie zur frühen Psychotechnik kann man in Gieses (1927) Unterteilung der Psychotechnik in eine Subjekt- und in eine Objektpsychotechnik sehen. Unter Subjektpsychotechnik verstand er die „Anpassung des Menschen an das Wirtschaftsleben", unter Objektpsychologie die Anpassung der Arbeitsbedingungen an die Natur des Menschen. Die Objektpsychotechnik ist nun der eigentliche Vorläufer der Ergonomie und damit auch der Ingenieurpsychologie, auch wenn es sich beim damaligen Stand der Technik um einfachere und punktuellere Themen handelte, der sich freilich eine ganze Generation von Forschern widmete: so neben Giese Herwig, Hische, Marbe, Moede, Poppelreuter, Rupp u. a.

Auch in den frühen Zeiten der Anwendung der Psychologie auf Arbeit, Technik, Wirtschaft stimulierte das Aufkommen neuer Waffensysteme im 1. Weltkrieg Forschung und Praxis. Die wohl nachhaltigsten Einflüsse kamen aus der Industrie, verbunden mit dem Namen F. W. Taylor (1856—1915), der sich um die Rationalisierung und Ökonomisierung der damals vorherrschenden Handarbeit bemühte, durch Zeitstudien und Beobachtungen optimale Bewegungsabläufe ermittelte, aber auch die Organisation industrieller Produktion einschneidend reformierte. J. B. Gilbreth (1868—1924) — ebenfalls einer der Pioniere der wissenschaftlichen Betriebsführung — griff das Konzept Taylors auf und erweiterte es. Sein Ziel bestand darin, mit dem Ausschalten unnötiger Bewegungen sowohl die Leistung zu erhöhen als auch Ermüdung während der Arbeit zu reduzieren.

Wohl kaum eine andere Bewegung war so umstritten wie der „Taylorismus", wie man in der Folgezeit die — nun freilich weitaus umfassender als zu Beginn geschehen — Bemühungen um Rationalisierung der industriellen Produktion bezeichnete, indem sie immer wieder — heute als „Neotaylorismus" (s. S. 24) — heftig kritisiert wurde, aber auch zahllose Untersuchungen und Veröffentlichungen anregte (siehe dazu Brüning, Frey, Stahlberg & Hoyos, 1988; Dorsch, 1963; Schmidtke, 1978).

*Ergonomie, Anthropotechnik, Nachbargebiete.* — Die Fragen, die aus Installation und Nutzung technischer Geräte entstanden und an nicht-ingenieurwissenschaftliche Disziplinen gestellt wurden, betrafen — wie schon angedeutet — nicht nur das *Verhalten* der Nutzer. Operateure, Wartungspersonal usw. müssen häufig Kräfte bestimmten Ausmaßes in bestimmten Richtungen, mit bestimmter Schnelligkeit aufbringen; ihre Tätigkeit strengt sie an; sie müssen schließlich auch vor den Geräten Platz finden, sich bewegen können, über Greifraum verfügen, sind Umgebungseinflüssen unterworfen und in ihrer Gesundheit betroffen. Daraus ergibt sich der Bedarf nach einer umfassenderen Anwendungsdisziplin, die die genannten Probleme und ihre Lösung zu ihrer Sache macht. Diese Disziplin wird heute als *Ergonomie* oder *Human Factors* bezeichnet und umfaßt in der Tat eine Reihe von Kerndisziplinen wie Physiologie, Anthropometrie, Biomechanik und eben auch — mit einem größeren Anteil — Psychologie. So hat Chapanis (1963) die Ingenieurpsychologie als die psychologische Komponente im größeren Feld des *Human Factors Engineering* bezeichnet, das aus einem Verbund mehrerer Wissenschaften besteht, die das Ziel verfolgen, das Verhältnis von Mensch und Technik zu optimieren. Schmidtke bezeichnete die Ergonomie als die Wissenschaftsdisziplin, „... deren Forschungsgegenstand auf die Interaktion zwischen Mensch und technischen Systemen gerichtet ist. Demzufolge baut sie einerseits auf die Humanwissenschaften, insbesondere die Physiologie, die Psychologie und die Anthropologie, und andererseits auf die Physik und Ingenieurwissenschaften auf." (Schmidtke, 1973, S. 5)

Vor mehr als 25 Jahren hat v. Diringshofen für den deutschen Sprachgebrauch vorgeschlagen, das Forschungsgebiet und den professionellen Bereich „Anpassung technischer Geräte an den Menschen", also das „Human Factors Engineering" als *Anthropotechnik* zu bezeichnen (v. Diringshofen, 1969). Dieser Vorschlag wurde in der Luftfahrtforschung, aus der v. Diringshofen kam, aufgegriffen und weiterentwickelt (Bernotat, 1966, 1970, 1978, 1987; Seifert, 1965), hat aber über die genannten Bereiche hinaus kaum Verbreitung gefunden. Im Aufgabenbereich des Verhältnisses von Mensch und Maschine haben die „Anthropotechniker" regelmäßig die Anpassung der Maschine an den Menschen als engeres Aufgabengebiet ihrer Disziplin bezeichnet, während die Anpassung des Menschen an die Maschine der Psychologie und der Medizin zugeordnet wurden. Psychologen würden dieser Aufteilung allerdings nicht zustimmen; glauben sie doch, zur Anpassung der Maschinen an den Menschen eine Menge beitragen zu können. Da aber die Anthropotechnik stets vom Menschen ausgegangen ist und sein Verhalten einbezogen hat, profitiert die Ingenieurpsychologie eine Menge von der Anthropotechnik. Das gilt selbstverständlich auch für das „Human Factors Engineering", in dem die Psychologen ohnehin eine starke Stellung haben.

## 2 Ingenieurpsychologische Themen und Aufgaben

*Ingenieurpsychologie als Angewandte Psychologie.* — Im Sinne ihrer Ursprünge und ihrer Entwicklung kann man die Ingenieurpsychologie zwanglos als die „Anwendung" der Psychologie auf die Nutzung, Steuerung und Wartung ingenieurwissenschaftlicher Produkte bezeichnen. In der Meinung der Autoren der regelmäßigen Übersichtsreferate in den *Annual Reviews of Psychology* hat die Ingenieurpsychologie seit den 50er Jahren ihr Feld kontinuierlich erweitert. So stellten Alluisi und Morgan (1976) fest: Die professionellen Aspekte der Ingenieurpsychologie hätten sich von der ursprünglichen Betonung der psychologischen Komponenten und der Gestaltung von Mensch-Maschine-Systemen auf Entwurf, Wartung, Betrieb und Verbesserung von funktionierenden Systemen aller Art erweitert, in denen Menschen wichtige Komponenten sind. Dabei ginge es um die Anwendung von Daten, Methoden, Theorien und Philosophie der Experimentellen Psychologie. Es gehe also wie bisher um Mensch-Maschine-Systeme, aber auch um Umweltsysteme, soziale Systeme und Regierungssysteme. Indem Alluisi und Morgan (1976) ihr Review als „Engineering Psychology and Human Performance" bezeichneten, hatten sie vorsorglich eine Barriere gegen eine fast uferlose Ausweitung der Ingenieurpsychologie in die Organisationspsychologie hinein errichtet. Wickens und Kramer (1985) bezeichneten in dem neuesten „Review" das Thema der Ingenieurpsychologie als die *Untersuchung des menschlichen Verhaltens mit dem Ziel der Verbesserung der Interaktion des Menschen mit Systemen.* Chapanis hat seine erwähnte Rückschau als „a psychology for our technological society" genannt. Damit gewinnt Ingenieurpsychologie zweifellos eine breitere Perspektive, geht doch der Blick über die ingenieurwissenschaftlichen Produkte hinaus in eine Gesellschaft hinein, die im weitesten Sinne technisch geprägt wurde und geformt ist. Dem Psychologen wächst mit einem solchen Programm auch ein erweitertes Aufgabenfeld zu: Fragen der Einführung und Akzeptanz neuer Technologien, Technologiefolgeabschätzung, Qualifizierung u. a. m. sind so gesehen legitime Aufgaben der Ingenieurpsychologie. Eine weite Fassung der Ingenieurpsychologie propagiert auch Hendrick (1987), indem er die Entwicklung und Anwendung einer „organization-machine interface technology" als Aufgabe einer dritten Generation von Human-Factors-Spezialisten und Ingenieurpsychologen bezeichnet.

*Anwendung wovon?* — Antworten auf die Frage, was in der Ingenieurpsychologie angewandt wird, haben die Fachvertreter recht eindeutig beantwortet: Chapanis, Garner und Morgan (1949) behandelten ingenieurpsychologische Fragestellungen, bevor es den Titel „Ingenieurpsychologie" überhaupt gab, als „Applied Experimental Psychology"; für Fitts (1958) war Ingenieurpsychologie die Anwendung psychologischen Wissens auf den Entwurf von Aufgaben, die dem Menschen übertragen werden, auf vom Menschen geführtes Gerät und auf Mensch-Maschine-Systeme — gewöhnlich in Zusammenarbeit mit Ingenieuren. Neuerdings wird im Hinblick auf „Mensch-Computer-Interaktion" eine „Angewandte Kognitive Psychologie" (Hell, 1988; Hollnagel & Woods, 1983; Klatzky, Alluisi, Cook, Forehand & Howell, 1985) bzw. eine „Angewandte Psychologie der Informationsverarbeitung" (Card, Moran & Newell, 1983) gefordert und ist auch schon etabliert. D. h., angewandt werden sollen Ergebnisse, Modelle und Theorien der Experimentellen Psychologie, wir würden besser sagen, der Allgemeinen Psychologie. Dies ist auch mit einigem Erfolg geschehen (ausführlich dokumentiert bei Frey, Hoyos & Stahlberg, 1988). Allerdings haben die vorliegenden Fragestellungen eigene ingenieurpsychologische Forschungsaktivitäten ausgelöst, die die Ingenieurpsychologie zu einer wissenschaftlichen Disziplin mit einem eigenen Forschungsauftrag und eigener Theorienbildung gemacht haben.

Von Anfang an unterschied sich Ingenieurpsychologie von anderen Disziplinen der Angewandten Psychologie: Während sonstige Anwendungen von Psychologie auf die Beeinflussung von Menschen abzielen, ging es bei der Ingenieurpsychologie immer und vor allem um die Veränderung der Umgebung, hier der technischen Komponenten von Mensch-Maschine-Systemen. Das hat eine wichtige Konsequenz: Die Gestaltung von Mensch-Maschine-Systemen ist eine extrapsychologische Aktivität (Taylor, 1957/1971; 1963), nämlich von Ingenieuren, die auf psychologische Kenntnisse zurückgreifen sollen. Die Kooperation von Psychologen und Ingenieuren ist indessen eine unerfreuliche Angelegenheit zu Lasten der Psychologen, die sich bis heute im großen und ganzen — von rühmlichen Ausnahmen abgesehen — vergebens um eine frühe und interaktive Mitarbeit an der Gestaltung von Mensch-Maschine-Systemen bemühen.

*Ergebnisse und Zielsetzungen.* — Wie in allen Bereichen der Angewandten Psychologie haben die vielfältigen, aus gegebenem Anlaß entstandenen Fragestellungen ingenieurpsychologischer Art den Sachverstand der Fachleute herausgefordert und zu speziellen Lösungen und Erkenntnissen geführt. Indem man einschlägige Forschungen und Ergebnisse zusammenfaßt, gewinnt man ein Bild von den Aufgaben und Leistungen der Ingenieurpsychologie. Dieses Vorgehen und sehr allgemeine und neutrale Definitionen, wie die Ingenieurpsychologie befasse sich mit den Aufgaben und Anforderungen in Mensch-Maschine-Systemen, gibt aber keine systematische Antwort auf die Frage, aus welchen übergreifenden Entwicklungen und Prinzipien ingenieurpsychologische Aufgaben abgeleitet werden können. Nun wäre es absurd und unrealistisch zu meinen: Zuerst verschaffen wir uns einen Überblick über die vielfältigen Formen von Technik, die damit verbundenen Anforderungen an den Menschen und konzipieren auf einer so gearteten Übersicht ingenieurpsychologische Forschung. Eine Reflexion über die Aufgaben der Ingenieurpsychologie erfordert aber doch — zumindest ansatzweise — eine globale Analyse der Probleme, die Technikeinsatz für den Menschen, insbesondere für den arbeitenden Menschen bringt, was sich in unserem Kontext vielleicht so präzisieren läßt: Welche Anforderungen werden in gegebenen und künftigen Mensch-Maschine-Systemen an die Menschen gestellt, die Teilsysteme in diesen Systemen sind? Dabei gilt: Die — sorgfältig zu analysierenden — Anforderungen definieren, welche Humankapazitäten für die Systemleistung erforderlich sind, wie sie eingebracht werden, welche Konsequenz sich daraus für den Operateur ergeben und andere Themen mehr.

Diesen Anforderungen und den zugeordneten ingenieurpsychologischen Bemühungen kann man sich auf mehreren Wegen nähern — aber eben auch nur nähern; drei Zugänge seien — pars pro toto — im folgenden in aller Kürze diskutiert, mit denen gleichzeitig zu den nachfolgenden Kapiteln übergeleitet werden soll, die diese Aspekte dann mehr im Detail behandeln:

1. durch einen Blick auf den „technischen Wandel";
2. durch eine Analyse der Aufgabenverteilung zwischen Mensch und Maschine;
3. durch Überlegungen, was es heißt, eine Mensch-Maschine-Schnittstelle zu konstruieren.

## 3 Ingenieurpsychologie und „technischer Wandel"

### 3.1 Technischer Einsatz und technischer Determinismus

„Unter Technik im allgemeinsten Sinne soll die Gesamtheit der Verfahren (geregelte Denk- und Handlungsvollzüge) und Mittel (Sachen, Gegenstände) verstanden werden, durch die die Menschen ihre natürliche Umwelt und sich selbst bzw. ihre Lebensäußerungen als Naturwesen neu formen — mit dem

Ziel, ihre jeweils geschichtlich erreichten Lebensbedingungen zu erhalten und zu verbessern" (Oldemeyer, 1988, S. 34). Die Geschichte der Technik kann hier als in großen Zügen bekannt vorausgesetzt werden. Sie hat — vom Menschen aus gesehen — von der Handarbeit — unter der Verwendung von Werkzeugen und einfachen Maschinen — über den Einsatz komplizierterer Maschinen und deren Zusammenfassung zu Anlagen bis zum Einsatz moderner Informationstechnologie in Produktion, Dienstleistung und Büro und auch im privaten Haushalt geführt. Angetrieben wurde der dramatische „technische Wandel" durch eine ganze Anzahl von Faktoren, wie jeweils gegebenes naturwissenschaftliches und technisches Wissen, politische Verhältnisse, dramatische Ereignisse wie Kriege, Naturkatastrophen, Wettbewerb und andere Faktoren mehr. Dem betroffenen Menschen müssen diese Entwicklungen das Gefühl vermittelt haben, übermächtigen Kräften ausgesetzt zu sein, denen man sich bestenfalls anpassen kann, denen gegenüber man aber resignieren muß und die nur partiell zu positiven Gefühlen beitragen. In der Tat ist in der Literatur auch von der „Eigengesetzlichkeit der Technik" (Popitz, Bahrdt, Jüres & Kesting, 1976) oder „technischem Determinismus, der eine interne Logik technischer Entwicklung zu dem bestimmenden Moment betrieblicher Organisation der Arbeit erklärt,, (v. Alemann & Schatz, 1986, S. 137) die Rede. Brödner (1985) bezeichnet den „Technologischen Determinismus" jedoch als einen Mythos. „Nicht die Technologie bestimmt den Produktionsprozeß und seine Arbeitsorganisation, sondern die gesellschaftlichen Verhältnisse schaffen Bedingungen und Interessen, die Entwicklung und Einsatz von Technologie und Arbeitsorganisation bestimmen."(a.a.O., S. 20)

Diese Streiflichter — und mehr als Streiflichter können es nicht sein — sollen den Blick auf die Rolle des Menschen in technischen Systemen lenken, die man oft als determinierend für ingenieurpsychologische Bemühungen ausmachen kann. So gibt es in der Tat in Abhängigkeit von den Triebfedern technischen Wandels unterschiedliche Vorstellungen über die Stellung des Menschen in technischen Systemen und damit vielfach auch eine nach herrschenden Meinungen willfährige psychologische Forschung (vgl. Bungard & Schultz-Gambard, 1988). Eine stark polarisierende und damit Nuancen notwendigerweise übersehende antagonistische Sicht der Rolle des Menschen in technischen Systemen hat kürzlich Volpert (1987) so charakterisiert: „Soll beim System-Design auf die Kompetenz und Motivation der in der Organisation tätigen Menschen vertraut werden, oder wird der Handlungsspielraum von Individuen oder Gruppen als ein Risiko angesehen, das es möglichst auszuschalten gilt — indem man menschliches Handeln durch bürokratische und maschinelle Prozeduren festlegt und ersetzt." (a.a.O., S. 147) Fast noch stärker zugespitzt haben Kern und Schumann (1984) die Triebfeder der Technikentwicklung. „Bisher beruhten alle Formen kapitalistischer Rationalisierung auf einem Grundkonzept, das lebendige Arbeit als Schranke der Produktion faßte, die es durch möglichst weitgehende technische Autonomisierung des Produktionsprozesses zu überwinden galt. In dem Residuum lebendiger Arbeit sah es vor allem den potentiellen

Störfaktor, der durch restriktive Arbeitsgestaltung möglichst weitgehend zu kanalisieren und zu kontrollieren war." (Kern & Schumann, 1984, S. 19). Kern und Schumann (a.a.O.) meinen, heute besonders einen Wandel in dieser Auffassung, die sie als „technokratisch-borniertes Produktionskonzept" bezeichnet haben, bemerken zu können, in dem besonders im Hinblick auf neue Technologien auch wieder Gestaltungsspielräume größeren Ausmaßes gesehen werden. Dieser Befund wird indessen auch bestritten (v. Alemann & Schatz, 1986). Insgesamt aber blieb wohl der Mensch — angefangen bei den Waffentechniken im Zweiten Weltkrieg bis zu den Betreibern von kerntechnischen oder großchemischen Anlagen — die Fehlerquelle „par excellence" und wurde eher selten als ein kreatives Potential gesehen. So waren auch für die Ingenieurpsychologie vielfach die „human performance limits" (Wickens & Kramer, 1985) stärker forschungs- und handlungsleitend als seine schöpferischen Potenzen. Indessen darf nicht übersehen werden: Der technische Wandel mit der Zielrichtung Automatisierung hatte auch — aber nicht nur auch, sondern primär — Begründungen zugunsten des arbeitenden Menschen: Verstärkung und Erweiterung der menschlichen Fähigkeiten auf der einen Seite; Ersatztechnik im Falle ungesunder belastender, gefährlicher Arbeit auf der anderen Seite (vgl. Rohmert, 1973). Schließlich blicken wir auf 15 Jahre Regierungsprogramm „Humanisierung des Arbeitslebens" zurück, das trotz mancher Fehlschläge doch bemerkenswerte Korrekturen einer rein an Kosten und tayloristischen Prinzipien orientierten Technikentwicklung gebracht hat.

## 3.2 Die Rolle des Menschen in technischen Systemen

*Stadien des technischen Wandels.* — Die Rolle des Menschen in technischen Systemen hat sich unter Prämissen gewandelt, die wiederum vom „technischen Wandel" geprägt worden sind. Stadien des technischen Wandels wurden mehrfach definiert und vor allen Dingen mit dem Bild einer Stufenleiter beschrieben. Eine — nun schon historische — Stufenleiter der Mechanisierung stammt von Bright (1958, vgl. auch Hoyos, 1974). Die wohl detaillierteste und am breitesten angelegte Beschreibung von „technischem Wandel und industrieller Arbeit" verdanken wir Kern und Schumann (1970), die die folgenden Mechanisierungsgrade unterschieden haben:

1. reiner Handbetrieb: handwerkliche Arbeit und einfache Handarbeit,
2. Fließbandfertigung: motorische Bandarbeit und sensorische Bandarbeit,
3. Einzelaggregate:
   a) Maschinenbedienung und Apparatebedienung,
   b) Steuerarbeit und Schaltarbeit,
   c) Maschinenführung und Apparateführung,
4. Aggregatsysteme: Anlagenführung,

5. Teilautomatisierte Einzelaggregate: Automatenführung und Automatenkontrolle,
6. Teilautomatisierte Aggregatsysteme: Anlagenkontrolle und Meßwartentätigkeit.

Mit den notwendigen ingenieurpsychologischen Präzisierungen hat Klix (1971) vier Entwicklungsstufen von Mensch-Maschine-Systemen (MMS) unterschieden und beschrieben. Drei Entwicklungsstufen unterscheidet und beschreibt Hollnagel (in diesem Band): I. Manuelle Steuerung, II. Steuerung durch Überwachung und III. Kognitive Steuerung. Grundlegend für das MMS ist der Informationsaustausch zwischen Mensch und Maschine für die Zeit ihrer Verbindung. Diese Wechselwirkung verändert sich nun mit zunehmender Automatisierung. Während bei einfachen MMS die Steuerbefehle für Veränderungen von Maschinenparametern vom Operateur direkt in die Maschine über Stellteile eingegeben werden und damit ein „geregelter Prozeß" entsteht, wird dies bei MMS höherer Automatisierungsstufen mehr und mehr von der Maschine selbst übernommen. Hat es der Operateur zunächst mit aggregat-nahen, punktuellen Instrumenten zu tun, wird sein Arbeitsplatz, wie Hollnagel und Timpe (beide, in diesem Band) ausführen, immer weiter vom technischen Prozeß weggerückt — in Steuerstände und Meßwarten —, die Prozeßparameter in Anzeigentafeln gebündelt oder schon auf Bildschirmen integriert dargestellt und die Aufgaben des Operateurs darauf reduziert, die Anlage zu überwachen und Störfälle zu beheben.

Das „Privileg", Störungen und ihre Ursachen zu diagnostizieren, dürfte indessen auch nicht mehr lange beim menschlichen Operateur verbleiben. Fortschritte in der maschinellen Mustererkennung und schnelle Rechner werden es in absehbarer Zeit wirkungsvoller erscheinen lassen, die Fehlererkennung Computern zu überlassen (Moray, 1986).

Die Automatisierung hat nicht nur zur Übernahme von Funktionen durch Maschinen geführt, wie an der eben beschriebenen Stufung deutlich werden sollte. Die Anlagen selbst sind — schlicht gesagt — größer und komplexer geworden. Bei herkömmlicher Wartengestaltung z. B. sind Operateure kaum mehr in der Lage, die vorhandenen Anzeigen zu überblicken. Die Informationen müssen gebündelt und auf Bildschirmen, ggf. auf Abruf, dargestellt werden. Bei Störfällen sind u. U. so viele Teilsysteme beteiligt oder betroffen, daß einfache Operationen nicht mehr zu ihrer Beseitigung ausreichen. Fehlerdiagnose und -beseitigung erfordern Problemlösen, das durch Hilfssysteme unterstützt werden muß. Zu diesen Entwicklungen wird in diesem Band in mehreren Kapiteln Stellung genommen.

Diese Perspektiven mögen den Blick allzu sehr auf großtechnische Anlagen lenken, die aber nicht einmal das Gros der Produktion ausmachen. So gibt es ingenieurpsychologische Aufgaben auf allen Stufen der Automatisierung und eben auch Trends, die Hollnagel (in diesem Band) aufgezeigt hat und die das Engagement der Psychologie erzwingen. So läßt sich kaum leugnen: Die Rolle des Menschen in Mensch-Maschine-Systemen scheint besonders mit dem Aufkommen der Computer als ein universelles Arbeitsmittel auch auf eine andere Ebene verschoben zu sein; etwa durch die Aufgabe, Information als Information zu verarbeiten und nicht nur Information zur Prozeßsteuerung, was sich aber auch an dem erwähnten Beispiel der Fehlersuche, an der Büroautomation (siehe v. Benda, in diesem Band), aber auch an grundsätzlichen Betrachtungen erkennen läßt. So haben z. B. Sheridan und Verplanck (1978, zitiert nach Moray, 1986) und Sheridan (1987) eine Taxonomie der Mensch-Computer-Interaktion im Sinne von Automatisierungsstufen aufgestellt, die auf der Fähigkeit von Computern basiert, Wissen über eigene Funktionsmöglichkeiten und Gewohnheiten des Operateurs zu erwerben, Erfahrungen zu sammeln und Entscheidungen zu treffen. Die Frage, ob nun — wie die Automatisierungsstufen Sheridans und Verplancks suggerieren — der menschliche Operateur mehr und mehr überflüssig wird, bestimmt stark die gegenwärtige Diskussion (s. S. xxx).

*Modelle des Operateurs.* — So haben die technischen Systeme den Menschen in verschiedenen Rollen in Anspruch genommen — und tun dies selbstverständlich auch heute noch, denn alle Stufen der Automatisierung bestehen aus verschiedenen Gründen in einer Industriegesellschaft nebeneinander. Dabei wurden für die jeweils dominierenden Aufgabenstellungen Modelle und Theorien entwickelt, die ja für eine adäquate Gestaltung von Systemen unerläßlich sind. Jede Systemplanung und Systemgestaltung muß mit der Auswahl eines geeigneten Operateurmodells beginnen (Jones & Mitchell, 1987). Dieser Tatbestand spiegelt sich im Aufbau dieses Bandes. An dieser Stelle kann es daher genügen, einige dieser Rollen kurz im Sinne einer Einstimmung in die nachfolgenden Kapitel zu skizzieren.

*Der Mensch als Regler.* — Wenn dem Menschen die Aufgabe übertragen wird, Sollwerte konstant zu halten, z. B. die Lastverteilung in einer Energiezentrale, oder einer Führungsgröße zu folgen, z. B. ein Flugzeug auf seinem Kurs zu halten, dann wird er als *Regler* in Anspruch genommen. Wenn man einmal von ingenieurwissenschaftlichen Versuchen absieht, die beteiligten psychischen Prozesse zu modellieren (vgl. Johannsen, Boller, Donges & Stein, 1977; Johannsen, in diesem Band), so war auch hier wie bei anderen Problemen das beherrschende Forschungsziel, die Grenzen menschlicher Leistungsfähigkeit kennenzulernen, aber auch Theorien sensomotorischer Kontrolle zu entwickeln. Menschen können — um einige elementare Befunde zu nennen — eine Regelungsaufgabe besser durch Lagesteuerung als durch Geschwindigkeitssteuerung und Beschleunigungssteuerung lösen, bedürfen einer sorgfältigen Abstimmung zwischen Signaldarbietung und der Art der Verstellung eines Bedienelementes (Kompatibilität); ihre Handlungen unterliegen unangenehmen zeitlichen Verzögerungen. Die Bedeutung dieses Problemfeldes ist seit den 60er Jahren erheblich zurückgegangen. In einem 1971 erschienenen Übersichtsreferat machen Tracking-Probleme rund zwei Drittel des gesamten Textes aus (Adams, 1971); Wickens und Kramer (1985) haben bei gleicher Länge des Artikels gerade noch zwei Seiten auf dieses Thema verwandt; in der Tat aber werden Regelungsaufgaben heute sehr viel seltener als früher dem Menschen übertragen — viele wurden inzwischen automatisiert.

*Der Mensch als "Überwacher".* — Wenn der Mensch eine Anlage zu überwachen hat, und viele Systementwerfer meinen, Menschen sollten dies (noch) tun, und im Störfalle Maßnahmen ergreifen soll, dann wird er hauptsächlich als „Signalverarbeiter", „Diagnostiker" und „Entscheider unter Unsicherheit" in Anspruch genommen. Die enormen Schwächen des Menschen, Signale — besonders seltene Signale — kontinuierlich und vollständig zu erfassen, wurden sehr bald offenbar. Zahllose Untersuchungen mündeten in Theorien der Vigilanz. In technischen Komponenten von Systemen auftretende Zustände, besonders auch Störfälle, müssen diagnostiziert und beurteilt werden. Die Erforschung entsprechender Prozesse der Informationsverarbeitung nimmt in der gegenwärtigen Ingenieurpsychologie breiten Raum ein und hat ein so vielbeachtetes Modell wie das der Fertigkeits-basierten, Regel-basierten und Wissens-basierten Urteile und Entscheidungen hervorgebracht (Rasmussen, 1986). Wie der „menschliche Entscheider" in einer komplexen Situation zu einer Entscheidung kommt und sich dabei u. U. eher irrational als rational verhält, haben die Studien von Fischhoff, Kahneman, Lichtenstein, Slovic, Tversky u. a. gezeigt (Kahneman, Slovic & Tversky, 1982).

*Der Mensch als "Dialogpartner".* — Wenn ein Mitarbeiter in einem Büro elektronisch eingehende „Post" bearbeiten soll — eine Antwort überlegen, den „Brief" ablegen oder wegwerfen —, dann wird er als Verarbeiter von Information komplexer Art und wieder als Entscheider in Anspruch genommen. Das gilt für zahlreiche andere Aufgaben, die Menschen in Kommunikationsnetzen übertragen werden. Mit der Beantwortung solcher Fragen greift die Ingenieurpsychologie weit über ihr traditionelles Gebiet hinaus und präsentiert sich mit neuen Gebietsbezeichnungen, z. B. „cognitive engineering" (Norman, 1986) oder „software psychology" (Shneiderman, 1980), und einer kaum noch zu überblickenden Menge an Literatur.

In dem Prozeß der Lösung von Problemen bei der Mensch-Maschine-Interaktion gehen somit — wie mit diesen wenigen Beispielen angedeutet werden sollte — Kenntnisse darüber ein, was der Mensch kann und wie er es kann, alles zunächst in der Bandbreite eines vorherrschenden Aufgabentyps. Da aber im gesamten Spektrum technischer Realisierungen, das auch heute noch alle Stadien der Entwicklung von Handarbeit bis zur Mensch-Computer-Interaktion umfaßt, alle nur erdenklichen Kapazitäten des Menschen in Anspruch genommen werden, also Wahrnehmen, Behalten, Urteilen, Aufmerksamkeit, Entscheiden usw., kommt bei ingenieurpsychologischen Fragestellungen auch die ganze Psychologie ins Spiel. Ein neueres Werk der Ingenieurpsychologie (Wickens, 1984) ist praktisch ein Lehrbuch der Psychologie mit ingenieurpsychologischen Bezügen.

Sicher würde man eine Wissenschaft wie die Psychologie überfordern, wenn man ihr *eine* Theorie der Mensch-Maschine-Interaktion abfordern würde; ein solches Bemühen wäre u. U. auch gar nicht wünschenswert. So finden wir

Theorien und Modelle, die sich um so wichtige Aufgaben wie Regeln, Überwachen, Entscheiden gebildet und jeweils zu mehr oder weniger abgeschlossenen Wissensdomänen entwickelt haben. Sie entstammen im wesentlichen einer durch verschiedenartige technische Produkte und technische Lösungen inspirierten Metaphorik (vgl. Gigerenzer, 1988). Rasmussen (1986) überschreibt ein Kapitel seines Buches so: „Ein Katalog von Modellen", so u. a. Kontrollmodelle, Modelle menschlichen Urteilens, Entscheidungstheorien, Modelle künstlicher Intelligenz, Expertensysteme.

## 3.4 Aufgabenverteilung zwischen Mensch und Maschine

Die Grundfrage aller Mensch-Maschine-Systeme lautet: Wenn ein System ein bestimmtes Ziel erreichen soll, einen Output erzeugen soll, dazu Menschen und Maschinen für erforderlich gehalten werden, welche Aufgaben überträgt man dem Menschen, welche der Maschine (siehe dazu auch Kannheiser in diesem Band)? Diese Frage ist so alt wie die Automatisierung und die Konzipierung von MMS, gewinnt aber besonders unter der übermächtigen Tendenz, Systemaufgaben rechner-basiert lösen zu lassen, neue Aktualität (Price, 1985). Nichts wäre jedoch falscher als die Annahme, die Verteilung der Aufgaben zwischen Mensch und Maschine sei klar und problemlos, seit Paul Fitts (1951) seine Liste jener Aufgaben veröffentlicht hat, die die Maschine besser lösen kann, und der Aufgaben, die der Mensch besser lösen kann — gemessen an Kriterien der Schnelligkeit, Genauigkeit, Fehlerfreiheit usw. Eine neuere MABA-MABA-Liste (Men Are Better At-Machines Are Better At) entnehmen wir Lanc (1975) (Tabelle 1).

Aus solchen Aufgabenverteilungen, die man praktisch in jedem Ergonomielehrbuch findet, kann man in der Tat einiges über die Aufgaben der Ingenieurpsychologie — auch in der Perspektive ihrer Entwicklung — lernen. Die MABA-MABA-Frage wird zweifellos durch die Entwicklung der Computer neu gestellt; die Befürchtungen mehren sich, die Gewichte könnten sich — angetrieben durch tayloristisches und neotayloristisches Denken — drastisch zuungunsten des Menschen mit allen möglichen negativen Folgen verschieben (Volpert, 1985, 1987).

Der entscheidende Punkt ist in dem hier diskutierten Zusammenhang: Den einschlägigen Listen liegen Annahmen über das „System Mensch" (Schönpflug, 1977) zugrunde, die einerseits die Entwicklung psychologischer Theorienbildung, andererseits die Präferenzen für bestimmte Modellvorstellungen erkennen lassen. Dazu geben die folgenden Kapitel dieses Bandes vielfältige Aufschlüsse.

Tab. 1: MABA-MABA (Men Are Better At — Machines Are Better At)-Liste nach Lanc (1975)

| Funktionen, die der Mensch besser bewältigt als die Maschine | Funktionen, die eine Maschine besser bewältigen kann als ein Mensch |
|---|---|
| 1. Detektion energetisch sehr schwacher Signale und deren Verstärkung<br>2. Flexibilität und Improvisation (schnelles Finden einer Alternativlösung)<br>3. Wechsel von einer bestimmten Strategie zu einer anderen (Übergang zu einer anderen Lösung)<br>4. Langfristiges Behalten von großen Informationsmengen ($2,8 \times 10^{20}$ bit, nach Neumann) und schnellerer Suchvorgang<br>5. Räumliche Wahrnehmung (Wahrnehmung von Raumtiefe und Formen)<br>6. Interpolation (Bestimmung der Werte zwischen fixen Punkten bzw. Werten)<br>7. Prädiktion und Antizipation (Vorhersage weiterer Entwicklung in logisch schwer definierbaren Bedingungen)<br>8. Induktive Urteilsprozesse (Verallgemeinerung) bzw. Bildung einer Ansicht<br>9. Realisierung homöostatischer Prozesse (Beibehalten einer stabilen Lage bei Änderung der äußeren Bedingungen)<br>10. Adaptation und Lernen<br>11. Durchführung komplexer Entscheidungen; Lösung komplizierter unvollkommen definierter Situationen bzw. unvorhergesehener Situationen | 1. Lösung einfacher arithmetischer Aufgaben mit großer Geschwindigkeit, Fähigkeit zu sehr schnellen Reaktionen ($10^{-6}$—$10^7$ s)<br>2. Differenzierung, d. h. Durchführung der mathematischen Operation d/dt<br>4. Integrierung, d. h. Durchführung des Integrals einer Funktion<br>4. Einsatz großer Kraft oder Leistung bei großer Präzision und genau definiertem Ablauf (bei der Maschine ist die Leistung im Praxisbezug unbeschränkt)<br>5. Exakte Wiederholung bestimmter Prozesse nach einem vorgegebenen Programm über einen beliebigen Zeitraum<br>6. Langfristige Wachsamkeit, keine Ermüdungserscheinungen<br>7. Kurzzeitiges Behalten einer Information, kurzzeitige Speicherung<br>8. Durchführung von komplexen simultanen Funktionen mit großer Geschwindigkeit bzw. nach genauer zeitlicher Abfolge<br>9. Deduktive Urteilsprozesse<br>10. Einfache Entscheidungen von dem Typ ja-nein mit großer Geschwindigkeit (allerdings mit weniger Möglichkeit, die Ergebnisse zu korrigieren)<br>11. Detektion von Signalen, deren Qualität mit den menschlichen Sinnesorganen nicht wahrgenommen werden kann, mit wesentlich größerer Genauigkeit, als dies der Mensch in seinem Bereich kann |

Nun bleiben, wie Tabelle 1 und andere Listen indessen zeigen, ihre Autoren insgesamt dem Leistungsbereich verhaftet, der die Gesamtrolle des Menschen im System nicht ausschöpfen kann und außerdem suggeriert, Leistungsvollzüge auf humaner *oder* maschineller Basis ließen sich mehr oder weniger gleichsetzen, was sicherlich nicht der Fall ist. Wie Price (1985) betont hat, bedarf der Mensch im System der *affektiven* Unterstützung (er kann seine Rolle als wertvoll einschätzen, sich persönlich sicher oder unsicher fühlen, über ein „Kontrollbewußtsein" verfügen), der *kognitiven* Unterstützung (Kann der Operateur ein adäquates Modell der Maschine entwickeln und präsent halten? Erlaubt das System einen Überblick über alle wichtigen Systemfunktionen? Im Überblick: Kraiss, 1987) und schließlich der sozialen Unterstützung, wie die

Streß-Forschung eindringlich gezeigt hat (Udris, 1981; Udris & Frese, 1988; z. T. auch unter dem Begriff der Ressourcen behandelt; Schönpflug, 1987).

Ein besseres Verständnis ingenieurpsychologischer Praxis gewinnt man wohl, wenn man betrachtet, wie sich Systemfunktionen tatsächlich Menschen und Maschinen zuordnen lassen. Allgemeine MABA-MABA-Listen geben zunächst nur ein vages Bild und eine erste Orientierung; erst im Gesamtspektrum einer Aufgabenzuteilung läßt sich die Rolle des Menschen erkennen und bewerten. Wie Chapanis (1965) und Price (1985) — 20 Jahre später — betonen, ist die Aufgabenverteilung zwischen Mensch und Maschine bei bestimmten Aufgabentypen und konkreten Problemlösungen keine einmalige Entscheidung („allocation is not a one-shot decision", Price, a.a.O., S. 36), sondern eine kontinuierliche Tätigkeit, die iteratives Vorgehen und laufende Überprüfung erfordert. Sie beginnt bei der Planung im Sinne projektierender Arbeitsgestaltung (Richter, Heimke & Malessa, 1988) und erfordert die Mitarbeit des Ingenieurpsychologen. Diese Forderungen sind für gegebene Aufgaben, z. B. Buchungen im Bankgeschäft, Materialbearbeitung, Überwachungstätigkeiten, unmittelbar einsichtig. Sie illustriert aber auch die ingenieurpsychologische Tätigkeit selbst: Zu sehen, wo die Maschine etwas besser kann oder der Mensch oder unter welchen sozialen, ökonomischen oder politischen Rahmenbedingungen von den jeweiligen Leistungsvorteilen Gebrauch gemacht werden kann und soll, ist eine permanente Aufgabe der Ingenieurpsychologie.

In der Literatur finden sich vielfältige Hinweise, wie bei der Aufgabenverteilung in MMS vorgegangen werden soll (z. B. Chapanis, 1965; Kannheiser, in diesem Band; Kantowitz & Sorkin, 1987; Ludwig, 1987; Meister, 1985; Price, 1985; in aller Ausführlichkeit Price & Tabachnick, 1968). Wir greifen aus diesen Überlegungen den folgenden allgemeinen Aspekt heraus: Aufgabenverteilung ist kein Nullsummenspiel, d. h. sie folgt nicht der simplen Annahme: Was die Maschine nicht kann, kann der Mensch und umgekehrt. Vielmehr muß sich die Aufgabenverteilung an einem Muster sich überlappender bzw. ausschließender Kompetenzen orientieren. In Abbildung 1, die diese Beziehungen verdeutlichen soll, ist auf der X-Achse die Eignung des Menschen zur Lösung einer anstehenden Aufgabe abgetragen, auf der Y-Achse die entsprechende Eignung von Maschinen. Diese Eignung kann nach Kriterien wie Genauigkeit, Schnelligkeit, Zuverlässigkeit beschrieben werden. Jede künftige Systemleistung kann durch einen Punkt in dem definierten Koordinatensystem charakterisiert werden. Wie man sieht, gibt es Aufgabenbereiche, die man entweder nicht dem Menschen oder nicht der Maschine oder beiden nicht zumuten kann. Systeme, in denen Aufgaben vorkommen, die weder dem Menschen noch der Maschine zugemutet werden können, müssen einsichtigerweise umkonstruiert werden. Aufgaben, die man dem Menschen nicht zumuten kann und darf (Feld „U Mensch") gibt es in Hülle und Fülle — aus verschiedenen Gründen: Man denke an die verschiedentlich formulierten Kriterien zur Arbeitsgestaltung (z. B. Hacker,

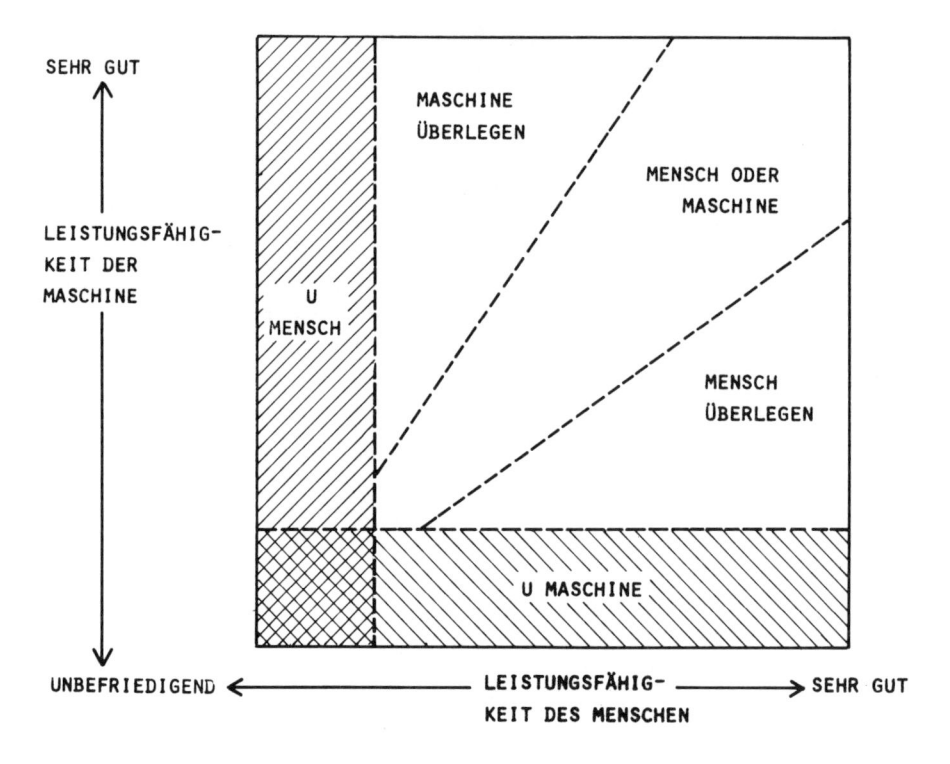

Abb. 1: Entscheidungsmatrix für die Aufgabenverteilung in Mensch-Maschine-Systemen (nach Price, 1985)
Anmerkung: U = unzumutbar.

1986; Rohmert, 1987; Rohmert & Rutenfranz, 1975; Timpe & Rothe, 1988; besonders für Bildschirmarbeit v. Benda, 1988a).

Jenseits seiner sensorischen, psychomotorischen und anderen Leistungsgrenzen kann ein menschlicher Operateur nicht in Anspruch genommen werden. Unzumutbar sind Aufgaben, die seine körperliche und psychische Unversehrtheit beeinträchtigen können, z. B. Arbeiten unter gefährlicher Strahlungsexposition, aber auch Arbeiten ohne lebenserhaltende Systeme, ein Problem, das die Raumfahrt stark beschäftigt. Als *unzumutbar* gelten auch viele Aufgaben unter sozialen oder ethischen Gesichtspunkten — bei Rohmert (a.a.O.) Unzumutbarkeit i. e. S. Betrachtungen über Unzumutbarkeit können und müssen Hinweise hinzugefügt werden, was dem Menschen *zugemutet* werden *soll,* z. B. anregungsreiche Arbeitsinhalte (Hacker, 1987; Ulich, in diesem Band), ja, ernsthafte Überlegungen sind angezeigt, was ihm *vorbehalten* bleiben sollte — unbeschadet möglicher Überlegenheit technischer Systeme (Volpert, 1987). Wie man sieht, läßt sich an dieser Stelle eine Debatte zur Humanisierung der Arbeit eröffnen. Dies ist jedoch nicht die Absicht dieses Beitrages; ein Signal soll mit diesen Hinweisen jedoch gesetzt sein.

Unzumutbarkeit für eine Maschine bedeutet selbstverständlich etwas anderes als Unzumutbarkeit für einen menschlichen Operateur. Gemeint ist mit „U Maschine": Maschinenkomponenten erledigen eine Aufgabe so schlecht, daß man sie besser vom Menschen ausführen lassen soll. Dies trifft gegenwärtig wohl noch für maschinelle Spracherkennung zu.

In einem großen Bereich bleibt die Frage der Aufgabenverteilung mehr oder weniger offen, wobei oberhalb und unterhalb der Diagonale ohne besondere Gründe nicht von der angegebenen Präferenz abgewichen werden sollte. Beispiele lassen sich unschwer benennen.

Schließlich erkennen wir einen Diagonalbereich von Aufgaben, für den Mensch und Maschine gleichermaßen geeignet sind, freilich unter Rücksicht auf die je spezifischen Merkmale von Mensch und Maschine. Der Diagonalbereich wird um so eher belegt werden, je mehr Computer quasi-mentale Leistungen erbringen und in Mensch-Maschine-Systeme einbezogen werden. Expertenurteile könnten dieser Diagonale zugeordnet werden: Sie werden — mehr oder weniger effektiv — von Personen erwartet, können aber z. T. schon mit Hilfe sogenannter Expertensysteme generiert werden. Gegenwärtig setzt sich die realistische Anschauung durch, wonach Expertensysteme menschliche Experten nicht ersetzen, sondern unterstützen sollen (Gordon, 1986; Zimolong, Nof, Eberts & Salvendy, 1987; Zimolong & Rohrmann, 1988). Wie man die Aufgaben dann verteilt, wird von der Verfügbarkeit technischer Lösungen, von sozialen und organisatorischen Bedingungen, nicht zuletzt von den Präferenzen des Nutzers abhängen, d. h. ob er selbst agieren möchte oder eine Maschine agieren läßt. Die Aufgabenverteilung in MMS ist dann nicht mehr nur eine Sache der Opportunität, sondern ist vom Nutzer her zu sehen, empirisch zu prüfen und in ein Programm individualisierender Arbeitsgestaltung einzubinden (vgl. Ulich, in diesem Band).

Auf eine wichtige Variante der Aufgabenverteilung weisen Stammers und Hallam (1985) hin: Aufgaben sind häufig in Mensch-Mensch-Maschine-Systemen (MMMS) zu verteilen, wie z. B. bei der An- und Abflugkontrolle eines Flughafens oder in einer Notdienst-Zentrale.

Rouse (1977) diskutiert eine adaptive Form der Aufgabenverteilung: Auf der Basis der Warteschlange unerledigter Aufgaben, mit denen ein Systempartner — Mensch oder Computer — konfrontiert ist, werden Aufgaben von Augenblick zu Augenblick so verteilt, daß die Erfüllung von Aufgaben unter Gesichtspunkten der Kosten gering gehalten wird. Die Warteschlange von Aufgaben beim Operateur könnte auf dessen Überlastung und Streß hindeuten und die Übernahme von Aufgaben durch den Computer aus Gründen der Erholung und Hygiene angezeigt sein. Chu und Rouse (1979) erprobten das Prinzip an einem simulierten Boing 707-Flug: Ein Programm erfaßte die Anzahl der durch den Piloten noch nicht erledigten Aufgaben; ab einer bestimmten Anzahl bzw. Länge einer Warteschlange übernahm der Computer Aufgaben und zeigte dies dem Piloten an. Das wird um so leichter möglich sein, je besser der Computer Prioritäten und Vorlieben des Operateurs gelernt hat (Chu, Steeb & Freedy, 1980).

Wie die Erörterungen der Entwicklungsstufen von MMS schon gezeigt haben (s. S. 9 f.), wird für eine optimale Führung komplexer Systeme das Wissen um die Funktionsweise eben dieser Systeme immer bedeutsamer (vgl. auch Hollnagel sowie Sonntag, beide in diesem Band); Operateure sollen physikalische Kenntnisse besitzen, über Regelwissen verfügen und Modelle oder operative Abbildsysteme der ihnen anvertrauten Maschinen bilden, um nicht zuletzt im Störungsfall, aber auch bei mancherlei Optimierungsaufgaben wirkungsvoll eingreifen zu können. Hier entsteht gewissermaßen eine Metaebene der Aufgabenverteilung in MMS: Wo soll das für das Führen des Systems notwendige Wissen repräsentiert werden — teilweise oder ganz im Gedächtnis des Operateurs oder zu ansehnlichen Teilen in Maschinenkomponenten, und — eine wichtige Teilfrage der Arbeitsablaufgestaltung — zu welchen Zeitpunkten soll notwendiges Wissen zur Verfügung stehen? Welchen Ort der Speicherung Vpn bevorzugen, wenn sie die Wahl haben, eher externe Wissensspeicher oder ihr eigenes Gedächnis zu benutzen, zeigten Untersuchungen von Schönpflug (1986, 1987).

Auf die Widersprüchlichkeit solcher Entwicklungen macht Hollnagel (in diesem Band) aufmerksam: Einerseits erwartet man vom Operateur Wissen und Kenntnisse der erwähnten Art, andererseits hält man ihn durch Automation von den technischen Prozessen fern und reduziert seine Eingriffe auf seltene Fehlerkorrekturen, die dann aber perfekt sein sollen. Wo hat der Mensch im System dann noch Lernmöglichkeiten?

## 3.5 Die Mensch-Maschine-Schnittstelle

Während in frühen MMS Schnittstellen-Gestaltung noch kein Thema war (Hollnagel, in diesem Band), rangiert unter den ingenieurpsychologischen Aufgaben die Gestaltung von Mensch-Maschine-Schnittstellen bzw. die Mitwirkung an entsprechenden Gestaltungsaufgaben heute doch ganz oben, wenn nicht an oberster Stelle — repräsentiert durch die Studien und Anregungen zur Gestaltung von Informationsgebern (Maschine-Mensch-Interaktion) (unter der Annahme, die Aufgabe des Menschen in MMS sei vornehmlich die Verarbeitung von Information) und von Stellteilen aller Art (Mensch-Maschine-Interaktion). Wie die einschlägigen Kapitel in diesem Band dokumentieren (Timpe; Rühmann & Schmidtke; Streitz), liegt zu diesem Thema eine immense Literatur vor, die sowohl „gesicherte Erkenntnisse" erbracht hat als auch in Neuland vorstößt, denn die MM-Schnittstelle muß ja immer wieder neu entwickelt und gestaltet werden — je nach Automatisierungsgrad, Systemziel, technischer Ausrüstung eines gegebenen MMS. In Anbetracht dieser intensiven Forschungsaktivitäten verwundert doch, wie schwer sich eine technisierte Gesellschaft tut, ihren Umgang mit Technik einigermaßen reibungslos zu gestalten — ganz im Gegensatz zu der doch recht guten Anpassung des Menschen an seine natürliche Umgebung, die von der Psychologie ja in zahlreichen Varianten modelliert wurde, wie die Grundlagenbeiträge zu diesem Band zumindest exemplarisch zeigen.

Der Blick auf konkrete Realisierungen von MMS zeigte nicht nur in der Vergangenheit, sondern zeigt auch heute noch gravierende Mängel: Die Stellung von Zeigern auf Instrumenten läßt sich kaum erkennen, Beschriftungen nicht ablesen, Warn- und Arbeitssignale nicht unterscheiden; Meßwarten sind unübersichtlich; Informationen im öffentlichen Bereich, z. B. Personennahverkehr, sind oft schwer verständlich, wenn nicht gar irreführend; Industrieprodukte gefährden ihre Benutzer. Die bereits überall vorfindbaren Bildschirme traktieren Nutzer mit ermüdenden Schriftbildern, unübersichtlichen Zahlenlisten, kaum verständlichen Rückmeldungen usw. usw. Diese Mängel mögen vielfach Teil der „Widrigkeiten" sein, von denen der technische Fortschritt wohl begleitet sein muß und die man in der Hoffnung auf weitere Verbreitung ergonomischer Erkenntnisse zu ertragen bereit ist. Bedauerlicherweise führen Schnittstellenmängel nicht selten auch zu katastrophalen Folgen, wie z. B. einige spektakuläre Flugunfälle gezeigt haben.

Das kann eigentlich nicht nur ein Problem der Umsetzung ergonomischer und ingenieurpsychologischer Kenntnisse in die Praxis sein, obwohl in dieser Hinsicht die Lage wirklich nicht rosig ist. Vielleicht fehlt es doch noch an grundsätzlichen Überlegungen, was es heißt, ein physikalisches System und ein organisches System zu koppeln. Wie wird eine Mensch-Maschine-Schnittstelle konzipiert und definiert? In der älteren Literatur findet man Modellierungen und Visualisierungen, wie sie Abbildung 2 zeigt, die so kommentiert werden: Die Darstellung repräsentiert den menschlichen Operateur als ein lebendiges, Daten-übertragendes und Daten-verarbeitendes Glied — eingefügt zwischen mechanischen oder elektronischen Anzeigen und Stellteilen an der Maschine. Die Vorstellungen über die Möglichkeiten der Datenübertragung sind bis heute geprägt durch das Kommunikationsmodell der Kybernetik und der Nachrichtentechnik. Die Psychologie hat dieses Modell mit einiger Begeisterung übernommen und zahlreiche Studien über in „bit" bewertbare Informationsverarbeitung produziert (z. B. von Attneave, 1965, zusammengefaßt). Nun hat diese Richtung in der Psychologie keineswegs dominiert; andere Konzepte der Informationsverarbeitung betonten stärker die aktive Informationssuche, Informationsgenerierung und -Assimilation (vgl. Klix, 1976), aber in Ergonomie und Ingenieurpsychologie wurde der „Datenfluß" zunächst nicht sonderlich problematisiert. So konzipierte Datenflüsse sind weitgehend noch am Prozeß orientiert, nicht so sehr am Operateur oder Nutzer, dessen Wahrnehmen, Entscheiden und Handeln u. U. eine ganz andere Datenaufbereitung erfordert.

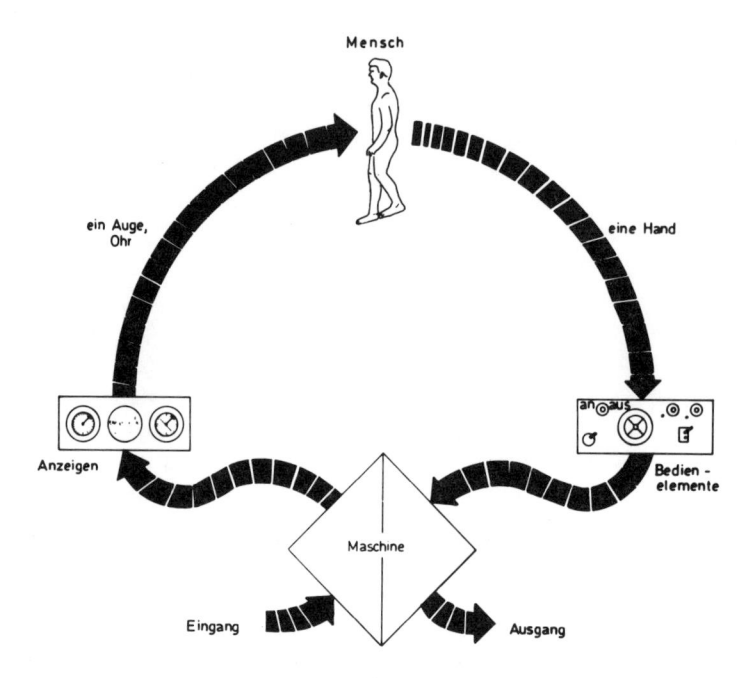

Abb. 2: Das Mensch-Maschine-System (nach Taylor, 1971, p. 5).

In dieser Hinsicht hat die Einführung der Computer neue Qualitäten in die Mensch-Maschine-Schnittstelle eingebracht: den „Dialog" zwischen Mensch und Maschine, der an der zwischenmenschlichen Kommunikation anknüpft, sich von dieser aber auch wieder grundlegend unterscheidet (v. Benda, 1988; Streitz, in diesem Band). Die Maschine „versteht" eine Sprache; Aufträge können ihr durch Kommandos erteilt werden; die Maschine reagiert mit Sprachausgaben. Vielleicht haben gerade die „quasi-mentalen" Fähigkeiten eines technischen Geräts zu grundsätzlichen Überlegungen über die „Schnittstelle" zwischen Mensch und Maschine angeregt. So betont Norman (1986) die grundsätzliche Verschiedenheit von physikalischen Systemen und psychologischen Variablen, die in der Schnittstelle gekoppelt werden sollen, und geht von der Kluft (gulf) aus, die zwischen beiden Arten von Systemen besteht und die überbrückt werden soll (Abbildung 3). Damit kommt die Ingenieurpsychologie auf die Grundfrage des Verhältnisses von Mensch und Umwelt, Subjekt und Objekt zurück, die auch bei den Grundlagenbeiträgen dieses Bandes angesprochen wird.

Zu einem inhaltlich bestimmten Bemühen, die Kluft zu überbrücken, haben die zahlreichen Aufgabendefinitionen beigetragen, die in den letzten Jahren vorgeschlagen wurden (Fleishman & Quaintance, 1984; Hackman, 1970; Hoyos & Frieling, 1977; Leplat, 1988). Der in den meisten Aufgabendefinitionen enthaltene Hinweis auf die Ziele, die mit der Aufgabe verknüpft sind, weist deutlich

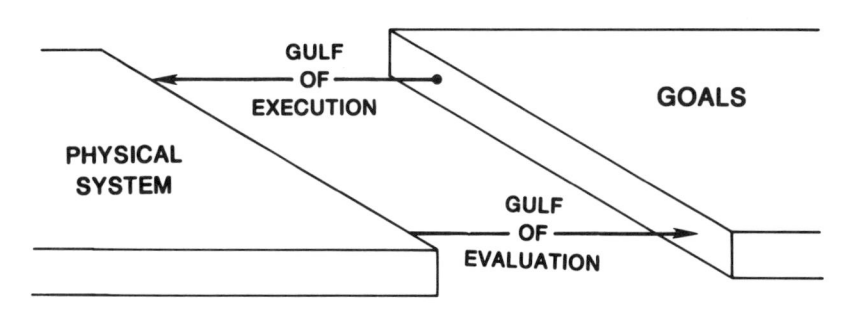

Abb. 3: Die Kluft (gulf) zwischen physikalischem System und Humansystem (nach Norman, 1986, p. 39).

auf den auch von Norman (1986) besonders betonten Unterschied zwischen dem physikalischen und dem organischen System hin. Der Mensch verfolgt bestimmte explizite oder implizite Ziele, das physikalische System verarbeitet Steuerbefehle. Im Hinblick auf die Handlungsziele und im Lichte eigener Erfahrungen, Fähigkeiten und Erwartungen muß der Handelnde seine Aufgaben redefinieren, d. h. ein mentales Modell der objektiv gegebenen Anforderungen bilden. Auf die Konsequenzen dieser Seite menschlichen Arbeitshandelns für die Planung von Arbeitssystemen hat neuerdings besonders Leplat (1988) hingewiesen (siehe auch Kannheiser in diesem Band).

Eine Brücke von den Zielen des Handelnden zum physikalischen System muß nach Norman (1986) aus vier Segmenten bestehen: Bilden einer Absicht, Spezifikation einer Handlungsfolge und ihre Ausführung und schließlich Kontakt zu Eingabemedien. Die Übersetzungsarbeit, die hier zu leisten ist (jemand habe die Absicht, einen Brief zu schreiben oder ein Musikstück zu komponieren), kann erheblich sein und entweder weitgehend und ganz beim Operateur oder Nutzer bleiben, oder aber das physikalische System kommt dem Nutzer entgegen. Die Verwendung von Computern in MMS bietet dazu vielfältige Möglichkeiten, deren Nutzung jedoch noch in den Anfängen steckt. Direkte Manipulation wäre ein solcher Weg (Hutchins, Hollan & Norman, 1986), Spracheingabe ein anderer. Mit der „desktop"-Metapher (Clarke, 1986; Dumais & Wright, 1986) wird ebenfalls versucht, die „Kluft" zu verkleinern. Es soll einmal auf die Fähigkeit des Menschen Bezug genommen werden, in räumlichen Anordnungen zu reagieren (anstelle von sprachkodierten Ordnungsformen); andererseits versucht die Metapher, an besonders gewohnte Verrichtungssequenzen anzuknüpfen — in diesem konkreten Fall eine vielleicht etwas primitive, aber doch auch wieder griffige Metaphorik.

Wie der menschliche Operateur Kontakt zu Eingabemedien aufnimmt, haben Rühmann und Schmidtke (in diesem Band, siehe auch Kraiss, 1978) mit allen Implikationen beschrieben. Wie man dabei sehen kann, steht für diesen Kontakt nur ein begrenztes Repertoire an „Stellteilen" zur Verfügung: Hebel,

Knöpfe, Tasten u. a. In der Mensch-Computer-Interaktion schrumpft dieses Repertoire praktisch auf Tasteneingabe und/oder auf eine sogenannte Maus. „Direkte Manipulation" bringt nicht viele Varianten hinzu. Unter Berufung auf die allgemein und überall angesagten kongnitiven Prozesse wird ein so ungemein flexibles und vielseitiges Instrument wie die menschliche Hand und — im weiteren Sinne — die Handmotorik (vgl. Zimmer, in diesem Band) aus dem beruflichen Alltag verdrängt, ihr Einsatz auf Reservate einiger handwerklicher und künstlerischer Tätigkeiten beschränkt.

„Bridging the gulf of evaluation", wie Norman die Informationsaufnahme aus dem physikalischen System bezeichnet, heißt: sich auf die Ausgabe eines Anzeigenmediums konzentrieren, das Systemzustände anzeigt oder Ergebnisse von Operateuraktivitäten zurückmeldet, die ausgegebenen Daten einer perzeptuellen Verarbeitung zuführen, sie zu interpretieren und schließlich im Lichte der eigenen Ziele und Absichten zu bewerten. Das ist alles andere als kontinuierlicher Informationsfluß, sondern eher ein Auf und Ab zwischen Niveaus der Verarbeitung auf Ebenen im Sinne von Rasmussen (1986) — Fertigkeiten, Regeln und Wissen — , ein Hin und Her zwischen Generalisierung und Differenzierung und schließlich, wie Norman (1986) betont, ein Umgang mit zeitlicher Verzögerung, z. B. die z. T. erheblich verzögerte Ausführung eines Befehls im physikalischen System. Auch in dieser Hinsicht hat die Ingenieurpsychologie durch intelligente Displays Hilfestellung gegeben, wie Timpe (in diesem Band) gezeigt hat. Im allgemeinen aber werden Operateure und Nutzer immer noch durch mangelhafte Informationsdarstellungen belastet, daher auch ein großer Bedarf an praktischen Hinweisen und Unterrichtung (s. z. B. Risak, 1986).

Diese erweiterte und von der primär bestehenden Kluft ausgehende Konzeption von Mensch-Maschine-Schnittstellen kann durch eine Darstellung, wie die in Abbildung 4 gezeigte, anschaulich gemacht werden.

Die vorangegangene Überlegung und diese Darstellung lassen noch weitere Aspekte deutlicher hervortreten. Was man im Problemfeld der MCI als Oberfläche eines Systems bezeichnet, ist vielfach wirklich nur als „Fläche" gedacht. Die Schnittstelle muß aber eine gewisse Tiefe haben. Im Teilsystem Mensch bedeutet das Einbeziehen von Interpretation und Bewertung in die Schnittstellengestaltung auch Tiefe im Verarbeitungsprozeß. Tiefe ist auch auf der Seite des physikalischen Systems vonnöten, wie sie Hacker (1987) für die Softwaregestaltung gefordert hat. „Die Nutzerfreundlichkeit läuft damit Gefahr, sich zu reduzieren auf einen Ansatz im Sinne des herkömmlichen Anpassens der Maschinenoberfläche an den Menschen. Dieses Anpassen ist notwendig, es sichert aber allein keine beeinträchtigungsfreien und persönlichkeitsförderlichen Arbeitstätigkeiten. Dazu muß die Arbeitsgestaltung hinausgehen ... auch über eine Software-Ergonomie, die sich auf die Schnittstellengestaltung beschränkt, und mit Vordringen auch zur *Inhaltsgestaltung* (Hervorhebung d. d. Verf.) der rechnergestützten Arbeit insgesamt." (a.a.O., S. 34)

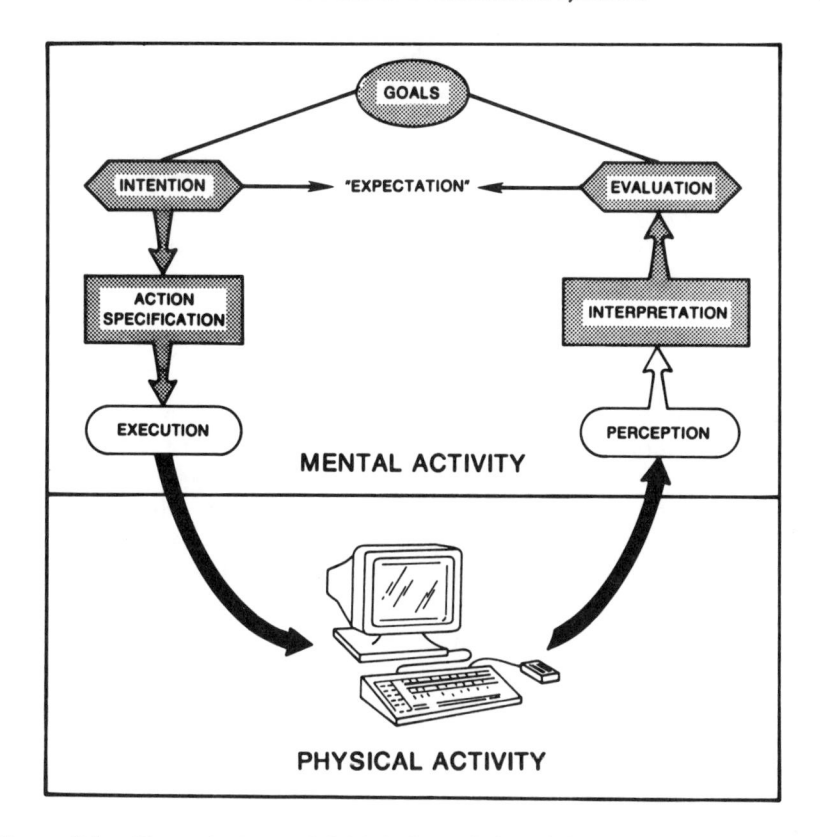

Abb. 4: Sieben Phasen der Nutzeraktivität in der Aufgabenerledigung (nach Norman, 1986, p. 42)
*Anmerkung:* Weitere Erläuterungen im Text.

Den hier angedeuteten Verengungen der Betrachtungsweise wird man wohl am ehesten entgehen, wenn man, wie v. Benda (1988a) dies vorgeschlagen hat, die Mensch-Maschine-Schnittstelle in vier Schnittstellen zerlegt:

— die Eingabe-Ausgabe-Schnittstelle: Sie ist Gegenstand der Hardware-Ergonomie;

— die Dialog-Schnittstelle: Hier geht es um die Übergabe von Informationen und fällt nach v. Benda unter die Kompetenz der Software-Ergonomie;

— die Werkzeug-Schnittstelle: Damit wird die Frage artikuliert, wie das „Software-Werkzeug" zugeschnitten sein muß, um den Prozeß der Aufgabenerfüllung optimal zu unterstützen. Diese Fragestellung geht bereits in Bereiche jenseits der Oberfläche und betrifft Fragen der Aufgabeninhalte, die Hacker (s. oben) betont hat;

— die Organisations-Schnittstelle bezeichnet v. Benda als Regeln des Zusammenhangs zwischen den Arbeitsaufgaben eines Operateurs mit denen anderer Operateure, also Fragen der Arbeitsteilung oder — wie oben formuliert — Fragen der Mensch-Mensch-Maschine-Systeme.

## 4 Nutzen und Folgen

Viele der genannten Gegenstände und Probleme werden den Vertretern der Anthropotechnik, der Ergonomie und des „Human Factors Engineering" bekannt vorkommen, ja sie werden sich Verdienste um Lösungen selbst zuschreiben. Das tun sie zweifellos in vielen Fällen zu Recht. Die Erforschung der menschlichen Informationsverarbeitung in technischen Systemen ist ja nicht auf die Psychologen beschränkt, die in der Forschungspraxis auch vielfach mit Vertretern anderer Disziplinen zusammengearbeitet haben und zusammenarbeiten, was nicht zuletzt durch die Autorenschaft dieses Bandes dokumentiert wird. Auf die „Schwächen" der Psychologen in dieser Partnerschaft weist Schmidtke (in diesem Band) hin. Alles in allem aber können heute Wissenschaft und Praxis über einen respektablen Bestand an Wissen über die Rolle des Menschen in Mensch-Maschine-Systemen verfügen, der nicht so sehr durch seine Lücken als vielmehr — wie schon angedeutet — durch seinen relativ geringen Grad an Umsetzung charakterisiert ist.

Nicht unberechtigt ist in diesem Zusammenhang auch die Frage, ob man sich in dem gemeinsamen Problemfeld mit einem stark ingenieurwissenschaftlich geprägten Forschungsstil — man denke z. B. an die Modelle des Menschen als Regler (s. S. 11) — auf dem richtigen Weg befunden hat. Ganz offenbar haben in den jeweiligen Phasen des „technischen Wandels" Modelle vom Menschen Forschung und Praxis geprägt, die von den technischen Aggregaten her gedacht waren und den Operateur zum Bediener der Maschine gemacht haben. Nichtkonforme Ansätze der Psychologie waren zur Bedeutungslosigkeit verurteilt, aber auch die Psychologie selbst hat mit unzähligen Untersuchungen zum Spurfolgeverhalten, Signalentdeckung, Vigilanz so getan, als sei der Mensch in der Tat ein — bisher noch unersetzlicher — Regler oder eine Einrichtung zum Entdecken kritischer Signale.

Diese Situation mag sich inzwischen geändert haben. Verfechter forcierter Rationalisierung und Automatisierung in Produktion und Büro sehen jetzt die Zeit gekommen, in der die Menschen zu ihrer Kreativität befreit werden. Monotonie, einfache Verrichtungen, Teil- bis Minihandlungen werden ihnen nicht mehr abverlangt. Psychologen haben damit zweifellos die Chance, die Mensch-Maschine-Interaktion stärker vom Menschen, d. h. von seinen schöpferischen Kapazitäten und nicht so sehr von seinen Grenzen her zu bedenken.

Kritiker der gegenwärtig zu beobachtenden Entwicklung meinen allerdings, einen neuen Taylorismus, neue Monotonie, eine Computerisierung des Denkens, eine Enteignung von Wissen beobachten zu können (eine kräftige Stimme unter vielen: Volpert, 1985). Auf der „alltäglichen" Ebene der „Lösung praktischer Probleme" sieht sich die Ingenieurpsychologie neuen Restriktionen ausgesetzt und kann sich nur mit Mühe dem Diktat von Software-Designern, Computerherstellern und Büroautomatisierern erwehren, indem sie sich z. B. um eine möglichst frühzeitige Partizipation von Nutzern bei der Entwicklung neuer Mensch-Computer-Systeme bemüht (Hoyos, Gstalter, Strube & Zang, 1987).

Dem Versuch, dem Menschen einen adäquaten Platz in technischen Systemen zu ermöglichen, dienen auch die Bemühungen, arbeits- und ingenieurpsychologische Gesichtspunkte schon im Stadium der Planung und Projektierung von Systemen zur Geltung zu bringen, da ja zu diesem Zeitpunkt noch die besten Einwirkungsmöglichkeiten bestehen (vgl. Frieling & Hilbig, in diesem Band; Hacker, 1986; Richter, Heimke & Malessa, 1988). Auch in dieser Hinsicht betritt die Psychologie eher Neuland als bekanntes Terrain. Die Ingenieurpsychologie wird sich mit diesen Problemen verstärkt auseinandersetzen müssen. Sie erhofft sich dabei die Kooperation mit anderen Ingenieur- und Humanwissenschaften, die an Optimierungen von Mensch-Maschine-Systemen beteiligt sind.

## *Literatur*

Adams, J. A. (1971). Engineering psychology. In H. Helson & W. Bevan (Eds.), *Contemporary approaches to psychology* (pp. 345—383). Princeton, N. J.: Van Nostrand.

Alemann, U. v. & Schatz, H. (1986). *Mensch und Technik.* Opladen: Westdeutscher Verlag.

Alluisi, E. A. & Morgan, B. B.(1976). Engineering psychology and human performance. *Annual Review of Psychology, 27,* 305—330.

Attneave, F. (1965). *Informationstheorie in der Psychologie.* Bern: Huber.

Benda, H. v. (1988). Probleme und Bewertung von Bildschirm-Arbeitsplätzen aus arbeitspsychologischer Sicht. In H. Lenk & W. Bungard (Hrsg.), *Technikbewertung. Philosophische und psychologische Perspektiven* (S. 32—45).

Benda, H. v. (1988a). Neue Technologien: Mensch-Computer-Interaktion. In D. Frey, C. Graf Hoyos & D. Stahlberg (Hrsg.), (S. 169—186).

Bernotat, R. (1966). *Die Anthropotechnik als wissenschaftliche Disziplin.* Vortrag auf der DGRR/WGLR-Jahrestagung 1966. Vervielf. Manuskript.

Bernotat, R. (1970). Anthropotechnik in der Fahrzeugführung. *Ergonomics, 13,* 353—377.

Bernotat, R. (1978). *Anthropotechnik.* Einführungsreferat zur Sitzung Anthropotechnik auf der Jahrestagung 1978 der DGLR. Vervielf. Manuskript.

Bernotat, R. (1987). Das Forschungsinstitut für Anthropotechnik — Aufgaben, Methoden und Entwicklung. In R. Bernotat, K.-P. Gärtner & H. Widdel (Hrsg.), *Spektrum der Anthropotechnik* (S. 7—20). Meckenheim: Warlich.

Bright, J. R. (1958). *Automation and management.* Boston: Harvard University, Graduate School of Business Administration.

Brödner, P. (1985). *Fabrik 2000 — Alternative Entwicklungspfade in die Zukunft der Fabrik.* Berlin: Ed. Sigma Bohn.

Brüning, B., Frey, D., Stahlberg, D. & Hoyos, C. Graf (1988). Notizen zu den Anfängen der Angewandten Psychologie. In D. Frey, C. Graf Hoyos & D. Stahlberg (Hrsg.), (S. 1—21).

Bungard, W. & Schultz-Gambard, J. (1988). Technikbewertung: Versäumnisse und Möglichkeiten der Psychologie. In H. Lenk & W. Bungard (Hrsg.), *Technikbewertung in philosophischer und psychologischer Sicht* (S. 157—182). Frankfurt/M.: Suhrkamp.

Card, St. K., Moran, Th. P. & Newell, A. (1983). *The psychology of human-computer interaction.* Hillsdale, N. J.: Lawrence Erlbaum.

Chapanis, R. (1963). Engineering Psychology. *Annual Review of Psychology, 14,* 285—318.

Chapanis, A. (1965). On the allocation of functions between man and machines. *Occupational Psychology, 39,* 1—11.

Chapanis, A. (1986). A psychology for our technological society. *human factors society bulletin, 29,* number 8, 1—4.

Chapanis, A., Garner, W. R. & Morgan, C. T. (1949). *Applied experimental psychology.* New York: Wiley.

Chu, Y. Y. & Rouse, W. B. (1979). Adaptive allocation of decision making responsibility between human and computer in multi-task situations. *IEEE Transactions on Systems, Man and Cybernetics, SMC-9,* 769—778.

Chu, Y. Y., Steeb, R. & Freedy, A. (1980). *Analysis and modelling of information handling tasks in supervisory control of advanced aircraft.* Technical Report PATR-1080-80-6. Woodland Hills, Cal.: Perceptronics (zitiert nach Moray, 1986).

Clarke, A. A. (1986). A three-level human-computer interface model. *International Journal of Man-Machine Studies, 24,* 503—517.

Di..ngshofen, H. von (1969). Mensch und Luftfahrzeug. *Flugwelt, 19,* 488—489.

Dorsch, F. (1963). *Geschichte und Probleme der angewandten Psychologie.* Bern: Huber.

Dumais, S. T. & Wright, A. L. (1986). Reference by name vs. location in a computer system. *Proceedings of the Human Factors Society, 30th Annual Meeting* (Vol 2, 824—828). Dayton, Ohio: The Human Factors Society.

Fitts, P. M. (Ed.). (1951). *Human engineering for an effective air-navigation and traffic-control system.* Columbus, Ohio: Ohio State University Research Foundation.

Fitts, P. M. (1958). Engineering psychology. *Annual Review of Psychology, 9,* 267—294.

Fleishman, E. A. & Quaintance, M. K. (1984). *Taxonomies of human performance.* Orlando, Fl.: Academic Press.

Frey, D., Hoyos, C. Graf & Stahlberg, D. (Hrsg.). (1988). *Angewandte Psychologie: Ein Lehrbuch*. München: Psychologie Verlags Union.

Giese, F. (1927). Methoden der Wirtschaftspsychologie. In E. Abderhalden (Hrsg.), *Handbuch der biologischen Arbeitsmethoden*, Abt. VI, C., Band 2, Wien.

Gordon, S. E. (1986). Building a structural model of computer aided decision making. *Proceedings of the Human Factors Society, 30th Annual Meeting* (Vol 1, 507—511). Dayton, Ohio: The Human Factors Society.

Gigerenzer, G. (1988). Woher kommen Theorien über kognitive Prozesse? *Psychologische Rundschau, 39*, 91—100.

Hacker, W. (1986). *Arbeitspsychologie*. Berlin: VEB Deutscher Verlag der Wissenschaften.

Hacker, W. (1987). Software-Ergonomie. Gestalten rechner-gestützter geistiger Arbeit?! In W. Schönpflug & M. Wittstock (Hrsg.), *Software- Ergonomie '87, Nützen Informationssysteme dem Benutzer?* Tagung des German Chapter of the ACM (S. 31—54). Stuttgart: Teubner.

Hackman, J. R. (1970). Tasks and task performance in research on stress. In J. E. McGrath (Ed.), *Social and psychological factors in stress* (pp. 202—237). New York: Holt, Rinehart & Winston.

Hell, W. (1988). Psychologie der Informationsverarbeitung: Auf der Suche nach einem Profil. *Psychologische Rundschau, 39*, 40—45.

Hendrick, H. W. (1987). Macroergonomics: a concept whose time has come. *human factors society bulletin, 30*, No. 2, 1—3.

Hollnagel, E. & Woods, D. D. (1983). Cognitive systems engineering: new wine in new bottles. *International Journal of Man-Machine Studies, 18*, 583—600.

Hoyos, C. Graf (1974). *Arbeitspsychologie*. Stuttgart: Kohlhammer.

Hoyos, C. Graf & Frieling, E. (1977). Die Methodik der Arbeits- und Berufsanalyse. In K. Seifert (Hrsg.), *Handbuch der Berufspsychologie* (S. 104—140). Göttingen: Hogrefe.

Hoyos, C. Graf, Gstalter, H., Strube, V. & Zang, B. (1987). Software-design with the rapid prototyping approach: a survey and some empirical results. In G. Salvendy (Ed.), *Proceedings of the Second International Conference on Human-Computer Interaction*. Honolulu, Hawaii, August 10—14, Vol. II (pp. 329—340). Amsterdam: Elsevier.

Hulse, S. H. & Green, jr. B. F. (Eds.). (1986). *One hundred years of psychological research in America*. Baltimore: Johns Hopkins University Press.

Hutchins, E. L., Hollan, J. D. & Norman, D. A. (1986). Direct manipulation interfaces. In D. A. Norman & S. W. Draper (Eds.), *User centered system design* (pp. 87—124). Hillsdale, N. J.: Lawrence Erlbaum.

Johannsen, G., Boller, H. E., Donges, E. & Stein, W. (1977). *Der Mensch im Regelkreis*. München: Oldenbourg.

Jones, P. M. & Mitchell, Ch. M. (1987). Operator modeling: conceptual and methodological distinctions. *Proceedings of the Human Factors Society, 31st Meeting* (pp. 31—35). Santa Monica, Ca.: The Human Factors Society.

Kahneman, D., Slovic, P. & Tversky, A. (Eds.). (1982). *Judgment under uncertainty: heuristics and biases.* Cambridge, Engl.: Cambridge University Press.

Kantowitz, B. H. & Sorkin, R. D. (1987). Allocation of functions. In G. Salvendy (Ed.), *Handbook of human factors* (pp. 355—369). New York: Wiley.

Kern, H. & Schumann, M. (1970). *Industriearbeit und Arbeiterbewußtsein.* Teil I. Frankfurt/M.: Europäische Verlagsanstalt.

Kern, H. & Schumann, M. (1984). *Das Ende der Arbeitsteilung? Rationalisierung in der industriellen Produktion: Bestandsaufnahme, Trendbestimmung.* München: C. H. Beck.

Klatzky, R. L., Alluisi, E. A., Cook, W. A., Forehand, G. A. & Howell, W. C. (1985). Experimental psychologists in industry — perspectives of employers, employees, and educators. *American Psychologist, 40,* 1031—1037.

Klix, F. (1971). Die Optimierung des Informationsaustausches in Mensch-Maschine-Systemen als psychologische Aufgabenstellung. In F. Klix, J. Neumann, A. Seeber & K.-P. Timpe (Hrsg.), *Psychologie in der sozialistischen Industrie* (S. 40—74). Berlin: VEB Deutscher Verlag der Wissenschaften.

Klix, F. (1976). *Information und Verhalten* (3. Aufl.). Bern: Huber.

Kraiss, K.-F. (1978). Neue Methoden der Interaktion an der Schnittstelle Mensch-Maschine. *Zeitschrift für Arbeitswissenschaft, 32* (4 NF), 65—70.

Kraiss, K.-F. (1987). *Schnittstellengaltung und Entscheidungsunterstützung bei Fahrzeug- und Prozeßführung.* Berichte aus dem Forschungsinstitut für Anthropotechnik, Nr. 76. Wachtberg-Werthofen: Institut für Anthropotechnik.

Lanc, O. (1975). *Ergonomie.* Urban-Taschenbücher, Band 197. Stuttgart: Kohlhammer.

Leplat, J. (1988). Methodologie von Aufgabenanalyse und Aufgabengestaltung. *Zeitschrift für Arbeits- und Organisationspsychologie, 32* (NF 6), 2—12.

Lomow, B. F. (1964). *Ingenieurpsychologie.* Berlin: VEB Deutscher Verlag der Wissenschaften.

Ludwig, J. (1987). *Ingenieurpsychologische Gestaltungsprinzipien für die Automatisierungstechnik.* Berlin: VEB Verlag Technik.

Meister, D. (1985). *Behavorial analysis and measurement methods.* New York: Wiley.

Moray, N. (1986). Monitoring behavior and supervisory control. In K. R. Boff, L. Kaufman & J. P. Thomas (Eds.), *Handbook of perception and human performance.* Vol.II. Cognitive processes and performance, Chapter 40. New York: Wiley.

Münsterberg, H. (1913). *Psychologie und Wirtschaftsleben.* Leipzig.

Münsterberg, H. (1914). *Grundzüge der Psychotechnik.* Leipzig.

Norman, D. A. (1986). Cognitive engineering. In D. A. Norman & S. W. Draper (Eds.), (pp. 31—67).

Norman, D. A. & Draper, S. W. (Eds.). (1985). *User centered system design: new perspectives on human-computer interaction.* Hillsdale, NJ: Lawrence Erlbaum.

Oldemeyer, E. (1988). Wertkonflikte um die Technikakzeptanz. In H. Lenk & W. Bungard (Hrsg.), *Technikbewertung. Philosophische und psychologische Perspektiven* (S. 32—45). Frankfurt/M.: Suhrkamp.

Popitz, H., Bahrdt, H. P., Jüres, E. A. & Kesting, H. (1976). *Technik und Industriearbeit* (3. Aufl.). Tübingen: J. C. B. Mohr.

Price, H. E. (1985). The allocation of functions in systems. *Human Factors, 27*, 33—45.

Price, H. E. & Tabachnick, B. J. (1968). *A descriptive model for determining optimal human performances in systems:* Vol. III. An approach for determining the optimal role of man and allocation of functions in an aerospace system (NASA CR-878). Chatsworth, CA: Sevendignity Ass.

Rasmussen, J. (1986). *Information processing and human-machine interaction*. New York: North-Holland.

Richter, P., Heimke, K. & Malessa, A. (1988). Tätigkeitspsychologische Bewertung und Gestaltung von Arbeitsaufgaben. *Zeitschrift für Arbeits- und Organisationspsychologie, 32* (NF 6), 13—21.

Risak, V. (1986). *Mensch-Maschine-Schnittstelle in Echtzeitsystemen*. Wien: Springer.

Rohmert, W. (1973). Arbeitswissenschaft I. Umdruck zur Vorlesung (4. Aufl.). Darmstadt.

Rohmert, W. (1987). Die Anthropotechnik aus der Sicht der Arbeitswissenschaft. In R. Bernotat, K.-P. Gärtner & H. Widdel (Hrsg.), *Spektrum der Anthropotechnik* (S. 21—34). Meckenheim: Warlich.

Rohmert, W. & Rutenfranz, J. (1975). *Arbeitswissenschaftliche Beurteilung der Belastung und Beanspruchung an unterschiedlichen industriellen Arbeitsplätzen*. Forschungsbericht. Bonn: Der Bundesminister für Arbeit und Sozialordnung.

Rouse, W. B. (1977). Human computer interaction in multi-task situations. *IEEE Transactions on Systems, Man and Cybernetics, SMC-7*, 274—284.

Schmidtke, H. (Hrsg.). (1973). *Ergonomie*. München: Hanser.

Schmidtke, H. (1978). Geschichte und Probleme der Ergonomie. In *Handbuch der Ergonomie* (HdE), A 1.1.1. Steinebach, Wörthsee: Luftfahrtverlag Walter Zuerl.

Schönpflug, W. (1977). *System Mensch*. Stuttgart: Klett.

Schönpflug, W. (1986). External information storage: an issue for the psychology of memory. In F. Klix & H. Hagendorf (Eds.), *Human memory and cognitive capabilities* (pp. 369—375). Amsterdam: Elsevier.

Schönpflug, W. (1987). Gedächtnishilfen. *Psychologie heute. Juli*, 36—43.

Schönpflug, W. (1987). Beanspruchung und Belastung bei der Arbeit — Konzepte und Theorien. In U. Kleinbeck & J. Rutenfranz (Hrsg.), *Arbeitspsychologie. Band D, III.1 der Enzyklopädie der Psychologie* (S. 130—184). Göttingen, Hogrefe.

Seifert, R. (1965). Die Berücksichtigung des Menschen bei der Entwicklung technischer Systeme. *Wehrtechnische Monatshefte, Heft 8*.

Sheridan, T. B. (1987). Supervisory control. In G. Salvendy (Ed.), *Handbook of human factors* (pp. 1243—1268). New York: Wiley.

Sheridan, T. B. & Verplanck, W. L. (1978). *Human and computer control of undersea teleoperators* (Tech. Rep.). Cambridge, Mass.: M. I. T., Man-Machine Laboratory.

Shneiderman, B. (1980). *Software psychology: human factors in computer and information systems.* Cambridge, Mass.: Winthrop.

Smith, K. U. (1987). Origins of human factors science. *human factors society bulletin, 30,* No. 4, 1—3.

Stammers, R. B. & Hallam, J. (1985). Task allocation and the balancing of task demands in the multi-man-machine system — some case studies. *Applied Ergonomics, 16,* 251—257.

Taylor, F. V. (1957/1971). Psychology and the design of machines. *American Psychologist, 12,* (249—258). (auch: In W. C. Howell und I. L. Goldstein (Eds.), *Engineering Psychology* (pp. 3—15). New York: Appleton, Century-Crofts.)

Taylor, F. V. (1963). Human engineering and psychology. In S. Koch (Ed.), *Psychology: a study of science,* Vol. 5 (pp. 831—907). New York: McGraw Hill.

Timpe, K.-P. (1971). Die Aufgaben der Ingenieurpsychologie beim Aufbau des entwikkelten gesellschaftlichen Systems des Sozialismus. In F. Klix, J. Neumann, A. Seber & K.-P. Timpe (Hrsg.), *Psychologie in der sozialistischen Industrie* (S. 13—39). Berlin: VEB Deutscher Verlag der Wissenschaften.

Timpe, K.-P. & Rothe, H.-J. (1988). Entwurf und Gestaltung von Arbeitssystemen. In D. Frey, C. Graf Hoyos & D. Stahlberg (Hrsg.), (S. 111—128).

Udris, I. (1981). Streß in arbeitspsychologischer Sicht. In J. Nitsch (Hrsg.), *Streß — Theorien, Untersuchungen, Maßnahmen* (S. 391—499). Bern: Huber.

Udris, I. & Frese, M. (1988). Belastung, Streß, Beanspruchung und ihre Folgen. In D. Frey, C. Graf Hoyos & D. Stahlberg (Hrsg.), (S. 427—447).

Volpert, W. (1985). *Zauberlehrlinge — Die gefährliche Liebe zum Computer.* Weinheim/ Basel: Beltz.

Volpert, W. (1987). Kontrastive Analyse des Verhältnisses von Mensch und Rechner als Grundlage des System-Designs. *Zeitschrift für Arbeitswissenschaft, 41* (13 NF), 147—152.

Wickens, Ch. D. (1984). *Engineering psychology and human performance.* Columbus, Ohio: Charles E. Merrill.

Wickens, C. D. & Kramer, A. (1985). Engineering psychology. *Annual Review of Psychology, 36,* 307—348.

Zimolong, B., Nof, S. Y., Eberts, R. E. & Salvendy, G. (1987). On the limits of expert systems and engineering models in process control. *Behavior and Information Technology, 6,* 15—36.

Zimolong, B. & Rohrmann, B. (1988). Entscheidungshilfesysteme. In D. Frey, C. Graf Hoyos & D. Stahlberg (Hrsg.), (S. 624—646).

2. Kapitel

# Die Komplexität von Mensch-Maschine-Systemen[1]

*Erik Hollnagel*

## 1 Einführung

Menschliches Verhalten hat schon immer durch seinen Reichtum und seine Komplexität verwirrt, besonders weil es keine adäquaten Mittel zu seiner Beschreibung und Analyse gab. Die frühen Jahre der Psychologie demonstrierten klar die Probleme, wie man elementare psychologische Phänomene beschreiben soll, und in gewissem Sinne entstand die systematische wissenschaftliche Psychologie aus dem Versuch, die chaotische Komplexität menschlicher Erfahrung anzugehen und zu ordnen (vgl. Boring, 1950).

Ganz knapp kann die Geschichte der Psychologie als eine Reihe von Versuchen beschrieben werden, die Komplexität menschlichen Verhaltens durch die Verwendung verschiedener Theorien und Modelle in den Griff zu bekommen. Diesen Punkt hat Herbert Simon in seinem Buch „Sciences of the Artifical" (Simon, 1970) sehr deutlich gemacht. Indem er die Analogie mit dem scheinbar komplexen Pfad einer Ameise verwendete, bewies er, daß die Komplexität menschlichen Verhaltens eher aus der Komplexität der Umgebung resultiert als aus einer dem psychologischen „Mechanismus" innewohnenden Komplexität, der unsere Aktivitäten generiert und steuert.

Ein Mensch, als ein sich verhaltendes System, ist recht einfach strukturiert. Die scheinbare Komplexität seines Verhaltens über die Zeit ist zum größten Teil eine Reflektion der Komplexität der Umgebung, in der er sich befindet. (Simon, 1970, S. 25)

Diese Aussagen waren sicher gute Neuigkeiten für den praktischen Psychologen, der sich mit der Konstruktion, Messung, Analyse und Verbesserung von Mensch-Maschine-Systemen (MMS) beschäftigt. Ein zweitrangiges Problem war dabei: Die Annahme der (relativen) Einfachheit des Verhaltens produziert nicht automatisch die Mittel zu seiner Erklärung. Simons eigener Vorschlag war, das Konzept eines informationverarbeitenden Systems zu nutzen — die Computeranalogie in der Psychologie — und so zu tun, als ob das menschliche

---

[1] Deutsche Fassung von V. Strube und C. Graf Hoyos.

Denken tatsächlich ein solches System ist. Obwohl dieser Standpunkt seine Vorteile hat und zweifellos ein weites Forschungsgebiet eröffnete, ist er dennoch nur eine Annahme und wird mehr und mehr als zu vereinfachend in Frage gestellt (vgl. Hollnagel, 1987a).

Vorausgesetzt, die Annahme dieses einfachen Mechanismus oder der sparsamen Erklärung sei korrekt (und sie hält zweifellos an einem alten und begründeten wissenschaftlichen Prinzip fest), so ist weiter zu fragen:

— Warum ist das beobachtete Verhalten so komplex? und

— Welches sind die Mechanismen, die für menschliches Verhalten in Mensch-Maschine-Systemen berücksichtigt werden müssen?

Der Grund für die erste Frage ist: Wenn Verhalten tatsächlich einfachen Prinzipien folgt, dann müßte es möglich sein, die Komplexität menschlichen Verhaltens zu reduzieren, wenn man die Komplexität der Umgebung reduzieren kann, insbesondere die der MMS, die wir entwerfen. Man muß Komplexität aus vielen Gründen reduzieren — Gründen, die sowohl mit dem Wohlbefinden der Menschen als auch mit der Effizienz des Systembetriebs zu tun haben. Was die zweite Frage betrifft, so sind Kenntnisse über die fraglichen Mechanismen für die Planung einer optimalen Arbeitsumwelt unerläßlich. Darüber hinaus wollen wir gern so viel wie möglich von der „wahren" Natur des menschlichen Verhaltens verstehen, so, wie Wissenschaftler in allen anderen Disziplinen versuchen, die elementaren, leitenden Prinzipien ihres Gegenstandsbereiches zu finden.

Die Komplexität von MMS kann auf vielfältige Weise beschrieben werden. Eine Möglichkeit: Man klassifiziert nach den Konzepten der *Kopplung* und *wechselseitigen Beeinflussung* (Perrow, 1984). *Kopplung* verweist auf den funktionellen Zusammenhang zweier Elemente eines Systems und bezieht sich besonders auf das Ausmaß, in dem das Geschehen in einem Element direkt die Vorgänge in einem anderen Element beeinflußt. Kopplungen können, wie in Tabelle 1 gezeigt wird, zwischen „starr" und „lose" variieren.

Tab. 1: Aspekte der Kopplung von Mensch und Maschine.

| *Starre Kopplung* | *Lose Kopplung* |
|---|---|
| Verzögerungen bei der Bearbeitung nicht möglich | Verzögerungen bei der Bearbeitung möglich |
| Invariante Abfolgen | Ablauffolge kann geändert werden |
| Es gibt nur eine Methode, um das Ziel zu erreichen | Alternative Methoden anwendbar |
| Wenig Freiheiten bei der Wahl von Hilfsmitteln | Wahl von Hilfsmitteln möglich |

Tab. 2: Formen wechselseitiger Beeinflussung in Mensch-Maschine-Systemen.

| Komplexe Systeme | Lineare Systeme |
|---|---|
| Elemente in enger Nachbarschaft | Räumliche Trennung |
| Standardverknüpfungen | Zugeordnete Verknüpfungen |
| Teilsysteme miteinander verbunden | Getrennte Teilsysteme |
| Begrenzt austauschbar | Leicht austauschbar |
| Feedback-Schleifen | Wenig Feedback-Schleifen |
| Multiple und interagierende unabhängige Stellteile | Einzelzwecken dienende Stellteile |
| Indirekte Information | Direkte Information |

Die *wechselseitige Beeinflussung* bezieht sich auf die Art und Weise, in der Teilsysteme und Systemelemente strukturell und funktionell miteinander verbunden sind. Unter der Perspektive wechselseitiger Beeinflussung können Systeme komplex oder linear (einfach) sein (Tabelle 2). Lineare Interaktionen findet man in erwarteten und vertrauten Produktions- oder Instandhaltungsschritten; sie sind — auch wenn nicht geplant — ziemlich offensichtlich, während komplexe Interaktionen aus unbekannten oder ungeplanten und unerwarteten Sequenzen bestehen, die nicht sichtbar oder unmittelbar verständlich sind.

Mit den Konzepten „Kopplung" und „wechselseitige Beeinflussung" lassen sich verschiedene Systemtypen charakterisieren und Steuerungsprobleme analysieren. Charles Perrow behauptet, die meisten Industriesysteme hätten starre Kopplungen und viele von ihnen auch komplexe Interaktionen. Die Konsequenz ist natürlich: Sie sind schwer zu kontrollieren, eben weil sie schwer zu verstehen und zu analysieren sind. Anhand der Analyse einer Anzahl von Systemen und besonders auf der Basis der Unfälle, die sich dort ereigneten, folgerte Perrow: „Wir haben alles in allem deshalb komplexe Systeme, weil wir nicht wissen, wie sich der Output durch lineare Systeme erzeugen läßt" (Perrow, 1984, S. 89). M. a. W., Komplexität ist ein den Systemen innewohnendes Merkmal. Wenn nun MMS komplex sind, ist logischerweise die nächste Frage, warum sie so geworden sind. In der Tat werden wir besser mit der Komplexität umgehen können, wenn wir die historische Entwicklung und die Hintergründe existierender Komplexität kennen.

## 2 Die Entwicklung von Mensch-Maschine-Systemen (MMS)

Der Begriff „Mensch-Maschine-System" wird hier benutzt, um die Kombination von Personen und Maschinen zu kennzeichnen, die bestimmte Aufgaben als Teil eines Produktionsprozesses erfüllen sollen. Das Produkt oder Ergebnis des Prozesses können materielle Objekte, Energie oder Information sein. Die Entwicklung von MMS kann — auf der Basis einer allgemeinen Systembetrachtung — durch drei charakteristische Entwicklungsstufen beschrieben werden (vgl. Kragt, 1983; Rasmussen, 1984).

## 2.1 Stufe I: Manuelle Steuerung

In MMS der Stufe I werden einfache physikalische Daten (Drücke, Temperaturen), gemäß dem „one sensor — one indicator"-Prinzip, direkt angezeigt. Anfänglich fanden Kontrolle und Bewegungssteuerung „vor Ort" statt: Instrumente wurden direkt abgelesen und einfache Komponenten (Ventile, Knöpfe) manipuliert. Später wurden Messungen für die Einzelmaschine oder Gruppen von Maschienen auf lokalen Instrumententafeln zusammengefaßt, aber die Aggregate wurden noch direkt manipuliert. Information über den Prozeß wurde so ohne Vorverarbeitung (die z. T. gar nicht möglich war) dargestellt. Der Umfang an Information war durch *die Anzahl der Sensoren* bestimmt — der physikalischen Struktur des Prozesses entsprechend organisiert, falls es überhaupt eine explizite Organisation gab.

In den frühen Systemen gab es nur wenige Überlegungen zu den Arbeitsbedingungen (so zur Lesbarkeit und Zugänglichkeit von Informationen). Der Ausgangspunkt war das „Scientific Management", wobei der Operateur selbst als Maschine betrachtet wurde. Man wollte den Menschen so nutzen, als ob er ein weiterer Teil der Geräte war, um die Funktionen der Maschine zu einem Regelkreis zu komplettieren. Die Maschine wiederum galt hauptsächlich als ein Verstärker menschlich-physikalischer Kraft und Präzision. Im Grunde wurde der Operateur durch die Maschine kontrolliert, auch wenn er mit einigen elementaren Steuerungsaufgaben befaßt war. Auch das Arbeitstempo wurde durch das Tempo der Maschine vorgegeben. Vom Systemstandpunkt her reichte die menschliche Anpassungsfähigkeit aus, um das Funktionieren der Maschine aufrechtzuerhalten. Folglich gab es wenig Bedarf, den Merkmalen des Operateurs spezielle Überlegungen zu widmen.

Für MMS dieser Stufe gab es kaum eine Planung der Mensch-Maschine-Schnittstelle; die Rolle des Operateurs wurde von den unmittelbaren Erfordernissen der Maschine diktiert. Seine Aufgaben bezogen sich hauptsächlich auf manuelle Steuerung — eine, wie man sagen könnte, ausschließlich kontinuierliche Tätigkeit im geschlossenen Regelkreis, mit geringen Anforderungen, z. B. an eine Prozeßabstimmung oder ein Fehlermanagement.

## 2.2 Stufe II: Überwachungstätigkeit

Auf der nächsten Stufe ging man von lokalen Kontrollanzeigen zu Steuerzentralen über, was eine Fernsteuerung der Geräte voraussetzte. Auf diese Weise wurden nicht nur die Instrumente, sondern auch Stellteile zu Gruppen oder

Zentren (Datenintegration) zusammengefaßt. Anfänglich waren solche Zentren noch im Werk angesiedelt — unweit der Maschinen oder Geräte. Später wurden diese Einrichtungen in besondere Kontrollräume verlegt, die entweder neben den Produktionsstätten lagen oder sich davon weiter entfernt befanden (räumliche Entkopplung). Direkte Messungen wurden durch Aufzeichnungen der Prozeßabläufe mittels Trend-/Grafikschreiber, Tagebüchern usw. ergänzt; viele manuelle Steuerungsaufgaben wurden durch Automaten ersetzt. So, wie die Prozesse in ihrer Komplexität wuchsen, führte dieses Vorgehen jedoch zu einer unvernünftig großen Anzahl von Anzeigen, Instrumenten und Stellteilen, verteilt über Wände, Paneele und Pulte. Um Ordnung in das Chaos zu bringen, wurde die Instrumentierung durch „multiplexer" — verschiedene Sensoren teilen sich eine Anzeige, die man z. B. durch manuelles Schalten aktivieren kann — und durch Organisation der Anzeigen nach dem „paint, tape and label"-Prinzip reduziert. Auch wurde es möglich, Messungen vorzuverarbeiten, z. B. durch Anwendung verschiedener logischer bzw. zeitlicher Filter, und alternierende Darstellungsmethoden zu verwenden. Diese Entwicklung wurde durch die Einführung von Computern beschleunigt; neuerdings wird das gesamte Arrangement von Instrumenten durch einen einfachen Bildschirm ersetzt, der dem Operateur ein „Anzeigefenster" liefert.

Die technologische Entwicklung steigerte die Komplexität von Maschinen und die Anforderungen an den Operateur. Um diesem Trend zu entsprechen, wurde sein Arbeitsplatz immer weiter vom direkten Produktionsbereich weggerückt. Da die Anforderungen an Präzision, Geschwindigkeit und Daueraufmerksamkeit die menschlichen Fähigkeiten überstiegen, mußten automatische Geräte eingesetzt werden, um den Prozeßablauf aufrechtzuerhalten (zeitliche Entkopplung). Der Mensch übernahm mehr und mehr die Aufgabe, die Maschinen zu kontrollieren oder ein Steuerungssystem zu überwachen. Er war jetzt nicht mehr Teil der Maschine. Seine Arbeit mußte in größeren Einheiten betrachtet werden als dies beim Scientific Management der Fall war; explizite Entwürfe für MMS wurden mehr und mehr üblich.

Da die Ausrüstungen mit Instrumenten und Stellteilen an örtlichen Steuerpulten gruppiert waren, mußte der Operateur die technischen Einrichtungen auch hinreichend zuverlässig registrieren, unterscheiden und handhaben können. Das führte zu einem wachsenden Interesse für ergonomische Aspekte, hauptsächlich für sensorische und motorische Leistungen und damit für die klassische Anthropometrie und Bewegungsergonomie. Diese Ansätze sind auch heute noch bedeutsam für die Gestaltung von MMS. Die Organisation der Informationsdarbietung erfolgt nach Ingenieurprinzipien. Der bottom-up-Ansatz z. B. beruht auf dem Prinzip der Darbietung derjenigen Information, die wichtig für den Systemzustand ist; obwohl sich inzwischen auch eine Entwicklung zeigt, die nach der *Verwendung* der dargebotenen Information fragt. MMS sind meist systematisch geplant und gestaltet, und es ist heute eine wachsende Beachtung der Aufgaben des Operateurs zu verzeichnen, besonders der mentalen Aspekte der Arbeit in der Prozeßüberwachung.

## 2.3 Stufe III: Kognitive Steuerung

Diese Entwicklung setzte sich mit dem Anwachsen der Komplexität von Maschinen und Systemen fort. In der gegenwärtigen Phase werden Mensch und Maschine zunehmend als ein Ganzes gesehen, eben als ein Mensch-Maschine-*System*, obwohl reale Systeme oft nichts weniger sind als das Ergebnis eines Systementwurfs. Der größere Automatisierungsgrad hat den Operateur weiter vom tatsächlichen Prozeß weggeführt; die Arbeit ist nun zwischen Mensch und Maschine eher unter der Zielsetzung von Überwachung und Kontrolle als im Sinne der Prozeßcharakteristika aufgeteilt. Ein klarer Entwurf für ein MMS ist jetzt erforderlich, der häufig auf einem „top-down"-Analysetyp basiert und den Leistungsumfang des Operateurs gebührend berücksichtigt. Allerdings werden in den meisten Fällen lediglich Anstrengungen unternommen, die Leistungen unter normalen Betriebsbedingungen zu optimieren, weniger dagegen, um unter abnormalen Bedingungen Verletzungen von Leistungsanforderungen vorzubeugen. Auch werden Meßdaten immer noch nach den Notwendigkeiten des Prozesses, d. h. im Sinne eines „bottom-up"- oder datengeleiteten Ansatzes und nicht so sehr von der Aufgabe her organisiert und präsentiert. Typisch für dieses Vorgehen ist eine Überfülle an Informationen, sei es von konventionellen Instrumenten oder von Bildschirmen; es liegt dann beim Operateur zu unterscheiden, was zu nutzen ist.

Die Alternative ist ein „top-down" oder konzeptgeleiteter Ansatz, der auf den Zielen der Prozeßkontrolle und auf einer kognitiv orientierten Aufgabenanalyse basiert. Das ist in Bildschirm-basierten Steuerzentralen möglich, wo die gesamte Information stark vorverarbeitet ist, bevor sie dargeboten wird. Hier kann die Information in erster Linie den Bedürfnissen des Operateurs und den Kontrollaufgaben höherer Ordnung angepaßt dargeboten werden. Die zunehmenden Forderungen nach Sicherheit und Effizienz, zusammen mit der steigenden Komplexität der Systeme, machen diese Entwicklung unumkehrbar. Indem stufenweise neue Prinzipien für die Gestaltung von Informationsgebern und Stellteilen eingeführt werden, wird es schwieriger, die Systemleistung vorherzusagen, und fast unmöglich, in Analogie zu bestehenden Systemen zu urteilen. Dies unterstreicht die Notwendigkeit eines gründlichen Entwurfs, der die Funktion des Systems als ein Ganzes und die genaue kognitive Kopplung zwischen Mensch und Maschine berücksichtigt und dabei ein interaktives Entscheiden unterstützt.

## 2.4 Die Rolle des Operateurs in gegenwärtigen Systemen

Die Rolle des Operateurs in heutigen MMS hängt von der Natur des Systems ab und erstreckt sich von kontinuierlicher Prozeßabstimmung, Prozeßüberwachung und Fehlerdiagnose bis hin zu praktischer Untätigkeit, je nach dem Niveau der Automatisierung. Der Mensch-Maschine-Dialog kann festgelegt oder variabel sein; die verwendeten Stellteile können von Knöpfen und Skalen bis zu computerisierten Werkzeugen variieren; Handlungen des Operateurs können unmittelbar (wie in Flugzeugen) oder nicht vor Ablauf einer bestimmten Zeitspanne (z. B. die 30 Minuten-Regel in Kernkraftwerken) gefordert sein. Die spezifischen Anforderungen an den Operateur variieren somit, obwohl es einen Grundbestand an Funktionen gibt, die Operateure bei Prozeßsteuerungen aller Art wahrnehmen müssen.

In heutigen Systemen ist die Aufgabenverteilung zwischen Mensch und Maschine im Grunde so: Die Maschine (Computer) sorgt für die Datenaufnahme und die automatischen Kontrollen, während Aufgaben, wie die Identifikation des Systemzustands, Diagnose, Planung und Entscheidung beim Operateur bleiben. Die Maschine kann in gewissem Umfang bei diesen Aufgaben helfen, aber Initiative und Verantwortung liegen beim Operateur. Die Steuerzentrale ist folglich so gestaltet, daß Gewinnung und Vorverarbeitung von Daten dem Operateur verborgen bleiben, andererseits aber die Darbietung der Informationen relativ unstrukturiert ist. Einem Grundprinzip folgend sollte der Operateur in der Lage sein, alle Aufgaben auszuführen. Dafür muß man dem Operateur alle Informationen verfügbar machen und ihm die Auswahl der für eine gegebene Aufgabe passenden Teilmenge überlassen. Für Aufgaben der Steuerung gibt es daher kaum eine andere Unterstützung als die der Datengewinnung, und schon bei Aufgaben mit einem mittleren Komplexitätsgrad können daraus dem Operateur beträchtliche Schwierigkeiten erwachsen. Das Fehlen einer funktionalen Struktur bedeutet auch, daß der Operateur jede Möglichkeit der detaillierten Dateninformation ausnutzen kann, die er braucht (oder glaubt zu brauchen) und — nachdem er einige Hindernisse überwunden hat — auch die Fähigkeit besitzt, jede Handlung auszuführen.

Alles in allem ist die Verteilung von Aufgaben und Verantwortlichkeiten zwischen dem Operateur und dem Prozeß immer noch eher durch die Eigenschaften des Prozesses (und seiner physikalischen Implementierungen) determiniert als durch Überlegungen über das Funktionieren der Mensch-Maschine-Kopplungen. Der Operateur ist daher noch in gewissem Sinne der Maschine untergeordnet, obwohl wir von den Prinzipien des „Scientific Management" schon weit entfernt sind. Aufgabenanalysen werden meist bei bestehenden Systemen durchgeführt, wobei deren Prämissen eher akzeptiert als angezweifelt werden. Die Rolle des Operateurs ist folglich von Entwurfstraditionen diktiert, die für *bestehende* Systeme typisch sind.

Es gibt eine Reihe wichtiger Streitfragen über die Rolle des Operateurs. Auf der psychologischen Ebene sind dies Probleme der Arbeitszufriedenheit und der sozialen Interaktion. Auf technologischer Ebene gibt es Probleme mit der menschlichen Zuverlässigkeit und mit Fehlleistungen. Und auf der Ebene der Mensch-Maschine-Interaktion gibt es Probleme von Ermüdung, Streß, Kommunikation u. a. m. Wir können uns hier nicht mit allen diesen Themen beschäftigen, sondern wollen bevorzugt einen Punkt aufgreifen, der für die meisten Systeme relevant ist: die Wirkungen der Automatisierung.

## 2.5 Effekte der Automatisierung

Heftig debattiert wird das Ausmaß, in dem Überwachungs- und Kontrollsysteme automatisiert werden sollten, und welche Vor- und Nachteile für den Operateur daraus entstehen. Einem Standpunkt zufolge sollte man so viel wie möglich automatisieren, um die Wahrscheinlichkeit menschlicher Fehler zu reduzieren, wobei die Sicherheit überflüssig wird. Einem anderen Standpunkt folgend ist der Operateur für eine sichere und effiziente Steuerung des Prozesses wichtig; daher sollten nur normale Routineaufgaben automatisiert werden. Ein Nachteil der Automatisierung liegt darin, dem Operateur Aufgaben zu überlassen, die man nicht automatisieren kann, weil sie entweder zu komplex oder zu einfach sind. M. a. W., die Verteilung von Aufgaben auf Mensch und Maschine erfolgt nach technologischen Prämissen.

Automatisierung hat zwei wichtige Konsequenzen, die beide vom Systemstandpunkt aus Nachteile sind. Die erste ist: Automatisierung schließt den Operateur von Überwachungstätigkeiten beim Normalbetrieb aus; er ist damit schlecht auf ein Handeln bei Störfällen und unerwarteten Ereignissen vorbereitet. Da er im Normalbetrieb eine im wesentlichen passive Rolle einnehmen muß, ist er im Störungsfall nicht ausreichend auf den Prozeß eingestellt und deshalb unfähig, schnell genug zu erfassen, um welches Problem es sich handelt. M. a. W., er verliert den Kontakt zum Prozeß, was zu Verzögerungen und Mißverständnissen führen kann.

Die zweite Konsequenz: Durch Automatisierung wird dem Operateur wichtige Information vorenthalten, wobei potentiell abnormale Entwicklungen verborgen bleiben. Ein gut automatisiertes Steuerungssystem hält den Prozeß innerhalb gegebener Grenzen aufrecht und braucht den Operateur im allgemeinen nicht eher zu alarmieren, bevor nicht bestimmte Grenzen überschritten werden. Der Nachteil ist: Damit verläuft der Prozeß weitgehend verdeckt; frühe Fehlentwicklungen bleiben verborgen. Der Operateur verliert die kontinuierliche und detaillierte Rückmeldung aus dem Regelkreis. Dies erschwert seine Aufgaben unbezweifelbar, kann aber dadurch kompensiert werden, daß man dem Operateur nicht nur Information über das Funktionieren des Prozesses, sondern auch über das Kontrollsystem zuführt.

Ein höherer Grad der Automatisierung bedeutet also in der Mehrzahl aller Fälle: Der Operateur wird vom Prozeß ferngehalten *und* sein Handlungsspielraum ist reduziert. Das ist nicht notwendig ein Nachteil, aber es ist wichtig, dies ganz klar zu erkennen. Der Operateur muß nicht länger auf einem sehr elementaren Niveau mit dem Prozeß interagieren, sondern nur noch an der „Prozeßoberfläche", die die Automatisierung ihm darbietet. Sein Zugang zum Prozeß, in Form der Beobachtung und Manipulation, wird durch das Kontrollsystem gefiltert. Seine Funktion sollte folglich direkt auf Aufgaben dieser Ebene bezogen sein, um arbeitsförderliche Bedingungen zu schaffen — im Sinne psychologischen Wohlbefindens wie auch im Sinne von Sicherheit und Effizienz.

Um zusammenzufassen, heutige MMS sind komplex, weil es einen Bedarf an verbesserter Funktionalität (Reichweite, Geschwindigkeit, Genauigkeit, Vielseitigkeit) gibt und weil den Systemplanern der Zugang zu einem Verständnis des Operateurverhaltens und den grundlegenden Prinzipien für ein MMS mehr fehlen als das Ingenieurwissen. Wir haben gesehen, wie die Komplexität des Betriebs in dem Maße anwuchs, in dem die Technologie umfassender wurde. In vielen Fällen wurden technologische Lösungen eingeführt, weil der Operateur offensichtlich unfähig war, mit den Forderungen der Ingenieure zurechtzukommen. Es ist aber prinzipiell möglich, die Komplexität zu reduzieren, wenn es gelingt, die von Ingenieuren entworfenen Aufgaben so umzustrukturieren oder zu vereinfachen, daß sie vom Operateur erledigt werden können. Dies kann zum Beispiel erreicht werden, indem man die Problemlage unter Berücksichtigung neuer Verfahren überprüft oder wissensbasierte Systeme zur Unterstützung der Operateure einsetzt. Dazu benötigen wir jedoch ein besseres Verständnis von der Rolle des Menschen in MMS. Im Rest dieses Kapitels wollen wir die verschiedenen Wege betrachten, auf denen die Komplexität menschlichen Verhaltens beschrieben und analysiert werden kann.

## *3 Beschreibung und Modellierung von Systemen*

Vor jeder Beschäftigung mit MMS — Entwurf, Entwicklung oder Analyse — muß ein System genau beschrieben werden. Die Beschreibung muß *kohärent* und *konsistent* sein, d. h. sie muß einen allgemeinen Satz von Konzepten nutzen und für alle Teile des Systems valide sein. Falls das System wie ein MMS aus verschiedenen Teilen besteht, gibt es Probleme, denn es kann schwierig sein, eine kohärente und konsistente Beschreibung zu geben, die für alle Teile gleich valide ist.

Ein besonderer Aspekt der Systembeschreibung ist die Modellierung des Systems. Ein *Modell* (oder *Modellsystem*) kann als eine knappe Beschreibung (z. B. eine Maschine, ein Programm oder ein Satz mathematischer Relationen) definiert werden, bei der sich die Antwort des Modells auf einen bestimmten Input der Reaktion eines tatsächlichen Systems (des *Zielsystems*) annähert. Das

Modell repräsentiert die wichtigsten Merkmale eines Systems, so die strukturellen und funktionellen Details, die man braucht, um das System zu analysieren, gestalten, modifizieren oder zu evaluieren. Übrigens bedeutet dies: Für unterschiedliche Aspekte der Funktionsweise des Systems oder für unterschiedliche Teile des Systems werden gesonderte Modelle gebraucht.

Bei frühen MMS waren die technischen Komponenten des Systems (der Maschinen oder Computer) bestens beschrieben — weil sie klar gestaltet waren; die technologische Beschreibung galt daher als ein sehr wirksames Werkzeug. So war es naheliegend, diese Beschreibung auszuweiten, um auch die menschlichen Komponenten zu erfassen, mindestens im übertragenen Sinne. Dies erwies sich jedoch als eine nicht ganz befriedigende Lösung; und so erkannte man mehr und mehr die Notwendigkeit, eine differenziertere Art der Beschreibung zu entwickeln (vgl. Hollnagel, 1987b).

## 3.1 Denken über Modelle

Der Begriff „Modellmentalität" wird verwendet, um die Auffassung von Planern und Designern über den Gebrauch von Modellen zu beschreiben. Zu allererst muß die *Notwendigkeit des Modellierens* erkannt werden, besonders dann, wenn die Komplexität des Gestaltungsbereiches oder des Zielsystems über das unmittelbare und nicht unterstützte menschliche Verständnis hinausgeht.

In den frühen Untersuchungen zu MMS — beginnend mit dem „human factors engineering" in den späten 40er Jahren — wurde die Notwendigkeit nicht gesehen, ein Modell des menschlichen Operateurs zu haben. Vielmehr lag es nahe, den menschlichen Operateur als eine Maschine zu beschreiben — ein Ansatz, der anfänglich sehr erfolgreich war, besonders, weil die dem Operateur auferlegten Anforderungen noch innerhalb seiner Anpassungsfähigkeit lagen. Er konnte daher wie erwartet erfolgreich agieren; die Modellannahmen wurden auf diese Weise „bewiesen" — das übliche Versäumnis, eher die Stärke einer Zurückweisung als die einer Bestätigung anzuerkennen. In den 40er und 50er Jahren wuchsen die Anforderungen an Geschwindigkeit, Präzision, Aufmerksamkeit usw. stetig — weil die Maschinen dies erforderten; die natürliche Anpassungsfähigkeit der Menschen, die so viele unzulängliche MMS toleriert hatte, wurde bis an ihre Grenzen strapaziert (Taylor & Garvey, 1959). So wurde es plötzlich nötig, die Grenzen des Menschen in die Überlegungen einzubeziehen. Das allein schon war eine radikale Umstellung, denn diese Grenzen unterschieden sich ja qualitativ von den Grenzen, die man in der Welt der Technik gefunden hatte.

Der zweite Schritt in der Entwicklung einer Modellmentalität führt zur Klärung der Frage, welchen *Modelltyp* man braucht und welche Modellklassen nicht in Frage kommen. Aus einer Trägheit des Denkens heraus hatte man, wie gesagt, den Operateur lange Zeit hindurch wie eine Maschine behandelt und seine Funktionen — und Grenzen — in technologischen Begriffen beschrieben. Dann aber konzentrierte man sich — dank der Kommunikationstheorie und der aufkommenden Wissenschaft und Theorie der Computer — auf Merkmale der Informationsverarbeitung. Es wurde modern, die begrenzte Kapazität zur Informationsübertragung (in bits oder chunks), die Speicherkapazität, die Fähigkeit zu Entscheidungen zu beschreiben; zahlreiche Experimente wurden durchgeführt, um diese Leistungen und Grenzen zu bestimmen. Gute Beispiele sind Attneave (1959) und Miller (1956) — letzterer lieferte uns die magische Zahl „7", die heute noch bei den „human factors"-Leuten umgeht. So wuchs die Überzeugung, der Operateur sei nicht nur keine Maschine, sondern verfüge auch über funktionelle Merkmale, die denen der Maschine höchst unähnlich sind. Tatsächlich führt die Neigung, menschliche Operateure als Maschinen zu beschreiben, zu unvollständigen und inadäquaten Ergebnissen. Es gibt etwas — man nenne es Kognition —, was Maschinen nicht haben, und so muß man den Operateur in einem neuen Licht sehen. Die Wende im Denken über MMS in den späten 60er und frühen 70er Jahren bestand in der Einsicht, man müsse den Operateur als menschliches Wesen, nicht als eine Maschine betrachten.

Der letzte Schritt in der Entwicklung einer Modellmentalität führt zu der Erkenntnis der *reziproken Beziehung* im Modellprozeß: Jeder Teil des Systems, der mit einem anderen Teil kommuniziert, braucht ein Modell vom anderen. Der Planer muß somit nicht nur ein Modell (Beschreibung) des Systems als Ganzes haben, sondern auch der Modelle, die in Teilen des Systems eingebettet sind. In Mensch-Maschine-Systemen heißt es: 1. eine Modellvorstellung des Menschen vom Computer und 2. das Modell des Computers vom Menschen.

## 3.2 Kognitive Modelle

Von einem rein pragmatischen Standpunkt aus kann man sagen, ein künstliches kognitives System (wie ein Computer) enthält ein Modell seines Partners, wenn man das Verhalten des Systems so einfacher erklären kann. Es ist natürlich immer möglich, andere Erklärungsansätze zu entwickeln oder das Phänomen auf einer anderen Ebene (z. B. der neurophysiologischen) zu erklären. Aber auf einer kognitiven Ebene kann es in vielen Fällen einfacher sein, die Annahme zu machen, das System habe ein Modell seiner Umgebung und seines Partners, d. h. es verhält sich so, *als ob* dies so wäre. Das heißt nun nicht, man könne das Modell im System finden, d. h. als separaten Teil des Programmes, wie man ja auch nicht das kognitive Modell in unseren Köpfen finden kann, falls man sie seziert.

In MMS sind die Computer Maschinen zur Verarbeitung von Information, und die Metapher von der Informationsverarbeitung — entsprechend der Stufe 2 in der Entwicklung der Modellmentalität — wurde meist genutzt, um Mensch *und* Computer zu beschreiben. Es verging beträchtliche Zeit, bevor klar wurde, daß einfache Modelle der Informationsverarbeitung der Funktionsweise des Menschen nicht gerecht werden können. Modelle der Informationsverarbeitung wurden erfolgreich zur Beschreibung isolierter Aspekte angewendet, die in den 60er Jahren als menschliche Kognition bekannt wurden; sie waren aber ungeeignet, um der funktionellen Komplexität von Mensch-Computer-Interaktion bei realistischen Aufgaben gerecht zu werden. Als Begrenzung erwiesen sich die mechanistischen Annahmen dieser Modelle. Menschliche Kognition ist von innen heraus zielgerichtet; ein Modell des Zielsystems muß dies berücksichtigen. Demgemäß besteht ein Bedarf, eine Sprache für die Kognition zu entwickeln, die sich mehr auf die funktionellen Aspekte eines kognitiven Systems als auf strukturelle Aspeke des zugrundeliegenden Systems der Informationsverarbeitung bezieht.

Wie kann man kognitive Modelle entwerfen? Was sind ihre Bausteine und Komponenten? Ursprünglich waren die Bausteine und Komponenten die verschiedenen elementaren Handlungen und ihre Beziehungen untereinander: Beobachten, Entdecken, Überlegen, Einschätzen, Bewerten, Entscheiden, Planen, Ausführen. Simon (1970) hatte gezeigt, wie sparsam sein Modell sein kann, und erklärt, es gäbe gewisse elementare Fakten über menschliche Informationsverarbeitung, die jedes Modell berücksichtigen sollte. Grundsätzlich soll das Modell *beschreiben*, was der Mensch tut und *erklären*, warum er es tut. In der Welt der Prozeßkontrolle ist Entscheiden eine wichtige Komponente, die mit Recht Brennpunkt vieler Modelle ist. Andere wichtige Phänomene, die Aufmerksamkeit verlangen, sind der menschliche Fehler und die menschliche Zuverlässigkeit. Gute Modelle des Operateurs sollten nach Möglichkeit auch erklären, wie Handlungsfehler entstehen — besonders, weil Fehler oft mit Entscheidungen verbunden sind.

Wie sich die Modellmentalität entwickelt hat, soll kurz durch zwei Beispiele illustriert werden, ohne allerdings sehr ins Detail zu gehen; eines stammt von 1974, das andere entstand ein Jahrzehnt später.

## 3.3 Bausteine und Komponenten anno 1974

Das 1974er Modell wollte hauptsächlich Typen der Informationsverarbeitung beschreiben, d. h. nicht direkt beobachtbare mentale Prozesse, die bei der Prozeßbeobachtung und -überwachung vorkommen. Man unterschied dabei zwischen einem bewußten und einem unterbewußten Teilsystem. Ersteres wurde verstanden als

... ein programmierbarer, sequentieller Prozessor, der für den Mensch wissentlich operiert. Er hat eine eher begrenzte Kapazität und Geschwindigkeit, und seine Hauptaufgabe ist es, mit Daten unter ganz besonderen Bedingungen umzugehen, die Improvisation, rationale Deduktionen und symbolisches Urteilen erfordern. (Rasmussen, 1974, S. 5)

Das unterbewußte System oder der Hauptprozessor dient dazu:

...Information von den Rezeptoren zu dekodieren und Merkmale und Muster komplexerer Natur zu extrahieren. Die Muster kontrollieren und koordinieren die Handlungen auf verschiedenen Niveaus im motorischen System, das ein integraler Teil des Prozessors ist. Eine wichtige implizite Funktion dieses Netzwerkes ist die kontinuierliche dynamische Modellierung der Umgebung und des Körpers. Dieses innere Modell wird zwar nur langsam auf den neuesten Stand gebracht oder „es lernt", aber es arbeitet in Echtzeit und dient dazu, Handlungen zu kontrollieren und so den Körper mit der Umgebung zu synchronisieren. (Rasmussen, 1974, S. 5)

Das Modell basierte naturgemäß auf der damals dominierenden Analogie zur technischen Informationsverarbeitung und enthielt die übliche Anordnung von Kästchen: Kurzzeitgedächtnis, Langzeitgedächtnis, zentraler Prozessor usw. Im Unterschied zu anderen Modellen wurde dabei einmal betont, wie wichtig es ist, *Steuerung und Kontrolle* von Handlungen zu modellieren, und zum anderen, wie notwendig es ist, ein inneres Modell der Umgebung zu haben. So enthielt dieses Modell schon alle Elemente, die ein wohldurchdachtes psychologisches Modell charakterisieren — mit Ausnahme der reziproken Modellierung in MMS. Das kam später.

## 3.4 Bausteine und Komponenten anno 1984

Im Laufe des folgenden Jahrzehnts wurde die Modellierung der Kognition von verschiedenen Seiten beeinflußt. Einen Einfluß hatte die Idee einer funktionellen Analyse in Form eines Ziel-Mittel-Netzwerkes. Andere entstanden durch Entwicklungen in der kognitiven Psychologie, in der kognitiven Wissenschaft und im Bereich der angewandten künstlichen Intelligenz. Um Kommunikation und Steuerung in MMS zu beschreiben, wurden elementare Prozesse durch stärker verbundene kognitive Funktionen ersetzt. Mit dem Übergang zum dritten Schritt, die auf die reziproke Sicht der Modelle abhebt, wird die Modellvorstellung auch auf die Ebene der Teilsysteme ausgedehnt, d. h. auch Teilsystem-Interaktionen werden in Begriffen kognitiver Funktionen beschrieben. Alles in allem werden MMS und seine Teile als kognitive Systeme beschrieben und folgendermaßen definiert:

Ein kognitives System produziert „intelligente Handlungen", denn sein Verhalten ist zielorientiert, basiert auf symbolischer Manipulation und nutzt Erkenntnisse der Welt (heuristisches Wissen) als Leitlinien. Weiterhin ist ein kognitives System adaptiv und in der Lage, ein Problem in mehr als einer Richtung zu sehen. Ein kognitives System operiert, indem es Kenntnisse über sich selbst und die Umgebung nutzt; damit ist es fähig, seine Aktionen auf der Grundlage dieser Kenntnisse zu *planen* und zu *modifizieren*. Es ist folglich nicht nur datengeleitet, sondern auch konzeptgeleitet. (Hollnagel & Woods, 1983, S. 598)

Menschen sind selbstverständlich natürliche kognitive Systeme. Computer sind künstliche kognitive Systeme — alle potentiell und einige eben aktuell. Der kritische Punkt ist: Beide Teile eines MMS können als kognitive Systeme beschrieben werden. Somit liefert dieser Ansatz eine umfassende Modellbeschreibung. Besonders die neue Sichtweise des „cognitive systems engineering" betont die kognitiven Funktionen und Charakteristika, die für die Interaktion zwischen zwei kognitiven Systemen bedeutsam sind.[2]

## 4 Analyse kognitiver Aufgaben

Im Rahmen der Systementwicklung müssen Zweck und Funktionen des infrage stehenden Systems beschrieben werden, d. h. es muß gesagt werden, *wozu* das System in der Lage sein sollte, und *wie* es dies tun sollte — unter welchen Arbeitsbedingungen und mit welchen Hilfsmitteln. Im Falle von MMS muß diese Beschreibung nicht nur das Ziel und die Funktionen der Maschine oder des Computers (d. h. der nicht-menschlichen Teile des Systems), sondern auch des (der) menschlichen Nutzer(s) berücksichtigen. Für jede gegebene Situation hat das MMS ein Ziel. Die Folge von Aktivitäten, die das MMS ausführen kann, um das Ziel zu erreichen, wird als Aufgabe definiert. Wenn das Ziel einfach ist — zum Beispiel eine Kopie einer Datei zu machen oder ein Ventil zu schließen —, kann eine einzelne Aufgabe genügen. Aber wenn das Ziel komplex ist — zum Beispiel Anlegen einer Liste aller Eingänge in einer Datenbank über „Mensch-Maschine-Systeme" — und aus einzelnen Unterzielen besteht, kann eine Reihe von Aufgaben erforderlich sein. Diese Aufgaben können in Begriffen kognitiver Funktionen weiter zerlegt werden — aber eher bezüglich des MMS als Ganzes, als auf Teile davon.

Ein wichtiger Aspekt der Arbeitsweise eines MMS für eine gegebene Ziel-Aufgaben-Konfiguration ist die Frage, wie Aufgaben und Funktionen den Teilen des Systems (dem Mensch oder dem Computer) zugewiesen und wie sie gesteuert und koordiniert werden. Aufgaben und Ziele zu analysieren und zu beschreiben ist eine komplexe Angelegenheit, sogar im Falle ausschließlich technologischer Systeme. Im Fall kognitiver Systeme muß die Analyse weiterhin kognitive Funktionen einschließen (Woods & Hollnagel, 1986).

---

[2] Anmerkung der Herausgeber: Natürlich kann von einem Computerprogramm, z. B. einem Expertensystem, nur in einem metaphorischen Sinn als von einem „kognitiven System" gesprochen werden. Wichtige Merkmale, wie z. B. serielle und parallele Informationsverarbeitung, analoges Denken, räumliche Vorstellungen und Automatisierung von Kontrollprozessen, wie sie bei einem „natürlichen" kognitiven System zu beobachten sind, fehlen hier gänzlich, ganz abgesehen von der Möglichkeit der Selbstreflexion. Hollnagel geht es hier vor allem um *einen* Aspekt in der Modellbildung, der Modellierung eines elementaren kognitiven Systems mit den Eigenschaften der Planung und der Veränderung.

Der Fall des kooperativen kognitiven Systemparadigmas (Woods, 1986) fordert eine Systemplanung, die stärker durch das Problem „geleitet" wird als durch die Technologie und bei der die *Organisation* der Teile oder Komponenten eine kritische Determinante der gesamten Systemleistung darstellt. Vonnöten ist ein genaues Verstehen der kognitiven Funktionen, die bei gekoppelten Systemen innerhalb der Ziel-Aufgabe-Konfiguration auftreten. Ein echtes Hindernis ist dabei das Fehlen einer adäquaten Sprache, um die kognitiven Aktivitäten in den einzelnen Bereichen zu beschreiben (Hollnagel, 1986). Die vollständige Ausarbeitung einer solchen Sprache steht noch aus, aber einige wichtige Forderungen können schon jetzt definiert werden und sind weiter unten beschrieben.

## 4.1 Kognitive Anforderungen

Die Hauptschwierigkeit bei einer Analyse kognitiver Aufgaben ist eher, die kognitiven Anforderungen zu beschreiben, die bei der Bewältigung eines Aufgabenbereiches entstehen, als die Anwendung zu charakterisieren (Clancey, 1985). Eine Methode nutzt eine zielorientierte Analyse (sog. Flußmodellieren, vgl. Lind, 1981), die von den Beschränkungen durch das System ausgeht und eine funktionelle Repräsentation des Bereiches erzeugt.

Die zielorientierte Analyse definiert die Einheiten (Ziele) und ihre Beziehungen in Begriffen, wie sie für den Bereich geeignet sind. Eine funktionelle Repräsentation wird dann aus *Beziehungen* zwischen Zielen und den *Mitteln*, die man braucht, um das Ziel zu erreichen, konstruiert. Die Grundeinheit ist das Ziel-Mittel-Verhältnis. Dies ist mit der Triade Ziel-Funktion-Anforderung beschreibbar:

— Ein *Ziel* ist eine Spezifikation des angestrebten Zustandes, z. B. der Wert von Gütern (Information, Wasser, Geld usw.) oder die Kriterien für eine Lösung.

— Ein Ziel kann mittels einer *Funktion* erreicht werden — die selbst sowohl mit einer Reihe von Prozessen als auch Kenntnissen darüber, wie sie ablaufen (Verfahrenswissen), beschrieben werden kann.

— Die *Anforderungen* spezifizieren, was für die Funktion (oder Prozesse) nötig ist, um erfolgreich zu sein, d. h., es handelt sich um eine Beschreibung, wie, mit welchen Hilfsmitteln und Mechanismen die Funktionen praktisch realisiert werden.

Diese Repräsentation des Bereichs durch ein *Ziel-Mittel-Netzwerk* wird dann mit einer Beschreibung der kognitiven Merkmale der Akteure (Mensch und Computer) kombiniert. Die prototypische Situation ist das Problemlösen, die drei Typen von Information erfordert:

— Information über den Bereich, in dem das Problem auftritt, insbesondere Information über die kognitiven Merkmale (Anforderungen) des Aufgabenbereiches. Hauptquelle ist die technische Beschreibung des Bereiches, kombiniert mit einer zielorientierten Analyse.

— Information über den Problemlöser (den kognitiv Agierenden), insbesondere Information darüber, wie das Wissen des Problemlösers die Leistung beeinflußt. Hauptquelle ist die praktische Erfahrung.

— Information über das Wissen des Problemlösers über den Bereich (das kognitive Systemmodell). Hauptquelle ist die aktuelle Modellkenntnis, zugänglich durch verschiedene Arten von Wissensabfrage.

Die kognitiven Aufgaben lassen sich beschreiben, indem man auf die Analyse der kognitiven Anforderungen zurückgreift, die aus den Erfordernissen des Bereiches resultieren (das Ziel-Mittel-Netzwerk). Als Ergebnis erhält man eine Charakterisierung der Probleme, die typischerweise entstehen, und des Wissens, das erforderlich ist, sie zu lösen. Dies hilft dem Systementwickler, wichtige Fragen für den Entwurf zu stellen, und liefert auch ein Gerüst, um die Antworten zu integrieren.

## 4.2 Oberflächliches und tiefgründiges Denken und Wissen

Systeme können nach ihrem Umfang an Wissen auf verschiedenen Niveaus dargestellt werden. Mit Hilfe einer physikalischen Metapher, der *Wissenstiefe*, kann man von oberflächlichem und tiefem Wissen sprechen (vgl. Gallanti, Gilardoni, Guida, Stefanini & Tomada, 1986).

Das Wort „*oberflächlich*" verweist auf das Verharren auf einem einzigen Niveau, hauptsächlich auf dem Niveau der Darstellung. Ein Beispiel für oberflächliches Wissen ist die auf einer Anzeigenoberfläche dargebotene Information wie z. B. in einer Meßwarte. Die Schlußfolgerungen können mit einer Logik erster Ordnung vollständig beschrieben werden; d. h. sie sind auf die zur Verfügung stehende Information beschränkt und können nicht über das hinausgehen, was bereits in der Wissensbasis und der Darstellung gegeben ist. „*Tiefes Wissen*" auf der anderen Seite enthält auch Kenntnisse jenseits des unmittelbar Dargestellten. Man kann es auch als ein Analogiewissen charakterisieren (das oberflächliche Wissen gilt entsprechend als logisches Wissen und Urteilen). Was die Wissensbasen anbelangt, so umfaßt tiefes Wissen zwei oder mehr Wissensbasen, die nicht unbedingt logisch miteinander in Beziehung stehen. So ist der Übergang von einer Wissensbasis zu einer anderen eher ein Gedankensprung als ein sanftes Hinüberwechseln.

Die Unterscheidung von logisch und analog ist in vielerlei Hinsicht entscheidend. Die Arbeitsanforderungen, die wir zum Beispiel bei der Prozeßsteuerung erzeugen, basieren im allgemeinen auf der Annahme, Menschen dächten logisch (die meisten wissenschaftlichen Modelle vom Menschen machen faktisch diese Annahme). Information, die der Mensch erhält, wie auch Training, Instruktionen und Prozeßhilfen, basieren durchweg auf der Annahme logischen Schlußfolgerns. Von der gleichen Annahme geht auch die Gestaltung der präsentierten Information aus: Sie muß logisch kohärent sein, und vielleicht noch wichtiger, sie ist brauchbar und nützlich, wenn man den logischen Regeln oder dem Oberflächendenken folgt. Menschen sind jedoch bekanntlich schwach im logischen Schlußfolgern. Es gibt eine Fülle psychologischer Experimente, die nachweisen, daß sogar einfachste Deduktionen fehlerhaft sind. Man hat diese Beobachtung auf vielerlei Weise erklärt, z. B. durch „Atmosphäre"-Effekte, Vorurteile, begrenzte Kapazität zur Informationsverarbeitung usw. Eine andere Erklärung könnte sein: Menschen verlassen sich eher auf analoges als auf logisches Denken; deshalb widmen sie ihre Aufmerksamkeit eher der Information, die analoge als logische Beziehungen nahelegt.

Dies hat offensichtlich Folgen für die Dialog- und Schnittstellengestaltung im allgemeinen. Angenommen, analoges (tiefes) Urteilen sei wichtig, dann sollte man Systeme planen — und besonders die entsprechenden Schnittstellen — die analoges (tiefes) wie auch logisches (oberflächliches) Wissen erfordern. Das Problem hierbei ist: Während wir über eine anerkannte Beschreibung logischen Urteilens verfügen, fehlt entsprechendes für analoges Schlußfolgern. Eine solche Beschreibung wäre aber als Basis zum Gestalten einer Schnittstelle vonnöten; wir müssen versuchen, sie zu finden. Vielleicht war es die leichte Verfügbarkeit von Regeln logischen Denkens — zusammen mit ihrer „blinden" Akzeptanz als des alleinigen Wegs des Denkens —, die zum Stand der Dinge, so wie sie sind, geführt hat.

## 4.3 Der kognitive Gebrauch von Information

Die Wechselwirkung zwischen dem System und den kognitiven Anforderungen, die es erzeugt, kann auf verschiedene Weise beschrieben werden. Zunächst einmal beziehen sich kognitive Anforderungen auf das Sammeln und Integrieren brauchbarer Information (Beweise), die den Status der Situation betreffen. An jedem Knotenpunkt im Ziel-Mittel-Netzwerk müssen bestimmte Informationen verarbeitet werden, um den Systemzustand korrekt einzuschätzen und die Funktionen und Anforderungen zu kontrollieren, die man braucht, um die Ziele zu erreichen. Im einzelnen muß der Nutzer Antworten auf folgende Fragen gewinnen:

— Ob ein Ziel erreicht ist.

— Welche Einschränkungen durch andere Ziele wirksam sind.

— Ganz allgemein, wie eine Funktion initiiert, abgestimmt oder beendet werden kann.

— Im besonderen, ob sich eine Funktion/ein Prozeß falls nötig aktivieren läßt.

Während das Ziel-Mittel-Netzwerk die Beschreibungseinheiten für die Einschätzung der Situation definiert, spezifizieren die oben genannten Fragen deren Attribute (aktiv, verfügbar, korrekte Ausführung, auslösende Bedingungen usw.). Diese Attribute definieren den Satz von Fragen, die beantwortet werden müssen, um die Situation einzuschätzen und den Systemzustand zu charakterisieren.

## 4.4 Pragmatisches Urteilen

Auf einer anderen Ebene kognitiver Anforderungen muß der Nutzer darüber nachdenken, was als nächstes zu tun ist. Gefordert ist dabei eher ein pragmatisches als ein logisches Urteil über Zeit und Ereignisse. Traditionell werden Aufgaben — und damit die Anforderungen — als globale Aufgaben spezifiziert — z. B. Diagnose, Steuerung und Planen. Wie das Ziel-Mittel-Netzwerk jedoch deutlich macht, gibt es Aufgaben auch auf mittleren Ebenen im Sinne pragmatischen Urteilens, die in globale Aufgabenforderungen eingebettet sind.

Zum Beispiel sollte man beim Planen einer Reaktion in Richtung auf ein gewünschtes Ziel ähnliche Ziele beachten, um unerwünschte Nebeneffekte zu vermeiden. Pragmatisches Schlußfolgern berücksichtigt, daß der Nutzer keinen vollständigen Überblick über die Situation (das Ziel-Mittel-Netzwerk) hat, sondern eher lokal denkt — in einer Art konzeptueller Interpretation rund um die Knotenpunkte im Ziel-Mittel-Netzwerk (vgl. Coombs & Hartley, 1986, für eine Computeranalogie). Der Nutzer muß zum Beispiel wissen, ob eine Anforderung besteht, ob sie in der Situation relevant ist, ob sie brauchbar ist oder durch eine andere ersetzt werden kann usw. Ein besonderes Problem sind die Verbindungen oder Wechselwirkungen zwischen Knotenpunkten, denn es ist extrem schwierig, mit ihnen umzugehen. Ein gegebener Pfad durch das Netzwerk kann unvorhergesehene Folgen haben, und es ist fast unmöglich, sie einzukalkulieren. Hierbei soll der Nutzer — und das ist besonders wichtig — das System als linear und an die gegebene Darstellungsebene lose gekoppelt betrachten.

Pragmatisches Urteilen basiert auf Transparenz: Man sieht Verbindungen im Ziel-Mittel-Netzwerk. Pragmatisches Urteilen ist in gewissem Sinne lokal, da es eher vom augenblicklichen Knoten im Ziel-Mittel-Netzwerk ausgeht, als daß es eine komplette Vorwärts- (oder Rückwärts-) Urteilsfolge ist. Pragmatisches Urteilen ist der Modus des Menschen; ein Systementwurf muß darauf Rücksicht nehmen. Es gibt weiterhin eine klare Beziehung zwischen den Strategien, die ein kognitives System anwendet, und dem Wissen, das es hat. Steht nur ein *Oberflächenwissen* (und ein black-box-Modell) zur Verfügung, dann ist allein eine Strategie nach *Versuch und Irrtum* möglich, vielleicht gestützt durch eine statistische Analyse (Wahrscheinlichkeitskalkül). Wenn mehr Wissen verfügbar ist, können auch bessere Strategien entwickelt werden. Insbesondere wird es möglich sein, für die Zukunft zu planen und damit die Effizienz von Handlungen zu steigern.

## 4.5 Informationsdarbietung und Systemkomplexität

Zwar können einige MMS funktionieren, auch wenn die Maschine eine „blackbox" ist (z. B. Fernsehapparate, Autos und — in einigen Bereichen — Computer), jedoch fordert jedes MMS, bei dem Kommunikation ein bedeutender Aspekt ist, Transparenz des Systems. Kommunikation ist aber im wesentlichen *Kontrolle:* Um sein Ziel zu erreichen, muß der Nutzer fähig sein, das System zu kontrollieren, z. B. die Information aufzufinden, die er braucht. Dazu muß er verstehen, wie das System arbeitet; anderenfalls ist er auf ein Vorgehen nach Versuch und Irrtum angewiesen. Für kognitive Systeme ist Transparenz in beide Richtungen gefordert: Wenn in einem MMS schlußfolgernde Verfahren oder künstliche Intelligenz eine Rolle spielen, müssen Mensch und Computer füreinander transparent sein. Transparenz ist in sich selbst ein sensibles Konzept und muß im Detail definiert werden, um praktisch handhabbar zu sein. Dies kann durch *Erklärungen* und *Beschreibungen* erfolgen. Damit ein System transparent wird (oder ein anderer kognitiv Handelnder), muß es dem Nutzer eine Anzahl von Dingen erklären können:

— *Vergangene Entwicklung* oder Geschichte: Was wurde bis jetzt getan, und was wurde besonders in der unmittelbaren Vergangenheit getan?
— *Gegenwärtige Aktionen:* Was wird gerade jetzt getan, z. B. was sind die augenblicklich aktiven Funktionen und Prozesse?
— *Zukünftige Entwicklung* oder Vorhaben: Was ist der nächste Schritt — als Resultat der augenblicklichen Situation und der Ereignisse, die dazu führten? Was geschieht insbesondere, wenn das System sich selbst überlassen bleibt (unterlassene Handlungen)?
— *Gründe und Ziele:* Warum wurde die augenblickliche Strategie übernommen, und was sind die unmittelbaren und endgültigen Ziele?

Dies sind die typischen *Erklärungen,* die ein Nutzer braucht, um die Aktionen des Systems zu verstehen, mit dem er kommuniziert und das er kontrolliert. Sie beziehen sich auf die Knotenpunkte des Ziel-Mittel-Netzwerkes und insbesondere auf die momentane Position des Systems in diesem Netzwerk. Ein transparentes System sollte außerdem *Beschreibungen* der folgenden funktionellen Objekte liefern:

— Die *Umgebung* oder der allgemeine Kontext der Interaktion eines MMS.

— Die *Aufgabe* oder der spezifische Handlungsverlauf (die augenblickliche Strategie).

— Das *System* oder der spezifische Kontext, d. h. das aktuelle MMS.

— Der *Andere*, oder der (die) andere(n) Teil(e) des MMS, typischerweise der Nutzer.

— Das *Selbst*, d. h. das Wissenssystem selbst, was es ist, was es tut und was es tun kann. Das Selbst unterscheidet sich von der Aufgabe, weil es die Selbsterklärungsfähigkeit einbezieht (vgl. Hollnagel & Lind, 1982).

## 4.6 Determinanten der Transparenz

Wie leicht ein System für einen Nutzer transparent gemacht werden kann, variiert in Abhängigkeit von einer Anzahl von Faktoren:

— *Systemkomplexität*. Die Komplexität des gesamten Systems ist natürlich wichtig. Einzelne Dimensionen der Komplexität sind zum Beispiel der Grad der Kopplung und die Ebene, auf der die Interaktion zwischen den Komponenten erfolgt. Jenseits einer bestimmten Grenze von Komplexität kann das System einfach nicht global transparent sein, obwohl es lokal, um Knotenpunkte im Ziel-Mittel-Netzwerk herum durchaus transparent sein kann. Der Vorteil hierarchischer Zerlegung (Simon, 1977) ist sicherlich für die Transparenz und das Verständnis des Systems ebenso relevant wie für den Systementwurf. Wie der Planer ein System zergliedern muß, um es zu verstehen, braucht auch der Nutzer faktisch eine ähnliche Zergliederung.

— *Kontext*. Der globale Kontext bezieht sich auf das Verstehen des Systems als eines eigenständigen Funktionalismus mit seinem In- und Output. Der globale Kontext verweist auf die allgemeine Funktionalität des Systems, d. h. seine Fähigkeiten und Grenzen an sich. Der lokale Zusammenhang bezieht sich auf das Verstehen des augenblicklichen Problems, d. h. auf das, was der Nutzer erreichen will. Möglicherweise verfügt der Nutzer über ein sehr wirksames System (z. B. eine LISP-Computerstation), das er auch ganz gut begreift, aber über kein klares Verständnis des zu lösenden Problems. In vielen Fällen sind Probleme schlecht definiert, wenn mit der Lösung begonnen wird. Die Beschreibung des Problems muß deshalb verbessert werden, bevor die Funktionalität des Systems dazu gebracht werden kann, auf vorteilhafte Weise darauf Einfluß zu nehmen.

## 4.7 Transparenz und kognitive Anforderungen

Eines der Hauptergebnisse einer kognitiven Aufgabenanalyse ist ein Bild der kognitiven Anforderungen mit zwei hauptsächlichen Aspekten: der kognitive Gebrauch von Information und das pragmatische Schlußfolgern. Will man diesen Befund auf den Systementwurf beziehen, so sollte man berücksichtigen, welche Konsequenzen dies für die Transparenz haben kann.

Der Gebrauch von Information bezieht sich auf die Integration verfügbarer Information, um Fragen über die Situation (Zustandsidentifikation) zu beantworten. Dieser Effekt wird offensichtlich gesteigert, je besser das System erklären kann, was es tut. Zustandsidentifikation bezieht sich besonders auf Erklärungen über vorausgegangene Entwicklung und gegenwärtige Aktionen wie auch auf Beschreibungen der Aufgabe und des Systems. Die kognitiven Anforderungen an den Nutzer können reduziert werden, wenn das System genau geplant ist und ein adäquates Transparenzniveau liefert. Dies kann einmal erreicht werden durch eine genaue kognitive Aufgabenanalyse in der Entwurfsphase und teilweise dadurch, daß man das System mit der Fähigkeit versieht, seine Erklärungen und Beschreibungen an die Situation anzupassen — geleitet durch seine Erkenntnis der Situation und das Nutzermodell.

Pragmatisches Schlußfolgern betrifft das zeit- und das ereignisbasierte Denken im Ziel-Mittel-Netzwerk, um den nächsten Schritt in Richtung Ziel zu planen. Pragmatisches Schlußfolgern erfordert offenbar mindestens ein Oberflächenniveau der Systemrepräsentation wie auch ein vernünftiges Niveau der Transparenz. Pragmatisches Schlußfolgern ist im besonderen von einer angemessenen Systembeschreibung abhängig. Wenn zum Beispiel die Transparenz nur implizit unterstützt ist, hat pragmatisches Schlußfolgern nur geringe Chancen, jemals besser zu werden, da ja der Nutzer kaum Mittel hat, sein Wissen über das System zu erhöhen.

Pragmatisches Schlußfolgern ist eine bedeutende kognitive Aufgabe, die der Computer auf verschiedene Weise unterstützen kann, besonders in der Art und Weise, wie die Information dem Nutzer angeboten wird. So lassen sich die kognitiven Anforderungen reduzieren, indem ein vernünftiges Zusammenspiel zwischen den Systemforderungen an den Nutzer, der kognitiven Fähigkeit des Nutzers und dem Modell des Systems vom Nutzer gesichert wird.

## 5 Schlußfolgerungen

In diesem Kapitel wurde versucht, die folgenden Punkte zu diskutieren:
- Menschliches Verhalten ist komplex, besonders das Verhalten, das wir in Mensch-Maschine-Systemen beobachten. Das erzeugt Probleme für die Wissenschaftler (Ingenieure, Psychologen), die sich mit Entwurf und Entwicklung dieser Systeme beschäftigen.
- Die Komplexität menschlichen Verhaltens ist eine Funktion der Komplexität der Umgebung. Menschliches Verhalten ist von Natur aus einfach und kann mittels relativ einfacher fundamentaler Prinzipien erklärt werden. Auch mit

einfachen Elementen läßt sich jedoch ein sehr kompliziertes Muster produzieren — erzeugt durch die komplexe Umgebung.

— Die Umgebung ist komplex wegen der Systeme, die wir schaffen. In gewissem Sinne wiederholt sich das Argument: Die Systeme sind komplex, weil die Planer unfähig sind, beim Entwurf der Systeme die volle Bandbreite der Systemzustände zu verstehen. Gerade als geschlossene Systeme, ungeachtet unvorhergesehener Ereignisse wie Erdbeben usw., sind die Systeme zu komplex, um ausgelotet zu werden. Ingenieurplanung strebt nach einfachen Interaktionen, d. h. man will die Komplexität des Systems vermindern, aber dies verdeckt die Komplexität eher als das es sie reduziert, weil unkorrekte Annahmen über das eingehen, was der Mensch kann.

— Systeme und Schnittstellen sind komplex, weil die Entwicklung von der Technologie angetrieben wurde. Menschliche Operateure konnten bis zu einer bestimmten Grenze erfolgreich damit umgehen; die außergewöhnliche Anpassungsfähigkeit der Menschen machte es tatsächlich möglich, die Probleme zu vernachlässigen, die dem System eigen sind. Systeme heutiger Zeit sind das Ergebnis einer — Abweichung verstärkenden — Rückmeldung von gesellschaftlichen und technologischen Anforderungen, die die menschlichen Fähigkeiten weit übertreffen. Die Entwicklung der Komplexität muß verstanden werden, wenn wir sie reduzieren wollen, d. h. wir müssen wissen, was die bestimmenden Faktoren sind.

— Für vereinfachte Operationen des Systems brauchen wir adäquates Hintergrundwissen, wie Systemkomplexität komplexes Verhalten produziert. Dazu brauchen wir eine gemeinsame Sprache, um Mensch *und* Maschine beschreiben zu können. Sie könnte unter Beachtung der kognitiven Prozesse, die in MMS ablaufen, und durch den Blick auf beide Partner — Mensch und Maschine als kognitive Systeme — entwickelt werden.

Der Rest des Kapitels nutzte diese Perspektive, um die Bausteine und Teile zu benennen, aus denen kognitive Modelle bestehen. Auch wurden einige Folgerungen für die Strukturierung und Darbietung von Information abgeleitet, die auf allgemeinen Konzepten der Informationsnutzung, des Denkens und der Transparenz basieren. Ein Systementwurf muß dementsprechend auf einer guten kognitiven Aufgabenanalyse basieren, die grundlegende Prinzipien zur Verteilung von Aufgaben zwischen Mensch und Maschine liefern kann. Das Ziel ist, MMS zu entwickeln, in denen sich die Fähigkeiten des menschlichen Geistes voll entfalten können und die die außergewöhnlichen Stärken moderner Computertechnologie dazu nutzen, um dies zu unterstützen und zu fördern. Mit einem Wort, die kognitive Kopplung zwischen Mensch und Maschine muß verbessert werden.

Es gibt jedoch eine deutliche Unvereinbarkeit von Systemkomplexität und der Entwicklung einer Analyse kognitiver Aufgaben. Eine Aufgabenanalyse mit dem Schwerpunkt auf kognitiven Aufgaben will das System im Zusammenhang mit der augenblicklichen Aufgabe verständlich machen. Die meisten Industriesysteme scheinen dem zu trotzen, weil die Systeme sogar für Ingenieure oft unverständlich sind. Freilich sind Systeme komplex, und der Gebrauch von Deskriptoren wie Kopplung und wechselseitige Beeinflussung demonstriert dies klar. Systemkomplexität läßt sich wahrscheinlich nicht reduzieren, indem man das System physikalisch oder technologisch weniger komplex macht. Dieses Ziel befindet sich zumindest außerhalb des Einflußbereichs der Ingenieurpsychologie. Aber die sichtbare Systemkomplexität kann durch geeignete Anwendung einer kognitiven Analyse reduziert werden.

Der Ausgangspunkt muß sein: Der Operateur ist bei einer Aufgabe engagiert — manchmal können es auch mehr als eine sein. Dies verschafft uns fast automatisch ein Ordnungsprinzip zur Systembeschreibung: der top-down-Analyse von Zielen zu Mitteln. Auf dieser Basis kann die Systemkomplexität zeitlich (und zeitweilig) aufgelöst werden. Wenn Information über das System, einschließlich enger Kopplungen und komplexer Interaktionen, zur aktuellen Aufgabe in Beziehung gesetzt wird, entsteht eine natürliche Ordnung, und die Notwendigkeit, das System als ein Ganzes zu verstehen, entfällt. Diese Lösung kann allerdings nur erreicht werden, wenn die kognitive Analyse gleichmäßig für alle Aspekte der Systemtätigkeit durchgeführt wird und wenn die adäquate Unterstützung für den Informationsaustausch über die Mensch-Maschine-Schnittstelle hin verfügbar ist. Beide Bedingungen können nunmehr als erfüllt gelten. Auf der einen Seite ist die kognitive Aufgabenanalyse zu einer brauchbaren Methodologie gereift (vgl. Rasmussen, 1966). Auf der anderen Seite erlaubt die Entwicklung von wissensbasierten Systemen und von wirksamen Dialogtechniken eine Plattform zur Einführung der Lösungen.

## *Literatur*

Attneave, F. (1959). *Applications of information theory to psychology: A summary of basic concepts, methods, and results.* New York: Holt, Rinehart & Wintson.

Boring, E. G. (1950). *A history of experimental psychology.* Englewood Cliffs: Prentice-Hall.

Clancey, W. (1985). Heuristic classification. *Artificial Intelligence, 27,* 289—350.

Coombs, M. J. & Hartley, R. T. (1986). CP: A programming environment for conceptual interpreters. *Workshop on Intelligent Decision Support in Process Environments,* Ispra, Italy, November 11—14.

Gallanti, M., Gilardoni, L., Guida, G., Stefanini, A. & Tomada, L. (1986). Integration deep and shallow knowledge in the design of an on-line process monitoring system. *Workshop on Intelligent Decision Support in Process Environments,* Ispra, Italy, November 11—14.

Hollnagel, E. (1986). Information and reasoning in intelligent decision support systems. *Workshop on Intelligent Decision Support in Process Environments*, Ispra, Italy, November 11—14.

Hollnagel, E. (1987a). The computer analogy of mind. In S. L. Larsen & K. Plunkett (Eds.), *Computers, Cognition, and Epistemology* (in press). Aarhus, Denmark: Institute of Psychology.

Hollnagel, E. (1987b). Mental models and model mentality. In L. P. Goodstein, H. B. Andersen & S. E. Olsen (Eds.), *Mental models, tasks and errors* (pp. 261—268) London: Taylor & Francis..

Hollnagel, E. & Lind, M. (1982). Self-reference as a problem in the control of complex systems. *Psyke & Logos, 2,* 323—332.

Hollnagel, E. & Woods, D. D. (1983). Cognitive systems engineering. New wine in new bottles. *International Journal of Man-Machine Studies, 18,* 583—600.

Kragt, H. (1983). *Operator task and annunciator systems.* Eindhoven, Holland: Eindhoven University of Technology.

Lind, M. (1981). The use of flow models for automated plant diagnosis. In J. Rasmussen & W. B. Rouse (Eds.), *Human detection and diagnosis of system failures* (pp. 411—432). New York: Plenum Press.

Miller, G. A. (1956). The magical number seven, plus or minus two: Some limits in our capacity for processing information. *Psychological Review, 63,* 81—96.

Perrow, C. (1984). *Normal accidents.* New York: Basic Books.

Rasmussen, J. (1974). *The human data processor as a system component. Bits and pieces of a model.* Roskilde, Denmark: Risø National Laboratory.

Rasmussen, J. (1984). Menneske-maskine samspillet i informations samfundet. *Psyke & Logos, 5,* 269—287.

Rasmussen, J. (1986). *Information processing and human-machine interaction.* Amsterdam: North-Holland.

Simon, H. A. (1970). *The sciences of the artificial.* Cambridge, MA: M.I.T. Press.

Simon, H. (1977). *Models of discovery.* Dordrecht, Holland: D. Reidel Publishing Company.

Taylor, F. V. & Garvey, W. D. (1959). The limitations of a „pro crustean" approach to the optimization of man-machine systems. *Ergonomics, 2,* 187—194.

Woods, D. D. (1986). Paradigms for intelligent decision support. In E. Hollnagel, G. Mancini & D. D. Woods (Eds.), Intelligent decision support in process environments (pp. 153—173). Berlin: Springer.

Woods, D. D. & Hollnagel, E. (1986). Mapping cognitive demands and activities in complex problem solving worlds. In *Knowledge Acquisition for Knowledge-Based System Workshop,* Banff, Canada, November 1986.

3. Kapitel

# Methoden der Ingenieurpsychologie

*Werner Kannheiser*

## 1 Bedeutung ingenieurwissenschaftlicher Methoden

Der Inhalts- und Anwendungsbereich der bisher vorwiegend in den USA sowie in der UdSSR verbreiteten *Ingenieurpsychologie* ist nur unter Vorbehalten von dem der Arbeitspsychologie zu unterscheiden. Tradition hat der Begriff im deutschsprachigen Raum in der Psychologie der DDR, wo Ingenieurpsychologie als Teilgebiet der Arbeitspsychologie betrachtet wird. Zentrale Fragestellungen der *Ingenieurpsychologie* sind hier:

— der Informationsaustausch in Mensch-Maschine-Systemen mit dem Ziel der bestmöglichen, menschlichen Leistungsmöglichkeiten angemessenen, Auslegung der maschinellen Komponenten des Systems,

— die zweckmäßige Gestaltung der menschlichen Informationsverarbeitung,

— sowie die Nachbildungen menschlicher kognitiver Leistungen durch technische Systeme (vgl. Hacker, 1986, S. 29).

Wickens und Kramer (1985) sehen die Aufgabenstellung der *Engineering Psychology* in der Untersuchung des menschlichen Verhaltens mit dem *Ziel der Verbesserung der Interaktion des Menschen mit Systemen*. Ausgangspunkt derartiger Systembetrachtungen waren vor allem militärische Systeme; nach dem *Three Mile Island*-Zwischenfall wurden ingenieurpsychologische Ansätze verstärkt auch auf das System *Kernkraftwerk* angewandt (vgl. etwa die Arbeiten von Rasmussen, 1979b, 1981a, b, 1982).

Heute erstreckt sich der Systembegriff der Ingenieurpsychologie von Mensch-Maschine-Systemen im Arbeits- und Freizeitbereich über Mensch-Computer-Systeme bis hin zu Makrosystemen in Umwelt und Gesellschaft.

Von verwandten Disziplinen wie *Human Factors Engineering* bzw. *Ergonomie* und *Arbeitsphysiologie* läßt sich die Ingenieurpsychologie wie folgt abgrenzen:

*Human Factors Engineering* — im engeren Sinne von Ergonomie — kann durch den Anwendungsbezug von *Engineering Psychology* unterschieden werden: Im

Vordergrund steht die System*gestaltung:* Relevante Fragestellung ist, wie technische Systeme unter besonderer Berücksichtigung menschlicher Eigenschaften und Grenzen körperlicher und kognitiver Art zu gestalten sind. Nach Wickens und Kramer (1985) liegt das übergeordnete Ziel des *human factors engineering* damit weniger in der *Erklärung* menschlichen Verhaltens im System.

Die *Arbeitsphysiologie* hingegen läßt sich besonders durch ihre *Inhalte* von der Ingenieurpsychologie unterscheiden: Sie untersucht die Reaktion der verschiedenen *physiologischen* Subsysteme auf Aufgaben- und Umgebungseinflüsse.

Inhaltlich breite Ansätze des *human factors engineering* andererseits integrieren physiologische, ingenieurwissenschaftliche, medizinische, biomechanische, toxikologische, anthropometrische *und* auch psychologische Bemühungen um eine Optimierung von Mensch-System-Interaktionen. Deutlich wird diese integrative Sichtweise im jüngst erschienenen *Handbook of Human Factors* von Salvendy (1987), dessen Spektrum von der *Biomechanik des menschlichen Körpers* bis hin zum *psychologischen job design* reicht.

Die vorliegende Darstellung von psychologischen Methoden in diesem Feld orientiert sich an der *gestalterischen Aufgabenstellung* der Ingenieurpsychologie. Verfahren, die entsprechendes Vorlaufwissen schaffen, wie Experimente und Simulationen, werden weniger intensiv diskutiert, zumal sie teilweise auch Bestandteil des allgemeinen Methodenreservoires der Experimentellen Psychologie sind. *Ingenieurpsychologie wird damit als Wissenschaft von der psychologisch adäquaten Gestaltung von Mensch-System-Beziehungen betrachtet.* Inhaltlich liegen Überschneidungen mit der Arbeitspsychologie vor, vom Untersuchungsgegenstand her wäre die Ingenieurpsychologie als Teilbereich des — im deutschen Sprachraum nicht existenten — umfassend verstandenen *human factors engineering* anzusehen. Wesentliches Element dieser Ingenieurpsychologie sind die *Methoden zur Planung, Entwicklung und Bewertung von Mensch-Maschine-Beziehungen,* auf die im folgenden besonders eingegangen wird. Derartige ingenieurpsychologische Vorgehensweisen unterscheiden sich von arbeitspsychologischen Methoden (insbesondere der „Methodik der psychologischen Arbeitsuntersuchung" — der *Arbeitsanalyse*) entscheidend durch ihren *„prospektiven"* Charakter: Sie setzen im Gestaltungsprozeß schon relativ früh — bei der Systementwicklung — an. Die Ingenieurpsychologie verstand sich — im Sinne des human factors engineering — schon immer als Planungswissenschaft, deren Ergebnisse so früh wie möglich in den ingenieurwissenschaftlichen Entscheidungsprozeß einzubeziehen sind. Erst in jüngster Zeit werden in der Arbeitspsychologie Verfahren erarbeitet, die ebenfalls im Entwicklungs- bzw. Einführungsprozeß technischer Systeme einsetzbar sein sollen.

Die stärkere Integration ingenieurpsychologischer Verfahren in die Methodik der Arbeitspsychologie kann deswegen eine adäquate Antwort der Psychologie auf die Herausforderung durch neue Techniken im Produktions- und Dienstleistungsbereich sein.

## 2 Überblick über ingenieurpsychologische Methoden

Im Prozeß der Einführung neuer Techniken lassen sich idealtypisch einzelne Phasen unterscheiden, in denen jeweils — mit Unterstützung ingenieurpsychologischer Verfahren — spezifische *Gestaltungsfragen* zu bearbeiten sind (vgl. Abbildung 1).

---

Phase 1:   SYSTEMPLANUNG

1. Welche Ziele sollen mit dem System erreicht werden?
   SITUATIONS- und SYSTEMZIELANALYSE
2. Welche Funktionen soll das System erfüllen?
   FUNKTIONSANALYSE
3. Welche Mensch-Maschine-Arbeitsteilung ist sinnvoll?
   FUNKTIONSZUWEISUNG

---

Phase 2:   VORLÄUFIGES DESIGN

4. Welche Aufgaben werden für die Arbeitnehmer anfallen? Mit welchen Qualifikationsanforderungen sind die Aufgaben verbunden?
   AUFGABENANALYSEN
5. Wie kann die Gestaltungslösung konkretisiert werden?
   ZEIT- und BEWEGUNGSSTUDIEN,
   FUNKTIONSFLUSSDIAGRAMME,
   ENTSCHEIDUNGS-, SEQUENZDIAGRAMME,
   ZEITBUDGETANALYSEN
   OPERATIONALE SEQUENZDIAGRAMME,
   VERKNÜPFUNGSANALYSEN

---

Phase 3:   DETAIL-DESIGN

6. Wie kann das System menschengerecht gestaltet werden?
   BEANSPRUCHUNGSMESSUNG und -VORHERSAGE
7. Wie kann das System zuverlässig gestaltet werden?
   ZUVERLÄSSIGKEITSANALYSEN

---

Phase 4:   TEST UND BEWERTUNG

8. Sind die technischen Systemmerkmale menschengerecht?
   BEWERTUNG DER MENSCH-MASCHINE-SCHNITTSTELLE
9. Sind die Arbeitsinhalte, -bedingungen menschengerecht?
   PSYCHOLOGISCHE ARBEITSANALYSEN
10. Entsprechen die Systemleistungen den Zielen?
    SYSTEMEFFIZIENZ

---

Abb. 1: Phasen der MMS-Gestaltung und Gestaltungsfragen (angeregt durch Meister, 1985).

Das dem vorliegenden Text zugrundeliegende Gestaltungsmodell mit den 4 Phasen *Systemplanung, Vorläufiges Design, Detaildesign* sowie *Test und Bewertung* lehnt sich an Meister (1985) an, ist aber wesentlich vereinfacht, um die Methodendarstellung übersichtlich zu halten. Komplexere Modelle diskutieren auch andere Autoren, etwa Landeweerd und Rookmaker (1980, S. 728), North (1980) (vgl. auch Abbildung 2, in der die immer wiederkehrende Grundstruktur solcher Phasenmodelle mit *Ist-Analyse, Entwicklung von Alternativen, Bewertung, Einführung, Nachbewertung* deutlich wird) oder neuerdings für den arbeitspsychologischen Bereich Kannheiser und Frieling (1988) oder Richter, Heimke und Malessa (1988). Das vorgestellte Konzept wäre in Modelle der Technikeinführung, die auch arbeits- und organisationspsychologische Planungsziele und Methoden umfassen, einzupassen.

Abbildung 3 ordnet den Gestaltungsfragen wichtige Verfahren der Ingenieurpsychologie zu, die im folgenden beschrieben werden. Die Gestaltungsfragen sind in Abbildung 1 erläutert.

Die Vielfalt ingenieurpsychologischer Untersuchungsansätze erschwert die Darstellung der Verfahren nach gängigen Methodenklassifikationen. Die in Abbildung 3 gewählte Verfahrenseinteilung ist wie folgt zu erläutern:

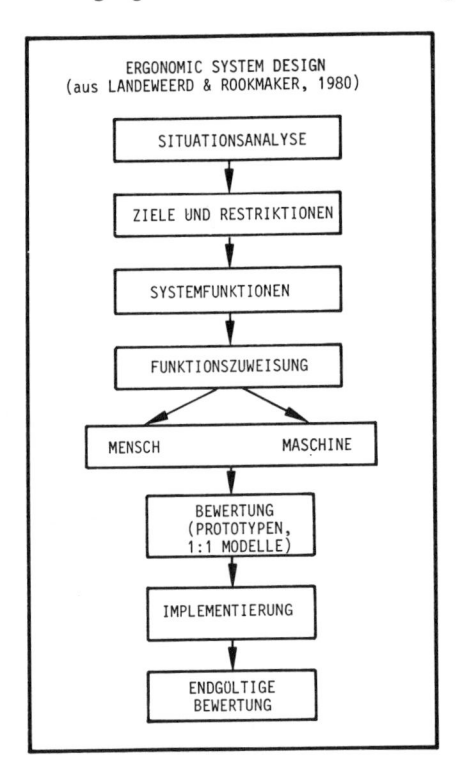

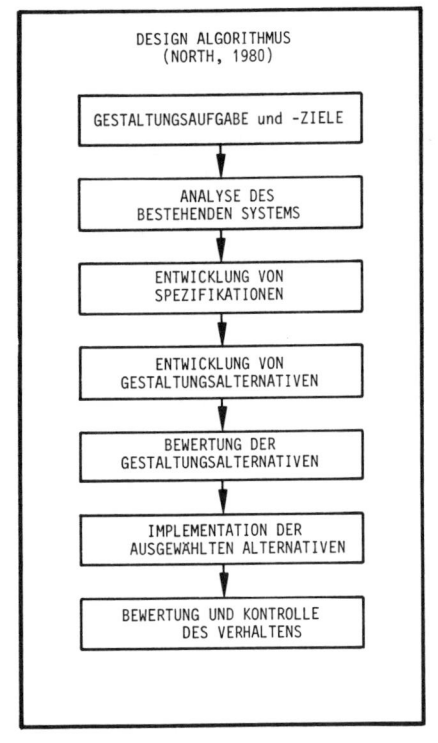

Abb. 2: Phasenmodelle der Mensch-Maschine-Gestaltung.

Methoden der Ingenieurpsychologie

a) *Qualitative Methoden:* Hierunter werden primär nichtstandardisierte Vorgehensweisen verstanden, die wie *kreative Techniken* oder *kollektive Bewertungsverfahren* prozeß- bzw. lösungsorientiert sind und insbesondere auf *Expertenwissen* beruhen oder in *Expertenkonferenzen* angewandt werden. *Aufstellungen von Vor- und Nachteilen* maschineller oder menschlicher Funktionsausführung werden ebenfalls zu dieser Verfahrensgruppe gerechnet.

b) *Graphische Methoden:* Klassifizierungsgesichtspunkt ist primär die resultierende Darstellungsform. Die erforderlichen Daten können mit anderen Verfahrensarten gewonnen werden. So beruht bespielsweise das *Operationale Sequenzdiagramm* größtenteils auf *aufgabenanalytischen* Vorgehensweisen.

| METHODEN | GESTALTUNGSFRAGEN | | | | | | | | | |
|---|---|---|---|---|---|---|---|---|---|---|
| | 1 | 2 | 3 | 4 | 5 | 6 | 7 | 8 | 9 | 10 |
| **QUALITATIVE METHODEN** | | | | | | | | | | |
| Kreative Techniken | ● | ● | ● | ● | | | | | | |
| Fitts-Listen | | | ● | | | | | | | |
| Kollektive Bewertungen | ● | | ● | | | | | | | |
| **GRAPHISCHE METHODEN** | | | | | | | | | | |
| Funktionsflußdiagramme | | ● | | | ● | | | | | |
| Entscheidungsbäume | | | ● | | ● | | | | | |
| Entscheidungsdiagramme | | | ● | | ● | | | | | |
| Operationale Sequenzdiagramme | | | | | ● | ● | | | | |
| Verknüpfungsanalysen | | | | | | ● | | | | |
| **MESSVERFAHREN** | | | | | | | | | | |
| Zeit- und Bewegungsstudien | | | | | | ● | | ● | | |
| Zeitbudgetanalysen | | | | | | ● | ● | | | |
| **AUFGABENANALYTISCHE VERFAHREN** | | | | | | | | | | |
| Aufgabenanalyse | ● | | | ● | ● | ● | | | | ● |
| **EXPERIMENTELLE METHODEN** | | | | | | | | | | |
| Primär- und Sekundäraufgaben | | | | | | ● | | | | |
| Physiologische Methoden | | | | | | ● | | | | |
| Modelle/Simulationen | | | | | | ● | | ● | | |
| **MODELLGESTÜTZTE VERFAHREN** | | | | | | | | | | |
| Zuverlässigkeitsanalysen | | | | | | | ● | | | |
| **RATING-/SKALIERUNGSVERFAHREN** | | | | | | | | | | |
| Checklisten/Normen | ● | | | | | | ● | ● | | |
| subjektive Verfahren | ● | | | | | | ● | | ● | |
| objektive Skalierungen | ● | | | ● | | | ● | | ● | |

Abb. 3: Methoden der Ingenieurpsychologie im Mensch-Maschine-Gestaltungsprozeß (angeregt durch Meister, 1985).

c) *Meßverfahren:* Hier werden Methoden angeführt, die relevante Daten primär durch Meß- oder Zählvorgänge von Verhaltensweisen oder Reaktionen gewinnen.

d) *Aufgabenanalytische Verfahren:* Aufgabenanalysen sind erhebungstechnisch als eigenständige Methoden zu betrachten. Sie umfassen aber auch qualitative Bestandteile sowie Rating- bzw. Skalierungsverfahren.

e) *Experimentelle Methoden:* Berücksichtigt werden alle Vorgehensweisen, die besondere experimentelle oder labormäßige Anordnungen erfordern, wie *physiologische Meßverfahren* oder *Simulationen.*

f) *Modellgestützte Verfahren:* Als modellgestützte Vorgehensweisen werden insbesondere *Zuverlässigkeitsanalysen* angesehen, die entweder als quantitative Verfahren auf statistischen Modellen beruhen oder in mehr qualitativ-analytischer Art Modelle des Bedienerverhaltens umsetzen. Experimentelle Methoden bzw. Simulationen können ebenfalls als modellgestützte Verfahren betrachtet werden.

g) *Rating-/Skalierungsverfahren:* Hierher gehören die klassischen *Checklisten,* subjektiven *Fragebögen* und objektiven *Beobachtungs-* bzw. *Beobachtungsinterviewtechniken.*

Abbildung 3 verdeutlicht folgende Sachverhalte:

1) Die Ingenieurpsychologie bietet ein breites Methodenspektrum an, das den gesamten Mensch-Maschine-Gestaltungsprozeß abdeckt.

2) Manche Methoden sind breit einsetzbar, können zur Beantwortung mehrerer Gestaltungsfragen verwendet werden. Andere Methoden sind eng, trotzdem aber im Gestaltungsprozeß wichtig.

3) Umgekehrt erfordern manche Gestaltungsfragen ein breites empirisches Vorgehen, andere können ausreichend mit wenigen Verfahren bearbeitet werden.

Die folgende Methodendarstellung wird von den Phasen der Mensch-Maschine-Gestaltung ausgehen und jeweils einzelnen Fragestellungen besonders typische Methoden zuordnen.

## 3 Methoden der Systemplanung

In der Systemplanungsphase sind — wie in Abbildung 1 angegeben — drei Fragestellungen zu bearbeiten.

a) In der *Situations-* bzw. *Systemzielanalyse* (mission analysis) wird die Frage nach den *Zielen* des Systems geklärt.

b) Mit Hilfe der *Funktionsanalyse* (function analysis) werden die durch das System auszuführenden *Funktionen* ermittelt.

c) Über die *Funktionszuweisung* (function allocation) erfolgt die Festlegung der *Mensch-Maschine-Arbeitsteilung*.

## 3.1 Situations- und Systemzielanalyse

Situations- bzw. Systemzielanalysen leiten Gestaltungsvorhaben ein (vgl. De-Greene, 1980, S. 83). Die *Situationsanalyse* liefert Informationen über den Ausgangszustand des zu verändernden Systems, kann damit Gestaltungsrichtungen aufzeigen, — die *Systemzielanalyse* macht Zielstellungen transparent und beurteilbar.

Zur *Situationsanalyse* im Sinne einer Istanalyse ist auch ein Großteil der arbeitsanalytischen Verfahren einsetzbar, wie sie in der Arbeitspsychologie entwickelt wurden (FAA von Frieling & Hoyos, 1978; TBS von Hacker, Iwanowa & Richter, 1983; TAI von Frieling, Kannheiser, Facaoaru, Wöcherl & Dürholt, 1984; vgl. hierzu Kannheiser & Frieling, 1988).

Die *Systemzielanalyse* hat folgende Zwecke:

1. Die klare Definition der *generellen Systemziele* — Was jeweils als „System" gilt, hängt von der technischen Innovation ab. In diesem Zusammenhang kommt ganzheitlichen Systembetrachtungen bei Situations- bzw. Systemzielanalysen immer größere Bedeutung zu, da gerade von neuen computergestützten Techniken nicht mehr Einzelsysteme, sondern — bei CAD/CAM — mehrere Bereiche und — bei CIM — ganze Unternehmensstrukturen tangiert sind.

2. Die Ableitung von *Detailzielen* (z. B. spezifische Systemaufgaben; erforderliche Systeminputs; erwartete Systemergebnisse; Systemfähigkeiten und Leistungsanforderungen; Umgebungsfaktoren, die das System beeinflussen können; maximal tolerierbare Einschränkungen der Systemleistungen).

*Technisch-wirtschaftliche Systemziele* sind im konkreten Planungsprozeß als vorgegeben zu betrachten. Eine Systemzielanalyse im beschriebenen Sinn kann aber die u. U. engen technisch-wirtschaftlichen Zielvorstellungen um andere Konzepte (z. B. personal- oder organisationsbezogener Art) erweitern und damit zu einer Transparentmachung unterschiedlicher oder zu wenig berücksichtigter Zielvorstellungen beitragen. Die Einbeziehung psychologischer Systemziele in dieser frühen Phase der Mensch-Maschine-Gestaltung ist auch, wie Hacker (1987) verdeutlicht, deswegen erforderlich, da entsprechende Zielfestlegungen auf Gesamtsystemebene letztlich auch die Struktur der resultierenden Tätigkeiten im System entscheidend beeinflussen.

Meister (1985) diskutiert ein *systematisiertes,* in quantitativen Daten resultierendes, *Bewertungsvorgehen.* Entsprechende Planungssystematiken (vgl. für den deutschsprachigen Bereich Grob, 1983; Grob & Haffner, 1982; Metzger, 1977) sind zwar in gewissem Umfang „schein-objektive" Verfahren, können aber durchaus irrationale Entscheidungstendenzen und -vorlieben transparent machen:

In Planungsgruppen, in die auch die späteren Anwender als beste Experten miteinbezogen werden sollten, werden Kriterien ermittelt, denen das System genügen soll. Die Kriterien werden paarweise hinsichtlich ihrer Bedeutung als Systemziel verglichen; als Ergebnis der Paarvergleiche ergibt sich für jedes Kriterium ein Gewichtungskoeffizient, der das Verhältnis der Bevorzugungen eines Kriteriums zur Gesamtanzahl der möglichen Paarvergleiche darstellt (vgl. Abbildung 4). Diese Werte können die Grundlage für die weiteren Planungsschritte bilden: Zum einen liegt der Rahmen vor, aus dem zur Zielerreichung erforderliche Funktionen des Systems abgeleitet werden können (vgl. Abschnitt 3.3); zum anderen können später Gestaltungsalternativen mit Hilfe der Kriterien beurteilt und ausgewählt werden (vgl. Abschnitt 3.3.2).

| Kriterien | Kriterien | | | | | | | | Anzahl der Bevorzugungen | Gewichtungswert |
|---|---|---|---|---|---|---|---|---|---|---|
| | 1 | 2 | 3 | 4 | 5 | 6 | 7 | 8 | | |
| 1. Verhaltenseffizienz | - | 1 | 1 | 1 | 1 | 1 | 1 | 1 | 7 | 0.25 |
| 2. Kosten | 0 | - | 0 | 1 | 1 | 0 | 1 | 1 | 4 | 0.14 |
| 3. Zuverlässigkeit | 0 | 1 | - | 1 | 0 | 0 | 1 | 1 | 4 | 0.14 |
| 4. Instandhaltbarkeit | 0 | 0 | 0 | - | 0 | 0 | 1 | 1 | 2 | 0.07 |
| 5. Produktivität | 0 | 0 | 1 | 1 | - | 0 | 1 | 1 | 4 | 0.14 |
| 6. Sicherheit | 0 | 1 | 1 | 1 | 1 | - | 1 | 1 | 6 | 0.21 |
| 7. Personalaufwand | 0 | 0 | 0 | 0 | 0 | 0 | - | 1 | 1 | 0.04 |
| 8. Energieverbrauch | 0 | 0 | 0 | 0 | 0 | 0 | 0 | - | 0 | 0.00 |
| | | | | | | | | Σ | 28 | |
| | | | | | | | | Gesamtzahl möglicher Paarvergleiche | | |

Abb. 4: Vergleichende Gewichtung von Zielkriterien (nach Meister, 1985).

## 3.2 Funktionsanalyse

Die Funktionsanalyse (vgl. Geer, 1981) ist der zweite Konkretisierungsschritt zur Gestaltung des Mensch-Maschine-Systems. Funktionsanalysen sollten logisch-deduktive Weiterentwicklungen der Systemzielanalysen sein. Die zur Erreichung der ermittelten Ziele erforderlichen Funktionen können basierend auf Erfahrungswissen in *Expertenkonferenzen* festgelegt und beispielsweise als *Funktionsflußdiagramme* (vgl. 4.2.2) graphisch dargestellt werden. Der Funktionsbegriff kann unterschiedlich breit angelegt sein: Verwendbar sind molare Prozeßbezeichnungen wie *Identifizieren, Analysieren, Instandhalten* oder konkrete systembezogene Begriffe wie *Montieren, Fügen* usw. Die im psychologischen Sinne relevanten Handlungs- bzw. Aufgabenarten werden erst in einer späteren Phase, mittels *aufgabenanalytischer* Verfahren, identifiziert.

Abbildung 5 zeigt ein Funktionsflußdiagramm, den sog. *Vorranggraphen* (vgl. Warnecke & Dittmayer, 1978), mit dessen Hilfe Ergebnisse von Funktionsanalysen im industriellen Bereich verdeutlicht werden können. Der hier ausschnittsweise dargestellte Vorranggraph enthält netzplanartig sämtliche zur Montage des Produkts notwendigen Teilverrichtungen oder Funktionen.

## 3.3 Funktionszuweisung

In diesem dritten Schritt erfolgt die Festlegung der Mensch-Maschine-Arbeitsteilung — eine der grundlegenden Entscheidungen im Systemdesign. Die Funktionszuweisung sollte — wie eine Reihe von Autoren (DeGreene, 1980; Hart & Sheridan, 1984) betont — an eine Analyse des Gesamtsystems, wie sie mit der Situations- und Systemzielanalyse möglich ist, anknüpfen bzw. kann nur in Abhängigkeit von vorher festgelegten Zielen erfolgen (vgl. Hacker, 1987). Das Ausmaß der Mensch-Maschine-Arbeitsteilung steht aber in vielen Fällen der MMS-Gestaltung a priori insoweit fest, als von technisch-betrieblicher Seite im Sinne *technikzentrierter* Vorgehensweisen versucht wird, so viele Funktionen wie möglich auf die Maschine zu übertragen. — Hierbei entsteht die Gefahr, daß der Mensch als Lückenbüßer im System eingesetzt wird, der die Funktionen auszuführen hat, die noch nicht automatisierbar sind (vgl. Rasmussen, 1979a, S. 2).

Die Ingenieurpsychologie versucht seit jeher dem betrieblichen Planer fundierte Entscheidungshilfsmittel zur Mensch-Maschine-Arbeitsteilung zu liefern. In sog. *Fitts-Listen* (Fitts, 1951) wurden qualitative Vor- und Nachteile von Menschen bzw. Maschinen, etwa bei Wahrnehmungs- oder Gedächtnisprozessen, gegenübergestellt, um Funktionsaufteilungen psychologisch sinnvoll durchzuführen. Elaboriertere Fitts-Listen liegen von Chapanis (1965), Edwards und Lees (1974), Mertes und Jenney (1974) oder Swain und Guttmann (1983) vor. Einen Vergleich Computer-Mensch stellt Eason (1980) an. Derartige Methoden konnten aber nur wenig Einfluß auf ingenieurwissenschaftliche Designpraktiken erlangen (vgl. Price, 1985, S. 34). Timpe (1984) diskutiert eine spezifizierte Vorgehensweise zur Funktionszuweisung bei Industrierobotereinsatz mit Hilfe von Entscheidungsdiagrammen (vgl. 4.2.3). In jüngster Zeit (vgl. Corbett, 1987; Hacker, 1987) werden verstärkt Konzeptionen der Mensch-Maschine-

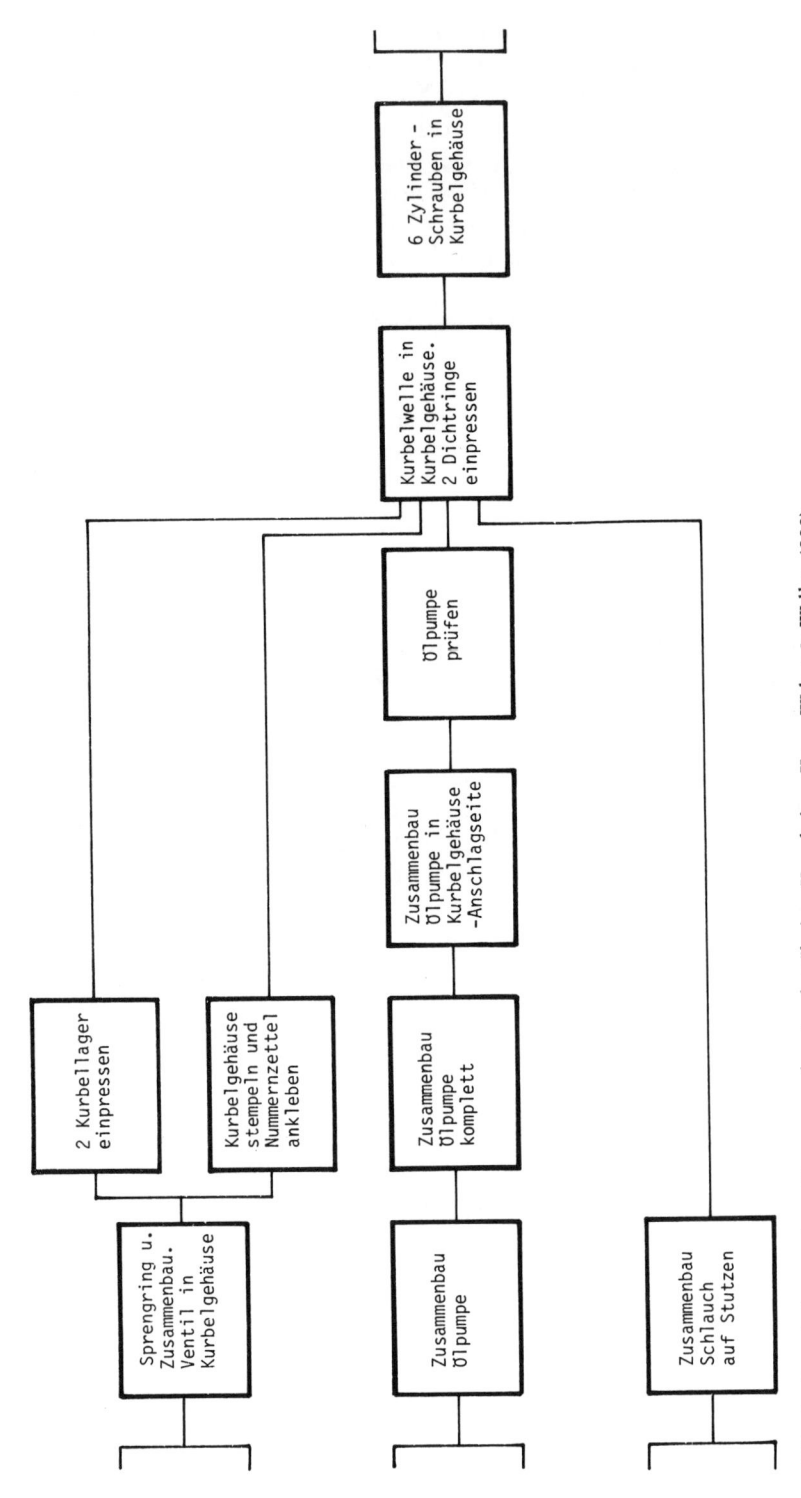

Abb. 5: Ausschnitt aus einem Vorranggraphen (nach Vähning, Kannheiser, Kern, Weber & Weller, 1982).

Arbeitsteilung diskutiert, die weniger, wie Fitts-Listen, elementar-instrumentell, sondern *ganzheitlich-humanzentriert* argumentieren. Leitlinien für Mensch-Maschine-Funktionsteilungen sind in diesen humanzentrierten Ansätzen nicht aufgabenspezifische Vor- oder Nachteile der jeweiligen MMS-Komponente in bestimmten Funktionsbereichen, sondern Gestaltungsmodelle, in denen der Mensch im Vordergrund steht und in denen dem Menschen möglichst ganzheitliche Tätigkeiten übertragen werden sollen.

Die klassische Ingenieurpsychologie bietet die in den folgenden Unterabschnitten beschriebene Vorgehensweise zur Festlegung der Mensch-Maschine-Funktionsteilung an.

### 3.3.1 Bestimmung von Alternativen der Arbeitsteilung

Wenn über eine Funktionsanalyse die im System zur Zielerreichung erforderlichen Funktionen ermittelt sind, kann die Funktionszuweisung unmittelbar an diesen Funktionen ansetzen und Alternativen der Mensch-Maschine-Arbeitsteilung entwickeln. Nach der Mehrheit der Autoren ist hier vor allem Kreativität gefordert, die nicht durch mathematische Modelle oder Vorgehensweisen ersetzt werden kann (vgl. Meister, 1985; Price, 1985).

Ein geeignetes Vorgehen zur Entwicklung und Visualisierung von Gestaltungsalternativen kann die *DODT*-Methode (Design Option Decision Tree, vgl. Askren & Korkan, 1971, 1974; Barclay et al., 1977; Beevis, 1981) sein. DODT-Darstellungen liefern einen systematischen Überblick über die Gestaltungsvarianten auf verschiedenen Detaillierungsebenen sowie, durch die Anzahl der Verzweigungen auf den verschiedenen Ebenen, Informationen über die Komplexität des gesamten Gestaltungsprozesses. Computergestützte DODT-Anwendungen beschreiben Steeb und Johnston (1981). Diese Entscheidungsbaum-Technik wurde eigentlich zur Produktgestaltung entwickelt, kann in ihrer Grundkonzeption aber auch auf Probleme der MMS-Gestaltung übertragen werden. Dieser Transfer ist deswegen sinnvoll, da das DODT-Konzept diejenigen Eingriffspunkte im Gestaltungsprozeß aufzeigen will, an denen *menschliche Faktoren* besonders zu berücksichtigen sind. Der ingenieurwissenschaftliche Anwender wird damit auf ingenieurpsychologische Erfordernisse aufmerksam gemacht.

Abbildung 6 zeigt skizzenhaft einen vom Autor und Mitarbeitern selbst entwickelten Entscheidungsbaum, der Alternativen der *Mensch-Mensch-* und *Mensch-Maschine-Arbeitsteilung* bei der Einführung von computergesteuerten Bearbeitungsmaschinen (CNC-Technik) verdeutlicht.

In Abbildung 6 sind rechts die Funktionen, die im System anfallen, und links die möglichen Funktionsträger aufgeführt. Umfaßt die Darstellung alle Funk-

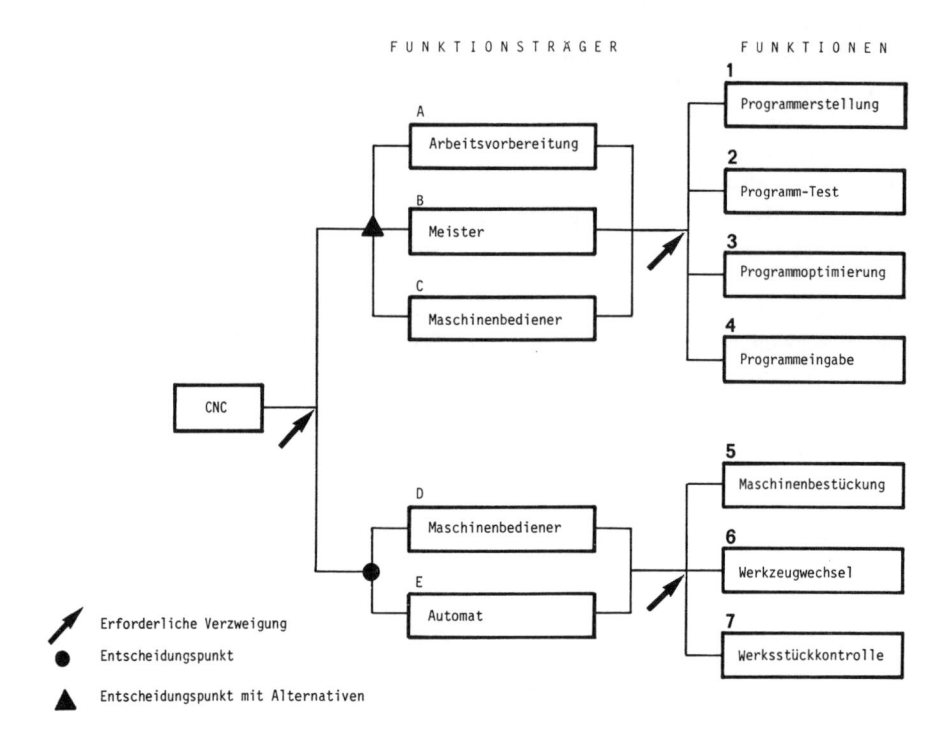

```
FUNKTIONSTRÄGER              FUNKTIONEN
                              1
              A               Programmerstellung
         Arbeitsvorbereitung
                              2
              B               Programm-Test
             Meister
                              3
              C               Programmoptimierung
         Maschinenbediener
                              4
                              Programmeingabe
  CNC
                              5
                              Maschinenbestückung
              D
         Maschinenbediener
                              6
              E               Werkzeugwechsel
             Automat
                              7
                              Werksstückkontrolle

↗ Erforderliche Verzweigung
● Entscheidungspunkt
▲ Entscheidungspunkt mit Alternativen
```

Abb. 6: Beispiel eines Entscheidungsbaumes.

tionen und Funktionsträger, können mit diesem Vorgehen alle denkbaren Gestaltungsalternativen erarbeitet werden. Damit ist auch das Durchspielen ungewöhnlicher Kombinationen möglich. Das DODT-Vorgehen kann auch, wie in 3.3.2 angedeutet, zur *Bewertung* der Gestaltungsalternativen herangezogen werden. Einen Überblick über weitere Vorgehensweisen bei der Funktionszuweisung geben Kantowitz und Sorkin (1987, S. 358 ff.).

### 3.3.2 Alternativvergleich und -bewertung

Die Überlegungen zur Funktionszuweisung sind mit einer *Bewertung der erarbeiteten Lösungen* fortzusetzen. Meister (1985, S. 24—25) nennt folgende Beurteilungsaspekte:

1. Was kann der Bediener in jeder Alternative leisten?
2. Wie steht es mit der Bediener-Effektivität im Vergleich zur Maschine?
3. Welche speziellen Einrichtungen sind für den Bediener in den Alternativen erforderlich?

Methoden der Ingenieurpsychologie

4. Welche Probleme können in den Alternativen auftreten?
5. Welche speziellen Vor- und Nachteile sind mit einem Bediener-Einsatz verbunden?

In diesem Zusammenhang sollte auch auf die in der Systemzielanalyse ermittelten Zielkriterien zurückgegriffen werden (vgl. Abschnitt 3.1). Im folgenden wird hier wieder das Vorgehen von Meister (1985) dargestellt:

Nachdem die Bedeutung einzelner Systemkriterien (vgl. Abbildung 4) feststeht, werden die Gestaltungsalternativen wiederum im Paarvergleich an diesen Kriterien bewertet (vgl. Abbildung 7). Für jede Alternative wird pro Kriterium ein Gewichtungswert errechnet, der sich aus dem Verhältnis tatsächlicher zu mög-

| Kriterien | | Alternativen B C A | Bevorzugungen | Gewichtungswert |
|---|---|---|---|---|
| 1. Verhaltenseffizienz | A<br>B<br>C | 1 1 -<br>- 0 0<br>1 - 0 | 2<br>0<br>1 | 0.67<br>0<br>0.33 |
| 2. Kosten | A<br>B<br>C | 1 0 -<br>- 1 0<br>0 - 1 | 1<br>1<br>1 | 0.33<br>0.33<br>0.33 |
| 3. Zuverlässigkeit | A<br>B<br>C | 1 0 -<br>- 1 0<br>0 - 1 | 1<br>1<br>1 | 0.33<br>0.33<br>0.33 |
| 4. Instandhaltbarkeit | A<br>B<br>C | 1 1 -<br>- 1 0<br>0 - 0 | 2<br>1<br>0 | 0.67<br>0.33<br>0 |
| 5. Produktivität | A<br>B<br>C | 1 1 -<br>- 1 0<br>0 - 0 | 2<br>1<br>0 | 0.67<br>0.33<br>0 |
| 6. Sicherheit | A<br>B<br>C | 0 0 -<br>- 1 1<br>0 - 1 | 0<br>2<br>1 | 0<br>0.67<br>0.33 |
| 7. Personalaufwand | A<br>B<br>C | 1 0 0<br>- 1 0<br>0 - 1 | 1<br>1<br>1 | 0.33<br>0.33<br>0.33 |
| 8. Energieverbrauch | A<br>B<br>C | 1 1 -<br>- 0 0<br>1 - 0 | 2<br>0<br>1 | 0.67<br>0<br>0.33 |

Abb. 7: Bewertung der Gestaltungsalternativen an den Kriterien (nach Meister, 1985).

licher Bevorzugungen pro Alternative und Kriterium (im Beispiel gleich 3) ergibt. Abbildung 7 zeigt fiktive Ergebnisse eines derartigen Bewertungsprozesses.

Der letzte Schritt besteht in der Konstruktion einer Matrix mit den Alternativen als Spalten und den Kriterien als Zeilen (vgl. Abbildung 8). Aus dieser Matrix kann die Gestaltungsalternative abgeleitet werden, die die Kriterien optimal erfüllt. Hierzu werden jeweils pro Kriterium und Alternative die kriteriumsspezifischen Gewichtungswerte (Abbildung 4) mit den spezifischen Gewichtungswerten der Alternative (Abbildung 7) multipliziert und aufsummiert. Die Gestaltungsalternative mit dem höchsten Summenwert (im Beispiel Alternative A mit .42) wäre auszuwählen.

Dieses Vorgehen kann auch mit der DODT-Methode durchgeführt werden: Die einzelnen Lösungswege werden bewertet und der Gestaltungsweg ausgewählt, der die Kriterien optimal erfüllt (vgl. Askren & Korkan, 1974, S. 372).

| Kriterien | Alternativen | | |
|---|---|---|---|
| | A | B | C |
| 1. Verhaltenseffizienz | .17 | .00 | .08 |
| 2. Kosten | .05 | .05 | .05 |
| 3. Zuverlässigkeit | .05 | .05 | .05 |
| 4. Instandhaltbarkeit | .05 | .02 | .00 |
| 5. Produktivität | .09 | .05 | .00 |
| 6. Sicherheit | .00 | .14 | .07 |
| 7. Personalaufwand | .01 | .01 | .01 |
| 8. Energieverbrauch | .00 | .00 | .00 |
| Σ | .42 | .32 | .26 |

Abb. 8: Berechnung des Optimalsystems (nach Meister, 1985).

## 4 Methoden der vorläufigen Designphase

Ist mit der Funktionszuweisung die Systemplanungsphase abgeschlossen, kann mit dem *Vorläufigen Design* begonnen werden. In dieser zweiten Phase werden die *Aufgaben* der Beschäftigten ermittelt sowie die *Gestaltungslösung* konkretisiert.

## 4.1 Festlegung der Aufgaben und der Qualifikationsanforderungen

Wurde beispielsweise in der Systemplanungsphase die Funktion „Werkzeug-Wechsel" (vgl. Abbildung 6) dem Maschinenbediener übertragen, so ist damit noch offen, welche konkreten Aufgaben bei dieser Funktion anfallen bzw. welche Qualifikationsanforderungen auftreten.

Die dominierende Technik der Ingenieurpsychologie zur Festlegung der Aufgaben und der Qualifikationsanforderungen sind *Aufgabenanalytische Vorgehensweisen*. Aufgabenanalysen können im Gestaltungsprozeß u. a. folgende Fragenkomplexe beantworten (vgl. Christal & Weissmüller, 1976; Fleishman & Quaintance, 1984; Meister, 1985, S. 31 ff.; Miller, 1953; Vallerie, 1978; White, 1971):

a) *Eigentliche Gestaltungsfragen:* Welche Aufgaben sind auszuführen? In welcher Reihenfolge sind sie auszuführen? Wie kritisch sind die einzelnen Aufgaben für die Erreichung der Systemziele? Welche Informationen benötigen die Beschäftigten zur Aufgabenausführung? Welche Formen der Kooperation/Kommunikation sind nötig? Wie häufig sind einzelne Aufgaben auszuführen?

b) *Personal- und Qualifizierungsfragen:* Welche Leistungsanforderungen treten auf? Wie viele Personen sind zur Aufgabenausführung nötig? Wie schwierig bzw. komplex sind die Aufgaben? Welche Kriterien lassen sich zur Bestimmung der erfolgreichen Aufgabenbewältigung heranziehen?

Das *prinzipielle Vorgehen* bei einer Aufgabenanalyse — *die* Aufgabenanalyse als standardisierte Einzeltechnik existiert nicht — läßt sich wie folgt darstellen: (vgl. Kannheiser & Frieling, 1982; Meister, 1985; Reed, 1967):

1. *Dokumentenanalyse:* Sammlung von Stellen- und Berufsbeschreibungen ähnlicher Systeme, Analyse von Ausbildungsunterlagen, um ein erstes Bild der anfallenden Aufgaben zu erhalten.

2. *Erstellung einer ersten groben Aufgabenliste* (Aufgabenidentifizierung): Die Aufgaben werden nach Bedienungs-, Instandhaltungs-, Wartungs-, Dispositions- und Kontrollfunktionen untergliedert und den jeweiligen technischen hardware-Komponenten zugeordnet. Dieser Schritt entspricht damit einer *Funktionsanalyse* (vgl. Abschnitt 3.2).

3. *Beurteilung der Aufgabenliste durch ein Expertengremium hinsichtlich Vollständigkeit.* Kollektive Expertenbewertungen — möglichst unter Einbeziehung der Beschäftigten als „beste Experten" — sind demzufolge integrierter Bestandteil jeder Aufgabenanalyse.

4. *Entwicklung eines Fragebogens* aus den gesammelten Aufgaben mit Zuordnung der erforderlichen Einstufungsskalen, z. B. „*Wichtigkeit der Aufgabe*",

„*Benötigte Zeit für die Durchführung einer Aufgabe*", „*Komplexität der Aufgabe*", „*Häufigkeit der Aufgabenausführung*".

Einen Sonderfall der Aufgabenanalyse stellt das in 4.2.5 beschriebene Operationale Sequenzdiagramm dar, von dem sich ebenfalls über Expertenurteile Qualifikationsanforderungen ableiten lassen.

## 4.2 Konkretisierung der Gestaltungslösung

Zur Konkretisierung des *Designs* stehen neben den Entscheidungsbäumen und den aufgabenanalytischen Ansätzen eine Reihe weiterer Verfahren zur Verfügung. Meister (1985) nennt hier u. a.:

— Zeit- und Bewegungsstudien;

— Funktionsflußdiagramme;

— Entscheidungs-/Handlungsdiagramme;

— Operationale Sequenzdiagramme;

— Zeitverlaufsstudien;

— Verknüpfungsanalysen.

Diese Verfahren lassen sich nicht in ein einheitliches Schema bringen; entsprechend den teilweise relativ engen theoretischen Grundlagen der Ingenieurpsychologie erheben die Verfahren keine umfassenden Gestaltungsansprüche, sondern setzen an *Einzelfragen* (z. B. Informationsflüsse, Wege) an.

### 4.2.1 Standardisierte Zeit- und Bewegungsstudien

Die gängigen Zeit- und Bewegungsanalyseverfahren können weitgehend auf Gilbreth (1911) und Taylor (1919) zurückgeführt werden. Die hierher zu rechnenden Verfahren gehen — im Unterschied zu Zeitverlaufsstudien (vgl. 4.2.4) — von standardisierten Elementarbewegungen und Standardzeiten aus. Beschreibungen finden sich bei Barnes (1980), REFA (1971/76). Entsprechende Verfahren dienen im industriellen Alltag häufig zur Konkretisierung von Gestaltungsfragen im Arbeitsbereich und sind auch die Grundlage für Anlern- und Qualifizierungsprozesse. Den Wert von Zeit- und Bewegungsstudien stellt Hacker (1986, S. 364 f.) in Fällen in Frage, in denen Bewegungsstudien ohne Berücksichtigung der die Bewegungen steuernden psychischen Prozesse durchgeführt werden. Für bestimmte Gestaltungsfragen könnten Zeit- und Bewegungsstudien aber durchaus sinnvoll sein, etwa wenn es darum geht, sicherheitstechnische Gesichtspunkte zu überprüfen.

### 4.2.2 Funktionsflußdiagramme

Funktionsflußdiagramme listen, basierend auf aufgabenanalytischen Ansätzen oder Expertenurteilen, die erforderlichen Funktionen in produkt- oder systemspezifisch erforderlicher Sequenz auf. Hierher gehört auch das in Abschnitt 3.2 dargestellte Vorgehen des *Vorranggraphen*. Derartige Verdeutlichungen der Funktionszusammenhänge können zur Planung der Anordnung von Arbeitsplätzen verwendet werden sowie die Grundlage für konkretere Darstellungsformen sein, wie sie mit Operationalen Sequenz-Diagrammen (vgl. Abschnitt 4.2.5) möglich sind.

### 4.2.3 Entscheidungs-/Handlungsdiagramme

Im Gegensatz zum rein funktionsorientierten Vorranggraphen werden bei Entscheidungs-/Handlungsdiagrammen nicht nur einzelne Operationen aneinandergefügt, sondern zusätzlich werden die Entscheidungen berücksichtigt, die der Bediener zu treffen hat. Entscheidungs-/Handlungsdiagramme können je nach Fragestellung alternierend zu reinen Funktionsflußdiagrammen eingesetzt werden. — Eine komplexere Form von Entscheidungs-/Handlungsdiagrammen sind *Operationale Sequenzdiagramme* (vgl. 4.2.5), bei denen verschiedene *Aufgaben*typen unterschieden werden.

Entscheidungsdiagramme sind in der Arbeits- und Ingenieurpsychologie, insbesondere bei Hacker (1978, 1986) zu einer grundlegenden Darstellungsform psychischer Abfolgestrukturen von Arbeitshandlungen geworden. In der bei Hacker (1986, S. 144, 145) gewählten Darstellungsform können entsprechende formalisierte Diagramme Basisinformationen zur Beurteilung des Umfangs der Entscheidungserfordernisse (Anzahl der Entscheidungsknoten) und zur erforderlichen Antizipationsweite (Hierarchie der Entscheidungsknoten) liefern und damit beispielsweise zur Planung und Gestaltung von psychologisch relevanten Eingriffspunkten im Mensch-Maschine-Prozeß herangezogen werden.

### 4.2.4 Zeitverlaufsstudien

Eine Zeitverlaufsstudie (time line analysis) wird eingesetzt, um die *überschneidungsfreie Ausführbarkeit* von Teilaufgaben sicherzustellen (vgl. Meister, 1985, S. 63, oder Laughery & Laughery, 1987, S. 339 ff.). Dabei wird u. a. die zeitliche Dauer und Abfolge einzelner, MMS-spezifischer, Teilaufgaben ermittelt und mit der Gesamtaufgabe in Beziehung gesetzt. Zeitverlaufsuntersuchungen setzen aufgabenanalytische Beschreibungen der Tätigkeit des Maschinenbedieners voraus, wie sie mit Funktionsflußdiagrammen oder Aufgabenanalysen erarbeitet werden können. Die Ermittlung entsprechender Zeiten für die Teilaufgaben ist im Planungsstadium insbesondere dann möglich, wenn die Aufgaben im neuen System mit denen eines Vorgängersystems vergleichbar sind. Die Ergebnisse von Zeitverlaufsstudien dienen darüber hinaus als eine der Eingangsgrößen zur Beurteilung der anfallenden Belastung (vgl. 5.1) und können auch zur Bestimmung des quantitativen Personalbedarfs Verwendung finden.

Abbildung 9 zeigt Ergebnisse einer derartigen Studie, in der sich eine Reihe von einzelnen Aufgaben jeweils überschneiden, was — wenn nicht technisch änderbar — Indiz für mögliche mentale Überforderung des Operateurs sein kann.

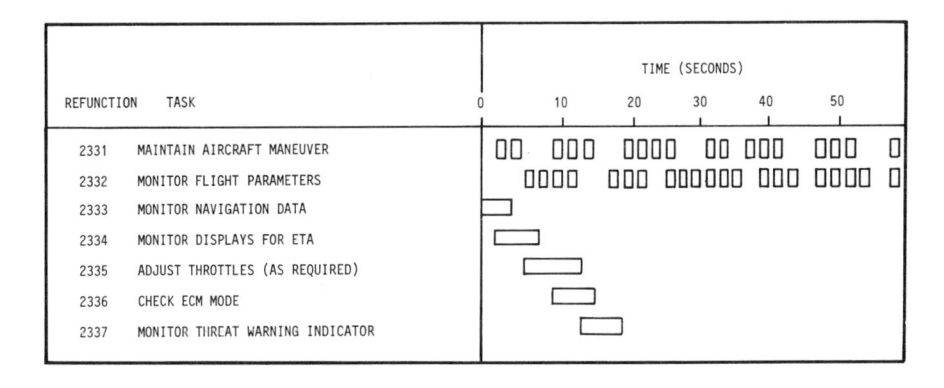

|  |  | TIME (SECONDS) |
|---|---|---|
| REFUNCTION | TASK | 0  10  20  30  40  50 |
| 2331 | MAINTAIN AIRCRAFT MANEUVER | ⬜⬜  ⬜⬜⬜  ⬜⬜⬜⬜  ⬜⬜  ⬜⬜⬜  ⬜⬜⬜  ⬜ |
| 2332 | MONITOR FLIGHT PARAMETERS | ⬜⬜⬜⬜  ⬜⬜⬜  ⬜⬜⬜⬜⬜⬜  ⬜⬜⬜  ⬜⬜⬜⬜  ⬜ |
| 2333 | MONITOR NAVIGATION DATA |  |
| 2334 | MONITOR DISPLAYS FOR ETA |  |
| 2335 | ADJUST THROTTLES (AS REQUIRED) |  |
| 2336 | CHECK ECM MODE |  |
| 2337 | MONITOR THREAT WARNING INDICATOR |  |

Abb. 9: Beispiel einer Zeitverlaufsstudie (nach Geer, 1981).

### 4.2.5 Operationale Sequenzdiagramme

*Operationale Sequenzdiagramme* (OSD) sind komplexe Entscheidungs-/Handlungsdiagramme, bei denen aufgabenanalytisch einzelne Operationsarten und Übertragungswege von Informationen unterschieden werden. Damit ist der *sequentielle Fluß der Informationen, Entscheidungen und Handlungen eines Systems oder Subsystems* darstellbar. Aus Operationalen Sequenzdiagrammen können wiederum psychologisch relevante Gestaltungshinweise, etwa zur Abstimmung der Aufgaben mehrerer Bediener, zur Gestaltung der Mensch-Maschine-Schnittstellen, zur Beurteilung von Informationsflüssen, zur Identifizierung kritischer Systembereiche oder kritischer Entscheidungs-/Handlungspunkte, zur Ableitung von Über- und Unterforderungssituationen (z. B. Dominanz einzelner Operationsarten) oder zum Arbeitsplatzdesign abgeleitet werden.

OSDs können für das Gesamtsystem oder auch für einzelne Aufgaben entwickelt und jederzeit bei der Systementwicklung eingesetzt werden, sobald die erforderlichen Informationen zur Verfügung stehen.

Abbildung 10 zeigt ein OSD, das externe und interne Informationsquellen und -flüsse in einem ausgewählten Zeitabschnitt bei zwei Besatzungsmitgliedern eines Raumfahrzeugs darstellt.

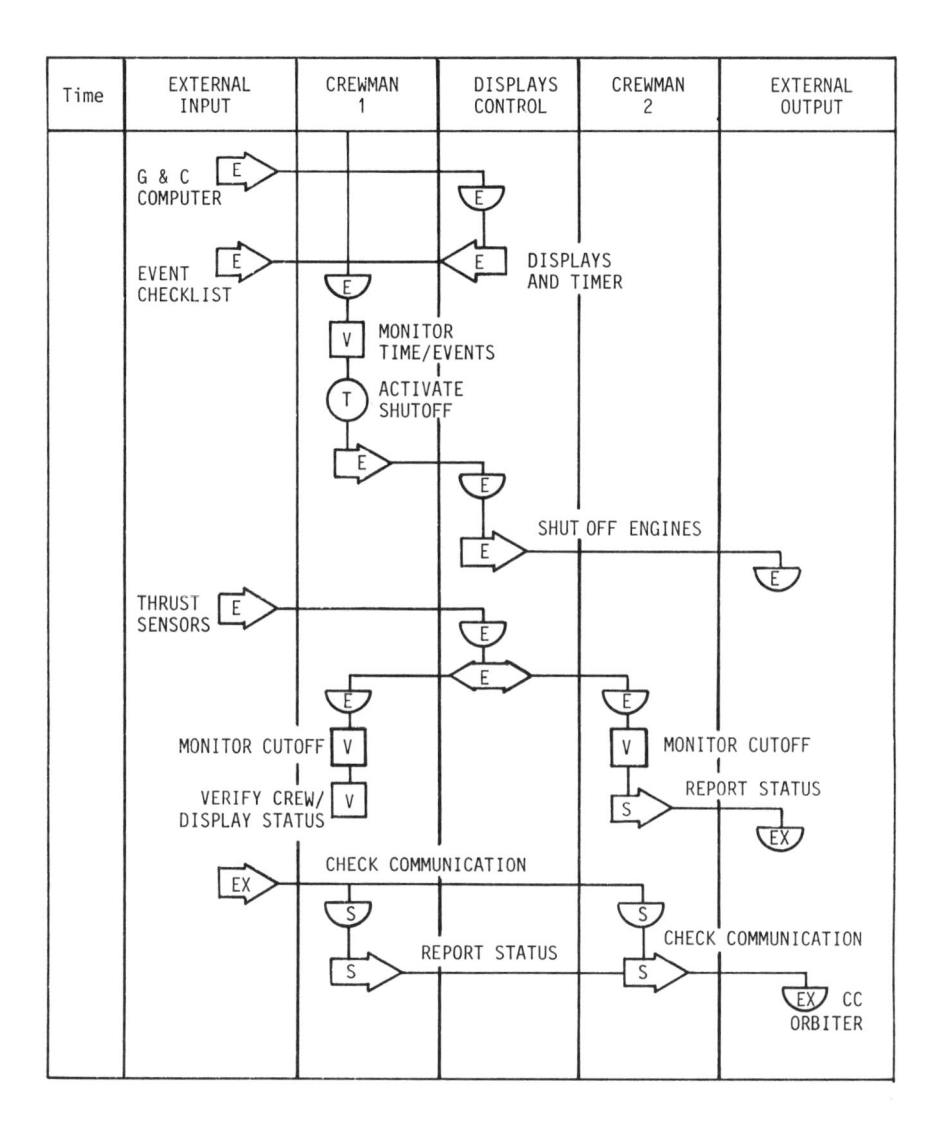

Abb. 10: Operationales Sequenzdiagramm (nach Geer, 1981).

Kantowitz und Sorkin (1983) demonstrieren, wie mit Operationalen Sequenzdiagrammen die Informationspräsentation in Makrosystemen (beispielsweise einem Flughafen) beurteilt und verbessert werden kann.

### 4.2.6 Verknüpfungsanalyse

Mit dieser Methode lassen sich die Wege des Bedieners im System bzw. molekulare Beziehungen (z. B. Blickkontakte) ermitteln und gestalten. Gestaltungsziel ist die *Reduzierung von zu langen oder zu komplexen Interaktionsbeziehun-*

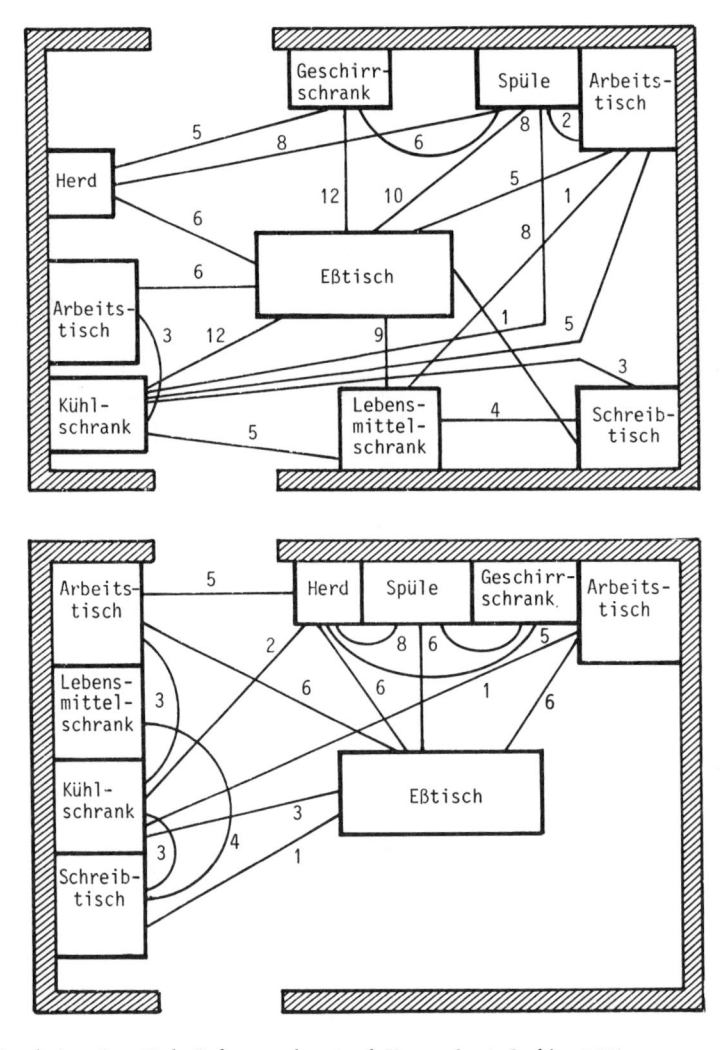

Abb. 11: Ergebnisse einer Verknüpfungsanalyse (nach Kantowitz & Sorkin, 1983).

*gen zwischen Mensch und Bedienelementen.* Meister (1985, S. 70) bzw. Kantowitz und Sorkin (1983, S. 226) beschreiben das Vorgehen wie folgt:

1. Jede Operation bzw. jeder Bediener wird mit einem Kreis gekennzeichnet.
2. Jedes Ausrüstungsstück, an/mit dem die Operation ausgeführt wird, wird als Viereck dargestellt.
3. Beziehungen zwischen den Bedienern und zwischen Bediener und Maschinen werden durch Linien markiert; die Form der Interaktion (verbal oder über Bildschirme/Anzeigen) wird durch geeignete Symbole gekennzeichnet.
4. Jede Verbindung wird bzgl. Wichtigkeit und Häufigkeit beurteilt.

Abbildung 11 zeigt die Struktur im System *Küche* vor und nach einer Verknüpfungsanalyse. Die Ziffern geben jeweils die Häufigkeit der Wege zwischen den Systembestandteilen an.

Verknüpfungsanalysen wurden u. a. bei der Bearbeitung folgender Fragestellungen eingesetzt: Gestaltung von Flugzeugcockpits (Fitts, Jones & Milton, 1950), Mensch-Computer-Interaktion (Galitz & Laska, 1969, 1970) oder Untersuchung der Wege von Schwestern in Krankenstationen (Lippert, 1971).

## 5 Methoden des Detaildesign

In der Detaildesignphase werden aus psychologischer Sicht

a) individuelle Fragen der *Beanspruchung* sowie

b) systembezogene Fragen der *Zuverlässigkeit*

geklärt.

### 5.1 Belastungs-/Beanspruchungsvorhersage und -messung

Unter dem Begriff *workload* werden in der angloamerikanischen Literatur sowohl die von außen einwirkenden Belastungsgrößen und -faktoren als auch die subjektiven Erlebens- bzw. Reaktionskomponenten sowie die Konsequenzen für die Arbeitsleistung gefaßt (vgl. Abbildung 12). Im deutschsprachigen Raum hat sich hingegen terminologisch eine Differenzierung zwischen äußeren Einwirkungen und subjektiven Konsequenzen durchgesetzt. Nach Rohmert (1984) unterscheidet man zwischen *Belastungen,* die als objektive, von außen auf die Arbeitsperson einwirkende Größen definiert sind, und *Beanspruchungen,* die

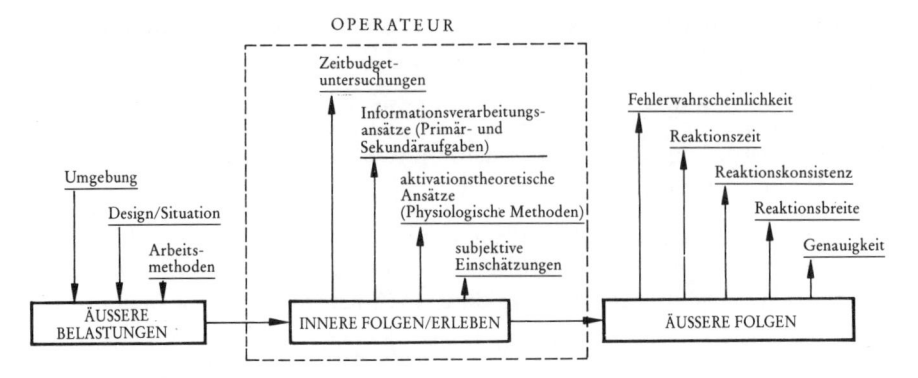

Abb. 12: Facetten des Begriffs workload (frei nach Johannsen, 1979).

überwiegend als, aus den auftretenden Belastungen resultierende, psycho-physische Reaktionen des Menschen verstanden werden.

Die Ingenieurpsychologie befaßt sich insbesondere mit der *mentalen Beanspruchung* des Operateurs, die auf der subjektiven Erlebens- bzw. Reaktionsseite anzusiedeln ist (vgl. Abbildung 12). Folgende Konzepte von mentaler Beanspruchung werden unterschieden:

a) Mentale Beanspruchung als *zeitliche Größe:* Sie wird erschlossen aus dem Verhältnis der für eine Aufgabe aufgewendeten Zeit zur Gesamtzeit, die zur Aufgabenausführung zur Verfügung steht. Für dieses relativ fragwürdige Konzept können *Zeitverlaufsstudien* Ausgangsdaten liefern.

b) Mentale Beanspruchung als *Resultat von Informationsverarbeitungsprozessen;* hier setzen die sog. Primär- und Sekundärmaße an.

c) Mentale Beanspruchung als *physiologisch meßbare Aktiviertheit.*

d) Mentale Beanspruchung als subjektiv erlebte *Aufmerksamkeit oder Anspannung.*

Im folgenden werden, da Vorgehensweisen zur Erfassung der Beanspruchung als zeitliche Größe schon in Abschnitt 4.2.4 beschrieben wurden, die Meß- und Erhebungsverfahren zur Erfassung von Beanspruchung als Informationsverarbeitungsgröße, als Aktiviertheit und als Aufmerksamkeit bzw. Anspannung dargestellt. Diese Verfahren sind

1) Primär- und Sekundäraufgabenmaße
2) Subjektive Erhebungstechniken
3) Physiologische Meßverfahren

### 5.1.1 Primär- und Sekundäraufgabenmaße

Diese Verfahren lassen sich im Mensch-Maschine-Gestaltungsprozeß in Simulationen oder anderen experimentellen Vorgehensweisen einsetzen. Bei *Primäraufgabenmaßen* wird Beanspruchung mit der Schwierigkeit der Aufgaben gleichgesetzt: Sinkt mit steigender Aufgabenkomplexität die Leistung, wird auf Beanspruchung geschlossen (vgl. Hicks & Wierwille, 1979; Hurst & Rose, 1978; Wierwille & Connor, 1983; Wierwille & Gutmann, 1978).

*Sekundäraufgabenmaße* können auf Binet sowie Ach und Mitarbeiter zurückgeführt werden. Die tätigkeitsbedingte Inanspruchnahme der bewußten Aufgabenzuwendung wird als Anteil an der überhaupt möglichen Aufmerksamkeit ausgedrückt. Mentale Beanspruchung wird als „Umfang der nicht in Anspruch genommenen bewußten Aufgabenzuwendung" (Hacker & Richter, 1980, S. 18) aufgefaßt und gemessen. Im Experiment sind zwei Aufgaben parallel auszuführen; kommt es nach der Schwierigkeitszunahme in der Primäraufgabe zu einem Leistungsabfall bei der Sekundäraufgabe, so wird Beanspruchung angenommen. Zum Sekundäraufgabenkonzept liegt eine Fülle von Literatur vor: Beschreibungen des Vorgehens finden sich bei Knowles (1963) oder Odgen, Levine & Eisner (1979).

Kritische Anmerkungen machen Pew (1979), Hacker und Richter (1980, S. 21 f.), Hawkins und Ketchum (1980), Fisk, Derrick und Schneider (1983) oder Moray (1984). Problematisch an Primär- und Sekundäraufgabenkonzepten ist u. a., daß sie von überholten Modellen der menschlichen Informationsverarbeitung ausgehen. Dem Primäraufgabenkonzept liegt ein „Flaschenhals- bzw. Ein-Kanal-Modell" zugrunde. Sekundäraufgabenansätze nehmen eine begrenzte Informationsaufnahmekapazität an, die zudem keine aufgabenspezifischen Unterschiede zeige. Treffen andere Informationsverarbeitungsmodelle, wie etwa das *Mehr-Kanal-Modell* von Allport, Antonis und Reynolds (1972), oder das *Hybrid-Modell* von Kantowitz und Knight (1976) zu, verlieren Primär- und Sekundäraufgabenmaße ihre Gültigkeit. Wie Kantowitz und Sorkin (1983, S. 186) verdeutlichen, beeinflussen die jeweiligen Beanspruchungs-Modelle auch stark die Konzeptionen des Mensch-Maschine-Designs: Dem Flaschenhalsmodell zufolge treten Beanspruchungen besonders in Situationen auf, die Mehrfachreaktionen verlangen. Bedien- und Steuerungseinrichtungen sollten demzufolge so gestaltet sein, daß die *Zahl und Häufigkeit erforderlicher Eingriffe* reduziert wird; dies würde dem Bediener mehr helfen, als eine Limitierung der dargebotenen Signalanzeigen. Derartige Gestaltungsmodelle geraten damit in krassen Widerspruch zu umfassenderen arbeitspsychologischen Konzeptionen wie etwa der von Hacker (1978, 1986), aus dessen Modell teilweise umgekehrte Schlußfolgerungen zu ziehen sind: Eingriffsmöglichkeiten in den technologischen Prozeß sind hier — als *Freiheitsgrade* — wesentliche Voraussetzungen für die Bildung entlastender, planender Handlungsstrategien.

## 5.1.2 Subjektive Einschätzungen

Hierher gehören *Fragebögen*, mit denen Beschäftigte ihre mentale Beanspruchung angeben können. Für den angloamerikanischen Raum wären hier wiederum aufgabenanalytische Vorgehensweisen relevant: Mit dem in Abschnitt 4.1 beschriebenen Verfahren werden relevante Teilaufgaben ermittelt, in Itemform gebracht und von den Beschäftigten im System mit entsprechenden Ratingskalen hinsichtlich des jeweiligen Beanspruchungsgrades, der mit der Aufgabenausführung verbunden ist, eingestuft. Derartige system- und aufgabenspezifische Vorgehensweisen sind im deutschsprachigen Bereich ungebräuchlich. Hier werden in der Regel standardisierte Fragebögen eingesetzt. Zu nennen sind etwa: das AZA-Maß von Bartenwerfer (1969), das — ausgehend von aktivierungstheoretischen Ansätzen — die erlebte psychische Anspannung ermittelt, oder das BMS-Verfahren von Plath und Richter (1984), das Belastungs-, Monotonie- und Sättigungserlebnisse als Indikatoren für mentale Beanspruchung heranzieht.

## 5.1.3 Physiologische Meßverfahren

Entsprechende Meßmethoden können sich auf folgende Parameter beziehen (vgl. Frieling & Sonntag, 1987, S. 60):

— kardiovaskuläre Parameter (Herzschlagfrequenz, Herzschlagarrhythmie, Blutdruck),

— Atmung,

— Aktivität,

— Körpertemperatur,

— Elektrodermale Aktivität,

— Lidschlußfrequenz oder

— Flimmerverschmelzungsfrequenz.

Wie Strasser (1982, S. 201) verdeutlicht, dominiert bei Anwendungen physiologischer Meßverfahren häufig die zweckoptimistische Hoffnung auf interpretierbare Ergebnisse über kritische Überlegungen, ob der Meßaufwand der Erkenntnisgewinnung wirklich dienlich sein kann. Diese Aussage ist auch vor dem Hintergrund des Problems der Gültigkeit physiologischer Meßverfahren gerade bei der Erfassung mentaler Beanspruchung zu sehen. Es sei zwar aus einer Fülle von Laboratoriumsexperimenten bekannt, daß im physiologischen „Abbild" zwischen den Wirkungen mental-konzentrativer und mental-emotionaler Belastungen zu differenzieren ist, eine schlüssige Interpretation dieser Profile sei jedoch ohne Wissen um den Erlebenshintergrund der Betroffenen unmöglich. Wie Strasser (1982) hervorhebt, erlauben bei psychomentalen Belastungen isolierte physiologische Messungen allein keine eindeutigen Schlüsse. Der Autor plädiert andererseits entschieden dafür, nie auf einen Meßansatz zu verzichten, der über die Ebene beobachtender und beschreibender Verfahren hinausgreift: „Wenngleich man hier an die Grenzen des Messens im naturwissenschaftlichen Sinne stoßen mag, so vermögen derartige, am Menschen ansetzenden Messungen (dem in physiologischen Zusammenhängen Denkenden) immerhin das Ausmaß körperlicher Inanspruchnahme oder auch eine latente Überforderung durch Unterforderung zu indizieren" (Strasser, 1982, S. 204).

## 5.2 Zuverlässigkeitsanalysen

Neben der Reduzierung auftretender Beanspruchungen liegt ein wesentliches Ziel der Detaildesignphase darin, die Systemzuverlässigkeit bzw. -sicherheit zu gewährleisten. Exemplarisch sind deswegen Methoden zur Analyse und Vorhersage der Zuverlässigkeit des Mensch-Maschine-Systems zu diskutieren.

### 5.2.1 Quantitative Ansätze

In der angloamerikanischen Literatur wurde eine Reihe von quantitativen Techniken zur Bestimmung der Zuverlässigkeit der *menschlichen Systemkomponente,* sog. Human Reliability Analyses (HRA), entwickelt. Im Vordergrund steht die Frage der Wahrscheinlichkeit des Auftretens von Fehlern (vgl. etwa THERP — Technique for Human Error Rate Prediction; das Vorgehen von Siegel & Wolf, 1969, 1981, und die SAINT-Methode von Pritsker, Wortman, Seum, Chubb & Seifert, 1974), die mit Hilfe differenzierter mathematischer Modelle beantwortet werden soll.

*Systemzuverlässigkeit* wird in diesen Ansätzen generell nach der Formel

$$1 - \text{Fehlerwahrscheinlichkeit}$$

definiert.

THERP wird im folgenden ausführlicher dargestellt: Detailliertere Beschreibungen der Methode finden sich bei Swain (1963, 1982) oder Swain und Guttmann (1983). THERP versucht, aufgabenspezifische menschliche Fehlerwahrscheinlichkeiten mit Fehlerwahrscheinlichkeiten der Maschinen zu kombinieren, um daraus die Zuverlässigkeit des Gesamtsystems zu ermitteln. Beide Fehlerquellen werden damit implizit gleichgesetzt. Zusätzlich wird angenommen, daß es für bestimmte Fehlerarten schätzbare Wahrscheinlichkeiten (Human Error Probabilities — HEPs) gibt, die von menschlicher Seite mehr oder weniger in die Arbeitssituation eingebracht werden.

Mit THERP soll demzufolge der Abfall der Systemleistung durch die menschliche Fehlerkomponente beurteilt werden. Die Methode umfaßt eine Reihe von Schritten, die Swain (1982) als *man-machine system analysis* bezeichnet und die durchaus auch Orientierungsrahmen für komplexere MMS-Planungen darstellen können:

1. Beschreibung der Systemziele und -funkionen, der situativen und personellen Charakteristika.
2. Beschreibung und Analyse der durch das Personal auszuführenden Tätigkeiten und Aufgaben. Die Analyse bezieht sich auf die Identifizierung fehlerwahrscheinlicher Situationen.
3. Bestimmung der Wahrscheinlichkeit jedes potentiellen Fehlers in jeder Aufgabe und der Wahrscheinlichkeit, daß der Fehler unentdeckt bleibt.
4. Bestimmung der Folgen der entdeckten und nichtentdeckten Fehler.
   Die Schritte (3) und (4) berücksichtigen Expertenurteile und erfolgen unter Bezugnahme auf eine oder mehrere Datenbanken: Herangezogen werden insbesondere tabellarische Zusammenstellungen von menschlichen Fehlerwahrscheinlichkeiten bei bestimmten Aufgabenstellungen bzw. in gewissen Situationen (vgl. Swain & Guttman, 1983).
5. Ableitung von Veränderungsvorschlägen und Bewertung der Maßnahmen.

Die Methode basiert insbesondere bei der Bestimmung der fehlerhaltigen Situationen auf aufgabenanalytischen Konzepten (vgl. 4.1). Es werden potentielle System- oder Subsystemfehler definiert, nach denen alle menschlichen Operationen, die am Fehlverhalten beteiligt sind, sowie deren Beziehung zu den Systemaufgaben, beschrieben und beurteilt werden. Jeder dieser Schritte erfordert großes Urteilsvermögen. So sind beispielsweise die Kriterien zur Wahl der angemessenen Fehlerraten aus den Datenquellen nicht präzise spezifiziert (Meister, 1985, S. 151).

Kritische Darstellungen des diesem Vorgehen zugrundeliegenden Konzepts der „menschlichen Zuverlässigkeit" finden sich bei Regulinski (1971) oder Adams (1982).

### 5.2.2 Qualitative Modelle

Hacker (1978, 1986), Rasmussen (1981b) oder Rouse und Rouse (1983) stellen *qualitativ* orientierte Ansätze vor, die technische und menschliche Fehler nicht gleichsetzen und den menschliche Fehler damit nicht als Zufallsfehler betrachten. — Fehlhandlungen sind in diesen Konzepten trotzdem quantitativ analysierbar. — Im Vordergrund dieser Ansätze steht die Frage, aufgrund welcher Besonderheiten der Handlungsstruktur Fehlhandlungen auftreten. Hacker definiert die Zuverlässigkeit des Menschen in Mensch-Maschine-Systemen als

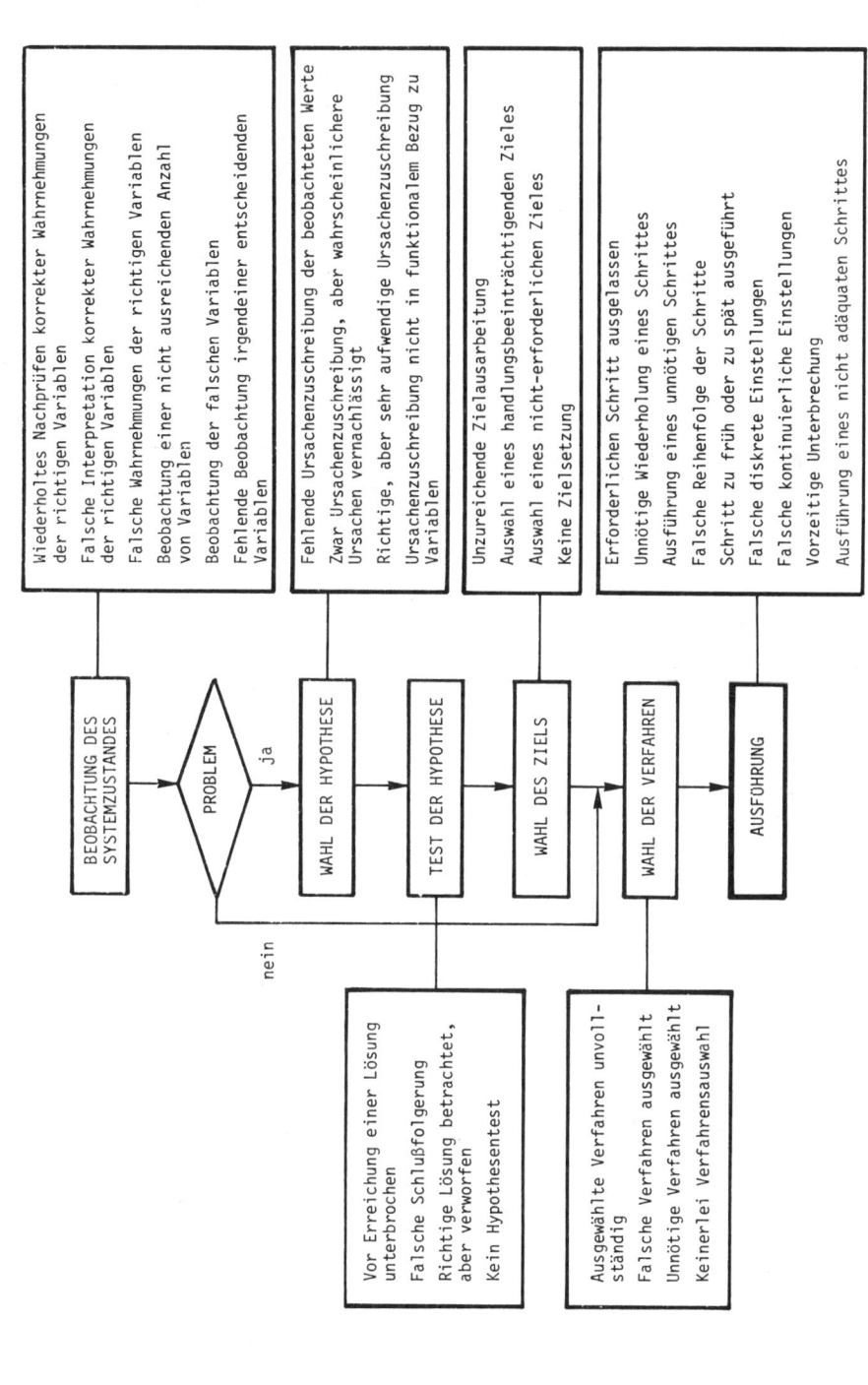

## Beobachtung des Systemzustandes
- Wiederholtes Nachprüfen korrekter Wahrnehmungen der richtigen Variablen
- Falsche Interpretation korrekter Wahrnehmungen der richtigen Variablen
- Falsche Wahrnehmungen der richtigen Variablen
- Beobachtung einer nicht ausreichenden Anzahl von Variablen
- Beobachtung der falschen Variablen
- Fehlende Beobachtung irgendeiner entscheidenden Variablen

## Wahl der Hypothese
- Vor Erreichung einer Lösung unterbrochen
- Falsche Schlußfolgerung
- Richtige Lösung betrachtet, aber verworfen
- Kein Hypothesentest

## Test der Hypothese
- Fehlende Ursachenzuschreibung der beobachteten Werte
- Zwar Ursachenzuschreibung, aber wahrscheinlichere Ursachen vernachlässigt
- Richtige, aber sehr aufwendige Ursachenzuschreibung
- Ursachenzuschreibung nicht in funktionalem Bezug zu Variablen

## Wahl des Ziels
- Unzureichende Zielausarbeitung
- Auswahl eines handlungsbeeinträchtigenden Zieles
- Auswahl eines nicht-erforderlichen Zieles
- Keine Zielsetzung

## Wahl der Verfahren
- Ausgewählte Verfahren unvollständig
- Falsche Verfahren ausgewählt
- Unnötige Verfahren ausgewählt
- Keinerlei Verfahrensauswahl

## Ausführung
- Erforderlichen Schritt ausgelassen
- Unnötige Wiederholung eines Schrittes
- Ausführung eines unnötigen Schrittes
- Falsche Reihenfolge der Schritte
- Schritt zu früh oder zu spät ausgeführt
- Falsche diskrete Einstellungen
- Falsche kontinuierliche Einstellungen
- Vorzeitige Unterbrechung
- Ausführung eines nicht adäquaten Schrittes

Abb. 13: Zuordnung spezifischer Fehlerkategorien zu Phasen des Operateurverhaltens (nach Rouse & Rouse, 1983).

„Fähigkeit zu Erhaltung verlangter Qualitäten unter den Bedingungen einer möglichen Komplizierung der Situation, oder kürzer ... als Stetigkeit optimaler Arbeitsparameter des Individuums" (Hacker, 1986, S. 420).

Zuverlässigkeit in diesem Sinne kann nicht ausschließlich mit quantitativen Kennwerten beschrieben werden. Einer der Hinderungsgründe besteht darin, daß die Handlungsstruktur nicht in unabhängig voneinander denkbare Komponenten zerlegt werden kann, wie dies etwa in Teilen bei THERP erfolgt. Hacker (1978, S. 337) geht davon aus, daß Fehlhandlungen nicht letzthin Zufallsprodukte sind, sondern „daß unbeschadet mitwirkender zufälliger Bedingungen Konstellationen angegeben werden können, unter denen Fehlhandlungen regelhaft, vorhersagbar — wenn man will, gesetzmäßig — auftreten und damit umgekehrt systematisch bekämpfbar und verhütbar sind." Schwerpunkt der Betrachtung bei Hacker ist der Aspekt, wie Fehlhandlungen durch geeignete Arbeitsgestaltungsmaßnahmen vermieden werden können. Fehlhandlungen sind diesem Konzept entsprechend in Störungen in den Vorgängen der psychischen Regulation von Arbeitstätigkeiten zu verankern. Ihre Ursachen sind immer in einem Mangel an zutreffenden Informationen, die zu einem bestimmten Zeitpunkt für ein zielgerechtes Handeln unentbehrlich sind, zu sehen. Dieser Informationsmangel kann *objektiv* in der Arbeitssituation gegeben sein oder aber, was psychologisch relevanter ist, auf *fehlende oder falsche Nutzung* objektiv vorhandener Informationen zurückführbar sein. Fehlhandlungen sind damit durch geeignete Gestaltungs- und Trainingsmaßnahmen reduzierbar. Rouse und Rouse (1983) entwickeln ein analoges Schema zur Fehlerklassifikation und Fehleranalyse, das Fehler auf verschiedenen Ebenen der Informationsverarbeitung ansiedelt. Die Autoren stellen ihrer Fehlerklassifikation ein sechsstufiges Modell des Verhaltens voraus. In jeder der sechs Phasen lassen sich spezifische Fehlerarten unterscheiden (vgl. Abbildung 13).

Anwendungen dieser Klassifikation finden sich bei Johnson und Rouse (1982).

### 5.2.3 Einsatz objektiver Skalierungstechniken

In jüngster Zeit wurde mit dem *Fragebogen zur Sicherheitsdiagnose* (FSD, vgl. Bernhardt, Hauke, Hoyos & Wenninger, 1984) ein arbeitsanalytisches Verfahren entwickelt, das auch im ingenieurpsychologischen Sinne zur Sicherheits- und damit auch Zuverlässigkeitsanalyse von Arbeitssystemen herangezogen werden kann. Das Verfahren soll systematisch alle potentiell sicherheitsrelevanten Elemente eines Arbeitssystems erfassen und auf sicherheitskritische Konstellationen aufmerksam machen. Eine aktuelle Darstellung der Methode geben Bernhardt und Hoyos (1987).

## 6 Test- und Bewertungsverfahren

Die ingenieurpsychologische Bewertung des entwickelten Mensch-Maschine-Systems setzt an folgenden Punkten an:

— Bewertung der Mensch-Maschine-Schnittstellen,

— Bewertung des Gesamtsystems,

— Bewertung der Funktionsfähigkeit des Gesamtsystems.

Einschränkend ist festzuhalten, daß im deutschsprachigen Raum noch kein elaboriertes ingenieurpsychologisches Methodeninventar zur Bewertung der Funktionsfähigkeit des Gesamtsystems vorliegt, wie dies etwa für die amerikanische Ingenieurpsychologie gilt.

### 6.1 Bewertung der Mensch-Maschine-Schnittstellen

Als Mensch-Maschine-Schnittstelle können hard- und software-Interface verstanden werden. Das hardware-Interface umfaßt systemseitig die technische Ausstattung, also die Arbeitsmittel. Das software-Interface stellt im Falle computergestützter Systeme die Anwendungs- und Systemsoftware, also die Arbeitsmethoden, dar. Fragen der Gestaltung des software-Interface sind als *Software-Ergonomie* seit Beginn der 80er Jahre ein wichtiger Teilbereich von Psychologie, Informatik und Arbeitswissenschaft.

Geeignete Bewertungsverfahren sind für beide Schnittstellenbereiche insbesondere subjektive und objektive *Checklisten,* die auf Gestaltungsempfehlungen der hard- und software-Ergonomie bzw. auf DIN-Grundsätzen aufbauen. Im deutschsprachigen Raum ist beispielsweise der *Leitfaden zur benutzergerechten Gestaltung der Dialogschnittstelle für Bildschirmarbeitsplätze in Büro und Verwaltung* von v. Benda (1986) zu nennen. Ein weiteres anwendbares Verfahren ist *der Leitfaden zur Einführung und Gestaltung von Arbeit mit Bildschirmsystemen* von Spinas, Troy und Ulich (1983).

Für Bildschirmarbeitsplätze gibt die DIN 66 234 Teil 8 folgende Grundsätze an:

— Aufgabenangemessenheit,

— Selbsterklärungsfähigkeit,

— Steuerbarkeit,

— Verläßlichkeit,

— Fehlertoleranz,

— Fehlertransparenz.

Mielke (1985) stellt mit den DIN-Normen korrespondierende Gestaltungsregeln auf, die folgende Teilaspekte betreffen und die in Form von Softwareanforderungen an die Programmierung weitergeleitet werden können:

— Aufgabenangemessenheit:
  — Gestaltung der Bildschirmmasken,
  — An- und Abmeldeprozeduren,
  — Schlüsselzeilen,
  — Dialogverzweigung,
  — Blätterfunktionen.

— Selbsterklärungsfähigkeit:
  — Verständliche Systemmeldungen,
  — Info-Funktionen,
  — Menüsteuerung,
  — Feldbezeichnungen.

— Steuerbarkeit:
  — Keine Zwangsfolgen,
  — Dialogunterbrechung,
  — Dialogverzweigung,
  — Beliebiger Aufruf über Transaktionscode.

— Verläßlichkeit:
  — Benutzergerechter Wiederanlauf,
  — Kurze Antwortzeiten,
  — Automatische Datensicherung vor Abbruch,
  — Feste Funktionszuordnung bei Funktionscode und PF-Tasten.

— Fehlertoleranz und Fehlertransparenz:
  — Umfangreiche Eingabeprüfung,
  — Standardwerte bei fehlender Eingabe,
  — Löschbestätigung.

Aus der Vielzahl von Bewertungskriterien für Hard- und Software-Gestaltung seien noch die beanspruchungs- und effektivitätsbezogenen Gütekriterien erwähnt, die Hacker (1986, S. 533) vorstellt. Informationsverarbeitungssysteme sollten folgende Merkmale aufweisen:

1. Eine Betriebsform, die flexibel benutzergesteuert ist (z. B. als nutzergesteuerter Frage-Auskunft-Dialog).

2. Eine wählbare Abarbeitungsweise der Aufträge.

3. Eine wählbare Darstellungsform der Daten.

4. Die Funktionsweise des Systems sollte durchschaubar sein.

5. Die Informationsdarstellung und Belegung der Funktionstasten sollte aufgaben- (antwort-, erwartungsgerecht) sein.

6. Das System sollte adaptiv benutzerunterstützende/-führende Leistungen anbieten (z. B. Anzeige fehlerhafter Funktionen).

7. Das System sollte adaptiv benutzerausbildend sein (z. B. durch Anpassungsmöglichkeiten an Benutzer unterschiedlicher Qualifikationen oder durch lehrpersonalfreie Einarbeitungsmöglichkeiten).

## 6.2 Ingenieurpsychologische Bewertung des Gesamtsystems

Eine wichtige Methodengruppe der Ingenieur- wie auch der Arbeitspsychologie zur Bewertung eingeführter Systeme sind die Verfahren der psychologischen Arbeitsanalyse. Eine aktuelle Darstellung relevanter Arbeitsanalyseverfahren, die auch bei ingenieurpsychologischen Fragestellungen eingesetzt werden können, geben Kannheiser und Frieling (1988).

## 6.3 Bewertung der Systemeffizienz

Die traditionelle, angloamerikanische Bewertung von Gesamtsystemen bezieht sich primär auf die Systemleistungskomponente, wobei die Systemzuverlässigkeit und die Systemleistung im Vordergrund stehen. Zur Bewertung der Systemleistung lassen sich beispielsweise aufgabenanalytische Methoden einsetzen. Meister (1985, S. 274) beschreibt mit MOAT — Mission Operability Assessment Technique (Helm & Donnell, 1979) eines der wenigen, auch im industriellen Bereich einsetzbaren, Verfahren. Im Sinne einer Funktions- bzw. Aufgabenanalyse wird eine Aufgabenhierarchie des Systems gebildet. Jede Aufgabe wird durch die Beschäftigten bzgl. der *Durchführbarkeit* (operability) bewertet. Durchführbarkeit ist eine Funktion der negativen Aufgabenfolgen (criticality), der Aufgabenschwierigkeit und der Effizienz.

## 7 Abschließende Bemerkungen

Wie die Darstellung gezeigt hat, stellt die Ingenieurpsychologie fundierte Einführungsstrategien von Mensch-Maschine-Systemen und damit auch von neuen Techniken sowie ein umfangreiches Methodeninventar zur Planung, Gestaltung und Bewertung der Innovationen zur Verfügung. Die vom Autor in Anlehnung an Meister (1985) gewählte integrative Darstellungsform der Methoden, insbesondere durch die Zuordnung der Methoden zu Gestaltungsfragen, sollte aber nicht darüber hinwegtäuschen, daß viele Methoden doch sehr aspektisolierend, d. h. jeweils nur einzelne interessierende Gestaltungsprobleme aufgreifend, angelegt sind. Bei einer Reihe von Verfahren ist darüber hinaus anzumerken, daß sie sehr pragmatisch ausgerichtet sind, ihre theoretischen Grundlagen zu wenig reflektieren. Im Einzelfall kann damit der Bezug der Methoden zu psychologischen Kriterien der Arbeitsgestaltung sehr schwer herstellbar sein. Dies gilt beispielsweise für die primär funktionsorientierten Handlungs- bzw. Aufgabenbeschreibungen, die nicht in jedem Fall erforderliche Schlüsse auf zugrundeliegende psychische Prozesse zulassen, deren Berücksichtigung zur Mensch-Maschine-System-Gestaltung unumgänglich ist. Andererseits zeigen gerade derartige Ansätze Wege auf, wie — etwa im Beanspruchungsbereich — aufgabenspezifische Aussagen gewonnen werden können.

Die Perspektiven, die ingenieurpsychologische Ansätze insbesondere durch ihren frühen Einstieg in ingenieurwissenschaftliche Vorgehensweisen eröffnen, sollten aber in jedem Fall stärker als bisher von der Arbeitspsychologie genutzt werden.

## Literatur

Adams, J. A. (1982). Issues in human reliability. *Human Factors, 24*, 1—10.

Allport, D. A., Antonis, B. & Reynolds, P. (1972). On the division of attention: A disproof of the single-channel hypothesis. *Quarterly Journal of Experimental Psychology, 24*, 225—235.

Askren, W. B. & Korkan, K. D. (1971). *Design Option Decision Tree: A method for relating human resources data to design alternatives* (Report AFHRL-TR-71-52). Wright-Patterson Air Force Base, OH: Air Force Human Resources Laboratory.

Askren, W. B. & Korkan, K. D. (1974). *Design Option Decision Tree: A method for schematic analysis of a design problem and integration of human factors data.* (Proceedings, Annual Meeting of the Human Factors Society) (pp. 368—375). San Francisco.

Barclay, S., Brown, R. V., Kelly, C. W., III, Peterson, C. R., Phillips, L. D. & Slevidge, J. (1977). *Handbook for decision analysis.* McLean, VA: Decisions and Designs, Inc.

Barnes, R. M. (1980). *Motion and time study, design and measurement of work* (7th ed.). New York: Wiley.

Bartenwerfer, H. G. (1969). Einige praktische Konsequenzen aus der Aktivierungstheorie. *Zeitschrift für experimentelle und angewandte Psychologie, 16*, 195—222.

Beevis, D. (1981). *Bridge design — a human engineering approach in Canada* (Proceedings, Sixth Ship Control Systems Symposium. Volume 2). Ottawa, Canada: National Defense Headquarters.

Benda, H. von (1986). *Leitfaden zur benutzergerechten Gestaltung der Dialogschnittstelle für Bildschirmarbeitsplätze von Sachbearbeitern in Büro und Verwaltung.* Hamburg: Stollmann.

Bernhardt, U., Hauke, G., Hoyos, C. G. & Wenninger, G. (1984). *Entwicklung und Erprobung des Fragebogens zur Sicherheitsdiagnose (FSD).* (Bericht 12 aus dem Lehrstuhl für Psychologie der Technischen Universität München). München: Technische Universität, Lehrstuhl für Psychologie.

Bernhardt, U. & Hoyos, C. G. (1987). Fragebogen zur Sicherheitsdiagnose (FSD) — Konzeptionen, Erprobung und Anwendungsmöglichkeien eines verhaltensorientierten Instruments zur Sicherheitsanalyse von Arbeitssystemen. In Kh. Sonntag (Hrsg.), *Arbeitsanalyse und Technikentwicklung. Beiträge über Einsatzmöglichkeiten arbeitsanalytischer Verfahren bei technisch-organisatorischen Änderungen* (S. 181—194). Köln: Bachem.

Chapanis, A. (1965). On the allocation of functions between men and machines. *Occupational Psychology, 39,* 1—11.

Christal, R. E. & Weissmüller, J. J. (1976). *New Comprehensive Data Analysis Program (CODAP) for analyzing task factor information.* (AFHRL International Papers Nr. TR-76-3). Lackland.

Corbett, J. M. (1987). Computer aided manufactoring and the design of shopfloor jobs: Toward a new research perspective in occupational psychology. In M. Frese, E. Ulich & W. Dzida (Eds.), *Psychological issues of human-computer interaction in the work place* (pp. 23—40). Amsterdam: North Holland.

DeGreene, K. B. (1980). Major conceptual problems in the systems management of human factors/ergonomics research. *Ergonomics, 23,* 3—12.

Eason, K. D. (1980). Dialogue design implications of task allocation between man and computers. *Ergonomics, 23,* 881—893.

Edwards, E. & Lees, F. P. (1974). The influence of the process characteristics on the role of the human operator in process control. *Applied Ergonomics, 5,* 21—25.

Fisk, A. D., Derrick, W. L. & Schneider, W. (1983). *The assessment of workload: dual task methodology* (Proceedings, Human Factors Society, 27th Annual Meeting, Norfolk, VA, pp. 229—233).

Fitts, P. M., Jones, R. E. & Milton, J. L. (1950). Eye movements of aircraft pilots during instrument landing approaches. *Aeoronautical Engineering Review, 9,* 24—29.

Fitts, P. M. (1951). *Human engineering for an effective air transportation and traffic control system.* Washington, D. C.: National Research Council.

Fleishman, E. A. & Quaintance, M. K. (1984). *Taxonomies of human performance: The description of human tasks.* New York: Academic Press.

Frieling, E. & Hoyos, C. G. (1978). *Fragebogen zur Arbeitsanalyse (FAA).* Bern: Huber.

Frieling, E. & Sonntag, Kh. (1987). *Lehrbuch Arbeitspsychologie.* Bern: Huber.

Frieling, E., Kannheiser, W., Facaoaru, C., Wöcherl, H. & Dürholt, E. (1984). *Entwicklung eines theoriegeleiteten, standardisierten, verhaltenswissenschaftlichen Verfahrens zur Tätigkeitsanalyse.* (Forschungsbericht 01 HA 029-ZA-TAP 0015). München: Universität München, Lehrstuhl für Psychologie, Organisations- und Wirtschaftspsychologie.

Galitz, W. O. & Laska, T. J. (1969). Computer system peripherals and the operator. *Computer Design, 8,* 52.

Galitz, W. O. & Laska, T. J. (1970). The computer operator and his environment. *Human Factors, 12,* 563—573.

Geer, C. W. (1981). *Human engineering procedures guide* (Report AFAMRL-TR-81-35). Wright-Patterson AFB, OH: Aerospace Medical Division.

Gilbreth, F. B. (1911). *Motion Study.* New York: D. Van Nostrand Company.

Grob, R. (1983). *Erweiterte Wirtschaftlichkeits- und Nutzenrechnung.* München.

Grob, R. & Haffner, H. (1982). *Planungsleitlinien Arbeitsstrukturierung. Systematik zur Gestaltung von Arbeitssystemen.* München: Siemens.

Hacker, W. (1978). *Allgemeine Arbeits- und Ingenieurpsychologie* (2. überarbeitete Aufl.). Bern: Huber.

Hacker, W. (1986). *Arbeitspsychologie. Psychische Regulation von Arbeitstätigkeiten.* Bern: Huber.

Hacker, W. (1987). Computerization versus computer aided mental work. In M. Frese, E. Ulich & W. Dzida (Eds.), *Psychological issues of human-computer interaction in the work place* (pp. 115—130). Amsterdam: North Holland.

Hacker, W. & Richter, P. (1980). *Psychische Fehlbeanspruchung: Psychische Ermüdung, Monotonie, Sättigung und Streß* (Spezielle Arbeits- und Ingenieurpsychologie in Einzeldarstellungen. Lehrtext 2). Berlin: VEB Deutscher Verlag der Wissenschaften.

Hacker, W., Iwanowa, A. & Richter, P. (1983). *Tätigkeits-Bewertungssystem (TBS). Handanweisung und Merkmale.* Berlin: Psychodiagnostisches Zentrum, Sektion Psychologie der Humboldt-Universität.

Hart, S. G. & Sheridan, T. B. (1984). *Pilot workload, performance, and aircraft control automation* (Proceedings NATO/AGARD Symposium, High Performance Aircraft). Williamsburg, VA.

Hawkins, H. L. & Ketchum, R. D. (1980). *The case against secondary task analyses of mental workload* (Technical Report No 6). Eugene, OR: University of Oregon, Department of Psychology.

Helm, W. R. & Donnell, M. L. (1979). *Mission Operability Assessment Technique: A system evaluation methodology* (Technical Publications TP-79-31). Point Magu, CA: Pacific Missile Test Center.

Hicks, T. G. & Wierwille, W. W. (1979). Comparison of five mental workload assessment procedures in a moving-base drive simulator. *Human Factors, 21,* 129—143.

Hurst, M. W. & Rose, R. M. (1978). Objective workload and behavioral response in airport radar control rooms. *Ergonomics, 21,* 559—565.

Johannsen, G. (1979). Workload and workload measurement. In Moray, N. (Eds.), *Mental workload. Its theory and measurement* (pp. 3—11). New York: Plenum Press.

Johnson, W. B. & Rouse, W. B. (1982). Analysis and classification of human errors in troubleshooting live aircraft power plants. *IEEE Transactions on Systems, Man, and Cybernetics, 24,* 389—393.

Kannheiser, W. & Frieling, E. (1982). Zum Stand der Arbeitsanalyse in den USA (II). *Zeitschrift für Arbeitswissenschaft, 36,* 132—137.

Kannheiser, W. & Frieling, E. (1988). Arbeitsstrukturierung und Arbeitsanalyse. In D. Frey, C. G. Hoyos, & D. Stahlberg (Hrsg.), *Angewandte Psychologie: Ein Lehrbuch.* (pp. 129—146). München: Psychologie Verlags Union.

Kantowitz, B. H. & Knight, J. L. (1976). Testing tapping timesharing: II. Auditory secondary task. *Acta Psychologica, 40,* 343—362.

Kantowitz, B. H. & Sorkin, R. D. (1983). *Human Factors: Understanding people-system relationships.* New York: Wiley.

Kantowitz, B. H. & Sorkin, R. D. (1987). Allocation of functions. In G. Salvendy (Ed.), *Handbook of human factors* (pp. 355—369). New York: Wiley.

Knowles, W. B. (1963). Operator loading tasks. *Human Factors, 5,* 155—161.

Landeweerd, J. A. & Rookmaker, D. P. (1980). Ergonomic systems design in two maintenance departments. Theory and practice. *Ergonomics, 23,* 727—739.

Laughery, K. R., Sr. & Laughery, K. R., Jr. (1987). Analytic techniques for function analysis. In G. Salvendy (Ed.), *Handbook of human factors* (pp. 329—354). New York: Wiley.

Lippert, S. (1971). Travel in nursing units. *Human Factors, 13,* 269—282.

Meister, D. (1985). *Behavioral analysis and measurement methods.* New York: Wiley.

Mertes, F. & Jenney, L. (1974). *Automation applications in an advanced air traffic management system: Vol. III. Methodology for man-machine task allocation* (Report No. DOT-TSC-OST-74-14-III). McLean, VA: TRW Inc.

Metzger, H. (1977). *Planung und Bewertung von Arbeitssystemen in der Montage.* Mainz: Krausskopf.

Mielke, M. (1985). Korrektive Gestaltung von transaktionsorientierter Standardsoftware, Prinzipien, Probleme, Ergebnisse. In H.-J. Bullinger (Hrsg.), *Software-Ergonomie '85. Mensch-Computer-Interaktion* (S. 206—217). Stuttgart: Teubner.

Miller, R. B. (1953). *A method for man-machine task analysis* (Report 53-137). Wright-Patterson Air Force Base, OH.: Wright Air Development Center.

Moray, N. (1984). *Mental workload* (Proceedings, 1984 International Conference on Occupational Ergonomics, Vol. 2, Reviews) (pp. 41—46). Ontario: Human Factors Society of Canada.

North, K. (1980). Ergonomics methodology — an obstacle or promoter for the implementation of ergonomics. *Ergonomics, 23,* 781—795.

Ogden, G. D., Levine, J. M. & Eisner, E. J. (1979). Measurement of workload by secondary tasks. *Human Factors, 21,* 529—548.

Pew, R. W. (1979). Secondary tasks and workload measurement. In N. Moray (Ed.), *Mental workload. Its theory and measurement* (pp. 387—416). New York: Plenum Press.

Plath, H.-E. & Richter, P. (1984). *Ermüdung — Monotonie — Sättigung — Stress (BMS).* Berlin, DDR: Psychodiagnostisches Zentrum Berlin.

Price, H. E. (1985). The allocation of functions in systems. *Human Factors, 27,* 33—45.

Pritsker, A. A. B., Wortman, D. B., Seum, C. S., Chubb, G. P. & Seifert, D. J. (1974). *SAINT: Vol. I. System analysis of an integrated network of tasks* (Report AMRL-TR-73-126). Wright-Patterson AFB, OH.: Aeorospace Medical Research Laboratories.

Rasmussen, J. (1979a). *Notes on human system design criteria* (Invited paper for IFAC/IFIP Conference on Socio-Technical Aspekts of Computerisation, Budapest). Risø, Denmark: Danish Atomic Energy Commission.

Rasmussen, J. (1979b). *On the structure of knowledge — A morphology of mental models in a man-machine system context* (Report No. M-1983). Risø, Denmark: Risø National Laboratories.

Rasmussen, J. (1981a). Models of mental strategies in process plant diagnosis. In I. Rasmussen & W. B. Rouse (Eds.), *Human detection of system failures* (pp. 241—258). New York: Plenum Press.

Rasmussen, J. (1981b). *Human errors: A taxonomy for describing human malfunctions in industrial installations* (Report Risø-M-2304). Roskilde, Denmark: Risø National Laboratory.

Rasmussen, J. (1982). *The role of cognitive models in the design, operation and licensing of nuclear power plants* (Workshop on Cognitive Modeling of Nuclear Plant Control Room Operators). Dedham, MA.

Reed, L. E. (1967). *Advances in the use of computers for handling human factors task data* (Technical Report 67—16) Wright-Patterson AFB, OH: Aeorospace Medical Research Laboratories.

REFA — Verband für Arbeitsstudien. (1971/1976). *Methodenlehre des Arbeitsstudiums*. München: Hanser.

Regulinski, T. L. (1971). Quantification of human performance reliability research method rationale. In J. P. Jenkins (Ed.), *Prodeedings of U.S. Navy Human Reliability Workshop 22—23 July 1970, Washington, DC* (Report NAVSHIPS 0967-412-4010). Washington, DC.: Naval Ship Systems Command.

Richter, P., Heimke, H. & Malessa, A. (1988). Tätigkeitspsychologische Bewertung und Gestaltung von Arbeitsaufgaben. *Zeitschrift für Arbeits- und Organisationspsychologie, 32*, 13—21.

Rohmert, W. (1984). Das Belastungs-Beanspruchungs-Konzept. *Zeitschrift für Arbeitswissenschaft, 38*, 193—200.

Rouse, W. B. & Rouse, S. H. (1983). Analysis and classification of human error. *IEEE Transactions on Systems, Man, and Cybernetics, 13*, 539—549.

Salvendy, G. (Ed.). (1987). *Handbook of human factors*. New York: Wiley.

Siegel, A. I. & Wolf, J. H. (1969). *Man-machine simulation models: psychosocial and performance interaction*. New York: Wiley.

Siegel, A. I. & Wolf, J. H. (1981). *Digital behavioral simulation — state-of-the-art and implication*. Wayne, PA: Applied Psychological Services.

Spinas, P., Troy, N. & Ulich, E. (1983). *Leitfaden zur Einführung und Gestaltung von Arbeit mit Bildschirmsystemen*. Zürich: Industrielle Organisation.

Steeb, R. & Johnston, S. (1981). A computer based interactive system for group decision making. *IEEE Transactions on Systems, Man, and Cybernetics, 11*, 544—552.

Strasser, H. (1982). Integrative Arbeitswissenschaft — Möglichkeiten und Grenzen arbeitsphysiologisch orientierter Feldforschung. *Zeitschrift für Arbeitswissenschaft, 36*, 201—206.

Swain, A. D. (1963). *A Method for performing a human factors reliability analysis* (Report SCR-685). Albuquerque, NM: Sandia Laboratories.

Swain, A. D. (1982). *Description of human factors reports by Sandia National Laboratories*. Albuquerque, NM: Sandia Laboratories.

Swain, A. D. & Guttmann, H. E. (1983). *Handbook of human reliability analysis with emphasis on nuclear power plant applications* Sandia National Laboratories (NRC NUREG-CR-1278). Washington, DC: US Nuclear Regulatory Commission.

Taylor, F. W. (1919). *Die Grundsätze der wissenschaftlichen Betriebsführung*. München/Berlin: Oldenbourg.

Timpe, K. P. (1984). Psychological principles for allocation of functions in man-robotsystem. In F. Klix & H. Wandtke (Eds.), *Man-computer interaction research. MACINTER-I. Proceedings of the First Network Seminar of The International Union of Psychological Science (IUPsyS) on Man-Computer Interaction Research* (pp. 429—437). Amsterdam: North-Holland.

Vähning, H. Kannheiser, W., Kern, P., Weber, G. & Weller, B. (1982). *Integrierte Arbeitsstrukturierung am Beispiel einer Kleinmotorenmontage in einem mittelständischen Industrieunternehmen* (Forschungsbericht HA 82-013 Humanisierung des Arbeitslebens). Eggenstein-Leopoldshafen: Fachinformationszentrum Energie, Physik, Mathematik GmbH.

Vallerie, L. L. (1978). *Survey of task analysis methods* (Research Note RN-80-17). Alexandria, VA.: Army Research Institute.

Warnecke, H. J. & Dittmayer, S. (1978). Planung von Arbeitsinhalten unter humanitären und technisch-betriebswirtschaftlichen Gesichtspunkten mit Hilfe eines Vorranggraphen. *Zeitschrift für Wirtschaftliche Fertigung, 12,* 603—610.

White, R. T. (1971). *Task analysis methods: Review and development of techniques for analyzing mental workload in multiple-task situations* (Report MDC 55291). Long Beach, CA: Douglas Aircraft Company.

Wickens, C. D. & Kramer, A. (1985). Engineering Psychology. *Annual Review of Psychology, 36,* 307—348.

Wierwille, W. W. & Connor, S. A. (1983). Evaluation of 20 workload measures using a psychomotor task in a moving-base aircraft simulator. *Human Factors, 25,* 1—16.

Wierwille, W. W. & Gutman, J. C. (1978). Comparison of primary and secondary task measures as a function of simulated vehicle dynamics and driving conditions. *Human Factors, 20,* 233—244.

DIN 66234 Teil 8: Bildschirmarbeitsplätze — Grundsätze ergonomischer Dialoggestaltung. Februar 1988.

4. Kapitel

# Informationsaufnahme und Informationsverarbeitung

*Klaus-Peter Muthig*

## 1 Inhaltliche Abgrenzung und Zielsetzung

Durch zunehmende Automatisierung und verstärkten Computereinsatz in nahezu allen Bereichen der Produktentwicklung, der Fertigungsplanung, -vorbereitung, -steuerung und -überwachung haben sich in den letzten Jahren sowohl die Arbeitsumwelt als auch die Arbeitsbedingungen für den Menschen in Mensch-Maschine-Systemen stark verändert. Dabei ist der Anteil der Arbeitssituationen, in denen vom Menschen die direkte Lieferung oder Kontrolle von Energie verlangt wird (z. B. direkte Objektmanipulation, indirekte Objektmanipulation mittels mechanischer Werkzeuge) stark zurückgegangen. Hingegen hat sich der Anteil solcher Situationen deutlich erhöht, in denen der Mensch gefordert ist, (komplexe) *Information aufzunehmen* (z. B. anhand verschiedener Indikatoren feststellen, daß eine Anlage fehlerhaft funktioniert und daß eine Intervention notwendig ist), *zu verarbeiten* (z. B. anhand der verfügbaren Evidenz den aktuellen Systemzustand identifizieren, mögliche Konsequenzen dieses Systemzustandes abschätzen, Eingriffsmöglichkeiten erwägen und bewerten) *und situationsadäquat zu handeln* (z. B. Planung und Durchführung kompensatorischer Prozeduren). Unter derart veränderten Aufgaben- und Situationsanforderungen können Irritationen oder gar Überforderungen des Menschen bei der Aufnahme und Verarbeitung von Information schnell weitreichende negative Konsequenzen nach sich ziehen (vgl. z. B. Hurst, 1976; Rasmussen, Duncan & Leplat, 1987; Rubinstein & Mason, 1979). Um diese zu vermeiden, muß bei der Gestaltung von Arbeitsabläufen und technischen Komponenten in Mensch-Maschine-Systemen berücksichtigt werden, wie Menschen ihre Aufmerksamkeit ausrichten, wahrnehmen, denken, erinnern, entscheiden oder handeln.

Im vorliegenden Beitrag wird im groben Überblick auf einige grundlegende Merkmale, Möglichkeiten und Grenzen menschlicher Informationsaufnahme

---

[1] Meinem Kollegen Peter Day sei an dieser Stelle für zahlreiche Anregungen zur Manuskriptverbesserung und viele, für mich sehr hilfreiche, Diskussionsstunden recht herzlich gedankt.

und Informationsverarbeitung hingewiesen, die bei der Gestaltung von Arbeitsabläufen und technischen Komponenten in Mensch-Maschine-Systemen berücksichtigt werden sollten. Die Darstellung erfolgt dabei im wesentlichen aus der Perspektive der kognitiven Psychologie (einführend dazu z. B. Anderson, 1979; Lachman, Lachman & Butterfield, 1979; Neisser, 1967; Palmer & Kimchi, 1986; Sanford, 1985). Stärker als im systemorientierten Ergonomie- oder Human-Factors-Ansatz (z. B. Kantowitz & Sorkin, 1983; McCormick, 1976; Schmidtke, 1981) stehen unter dieser Perspektive die mentalen Operationen, Stufen oder Prozesse menschlicher Informationsaufnahme, -verarbeitung und -verwertung im Vordergrund. Thematisch ist der vorliegende Beitrag auf die Skizzierung grundlegender Charakteristika in den Funktionsbereichen „Wahrnehmung", „Aufmerksamkeit" und „Gedächtnis" beschränkt. Diese Charakteristika müssen z. B. dann berücksichtigt werden, wenn abgeschätzt werden soll, welche Information der (Arbeits-)Umwelt wie und wozu entnommen wird (oder entnommen werden soll), welche Objekte oder Ereignisse wann beachtet werden bzw. gleichzeitig berücksichtigt werden müssen, wieviel Information gleichzeitig behalten werden kann oder wie die Informationsverarbeitung durch vorhandenes Wissen beeinflußt wird. Wie deutlich werden wird, kommt der getroffenen Unterteilung und Abgrenzung („Wahrnehmung", „Aufmerksamkeit", „Gedächnis") jedoch nur eine gewisse systematische und didaktische Bedeutung zu. Die den jeweiligen Wahrnehmungs-, Aufmerksamkeits- und Gedächtnisleistungen zugrundeliegenden Prozesse lassen sich i. d. R. weder deutlich voneinander trennen noch unabhängig voneinander betrachten (vgl. hierzu auch die nachfolgenden Kapitel dieses Bandes).

Eine weitere inhaltliche Abgrenzung resultiert aus der Beschränkung auf rein endosomatische (organismus-interne) Aspekte der Informationsaufnahme und Informationsverarbeitung in den genannten Funktionsbereichen. Dementsprechend wird hier nicht näher darauf eingegangen, daß der Umfang und die Qualität menschlicher Informationsaufnahme und Informationsverarbeitung stark durch die jeweils verfügbaren exosomatischen Komponenten beeinflußt und verändert wird (z. B. durch die Verfügbarkeit einer Schriftsprache, durch kulturell vermittelte Artefakte und durch die Verfügbarkeit technischer Hilfsmittel; vgl. hierzu z. B. Leroi-Gourhan, 1984; Muthig, 1983, 1987; Olson, 1976). In konkreten Situationen müssen jedoch die Möglichkeiten und Grenzen menschlicher Informationsaufnahme und Informationsverarbeitung immer in bezug auf das Zusammenwirken von endosomatischen *und* exosomatischen (Werkzeug-/Maschinen-)Komponenten beurteilt werden (wobei immer auch die durch die jeweilige Aufgabe und die jeweilige Arbeitsumgebung gesetzten Randbedingungen mitberücksichtigt werden müssen; vgl. z. B. Day, 1985; Jenkins, 1979).

Durch die getroffenen Abgrenzungen ist die folgende Darstellung grundlegender Charakteristika menschlicher Informationsaufnahme und Informationsverarbeitung selbst in den ausgewählten Funktionsbereichen notwendigerweise unvollständig und kursorisch. Sie kann zudem weder der Menge der empirischen Befunde noch der Differenziertheit der in diesen Bereichen verfügbaren theoretischen Ansätze und Modelle Rechnung tragen (einen guten Überblick findet man z. B. bei Boff, Kaufman & Thomas, 1986). Auch die z. T. beachtlichen Gegensätze in den theoretischen Grundpositionen können hier nicht diskutiert werden (hierzu z. B. Knapp & Robertson, 1986). Vor diesem Hintergrund zielt der vorliegende Beitrag darauf ab, über die Skizzierung einiger relevanter Aspekte menschlicher Informationsaufnahme und Informationsverarbeitung in ausgewählten Funktionsbereichen die Sensitivität gegenüber derartigen Aspekten im Kontext der Gestaltung von Mensch-Maschine-Systemen zu erhöhen sowie den Einstieg in Spezialliteratur zu erleichtern.

Bei der Darstellung wurde einer stärker integrierenden Sichtweise der Vorrang vor einer auf spezielle Anwendungssituationen bezogenen Schilderung von Einzelfunktionen und -aspekten gegeben. Darstellungen in bezug auf spezielle Anwendungssituationen finden sich in nahezu jedem Buch über Ergonomie (z. B. Schmidtke, 1981), Human Factors (z. B. Kantowitz & Sorkin, 1983; McCormick, 1976) oder Ingenieurpsychologie (z. B. Wickens, 1984). Maßgeblich für diese Entscheidung war die Auffassung, daß Neuerungen in der Gestaltung von Mensch-Maschine-Systemen immer alle Aspekte menschlicher Informationsaufnahme und Informationsverarbeitung tangieren. Entsprechend können (zukünftige) Mensch-Maschine-Systeme nicht durch lokale Anpassung oder Optimierung einzelner Abläufe und Komponenten menschengerechter gestaltet werden, sondern nur durch die Berücksichtigung der Wechselwirkungen zwischen allen beteiligten Aspekten und Facetten menschlicher Informationsaufnahme und Informationsverarbeitung (vgl. hierzu z. B. auch Barnard, in Druck; Newell & Card, 1985; Rasmussen, 1986). Um dies leisten zu können, ist jedoch ein einheitlicher konzeptueller Rahmen notwendig, in dem die verschiedenen Aspekte aufeinander beziehbar sind. Zugleich muß dieser Rahmen so breit sein, daß er die Formulierung von Problemstellungen und die Ableitung von Gestaltungsmaßnahmen in einer Vielzahl von Anwendungssituationen und für eine Vielzahl von Arbeitstätigkeiten erlaubt. Da ein kürzlich von Rasmussen (1986) vorgestellter Ansatz beide Kriterien recht gut erfüllt, wird auf ihn im vorliegenden Beitrag explizit Bezug genommen.

## 2 Der Mensch als Informationverarbeitendes System

In der Sichtweise der kognitiven Psychologie und des in ihr vorherrschenden Informationsverarbeitungsansatzes (vgl. z. B. Lachman et al., 1979; Neisser, 1967; Palmer & Kimchi, 1986) ist der Mensch kein passiver Empfänger von Information oder Reizen, sondern ein aktives dynamisches System, das Information mit großer Flexibilität aufzusuchen, aufzunehmen, zu verarbeiten und umzusetzen vermag. Im Unterschied zu anderen Ansätzen (hierzu z. B. Knapp & Robertson, 1986) und in gewisser Analogie zu der Arbeitsweise von Computerprogrammen werden menschliches Verhalten und menschliche Leistungen dabei unter Rückgriff auf Annahmen über den internen Informationsfluß (Informationsverarbeitungsstufen mit charakteristischen Transformationsfunktionen und bestimmtem Zeitbedarf) innerhalb der Person zurückgeführt (vgl. z. B. Palmer & Kimchi, 1986, S. 39 ff.). Der Versuch, die internen Informationspfade aufzudecken und die Eigenschaften und Funktionen der einzelnen Stufen zu erklären, hat in der kognitiven Psychologie sowohl zu einer Menge fruchtbarer theoretischer Ansätze und Modelle geführt als auch einen großen Fundus an empirischen Befunden in den hier zu behandelnden Funktionsbereichen „Wahrnehmung" (z. B. Marr, 1982), „Aufmerksamkeit" (z. B. Parasuraman & Davies, 1984) und „Gedächtnis" (z. B. Anderson, 1983) bereitgestellt. Da der Informationsfluß zudem nicht direkter Beobachtung zugänglich ist, wurde entsprechend auch eine Vielzahl von speziellen Methoden und Techniken entwickelt, über die die theoretischen Konzepte empirisch verankert wurden und die auf dieser Grundlage Inferenzen über den postulierten Informationsfluß erlauben (näheres hierzu z. B. bei Kintsch, Miller & Polson, 1984; Puff, 1982).

Je nach unterlegten Annahmen, Gegenstandsbereich und gewähltem Analyseniveau (Beschreibungsebene), können sich Informationsverarbeitungsmodelle merklich in bezug auf die Anzahl und die Organisation (serielle, parallele, hybride) der postulierten Subsysteme und Verarbeitungsstufen unterscheiden (hierzu z. B. Kantowitz, 1974; McClelland, 1979; Miller, 1985). Zusätzliche Unterschiede resultieren aus unterschiedlichen Annahmen über die auf einzelnen Stufen oder insgesamt verfügbare „Verarbeitungskapazität" bzw. die Verteilung interner Verarbeitungsressourcen (vgl. hierzu Gopher & Donchin, 1986; Moray, 1967; Navon, 1984, 1985; Navon & Gopher, 1979). Einige Modelle implizieren, daß unabhängig von der Anzahl und der Art der involvierten Verarbeitungsstufen für jede Stufe ausreichend Verarbeitungskapazität zur Verfügung steht (z. B. Sternberg, 1969). Andere Modelle gehen davon aus, daß die Gesamtverarbeitungskapazität des Systems begrenzt ist, so daß die einzelnen Verarbeitungsstufen um die verfügbaren Verarbeitungsressourcen konkurrieren und daher je nach verfügbarer Kapazität unterschiedlich effizient arbeiten (z. B. Kantowitz & Knight, 1976).

## 3 Ein Rahmenmodell menschlicher Informationsaufnahme und Informationsverarbeitung

Bevor auf die hier zu behandelnden Funktionsbereiche „Wahrnehmung", „Aufmerksamkeit" und „Gedächtnis" detaillierter eingegangen wird, soll zunächst ein allgemeines Modell menschlicher Informationsverarbeitung (Rasmussen, 1980, 1986) vorgestellt werden, in dessen Rahmen die verschiedenen Funktionsbereiche aufeinander bezogen werden können. Als Modell der Informationsverarbeitung ist dieses Rahmenmodell auf einer bestimmten (relativ hohen) Abstraktionsebene angesiedelt. Die Interaktion zwischen Menschen und technischen Systemen vollzieht sich jedoch nicht nur auf der Ebene der Informationsverarbeitung (vgl. Abbildung 1). Modelle wie dieses müssen daher immer im Zusammenhang mit sozial vermittelten Einflußfaktoren „oberhalb"

| System und Umgebungseinflüsse | Abstraktionsebenen, auf denen der Mensch in Mensch-Maschine-Systemen betrachtet (modelliert) werden kann |
|---|---|
| Soziales Klima, Betriebsklima, Firmenpolitik, Management, Gruppenwerte, ... | → Formulierung subjektiver Werte |
| | Kriterien, Ziele, Bevorzugungen ↓ / unangemessene Zielsetzungen |
| symbolische Information, Daten, Aufgabe, ... | → mentale Informationsverarbeitung → Output Handlung |
| | mentale Ressourcen, Aufmerksamkeit, subj. Leistungskriterien ↑ / unangemessene Ressourcen, Sättigung |
| emotionale, affektive situationale Merkmale; motivationale Faktoren; Ablenkungen, Monotonie, ... | → affektive und kognitive psychische Prozesse |
| | Erregung, Vigilanz circadiane Rhythmik ↑ / Stress, Ermüdung |
| physiologische Stressoren; unangemessene Arbeitsumgebung; Lärm, Hitze; Schichtarbeit, ... | → physiologische Funktionen |
| | physische Möglichkeiten ↑ / Behinderungen |
| Arbeitssicherheit, physische Arbeitsbelastung, Verletzungen, ... | → anatomische Eigenschaften |

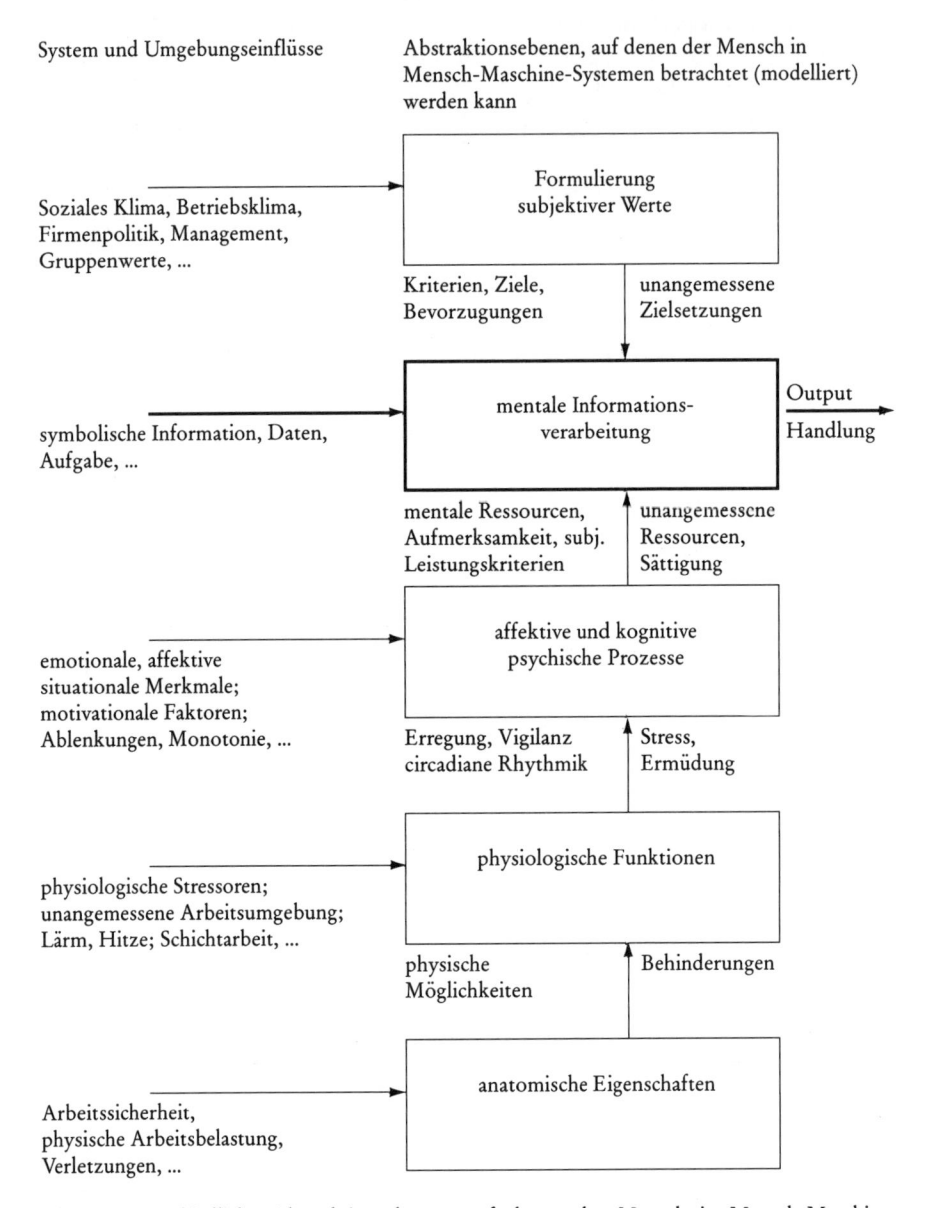

Abb. 1: Unterschiedliche Abstraktionsebenen, auf denen der Mensch in Mensch-Maschine-Systemen betrachtet werden kann; Beispiele für jeweils wirksame System- und Umgebungseinflüsse sowie für jeweils wirksame steuernde und limitierende Faktoren (nach Rasmussen, 1986, S. 64).

und psychisch vermittelten Einflußgrößen „unterhalb" dieser Abstraktionsebene betrachtet werden, da diese Ebenen die Möglichkeiten und Grenzen auf der Ebene der Informationsverarbeitung mitbestimmen (Rasmussen, 1986, S. 63 ff.).

So werden beispielsweise die Zielsetzungen, Intentionen und Werte, die die Informationsverarbeitung ausrichten, stark durch die soziale Situation und die in ihr vorherrschenden Einflüsse bestimmt. Die für die Informationsverarbeitung verfügbaren mentalen Ressourcen sowie die Setzung subjektiver Leistungs- und Prozeßkriterien sind dagegen stark durch kognitive und affektive Prozesse vermittelt und somit stark vom Kontext der jeweiligen Arbeitssituation (inklusive möglicher störender oder belastender Faktoren) abhängig (vgl. Abbildung 1). Im Unterschied zu anderen Modellen der Informationsverarbeitung, die in die Ingenieurpsychologie Eingang gefunden haben (z. B. McCormick, 1976; Wickens, 1984), aber in Übereinstimmung mit neuerer theoretischer und empirischer Evidenz aus vielen Bereichen der kognitiven Psychologie (vgl. z. B. Johnson & Hasher, 1987; Miyata & Norman, 1986), insbesondere der Aufmerksamkeitsforschung (z. B. Neumann, 1984; Schneider, 1985; Shiffrin & Schneider, 1977), geht Rasmussen (1986, S. 74 ff.) von zwei unterscheidbaren Verarbeitungssystemen aus (vgl. Abbildung 2).

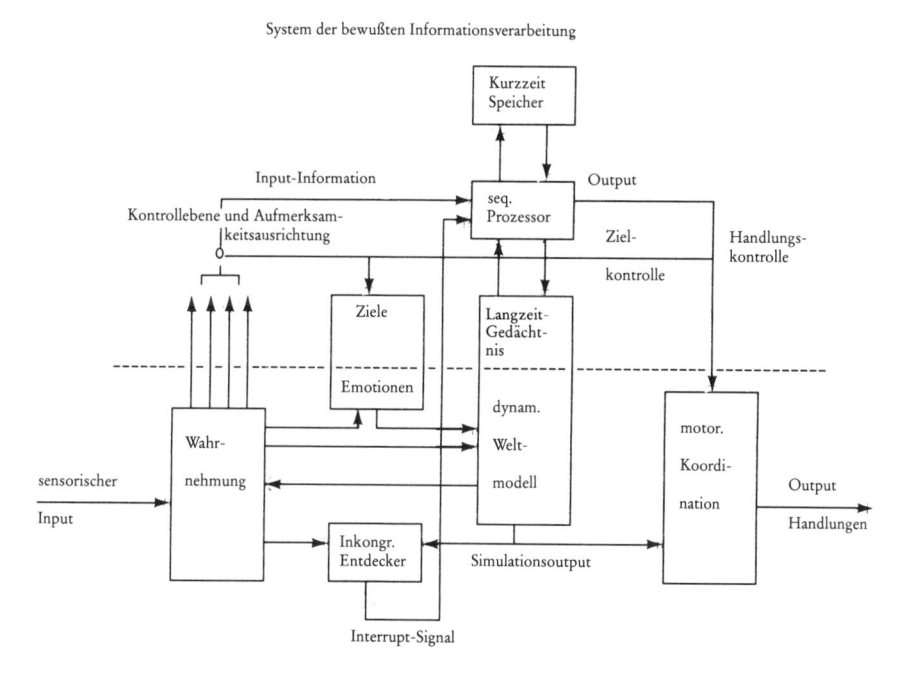

Abb. 2: Schematische Darstellung wesentlicher Aspekte und Grundfunktionen menschlicher Informationsaufnahme und Informationsverarbeitung (nach Rasmussen, 1986, S. 76).

Das erste System *(System der bewußten (kontrollierten) Informationsverarbeitung)* ist durch einen sequentiell arbeitenden Prozessor begrenzter Kapazität und Schnelligkeit gekennzeichnet, der die Informationsaufnahme und Informationsverarbeitung vornehmlich in solchen Situationen bestimmt, die Improvisationen, logische Schlußfolgerungen oder symbolisches Denken verlangen. Durch dieses System wird auch die Arbeitsweise des zweiten Systems in gewissem Umfang koordiniert und kontrolliert. Das zweite System *(System der nicht bewußtseinspflichtigen (automatisierten) Informationsverarbeitung)* stellt das primäre Verarbeitungssystem dar. Es ist als verteiltes, parallel arbeitendes System mit hoher Verarbeitungskapazität konzipiert, das die Wahrnehmung leitet und ausrichtet und, auf der Basis von Wahrnehmungsinhalten und einem internen Weltmodell, eine kontinuierliche dynamische Simulation der Umgebung und der Befindlichkeit des eigenen Körpers in dieser Umgebung leistet. In Zusammenspiel mit verschiedenen Koordinationsfunktionen des motorischen Systems, das als integraler Bestandteil des verteilten Prozessors angesehen wird, werden so auf die Umgebung abgestimmte Bewegungen und Handlungen ermöglicht. Während die in diesem System ablaufenden Prozesse selbst nicht bewußt werden, können jedoch die Verarbeitungsresultate dieses Systems in gewissem Umfang durch das erste System überwacht und kontrolliert werden.

Im Vergleich zu anderen Modellen menschlicher Informationsaufnahme und Informationsverarbeitung, die in die Ingenieurpsychologie Eingang gefunden haben (vgl. z. B. Card, Moran & Newell, 1983, 1986; Howell, 1982; Wickens, 1984), bietet das von Rasmussen (1986) vorgestellte Rahmenmodell einige Vorteile:

1. Die im Modell postulierten Verarbeitungsstufen und -prozesse wurden zur Erklärung beobachtbarer menschlicher Leistungsmöglichkeiten und -grenzen in einem bestimmten Anwendungsbereich eingeführt (Beobachtung komplexer Überwachungs- und Kontrolltätigkeiten, Auswertung von verbalen Protokollen und Störberichten). Ihre Einführung wurde nicht davon abhängig gemacht, ob für die (z. B. verteilter, parallel arbeitender Prozessor; internes dynamisches Weltmodell) bereits ausgearbeitete Teilmodelle existieren. Das Modell stellt somit eine heuristisch fruchtbare Alternative zu Ansätzen in der kognitiven Psychologie dar, die sich mehr oder weniger stark an Konzepten und Vorgehensweisen im Bereich der künstlichen Intelligenz und den Computerwissenschaften orientieren (und so indirekt den jeweiligen Stand der Implementierungsmöglichkeiten wiedergeben).

2. Der durch das Modell gelieferte konzeptuelle Rahmen ermöglicht die Beschreibung von Grundaspekten menschlicher Informationsaufnahme und Informationsverarbeitung in einem breiten Spektrum von Verhaltens- und Leistungsbereichen, die für die Ingenieurpsychologie von Interesse sind, wie etwa: hochintegrierte automatisierte sensumotorische Handlungen (z. B. Navigation des eigenen Körpers in einer bestimmten Umgebung, direkte und indirekte

raum-zeitliche Manipulation von Objekten); ganzheitliche Modulation von Fertigkeiten durch übergeordnete intentions- oder hinweisgesteuerte Kontrolle auf globalem Niveau (z. B. „Achtung, problematische Phase"); regelgeleitete Aktivierung oder Modifikation verfügbarer Handlungsmuster (z. B. Erlernen des Umgangs mit bestimmten Werkzeugen oder technischen Hilfsmitteln); zielgerichtetes, wissensbasiertes Handeln und Problemlösen (z. B. Abwägen von Ursachen und Konsequenzen bei Störungen in technischen Systemen und deren Behebung); Übergang von wissensbasiertem oder regelgeleitetem Handeln in automatisiertes, sensumotorisches Handeln inklusive möglicher Anpassungsfehler (z. B. trainingsabhängige Ausbildung sensumotorischer Fertigkeiten bei der Fahrzeugführung); Interferenzen zwischen noch nicht vollständig ausgebildeten sensumotorischen Fertigkeiten und nicht mehr vollständig präsentem Regelsystem (z. B. fehleranfällige Perioden nach bestimmter Trainingsdauer); Umschaltung von nicht-bewußter auf bewußte Informationsverarbeitung (z. B. Reaktion auf nicht vorhandene (aber erwartete) Signale).

3. Es bietet die Möglichkeit, menschliche Wahrnehmungs- und Informationsverarbeitungscharakteristika, die üblicherweise im Rahmen getrennter Forschungsparadigmen (z. B. ökologischer Ansatz, Informationsverarbeitungsansatz) behandelt werden, zu integrieren.

4. Nicht zuletzt liefert es auch einen allgemeinen Rahmen, in dem die verschiedenen, in diesem Handbuch behandelten Aspekte des „Teilsystems Mensch" aufeinander bezogen werden können.

## *4 Ausgewählte Aspekte menschlicher Informationsaufnahme und Informationsverarbeitung in den Funktionsbereichen „Wahrnehmung", „Aufmerksamkeit" und „Gedächtnis"*

Im folgenden wird unter Bezug auf das Rahmenmodell näher auf die Funktionsbereiche „Wahrnehmung", „Aufmerksamkeit" und „Gedächtnis" eingegangen. Wie aus Abbildung 2 bereits deutlich geworden sein dürfte, lassen sich diese Funktionsbereiche jedoch weder unabhängig voneinander noch unabhängig von anderen an der menschlichen Informationsaufnahme und Informationsverarbeitung beteiligten Komponenten behandeln.

### 4.1 Sensorische Informationsaufnahme und Funktion der Wahrnehmungssysteme

Art und Umfang der Information, die durch den Menschen (direkt) aufgenommen werden kann (vgl. Abbildung 2: „sensorischer Input"), unterliegt den spezifischen Möglichkeiten und Begrenzungen der menschlichen Sinnes- und

Wahrnehmungssysteme. Unter einem „Wahrnehmungssystem" wird dabei das jeweilige Sinnessystem *inklusive* seiner Anpassungsleistungen auf einer jeweils gegebenen Stufe seiner Funktion verstanden (Gibson, 1979/1982, S. 264). Wahrnehmung umfaßt daher mehr als die Feststellung der Einwirkungen physikalischer Reizenergien auf die Sinnesorgane. Zur Beurteilung der Möglichkeiten und Grenzen sensorischer Informationsaufnahme durch den Menschen ist zum einen der Sensitivität der menschlichen Sinnessysteme gegenüber unterschiedlichen Formen der Umgebungsenergie Rechnung zu tragen, zum anderen der Funktion, die die menschlichen Wahrnehmungssysteme normalerweise erfüllen (vgl. Tabelle 1).

Die *Sensitivität* der menschlichen Sinnessysteme gegenüber unterschiedlichen Formen der Umgebungsenergie wird typischerweise über die Untersuchung des Zusammenhangs zwischen Parametern physikalischer Energie (z. B. Wellenlänge, Intensität, Schalldruck) und menschlichen Entdeckungs- und Diskriminationsleistungen abgeschätzt (vgl. hierzu z. B. de Boer & Dreschler, 1987; Cohn & Lasley, 1986; Eijkman, 1979; Falmagne, 1986; Laming, 1985). Dabei wird nicht nur nach dem minimalen Energiebetrag („absolute Schwelle") oder dem minimalen Energieunterschied („Unterschiedsschwelle") in den physikalischen Parametern gefragt, der durch das jeweilige Sinnessystem (noch) entdeckt werden kann, sondern auch nach den zeitlichen und räumlichen Randbedingungen (z. B. Adaption, Kontrast) für die Entdeckungs- und Diskriminationsleistungen.

Ohne hier näher auf Einzelheiten eingehen zu können, sei zumindest angemerkt, daß für die Analyse von Entdeckungs- und Diskriminationsleistungen mit der Signalentdekkungstheorie, und der in ihr getroffenen Unterscheidung zwischen sensitivitäts- und entscheidungsbezogenen Aspekten dieser Leistungen, eine ausgearbeitete Theorie und Methodologie zur Verfügung steht (vgl. z. B. Egan, 1975; Green & Swets, 1966), die sich in vielen Anwendungsbereichen bewährt hat (z. B. Parasuraman, 1986; Swets & Pickett, 1982).

Die Ergebnisse sinnesphysiologischer und psychophysischer Untersuchungen der menschlichen Sinnessysteme (ausführlich hierzu z. B. Boff et al., 1986; Carterette & Friedman, 1974 ff.) haben schon seit langem Eingang in die Richtlinien für die Gestaltung von Mensch-Maschine-Schnittstellen gefunden (vgl. z. B. van Cott & Kinkade, 1972; Färber & Färber, 1987; Kantowitz & Sorkin, 1983; Schmidtke, 1981; Schmidtke & Hoyos, 1970; Woodson, 1981; vgl. auch Teil 3 dieses Bandes). Aus diesem Grund mag hier unter Verweis auf Tabelle 1 folgender Hinweis genügen: Durch die spezifischen Möglichkeiten und Begrenzungen eines Sinnessystems werden nicht nur Art und Umfang der aufgenommenen Information bestimmt, sondern hierdurch werden auch Randbedingungen für die weitere Informationsverarbeitung gesetzt, die es zu berücksichtigen gilt (z. B. werden durch die Charakteristika (Absorbtionsspektra, räumliche Verteilung) der retinalen Rezeptoren (Stäbchen, Zapfen) Randbedingungen gesetzt, unter denen Farbe zur Informationsdarstellung benutzt werden kann).

Tab. 1: Zusammenstellung einiger charakteristischer Merkmale der menschlichen Sinnes- und Wahrnehmungssysteme

| Sinnessystem | Visuelles System | Auditives System | Geschmacks- und Geruchssystem | Somato-viscerales System | Gleichgewichts-System |
|---|---|---|---|---|---|
| Umgebungs-energie, auf die an-gesprochen wird | elektromagnetische Schwingungen von 380–780 nm | Schwingungen (Druckschwankungen) in elastischen Medien zwischen 20–20000 Hz | speichellösliche Stoffe; Vielzahl von gasförmigen chemischen Verbindungen | mechanische Deformation und Bewegung, Temperaturabweichungen vom physiologischen Nullpunkt, Veränderungen von Druckamplituden und -frequenzen, Reibung, isotonische und isometrische Muskelkontraktion | Translationsbeschleunigung, Drehbeschleunigung |
| primär involvierte Organstrukturen | Auge | Ohr | Gaumen, Zunge; Nasenhöhle | Haut und Untergewebe; Schleimhäute, Körpergewebe und Organe; Muskeln, Sehnen, Gelenkkapseln und -bänder | Vestibularapparat, Sacculus, Utriculus, Bogengänge |
| Teilstrukturen zur Sammlung, Fokussierung, Filterung | Hornhaut, einstellbare Pupille und Linse | Ohrmuschel, Trommelfell, Gehörknöchelkette, Endolymphschlauch | Mundraum, Spüldrüsen; Nasenraum | viscoelastisches Gewebe (Haare) | Otolithenmembran, Endolymphe |
| Energieumwandler (Rezeptoren) | Photorezeptoren (Stäbchen, Zapfen) | Cortisches Organ (Haarzellen) | Geschmacksknospen in Zungen und Mundschleimhaut; Riechzellen in oberer Nasenhöhle | Mechano-, Thermo-, Nocirezeptoren, primäre und sekundäre Nervenendigungen der Muskelspindeln, Stellungs- und Spannungsrezeptoren in Gelenken, Sehnen und Bändern | Maculaorgane (Haarzellen), Bogengangsorgane (Cupula, Haarzellen) |

Tab. 1: Fortsetzung

| Sinnessystem | Visuelles System | Auditives System | Geschmacks- und Geruchssystem | Somato-viscerales System | Gleichgewichts-System |
|---|---|---|---|---|---|
| Empfindlichkeits-regulation, Sinnesausrichtung | Pupillendurchmesser, Akkomodations- und Konvergenzbewegungen, Augen-, Kopf- und Körperbewegungen (hinschauen) | Kopfbewegungen (horchen) | Zungen- und Kieferbewegungen; Inhalation (lutschen, kauen, schnüffeln) | Lippen- und Zungenbewegungen, Finger-, Hand- und Armbewegungen, Körperbewegungen (berühren, betasten, befühlen, ...) | statische und stato-kinetische Reflexe, Körperbewegungen (Gleichgewicht halten, ausrichten) |
| Adaptation | Sekundenbruchteile für Helladaptation (nach) Blendung 15—60 s), 30—45 min für Dunkeladaptation (abhängig von Wellenlänge) | relativ wenig | für Geschmack stark; für Geruch stark und sehr schnell | für gleichförmigen Druck und Berührung stark (einige Sekunden), für Temperatur weniger (abhängig von Größe des involvierten Hautbereichs), für Stellung wenig bis gar nicht | für gleichförmige Translations- und Drehbeschleunigungen |
| „Intensitätsabhängige Diskriminationsleistungen" | | | | | |
| minimal wahrnehmbar | $10E-6$ cd/m² (dunkeladaptiertes Auge) | $2 \cdot 10E-5$ N/m² (für 1000 Hz-Ton) | 0.006 g/l Wasser für bitter schmeckende Stoffe (Chininsulfat); $2.4 \cdot 10E12$ Moleküle/l Luft (Buttersäure) | $3 \cdot 10E-9$ J (punktförmiger Druckreiz), $10E-6$ m Vibrationsamplitude bei 150—300 Hz | $(1°/s^2$ für Nystagmusauslösung) |
| maximum tolerabel (Schmerz, Zerstörung) | 120 dB | 130 dB SPL | | ca. 20 dB (Druck), 43—47 °C (Hitzeschmerz) | einige Sekunden Aufwärtsbeschleunigung bei 3—4 G |

Tab. 1: Fortsetzung

| Sinnessystem | Visuelles System | Auditives System | Geschmacks- und Geruchssystem | Somato-viscerales System | Gleichgewichts-System |
|---|---|---|---|---|---|
| relative Unterschieds-empfindlichkeit | 570 unterscheidbare Intensitäten bei weißem Licht | 325 unterscheidbare Intensitäten bei 2000 Hz | hoch (abhängig von Art, Konzentration, Temperatur der Schmeckstofflösung sowie Lage und Größe des gereizten Areals; hoch | Vibration: 15 unterscheidbare Amplituden zwischen 150–300 Hz; Sehnenrezeptoren: 0.005 % | hoch (bei festem Kontakt zu Erdboden) |
| absolute Unterschieds-empfindlichkeit | 3–7 unterscheidbare Intensitäten bei weißem Licht | 3–7 unterscheidbare Intensitäten eines Tones von 1000–2000 Hz | (4 Intensitätsstufen für Gerüche) | 3–7 unterscheidbare Amplituden für 150–300 Hz für die sensibelsten Bereiche (Zunge, Fingerbeere) | |

„Frequenzabhängige Diskriminationsleistungen"

| | Visuelles System | Auditives System | Geschmacks- und Geruchssystem | Somato-viscerales System | Gleichgewichts-System |
|---|---|---|---|---|---|
| relative Unterschieds-empfindlichkeit | 128 unterscheidbare Farbtöne bei mittlerer Beleuchtungsintensität | 1800 unterscheidbare Töne bei 60 dB | (hoch) | abhängig von Haut- bzw. Körperbereich und Art der Stimulation | |
| absolute Unterschieds-empfindlichkeit | 12–13 unterscheidbare Farbtöne | 4–9 unterscheidbare Töne (bis zu 80 für Hochgeübte (absolutes Gehör) | (hoch) | abhängig von Haut- bzw. Körperbereich und Art der Stimulation | |

Tab. 1: Fortsetzung

| Sinnessystem | Visuelles System | Auditives System | Geschmacks- und Geruchssystem | Somato-viscerales System | Gleichgewichts-System |
|---|---|---|---|---|---|
| **Auflösungsvermögen** | | | | | |
| räumliche Auflösung | 1 Bogenminute für Fovea bei guter Helligkeit und Kontrast; 0.01 Bogenminute für schwarze Linie auf weißem Grund | einige Grad in mittlerer Ebene für binaurale Lokalisation | | 1–2 mm Zweipunktschwelle für sensibelste Hautbereiche | |
| zeitliche Auflösung | 20–50 ms, abhängig von Intensität | 2–3 ms, abhängig von Intensität | | 10–50 ms, abhängig von Intensität | |
| **Orientierungsfunktion** | | | | | |
| Orientierung über ... | Helligkeit, Farbigkeit, Größe, Form, Raumlage, Bewegung, Entfernung, Richtung von Licht emittierenden oder Licht reflektierenden Objekten | Lautheit, Tonhöhe, Klangfarbe, Entfernung, Richtung, Bewegung von Schallquellen; Sprache | Genießbarkeit und Geschmack von Nahrungsmitteln, Reflexauslösung; Luftbeschaffenheit, Entfernung und Richtung von Geruchsquellen | Sukzessives und simultanes Erfassen von Größe, Gewicht, Form, Temperatur, Druck, Oberflächen- und Konsistenzeigenschaften von Objekten; allgemeine Befindlichkeit des eigenen Körpers; Stellung, Ort und Bewegung der Glieder | Grundorientierung; Raumlage des eigenen Körpers |
| | Ausrichtung und Bewegung des eigenen Körpers relativ zur Umgebung | | | | |

*Anmerkung.* Die Zusammenstellung erhebt keinen Anspruch auf Vollständigkeit, sondern dient der Veranschaulichung einiger Möglichkeiten, Begrenzungen und Funktionen der entsprechenden Systeme.

Entsprechend ist Wissen um die grundlegenden Charakteristika der menschlichen Sinnessysteme von kritischer Bedeutung, wenn man den Besonderheiten der menschlichen Informationsaufnahme und Informationsverarbeitung Rechnung tragen will (z. B. bei der Entscheidung darüber, wie, über welche Sinnesmodalität, was, wann an Information aus der Arbeitsumwelt dem Menschen übermittelt werden soll bzw. muß).

Zur Identifikation der Möglichkeiten und Grenzen menschlicher Informationsaufnahme und Informationsverarbeitung ist es jedoch nicht hinreichend zu wissen, auf welche physikalischen Parameter der Umgebungsenergie die Sinnessysteme räumlich und zeitlich wie ansprechen. Es muß auch berücksichtigt werden, welche *Funktion* den menschlichen Wahrnehmungssystemen in der Interaktion mit der Umwelt zukommt (vgl. hierzu Tabelle 1: „Orientierungsfunktion"; ausführlicher hierzu Gibson, 1966). Anderenfalls wäre z. B. schwer zu erklären, warum die Sinnessysteme im Verlaufe der Evolution des Menschen nur eine bestimmte Stufe der Sensitivität erreicht haben. Wenn man jedoch die Funktion der Wahrnehmungssysteme mitberücksichtigt, so wird deutlich, daß beispielsweise eine mögliche höhere Sensitivität eines Sinnessystems (z. B. hören des eigenen „Blutstromes") die Aufnahme relevanter Umgebungsinformation (z. B. durch das auditive System) verschlechtern würde. Da eine funktionale Betrachtung in der Ingenieurpsychologie weniger verbreitet ist, wird diese Perspektive im Anschluß beispielhaft für das visuelle und das auditive System verdeutlicht. Die in Tabelle 1 unter „Orientierungsfunktion" gegebenen Hinweise lassen sich analog auch für die anderen Wahrnehmungssysteme auswerten und sollten bei der Beurteilung der Möglichkeiten und Grenzen menschlicher Informationsaufnahme und Informationsverarbeitung mitberücksichtigt werden.

Unter funktionaler Perspektive dient das *visuelle System* der Aufnahme von Information über die Helligkeit, Farbigkeit, Größe, Form, Raumlage, Bewegung, Entfernung und Richtung von Objekten und Flächen, die in der Struktur des umgebenden Lichts enthalten ist. Information außerhalb des jeweiligen Blickfeldes wird dabei durch koordinierte Kopf- und Körperbewegung zugänglich gemacht. Dem visuellen System kommt somit eine wichtige Funktion bei der Steuerung der eigenen Fortbewegung im Raum (Lokomotion, Annäherung, Flucht) sowie bei der Steuerung von nicht an die Lokomotion gebundenen Körperbewegungen zu. Daneben kommt ihm eine unterstützende Funktion sowohl für die anderen Systeme als auch in der Kommunikation zu (z. B. „Lippenlesen", Identifikation emotionaler Befindlichkeiten (z. B. Gestik, Mimik) und sozialer Rollen (z. B. Kleidung)). Obgleich das visuelle System auf die Aufnahme räumlich strukturierter Information spezialisiert ist, ist es jedoch nicht hierauf beschränkt; auch die Aufnahme zeitlich strukturierter Information und vermittelter linguistischer Information (z. B. beim Lesen) ist möglich. Neben diesen i. e. S. Wahrnehmungsfunktionen hat das visuelle System (wie die anderen Systeme auch) noch weitere Funktionen (z. B. Steuerung der circadianen Rhythmik, Steuerung der Produktion bestimmter Hormone).

Unter funktionaler Perspektive dient das *auditive System* der Aufnahme von Information über die Entfernung, Richtung, Bewegung und Art (Auswertung von Lautheit, Klangfarbe, Tonhöhe) von Objekten oder Ereignissen in der gesamten Körperumgebung (auch nachts), die in Druckschwankungen (innerhalb eines bestimmten Bereiches) der Luft oder anderer elastischer Medien (inklusive des eigenen Körpers z. B. bei lautlichen Äußerungen) enthalten ist. Im Gegensatz zum visuellen System ist das auditive System stark (jedoch nicht ausschließlich) auf die Aufnahme zeitlich strukturierter Information spezialisiert. Ihm kommt eine große Bedeutung für die zeitliche Steuerung einer Vielzahl von Erkundungsaktivitäten zu (z. B. Fehlersuche anhand von Motorgeräuschen). Daneben unterstützt es die Informationsaufnahme durch die anderen Systeme. Zusätzlich besitzt das auditive System eine zentrale Funktion im Rahmen der sprachlichen Kommunikation des Menschen und eine wichtige Funktion für die Identifikation emotionaler Befindlichkeiten und Intentionen (z. B. Intonationskonturen).

Wenngleich sich über Unterschiede in der Struktur, Leistung und Funktion verschiedene Sinnes- und Wahrnehmungssysteme mehr oder weniger gut abgrenzen lassen, darf nicht übersehen werden, daß diese Systeme bereits in den einfachsten Wahrnehmungsaktivitäten zusammenwirken (ausführlich hierzu z. B. Welch & Warren, 1986). Hierdurch relativiert sich natürlich der Wert von Aussagen über die absolute oder relative Sensitivität einzelner menschlicher Sinnessysteme, da immer auch den Kommunalitäten zwischen den einzelnen sensorischen Modalitäten Rechnung getragen werden muß (ausführlich hierzu z. B. Marks, 1978; Walk & Pick, 1981). Dies gilt insbesondere für die Informationsaufnahme im Kontext alltäglichen menschlichen (Arbeits-)Handelns, da über die meisten Objekte und Ereignisse in der Umgebung Information auf mehreren Sinneskanälen aufgenommen wird (z. B. visuelle-, akustische- und Vibrationsinformation). Derartige Kommunalitäten bieten auch eine Basis, bei Störungen einer Sinnesmodalität (z. B. bei blinden Personen), relevante Information über eine andere Sinnesmodalität zu übertragen (vgl. z. B. Strelow, 1985). Welche Informationsquelle bevorzugt ausgewertet wird bzw. auf welche im Falle der Feststellung von Nichtübereinstimmungen primär rekurriert wird, ist nicht nur von der relativen Sensitivität und „Angemessenheit" (Welch & Warren, 1986) der Sinnessysteme für die in Frage stehende Information abhängig, sondern z. B. auch von der momentanen Aktivität und der gewohnheitsmäßigen Aufmerksamkeitsausrichtung (vgl. die Funktion des internen dynamischen Weltmodells (s. Abbildung 2) bei Rasmussen, 1986).

## 4.2 Wahrnehmen

Über die Art der Information, auf der menschliche Wahrnehmung basiert, gibt es beträchtliche theoretische Kontroversen. Die Annahmen, die hierbei zugrundegelegt werden, bestimmen stark die Auffassungen über die Charakteristika der weiteren Informationsverarbeitung (vgl. hierzu z. B. Bruce & Green, 1985; Cutting, 1987; Palmer & Kimchi, 1986). In den meisten Ansätzen zur Informationsverarbeitung wird davon ausgegangen, daß der Wahrnehmungsprozeß indirekt und inferentiell ist und entsprechend als eine Aufeinanderfolge von Analysen aufgefaßt werden kann, die auf dem sensorischen Input, z. B. Intensitätswerte des retinalen Bildes, „Ikon", „Echo-Speicher" (Neisser, 1967), ansetzen und diesem Bedeutung verleihen (vgl. z. B. Rumelhart, 1977; Treisman & Gelade, 1980). Wie man dabei annimmt, wird die Art der Analyse sowohl von der bereits gespeicherten Information (z. B. Verarbeitungsregeln, Referenzsystemen, Vorwissen) als auch von den momentan aktuellen organismischen Randbedingungen (z. B. Aktivierungsniveau, Adaptionsniveau) beeinflußt. Nach dieser Auffassung nehmen Menschen ihre Umwelt also nicht direkt wahr, sondern konstruieren sie aktiv auf der Grundlage fragmentarischer Wahrnehmungsdaten und vermittelnder kognitiver Prozesse.

Demgegenüber kann der Mensch dem ökologischen Ansatz von Gibson (z. B. Gibson, 1966, 1979/1982; Shaw & Bransford, 1977) zufolge die Objekte und Ereignisse in seiner natürlichen Umgebung direkt wahrnehmen. Die hierfür benötigte Information ist nach dieser Auffassung in den raumzeitlichen Invarianten (z. B. Relationen, Gradienten, Diskontinuitäten) der umgebenden (optischen, akustischen, taktil-kinästhetischen etc.) Anordnung enthalten. Diese Invarianten werden bei der aktiven Erkundung der Umwelt mit Hilfe der Wahrnehmungssysteme aufgenommen. Information über die Umgebung wird nach dieser Auffassung also nicht durch den Organismus im Verlaufe des Wahrnehmungsprozesses konstruiert, sondern kann durch die aktiven, auf die Umwelt abgestimmten Wahrnehmungssysteme direkt aus den invarianten Strukturen der umgebenden Anordnung aufgenommen werden („Resonanzprinzip"; Gibson, 1966; vgl. auch Shephard, 1984). Obgleich der ökologische Ansatz noch nicht allgemein akzeptiert ist (z. B. Fodor & Pylyshyn, 1981; Ullmann, 1980), hat er doch durch seine theoretische Fruchtbarkeit sowie seinen, im Vergleich zu herkömmlichen Auffassungen, höheren Erklärungswert für viele alltägliche menschliche Wahrnehmungsleistungen in jüngster Zeit verstärktes Interesse gefunden (vgl. z. B. Bruce & Green, 1985; Cutting, 1987; Mace, 1986; Marr, 1982; Palmer & Kimchi, 1986; Shepard, 1984; Strelow, 1985; Warren & Shaw, 1984).

Das von Rasmussen (1986) vorgeschlagene Modell (vgl. Abbildung 2) bietet einen einheitlichen konzeptuellen Rahmen für die Behandlung beider Wahrnehmungsmodi („direkte Wahrnehmung", „sequentielle Szenenanalyse"). Innerhalb des primären Verarbeitungssystems (System der nicht-bewußten Informationsverarbeitung) ist Wahrnehmung direkt: Aufnahme raum-zeitlich strukturierter, kontinuierlicher *Signale,* die als Indikatoren raum-zeitlich strukturierter Umweltereignisse fungieren (Rasmussen, 1986, S. 105). Dabei kann invariante Umgebungsinformation auf unterschiedlichen Ordnungsebenen stichprobenartig entnommen werden (vgl. Gibson, 1979/1982; Shepard, 1984). Dies bedeutet: Durch das System der nicht-bewußten Informationsverarbeitung werden in erster Linie Dinge, Objekte, Ereignisse etc. und nicht etwa elementare Farben, Formen, Bewegungen wahrgenommen. Bei entsprechender Aktivierung des Systems der bewußten Informationsverarbeitung (Aufmerksamkeitsausrichtung, s. u.) sind jedoch auch Szenenanalysen (vgl. z. B. Minsky, 1975) möglich. Die direkte Wahrnehmung ist jedoch nicht nur datengeleitet („bottom-up"), sondern wird stark durch die Erwartungen des Organismus („top-down") bestimmt. Theoretisch wird dieser Ausgerichtetheit durch die Postulierung eines internen dynamischen Weltmodells (vgl. Abbildung 2) Rechnung getragen (hierzu auch Yates, 1985). Dieses wird durch die Interaktion von Wahrnehmungsinhalten und aktuellen Bedürfnissen und Zielen der Person aktiviert und aktualisiert. Das Weltmodell wird von Rasmussen (1986, S. 78 ff.) als eine Art flexibles Analogmodell aufgefaßt, das auf der Basis von hierarchischen, prototypischen Repräsentationen von Objekten und Ereignissen sowie ihrer funktionalen Eigenschaften strukturiert ist und durch „Resonanz" mit invarianten Merkmalen der Umgebung synchronisiert wird (vgl. auch Gibson, 1979/1982; Yates, 1985). Hierdurch wird erklärbar, warum Objekte oder Szenen sowohl auf der Ebene ihrer physischen Erscheinung als auch auf der Ebene der jeweiligen funktionalen Werte identifiziert und erkannt werden können und warum sich zielgerichtete Verhaltensmuster auf der Basis abstrakter Intentionen aktivieren lassen (Aktualisierung des Weltmodells mit dem Effekt einer ganzheitlichen Modulation sensumotorischer Verhaltensmuster).

Durch das interne dynamische Weltmodell werden die Wahrnehmungssysteme somit auf die Quelle der Information sowie auf das Generalisierungsniveau ausgerichtet, auf dem (zielbezogen) relevante Veränderungen erwartet werden (vgl. z. B. Anderson & Pichert, 1978; Piekara, Ulrich & Muthig, 1986) bzw. Unsicherheiten in der Umweltmodellierung bestehen. Diese Ausgerichtetheit wird z. B. ganz deutlich in der antizipatorischen Kontrolle und Steuerung schneller Handlungssequenzen (z. B. bei der Fahrzeugführung) oder in Situationen, in denen erwartete Ereignisse nicht auftreten (z. B. Ausbleiben von Geräuschen, die den normalen Arbeitsgang begleiten), Ereignisse oder Objekte in ungewohntem Kontext auftreten (z. B. Auftritt von Geräuschen, die bislang bei einem Arbeitsgang nicht aufgetreten sind) oder aber komplexe Antworten (z. B. „Störfallreaktionen") auf „einfache" Signale erfolgen (z. B. bei Warnsignalen). Da das interne dynamische Weltmodell nicht aus der passiven Verarbeitung wahrgenommener Information, sondern aus der aktiven Wechselwirkung mit der Umgebung resultiert, sind „Wahrnehmung" und „Handlung" hoch integriert. Dies ist kompatibel mit der Auffassung, daß menschliche Wahrnehmung nicht auf der Reizung von Rezeptoren beruht, sondern auf der Aktivierung von Wahrnehmungssystemen durch Reizinformation (vgl. z. B. Gibson,

1966, 1979/1982). Entsprechend sind motorische Prozesse bei der Identifikation von Informationsquellen und der Entnahme invarianter Information beteiligt (z. B. Kopf- bzw. Körperbewegungen bei der Ablesung von Instrumenten; vgl. hierzu auch Tabelle 1: „Empfindlichkeitsregulation, Sinnesausrichtung"). Die entsprechenden Bewegungen und motorischen Handlungsmuster werden dabei auf der Basis von motorischen Schemata vor dem Hintergrund der Umweltsimulation durch das interne dynamische Weltmodell konstruiert (Rasmussen, 1986, S. 81). Dadurch, daß das dynamische Weltmodell nicht nur das (erwartete) Verhalten der Umgebung, sondern auch das des eigenen Körpers in dieser Umgebung simuliert, stellt es auch die Basis für die Manipulation von Objekten, Werkzeugen und Symbolen dar sowie für die antizipatorische Kontrolle und Steuerung schneller Handlungssequenzen (vgl. hierzu auch Yates, 1985).

## 4.3 Aufmerksamkeit und Kapazität des sequentiellen Prozessors

Die *direkte* Interaktion mit der Umgebung erfolgt im wesentlichen über das System der nicht bewußten Informationsverarbeitung. Bewußte Kontrolle dieser Interaktion wird dann induziert, wenn eine Diskrepanz zwischen Wahrnehmungsergebnissen und dem Simulationsoutput des internen dynamischen Weltmodells entdeckt wird (vgl. Abbildung 2). Dies ist beispielsweise der Fall, wenn sich Dinge oder Ereignisse in der Umgebung nicht so verhalten, wie es der Erwartung entspricht (z. B. Auftritt von Geräuschen, die bislang bei einem Arbeitsgang nicht auftraten) oder wenn in bezug auf die momentane Umgebung noch keine konsistenten Erwartungen aufgebaut werden konnten (z. B. in neuen oder wenig vertrauten Situationen). Durch die Entdeckung solcher Inkongruenzen wird das System der bewußten Informationsverarbeitung zur Überbrückung der Nichtübereinstimmung aktiviert und der sequentielle Prozessor zur bewußten Verarbeitung der im jeweiligen Kontext relevanten (d. h. Inkongruenz auslösenden) Wahrnehmungsinhalte eingesetzt. Obwohl die Verarbeitungskapazität des sequentiellen Prozessors durch die begrenzte Kapazität des Kurzzeitspeichers (vgl. Abschnitt 4.4) limitiert ist, ist seine Effizienz i. d. R. hoch, denn der sequentielle Prozessor kann Wahrnehmungsergebnisse auf der Ebene von effizienten, abstrakten Informationscodes *(Zeichen, Symbole)* verarbeiten, wobei er auf im Langzeitgedächtnis (vgl. Abschnitt 4.4) gespeichertes Wissen (z. B. Referenzdaten, Regeln, mentale Modelle) zugreift. Auf der Ebene der *Zeichen* (die auf Situationen oder erworbene Handlungsmuster verweisen) können über die Selektion oder Änderung von gespeicherten Regeln bestehende sensumotorische Handlungsmuster (Zustände des internen dynamischen Weltmodells, vgl. Abschnitt 4.2) aktiviert oder moduliert werden. Auf der Ebene der *Symbole* (die auf intern repräsentierte Konzepte und deren funktionale Eigenschaften verweisen) können z. B. funktionale Schlüsse gezogen, neue Regeln generiert oder Ereignisse in der Umgebung durch planendes symbolisches Probehandeln antizipiert werden („Problemlösung" i. w. S.). Hierdurch können indirekt wiederum die Zustände des internen dynamischen Weltmodells geändert werden (Rasmussen, 1986, S. 82 ff., S. 103 ff.).

Da es in den verschiedenen Operationsmodi des sequentiellen Prozessors auf unterschiedlichen Ebenen zur Interaktion mit dem System der nicht-bewußten Informationsverarbeitung kommt, ist das interne dynamische Weltmodell somit auch für die bewußte Informationsverarbeitung von ausschlaggebender Bedeutung: Es liefert den „Kontext" für das System der bewußten Informationsverarbeitung, d. h. es leitet die Beobachtungen und legt die Ebene fest, auf der eine Prüfung auf invariante Merkmale erfolgt. Damit bestimmt das Ausmaß, in dem das interne Weltmodell den verhaltensrelevanten Eigenschaften von Objekten und Ereignissen der Umgebung Rechnung trägt (Aktualisierungsgrad, Synchronisation), auch die Ebene und die Effizienz der zur Verfügung stehenden bewußten Strategien der Informationsverarbeitung, wobei zur Umgebung auch externalisierte symbolische Repräsentationen (z. B. Schaltplan, Handbuch) zu zählen sind (Rasmussen, 1986, S. 82 ff.). Da die Verarbeitungskapazität des sequentiellen Prozessors durch die begrenzte Kapazität des Kurzzeitspeichers (vgl. Abschnitt 4.4) limitiert ist, erfolgt die bewußte Verarbeitung von Wahrnehmungs- und Gedächtnisinhalten auf den unterschiedlichen Kodierungsebenen selektiv. Dadurch kann zu einem bestimmten Zeitpunkt immer nur einzelnen Aspekten bei der Verarbeitung Rechnung getragen werden („selektive Aufmerksamkeit", vgl. z. B. Broadbent, 1971; Johnston & Dark, 1986; Treisman, 1969). Da in neuen oder wenig vertrauten Situationen zunächst viele Wahrnehmungsergebnisse in Diskrepanz zum Simulationsoutput des internen dynamischen Weltmodells stehen können, kann die Selektivität der Verarbeitung hier zu einer Vielzahl von Problemen führen, z. B. selektive Verarbeitung hervorstechender statt relevanter Aspekte der Umgebungsinformation (z. B. Evans, 1983); visuelle Dominanz (vgl. z. B. Colovita, 1971). Verschiedene, zeitlich überlappende Verarbeitungsanforderungen (z. B. Doppelaufgaben) können durch den sequentiellen Prozessor nur im time-sharing bewältigt werden („verteilte Aufmerksamkeit", vgl. z. B. Färber, 1987; Gopher & Donchin, 1986; Lane, 1982; O'Donnell & Eggemeier, 1986; Wickens, 1984). Sind die Verarbeitungsanforderungen dabei höher als die durch time-sharing erreichbaren Verarbeitungsmöglichkeiten, so kann relevante Umweltinformation nicht mehr adäquat verarbeitet werden. Je nach Art und Ausmaß der insuffizient verarbeiteten Information können hieraus fehlangepaßte Handlungen („menschliche Fehler"; vgl. z. B. Rasmussen et al., 1987; Rasmussen & Rouse, 1981) resultieren, deren Konsequenzen je nach Art und Zustand des involvierten Umweltsystems beträchtlich sein können. Zur Vermeidung von Irritationen oder Überforderungen des Menschen in Mensch-Maschine-Systemen müssen daher die menschlichen Verarbeitungsmöglichkeiten und -grenzen unter selektiver bzw. verteilter Aufmerksamkeit explizit berücksichtigt werden (ausführlich hierzu z. B. Gopher & Donchin, 1986; O'Donnell & Eggemeier, 1986). Dies ist insbesondere wichtig bei Entscheidungen über die Anzahl, die Art (Modalität) und die raum-zeitliche Verteilung von Anzeigen und Bedienelementen in bezug auf bestimme Aufgabenstellungen sowie beim Training der (zukünftigen) Benutzer (Erhöhung des Anteils der automatisierten Verarbeitungsprozesse durch Übung).

## 4.4 Gedächtnis

Obgleich die Unterscheidung zwischen Kurzzeitgedächtnis und Langzeitgedächtnis problematisch ist und kontrovers diskutiert wird (vgl. z. B. Craik & Lockhart, 1972; Lachman et al., 1979), bietet sie einen nützlichen Orientierungsrahmen zur Einordnung von Hinweisen auf funktional unterschiedliche Gedächtnisaspekte (vgl. auch Horton & Mills, 1984).

In funktionaler Betrachtung dient das *Kurzzeitgedächtnis* der kurzfristigen Speicherung von Wahrnehmungsergebnissen (auf der Ebene von Zeichen und Symbolen), aktivierten Einheiten des Langzeitgedächtnisses (z. B. Regeln, Konzepten) sowie Verarbeitungsergebnissen (z. B. Inferenzen, Symboltransformationen). Kurzzeitspeicher, sequentieller Prozessor und aktivierte Strukturen des Langzeitgedächtnisses werden zusammen auch als *Arbeitsgedächtnis* bezeichnet (vgl. hierzu z. B. Baddeley, 1981; Baddeley & Hitch, 1974). Die begrenzte Kapazität des sequentiellen Prozessors resultiert im wesentlichen aus den Begrenzungen der Speicherkapazität und der Speicherdauer des Kurzzeitspeichers. Im Kontext dynamischer Aufgaben (z. B. bei kontinuierlicher Informationsaufnahme und unregelmäßiger Reproduktionsaufforderung) beträgt die Speicherkapazität des Kurzzeitgedächtnisses nur ca. 3 Informationseinheiten (Moray, 1980; zitiert nach Moray, 1986). Bei statischen Aufgaben, in denen das System der bewußten Informationsverarbeitung ausschließlich für die kurzfristige Informationsspeicherung eingesetzt werden kann, erhöht sich die Speicherkapazität bis auf den Wert für die Gedächtnisspanne (ca. 7 Informationseinheiten; Miller, 1956). Der Umfang und die Komplexität einer Informationseinheit wird dabei durch die Information bestimmt, die im Langzeitgedächtnis auf einer bestimmten Ebene als einzelne Gedächtniseinheit repräsentiert ist. Die Speicherdauer für Informationseinheiten im Kurzzeitgedächtnis ist sowohl von der Anzahl der kurzfristig zu behaltenden Informationseinheiten als auch von der Verteilung der Kapazität des sequentiellen Prozessors abhängig. Steht die gesamte Kapazität des sequentiellen Prozessors zur Verfügung, so können die Informationseinheiten theoretisch unbegrenzt im Kurzzeitgedächtnis gehalten werden („rehearsal"). Stehen zeitlich überlappende Verarbeitungsaufgaben an („time-sharing"), so ist die Speicherdauer von Informationseinheiten geringer (z. B. für drei Informationseinheiten nur noch ca. 7 s (Card et al., 1983)). Entsprechend sollte bei der Gestaltung von Mensch-Maschine-Systemen darauf geachtet werden, daß die Anforderungen an das Arbeitsgedächtnis der Benutzer gering gehalten werden (z. B. durch Optimierung der raum-zeitlichen Anordnung sequentiell abzulesender Anzeigen, deren Werte aufeinander bezogen werden müssen, oder durch aufgabenadäquate Rekodierung („Superzeichenbildung")). Anderenfalls wird der Benutzer selbst (u. U. suboptimale) Strategien entwickeln, um die Anforderungen an sein Arbeitsgedächtnis zu minimieren (Rasmussen, 1981).

In funktionaler Betrachtung dient das *Langzeitgedächtnis* (zu dem im vorliegenden Modell auch das interne dynamische Weltmodell zu zählen ist (vgl. Abbildung 2)) der überdauernden Speicherung des gesamten Wissens des Organismus' über sich selbst und seine Umwelt. Wenngleich sich die Annahmen über die Art der Wissensrepräsentation z. T. stark unterscheiden (vgl. z. B. Anderson, 1978, 1983; Kintsch, 1980; Kosslyn & Pomerantz, 1977), besteht jedoch zunehmend Übereinstimmung darin, daß nicht das gesamte Wissen explizit gespeichert vorliegt, sondern daß Wissensstrukturen auch „auf Bedarf" konstruiert werden können (z. B. Johnson & Hasher, 1987). Im Gegensatz zum Kurzzeitspeicher ist die Speicherkapazität des Langzeitgedächtnisses praktisch unbegrenzt. Unklar ist dagegen, ob Begrenzungen in bezug auf die Speicherdauer existieren (z. B. durch Interferenz (Postman & Underwood, 1973) oder „Überschreiben" (Loftus & Loftus, 1980)) oder ob sich in den beim aktiven Erinnern im Vergleich zum Wiedererkennen aufweisbaren Behaltensunterschieden (z. B. Muthig, 1981) Unterschiede im Zugriff auf die gespeicherte Information manifestieren. In der Interaktion mit technischen Systemen kommt dem Langzeitgedächtnis eine wichtige Funktion zu. Dies gilt nicht nur für die bereits thematisierte Rolle des internen dynamischen Weltmodells, sondern auch in bezug auf die Art, den Umfang und die Organisation des gespeicherten Wissens sowie in bezug auf Besonderheiten des Wissenszugriffs (vgl. z. B. Anderson, 1983; Durding, Becker & Gould, 1977; Klatzky, 1980). Hier soll jedoch nur noch ein Aspekt hervorgehoben werden, der für die bewußte Interaktion des Menschen mit technischen Systemen von besonderer Bedeutung ist.

Um effizient zu sein, muß diese Interaktion auf einem geordneten System von Annahmen über den aktuellen Zustand des Systems und dessen Reaktion auf intendierte Handlungen beruhen, d. h. auf einem „Transformationsmodell", das die funktionalen Eigenschaften des (zu kontrollierenden) technischen Systems auf unterschiedlichen Abstraktionebenen (vgl. Rasmussen, 1986, Kapitel 4) abbildet. Derartige Transformationsmodelle können ausschließlich intern, d. h. im Langzeitgedächtnis repräsentiert sein („mentale Modelle", z. B. Gentner & Stevens, 1983; Johnson-Laird, 1983; Carroll, 1984) oder aber (partiell) externalisiert vorliegen („externe Modelle"; Schaltpläne, Diagramme, Gleichungssysteme). Während die Simulationsergebnisse des internen dynamischen Weltmodells direkt durch die jeweilige Struktur und die Elemente des Modells bestimmt werden, sind für die bewußte (sequentielle) Informationsverarbeitung und deren Kontrolle und somit auch für die Nutzung mentaler oder externer Modelle Prozeßregeln bzw. Strategien notwendig. Auf welche dieser im Langzeitgedächtnis verfügbaren Prozeßregeln und Strategien durch den sequentiellen Prozessor zugegriffen wird, wird stark durch die Kontextbedingungen und somit durch das interne dynamische Weltmodell bestimmt.

Zusätzliche Randbedingungen ergeben sich allerdings auch aus den Transformationsmodellen selbst, da sie Veränderungen in der bewußten Informationsverarbeitung (z. B. bei der Fehlersuche) bewirken (z. B. in Abhängigkeit davon, ob für bestimmte Phasen bzw. Ebenen der Interaktion mit dem jeweiligen technischen System überhaupt Transformationsmodelle existieren, in welcher Form diese Modelle vorliegen („mentale Modelle", „externe Modelle"), auf welcher Abstraktionsebene sie angesiedelt sind (z. B. Abbildung physikalischer vs. abstrakter Funktionen; Rasmussen, 1986, Kap. 4) und wie vollständig sie sind). Betroffen sind hierdurch zum einen die Prozesse, durch die die Transformationsmodelle zur bewußten Informationsverarbeitung herangezogen werden können (z. B. aktive (assoziativ geleitete) Reproduktion, Wiedererkennen). Betroffen sind daneben aber auch die Übersetzungsprozesse (symbolische Rekodierungen), mit denen Kompatibilität zwischen der aufgenommenen Information und der im Transformationsmodell repräsentierten Information hergestellt wird bzw. Interferenzen vermieden werden. Betroffen sind endlich auch die Strategien, mit denen die Modelle in Hinblick auf die aufgenommene bzw. rekodierte Information transformiert werden können (z. B. Aggregation, Abstraktion; vgl. Rasmussen, 1986, Kap.10). Da aus diesen Veränderungen wiederum unterschiedliche Anforderungen an den sequentiellen Prozessor resultieren (z. B. Kapazität, time-sharing), sollte darauf geachtet werden, daß die aufgabenabhängige Informationsdarbietung sowie das Angebot externer Modelle auf einer Ebene erfolgt, die mit der symbolischen Ebene der internen Informationsverarbeitung kompatibel ist. Hieraus folgt: Aufgabenabhängig müssen insbesondere funktionale Zusammenhänge und nicht physikalische Indikatoren von Systemzuständen dar- bzw. angeboten werden.

## 5 Schlußbemerkungen

In diesem Beitrag wurde versucht, einige Charakteristika menschlicher Informationsaufnahme und Informationsverarbeitung aus den Funktionsbereichen „Wahrnehmung", „Aufmerksamkeit" und „Gedächtnis" zu skizzieren, die bei der Gestaltung von Arbeitsaufgaben und technischen Komponenten in Mensch-Maschine-Systemen berücksichtigt werden sollten. Unter Verzicht auf die Darstellung von Einzelaspekten in konkreten Anwendungssituationen wurde dabei der Versuch unternommen, menschliche Wahrnehmungs-, Aufmerksamkeits- und Gedächtnisprozesse integriert darzustellen. Damit sollte nicht nur jeder verkürzten und isolierten Betrachtung von Einzelaspekten entgegengewirkt werden, sondern auch der Auffassung, eine benutzergerechte Gestaltung von Arbeitsaufgaben und technischen Komponenten in Mensch-Maschine-Systemen sei über isolierte Einzellösungen möglich. Menschen sind komplexe informationsverarbeitende Systeme, die vor dem Hintergrund ihrer Erfahrungen, ihres Wissens und ihrer Erwartungen zielgerichtet auf verschiedenen Ebenen mit technischen Komponenten interagieren. Dieser Komplexität sowie dem integralen Charakter menschlicher Informationsaufnahme und Informationsverarbeitung sollte bei der Gestaltung von Mensch-Maschine-Systemen in Zukunft stärker Rechnung getragen werden. Der Ansatz von Rasmussen (1986) bietet hierfür einen guten Ausgangspunkt.

## Literatur

Anderson, J. R. (1978). Arguments concerning representations for mental imagery. *Psychological Review, 85*, 249—277.

Anderson, J. R. (1979). *Cognitive psychology.* New York: Academic Press.

Anderson, J. R. (1983). *The architecture of cognition.* Cambridge: Harvard University Press.

Anderson, R. C. & Pichert, J. W. (1978). Recall of previously unrecallable information following a shift in perspective. *Journal of Verbal Learning and Verbal Behavior, 17*, 1—12.

Baddeley, A. D. (1981). The concept of working memory: A view of its current state and probable future development. *Cognition, 10*, 17—23.

Baddeley, A. D. & Hitch, G. (1974). Working memory. In G. H. Bower (Ed.), *The psychology of learning and motivation, Vol. 8* (pp. 47—90). London: Academic Press.

Barnard, P. J. (in Druck). Cognitive resources and the learning of human-computer dialogs. In J. M. Carroll (Ed.), *Interfacing thought: Cognitive aspects of human-computer interaction.* Cambridge: MIT Press.

de Boer, E. & Dreschler, W. A. (1987). Auditory psychophysics; Spectrotemporal representation of signals. *Annual Review of Psychology, 38*, 181—202.

Boff, K. R., Kaufman, L. & Thomas, J. P. (Eds.). (1986). *Handbook of perception and human performance* (Vol. I: Sensory processes and perception. Vol. II: Cognitive processes and performance). New York: Wiley.

Broadbent, D. E. (1971). *Decision and stress.* London: Academic Press.

Bruce, V. & Green, P. (1985). *Visual perception. Physiology, psychology, and ecology.* London: Erlbaum.

Card, S., Moran, T. P. & Newell, A. (1983). *The psychology of human-computer interaction.* Hillsdale: Erlbaum.

Card, S., Moran, T. P. & Newell, A. (1986). The model human processor: An engineering model of human performance. In K. R. Boff, L. Kaufman & J. P. Thomas (Eds.), *Handbook of perception and performance. Vol. II* (pp. 45-1—45-35). New York: Wiley.

Carroll, J. M. (1984). *Mental models and software human factors: An overview.* IBM Research Report RC 10616. Yorktown Heights: IBM.

Carterette, E. D. & Friedman, M. P. (Eds.). (1974). *Handbook of perception* (Vols. I—X). New York: Academic Press.

Cohn, T. E. & Lasley, D. J. (1986). Visual sensitivity. *Annual Review of Psychology, 37,* 495—521.

Colovita, F. B. (1971). Human sensory dominance. *Perception & Psychophysics, 16,* 409—412.

Craik, F. I. M. & Lockhart, R. S. (1972). Levels of processing: A framework for memory research. *Journal of Verbal Learning and Verbal Behavior, 11,* 671—684.

Cutting, J. E. (1987). Perception and information. *Annual Review of Psychology, 38,* 61—90.

Day, P. (1985). Mikro- und Makroökologie des Handgebrauchs. In P. Day, U. Fuhrer & U. Laucken (Hrsg.), *Umwelt und Handeln. Ökologische Anforderungen und Handeln im Alltag* (S. 125—147). Tübingen: Attempto.

Durding, B. M., Becker, C. A. & Gould, J. D. (1977). Data organization. *Human Factors, 19,* 1—14.

Egan, J. P. (1975). *Signal detection theory and ROC analysis.* New York: Academic Press.

Eijkman, G. J. (1979). Psychophysics. In J. A. Michon, E. G. J. Eijkman & L. F. W. de Klerk (Eds.), *Handbook of psychonomics. Vol. 1* (pp. 303—363). Amsterdam: North-Holland.

Evans, J. St. B. T. (1983). *Thinking and reasoning: Psychological approaches.* London: Routledge & Kegan Paul.

Färber, B. (1987). *Geteilte Aufmerksamkeit: Grundlagen und Anwendung im motorisierten Straßenverkehr.* Köln: TÜV Verlag Rheinland.

Färber, B. & Färber, B. (1987). *Anzeige- und Bedienelemente in Kraftfahrzeugen. Kenntnisstand der Grundlagen- und anwendungsorientierten Forschung.* Forschungsprojekt der Forschungsvereinigung Automobiltechnik e. V. und der Bundesanstalt für Straßenwesen. Tübingen: Psychologisches Institut.

Falmagne, J. C. (1986). Psychophysical measurement and theory. In K. R. Boff, L. Kaufman & J. P. Thomas (Eds.), *Handbook of perception and performance. Vol. I* (pp. 1-1—1-66). New York: Wiley.

Fodor, J. A. & Pylyshyn, Z. W. (1981). How direct is visual perception? Some reflections on Gibson's „Ecological Approach". *Cognition, 9,* 139—196.

Gentner, D. & Stevens, A. L. (Eds.) (1983). *Mental models.* Hillsdale: Erlbaum.

Gibson, J. J. (1966). *The senses considered as perceptual systems.* Boston: Houghton Mifflin.

Gibson, J. J. (1979). *The ecological approach to visual perception.* Boston: Houghton Mifflin (deutsch: *Wahrnehmung und Umwelt,* München: Urban & Schwarzenberg 1982).

Gopher, D. & Donchin, E. (1986). Workload — an examination of the concept. In K. R. Boff, L. Kaufman & J. P. Thomas (Eds.), *Handbook of perception and performance. Vol. II* (pp. 41-1—41-49). New York: Wiley.

Green, D. M. & Swets, J. A. (1966). *Signal detection theory and psychophysics.* New York: Wiley.

Horton, D. L. & Mills. C. B. (1984). Human learning and memory. *Annual Review of Psychology, 35*, 361—394.

Howell, W. C. (1982). An overview of models, methods, and problems. In W. C. Howell & E. A. Fleishman (Eds.), *Human performance and productivity: Information processing and decision making* (pp. 1—29). Hillsdale: Erlbaum.

Hurst, R. (1976). *Pilot error.* London: Granada.

Jenkins, J. J. (1979). Four points to remember: A tetrahedal model of memory experience. In L. S. Cermak & F. I. M. Craik (Eds.), *Levels of processing in human memory* (pp. 429—446). Hillsdale: Erlbaum.

Johnson-Laird, P. N. (1983). *Mental models.* Cambridge: Cambridge University Press.

Johnson, M. K. & Hasher, L. (1987). Human learning and memory. *Annual Review of Psychology, 38*, 631—668.

Johnston, W. A. & Dark, V. J. (1986). Selective attention. *Annual Review of Psychology, 37*, 43—75.

Kantowitz, B. H. (Ed.). (1974). *Human information processing.* Hillsdale: Erlbaum.

Kantowitz, B. H. & Knight, J. L. (1976). Testing tapping time-sharing: II. Auditory second task. *Acta Psychologica, 40*, 342—362.

Kantowitz, B. H. & Sorkin, R. D. (1983). *Human factors: Understanding people-system relationship.* New York: Wiley.

Kintsch, W. (1980). Semantic memory: A tutorial. In R. S. Nickerson (Ed.), *Attention and performance VIII* (pp. 595—620). Hillsdale, NJ: Erlbaum.

Kintsch, W., Miller, J. R. & Polson, P. G. (Eds.). (1984). *Method and tactics in cognitive science.* Hillsdale, NJ: Erlbaum.

Klatzky, R. (1980). *Human memory: Structures and processes.* San Francisco: Freeman.

Knapp, T. J. & Robertson, L. C. (Eds.). (1986). *Approaches to cognition: Contrasts and controversies.* Hillsdale, NJ: Erlbaum.

Kosslyn, S. M. & Pomerantz, J. R. (1977). Imagery, propositions, and the form of internal representations. *Cognitive Psychology, 9*, 52—76.

Lachman, R., Lachman, J. L. & Butterfield, E. C. (1979). *Cognitive psychology and information processing.* Hillsdale, NJ: Erlbaum.

Laming, D. (1985). Some principles of sensory analysis. *Psychological Review, 92*, 462—485.

Lane, D. M. (1982). Limited capacity, attention allocation, and productivity. In W. C. Howell & E. A. Fleishman (Eds.), *Human performance and productivity: Information processing and decision making* (pp. 121—156). Hillsdale, NJ: Erlbaum.

Leroi-Gourhan, A. (1984). *Hand und Wort. Die Evolution von Technik, Sprache und Kunst.* Frankfurt: Suhrkamp.

Loftus, E. F. & Loftus, G. R. (1980). On the permanence of stored information in the human brain. *American Psychologist, 35*, 409—420.

Mace, W. M. (1986). J. J. Gibson's ecological theory of information pick-up: Cognition from the ground up. In T. J. Knapp & L. C. Robertson (Eds.), *Approaches to cognition* (pp. 137—157). Hillsdale, NJ: Erlbaum.

Marks, L. E. (1978). *The unity of the senses.* New York: Academic Press.

Marr, D. (1982). *Vision: A computational investigation into the human representation and processing of visual information.* San Francisco: Freeman.

McClelland, J. L. (1979). On the time-relations of mental processes: An examination of processes in cascade. *Psychological Review, 86,* 287—330.

McCormick, E. J. (1976). *Human factors in engineering and design.* New York: McGraw-Hill.

Miller, G. A. (1956). The magical number seven plus or minus two: Some limits on our capacity for processing information. *Psychological Review, 63,* 81—97.

Miller, J. (1985). Discrete and continuous models of divided attention. In M. I. Posner & O. S. M. Marin (Eds.), *Attention and performance XI* (pp. 513—528). Hillsdale, NJ: Erlbaum.

Minsky, M. (1975). A framework for representing knowledge. In P. Winston (Ed.), *The psychology of computer vision* (pp. 211—277). New York: McGraw-Hill.

Miyata, Y. & Norman, D. A. (1986). Psychological issues in support of multiple activities. In D. A. Norman & St. W. Draper (Eds.), *User centered system design* (pp. 265—284). Hillsdale, NJ: Erlbaum.

Moray, N. (1967). When is attention limited? A survey and a model. *Acta Psychologica, 27,* 84—92.

Moray, N. (1980). *Human information processing and supervisory control* (Tech. Rep.). Cambridge: MIT, Man-Machine Systems Laboratory.

Moray, N. (1986). Monitoring behavior and supervisory control. In K. R. Boff, L. Kaufman & J. P. Thomas (Eds.), *Handbook of perception and performance. Vol. II* (pp. 40-1—40-51). New York: Wiley.

Muthig, K. P. (1981). Einige Bemerkungen zum Vergleich von Reproduzieren und Wiedererkennen. *Psychologische Beiträge, 23,* 18—45.

Muthig, K. P. (1983). Externe Speicher: Implikationen für Modellvorstellungen vom menschlichen Gedächtnis. In G. Lüer (Hrsg.), *Bericht über den 33. Kongreß der Deutschen Gesellschaft für Psychologie in Mainz 1982* (S. 252—259). Göttingen: Hogrefe.

Muthig, K. P. (1987). *Internal and external memory in human-computer interaction: Some lessons from the interaction of human thought with human technology.* Tübingen: Psychologisches Institut.

Navon, D. (1984). Resources — a theoretical soup-stone? *Psychological Review, 91,* 216—234.

Navon, D. (1985). Attention division or attention sharing? In M. I. Posner & O. S. M. Marin (Eds.), *Attention and performance. Vol. XI* (pp. 133—146). Hillsdale, NJ: Erlbaum.

Navon, D. & Gopher, D. (1979). On the economy of the human processing system. *Psychological Review, 86,* 214—255.

Neisser, U. (1967). *Cognitive psychology.* New York: Appleton-Century Crofts.

Neumann, O. (1984). Automatic processing: A review of recent findings and a plea for an old theory. In W. Prinz & A. F. Sanders (Eds.), *Cognition and motor processes* (pp. 255—293). Berlin: Springer.

Newell, A. & Card, St. K. (1985). The prospects for psychological science in human-computer interaction. *Human-Computer Interaction, 1,* 209—242.

O'Donnell, R. D. & Eggemeier, F. T. (1986). Workload assessment methodology. In K. R. Boff, L. Kaufman & J. P. Thomas (Eds.), *Handbook of perception and performance. Vol. II* (pp. 42-1—42-49). New York: Wiley.

Olson, D. R. (1976). Culture, technology, and intellect. In L. B. Resnick (Ed.), *The nature of intelligence* (pp. 189—202). Hillsdale, NJ: Erlbaum.

Palmer, St. E. & Kimchi, R. (1986). The information processing approach to cognition. In T. J. Knapp & L. C. Robertson (Eds.), *Approaches to cognition* (pp. 37—77). Hillsdale: Erlbaum.

Parasuraman, R. (1986). Vigilance, monitoring, and search. In K. R. Boff, L. Kaufman & J. P. Thomas (Eds.), *Handbook of perception and performance. Vol. II* (pp. 43-1—43-39). New York: Wiley.

Parasuraman, R. & Davies, D. (Eds.). (1984). *Varieties of attention.* New York: Academic Press.

Piekara, F. H., Ulrich, R. & Muthig, K. P. (1986). Benutzererwartungen und Informationsabruf in BTX. *Psychologie und Praxis. Zeitschrift für Arbeits- und Organisationspsychologie, 30,* 25—33.

Postman, L. & Underwood, B. J. (1973). Critical issues in interference theory. *Memory & Cognition, 1,* 19—40.

Puff, C. R. (Ed.). (1982). *Handbook of research methods in human memory and cognition.* New York: Academic Press.

Rasmussen, J. (1980). The human as a system component. In H. T. Smith & T. R. G Green (Eds.), *Human interaction with computers* (pp. 67—96). London: Academic Press.

Rasmussen, J. (1981). Models of mental strategies in process plant diagnosis. In J. Rasmussen & W. B. Rouse (Eds.), *Human detection and diagnosis of system failures* (pp. 241—258). New York: Plenum Press.

Rasmussen, J. (1986). *Information processing and human-machine interaction.* Amsterdam: Elsevier (North-Holland).

Rasmussen, J. & Rouse, W. B. (Eds.). (1981). *Human detection and diagnosis of system failures.* New York: Plenum Press.

Rasmussen, J., Duncan, K. D. & Leplat, J. (Eds.). (1987). *New technology and human error.* Chichester: Wiley.

Rubinstein, T. & Mason, A. F. (1979). The accident that shouldn't have happened: Analysis of Three Mile Island. *IEEE Spectrum, (November),* 33—57.

Rumelhart, D. E. (1977). *An introduction to human information processing.* New York: Wiley.

Sanford, A. J. (1985). *Cognition and cognitive psychology.* New York: Basic Books.

Schmidtke, H. (Hrsg.). (1981). *Lehrbuch der Ergonomie.* München: Hanser.

Schmidtke, H. & Hoyos, C. Graf (1970). Psychologische Aspekte der Arbeitsgestaltung in Mensch-Maschine-Systemen. In A. Mayer & B. Herwig (Hrsg.), *Handbuch der Psychologie, Bd. 9: Betriebspsychologie* (2. Auflage) (S. 94—145). Göttingen: Hogrefe.

Schneider, W. (1985). Toward a model of attention and the development of automatic processing. In M. I. Posner & O. S. M. Marin (Eds.), *Attention and performance XI* (pp. 475—492). Hillsdale, NJ: Erlbaum.

Shaw, R. & Bransford, J. D. (Eds.). (1977). *Perceiving, acting, and knowing: Towards an ecological psychology.* Hillsdale, NJ: Erlbaum.

Shepard, R. N. (1984). Ecological constraints on internal representation: Resonant kinematics of perceiving, imagining, thinking, and dreaming. *Psychological Review, 91,* 417—447.

Shiffrin, R. M. & Schneider, W. (1977). Controlled and automatic human information processing: II. Perceptual learning, automatic attending, and a general theory. *Psychological Review, 84,* 127—190.

Sternberg, S. (1969). The discovery of processing stages: Extension of Donder's method. *Acta Psychologica, 30,* 276—315.

Strelow, E. R. (1985). What is needed for a theory of mobility: Direct Perception and cognitive maps — lessons from the blind. *Psychological Review, 92,* 226—248.

Swets, J. A. & Pickett, R. M. (1982). *The evaluation of diagnostic systems.* New York: Academic Press.

Treisman, A. M. (1969). Strategies and models of selective attention. *Psychological Review, 76,* 282—299.

Treisman, A. M. & Gelade, G. (1980). A feature-integration theory of attention. *Cognitive Psychology, 12,* 97—136.

Ullman, S. (1980). Against direct perception. *Behavioural and Brain Sciences, 3,* 373—415.

Van Cott, H. P. & Kinkade, R. G. (Eds.). (1972). *Human engineering guide to equipment design.* Washington: U. S. Government Printing Office.

Walk, R. D. & Pick, H. L. (Eds.). (1981). *Intersensory perception and sensory integration.* New York: Plenum Press.

Warren, W. H. & Shaw, R. E. (Eds.). (1984). *Persistance and Change.* Hillsdale, NJ: Erlbaum.

Welch, R. B. & Warren, D. H. (1986). Intersensory interactions. In K. R. Boff, L. Kaufman & J. P. Thomas (Eds.), *Handbook of perception and performance. Vol. I* (pp. 25-1—25-36). New York: Wiley.

Wickens, C. D. (1984). *Engineering psychology and human performance.* Columbus: Merrill.

Woodson, W. E. (1981). *Human factors design handbook. Information and guidelines for the design of systems, facilities, equipment, and products for human use.* New York: McGraw-Hill.

Yates, J. (1985). The content of awareness is a model of the world. *Psychological Review, 92,* 249—284.

5. Kapitel

# Problemlösen, Entscheiden und Denkfehler[1])

*Rainer H. Kluwe*

## 1 Einleitung

Situationen, in denen das verfügbare Wissen nicht genügt, um ein angestrebtes Ziel zu erreichen, werden als Probleme bezeichnet. Es sind Zustände, in denen ein Mensch nicht gleich weiß, wie er an ein Ziel gelangen kann: Dann „wird das Denken auf den Plan gerufen" (Duncker, 1935/1966, S. 7). Die nachfolgenden Abschnitte handeln von zentralen Denkvorgängen, die an der Bewältigung solcher Zustände beteiligt sind: Von der internen Repräsentation der Situation, von der Suche nach Lösungen sowie von der Verarbeitung von Informationen im Verlauf von Entscheidungen. Sie handeln aber auch von den Unzulänglichkeiten und den Grenzen menschlichen Denkens, die besonders im Umgang mit komplexen Anforderungen deutlich werden. Eine direkte Anwendung von Ergebnissen der kognitionspsychologischen Grundlagenforschung auf die Ingenieurpsychologie ist nur begrenzt möglich. Eine Ursache hierfür ist die geringe Nähe vieler Laboruntersuchungen zum Realitätsbereich der Ingenieurpsychologie (vgl. die Kritik von Moray, 1986). Umgekehrt gibt es in der Ingenieurpsychologie empirische und theoretische Untersuchungen, z. B. die Analysen von Unzulänglichkeiten kognitiver Aktivität, die in Modellen der Denkpsychologie bislang kaum Eingang gefunden haben. Mit den andersartigen und neuen Anforderungen an die Informationsverarbeitung beim Umgang von Menschen mit intelligenten technischen Systemen haben sich neue Problembereiche für die psychologische Forschung ergeben. Dies gilt z. B. für Systeme zur Unterstützung von Entscheidungen und Problemlöseprozessen, in denen Fragen der Grundlagenforschung und der angewandten Forschung eng miteinander verknüpft sind.

---

[1] Der Beitrag wurde im Rahmen des von der Deutschen Forschungsgemeinschaft (Bonn) geförderten Forschungsprojekts „Systemsteuerung" erstellt.
Kritische und anregende Kommentare zu Entwürfen für diesen Beitrag verdanke ich Frau Dipl.-Psych. Hilde Haider (Hamburg).

## 2 Merkmale von Problemsituationen

Für eine Problemsituation ist ein unerwünschter Ausgangszustand a (z. B. ein Defekt, ein Alarmzustand) kennzeichnend, der in einen erwünschten Zielzustand z übergeführt werden soll. Die Erreichung des Zielzustandes ist jedoch erschwert, weil das Wissen des Individuums zur Veränderung von a in Richtung auf z nicht genügt. Entscheidungssituationen können als eine Variante von Problemsituationen aufgefaßt werden: Auch hier wird ein Zustand z, etwa die Entscheidung für eine Maßnahme angestrebt, der nicht sofort erreichbar ist. Der Entscheidungsprozeß verlangt zur Erreichung dieses Ziels Strategien, die u. a. die Suche, Bewertung und Integration von Informationen umfassen (vgl. Huber, 1986).

Es gibt Versuche, *Problemtypen* zu kennzeichnen und die damit verknüpften kognitiven Anforderungen zu spezifizieren (vgl. Dörner, 1976; Greeno, 1978): *(1) Interpolationsprobleme* verlangen vom Problemlöser das Auffinden der richtigen Abfolge von Eingriffen, um den Zustand a in einen angestrebten, klar definierten Zustand z zu überführen (Transformationsprobleme bei Greeno, 1978). Für die Organisation des Denkens bei der Lösung solcher Probleme ist ein typisches Grundmuster gefunden worden, das als Mittel-Ziel-Analyse bezeichnet wird (vgl. Dörner, 1976; Kluwe, 1979; Newell & Simon, 1972). Beispiele hierfür sind etwa das Ersetzen eines defekten Ventils in einer technischen Anlage, das Reparieren eines Lecks oder die Konstruktion einer elektronischen Schaltung. *(2) Syntheseprobleme:* Dem Problemlöser sind Maßnahmen zur Erreichung von z unbekannt. Es ist ein Zustand gegeben, in dem ein systematisches Versuch-Irrtum-Verhalten für die Suche nach erfolgversprechenden Eingriffen kennzeichnend ist. Dies wäre der Fall, wenn der Operateur eines technischen Systems mit unerwünschten, ihm unbekannten Zuständen konfrontiert ist, für deren Diagnose und Behebung sein Repertoire an Wissen und Strategien nicht mehr ausreichend ist. *(3) Dialektische Probleme:* Das Ziel z ist nur vage und ungenau formuliert. Dies verlangt vom Problemlöser eine Konkretisierung des Ziels und die Entwicklung von Kriterien für die Zielerreichung. Ein Beispiel hierfür ist die Vorgabe des Ziels, eine benutzerfreundliche Schnittstelle zu entwickeln. Dialektisch kann man solche Probleme deshalb bezeichnen, weil der Weg zum Ziel im Wechsel zwischen der Erarbeitung und der Modifikation von Zielentwürfen voranschreitet. Die Modifikation eines Entwurfs $a_1$ durch Ersetzen unbefriedigender Anteile führt zu einem qualitativ höherstehenden, dem angestrebten Ziel z näherliegenden Zustand $a_2$.

Die kognitiven Anforderungen in Problemlöse- und Entscheidungsprozessen werden nicht allein durch solche Strukturmerkmale einer Situation bestimmt. Zusätzlich sind die Merkmale von Sachverhalten und Eingriffen in dem Realitätsbereich bedeutsam, in dem sich das Individuum bewegt. Es ist ein Unterschied, ob man es mit dem Druckabfall im Leitungssystem der Heizanlage eines Wohnhauses oder im Kühlsystem eines Kernkraftwerkes zu tun hat. In beiden Fällen liegen strukturell gleichartige Problemstellungen vor, jedoch haben die beiden Sachverhalte Merkmale, die sehr unterschiedliche Anforderungen an das Entscheidungs- und Problemlöseverhalten eines Menschen stellen. Folgende Unterscheidungs-Merkmale sind bedeutsam (vgl. Dörner, 1976): (1) Komplexität: Darunter soll die Anzahl der Komponenten (Variablen) eines Sachverhalts oder einer Problemsituation verstanden werden (zur Formalisierung von Komplexität vgl. Klir, 1985). Vom Individuum wird die Reduktion der Komplexität, etwa durch Abstraktion und durch Bildung von Ordnungen verlangt (vgl. Kluwe, Misiak & Schmidle, 1985). (2) Vernetztheit: Dies Merkmal bezieht sich auf die Menge und Stärke der Verknüpfungen zwischen den Komponenten eines Sachverhalts. Bei stark vernetzten Sachverhalten kann es keine isolierten Eingriffseffekte geben. Jeder Eingriff hat vielfältige Auswirkungen und Nebeneffekte. Deshalb ist die Abschätzung möglicher unerwünschter Nebeneffekte und von Rückkopplungen bei der Entscheidung über Eingriffe erforderlich. In einer Analyse der Tschernobyl-Fehler vertritt Reason (1987d) die Auffassung, die mangelnde Abschätzung von Nebeneffekten sei einer der schwerwiegendsten Fehler der dort verantwortlichen Personen gewesen. (3) Transparenz: Die Einsehbarkeit einer Situation für den Handelnden bestimmt, wie leicht sich der Problemlöser ein Bild von einer Situation oder von einem Sachverhalt verschaffen kann. Je weniger transparent ein Sachverhalt ist, desto größere Bedeutung erlangt die Beschaffenheit der individuellen internen Repräsentation dieses Sachverhalts für die Denkvorgänge. Umgebungen mit geringer Transparenz verlangen vom Individuum Strategien zur Informationsgewinnung. Dies ist bislang nur wenig untersucht worden. (4) Dynamik: Es sind damit Veränderungen der Situation gemeint, die ohne Eingriffe und Entscheidungen der Person eintreten. Dynamische Sachverhalte verlangen die Abschätzung von Entwicklungsverläufen sowie von zeitlichen Auswirkungen der eigenen Eingriffe. Ersteres ist deshalb wichtig, weil sich daraus die Dringlichkeit für einen Entscheidungsbedarf ergibt. Das zweite ist wichtig, weil Effekte von Entscheidungen zeitverzögert sein können.

Vernetztheit, Intransparenz und Dynamik von Sachverhalten wirken sich auf die Effekte von Eingriffen aus. Zwei Merkmale sind besonders hervorzuheben. (1) Wirkungswahrscheinlichkeit: Dies ist die Wahrscheinlichkeit des Eintretens der mit einer Maßnahme angestrebten Effekte. Der Problemlöser kann mitunter nicht sicher sein, ob die von ihm erwarteten Effekte auch wirklich eintreten. Er muß auf das Ausbleiben oder auf das verzögerte Eintreten der angestrebten Effekte vorbereitet sein. In vernetzten Systemen kann es zu unerwünschten Rückkopplungen kommen. (2) Reversibilität: Damit ist die Umkehrbarkeit unerwünschter Effekte von Maßnahmen gemeint. Irreversibilität der Auswirkungen von Entscheidungen bedeutet für den Handelnden, keine Möglichkeit für Versuch-Irrtum-Verhalten zu haben. Das Risiko seiner Eingriffe ist hoch. Dies verlangt von ihm vor allem die sorgfältige Planung von Eingriffen. Eine Möglichkeit zur Reduktion des Risikos besteht darin, Eingriffe an Modellen (z. B. an simulierten Systemen) zu erproben.

Für die folgenden Ausführungen soll festgehalten werden, daß ingenieurpsychologische Forschung es vor allem mit dem Handeln von Menschen in komplexen, vernetzten und dynamischen Umgebungen zu tun hat, die überdies Versuch-Irrtum-Verhalten nicht zulassen (vgl. auch Moray, 1986).

## 3 Kognitionspsychologische Modellvorstellungen

### 3.1 Die interne Repräsentation

Der Verlauf und das Ergebnis von Problemlöse- und Entscheidungsprozessen sind davon bestimmt, wie die vorliegende Situation durch das Individuum intern repräsentiert wird. Unzulänglichkeiten und Fehler der internen Repräsentation wirken sich über die Informationsverarbeitung auf den Ausgang der Entscheidung und der Lösungssuche aus.

Die interne Repräsentation umfaßt a) eine Situationsbeschreibung, bestehend aus den Komponenten und deren Relationen sowie aus dem Ausgangszustand und dem angestrebten Zielzustand; b) eine Menge von Operatoren, die auf den Ausgangszustand angewendet werden können, um den Zielzustand zu erreichen.

Die kognitionspsychologischen Modelle gehen davon aus, daß eine interne Repräsentation in der Auseinandersetzung mit der Situation nach und nach aus einem minimalen Problemraum entsteht (Hayes & Simon, 1974). Es wird ein Konstruktionsprozeß angenommen, in dem die Aufnahme von Information für die Entwicklung des internen Abbildes der Situation genutzt wird. Dabei werden gespeicherte Schemata genutzt (vgl. das Modell ISAAC von Novak, 1977). Komponenten der Situation (z. B. Waagebalken in einem physikalischen Problem) können ein hierfür geeignetes Schema (Hebel-Schema) aktivieren; das mit dem Schema verknüpfte Wissen wird auf die Situation angewendet.

Durch häufigen Umgang mit Sachverhalten eines Realitätsbereiches entwickeln Menschen die Fähigkeit, Sachverhalte und Situationen ökonomisch und informationsreduzierend abzubilden. Experten, also Menschen, die in einem Bereich viel Wissen und Routine über Jahre hinweg erworben haben, weisen spezifische Merkmale bezüglich der internen Repräsentation der ihnen vertrauten Situationen und Sachverhalte auf. Ein zentrales Merkmal ist die Organisation der internen Abbildung durch wenige große Einheiten. Diese werden als „chunks" bezeichnet: Es sind neu gebildete Gedächtniseinheiten aus vorher separat gespeicherten Elementen; d. h. in chunks ist Information verdichtet. Schätzungen gehen dahin, daß 4—7 chunks zu einem Zeitpunkt aktiviert und verarbeitet werden können (vgl. Miller, 1956; Simon, 1974). Die Bildung von chunks, die in langen Lernprozessen erfolgt, führt zu einer erheblichen Erweiterung der Gedächtniskapazität und zu einer geringeren Belastung der Verarbeitungsressourcen. Wesentlich ist dabei, wieviel Information in chunks verdichtet ist. So nehmen Schachexperten die jeweilige Verteilung der Figuren auf dem Schachbrett in Form weniger großer Konfigurationen wahr. Dabei bilden mehrere Figuren eine Einheit. Wenig erfahrene Schachspieler hingegen nehmen die gleiche Verteilung in Form vieler kleiner Einheiten (z. T. sind dies die einzelnen Figuren) wahr (Chase & Simon, 1973). Experten können in *ihrem* Bereich in kurzer Zeit sehr viel größere Informationsmengen aufnehmen, als dies Personen mit geringer Erfahrung tun würden.

Außer im Bereich Schach wurde dies auch für den Umgang mit elektrischen Schaltkreisen nachgewiesen (Egan & Schwartz, 1979). Erfahrene Elektrotechniker erinnern mehr Information aus Schaltplänen als unerfahrene Versuchspersonen. Sie bilden bezüglich der vorgegebenen Schaltkreise größere Einheiten. Diese Einheiten werden nach funktionalen Gesichtspunkten gebildet, während weniger erfahrene Personen ihre kleineren Einheiten stärker an Oberflächenmerkmalen (z. B. räumliche Nähe) orientieren. In Untersuchungen an physikalischen Problemstellungen wurde dies ebenso gefunden (Chi, Feltovich & Glaser, 1981; Chi, Glaser & Rees, 1982; Larkin, McDermott, Simon & Simon, 1980): Die interne Repräsentation der Probleme bei Experten ist von den jeweils dominierenden physikalischen Prinzipien und Gesetzen bestimmt (z. B. Energieerhaltungssatz). Wenig erfahrene Problemlöser hingegen orientieren sich an Schlüsselbegriffen der Problemformulierung und visuellen Details. In den Arbeiten von Chi et al. (1981, 1982) wurde zusätzlich gezeigt, daß die unterschiedliche interne Abbildung mit verschiedenen Problemlöseprozessen einhergeht: Die Lösungssuche der Experten erfolgt in größeren Einheiten, die jede wieder aus eng verknüpften Schrittfolgen bestehen. Die unerfahrenen Versuchspersonen gehen dagegen das Problem in zahlreichen kleinen Schritten an (vgl. Larkin, 1979; Larkin et al., 1980). Weiterhin ist die interne Repräsentation der Experten abstrakter und zugleich mit Lösungsmethoden und deren Anwendungsbedingungen verknüpft. Personen mit wenig Erfahrung nehmen die Siuation in Form von kleinen Details wahr, ohne zugleich Lösungsprozeduren aktivieren zu können. In einem Literaturüberblick für den Bereich des Umgangs mit Computern kommt Allwood (1986) zu dem Ergebnis, daß die einschlägigen Ergebnisse der kognitionspsychologischen expert-novice-Forschung weitgehend auch für diesen Bereich zutreffen (siehe auch Hopkins, Campbell & Peterson, 1987, zur internen Abbildung eines mechanischen Herz-Kreislaufsystem; McKeithen, Reitmann, Rueter & Hirtle, 1981, zur Wissensorganisation bei Programmierern).

## 3.2 Mentale Modelle

Mentale Modelle sind eine Variante individueller Wissenseinheiten, die am Aufbau einer internen Repräsentation beteiligt sind. Es sind Wissenseinheiten, die in längeren Lern- und Instruktionsprozessen entwickelt und an Sachverhalte herangetragen werden. Anders als ein Schema, das als Abstraktion und Verallgemeinerung einer großen Klasse von Exemplaren zugeordnet wird, gilt ein mentales Modell für einen spezifischen Vorgang oder Sachverhalt. Der Begriff mentales Modell wird vor allem zur Umschreibung individueller Sichtweisen bezüglich komplexer, wenig transparenter Systeme verwendet (z. B. Computer, elektrischer Strom, Wärmeaustauschsystem, Kraftwerk usw.; vgl. Gentner & Stevens, 1983).

In der Ingenieurpsychologie spielt die Untersuchung der mentalen Modelle dort eine wichtige Rolle, wo Menschen komplizierte technische Systeme zu steuern und zu kontrollieren haben. Wie man annimmt, determiniert die Beschaffenheit des individuellen mentalen Modells bezüglich des Systems den Umgang damit, das Verständnis von Zuständen, die Entscheidungen über Eingriffe, Informationssuche usw. Ein Beispiel liefert die Untersuchung von Gentner und Gentner (1983): Verschiedene mentale Modelle von elektrischem Strom gehen mit unterschiedlichen Problemlöseleistungen einher.

Ein Kernproblem besteht in der Identifikation solcher individueller Modelle; erschwerend ist, daß sie nicht vollständig verbalisierbar sind. Die Befragung, etwa eines Operateurs, liefert nur ein sehr unvollständiges und wenig zuverlässiges Bild seines mentalen Modells. Auf die Methoden zur Analyse von mentalen Modellen wird an dieser Stelle nicht weiter eingegangen (vgl. Bainbridge, 1981; Kluwe, 1988; vgl. auch den von Broadbent, Fitzgerald & Broadbent, 1986, eingeführten Unterschied zwischen implizitem und explizitem Wissen).

Wesentlich ist: Individuelle mentale Modelle müssen nicht notwendig korrekte und vollständige Repräsentationen von Sachverhalten und Vorgängen darstellen. Trotzdem können sie, zumindest in begrenzter Weise, funktional sein (Norman, 1983). Ein Individuum kann ein kompliziertes technisches System durchaus auf der Basis eines unvollständigen einfachen mentalen Modells steuern. Bainbridge (1981) verweist auf Untersuchungen im Bereich der Ingenieurpsychologie, wonach Operateure Systeme z. T. auf sehr einfacher Wissensbasis und ohne profundes Verständnis der Prozeßdynamik steuern (siehe auch die Annahmen von Reason, 1987d, zur Steuerung von Kernkraft-Reaktoren). Wie Ringelband, Misiak & Kluwe (in press) in einer Simulationsstudie zeigen, reichen zur Steuerung eines komplexen Systems durch ein Computerprogramm einfaches deklaratives Wissen und wenige Regeln aus. Grundlage der Simulation sind Analysen des Steuerungsverhaltens von Versuchspersonen bei der Steuerung eines auf dem Computer implementierten komplexen Systems in längeren Einzelversuchen. Die Steuerungsleistungen des Programms liegen im Bereich der beobachteten menschlichen Leistungen. Diese Ergebnisse stimmen nicht mit der gängigen Auffassung überein, wonach für die erfolgreiche Steuerung ein komplettes mentales Modell Voraussetzung sei. So postulieren zum Beispiel Dörner, Kreuzig, Reither und Stäudel (1983), daß die Steuerung eines komplexen Systems die Entwicklung eines möglichst vollständigen und korrekten Modells des Systems in Form von Strukturwissen verlange.

Derzeit ist noch wenig über die Entstehung und die Beschaffenheit von subjektiven mentalen Modellen von technischen Systemen bekannt. Folgende Annahmen lassen sich jedoch formulieren: (1) Verschiedene Lernprozesse führen zu verschiedenen mentalen Modellen: Es macht einen Unterschied aus, ob sich ein Operateur selbst in ein System einarbeitet (learning by doing, instructionless learning, vgl. Kluwe, Haider & Misiak, in press; Shrager & Klahr, 1986), ob einer ausführlichen theoretischen Schulung ein praktisches Training folgt oder ob eine Einweisung durch erfahrene Personen erfolgt (vgl. auch Bainbridge, 1987). Es gibt Befunde, die auf die Wirksamkeit sogenannten explorativen, selbstgesteuerten Lernens hinweisen. Vermutlich werden auf diese Weise abstrakte mentale Modelle des Systems ausgebildet (Carroll, Mack, Lewis, Grischowsky & Robertson, 1985; Kamouri, Kamouri & Smith, 1986). (2) Verschiedene mentale Modelle eignen sich unterschiedlich gut zur Kontrolle und Steuerung eines komplexen Systems: Es ist möglich, ein System auf der Basis geringen Wissens und auf der Basis von wenigen Regeln im Sinne von einfachen Bedingungs-Aktions-Verknüpfungen zu steuern. Jedoch hat dieses subjektive Modell seine Grenzen, nämlich dort, wo vom Normalfall abweichende Zustände, Defekte oder ähnliches auftreten. Das mentale Modell liefert dann vermutlich keine geeignete Basis mehr zur Fehlerdiagnose und Problemlösung. Je nach Modellcharakteristika müßten bestimmte Fehler wahrscheinlich sein. (3) Verschiedene mentale Modelle verlangen unterschiedliche Entscheidungsunterstützung: Je nach dem Auflösungsgrad und der Komplexität des individuellen Modells bezüglich des Systems sind unterschiedlich weitreichende Hilfen für Entscheidungen, Fehlerdiagnosen und Problemlösungen zu geben. Bezüglich der Ausbildung mentaler Modelle sind Versuche von Volpert, Frommann und Munzert (1984) interessant, durch sogenannte kognitive Trainingsverfahren Menschen darauf vorzubereiten, komplexe Arbeitsaufgaben zu bewältigen. Die Autoren verstehen darunter ausdrücklich Verfahren, die den Aufbau der genannten inneren Modelle und Handlungspläne besonders fördern. Solche Verfahren verlangen u. a. Lernprozesse, in denen die Lernenden ihre Eingriffe begründen (sprachgestütztes kognitives Training) oder sich selbst Kenntnisse aneignen (kognitives Selbstbelehrungstraining). Eine weitere Variante ist die Vorgabe heuristischer Regeln, die beim Umgang mit dem komplexen Sachverhalt, z. B. mit Werkzeugmaschinen, von den Lernenden angewendet werden sollen (s. auch Sonntag, in diesem Band).

In der Untersuchung von Volpert, Frommann und Munzert (1984) hatten die Versuchspersonen den Prozeß einer Backanlage zu steuern. Der Experimentalgruppe wurden allgemeine heuristische Regeln zur Steuerung vermittelt (Informiere dich über die Anlage; Überlege immer, was geschehen wird; Greife ein, bevor etwas passiert). Verglichen mit den Vpn der Kontrollgruppe zeigte diese Gruppe bei der nachfolgenden Steuerung der Backanlage nicht nur bessere Leistungen (indiziert durch Sollwerteinhaltung der Temperatur), sondern auch ein Verhalten, das auf die Gewinnung von Information ausgerichtet war. Es wäre zu prüfen, ob auf diese Weise unterschiedliche mentale Modelle ausgebildet werden, die besser geeignet sind, das System auch bei abweichenden Zuständen zu steuern.

Moray (in press) beschreibt individuelle mentale Modelle als homomorphe Abbildungen des zu steuernden technischen Systems: Das sind vereinfachende interne Repräsentationen, die keine eindeutige Ableitung des Systemzustandes zulassen. Wie er annimmt, gelangt ein Individuum im Laufe eines längeren induktiven Lernprozesses zu einer fortschreitenden Vereinfachung und Zerlegung des Systems in wenige separate Subsysteme. Die Variablen des Systems werden geklumpt. Es entstehen Subsysteme, die als Einheiten behandelt werden. Wesentlich ist, daß dieser Prozeß umgekehrt als gewöhnlich angenommen verläuft, nämlich nicht differenzierend von einer komplexen Ebene ausgehend zu immer neuen spezifischeren Konzepten über das System. Vielmehr werden spezifische Einheiten zu größeren Einheiten zusammengefaßt (vgl. auch den Vorgang der Komplexionsbildung, Dörner, 1976). Der von Moray (in press) angenommene Vorgang des Klumpens hat große Ähnlichkeit mit dem in der Kognitionspsychologie als ‚chunking' beschriebenen Prozeß, der Bildung neuer Einheiten aus vorher separat gespeicherten Elementen. Tatsächlich konnten Kluwe, Misiak und Schmidle (1985) in Einzelfalluntersuchungen solche Prozesse bei der Steuerung eines komplexen Systems über einem längeren Zeitraum hinweg nachweisen.

## 3.3 Lösungssuche und Entscheidungen

Die interne Repräsentation von Sachverhalten und Situationen ist die Grundlage der Informationsverarbeitung im Problemlöse- und Entscheidungsprozeß. Für die Organisation solcher Prozesse hat die Kognitionspsychologie die Existenz bereichsunspezifischer Heuristiken z. T. empirisch belegen können. Sie stellen allgemeine Finderegeln dar, die das Denken bei der Lösungssuche organisieren und die Suchrichtung einschränken.

Die Abfolge der Denkschritte bei der Suche nach Lösungen in Problem- und Entscheidungssituationen ist nicht ungeordnet oder zufällig. Man spricht vielmehr von „Gesetzmäßigkeiten" der Denkabläufe und meint damit Regelhaftigkeiten in den Abfolgen von Denkschritten bei der Bewältigung einer Problemsituation. Dies läßt den Schluß zu, es gäbe gespeicherte allgemeine Pläne oder Verfahren zur Organisation des Denkens in Problemsituationen. Solche Verfahren werden als Heuristiken bezeichnet. „Eine Heuristik (heuristische Regel, heuristische Methode) ist eine Faustregel, eine Strategie, ein Trick, eine Vereinfachung oder irgendeine andere Maßnahme, die die Suche nach Lösungen in einem großen Problemraum dramatisch einschränkt. Heuristiken gewährleisten nicht optimale Lösungen; ja sie gewährleisten überhaupt nicht das Finden einer

Lösung. Alles was man über nützliche Heuristiken sagen kann, ist, daß sie zu Lösungen führen, die meistens akzeptabel sind" (Feigenbaum & Feldman, 1963, S. 6; Übers. v. Verf.).

Duncker (1935/1966) hat im Rahmen seiner empirischen Untersuchungen erstmals heuristische Methoden menschlichen Problemlösens beschrieben: *(1) Situationsanalyse als Konfliktanalyse:* Das ist die inständige Analyse der vorliegenden Problemsituation mit dem Ziel, die Barriere, das Fehlende zu finden. „Warum geht es eigentlich nicht?" (S. 24 f.). *(2) Situationsanalyse als Materialanalyse:* Die Suche des Problemlösers nach jenen Komponenten und Elementen der Problemsituation, die für ihn nützlich sein könnten. „Was kann ich brauchen?" Es ist zugleich die Identifikation irrelevanter Komponenten. *(3) Zielanalyse.* Dies ist die Analyse und Konkretisierung dessen, was angestrebt wird. „Was will ich eigentlich?"

Später hat Polya (1945/1973) heuristische Regeln als Imperative formuliert, deren Anwendung beim Lösen von Problemen hilfreich sein kann. Die Nützlichkeit der Anwendung solcher Regeln demonstrierte Polya an zahlreichen Beispielen aus der Mathematik. Besonders bekannt geworden ist die folgende allgemeine heuristische Methode (Polya, 1945/1973): (1) Verstehen des Problems: Du mußt das Problem verstehen! Was ist unbekannt? (2) Planen: Du mußt einen Plan für die Lösung entwickeln! Kennst Du verwandte Probleme? (3) Ausführung des Plans: Führe Deinen Plan aus! Prüfe jeden Schritt. (4) Zurückblicken: Prüfe die erhaltene Lösung! Kannst Du das Ergebnis kontrollieren? Es handelt sich dabei um sehr allgemein formulierte Regeln, deren konkrete Umsetzung in Problemlöseprozessen offen bleibt. Zwischen der Beachtung solcher Regeln und dem, was der Problemlöser tatsächlich an geistigen Operationen im konkreten Problemlöseprozeß ausführen müßte, besteht ein großer Schritt. Newell (1983) fragt deshalb zu Recht nach empirischen Belegen für die Brauchbarkeit dieser Regeln: „Meines Wissens gibt es bislang keine Belege dafür, ob die Empfehlungen von Polya, ernsthaft befolgt, wirklich gute Problemlöser ausmachen" (S. 215; Übers. v. Verf.). In der Folgezeit hat die am Ansatz der Informationsverarbeitung orientierte kognitionspsychologische Problemlöseforschung präzisere Beschreibungen heuristischer Denk-Methoden auf der Basis empirischer Untersuchungen und unter Einsatz von Computersimulationen formulieren können (vgl. Lüer, 1973; Newell & Simon, 1972). Am bekanntesten ist der Heurismus der Mittel-Ziel-Analyse geworden. Es handelt sich dabei um ein allgemeines Verfahren zur Lösung von Problemen mit genau definiertem Zielzustand. Das empirisch und theoretisch fundierte Modell des ‚General Problem Solver' (Newell & Simon, 1972) geht davon aus, daß der Problemlöser Ausgangs- und Zielzustand vergleicht, die Unterschiede registriert und zur Erreichung des Ziels Operatoren sucht und einsetzt. Wesentlich ist dabei, daß die Distanz zum Ziel durch Zwischenziele, die nach und nach erreicht werden, verringert wird. Das GPS-Programm wurde als Modell einer allgemeinen heuristischen Methode für das Lösen von *verschiedenartigen* Problemen konstruiert.

Solche allgemeinen Methoden liefern jedoch wenig Hinweise auf das konkrete Vorgehen in einer Problemsituation und sie vernachlässigen die Rolle umfangreichen bereichsspezifischen Wissens für den Problemlöseerfolg (Newell, 1983).

Kritisch ist weiter anzumerken: Die bislang vorliegenden kognitionspsychologischen Modelle der Denkvorgänge beim Problemlösen sind an relativ einfachen Problemstellungen gewonnen worden. Die Versuchspersonen mußten wenig Kenntnisse besitzen und hatten es meistens mit klaren, überschaubaren Transformationsproblemen zu tun (z. B. Turm-von-Hanoi). Derzeit ist noch wenig darüber bekannt, wie die Denkvorgänge beim Umgang mit sehr komplexen, unbestimmten und dynamischen Problemen aussehen. Neuere Arbeiten hierzu haben, bezogen auf ingenieurpsychologische Fragestellungen, folgenden Nachteil: Naive Vpn, anstelle von Experten, werden mit den Anforderungen komplexer Systeme konfrontiert (z. B. Dörner et al., 1983). Ein weiterer Mangel ist, daß die Modelle ein stets vernünftig und effizient denkendes Individuum voraussetzen. Fehleranalysen sind darin nicht enthalten (vgl. hierzu die Analysen von Kluwe, 1987; Moray, 1986; Newell, 1983).

Für individuelle Entscheidungen über Ziele, Pläne, Eingriffe und Maßnahmen sind 4 allgemeine Stufen des Entscheidungsprozesses formuliert worden (vgl. Fischhoff, 1986, S. 63): a) Identifikation möglicher Alternativen für Ziel, Planung und Eingriffe. b) Bewertung der verschiedenen Konsequenzen, die aus den Alternativen resultieren. c) Abschätzung der Eintrittswahrscheinlichkeit prognostizierter Konsequenzen. d) Integration dieser Erwägungen und Anwendung einer rationalen Entscheidungsregel zur Auswahl des bestmöglichen Ziels, des geeigneten Plans oder der erfolgversprechenden Maßnahmen. Wie Fischhoff (1986) konstatiert, hat die Entscheidungsforschung einen wichtigen Wandel vorgenommen: Es wird heute weniger analysiert, wie optimale Entscheidungen zustande kommen. Das Interesse gilt vielmehr dem, was die Menschen in Entscheidungsprozessen tatsächlich tun, und warum dies unter Umständen zu Problemen führt.

Ungeachtet der genannten Einschränkungen haben die Modelle der kognitionspsychologischen Problemlöseforschung durchaus Eingang in die Ingenieurpsychologie gefunden. Ein Mehr-Ebenen-Modell der Informationsverarbeitung beim Umgang mit komplexen technischen Systemen, das Bezüge zum GPS-Modell von Newell & Simon (1972) hat, stammt von Rasmussen (1983). Das Modell soll ein breites Spektrum von Aktivitäten abdecken, die von der manuellen Kontrolle und dem Ablesen von Daten bis zur Behebung ungewöhnlicher Störfälle reichen. Es werden drei Ebenen kognitiver Aktivität unterschieden, die als skill-based, rule-based und knowledge-based umschrieben werden (Rasmussen, 1983): (1) sensorisch-motorische Ebene des Verhaltens (skill-based): Dies ist die unterste Ebene geistiger Aktivität, die hoch automatisiert und ohne bewußte Kontrolle sowie ohne Belastung der Aufmerksamkeit abläuft. Informationen des Systems werden sukzessiv gelesen: „The man looks rather than sees" (Rasmussen, 1983, S. 259). (2) Regel-Ebene des Verhaltens: Für Zustände des Systems sind Regeln (Prozeduren) gespeichert. Diese werden durch Training, durch eigenes Tun oder durch Instruktion erworben. Den Unterschied zwischen der sensorisch-motorischen und der Regel-Ebene sieht Rasmussen (1983) darin, daß das Verhalten auf der ersteren nicht erklärt und verbalisiert werden kann. Es ist hoch automatisiert. Verhalten auf der regelgeleiteten Ebene hingegen stellt explizites know-how dar; die Regeln können von der Person verbalisiert werden. Unterschiede zwischen Experten und weniger erfahrenen Individuen (,novice') zeigen sich Reason (1987a) zufolge v. a. in den Aktivitäten auf diesen beiden Ebenen. (3) Wissens-Ebene: Bei neuartigen Zuständen und Ereignissen, für die kein adäquates Regelwissen verfügbar ist, wird der Übergang auf eine Ebene der geistigen Aktivität erforderlich, die durch besonders hohe Anforderungen an die Informationsverarbeitungsressourcen gekennzeichnet ist. Hier wird ein Verlauf der geistigen Aktivität angenommen, wie ihn die kognitionspsychologische Problemlöseforschung beschreibt: Zielkonkretisierung, Analyse des Ausgangs- und des Zielzustandes, Formulierung und Bewertung alternativer Pläne, Entscheidung für einen Plan, Auswahl und Anwendung von Mitteln zur Zielerreichung, Prüfung der angewendeten Strategie.

Wichtig ist nun, daß den geistigen Aktivitäten auf diesen unterschiedlichen Ebenen auch unterschiedliche interne Repräsentationen der jeweiligen Situation zugeordnet werden. Ein technisches System wird, verglichen mit dem Routinelauf, anders intern repräsentiert, wenn ein Problem- oder Störfall vorliegt; es werden unterschiedliche Informationen beachtet. Auf der sensorisch-motorischen Ebene des Handelns werden raum-zeitliche Signale registriert. Diese Signale werden nicht nach ihrer Bedeutung analysiert (z. B. bei manueller Steuerung oder bei der visuellen Überwachung von Signalen). Für die Regel-Ebene wird angenommen: Information wird in Form von Zeichen (signs) registriert. Zeichen zeigen bestimmte Zustände des Systems an und aktivieren Regeln (wenn Ventil geschlossen und angezeigter Wert zu hoch, dann reguliere Druck). Auf der Wissens-Ebene werden Symbole intern verarbeitet: Sie sind mit Konzepten (z. B. von Störfällen) und mit dem mentalen Modell des Individuums bezüglich des Systems verknüpft (wenn nach Regulierung Druck immer noch zu hoch, dann kontrolliere Anzeige und prüfe, ob eine Störung im Kühlsystem, z. B. zu hohe Temperatur durch Kühlwasserverlust, vorliegen könnte). Die empirische Basis des Modells von Rasmussen (1983) ist unklar. Dies gilt vor allem für den Übergang zwischen den verschiedenen Ebenen. Wie Rouse, Rouse & Pellegrino (1980) aber zeigen konnten, kann bei der Fehlersuche in einem technischen System das Verhalten der Versuchspersonen durch eine geordnete Folge von heuristischen Regeln beschrieben werden. Die von den Versuchspersonen angewendeten Schritte zur Prüfung der In- und Outputs von Komponenten eines elektronischen Systems entsprachen zu einem hohen Prozentsatz den Regeln des theoretischen Modells. Die Bedeutung solcher Studien liegt darin, daß man Personen trainieren könnte, solche Regeln anzuwenden.

Allerdings konnten Rouse et al. (1980) keine eindeutig positiven Trainingsergebnisse erzielen.

In enger Anlehnung an das Modell von Rasmussen (1983) hat Reason (1986, 1987a) einen theoretischen Rahmen entwickelt, der zugleich geeignet ist, Grenzen und Fehler menschlicher Informationsverarbeitung zu beschreiben. Das Modell GEMS (*Generic Error-Modelling System*) geht ebenfalls von verschiedenen Ebenen der kognitiven Aktivität aus. Zugleich werden Fehlertheorien von Norman (1981, 1986) und von Reason & Mycielska (1982) sowie Modellvorstellungen der Kognitionspsychologie zu den Vorgängen beim Problemlösen (vgl. Newell & Simon, 1972) integriert (s. Zimolong, in diesem Band). Der Wechsel zwischen den verschiedenen Ebenen ist in dem Modell von besonderem Interesse. Wenn bei der Routineüberwachung und -steuerung abweichende Zustände registriert werden, erfolgt ein Übergang auf die Ebene regelgeleiteten Verhaltens. Dies ist insofern eine Besonderheit des Modells, weil mit der Identifikation eines Problemzustandes nicht, wie man annehmen könnte, sofort planvolle zielgerichtete Problemlöseaktivität beginnt. Vielmehr wird postuliert, das Individuum werde zuerst versuchen, das ihm verfügbare Regelrepertoire auf den Problemzustand anzuwenden. Es wird zuerst geprüft, ob dieser Zustand bekannt ist, ob es einen ähnlichen Zustand, ein vergleichbares Muster bereits gegeben hat. Wenn diese Prüfung positiv ausfällt, werden gespeicherte Regeln angewendet. Reason (1987a) vermutet hier bei der Suche nach Ähnlichkeiten eine zentrale Fehlerquelle für falsches Verhalten. Bei erfolgreicher Regelanwendung ist wieder ein Wechsel auf die Ebene des sensorisch-motorischen Kontroll- und Steuerverhaltens möglich. Wahrscheinlicher wird der Kreislauf auf der Ebene regelgeleiteten Verhaltens häufiger abgearbeitet. Erst wenn dies wiederholt zu keinem Erfolg führt, das verfügbare Regelinventar also nicht ausreicht, wird auf die viel aufwendigere ressourcenkonsumierende Ebene des Problemlösens übergegangen. Vermutlich geht dann aber auch ein individueller Zustand der Besorgnis und der Erregung mit der kognitiven Aktivität einher, der sich unter Umständen für die schwierigen Entscheidungen und Lösungssuchen hinderlich auswirken kann (Reason, 1987a).

## 4 Unzulänglichkeiten des Denkens

Die Modelle von Rasmussen (1983) und Reason (1987a) legen eine Zweiteilung von Fehlermöglichkeiten nahe, wie sie auch von Norman (1981, 1986) vorgenommen wird: Auf der Ebene der sensorisch-motorischen Kontroll- und Steuerungsaktivitäten kommt es zu Versehen und Verwechslungen (slips; z. B. versehentlich etwas aus- statt einschalten, schließen statt öffnen, Versprecher bei mündlichen Anordnungen). Auf der Regel- und der Wissensebene wird von Irrtümern oder Mißverständnissen (mistakes) gesprochen (vgl. Abbildung 1).

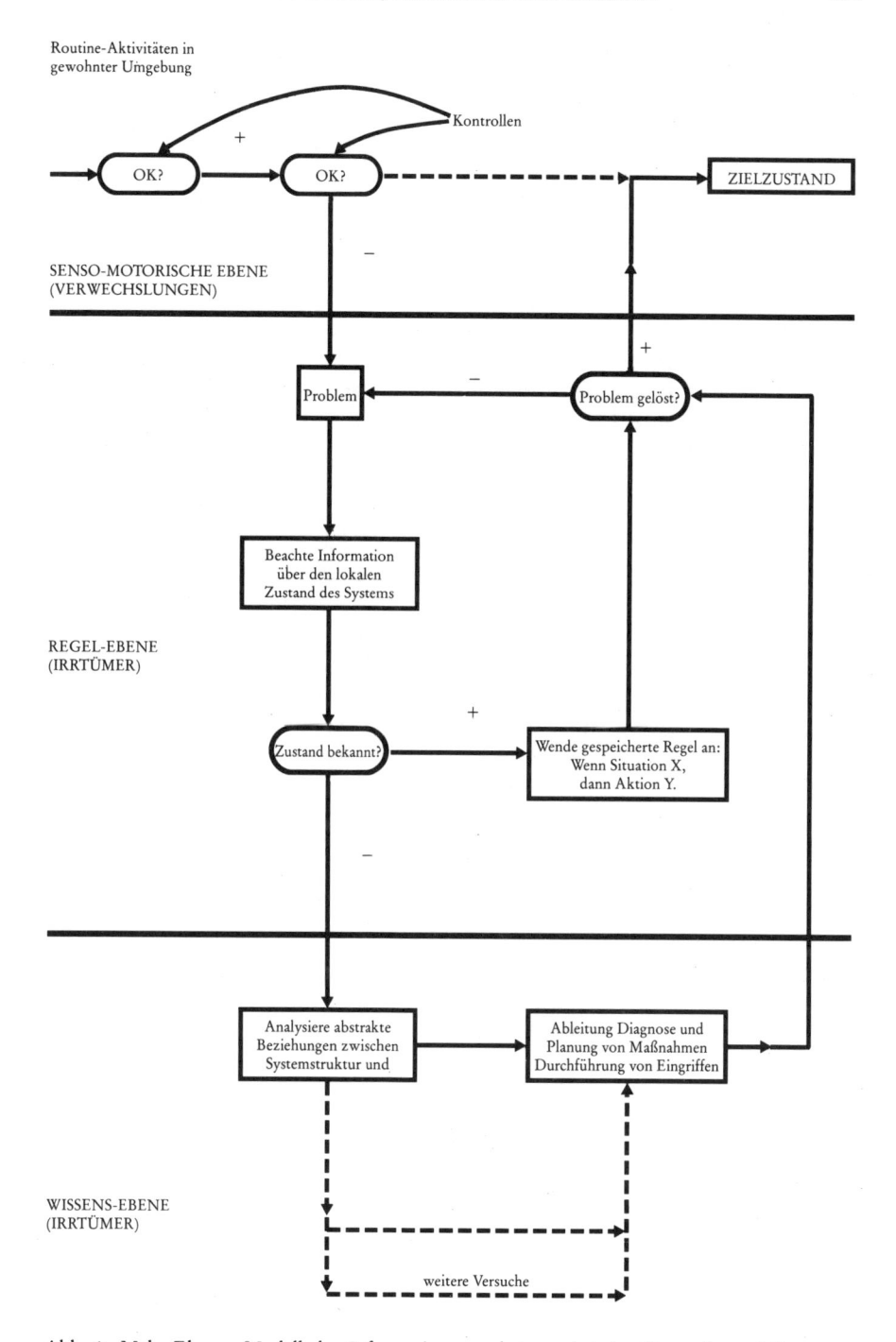

Abb. 1: Mehr-Ebenen-Modell der Informationsverarbeitung bei der Kontrolle und Steuerung eines komplizierten technischen Systems und Fehlermöglichkeiten (nach Reason, 1986, 1987a).

Diese Unterscheidung ist deshalb wichtig, weil sie Implikationen für das Bemerken falschen Verhaltens hat. Der Operateur einer Anlage registriert z. B. eine Reihe von Alarmsignalen, die einen Störfall anzeigen. Automatisch beginnt eine Pumpe unter hohem Druck Wasser in das System zu pumpen. Der Operateur schaltet diese Pumpe fälschlicherweise aus. Die Beantwortung der Frage, wann der Operateur dieses falsche Verhalten entdecken und korrigieren wird, ist davon abhängig, was den Operateur zu dieser Maßnahme veranlaßt hat: Liegt ein Versehen vor oder eine Verwechslung, dann ist mit einiger Wahrscheinlichkeit damit zu rechnen, daß er dies bald entdeckt, da sein Handeln nicht seinem mentalen Modell des Systems entspricht. Liegt jedoch ein Irrtum vor, d. h. eine falsche Zielsetzung aufgrund einer falschen Einordnung der Situation (misdiagnosis), dann wird es vermutlich länger dauern, bis dieser Fehler entdeckt wird (eventuell erst durch Dritte). Der zentrale Unterschied zwischen beiden falschen Verhaltensweisen liegt in der internen Abbildung des Ereignisses (Norman, 1986): Im ersten Fall ist sie korrekt, im zweiten unrichtig.

Ursachen für Versehen auf der sensorisch-motorischen Ebene sind häufig und kürzlich ausgeführte Routineaktivitäten. Sie haben die Tendenz, als habits wieder aufgerufen zu werden, auch zu unpassenden Gelegenheiten. Ferner können die Vertrautheit der Umgebung sowie skript-ähnliche Routineabläufe spezifische Aktionen auslösen, die falsch sind und spät registriert werden. Irrtümer und Mißverständnisse auf der Regel- und Wissens-Ebene resultieren zu einem wesentlichen Teil aus unvollständigen und mangelhaften internen Repräsentationen. Dies führt zum Aufruf verfügbarer, jedoch inadäquater Regeln und Aktionen.

Die interne Repräsentation entsteht in einem Prozeß, der Störungen unterliegt. Unter Bezug auf den Umgang von Menschen mit moderner Technologie erörtert Reason (1986, 1987b) einige Fehlerquellen, die sich auf die Qualität der internen Repräsentation des zu steuernden Systems auswirken:
1. Begrenzte Rationalität („bounded rationality"; Reason, 1987c, S. 17): Damit ist die eingeschränkte Verarbeitung einer Problemsituation im Arbeitsgedächtnis gemeint. Aufgrund der Kapazitätsbeschränkungen des Gedächtnisses können zu einem Zeitpunkt jeweils nur Ausschnitte der Situation intern abgebildet und verarbeitet werden. Die Informationsreduktion erfolgt jedoch nicht notwendig nach rationalen Relevanzkriterien. Beim Bemühen, die Situation trotz ihrer Komplexität umfassend abzubilden, können unzulässige Vereinfachungen auftreten. Diese entlasten zwar das Arbeitsgedächtnis, schränken jedoch die interne Repräsentation der Umgebung ein.

Das wirkt sich aus in Form von a) Selektivität, d. h. besonders auffällige, mitunter jedoch falsche Merkmale der Situation werden beachtet; b) Minimierung der Informationsmenge für das Arbeitsgedächtnis. Rasmussen (1981) konnte z. B. zeigen, daß dies bei der Suche nach Fehlern in elektronischen Schaltungen ein entscheidender Faktor war, der das Vorgehen der Individuen determinierte.

2. Mangelhafte Rationalität („imperfect rationality"; Reason, 1987c, S. 17): Sie führt u. a. zu Fehlern, wie sie in der älteren Denkpsychologie bereits beschrieben wurden, nämlich als Einstellung (set; Luchins, 1942/1969) und Richtung des Denkens (direction; Maier, 1930/1969). Dies sind Fehler, die auf eine schematische Sichtweise der Situation und eine mechanische Anwendung von Regeln zurückgehen. Als Ursache hierfür wird eine grundlegende Tendenz der menschlichen Informationsverarbeitung angenommen, nach Übereinstimmungen zwischen vorliegenden Zuständen oder Sachverhalten und gespeicherten Schemata zu suchen. Werden Ähnlichkeiten registriert, dann besteht die Tendenz, das Schema und die mit ihm verknüpfte Situation anzuwenden. Große Anteile täglichen Handelns, auch im Umgang mit Problemsituationen, werden dadurch effizient geleitet. Die durch automatischen Aufruf von Schemata bedingte Ökonomie der Wahrnehmung und Verarbeitung von Situationen birgt jedoch auch ein Risiko: Es ist dann hoch, wenn die gerade gegebene Situation gleich oder ähnlich aufgefaßt und auch so behandelt wird wie früher angetroffene Situationen und zugleich die Übereinstimmung mit dem verfügbaren Schema gering oder in entscheidenden Komponenten nicht gegeben ist. Fehler resultieren, wenn die aktuelle Situation in unzulässiger Weise aus der Perspektive bereits erlebter Situationen diesen als gleich oder ähnlich zugeordnet wird (similarity bias, Reason, 1987c). Die Aktivation des für die zurückliegenden Fälle ausgebildeten Schemas führt dazu, daß die interne Repräsentation der aktuellen Situation, trotz einiger Abweichungen, letztlich so *konstruiert* wird, daß eine Übereinstimmung resultiert („default values"). Wichtige Details und Abweichungen der aktuellen Situation werden dabei leicht negiert. Reason (1986) bezeichnet Menschen wegen ihrer grundlegenden Neigung, nach Ähnlichkeiten zwischen aktuellen Situationen und gespeicherten Schemata zu suchen als „furious pattern matchers" (S. 68). Ein empirischer Beleg für diese Fehlerquelle ist der ausbleibende Lernfortschritt von Vpn bei der Steuerung eines simulierten Systems, dessen Variablen sich schemawidrig verhielten (Kluwe, Misiak & Ringelband, 1985). Um Sollzustände von System-Variablen einzuhalten, war es erforderlich, Werte zu addieren, um Variablen zu senken bzw. zu substrahieren, um die Variablenausprägungen zu erhöhen. Verglichen mit schemagerecht zu steuernden Variablen (Steigerung durch Addition, Senkung durch Subtraktion) waren hier die Steuerungsleistungen der Vpn schlecht und verbesserten sich auch nicht im Verlauf von 200 Durchgängen. Die Vpn konnten ihr Steuerungsverhalten nicht vom Additions- und Substraktionsschema lösen.

3. Verfügbarkeit (availability) und Repräsentativität (respresentativeness): Die von Tversky und Kahneman (1973, 1974) beschriebenen Urteils-Heuristiken können sich als zentrale Fehlerquellen bei der Aktivation von Schemata und Maßnahmen auf der Regel- und Wissens-Ebene erweisen. Bei der Beurteilung der relativen Häufigkeit von Sachverhalten oder der Eintrittswahrscheinlichkeit von Ereignissen lassen sich Individuen von den rasch und leicht verfügbaren Gedächtnisinhalten leiten. Dies ist oft zutreffend. Fehler resultieren dort, wo die Leichtigkeit des Zugriffs auf Gedächtnisinhalte von anderen Faktoren als

Häufigkeit und Eintrittswahrscheinlichkeit bedingt ist (z. B. vom Faktor „recency": Ein Operateur kann gerade eine Schulung absolviert haben; er gelangt deshalb leichter und rascher zu bestimmten Annahmen, die mit dem vorliegenden Zustand nicht notwendig zu tun haben müssen). Für die Kontrolle und Steuerung eines technischen Systems heißt dies z. B., daß die verantwortlichen Individuen bevorzugt rasch verfügbare Zustandsregeln der wenn-dann-Form anwenden („first-come-best-preferred bias"). Dieses erfolgt unbewußt. Die rasch verfügbare Regel kann aber fälschlich auf einen Zustand angewendet werden, der geringe Auftrittswahrscheinlichkeit besitzt und mit der Regel nicht korrespondieren muß. Wickens (1984) verweist in diesem Zusammenhang auf den Störfall von Three Mile Island. Die initiale Hypothese der Verantwortlichen, der Druck im System sei zu hoch, führte zu folgenschweren Entscheidungen, die das Unglück von Three Mile Island verursachten (manuelle statt automatischer Kontrolle und Ausschaltung der Notpumpe). Repräsentativität als Urteilsheuristik kann zur unrichtigen Einordnung eines Sachverhalts oder Zustands in eine Kategorie auf der Basis von Ähnlichkeiten führen. Beobachtete Anzeigen werden z. B. als repräsentativ für einen bestimmten Störfall eingestuft. Ein zentraler Fehler in dieser Entscheidung, die Datenkonfiguration als Fall X zu identifizieren, kann darin bestehen, daß Auftrittswahrscheinlichkeiten nicht ausreichend berücksichtigt werden: Der Störfall vom Typ X kann seltener auftreten als ein anderer, zwar weniger deutlich übereinstimmender, jedoch häufigerer Störfall vom Typ Y.

4. Fehler in der Behandlung von Hypothesen: Dies ist deshalb ein wichtiger Bereich, weil Hypothesen die Informationssuche (z. B. durch Eingriffe) bestimmen. Man nimmt an, daß ungefähr 3—4 Hypothesen zu einem Zeitpunkt aufrechterhalten und verfolgt werden können (vgl. die Suche nach Fehlern in elektronischen Stromkreisen; Rasmussen, 1981). Durch Berücksichtigung von solchen Informationen, die zur Diskrimination zwischen Hypothesen beitragen, kann die Anzahl der aufgestellten Hypothesen reduziert werden. Der Operateur eines technischen Systems kann das Schwergewicht auf das für ihn entscheidende Merkmal, hohe Temperatur in Leitung A, legen. Damit kann er alle jene Annahmen bezüglich des Systemzustandes zunächst ausschließen, die nichts mit dem Anstieg der Temperatur zu tun haben. Dies an sich ökonomische Vorgehen bewirkt unter Umständen eine riskante Einschränkung des Problemraumes; wichtige Merkmale der Situation werden nicht verarbeitet. Hinzu kommt, daß eine Revision so entwickelter und gestützter Hypothesen eher wenig wahrscheinlich ist, und wenn, dann nur langsam erfolgt (vgl. Wickens, 1984, S. 73 ff.).

5. Integration von Information über die Zeit: Ein Operateur muß z. B. entscheiden, ob ein technisches System normal oder nicht normal arbeitet. Dabei führt die Tendenz, frühe Ereignisse und Informationen in der Serie von Informationen besonders stark zu gewichten, zu Fehlern. Der Operateur kann aus ersten Daten die Hypothese formulieren, das System arbeite normal. Der Feh-

ler besteht darin, daß nachfolgende Daten weniger stark gewichtet werden. Die Initialhypothese führt zu einer selektiven Aufnahme von Daten und wird, sofern sie falsch ist, nur langsam revidiert.

6. Integration und Bewertung aus verschiedenen Quellen: Unter mehreren Informationsquellen werden besonders auffällige beachtet (z. B. unter Zeitdruck bei Anzeigen jene Daten, die oben lokalisiert sind). Es besteht die Gefahr, daß weniger der informative Wert als die Auffälligkeit einer Informationsquelle für die Verarbeitung entscheidend ist. Dies hätte z. B. Konsequenzen für die Informationen auf Displays.

Ferner werden die unterschiedliche Reliabilität und der unterschiedliche diagnostische Wert von Informationsquellen kaum unterschieden (z. B. kann eine auffällig niedrige Druckanzeige sowohl ein Leck als auch gesunkene Temperatur oder zu geringen Wasserdurchfluß wegen einer defekten Pumpe anzeigen; der diagnostische Wert dieser Anzeige ist also eingeschränkt). Psychologisch auffällige Information geht also ungeachtet ihres Informationswertes und ihrer Zuverlässigkeit u. U. zu stark gewichtet in Entscheidungen ein. Dies wiederum ist eine Ursache dafür, daß Menschen schlechte Prognosen abgeben (Kahneman & Tversky, 1973).

Bezüglich der Anzahl von Informationsquellen ist bemerkenswert, daß Entscheidungen in der Regel nicht besser werden, wenn mehr als zwei Quellen berücksichtigt werden. Die eigentlich verfügbare Information wird nicht voll genutzt. Unter Zeitdruck wird das Entscheidungsverhalten bei mehr Information stärker beeinträchtigt als bei weniger Information (Wright, 1974). Auffällig ist aber zugleich: Versuchspersonen zeigen unter Zeitdruck und in schwierigen Situationen ein Verhalten, das dem Ergebnis genau gegenläufig ist: Nach Brehmer (1987) delegierten die Versuchspersonen bei der Bekämpfung eines simulierten Brandes in schwierigen Situationen immer weniger und verlangten, alle Informationen sollten bei ihnen einlaufen und alle Entscheidungen von ihnen ausgehen.

7. Schwierigkeiten im Umgang mit zeitlichen Verläufen: Zum einen wird berichtet, daß Informationen über zeitliche Entwicklungen generell wenig beachtet werden (vgl. z. B. Dörner et al., 1983). Werden sie jedoch einbezogen, dann gibt es systematische Fehler, wie z. B. bei der Prognose exponentieller Entwicklungen auf der Basis zurückliegender und gerade erhaltener Daten (z. B. kann die Prognose der Temperaturentwicklung oder des Drucks in einem dynamischen System erforderlich sein, um abzuschätzen, ob ein Brand oder eine Überbelastung entstehen kann). Wagenaar und Sagaria (1975) konnten nachweisen, daß Vpn eher lineare Verläufe bei exponentiellen Entwicklungen prognostizierten.

*8. Vermeidung von kognitivem Aufwand:* Reason (1987c) nennt diesen allgemeinen Fehlerfaktor *reluctant rationality.* Er meint damit die Tendenz, hohe Informationsbelastung und aufwendige Informationsverarbeitung zu vermeiden. Dies ist z. B. der Fall, wenn lange versucht wird, auf der regelgeleiteten Ebene zu operieren, wenn einfache zeitliche Verläufe prognostiziert werden, wenn wenige Alternativen in die Entscheidung einbezogen werden usw.

Auf eine weitere Fehlerklasse, nämlich Verletzungen von Vorschriften und Normen (violations), die bei den großen Störfällen in erheblichem Umfang registriert wurden, gehen wir an dieser Stelle nicht ein. Desgleichen werden Probleme sozialpsychologischer Art nicht behandelt (z. B. in Tschernobyl die Kommunikation zwischen Ingenieuren aus Moskau und ukrainischen Operateuren; Reason, 1987d).

Zu ähnlichen Ergebnissen bezüglich der Fehler und ihrer Ursachen gelangt Norman (1986). Er spricht bezüglich des Zustandekommens unrichtiger interner Repräsentationen von Fehldiagnosen. Die Ursachen hierfür sind den von Reason (1986, 1987c) genannten vergleichbar:

(1) Mehrere Situationen sind einander ähnlich, und es kommt deshalb zu Verwechslungen (description error; vgl. Reason, 1986, similarity error). (2) Eine aktuelle Situation A ist einer anderen Situation B nur teilweise ähnlich, die zugleich häufiger auftritt. Trotz der Unterschiede zu A determiniert Situation B, die Wahrnehmung von A (capture-error; vgl. Reason, 1986, frequency error). (3) Je häufiger bestimmte Ereignisse oder Aktivitäten auftreten, desto wahrscheinlicher ist es, daß eine aktuelle, damit zum Teil ähnliche Situation als identisch mit diesen wahrgenommen wird (a priori biases). Es besteht eine allgemeine Tendenz, Situationen gleich oder ähnlich jenen Situationen abzubilden, die man bereits häufiger erfahren hat. (4) Fehlerhaftes und unvollständiges Wissen führt zur falschen Abbildung einer Situation. Nach Reason (1986, 1987b) war dies nach vorliegenden Analysen eine der gewichtigsten Fehlerquellen bei Störfällen in Kernkraftwerken (z. B. Three Mile Islands). Die Problematik der daraus resultierenden Fehldiagnosen liegt u. a. darin begründet, daß das Individuum, etwa der Operateur eines technischen Systems, sie lange oder gar nicht bemerkt. Norman (1986) nennt die Tendenz, an der einmal entwickelten Sichtweise der Situation festzuhalten, *kognitive Hysterese.* Dieser Zustand des Individuums ist durch folgende Faktoren bedingt:

(1) Die partielle Übereinstimmung der aktuellen Situation mit den an sie herangetragenen Schemata: Es kann dazu kommen, daß erste Eingriffe auf der Basis dieser internen unrichtigen Abbildung anfänglich sogar zu erwünschten Zuständen führt, die eine Stärkung der Sichtweise bewirken. (2) Diskrepante Informationen werden durch Erklärungen ausgeschlossen. Dies war ein zentraler Fehler beim Three-Mile-Island-Unfall (Norman, 1986): Die Operateure hatten vermeintlich ein Druckventil geschlossen; tatsächlich war es defekt und nicht

geschlossen. Sie beobachteten eine ungewöhnlich hohe Temperaturanzeige, was bei geschlossenem Ventil nicht hätte sein dürfen. Die Operateure erinnerten sich aber an vorangegangene Schwierigkeiten mit undichten Stellen am Ventil, die sie für die eigentlich zu hohen Temperaturen verantwortlich machten. Mit dieser Erklärung der diskrepanten Information unterblieb eine weitere Prüfung des Ventils (siehe auch Reason, 1987a). (3) Die Suche nach Bestätigung: Dies ist ein sehr generelles Phänomen bei Entscheidungen und Problemlöseprozessen von Menschen. Es wird nach Informationen gesucht, die zur Beibehaltung der einmal gefaßten Hypothese geeignet sind. Dabei werden oft wenig bedeutende Informationsquellen zu stark gewichtet, nicht vereinbare Information wird negiert. Dies führt zu einer Scheuklappenhaltung (tunnel-vision, Sheridan, 1981).

Alles dies mündet in dem, was Norman (1986) kognitive Hysterese nennt, d. h. im Festhalten an einer Entscheidung, an einer Hypothese, an einer Sichtweise der Situation. Moray (in press) spricht in diesem Zusammenhang von „cognitive lockup": Der Operateur hat eine bestimmte Sichtweise des Systems entwickelt, wesentlich bedingt durch seine langen Erahrungen mit dem System, und er kann von dort nicht zurück auf einen feineren Auflösungsgrad. Die Ursachen für die kognitive Unbeweglichkeit bei Fehldiagnosen sieht Moray (in press) u. a. in langen induktiven Lernprozessen der Individuen. Sie entwickeln in diesem Prozeß ein zunehmend vereinfachtes Modell des zu steuernden Systems. Es wird dazu ein Repertoire von Regeln erworben, das zur Steuerung im Normalfall genügt. Das eigene Modell wird in der Sichtweise des Individuums zunehmend zu einem vermeintlich kompletten und korrekten Modell des arbeitenden Systems. Das System selbst wird auf diese Weise schließlich zu einer wohl definierten, begrenzten und geschlossenen Umgebung. Bei abweichenden Zuständen und Störfällen hält der Operateur an seiner Sichtweise und den damit verbundenen Aktionen fest (Wenn x, dann tue y). Alternativen werden kaum mehr gesucht und geprüft. Es erfolgt keine Modifikation des mentalen Modells bei Fehlern: „Instead of being triggered by discrepancies to pursue induction, they desperately try to fit data to their existing models, and are typically very inflexible" (Moray, in press, S. 14).

## 5 Die Unterstützung des Denkens

Die Möglichkeiten, Fehlern auf der Problemlöse- und Entscheidungsebene vorzubeugen, ist begrenzt, da sie schwer konkret vorhersagbar sind und eine große Variationsbreite annehmen können (vgl. Reason, 1987a). So müssen Hilfen vor allem darauf abzielen, allgemeine Unzulänglichkeiten und Primärfehler der menschlichen Informationsverarbeitung zu reduzieren (vgl. auch die Liste von 34 Mängeln des menschlichen Informationsverarbeitungs-Systems bei Moray, 1986). Ein wesentlicher Teil solcher Hilfen gilt dem Aufbau adäquater interner Repräsentationen (vgl. Norman, 1986):

*1.* Fehldiagnosen vermeiden und korrigieren helfen: Ein entscheidungsunterstützendes System sollte dem Nutzer eine fortlaufende Bestimmung des Systemzustandes ermöglichen. Dabei kann die besondere Funktion der Unterstützung darin bestehen, die Aufmerksamkeit auf diskrepante Daten und alternative Hypothesen zu lenken. Das Ziel ist die Sicherung der geistigen Beweglichkeit bzw. die Vermeidung kognitiver Hysterese bei der Suche und Integration von Information über den Zustand des Systems. Diagnostisch relevante Information sollte auf Displays so zur Verfügung gestellt werden, daß sie simultan registriert werden kann. Dabei kann eine Reduktion der Information durch adaptive Systeme erfolgen, die jene vom Operator für besonders wichtig gehaltene, diagnostisch bedeutsame Information bevorzugt anbietet. Überdies können adaptive Systeme auch dazu beitragen, zu gering beachtete Informationen auffällig darzustellen, und so den Operator dazu zwingen, alternative Hypothesen zu erwägen. Weiter ist es möglich, entscheidungs-unterstützende Systeme bei der Integration von Information für Prognosen einzusetzen. Die Rolle der Individuen könnte darauf beschränkt sein, die Prädiktorvariablen zu bestimmen.

*2.* Gewährleistung eines akkuraten mentalen Modells des Systems: Die Art der Anordnung und Vorgabe von Information sowie die Information über das System selbst sollen auf die geistige Aktivität und auf das mentale Modell des Nutzers abgestimmt werden (z. B. die Art der graphischen Darbietung; vgl. auch Murphey & Mitchell, 1986).

*3.* Das Individuum in den Kontroll- und Steuerkreislauf einbeziehen: Ein hoher Anteil an Kontroll- und Steueraktivitäten kann dem Menschen durch automatisierte Selbregulation des Systems sowie durch entscheidungsunterstützende Systeme abgenommen werden. Dadurch wird die Möglichkeit, ein mentales Modell des Systems durch eigenes Handeln und durch die Verarbeitung von Rückmeldungen auszubilden, erheblich reduziert. Dies ist jedoch spätestens dann wichtig, wenn die Systemsteuerung weitgehend auf das Individuum übertragen wird und, wenn wie in Störfällen, individuelle Entscheidungen erforderlich werden. Die Automatisierung der Systemsteuerung muß zugleich eine kontinuierliche aktive Auseinandersetzung mit dem System zulassen (vgl. auch Bainbridge, 1987).

*4.* Realzeit-Krisenmanagement: Das entscheidungsunterstützende System muß eine Reduktion der Informationsbelastung in kritischen Situationen gewährleisten. Zwei Fehler gilt es zu vermeiden: (a) einen ständigen Wechsel der Aufmerksamkeit angesichts immer neu einlaufender Daten über das System, was u. U. zu einem ziellosen „Aktivismus" führen könnte (bei extrem datengeleitetem Verhalten eines Individuums); (b) stark eingeschränkte und selektive Beachtung von Daten (bei extrem konzeptgeleitetem Verhalten; tunnel-vision).

Interessant ist in diesem Zusammenhang eine umfassende Analyse zur effektiven Anlage von Schnittstellen, die Murphy und Mitchell (1986) vorgelegt haben. Zu Recht weisen die Autoren auf folgenden Sachverhalt hin: Benutzerschnittstellen werden fälschlicherweise oft dann schon als benutzerfreundlich eingestuft, wenn Farbgraphik, Interaktion über Maus, natürlich-sprachliche Interaktion usw. gegeben seien. Sie legen für ihre Analyse benutzerfreundlicher Komponenten drei Bereiche kognitiver Aktivität zugrunde: Merkmale von Wissensstrukturen (Schemata) sowie Merkmale der Informationsverarbeitung und des Problemlöseprozesses. Diese werden jeweils unter dem Aspekt der Konstruktion von Benutzerschnittstellen erörtert. Einige wichtige Implikationen sind folgende:

a) Entsprechend der hierarchischen Organisation von Wissensstrukturen sollte eine hierarchische Organisation von Information auf Displays möglich sein. b) Bei bestimmten Zuständen kann dem Individuum angezeigt werden, daß dies ein neuartiger Fall ist. Dies erschwert die Suche nach vertrauten Mustern und verhindert die daraus resultierenden Unzulänglichkeiten. Die verdichtete Ausgabe des „historischen" Verlaufs der Entwicklung eines Systemzustandes, zusammen mit diagnostischen Hilfen, kann den Operateur zur Suche nach Information und zur Modifikation seines Schemas etwa durch Induktion führen (vgl. die kritischen Äußerungen von Moray (in press) zu den Ergebnissen langwährender Induktionsprozesse). c) Reduktion der Information durch Segmentierung und Zulassen der Möglichkeit, gezielt die Datenmenge durch den Operateur zu verändern. d) Fehlerhafte Aktivierung von Schemata vermeiden: z. B. durch visuelle Hervorhebung atypischer Informationen; die Aufmerksamkeit auf ungewöhnliche Datenmuster oder Parameter lenken. e) Entlastung der Verarbeitungskapazität: Die Analyse und Prüfung von unwichtigen Informationen vermeiden; Fehlermeldungen sollten sich auf wichtige Systemfunktionen beziehen, nicht auf Abweichungen auf niedrigeren, weniger bedeutsamen Ebenen des Systems. Die Schnittstelle sollte aber die Inspektion der Verknüpfungen von Abweichungen auf verschiedenen Ebenen des Systems zulassen. f) Die von der Schnittstelle bereitgehaltenen Informationen sollen ein erwünschtes internes Modell des Systems stützen (vgl. Norman, 1986). g) In Problemsituationen sollte das System kognitive Aktivität den Stufen eines idealen Problemlöseprozesses entsprechend stützen. Die Autoren gehen dabei von einem Modell aus, daß vom Verstehen des Problems, der Abwägung verschiedener Lösungsmöglichkeiten bis zur Beurteilung einer Lösung reicht. Die Suche nach Information, etwa bei der Prüfung von Hypothesen über Fehlerquellen, kann durch die Schnittstelle organisiert werden. Dabei sind verschiedene Suchstrategien denkbar: topographisch, d. h. Identifikation von fehlerhaften Komponenten in Teilen des Systems, oder symptomatisch, d. h. Suche nach Daten, die mit Konzepten von bestimmten Symptomen, z. B. Störfällen übereinstimmen (vgl. Rasmussen, 1981). Die insgesamt 20 Vorschläge von Murphy und Mitchell (1986) sind z. T. auf recht allgemeinem Niveau gehalten. Aber sie stellen unseres Wissens den ersten systematischen Versuch dar, Merkmale der Informationsverarbeitung zusammen mit Fehlermöglichkeiten und Design-Problemen zu erörtern. Bemerkenswert ist die große Übereinstimmung der Ergebnisse dieser Analyse mit jener von Reason (1987a) auf der Basis des GEMS-Modells.

Moray (in press) strebt entscheidungsunterstützende Systeme an, die so konstruiert sind, daß die potentiellen mentalen Modelle der Nutzer berücksichtigt werden. Dies würde sowohl eine Analyse des Systems selbst, seiner Komponenten und ihrer Verknüpfungen als auch möglicher mentaler Modelle voraussetzen. So könnte man bei der Anordnung von Informationen an Benutzerschnittstellen die System-Variablen danach ordnen, wie sie wohl vom Operateur selbst geklumpt würden. Die Entscheidungsunterstützung könnte dann zur Vermeidung von „cognitve lockups" in kritischen Situationen auch darin bestehen, den Zustand des Systems auf feinerem Auflösungsniveau darzustellen. Das Individuum wäre so gezwungen, vereinfachende Ordnungen aufzugeben und z. B. einzelne Variablenzustände zu prüfen. Expertsysteme hält Moray (in press) als Unterstützung für wenig geeignet, da sie explizit menschliches Verhalten simulieren wollen. Er stellt sich Hilfen vor, die dazu beitragen, die Beweglichkeit des Denkens zu erhöhen bzw. cognitive lockups zu vermeiden.

Bemerkenswert ist in diesem Zusammenhang eine systematische Analyse gegenwärtig verfügbarer Expertensysteme unter dem Aspekt ihres Nutzens für die Unterstützung menschlicher Informationsverarbeitung von Zimolong, Nof, Eberts und Salvendy (1987, S. 30 ff.). Die Autoren gelangen zu dem Ergebnis, Expertensysteme könnten wegen ihrer Nähe zu menschlichen Entscheidungs- und Problemlöseverhalten wertvolle Hilfen sein. Allerdings wird auch deutlich, daß weitere Grundlagenforschung erforderlich ist. Die weitere Entwicklung von Expertensystemen verlangt vor allem eine Analyse des System- und Steuerungswissens von Menschen, die komplizierte technische Anlagen handhaben. Als zentrale Aufgabe erweist sich auch die Entwicklung adaptiver Unterstützungssysteme, und zwar in zweifacher Hinsicht: (a) das System entwickelt ein Modell des Operateurs und paßt die Entscheidungsunterstützung an; (b) der Operateur paßt das System (z. B. die Informationsdarbietung der Schnittstelle) selbst für sich an.

## 6 Schluß

Die erörterten Analysen von Unzulänglichkeiten menschlicher Informationsverarbeitung zeugen von einer grundlegenden Tendenz zur Vereinfachung, zur Ökonomie des Denkens sowie zum Festhalten an erworbenen und verfügbaren Sichtweisen. Zugleich machen die Ebenen-Modelle der Informationsverarbeitung beim Umgang mit komplizierten technischen Systemen deutlich, daß die Automatisierung dem verantwortlichen Individuum den fehlerträchtigen, ressourcenkonsumierenden Anteil komplexer Problemlöse- und Entscheidungsprozesse nicht abnimmt. Die Analysen großer Störfälle in Kernkraftwerken zeigen, in welch erheblichem Umfang menschliche Unzulänglichkeiten ursächlich waren (vgl. Reason, 1987e: 52 % der Ursachen für bedeutsame Störfälle 1983/ 1984 in Kernkraftwerken der USA waren durch Menschen bedingt). Die Bedeutung der Beiträge kognitionspsychologischer Problemlöseforderung zu diesem Bereich muß man eher skeptisch beurteilen.

„Unglücklicherweise ist die ausgefeilteste Forschung zur menschlichen Informationsverarbeitung durchweg laborgebunden und weitgehend irrelevant" (Moray, 1986; S. 281). Anders als im Labor handelt es sich bei Operateuren komplexer technischer Systeme um spezifisch ausgebildete Personen, nicht um naive Versuchspersonen. Die verlangte Leistung ist allgemein formuliert, die genauen Zielsetzungen müssen jeweils vom Operateur präzisiert werden. Schließlich verändert sich die Aufgabe mit der Zeit und enthält hohe Risiken. Die Analyse des Problemlöse- und Entscheidungsverhaltens von Menschen, die mit komplexen Systemen umgehen müssen, verlangt die Entwicklung experimenteller Umgebungen, die möglichst nahe an die realen Gegebenheiten großer technischer Systeme heranreichen. Das sind komplexe, dynamische Systeme mit realem Zeitverhalten, die von den Versuchspersonen zielgerichtete Steuerung über einen längeren Zeitraum verlangen.

## *Literatur*

Allwood, C. M. (1986). Novices on the computer: a review of the literature. *International Journal of Man-Machine Studies, 25,* 633—658.

Bainbridge, L. (1981). Mathematical equations or processing routines. In J. Rasmussen & W. B. Rouse (Eds.), *Human detection and diagnosis of system failures* (pp. 259—286). New York: Plenum Press.

Bainbridge, L. (1987). Ironies of automation. In J. Rasmussen, K. Duncan & J. Leplat (Eds.), *New technology and human error* (pp. 271—286). Chichester: Wiley.

Brehmer, B. (1987). Development of mental models for decision in technological systems. In J. Rasmussen, K. Duncan & J. Leplat (Eds.), *New technology and human error* (pp. 111—120). Chichester: Wiley.

Broadbent, D. E., Fitzgerald, P. & Broadbent, M. (1986). Implicit and explicit knowledge in the control of complex systems. *British Journal of Psychology, 77,* 33—50.

Caroll, J. B., Mack, R. L., Lewis, C. H., Grischowsky, N. L. & Robertson, S. R. (1985). Exploring a word processor. *Human-Computer Interaction, 1,* 283—307.

Chase, W. & Simon, H. A. (1973). Perception in chess. *Cognitive Psychology, 4,* 55—81.

Chi, M., Feltovich, D. & Glaser, R. (1981). Categorization and representation of physics problems by experts and novices. *Cognitive Science, 5,* 121—152.

Chi, M. Glaser, R. & Rees, E. (1982). Expertise in problem solving. In R. J. Sternberg (Ed.), *Advances in the psychology of human intelligence* (pp. 7—76). Hillsdale, NJ: Erlbaum.

Dörner, D. (1976). *Problemlösen als Informationsverarbeitung*. Stuttgart: Kohlhammer.

Dörner, D., Kreuzig, H., Reither, F. & Stäudel, Th. (Hrsg.). (1983). *Lohhausen: Vom Umgang mit Unbestimmtheit und Komplexität*. Bern: Huber.

Duncker, K. (1935/1966). *Zur Psychologie des produktiven Denkens*. Berlin: Springer.

Egan, D. & Schwartz, B. (1979). Chunking in the recall of symbolic drawings. *Memory & Cognition, 7*, 2, 149—158.

Feigenbaum, E. & Feldmann, I. (1963). *Computers and thought*. New York: Mc Graw Hill.

Fischhoff, B. (1986). Decision making in complex systems. In E. Hollnagel, G. Mancini & D. D. Woods (Eds.), *Intelligent decision support in process environments* (pp. 61—86). Berlin: Springer.

Gentner, D. & Gentner, D. (1983). Flowing waters or teeming crowds: mental models of electricity. In D. Gentner & A. Stevens (Eds.), *Mental models* (pp. 90—130). Hillsdale, NJ: Erlbaum.

Gentner, D., & Stevens, A. (Eds.). (1983). *Mental models*. NJ: Erlbaum.

Greeno, J. (1978). A study in problem solving. In R. Glaser (Ed.), *Advances in instructional psychology*. Vol. 1 (pp. 13—75). Hillsdale, NJ: Erlbaum.

Hayes, J. R. & Simon, H. A. (1974). Understanding written problem instructions. In L. W. Gregg (Ed.), *Knowledge and cognition* (pp. 167—200). Hillsdale, NJ: Erlbaum.

Hopkins, R. H., Campbell, K. B. & Peterson, N. S. (1987). Representations of perceived relations among the properties and variables of a complex system. *IEEE Transactions on Systems, Man, and Cybernetics SMC-17*, 1, 52—60.

Huber, O. (1986). Decision making as a problem solving process. In B. Brehmer, H. Jungermann, P. Lourens & G. Sevon (Eds.), *New directions on decision making* (pp. 109—138). Amsterdam: Elsevier.

Kahneman, D. & Tversky, A. (1973). On the psychology of prediction. *Psychological Review, 80*, 237—251.

Kamouri, A. L., Kamouri, J. & Smith, K. H. (1986). Training by exploration: facilitating the transfer of procedural knowledge through analogical reasoning. *International Journal of Man-Machine Studies, 24*, 171—192.

Klir, G. (1985). Complexity: Some general observations. *Systems Research, 2*, 2, 131—140.

Kluwe, R. (1979). *Wissen und Denken*. Stuttgart: Kohlhammer.

Kluwe, R. H. (1987). Denken wollen: Zum Gegenstand der Steuerung bei komplexen Denkprozessen. In H. Heckhausen, P. M. Gollwitzer & F. E. Weinert (Hrsg.), *Jenseits des Rubikon: Der Wille in den Humanwissenschaften* (S. 216—237). Berlin: Springer.

Kluwe, R. H. (1988). Methoden der Psychologie zur Gewinnung von Daten über menschliches Wissen. In H. Mandl & H. Spada (Hrsg.), *Wissenspsychologie* (S. 359—385). München: Psychologie Verlags Union.

Kluwe, R. H., Misiak, C. & Ringelband, O. (1985). *Learning to control a complex system: the effects of system characteristics on system control.* Paper presented at the 1st European Conference on Research on Learning and Instruction. Leuven, Belgium.

Kluwe, R. H., Misiak, C. & Schmidle, R. (1985). Wissenserwerb beim Umgang mit umfangreichen Systemen: Lernvorgänge als Ausbildung subjektiver Ordnungsstrukturen. In D. Albert (Hrsg.), *Bericht über den 34. Kongreß der Deutschen Gesellschaft für Psychologie Wien 1984.* Bd. 1 (S. 255—257). Göttingen: Hogrefe.

Kluwe, R. H., Haider, H. & Misiak, C. (in press). Learning by doing when performing a complex task. In H. Mandl, E. de Corte, N. Bennett & H. F. Friedrich (Eds.), *Learning and instruction in an international context.* Oxford: Pergamon Press.

Larkin, J. (1979). Processing information for effective problem solving. *Engineering Education, 70,* 3, 285—288.

Larkin, J., McDermott, J., Simon, D. & Simon, H. A. (1980). Expert and novice performance in solving physics problems. *Science, 208,* 20, 1335—1342.

Luchins, A. S. (1942/1969). Mechanisierung beim Problemlösen. In C. F. Graumann (Hrsg.), *Denken* (S. 171—190). Köln: Kiepenheuer.

Lüer, G. (1973). *Gesetzmäßige Denkabläufe beim Problemlösen.* Weinheim: Beltz.

Maier, N. R. F. (1930/1969). Das Denken beim Menschen. In C.F. Graumann (Hrsg.), *Denken* (S. 241—264). Köln: Kiepenheuer.

McKeithen, K., Reitmann, J. S., Rueter, H. H. & Hirtle, S. C. (1981). Knowledge organization and skill differences in computer programmers. *Cognitive Psychology, 13,* 307—325.

Miller, G. A. (1956). The magical number seven plus or minus two; some limits on our capacity for processing information. *Psychological Review, 63,* 81—97.

Moray, N. (1986). Modelling cognitive activities: Human limitations in relation to computer aids. In E. Hollnagel, G. Mancini & D. D. Woods (Eds.), *Intelligent decision support in process environments* (pp. 273—292). Berlin: Springer.

Moray, N. (in press). Intelligent aids, mental models, and the theory of machines. In G. Mancini, D. D. Woods & E. Hollnagel (Eds.), *Cognitive engineering in dynamic worlds.*

Murphy, E. & Mitchell, C. (1986). Cognitive attributes: implications for display design in supervisory control systems. *International Journal of Man-Machine Studies, 25,* 411—438.

Newell, A. (1983). The heuristic of George Polya and its relation to artificial intelligence. In R. Groner, M. Groner & W. F. Bischof (Eds.), *Methods of heuristics* (pp. 195—244). Hillsdale, NJ: Erlbaum.

Newell, A. & Simon, H. A. (1972). *Human problem solving.* Englewood Cliffs, NJ: Prentice-Hall.

Norman, D. A. (1981). Categorization of action slips. *Psychological Review, 88,* 1—15.

Norman, D. A. (1983). Some observations on mental models. In D. Gentner & A. L. Stevens (Eds.), *Mental models* (pp. 7—14). Hillsdale, NJ: Erlbaum.

Norman, D. A. (1986). New views of information processing: implications for intelligent decision support systems. In E. Hollnagel, G. Mancini & D. D. Woods (Eds.), *Intelligent decision support in process environments* (pp. 123—136). Berlin: Springer.

Novak, G. S. (1977). Representation of knowledge in a program for solving physics problems. *Proceedings of the 5th International Joint Conference on Artificial Intelligence* (pp. 286—291). Cambridge, Mass.: MIT Press.

Polya, G. (1945/1973). *How to solve it.* NJ: Princeton University Press.

Rasmussen, J. (1981). Models of mental strategies in process plant diagnosis. In J. Rasmussen & W. B. Rouse (Eds.), *Human detection and diagnosis of system failures* (pp. 241—258). New York: Plenum Press.

Rasmussen, J. (1983). Skills, rules, and knowledge; signals, signs, and symbols, and other distinctions in human performance models. *IEEE Transactions on Systems, Man, and Cybernetics,* SMC-13, 3, 257—266.

Reason, J. & Mycielska, K. (1982). *Absentminded? The psychology of mental lapses and everyday errors.* Englewood Cliffs, NJ: Prentice-Hall.

Reason, J. (1986). Recurrent errors in process environments: some implications for the design of intelligent decision support systems. In E. Hollnagel, G. Mancini & D. D. Woods (Eds.), *Intelligent decision support in process environments* (pp. 255—270). Berlin: Springer.

Reason, J. (1987a). Generic error-modelling system (GEMS): A cognitive framework for locating common human error forms. In J. Rasmussen, K. Duncan & J. Leplat (Eds.), *New technology and human error* (pp. 63—83). Chichester: Wiley.

Reason, J. (1987b). The psychology of mistakes: a brief review of planning failures. In J. Rasmussen, K. Duncan & J. Leplat (Eds.), *New technology and human error* (pp. 45—52). Chichester: Wiley.

Reason, J. (1987c). A preliminary classification of mistakes. In J. Rasmussen, K. Duncan & J. Leplat (Eds.), *New technology and human error* (pp. 15—22). Chichester: Wiley.

Reason, J. (1987d). The Chernobyl errors. *Bulletin of the British Psychological Society,* 40, 201—206.

Reason, J. (1987e). *The human contribution to nuclear power plant emergencies.* Paper presented at the conference on ‚Human reliability in nuclear power'. London.

Ringelband, O., Misiak, C. & Kluwe, R. H. (in press). Mental models and strategies in the control of a complex system. In D. Ackermann & M. Tauber (Eds.), *Proceedings of the 6th Interdisciplinary Workshop on ‚Informatics and Psychology': Mental models and human-computer interaction.* Amsterdam: North-Holland.

Rouse, W., Rouse, S. & Pellegrino, S. (1980). A rule-based model of human problem solving performance in fault diagnosis tasks. *IEEE Transactions on Systems, Man, and Cybernetics,* SMC-10, 7, 366—376.

Sheridan, T. B. (1981). Understanding human error and aiding human diagnostic behavior in nuclear power plants. In J. Rasmussen & W. B. Rouse (Eds.), *Human detection and diagnosis of system failures* (pp. 19—36). New York: Plenum Press.

Shrager, J. & Klahr, D. (1986). Instructionless learning about a complex device: the paradigm and observations. *International Journal of Man-Machine Studies, 25,* 153—189.

Simon, H. A. (1974). How big is a chunk? *Science, 183,* 482—488.

Tversky, A. & Kahneman, D. (1973). Availability: A heuristic for judging frequency and probability. *Cognitive Psychology, 5,* 207—232.

Tversky, A. & Kahneman, D. (1974). Judgment under uncertainty: heuristics and biases. *Science, 185,* 1124—1131.

Volpert, W., Frommann, R. & Munzert, J. (1984). Die Wirkung allgemeiner heuristischer Regeln im Lernprozeß — eine experimentelle Studie. *Zeitschrift für Arbeitswissenschaft, 4,* 235—240.

Waganaar, W. & Sagaria, S. (1975). Misperception of exponential growth. *Perception & Psychophysics, 18,* 416—422.

Wickens, D. (1984). *Engineering psychology and human performance.* Columbus: Merrill.

Wright, P. (1974). The harassed decision maker: Time pressures, distractions, and the use of evidence. *Journal of Applied Psychology, 59,* 555—561.

Zimolong, B., Nof, S. Y., Eberts, R. E. & Salvendy, G. (1987). On the limits of expert systems and engineering models in process control. *Behaviour and Information Technology, 6,* 1, 15—36.

6. Kapitel

# Der Erwerb komplexer motorischer Fertigkeiten

*Alf C. Zimmer*

## 1 Die Rolle der Motorik in ingenieurpsychologischen Fragestellungen

Verfolgt man die Entwicklungslinien der modernen Ingenieurpsychologie, dann wird deutlich, daß die Bedeutung kognitiver Faktoren ständig zunimmt (siehe Salvendy, 1987, oder Zeitschriften wie ‚Human Factors' oder ‚Ergonomics'), aber von einer Bedeutung der Motorik kaum noch zu sprechen ist; lediglich vereinzelt tauchen Beiträge zum Nachführverhalten (‚tracking') auf (siehe hier vor allem die Übersicht von Knight, 1987). Ähnliches ist im Bereich der Belastungsforschung zu beobachten: Während in den ersten Jahrzehnten dieses Jahrhunderts Maßnahmen zur Verbesserung der Arbeitsumwelt vor allem auf physische Entlastung zielten (anfänglich durch Training und Mechanisierung, später durch Automatisierung), treten heute bei Untersuchungen zu arbeitsbedingten Belastungen nicht mehr physische, sondern vor allem psychische Belastungen in den Vordergrund, wie z. B. psychische Sättigung, Überforderungs- und Unterforderungsstreß. Wenn es die Aufgabe der Ingenieurpsychologie ist, psychologisch begründete Kriterien für eine technische Bestgestaltung von Arbeitsumwelten zu erstellen, dann scheint die abnehmende Bedeutung der physischen Komponenten in der Arbeit und damit der motorischen Anforderungen kaum noch Anlaß zu geben, in diesem Rahmen die Motorik zu berücksichtigen.

Wie eine genauere Analyse von Arbeitsbedingungen jedoch zeigt, gibt es einige Bereiche, in denen weiterhin komplexe motorische Koordinationsaufgaben auftreten (z. B. das Führen von Fahrzeugen, Flugzeugen, Kränen oder Erdbewegungsmaschinen), die üblicherweise nur unter dem Gesichtspunkt der Mehrfachbelastung analysiert werden, wobei die motorischen Aspekte wie z. B. die zeitliche und räumliche Koordination oder die Koordination von Auge, Hand und Fuß meist als sekundär betrachtet werden. Diese Koordinationsaufgaben enthalten aber die Charakteristika von komplexen motorischen Leistungen, nämlich die regelhafte Abfolge von Aktionen und die Steuerung von Zeitdauer und Krafteinsatz durch Wahrnehmung. Diese Charakteristika komplexer motorischer Leistungen treten besonders deutlich auch bei Arbeiten auf, die vom

Ablauf her mit Schreibmaschineschreiben verwandt sind: Bedienung von Computer-Terminals oder von Schaltanlagen in Leit- bzw. Wartenstände. Die Zahl derartiger Arbeitsplätze nimmt aber zu, und da zumindest für die absehbare Zeit keine verläßlichen technischen Lösungen zur Umgehung der motorischen Anforderungen zu erwarten sind (z. B. haben sog. „voice-controlled systems" eine hohe Fehlidentifikationsrate und können zudem nur für individuelle Nutzer angepaßt werden), bleibt die Analyse komplexen motorischen Verhaltens für ingenieurpsychologische Anwendungen eine wichtige, wenn auch vernachlässigte Aufgabe.

Im Kontext der Ingenieurpsychologie liegt es nahe, motorisches Verhalten systemtheoretisch zu betrachten, wie es in der Analyse von Nachführbewegungen üblich ist (‚tracking'; ursprünglich untersucht im Kontext von Flugabwehrleitung); implizit wird auch (so Salvendy, 1987) die Meinung vertreten, für den Bereich der Ingenieurpsychologie sei die Behandlung von Folgebewegungen für die gegebenen motorischen Anforderungen hinreichend. Daher ist es vorab notwendig, Nachführverhalten zu definieren und zu prüfen, inwieweit die ingenieurpsychologisch relevanten Aspekte der Motorik darauf zurückgeführt werden können.

Adams (1961) definiert die grundlegenden Eigenschaften des Nachführverhaltens folgendermaßen:

1. Ein extern vorgegebenes Signal definiert die Reaktion des Operateurs; diese wird durch die Manipulation eines Kontrollmechanismus durchgeführt.

2. Der Kontrollmechanismus generiert ein Ausgabe-Signal.

3. Die Differenz zwischen Eingabe- und Ausgabesignal ist die Fehlergröße des Nachführverhaltens; die Anforderung an den Operateur besteht darin, die Differenz auf Null zu bringen.

Folgende Probleme ergeben sich für die Generalisierung dieses Ansatzes auf motorische Anforderungen wie z. B. beim Schreibmaschineschreiben oder Kranführen:

1. Die Führungsgrößen für das Verhalten sind häufig intern (Pläne, Intentionen) und nicht durch ein externes Signal vorgegeben; darüber hinaus sind sie oft hoch komplex und lassen sich auf motorisch unterschiedliche Weise äquivalent realisieren.

2. Wegen dieser Äquivalenz verschiedener Realisierungen sind nicht Einzelbewegungen sinnvoll interpretierbar, sondern nur Bewegungsabläufe.

3. Die Unterschiede zwischen Vorgabe und Ausführung sind üblicherweise nicht quantifizierbar und schließen daher eine quantitative Systemanalyse aus. Allerdings sind qualitative Varianten systemtheoretischer Ansätze für Bewegungsverhalten z. B. von Hacker (1978) vorgeschlagen worden.

Interessanterweise treten aber selbst im Rahmen der Untersuchung von Nachführbewegungen Phänomene auf, die den systemtheoretischen Ansatz als nur eingeschränkt anwendbar erscheinen lassen. Es handelt sich dabei um Nichtlinearitäten des Systems, die entweder in der Vorgabe der Führungsgrößen (extern) oder in der Kontrolle (intern) liegen können. Externe Nichtlinearitäten (plötzliche Änderungen, Aufschaukelungsprozesse usw.) führen üblicherweise zu einer Verschlechterung, wenn nicht zum völligen Zusammenbruch im Kontrollverhalten des Operateurs. Interne Nichtlinearitäten (wie z. B. bei der drehzahlabhängigen Beschleunigung eines Fahrzeugs) erfordern entweder komplexe Steuerungsprozesse wie z. B. das Schalten in einen anderen Gang (d. h. eine Änderung des Systems) oder die gezielte Abweichung vom Kriterium der minimalen Distanz zwischen Vorgabe und Ausführung. Treten solche Nichtlinearitäten auf und können sie vom Operateur nicht aufgefangen werden (d. h. ihre Auswirkungen sind größer als die Fehlertoleranz des Systems), dann entfallen die formalen Vorteile einer Systembetrachtung, da keine *eindeutige* Systembestimmung mehr möglich ist.

Aus diesen Gründen erscheint es sinnvoll, im Rahmen eines ingenieurpsychologischen Ansatzes ganz generell komplexes motorisches Verhalten zu untersuchen und sich nicht auf Nachführbewegungen (oder auch auf Zielbewegungen) zu beschränken. Da wegen der offensichtlichen konzeptuellen Nähe zwischen Ingenieurpsychologie und Systemtheorie in diesem Rahmen fast ausschließlich Nachführbewegungen untersucht worden sind, ist es für die Analyse komplexeren motorischen Verhaltens notwendig, auf Experimente aus dem Bereich der sportlichen Bewegungen zurückzugreifen. Deren Ergebnisse sind aber entweder direkt auf motorische Anforderungen bei ingenieurpsychologischen Fragestellungen (z. B. bei der Mensch-Computer-Interaktion) anwendbar oder sie präzisieren zumindest Fragestellungen für notwendige Untersuchungen. An diesem Beispiel läßt sich dies verdeutlichen: Bei kontinuierlicher Beschleunigung einer Gehbewegung kommt es zum sprunghaften Übergang zu Laufbewegungen (s. Abbildung 1), da — wie aus der Abbildung deutlich wird — Energieaufwand und Geschwindigkeit nichtlinear gekoppelt sind. Betrachtet man den Übergang vom Laufen zum Gehen bei Verlangsamung, läßt sich ebenfalls ein sprungartiger Übergang feststellen, aber bei einer niedrigeren Geschwindigkeit, d. h. es liegt eine Hysterese vor. Damit ist auch eine quasi-lineare Systemmodellierung dieses anscheinend so einfachen Vorgangs nicht mehr möglich; lediglich eine qualitative Modellierung im Rahmen der Theorie sprunghafter Veränderungen (Katastrophen-Theorie nach Thom, 1972) bietet sich an, ohne daß jedoch aus ihr abgeleitet werden könnte, nach welchen Kriterien der Laufende (der Operateur) den Übergang von der einen Bewegungsform in die andere wählt.

Geht man jedoch davon aus, daß hier zwei Bewegungsformen als gleichermaßen gut beherrschte Fertigkeiten vorliegen, und modelliert man diese Fertigkeiten entsprechend der in Abschnitt 4 dargestellten Schematheorie, dann ergibt

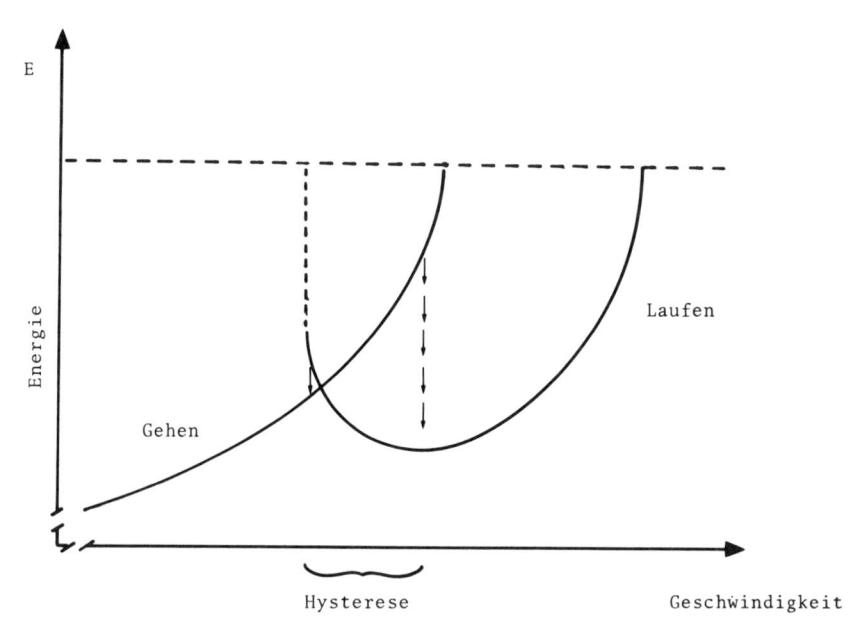

Abb. 1: Geschwindigkeits/Energie-Kurven des Gehens und Laufens mit sprunghaften Übergängen (↓).

sich der Zeitpunkt des Überwechselns vom Laufen zum Gehen bzw. vice versa aus der Abgleichfunktion („trade-off'-Funktion) von Energieaufwand bei Beibehaltung der Bewegung und Steuerungsaufwand beim Wechsel. Solche Funktionen sind in der Regel nicht symmetrisch und führen daher zu dem in Abbildung 1 gezeigten Phänomen. Mit dem skizzierten Ansatz lassen sich Kontrollvorgänge im ingenieurpsychologischen Bereich modellieren, in denen Kontrolle durch Systemeingriffe zusammen auftreten.

Derartige Analysen sportmotorischer Prozesse lassen sich z. B. direkt auf die Probleme anwenden, die z. B. für einen geübten Typisten auftreten, wenn er von deutscher auf amerikanische Tastatur wechselt: Je nach Fertigkeitsgrad und Aufgabenstellung wird entweder die Fertigkeit des ‚blinden' Schreibens beibehalten (und werden die resultierenden Fehler toleriert) oder es wird auf das optisch kontrollierte Schreiben übergewechselt (und es werden als negative Konsequenzen Langsamkeit und höhere Belastung in Kauf genommen).

## 2 Geschichtlicher Abriß der Motorikforschung und Zielsetzung des Artikels

Betrachtet man die Geschichte der Behandlung von Fragen der Motorik in der deutschen Arbeitspsychologie, dann steht am Beginn die Untersuchung der Physik von Greif- und Schreitbewegungen (Schlesinger, 1919) im Zusammenhang mit der Konstruktion von Hilfsgliedern bei Amputierten. Etwa gleichzeitig wird in den USA von Taylor (1911) unter dem Begriff des ‚Scientific Management' aufgegriffen, was Muybridge seit ca. 1880 in seinen photographischen Studien des Zeitverlaufs von natürlichen Bewegungen untersucht hatte (Muybridge, 1887). Standen aber für Muybridge z. B. die Fragen nach Charakteristiken des Galopps im Gegensatz zum Trab im Vordergrund, verband Taylor (1911) die Untersuchung des Zeitverlaufs mit der Analyse der Physik zu bewegender Massen und kam damit zur Frage nach der Optimierung von Bewegungsabläufen bei fixierten physikalischen Rahmenbedingungen. Die eigentlich wissenschaftlich primäre Frage, wie nämlich solche Bewegungen von Akteuren gesteuert bzw. repräsentiert werden, umging Taylor (1911) pragmatisch, indem er ausschließlich *physikalisch* optimale Verläufe (minimale Schwerpunktverlagerungen, Minimierung der Anzahl und Dauer ungestützter Haltevorgänge, minimale positive und negative Beschleunigungen) definierte und trainierte. Warum das Training teilweise erfolgreich war und in anderen Situationen nicht, lag für ihn an Eigenschaften der Lernenden bzw. Fehlern des Trainingsaufbaus. Kurz gesagt kann man diese auf Muybridge, Schlesinger und Taylor zurückgehende angewandte Motorikforschung als *Motorik von außen* und mit physikalischen Methoden betrachtet definieren.

Die Grenzen des auf Taylor (1911) zurückgehenden physikalischen Ansatzes wurden dadurch deutlich, daß die „optimalen" Bewegungsabläufe nur schwer trainierbar waren und dauerhaft interferenzanfällig blieben; seine Gedanken sind jedoch in der Biomechanik bzw. einer physikalisch orientierten Bewegungslehre (z. B. Meinel, 1976) aktuell geblieben, doch weist Schnabel in seiner Bearbeitung der 2. Auflage von Meinel auf die eingeschränkte Gültigkeit dieses Ansatzes hin und erörtert, wie eine Psychologie der Bewegung dem abhelfen könnte, ohne allerdings den physikalischen Rahmen zu verlassen.

Schlesingers (1919) ursprünglich ganz auf die Praxis der Erstellung von Ersatzgliedern ausgerichtete Erörterungen haben zur Zeit eine Bedeutung über diesen engeren Bereich hinaus für die „robot vision" (Brady, 1983) erhalten, und zwar speziell für die Frage der „prehensility", d. h. wie kann man aufgrund visuell erfaßbarer Objektmerkmale entscheiden, an welcher Stelle dieses Objekt *stabil* ergriffen werden kann. Neuere psychologische Studien zu dieser Frage stehen allerdings bis auf eher triviale Probleme aus (Erfassen von Flaschen am Hals durch Kinder ab 2;6 Jahren und älter). Wie Jeannerod (1984) nachgewiesen hat, sind beim Greifen eine allgemeine Zielbewegung und eine für den jeweiligen Gegenstand spezifische Greifbewegung zu unterscheiden. Beide Bewegungen sind zeitlich derart koordiniert, daß bei einer durchschnittlichen Bewegungszeit von ca. 800 msec nach ungefähr 3/4 der Zeit von schneller Annäherung bzw. Handöffnung auf langsameres präzises Zielen bzw. eine genaue Anpassung des Griffes an den Gegenstand umgeschaltet wird.

Eine Motorikforschung, die sich an Regulationsprozessen des Akteurs orientiert, ohne die physikalischen Randbedingungen der Umwelt zu vernachlässigen, setzt zum einen Grundlagenerkenntnisse über Regulation voraus (z. B. das Reafferenzprinzip von v. Holst & Mittelstädt, 1950) und zum anderen eine Neudefinition der Motorik, nämlich als einer zwar beobachtbaren, aber durch Wahrnehmung und Intention geregelten Handlung wie z. B. in Bernsteins (1935) Modell des offenen Regelkreises. Bei diesem Vorgehen stehen prinzipiell prozessuale Komponenten (z. B. Lernbarkeit, Automatisierbarkeit) und strukturelle Komponenten (Form der internen Repräsentation, Fehlertoleranz) in Wechselwirkung.

Parallel zu den Ansätzen von v. Holst aus den 30er und 40er Jahren (v. Holst, 1935) und Bernstein (1935, 1957) — die beide spät, endgültig erst mit den Sammelbänden von Gallistel (1980) und Whiting (1984), in die gängige psychologische Motorikforschung Eingang gefunden haben — entwickelte sich eine taxonomisch orientierte Motorikforschung (zur Geschichte und zum neuesten Stand Fleishman & Quaintance, 1984). Diesem Ansatz liegen folgende Annahmen zugrunde: Die vielfältigen beobachtbaren Bewegungsformen, die durch Aufgabenanforderungen und Anatomie eingeschränkt sind, lassen sich leicht und eindeutig in „Elementar"-Bewegungen (operationalisiert durch Motorik-Tests) zerlegen; die Korrelationen zwischen diesen Tests führen zur Aufdeckung der Grunddimensionen der Motorik mit Hilfe der Faktorenanalyse. Abgesehen von den impliziten, aber die Gültigkeit des Ansatzes in Frage stellenden, vorwiegend technischen Annahmen (Operationalisierung durch Tests, Anwendung der Faktorenanalyse) gehen mit der Suche nach festen Dimensionen zwei gravierende inhaltliche Annahmen einher: 1. die beliebige Kombinierbarkeit der Komponenten und 2. die prinzipielle Unabhängigkeit der Dimensionen vom Kontext. Stärker noch als in der Thurstoneschen oder Guilfordschen Intelligenzforschung und in ähnlicher Weise wie in der komponenten-analytischen Semantik ist dieser taxonomische Ansatz nur von extrem eingeschränkter externer Validität, da diese beiden Bedingungen ähnlich wie in der Semantik auch in der Motorik praktisch nie gegeben sind, anders als in der Intelligenzforschung, wo Standardprobleme wie syllogistische Schlüsse o. ä. einen solchen Ansatz zu rechtfertigen scheinen (siehe aber auch dazu die Kritik in Wason & Johnson-Laird, 1975).

## 3 Motorische Fertigkeiten

Im folgenden werden Theorien dargestellt, die sich mit molaren Aspekten der motorischen Regulierung (also motorische Fertigkeiten als Systeme bedingter Operationen; Neumann & Prinz, 1986) befassen. Eine Abfolge von Bewegungen wird als integrierte motorische Fertigkeit bezeichnet, wenn die sie konstituierenden Einzelbewegungen zusammen eine wohlgeordnete Struktur bilden (‚sequencing') und jeweils zeitlich eindeutig strukturiert sind (‚timing'). Diese

Definition ähnelt formal der einer kognitiven Fertigkeit („cognitive skill'), die nach Anderson (1983) als wohlgeordnete Struktur von Produktionsregeln auf der Basis einer Wissenstruktur verstanden wird. Die entscheidenden Unterschiede dieser Fertigkeitsdefinitionen bestehen zum einen in der Zeitstruktur, die für eine motorische Fertigkeit, aber nicht für eine kognitive, von entscheidender Bedeutung ist und zum anderen im sogenannten Format der Wissensbasis: Während Anderson (1983) annimmt, kognitive Operationen griffen ausschließlich auf propositional gespeichertes Wissen zu, ist das Wissen, das der Produktion von Bewegungen zugrundeliegt, nicht auf ein Format beschränkt. Wie Engelkamp und Zimmer (1985) sowie Zimmer (1982) nachgewiesen haben, spielen neben diskreten Wissenskomponenten (propositional und symbolisch-motorisch) auch analoge (visuell und kinästhetisch) eine Rolle bei der Erzeugung von Bewegungen. Dabei kommt der metaphorischen Repräsentation eine spezielle Bedeutung in der Koordination von diskretem und analogem Wissen zu, da in metaphorischer Sprache diskrete sprachliche Komponenten mit analogen (bildhaften oder zeitlich strukturierten) verbunden sind (s. Abschnitt 6).

Ziele dieses Beitrags sind nicht so sehr Vollständigkeit und Ausgewogenheit, sondern die Aufarbeitung dieser Theorien für die speziellen Probleme des motorischen Lernens bei ingenieurpsychologischen Problemstellungen, nämlich: Automatisierung, Plastizität, Transfer und Interferenz bzw. Fehlertoleranz. Am Beispiel des motorischen Lernens im Sport werden diese speziellen Probleme im Rahmen eines schematheoretischen Modells diskutiert und paradigmatische Ergebnisse dazu vorgestellt. Sportmotorische Vorgänge sind im Gegensatz zu den sonst häufig untersuchten Zeigebewegungen oder dem Fingerklopfen hinreichend komplex, um die dabei gewonnenen Ergebnisse auf motorische Steuerung z. B. im industriellen Bereich (vom Kranführen bis zum Bedienen von Tastaturen) zu verallgemeinern. Ähnlich wie für Anderson (1983) bei seinen Ausführungen über kognitive Fertigkeiten wird die im folgenden dargestellte Entwicklung von Theorien motorischer Fertigkeiten dadurch motiviert, daß basale Bestimmungsstücke der Motorik, wie z. B. von Gallistel (1980) dargestellt, die Bedingungen für den Erwerb motorischer Fertigkeiten nicht hinreichend einschränken, so daß von einer gegebenen Ausführung nicht eindeutig auf die basalen Bestimmungsstücke zurückgeschlossen werden kann. Da zudem ähnlich wie im Bereich der kognitiven Fertigkeiten damit gerechnet werden muß, daß auch motorische Fertigkeiten domänen- oder kontextspezifisch sind, besteht ein Ziel dieser Darstellung darin, ein allgemeines Modell für die motorische Regelung zu entwickeln, in dem gleichermaßen Zustände und Prozesse repräsentiert sind. Domänenspezifische Fertigkeiten können so über eindeutig definierbare Verbindungen von Prozessen und Repräsentationen abgebildet werden.

Viele Situationen im Berufs- oder Freizeitleben zwingen auch Erwachsene, neue Fertigkeiten zu erwerben, die mehr oder weniger auf Bewegungen beruhen (Weimer, 1977). Diese Bewegungen sind entweder völlig neu (z. B. die Koordination von Pedaldruck und Steuerknüppelbewegung beim Fliegen) oder sie unterscheiden sich von Bewegungen, die im Verhaltensrepertoire auf die eine oder andere Art schon vorhanden sind (z. B. die Hebelbedienung eines Krans), wobei die neuen koordinativen Anforderungen dadurch entstehen, daß Verzögerungen bzw. Schwingvorgänge berücksichtigt werden müssen. Von außen betrachtet geschieht mit dem Lernenden in einer solchen Situation folgendes: Er nimmt eine Bewegung wahr, die jemand anderes ausführt, oder er hört, liest oder betrachtet eine verbale, symbolische oder bildliche Beschreibung einer Bewegung. Was der Lernende wahrnimmt oder versteht, nutzt er für das Einleiten und für die Kontrolle der Bewegung (siehe Rosenbaum, 1980). Die Ähnlichkeit zwischen der durchgeführten Bewegung und der Aufgabe, so wie sie beschrieben oder demonstriert ist, dient als Kriterium für die Durchführung des Lernenden. Gewöhnlich wird die Bewegung solange wiederholt, bis die neue oder die modifizierte alte Fertigkeit erworben wurde, das heißt, ein vorher festgelegtes Qualitätsniveau für die Durchführung erreicht ist oder der Lernende selbst den Eindruck hat, daß es „sitzt", daß „es paßt". Dies erinnert an die Test-Operate-Test-Exit- (TOTE) -Einheiten von Miller, Galanter und Pribram (1960) bzw. an die Vergleichs-Veränderungs-Rückkopplungs- (VVR) -Einheiten von Hacker (1978). Jedoch bleibt in diesen Ansätzen unklar, wie durch das Wahrnehmen der Bewegung eines anderen oder durch die Beschreibung einer Bewegung Veränderungen beim Wahrnehmenden herbeigeführt werden können, die es ihm ermöglichen, dieselbe Aufgabe durchzuführen.

## 4 Vergleich von Theorieansätzen zum Erwerb motorischer Fertigkeiten

Psychologische Theorien über Bewegungslernen versuchen zu erklären, wie extern definierte Bewegungen erworben und so ein Teil des Verhaltensrepertoires werden. Diese Theorien können grob in folgende Kategorien klassifiziert werden:

1. der behavioristische Ansatz (paradigmatisch vertreten von Greenwald & Albert, 1968, oder Skinner, 1968, wo das Lernen des Hochsprungs analysiert ist). Dieser Ansatz konzentriert sich ganz auf die situationalen Variablen und die dazugehörenden Reaktionen;

2. der regelungstheoretische Ansatz (z. B. Adams, 1971; Bernstein, 1967), der sich auf die Regulationsprozesse der Bewegung konzentriert, das heißt die Modifikation von Bewegungen, die auf einem Vergleich der beobachteten Ergebnisse mit internen oder externen Kriterien beruht;

3. der Ansatz der internen Repräsentation (Bartlett, 1932; Hacker, 1978), der annimmt, daß Wahrnehmungs- wie regulatorische Prozesse durch interne Mo-

delle gelenkt sind; eine Spezifikation dieser internen Modelle sind „motorische Programme" (siehe Henry & Rogers, 1960; Pew, 1966; Schmidt, 1975);

4. der schema-theoretische Ansatz (Arbib, 1980; Head, 1920; Norman & Rumelhart, 1983; Rumelhart & Norman, 1982; Schmidt, 1975; A. Zimmer, 1986), der durch die Annahme charakterisiert ist, daß generalisierte interne Verarbeitungsprozesse die Benutzung der Information in der Umwelt ermöglichen.

Eine Evaluation dieser Ansätze kann sich an Stelmachs und Diggles' (1982) Vorschlag orientieren. Theorien motorischen Verhaltens sollten in der Lage sein, folgende Phänomene zu erklären:

1. *Motorische Äquivalenz:* Offensichtlich können dieselben oder einander ähnliche Bewegungen durch Kombination völlig verschiedener Muskeln erzeugt werden. Eine direkte reliable Korrespondenz zwischen der produzierten Bewegung und den sie verursachenden neuronalen Vorgängen existiert nicht (Hebb, 1949; Lashley, 1938).

2. *Die Variabilität von Bewegungen:* Untersucht und registriert man Bewegungen, die identisch erscheinen, so stellt man trotz konstant gehaltener Ausgangsbedingungen Variationen in den kinematographisch oder elektromyographisch erfaßten Bewegungsabläufen fest, unabhängig davon, ob es sich um zyklische oder azyklische Bewegungen handelt (Bartlett, 1932; Gentner, Grudin & Conway, 1980; Glencross, 1980; Schmidt, 1975).

3. *Die Komplexität des motorischen Systems:* Die Komplexität des motorischen Systems läßt sich durch die Anzahl der unabhängig voneinander zu steuernden Freiheitsgrade des menschlichen Körpers verdeutlichen. Bernstein (1967) errechnet dafür 127, während die Zählweise von Tomovic und Bellmann (1970) 792 Freiheitsgrade ergibt. Daraus resultiert ein großer Steuerungsaufwand, der im System durch die Reduktion von Freiheitsgraden bewältigt werden muß. Eine adäquate Theorie motorischen Verhaltens muß Mechanismen spezifizieren, die eine solche Reduktion von Komplexität leisten können (Bernstein, 1967; Tomovic & Bellmann, 1970).

Der behavioristische Ansatz stellt sich diesen Kriterien nicht, da zum einen die funktionalistische Betrachtungsweise die Frage nach dem Zustandekommen von Bewegungen (oder allgemein: ‚operants') umgeht, und da zum anderen mentale Zustände (also auch systematische Veränderungen im Gedächtnis und die sogenannten Repräsentationsprobleme) aus der Forschungskonzeption ausgeschlossen werden. Bernsteins (1967) ursprünglicher Ansatz und Schmidts Ansatz (1975) erfüllen nur teilweise obigen Kriterienkatalog. Bernsteins regelungstheoretischer Ansatz ist vor allem auf die Frage konzentriert, wie die hohe Zahl physikalischer Freiheitsgrade reduziert werden kann; sein Lösungsansatz besteht in einem offenen Regelkreis, der allerdings die Annahme eines starren Programms zur Folge hat. Dies führt immer dann zu nicht überwindbaren Problemen, wenn Bewegungsabläufe ohne externe Rückmeldung verbessert werden können. Adams (1971) versucht der Variabilität und Plasitizität motorischen Verhaltens dadurch Rechnung zu tragen, daß er Regelung sowohl durch eine motorische wie auch eine perzeptuelle Gedächtnisspur annimmt. Diese zweifache Kontrollstruktur spezifiziert aber nicht die Koppelung ihrer zwei Subsysteme und ist zudem schwer auf komplexes Bewegungsverhalten übertragbar.

Schmidt (1975) bewältigt die Schwierigkeiten, indem er separate Erinnerungs- und Wiedererkennungsschemata einführt. Aber sein Ansatz reicht beim Kriterium der Komplexität des motorischen Systems nicht aus. Er berücksichtigt nicht, daß das Charakteristische an einer Bewegung sich ändert, wenn sie in eine Handlung von größerer Komplexität eingebunden ist. Zum Beispiel ist es ein Unterschied, ob „Arm hochheben" im Funktionszusammenhang ‚Kommunikation' (Warnung etc.) oder im Funktionszusammenhang ‚Bedienung von Schaltern in Kopfhöhe oder darüber' (wie z. B. in Cockpits) steht. Wie der systematische Einfluß des Kontextes auf das Ausführen von biomechanisch äquivalenten motorischen Mustern zeigt, weisen Bewegungen und nicht biomechanisch definierte motorische Muster das Kriterium für kontrollierbare psychische Prozesse auf, das Pylyshyn (1979) prinzipielle kognitive Durchdringbarkeit (‚penetrability') nennt. Nur wenn dieses Kriterium gegeben ist, kann es eine zentral gesteuerte Generierung der Bewegung geben, d. h. biomechanisch definierte Freiheitsgrade sind von Kontrollparametern für die Bewegungssteuerung zu unterscheiden; für die psychologischen Aspekte der Bewegungssteuerung sind ausschließlich diese von Bedeutung.

Der Ansatz der internen Repräsentation bei der Wahrnehmung wurde implizit von Gibson (1979) angegriffen, der darauf hinwies, viele Effekte, die normalerweise Prozessen an oder in solchen internen Repräsentationen zugeschrieben werden, könnten sparsamer mit der Theorie der „Affordances" (Gibson, 1979) erklärt werden. Unter „Affordances" ist das Informationsangebot der Umwelt zu verstehen, das sich phylogenetisch und ontogenetisch in der Mensch-Umwelt-Interaktion herausgebildet hat. Nach dieser Theorie ist Wahrnehmung durch die direkte Aufnahme von Information, die durch die Umwelt geboten wird, charakterisiert. Die Ergebnisse von Runeson (1977) zeigen , wie „intelligent" Mechanismen sein können, die dem Prozeß der Aufnahme vorhandener Information unterliegen. Eine koordinierte Organisation von mehreren solcher Mechanismen zur Informationsaufnahme und zur Aktionsgenerierung scheint für komplexes Verhalten wie für als Einheit erlebte, trainierte Bewegungen nötig zu sein. Für Probleme dieser Art hat Neisser (1976) vorgeschlagen, Schemata bei Wahrnehmung und Kognition anzunehmen. Diese stellen dem Organismus die interne Organisation zur Verfügung, die für die adaptive Nutzung der Umweltinformation und für die Fähigkeit nötig sind, separate Bewegungen in ganzheitliche oder gestaltähnliche Fertigkeiten zu integrieren.

Die Anwendung des Schema-Ansatzes von Kant (1781) auf den Erwerb von Bewegungen geht zurück auf Head (1920); bei seiner Analyse von Bewegungen und der Wahrnehmung des eigenen Körpers (Propriozeption) versteht er Schemata ganz im Sinne Kants als aktive kognitive Prozesse, die eine Zuordnung von Empfindungen („Bilder" bei Kant) zu Begriffen leisten und umgekehrt. Bartlett (1932) übernimmt den Begriff des Schemas für seine Psychologie des Gedächtnisses als „aktive Organisation vergangener Erfahrungen" (a.a.O., S. 201) und wendet ihn auf die motorische Regulation u. a. beim Tennis an: „Wenn ich einen Schlag ausführe, dann produziere ich in Wirklichkeit nichts absolut Neues und ich wiederhole auch nicht lediglich Altes. Der Schlag wird tatsächlich aus den lebendigen visuellen und kinästhetischen ‚Schemata' des jeweiligen Augenblicks und ihren Wechselwirkungen hergestellt" (S. 202, Übers. v. Verf.). Schmidt (1975) und Rosenbaum (1977) haben dieses Konzept in ihre Ansätze zum Bewegungserlernen einfließen lassen. Dort werden Schemata jedoch mit spezifischen Schablonen oder statischen Filtern identifiziert, von denen man nicht annehmen kann, daß sie die allgemeine organisatorische Funktion für eine aktive Auseinandersetzung mit der Realität erfüllen, die Neisser (1976) gefordert hat.

Schmidt (1975) integriert Adams' (1971) Modell eines geschlossenen Regelkreises für Zielbewegungen mit Ansätzen der „motorischen Programm"-Theorien (Pew, 1966), die über das einfache Steuerungsmodell analog einer „memory drum" (Henry & Rogers, 1960) hinausgehen. Der für eine Schematheorie im engeren Sinn zentrale Begriff der Invarianz (s. Cutting, 1983) wird von ihm nur eher am Rande erwähnt, obwohl das angeführte Beispiel der Invarianz von zeitlichen und räumlichen Relationen bei Größenveränderungen hätte verallgemeinert werden können.

Arbib (1980) nimmt Handlungs-/Wahrnehmungszyklen analog zu Neissers Modell (1976) für den Erwerb von Bewegungen an und postuliert dann aber die Existenz von Schemata auf der Ebene neuronaler Strukturen. Dieser Ansatz liegt auf einer Linie mit der Annahme allgemeiner organisierender Funktionen, wie z. B. der von Kelso und Kay (1987) untersuchten Selbstorganisation von gekoppelten angeregten Oszillatoren bei einfachen Bewegungen, aber es scheint schwierig, auf dieser Grundlage eine Theorie komplexer motorischer Fertigkeiten im oben definierten Sinn aufzubauen, da die Rolle der zentralen Regulation in diesem Ansatz nicht berücksichtigt wird. Aus diesen Gründen wird im folgenden eine abstraktere Definition des Schemabegriffs gewählt; die Ansätze von Schmidt (1975) und von Rosenbaum (1980) sowie Arbibs (1980) Modell stellen jeweils Spezialfälle dieses allgemeineren Modells dar.

Diese abstraktere Definition basiert auf Cassirer (1944), der auf Kants Schemakonzept und auf gruppentheoretischen Modellen der Geometrie aufbaut, wie sie von Klein und Poincaré vorgeschlagen wurden. Dieser Ansatz bildet einen

Rahmen für die Integration von systemtheoretischen und schematheoretischen Gesichtspunkten bei der Analyse des Erwerbs von motorischen Fertigkeiten.

Ein Schema kann gemäß Cassirer (1944) durch folgende Bestandteile definiert werden:

1. durch eine Menge von basalen Einheiten („primitives"), die im gegebenen Kontext nicht weiter analysierbar sind: z. B. Reflexe und Oszillatoren, denen Bewegungen zugrunde liegen; siehe Gallistel, 1980; einige Theorieansätze reduzieren die Variabilität der basalen Einheiten noch weiter, so postulieren z. B. Kelso und Kay (1987) lediglich Systeme von angeregten Oszillatoren, bei denen Selbstorganisation i. S. Hakens (s. Haken, 1977) auftritt;

2. durch eine Menge von Organisationsregeln: z. B. die sogenannten Gestaltgesetze, bezogen auf Wahrnehmungs- und Gedächtnisprozesse, Runesons (1977) „intelligente" Mechanismen bei der Wahrnehmung, Servomechanismen (s. Gallistel, 1980) und die oben angeführten Formen der Selbstregulation (s. a. Pattee, 1977);

3. durch eine Menge von zulässigen Transformationen, die die Klasse von Invarianten der betrachteten Objekte erzeugt (hier: Bewegungen, Bewegungsabläufe bzw. motorische Aktionen; so kann z. B. die motorische Aktion ‚Schreiben des Buchstabens X' aufgrund verschiedener Bewegungsabläufe von Hand bzw. Arm *invariant* realisiert werden).

Diese Definition hat eine wichtige Konsequenz: Die Schemata bestimmter Bewegungen können nicht nur entsprechend 1. und 2. auf ihre basalen Einheiten und deren Beziehungen reduziert werden, z. B. Zielbewegungen und deren zeitliche Ordnung oder Fingerklopfen und dessen Frequenz (siehe Summers, Sargent & Hawkins, 1984), sondern auch die Menge der zulässigen Transformationen dieser Fertigkeiten muß beachtet werden (z. B. der Rhythmus, der erhalten bleibt, wenn die Geschwindigkeit verändert wird). Diese Sichtweise von Bewegung wird — zumindest teilweise — durch Untersuchungen aus der Physiologie (s. Arbib, 1980) gestützt. Daß dieses Modell der funktionalen Struktur des motorischen Kortex entspricht, ergibt sich aus den Verhaltensauswirkungen bei operativen Abtragungen im motorischen Kortex (Pribram, 1971); dabei verschwinden komplexe motorische Fähigkeiten, einzelne Muskelfunktionen werden aber nicht beeinträchtigt. Pribram (1971) schließt daraus „... Bewegungsabläufe, nicht Muskeln oder Bewegungen, sind im Motorkortex encodiert" (S. 14).

## 5 Paradigmatische experimentelle Untersuchungen zur Kontrolle von komplexem motorischen Verhalten

Wie in Abschnitt 1 ausgeführt, hat die an der Regelungstechnik orientierte Ausrichtung der Ingenieurpsychologie dazu geführt, daß in diesem Kontext vorwiegend Nachführverhalten untersucht worden ist. Aus diesem Grunde stammen experimentelle Untersuchungen zur Regelung komplexen Verhaltens aus den Bereichen ‚Sportmotorik' und ‚Schreibmaschine-Schreiben'.

In einem Experiment über das Erlernen des „Schneidens" im Tischtennis wurde von Zimmer (1983) der Einfluß von unterschiedlichen Instruktionsmethoden auf die Generierung von verschiedenen motorischen Schemata für ein und dieselbe Aufgabe untersucht, wobei diese vom Standpunkt der Biomechanik eindeutig definiert war. Die beiden Instruktionsmethoden waren „Lernen des zugrundeliegenden Prinzips" (Gruppe 1), einschließlich der Konsequenzen für die Flugbahnen eines angeschnittenen Balles, und „Lernen durch Beobachten der korrekten Bewegung" (Gruppe 2).

Im ersten Teil des Experiments lernten beide Gruppen das Überschneiden. Wie in einer ersten Analyse gezeigt werden konnte, wechselte Gruppe 1 vom Zustand der Nichtkompetenz (N) zum Zustand der Kompetenz (K) ohne Zwischenstadien direkt über. Im Gegensatz dazu zeigten die Versuchspersonen in Gruppe 2 die durchgängige Tendenz, starr die letzte verstärkte Bewegung zu wiederholen, ohne die veränderten Situationsvariablen in Rechnung zu stellen (z. B. die Geschwindigkeit des Balls etc.). Am Ende jedoch lernten beide Gruppen das Überschneiden, d. h. sie erlangten dasselbe korrekte motorische Muster. Die Diagramme der Zustands-Übergänge in Abbildung 2 (a und b) be-

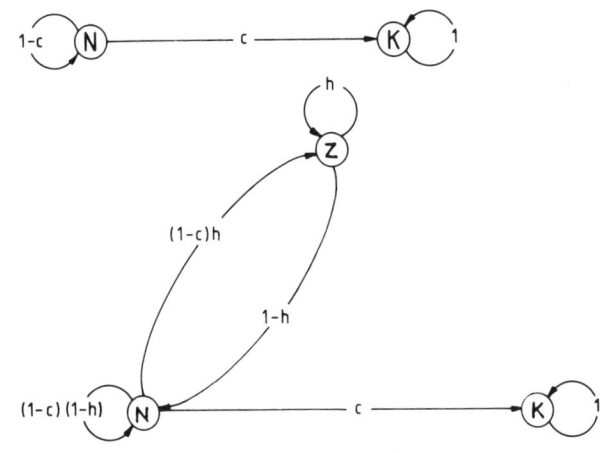

Abb. 2: Diagramm der Zustands-Übergänge für Gruppe 1 (a) und Gruppe 2 (b).
*Anmerkung:*
N zeigt den Anfangszustand, K den Endzustand und Z den Wiederholungszustand; c, h, (1−c), 1, (1−h), (1−c)h und (1−c)(1−h) sind die Übergangswahrscheinlichkeiten.

schreiben die Unterschiede in der Komplexität des Lernvorgangs bei den beiden Experimentalgruppen.

Im zweiten Teil des Experiments mußten die Versuchspersonen das Unterschneiden lernen. Diese Aufgabe wurde deshalb gewählt, weil von der Mechanik her gesehen die zugrundeliegende Invariante (der tangentiale Impuls auf den Ball) dieselbe für Über- und Unterschneiden ist. Jedoch sind die dazu benötigten Muskelbewegungen (d. h. die zu kontrollierenden Freiheitsgrade) völlig verschieden. Deshalb wurde erwartet, daß die Vermittlung der generalisierbaren Prinzipien der physikalischen Vorgänge beim Schneiden den Transfer erleichtern würde. Im Gegensatz dazu sollte ein motorisches oder visu-kinästhetisches Schema (wie man es für Gruppe 2 annehmen kann) nicht dazu führen, daß die neue Aufgabe ohne zusätzliche Übung beherrscht werden kann.

In Gruppe 1 konnten sechs von zehn Versuchspersonen das Unterschneiden (i. e. die Transfer-Aufgabe) spielen, während in Gruppe 2 nur eine von zehn Versuchspersonen es konnte. Die „erfolgreichen" Versuchspersonen in Gruppe 1 hatten das Schema „Schneiden" gelernt, das durch alle Transformationen von Handlungen charakterisiert ist, die eine Rotation des Balls verursachen und seine Flugbahn beeinflussen. Die Versuchspersonen in Gruppe 2 hatten nur das Schema „Überschneiden" erworben und mußten das „Unterschneiden" als neues Schema lernen. Wie jedoch die Zeiten zeigen, die für den Erwerb des neuen Schemas benötigt wurden, waren diese Versuchspersonen in der Lage, die vorangegangene Übung teilweise zu nutzen: Ihre Lernzeiten sind signifikant kürzer als die Lernzeiten der Versuchspersonen in Gruppe 1, die nicht die neue Aufgabe als eine Transformation des Schemas „Schneiden" identifizierten. Nach diesen Ergebnissen gibt es bei der Reduktion von Komplexität durch Integration eines motorischen Schemas in eine interdependente Hierarchie eine wichtige negative Konsequenz: Eine integrierte Struktur erlaubt nicht ein Zunutzemachen von partiellem Wissen. Ein Beispiel für eine solche interdependente Hierarchie wird in Abbildung 3 gezeigt.

In diesem Graph sind Schemata aufwärts in eine Schemahierarchie integriert, was zu einer Reduktion der Komplexität des Systems führt und schließlich zu einer automatischen Ausführung der Aufgabe. Parallel zu der Integration nach oben legen jedoch die höher geordneten Schemata den niedriger angeordneten Schemata Randbedingungen auf. Eine solche Hierarchie, die nach oben integriert und nach unten Randbedingungen auferlegt, ist nicht im Sinn von Simon (1965) zerlegbar. Falls für eine andere Aufgabe nur ein Teil der Schemata mit niedrigerem Niveau nötig ist, können sie nicht einfach aus der Schema-Hierarchie getrennt werden, zu der sie gehören. Das Postulat der Randbedingungen nach unten unterscheidet dieses Modell von dem der Increasingly Complex Microworlds (ICMs), das von Burton, Brown und Fischer (1984) zum Erlernen des Skifahrens vorgeschlagen wurde. Wie im Gegensatz zu den Annahmen von Burton et al. (1984) experimentell gezeigt werden konnte, sind Fähigkeiten, die beim Skifahren integriert sind, für einen Transfer nicht mehr zugänglich, wenn ein hohes Durchführungsniveau erreicht wurde (Leist, in Vorbereitung). Dieses Ergebnis widerspricht der impliziten Annahme dieses Ansatzes, ICMs könnten als austauschbare Bestandteile beim Erwerb der Fertigkeit benutzt werden.

Die Konsequenzen der zerlegbaren versus der nicht zerlegbaren Repräsentation von Bewegungen sind von Körndle (1983) und Zimmer (1984) untersucht worden. Die allgemeine Hypothese unserer Experimente ist, daß das beschriebene Modell der Schema-

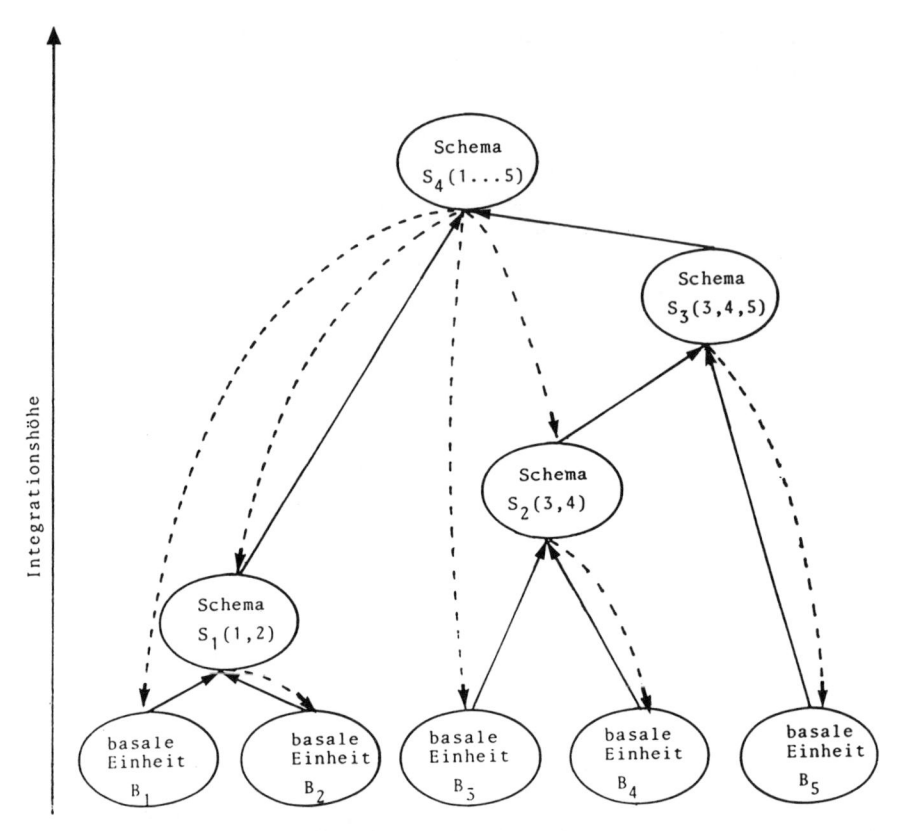

Abb. 3: Das Modell einer interdependenten Schemahierarchie mit Integration von unten nach oben und der Wirkung von Randbedingungen von oben nach unten.
*Anmerkung:*
Dies ergibt einen teilweise geordneten Baum, bei dem nur zwei Arten von Bögen (aufwärts und abwärts) angenommen werden. Horizontale Bögen, die zum Modellieren der Grenzwerte gemäß der Allokation der Aufmerksamkeit benutzt werden könnten, sind hier noch nicht implementiert worden (siehe dafür Abb. 7). $S_4$ (1...5) bezeichnet das Schema, das auf dem Integrationsniveau 4 die basalen Einheiten $B_1$ bis $B_5$ integriert.

Integration dem Erwerb motorischer Fertigkeiten unterliegt, d. h. der vollständige Transfer von einer Aufgabe zu einer anderen ist nur möglich, wenn beide Aufgaben zulässige Transformationen desselben Schemas sind. Teilweiser Transfer (z. B. einige, aber nicht alle Teilfertigkeiten, die für eine Aufgabe nötig sind, sind es auch für die anderen) ist nur so lange möglich, wie die Teilfertigkeiten nicht in das übergeordnete Schema integriert, d. h. automatisiert sind.

Der beschriebene Mechanismus wurde in einem Experiment untersucht, bei dem Erwachsene das Pedalofahren lernten (ein Instrument, das z. B. benutzt wird, um den Gleichgewichtssinn bei motorisch behinderten Kindern zu trainieren).

Die Leistungsgüte der Versuchspersonen wurde gemessen, indem die Differenz zwischen der Soll-Geschwindigkeit, die von einem Metronom vorgegeben wurde, und der tatsächlichen Geschwindigkeit ausgerechnet wurde. In Abbildung 5 ist diese Differenz

# Der Erwerb komplexer motorischer Fertigkeiten

Abb. 4: Ein Pedalo, wie es in dem Experiment benutzt wurde, mit (a) Meßvorrichtungen für die horizontalen und vertikalen Kräfte und (b) einer zur Geschwindigkeitsmessung.

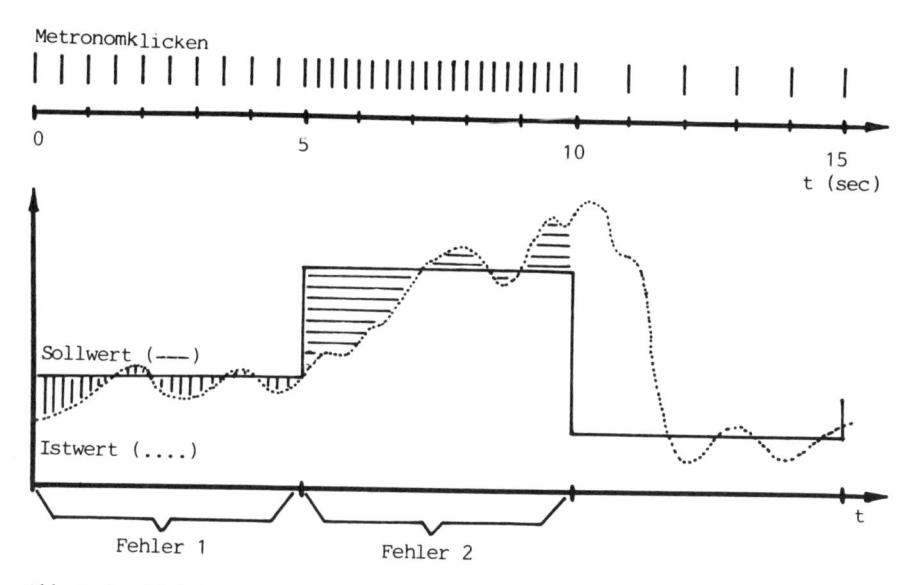

Abb. 5: Das Maß der Leistung beim Pedalofahren: die Differenz zwischen der vorgeschriebenen Geschwindigkeit (———) und der beobachteten Geschwindigkeit (..............) (das schraffierte Feld).

als schraffiertes Feld zwischen der Kurve, die die vorgeschriebene Geschwindigkeit angibt, und der tatsächlichen Pedalogeschwindigkeit, die von der Versuchsperson produziert wurde, gezeichnet.

Eine detaillierte Analyse der Bewegung, die dieser Performanz unterliegt, ist möglich, wenn man die vertikalen Kräfte (Druck), die horizontalen Kräfte (Schub) und die resultierenden Kräfte mißt. Typische Beispiele für diese Daten sind in Abbildung 6 für ein niedriges Performanzniveau (6a), für ein mittleres (6b) und für ein hohes Niveau (6c) dargestellt. Wie der Vergleich der wirksamen Kräfte bei den verschiedenen Leistungsniveaus zeigt, ist der Erwerb der Bewegung von einem zunehmendem gleichmäßigen Fluß der wirksamen Kräfte begleitet (z. B. kleine Veränderungen in der Richtung und Stärke). Dies erreicht man durch Integration der getrennten Schub- und Druckaktionen in eine höhere Ordnung.

In einer Transferaufgabe (das Pedalo *rückwärts* fahren) wurde untersucht, wie die unterschiedlichen Leistungsniveaus in der ersten Aufgabe den Erwerb der neuen Fertigkeit beeinflussen. Wie erwartet war der Transfer aufgrund des beschriebenen Mechanismus der Schemaintegration bei den Versuchspersonen mit einem mittleren Niveau der Leistungsgüte am besten. Den Grund dafür kann man in der Abbildung 6b sehen: Versuchspersonen auf einem mittleren Niveau können Schub und Druck getrennt kontrollieren, aber nicht in der perfekten Koordination, die nötig ist, um eine glatte Bewegung auf dem Pedalo zustande zu bringen (z. B. wie bei einem hohen Niveau, dargestellt in Abbildung 6c). Da die Koordination von Schub und Druck beim Rückwärtsfahren anders ist, können die Versuchspersonen auf einem mittleren Niveau „Schub" und „Druck" als zerlegbare Teilfertigkeiten nutzbar machen (z. B. Schemata auf niedrigerem Niveau), um ein neues Koordinationsmuster aufzubauen, wogegen die Versuchspersonen mit hohem Leistungsniveau den Lernprozeß von neuem beginnen müssen.

Die verbalen Berichte der Versuchspersonen über die Aufgabe „Pedalofahren" stimmen mit den Interpretationen der Leistungsdaten überein. Die Berichte des mittleren Stadiums waren sehr detailliert und bestanden zu einem großen Teil aus Beschreibungen von Wahrnehmung und spezifischen Bewegungen. In dem letzten Stadium berichteten die Versuchspersonen jedoch nur selten globale Strategien (z. B. „Ich versuche zu treten").

Ähnliche Phänomene hat Lewin (1926) beim Schreibmaschineschreiben beobachtet:

... in Wirklichkeit ist jedoch das Schreiben der geübten Schreibmaschinistin nicht etwa ein gleichartiger, nur stärker geübter Vorgang wie der der Anfängerin, sondern ein psychologisch von Grund aus andersartiger Vorgang. Das Schreiben der Anfängerin stellt im wesentlichen ein Suchen nach den einzelnen Buchstaben dar. Ein derartiger Orientierungsprozeß läßt sich üben. Man kann Übung im Suchen bekommen. Es wäre jedoch völlig verkehrt, die Handlungen der geübten Schreibmaschinistin als ein derartiges geübtes Suchen charakterisieren zu wollen. Gewiß muß auch sie die einzelnen Tasten anschlagen. Aber selbst wenn man daraus theoretisch folgern wollte, daß immerhin irgendein Suchprozeß stattfinden müsse (in Wirklichkeit kennt die geübte Schreibmaschinistin ihre Maschine so gut, daß sie nicht mehr zu suchen braucht), so ist dieser

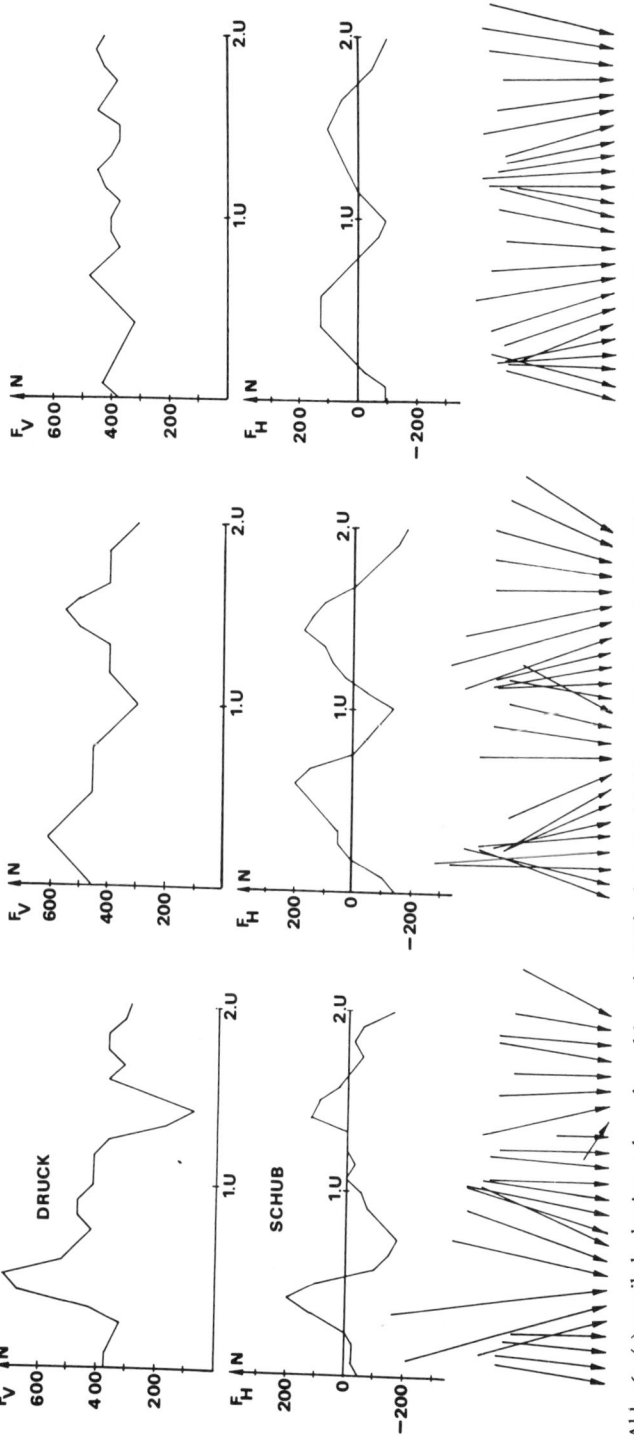

Der Erwerb komplexer motorischer Fertigkeiten 165

Abb. 6: (a) vertikale, horizontale und resultierende Kräfte beim Pedalofahren mit einem niedrigen Leistungsniveau bei zwei vollen Umdrehungen der Räder.
(b) dasselbe bei einem mittleren Leistungsniveau,
(c) dasselbe bei einem hohen Leistungsniveau.
Die Länge der Pfeile zeigt die Stärke der Kraft an, der Winkel zeigt die Richtung der angreifenden Kraft.

Vorgang hier jedenfalls zu einem völlig unselbständigen Moment in einem Gesamtgeschehen geworden, dessen Struktur von ganz anderen, hier nicht näher zu erörternden Fakten beherrscht wird. Diesen Gesamtprozeß kann man so wenig als ein Suchen charakterisieren wie etwa das Schreiben der Anfängerin als ein Fingerheben. (S. 306 f.)

Ähnlich beschreiben auch Norman und Rumelhart (1983) den Bewegungsablauf beim geübten Maschineschreiben als „... the movement of seagrass weaving in the waves ... all in motion at the same time" (S. 47). In dieser Beschreibung wird besonders das Phänomen der Gleichzeitigkeit bzw. Überlappung von Bewegungsfolgen herausgehoben, das Rumelhart und Norman (1982; Norman & Rumelhart, 1983) angeregt hat, ein massiv paralleles Modell zu entwickeln (s. Teil 7).

## 6 Konsequenzen des integrierten Schemamodells der motorischen Steuerung für die Gestaltung von Training und Unterweisung

Wie die Ergebnisse der erwähnten Experimente zeigen, liegt der beste Zeitpunkt für den Transfer vor dem Stadium, in dem nahezu perfekte Beherrschung (und damit zumindest eine teilweise Automatisierung) erreicht wird, weil hier die Einschränkungen in der Schemahierarchie nach unten die Nutzbarmachung der Teilfertigkeiten behindern, die von der ursprünglichen Aufgabe auf die neue Aufgabe transferiert werden müssen.

Die Analyse der Protokolle des lauten Denkens bzw. der strukturierten Befragung der Versuchspersonen zu den vorliegenden Aufgaben deuten auf eine Lösung des Problems der Verbindung zwischen Sprache und motorischer Kontrolle. So hat z. B. die häufig beobachtete anscheinende Unwirksamkeit verbaler Instruktionen für motorisches Lernen zur Empfehlung geführt, motorisches Lernen soll ohne verbale Instruktionen erfolgen. Das Sprachzentrum und das Zentrum, von dem die Bewegung gesteuert wird, sind — anatomisch gesehen — topologisch nahe und durch Neurone eng verbunden, was aufgrund der Korrelationen zwischen bestimmten Arten von Aphasien und Apraxien evident ist. Außerdem sind Sprache und Bewegung funktionsmäßig typisch für Prozesse in der linken Hemisphäre (Gazzaniga, 1970), d. h. sie sind in Richtung auf eine temporale und kausale Ordnung hin orientiert. Das Konzept der Schemahierarchie mit Integration nach oben und Einschränkungen nach unten löst das Problem der Koordination von Sprache und motorischer Kontrolle: Die Entwicklung von vielen Bewegungen (z. B. Gehen, Laufen, Springen und sogar Radfahren) und von verbaler Kompetenz finden gleichzeitig statt. Aus diesem Grund entwickeln Menschen spezifische verbale Etiketten für basale Einheiten von Bewegungen (z. B. die angemessene Spannung in der Fuß-Bein-Kombination zum Laufen) nur, *nachdem* die höher angeordneten Schemata (z. B. Laufen) automatisiert worden sind. Frühzeitig vorhandene verbale Etiketten wie „Springen", „Laufen" etc. gehören zu jenen höhergeordneten Schemata, die der

Zerlegung aufgrund des beschriebenen Mechanismus bei der Schemaintegration widerstehen. Für motorisches Training, vor allem beim sogenannten sensumotorischen Ansatz (Volpert, 1971) oder beim ICM-Ansatz von Burton et al. (1984), hat man versucht, das Problem des ungenügenden verbalen Repertoires für Bewegung zu umgehen, indem man exakte physikalische Beschreibungen oder Darstellungen der verlangten Bewegung gab. Diese Art von Instruktionen hat jedoch sehr häufig nicht funktioniert, da die physikalisch korrekte Beschreibung nicht in den Bezugsrahmen der sensorischen Erfahrungen der Akteure paßt (z. B. gibt es keine interne Repräsentation für „ungefähr 10 cm über dem Kopf"). Außerdem drängen diese Instruktionen den Aufgaben auf jeden Fall eine sequentielle Struktur auf, obwohl sie parallel ausgeführt werden müssen. Die dargestellte Schematheorie hat stattdessen zur Konsequenz, daß nicht solche scheinbar exakten sprachlichen (oder bildlichen) Beschreibungen zu Instruktionszwecken herangezogen werden, sondern übergeordnete Schemata, für die erfahrungsgemäß reiche verbale Etikettierungen existieren und die eine zur neuen Aufgabe äquivalente Struktur haben. Von besonderer Bedeutung sind dabei die Zeitstrukturen, die die parallele Ausführung der Teilfertigkeiten steuern. Ein Werkzeug, das die Sprache für diese Art von verbaler Modifizierung der internen Repräsentation bereitstellt, sind Analogien und Metaphern (s. z.B. Ortony, 1979, oder Hohneck & Hoffman, 1980). Volger (1980) hat eine Reihe von Instruktionstexten in metaphorischer Sprache entwickelt (z. B. zum Skifahren oder Schwimmen) und die Effizienz dieses Ansatzes gezeigt. Wie die schematheoretische Analyse dieses Ansatzes zeigt, ist das Treffende der Metaphern und ihre instruktionsmäßige Effizienz durch das Aufdrängen einer neuen Randbedingungsstruktur auf eine bestehende Schematheorie verursacht. Die begleitenden Veränderungen bei den zulässigen Transformationen der zugrundeliegenden Schemata erlauben eine neue Zusammenstellung der zeitlichen und räumlichen Abfolge von Bewegungen. Dies ist für die motorische Regulation der neuen Fertigkeit nötig.

Diese Modellierung von Bewegungsabläufen durch interdependente Schemahierarchien erfüllt einerseits die von Stelmach und Diggles (1982) aufgestellten Kriterien für eine Theorie der Bewegungssteuerung und ermöglicht darüber hinaus die Identifikation von automatisierten Bewegungseinheiten, wenn man die Reihenfolge von Teilbewegungen als horizontale Randbedingungen zusätzlich in der Schemahierarchie abbildet. Eine solche Hierarchie stellt einen „vollständigen Baum" im Sinne der optimalen Kodierungstheorie dar (siehe Abbildung 7) mit zyklischen und nicht-zyklischen Komponenten.

Eine in diesem Sinne automatisierte Bewegungsfolge wird vor allem durch die quasi-ballistische Form der Durchführung gekennzeichnet, d. h. wenn sie initiiert ist, kann sie — selbst bei der Registrierung von Fehlern — weder abgebrochen noch modifiziert werden. Darüber hinaus läßt sich aus den Übergangszeiten zwischen Bewegungsteilen bzw. -sequenzen der Grad der Automatisierung ablesen:

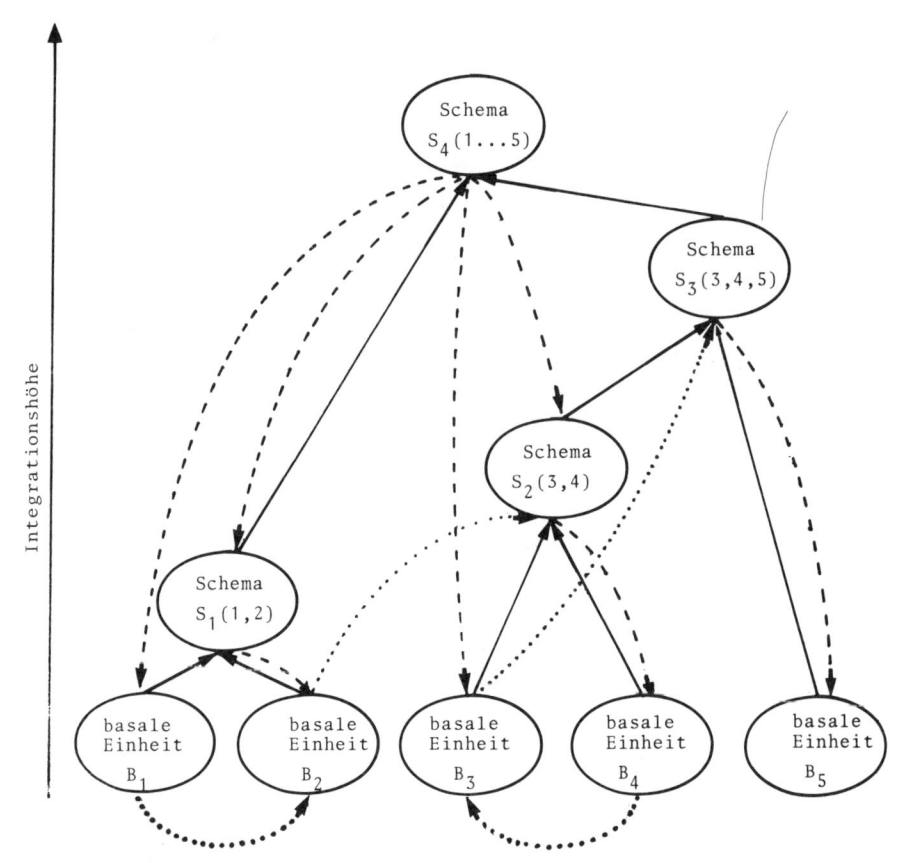

Abb. 7: Schema-Hierarchie mit vollständiger Baumstruktur. Die horizontal wirkenden Randbedingungen für Aufeinanderfolge und zeitliche Struktur regulieren das Ausmaß der für die Bewegungsdurchführung notwendigen Aufmerksamkeit (siehe Gopher & Navon, 1979).

1. Liegen die Übergangszeiten zwischen Bewegungsteilen deutlich unter den Zeiten, die für die Initialisierung neuer Bewegungsteile notwendig sind, dann ist die durch sie konstituierte Sequenz als automatisiert anzusehen,

2. liegen die Übergangszeiten zwischen Sequenzen im gleichen Größenbereich wie die oben genannten Übergangszeiten, dann ist die Folge der Sequenzen als automatisiert anzusehen.

Weitere Kriterien für Automatisierung sind in diesem Modell die Reduktion von Sequenzfehlern und die Robustheit gegenüber Interferenz.

Den positiven Konsequenzen der Automatisierung (Geschwindigkeit, Fehlerfreiheit, Stabilität gegenüber Interferenzen und daher geringe Anforderungen an die Aufmerksamkeit) steht als negative Hauptkonsequenz für das Bewegungslernen die Verhinderung spezifischen Transfers gegenüber, d. h. für einen neuen komplexen Bewegungsablauf sind physikalische und physiologisch identische Bewegungsteile oder -sequenzen *nicht* aus dem automatisierten Bewegungsablauf herauslösbar; es kommt sogar bei Veränderung der horizontalen, den Rhythmus und die Abfolge steuernden, und der vertikalen Randbedingungen (Einschränkung der zulässigen Transformationen) zu negativem Transfer, der allerdings häufig deshalb unidentifiziert bleibt, weil er durch den unspezifischen Übungstransfer überdeckt wird.

Zusammenfassend läßt sich sagen: Die Ergebnisse der berichteten Experimente stützen das vorgeschlagene Modell für die Organisation von Bewegungen, wonach der Lernprozeß durch eine progressive Integration von Schemata mit niedrigerem Niveau in Schemahierarchien charakterisiert ist. Die verschiedenen Leistungsniveaus entsprechen den Integrationsniveaus: Beginnend mit einer reinen Ansammlung von Teilfertigkeiten mit niedrigem Schemaniveau wird ein erstes Niveau von Integration erreicht, wenn unabhängige Teilfertigkeiten grob koordiniert werden. In diesem Stadium sind die Teilfertigkeiten noch als Einheiten (Rumelhart, 1980) für alternative Koordinationsformen vorhanden. Wenn jedoch im letzten Stadium der Integration Einschränkungen nach unten die zulässigen Transformationen der Schemata auf niedrigerem Niveau behindern, ist die Schemahierarchie nicht mehr zerlegbar. Deshalb können dann ihre Bestandteile nicht einfach für alternative Fertigkeiten benutzt werden. Wird das Stadium der automatischen Durchführung erreicht, dann wird die Verringerung der für die Steuerung notwendigen Aufmerksamkeit damit erkauft, daß sowohl die Abfolge von Teilbewegungen wie auch die zeitliche Struktur (z. B. Rhythmus) unverändert bleiben müssen.

## 7 Die Untersuchung von Handlungsfehlern bei motorischen Fertigkeiten

Während das bisher dargestellte Modell an der Kontrolle kontinuierlicher Bewegungen orientiert war und damit Leistungsgüte analog gemessen wurde, ergibt sich bei der Analyse diskreter motorischer Fertigkeiten (z. B. Maschineschreiben, Pianospielen u. a.) die Möglichkeit einer *qualitativen* Fehleranalyse. Das Ziel einer solchen Fehleranalyse ist es dann, aus der Art der Fehler und der zeitlichen Struktur ihres Auftretens *Produktions*modelle für motorische Fertigkeiten zu erstellen. Solche Modelle spezifizieren, wie eine mentale Repräsentation der Fertigkeit die qualitativen Aspekte der motorischen Ausführung bedingt, ohne sich allerdings der Frage nach dem Zustandekommen der mentalen Repräsentation und dem Erwerb der Fertigkeit zu stellen. Daher und vor allem auch, weil diese Modelle von einer hierarchischen Schemastruktur der motorischen Fertigkeit ausgehen, sind sie als komplementär zu dem in Teil 6 beschriebenen Ansatz anzusehen.

Ganz allgemein lassen sich bei motorischen Handlungen zwei Grundkategorien von Fehlern unterscheiden:

1. Fehler, die auf einer Fehlinterpretation von Information oder auf deren Unvollständigkeit beruhen (z. B. Lesefehler beim Maschineschreiben) und die zu falschen Handlungsplanungen führen, und

2. Fehler, die bei der Ausführung einer an sich korrekten Handlungsplanung auftreten und z. B. durch Ermüdung, psychische Sättigung oder Interferenz durch andere Aktionen verursacht sind.

Um die Bedeutung der ersten Fehlerkategorie einschätzen zu können, ist es notwendig, die Informationsaufnahme für motorische Handlungsplanungen genau zu kontrollieren; Shaffer (1978) hat dies am Beispiel des Maschineschreibens gemacht. Dabei stellte sich heraus, daß geübte Typisten (100 Worte pro Minute) nicht mehr als neun Buchstaben voraus planen: Bei geringerem Informationsangebot sinkt die Leistung, aber bei einer Erhöhung bleibt sie gleich. Dies ändert sich aber, wenn anstelle von Worten (auch zufällig aneinandergereiht) sinnlose Buchstabenfolgen vorgegeben werden; in diesem Fall kommt es zu einer Leistungseinbuße von ca. 50 %. Vergleicht man die Informationsaufnahme auf verschiedenen Leistungsniveaus, dann stellt sich bei repetetiven Aufgaben wie Maschineschreiben heraus, daß ein Optimum für die Informationsvorgabe dann vorliegt, wenn diese in etwa mit dem Pensum übereinstimmt, das in ca. einer Sekunde motorisch ausgeführt werden kann. Wie der Vergleich darüber hinaus zeigt, beruht die schnellere motorische Ausführung der Worte darauf, daß schon bei der Handlungsplanung die Redundanz vertrauten Materials zu einer Optimierung führt.

Die Ausführungsfehler bei korrekter Handlungsplanung sind bisher ebenfalls am umfassendsten beim Maschineschreiben untersucht worden (Grudin, 1983); dabei treten neben Ausführungsungenauigkeiten (Anschlagen von zwei Tasten gleichzeitig) vor allem drei für die Frage der motorischen Steuerung wichtige Fehlerformen auf: 1) Austauschungen zwischen den Händen (a — h), 2) zwischen den Fingern (e — r) und 3) zwischen zwei Fingerpositionen (q — a). Bei der Analyse von Fehlerprotokollen wird deutlich: Für jede dieser Fehlerformen treten solche Fehler am häufigsten auf, die den richtigen Ausführungen am nächsten kommen (siehe die oben angeführten Beispiele); die Vertauschungen von zwei benachbarten Positionen des gleichen Fingers sind absolut am häufigsten zu finden. Nach dieser Fehlerverteilung ist zumindest beim Maschineschreiben die Ausführung hierarchisch geordnet (Hand — Finger — Position); nach weiteren Untersuchungen von Reason (1979, 1987) läßt die Häufigkeitsverteilungen von Ausführungsfehlern bei Fertigkeiten ganz allgemein darauf schließen, daß diesen eine hierarchische Struktur zugrundeliegt.

Shaffer (1982, aufbauend auf Reason, 1979), Norman und Rumelhart (1983) und Rumelhart und Norman (1982) haben Produktionsmodelle für die Fertigkeit des Maschineschreibens entwickelt. Beiden Ansätzen ist die Annahme einer hierarchischen Struktur gemeinsam; sie unterscheiden sich aber hinsichtlich der Annahmen über die Generierung und Kontrolle der Bewegungen. Der Ansatz von Reason (1979) basiert auf einer Trennung von Planung und Ausführung; dabei wird davon ausgegangen, daß die mentale Verarbeitungskapazität auf jeweils einen Plan zur gleichen Zeit beschränkt ist. Die Vermittlung von der Planung zur Ausführung besteht in der Festlegung einer Sequenz von zu kontrollierenden Einzelaktionen; diese Einzelaktionen können aber durchaus aus mehreren, auch komplexen und parallel ablaufenden Bewegungen bestehen, sofern deren Koordination automatisiert ist. Fehler werden verursacht durch die Interferenz mehrerer Ausführungen bzw. durch das Versagen der angenommenen zentralen Instanz für die Kontrolle der Sequenzen („... looses its place"). Dies führt zu den nach Reason und Mycielska (1982) häufigsten Fehlerkategorien:

1. Unnötige Wiederholung von Einzelaktionen,

2. Ausführung der korrekten Einzelaktionen am falschen Objekt,

3. Einfügung nicht zum Plan gehöriger Einzelaktionen und

4. Auslassung von Einzelaktionen.

Das Modell von Reason (1979) wird vor allem durch die Daten von Shaffers (1982) Analyse des Maschineschreibens gestützt. Eine häufige Fehlerkategorie bei repetitiven Arbeiten widerspricht allerdings diesem Modell, nämlich das spontane Auslassen häufig nacheinander durchgeführter Einzelaktionen bzw. deren qualitative Veränderung durch das Zusammenbrechen der Koordination der Bewegungen, wie es z. B. bei psychischer Sättigung zu beobachten ist (Lewin, 1926).

Das alternative Modell von Norman und Rumelhart (1982), entwickelt am Beispiel des Maschineschreibens, setzt gerade an diesem und verwandten Phänomenen an, die auf inhibitorische bzw. exzitatorische Prozesse der Aktivierung zurückgeführt werden können. Norman und Rumelhart (1983) und Rumelhart und Norman (1982) gehen genauso wie Reason (1979) von einer hierarchischen Struktur der motorischen Fertigkeiten aus, wonach übergeordnete Schemata aus untergeordneten bestehen, unter denen wieder andere subsumiert sind. Anders als Reason wird aber nicht in Planung und Ausführung getrennt, sondern es wird angenommen, daß sich die Koordination der Ausführung aufgrund exzitatorischer und inhibitorischer Verbindungen zwischen den Schemata parallel organisiert. Damit wird jeweils die Aktion realisiert, deren sie kontrollierendes Schema am stärksten aktiviert ist (s. Abbildung 8). Dieses Modell unterscheidet sich in drei Hauptaspekten vom Modell in Abbildung 7: Es fehlen die Integration nach oben (der Aspekt des Fertigungserwerbs) und die horizontale Koordination (die Bildung einer Sequenz im Handhabungsplan nach Reason); dagegen weisen alle Schemata „Autoinhibition" auf, die Mehrfach-

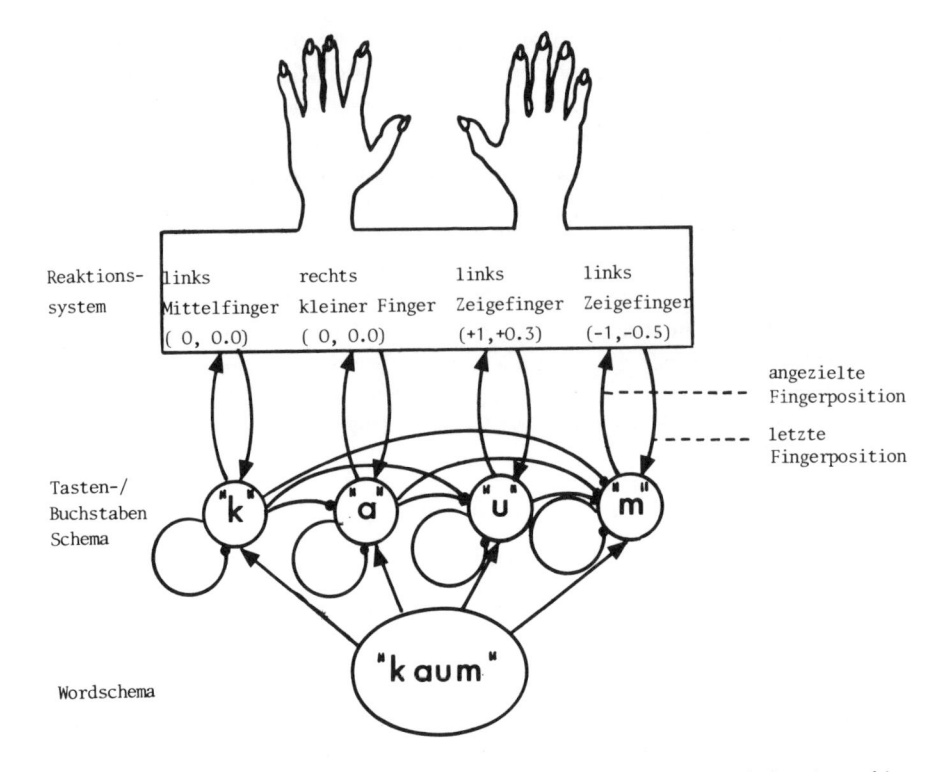

Abb. 8: Das Schemamodell von Rumelhart und Norman (1982) mit exzitatorischen (→) und inhibitorischen (—•) Verbindungen zwischen Schemata.
*Anmerkung:*
Im Reaktionssytem gibt die erste Zeile die aktivierte Hand an und die zweite den aktiven Finger. In Zeile 3 werden die Koordinaten für die Fingerbewegungen angegeben: zuerst oben (+1), mitte (0) und unten (−1), daneben stark (0,5) oder schwach nach außen (−) oder nach innen (+) verschoben (modifiziert nach Rumelhart & Norman, 1982, S. 12).

durchführungen verhindert, also dem Phänomen der psychischen Sättigung Rechnung trägt.

Wie Simulationsstudien mit diesem Modell gezeigt haben, wird die Häufigkeit von Vertauschungsfehlern beim Maschineschreiben korrekt vorhergesagt, allerdings wird die Häufigkeit von fehlerhaften Nichtwiederholungen („Mase' statt ‚Masse') extrem überschätzt. Eine weitere prüfbare Konsequenz dieses Modells ist, daß im Schnitt die Ausführung von Fehlern schneller sein sollte, als die Ausführung korrekter Aktionen, da bei diesen die vollständige Bewertung der Erregung aller infrage kommender Schemata abgeschlossen sein muß; Grudin (1983) hat allerdings keine Unterschiede finden können. Rosenbaum (1985) hat ein Produktionsmodell für motorische Aktionen vorgeschlagen, das die Ansätze von Reason (1979) bzw. Shaffer (1982) und Norman und Rumelhart (1983) sowie Rumelhart und Norman (1982) integrieren könnte. Dabei geht er von einer Struktur aus, wie sie in Abbildung 7 gegeben ist, und interpretiert die horizontale Verbindung als „Schema X aktiviert Schema Y".

## 8 Schlußbemerkung

Wie die vorgestellten Theorieansätze, Modelle und Ergebnisse deutlich zeigen, gibt es auf dem Gebiet des Erwerbs und der Kontrolle motorischer Aktionen bislang noch keinen Ansatz, der den Kriterien von Stelmach und Diggles (1982) genügt und gleichzeitig die eindeutige Vorhersage von Lern- und Transferleistungen, Fehlern und Ausführungszeiten ermöglicht. Allerdings lassen sich aus den — wenn auch nur teilweise — erfolgreichen Modellen eine Reihe von Eigenschaften ableiten, die ein integratives Modell aufweisen müßte:

1. Schemata als Grundeinheiten
2. hierarchische Struktur der Schemata
3. multiple Verbindungen zwischen den Schemata
4. Koordination von sequentieller und paralleler Ausführung
5. Gegebenheit von Selbstorganisationsprozessen bei automatisierten Bewegungen.

Darüber hinaus lassen sich speziell für die Trainings- und Instruktionspraxis einige nicht-triviale Konsequenzen ableiten:

1. Das Fertigkeitsniveau beeinflußt den Lerntransfer derart, daß auf einem mittleren Niveau die Übertragbarkeit maximal ist.
2. Die Vermittlung von Funktionsmodellen in der Instruktion führt zu einem besseren Lerntransfer als die Beobachtung und Imitation erfolgreicher motorischer Aktionen.
3. Instruktionstexte und -material müssen sich an der Struktur der vorhandenen Fertigkeiten orientieren; d. h. sie dürfen nur kontrollierte oder kontrollierbare Aktionen behandeln.
4. Biomechanisch unterscheidbare Aktionen sind nicht unbedingt auch nach der Fertigkeitstruktur unterscheidbar; allerdings gilt das Gegenteil.
5. Handlungsfehler sind durch die Fertigkeitsstruktur bedingt und ermöglichen daher im Rückschluß zumindest teilweise die Aufklärung dieser Struktur.

## Literatur

Adams, J. A. (1961). Human tracking behavior. *Psychological Bulletin, 58*, 55—79.

Adams, J. A. (1971). A closed-loop theory of motor learning. *Journal of Motor Behavior, 3*, 111—149.

Anderson, J. R. (1983). *Cognitive skills and their acquisition.* Hillsdale, NJ: Erlbaum.

Arbib, M. A. (1980). Interfacing schemas for motor control. In G. E. Stelmach & J. Requin (Eds.), *Tutorials in motor behavior* (pp. 71—79). Amsterdam: North-Holland.

Bartlett, F. C. (1932). *Remembering.* Cambridge: University Press.

Bernstein, N. A. (1935). *Untersuchungen zur Biodynamik der Bewegung (Normaler Gang, Belastung und Ermüdung).* Moskau: Institut für Experimentelle Medizin (in russisch).

Bernstein, N. A. (1957). Some emergent problems of the regulation of motor acts. Nachgedruckt in: H. T. A. Whiting (Ed., 1984), *Human motor actions. Bernstein Reassessed* (pp. 343—371). Amsterdam: North-Holland.

Bernstein, N. A. (1967). *The coordination and regulation of movement.* New York: Pergamon Press.

Brady, M. (1983). Criteria for representation of shape. In A. Rosenfeld & J. Beck (Eds.), *Human and machine vision* (S. 39—84). New York: Academic Press.

Burton, R. R., Brown, J. S. & Fischer, G. (1984). Skiing as a model of instruction. In B. Rogoff & J. Lave (Eds.), *Everyday cognition: Its development in social context* (pp. 139—150). Cambridge/MA: Harvard University Press.

Cassirer, E. (1944). The concept of group and the theory of perception. *Philisophy and Phenomenological Research, 5*, 1—36.

Cutting, J. E. (1983). Four assumptions about invariance in perception. *Journal of Experimental Psychology: Human Perception and Performance, 9*, 310—317.

Engelkamp J. & Zimmer H. D. (1985). Motor programs and their relation to semantic memory. *The German Journal of Psychology, 9*, 239—254.

Fleishman, E. A. & Quaintance, M. K. (1984). *Taxonomies of human performance.* New York: Academic Press.

Gallistel, C. R. (1980). *The organization of action.* Hillsdale, NJ: Erlbaum.

Gazzaniga, M. W. (1970). *The bisected brain.* New York: Appleton Century Crofts.

Gentner, D. R., Grudin, J. & Conway, E. (1980). *Finger movements in transcription typing.* (Tech. Rep. 8001) La Jolla Cal. University of California at San Diego, Center for Human Information Processing.

Gibson, J. J. (1979). *The ecological approach to visual perception.* Boston: Houghton Mifflin.

Glencross, D. J. (1980). Levels and strategies of response organization. In G. E. Stelmach & J. Requin (Eds.), *Tutorials in motor behavior* (pp. 551—566). Amsterdam: North-Holland.

Gopher, D. & Navon, D. (1979). On the economy of the human-processing system. *Psychological Review, 86*, 214—255.

Greenwald, A. G. & Albert, S. M. (1968). Observational learning: A technique for elucidating S-R mediation processes. *Journal of Experimental Psychology, 76*, 273—278.

Grudin, J. T. (1983). Error patterns in novice and skilled transcription typing. In W. E. Cooper (Ed.), *Cognitive aspects of skilled typewriting* (pp. 121—144). New York: Springer Verlag.

Hacker, W. (1973/1978). *Allgemeine Arbeits- und Ingenieurpsychologie*. Berlin: VEB Deutscher Verlag der Wissenschaften.

Haken, H. (1977). *Synergetics and introduction: non-equilibrium phase transitions and self-organization in physics, chemistry and biology*. Berlin: Springer.

Head, H. (1920). *Studies in neurology*. Oxford: Oxford University Press.

Hebb, D. O. (1949). *The organization of behavior*. New York: Wiley.

Henry, F. M. & Rogers, D. E. (1960). Increased response latency in complicated movements and the „memory drum" theory of neuromotor reaction. *Research Quarterly, 31*, 448—458.

Hohneck, R. & Hoffmann, R. (Eds.). (1980). *Cognition and figurative language*. Hillsdale, NJ: Erlbaum.

Holst, E. von (1935). Über den Prozeß der zentralnervösen Koordination. *Pflügers Archiv der gesamten Physiologie, 236*, 149—158.

Holst, E. von & Mittelstädt, H. (1950). Das Reafferenzprinzip. *Naturwissenschaft, 37*, 464—476.

Jeannerod, M. (1984). The timing of natural prehension movements. *Journal of Motor Behavior, 16*, 234—254.

Kant, I. (1781). *Kritik der reinen Vernunft*. Leipzig: Hartkoch.

Kelso, J. A. S. & Kay, B. A. (1987). Information and control: A macroscopic analysis of perception-action coupling. In H. Heuer & A. F. Sanders (Eds.), *Perspectives on perception and action* (pp. 3—32). Hillsdale, NJ: Erlbaum.

Knight, J. L., jr. (1987). Manual control and tracking. In G. Salvendy (Ed.), *Handbook of human factors* (pp. 183—218). New York: Wiley.

Körndle, H. (1983). *Zur kognitiven Steuerung des Bewegungslernens*. Unveröffentl. Diss., Universität Oldenburg.

Lashley, K. S. (1938). Factors limiting recovery after central nervous lesions. *Journal of Nervous and Mental Disease, 88*, 733—755.

Leist, K.-H. (in Vorbereitung). Transfer beim Lernen von Bewegungshandlungen.

Lewin, K. (1926). Untersuchungen zur Handlungs- und Affektpsychologie. Vorbemerkungen über die psychischen Kräfte und Energien und über die Struktur der Seele. *Psychol. Forschung, 7*, 294—329.

Meinel, K. (1960/1976). *Bewegungslehre. Abriß einer Theorie der sportlichen Motorik unter pädagogischem Aspekt*. Berlin: Volk und Wissen.

Miller, G. A., Galanter, E. & Pribram, K. H. (1960). *Plans and the structure of behavior.* New York: Holt.

Muybridge, E. (1887). *Animal locomotion.* Rochester: G. Eastman House.

Neisser, U. (1976). *Cognition and reality.* San Francisco: Freeman.

Neumann, O. & Prinz, W. (1987). Kognitive Antezedentien von Willkürhandlungen. In H. Heckhausen, P. M. Gollwitzer & F. E. Weinert (Hrsg.), *Jenseits des Rubikon: Der Wille in den Humanwissenschaften* (S. 195—215). Berlin: Springer.

Norman, D. A. & Rumelhart, D. E. (1983). Studies of typing from the LNR research group. In W. E. Cooper (Ed.), *Cognitive aspects of skilled typewriting* (pp. 45—66). New York: Springer Verlag.

Ortony, A. (Ed.). (1979). *Metaphor and thought.* Cambridge: University Press.

Pattee, H. H. (1977). Dynamics and linguistic modes of complex systems. *International Journal of General Systems, 3,* 259—266.

Pew, R. W. (1966). Acquisition of hierarchical control over the temporal organization of skill. *Journal of Experimental Psychology, 71,* 764—771.

Pribram, K. H. (1971). *What makes man human?* New York: Museum of Natural History.

Pylyshyn, Z. W. (1979). Validating computational models: A critique of Anderson's indeterminancy of representation claim. *Psychological Review, 86,* 383—394.

Reason, J. T. (1979). Actions not as planned. In G. Underwood & R. Stevens (Eds.), *Aspects of consciousness* (Vol. 1, pp. 67—89). London: Academic Press.

Reason, J. T. (1987). *Errors and violations: A framework for aberrant behaviors.* Fourth International Conference on Event Perception and Action, Trieste.

Reason, J. T. & Mycielska, K. (1982). *Absent minded? The psychology of mental lapses and everyday errors.* Englewood Cliffs, NJ: Prentice Hall.

Rosenbaum, D. A. (1977). *Processes of human movement initiation.* Unpublished doctoral dissertation. Stanford University.

Rosenbaum, D. A. (1980). Human movement initiation: Specification of arm, direction, and extent. *Journal of Experimental Psychology: General, 109,* 444—474.

Rosenbaum, D. A. (1985). Motor Programming: A review and scheduling theory. In H. Heuer, U., Kleinbeck, K. H. Schmidt (Eds.), *Motor behavior: programming, control, acquisition* (pp. 1—33). Berlin: Springer.

Rumelhart, D. E. (1980). Schemata — the building of cognition. In R. J. Spiro, B. C. Bruce & B. F. Brewer (Eds.), *Theoretical issues in reading comprehension: Perspectives from cognitive psychology, linguistics, artificial intelligence, and education* (pp. 33—58). Hillsdale, NJ: Erlbaum.

Rumelhart, D. E. & Norman, D. A. (1982). Simulating a skilled typist: A study of skilled perceptual motor performance. *Cognitive Science, 6,* 1—36.

Runeson, S. (1977). On the possibility of ‚smart' perceptual mechanisms. *Scandinavian Journal of Psychology, 18,* 172—179.

Salvendy, G. (Ed.). (1987). *Handbook of human factors.* New York: Wiley.

Schlesinger, G. (1919). Der mechanische Aufbau der künstlichen Glieder. III. Künstliche Hände. In: *Ersatzglieder und Arbeitshilfen für Kriegsbeschädigte und Unfallverletzte*. Hrsg. von der Ständigen Ausstellung für Arbeiterwohlfahrt (Reichs-Anstalt) in Berlin-Charlottenburg und der Prüfstelle für Ersatzglieder (Gutachterstelle für das Preussische Kriegsministerium) in Berlin-Charlottenburg. S. 497—547. Berlin: Springer.

Schmidt, R. A. (1975). A schema theory of discrete motor skill learning. *Psychological Review, 82,* 225—260.

Shaffer, L. H. (1978). Timing in the motor programming of typing. *Quarterly Journal of Experimental Psychology, 30,* 333—345.

Shaffer, L. H. (1982). Rhythm and timing in skill. *Psychological Review, 89,* 109—122.

Simon, H. A. (1965). The architecture of complexity. *Proceedings of the American Philosophical Society, 106,* 467—482.

Skinner, B. F. (1968). *The technology of teaching.* New York: Appleton Century Crofts.

Stelmach, G. E. & Diggles, V. A. (1982). Control theories in motor behavior. *Acta Psychologica, 50,* 83—105.

Summers, J. J., Sargent, G. I. & Hawkins, S. R. (1984). Rhythm and the timing of movement sequences. *Psychological Research, 46,* 107—119.

Taylor, F. W. (1911). *Principles of scientific management.* New York: Harper & Row.

Thom, R. (1972). *Stabilité Structurelle et Morphogénèse.* New York: Benjamin.

Tomovic, R. & Bellmann, R. (1970). A system approach to muscle control. *Mathematical Bioscience, 8,* 265—277.

Volger, B. (1980). *Metapher und Transfer im Sport.* Unveröff. Dipl.arbeit, Universität Oldenburg.

Volpert, W. (1971). *Sensumotorisches Lernen. Training und Beanspruchung 1.* Frankfurt: Akademie Verlag.

Wason, P. C. & Johnson-Laird, P. N. (1972/1975). *Psychology of reasoning. Structure and content.* Cambridge, MA: Harvard University Press.

Whiting, H. T. A. (Ed.) (1984). *Human motor actions. Bernstein reassessed.* Amsterdam: North-Holland.

Weimer, W. B. (1977). A conceptual framework for cognitive psychology: Motor theories of the mind. In R. Shaw & J. Bransford (Eds.), *Perceiving, acting, and knowing* (pp. 267—311). Hillsdale, NJ: Erlbaum.

Zimmer, A. C. (1982). Do we see what makes our script characteristic — or do we only feel it? Modes of sensory control in handwriting. *Psychological Research, 44,* 165—174.

Zimmer, A. C. (1983). Stadien beim Erwerb komplexer Bewegungsmuster. *Sportwissenschaft, 3,* 287—299.

Zimmer, A. C. (1984). The role of internal representations in the acquisition of motor skills. In W. Kintsch (Ed.), *Proceedings of the Sixth Annual Conference of the Cognitive Science Society* (pp. 365—373). Boulder: Institute of Cognitive Science.

Zimmer, A. C. (1987). *Identifikation von automatisierten Bewegungsabläufen.* 29. Tagung experimentell arbeitender Psychologen. Aachen.

7. Kapitel

# Informationsdarstellungen in Mensch-Maschine-Systemen

*Klaus-Peter Timpe*

## 1 Psychologische Kriterien für die Entwicklung der Informationsdarstellung

Die Darstellung der Information, die der Mensch im Mensch-Maschine-System für die Ausführung seiner Tätigkeit benötigt, erfolgt zumeist mit Hilfe von Meßinstrumenten bzw. Anzeigegeräten, Leuchtmeldern, Displays, Bildschirmen usw. In Verbindung mit den Bedienelementen bilden diese Anzeigeelemente für die Mensch-Maschine-Interaktion die entscheidenden Kopplungsglieder (Abbildung 1). Sie verkörpern an der Nahtstelle zwischen technischem

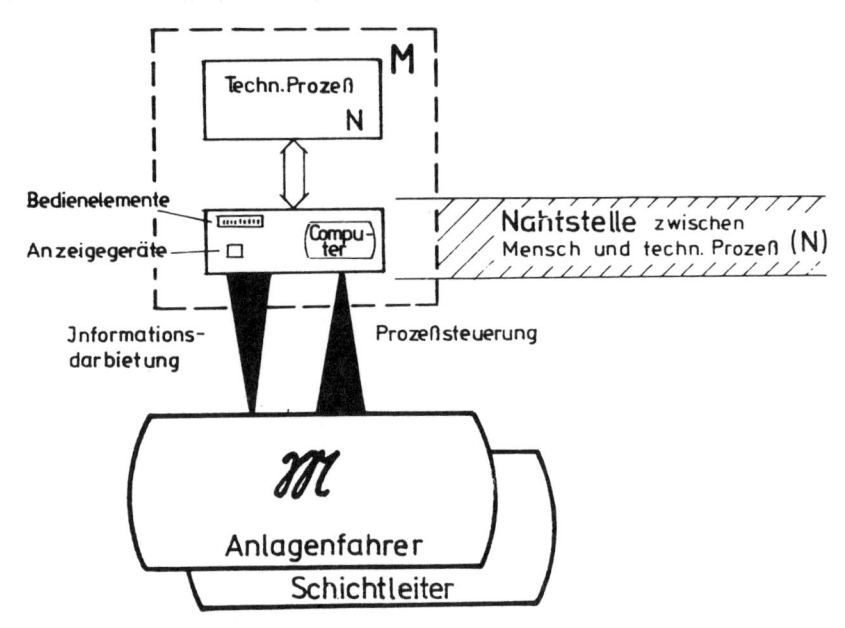

Abb. 1: Informationszirkulation im Mensch-($\mathcal{M}$)-Maschine-(M)-System: Prozeßzustände werden an der „Nahtstelle" zwischen Anlagenfahrer und dem technischen Prozeß (N) mittels Anzeigegeräten und Bedienelementen geregelt.

Prozeß, der zu steuern ist, und Mensch — im allgemeinen Sprachgebrauch als Schnittstelle bezeichnet — im Zusammenhang mit dem Entwicklungsstand der Meß- und Gerätetechnik sowie verwandten technischen Disziplinen den Reifegrad von Wissenschaft und Technik:

Zu Beginn dieses Jahrhunderts waren die Meß- und Steuergeräte zumeist direkt an die Maschinen angeschlossen und mit Handreglern und -schaltern auf örtlichen Tafeln und Pulten dezentral zusammengefaßt. Die rasche Entfaltung der Fernwirktechnik erlaubte ab Mitte unseres Jahrhunderts, die dezentralisierte Bedien- und Anzeigetechnik zu zentralisieren, die „Meßwarten" (auch: Zentrale Überwachungseinheiten) wurden entwickelt und veränderten die Anforderungen im Arbeitsprozeß grundlegend. Bedien-, Überwachungs- und Steuerungstätigkeiten wurden in der Funktion des Meßwartenfahrers vereint und führten zu neuartigen Beanspruchungen. Gegenwärtig reifen die rechnergestützten Informationstechnologien, die seit 1970 — mit der Entwicklung des Mikroprozessors — in die Prozeßleittechnik integriert werden. Bildschirme werden zur Beherrschung des Informationsaustausches eingesetzt. Sie erlauben nicht nur bessere, bisher kaum mögliche Varianten der Informationsdarstellung, sondern ermöglichen auch unter Einschluß der Rechentechnik Verbesserungen der Informationsqualität (Gilson, 1984). Der Einsatz der Bildschirmtechnik wird jedoch nicht nur in Bereichen der unmittelbaren Produktion vollzogen; nahezu jede Sphäre unseres Lebens wird von diesen neuen Kommunikationsmöglichkeiten berührt. Hingewiesen sei auf die Produktionsvorbereitung, die Büroautomatisierung, die Dienstleistungsbereiche u. ä.

Da es sich bei diesen Formen der Mensch-Rechner-Interaktion jedoch um einen qualitativ neuen Typ von Mensch-Maschine-Systemen handelt (u. a. dadurch gekennzeichnet, daß die Steuerungsobjekte rechnerintern existieren), wird im folgenden, um den Rahmen dieses Überblicks nicht zu sprengen, nur der Aspekt der Bildschirmnutzung bei der Prozeßleittechnik betrachtet, der Sonderfall der Mensch-Rechner-Interaktion dagegen in Kapitel 9 untersucht.

Die spezifischen Eigenschaften der Informationsdarbietung mittels Bildschirm ermöglichen neuartige Gestaltungslösungen für die Mensch-Maschine-Kommunikation. In bisher nicht möglichem Maße können individuelle Besonderheiten bei der Informationsnutzung berücksichtigt, aufgabenspezifische Kodierungsalphabete angeboten, spezielle Organisationsformen der Informationsabrufung oder -wahl aufgebaut oder auch spezielle Arbeitsbedingungen geschaffen werden.

Wie hier nachdrücklich betont werden muß, sind die psychologischen Erkenntnisse bei der Anzeigengestaltung immer in das ganze Ensemble persönlichkeitsbildender Faktoren im Arbeitsprozeß einzuordnen; „optimierte" Einzelelemente, zusammengefaßt auf Meßgeräten, Tafeln, Pulten oder Bildschirm ergeben also noch keine optimale Informationsdarbietung. Vorschläge vom Typ „Meßgerät X sollte verändert werden" schöpfen die Reichweite psychologischer Gestaltungsmaßnahmen keinesfalls aus, sind aber notwendige Voraussetzung, um übergeordnete Gestaltungsziele zu erreichen. Denn die Mißachtung von Grenzwerten der menschlichen Informationsverarbeitung (z. B. der Wahrnehmungsschwellen, der zeitlichen Bedingungen, der Sinnesmodalitäten oder Gedächtnisparameter) kann Ursache von Fehlhandlungen, Unfällen, Zeit- oder Qualitätsverlusten sein. Aus diesem Grunde muß der Psychologe im Rahmen der Tätigkeitsprojektierung auch Probleme der Arbeitsmittelgestaltung, zu der die Informationsdarbietung zählt, aufgreifen. Unter diesem Aspekt ist die Anpassung technischer Parameter an die psychophysischen Dispositionen des Menschen wichtige Voraussetzung, um in Verbindung mit anforderungsabhängigen sowie aufgaben- und wissensangepaßten Gestaltungslösungen die übergeordnete Zielstellung der Persönlichkeitsbildung durch die Arbeitstätigkeit zu erreichen (Timpe, 1988).

Abbildung 2 zeigt diese Hierarchie der Gestaltungsziele, aus der auch die Berechtigung abgeleitet wird, Anzeige- und Bedienelemente als psychologische Problemstellung aufzufassen.

| Bewertungskriterien (nach Hacker und Richter, 1980) | Gestaltungsaufgaben bei der Informationsdarbietung | Beispiel für psychologische Gestaltungsbereiche |
| --- | --- | --- |
| Beeinträchtigungsfreiheit | Anordnung, Quantität und Qualität der Informationsdarbietung, zeitliche Bedingungen | wissensbezogene Strukturierung der Informationsdarstellung; Gruppenbildungen; Kompatibilität; Alarmhierarchie |
| Schädigungsfreiheit | Allgemeine Arbeitsbedingungen | Beleuchtung |
| Ausführbarkeit | Parameterauslegung der Anzeigemittel | Schwellen, Kodierung, Merkmalswahl im Kodealphabet |

Abb. 2: Hierarchie der Gestaltungsaufgaben bei der Informationsdarstellung und ihre Beziehungen zu den Kriterien der psychologischen Arbeitsgestaltung.

Entsprechend der Konzeption dieses Bandes wird im folgenden die Gestaltung der Bedienelemente ausgeklammert, die in Kapitel 8 behandelt wird.

## 2 Theoretische Grundlagen der Informationsdarstellung

### 2.1 Zur Informationszirkulation im Mensch-Maschine-System

Der Ansatz für psychologische Beiträge zur Informationsdarstellung geht davon aus, daß es unter Berücksichtigung der erworbenen Qualifikation darauf ankommt, die Anzeigetechnik entsprechend den an der menschlichen Informationsverarbeitung beteiligten Strukturkomponenten im Ensemble aller Arbeitsbedingungen nach den genannten Kriterien zu gestalten. In der Allgemeinen Psychologie wurden und werden hierzu immer differenziertere Vorstellungen erarbeitet (Klix, 1984a, 1984b). Für unser Anliegen lassen sich in Hinblick auf die Systematisierung solcher Wirkungsgefüge zusammenfassend drei Komponenten abheben, die aus didaktischen Gründen getrennt wurden: das System zur Verarbeitung der Reize zu Merkmalen (Informationsaufnahme), das Gedächtnis mit seinen verschiedenen Substrukturen (Informationsverarbeitung) und das System zur Handlungsausführung. Dieser Ansatz ist in seinen Grundzügen in Abbildung 3 dargestellt. Es wird davon ausgegangen, daß alle Mittei-

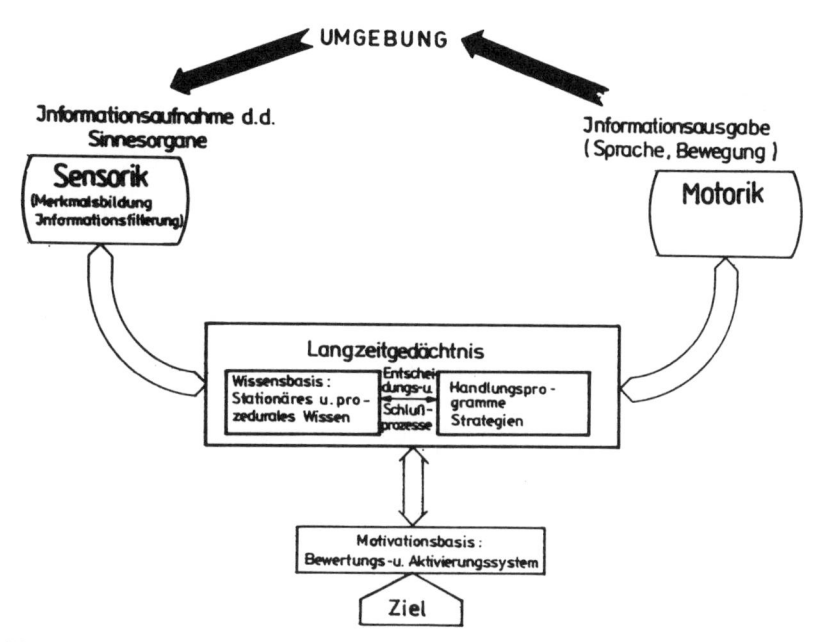

Abb. 3: Schema der Informationszirkulation zwischen Mensch und Umgebung.

lungen und Handlungen des Menschen das Resultat von Informationsverarbeitungsprozessen (z. B. Vergleichen, Entscheiden, Zuordnen) im Nervensystem sind. Die Prozesse werden im wesentlichen von Signalen aus der Umgebung und durch das im Gedächtnis gespeicherte Wissen gesteuert. Wie in Abbildung 3 dargestellt ist, werden die Informationen über Rezeptoren — praktisch bedeutsam sind vor allem Auge und Ohr — aufgenommen und dekodiert. Dies nennt man Wahrnehmung. Die dekodierten Informationen gelangen ins Gedächtnis, wo sie mit den dort schon gespeicherten Informationen verglichen werden. Das Ergebnis dieses Vergleiches kann eine Wiedererkennung oder eine Bedeutungserfassung sein, kann aber auch zu einem Verarbeitungsprozeß führen, der Verhaltensentscheidungen bewirkt. Diese zeigen sich als (senso)motorische Aktivitäten, beispielsweise in Form von Bewegungen.

In der Allgemeinen Psychologie wurde weiterhin nachgewiesen, daß die Bewertung der zu verarbeitenden und verarbeiteten Information, die der Verhaltenssteuerung und damit den Handlungen zu Grunde liegt, von hoher Bedeutung für die allgemeine Auseinandersetzung mit der Umgebung ist. D. h., die geistigen Prozesse (die Informationsverarbeitung) können nicht ohne Bezug auf „Aktivierungsprozesse" untersucht werden. Mehr noch, die Verhaltenssteuerung ist nur durch Beachtung der Wechselwirkung zwischen Informationsverarbeitung und den Bewertungs- und Aktivierungsprozessen (der Motivationsbasis) begreifbar (siehe z. B. Klix, 1980). Dieser Sachverhalt wird im folgenden nicht mehr aufgegriffen, weil er erst im Zusammenhang mit der konkreten Gestaltung der Arbeitstätigkeit wirksam beeinflußt werden kann. Den folgenden Aussagen über experimentelle Ergebnisse liegen immer Untersuchungsbefunde mit vorausgesetzter hinreichender Motivation der am Experiment Beteiligten zugrunde.

## 2.2 Informationsaufnahme

Psychologische Erkenntnisse zur Informationsdarstellung sollten bereits die Aussagen über willkürliche bzw. unwillkürliche grob- und feinmotorische Such- bzw. Einstellbewegungen des Kopfes und der Augen berücksichtigen. Auch liegen zum Zusammenhang zwischen Informationsdarbietung und der Erkennungsleistungen bzgl. der Intensität, des Kontrastes u. a. psychophysikalischer Charakteristik der Signale zahlreiche Ergebnisse vor. Gerade unter dem Gesichtspunkt des Ausschaltens negativer Beanspruchungswirkungen muß hier mit großer Aufmerksamkeit projektiert werden. Ebenfalls ist die Darstellung der Anzeige auf Meßgeräten, die von graphischen Zeichen oder die der Stellung und Lage der Bedienelemente nach den Gesetzmäßigkeiten der menschlichen Informationsaufnahme zu organisieren. So werden im Blickfeld liegende Einzelelemente (z. B. Skalenstriche) fast immer zusammenhängend gesehen, d. h. subjektiv gegliedert. Man bezeichnet diesen Vorgang auch als *Gruppenbildung* in der Wahrnehmung. Diese Gruppenbildung erhöht die Aufnahmekapazität für Signale und kann, richtig angewendet, zu verblüffenden Leistungssteigerungen führen. Wichtig für die Anpassung des Informationsangebotes an die Fähigkeit für die Informationsaufnahme ist zweifellos auch eine genaue Kenntnis der *Schwellen* für die dargebotenen Signale. Schwellen sind Grenzwerte für physikalische Größen (Farben, Helligkeit, Töne), die gerade noch wahrgenommen werden bzw. deren Veränderung gerade noch bemerkt wird. Wie bereits aus dieser Erläuterung folgt, gibt es offensichtlich verschiedene Schwellen (sog. Absolut- und sog. Unterschiedsschwellen), die neben statistischen Schwankungen auch vom Zustand des jeweiligen Rezeptorsystems (wie Auge, Ohr, Tastsinn) abhängen. Daher können für alle betriebspraktischen Aussagen die Angaben zu den Schwellenwerten auch nur Orientierungen sein. Im Zusammenhang mit Anzeigegeräten begegnet man Schwellenproblemen z. B. beim einfachen visuellen Interpolieren von Meßdaten bei Analoganzeige, beim Unterscheiden von Hupsignalen oder dem Differenzieren von unterschiedlichen Blinkfrequenzen. Tabelle 1 faßt hierfür einige Daten, ausgewählt nach Anwendungsaspekten, zusammen.

Tab. 1: Ausgewählte Intensitätsschwellen einiger Sinne (nach W. Hacker und P. Richter, 1980)

| Sinnesleistung | Niveau der Reizintensität | |
|---|---|---|
| | untere Absolutschwelle | obere Absolutschwelle |
| Sehen | $2{,}2\text{—}5{,}7 \cdot 10^{-10}$ erg | etwa $10^9$ · Schwellenintensität |
| Hören | $1 \cdot 10^{-9}$ erg/cm$^2$ | etwa $10^{14}$ · Schwellenintensität |
| Mechanische Vibration | 0,00025 mm mittlere Amplitude an der Fingerspitze | etwa 40 dB über der Schwelle |
| Stellung und Bewegung | 0,2—0,7 Grad bei 10 Grad/min für kombinierte Bewegungen | keine Daten angebbar |
| Winkelbeschleunigung | 0,12 Grad/s$^2$ | Positive g-Kräfte von 5—8 g für 1 s und länger. Negative g-Kräfte von 3—4 g |

Die große Anzahl von Publikationen im Zusammenhang mit der Bildschirmtechnik gerade zum Themenkreis „Informationsaufnahme" zeigt, wie aktuell solche fast klassischen Erkenntnisse sind und daß sie bedingungsabhängig immer wieder experimentell modifiziert werden können. Zusammenfassende Übersichten zu den genannten Problemkreisen vermitteln z. B. Lomow (1965), Schmidtke und Hoyos (1970), Sanders (1971), Singleton (1972), Schmidtke (1973), Neumann und Timpe (1976), Sintschenko, Munipow und Smoljan (1976), Klix und Timpe (1979), Hacker und Richter (1980), McCormick und Sanders (1982) oder Monk (1984), Oborne (1985) und Shneiderman (1987) mit speziellem Bezug auf die Mensch-Rechner-Interaktion.

## 2.3 Informationsverarbeitung

Aber nicht nur für solche Wahrnehmungsleistungen — nur aus didaktischen Gründen von der Informationsverarbeitung abgehoben — gibt es spezielle Grenzwerte. Auch für die Informationsverarbeitung im Arbeitsprozeß gelten psychische Gesetzmäßigkeiten. Wo das Behalten, Zählen oder Verknüpfen (z. B. Multiplizieren) von Werten notwendig ist, wird dies mit steigender Datenmenge, Beobachtungszeit und anderen Bedingungen immer schwieriger. Nahezu unmöglich ist es bereits, mehr als drei Werte, die um viele Sekunden oder Minuten verzögert angezeigt werden, gemäß einer Rechenvorschrift neben der eigentlichen Arbeitstätigkeit ohne Hilfsmittel zu einer Aussage zu verbinden. Diese Anforderung ist bei der Führung kontinuierlicher Prozesse aber nicht auszuschließen (Matern, 1980).

Praktisch bedeutsame Ergebnisse bei der Analyse der menschlichen Informationsverarbeitung wurden auch zur Wiedererkennung von Signalen erarbeitet, vor allem für den Fall, daß kein direkter Vergleich mit einem „Bezugssignal" möglich ist. Es wurden nicht nur entsprechende Grenzwerte gefunden, sondern auch Möglichkeiten, diese in gewünschter Weise zu verschieben, z. B. durch sog. Ankerbildung.

Ein weiterer bedeutsamer wie komplizierter Sachverhalt sei bei der Betrachtung arbeitsgestalterischer Konsequenzen psychologischer Gesetzmäßigkeiten der menschlichen Informationsverarbeitung erwähnt. Das schon erörterte Wiedererkennen eines Signals hängt auch davon ab, inwieweit die anschaulichen Merkmale der angebotenen Information mit den vom Werktätigen erlernten (erworbenen) Vorstellungen (der internen Repräsentation) über wesentliche Merkmale des dargestellten Objektes übereinstimmen. Erkennt man ohne zusätzlichen Lernprozeß, was ein Zeichen bedeutet, spricht man von *anschaulicher Kodierung*, im anderen Fall von *abstrakter Kodierung* (Lomow, 1964). In Abhängigkeit vom Lernzustand wird also ein Zeichen mehr konkret, ein anderes mehr abstrakt wahrgenommen. Interpretierbarkeit, Erlernbarkeit oder Verwechselungshäufigkeit von Zeichen hängen danach weitgehend von der Merkmalswahl der Zeichen im Kodealphabet (d. h. der verwendeten Zeichenmenge) ab. Das Problemgebiet der Informationskodierung gehört daher zu den ältesten und am besten durchgearbeiteten Problemfeldern der Arbeits- und Ingenieurpsychologie (siehe z. B. Bernotat & Gärtner, 1972; Edwards & Lees, 1974; Hacker & Raum, 1980; Klix, 1966; Lomow, 1964; McCormick, 1970; McCormick & Sanders, 1982; Neumann & Timpe, 1976; Raum, 1983; Welford & Houssiadas, 1970; Wickens, 1984).

Schließlich sei aus der Vielzahl psychologischer Gesetzmäßigkeiten die *Kompatibilität* als leistungsbestimmender Sachverhalt für die Informationsdarstellung herausgehoben. Der Begriff Kompatibilität charakterisiert ganz allgemein die Übereinstimmung von erwarteten Handlungsfolgen und tatsächlich eingetretenen Handlungsergebnissen. Diese Erwartungen des Werktätigen werden dabei durch die Art und Weise der Informationsdarbietung — bezogen auf die individuelle Leistungsdisposition — bestimmt. Die Klassifikation der Kompatibilitätsphänomene geschieht nicht einheitlich. Gebräuchlich ist die Einteilung in räumliche Kompatibilität, in Kode-Kompatibilität und in Reaktionskompatibilität (Fitts & Seeger, 1953; Hoyos, 1974; Loveless, 1962; Murrell, 1965). Sicherlich handelt es sich bei allen Kompatibilitätseffekten um Wirkungen eines Ökonomieprinzips in der menschlichen Informationsverarbeitung, da geringe Schrittzahl bei der Transformation der Aufgabenmerkmale in eine entsprechende interne Repräsentation mit Parametern hoher Leistung korreliert, große Anzahl von Transformationsschritten dagegen mit höherer Fehlerzahl, verlängerten Verarbeitungszeiten u. a. Leistungsparameterreduktion verknüpft ist. Je mehr Transformationen auszuführen sind, um so größer ist der kognitive Aufwand, der somit als Kompatibilitätsmaß betrachtet werden kann. Damit liegt ein theoretischer Ansatz zur Behandlung der Kompatibilität in der Aufklärung spezieller Transformationen im Prozeß der Informationsverarbeitung (Hacker, 1986; Wandke, 1976).

Dieses Ökonomieprinzip der menschlichen Informationsverarbeitung berücksichtigt sowohl angeborene Reaktionselemente (z. B. Bremsen beim Autofahren ist mit „Entgegenstemmen" bei einer Gefahr ursächlich verknüpft) wie auch Populationsstereotype (z. B. Bewegungen eines Bedienelementes nach rechts sind mit der Erwartung verbunden, daß zugehörige Wirkungen gleichsinnig erfolgen) oder Gewohnheiten.

Für die Informationsdarstellung sowie die Ableitung von Zuordnungsregeln zwischen Informationsangebot und Handlungsausführung leiten sich aus dem Kompatibilitätsprinzip eine Reihe grundlegender Gestaltungsnotwendigkeiten ab. Generell gilt: Hohe Kompatibilität fördert die Informationsverarbeitungsprozesse; die konkrete Informationsdarbietung ist also auf die Arbeitsaufgabe und Leistungsdisposition des Werktätigen zu beziehen. Enthalten die konkreten Gestaltungslösungen Abweichungen vom Kompatibilitätsprinzip, werden Handlungsfehler vor allem dann unterstützt, wenn sie angeborenen Kompatibilitätsmustern widersprechen. Längeres Trainieren inkompatibler Bewegungsmuster ist nur scheinbar erfolgreich, weil unter speziellen Bedingungen (z. B. Zeitdruck) sich immer das ursprüngliche Stereotyp durchsetzt. Das Ausbilden von unspezifischen Zuordnungen dagegen kann erfolgreich sein (z. B. beim Anti-Havarietraining), so daß gerade beim Umlernen solche psychologischen Gesetzmäßigkeiten in hohem Maße zuverlässigkeitsbestimmend sind. Gestaltungsempfehlungen, die aus dem Kompatibilitätsprinzip abgeleitet sind, fassen u. a. Schmidtke (1973), Neumann und Timpe (1976) oder Hacker (1986) zusammen.

## 2.4 Informationsausgabe

Die Gestaltung der Informationsausgabe, d. h. der die Handlungsausführung bestimmenden äußeren Bedingungen, erfuhr durch die Anforderungsverlagerungen einen beträchtlichen Bedeutungszuwachs für die Arbeitsgestaltung. Vorrangig ist hier die durch die Mikroelektronik bewirkte zunehmende Beanspruchung der Feinmotorik, verbunden mit Wahrnehmungsprozessen (die sog. Sensomotorik) zu nennen.

Alle Geräte, die an der Nahtstelle von Mensch und Maschine zur Datenein- und -entnahme verwendet werden, weisen beispielsweise mechanisch determinierte Kontaktelemente auf (Lichtgriffel, Maus, Tastatur), deren Gestaltung, besonders unter dem Aspekt der Integration in das Gesamtsystem, Aufmerksamkeit zu schenken ist. Aber auch die Anordnung von Bedienmitteln, die Schaffung günstiger raum-zeitlicher Bedingungen für die Ausführung von Arbeitsbewegungen, die Bestimmung informationsvermittelnder Gegenkräfte bei der Auslegung von Einzelelementen, ihr Bezug zum Informationsangebot u. v. a. sind als beanspruchungsoptimierende und leistungsbeeinflussende Faktoren immer wieder neu bzgl. ihrer konstruktiven Auslegung zu durchdenken

— auch wenn der wissenschaftlich-technische Fortschritt bei der Entlastung des Menschen in Bereiche vorgestoßen ist, die noch unlängst kaum für automatisierbar gehalten wurden.

Für die psychologische Durchdringung dieses Gegenstandsgebietes ist entscheidend, daß die Dimensionierung von Bedienelementen und ihre Anordnung am Arbeitsplatz in hohem Maße die benannten Gesetzmäßigkeiten der Informationsverarbeitung (einschließlich der Wahrnehmungsprozesse) zu berücksichtigen hat, weil die Motorik, mit deren Hilfe schließlich die Informationsausgabe verwirklicht wird, abhängiger, dennoch integrierter Bestandteil der Informationsverarbeitung ist (Hacker, 1986; Heuer, in Druck; Hofmann, 1986; Klix, 1980; Stelmach & Requin, 1980).

Die Auslegung der Arbeitsmittel, die der Informationseingabe dienen, wird bei Rühmann und Schmidtke (in diesem Band) näher erläutert; daher werden bei den folgenden Ausführungen zur Gestaltung der Informationsdarbietung nur die Bezüge zur Bedienelementegestaltung hergestellt.

## 3 Analoge Meßwertanzeige

Herkömmliche *Zeigermeßgeräte* sind die bekanntesten und wichtigsten Repräsentanten von analog anzeigenden Geräten: Es ist einem Abschnitt einer in Intervalle geteilten Strecke bzw. eines Kreisbogens u. ä. ein definierter Ausprägungsgrad eines Informationsparameters zugeordnet. Dieser Wert ist vom Beobachter festzustellen und entspricht dem Meßwert der korrespondierenden Prozeßgröße. Neben Geraden und Kreisen können auch andere Kodifikate (z. B. Helligkeiten), die eine analoge Veränderung ihrer Ausprägung erlauben, verwendet werden. Die Genauigkeit, Geschwindigkeit und Zuverlässigkeit (Zuverlässigkeit im Sinne von Fehlerwahrscheinlichkeit (s. Timpe, 1979)) der Ableseleistung hängen von einer Vielzahl von Faktoren ab. Vorrangig haben bei der Gestaltung Berücksichtigung zu finden:

— Technische Güte des Meßwerkes (sog. Genauigkeitsklasse)

— Sehbedingungen

— Skalengestaltung (Skalenteilung, Skalenlänge, Bezifferung der Skale, Strichgestaltung)

— Anforderungen (Momentanablesen, Prädiktion, geforderte Ablesegenauigkeit).

Die Analyse des Wirkens dieser Bedingungen ist seit langem spezieller Gegenstand der Ingenieurpsychologie und in einer unübersehbaren Anzahl von Untersuchungen dargelegt. Zusammenfassende Darstellungen finden sich u. a. bei Murrell (1965), Bernotat und Gärtner (1972), McCormick (1970), Neumann und Timpe (1976) oder Chapanis (1983). Auf Grund dieser Arbeiten und durch Rückgriff auf psychologische Grundlagen lassen sich analog anzeigende Meßgeräte eindeutig gestalten. Folgende Prinzipien können hierfür als Leitlinie gelten:

— gestalte kompatibel (z. B. sollte zwischen der Veränderung des Informationsparameters und dem angezeigten Meßwert eine eindeutige semantische und raum-zeitliche Zuordnung bestehen);
— gestalte anforderungsgerecht (z. B. hängt die Zahl der Skalenteile (n) auf einer Skala (mit dem Meßbereich A) von der Anzahl der Interpolationsstufen (z) und der kleinsten abzulesenden Einheit (a) ab. Es gilt $n = A/z \cdot a$).

Eine Reihe weiterer Größen, die die Güte der Ablesung bestimmen, sind die Linearität der Skala, die Lage des Nullpunktes, die Wahl des Skalenmaximums, die Zeigergestaltung, die Form- und Farbgebung, die Beschriftung sowie ästhetische Faktoren.

Der derzeitige Stand der speziellen ingenieurpsychologischen Untersuchungsergebnisse erlaubt auch für sehr spezielle Zwecke optimumnahe Informationsdarstellungen. Dennoch wirft der wissenschaftlich-technische Fortschritt immer wieder neue Fragen für die Meßgerätegestaltung auf, die besonders bei der Kombination verschiedener Anzeigearten und -techniken zu psychologisch teilweise sehr anspruchsvollen Fragestellungen führen. Dazu sind die *integrierten Anzeigen* zu rechnen, d. h. die simultane Anwendung unterschiedlicher Kodierungsmöglichkeiten zur Informationsdarstellung. In der experimentellen Psychologie und in wahrnehmungspsychologischen Arbeiten wurden diese Möglichkeiten schon früh und variantenreich untersucht (z. B. Singleton, 1972; Welford, 1970), auf Anwendungen für die Displaygestaltung finden sich ebenfalls Hinweise und Empfehlungen (z. B. Bernotat, 1981; Wheatley, 1977).

Vor allem in der Luft- und Raumfahrtindustrie wird heute und in den nächsten Jahren die hierarchische, integrierende Informationsdarbietung auf der Basis rechnergestützter Anzeigen zunehmend verwirklicht. In Abhängigkeit von der Situation sind unterschiedliche Kodierungsformen parallel zu erwarten, vorwiegend symbolische und alphanumerische Kodes zeichnen sich in entsprechenden Konzepten ab (Abbildung 4). Dies wird mittels Bildschirmanzeigen realisiert werden, d. h. die dargelegten psychologischen Gesetzmäßigkeiten sind auf die neuen Ausführungsbedingungen zu beziehen. Aus der Sicht des Anwenders und Systementwicklers werden bereits heute hinsichtlich der neuen perzeptiven und kognitiven Anforderungen klare Forderungen an die Psychologie angemeldet. Johannsen, Rijnsdorp und Tamura (1985) diskutieren dazu neben den Problemen der Lesbarkeit von Zeichen auch ihre optimale gedächtnismäßige Repräsentation und Abstraktion sowie Beanspruchungsfolgen. Im Zusammenhang mit der Informationsdarstellung auf Bildschirmen wird dieser Sachverhalt partiell wieder aufgegriffen.

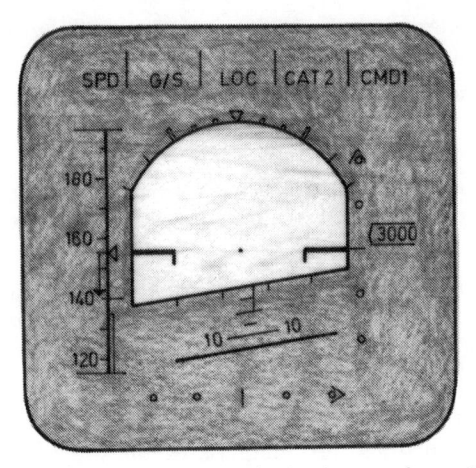

Abb. 4: Beispiel einer integrierten Anzeige: Display in einem modernen Verkehrsflugzeug (entnommen von Hach & Heldt, 1984).

## 4 Diskrete Informationsdarbietung

*Diskrete Informationsdarbietung* bedeutet, daß die Informationsparameter nur endlich viele Werte annehmen können. Der Darstellung von Alternativzuständen (Kontrolleuchten, Warnsignale), von Symbolen und der ziffermäßigen Meßwertdarbietung kommt für die allgemeine industrielle Praxis die größte Bedeutung zu. Häufig rechnet man auch Buchstaben und aus ihnen gebildete Wörter zur diskreten Informationsgestaltung. Ähnlich wie bei der analogen Meßwertanzeige waren die psychologischen Aspekte der diskreten Anzeige sehr früh Gegenstand experimenteller Untersuchungen. Neben der Anforderungsabhängigkeit ist für die Gestaltung vorwiegend die „Lesbarkeit" als Gütekriterium wichtig. Sie hängt ab von den Proportionen der Zeichen, ihrer Größe und Form sowie den Randbedingungen im konkreten Fall. Beleuchtung, Lesezeit, Kontrast und „Selbstleuchtend" vs. „Beleuchtet" sind solche modifizierenden Bedingungen. Tabelle 2 zeigt ein Beispiel für Gestaltungsempfehlungen bei definierten Randbedingungen. Jedoch dient diese Tabelle nur als Veranschauli-

Tab. 2: Proportionen für die Zifferngestaltung

| Bedingung | Strichdicke:Höhe | Höhe:Breite |
|---|---|---|
| geringe Beleuchtungsstärke | 1:5 | |
| Kontrastverhältnis > 1:12 | | |
| schwarze Zahl auf weißem Grund | 1: 6 bis 1: 8 | zwischen 1:1 |
| weiße Zahl auf schwarzem Grund | 1: 8 bis 1:10 | und 1,25:1 |
| beleuchtete Zahl auf dunklem Grund | 1: 8 bis 1:10 | |
| stark selbstleuchtende Zahlen | 1:12 bis 1:20 | |

chung möglicher Aussagen und sollte in ihrer Bedeutung nicht überschätzt werden, da die Variantion entsprechender Angaben in der Literatur außerordentlich groß ist.

Generell ist es notwendig, in Abhängigkeit von den Bedingungen die optimalen Varianten immer wieder neu festzulegen, m. a. W., es gibt keine „beste Gestaltungsvariante", die für alle Bedingungen gilt. Modifiziert wird das Problem durch die Vielfalt der Zeichenformen, die oft vom Stil des Designers abhängen. Die Berücksichtigung psychologischer Befunde zur Mustererkennung (z. B. hinsichtlich der „Zeichenelemente" Gerade, Kreisbogen u. ä.), zur Ähnlichkeit von Zeichen (z. B. bzgl. der Verwechslung) und der Komplexität von Zeichen deuten auf sinnvolle Brückenschläge zwischen Psychologie und Formgestaltung hin. Auch sind die neuen Möglichkeiten der Informationsdarbietung immer wieder hinsichtlich der Stabilität der als gültig erkannten Gestaltungsempfehlungen zu überprüfen. Moderne Displays beispielsweise erlauben Trenddarstellungen und die Ausgabe von Anweisungen, die mit aufgabenorientierten Einzweckgeräten nicht erreichbar sind (Hinz, 1984). Ihre optimale Einsatzcharakteristik muß also hinsichtlich der konkreten Tätigkeitsanforderungen bestimmt werden.

Ein unbedingt zu berücksichtigender Faktor für die Lesbarkeit ist die Gruppierung bei Zeichenfolgen. Diese hängt ab von evtl. vorhandenen Bezugssystemen beim Lesenden, von der Folge der Zeichen (reine Zahlendarstellung oder Buchstaben-Zahl-Kombination) und der Zeichengesamtzahl. Aus experimentellen Arbeiten zur Wirkung des Langzeit- und Kurzzeitgedächtnisses liegen zu diesen Fragen zahlreiche Ergebnisse vor. Beispielsweise ist bei 6 Zeichen die Anordnung „3 Buchstaben, zwei Zahlen, ein Buchstabe" günstig. Gliederungen von Ziffernreihen sollten in Gruppen von 3 Ziffern erfolgen, es sollten höchstens 5 Zahlen hintereinander auftreten, um noch unmittelbar behalten zu werden u. v. a. Das System der britischen Postleitzahlen kann als interessanter Anwendungsfall gesehen werden (Conrad, 1967). Aussagen dieser Art gelten jedoch nur bei im wesentlichen sinnfreien Material bzw. für die Möglichkeit der willkürlichen Zuordnung zwischen Zeichenfolge und ihrer Bedeutung. In allen anderen Fällen muß erreicht werden, die Zeichenfolge mit der internen Repräsentation ihrer Bedeutung beim Nutzer in Übereinstimmung zu bringen. Mit Hilfe gedächtnispsychologischer Methoden lassen sich dafür sehr effiziente Kodierungsvorschläge ausarbeiten. Wie problematisch es dabei ist, von den „Erfahrungen" der Systementwickler auszugehen (anstatt von Untersuchungen), veranschaulicht eine Untersuchung von Wandke und Wetzenstein (1984). Tabelle 3 vermittelt aus ihren Untersuchungen einen Eindruck von den prinzipiellen Unterschieden beider Vorgehensweisen am Beispiel der Gestaltung von Abkürzungen für eine Kommandosprache.

Als Spezialfall diskreter Informationsdarbietung können *Warnsignale* aufgefaßt werden, d. h. nur zwei Zustände eines Prozeßparameters sind für die Tätigkeit

Tab. 3: Beispiele für Kommandobezeichnungen und ihre Abkürzungen entsprechend den empirischen Vorschlägen der Hersteller und auf Grund psychologischer Untersuchungen

| Bezeichnung | Abkürzungen | |
|---|---|---|
| | empirisch | experimentell |
| source code hierarchy checking | SHIE | SO-CHE-H |
| message file initializing | MEIN | ME-INI |

wichtig: Kritischer Wert ist überschritten oder nicht, Aggregat an oder nicht usw. Leuchtmelder, Kontrolleuchten u. ä. sind auch heute noch gebräuchliche Darstellungsvarianten. Wesentliches Gestaltungsanliegen ist hier, bei Abweichungen vom Normalzustand die Aufmerksamkeit des Bedienpersonals zu erreichen. Außerdem werden solche binären Anzeigevarianten dazu verwendet, Auskunft über Ort und evtl. Art eines Fehlers zu geben. Spezielle Kennzeichnung der Warnsignale ist durch Farbe, Form, Beschriftung u. ä. möglich. Schließlich soll die Möglichkeit hervorgehoben werden, Informationen durch *Formvariation* zu übertragen. Die Menge absolut unterscheidbarer Zustände ist dabei zwar begrenzt (McCormick, 1970, gibt ca. 15 besonders gut differenzierbare Formen an), doch eignet sich diese Kodierungsart recht gut für die Zustandsdarstellung. Easterby (1970) entwarf bereits einen Ansatz für einen theoretischen und systematischen Zugang zur Symbolgestaltung und wandte ihn auf den Entwurf eines Symbol-Systems an. Schiff (1980) faßt wichtigste psychologische Ergebnisse zur Pictogrammgestaltung und -wahrnehmung zusammen, und vor allem beim Aufbau des Mensch-Rechner-Dialogs werden die Erkenntnisse bzgl. der Informationskodierung für Symbolgestaltung aufgegriffen (Reid, 1984; Gittins, 1986).

## 5 Simultane Informationsdarbietung

Eine allgemeine Arbeitsbedingung bei Tätigkeiten im Mensch-Maschine-System ist die Informationsdarbietung vermittels einer großen Anzahl von Meßgeräten. Die dargelegten psychologischen Gesetzmäßigkeiten zwischen Informationsangebot und Verarbeitungsleistung sind zur Lösung von Gestaltungsaufgaben auf den Fall der Beobachtung mehrere Geräte anzuwenden (Rothe, Seifert, Timpe & Wandke, 1975). Auch diese Aufgabe begleitet paradigmatisch die ingenieurpsychologische Arbeit von Anbeginn und hat bereits in der Psychotechnik ihre Vorläufer. Unterschiedliche Methodiken wurden entwickelt (z. B. die Wahlreaktionsmethode); von einer großen Zahl von Ergebnissen wird jährlich in der speziellen Literatur berichtet. Nachfolgend sollen einige wichtige Gestaltungsprinzipien aus dieser nahezu unübersehbaren Literatur extrahiert werden, obwohl dieses reduzierende Vorgehen Mißverständnisse nicht ausschließen kann.

— Es sind die kognitiven Strukturen, die im Ausbildungsprozeß vermittelt werden, bei der Gestaltungslösung zu beachten bzw. kompatibel mit der Technik zu entwickeln sind. Im Kern kommt es dabei darauf an, die Information so darzubieten (sowohl ihre räumliche als auch zeitliche Verknüpfung), daß zwischen den Vorstellungen des Werktätigen über den Produktionsprozeß (dem „mentalen Abbild" bzw. der „internen Repräsentation", siehe dazu auch „Ausblick") und den daran orientierten Handlungen kein Widerspruch auftritt. Insbesondere mit den Möglichkeiten der technischen Informations*vor*verarbeitung werden neue Möglichkeiten für die Arbeitsgestaltung sichtbar und weisen die Verbindung von Ausbildung und Training mit den Potenzen der Informationsdarbietung als bedeutsames zukünftiges Feld der Ingenieurpsychologie aus (Norros, Kautto & Ranta, 1986).

— Kognitive Transformationen und Behaltensanforderungen sind im Arbeitsprozeß möglichst gering zu halten (Hacker, 1986). Dazu können z. B. Voranzeigen genutzt oder komplizierte Zusammenhänge von Meßgrößen durch technische Vorverarbeitung vereinfacht werden. Auch Flußbilder liefern eine Unterstützung für die Informationsverarbeitung, indem sie technologische Beziehungen veranschaulichen und damit zwischen interner Repräsentation über das Prozeßgeschehen und dargestellter Information erleichternd zuordnen (Neumann & Timpe, 1976; Oschanin, 1969; Seminara, Seidenstein, Eckert & Smith, 1979; Wenda & Mitkin, 1970). Auch bei Vermittlung von Warnsignalen sind solche Möglichkeien hilfreich. Beispielsweise entsteht bei Betriebsstörungen häufig ein „Informationsschauer": Mehrere Warnsignale (optischer und akustischer Art) werden gleichzeitig dargeboten. Durch geeignete technische Vorverarbeitung können (hierarchisch geordnet) Informationen herausgefiltert bzw. reduziert werden und so mögliche negative Beanspruchungsfolgen (im genannten Fall z. B. Streß) vermindert werden.

— Nutzung der Gruppenbildung in der Wahrnehmung (Geisler & Timpe, 1972; Klix, 1966): Die Ausnutzung dieser psychologischen Gesetzmäßigkeit kann bei Kontrollablesungen die Erkennungszeit senken, wobei durch Wahrnehmungshilfen die Gruppenbildung unterstützt werden sollte. Hierfür ist eine Vielzahl von Realisierungsmöglichkeiten bekannt. Sie beruhen letztlich auf den „Gestaltgesetzen", die unter dem Aspekt ihrer Anwendung zum Kennzeichnen von Hauptwerten der Prozeßführung und der daraus abgeleiteten Fragen ausführlich bei Neumann und Timpe (1967) dargestellt sind. Abbildung 5 zeigt Beispiele für die Wirkung dieses Gestaltungsprinzips, das auch zur Bedeutsamkeitskennzeichnung herangezogen werden kann.

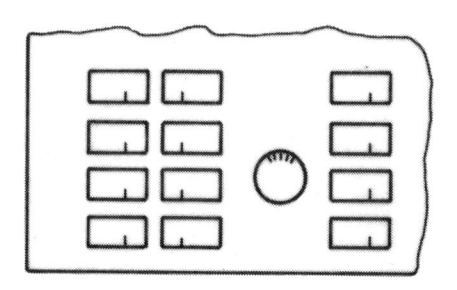

Abb. 5: Beispiel für die Wirkung von Gestaltfaktoren: Abstand und Form von Anzeigen sind in einer Menge von gleichartigen Geräten verändert, so daß Zuordnungsleistungen bei der Überwachungstätigkeit unterstützt werden können.

## 6 Akustische Informationsdarbietung

### 6.1 Informationsdarbietung mittels technischer Signalgeber

In Vergangenheit, Gegenwart und auch in der Zukunft spielte und spielt die akustische Information im Arbeitsprozeß eine bedeutsame Rolle im Informationsaustausch zwischen Mensch und Maschine und zwischen den Werktätigen. Dementsprechend kann zwischen Gestaltungsaufgaben für die akustische Informationsdarbietung mittels technischer Signalgeber und der (natürlich-) sprachlichen Kommunikation unterschieden werden. Wenngleich die Lösung des Problems der akustischen Spracherkennung zur Zeit nicht absehbar ist, gibt es jedoch Erfolge, bei normierten Sprechern akustische Worterkennung zu ermöglichen. Die Sprachausgabe bei begrenztem Wortschatz findet daher schon recht häufig Anwendung in der Informationsdarbietung. Neben der Darbietung über eine Tonbandsteuerung — nur für Fälle eindeutiger prädiktier- und zeitlich festlegbarer Informationsdarbietung möglich — ist für die zukünftigen Mensch-Maschine-Systeme die synthetische Sprachausgabe von hohem Rang. Technisch gibt es hierfür unterschiedliche Lösungen, mittels „Kaskadenschaltung" mehrerer Generatoren ist bereits eine praktisch brauchbare Qualität möglich.

Wichtige Regeln für diese synthetische Sprachdarbietung wurden vor allem unter dem Aspekt der „Nutzerfreundlichkeit" für Mensch-Rechner-Systeme entwickelt. Dazu gehört z. B. die Forderung, daß die Informationsausgabe nutzerkontrolliert sein sollte und die Informationsmenge im Behaltensbereich des Gedächtnisses liegen muß. Zur Kennzeichnung von besonderen Gewichtungen können unterschiedliche Sprachparameter verwendet werden. Wie immer wieder betont wird, ist die synthetische Sprachausgabe sehr flexibel und ökonomisch, jedoch ist die Güte der erreichten Sprachcharakteristika für die „Akzeptanz" von hoher Bedeutung (Bailey, 1984; Waterworth, 1984). Die Entwicklung dürfte mit dem Ziel effektiver sprachlicher Dialoge bei der Mensch-Rechner-Interaktion von Systemen für „einzelworttrainierte" Rechner mit begrenztem Wortschatz hin zum sprecherunabhängigen System großer Wörteranzahl verlaufen. Mit der sich andeutenden parallelen Informationsverarbeitung technischer Systeme ist auch ein großer Schritt auf dem Wege zur technischen Lösung des Spracherkennungsprozesses, wie er für die natürlich-sprachliche Dialogführung zwischen Mensch und Rechner angestrebt wird, zu erwarten (Bailey, 1984; Thomas & Rosson, 1985).

Akustische Signale werden im Arbeitsprozeß auch als Warn- und Kommandosignale genutzt (z. B. Glocke, Sirene, Summer, Klingel). Einfluß auf die Erkennungsleistung haben die Signalintensität, das Signal-Rausch-Verhältnis, die Frequenz, technische Parameter des Gebers, Signalsequenzen und -dauer usw. Einschlägige Handbücher können zur Auswahl entsprechender Signalisationsmittel herangezogen werden.

## 6.2 Sprachliche Kommunikation

Sprachverständlichkeit, Behaltensleistung und psychophysische Eigenschaften des Sprechers sind bei der Gestaltung sprachlicher Informationsverarbeitung in der Arbeitstätigkeit von besonderer Bedeutung.

Die *Sprachverständlichkeit* hängt u. a. von den Kontextwirkungen, der Vorerfahrung und der Einstellung ab. So ist nachgewiesen, daß bei kontextgestörten Sätzen die Reproduktionsleistung geringer ist als bei ungestörten Sätzen. Umgekehrt gilt: Die Reproduktionsleistung ist um so höher, je stärker ein Satzglied determiniert ist. Mit zunehmender Erfahrung erhöht die syntaktische und semantische Struktur eines angebotenen sinnvollen Materials die Reproduktionsleistung. Spezielle Redundanzen beeinflussen die Behaltensleistung ebenfalls.

Sehr viele Untersuchungen wurden zum Einfluß des *Signal-Rauschverhältnisses*, zur *Satz-, Wort- und Silbenverständlichkeit* und zum *zeitlichen* Ablauf erarbeitet. Diese Aussagen, ebenso wie die zu den psychologischen Eigenschaften des Sprechers bzgl. der Verständlichkeit (z. B. Sprechtempo, Betonung, Intensität) sind gleichfalls in entsprechenden Handbüchern zusammengestellt (z. B. Chapanis, 1983; Grandjean, 1967). Spezielle Beachtung im Arbeitsprozeß verdient die sog. Kommandosprache. Es wird gefordert, daß nicht nur der Inhalt eines Textes wiedergegeben werden kann, sondern auch die sprachliche Formulierung genau reproduziert wird. Psychologische Gestaltungshinweise für eine Kommandosprache finden sich z. B. bei Neumann und Seeber (1965).

## *7 Informationsdarbietung auf Bildschirmen*

## 7.1 Rahmenbedingungen

Die rasche Entwicklung moderner Informationstechnologien ermöglicht die Einführung computergestützter Arbeitsplätze in nahezu allen Bereichen der Produktionsvorbereitung und -durchführung, aber auch in Büro- und Dienstleistungsbereichen. Der Bildschirm am Arbeitsplatz wird damit zum wichtigsten Mittel der Informationsdarbietung. Ihre Gestaltung bestimmt zu einem entscheidenden Anteil die Effektivität der Mensch-Rechner-Interaktion, hier als Spezialfall des Mensch-Maschine-Systems aufgefaßt. Voraussetzung dafür, daß diese Effektivität auch zum tragen kommt, ist die Einhaltung bzw. Beachtung der ergonomischen Rahmenbedingungen bei der Einrichtung entsprechender Arbeitsplätze. Die sog. Hardware-Ergonomie kann dabei auf viele der bisher genannten Prinzipien und traditionelle Methoden im Rahmen der Arbeitswissenschaften zurückgreifen. Gegenwärtig liegen praktisch brauchbare Gestaltungshinweise für Bildschirm und Tastatur sowie für die Arbeitsbedingungen vor (z. B. Benz, Grob & Haubner, 1981; Cacir, Hart & Stewart, 1980;

Grandjean, 1986). Dennoch muß mit Nachdruck darauf hingewiesen werden, daß es auch heute noch eine große Anzahl von Bildschirmarbeitsplätzen gibt, an denen ergonomische Minimalforderungen nicht realisiert werden: Arbeitshaltung, Raummerkmale oder Wahrnehmungsbedingungen widersprechen Grundforderungen an die Ausführungsbedingungen von Tätigkeiten (z. B. Benda, 1987; Zimmermann, 1982).

Ungeachtet dessen sollen im folgenden vor allem die Aspekte der Informationsdarbietung auf dem Bildschirm umrissen werden, wobei die genannten Gestaltungsgrundlagen für Wahrnehmungsbedingungen und Einzelzeichen vorausgesetzt sind. Es ist jedoch immer zu beachten, daß bzgl. der theoretischen Grundlegung dieser Prinzipien gegenwärtig noch keine geschlossene Theorie vorliegt, daß vielmehr unterschiedliche Konzepte als Basis entsprechender experimenteller Paradigmen dienen. Natürlich gilt generell der einführend umrissene Grundsatz; seine Umsetzung für die Mensch-Rechner-Gestaltung ist gegenwärtig sehr im Fluß. Einfach-„Modelle", wie z. B. das von Card, Moran und Newell (1983) entwickelte, erwiesen sich zwar als Positionsbestimmung bei interdisziplinären Projektierungsvorhaben, erlauben aber nicht, die psychologischen Sacherverhalte zu erklären. Der gegenwärtige Grundansatz im Rahmen der kognitiven Psychologie zur komplexen Informationsverarbeitung (vor allem bzgl. der Wissensrepräsentation und Wissensnutzung) weist dabei in die Richtung, die zu einem psychologischen Theoriengebäude führen kann (Klix, 1987).

## 7.2 Psychologisch relevante Eigenschaften der Bildschirmdarstellung

Die Bildschirmanzeige, basierend auf der Kathodenstrahlröhre, gehört zu den bevorzugten Formen der visuellen Displays. Dennoch haben flat-panel displays gegenüber dieser Anzeigeform einige Vorteile, die unter psychologischen Gestaltungsaspekten jedoch gegenwärtig keine qualitativ neuen Fragen aufwerfen dürften.

Bildschirmanzeigen stellen auf Grund ihrer hohen Variabilität eine neue Qualität für die Informationsübertragung dar; sie integrieren nicht nur die bislang dargestellten Eigenschaften der analogen und diskreten Meßwertanzeige, sondern erlauben auf Grund der Rechnerkopplung auch vielfältige Variationen hinsichtlich der Darstellung der Information. (Für Bildschirmarbeitsplätze ohne Rechnerkopplung, wie sie beim industriellen Fernsehen verwendet werden, sind dabei vorwiegend die mit „ergonomisch" bezeichneten Gestaltungsrichtlinien relevant.) Raum (1983, 1986) nennt eine Reihe dieser psychologisch bedeutsamen Eigenschaften des Arbeitsmittels Bildschirm, der es ermöglicht, nahezu beliebige Informationsdarbietungsvarianten zu wählen. Solche Eigenschaften sind u. a.:

— Auf dem Bildschirm können aktuelle, gespeicherte oder prädiktierte Meßwerte, Bilder u. ä. sowohl einzeln als auch im Sinne der simultanen Darbietung analog, diskret, symbolisch usw. angezeigt werden.
— Mit Hilfe spezieller Anwahltechniken können anforderungsbezogen Ausschnitte aus der Gesamtinformation abgerufen werden.
— Information kann alternativ angeboten bzw. angewählt werden.
— Suchalgorithmen ermöglichen den Anruf hierarchisch geordneter Informationen u. v. a.

In der Literatur finden sich weitere sehr interessante Hinweise zu Gestaltungspotenzen bei der Bildschirmanzeige: Der Einfluß der *Farbe* auf die Motivation des Nutzers ist bei Keister (zitiert n. Grimm, 1984) dargelegt: So können Populationsstereotype dank geeigneter Farbkodierung ohne weiteres berücksichtigt werden (z. B. die Farbe Gelb für Warnungen). Nach d'Ydewalle, Van Rensbergen und Huys (1986) haben frei wählbare Farbkombinationen *einstellungsfördernde* Wirkung und sind damit leistungsstimulierend.

## 7.3 Gestaltungsrichtlinien

Nach den Darlegungen über den Kenntnisstand der menschlichen Informationsverarbeitung muß bzgl. der Relevanz von Gestaltungsempfehlungen deren laufende Verbesserung stets mitbedacht werden. Neben den zu erwartenden Erkenntnisfortschritten zur Psychologie der menschlichen Informationsverarbeitung ist für alle Gestaltungsanliegen stets davon auszugehen, daß die Informationsverarbeitung *anforderungsbezogen* erfolgt, d. h. vom Wissen des Nutzers und der zu lösenden Aufgabe abhängt. Wandke, Wetzenstein, Schulz und Kossakowski (1985) erarbeiteten, aufbauend auf dieser prinzipiellen Differenzierung, zwei Zugänge für die Ableitung von Grundlagen für Gestaltungsrichtlinien: *Direkte* (d. h. auf Komponenten des Interface bezogene) und *analytisch-methodische* (d. h. auf die Wissensstruktur zukünftiger Nutzer orientierte) Gestaltungsrichtlinien.

Im folgenden werden nur direkte Gestaltungsaspekte aufgenommen, die sich vorwiegend auf die Bildschirm- und Geräteebene beziehen, während die Semantikebene eine vorwiegend aufgaben- und wissensabhängige Gestaltung verlangt. Es sei jedoch darauf verwiesen, daß zu den Problemen der Aufgaben- und Wissensgestaltung bereits viele psychologische Ergebnisse im Zusammenhang mit der Computereinführung vorliegen und genutzt werden (Bormann & Curtis, 1985; Klix & Wandke, 1986; Knave & Widebäck, 1987; Schindler, 1986; Schönpflug & Wittstock, 1987). Bedeutsam ist hier die bereits erörterte Beziehung zwischen Arbeitsmittelgestaltung und Ausbildung, zwischen Interface-Gestaltung und Wissensvermittlung, wobei für den Computereinsatz das sog. Selbstlernen durch die Möglichkeiten der Gestaltung spezieller Interface-Komponenten (z. B. HELP-Funktionen) herausragt.

Für die Kriterien der direkten Gestaltung gelten die bereits einleitend ausgeführten Sachverhalte. Das Interface muß so ausgelegt sein, daß eine fehlerfreie und rasche Aufgabenbearbeitung bei geringem Aufwand und günstiger Beanspruchung möglich ist. Der Bildschirm darf als Arbeitsmittel keine zusätzlichen Anforderungen zur Aufgabenbewältigung induzieren. Allererste normative Orientierungen sind in DIN 66234, Teil 8 (Grundsätze der Dialoggestaltung) und in TGL 44690/5 (Bildschirmarbeitsplätze) niedergelegt.

In der modernen psychologischen Literatur gibt es eine Reihe von zusammenfassenden Darstellungen der Interfacegestaltung und damit gekoppelter Informationsdarstellung. Ihre Systematik ist recht unterschiedlich. So unterscheidet Schindler (1983) zwischen den drei Problemklassen Dialogfunktion, Dialogsprache und Dialogablauf, die in gegenseitiger Abhängigkeit stehen. Shneiderman (1987) diskutiert Prinzipien und Entwicklungslinien, die vom Systemtechniker zu berücksichtigen sind, um eine effektive Mensch-Rechner-Interaktion zu „projektieren". V. Benda (1987) rückt in einer neueren Darstellung Gestaltungsaspekte für Standardsoftware in den Vordergrund und erläutert die Ausführung der Maske, des Menüs, von Hilfen, Fehlerrückmeldung, Systemantwortzeiten und Piktogrammen. Eine sehr gründliche und ausführliche Zusammenstellung ist bei Wandke et al. (1985) zu finden. Die Autoren behandeln mehr als 20 Aspekte der Interfacegestaltung, neben den oben genannten die adaptive Interfacegestaltung, Bedeutsamkeitskennzeichnung, Cursorsteuerung, Kommandogestaltung, Eingabeaufforderung, Farbe, flexible Interaktionsgestaltung, Formatierung, Funktionstasten, Gruppierung von Daten, Kodierung, Kommandonamen, Parameter, Prozeduren und Rückmeldungen.

Wird die Informationsdarbietung auf dem Bildschirm im engeren Sinne betrachtet, so lassen sich aus der Anwendung psychologischer Gestaltungsvariablen oft die konkreten Lösungen herleiten. Insbesondere die Farbgebung, Helligkeit, Form, Größe und Strukturierung der Zeichen, ihre Gruppierung und Hervorhebung im Sinne der Hauptwertkennzeichnung usw. sind hier anzuführen. Auch komplexe Darbietungsprobleme, wie z. B. die Maskengestaltung, können bei Anordnungsfragen durch Rückgriff auf die Gruppierungstendenzen in der Wahrnehmung bzw. die Gestaltgesetze gelöst werden, bei der Piktogrammgestaltung, allgemein bei der Entwicklung der Computergraphik und ihrer Elemente, ist der Wahl und den Merkmalen des relevanten Kodealphabetes hohe Aufmerksamkeit zu widmen (siehe dazu z. B. Gittins, 1986). Für die nähere Beschäftigung mit diesen Details wird auf die angegebene Literatur verwiesen.

## 7.4 Bildschirmtechnik und Prozeßführung

Wie bereits angemerkt, stellt die Mensch-Rechner-Interaktion eine neue Qualität des Mensch-Maschine-Systems dar, dessen Spezifik gesondert zu untersuchen wäre. Fragen der Informationsgestaltung an CAD- und/oder CAM-Arbeitsplätzen, bei der Rechnernutzung im Büro usw. sollen daher im Nachfolgenden ausgeklammert bleiben. Exemplarisch soll jedoch die Spezifik der Bildschirmtechnik in der Meßwarte betrachtet werden, jenem Typ eines Mensch-Maschine-Systems also, dem ein „gegenständlicher" und zu steuernder Produktionsprozeß zu Grunde liegt. Wichtige Einzugsgebiete für die Gestaltung der Informationsdarbietung sind hier die Gestaltung der Nahtstelle als Kodierungsproblem, als Erkennungsproblem und als Kompatibilitätsproblem.

Unter dem Aspekt der *Kodierung* geht es darum, physikalischen Größen des Produktionsprozesses wahrnehmbare, die Tätigkeit des Anlagenfahrers unterstützende und erleichternde Darstellungsformen der Informationsparameter des Produktionsprozesses zuzuordnen. Neben der klassischen Anzeigetechnik (Skalen, Leuchten, Farben usw.) ermöglicht die Informationsdarstellung auf dem Bildschirm hierfür nahezu unbegrenzte Varianten.

Eng mit dem Kodierungsproblem ist das *Erkennungsproblem* verbunden: Die Aufgabe der Meßwartenfahrer besteht u. a. darin, z. B. aus Bildschirmdarstellungen auf den realen Prozeß zu schließen, um entsprechende Handlungen vorzubereiten, auszuführen oder veranlassen zu können. Der Schluß von der angezeigten Information auf das reale Prozeßgeschehen muß dabei einschließlich des entsprechenden Handlungsrepertoirs erworben werden. Dieser Erwerb klassifikatorischer Erkennungsleistungen wird von der Art und Weise der Informationsgestaltung auf dem Bildschirm, aber auch vom Ensemble Bildschirm, Schreiber, Zeigermeßgerät u. a. mitbestimmt. Modifizierend wirken weiterhin die *Kompatibilitätseffekte* (Grimm, 1984).

Bei der Projektierung künftiger Leiteinrichtungen werden Fragen der optimalen Nutzung des neuen Arbeitsmittels „Bildschirm" im Vordergrund stehen. In der Fachliteratur (z. B. Gilson, 1984) werden im Sinne von Vorschlägen zur Tätigkeitsgestaltung u. a. folgende Möglichkeiten diskutiert:

— Sichtgeräte sollten interaktiv genutzt werden.
— Einsatz der Bildschirmtechnik für die hierarchische Informationsorganisation so, daß verschiedene Informationsebenen auf mehreren Bildschirmen parallel darstellbar werden bzw. auf Einzelschirmen abrufbar erscheinen.
— Darstellung bzw. Vorverarbeitung von Informationen entsprechend dem Qualifizierungsstand, z. B. durch lernbedingten Abbau (vorprogrammierter) förderlicher Redundanz.
— Entwicklung von Spracheingabe, um ausgewählte Handlungen zu vereinfachen bzw. rascher ausführen zu können.
— Sprachausgabe bei speziellen Aufgaben oder in Sondersituationen.

Der Bildschirmeinsatz in der Prozeßtechnik läßt eine Reihe traditioneller Aufgaben der Prozeßführung in neuem Lichte erscheinen. Die Nutzung des *Fließbildes* bietet auch bei der Bildschirmtechnik eine sinnvolle Gliederungsmöglichkeit bei der Informationsdarbietung, *analoge* und *digitale* Informationsdarbietung können kombiniert werden, die *Vorverarbeitung* und *Verknüpfung* von Meßwerten ist möglich oder die *Simulation* von Eingriffswirkungen bei sehr komplexen Funktionsverknüpfungen kann wenig oder nicht überschaubare Zusammenhänge für die Arbeitstätigkeit zweckmäßig aufbereiten.

## 7.5 Bedieneinheiten bei der Bildschirmtechnik

Grob kann zwischen Geräten zur *Eingabe* von Daten (alphanumerische Tastatur, Digitalisierungsgerät) und Geräten zur *Steuerung* der Verarbeitung (über Interaktionssprachen, wie z. B. bei der alphanumerischen Tastatur bzw. über „Zeigen" (Kursorposition)) unterschieden werden. Letzteres kann direkt (Touchscreen, Lichtgriffel) oder indirekt (Tastatur, Joystik, Maus) erfolgen. Psychologisch relevant ist vor allem die unterschiedliche Rückmeldung, die bei Maus oder Joystik eine Positionskontrolle der Bedienoperation einschließt.

## *8 Ausblick*

Sicher wird für die Informationsdarstellung im Mensch-Maschine-System auf Grund der Verbreitung rechnergestützter Informationssysteme der Einsatz von Bildschirmgeräten in Zukunft dominieren. Die damit verbundene Reduzierung der konventionellen Informationsdarbietungsmittel eröffnet einer Reihe bekannter Probleme und psychologischer Grundlagenuntersuchungen neue Anwendungsfelder. Schwerpunkt wird die Gestaltung der Arbeitstätigkeit und ihrer Bedingungen in Abhängigkeit von der internen Repräsentation (auch: Benutzermodell, konzeptuales Modell, Partnermodell u. a.) dieser neuen Informationsdarbietungsformen sein. Im internationalen Maßstab wurden hierzu sehr viele Untersuchungen durchgeführt, um dem Ziel des nutzergesteuerten Dialogs näher zu kommen. Die Verbindung dieser schon seit langem in der Psychologie unter anderen Bezeichnungen („operatives Abbild" (Oschanin, 1969); „interne Repräsentation" (Klix, 1980); „operatives Abbildungssystem" (Hacker, 1986)) bekannten Ansätze mit neueren gedächtnispsychologischen Forschungen ist zu erwarten, vor allem, um praxiswirksame Fortschritte in der Wissenserfassung, -beschreibung und -implementierung zu erreichen. In engem Zusammenhang damit muß die Veränderung der Beanspruchung in der Arbeitstätigkeit beachtet werden, da die neuen Arbeitsmittel natürlich nur dann zweckmäßig gestaltet und eingesetzt sind, wenn sie keine Beeinträchtigung des Werktätigen bedingen. Auch gilt es die Erkenntnisse über interindividuelle Differenzen im Arbeitsprozeß sowie über die Nutzung der (rechnergestützten) Bildschirmarbeitsplätze als individuelle Unterrichts- und Trainingsmittel in *Verbin-*

*dung* mit der Informationsdarbietung zu sehen. Die Gestaltung der Mensch-Rechner-Interaktion ist so zu einem bedeutsamen Gegenstandsbereich der Ingenieurpsychologie geworden, dessen Beiträge zur Informationsdarbietung im Mensch-Maschine-System zukünftig ihre Leistungsfähigkeit mitbestimmen wird.

*Literatur*

Bailey, P. (1984). Speech communication: the problem and some solutions. In A. Monk (Ed.), *Fundamentals of human-computer interaction* (S. 193—220). London: Academic Press.

Benda, H. von (1987). Neue Technologien: Mensch-Computer-Interaktion. In D. Frey, C. Graf Hoyos & D. Stahlberg (Hrsg.), *Angewandte Psychologie* (S. 169—186). München: Psychologie Verlags Union.

Benz, C., Grob, R. & Haubner, P. (1981). Gestaltung von Bildschirmarbeitsplätzen. Köln: Verlag TÜV Rheinland.

Bernotat, R. K. & Gärtner, K. P. (Hrsg.). (1972). *Displays and controls*. Amsterdam: Swets & Zeitlinger.

Bernotat, R. K. (1981). Anzeigengestaltung. In H. Schmidtke (Hrsg.), *Ergonomie* (S. 460—471). München: Hanser.

Bormann, L. & Curtis, B. (Eds.). (1985). *Human factors in computing systems II*. Amsterdam: North-Holland.

Cacir, A., Hart, D. J. & Stewart, T. F. M. (1980). *Bildschirmarbeitsplätze*. Berlin (West): Springer.

Card, S. K., Moran, T. P. & Newell, A. (1983). *The Psychology of human-computer interaction*. Hillsdale, NJ: Erlbaum.

Chapanis, A. (1983). Engineering Psychology. In M. Dunnette (Ed.), *Handbook of industrial and organizational Psychology* (S. 637—744). Chicago: Rand McNally.

Conrad, R. (1967). Disigning postal codes for public use. In W. T. Singleton, R. S. Easterby & D. C. Whitfield (Eds.), *The human operator in complex systems* (S. 133—138). London: Taylor & Francis.

d'Ydewalle, G., Van Rensbergen & Huys, J. (1986). The efficiency of letter perception in function of color combinations: A study of video-screen colors. In F. Klix & Wandke (Eds.), *Man-Computer Interaction Research* (S. 295—300). Amsterdam: North-Holland.

Easterby, R. S. (1970). The perception of symbols for machine displays. In A. T. Welford & L. Houssiadas (Eds.), *Contemporary problems in perception* (S. 149—158). London: Taylor & Francis.

Edwards, E. & Lees, F. P. (Eds.). (1974). *The human operator in process control*. London: Taylor & Francis.

Fitts, P. M. & Seeger, M. (1953). S-R Compatibility: Spatial characteristics of stimulus and response codes. *Journal of Experimental Psychology, 46,* 199—210.

Geissler, H. G. & Timpe, K. P. (1972). Analyse von Gruppenbildungsprozessen in der Wahrnehmung mit Hilfe von Wahlreaktionsexperimenten. *Zeitschrift für Psychologie, 180/181,* 1—14.

Gilson, W. (Hrsg.). (1984). *Leitwartengestaltung bei neuen Automatisierungsstrukturen.* Berlin: VDE-Verlag GmbH.

Gittins, D. (1986). Icon-based human-computer interaction. *International Journal of Man-Machine Studies, 24,* 519—543.

Grandjean, E. (1967). *Arbeitsgestaltung.* München: Ott Verlag.

Grandjean, E. (1986). *Ergonomics in computerised Offices.* London: Taylor & Francis.

Grimm, R. (1984). Der Arbeitsplatz mit Bildschirm in der Leitwarte. In W. Gilson (Hrsg.), *Leitwartengestaltung bei neuen Automatisierungsstrukturen* (S. 79—104). Berlin: VDE-Verlag GmbH.

Hach, J. P. & Heldt, P. H. (1984). Das Cockpit des Airbus A 310. *Spektrum der Wissenschaft, 3,* 38—52.

Hacker, W. (1986). *Arbeitspsychologie.* Berlin: VEB Deutscher Verlag der Wissenschaften.

Hacker, W. & Raum, H. (1980). *Optimierung von kognitiven Arbeitsanforderungen.* Berlin: VEB Deutscher Verlag der Wissenschaften.

Hacker, W. & Richter, P. (1980). *Spezielle Arbeits- und Ingenieurpsychologie.* Lehrtext 1: Psychologische Bewertung von Arbeitsgestaltungsmaßnahmen — Ziele und Bewertungsmaßstäbe. Berlin: VEB Deutscher Verlag der Wissenschaften.

Heuer, H. (im Druck). Psychomotorik. In H. Spada (Hrsg.), *Lehrbuch der Allgemeinen Psychologie.* Bern: Huber.

Hinz, W. (1984). Leitwartengestaltung in der Kraftwerkstechnik. In W. Gilson (Hrsg.), *Leitwartengestaltung bei neuen Automatisierungsstrukturen* (S. 55—73). Berlin: VOE-Verlag.

Hofmann, J. (1986). *Die Welt der Begriffe.* Berlin: VEB Deutscher Verlag der Wissenschaften.

Hoyos, C. Graf (1974). Kompatibilität. In H. Schmidtke (Hrsg.), *Ergonomie.* Bd. II (S. 93—122). München: Hanser.

Johannsen, G., Rijnsdorp, E. & Tamura, H. (1985). Matching user needs and technologies of displays and graphics. In G. Johannsen, G. Mancini & L. Martensson (Eds.), *Analysis, design and evaluation of man-machine systems* (S. 46—56). Varese: CEC-JRC Ispra.

Klix, F. (1966). Beziehungen zwischen Experimentalpsychologie und Entwicklungsrichtungen der Volkswirtschaft — zur psychologischen Grundlegung der Ingenieurpsychologie. In F. Klix, J. Siebenbrodt & K. P. Timpe (Hrsg.), *Ingenieurpsychologie und Volkswirtschaft* (S. 9—34). Berlin: VEB Deutscher Verlag der Wissenschaften.

Klix, F. (1980). *Information und Verhalten.* Berlin: VEB Deutscher Verlag der Wissenschaften.

Klix, F. (1984a). Denken und Gedächtnis — über Wechselwirkungen kognitiver Kompartments bei der Erzeugung geistiger Leistungen. *Zeitschrift für Psychologie, 192,* 213—244.

Klix, F. (Hrsg.). (1984b). *Gedächtnis — Wissen — Wissensnutzung.* Berlin: VEB Deutscher Verlag der Wissenschaften.

Klix, F. (1987). On recognition processes in human memory. In F. Klix & H. Hagendorf (Ed.), *Human memory and cognitive capabilities* (S. 321—338). Amsterdam: North-Holland.

Klix, F. & Timpe, K. P. (Hrsg.). (1979). *Arbeits- und Ingenieurpsychologie und Automatisierung.* Berlin: VEB Deutscher Verlag der Wissenschaften.

Klix, F. & Wandke, H. (Eds.). (1986). *Man-computer interaction research. MACINTER I.* Amsterdam: North-Holland.

Knave, B. & Widebäck, P. G. (Eds.). (1987). *Work with display units 86.* Amsterdam: North-Holland.

Lomow, B. (1964). *Ingenieurpsychologie.* Berlin: VEB Deutscher Verlag der Wissenschaften.

Lomow, B. (1965). Zur psychologischen Struktur des Informationsprozesses durch den Menschen. *Zeitschrift für Psychologie, 171,* 296—305.

Loveless, V. E. (1962). Direction of Motion Stereotypes: A review. *Ergonomics, 5,* 357—369.

Matern, B. (1980). Totzeitprobleme in Regelungssystemen — Konsequenzen für die Gestaltung von Steuer- und Überwachungstätigkeiten. *Probleme und Ergebnisse der Psychologie, 74,* 67—79.

McCormick, E. J. (1970). *Human factors engineering.* New York: McGraw Hill.

McCormick, E. J. & Sanders, M. S. (1982). *Human factors in engineering and design.* New York: McGraw Hill.

Monk, A. (Ed.) (1984). *Fundamentals of human-computer interaction.* London: Academic Press.

Murrell, K. F. H. (1965). *Ergonomics.* London: Chapman and Hall.

Neumann, J. & Seeber, A. (1965). Untersuchungen zum Problem der Kommandosprache. *Probleme und Ergebnisse der Psychologie, 15,* 65—78.

Neumann, J. & Timpe, K. P. (1967). Zur Kennzeichnung von Hauptwerten. *Probleme und Ergebnisse der Psychologie, 20/21,* 61—84.

Neumann, J. & Timpe, K. P. (1976). *Psychologische Arbeitsgestaltung.* Berlin: VEB Deutscher Verlag der Wissenschaften.

Norros, L., Kautto, A. & Ranta, J. (1986). Visualization of process information in improving work orientation. In F. Klix & H. Wandke (Eds.), *Man-Computer Interaction Research. MACINTER I* (S. 321—330). Amsterdam: North-Holland.

Oborne, J. D. (1985). *Computer at work.* Chichester: Wiley.

Oschanin, D. A. (1969). Die Rolle des operativen Abbildes bei der Erfassung des Informationsinhaltes eines Signals (russ.). *Voprosi Psichologii, 4,* S. 24—33.

Raum, H. (1983). Informationsgestaltung und Bildschirmarbeit: Ansatz und Ergebnisse neuerer Forschungen an der TU Dresden. *Zeitschrift für Psychologie, Supplement 5*, 56—77.

Raum, H. (1986). Alternative information presentation is a contribution to user centered dialogue design. In F. Klix & H. Wandke (Eds.), *Man-Computer Interaction Research* (S. 339—448). Amsterdam: North-Holland.

Reid, P. (1984). Work station design, activities and display techniques. In A. Monk (Ed.), *Fundamentals of human-computer interaction* (S. 103—126). London: Academic Press.

Rothe, H. J., Seifert, R., Timpe, K. P. & Wandke, H. (1975). Experimentelle Untersuchungen zur Informationsdarbietung und ihre Nutzung für die Arbeitsmittelgestaltung. *Zeitschrift für Psychologie, 183*, 361—400.

Sanders, A. F. (1971). *Psychologie der Informationsverarbeitung*. Bern: Huber.

Schiff, W. (1980). *Perception: An applied approach*. New York: Houghton Mifflin.

Schindler, R. (1983). Rechnergestützte Bildschirmarbeitsplätze — Entwicklungtendenzen, Gestaltungsprobleme und Stand der Forschung. *Zeitschrift für Psychologie, Supplement 5*, 7—23.

Schindler, R. (1986). Hilfen für Benutzer: Möglichkeiten und Probleme aus psychologischer Sicht. In W. Schönpflug & M. Wittstock (Eds.), *Software-Ergonomie '87* (S. 454—464). Stuttgart: Teubner.

Schmidtke, H. (1973). *Ergonomie*. München: Hanser.

Schmidtke, H. & Graf Hoyos, C. (1970). Psychologische Aspekte der Arbeitsgestaltung in Mensch-Maschine-Systemen. In K. Gottschaldt, Ph. Lesch, F. Sander & H. Thomae (Hrsg.), *Handbuch der Psychologie (9. Band: Betriebspsychologie)* (S. 94—144). Göttingen: Hogrefe.

Schönpflug, W. & Wittstock, G. (Eds.). (1987). *Software-Ergonomie '87*. Stuttgart: Teubner.

Seminara, J. G., Seidenstein, S., Eckert, S. K. & Smith, D. L. (1979). Human factors methods for nuclear control room design. Zitiert nach Hacker, W. (1986).

Shneiderman, B. (1987). *Designing the user interface: Strategies for effective human-computer interaction*. Reading: Addison-Wesley.

Singleton, W. T. (1972). General theory of presentation of information. In R. K. Bernotat & K. P. Gärtner (Hrsg.), *Displays and controls* (S. 75—81). Amsterdam: Swets & Zeitlinger.

Sintschenko, W. P., Munipow, W. M. & Smoljan, G. L. (1976). *Ergonomische Grundlagen der Arbeitsorganisation*. Berlin: VEB Deutscher Verlag der Wissenschaften.

Stelmach, G. E. & Requin (Eds.). (1980). *Tutorials in motor behavior*. Amsterdam: North-Holland.

Thomas, J. G. & Rosson, M. B. (1985). Human factors and synthetic speech. In B. Shakel (Ed.), *Interact '84*. Amsterdam: North-Holland.

Timpe, K. P. (1979): Zuverlässigkeit und Arbeitstätigkeit — Subjektive Faktoren und ihr Einfluß auf die Funktion des Mensch-Maschine-Systems. *Wissenschaftliche Zeitschrift der Technischen Hochschule Otto von Guericke Magdeburg, 23,* 753—758.

Timpe, K. P. (1988). *Zwischen Psychologie und Technik.* Berlin: VEB Deutscher Verlag der Wissenschaften.

Wandke, H. (1976). Der Einfluß unterschiedlicher Grade der Kompatibilität auf die Tätigkeit. In W. Hacker (Hrsg.), *Psychische Regulation von Arbeitstätigkeiten* (S. 160—169). Berlin: VEB Deutscher Verlag der Wissenschaften.

Wandke, H. & Wetzenstein, E. (1984). Informationsstrukturierung und Kommando-Kodierung — Ein Beitrag zur nutzerfreundlichen Softwaregestaltung für rechnergestützte Bildschirmarbeitsplätze. *Wissenschaftliche Zeitschrift der Humboldt-Universität zu Berlin, 6,* 607—614.

Wandke, H., Wetzenstein, E., Schulz, J. & Kossakowski, M. (1985). *Psychologische Untersuchungen zum Dialogprogrammieren.* Unveröff. Forschungsbericht, Humboldt-Universität, Berlin.

Waterworth, J. (1984). Speech communication: How to use it? In A. Monk (Ed.), *Fundamentals of human-computer interaction* (S. 221—236). London: Academic Press.

Welford, A. T. (1970). Perceptual selection and integration. In A. T. Welford & L. Houssiadas (Eds.). *Contemporary problems in perception* (S. 5—23). London: Taylor & Francis.

Welford, A. T. & Houssiadas, L. (Eds.). (1970). *Contemporary problems in perception.* London: Taylor & Francis.

Wenda, B. F. & Mitkin, A. A. (1970). Prinzipien der Erforschung und Gestaltung von Mnemoschemata (russ.). In *Ergonomie* (russ.). Moskau: BNITE.

Wheatley, E. (1977). An Experiment on Coding Preferences for Display Symbols. *Ergonomics, 20,* 543—552.

Wischlitzki, D. (1984). Leitwartengestaltung in der Verfahrenstechnik. In W. Gilson (Hrsg.), Leitwartengestaltung bei neuen Automatisierungsstrukturen (S. 35—53). Berlin: VDE-Verlag.

Wickens, Chr. (1984). *Engineering psychology and human performance.* Columbus: Charles E. Merrill.

Zimmermann, L. (Hrsg.). (1982). *Computereinsatz: Auswirkungen auf die Arbeit.* Reinbek bei Hamburg: Rowohlt.

8. Kapitel

# Gestaltung der Schnittstelle Mensch — Maschine

*Heinzpeter Rühmann und Heinz Schmidtke*

## 1 Einführung

In der Technik wird der Begriff „Schnittstelle" dann benutzt, wenn die Verbindungselemente von Komponenten oder Subsystemen festzulegen sind, deren Koppelung Voraussetzung für die Funktionserfüllung eines komplexeren Systems ist. Ist der Mensch als Operateur handelnd oder überwachend in ein technisches System eingebunden, so spricht man von einem Mensch-Maschine-System. In diesem Sinne ist eine Werkzeugmaschine, ein handgesteuertes Fahrzeug, eine Radarkonsole und ein Leitstand ein Mensch-Maschine-System, nicht dagegen ein rechnergesteuertes Handhabungssystem, wie z. B. ein Schweiß-Roboter.

Wenn die Schnittstelle die Verbindungselemente von Subsystemen definiert, so müssen in einem Mensch-Maschine-System die technischen Schnittstellenkomponenten zum Menschen auf dessen psychophysische Kapazität zur Aufnahme, Verarbeitung und Umsetzung von Informationen abgestimmt sein. Dies ist eine sehr weitgehende Forderung, berücksichtigt man das breite Spektrum der Variabilität physischer und mentaler Leistungsfähigkeit. Insofern sind vielfach Einschränkungen dergestalt unerläßlich, daß die Schnittstellenauslegung einerseits den geeigneten, eingearbeiteten und geübten Menschen zugrunde legt und andererseits auf ein Segment aus dem Variationsbereich psychophysischer Leistungsfähigkeit abhebt. Die Festlegung des Bezugssystems für den Einarbeitungs- und Übungsgrad und für die Spannbreite psychophysischer Eignung des Menschen ist eine notwendige Voraussetzung für die optimale Gestaltung technischer Schnittstellenkomponenten. Nur aus der Zusammenführung präziser Vorstellungen des Auftraggebers über das Einarbeitungs- und Übungsniveau des potentiellen Systemnutzers, verläßliche Daten über anthropometrische, physiologische, sensomotorische und intellektuelle Parameter innerhalb der festgelegten Segmentbreite und über technische Lösungsalternativen für Informationsdarbietung und -umsetzung kann ein Mensch-Maschine-System entstehen, das seine Aufgabe erfüllt und vom Menschen akzeptiert wird (s. Rühmann, 1981).

Medizin, Anthropologie und Ergonomie müssen den Systemplanern und -konstrukteuren Daten zur Verfügung stellen, mit deren Hilfe Auslegung und Dimensionierung technischer Schnittstellenkomponenten möglich sind. Solche Daten sollten sich auf die Verteilung von Körpermaßen, Körperkräften, Sinnesleistungen u. ä. in der Bevölkerung beziehen. Auch aus dem großen Fundus experimentalpsychologischer Forschungsergebnisse ließen sich viele „Daten" über die menschliche Wahrnehmung, die Motorik und das Lernen mit unmittelbarer Anwendungsrelevanz extrahieren. Über den Weg einer derartigen Kooperation der verschiedenen humanwissenschaftlichen Disziplinen mit der Technik könnten Schnittstellen gestaltet werden, die den Leistungsmerkmalen und Bedürfnissen des Menschen angemessen sind. Die in den Sozialwissenschaften immer wieder erhobene Forderung, technische Einrichtungen an Nutzerbedürfnissen auszurichten, muß so lange eine Leerformel bleiben, wie die Nutzerbedürfnisse nicht klar artikuliert werden. Zukunftsaufgabe der Ingenieurpsychologie wird es sein, derartige Bedürfnisse zu beschreiben und so weit wie möglich mit Maß und Zahl zu belegen.

Im 7. Kapitel dieses Bandes wurde ein wesentlicher Aspekt der Schnittstellengestaltung in Mensch-Maschine-Systemen behandelt, nämlich die Informationsdarstellung. Eine zweite Gruppe von Schnittstellenkomponenten bilden die Stellteile, mit denen der Mensch steuernd oder verstellend auf ein System einwirken und aus deren Stellung er auch häufig Rückschlüsse auf den aktuellen Betriebszustand ziehen kann. Dazu soll in diesem Kapitel ein Überblick gegeben werden; für weiterführende Hinweise s. Van Cott und Kinkade (1972), Woodson (1981), Schmidtke und Rühmann (1981), Schmidtke (1984a) sowie das im Carl Hanser-Verlag, München, als Loseblatt-Sammlung erscheinende „Handbuch der Ergonomie".

## 2 Einteilung von Stellteilen

Die Vielgestaltigkeit der Stellteile, über die der Mensch auf Betriebsmittel und Prozesse einwirkt, macht eine Einteilung nach unterschiedlichen Merkmalen erforderlich.

## 2.1 Bedienung

Ein erster Gliederungsansatz ergibt sich aus der Extremität, die auf das Stellteil einwirkt. Sieht man einmal von Spezialausführungen (z. B. für Körperbehinderte) ab, sind Bedienelemente für Finger-, Hand-, Fuß- und Beinbetätigung unterscheidbar. Alle genannten Formen bilden beispielsweise die Schnittstelle zur Informationsübertragung in Kraftfahrzeugen: für Fingerbetätigung z. B. Schlüsselschalter, Wippschalter, Griffschieber, Zugknopf, für die ein- oder beidhändige Betätigung der Schalthebel und das Lenkrad, für Fußbedienung das Gaspedal und schließlich für die Beinbetätigung das Brems- und Kupplungspedal.

Bei jeder der genannten Kategorien sind weiterhin verschiedene Verbindungen zwischen den Kopplungsgliedern (Finger, Hand, Fuß) und dem Stellteil üblich. Die an Bedienelementen für Finger- und Handbetätigung üblichen Greifarten sind der Kontaktgriff, Zufassungs- und Umfassungsgriff. Bei fußbetätigten Stellteilen werden je nach Tretart Bedienelemente für Vorfußauflage (z. B. Gaspedal) oder Fersenauflage bzw. für Gesamtfußauflage (z. B. Wipp-Pedal) unterschieden.

Für jeweils gleiche Greif- bzw. Tretart kann schließlich eine unterschiedliche Kopplungsart vorliegen. Eine reibschlüssige Kopplung liegt bei mittelbarer Kraftübertragung dann vor, wenn die Kraft in der Berührungsfläche zwischen den Kopplungsgliedern und dem Stellteil wirkt (z. B. Handrad), während der Formschluß die unmittelbare Kraftübertragung beschreibt, die senkrecht zur Berührungsfläche wirkt (z. B. Schalthebel).

## 2.2 Bewegungsart

Nach ihrer Bewegungsart können rotatorische Stellteile (Handrad, Kurbel, Schlüssel), Bedienelemente für translatorische Bewegungen (Taste, Zugknopf, Griffschieber) sowie quasi-translatorische Stellteile (Schalthebel, Kippschalter, Pedal) unterschieden werden (Schmidtke & Rühmann, 1981).

## 2.3 Wirkungsweise

Entsprechend ihrer mechanischen Ausführungsform ermöglichen digitale Stellteile die Einstellung diskreter Systemzustände, während analoge Bedienelemente der stufenlosen bzw. kontinuierlichen Steuerung und Regelung dienen. Entscheidend für die Beurteilung der Wirkungsweise ist jedoch nicht die konkrete technische Ausprägung der Steuerarmatur selbst, sondern die Beziehung zwischen der Stellteilbewegung und dem beobachtbaren Effekt. Auch mit einem digitalen Stellteil, dem integrierende Subsysteme nachgeschaltet sind (z. B. Elektromotor, elektronische Integratoren), können kontinuierliche Veränderungen an der zu beeinflussenden Größe vorgenommen werden (z. B. Kransteuerung über Drucktaster, Frequenzveränderung mit Wipptaster an Funkempfängern). Der Bedienaufwand für die analoge Veränderung von Regelgrößen mit digitalen Stellteilen ist jedoch höher als bei der Steuerung und Regelung über analoge Stellteile, da die Integration auch mental vom Operateur vorgenommen werden muß.

## 2.4 Dimensionalität

Die Dimensionalität eines Stellteils ist durch die konstruktiv vorgesehenen Bewegungsrichtungen bestimmt, die zu seiner Betätigung notwendig sind (z. B. H-Schaltung im Kraftfahrzeug — zweidimensional). Hinsichtlich der Stellteilauswahl wäre es aus ergonomischer Sicht sinnvoll, wenn die Dimensionalität der Aufgabenstellung auf die Dimensionalität des Stellteils abgebildet wird, wie das z. B. bei der Positionierung einer Marke auf einem Bildschirm mittels Maus oder Rollball der Fall ist.

Das Führen eines Kraftfahrzeuges ist eine zweidimensionale Aufgabe, da der Fahrer durch Betätigung der Stellteile nur zwei Freiheitsgrade der Bewegung beeinflussen kann. Unerheblich für die Festlegung der Aufgabendimension ist der Sachverhalt, daß sich das Fahrzeug tatsächlich in sechs Freiheitsgraden bewegt. Für die Regelung der Längs- und Querdynamik werden bei handgeschalteten Kraftfahrzeugen vier eindimensionale Bedienelemente und der zweidimensionale Schalthebel verwendet. Bei Fahrzeugen mit automatischem Getriebe reduziert sich die Zahl der Bedienelemente auf drei. Diese Reduktion bewirkt eine Entlastung des Fahrers, die sich auch in der Unfallstatistik widerspiegelt: Automatikfahrzeuge sind prozentual weniger an Unfällen beteiligt als handgeschaltete Fahrzeuge. Optimal wäre eine Reduktion auf ein zweidimensionales Stellteil (z. B. ein in der Mittelkonsole angebrachter zweiachsiger Handsteuerhebel), was durch entsprechende technische Integration der Subsysteme realisierbar wäre (vgl. z. B. Bubb, 1985).

## 2.5 Integration

Sind in einem Stellteil zur Erfüllung unterschiedlicher Teil- oder Parallelaufgaben mehrere Bedienfunktionen für die alternative, sequentielle oder simultane Betätigung zusammengefaßt, spricht man von integrierten Steuerarmaturen (z. B. sog. Kombihebel im Kraftfahrzeug). Diese Stellteile werden üblicherweise dann eingesetzt, wenn der Operator bei fest vorgegebener Körperhaltung (z. B. in Fahrzeugen) unter beengten Raumverhältnissen eine Vielzahl von Bedienfunktionen zu bewältigen hat oder wenn die ständige Manipulation eines Stellteils die Integration anderer Bedienfunktionen in diese Steuerarmatur voraussetzt. Beispiele hierfür sind der Motorradlenker, die in das Flugzeug-Steuerhorn integrierten Stellteile für Trimmung und Sprechfunk oder die in die Schubhebel integrierten Zughebel für das „Aufziehen" der Schubumkehrklappen nach der Landung zum Abbremsen des Flugzeuges.

## 2.6 Eignungsmerkmale

Für die zweckmäßige Stellteilauswahl sind verschiedene Eignungsmerkmale zu berücksichtigen (vgl. hierzu auch DIN 33401). Von vorrangiger Bedeutung ist in diesem Zusammenhang zunächst die Frage, welche Funktion das Stellteil erfüllen soll (stufenweises bzw. stufenloses Stellen) und mit welcher Geschwindigkeit, Genauigkeit und mit welchem Kraftaufwand die Einstellung zu erfolgen hat.

Diskrete Einstellungen können durchgeführt werden mit Druckknöpfen, Finger- und Handtastern (s. DIN 2139), virtuellen Tastern auf touch-screens, Finger- und Handknebeln, Dreh-, Wipp- und Kippschaltern, Schalthebeln sowie mit Knöpfen und Pedalen zur Fußbedienung. Kontinuierliche Einstellungen lassen sich realisieren durch Drehknöpfe, Handräder und -kurbeln, Griffschieber, Steuerkugeln, Maus, grafische Tabletts, Lichtgriffel, Hand- und Fingerhebel sowie mit Pedalen für Bein- und Fußbetätigung. Stellteile, die mit Kontaktgriff zu betätigen sind (z. B. Wippschalter), gewährleisten sowohl schnelles Einstellen wie auch einhändiges gleichzeitiges Stellen mehrerer Stellteile. Mit rotatorischen Stellteilen, die mittels 2- oder 3-Finger-Zufassungsgriff betätigt werden (z. B. Drehknopf), ist sehr genaues Stellen möglich. Größere Betätigungskräfte lassen sich mit Stellteilen für Hand-Arm-Betätigung (z. B. Handräder und -kurbeln) bzw. für Fuß-Bein-Bedienung übertragen. Je nach Ausführungsform können Bedienelemente gleichzeitig Anzeigecharakter haben (z. B. Drehknebel, Schlüsselschalter). Bei der Auswahl der Stellteile ist zu berücksichtigen, ob das Sehen oder Ertasten der Stellung notwendig oder ob die eingestellte Funktion auf einer separaten Anzeige (z. B. Leuchtmelder) abzulesen ist.

Die Tabelle 1 gibt eine Übersicht über geeignete Stellteile zur kontinuierlichen (stufenlosen) bzw. diskreten (stufenweisen) Verstellung in Abhängigkeit von der Größe des Einstellbereiches. In der Tabelle 2 wird eine Bewertung der Steu-

Tab. 1: Stellteile für kontinuierliches und diskretes Stellen

| Größe des Einstellbereiches | Betätigungsart | geeignetes Stellteil |
| --- | --- | --- |
| kleiner Bereich | kontinuierlich | Drehknopf, Drehknebel, Rollball, Maus, Lichtgriffel, Zugbügel/-ring/-knopf, Stellhebel für Fingerbetätigung, Griffschieber |
| großer Bereich | kontinuierlich | Handrad, Kurbel, Drehknopf mit ausklappbarer Kurbel, Rollball, Maus, Lichtgriffel, Griffschieber, Stellhebel für Handbetätigung |
| 2 Stufen | diskret | Druckknopf/-taster, virtuelle Taster, Wippschalter/-taster, Kippschalter/-taster, Stellhebel, Zugbügel/-ring/-knopf mit 2 stabilen Positionen |
| 3 Stufen | diskret | Kipp-/Wippschalter, Drehschalter/-knebel, Stellhebel |
| 4 bis 10 Stufen | diskret | Drehschalter/-knebel, Kodierschalter, Stellhebel, Griffschieber |
| 4 bis 24 Stufen | diskret | Drehschalter/-knebel, Griffschieber |

Gestaltung der Schnittstelle Mensch — Maschine

Tab. 2a: Eignungsbewertung translatorischer und annähernd translatorischer Stellteile

| Stellteil-bezeichnung | Symbol | Nutzungs-häufigkeit | | | Stell-bewegung | | Verfügbarer Raum f. Montage und Betätigung | | Betätigungs-rückmeldung | | | Größe des Verstellbereichs | | | Eignung f. Simultan-betätigung | | Eignung f. Sicherung g. unb. Betät. | |
|---|---|---|---|---|---|---|---|---|---|---|---|---|---|---|---|---|---|---|
| | | andauernd | kurzzyklisch | gelegentlich | genaues Ein- u. Verstellen | schnelles Einstellen | sehr groß | groß | klein | Sehen der Position | Tasten der Position | Hören der Verstellung | sehr groß | groß | klein | sehr gut | gut | sehr gut | gut |
| Stellhebel, stufenlos | | • | | | •+☐ | • | • | | | | | | • | | | • | | • | |
| Stellhebel, 2 stabile Positionen | | | • | | • | • | • | | | • | • | | | • | | | • | | |
| Stellhebel, >2 stabile Positionen | | | • | | • | | • | | | • | • | | | • | | | • | | • |
| Joystick für Finger-Handbetätigung | | • | | | • | •+☐ | • | | •H | •Fi | | | • | | | | | | |
| Stellhebel, wegfrei f. Finger-Handbetätig. | | • | | | •+☐ | • | | | •H | •Fi | | | •+A | | | • | | • | |
| Drucktaster | | | | • | •+☐ | • | | N.a. | • | | | | •+A | | | •Fi | | •Fi | |
| Druckschalter | | | • | | • | • | | •Fu | • | | •R | • | | •+A | | •Fi | | •Fi | |
| Sensortaster | | | • | | •+☐ | • | | | • | | | | •+A | | | • | | • | |
| Wipptaster | | | | • | •+☐ | • | | | • | | | | •+A | | | • | | • | |
| Wippschalter | | | • | | • | • | | | • | | | | • | | | • | | • | |
| Kipphebeltaster | | | | • | •+☐ | • | | | • | | | | •+A | | | • | | • | |
| Kippschalter für 2 stabile Positionen | | | • | | • | • | | | • | • | • | • | | • | | • | | • | |
| Kippschalter für 3 stabile Positionen | | | • | | • | | | | • | • | • | | | • | | • | | • | |
| Hand-Fingerschieber, stufenlos | | | | • | | | | | •H | •Fi | | | • | | | • | | | |
| Fingerschieber für 2 stabile Positionen | | | | • | | | | • | • | | •R | | | • | | • | | • | |
| Zugbügel, -ring, -knopf | | | | • | | | | | • | | | | | • | | • | | • | |
| Pedal | | • | • | • | | | | | • | | | | | • | | | • | | |

Tab. 2b: Eignungsbewertung rotatorischer Stellteile

| Stellteil-bezeichnung | Symbol | Nutzungs-häufigkeit | | | Stell-bewegung | | Verfügbarer Raum f. Montage und Betätigung | | Betätigungs-rückmeldung | | | Größe des Verstellbereichs | | | Eignung f. Simultan-betätigung | | Eignung f. Sicherung g. unb. Betät. | |
|---|---|---|---|---|---|---|---|---|---|---|---|---|---|---|---|---|---|---|
| | | andauernd | kurzzyklisch | gelegentlich | genaues Ein- u. Verstellen | schnelles Einstellen | sehr groß | groß | klein | Sehen der Position | Tasten der Position | Hören der Verstellung | sehr groß | groß | klein | sehr gut | gut | sehr gut | gut |
| Handrad | | • | • | | •+☐ | • | • | • | | | | | • | | | | | | |
| Kurbel | | | • | | | • | • | • | | | | | • | | | | | | |
| Drehknopf | | | • | | • | • | | • | • | | | | | • | • | | | • | • |
| Drehschalter | | | • | | • | • | | • | • | • | | | | • | • | | | | • |
| Drehknebel | | | • | | • | • | | • | • | • | | | | • | • | | | | • |
| Kodierschalter | | | | • | | | | • | • | • | | | | • | • | | | | • |
| Rollball | | • | | | •+☐ | • | | | • | | | | | • | | | | | |

● : geeignet bzw. zutreffendes Merkmal
● + A : geeignet mit automatisch durchlaufendem Stellbereich
H : Handbetätigung
Fu. : Fußbetätigung; N.a. : Notaus-Taster

●+☐ : geeignet mit Effektrückmeldung
Fi. : Fingerbetätigung
R : tastbare Referenzposition

erarmaturen relativ zu aufgabenabhängigen Forderungen sowie hinsichtlich arbeitsplatzbezogener Bedingungen vorgenommen.

## 3 Anthropometrische und biomechanische Aspekte der Stellteilgestaltung

Aus anthropometrischer und biomechanischer Sicht sind bei der Stellteilgestaltung folgende Gesichtspunkte zu berücksichtigen:

— Größe des Stellteils relativ zu aufgabenabhängigen Anforderungen bzw. Vorbedingungen (Stellgenauigkeit, -geschwindigkeit, zu überwindende Betätigungswiderstände),

— Größe des Stellteils relativ zur einwirkenden Extremität (Finger, Hand, Fuß); ggfs. sind für die Stellteilabmessungen wie für die Abstände zwischen den Bedienelementen Zuschläge für Schutzkleidung (Hand- oder Sicherheitsschuhe) zu berücksichtigen (Burandt, 1978),

— Größe des Auslenkungsbereiches von Stellteilen,

— Montageabstand zwischen Bedienelementen relativ zur Betätigungsmodalität (alternativ, sequentiell oder simultan),

— Auslegung der Betätigungswiderstände hinsichtlich optimaler propriozeptiver Bewegungskontrolle,

— Auslegung der Stellteil-Kontaktfläche (Oberflächengestaltung).

### 3.1 Abmessungen

Bezugsmaße für die Größenauslegung von Stellteilen sind die anthropometrischen Daten über Finger, Hand und Fuß. Diese Daten können verschiedenen Datensammlungen entnommen werden (z. B. DIN 33 402 Teil 2, Handbuch der Ergonomie, Teil B). Welcher Perzentilwert für die Dimensionierung zugrundezulegen ist, läßt sich nicht verallgemeinern, da dies sowohl von der Greifart wie auch von den Einbauverhältnissen der Stellteile abhängig ist.

### 3.2 Stellwege und Stellwinkel

Die Größe des zu wählenden Auslenk- oder Stellwinkelbereiches von Bedienelementen hängt von der Bewegungsmöglichkeit des Hand-Arm- bzw. Fuß-Bein-Systems ab. Das Hand-Arm-System reicht von den Fingern über den Unter- und Oberarm bis zum Schultergürtel. Sind der Hand mit den Fingern freie Bewegungen im Rahmen der Gesamtbewegungsmöglichkeit dieses Systems möglich, handelt es sich um eine offene kinematische Gelenkkette. Durch beidhändige Zufassung an einem Stellteil (z. B. Handrad) entsteht eine über den Rumpf geschlossene kinematische Gelenkkette, deren Bewegungsmöglichkeit gegenüber der freien Kette stark eingeschränkt ist. Die Freiheitsgrade der Bewegung von Gelenken hängen direkt von deren Bauart ab: Das Ellenbogengelenk als Scharniergelenk hat einen Freiheitsgrad, das Handgelenk als Sattelgelenk zwei und das Schultergelenk als Kugelgelenk drei Freiheitsgrade.

Ist bei der Betätigung von Stellteilen ein Auslenkungsbereich vorgegeben, der die Bewegungsmöglichkeit der Fingergelenke übersteigt, so ist entweder ein Nachgreifen erforderlich (z. B. beim „Drillen" eines Drehknopfes oder Rollballes) oder weitere Gelenke der kinematischen Kette müssen in Aktion treten (z. B. Drehung des Unterarmes im Ellen-Speichen-Gelenk). Sind die Bewegungsmöglichkeiten aller Gelenke einer kinematischen Kette erschöpft, so ist ein noch größerer Bewegungsumfang nur durch zusätzliche Rumpfbewegungen zu erzielen. Während Rumpfbewegungen beim Stellen in stehender Arbeitshaltung noch tolerabel sind (z. B. beim Betätigen eines großen Handrades mit Kurbelgriff), sind sie an Sitzarbeitsplätzen nur dann zulässig, wenn bestimmte Stellteile nur gelegentlich betätigt oder Bedienelemente, um systemkritische Fehlmanipulationen zu vermeiden, aus sicherheitstechnischen Gründen außerhalb des funktionellen Greifraumes positioniert werden.

## 3.3 Montageabstände

Da die betätigende Extremität je nach Stellteiltyp, Greifart und Auslenkungsbereich für die Bedienung einen Freiraum zu benachbarten Stellteilen benötigt, sind Montageabstände einzuhalten, wobei ggfs. noch Schutzkleidung zu berücksichtigen ist. Die einzuhaltenden Abstände hängen auch von der Betätigungsabfolge ab: Sie können bei simultaner Betätigung mit mehreren Fingern einer Hand (z. B. Kippschalter in Reihen-Anordnung) sehr gering gehalten werden, während bei sequentieller und besonders bei alternativer Stellteilnutzung (Fehlbedienung) größere Distanzen zwischen den Stellteilen einzuhalten sind (siehe hierzu auch Abschnitt 4.2 „Gruppierung"). Dies gilt auch für die Positionierung virtueller Tastaturen auf Bildschirmen in dynamischen Systemen (Rühmann, 1984a und 1984b).

## 3.4 Betätigungswiderstände

Betätigungswiderstände resultieren häufig aus der starren Koppelung des Bedienelementes mit mechanischen Stellgliedern (z. B. mittels Drehknopf verstellbares Potentiometer, Lenkung beim Kraftfahrzeug). Stellteilkräfte dürfen bestimmte Richtwerte nicht überschreiten, da sonst eine Betätigung auch bei gelegentlicher Nutzung unmöglich wird oder Muskelermüdung einsetzt und damit eine Dauerbetätigung nicht gewährleistet ist (s. Rohmert, 1981). Empfehlungen für Betätigungswiderstände können jedoch nur sehr allgemein gehalten werden (vgl. z. B. DIN 33 401), da der jeweilige Verwendungszweck des Bedienelementes, dessen Einbaulage relativ zum Operateur und die Stellhäufigkeit in einem bestimmten Betätigungszeitraum im wesentlichen den Optimalwert des Stellteilwiderstandes bestimmen.

Andererseits müssen Stellteile der Auslenkung einen bestimmten Mindestwiderstand entgegensetzen, der eine propriozeptive Rückmeldung über den Bewegungszustand garantiert. Dieser Sachverhalt ist dann von Bedeutung, wenn Subsysteme elektromotorisch oder hydraulisch angetrieben werden und somit mechanisch von der Steuerarmatur entkoppelt sind. Die Ergänzung der Wegrückmeldung durch eine zusätzliche Kraftrückmeldung verbessert die Stellgenauigkeit durch Ausgleich von Diskontinuitäten im Bewegungsablauf (Körperschwankungen, Handtremor), gestattet ein Abstützen der Gliedmaßen und sichert gegen unbeabsichtigtes Stellen.

Beim Schalten von wegbehafteten digitalen Stellteilen (z. B. Kipp-, Drehschalter) soll der erfolgte Schaltvorgang durch ein hörbares und taktiles „Klick" wahrnehmbar sein. Dies ist beispielsweise bei Schaltern mit Sprungwerken der Fall. Fehlt die taktile Rückmeldung, wird der Operateur verunsichert. Eine progressive Stellcharakteristik mit Überwindung eines deutlich spürbaren Druckpunktes ist hier günstiger als eine degressive Kennlinie (vgl. Abbildung 1). Wegfreie virtuelle Taster sollten bei Betätigung eine visuelle Rückmeldung liefern.

Für analoge Stellteile kommen als Bewegungswiderstände einzeln oder in Kombination in Betracht:

— Reibung,

— Federkraft,

— viskose Dämpfung und

— Massenträgheit.

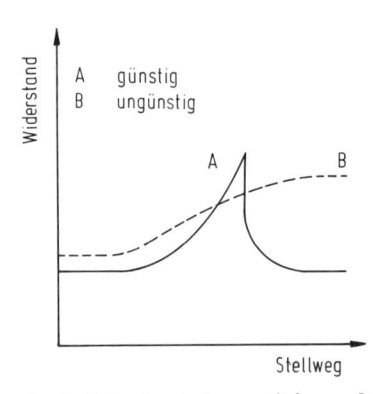

Abb. 1: Günstige und ungünstige Stellcharakteristika von diskreten Stellteilen.

Eine eingehendere Analyse der Wirkung dieser mechanischen Eigenschaften auf die manuelle Regelleistung erfolgt im Abschnitt 5 „Regelungstechnische Aspekte der Stellteilgestaltung".

In Tabelle 3 sind für einige ausgewählte Stellteiltypen Richtwerte für deren Abmessungen, die Stellwege und -winkel und für die Betätigungswiderstände angegeben; Tabelle 4 enthält Angaben über die einzuhaltenden Montageabstände.

Aus Gründen der Arbeitssicherheit steht häufig jedoch nicht der Aspekt des „optimalen" Betätigungswiderstands im Vordergrund, sondern die Frage nach einer „zulässigen" Betätigungskraft von sicherheitskritischen Bedienelementen. Für einen Zentralverschlußhebel an einer Feuerschutztür, der mehrere Vorreiber betätigt, ist zu fordern, daß ein möglichst großer Prozentsatz der Nutzerpopulation (z. B. 99 %) auch in der Lage ist, im Notfall die Tür zu öffnen bzw. zu schließen. Eine Abschätzung diesbezüglicher Richtwerte nach DIN 33 411 („Körperkräfte des Menschen") ist nicht möglich, da sich die maximalen statischen Aktionskräfte („Isodynen") auf die Mittelwerte eines relativen kleinen

Tab. 3a: Abmessungen, Stellbereiche und Betätigungswiderstände für einige ausgewählte Stellteile

| Stellteil | Betätigung | Maße [mm] | Stellweg s / -winkel α | Stellkraft / -moment |
|---|---|---|---|---|
| Druckknopf Drucktaster | Finger | d ≥ 10 | min. 3 mm / max. 10 mm | min. 1 N / max. 8 N |
| | Hand | d ≥ 40 | min. 6 mm / max. 15 mm | min. 4 N / max. 16 N |
| Wippschalter Wipptaster | Finger | l ≥ 15 b ≥ 6 | min. 3 mm / max. 10 mm | min. 2 N / max. 8 N |
| Kippschalter Kipptaster | Finger | l ≥ 10 b ≥ 3 | 2 Stufen [Gesamtstellwinkel] min. 40° / max. 120° 3 Stufen [Stufenwinkel] min. 30° / max. 60° | min. 2 N / max. 10 N |
| Griffschieber | Finger | h ≥ 6 b ≥ 6 | min. 5 mm / max. 100 mm | min. 2 N / max. 20 N |
| | Hand | h ≥ 75 b ≥ 20 | min. 10 mm / max. 400 mm | min. 20 N / max. 60 N |
| Stellhebel | Finger | d ≥ 5 l ≥ 15 | min. 20 mm / max. 100 mm | min. 2 N / max. 10 N |
| | Hand | d ≥ 15 l ≥ 90 | min. 50 mm / max. 400 mm | min. 10 N / max. 150 N |
| Drehschalter | 2 Finger | d ≥ 10 h ≥ 12 | Betätigung mit Sichtkontrolle min. 15° / max. 45° | min. 0,02 Nm / max. 0,1 Nm |
| | 3 o. mehr Finger | d ≥ 20 h ≥ 12 | Betätigung ohne Sichtkontrolle min. 30° / max. 45° | min. 0,04 Nm / max. 0,7 Nm |
| Drehknebel | Finger | l ≥ 20 b ≥ 5 h ≥ 12 | Betätigung mit Sichtkontrolle min. 15° / max. 45° Betätigung ohne Sichtkontrolle min. 30° / max. 45° | für l = 25 min. 0,1 Nm / max. 0,3 Nm für l = 25 min. 0,3 Nm / max. 0,7 Nm |

Tab. 3b: Abmessungen, Stellbereiche und Betätigungswiderstände für einige ausgewählte Stellteile

| Stellteil | Betätigung | Maße [mm] | Stellweg s / -winkel α | Stellkraft / -moment |
|---|---|---|---|---|
| Drehknopf | 2 Finger | d ≥ 10<br>h ≥ 12 | unbegrenzt | min. 0,02 Nm / max. 0,1 Nm |
|  | 3 o. mehr Finger | d ≥ 20<br>h ≥ 12 |  | min. 0,04 Nm / max. 0,7 Nm |
| Zugknopf | Finger | l ≥ 12<br>$d_1$ ≥ 10<br>$d_2$ ≥ 15 | min. 5 mm / max. 100 mm | min. 5 N / max. 20 N |
| Zugbügel | Hand | b ≥ 90<br>t ≥ 35<br>d ≥ 10 | min. 10 mm / max. 400 mm | min. 20 N / max. 100 N |
| Kurbel | Hand | d ≥ 15<br>l ≥ 90<br>r ≥ 50 | unbegrenzt | Umfangskraft<br>min. 6 N / max. 80 N |
| Pedal | Fuß<br>Bein | l ≥ 50<br>b ≥ 75 | min. 20 mm / max. 70 mm<br>min. 50 mm / max. 150 mm | min. 30 N / max. 100 N<br>min. 50 N / max. 200 N |
| Fußdruckknopf<br>Fußdrucktaster | Fuß | d ≥ 15<br>h ≥ 30 | min. 12 mm / max. 30 mm | Fuß ruht auf Stellteil<br>min. 100 N / max. 150 N<br>Fuß ruht neben Stellteil<br>min. 5 N / max. 50 N |

Tab. 4: Lichte Montageabstände zwischen Stellteilen

| Benennung | Betätigungsart | Maße (mm) |
|---|---|---|
| Druckschalter und Drucktaster in Schalterleisten bzw. Tastaturen | Einzelfingerbetätigung | min. 2/opt. 4 |
| Kippschalter | Einzelfingerbetätigung<br>Mehrfingerbetätigung | horizontaler Abstand<br>min. 20/opt. 50<br>min. 15/opt. 20 |
|  |  | vertikaler Abstand<br>min. 20/opt. 50 |
| Schieber | Einzelfingerbetätigung<br>Mehrfingerbetätigung | min. 15/opt. 25—50<br>min. 8/opt. 15—25 |
| Zugknopf und Drehknopf | Einhandsukzessivbetätigung, Finger<br>Zweihandsimultanbetätigung, Finger | min. 25/opt. 50<br>min. 75/opt. 125 |
| Drehschalter (Knebel und Knopf) | Einhandbetätigung<br>Zweihandbetätigung | min. 25/opt. 50<br>min. 75/opt. 125 |
| Handräder | Handbetätigung | lichter Freiraum zwischen 2 Rädern min. 75 mm |
| Pedale | Fußbetätigung | min. 50 |
| Druckschalter für Fußbetätigung | Fußbetätigung | min. 75 |

Versuchskollektivs beziehen und die Kopplungsart häufig mit den realen Betätigungsbedingungen nicht übereinstimmt.

Aufgrund dieses Datendefizites haben die Verfasser (z. B. Rühmann, Nguyen, Mayr & Schmidtke, 1983; Rühmann, 1985; Rühmann & Schmidtke, 1985) an sicherheitsrelevanten Stellteilen (z. B. Hebel, Handräder) Messungen über die jeweils maximal aufbringbaren Stellungskräfte in verschiedenen Körperstellungen (z. B. Betätigung vor dem Körper oder über Kopf) an Frauen und Männern durchgeführt und im Rahmen der Datenauswertung eine Perzentilierung der Körperkräfte vorgenommen (vgl. Tabelle 5).

Für die Dimensionierung zulässiger Betätigungskräfte wird vorgeschlagen, bei gelegentlicher und sicherheitskritischer Betätigung von einer Kraft auszugehen, die 60 % des 1.-Perzentil-Wertes der jeweiligen Nutzerpopulation beträgt (bei ausschließlicher Nutzung durch Männer ist der Bezug das 1. Perzentil männlicher, bei Nutzung durch Frauen und Männer das 1. Perzentil weiblicher Personen). Bei gelegentlicher, aber nicht sicherheitskritischer Betätigung sollten die aufwendbaren Betätigungskräfte 80 % des 5.-Perzentil-Wertes nicht überschreiten. Die angegebenen Grenzwerte stimmen hinreichend gut mit den unteren Werten der jeweiligen Vertrauensintervalle für die genannten Verteilungsfraktilen überein.

Als Richtwerte für statische Dauerbetätigung (Zeitspanne $\geq$ 1 min) werden bei sicherheitskritischen Stellteilen 15 % des 1.-Perzentil-Wertes und bei nicht-sicherheitskritischer Bedienung 15 % des 5.-Perzentil-Wertes empfohlen, da die 15 %-Grenze der Dauerleistungsgrenze für statische Haltearbeiten entspricht.

## 3.5 Materialauswahl und Oberflächengestaltung

Da mit allen Stellteilen, aber auch über andere Betriebsmittel (Griffe aller Art, Werkzeuge) Kräfte übertragen oder aufgenommen werden müssen, kommt der Materialauswahl und Oberflächengestaltung der Kontaktstelle zwischen Hand und Arbeitsmittel eine besondere Bedeutung zu. Dies gilt vor allem dann, wenn eine reibschlüssige Kopplung zwischen Hand und Betriebsmittel vorliegt. Der Reibungsbeiwert zwischen Hand und Griff kann erhöht werden durch die

— Vergrößerung der Kopplungsfläche,

— Vergrößerung der Kopplungskraft,

— Verformbarkeit des Griffmaterials (z. B. Hartgummi) und durch die

— Oberflächengestaltung (glatt, profiliert).

Die landläufige Meinung, eine Profilierung der Griffoberfläche erhöhe unter allen Bedingungen den Reibungsbeiwert, muß nach Untersuchungen von Bullin-

Tab. 5: Perzentilwerte für Betätigungskräfte an Hebeln

| Kräfte an Hebeln | |
|---|---|
| *Definition:* Die Kraftausübung erfolgt als statische Stellkraft in einer Frontalebene vor dem Körper mit der rechten oder linken Hand.<br>*Meßmethode:* Die Messung der maximalen isometrischen Stellungskraft erfolgt bei nicht fest vorgegebener Körperhaltung im Stehen. Meßwert für die maximale isometrische Stellungskraft ist der maximale Kraftwert, der beim Verfolgen einer rampenförmig ansteigenden Anzeige erzielt wird.<br>*Meßinstrument:* Drehmomentaufnehmer<br>*Datenbasis*<br>Frauen:<br>N = 56, Alter 19–30 Jahre ($\bar{x}_A = 23{,}1 \pm 2{,}0$)<br>Männer:<br>N = 404, Alter 18–30 Jahre ($\bar{x}_A = 20{,}9 \pm 2{,}1$)<br><br>*Erhebung:* 1983 | |

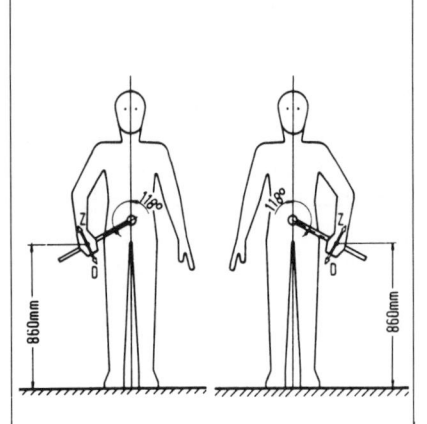

| Perzentile | max. Kräfte (N) Betätigungsrichtung | | | |
|---|---|---|---|---|
| | Druck[1] | | Zug[1] | |
| | Frauen | Männer | Frauen | Männer |
| 1 | ·/. | 349 | ·/. | 361 |
| 5 | 302 | 448 | 248 | 498 |
| 10 | 323 | 474 | 263 | 551 |
| 15 | 347 | 505 | 298 | 604 |
| 20 | 355 | 524 | 325 | 623 |
| 25 | 365 | 544 | 335 | 648 |
| 30 | 378 | 558 | 346 | 678 |
| 35 | 388 | 570 | 370 | 695 |
| 40 | 392 | 581 | 380 | 719 |
| 45 | 399 | 591 | 390 | 732 |
| 50 | 408 | 600 | 397 | 766 |
| 55 | 413 | 611 | 410 | 787 |
| 60 | 427 | 624 | 431 | 806 |
| 65 | 432 | 639 | 458 | 824 |
| 70 | 443 | 649 | 470 | 857 |
| 75 | 454 | 663 | 477 | 882 |
| 80 | 462 | 681 | 483 | 911 |
| 85 | 470 | 697 | 491 | 937 |
| 90 | 485 | 719 | 512 | 993 |
| 95 | 514 | 758 | 539 | 1058 |
| 99 | 566 | 802 | 558 | 1253 |
| $\bar{x} \pm s$ | 410,9 ± 65,2 | 601,7 ± 95,7 | 403,2 ± 89,8 | 768,5 ± 173,3 |

[1] Die Perzentilwerte basieren auf den individuellen Mittelwerten aus jeweils rechts- und linkshändiger Betätigung

ger, Kern und Solf (1979) revidiert werden. Da Grob- und Feinprofilierungen die Kontaktfläche reduzieren, der Reibungsbeiwert aber um so höher liegt, je größer die Kontaktfläche zwischen Hand und Griff ist, haben profilierte Oberflächen unter normalen Einsatzbedingungen (geringe bis normale Kopplungskräfte zum Halten oder Stellen eines Bedienelementes) geringere Reibungsbeiwerte als glatte (vgl. Abbildung 2). Erst bei hohen Andruckkräften der Kopplungsglieder ist der Reibungsbeiwert von profilierten Oberflächen höher als bei glatten Materialien, was aber bei Dauerbetätigung zu Hautschäden führen kann. Profilierungen von Griffoberflächen sollten nur dann vorgesehen werden, wenn ungünstige Umgebungsbedingungen (Nässe, Öl, Schmutz) das Reibverhalten glatter Materialien negativ beeinflussen können, und sind sinnvollerweise quer zur Bewegungsrichtung anzuordnen.

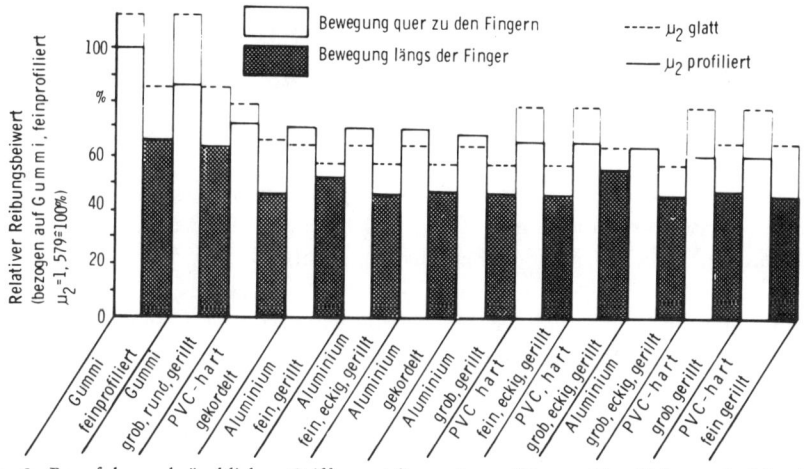

Abb. 2: Rangfolge gebräuchlicher Griffmaterialien mit profilierter Oberfläche nach fallenden Gleitreibungsbeiwerten ($\mu_2$) für Zweifinger-Zufassung sortiert (nach Bullinger et al., 1979).

## 4 Informatorische Aspekte der Stellteilgestaltung

Stellteile, mit denen der Mensch haltend, verstellend, steuernd oder regelnd auf das Arbeitssystem einwirkt, dienen primär der Informationsumsetzung. Zugleich jedoch können viele Stellteile auch als Anzeige in dem Sinne interpretiert werden, als aus ihrer Stellung Rückschlüsse auf den aktuellen Funktions- oder Betriebszustand eines technischen Systems zu ziehen sind. Derartige Rückschlüsse sind in der Regel über visuelle oder taktile Stellungsidentifikation möglich. Es liegt auf der Hand, daß der Anzeigewert von Stellteilen für Translationsbewegungen größer ist als der für Rotationsbewegungen.

Neben der Bewegungsrichtung von Stellteilen spielt insbesondere in psychologischer Hinsicht die Frage eine große Rolle, ob die durchgeführte Stellteilbewegung dem erwarteten Funktionseffekt entspricht, d. h. Verstellung und Effekt zueinander kompatibel sind. Informatorische Bedeutung haben weiterhin die Gruppierung und Kodierung von Stellteilen.

## 4.1 Kompatibilität

Von einer kompatiblen Stellteilgestaltung kann immer dann gesprochen werden, „wenn die Bewegungsrichtung des Stellteils mit den Erwartungseinstellungen des Bedieners hinsichtlich des dadurch bewirkten Effektes sinnfällig übereinstimmt" (Schmidtke, 1984c). Diese Übereinstimmung kann unmittelbar beobachtbar sein: Der Abwärtsbewegung des Stellhebels an einer Ständerbohrmaschine entspricht die Abwärtsbewegung des Bohrers. In vielen technischen Systemen ist aber der durch Stellteilbewegung ausgelöste Effekt nicht unmittelbar beobachtbar: Die Funktion der durch Druckschalterbetätigung im Kraftwerksleitstand eingeschalteten Hauptspeisewasserpumpe kann nur an der Speisewasserdurchfluß-Anzeige beobachtet werden.

Erfolgt die Anzeige mit einem analogen Zeigerinstrument, so wird mit Zunahme des Wasserdurchflusses eine Zeigerauslenkung im Uhrzeigersinne erwartet. Tritt dieser Effekt ein, so liegt ebenfalls Kompatibilität vor.

Erwartungseinstellungen des Menschen bilden sich über elementare Lernprozesse. Durch Lernen nach Versuch und Irrtum oder Lernen am Effekt entsteht ein inneres Modell einer (kausalen) Beziehung zwischen einer spezifischen motorischen Handlung und einer definierten Zustandsänderung des technischen Systems. Stabilisiert sich ein solches inneres Modell durch ständige positive Rückmeldung über die Bewegungs-Effekt-Abfolge, so kann es die Funktion eines autonomen Kommandogebers übernehmen. Dieser Prozeß wird auch als Herausbildung von Bewegungs-Effekt-Stereotypien beschrieben. Verstößt die konkrete Stellteilauslegung gegen solche Stereotypien, so sind Fehlhandlungen des Bedieners vorprogrammiert, und zwar um so mehr, je höher seine mentale und/oder emotionale Beanspruchung ist (s. dazu auch die Auswirkungen negativen Transfers).

Neben den bisher angesprochenen Aspekten der Funktionskompatibilität steht als weiterer Aspekt der der Positionskompatibilität. Positionskompatibilität kann sich einerseits auf die sinnfällige Entsprechung der räumlichen Montageposition von Sensoren und/oder Effektoren mit der der Stellteile und andererseits auf die von Anzeigen und Stellteilen beziehen. Abbildung 3 zeigt das Anzeige- und Bedienfeld eines Konsolenarbeitsplatzes in einem Leitstand der chemischen Industrie für die Überwachung und Steuerung von zwei Produktionsblöcken mit je drei parallelen Produktionslinien. Weder sind im Anzeigefeld die Blöcke optisch voneinander abgehoben, noch besteht eine wie auch immer geartete Raumbeziehung zwischen Anzeigen und Stellteilen. In Abbildung 4

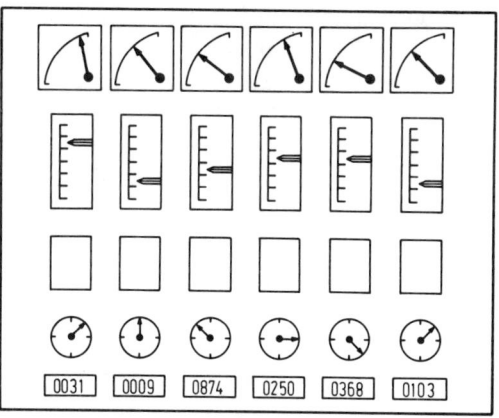

Gestaltung der Schnittstelle Mensch — Maschine 219

Abb. 3:
Positionierung von Anzeigen und Stellteilen an Konsolenarbeitsplatz mit getrenntem Anzeige- und Bedienfeld (Ausgangslage).

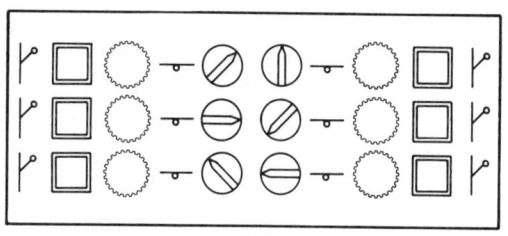

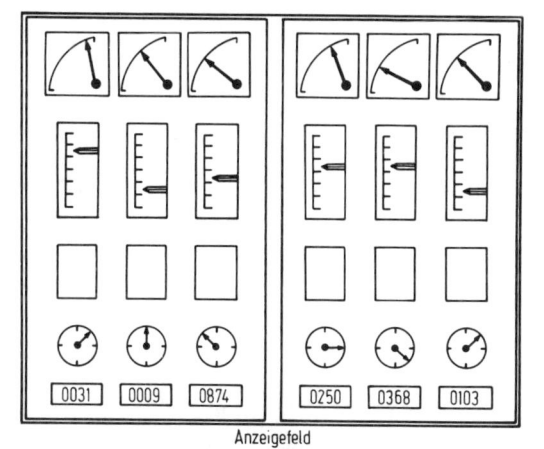

Abb. 4:
Räumlich getrennte, aber kompatible Anordnung von Anzeigen und Stellteilen an Konsolenarbeitsplatz.

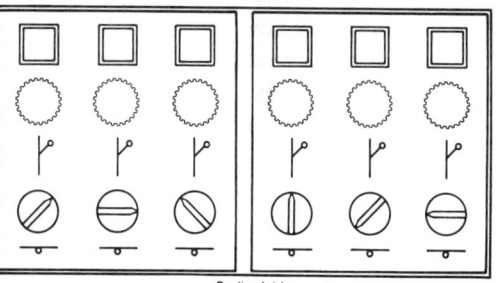

wurde diese Inkompatibilität beseitigt. Der räumlichen Position jeder Anzeige entspricht nun die Stellteilposition im Bedienfeld. Mentale Transformationsleistungen und Dekodierungsschritte zwischen Aufnahme und Umsetzung von Informationen entfallen oder sind bei dieser räumlichen Koppelung reduziert und damit zugleich Betätigungszeiten für Stellbewegungen und Fehlerhäufigkeiten. Weitere anlagenspezifische Kompatibilitätsaspekte werden im Abschnitt 6.2 angesprochen.

## 4.2 Gruppierung

Während Kompatibilität einen der Erwartungshaltung entsprechenden sinnfälligen Zusammenhang zwischen Stellteilbetätigung und beobachtbaren Effekt bzw. Stellteilposition und Effektor- oder Anzeigeposition kennzeichnet, umschreibt der Begriff der Gruppierung die räumliche Zuordnung der Stellteile und Anzeigen unter- und zueinander. Gruppierungsprobleme treten immer dann auf, wenn die Anzahl der Anzeigen und/oder Stellteile > 2 ist. Die Problemlösung ist abhängig davon, ob z. B. die Stellteile alternativ, sequentiell oder simultan benutzt werden.

Alternative Stellteilnutzung liegt dann vor, wenn zu einem Zeitpunkt von n Stellteilen nur eines verstellt wird. Unter dieser Bedingung muß die Stellteilgruppierung die

— logische Abfolge der Verstellvorgänge,

— wahrscheinliche Häufigkeit von Verstellvorgängen oder

— den Gefährdungsgrad durch Fehlbetätigungen

berücksichtigen (Schmidtke, 1984b). Abbildung 5 gibt eine Übersicht über Gruppierungsmöglichkeiten von Stellteilen, je nachdem, welchem von den vorstehenden Faktoren die höchste Bedeutsamkeit zukommt.

Bei sequentieller Stellteilnutzung kann eine mentale Entlastung und eine Erhöhung der Arbeitssicherheit nur erreicht werden, wenn die räumliche Gruppierung streng der Betätigungssequenz folgt. Abbildung 6 links gibt ein Beispiel für pessimale Gruppierung. Von einem Leitstand aus kann das technische System auf fünf verschiedene Betriebszustände (= Automatisierungsstufen) geschaltet werden. Dazu muß zunächst einer der Anwahlschalter BZ I bis BZ V gedrückt werden. Danach sind je nach Betriebszustand weitere 2 bis 4 Stellteile aus einem Inventar von insgesamt 8 Stellteilen in definierter Abfolge zu betätigen. Die jedem Betriebszustand zugehörigen Stellteile und deren Betätigungssequenz müssen erlernt werden. Es liegt auf der Hand, daß im Zustand verminderter Leistungsbereitschaft (z. B. Ermüdung) oder in Konfliksituationen (z. B.

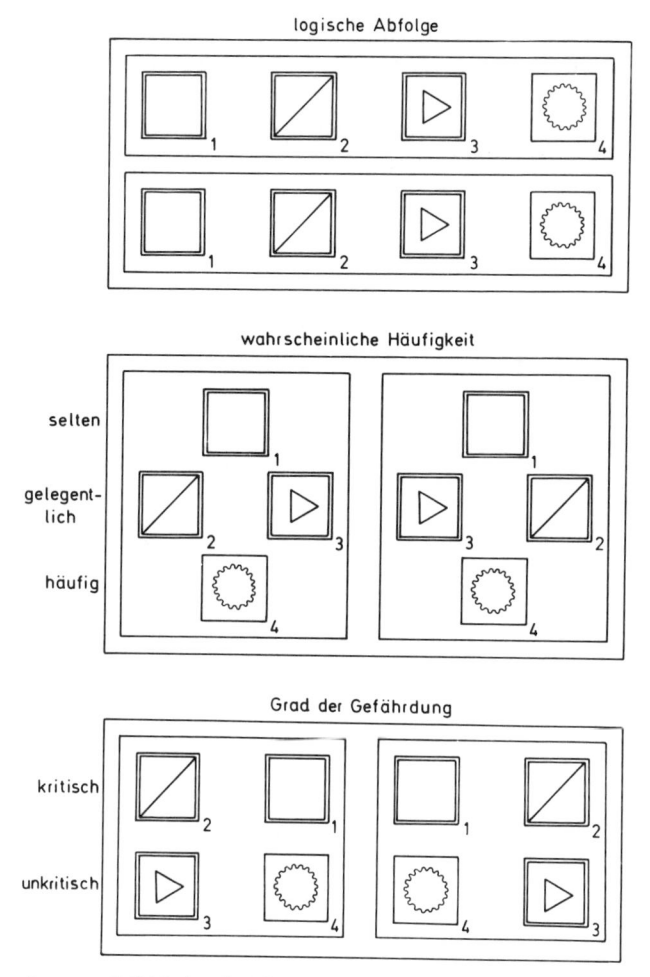

Abb. 5: Gruppierungsmöglichkeiten bei alternativer Stellteilnutzung.

Ausfall einer elektronischen Baugruppe und dadurch bedingte Annäherung des technischen Systems an eine sicherheitskritische Grenzbedingung) Fehlhandlungen um so wahrscheinlicher werden, je zuverlässiger die technischen Baugruppen sind und je seltener demzufolge Umschaltungen des Betriebszustandes nötig werden. Die Abbildung 6 rechts bietet einen Lösungsvorschlag, der Bedienfehler praktisch ausschließt, insbesondere wenn die technische Systemüberwachung den Operateur mittels Anzeige darüber informiert, welcher Betriebszustand bei einer aufgetretenen Störung noch möglich ist.

Grundprinzip der Gruppierung bei simultaner Stellteilnutzung muß es sein, nur solche Stellteile zu einer Gruppe zusammenzufassen, die nicht gleichzeitig betätigt werden müssen. Als Beispiel dafür kann das Schema der Stellteilgruppierung an einem Greifbagger dienen (Abbildung 7). Ausnahmen von dieser Regel sind nur zulässig, wenn zur simultanen Ansteuerung gleichartiger Prozesse die Stellteile so angeordnet werden können, daß die Betätigung mit einer Extremität möglich ist (z. B. Schubhebel für Düsentriebwerke in einem mehrmotorigen Flugzeug).

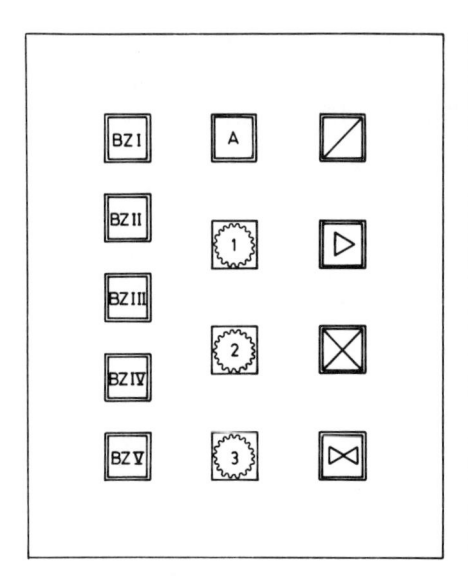

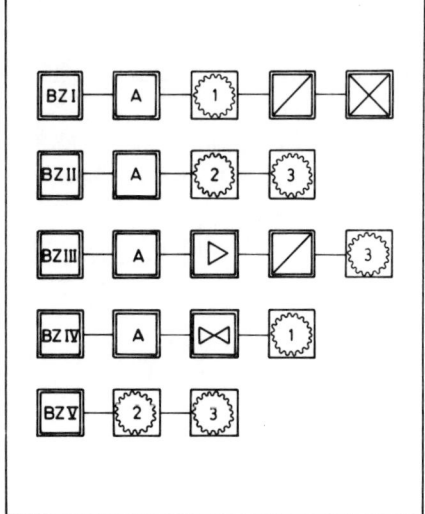

Abb. 6: Bedienfeldgestaltung bei sequentieller Stellteilnutzung
links: pessimale Stellteilanordnung; Betägigungssequenz und je Betriebszustand zu betätigende Stellteile müssen erlernt werden.
rechts: optimale Stellteilanordnung; Betägigungssequenz und je Betriebszustand zu betätigende Stellteile sind unmittelbar einsichtig.

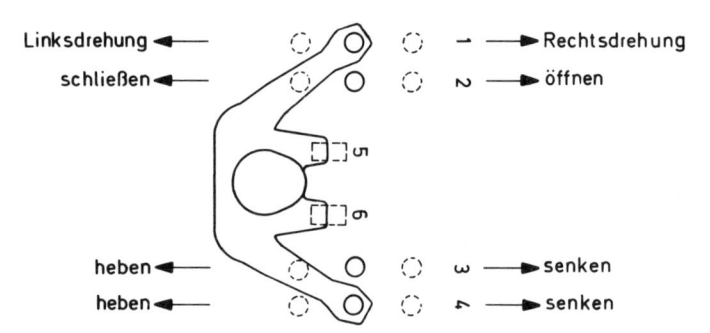

Abb. 7: Gruppierung von Stellteilen an einem Greifbagger. 1: Schwenkhebel; 2: Greiferschließhebel; 3: Greiferhubhebel; 4: Auslegerhubhebel; 5: Seilbremse für Greiferschließung; 6: Seilbremse für Greiferhub.

In zahlreichen Fällen sind am gleichen Bediengerät Anzeigen und Stellteile kombiniert. Gruppierung bedeutet hier: Aus der räumlichen Zuordnung von Anzeigen und Stellteilen wird der funktionelle Zusammenhang zwischen ihnen zweifelsfrei deutlich (Positionskompatibilität). An größeren Bedienfeldern kann dies dadurch erleichtert werden, daß Anzeigen und Stellteile orts- oder ablaufgetreu in ein Blindschaltbild oder Flußdiagramm integriert werden.

## 4.3 Kodierung

Als Kodierung bezeichnet man die Umsetzung eines definierten Bedeutungsgehaltes in ein zwischen Menschen vereinbartes Zeichen. Die über die Sinnesorgane vermittelten Eingangsinformationen werden über Lernprozesse definierten Handlungs- oder Verhaltensweisen zugeordnet. Die Entschlüsselung des Bedeutungsgehaltes eines Zeichens wird als Dekodierung bezeichnet. Ist der Zusammenhang zwischen Zeichen und Bedeutung nicht eindeutig, so erfordert die Entschlüsselung intellektuelle Transformationsleistungen (Hacker, 1986). Handlungsfehler und Bedienungszeiten wachsen mit der Anzahl der zur Dekodierung notwendigen Transformationsschritte (Hacker & Clauß, 1976).

Bezogen auf die Auslegung von Stellteilen können Kodierungsvereinbarungen hinsichtlich der Größe, der Form, der Farbe und der Lage bzw. Position getroffen werden. Größenkodierung ist dann empfehlenswert, wenn für gleiche oder vergleichbare Funktionen an verschiedenen Bediengeräten die gleiche Größenkodierung gewählt wird, die Anzahl der unterschiedlichen Größenstufen $\leqslant 3$ ist und die Größenstufen deutlich unterscheidbar sind. Auch für Formkodierung gilt die Forderung, das gleiche Kodierungssystem an Stellteilen unterschiedlicher Bediengeräte durchzuhalten und Formen zu wählen, die visuell und taktil sicher unterscheidbar sind und dem Stellteilnutzer möglichst Funktionshinweise vermitteln. Farbkodierung bietet Vorteile, wenn nach Alltagserfahrung der Farbe ein spezifischer Bedeutungsgehalt zukommt (z. B. rot für Gefahr — Notausschalter —), die Anzahl der Kodefarben $\leqslant 5$ ist und das Kodierungssystem auf breiter Basis durchgehalten wird. Bei Farbkodierung ist allerdings die Abhängigkeit der Farbwahrnehmung von der spektralen Lichtzusammensetzung und das Auftreten von Farbfehlsichtigkeit zu beachten. Von besonders hohem psychologischen Bedeutungsgehalt ist die Lage- oder Positionskodierung. Ihre kompromißlose Durchsetzung ist eine elementare Voraussetzung dafür, daß der Mensch unterschiedliche Typen des gleichen technischen Systems ohne die negativ zu bewertenden Umlernprozesse zu bedienen vermag (näheres dazu s. Schmidtke, 1975).

## 5 Regelungstechnische Aspekte der Stellteilgestaltung

In vielen Fällen sind in einem Mensch-Maschine-System kontinuierliche Regelungsaufgaben zu erfüllen. Als manueller Regler hat der Mensch hierbei die Aufgabe, die Regelabweichung $x_w$ als Differenz zwischen Führungsgröße w und Regelgröße x (Nachführgröße) zu minimieren. Die Abbildung 8 zeigt in vereinfachter Form den Wirkungszusammenhang zwischen Anzeige, Mensch, Bedienelement und Regelstrecke, wobei die Regelstrecke in der Regelungstechnik das dynamische Verhalten der Maschine kennzeichnet.

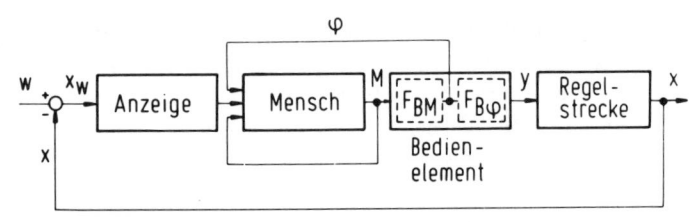

Abb. 8: Vereinfachter Wirkungszusammenhang zwischen Mensch und Bedienelement. $F_{BM}$ kennzeichnet die Übertragungsfunktion zwischen dem Moment M und der Auslenkung $\varphi$; $F_{B\varphi}$ kennzeichnet die Übertragungsfunktion zwischen der Auslenkung $\varphi$ und der Stellgröße y.

Bei einer mechanischen Kopplung des Stellteils an Subsysteme der Maschine (z. B. mechanische Verbindung des Lenkrades im Kraftfahrzeug über das Lenkgetriebe zu den gelenkten Rädern) gewinnt der Mensch propriozeptive Rückmeldungen über den Regelvorgang. Dieses natürliche Steuergefühl geht verloren, wenn die Steuerarmatur von der Maschine mechanisch entkoppelt ist. So bezieht beispielsweise ein Erdbaumaschinenführer keine haptischen Rückmeldungen über die Arbeitsvorgänge der Schaufel, da die Stellhebel auf hydraulische Steuerventile wirken. Für den Fall rückwirkungsfreier Subsysteme steht die Frage im Vordergrund, welche mechanischen Eigenschaften die Steuerarmatur selbst aufweisen sollte, um die Regelgüte zu verbessern. Die Wahl geeigneter Bewegungswiderstände (Reibung, Federkraft, viskose Dämpfung, Massenträgheit) hängt jedoch entscheidend vom dynamischen Verhalten der Maschine bzw. der Subsysteme ab.

### 5.1 Maschinendynamik

Das dynamische Verhalten von Maschinen läßt sich in guter Näherung durch Differentialgleichungen beschreiben, wobei diese mathematische Formulierung festlegt, in welcher Weise sich die Stellteilbewegung y(t) auf die zeitliche Veränderung der vom Menschen zu beeinflussenden Größe x(t) auswirkt. Häufig hat der Operator eines Systems die Veränderung einer „Position" x(t) vorzunehmen, wobei aber vielfach eine Stellteilbewegung den gewünschten Effekt nicht direkt bewirkt, sondern eine zeitliche Ableitung dieser zu beeinflussenden Größe der Bedienelementauslenkung proportional ist. Bei einem Andockmanöver im Weltraum hat der Astronaut sein Raumschiff genau vor der Koppelungsvorrichtung zu positionieren. Da der Auslenkung der Bedienelemente die Schubkraft der Steuerdüsen proportional ist, wird bei dieser Steuerungsart durch Stellteilbetätigung die Beschleunigung der vom Astronauten zu beeinflussenden Größe x(t) bestimmt, also die zweite zeitliche Ableitung $d^2x/dt^2 = \ddot{x}$. In diesem Fall spricht man von einem Beschleunigungssystem, da $y = s_2\ddot{x}$ ($s_2$ ist hierbei ein Proportionalitätsfaktor).

Bei modernen Videokameras läßt sich der Bildausschnitt kontinuierlich durch einen Servomotor verstellen („Zoomoptik"). Mit dem entsprechenden Bedienelement wird also die zeitliche Änderung (Geschwindigkeit) des Bildausschnittes bestimmt; für diesen Fall gilt demnach $y = s_1\dot{x}$ ($\dot{x} = dx/dt$) und man spricht von einem Geschwindigkeitssystem.

Wird nun der Bildausschnitt direkt durch einen an der Optik angebrachten Hebel eingestellt, ist der gewünschte Effekt der Stellteilbewegung direkt proportional. Man bezeichnet dies als Positionssystem, da $y = s_0x$.

Diese Grundformen von Steuerungssystemen lassen sich allein durch den Ordnungsgrad der beschreibenden Differentialgleichung kennzeichnen, wobei der Ordnungsgrad durch die höchste zeitliche Ableitung festgelegt ist (Positionssystem = Ordnungsgrad 0, Geschwindigkeitssystem = Ordnungsgrad 1 usw.).

Die Differentialgleichungen realer Maschinen enthalten jedoch unterschiedliche zeitliche Ableitungen der vom Operateur zu beeinflussenden Ausgangsgröße. Für eine ergonomische Klassifizierung der Steuerungsarten schlägt Bubb (1981) vor, für das „Steuerungssystem" den Typ der beschreibenden Differentialgleichung (entsprechend der niedrigsten zeitlichen Ableitung) heranzuziehen und für die „Steuerungsart" den Ordnungsgrad.

Die Steuerung der Längsdynamik eines Kraftfahrzeuges wäre nach dieser Klassifikation zu kennzeichnen als ein Geschwindigkeitssystem mit Beschleunigungssteuerung, da durch die Massenträgheit eine der Gaspedalstellung entsprechende Fahrgeschwindigkeit erst nach einer bestimmten Zeitspanne erreicht wird (Differentialgleichung: $y = s_1\dot{x} + s_2\ddot{x}$). Das anfängliche zeitliche Verhalten einer Regelstrecke wird demzufolge durch den Ordnungsgrad, der eingenommene Endzustand durch den Typ beschrieben.

Wie Untersuchungen gezeigt haben (Bubb, 1978; Rühmann, 1978), ist die Aufgabenschwierigkeit in erster Linie durch den Ordnungsgrad der Regelstrecke vorgegeben, d. h. manuelle Regelungsaufgaben sind vom Menschen um so schwieriger zu beherrschen, je höher der Ordnungsgrad ist.

## 5.2 Stellteildynamik

Ist ein Bedienelement durch einen mechanischen Aufbau gemäß Abbildung 9 gekennzeichnet (vgl. hierzu auch Abbildung 8), so ist zunächst die vom Menschen aufgebrachte Steuerkraft oder das Moment M(t) die initiale Eingangsgröße für das Stellteil, da die Kraft vom Menschen immer so innerviert wird, daß sie zu der über die Rezeptoren der Oberflächen- und Tiefensensibilität kontrollierten Bewegung φ(t) führt. Der Zusammenhang zwischen dem äußeren Moment und der Auslenkung läßt sich beschreiben durch die Differentialgleichung:

$$M(t) = m\ddot{\varphi} + d\dot{\varphi} + c\varphi,$$

wobei m die Massenträgheit, d die viskose Dämpfung und c die Federkonstante bedeuten. Ein zusätzlicher konstanter Faktor r, der von den Bewegungsparametern unabhängig ist, würde die Coulombsche Reibung beschreiben.

Für die Umsetzung der Auslenkung φ(t) in die Stellgröße y(t) gilt mit der Proportionalitätskonstanten $V_B$ (z. B. elektrischer oder hydraulischer Verstärkungsfaktor):

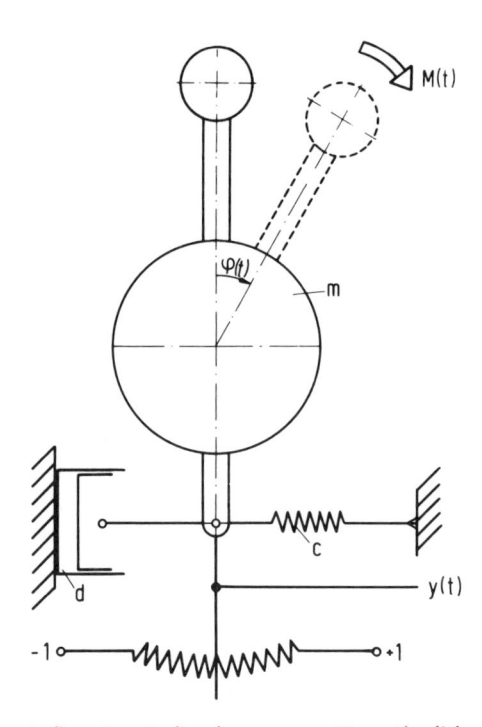

$$\varphi(t) = 1/V_B \cdot y(t).$$

Abb. 9: Schematischer Aufbau eines Bedienelementes zur Veranschaulichung der Bewegungswiderstände.

Sind Ordnungsgrad und Typ der die Stellteildynamik beschreibenden Differentialgleichung identisch, lassen sich als Grundformen federzentrierte, viskos gedämpfte und massebehaftete Bedienelemente unterscheiden. Bei vernachlässigbarer Größenordnung aller Bewegungswiderstände ist das Stellteil rückstellkräftefrei (isotonisch), wird demgegenüber die Federkonstante sehr groß, ist das Stellteil quasi wegfrei (isometrisch). Sind die der Stellteildynamik zugrundeliegenden Differentialgleichungen linear, hat das Bedienelement lineare Übertragungseigenschaften. Mechanische Nichtlinearitäten beruhen auf mechanischem Spiel oder Reibung, elektrische Nichtlinearitäten z. B. auf einer toten Zone oder auf einer progressiven bzw. degressiven Kennlinie.

### 5.2.1 Reibung

Technisch bedingte Reibung ist im Gegensatz zur Coulombschen Reibung geschwindigkeitsabhängig; bei Bewegungsbeginn wie auch bei Umkehr der Bewegungsrichtung führt die Überwindung der Haftreibung über in die mit steigender Bewegungsgeschwindigkeit abnehmende Gleitreibung. Bei kontinuierlichen Regelungsaufgaben verschlechtert Reibung im allgemeinen die manuelle Regelleistung, und zwar um so mehr, je geringer die Massenträgheit und je kleiner das Übersetzungsverhältnis ($V_B$) der Steuerarmatur sind. Poulton (1974) vergleicht den Reibungseffekt — aufgrund des abrupten Überganges von Haft- zu Gleitreibung — mit der Wirkung von mechanischem Spiel. Bei wechselnden Steuerrichtungen verharrt das Stellteil kurzzeitig in den Umkehrpunkten der Bewegung, bis die der Haftreibung entgegenwirkende Steuerkraft aufgebaut ist. Durch die Phasen isometrischer Muskelkontraktion werden Verzögerungszeiten und ruckartige Bewegungsverläufe induziert. Nur unter der Einwirkung mechanischer Schwingungen auf den Operator ist Reibung tolerierbar. In diesen Fällen kann die Haftreibung das Stellteil gegen unbeabsichtigtes Stellen oder selbsttätiges Verstellen sichern bzw. die Gleitreibung schwingungsinduzierte Störbewegungen des Hand-Arm-Systems dämpfen.

### 5.2.2 Mechanisches Spiel

Mechanisches Spiel (Hysterese) im Stellteil verschlechtert unter allen Bedingungen die Regelleistung, und zwar um so mehr, je größer der Verstärkungsfaktor des Bedienelementes ist. Der zu beobachtende Regelfehler wächst etwa linear mit der Spielbreite.

### 5.2.3 Massenträgheit

Erhöhte Massenträgheit im Bedienelement (z. B. Steuerhebel) behindert schnelle Einstell- und feinfühlige Korrekturbewegungen. In Positionssystemen beeinträchtigt erhöhte Trägheit eines Steuerhebels allein oder in Kombination mit anderen Betätigungswiderständen die Steuerleistung gegenüber der Verwendung eines rückstellkräftefreien Hebels oder die Struktur einer eingeübten Willkürbewegung bleibt invariant gegenüber zunehmender Massenträgheit (vgl. z. B. Howland & Noble, 1953; Kraiss, 1970). Bei translatorischen Steuerarmaturen (z. B. Flugzeug-Steuerknüppel) muß bei jeder Bewegung auch die Trägheit des Hand-Arm-Systems überwunden werden, wobei die dazu notwendigen Muskelkräfte eine propriozeptive Rückmeldung über den Bewegungsverlauf liefern (Poulton, 1974).

Ein anderes Bild ergibt sich jedoch beim Einsatz rotatorischer Stellteile. Das Hand-Arm-System ist für kontinuierliche und gleichförmige Rotationsbewegungen ungeeignet. Ist zudem der Verstärkungsfaktor des Stellteils gering (= großer Drehbereich des Bedienelementes), sind Diskontinuitäten im Bewegungsablauf wegen der Beschränkung der Gelenk-Beweglichkeit unvermeidlich. Erhöhte Massenträgheit speichert Bewegungsenergie und bewegt das beschleunigte Stellteil selbsttätig weiter. Ein Beispiel hierfür ist der für die Radarortung verwendete Rollball; bei entsprechend großer Zielweite kann der Bedienaufwand durch kräftiges Antreiben der massebehafteten Steuerkugel gesenkt werden. Dagegen behindert die träge Masse das schnelle Einstellen in Zielnähe.

### 5.2.4 Viskose Dämpfung

Der Bewegungswiderstand infolge viskoser, durch Flüssigkeiten aufgebauter Dämpfung wächst mit zunehmender Auslenkungsgeschwindigkeit des Stellteils. Bei Vibrationsbelastungen des Operateurs vermindert ein geschwindigkeitsproportionaler Bewegungswiderstand den negativen Effekt von schwingungsinduzierten Störbewegungen des Hand-Arm-Systems, da viskose Dämpfung Bewegungsenergie aufzehrt und wegen der kürzeren Ansprechzeiten günstiger als Reibung ist. Nach Untersuchungen von Rühmann (1978) ist die positive Wirkung viskos gedämpfter Steuerarmaturen allerdings auf deren Kombination mit Regelstrecken niedrigen Ordnungsgrades ($\leq 1$) beschränkt, da bei Regelstrecken höherer Ordnung die Begrenzung der Bewegungsgeschwindigkeit zu einer Abnahme der Regelleistung führt.

### 5.2.5 Federkraft

Federzentrierte Stellteile werden überwiegend als die günstigste Ausführungsform bezeichnet. Einerseits unterstützt die Wahrnehmung eines auslenkungsproportionalen Betätigungswiderstandes die Stellungspropriozeption und zum anderen kehrt das Bedienelement beim Loslassen automatisch in die Nullage zurück. Bei Geschwindigkeits- und Beschleunigungssystemen wird vom Operateur eine impulsartige Regelstrategie verfolgt, bei der eine Information über die Nullpunktlage des Stellteils besonders hilfreich ist.

Als Sonderfall der Federzentrierung wurde häufig der Einfluß isometrischer Stellteile auf die Regelleistung bei Regelstrecken unterschiedlichen Ordnungsgrades untersucht (z. B. Burke & Gibbs, 1965; McRuer & Magdaleno, 1966; Rothbauer, 1978; Rühmann, 1978; Weisz, Allen & Goddard, 1966). Da bei isometrischen Steuerarmaturen die Auslenkung am freien Ende verschwindend klein wird, ist die Stellgröße der aufgebrachten Kraft direkt porportional. Dies ist bei der Regelung von Beschleunigungssystemen von entscheidendem Vorteil, da der Regelfehler hier in erster Linie durch neuromuskuläre Verzögerungszeiten bestimmt wird. Bei wegfreien Steuerarmaturen wird die von der Muskulatur innervierte Kraft praktisch verzögerungsfrei in die Stellgröße transformiert, wodurch die Trägheit integrierender Regelstrecken in gewissen Grenzen kompensierbar ist.

## 6 Anordnung von Stellteilen im technischen System

Die Anordnung von Stellteilen in technischen Systemen ist nicht nur von deren Abmessungen und den zu überwindenden Betätigungswiderständen einerseits und Aspekten der Kompatibilität, Gruppierung und Kodierung andererseits abhängig, sondern auch von deren Position relativ zum Seh- und Greifraum des Operateurs (Schmidtke, in Druck). Dieser Sachverhalt trifft für jedes technische System zu. Sein Bedeutungsgehalt wächst jedoch mit der Komplexität des Systems (z. B. Warten und Leitstände) und den Folgewirkungen von Fehlbetätigungen.

### 6.1 Anordnung im Seh- und Greifraum

Nicht sicht- und erreichbare Stellteile stellen ein Bedienungshemmnis und eine Unfallquelle dar. In technischen Systemen wird jedoch häufiger gegen die Sichtbarkeits- und Erreichbarkeitserfordernisse verstoßen (s. z. B. die Probleme eines korpulenten 5-Perzentil-Menschen mit den Fußstellteilen in den meisten Kraftfahrzeugen). Grundsätzlich müssen Stellteile in üblicher Arbeitshaltung ohne Verdeckung anderer Informationsmittel und ohne sicherheitskritische Suchvorgänge sichtbar und erreichbar sein.

Die Sichtbarkeit von Objekten im Sehraum ist einerseits von der Größe des Gesichts-, Blickgesichts- und Umblickgesichtsfeldes und zum anderen von der individuellen Sehleistung abhängig. Der Visus des Operateurs ist für die Stellteilauslegung in der Regel nur hinsichtlich der Stellteilbeschriftung von Bedeutung. Wird der Beschriftung ein Visus von 0,7 (entspricht einem Sehwinkel von ca. 10 Bogenminuten für Großbuchstaben) zugrundegelegt, so dürfte sie von annähernd 90 % der Population lesbar sein, wenn zur Kompensation schlechterer Beleuchtungs- und Kontrastverhältnisse der vorgenannte Sehwinkel-Wert mit dem Faktor 1,5 bis 2 multipliziert wird (s. Schmidtke und Schober, 1967; Schmidtke und Rühmann, 1987; DIN 1450).

Entscheidungskriterium für die Positionierung von Stellteilen im Sehraum ist deren Bedeutsamkeit für die Systemfunktion und die Sicherheit. Bedeutsame Stellteile sollten sich je nach ihrer Einordnung in die Bedeutsamkeitshierarchie im optimalen Gesichtsfeld, Blickgesichtsfeld oder Umblickgesichtsfeld befinden (s. Abb. 10). Sind Stellteile mit Sichtinformationen — Anzeige, Bildschirme — gekoppelt, so ist störungsfreie Informationsaufnahme nur gewährleistet, wenn sich diese unterhalb und/oder rechts neben der Sichtinformation befinden.

Ständig oder häufig benutzte Stellteile sollten im optimalen Bewegungsbereich der betätigenden Extremität angeordnet sein, und zwar so, daß ermüdende Haltearbeit für die Skelettmuskulatur minimiert wird. Die Abbildungen 11 bis 15 geben eine Übersicht über die Zonen komfortabler Erreichbarkeit von Hand- und Fußstellteilen jeweils für die 5-Perzentil-Frau und den 95-Perzentil-Mann. Besondere Beachtung verdient die Anordnung sicherheitskritischer

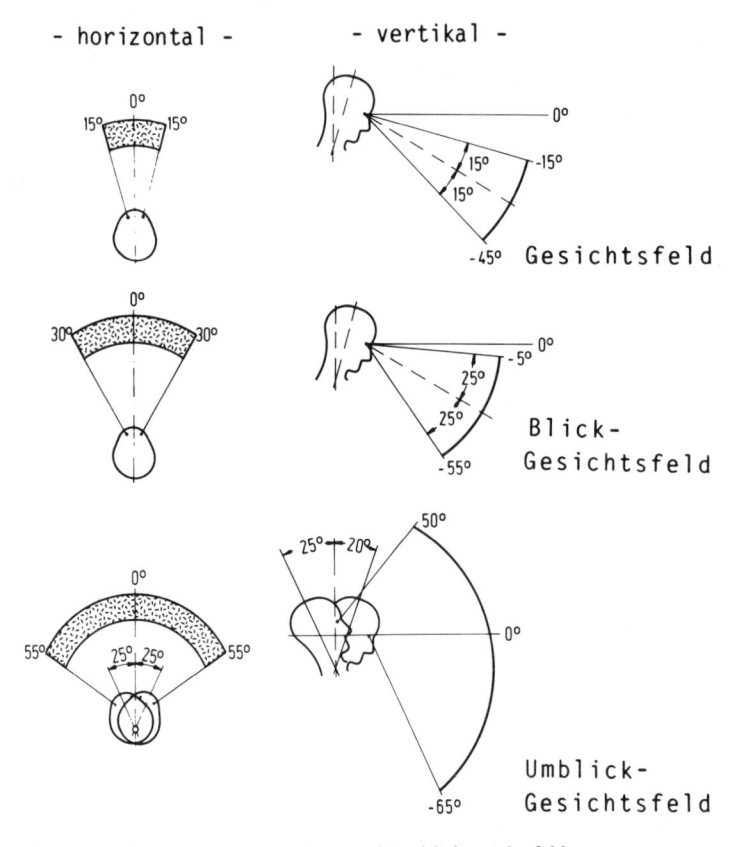

Abb. 10: Optimales Gesichts-, Blickgesichts- und Umblickgesichtsfeld.

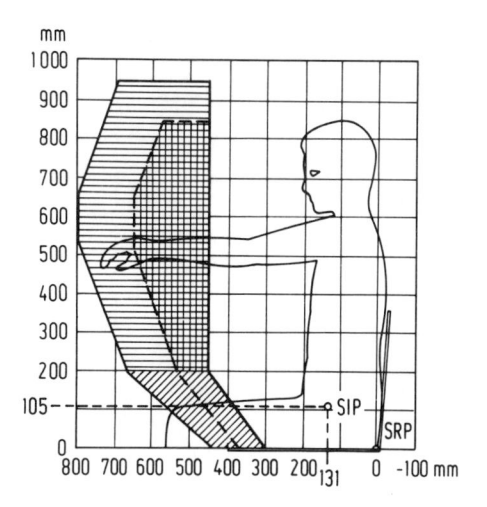

Abb. 11: Zonen komfortabler Erreichbarkeit von Handstellteilen (Seitenansicht)
— vertikal schraffiertes Feld: 5 %-Frau
— horizontal schraffiertes Feld: 95 %-Mann
— schräg schraffiertes Feld: Komfortzone für Handstellteile seitlich des Sitzes
(SRP = Sitzreferenzpunkt und SIP = Sitzindexpunkt sind konstruktive Bezugspunkte für die Gestaltung des Arbeitsplatzes; vgl. Rühmann, 1982).

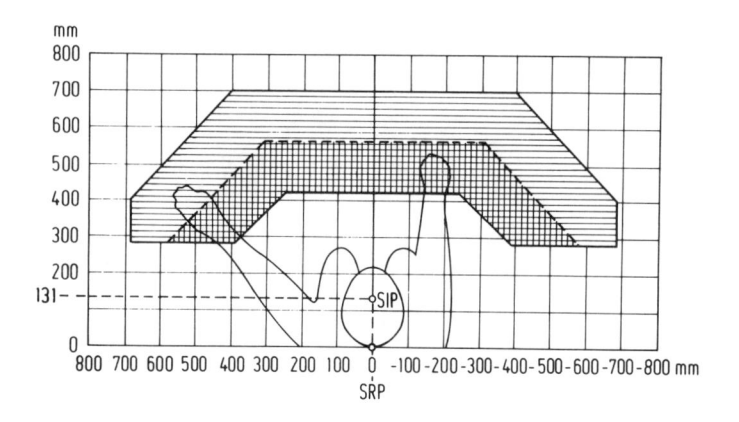

Abb. 12: Zonen komfortabler Erreichbarkeit von Handstellteilen in einer horizontalen Ebene 250 mm über SRP bzw. 145 mm über SIP (Draufsicht)
— vertikal schraffiertes Feld: 5 %-Frau
— horinzontal schraffiertes Feld: 95 %-Mann.

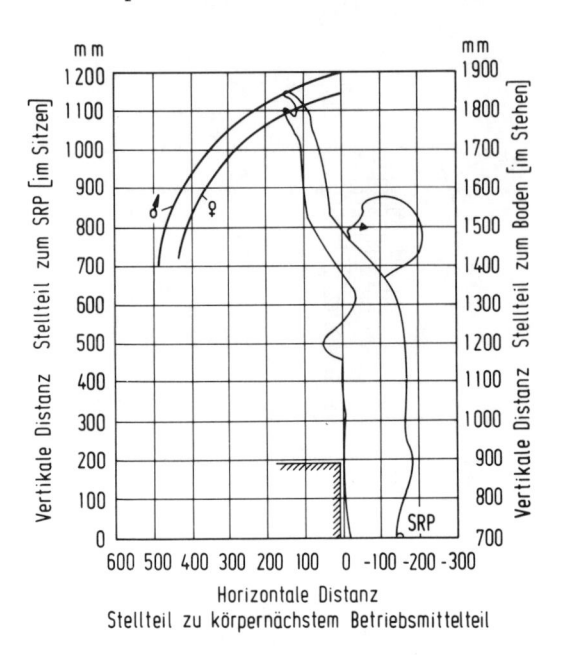

Abb. 13: Erreichbarkeitszonen für Handstellteile an Arbeitsplätzen, an denen der Bewegungsbereich des Rumpfes nach vorn durch Betriebsmittel eingeschränkt ist.

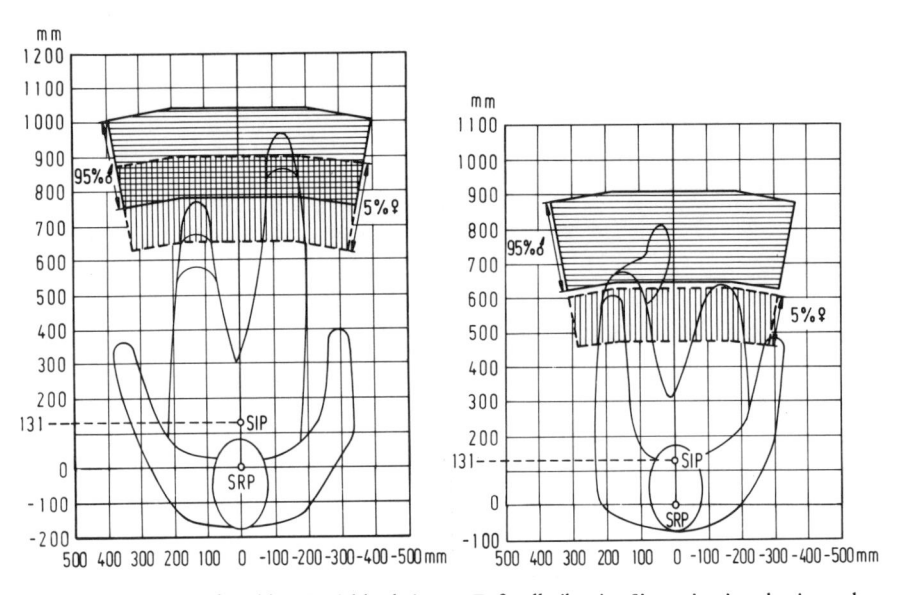

Abb. 14: Zonen komfortabler Erreichbarkeit von Fußstellteilen im Sitzen in einer horizontalen Ebene 200 mm (oben) und 400 mm (unten) unter SRP (Draufsicht)
— vertikal schraffiertes Feld: 5 %-Frau
— horizontal schraffiertes Feld: 95 %-Mann.

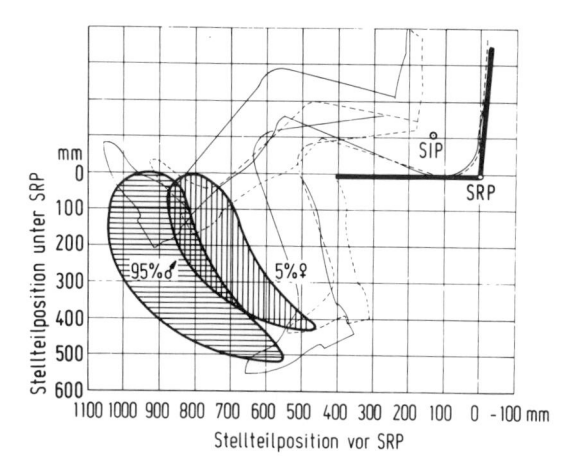

Gestaltung der Schnittstelle Mensch — Maschine 233

Abb. 15: Zonen komfortabler Erreichbarkeit von Fußstellteilen im Sitzen (Seitenansicht)
— vertikal schraffiertes Feld: 5 %-Frau
— horizontal schraffiertes Feld: 95 %-Mann.

Stellteile. Notausschalter müssen sich an ortsfesten Arbeitsplätzen im optimalen Greifraum des Operateurs befinden. An ortsveränderlichen Arbeitsplätzen (größere Maschinen oder Anlagen) ist hinreichende Betriebssicherheit nur gewährleistet, wenn der Zugangsweg zum Notausschalter von allen möglichen Arbeitspositionen des Operateurs < 2 m ist.

Ein besonderes Unfallrisiko stellen Maschinen mit nicht abgedeckten Bewegteilen dar. Ist zur Stellteilbetätigung eine Beugehaltung einzunehmen, so können leicht Bekleidungsstücke oder die Haare mitgerissen werden. Das Risiko wird gemindert, wenn Stellteile hier in einer Höhe ⩾ 660 mm über Boden angeordnet werden. Viele Arbeitsunfälle haben ihre Ursache auch darin, daß Stellteile versehentlich und unbeabsichtigt verstellt werden. Dies ist z. B. immer dann möglich, wenn der Arbeitsplatz bei Betrieb des technischen Systems eingenommen oder verlassen werden kann und Stellteile in den Bewegungsbereich des Operateurs hineinragen oder aber auf den Menschen Beschleunigungskräfte einwirken, die unkontrollierte Extremitätenbewegungen zur Folge haben. Für derartige Fälle sind Stellteilsicherungen (z. B. Aufbringung von Kräften in zwei Ebenen, versenkter Einbau, Schutzkappen u. ä.) unerläßlich.

Im Zusammenhang mit den anthropometrischen Aspekten der Stellteilgestaltung wurden bereits die Betätigungswiderstände angesprochen. Diese sollten so gewählt sein, daß der Operateur einerseits eine propriozeptive oder haptische Rückmeldung über den erfolgten Stellvorgang erhält — z. B. Druckpunkt bei Schaltern und Tastern —, andererseits jedoch die erforderliche Stellkraft

— bei gelegentlicher Nutzung unterhalb der stellungsabhängigen isometrischen Maximalkraft des 5. Perzentils liegt,

— bei häufiger Nutzung im Sinne von Verstellung die Dauerleistungsgrenze für dynamische Muskelarbeit nicht überschreitet und

— bei Dauernutzung im Sinne von Halten des Stellteils in definierter Stellung unterhalb von 15 % der stellungsabhängigen isometrischen Maximalkraft liegt.

Werden diese Grenzen nicht eingehalten, so sind Handlungsausfälle oder -beeinträchtigungen die Folge (weitergehende Hinweise s. bei Rohmert, 1962, 1981; Rühmann, Nguyen & Schmidtke, 1983; Rühmann, 1985; Schmidtke & Rühmann, 1980; Schmidtke, 1983). Aber auch unterhalb der Schwelle muskulär bedingter Störungen des Handlungsablaufes konnten Einflüsse der Bewegungsrichtung auf die Bewegungszeit und auf die Bewegungsgenauigkeit nachgewiesen werden (Schmidtke & Stier, 1960; Stier, 1959). Hieraus folgt, daß die Anordnung von Stellteilen in Arbeitssystemen nicht nur technischen Opportunitätsprinzipien entsprechen sollte, sondern gleichermaßen psychophysische Aspekte Beachtung verlangen.

## 6.2 Informationsmittel in Warten und Leitständen

Steuerung, Regelung und Überwachung von Produktions- oder Dienstleistungseinrichtungen werden durch fortschreitende Automatisierung zunehmend zentralisiert und in Warten oder Leitständen zusammengefaßt. Der unmittelbare Sichtkontakt zum Geschehen ist damit eingeschränkt oder aufgehoben. An seine Stelle treten situationsanaloge Anzeigen (Fernsehbildschirme), konventionelle Analog- und Digitalanzeigen und Monitore mit alphanumerischer bzw. graphischer Darstellung oder solche mit rechnergenerierter Prozeßdarstellung und integrierten virtuellen Stellteilen, insbesondere Tastaturen.

Spezifische Gestaltungserfordernisse ergeben sich in Warten und Leitständen aus den außerordentlich vielen Informationsmitteln und Stellteilen, die hier unterzubringen und von den Operateuren zu nutzen sind. Dies hat erhebliche Konsequenzen für die Warten- und Leitstandsauslegung.

Informationsträger in Warten können — je nach den der Betriebs- oder Prozeßführung zugrundeliegenden Aufgaben — Pulte, Konsolen, Tafeln mit oder ohne Pultvorbau und Informationsborde sein (s. Abbildung 16 und DIN 33 414, Teil 1). Welche Informationsträger auszuwählen sind, hängt davon ab, ob es sich z. B. um einen Haupt- oder Nebenleitstand, Notbetriebsleitstand, Kommunikationsleitstand o. ä. handelt. Ausgangskriterium muß dabei die Arbeitsaufgabe und das Bedien- und Informationskonzept sein. Erfordert die Aufgabe ständige Beobachtung und Stellteilbetätigung, so sind Pulte — ggf. kombiniert mit Informationsborden — oder Konsolen für sitzende Arbeit zweckmäßig. Ist der Leitstand nur zeitweise, dann aber länger andauernd be-

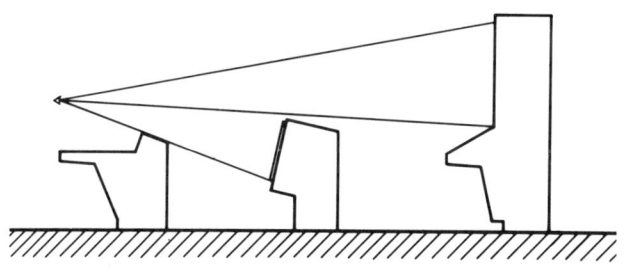

Abb. 16: Warte mit Pult, Informationsbord und Tafel mit Pultvorbau.

setzt (z. B. Notbetriebsleitstand), so erlaubt eine Tafel mit Pultvorbau stehende und sitzende Arbeitsweise. Nur gelegentlich und kurzzeitig besetzten Arbeitsplätzen für überwiegende Beobachtung sollten Tafeln ohne Pultvorbau oder ggf. Instrumentenschränke zugeordnet werden.

Als weiteres Auswahlkriterium wurde auf das Bedien- und Informationskonzept hingewiesen. Grundsätzlich kann hier zwischen einem seriellen und einem parallelen Konzept unterschieden werden, wobei sich das Konzept jeweils auf die Informationsdarstellung und auf die Stellteilorganisation bezieht. Aus psychologischer Sicht hat die Organisation der Informationsmittel und Stellteile für den Wartenbetrieb eine größere Bedeutung als die Auswahl der Wartenkomponenten, d. h. Pulte, Borde, Tafeln usw. Primärer Organisationsaspekt ist dabei der der Kompatibilität (siehe auch Abschnitt 4.1 dieses Kapitels). Innerhalb von Warten und Leitständen kann zwischen einer Kompatibilität des Ortes, der Richtung und der Abfolge unterschieden werden. Orts- oder Positionskompatibilität liegt dann vor, wenn die Informations- und Stellmittel entsprechend der Anlagengeometrie angeordnet sind (z. B. Gasverteilung oder Weichenstellung im Stellwerk). Entspricht die Anordnung dem Informations-, Material- oder Energiefluß, so liegt Richtungskompatibilität vor. Folgekompatibilität liegt bei einer Anordnung nach der zeitlichen Handlungssequenz vor, wie sie insbesondere bei der Steuerung diskontinuierlicher Prozesse zu bevorzugen ist.

Wie Informationsmittel und Stellteile flächig innerhalb der Wartenkomponenten anzuordnen sind, hängt neben den vorgenannten Kompatibilitätsaspekten von der Art des Prozesses ab. Der Prozeß bestimmt in der Regel auf gegebenem Automatisierungs- oder Integrationsniveau die notwendige Anzahl der Informations- und Stellmittel, die zu beachtenden Reaktionszeiten sowie die Bedeutsamkeit, Häufigkeit und Abfolge von Eingriffen. Arbeitserleichterung kann erreicht werden, wenn die Anordnung Gruppierungsaspekte — z. B. Blockdarstellung — berücksichtigt und eine visuelle Unterstützung durch Flußdarstellungen erfolgt. Unter dem Aspekt der mentalen Beanspruchung des Wartenpersonals sollte auch dem Kennzeichnungssystem Beachtung zukommen. Da die Kennzeichnung von Anzeigen und Stellteilen vielfach mittels Piktogrammen, Symbolen oder Abkürzungen verbaler Ausdrücke erfolgt, diese jedoch nicht immer aus sich heraus verständlich sind, bilden die hierbei notwendigen Dekodierungsschritte u. U. eine Quelle für Mißverständnisse und Fehlhandlungen, deren Folgen in keinem Verhältnis zur minimalen Platzersparnis stehen.

## 7 Ausblick

Wenn den hier vorgestellten Gestaltungsaspekten für konventionelle Stellteile auch in fernerer Zukunft ein bedeutender Stellenwert für die Schnittstellen-Auslegung in Mensch-Maschine-Systemen zukommen wird, so zeichnen sich doch, bedingt durch die Fortschritte der Mikroelektronik und den zunehmenden Rechnereinsatz, Tendenzen ab, Gestaltungsperspektiven zu entwickeln, die dem Operateur den „Kontakt" zur Maschine erhalten.

Neue Schnittstellen-Konzepte sind durch eine zunehmende Entkoppelung der Anzeigen und Stellteile von den Sensoren und Effektoren eines Systems gekennzeichnet und durch die Zentralisierung dieser Elemente in räumlich getrennten Anzeige- und Bedienfeldern. Das Bedienfeld einer numerisch gesteuerten Werkzeugmaschine gibt hierfür ebenso ein Beispiel wie das Steuerpult in einer Kraftwerk-Warte. Voluminöse, durch Muskelkraft zu betätigende Stellteile „vor Ort" (z. B. Handräder an Schiebern) werden durch den Einsatz motorischer Stellantriebe an den Effektoren auf „Knöpfchen" reduziert, wobei die Einsicht des Operateurs, auf welche Energien und Dimensionen er Einfluß nimmt, dann nicht mehr unmittelbar mit seiner Handlung verknüpft ist. Um diese Rückkoppelung zum Prozeß zu erhalten, sind zusätzliche Anzeigen erforderlich. Diese Entwicklung führt bei räumlich begrenztem Platzangebot, gleichzeitiger Zunahme der notwendigen Informationsmittel und der häufig zu beobachtenden Personaleinsparung in zentralen Steuerständen notwendigerweise zur Miniaturisierung dieser Elemente und zu einer Informationsverdichtung für jeden einzelnen Mitarbeiter.

Die Einführung elektronischer Displays zur variablen und situationsadäquaten Mensch-Maschine-Kommunikation (z. B. über Benutzeroberflächen) löst dieses Problem nur scheinbar auf. Selbst bei der Vollautomatisierung von komplexen Prozessen mit der Philosophie „Automatik vor Hand" bleibt der Mensch als Monitor höherer Ordnung in den Prozeß eingebunden. Offenbar geht unser Vertrauen in die Mikroelektronik nicht so weit, auf ihn und auf konventionelle Anzeigeeinrichtungen und Stellteile verzichten zu wollen. Zweifellos wird in Zukunft die „Software-Ergonomie" zur Entwicklung einer an den menschlichen Nutzer angepaßten Mensch-Maschine-Interaktion noch stärker gefordert sein als bisher. Dennoch bleibt aus Gründen der Redundanz die an veränderten Bedürfnissen orientierte Optimierung konventioneller Anzeigen und Stellteile eine permanente Aufgabe für den Systemplaner.

*Literatur*

Bubb, H. (1981). Analyse der Systemdynamik. In H. Schmidtke (Hrsg.), *Lehrbuch der Ergonomie* (2. Aufl., S. 286—339). München: Hanser-Verlag.

Bubb, H. (1985). Arbeitsplatz Fahrer. Eine ergonomische Studie. *Automobil-Industrie, 3,* 265—275.

Bubb, P. (1978). *Ergonomische Untersuchungen über die Zumutbarkeit von Roll- und Nickschwingungen auf die Aufnahme und Verarbeitung von Informationen durch den Menschen* (Forschungsbericht aus der Wehrtechnik Nr. 78—18). Bundesministerium der Verteidigung. Bonn: Dokumentationszentrum der Bundeswehr.

Burandt, U. (1978). *Ergonomie für Design und Entwicklung.* Köln: Schmidt-Verlag.

Bullinger, H.-J., Kern, P. & Solf, J. J. (1979). *Reibung zwischen Hand und Griff. Der Einfluß von Material und Oberfläche auf das Reibungsverhalten zwischen Hand und Arbeitsmittelhandseite* (Forschungsbericht Nr. 213). Schriftenreihe der Bundesanstalt für Arbeitsschutz. Bremerhaven: Wirtschaftsverlag NW.

Burke, D. & Gibbs, C. B. (1965). A comparison of free-moving and pressure levers in a positional control system. *Ergonomics, 8,* 23—29.

Hacker, W. (1986). *Arbeitspsychologie.* Bern: Huber-Verlag.

Hacker, W. & Clauß, A. (1976). Kognitive Operationen bei einer Montagetätigkeit. In W. Hacker (Hrsg.), *Psychische Regulation von Arbeitstätigkeiten* (S. 88—102). Berlin: VEB Deutscher Verlag der Wissenschaften.

Howland, D. & Noble, M. E. (1953). The effect of physical constants of a control on tracking performance. *Journal of Psychology, 46,* 353—360.

Kraiss, K.-F. (1970). *Beitrag zur Optimierung des Steuerkraftverlaufs von Bedienelementen* (Forschungsbericht Nr. 4). Meckenheim: Forschungsinstitut für Anthropotechnik.

McRuer, D. T. & Magdaleno, R. E. (1966). *Human pilot dynamics with various manipulators* (Report No. AFFDL-TR-66-138). Dayton Ohio: Air Force Flight Dynamics Laboratory, Wright-Patterson Air Force Base.

Poulton, E. C. (1974). *Tracking skill and manual performance.* New York: Academic Press.

Rohmert, W. (1962). *Untersuchungen über Muskelermüdung und Arbeitsgestaltung.* Berlin: Beuth-Vertrieb.

Rohmert, W. (1981). Physische Beanspruchung durch muskuläre Belastungen. In H. Schmidtke (Hrsg.), *Lehrbuch der Ergonomie* (2. Aufl., S. 115—131). München: Hanser-Verlag.

Rothbauer, G. (1978). *Zum Problem des Bewegungswiderstandes bei einfachen und komplexen Stellbewegungen des Armes* (Forschungsbericht Nr. 40). Meckenheim: Forschungsinstitut für Anthropotechnik.

Rühmann, H. (1978). *Untersuchung über den Einfluß der mechanischen Eigenschaften von Bedienelementen auf die Steuerleistung des Menschen bei stochastischen Roll-*

*schwingungen* (Forschungsbericht aus der Wehrtechnik Nr. 78—11). Bundesministerium der Verteidigung. Bonn: Dokumentationszentrum der Bundeswehr.

Rühmann, H. (1981). Schnittstellen in Mensch-Maschine-Systemen. In H. Schmidtke (Hrsg.), *Lehrbuch der Ergonomie* (2. Aufl., S. 351—376). München: Hanser-Verlag.

Rühmann, H. (1982). Vergleichende Darstellung und Messung von Sitzbezugspunkten an Fahrzeugsitzen. *Zeitschrift für Arbeitswissenschaft, 36 (8 NF)*, 41—48.

Rühmann, H. (1984a). *Die Schwingungsbelastung in Mensch-Maschine-Systemen. Experimentelle Untersuchungen zur Bewegungsgenauigkeit bei stochastischer Roll- und Nickschwingungsbelastung* (Fortschritt-Bericht der VDI-Zeitschriften, Reihe 17, Nr. 22). Düsseldorf: VDI-Verlag.

Rühmann, H. (1984b). Dimensionierung virtueller Tastenfelder in Fahrzeugen. *Zeitschrift für Arbeitswissenschaft, 38 (10 NF)*, 161—172.

Rühmann, H. (1985). *Isometrische Zug- und Druckkräfte von Frauen und Männern* (Ergonomische Studien Nr. 24). Koblenz: Bundesamt für Wehrtechnik und Beschaffung.

Rühmann, H. (1985). Methodik zur Messung von Körperkräften. In M. Heners, H. G. Krieger & E.-A. Behne (Hrsg.), *Arbeitswissenschaft in der Zahnheilkunde — Methoden und Ergebnisse* (Jahresbericht 1984 der Arbeitsgemeinschaft „Arbeitswissenschaft und Zahnheilkunde" der Deutschen Gesellschaft für Zahn-, Mund- und Kieferheilkunde). Berlin: Quintessenz-Verlag.

Rühmann, H., Nguyen, V.-L., Mayr, G. & Schmidtke, H. (1983). Isometrische Stellungskräfte an Hebeln. *Zeitschrift für Arbeitswissenschaft, 37 (9 NF)*, 238—247.

Rühmann, H., Nguyen, V.-L. & Schmidtke, H. (1983). *Untersuchung isometrischer Stellungskräfte an Handrädern von Schutztüren und Lukendeckeln* (Ergonomische Studien Nr. 19). Koblenz: Bundesamt für Wehrtechnik und Beschaffung.

Rühmann, H. & Schmidtke, H. (1985). *Isometrische Maximalkräfte von Männern und Frauen an Hand- und Fußstellteilen* (Ergonomische Studien Nr. 29). Koblenz: Bundesamt für Wehrtechnik und Beschaffung.

Schmidtke, H. (1975). Allgemeine Gestaltungsregeln für Steuerarmaturen. In Bundesamt für Wehrtechnik und Beschaffung (Hrsg.), *Handbuch der Ergonomie* (C-9.1.1., S. 1—7). München: Hanser-Verlag.

Schmidtke, H. (1981a). Arbeitsplatzgestaltung. In H. Schmidtke (Hrsg.), *Lehrbuch der Ergonomie* (2. Aufl., S. 405—422). München: Hanser-Verlag.

Schmidtke, H. (Hrsg.). (1981b). *Lehrbuch der Ergonomie* (2. Aufl.). München: Hanser-Verlag.

Schmidtke, H. (1983). *Untersuchung isometrischer Stellungskräfte an Zentralverschlüssen von Schutztüren und Lukendeckeln* (Ergonomische Studien Nr. 18). Koblenz: Bundesamt für Wehrtechnik und Beschaffung.

Schmidtke, H. (Ed.). (1984a). *Ergonomic data for equipment design*. New York: Plenum Press.

Schmidtke, H. (1984b). Gruppierung. In Bundesamt für Wehrtechnik und Beschaffung (Hrsg.), *Handbuch der Ergonomie* (C-6.1.2., S. 1—6). München: Hanser-Verlag.

Schmidtke, H. (1984c). Kompatibilität Stellteile — Anzeige. In Bundesamt für Wehrtechnik und Beschaffung (Hrsg.), *Handbuch der Ergonomie* (C-9.1.3., S. 1—5). München: Hanser-Verlag.

Schmidtke, H. (in Druck). Anordnung von Stellteilen. In Bundesamt für Wehrtechnik und Beschaffung (Hrsg.), *Handbuch der Ergonomie* (C-9.1.6.). München: Hanser-Verlag.

Schmidtke, H. & Rühmann, H. (1980). *Handkräfte an Stellteilen für Zentralverschlüsse* (Ergonomische Studien Nr. 11). Koblenz: Bundesamt für Wehrtechnik und Beschaffung.

Schmidtke, H. & Rühmann, H. (1981). Betriebsmittelgestaltung. In H. Schmidtke (Hrsg.), *Lehrbuch der Ergonomie* (2. Aufl., S. 422—460). München: Hanser-Verlag.

Schmidtke, H. & Rühmann, H. (1987). Ergonomie des Arbeitsplatzes unter Berücksichtigung visueller Anforderungen. In Wissenschaftliche Vereinigung für Augenoptik und Optometrie e. V. (Hrsg.), *Sehen und Arbeit* (S. 24—33). Mainz: Schmidt-Verlag.

Schmidtke, H. & Schober, H. (1967). *Sehanforderungen bei der Arbeit.* Stuttgart: Gentner-Verlag.

Schmidtke, H. & Stier, F. (1960). *Der Aufbau komplexer Bewegungsabläufe aus Elementarbewegungen* (Forschungsbericht des Landes Nordrhein-Westfalen Nr. 822). Köln: Westdeutscher Verlag.

Stier, F. (1959). *Die Geschwindigkeit von Armbewegungen unter besonderer Berücksichtigung von Einlegearbeien an kleinen Pressen.* Unveröff. Diss., Technische Hochschule, Hannover.

Van Cott, H. P. & Kinkade, R. G. (Eds.). (1972). *Human engineering guide to equipment design.* Washington: U. S. Government Printing Office.

Weisz, A. Z., Allen, R. W. & Goddard, C. J. (1966). An evaluation of three types of hand controllers under random vertical vibration. In National Aeronautics and Space Administration (Hrsg.), *Second Annual NASA-University Conference on Manual Control* (NASA SP-128, pp. 269—278). Washington, D. C.: U. S. Government Printing Office.

Woodson, W. E. (1981). *Human factors design handbook.* New York: McGraw Hill.

DIN 1450: *Schriften; Leserlichkeit.* Januar 1982.

DIN 2139: *Alphanumerische Tastaturen; Tastenanordnung für Dateneingabe.* Juli 1976.

DIN 33401: *Stellteile; Begriffe, Eignung, Gestaltungshinweise.* Juli 1977.

DIN 33402 Teil 2: *Körpermaße des Menschen; Werte.* Oktober 1986.

DIN 33411 Teil 4: *Körperkräfte des Menschen; Maximale statische Aktionskräfte (Isodynen).* Mai 1987.

DIN 33414 Teil 1: *Ergonomische Gestaltung von Warten; Sitzarbeitsplätze; Begriffe, Grundlagen, Maße.* April 1985.

9. Kapitel

# Psychologische Aspekte der Mensch-Computer-Interaktion

*Norbert A. Streitz*

## 1 Mensch-Maschine-Interaktion im Wandel

### 1.1 Ausgangslage

Mensch-Maschine-Schnittstellen können in Abhängigkeit von dem jeweiligen Verwendungszweck des technischen Systems vielerlei Gestalt annehmen. Trotz dieser prinzipiellen Vielfalt zeigen sich in letzter Zeit zunehmend Gemeinsamkeiten und Ähnlichkeiten bei der Realisierung von Mensch-Maschine-Schnittstellen. Diese Konvergenz liegt zu einem nicht geringen Teil in dem vermehrten Einsatz von Computern und Software zur Steuerung und Kontrolle von technischen Systemen, z. B. in der Produktion, begründet und ist gleichzeitig Ausdruck einer allgemeinen Entwicklung zu rechnergestützten Systemen, z. B. auch in Dienstleistungsbereichen. Überlegungen für neue Formen der Aufgabenverteilung mit der Absicht, größere Anteile geistiger Arbeit an Computersysteme zu delegieren, führen dazu, daß sich immer mehr rechnergestützte Arbeitsplätze auch in solchen Arbeitssituationen finden, die bisher keine oder wenige technische Hilfsmittel verwendeten. In allen diesen Fällen finden sich an den Arbeitsplätzen Tastaturen, Bildschirme und Drucker, die als Ein-/Ausgabegeräte von Computersystemen dienen und der äußerliche Ausdruck dafür sind, daß die *Mensch-Computer-Schnittstelle* (MCS) zu einer zentralen Größe von Mensch-Maschine-Systemen geworden ist.

Es ist mittlerweile wohl unumstritten, daß die Verwendbarkeit von Mensch-Maschine-Systemen maßgeblich durch die Gestaltung der Mensch-Maschine-Schnittstelle bestimmt wird. Das Ausmaß an ergonomischer Gestaltung entscheidet oft über den Erfolg oder Mißerfolg von Systemen. Dies ist zwangsläufig auf Mensch-Computer-Systeme zu übertragen. Der Anteil der MCS am Gesamtprogrammieraufwand eines Systems ist ein nicht zu unterschätzender Kostenfaktor. Wie Studien für ausgewählte Anwendungen im kaufmännischen Bereich zeigen, machte die Programmierung der MCS im Mittel 59 % des gesamten Programms aus (Sutton & Sprague, 1978). Nach Brobrow, Mittal und

Stefik (1986) beträgt die Realisierung der MCS in vielen Fällen zwischen 30 % und 50 % des Programmkode von typischen Expertensystemen.

Ziel dieses Beitrags ist es, diejenigen Faktoren zu identifizieren und zu diskutieren, die für die Gestaltung der Interaktion zwischen Mensch und Computersystem — der *Mensch-Computer-Interaktion* (MCI) — eine Rolle spielen. Dabei kann es nicht Aufgabe dieses Beitrages sein, einen Überblick über die ingenieurwissenschaftlichen Grundlagen und die technischen Möglichkeiten für Mensch-Computer-Schnittstellen zu geben. Der Schwerpunkt liegt eindeutig bei den psychologischen Aspekten der Mensch-Computer-Interaktion, deren verstärkte Berücksichtigung durch die neuen Möglichkeiten der Interaktion in zwingender Weise erforderlich wird.

Forschungs- und Entwicklungsaktivitäten, die sich mit der Mensch-Computer-Interaktion und der technischen Realisierung von Mensch-Computer-Schnittstellen beschäftigen, sollten notwendigerweise enge inhaltliche Bezüge zur Ergonomie aufweisen. Der Großteil der MCI-Forschung fühlt sich daher auch dem Grundverständnis von Ergonomie verpflichtet, d. h. der Anpassung von technischen Systemen an den Menschen und nicht umgekehrt (!). Sie beschäftigt sich mit dem besonderen Verhältnis von Computersystemen zu ihren Benutzern sowie der Berücksichtigung der Möglichkeiten und Grenzen menschlicher Informationsverarbeitung bei der Analyse, Gestaltung und Bewertung interaktiver Computersysteme. Die besondere Rolle des menschlichen Faktors findet ihren Niederschlag z. B. in der englischen Namensgebung für dieses Gebiet: *Human Factors in Computing Systems*. In der Tagungs- und Wissenschaftslandschaft zu dieser Thematik werden auch andere Bezeichnungen verwendet. So kennzeichnet z. B. der Begriff *Software-Ergonomie* die besondere Ausrichtung auf die Softwarekomponenten von Computersystemen, während die Fragen der Gestaltung von Tastaturen, von blend- und flimmerfreien, hochauflösenden Bildschirmen etc. Gegenstand der sog. *Hardware-Ergonomie* sind, die in diesem Beitrag aber nicht behandelt wird. Während es bei der Hardware-Ergonomie schon eine Reihe gesicherter wissenschaftlicher Erkenntnisse gibt, die ihren Niederschlag bereits in Normen (DIN, ISO) gefunden haben, ist die Untersuchung der Softwarekomponenten der MCI noch Gegenstand intensiver Forschungsbemühungen. Die in der DIN 66 234 (Teil 8: Dialoggestaltung) genannten Grundsätze haben eher die Funktion allgemeiner Leitlinien und befürfen noch der weiteren Operationalisierung. Die Bezeichnung *Kognitive Ergonomie/cognitive ergonomics* (Dzida, 1980; Shackel, 1981; Streitz, 1986b) steht für eine Ausrichtung, die sich vor allem mit den kognitiven Aspekten der MCI und den dabei notwendigen Problemlösefähigkeiten beschäftigt und dabei Erkenntnisse der *cognitive science* berücksichtigt.

Der Themenbogen der MCI-Forschung kann sich sehr weit spannen — z. B. von der Untersuchung von Kommandosprachen, Menühierarchien und Fenstersystemen über die Ursachen für Beanspruchung und Belastung, Fragen der

Funktionsaufteilung zwischen Mensch und Computer bis hin zur Unterstützung kreativen Problemlöseverhaltens. In letzter Zeit wird dabei besonders die Forderung nach einer stärkeren Beachtung des Verhältnisses von benutzerfreundlicher Schnittstellengestaltung und bereitgestellter Funktionalität erhoben. Hacker (1987) formuliert diese Beziehung, indem er herausstellt, daß Softwaregestaltung als Arbeitsgestaltung zu begreifen ist.

Um einen Eindruck von der Bandbreite der möglichen Anwendungsfelder zu vermitteln, geben wir nachfolgend — ohne Anspruch auf Vollständigkeit — einige Beispiele für Klassen von Benutzergruppen und Situationen, die über die Standardanwendungen im Bürobereich, wie z. B. Text- und Grafikverarbeitung, Tabellenkalkulation etc., hinausgehen.

So sind Mensch-Computer-Schnittstellen zu gestalten für:

— Situationen mit hoher mentaler Belastung und psychischem Druck (Fluglotsen, Piloten, Prozeßkontrolle)
— Situationen mit hohen Sicherheitsanforderungen (Versicherungs- und Bankbereich, Kernkraftwerke, militärische Anwendungen)
— behinderte Personen (blind, taub, motorisch behindert)
— Situationen und Personen, bei denen keine Voraussetzungen über Wissensstand/ Training gemacht werden können (öffentliche Auskunftssysteme)
— Personen mit unterschiedlichen Sprachen und unterschiedlicher kultureller Herkunft (bei der Flugreservierung, Auskunftssysteme auf Bahn- und Flughäfen)
— das Herstellen von Transparenz und Selbsterklärungsfähigkeit von Systemen (für Wartungs-, Diagnose- und Reparaturmaßnahmen)
— das Navigieren und Suchen in sehr großen Datenbanken (Fachinformationssysteme im naturwissenschaftlich-technischen Bereich, Patentwesen, Wirtschaftsdatenbanken)
— die Unterstützung von kooperativem Arbeiten mit räumlich/zeitlich verteilten Teilnehmern (Entscheidungssysteme für Manager, Videokonferenzen, große Softwareentwicklungsteams, Autoren- und Publikationsteams).

Aus Arbeitsteilungs- und Platzgründen werden in diesem Beitrag keine Anwendungen, wie z. B. Bürokommunikation (siehe dafür den Beitrag von v. Benda, in diesem Band), behandelt. Außerdem wird auf Ausführungen zur Arbeitszufriedenheit, zur Persönlichkeitsförderlichkeit von Arbeitsgestaltung und zur notwendigen umfassenden Einordnung in arbeitsorganisatorische Zusammenhänge verzichtet (siehe dazu z. B. Balzert, 1986; Hacker, 1987; Hacker & Schönfelder, 1986; Spinas, Troy & Ulich, 1983; Ulich, 1988, in diesem Band).

## 1.2 Fragestellungen der MCI-Forschung

Warum kommt der Thematik „Mensch-Computer-Interaktion" eine so große Bedeutung zu? Wie groß der Anteil computerunterstützter Arbeit auch immer in der Zukunft[1] sein wird, Informations- und Kommunikationstechnologien werden unser zukünftiges berufliches und privates Leben entscheidend beeinflussen. Es ist aber nicht möglich und auch nicht wünschenswert, die Gesamtheit der Vorgänge im Büro-, Verwaltungs-, Konstruktions- und Produktionsbereich vollständig zu automatisieren. Damit verbleiben immer Anteile der Arbeit bei Menschen, die die eingesetzten Systeme bedienen und kontrollieren müssen und dies auch sollen. Mit der zunehmenden Verbreitung von interaktiven Computersystemen in allen Bereichen nimmt aber vor allem die Anzahl derjenigen Benutzer zu, die nicht über eine spezielle Ausbildung im Umgang mit Computersystemen verfügen. Dazu kommt die zunehmende Einsicht, daß interaktive Computersysteme so komplex werden können, daß man sich nicht mehr auf die konventionellen Verfahren von Personalauswahl und Training stützen kann, um eine einfache und fehlerfreie Bedienung und Wartung zu gewährleisten.

Vor diesem Hintergrund können wir eine erste Anwort auf die Eingangsfrage nach dem „Warum" ableiten. Sie basiert auf der trivialen, aber entscheidenden Beobachtung, daß Computersysteme und Menschen — hier in der Rolle als Benutzer dieser Systeme — sich in wesentlichen Punkten voneinander unterscheiden. Beide Systeme verarbeiten Informationen, z. T. auch die gleichen Informationen, aber auf der Grundlage unterschiedlicher Wissensbasen und insgesamt auf sehr verschiedene Art und Weise. Diesem Umstand wird aber bei der Gestaltung der Mensch-Computer-Interaktion in der Mehrheit existierender Computersysteme nicht oder nur ungenügend Rechnung getragen. Offenbar ist eine Vielzahl der Systemdesigner und Softwareentwickler unfähig oder nicht bereit, sich vorzustellen oder zu klären, wer ihre Systeme tatsächlich verwenden wird und wozu. Dieses Unvermögen basiert z. T. auf unzureichenden Kenntnissen über Arbeitsabläufe und Aufgabengestaltung einerseits und über Prinzipien der menschlichen Informationsverarbeitung in bezug auf Wahrnehmung, Gedächtnis, Denken und Handeln andererseits. Diese Defizite führen zu Softwaresystemen, die zuwenig Rücksicht nehmen auf die zu unterstützenden Arbeitsinhalte und auf die Bedürfnisse und Voraussetzungen der sie benutzenden Menschen.

Das Ausmaß der Verbreitung von Computersystemen und das Unvermögen der Systemdesigner können aber nur einen Teil der Gründe für die Relevanz der MCI-Forschung darstellen. Es kommt etwas hinzu, das in der Qualität dieser neuen Form der Mensch-Maschine-Interaktion begründet ist. Sie schließt bei fortgeschrittenen Computersystemen aktive und dynamische Reaktionen ein, die auf das Verhalten des Benutzers bezogen sind. Die Reaktionen der Softwaresysteme sind zwar algorithmisch festgelegt und damit im Prinzip auch

---

[1] Nach Giuliano (1982) wird geschätzt, daß im Jahre 1990 zwischen 40 % und 50 % aller amerikanischen Arbeiter „will use some type of electronic terminal equipment on a daily basis". Nach Fähnrich (1987) „werden im Jahr 2000 fast 90 % aller Berufstätigen mit Computertechnologien am Arbeitsplatz konfrontiert sein".

vorhersehbar, aber die Fülle an Funktionen und Situationen führt zu einer kombinatorischen Komplexität, die mit der von zwischenmenschlichen Interaktionen vergleichbar ist oder sogar darüber hinausgehen kann. So kann bereits ein Anwendungsprogramm mit mittlerem Funktionsumfang in seinen Reaktionen für einen normalen Benutzer nicht mehr in jedem Moment vorhersehbar und damit problemlos bedienbar sein. Das Ausmaß an Funktionalität und Komplexität führt deshalb nur zu oft zu einer unvollständigen, nicht effektiven oder häufig sogar fehlerhaften Nutzung von Anwendungssoftware. Durch die weitreichenden sozialen und ökonomischen Folgen des Einsatzes von rechnergestützten Systemen kommt der Mensch-Computer-Interaktion daher über die Aspekte der individuellen Arbeitssituation hinaus eine globale Bedeutung zu. Da das Wissen der Praktiker, aber auch der Forscher unvollständig ist, brauchen wir eine grundlagenfundierte und anwendungsorientierte MCI-Forschung, die diese Defizite beseitigt.

Auch wenn wir in diesem Beitrag die zunehmende Bedeutung der MCI-Forschung herausstellen wollen, so ist die von Shneiderman (1987) gemachte Aussage, „Human engineering, which was seen as the paint put on at the end of a project, is now understood to be the steel frame on which the structure is built", sicherlich noch keine Realität, sondern eine in diesem Sinne verstandene MCI-Forschung ist noch auf dem Wege, diese Position zu erobern. Dies wird um so mehr notwendig sein, je mehr Computersysteme ihre Anwendungsfelder in bisher der menschlichen Intelligenz und Kreativität vorbehaltenen Bereichen finden.

## 1.3 Rechnerentwicklung und MCI-Forschung

Die Entwicklung der MCI-Forschung ist natürlich auch im Rahmen und im Vergleich zur allgemeinen Hardware- und Softwareentwicklung und zur Forschung auf dem Gebiet der Künstlichen Intelligenz zu betrachten. Im Rahmen dieses Beitrages kann es aber nicht um eine vollständige Darstellung der historischen Entwicklung gehen. Entsprechende Darstellungen finden sich bei Shackel (1985) und Gaines (1986), der die Entwicklung *„from timesharing to the sixth generation"* nachgezeichnet hat, oder bei Streitz (1988b), in der auch die deutsche und europäische Wissenschaftslandschaft berücksichtigt wird.

Die Entwicklung von Minicomputern und von time-sharing-Systemen mit verteilten Terminals, die interaktives Arbeiten erlauben, hatte Ende der 60er Jahre und Anfang der 70er Jahre eine erste Ausweitung der Gruppe möglicher Benutzer zur Folge. Es waren nicht mehr notwendigerweise nur Computerspezialisten. Zu dieser Zeit wurden ergonomische Probleme bei der Computerbenutzung auch in wissenschaftlichen Veröffentlichungen angesprochen (Nickerson, 1969; Shackel, 1969). Aber erst das Auftauchen des Mikrocomputers und seine weite Verbreitung in den 80er Jahren zusammen mit seiner Propagierung zum

Personal Computer veranlaßte die Computerindustrie, den Aspekt der Benutzerfreundlichkeit als Problem und zugleich auch als Marketingfaktor zu erkennen. Parallel dazu wurde die Palette der Computeranwendungen immer breiter und folglich auch die Gruppe der Benutzer immer heterogener, was Ausbildungsstand und Anwendungsanforderungen betrifft. Heutzutage kommt eigentlich jeder als potentieller Benutzer in Frage, insbesondere dann, wenn man an die Integration der eigentlichen Computersysteme mit den Kommunikationssystemen zu umfassenden und integrierten Informationssystemen denkt. Wenn die Qualität der Mensch-Computer-Schnittstelle (inkl. Handbücher etc.) nicht den Anforderungen der Benutzer entspricht, d. h. die Interaktion mit dem System zu schwierig zu erlernen ist, dann müssen die Hersteller solcher Systeme damit rechnen, daß ihre Produkte nicht gekauft werden. Aber von der Einsicht in die Notwendigkeit software-ergonomischer Überlegungen bis zur Umsetzung bei der Produktentwicklung ist es immer noch ein weiter Weg. Andererseits sind die Möglichkeiten, die Schnittstelle mit zusätzlichen Komponenten zu versehen, durch die dramatische Reduzierung der Kosten für Hardware (z. B. für Speicherkapazität) und die Steigerung der Rechengeschwindigkeit erheblich gestiegen. So haben wir — nicht verwunderlich — seit Ende der 70er Jahre einen Anstieg der Forschungs- und Entwicklungsaktivitäten auf dem Gebiet der MCI-Forschung zu verzeichnen, die diese Möglichkeiten zu nutzen versuchen. Anfang bis Mitte der 80er Jahre wurden dann die ersten Früchte dieser Aktivitäten in Form von kommerziellen Systemen sichtbar, wie z. B. der Xerox Star, Apple Lisa und Macintosh. Die innovativen Interaktionsmöglichkeiten werden realisiert mit Hilfe von hochauflösenden Grafikbildschirmen, Fenstersystemen, Zeigeinstrumenten (wie „Maus") für die direkte Manipulation, Metaphernwelten wie der Schreibtischmetapher, die visuell über Piktogramme dargestellt werden.

## 1.4 Mensch-Computer-Interaktion als interaktives Problemlösen

Wir betrachten das Arbeiten mit einem Computersystem als *interaktives Problemlösen*. Diese Sichtweise ist u. a. motiviert durch die Definition von Anderson (1980), nach der Problemlösen „any goal-directed sequence of cognitive operations" ist, dann aber zwischen „routine and creative problem solving" zu unterscheiden ist. Ein Problem ist (z. B. nach Dörner, 1976) durch Anfangs- und Endzustand sowie eine dazwischen liegende Barriere charakterisiert. Das Problemlösen besteht dann in der Überwindung der Barriere. Ziel des interaktiven Problemlösers ist es, ein Problem mit Hilfe interaktiver Softwaresysteme zu lösen. Dabei kann aber die Verwendung des Computers auch ein Problem sein, und zwar ein zusätzliches Problem. Um diese beiden Aspekte interaktiven Problemlösens zu differenzieren, haben wir eine Unterscheidung zwischen *Sachproblem* und *Interaktionsproblem* vorgenommen (Streitz, 1985, 1986b).

Diesen beiden Problemtypen entsprechen zwei unterschiedliche Rollen, die z. B. ein Sachbearbeiter übernehmen muß, wenn er seine Problemstellung mit Hilfe eines Computersystems bearbeiten möchte. Dabei versteht man unter dem Sachproblem die eigentliche Problemstellung, die aus den Vorgaben des Auftraggebers an den Sachbearbeiter resultiert, im Falle eines Ingenieurs also z. B. die Konstruktion eines Werkstücks. Diese Tätigkeit ist dem Konstrukteur prinzipiell zwar vertraut, bei neuen Fragestellungen aber als Problemlösen zu bezeichnen. Benutzt er dabei einen Computer (z. B. ein CAD-System) als Hilfsmittel (Werkzeug), muß er mit diesem interagieren. Das Bearbeiten des Sachproblems mit Hilfe des Computersystems erzeugt nun — insbesondere für neue oder gelegentliche Benutzer und solche, die keine spezielle EDV-Ausbildung haben — ein neues, zusätzliches Problem: das Interaktionsproblem.[2] Das Verhältnis zwischen Sachproblem und Interaktionsproblem ist in Abbildung 1 dargestellt.

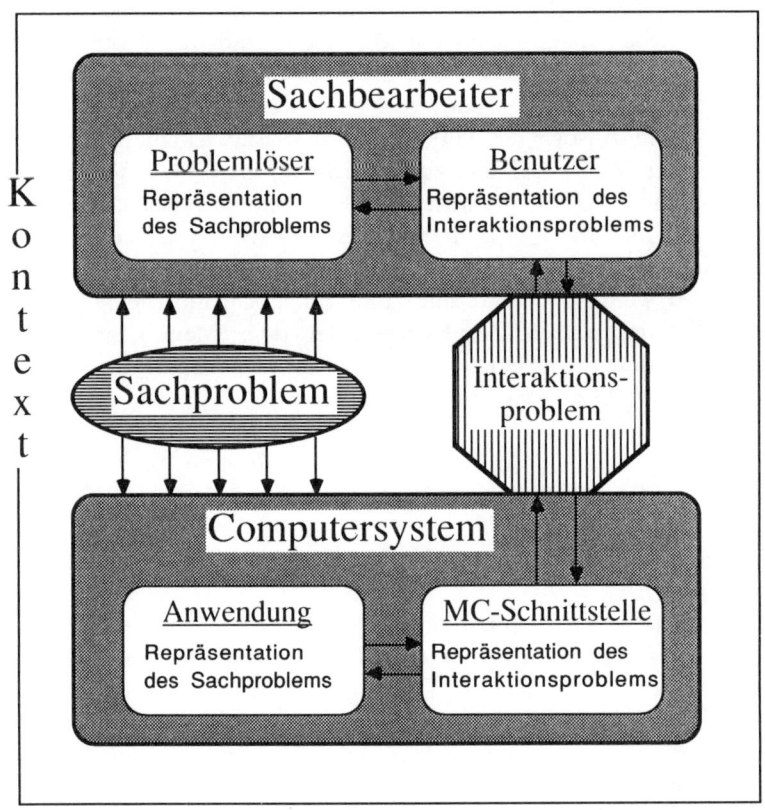

Abb. 1: Das Verhältnis von Sachproblem und Interaktionsproblem in der Mensch-Computer-Interaktion.

---

[2] Hierzu ist anzumerken, daß es ein solches Interaktionsproblem im Prinzip in jeder Arbeitssituation gibt, in der von Arbeitsmitteln/Werkzeugen Gebrauch gemacht wird, besonders aber in Mensch-Maschine-Systemen verschiedener Automatisierungsgrade wie von Timpe sowie Rühmann und Schmidtke (in diesem Band) gezeigt.

Wie diese Darstellung veranschaulichen soll, kann das Sachproblem nicht auf direktem Wege mit dem im Computer repräsentierten Wissen (über den Realitätsbereich) bearbeitet werden, sondern erst nach Überwindung des Interaktionsproblems. Damit kann man das Interaktionsproblem als eine zusätzlich zu den sachproblemspezifischen Barrieren auftretende Barriere zwischen Anfangszustand und Endzustand ansehen.

Betrachten wir als Beispiel ein Sachproblem, bei dem im Rahmen einer Konstruktionsaufgabe z. B. die Verwendung von Grafikfunktionen notwendig ist. Der Anfangszustand wäre dann durch den zum Startzeitpunkt vorliegenden Systemzustand gegeben (z. B. auf der Betriebssystemebene). Ein Zwischenzielzustand wäre z. B. die Darbietung einer bestimmten Grafik auf dem Bildschirm. Um dorthin zu gelangen und an dieser Grafik Veränderungen vornehmen zu können, sind eine Reihe von Operationen notwendig, die diese Zustandstransformationen durchführen. Hat der Konstrukteur schließlich seine Grafik auf dem Bildschirm, so ist auch jede weitere Veränderung mit der Ausführung von Operationen verbunden. Jeder Strich, der gezeichnet oder gelöscht werden soll, jede Schraffur einer Ebene etc. ist nicht ohne entsprechende Interaktion möglich. Die unterschiedlichen Aspekte interaktiven Problemlösens spiegeln sich auch in Äußerungen von Personen wider, die existierende Software verwenden. So weist die Bemerkung, „Wenn ich in das Formular auf dem Bildschirm Informationen eintragen will, muß ich zuerst verschiedene Tasten betätigen, um an die gewünschten Stellen zu gelangen", auf die Existenz des Interaktionsproblems hin. Während beim Eintragen von Zahlen mit dem Bleistift in ein Papierformular die entsprechenden Bewegungen der Hand unmittelbar mit der Funktion des Schreibens verbunden sind, erfordert die Positionierung des Cursors (Schreibmarke) auf dem Bildschirm eine zusätzliche Handlungsfolge.

Daß die Positionierungsproblematik keine triviale Angelegenheit ist, zeigt die Vielzahl von technischen Lösungsansätzen (z. B. Kontrollkommandos, Cursortasten, Maus, Lichtgriffel, berührempfindliche Folien, Knie-, Fuß- und Kopfsteuerung) und die empirischen Untersuchungen zum Vergleich dieser Positionierungshilfsmittel. Die Beherrschung der Interaktionsform ermöglicht erst das Bearbeiten des eigentlichen (Sach-)Problems. Das Ausmaß des Interaktionsproblems resultiert aus den Anforderungen, die eine bestimmte Interaktionsform durch ihre Struktur und ihre Terminologie an den Benutzer stellt. Das Interaktionsproblem wird im Zentrum der Ausführungen dieses Beitrags stehen.

Die Verwendung von Computerprogrammen kann aber auch Schwierigkeiten für den inhaltlichen Anteil der Tätigkeit — das Sachproblem — zur Folge haben. So beschreibt die Äußerung, „Ich kann die Aufgaben nicht so bearbeiten, wie ich es gewohnt war, da die Reihenfolge der Schritte anders ist als zuvor und auch neue Schritte hinzugekommen sind", eine häufige Folge des Einsatzes von Software. Mehr oder weniger inhaltlich-sachlogisch gerechtfertigt hat die Umsetzung von existierenden Arbeitsabläufen in Interaktionen mit einem Anwendungsprogramm die eben beschriebenen Auswirkungen. Dafür können unterschiedliche Gründe wirksam sein. In unserem Beispiel muß der Konstrukteur Entscheidungen über die Gestaltung von Details des Werkstücks in einer anderen Reihenfolge treffen als zuvor üblich. Damit wird sein Problemlöseverhalten geändert, u. U. in entscheidender Weise. Es erfordert nicht nur ein Umdenken auf Seiten des Konstrukteurs, sondern kann auch Rückwirkungen auf das Ergebnis der Konstruktionstätigkeit haben, da die meisten Konstruktionsentscheidungen nicht unabhängig voneinander sind. Diese Folgen auf der Basis einer entsprechenden Analyse vorherzusehen und in geeigneter Weise zu berücksichtigen, ist eine Aufgabe des *cognitive engineering*. Und dazu brauchen wir „models of cognitive functions in complex environments" (Rasmussen, 1987).

Die Beispiele für das Auftreten des Interaktions- und des Sachproblems erscheinen zunächst unverbunden, da sie konzeptuell zu trennen sind. In ihren Auswirkungen sind diese beiden Aspekte aber nicht unabhängig. So hat z. B. die Verfügbarkeit bestimmter Positionierungsinstrumente (Interaktionsproblem) Rückwirkungen auf mögliche grafische Darstellungsformen, auf die Art der entstehenden Konstruktionszeichnungen und damit auf die Bearbeitung des Sachproblems. Die Qualität eines Computersystems, bzw. einer bestimmten Software, in bezug auf die Verwendbarkeit zur Erledigung von Arbeitsaufgaben wird sowohl durch die Güte der Benutzerschnittstelle (Interaktionsproblem) als auch durch die bereitgestellte Funktionalität (Sachproblem) bestimmt.

## 1.5 Beteiligte Disziplinen und Forschungsstrategien

Wird die MCI-Forschung in einem umfassenderen Rahmen betrachtet, der auch den Entwurf und die Entwicklung von Systemen beinhaltet, ist die Rolle der beteiligten Disziplinen zu klären. Computersysteme können natürlich zunächst einmal aus der rein technologischen Perspektive betrachtet werden. Dazu werden von der Informatik die Ansätze zum Design und zur Implementation von Software-Systemen geliefert. Damit liegt eine Wurzel der MCI-Forschung in der Informatik. Wie bereits in dem historischen Abriß angedeutet, ist die Entwicklung interaktiver Computersysteme bisher weitgehend durch das Vorhandensein technologischer Möglichkeiten bestimmt worden. Diese wurden sofort umgesetzt, meistens aber nur unter dem Gesichtspunkt der technischen Machbarkeit und weniger gemäß den Anforderungen der Benutzer und ihrer Aufgabenstellungen.

Die Tatsache, daß in dem zuvor dargestellten Grundverständnis der Mensch und die zu erledigende Aufgabe den entscheidenden Ausgangspunkt bilden, macht die Bedeutung der Psychologie als der Wissenschaft vom menschlichen Verhalten unmittelbar deutlich. Bei der Gestaltung der Mensch-Computer-Interaktion muß den Möglichkeiten und Grenzen menschlicher Informationsverarbeitung Rechnung getragen werden. Somit spielt die Psychologie für die Einlösung der Forderung nach benutzerorientiertem und aufgabenzentriertem Systemdesign eine zentrale Rolle. Der Umgang mit Computern erfolgt meistens im Rahmen einer Arbeitsaufgabe und in einer bestimmten Arbeitsumgebung, d. h. über die allgemeinen Prinzipien menschlichen Verhaltens hinaus gibt es Abhängigkeiten vom Kontext, hier der Arbeitssituation, in dem dieses Verhalten stattfindet. Diese Fragen haben das Interesse der Arbeitspsychologie, der Organisationspsychologie, im weiteren Sinne der Arbeitswissenschaft und der Ergonomie gefunden und werden von v. Benda (in diesem Band) angesprochen.

Um die Einordnung der psychologischen Aspekte der MCI-Forschung in den Rahmen der gesamten Systementwicklung zu erläutern, nennen wir exemplarisch drei Ansätze und stellen anschließend eine von uns vorgeschlagene Vorgehensweise (Streitz, 1987, 1988b) vor. So vertreten Gould und Lewis (1985) den Standpunkt, Design grundsätzlich empirisch orientiert anzugehen. Designer sollen sich viel Wissen über die Benutzer und die Arbeitsaufgabe aneignen. Sie sollen das Revidieren von Entwürfen von vornherein einplanen. Die Revisionen sollen auf der empirischen Messung von Erfolg bei tatsächlicher Benutzung von Systemen, z. B. von Prototypen basieren. Card, Moran und Newell (1983) propagieren einen Ansatz, der darauf basiert, durch kognitionspsychologische Untersuchungen quantitativ formulierbare Regeln zu entdecken, die in gewisser Näherung Vorhersagen für die Gestaltung der Schnittstelle bzw. für Komponenten davon machen. Diese können dann von Systemdesignern als Anweisungen verwendet werden. Eine dritte Vorgehensweise wird oft gar nicht als solche explizit formuliert, ist aber durch das tatsächliche Vorgehen implizit gegeben: Die Ansicht, Systemdesign sei vornehmlich technologiegetrieben und komme ohne psychologische oder ergonomische Betrachtungsweisen aus. Verbesserungen der Schnittstellen resultierten danach z. B. aus der Verfügbarkeit von größeren Bildschirmen, dem Erfinden neuer Instrumente zur Cursorpositionierung etc.

Unsere Sichtweise, die in Abbildung 2 schematisch dargestellt ist, weist dagegen der Psychologie eine zentrale Rolle für das Systemdesign zu, die wir im folgenden kurz erläutern wollen. Dabei ist zu beachten, daß es sich nicht um eine umfassende Darstellung der Entwicklung von Softwaresystemen handelt. Dazu bedarf es allerdings mehr, wie z. B. der Berücksichtigung bestimmter Methoden des Software-Engineering, die hier aber ausgeklammert sind.

Wenn es das Ziel ist, interaktive Softwaresysteme zu entwickeln, die sich an den Bedürfnissen und Möglichkeiten der Benutzer orientieren, dann verlangt dies eine Theorie über das Verhalten von Menschen bei der Mensch-Computer-Interaktion. Die Psychologie stellt dafür einen allgemeinen Rahmen (inkl. einem Begriffsinventar) zur Verfügung, innerhalb dessen *Modelle der Mensch-Computer-Interaktion* formuliert werden können. Aus den dort formulierten Modellen können Vorhersagen abgeleitet werden, die als Arbeitshypothesen einer Überprüfung unterzogen werden müssen. Für den Systementwurf relevantes Wissen kann aber auch in anderer Form, z. B. als bereichsspezifische Theorie oder als praktisches Expertenwissen von Designern und erfahrenen

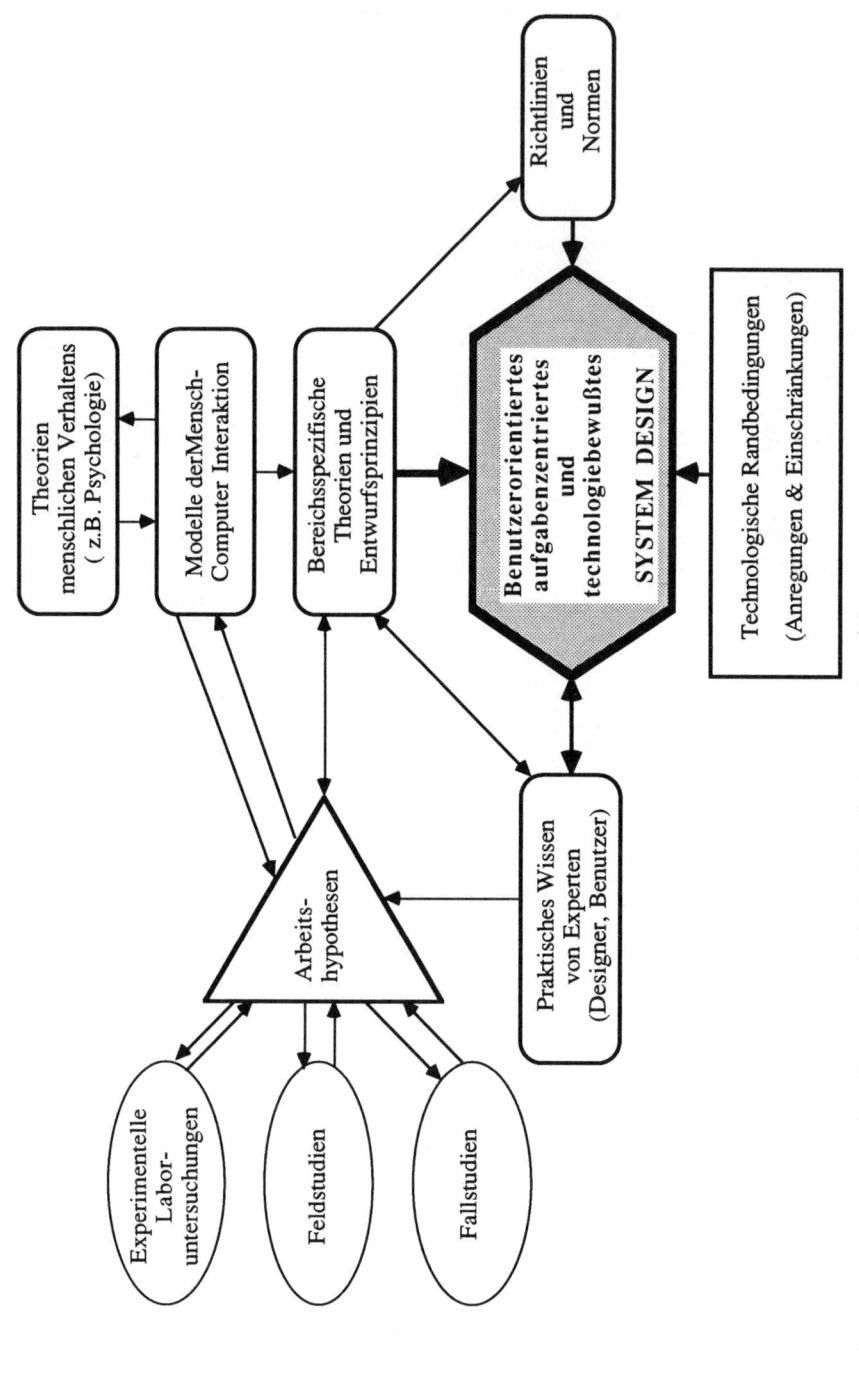

Abb. 2: Komponenten von Forschungsstrategien in der Mensch–Computer-Interaktion.

Benutzern vorliegen. Die Überprüfung der zugehörigen Hypothesen über die Gestaltungsmöglichkeiten kann auf unterschiedliche Art und Weise erfolgen:

— experimentelle Laboruntersuchungen

— Feldstudien

— Fallstudien.

Dabei entsprechen den verschiedenen Formen des vorliegenden Wissens auch bestimmte Überprüfungsverfahren. Experimentelle Laboruntersuchungen dienen hauptsächlich der Überprüfung detaillierter Vorhersagen prädiktiver Modelle. Sie weisen, wenn sie mit einer ausreichenden Anzahl von Versuchspersonen und unter kontrollierten Bedingungen durchgeführt werden, eine hohe interne Validität auf. Allerdings sind sie auch sehr aufwendig, wenn sie die Komplexität der Mensch-Computer-Interaktion einigermaßen vollständig erfassen sollen.

Die Vorhersagen bereichsspezifischer Theorien, die oft auch als Designprinzipien formuliert vorliegen, lassen sich eher in Feldstudien überprüfen, d. h. hier ist zwar die strenge Kontrolle der experimentellen Bedingungen nicht mehr ausreichend gegeben, aber die Verallgemeinerbarkeit auf reale Situationen kann untersucht werden. Das Praxiswissen der Experten resultiert dagegen meist aus Fallstudien, die keinen Anspruch auf Verallgemeinerbarkeit erheben können, aber trotzdem ihre Berechtigung innerhalb des Gesamtprozesses der benutzerorientierten Systementwicklung haben, z. B. zur Generierung von Hypothesen. Offensichtlich ist das Testen der verschiedenen Arbeitshypothesen mit prototypischen Benutzerschnittstellen Teil eines iterativen Prozesses, der zu Modifikationen auf den verschiedenen Beschreibungsebenen führt. Im weiteren Verlauf werden sich Teile des akkumulierten Wissens in Richtlinien und Standards (DIN, ISO) niederschlagen und als Randbedingungen bedeutsam sein. Beim aktuellen Systemdesign fließt in jedem Fall das Praxiswissen des Designers und das erfahrener Benutzer im Umfeld der Designentwicklung ein.

Auch wenn diese Vorstellungen einer benutzerorientierten Systementwicklung entsprechen, so ist doch ein weiterer wichtiger Faktor zu betonen: Anregungen und Randbedingungen aus den Computerwissenschaften und der allgemeinen technologischen Entwicklung. So muß man natürlich wissen, was technologisch möglich ist und wie die Vorstellungen umzusetzen sind. Diese Einflüsse kann man unter dem Stichwort *technologiebewußtes* Systemdesign zusammenfassen. Aber — und da sind wir bei einem entscheidenden Punkt in bezug auf Forschungs- und Entwicklungsstrategien — wer sollte wem welche Vorgaben machen? An dieser Stelle erscheint es hilfreich, sich die z. Zt. existierenden Forschungsstrategien genauer anzuschauen. So ist zwischen *deskriptiven, prädiktiven, konstruktiven* und *evaluativen* Verfahren zu unterscheiden. In unterschiedlicher Kombination finden diese Eingang in die folgenden drei Arten von Forschung (Streitz, 1986b, 1988b):

— *Nachlaufforschung*
Darunter fällt eigentlich der größte Teil der z. Zt. in der MCI-Forschung durchgeführten psychologisch und arbeitswissenschaftlich orientierten Forschung. Bestehende Systeme werden *deskriptiv* analysiert und *nachträglich evaluiert*, d. h. auf ihre Erlernbarkeit und Benutzbarkeit hin untersucht und auf ihre Übereinstimmung mit Normen — soweit vorhanden. Dieses Vorgehen ist natürlich notwendig, da die Designer dadurch Rückmeldung über die von ihnen implementierten Systeme erhalten. Außerdem ist es dabei z. T. auch möglich, existierende Systeme auf ihre „Verträglichkeit" mit Anforderungen z. B. aus der Wahrnehmungs- und Gedächtnispsychologie hin zu untersuchen und zu bewerten. Als entscheidender Nachteil ist festzuhalten, daß diese Forschung der technologischen Entwicklung hinterherlaufen muß und es noch nicht ausreichend gesicherte Bewertungskriterien gibt.

— *Begleitforschung*
Darunter verstehen wir die Teilnahme von speziell (z. B. in Software-Ergonomie) ausgebildeten Experten im Designteam. Sie begleiten die aktuelle Entwicklung von Anfang an und beraten bei Entscheidungen über die Gestaltung der Mensch-Computer-Schnittstelle. Wir finden hier *deskriptive* und *evaluative* Verfahren auf der Seite des Ergonomen und Psychologen gepaart mit einem *konstruktiven* Vorgehen auf der Seite des Designers. Eine sinnvolle Hilfe ist dabei die Entwicklung von Prototypen, die bereits alle wesentlichen Charakteristika der Schnittstelle zeigen, aber noch keine dahinterstehende Funktionalität aufweisen. Dadurch ist es zu einem frühen Zeitpunkt im Entwicklungszyklus möglich, Experimente durchzuführen und Änderungen mit geringem und damit vertretbarem Aufwand zu erreichen. Dieser Ansatz stellt bereits einen entscheidenden Fortschritt gegenüber der Nachlaufforschung dar und wird heutzutage an einigen Stellen tatsächlich praktiziert.

— *Vorlaufforschung*
Die zuvor erwähnte Begleitforschung sollte durch den Ansatz der Vorlaufforschung ergänzt werden, der sehr stark auf psychologische Grundlagenforschung angewiesen ist. Die Grundidee besteht hier darin, aus den Erkenntnissen über die Art und Weise, wie Menschen ihre Arbeitsaufgaben und Problemstellungen bearbeiten und lösen, Vorgaben an zu entwickelnde Systeme und damit auch an Basistechnologien abzuleiten. Diesen Vorgaben sollten Analysen zugrundeliegen, die sich zwar an der menschlichen Informationsverarbeitung orientieren, sie aber nicht in ihren Beschränkungen vollständig übernehmen. Damit ist die Vorlaufforschung *prädiktiv* und *konstruktiv* ausgerichtet. Sie dient dazu, die technische Entwicklung zu Möglichkeiten anzuregen, die die mit der menschlichen Informationsverarbeitung verbundenen Beschränkungen zu überwinden helfen. Dabei sollte aber weiterhin das Prinzip der kognitiven Kompatibilität (siehe Abschnitt 3.1) in bezug auf die jeweiligen Wissensrepräsentationen zwischen Benutzer und System gewährleistet sein.

Soll die mit der Vorlaufforschung geforderte Vorgehensweise verwirklicht werden, dann erfordert dies ein grundsätzlich anderes Vorgehen bei der Entwicklung von Computersystemen als es bisher üblich ist. So vollzieht sich zur Zeit die Entwicklung eines Systems „von innen nach außen", d. h. zuerst wird ein Prozessor und ein Betriebssystem entwickelt, dann die Anwendungssoftware geschrieben und schließlich eine Schnittstelle draufgesetzt. Möchte man benutzerorientiertes und aufgabenzentriertes Systemdesign in Reinkultur betreiben, dann sollte es eigentlich umgekehrt sein, d. h. es sollte „von außen nach innen" entwickelt werden. Die Aufgaben und Problemstellungen des Benutzers sind der Ausgangspunkt. Daran orientiert sich die Entwicklung eines Konzepts für die Schnittstelle und für das Anwendungsprogramm. Daraus ergeben sich Anforderungen an die technischen Basiskomponenten, wie z. B. an das Betriebssystem (ob es z. B. multitasking unterstützen soll), die notwendigen Speicherkapazitäten und an die Verarbeitungsgeschwindigkeit der Prozessoren.

## 2 Determinanten der Mensch-Computer-Interaktion

Gemäß unseren Vorstellungen dient die MCI-Forschung der benutzerorientierten und aufgabenzentrierten Systemgestaltung. Will man die Mensch-Computer-Schnittstelle (MCS) verbessern, völlig neu gestalten oder zwei existierende Schnittstellen miteinander vergleichen, dann muß man in der Lage sein, die wichtigen von den unwichtigen Aspekten zu trennen. Dazu benötigt man ein Klassifikationsschema, das die Gesamtheit des Merkmalsraumes dieser Objekte (i. e. der MCS) auf eine überschaubare Anzahl von Dimensionen reduziert. Für eine Übersicht über verschiedene Klassifikationen verweisen wir auf Eberleh (1988a). Die meistens verwendeten eindimensionalen Klassifikationen greifen aber zu kurz und werden der Komplexität nicht gerecht. Mehrdimensionale Klassifikationen finden sich z. B. bei Hutchins, Hollan und Norman (1986) und bei Ziegler (1987). Wir wollen hier eine mehrdimensionale Klassifikation skizzieren, die einerseits mehrdimensional in bezug auf das Interaktionsproblem ist, andererseits aber auch Aspekte des Sachproblems berücksichtigt (Sanders, Streitz, Eberleh & Lieser, 1986; Streitz & Eberleh, 1988).

## 2.1 Kompatibilität und Handlungsspielraum

Durch unseren Ansatz, die Mensch-Computer-Interaktion als interaktives Problemlösen zu betrachten, können wir uns die Ergebnisse der recht umfangreichen Forschung zum menschlichen Problemlösen zunutze machen. In einer Vielzahl von Arbeiten (u. a. Anderson, 1983; Dörner, 1976; Greeno, 1980; Klix, 1971; Krause, 1982; Mandl & Spada, 1988; Newell & Simon, 1972; Norman & Rumelhart, 1975) wird die zentrale Rolle von (Vor)Wissen für das Problemlösen herausgestellt. Im Paradigma der kognitiven Informationsverarbeitungspsychologie ist Wissen immer an eine Repräsentation gebunden. Insbesondere die Güte (definiert über Umfang, Struktur und Adäquatheit) der zu Beginn aufgebauten Problemrepräsentation bestimmt in entscheidender Weise den Verlauf und das Ergebnis des Problemlöseprozesses (Streitz, 1983, 1986a). Auf die Situation der Mensch-Computer-Interaktion bezogen, spricht man oft von mentalen Modellen, die sich Benutzer über das Computersystem aufbauen und die die Grundlage ihrer Handlungen darstellen (Carroll, 1984; Norman, 1983; Streitz, 1988a). Damit haben wir eine entscheidende Determinante der

Mensch-Computer-Interaktion identifiziert: Die Art der *Präsentation* des Computersystems für den Benutzer im Verhältnis zur *Repräsentation,* die der Benutzer über das Computersystem aufbaut. Wir bezeichnen dies im folgenden als das *Beschreibungsproblem.* Aus der Determinante „Beschreibungsproblem" resultiert die Dimension *Kompatibilität* der durch das Computersystem angebotenen Präsentationen mit den beim Benutzer vorhandenen Repräsentationen.

Für die Mensch-Mensch-Kommunikation gilt: Ihre Struktur und ihr Verlauf werden in entscheidender Weise dadurch bestimmt, von welcher Seite die Initiative ausgeht und wer die Kontrolle ausübt. „Interaktives" Problemlösen zeichnet sich im Unterschied zum „normalen" Problemlösen dadurch aus, daß der menschliche Problemlöser sich hierbei eines Systems bedient, das die Rolle eines „aktiven" Partners übernehmen kann. Lassen wir die Mensch-Mensch-Kommunikation als ein Modell der Mensch-Computer-Interaktion zu, dann können wir daraus eine zweite entscheidende Determinante ableiten. Es ist nicht nur die Sprache (Repräsentation) wichtig, in der kommuniziert wird, sondern auch wer die Initiative und Kontrolle über die Interaktion hat und welche „Spielregeln" dabei einzuhalten sind. Diese Aspekte werden durch die Eigenschaften der *Dialogform/Interaktionsform* bestimmt. Das Zustandekommen und Erhalten der Interaktion geschieht über Handlungen des Benutzers. Da aber nicht alle denkbaren Interaktionshandlungen zugelassen sind, bestimmt die vorliegende Interaktionsform die Anzahl der verfügbaren Freiheitsgrade und damit das Ausmaß an *Handlungsspielraum* für den Benutzer. Die Dimension des Handlungsspielraums ist bei der MCI in besonderem Maße von Bedeutung, da dieser über entsprechende Parameter als Voreinstellungen beim Systementwurf festgelegt wird und später kaum noch (jedenfalls nicht vom normalen Benutzer!) zu verändern ist.

## 2.2 Eine Klassifikation interaktiver Systeme

Der Klassifikation interaktiver Systeme von Streitz und Eberleh (1988) liegen die beiden Dimensionen Kompatibilität und Handlungsspielraum zugrunde. In Abhängigkeit von Zielsetzungen und Benutzergruppen kann die Zuordnung der Initiative *(allocation of initiative)* in der MCI variiert werden. In der Literatur findet sich hier nur die dichotome Unterscheidung zwischen Benutzer-initiierten und System-initiierten Dialogen *(user-initiated vs. computer-initiated dialogue modes* bei Williges & Williges, 1984; oder auch *user-guided vs. system-guided dialogues* bei Miller & Thomas, 1977). Dabei liegt — aus der Sicht des Benutzers — bei den systeminitiierten bzw. -geführten Dialogen ein geringeres Maß an Handlungsspielraum als bei den Benutzer-initiierten vor.

Gegenüber dieser dichotomen und damit auch rigiden Zuordnung erscheint uns das Konzept einer gemischten Initiative *(mixed-initiative dialogues)* angemessener für die Analyse existierender und für den Entwurf zukünftiger Dialogstrukturen. Danach sind dann mehr oder weniger hohe Ausprägungen der Initiative der jeweiligen Interaktionspartner und damit der Kontrolle über den Interaktionsverlauf festzulegen. Je nach dem Ausmaß an Dominanz eines Interaktionspartners ist damit die prinzipiell mögliche Symmetrie der Interaktion (d. h. beide Partner sind „gleichberechtigt") gestört. Wir sprechen hier vom Ausmaß an Asymmetrie in der Mensch-Computer-Interaktion.

Nehmen wir als Beispiel die Dialogform „Ausführen von Aktionen durch das Auswählen von Menüitems" *(menu selection)*. Diese wird von Williges und Williges (1984) als Beispiel für einen computerinitiierten Dialog bezeichnet. Wie sich aber bei genauerer Analyse der Interaktion zeigt, hat der Computer eigentlich nicht die Initiative, sondern diese liegt weiterhin primär beim Benutzer. Ähnlich wie bei einer Kommandosprache entscheidet der Benutzer, welches Kommando als nächstes ausgeführt wird: ob er einen Text gleich ausdrukken oder zuvor neu formatieren möchte. Der Unterschied liegt bei der Interaktionsform „Menüauswahl" vielmehr darin, daß die zu einem Zeitpunkt — innerhalb der aktuellen Hierarchieebene — möglichen Handlungsalternativen mit ihren Bezeichnungen angezeigt werden. Man könnte nun der Meinung sein, damit sei der Handlungsspielraum des Benutzers eingeschränkt, weil nur die im Menü gezeigten Handlungen ausführbar sind. Werden allerdings *alle z. Zt. möglichen* Handlungen angezeigt (und das sollten sie!), dann besteht bezüglich des Handlungsspielraumes kein Unterschied mehr zu einer Kontrollkommando-Interaktion. Der Unterschied liegt vielmehr darin, daß beim Menü das Gedächtnis entlastet wird — sowohl bezüglich des Wissens um die möglichen Handlungsalternativen als auch bezüglich der Bezeichnungen für die Aktionen. Daran anschließend könnte man fast argumentieren, der Handlungsspielraum werde eher bei der Kontrollkommando-Interaktion eingeschränkt, da man Kommandos, die man vergessen hat (Gedächtnisbelastung), auch nicht ausführen kann. Bei der „Menüauswahl" handelt es sich also um eine Interaktionsform mit gemischter Initiative, bei der der Benutzer aber über größere Kontrollmöglichkeiten verfügt, als die Klassifizierung von Williges und Williges (1984) es nahelegt.

Wie allerdings betont werden muß, sagt die Kategorie „Menüauswahl" allein noch nichts über die Gedächtnisbelastung aus. Diese ist weiter von der Art der Implementation abhängig, also z. B. davon, inwieweit die vorhandenen Bezeichnungen mit den üblicherweise vom Benutzer für seine Arbeitsdurchführung verwendeten Bezeichnungen kompatibel sind. Und damit sind wir bei der zweiten Dimension unserer Klassifikation: das durch die Wahl einer Beschreibungs-/Metaphernwelt vorhandene Ausmaß an Kompatibilität zwischen System und Benutzer. Auf die entsprechenden Grundlagen gehen wir gesondert im Abschnitt 3 (Das Beschreibungsproblem) ein. In der Darstellung in Abbildung 3 haben wir jeweils drei Ausprägungen der beiden Dimensionen „Handlungsspielraum" und „Kompatibilität" gewählt und Beispiele für die resultie-

|  | | Kompatibilität der Repräsentationen | | |
|---|---|---|---|---|
|  | | Hoch | Mittel | Niedrig |
| **Handlungsspielraum** Zuordnung der Initiative | **primär benutzer-initiiert** | freier Dialog/ natürl. Sprache | Kommandosprachen | |
| | | | deutsche Worte | Abkür-zungen |
| | **gemischte Initiative** | direkte Manipula-tion von Objekten | Menü-Auswahl | |
| | | | deutsche Worte | Abkür-zungen |
| | **primär system-initiiert** | Masken-ausfüllen & Prompts | Frage/Antwort-Dialog | |
| | | | deutsche Worte | Abkür-zungen |

Abb. 3: Zweidimensionale Klassifikation von Interaktionsformen.

renden neun Zellen dieses Klassifikationsschemas gegeben. So bietet sich hier z. B. die Möglichkeit, „Menüauswahl" auch als Interaktionsform mit gemischter Initiative abzubilden. Über den Faktor Kompatibilität erfaßt man die Anteile, die bei anderen Autoren unter Namensgebung und Bezeichnungen für Abkürzungen, z. B. bei Kommandosprachen und Menüauswahl, getrennt behandelt wurden, jetzt aber einem übergeordneten Konzept zugeordnet sind.

## 2.3 Funktionsaufteilung zwischen Mensch und Computer

Wollen wir nicht nur die Aspekte der Mensch-Computer-Schnittstelle abbilden, sondern auch die Funktionalität interaktiver Systeme klassifizieren, dann müssen wir die von uns gewählten Dimensionen auch auf das Sachproblem anwenden. Der Realisierung von Handlungsspielraum beim Interaktionsproblem über das Ausmaß an Initiative entspricht beim Sachproblem die Aufteilung von Aufgaben oder Funktionen *(allocation of functions)* zwischen Mensch und Computer. Genauer gesagt ist damit die Entscheidung gemeint, welche Funktionen, z. B. Berechnungen von Ergebnisgrößen, Korrekturen, Gestaltung von Dokumenten, bzw. Abfolgen von Funktionen der Computer automatisch vornimmt und welche vom Benutzer (hier in der Rolle des „Sachbearbeiters", d. h. Bearbeiter des Sachproblems) übernommen werden. Dazu gehören auch Entscheidungen über die Kombination von Zwischenergebnissen, die Auswahl und Verknüpfung von Prozeduren etc.

Als zwei extreme Ausprägungen sind hier einmal der Fall der individuellen Programmierung von Algorithmen zur Lösung des Sachproblems und andererseits die automatische, vollständig vom Computer vorgenommene Abarbeitung eines vorhandenen Problemlöseverfahrens zu nennen. Im ersten Fall bedeutet dies einen hohen Aufwand für den Sachbearbeiter, aber — damit verbunden — auch die Möglichkeit der eigenen Gestaltung des Arbeitsablaufs und der vollständigen Kontrolle über die einzelnen Arbeitsschritte. Im zweiten Fall wird der Sachbearbeiter in eine reine Beobachterfunktion gedrängt. Er hat keine Kontrolle über die Grundlage des jeweiligen Bearbeitungsverfahrens, kann nicht von Standardabläufen abweichen und muß schließlich die Ergebnisse nur noch zur Kenntnis nehmen, ohne über entscheidende Korrekturmöglichkeiten zu verfügen. Ist der Grad der Automatisierung sehr weit fortgeschritten, d. h. daß sehr viele Arbeitsschritte zwischen dem Starten des Programms und der Präsentation des Ergebnisses liegen, fehlt zudem die Überprüfungsmöglichkeit auf der Basis von Plausibilitäts- und Erfahrungswerten, da keine Zwischenergebnisse verfügbar sind. Damit bleibt keine andere Wahl als die, dem System zu vertrauen. Andererseits ist hier ein hohes Maß an Standardisierung gewährleistet, das in bestimmten Situationen (z. B. Gleichbehandlung von ähnlichen Sachverhalten) durchaus wünschenswert ist. Die Dimension „Kompatibilität" wird über die zur Repräsentation des Sachproblems gewählte Terminologie (Beschreibungsproblem) bestimmt und folgt im Prinzip den gleichen Überlegungen wie beim Interaktionsproblem.

Für eine erweiterte Klassifikation interaktiver Systeme wäre nun jede Zelle der Abbildung 3 mit den jeweiligen Ausprägungen von Handlungsspielraum (Ausmaß der Funktionsaufteilung) und Kompatibilität bei der Realisierung des Sachproblems zu kombinieren. Wir verzichten an dieser Stelle auf eine weitergehende Diskussion der sich daraus ergebenden Überlegungen.

## 3 Das Beschreibungsproblem: Mentale Modelle und Metaphern

Jeder Gegenstandsbereich — hier die Menge der Objekte des Interaktions- und des Sachproblems, gegeben durch deren Zustände und anwendbare Operationen — ist in einer bestimmten Terminologie, einer Sprache, zu beschreiben. Diese Sprache dient als Medium, um dem Problemlöser Informationen über den Realitätsbereich zu vermitteln und damit zur Präsentation. Die dazu ausgewählte „Beschreibungs- bzw. Präsentationssprache" kann dabei mehr oder weniger auf das Vorwissen des Benutzers Bezug nehmen, d. h. mehr oder weniger kompatibel sein.

## 3.1 Kognitive Kompatibilität

In diesem Zusammenhang wird die Rolle *mentaler Modelle* diskutiert. Der Begriff wurde von Norman (1983) für diejenigen Wissensrepräsentationen verwendet, die eine Person über die Bedienung und Funktionsweise eines technischen Gerätes hat (siehe auch Carroll, 1984; Kieras & Bovair, 1984; Young, 1983). Die Entwicklung eines spezifischen mentalen Modells wird durch die Vermittlung eines konzeptuellen Modells, das einem Gerät zugrundeliegt, ermöglicht. Dabei wird das konzeptuelle Modell (d. h. das Modell, das der Systemdesigner zugrundegelegt hat) über die Gestaltung der MCS und/oder über Benutzerhandbücher vermittelt und tritt als *system image* (Norman, 1983, 1986) in Erscheinung. Für eine Übersicht über die unterschiedlich relevanten Modelle sei auf das Klassifikationsschema mentaler und konzeptueller Modelle von Streitz (1985, 1988a) verwiesen. Dort werden — ausgehend von einer Analyse der am Systementwicklungsprozeß beteiligten Personen (Designer, Benutzer, Psychologe/Ergonom) — die unterschiedlichen Perspektiven der durch das Computersystem realisierten Funktionalität klassifiziert. Für die folgende Betrachtungsweise seien hier nur die Begriffe eingeführt, die in diesem Beitrag noch Verwendung finden:

$f$ = zu realisierende abstrakte Funktionalität (z. B. Schreiben, Zeichnen, Speichern)
$S(f)$ = Systemrealisierung von f
$U(f)$ = mentales Modell des Benutzers („user") über die abstrahierte Funktionalität f
$U(S(f))$ = mentales Modell, das der Benutzer über die Systemrealisierung von f hat
$D(f)$ = konzeptuelles Modell des Designers über f

Eine der anzustrebenden Eigenschaften benutzerorientierter Systeme kann als Forderung nach *kognitiver Kompatibilität* definiert werden: Ein interaktives Computersystem ist um so benutzerorientierter, je weniger Diskrepanzen es zwischen den relevanten Wissensrepräsentationen (Modellen) auf beiden Seiten der MCS gibt:

— bereits vor der Interaktion: zwischen $S(f)$ und $U(f)$

— und dann während der Interaktion: zwischen $S(f)$ und $U(S(f))$.

Um diese Kompatibilität[3] zu erreichen, muß sie zuerst einmal zwischen dem konzeptuellen Modell $D(f)$ des Designers und dem Vorwissen $U(f)$ des Benut-

---

[3] Wir unterscheiden den Begriff „Kompatibilität" im Sinne der Verträglichkeit und Übereinstimmung *verschiedener* Strukturen von dem der „Konsistenz" als innerer Widerspruchsfreiheit

zers bestehen. Dabei basiert U(f) auf der Vorerfahrung des Benutzers mit einer Reihe von Systemrealisierungen $S_i(f)$ und ist eigentlich eine Abstraktion verschiedener $U(S_i(f))$. Wenn sich D(f) an U(f) orientiert, ist auch eine gewisse Kompatibilität zwischen S(f), das auf D(f) basiert, und U(f) möglich. Ist diese realisiert, dann hat der Benutzer während der Interaktion mit S(f) eine gute Chance, ein adäquates mentales Modell U(S(f)) aufzubauen. Ein ähnlicher Standpunkt wird von Norman (1986) vertreten, wenn er die „directness of the relationship between psychological variables and physical variables on both sides of the gulfs of execution and evaluation" fordert. Für den Designer interaktiver Systeme stellt sich also die Frage: Welches sind die relevanten Merkmale der MCS, die es einem Anfänger oder Gelegenheitsnutzer erlauben, eine kompatible Ausgangsrepräsentation des Systems und damit des zugrundeliegenden konzeptuellen Modells aufzubauen?

Bei der Diskussion dieser Frage — der Vermittlung konzeptueller Modelle — wird die Verwendung von *Metaphern* als Gestaltungsmaßnahme diskutiert (Carroll & Thomas, 1982; Carroll & Mack, 1985). Darunter versteht man die Darstellung von Objekten und Operationen (Funktionen) des Computersystems mit Bezug auf einen Gegenstandsbereich, über den der Benutzer ein gewisses Maß an Vorwissen mitbringt. Hierbei wird auf die Wirksamkeit des analogen Problemlösens vertraut: Menschen sind in der Lage, Wissen aus einem ihnen vertrauten Bereich in einen neuen Kontext zu übertragen und dort zu verwenden. Dazu ist es notwendig, Gemeinsamkeiten und Ähnlichkeiten zwischen einer alten vertrauten Struktur und einer neuen Struktur zu identifizieren und eine entsprechende Abbildung herzustellen. Dahinter steht die geschichtlich weit zurückreichende allgemeine Erkenntnis, daß Menschen beim Lernen neuer Dinge an bekannte Dinge anknüpfen. Neue Konzepte werden — jedenfalls zu Beginn — in der Begriffswelt alter Konzepte analysiert oder vermittelt. So wird bei der Erklärung, was ein Computerterminal ist bzw. wie er funktioniert, sehr oft auf die Analogie zur Schreibmaschine hingewiesen: „Wenn Du auf der Tastatur Buchstaben anschlägst, erscheinen sie auf dem Bildschirm wie sonst auf dem Papier." (Aber es muß dann auch sehr schnell auf die Unterschiede hingewiesen werden.)

Für die Vermittlung komplexer Zusammenhänge ist die sog. *Büro-Metapher* bekanntgeworden, bei der der Bildschirm als Schreibtischoberfläche *(desk-top)* und die Objekte als Büromaterialien dargestellt werden, z. B. beim Xerox Star (Smith, Irby, Kimball, Verplank & Harslem, 1982), der Apple Lisa (Williams, 1983) und dem Apple Macintosh (Williams, 1984). Dabei ist festzuhalten, daß

---

oder auch der „Kohärenz" als gleichartiger Zusammenhang jeweils *innerhalb eines* Systems. Obwohl in der Praxis nicht immer gegeben, sollten Konsistenz und Kohärenz eigentlich eine Selbstverständlichkeit sein: z. B. immer dieselbe Bezeichnung für eine Operation (z. B. Suchen, Einfügen, Löschen), die in unterschiedlichen Teilen und auf unterschiedlichen Ebenen einer Anwendung auftritt. Welche Bezeichnung dafür gewählt wird, ist dagegen eine Frage der Kompatibilität mit dem Vorwissen der Benutzer.

das Beschreibungs-/Präsentationsproblem nicht erst durch die Verwendung von Bürometaphern aufgekommen ist.[4] Bei jeder Designentscheidung über Namen oder Abkürzungen für Kommandos, z. B. in einem Betriebssystem oder in einer Programmiersprache, tritt dieses Problem auf. Nur ist diesem Problem lange Zeit kaum Beachtung geschenkt worden, da es sich bei den Benutzern zumeist um EDV-Spezialisten handelte (siehe den Abschnitt zur historischen Entwicklung), die sich — angeblich — an alles anpassen können. (Dieses Vorgehen führte dann auch häufig zu teilweise unsinnigen Bezeichnungen, die weder mit dem Vorwissen der Benutzer kompatibel noch untereinander konsistent waren.)

Welche Abbildungen zwischen Strukturen liegen der Verwendung von Metaphern zugrunde? Welche Möglichkeiten und welche Probleme sind damit verbunden? Wir behandeln diese Thematik in zweifacher Weise. Zuerst geben wir eine verkürzte theoretische Analyse der Situation und ergänzen diese durch Beispiele und empirische Untersuchungen. Unter Verwendung der oben eingeführten Terminologie stellt sich die Situation wie in Abbildung 4 dar. Ausgehend von einer bekannten Systemrealisierung $S_{alt}(f)$ verfügt der Benutzer über

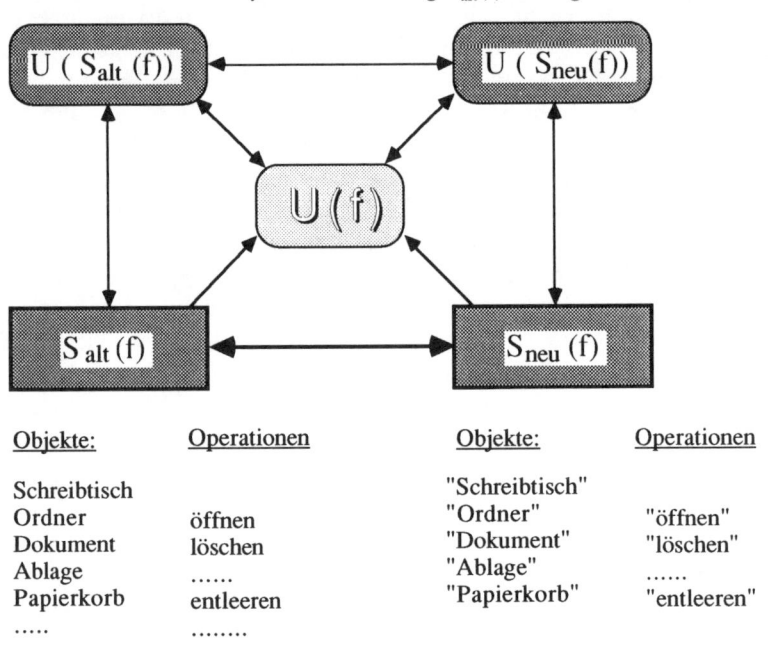

| Objekte: | Operationen | Objekte: | Operationen |
|---|---|---|---|
| Schreibtisch | | "Schreibtisch" | |
| Ordner | öffnen | "Ordner" | "öffnen" |
| Dokument | löschen | "Dokument" | "löschen" |
| Ablage | ...... | "Ablage" | ...... |
| Papierkorb | entleeren | "Papierkorb" | "entleeren" |
| ..... | ........ | | |

Abb. 4: Abhängigkeiten mentaler Modelle bei der Verwendung von Metaphern.

---

[4] Für die linguistisch vorgebildeten Leser und der Vollständigkeit halber sei an dieser Stelle erwähnt, daß es natürlich auch eine wissenschaftliche Position gibt, nach der die Menschen überhaupt immer über Metaphern miteinander kommunizieren und die Zuordnung von Bedeutung zu Aussagen auf diese Weise erfolgt. Bezeichnungen werden dann u. U. gar nicht mehr als Metaphern erkannt, da sie sich verselbständigt haben (z. B. „begreifen" im Sinne von verstehen). Lakoff und Johnson (1980) sprechen hierfür von „metaphors we live by".

ein mentales Modell $U(S_{alt}(f))$. Außerdem verfügt er aufgrund seiner Vorerfahrungen mit diesem und mit anderen Systemen über ein abstrahiertes mentales Modell $U(f)$. Wird der Benutzer nun mit einer neuen Systemrealisierung $S_{neu}(f)$ konfrontiert, so muß er auch ein neues mentales Modell $U(S_{neu}(f))$ aufbauen. Dies kann auf zwei Arten geschehen: regulär oder metaphernunterstützt.

In der regulären Situation geschieht dies auf der Basis der Analyse des neuen Systems, seiner Objekte und deren Eigenschaften (z. B. durch Exploration). Die Existenz des abstrahierten mentalen Modells $U(f)$ liefert dabei Hilfestellung und erlaubt, neue Systemrealisierungen von f als solche zu erkennen. Die Systemreaktionen auf die Eingaben des Benutzers geben Rückmeldung und Aufschluß über die Art der neuen Systemrealisierung.

Bei der metaphernunterstützten Vorgehensweise wird für die neue Systemrealisierung eine Beschreibungswelt *(cover story)* gewählt, die auf Namen für Objekte und Operationen basiert, die einer bekannten (alten) Systemrealisierung entlehnt sind. Es wird dann angenommen, der Benutzer könne sein existierendes mentales Modell $U(S_{alt}(f))$ zur Grundlage des neu aufzubauenden Modells $U(S_{neu}(f))$ machen, mit dem er das neue System $S_{neu}(f)$ repräsentiert. Schlußfolgerungen über das neue System erfolgen somit innerhalb des existierenden $U(S_{alt}(f))$ und werden dann per Analogie auf $S_{neu}(f)$ übertragen. Im Idealfall sind $U(S_{alt}(f))$ und $U(S_{neu}(f))$ eigentlich identisch, d. h. der Benutzer erwirbt kein neues Modell, sondern er verwendet das vorhandene $U(S_{alt}(f))$ — nur ergänzt durch eine Markierung „Auf $S_{neu}(f)$ anwendbar". Natürlich müssen dafür entsprechende Zuordnungen zwischen den Objekten in $S_{alt}(f)$ und denen in $S_{neu}(f)$ erfolgen. Außerdem kann es Unterschiede in der Form der Präsentation der Objekte geben (z. B. zweidimensional auf dem Bildschirm vs. dreidimensional im Büro etc.). Wichtiger ist aber die Frage, wieviel von der zugrundeliegenden alten Struktur bei der Metaphernwahl tatsächlich übertragen werden kann. Da sich ein Computersystem von der traditionellen Büroumgebung unterscheiden wird, muß der Benutzer in die Lage versetzt werden, Gemeinsamkeiten und Unterschiede der Systeme zu erkennen. Dies muß durch die Art der Präsentation der Objekte im neuen System kenntlich gemacht werden. Für eine Darstellung grundsätzlicher Probleme bei Metaphern aus linguistischer und philosophischer Sicht verweisen wir auf Ortony (1979).

## 3.2 Empirische Untersuchungen und Beispiele

Ist die Verwendung von Metaphern nun die Lösung für die Probleme der naiven oder gelegentlichen Benutzer? Die Beantwortung dieser Frage setzt Wissen über die Erscheinungsformen und die Auswirkungen mentaler Modelle voraus. Darüber hinaus sind zusätzliche methodische und konzeptuelle Probleme zu berücksichtigen, auf die wir danach eingehen. Beginnen wir mit einigen empirischen Untersuchungen zur Wirkungsweise mentaler Modelle.

Gentner und Gentner (1983) untersuchten die Rolle unterschiedlicher analoger Modelle, die Laien beim Lösen von Problemen für den Bereich „elektrischer Stromkreis" verwenden. So lösten Versuchspersonen, die behaupteten, daß sie ein „fließendes Wasser"-Modell (bzw. Metapher) verwendeten, entsprechende Probleme besser als die Personen, die ein „sich bewegende Objekte"-Modell der Elektrizität hatten. Außerdem waren Details der beobachteten Inferenzprozesse in Übereinstimmung mit den Vorhersagen der entsprechenden theoretischen Analyse. Wurden diese beiden Analogien in einem Trainingsversuch anderen Versuchspersonen vermittelt, dann zeigten sich die zuvor beobachteten Effekte kaum noch. Ein Grund für diese Diskrepanz kann in dem unvollständigen Wissen von Versuchspersonen über den „fließenden Wasser"-Bereich liegen.

Hieran wird ein allgemeines Problem der Verwendung von Analogien und Metaphern deutlich. Metaphern können natürlich nur immer in dem Maße nützlich sein, in dem die Personen, die sie verwenden sollen, auch über Wissen in dem ausgewählten Bezugsbereich verfügen.

Die Rolle von mentalen Modellen bei der Benutzung von Taschenrechnern („stack calculator with reverse Polish notation") wurde von Halasz (1984) untersucht (siehe auch Halasz & Moran, 1983). Während die Versuchspersonen der Kontrollgruppe eine „Schritt-für-Schritt"-Erklärung der für die Durchführung notwendigen Operationen erhielten, wurde einer zweiten „Modell"-Gruppe zusätzlich ein explizites Modell des Stackmechanismus vermittelt. Alle Versuchspersonen wurden beim Lösen von Rechenproblemen zum „lauten Denken" angehalten. Bei der Analyse der Leistungsdaten zeigte sich, daß die Modellvermittlung kaum einen Effekt auf die Erledigung von Routineaufgaben, dafür aber eine signifikante Verbesserung bei neuartigen Problemstellungen zur Folge hatte. Auf der Basis der „laut Denken"-Protokolle konnten unterschiedliche Problemlösestrategien identifiziert werden. Die Überlegenheit der Modellgruppe bei den neuartigen Problemstellungen lag u. a. in der Möglichkeit, einen geeigneten Problemraum („problem space" nach Newell & Simon, 1972) aufzubauen, in dem nach neuen Lösungswegen gesucht werden konnte, während die andere Gruppe nur die bekannten Operationen zu kombinieren versuchte.

Kieras und Bovair (1984) untersuchten das Erlernen der Bedienung eines technischen Gerätes. Dabei kontrastierten sie zwei Gruppen, von denen eine nur eine Menge von Bedienungsoperationen mit zugeordneten Abkürzungen auswendig lernte, während die andere zuvor auch noch ein Modell des Gerätes *(device model)* vermittelt bekam. Dieses Modell wurde im Rahmen einer Raumschiff-Metapher vermittelt. Dabei zeigte sich, daß die Modell-Gruppe sowohl bei der Zeit zum Erlernen als auch bei der später durchgeführten Behaltensleistung Vorteile in der Größenordnung von 27 % bzw. 19 % hatte.

Zusammenfassend kann man feststellen: In den Untersuchungen zur Vorgabe mentaler Modelle fanden sich einerseits positive Auswirkungen einer Modellvermittlung auf das Lernverhalten naiver Probanden (Halasz & Moran, 1983; Kieras & Bovair, 1984), andererseits gab es aber auch nicht so ermutigende Befunde (Gentner & Gentner, 1983). Allerdings wurde die Zweckmäßigkeit des gewählten Modells vornehmlich nur auf der Verhaltensebene überprüft (Leistungsdaten). Selten erfolgte eine Analyse der durch die Modellvorgabe (möglicherweise) induzierten Wissensstrukturen. Dies erscheint uns aber wichtig, wenn man genauer verstehen möchte, wie mentale Modelle aufgebaut werden und in welcher Weise sie sich auswirken (siehe dazu auch Lieser, Streitz & Wolters, 1987; Streitz, Lieser & Wolters, 1988).

Wenden wir uns nun den Untersuchungen zu, die sich das Ziel gesetzt haben, die Anwendung des Metaphern-Ansatzes auf realistische Computersysteme einer empirischen Überprüfung zuzuführen. Schaut man sich die Details dieser Untersuchungen an, so bemerkt man eine Vielzahl von Operationalisierungen des Metaphern-Ansatzes. Viele Forscher setzen Metaphern mit der Verwendung von Piktogrammen/Icons und direkter Manipulation gleich, eine Gleichsetzung, die nach unseren obigen Ausführungen nicht zutreffend sein kann. Dementsprechend gibt es eigentlich kaum empirische Untersuchungen, die den spezifischen Einfluß unterschiedlicher Metaphernwelten auf die Benutzbarkeit einer MCS in methodisch einwandfreier Form erfassen.

„A comparison of symbolic and spatial filing" lautet der Titel einer Studie (Dumais & Jones, 1985), in der das Ablegen und Wiederfinden von Zeitungsnachrichten einerseits über eine Zuordnung von Namen (symbolic) und andererseits über eine räumliche Zuordnung realisiert wurde. (Interessanterweise noch nicht einmal auf dem Bildschirm, sondern nur auf Papierblättern in einem Ringbuch!) Da die räumliche Information alleine am wenigsten Unterstützung bot und auch als zusätzliche Möglichkeit keinen bedeutsamen Effekt zeigte, schließen die Autoren „this calls into question the generality and efficacy of the desktop metaphor for information retrieval".

Dies ist schlichtweg eine falsche Schlußfolgerung aus den Ergebnissen, da in dieser Studie die Metaphernwelt überhaupt nicht als Variable untersucht worden ist. Nur weil bei den meisten Realisierungen der Büro-Metapher auch eine räumliche Präsentation der Objekte verwendet wird, ist dies nicht der zentrale Punkt der Metaphern-Idee.

Eine sehr weit getriebene Verwendung der Metaphern-Idee in Computersystemen ist der von Smith (1987) entwickelte *Alternative Reality Kit* (ARK). ARK ist ein „animated environment for creating interactive simulations". Hier wird eine physikalische Welt realisiert, in der alle Objekte ein Abbild, eine Position und eine Geschwindigkeit haben sowie (physikalische) Kräfte erfahren, also z. B. angestoßen und angehalten werden können. Die Benutzer manipulieren die Objekte dieser Welt auf dem Bildschirm mit einer symbolischen „Hand", die durch eine Maus als Zeigeinstrument gesteuert wird. Auf diese Weise können Objekte (z. B. Kugeln) bewegt und geworfen werden. Es können auf dem Bildschirm „buttons" gedrückt werden, die Operationen wie Kopieren, Inspizieren oder Zerstören bildlich symbolisieren. Parameter und Zahlen werden über mit der Hand bewegte „sliders" eingestellt. Während diese Realisierungen von Objekten der zugrundegelegten Metaphernwelt in hohem Maße entsprechen („literalism"), werden auch Objekte eingeführt, die keine solche Entsprechung haben. So gibt es „Interactors", die Naturgesetze symbolisieren (z. B. „gravity") und von Smith (1987) als „highly magical objects" bezeichnet werden, die aber für die ARK-Strategie zum Erzeugen von intuitivem Verständnis dieser physikalischen Vorgänge von zentraler Bedeutung sind. Leider sind mit diesem System bisher noch keine kontrollierten empirischen Untersuchungen durchgeführt worden, die sicher sehr viel Aufschluß über die Wirkungsmechanismen und Grenzen von Metaphern geben würden.

Streitz, Lieser und Wolters (1988) realisierten in einer experimentellen Untersuchung zwei verschiedene Beschreibungswelten für die gleiche Schnittstelle. Dabei handelte es sich einerseits um eine konkrete Bürometapher und andererseits um eine Darstellung in einer abstrakten Computerterminologie. Es zeigte sich kein Vorteil für die eine oder andere Metapher per se. Vielmehr traten leistungsfördernde Effekte der Bürometapher nur dann auf, wenn sie mit der Interaktionsform Menüauswahl zusammen verwendet wurde. Dieses Experiment wird im Detail in Abschnitt 4.4 dargestellt.

Die Ergebnisse dieser Untersuchung sind ein Beispiel dafür, daß man die Frage nach dem Einfluß von Metaphern, d. h. die Dimension der Kompatibilität nicht isoliert von den Interaktionsformen — der anderen Dimension unseres Klassifikationssystems (siehe 2.2) — behandeln kann, sondern mehrfaktorielle Experimente erforderlich sind.

### 3.3 Der Konflikt zwischen Metaphern und Funktionalität

Die Unterscheidung zwischen „literalism" und „magic" macht wieder den grundsätzlichen Konflikt bei der Verwendung von Metaphern deutlich. Solange die Entsprechung zwischen den beiden Welten (Computersystem einerseits und traditionelle Realisierung von Funktionalität andererseits) eindeutig ist, gibt es keine Probleme. Will man aber die vom Computersystem gebotene Möglichkeit zur Realisierung zusätzlicher, neuer Funktionalität ausnutzen, erweist sich die Metapher als nicht mehr tragfähig; sie bekommt „Löcher" oder sie „kollabiert" vollständig. Welche Möglichkeiten bieten sich in diesen Fällen an? Eine Lösung wäre der vollständige Verzicht auf Metaphern, verbunden mit dem Ansatz, den Benutzern gleich ein adäqutes konzeptuelles Modell zu vermitteln, das dann notwendigerweise in der Computersystemterminologie formuliert wird. Dies ist in Teilen eine Position, die auch von Halasz und Moran (1982) vertreten wird. Dazu ist anzumerken, daß der Verzicht auf Metaphern keinen gleichzeitigen Verzicht auf Interaktionsformen wie direkte Manipulation bedeutet.

Eine andere Lösungsmöglichkeit besteht in der folgenden zweistufigen Vorgehensweise. Zuerst wird dem naiven Benutzer das Computersystem in einer geeigneten Weise über eine Metaphernwelt nahegebracht. Diese erlaubt die Verwendung der vorhandenen Standardfunktionen. Möchte der Benutzer nun zusätzliche, über die geltende Metaphernwelt hinausgehende Funktionalität in Anspruch nehmen, dann sind ihm weitergehende Regeln zu vermitteln, die auch die Grenzen der ursprünglichen Metaphernwelt enthalten. Ob dieses Vorgehen angebracht ist, hängt von dem Ergebnis einer Kosten-Nutzen-Analyse ab, die im konkreten Fall für den zu erwartenden zusätzlichen kognitiven Aufwand durchgeführt werden muß.

Eine dritte — von uns bevorzugte — Möglichkeit besteht in dem Ansatz, sich nicht auf eine Metaphernwelt zu beschränken, sondern einen *Metaphernplura-*

*lismus* zu verwenden. Dabei werden unterschiedliche Bereiche in unterschiedliche Metaphernwelten abgebildet. Dies ist allerdings keine einfache Lösung, da das Problem verbleibt, die Grenzen der Übergänge der jeweiligen Gültigkeitsbereiche in geeigneter Weise deutlich zu machen.

## 4 Interaktions- und Dialogformen

Wie bereits ausgeführt, ist die Mensch-*Computer*-Interaktion (MCI) gegenüber eher traditionellen Mensch-*Maschine*-Interaktionen dadurch ausgezeichnet, daß der Computer in einer Weise „aktiv" und „initiativ" werden kann, die Parallelen zur Mensch-*Mensch*-Kommunikation aufweist. Der Computer ist nicht mehr nur passives Werkzeug, sondern er kann den Menschen zu einer Handlung „auffordern". Vor diesem Hintergrund sind auch die folgenden Bezeichnungsweisen zu verstehen: Dialogform, Dialogtechnik, Ein-/Ausgabesprache, Mensch-Computer-*Kommunikation*. Insbesondere der letzte Ausdruck macht dies sehr deutlich. Wir halten die Verwendung der Bezeichnung „Kommunikation" für problematisch, weil sie die zur Zeit und wohl auch in Zukunft bestehenden prinzipiellen Unterschiede verwischt und einer nicht wünschenswerten Anthropomorphisierung des Computers Vorschub leistet. Wir bevorzugen die Bezeichnung Mensch-Computer-*Interaktion* und daher auch *Interaktionsform*, werden teilweise aber auch von *Dialog* und *Dialogform* sprechen. Was ist darunter zu verstehen? In der DIN 66234 (Teil 8: Dialoggestaltung) wird die folgende Definition gegeben:

*Dialog* ist ein Ablauf, bei dem der Benutzer zur Abwicklung einer Arbeitsaufgabe — in einem oder mehreren Schritten — Daten eingibt und jeweils Rückmeldung über die Verarbeitung dieser Daten erhält.

In Anlehnung an und Modifikation von Eberleh (1988a) sowie Ersetzung von Dialogform durch Interaktionsform definieren wir:

*Interaktionsform* bezeichnet die Gesamtheit der Charakteristika von Systemein- und -ausgabemöglichkeiten und den dazu auf der Seite des menschlichen Interaktionspartners notwendigen Handlungs- und Wahrnehmungsvoraussetzungen.

Mögliche Realisierungen von Interaktionsformen hängen von den technischen Randbedingungen ab, sollten aber nicht vornehmlich technologiegetrieben sein (siehe dazu auch die Bemerkungen zur Vorlaufforschung in Abschnitt 1.5). Mit der Entwicklung neuer Eingabe- und Positionierungsinstrumente (Maus, Lichtgriffel, Rollkugel, berührempfindliche Folien etc.) und hochauflösender grafikfähiger Bildschirme sind die Möglichkeiten für eine Vielfalt von neuen Interaktionsformen vorhanden: z. B. fensterbasierte Menütechnik, direkte Manipulation. Weiterhin bieten sich begrenzte Möglichkeiten, gesprochene Sprache als Ein-/Ausgabemedium zu verwenden. Für Details der technischen Möglichkeiten bei der Ein- und Ausgabe von Informationen sei z. B. auf Balzert

(1988) und Shneiderman (1987) verwiesen. Über die Möglichkeiten und Probleme natürlicher bzw. gesprochener Sprache berichten Blauert und Schaffert (1985). In unserer Darstellung teilen wir die Interaktionsformen in die folgenden drei Gruppen auf:

— Interaktionssprachen (speziell Kommandosprachen)

— Menüauswahl

— direkte Manipulation.

Übersichten und vertiefende Darstellungen zu „Interaktionsformen" finden sich u. a. bei Ehrich und Williges (1986), Martin (1973), Salvendy (1987), Shneiderman (1987), Williges und Williges (1984).

## 4.1 Interaktionssprachen

Gemäß der zuvor erwähnten Analogie der Mensch-Computer-Interaktion zur Mensch-Mensch-Kommunikation liegt die Idee nahe, Sprache als Medium symbolischer Kommunikation einzusetzen. Dabei nimmt der Ansatz, Mensch-Computer-Interaktion über natürliche Sprache zu realisieren, eine Sonderstellung ein. Da einerseits die Fortschritte auf diesem Gebiet noch nicht so groß sind, daß sie die Ansprüche erfüllen könnten, und andererseits die damit verbundenen Fragen (Linguistik, Künstliche Intelligenz-Forschung) über den Rahmen dieses Beitrages hinausgehen, verzichten wir auf eine Behandlung und konzentrieren uns auf die folgende gängige Unterscheidung von Interaktionssprachen:

— Kommandosprachen

— Abfragesprachen

— Programmiersprachen

Da der Benutzer dem Rechner Anweisungen geben möchte, bestimmte Operationen auszuführen, haben wir es vornehmlich mit dem Austausch von Kommandos zu tun. Bestehen diese Kommandos in der Aufforderung, spezielle Informationen, z. B. aus einer Datenbank, an den Menschen zu geben, handelt es sich um Abfragesprachen („query languages"). Der allgemeinste Fall besteht in der Beschreibung und Steuerung/Kontrolle von Vorgängen über eine Vorschrift zur Durchführung (Abarbeitung) vollständiger, sich in Teilen wiederholender Abläufe, der Programmierung. Es ist selbstverständlich, daß auch alle anderen Interaktionsformen auf einer Implementation über Programmiersprachen basieren.

*Kommandosprachen* stellen die älteste und auch heute noch am weitesten verbreitete Form der Interaktion mit dem Computer dar. Sie sind insbesondere für geübte und regelmäßige Benutzer geeignet. So verlangen sie durch ihre oft komplexe Syntax lange Einarbeitungszeiten, die sich dann aber in einer effizienten Aufgabenbearbeitung niederschlagen können. Während Anfänger durch sie oft von der Benutzung des Computers abgehalten werden, vermitteln sie dem Experten ein Gefühl der Kontrolle über das System. Es bietet sich an, zwischen den folgenden vier Erscheinungsformen von Kommandosprachen zu unterscheiden (Shneiderman, 1987):

— *Einfache Kommandoliste.* Für jede Aufgabe/Anforderung/Anweisung existiert genau *ein* Kommando. Alle Kommandos sind voneinander verschieden. Zur Interaktion werden häufig Funkionstasten („PF-Taste 3") oder Kontroll-Kommandos verwendet, wie z. B. „CTRL-C" (für copy) oder „:w" (für write).

— *Kommando mit Argument(en).* Jedes Kommando (SAVE, DRUCKEN, ...) wird von einem oder mehreren Argumenten gefolgt, die die jeweiligen Objekte der Manipulation bezeichnen, wie z. B. SAVE FILE A.

— *Kommandos mit Argumenten und Optionen* (Parametern). Kommandos können durch die Angabe zusätzlicher Optionen oder spezieller Parameter in ihrer Wirkungsweise differenziert werden: mit der Folge einer Spezifikation, Einschränkung oder Erweiterung der Kommandofunktionalität, z. B.:
PRINT FILE A, LW     = Drucke die Datei A auf dem LaserWriter
PRINT FILE A, 3—10 = Drucke von der Datei 3 nur die Seiten 3 bis 10
PRINT FILA A, 3       = Drucke die Datei A dreimal

— *Hierarchische Kommandostruktur*
Die Gesamtmenge der Kommandos ist in einer Baumstruktur hierarchisch angeordnet. Dabei bezeichnet z. B. die erste Ebene die Aktion, die zweite Ebene das zu manipulierende Objekt als Argument und die dritte Ebene ein Zielobjekt als weiteres Argument, z. B. DISPLAY DIRECTORY SCREEN = Anzeige des Inhaltsverzeichnisses auf dem Bildschirm.

Kommandosprachen werden häufig auf der Betriebssystemebene und bei (zeilenorientierten) Editoren verwendet. Hier gibt es viele Möglichkeiten, beim Design richtige oder falsche Entscheidungen zu treffen. Nehmen wir als Beispiel die Wahl der Objekte für ein Löschkommando. In den meisten Texteditoren findet man das Objekt „Zeile". Man denkt beim Schreiben und Korrigieren zunächst aber in semantischen Einheiten, also ein Wort, einen Nebensatz oder einen ganzen Satz zu entfernen. Nur in den seltensten Fällen stimmen Zeile(n) und Satz überein. Durch die Vorgabe des Objektes „Zeile" wird man als Autor aber gezwungen, in einer Kategorie zu denken, die primär keine Einheit des mentalen Textverarbeitungsvorganges darstellt, sondern zur Orientierung und Lokalisierung auf einer Seite oder einem Bildschirm dient. Die Einheit „Zeile" als Objekt der Löschoperation zu nehmen, ist ein typisches Beispiel für eine computerorientierte Sichtweise, die in diesem Fall aus der Tradition der zeilenorientierten Editoren herrührt und bei screenorientierten Editoren (z. B. mit Maussteuerung) nicht mehr notwendig ist.

Ein anderes Problem ist die Vergabe von Namen und Abkürzungen für Kommandos. Hiermit wird die bereits in Abschnitt 3 diskutierte Thematik des Beschreibungsproblems angesprochen, da es sich um die Wahl einer geeigneten Metaphernwelt handelt. Stellvertretend für viele sei z. B. UNIX als eine trotz ihrer Komplexität, aber wegen ihrer Mächtigkeit sehr weit verbreitete und häufig benutzte Kommandosprache erwähnt. Sie ist wegen ihrer sonderbaren Namenswahl und der dabei vorherrschenden Inkonsistenz heftig kritisiert worden (Norman, 1981). Einige Kostproben: cd (change directory), mkdir (make a new directory), ls (list directory), mv (move file), rm (remove file).

Grudin und Barnard (1984) untersuchten die kognitiven Anforderungen an das Erlernen und Verwenden von Kommandonamen für Textverarbeitungsoperationen. Sie fanden, daß spezifische Namen wie *insert, delete, append* klar überlegen waren, während aus Konsonanten bestehende Abkürzungen ohne Bezug zur Aktion am schlechtesten waren. Mittlere Werte der Erlernbarkeit ergaben sich für Abkürzungen, volle Namen ohne Bezug und Pseudoworte. In einer weiteren Untersuchung fanden Grudin und Barnard (1985), daß naive Benutzer, die Abkürzungen (mit zwei Buchstaben) lernten, dann bessere Leistungen zeigten, wenn sie zuvor den vollen zugehörigen Namen gelernt hatten, als wenn sie von Anfang an die Abkürzungen lernten oder selbst gewählte Abkürzungen verwenden konnten. Als Strategie für Abkürzungen empfehlen die Autoren, diese aus den ersten zwei Buchstaben der zugehörigen Bezeichnung zu bilden. Weitere Regeln für Abkürzungen finden sich bei Ehrenreich und Porcu (1982).

Aus der Sichtweise des Psychologen sind Kommandosprachen durch hohe Anforderungen an die Gedächtnisleistung gekennzeichnet. Sie erfordern die Zugänglichkeit von zuvor erworbenem Wissen, das über Abrufprozesse aktiviert wird und dann für die Ausführung von Handlungen zur Verfügung steht. Teilweise schwerwiegende Fehler können bereits durch kleine Ungenauigkeiten beim Abruf entstehen, da diese Abweichungen andere, in dem gegebenen Zustand unerwünschte Kommandos auslösen können.

## 4.2 Menüauswahl

Das Grundprinzip und die allgemeinen Eigenschaften der Interaktionsform Menüauswahl basieren auf einer uns allen vertrauten Erfahrung. Es ist dies die Art der Handlung, die wir bei der Auswahl von Gerichten aus der Speisekarte bei der Bestellung in einem Restaurant vornehmen. Ähnlich wie auf einer Speisekarte wird auch dem Benutzer eines Computersystems eine Liste von Objekten oder Operationen auf dem Bildschirm angezeigt. Der Benutzer soll ein Element (Item) aus der Liste auswählen, um damit den nächsten Verarbeitungsschritt bzw. eine Folge von Verarbeitungsschritten des Computers zu bestimmen. Die Menüauswahl kann insbesondere für unerfahrene oder gelegentliche Benutzer eine schnell erlernbare Interaktionsform darstellen und wird auch als solche propagiert. Diese Eigenschaft trifft aber nur dann zu, wenn gewisse Regeln bei der Gestaltung der Menüs und der anwendbaren Operationen beachtet werden. Die Gestaltung von Speisekarten erscheint vielen sicherlich unmittelbar zugänglich und unproblematisch.

So sind Speisekarten meistens nach einem gewissen (natürlichen) Ordnungsprinzip aufgebaut, das z. B. das Schema für mehrgängige Menüs sein kann. Den verschiedenen Gängen entsprechend gibt es verschiedene Untermenüs. Diese beginnen mit einer Auflistung der Suppen, gefolgt von den Vorspeisen, den Fisch- und Fleischgerichten bis hin zu den Desserts. Die Desserts können, müssen aber nicht auf derselben Karte sein. Es kann auch nur einen Hinweis auf die Dessertkarte geben, die dann ein z. Zt. nicht sichtbares Untermenü darstellt, das speziell aufgerufen werden muß. Auch innerhalb der einzelnen Gänge (Untermenüs) kann es sinnvolle Anordnungen geben, z. B. eine Rangfolge, die an den Preisen ausgerichtet ist. In chinesischen Restaurants findet man häufig eine Nummer als zusätzliche Kurzbezeichnung für jedes Gericht, das die Mitteilung der Auswahl an den Kellner erleichtert. Die Verwendung einer Kurzbezeichnung ist aber nur dann sinnvoll, wenn der Benutzer — pardon der Gast — weiß, was sich dahinter verbirgt. Das bedeutet, es muß eine eindeutige, auf sein Vorwissen abgestimmte Langbezeichnung des Gerichtes gegeben werden, was z. B. bei chinesischen Namen oder idiosynkratischen Bezeichnungen nicht immer der Fall ist. Diesem Defizit kann dadurch abgeholfen werden, daß bildliche Darstellungen (Fotos oder Piktogramme) zur Verfügung gestellt werden, wie man es in japanischen Sushi-Restaurants findet. Bei umfangreichen Speisekarten vermittelt die Angabe einer Seitenzahl eine Orientierung über die Position, auf der man sich innerhalb der Gesamtkarte befindet, die dann zum Wiederfinden bei der Bestellung hilfreich sein kann. Speisekarten sollten eigentlich alles zeigen, was angeboten wird, tun dies aber oft nicht. Daher sollte man nicht versäumen, den Kellner nach den Spezialitäten des Tages zu fragen. In diesem Fall muß also die Menüauswahl durch einen Kommandoaufruf ergänzt werden.

Diese kurze Darstellung der Grundeigenschaften von Speisekarten hat uns bereits viele Gesichtspunkte gezeigt, die auch bei der Gestaltung von Menüs für Computersysteme eine Rolle spielen und dorthin übertragen werden können.

Wie schon zuvor bei den Anforderungen an Kommandosprachen erwähnt, unterscheiden sich Interaktionsformen in ihren Anforderungen an die menschliche Informationsverarbeitung. Ein grundlegendes Merkmal von Menüs: Alle Möglichkeiten, die für den Benutzer zu einem gegebenen Zeitpunkt wählbar sind, sind auch sichtbar. Damit ist der Vorteil verbunden, daß die Items in der Liste nur wiedererkannt werden müssen. Trotzdem muß man natürlich wissen, welche Bedeutung die in der Liste aufgeführten Bezeichnungen haben, d. h. welche Reaktionen des Computers damit verbunden sind. Dies ist bei elementaren Funktionen wie Drucken, Beenden, Sichern etc. relativ eindeutig oder wird durch nachgeschaltete Abfragen über weitere Menüs geklärt: z. B. wieviele Seiten gedruckt werden sollen. Es ist aber mit einem reinem Wiedererkennen im Sinne von „schon vorher gesehen" nicht getan, sondern auch bei der Menüauswahl spielen Abrufprozesse eine Rolle, speziell der Abruf der Bedeutung der im Menü verwendeten Bezeichnungen. Die wechselseitige Abhängigkeit von Wiedererkennens- und Abrufprozessen findet sich auch in vielen gedächtnispsychologischen Theorien (Tulving & Watkins, 1973). Damit sind wir wieder bei dem zuvor behandelten Beschreibungsproblem. Der Vorteil von Menüs, der in jedem Fall erhalten bleibt, ist die Sichtbarmachung der aktuell ausführbaren Wahlmöglichkeiten und — damit oft verbunden — eine Übersicht über die strukturelle Organisation der insgesamt verfügbaren Möglichkeiten. Aber auch diese ist wieder nur dann von Nutzen, wenn sie der Struktur der mit der Anwendung zu bearbeitenden Problemstellung und der Vorwissensstruktur des Benutzers entspricht. Also gilt in dieser Beziehung für Menüs auch das, was für Kommandosprachen gilt: Sie sind um so vorteilhafter, je kompatibler die verwendete Beschreibungswelt mit den beim Benutzer vorhandenen Wissensrepräsentationen ist. Die Vielfalt der im Zusammenhang mit der Gestaltung und Benutzung von Menüs zu behandelnden Themen und zugehörigen Untersuchungen macht eine umfassende Darstellung unmöglich. Wir wollen uns daher auf einige zentrale Aspekte beschränken: Menüstrukturen, Darstellungsformen und Auswahlmechanismen. Für ausführlichere Darstellungen verweisen wir auf Eberleh (1988b), Shneiderman (1987), Williges und Williges (1984).

*Menüstrukturen.* Es ist naheliegend, die folgenden vier Organisationsformen zu unterscheiden: einstufige Menüs, lineare Abfolge von Menüs, Baumstrukturen und Netzwerkstrukturen. Ein einstufiges Menü ist eine — zunächst nicht weiter strukturierte — Liste, die mindestens zwei Items hat (binäres Menü), wie z. B. in den meisten Abfragesituationen, bei denen eine Ja/Nein-Entscheidung erforderlich ist. Es können aber auch drei oder mehr Möglichkeiten in sog. mehrfachen Menüs angeboten werden. Diese sind vielen Benutzern vertraut durch die Verbreitung von multiple choice-Fragen in anderen Kontexten (z. B. Test- oder Quizfragen). Je größer die Anzahl der Items in einer Menüliste wird, desto wichtiger ist es, zusätzliche Gruppierungen vorzunehmen, um dem Benutzer die Suche und die Auswahl des gewünschten Items zu erleichtern. Wie diese Maßnahmen aussehen können, besprechen wir bei der Diskussion von Breite vs. Tiefe von Menübaumstrukturen. Je nach Aufgabenstellung kann es auch die Variante des Mehrfachwahlmenüs geben, bei dem der Benutzer nicht nur eine Auswahlmöglichkeit hat, sondern mehrere Optionen benennen kann. Ein solches Mehrfachwahlmenü kann z. B. dadurch entstehen, daß mehrere, voneinander unabhängige binäre Wahlen in einem Auswahlvorgang zusammengefaßt werden. Lineare Abfolgen von einstufigen Menüs liegen dann vor, wenn unabhängig von der jeweils vorgenommenen Auswahl eine Reihe von Menüs in vorher bestimmter Weise durchlaufen werden müssen. Dabei ist die Reihenfolge zwangsläufig beliebig. Werden diese Menüs gleichzeitig auf dem Bildschirm gezeigt und hat der Benutzer die Möglichkeit, auch mehrere Wahlen gleichzeitig vorzunehmen, dann haben wir im Prinzip wieder ein einstufiges Mehrfachwahlmenü, das aber zusätzliche Gruppierungen aufweist. Wie man sieht, sind die Übergänge fließend. Sehr häufig stehen diese Items in einer bestimmten Beziehung zueinander oder können über Kategorienbildung derart gruppiert werden, daß man sie als Baumstruktur (Hierarchie) darstellen kann. Gruppierungen über Baumstrukturen haben den großen Vorteil, daß man auf wenigen Hierarchieebenen viele Items unterbringen kann. Gleichzeitig werden dem Benutzer viele Auswahlentscheidungen erspart, da nach jeder Wahl nur eine Teilstruktur zur weiteren Entscheidung verbleibt. Allerdings ist der Einsatz von hierarchischen Menüs nur dann erfolgversprechend, wenn die Kategoriebezeichnungen der Hierarchieebenen sinnvoll sind und auf das Vorwissen des Benutzers Bezug nehmen. Sonst besteht die Gefahr, in einer komplexen Baumstruktur die Orientierung zu verlieren (Robertson, McCracken & Newell, 1981).

Hat ein Designer sich für eine hierarchische Menübaumstruktur entschieden, verbleibt immer noch die Entscheidung, ob die Struktur viele Ebenen und auf jeder Ebene wenige Items (Tiefe) oder wenige Ebenen und auf jeder Ebene viele Items (Breite) aufweisen soll. Dieser Tiefe-vs.-Breite-Konflikt ist Gegenstand einer Reihe von Untersuchungen gewesen.

So führte D. P. Miller (1981) eine Studie zum Suchverhalten in Menüsystemen mit insgesamt 64 Items durch, die in verschiedenen Versionen auf 6, 3, 2 oder eine Ebene(n) verteilt waren und dementsprechend 2, 4, 8 oder 64 Items pro Ebene aufwiesen. Nach diesen Ergebnissen war das Suchverhalten bei 4 oder 8 Items pro Ebene am schnellsten; die geringste Fehlerrate lag bei 8 Items pro Ebene. Nach Kiger (1984) führten schmale, tiefe Menüs (je 2 Items auf 6 Ebenen) zu langsamen und ungenauen Auswahlen, während breite, flache Menüs (je 8 Items auf 2 Ebenen) bevorzugt wurden. Landauer und Nachbar (1985) bestätigten die Vorteile von Breite gegenüber Tiefe bei Menüs.

Um eine Entscheidung im konkreten Fall zu treffen, ist dann aber über die rein quantitativen Aspekte der Gruppierung hinaus die semantische Organisation der Items zu Kategorien zu berücksichtigen. Dies betrifft wiederum das bereits zuvor behandelte Verhältnis des beim Benutzer vorhandenen mentalen Modells über einen Gegenstandsbereich zum konzeptuellen Modell des Designers, das im System implementiert ist. Eine oft zu treffende Entscheidung ist die Frage nach der semantischen vs. alphabetischen Gruppierung.

Tombaugh und McEwen (1982) fanden dazu, daß mit beiden Gruppierungen gleich gute Suchen durchgeführt werden konnten und ansonsten die mit den wenigsten Schritten bevorzugt wurde, unabhängig von der Art des Verfahrens. Hier gibt es nach Shneiderman (1987) keine perfekte, für alle Benutzer optimal geeignete Menüstruktur. Er plädiert für eine Berücksichtigung der Vorschläge der zukünftigen Benutzer und eine Überarbeitung auf der Basis von empirischen Untersuchungen mit prototypischen Versionen.

Eine oft an Menüauswahlsystemen geübte Kritik: Sie zwingen den Benutzer, langwierige Wege durch eine Menübaumstruktur zu gehen, bevor das gewünschte Item erreicht ist. Dadurch kann die Arbeit des Benutzers, vor allem des geübten, stark verlangsamt werden. In vielen Fällen ist es also wünschenswert, über die Baumstruktur hinaus zusätzliche Zugangsmöglichkeiten zu eröffnen. Zyklische und azyklische Netzwerke bieten zusätzliche Übergangs-/Verweismöglichkeiten und damit mehr Handlungsspielraum, allerdings auch oft um den Preis der Intransparenz und der Gefahr, die Orientierung in der Menüstruktur zu verlieren.

*Darstellungsformen.* Im Gegensatz zu Kommandosprachen werden bei Menüs dem Benutzer die Wahlmöglichkeiten sichtbar präsentiert. Die vorherige Diskussion hat die Bedeutung der strukturellen Organisation von Menüs gezeigt. Welche Darstellungsformen sind für die Präsentation dieser Strukturen und ihrer Inhalte geeignet? Weiterhin stellt sich die Frage, ob Menüs permanent sichtbar sein sollen, da dadurch u. U. ein Flächenanteil des Bildschirms für die Arbeit am Sachproblem verlorengeht. Eine permanente Darstellung ist dann wünschenswert, wenn bestimmte Optionen in einem Systemzustand immer wählbar sind. Diese werden dann z. B. in einem reservierten Bereich des Bildschirms (meistens ganz oben oder ganz unten) permanent angezeigt. Bei der Darstellung der Menüs auf dem Bildschirm sollten Standardisierungen des Layouts beachtet werden, die sich z. B. an den Standards für entsprechende Papierformulare orientieren können. Dabei ist auf eine konsistente Gestaltung über viele Menüs hinweg zu achten. Teitelbaum und Granda (1983) konnten zeigen, daß sich die Orientierungszeiten der Benutzer verdoppelten, wenn die Positionen von Überschriften und Prompts auf dem Bildschirm variiert wurden.

Zur Orientierung des Benutzers in großen und komplex strukturierten Menüstrukturen bietet es sich an, auf grafikfähigen Bildschirmen eine Darstellung der Struktur auf Anfrage (via Hilfefunktion) oder permanent zur Verfügung zu stellen. Damit erhält der Benutzer eine Landkarte (map), die sich auch auf den Aufbau eines adäquaten mentalen Modells förderlich auswirken kann. Widdel und Kaster (1985) haben den Einfluß der permanenten bildlichen Präsentation einer hierarchischen Dialogstruktur auf einem zweiten Monitor bei der Bearbeitung von Grafikaufgaben untersucht. Sie fanden erhebliche Vorteile (kürzere Bearbeitungszeiten) bei der experimentellen Gruppe, die eine Darstellung der Struktur mit Angabe des eigenen Standortes zur Verfügung hatte.

Ein weiterer Aspekt der Darstellung von Items in einem Menü ist die Art der gewählten *Kodierung*. Am häufigsten finden sich umgangssprachliche Bezeichnungen, die besonders für Operationen verwendet und u. U. durch Auswahlkürzel ergänzt werden. Natürlich spielen auch bei Menüs die bei den Kommandosprachen diskutierten Fragen der Bezeichnungen bzw. Abkürzungen der Operationen und Objekte eine Rolle. Dabei kommen dann die mittlerweile klassischen Ergebnisse der Gedächtnispsychologie zum Tragen. Für spezielle Empfehlungen verweisen wir wieder auf die zu Beginn dieses Abschnittes genannten Referenzen.

## 4.3 Direkte Manipulation

Durch die Verbreitung einer neuen Kategorie von Arbeitsplatzrechnern in den letzten Jahren, angefangen mit dem Xerox Star (Smith et al., 1982), der Apple Lisa (Williams, 1983) und dem Apple Macintosh (Williams, 1984), wurden neue Realisierungen der Mensch-Computer-Interaktion bekannt, die sich in vielen Punkten von herkömmlichen Interaktionsformen unterscheiden. Diese Realisierungen sind das Ergebnis der Umsetzung einer Reihe neuer Ideen, die einer stringenten Definition nur schwer zugänglich sind. Offensichtliches äußeres Kennzeichen ist der Einsatz grafischer Darstellungen von Gegenständen, die dem Benutzer aus der Bürowelt vertraut sind, wie z. B. Schriftstücke, Ordner, Papierkorb, Taschenrechner etc. Diese Objekte können auf dem Bildschirm mittels eines Positionierungsinstrumentes — der „Maus" — bewegt und verändert werden. Shneiderman (1982, 1983) prägte für diese Form der MCI den Begriff *direct manipulation* (DM). Es ist wichtig, an dieser Stelle festzuhalten, daß die Wahl der Büro-Metaphernwelt keine definierende Eigenschaft direkt manipulativer Systeme ist. Es ist eine zusätzliche Designentscheidung, die fälschlicherweise oft mit direkter Manipulation identifiziert wird.

Die Ursprünge dieser Systeme liegen weiter zurück. So entwickelte Sutherland (1963) in seinem *Sketchpad* bereits viele Ideen, wie wir sie heute bei interaktiven grafischen Schnittstellen finden. Weitere Schritte in dieser Entwicklung waren Bornings (1979) *Thinglab*-Programm, das auf Konzepten von objektorientierten Programmierumgebungen wie Smalltalk (Goldberg, 1984; Tesler, 1981) basiert, und die zunehmende Beschäftigung mit Systemen, die komplexe Grafik zu erzeugen und zu manipulieren erlaubten. Von Shneiderman (1982, p. 251) werden drei zentrale Charakteristika für direkte Manipulation genannt:

— kontinuierliche (sichtbare) Darstellung der jeweils interessierenden Objekte

— physische Aktionen oder das Anklicken gekennzeichneter „Knöpfe" (buttons) anstatt komplexer Syntax

— Operationen, die schnell und inkrementell reversibel sind und deren Wirkung auf das betreffende Objekt unmittelbar sichtbar ist.

Da sich die DM einer strengen Definition zu entziehen scheint, wird sie meistens über Beispiele erläutert. Als ein Beispiel, das sich nicht auf die MCI, sondern allgemeiner auf die Mensch-Maschine-Interaktion bezieht, wird von Shneiderman (1983) das Autofahren genannt. Durch die Windschutzscheibe ist die Fahrumgebung in der Richtung, in die man fährt, direkt sichtbar. Um nach links zu fahren, bewegt der Fahrer das Steuerrad nach links. Die Reaktion des Fahrzeugs ist unmittelbar. Die neue Umgebung ist sofort sichtbar. Durch das schnelle Feedback ist die Möglichkeit für weitere Korrekturen der Fahrtrichtung sofort gegeben. Man stelle sich andererseits vor, man müßte für die Fahrtrichtungsänderung ein Kommando wie LINKS 30 GRAD angeben und dann einen anderen Befehl, um die neue Umgebung im Blickfeld zu haben. Beim Autofahren undenkbar, bei der Benutzung vieler Computersysteme aber oft der Normalfall.

Auf Computersysteme bezogene Beispiele sind einerseits Ganzbildschirm-Editoren *(full screen display editors)*, bei denen die Ergebnisse der Schreibhandlungen auf der Tastatur ebenso wie die Bewegungen des Cursors sofort auf dem Bildschirm sichtbar sind und korrigiert werden können. Wenn diese auch noch im WYSIWYG-Prinzip („What you see is what you get") arbeiten, existiert ein direkter Bezug zu dem erzeugten und anschließend ausgedruckten Dokument. Eine spielerische Anwendung der DM ist der oft zitierte *Pinball Construction Set* (Budge, 1983), der es ermöglicht, eine virtuelle Flippermaschine aus den zugehörigen Elementen auf dem Bildschirm zusammenzusetzen und dann auch zu benutzen.

Die Anziehungskraft der durch die DM verfügbaren Interaktionsmöglichkeiten liegt zum großen Teil in den Experimentiermöglichkeiten. Man kann die relevanten Objekte direkt beeinflussen, schnell verschiedene Versionen erzeugen und ausprobieren. Dabei können weitgehend ohne Folgen Fehler gemacht werden, da fast alle Operationen schnell reversibel sind und deshalb keine bleibenden Schäden entstehen.

Für Hutchins, Hollan und Norman (1986) sind *distance* und *direct engagement* die zentralen Konzepte bei der direkten Manipulation, wobei sie das Konzept der *distance* noch einmal in *semantic and articulatory directness* differenzieren. Erst durch die Direktheit der Handlungen, die Direktheit der Umsetzung von Intentionen (des Benutzers) in Handlungen und die Direktheit der Rückmeldung über die dadurch verursachten Veränderungen an den Objekten, werden manipulative Systeme zu *direkt* manipulativen Systemen. Das dadurch beim Benutzer erzeugte Gefühl der Kontrolle über die Objekte des Gegenstandsbereiches, an denen die Veränderungen unmittelbar wahrnehmbar sind, führt zu dem, was sie *direct engagement* nennen. Hiermit wird die Rolle des Computersystems als Modellwelt deutlich. Diese Rolle ist entscheidend anders als die Rolle des Kommunikationspartners, die der Konzeption der Interaktionssprachen zugrundeliegt.

Nachdem wir aus unterschiedlichen Sichtweisen dargestellt haben, welches die zentralen Eigenschaften von direkter Manipulation sind, wäre es interessant zu sehen, wie sich diese Form der MCI im Vergleich zu anderen Interaktionsformen auf das Benutzerverhalten auswirkt. Wie existierende Systeme aber schnell deutlich machen, gibt es die direkte Manipulation in Reinform gar nicht, ja vielleicht kann es sie gar nicht geben. Es handelt sich immer um Mischformen mit anderen Interaktionsformen. Dies scheint sich wohl auch kaum vermeiden zu lassen, wie wir am folgenden Beispiel zeigen wollen.

Ein zentrales Konzept der DM ist die Objektorientiertheit. Dementsprechend wird in DM-Systemen vornehmlich eine Syntax von der Form „zuerst Objekt, dann Operation spezifizieren" verwendet. Dies geschieht z. B. dadurch, daß ein Objekt mit der Maus ausgewählt wird. Für die Form der anschließenden Spezifikation der Operation steht nur in den wenigsten Fällen eine echte DM-Realisierung bereit, wie sie z. B. bei allen „Bewegen"-Operationen vorliegt: „in einen Ordner ablegen" (→ hierarchische Ablage), „in den Papierkorb werfen" (→ Löschen). Aber schon die Operationen „Sichern", „Drucken" etc. werden, nachdem das Objekt per Mausklick ausgewählt wurde, entweder über eine Menü- oder eine Kommando-Interaktion realisiert. Es stellt sich nun die Frage, ob jemand, der einen WYSIWYG-Editor wie z. B. MacWrite untersucht, der mit einer Maus als Positionierungs- und Markierungsinstrument versehen ist, tatsächlich ein DM-System untersucht. Denn in MacWrite werden die Operationen über Menüs bzw. durch Kontrollkommandos spezifiziert, während die Cursorpositionierung, die (Text)Objektauswahl (Markierung), das Navigieren im Dokument direkt manipulativ erfolgt.

Eine weitere Frage ist die Auswahl der Metaphernwelt. Vermittelt ein DM-System noch den gewünschten Grad an Direktheit, wenn die Semantik der Objekte nicht über einen Bezug auf das Vorwissen der Benutzer gegeben wird? Dazu gehören nicht nur die Namen, sondern auch die gewählten Piktogrammdarstellungen der Objekte. Es wird schnell deutlich, daß das Ausmaß an Direktheit mehr oder weniger durch die Wahl der Metaphernwelt und den Einsatz der zusätzlichen Interaktionsformen bestimmt wird. So hat man z. B. bei demselben Grad an DM-Oberflächenrealisierung ein größeres Gefühl an Direktheit, wenn man die Operationen auch noch über gesprochene Umgangssprache initiieren kann und die Ausführung einer Aktion mit einem akustischen Feedback begleitet wird, als wenn man ein Kontrollkommando eingeben muß und keine Rückmeldung erhält.

## 4.4 Interaktionsformen im Vergleich

Wir haben in den vorhergehenden Abschnitten eine Vielzahl von Interaktionsformen kennengelernt und ihre Vor- und Nachteile diskutiert. Will man nun ein interaktives System entwickeln und die zugehörige Mensch-Computer-Schnittstelle gestalten, dann müssen Entscheidungen getroffen werden. Zur Lösung dieser Probleme benötigt man Untersuchungen zum Vergleich von Interaktionsformen. Wir wollen an dieser Stelle exemplarisch drei Untersuchungen vorstellen, die vor diesem Hintergrund aus den folgenden Fragen abgeleitet wurden und im Rahmen des Aachen Cognitive Ergonomic Project (ACCEPT) durchgeführt worden sind.

1. Welches sind die relevanten Eigenschaften der Schnittstelle, die es dem Benutzer erlauben, ein kompatibles mentales Modell aufzubauen? Welche Be-

schreibungswelten sind dazu geeignet und wovon ist ihre Wirkungsweise abhängig?

2. Wie kann man es erreichen, daß ein Benutzer von einem Anfängermodus in einen Expertenmodus wechseln kann, ohne dabei Nachteile zu haben?

3. Sollen an einer Schnittstelle unterschiedliche Interaktionsformen angeboten werden, die sich in ihrer Kompatibilität für verschiedene Aufgaben/Situationen unterscheiden? Wenn ja, in welcher Weise und mit welchen Auswirkungen auf die mentale Belastung?

Dabei orientierte sich die Untersuchung zur Beantwortung der ersten Frage an den Dimensionen des in Abschnitt 2 vorgeschlagenen Klassifikationsschemas: Kompatibilität der Beschreibungswelt und Wahl der Interaktionsform.

*Metaphernwelt und Interaktionsform als Determinanten der Erlernbarkeit*

In diesem Experiment (Lieser et al., 1987; Streitz et al., 1988) wurden die der Schreibtischmetapher und der Menütechnik implizit zugeschriebenen Eigenschaften der leichten Erlernbarkeit und der einfachen Verwendung einer genaueren Prüfung unterzogen. Im Unterschied zu anderen Untersuchungen auf diesem Gebiet wurde dabei auch die kognitive Repräsentation, die Benutzer in Form von mentalen Modellen über Dialogstrukturen aufbauen, in die Untersuchung einbezogen. 80 Versuchspersonen arbeiteten mit einer von vier Versionen, die sich aus dem 2 × 2 Design der beiden folgenden Faktoren ergaben:

— *Metaphernwelt*, in der dem Benutzer die Dialogstruktur eines ihm unbekannten Computersystems dargestellt wird. Dabei wurden zwei Ausprägungen realisiert, die entweder mehr (konkrete Bürowelt) oder weniger (abstrakte Computerterminologie) an das Vorwissen der Benutzer anknüpfen.

— *Interaktionsform* bei der Steuerung des Computersystems in den beiden Ausprägungen: Kommandointeraktion und Menüauswahl.

Ein zusätzliches Untersuchungsziel bezog sich auf die Beziehung zwischen den bei den Benutzern induzierten (individuellen) mentalen Modellen und Leistungsparametern. Dazu wurden mit einem von uns dazu entwickelten Wissensdiagnose-Instrument die Auswirkungen der Vorgabe unterschiedlicher Metaphern auf die mentalen Modelle der Benutzer sowie deren Veränderung über die Zeit hinweg diagnostiziert. Wie die Ergebnisse zeigen, führt die Veränderung der „Bürometapher" nur dann zu kürzeren Bearbeitungszeiten und hat insgesamt einen handlungserleichternden Effekt, wenn sie mit der Interaktionsform „Menüauswahl" kombiniert wird. Alle anderen drei Kombinationen zeigen weitgehend gleiche und im Vergleich zu der ausgezeichneten Gruppe signifikant schlechtere Leistungen.

Zur Interpretation der beobachteten Wechselwirkung der beiden Faktoren bietet sich die folgende Erklärung an, die auch durch die Wissensdiagnose der mentalen Modelle der Benutzer vor und nach der Aufgabenbearbeitung unterstützt wird. Die „Bürometapher" bietet einen allgemeinen Vorteil aufgrund der hohen Kompatibilität zwischen Vorerfahrung und Systemrepräsentation. Allerdings bleibt dieser Vorteil, z. B. in bezug auf eine Gedächtnisentlastung, nur dann erhalten, wenn die eingesetzte Interaktionsform die vertrauten Begriffe für die Operationen ausführlich präsentiert, wie es die Menüauswahl tut. Der Vorteil der Bürometapher geht bei der Kontrollkommando-Interaktion verloren, weil dort zusätzliche Transformationen der Büroterminologie in die Abkürzungen der Kontrollkommandos erforderlich sind. Die „Computer-Metapher" ist zu abstrakt und knüpft nicht an das Vorwissen der Benutzer an. Hier geht auch der Vorteil der Menüauswahl gegenüber Kontrollkommandos verloren, da in beiden Fällen eine Transformation der intendierten Handlungen in die Begriffe der Interaktionsform erfolgen muß.

*Vom Anfänger zum Experten: Ein Lernexperiment zu Transfereffekten*

Viele Experimente in der MCI-Forschung machen den wichtigen Unterschied zwischen Anfänger und Experten. Die Realität ist aber dadurch gekennzeichnet, daß Anfänger und Experte dieselbe Person sind, nur zu unterschiedlichen Zeitpunkten in ihrer „Computerbenutzungskarriere". Erfahrene Benutzer erzielen bei der Verwendung von Kommandosprachen eine effiziente und schnelle Bearbeitung ihrer Aufgaben. Bei unerfahrenen Benutzern, die über das notwendige Systemwissen noch nicht verfügen, ist das Gegenteil der Fall. Ihnen ist mit der Interaktionsform „Menüauswahl" besser gedient, weil diese mögliche Operationen anbietet und kein Erinnern von Kommandonamen erfordert. Es stellt sich die Frage, ob diese Gruppe von Benutzern, die bisher keinen Grund hatte, etwas im Gedächtnis zu behalten, „ganz von vorn" anfangen muß, wenn sie eine Kommandosprache erlernen will, ob ihr ihre Vorerfahrung etwas nützt oder vielleicht sogar hinderlich ist? Diese Fragen wurden in dem folgenden Experiment von Streitz, Spijkers und van Duren (1987) untersucht.

In einem Transferexperiment (40 Versuchspersonen in vier unabhängigen Gruppen) wurde untersucht, ob bei einer Texteditieraufgabe vorhergehende Erfahrungen mit der Interaktionsform „Menüauswahl" den nachfolgenden Erwerb einer Kommandosprache beeinflussen. Dazu wurde ein 2 × 2-faktorieller Versuchsplan mit den Faktoren „Vorerfahrung" (ja/nein) und „Art der Hilfestellung" mit den Ausprägungen „Menüinformation" vs. „Hilfe-Fenster" verwendet. Zwei der vier Gruppen erhielten vorab die Gelegenheit, entweder mit Menüauswahl oder Kommandosprache Erfahrungen zu sammeln. Danach folgte die eigentliche Lernphase, in der von allen Gruppen die Texte ausschließlich mit der Kommandosprache bearbeitet wurden. Zusätzlich gab es einen Unterschied in der Hilfestellung: Menüs oder Hilfe-Fenster. Für alle Gruppen wurden Lernphasen für eine ausgewählte Gruppe von Kommandos erhoben. Weiterhin wurde das Wissen der Versuchspersonen über die insgesamt verfügbaren Kommandos getestet.

Im Gegensatz zu der oft geäußerten Annahme, die Vorerfahrung einer Menüauswahl inferiere mit dem späteren Erlernen einer Kommandosprache, fanden wir weder einen positiven noch negativen Transfer. Weiter zeigen die Ergebnisse, daß unerfahrene Benutzer durch Vorerfahrung mit der Interaktionsform „Menüauswahl" einen besseren Überblick über die Gesamtfunktionalität des Systems gewannen als die Gruppe mit der Kommandosprache.

*Handlungsspielraum und Beanspruchung kognitiver Ressourcen*

In einem Experiment zur dritten Frage wurden die Komplexität und die Anzahl verfügbarer Interaktionsformen als Einflußgrößen der mentalen Belastung des Benutzers untersucht (Eberleh, Korffmacher & Streitz, 1987). Es stellt sich die Frage, ob die mentale Belastung durch gezieltes Bereitstellen situationsangemessener Interaktionsformen reduziert werden kann und ob Benutzer diesen Handlungsspielraum sinnvoll ausschöpfen. Im Experiment erlernten 60 Personen die Bearbeitung einer graphischen Aufgabe an einem interaktiven Computergrafik-System. Sie übten die Aufgabenbearbeitung solange, bis sich bei den Bearbeitungszeiten keine Verbesserung mehr zeigte. Anschließend bearbeiteten alle die Aufgabe nacheinander unter drei verschiedenen situativen Bedingungen: Neben einer neutralen Kontrollbedingung mußten sie die Aufgabe einmal innerhalb einer vorgegebenen Zeit und zum anderen unter Bürolärm bearbeiten. Die Aufgabenbearbeitung konnte mit zwei verschiedenen Interaktionsformen geschehen, die sich hinsichtlich der kognitiven Komplexität und der benötigten Zeit unterschieden. Die Interaktionsformen waren somit für die Verwendung in den verschiedenen situativen Bedingungen unterschiedlich gut geeignet. Alle Personen lernten und übten beide Bearbeitungsprozeduren.

Zwei Gruppen mit je 15 Personen bearbeiteten die Aufgabe mehrmals in den verschiedenen Situationen unter Vorgabe einer der beiden gelernten Interaktionsformen. Eine Gruppe von 30 Personen durfte jede Aufgabe jeweils mit der Interaktionsform ihrer Wahl bearbeiten. Die Handlungen der Personen wurden vom Rechner auf der keystroke-Ebene aufgezeichnet. Zur Abschätzung der mentalen Belastung maßen wir die Reaktionszeiten und Fehler auf Sekundäraufgaben, zu deren Bearbeitung unterschiedliche kognitive Ressourcen benötigt wurden. Die Gruppe mit Handlungsspielraum wählte die für die jeweilige Belastungssituation angemessenere Interaktionsform häufiger zur Aufgabenbearbeitung und erzielte damit teilweise kürzere Aufgabenbearbeitungszeiten bei gleicher mentaler Belastung. Die Leistungswerte bei den Sekundäraufgaben sprechen für eine insgesamt größere mentale Belastung bei der komplexeren Interaktionsform.

## 5 Schlußbemerkungen

Aus den in diesem Beitrag dargestellten Ansätzen und Ergebnissen wird die übergeordnete Zielsetzung der MCI-Forschung deutlich. Sie soll dazu beitragen, interaktive Computersysteme zu entwickeln, die die Forderungen nach menschengerechter Gestaltung von Arbeit erfüllen. Damit sind die Inhalte der MCI-Forschung eng mit der Analyse, der Entwicklung von Vorgaben für die Gestaltung und der Entwicklung sowie dem Einsatz von Methoden für die Evaluation von Mensch-Computer-Schnittstellen verbunden. Liegen für diese Aufgabe notwendige wissenschaftlich abgesicherte Befunde über spezielle Eigenschaften der menschlichen Informationsverarbeitung noch nicht vor, dann müssen diese Voraussetzungen für Gestaltungsmaßnahmen selbst erforscht werden. Hieran zeigt sich die enge Verbindung und gegenseitige Anregung von Grundlagenforschung und angewandter Forschung.

Die zuvor geführte Diskussion der beiden Rollen interaktiver Problemlöser (Sachproblem und Interaktionproblem) führt zu einer ersten Spezifikation dieser allgemeinen Überlegungen: der *Forderung nach aufgabenzentrierten und benutzerorientierten Systemen*. *Aufgabenzentriertheit* erfordert, die zur Bearbeitung des Sachproblems erforderliche Funktionalität in aufgabenkompatibler und flexibler Weise (u. U. also auch mehrere Bearbeitungsverfahren für das gleiche Problem) zur Verfügung zu stellen. Damit sollen die Voraussetzungen zur optimalen Verwendbarkeit des Systems im Sinne der Nützlichkeit *(utility)* geschaffen werden. *Benutzerorientiertheit* bedeutet: Durch Maßnahmen zur Minimierung des Interaktionsproblems wird das Ausmaß an Bedienbarkeit oder Benutzerfreundlichkeit (z. B. *usability* bei Shackel, 1985) entscheidend erhöht. Dazu ist die These der Kognitiven Kompatibilität aufgestellt worden, die ein Minimum an Diskrepanzen zwischen Vorwissensstrukturen des Benutzers einerseits und den im Computersystem verwendeten Wissensrepräsentationen andererseits gewährleisten soll (Streitz, 1987). Mit diesen Forderungen ist auch noch einmal das unserer Meinung nach besonders wichtige Verhältnis zwischen der Bereitstellung und Gestaltung von Funktionalität und der Gestaltung der Mensch-Computer-Schnittstelle angesprochen worden. Beides muß gewährleistet sein, denn auch die benutzerfreundlichste Schnittstelle nutzt wenig, wenn das Anwendungsprogramm den Problemlöser nicht bei der Lösung des Sachproblems unterstützen kann. In diesem Sinne muß die Kognitive Ergonomie durch etwas ergänzt werden, wofür die von Norman (1986) und Rasmussen (1987) vorgeschlagene Begriffsbildung *cognitive engineering* einen geeigneten Akzent setzt.

## *Literatur*

Anderson, J. R. (1980). *Cognitive psychology and its implications.* San Francisco: Freeman.

Anderson, J. R. (1983). *The architecture of cognition.* Cambridge, MA: Harvard University Press.

Balzert, H. (1986). Gestaltungsziele der Software-Ergonomie. In *Software-Ergonomie Herbstschule SEH '86.* Berlin: Deutsche Informatik-Akademie.

Balzert, H. (1988). E/A-Geräte für die Mensch-Computer-Interaktion. In H. Balzert, U. Hoppe, R. Oppermann, H. Peschke, G. Rohr & N. A. Streitz (Hrsg.), *Einführung in die Software-Ergonomie* (S. 75—100). Berlin: de Gruyter.

Blauert, J. & Schaffert, E. (1985). *Automatische Sprachein- und -ausgabe* (Bundesanstalt für Arbeitsschutz, Dortmund. Forschungsbericht Nr. 417). Bremerhaven: Wirtschaftsverlag.

Bobrow, D., Mittal, S. & Stefik, M. (1986). Expert systems: Perils and promise. *Communications of the ACM, 29* (9), 880—894.

Borning, A. (1979). *Thinglab: A constraint-oriented simulation laboratory.* (Technical Report SSL-79-3). Palo Alto, Ca: Xerox PARC.

Budge, B. (1983). *Pinball Construction set* (computer program). San Mateo, CA: Electronic Arts.

Card, S. K., Moran, T. P. & Newell, A. (1983). *The psychology of human-computer interaction*. Hillsdale, NJ: Erlbaum.

Carroll, J. (1984). *Mental models and software human factors* (IBM Research Report RC 10616). Yorktown Heights, NY: IBM.

Carroll, J. & Mack, R. L. (1985). Metaphor, computing sytems, and active learning. *International Journal of Man-Machine Studies, 22,* 39—57.

Carroll, J. & Thomas, J. (1982). Metaphor and the cognitive representation of computing systems. *IEEE Transactions on Systems, Man, and Cybernetics, 12,* 107—116.

Dörner, D. (1976). *Problemlösen als Informationsverarbeitung*. Stuttgart: Kohlhammer.

Dumais, S. & Jones, W. (1985). A comparison of symbolic and spatial filing. In L. Borman & B. Curtis (Eds.), *Proceedings of the CHI '85 Conference on Human Factors in Computing Systems* (pp. 127—130). New York: ACM.

Dzida, W. (1980). Kognitive Ergonomie für Bildschirmarbeitsplätze. *Humane Produktion/Humane Arbeitsplätze, 10,* 18—19.

Eberleh, E. (1988a). Klassifikation von Dialogformen. In H. Balzert, U. Hoppe, R. Oppermann, H. Peschke, G. Rohr & N. A. Streitz (Hrsg.), *Einführung in die Software-Ergonomie* (S. 113—133). Berlin: de Gruyter.

Eberleh, E. (1988b). Menüauswahl. In H. Balzert, U. Hoppe, R. Oppermann, H. Peschke, G. Rohr & N. A. Streitz (Hrsg.), *Einführung in die Software-Ergonomie* (S. 135—151). Berlin: de Gruyter.

Eberleh, E., Korffmacher, W. & Streitz, N. A. (1987). Denken oder Handeln: Zur Wirkung von Dialogkomplexität und Handlungsspielraum auf die mentale Belastung. In W. Schönpflug & M. Wittstock (Hrsg.), *Software-Ergonomie '87 — Nützen Informationssysteme dem Benutzer?* (S. 317—327). Stuttgart: Teubner.

Ehrenreich, S. & Porcu, T. (1982). Abbreviations for automated systems: Teaching operators the rules. In A. Badre & B. Shneiderman (Eds.), *Directions in human-computer interaction* (pp. 111—135). Norwood, NJ: Ablex.

Ehrich, R. & Williges, R. (Eds.). (1986). *Human-computer dialogue design*. Amsterdam: Elsevier.

Fähnrich, K.-P. (1987). Software-Ergonomie: Stand und Entwicklung. In K.-P. Fähnrich (Hrsg.), *Software-Ergonomie*. State-of-the-Art 5 (S. 9—28). München: Oldenbourg.

Gaines, B. (1986). From timesharing to the sixth generation: the development of human-computer interaction. Part I. *International Journal of Man-Machine Studies, 24,* 1—27.

Gentner, D. & Gentner, D. R. (1983). Flowing water or teeming crowds: mental models of electricity. In D. Gentner & A. Stevens (Eds.), *Mental models* (pp. 99—129). Hillsdale, NJ: Erlbaum.

Giuliano, V. E. (1982). The mechanization of office work. *Scientific American, 247,* 148—165.

Goldberg, A. (1984). *Smalltalk-80. The interactive programming environment*. Menlo Park, CA: Addison Wesley.

Gould, J. D. & Lewis, C. (1985). Designing for usability: Key principles and what designers think. *Communications of the ACM, 28* (3), 300—311.

Greeno, J. (1980). Trends in the theory of knowledge for problem solving. In D. Tuma & F. Reif (Eds.), *Problem solving and education: Issues in teaching and research.* Hillsdale, NJ: Erlbaum.

Grudin, J. & Barnard, P. (1984). The cognitive demands of learning and representing command names for text editing. *Human Factors, 26,* 407—422.

Grudin, J. & Barnard, P. (1985). When does an abbreviation become a world? And related questions. In L. Borman & B. Curtis (Eds.), *Proceedings of the CHI '85 Conference on Human Factors in Computing Systems* (pp. 121—125). New York: ACM.

Hacker, W. (1987). Software-Gestaltung als Arbeitsgestaltung. In K. Fähnrich (Hrsg.), *Software-Ergonomie.* State-of-the-Art 5 (S. 29—42). München: Oldenbourg.

Hacker, W. & Schönfelder, E. (1986). Job organization and allocation of functions between man and computer. In F. Klix & H. Wandke (Eds.), *Man-Computer Interaction Research: MACINTER I*(pp. 403—420). Amsterdam: North-Holland.

Halasz, F. (1984). Mental models and problem solving. Unpublished Ph. D. Dissertation. Stanford: Stanford University.

Halasz, F. & Moran, T. (1982). Analogy considered harmful. In T. Moran (Ed.), *Eight short papers on user psychology* (pp. 33—36). Palo Alto, CA: Xerox PARC.

Halasz, F. & Moran, T. (1983). Mental models and problem solving in using a calculator. In A. Janda (Ed.), *Proceedings of the CHI '83 Conference on Human Factors in Computing Systems* (pp. 212—216). New York: ACM.

Hutchins, E., Hollan, J. & Norman, D. (1986). Direct manipulation interfaces. In D. Norman & S. Draper (Eds.), *User centered system design: New perspectives on human-computer interaction* (pp. 87—124). Hillsdale, NJ: Erlbaum.

Kieras, D. & Bovair, S. (1984). The role of mental models in learning to operate a device. *Cognitive Science, 8,* 255—273.

Kiger, J. (1984). The depth/breadth tradeoff in the design of menu-driven user interfaces. *International Journal on Man-Machine Studies, 20,* 201—213.

Klix, F. (1971). *Information und Verhalten.* Berlin: Deutscher Verlag der Wissenschaften.

Krause, W. (1982). Problemlösen — Stand und Perspektiven. *Zeitschrift für Psychologie, 190,* 17—36 (Teil I) und 141—169 (Teil 2).

Lakoff, G. & Johnson, M. (1980). *Metaphors we live by.* Chicago: University of Chicago Press.

Landauer, T. K. & Nachbar, D. W. (1985). Selection from alphabetic and numeric menus using a touch screen: breadth, depth and width. In L. Borman (Ed.), *Proceedings of the CHI '85 Conference on Human Factors in Computing Systems* (pp. 73—78). New York: ACM.

Lieser, A., Streitz, N. A. & Wolters, A. (1987). *Dialogformen und Metaphernwelten als Determinanten der Erlernbarkeit interaktiver Systeme.* (Arbeitsbericht Nr. I/42). Aachen: Institut für Psychologie der RWT Aachen.

Mandl, H. & Spada, H. (1988). *Einführung in die Wissenspsychologie*. München: Psychologie Verlags Union.

Martin, J. (1973). *Design of man-computer dialogues*. Englewood Cliffs, NJ: Prentice Hall.

Miller, D. P. (1981). The depth/breadth tradeoff in hierarchical computer menus. *Proceeding of the Human Factors Society, 25th Annual Meeting* (pp. 296—300).

Miller, L. & Thomas, J. (1977). Behavioural issues in the use of interactive systems. *International Journal on Man-Machine Studies, 9,* 509—536.

Newell, A. & Simon, H. (1972). *Human problem solving*. Englewood Cliffs, NJ: Prentice Hall.

Nickerson, R. (1969). Man-computer interaction: A challenge for human factors research. *IEEE Transactions on Man-Machine Systems, 4,* 164—180.

Norman, D. A. (1981). The trouble with UNIX. *Datamation, 27,* 556—563.

Norman, D. A. (1983). Some observations on mental models. In D. Gentner & A. Stevens (Eds.), *Mental models* (pp. 7—14). Hillsdale, NJ: Erlbaum.

Norman, D. A. (1986). Cognitive engineering. In D. A. Norman & S. Draper (Eds.), *User centered system design: New perspectives on human-computer interaction* (pp. 31—61). Hillsdale, NJ: Erlbaum.

Norman, D. A. & Rumelhart, D. (1975). *Explorations in cognition*. San Francisco: Freeman.

Ortony, A. (1979). *Metaphor and thought*. Cambridge: Cambridge University Press.

Rasmussen, J. (1987). Cognitive engineering. In H. Bullinger & B. Shackel (Eds.), *Proceedings of the Conference INTERACT '87 — Human-computer interaction* (pp. xxv—xxx). Amsterdam: North-Holland.

Robertson, G., McCracken, D. & Newell, A. (1981). The ZOG approach to man-machine communication. *International Journal on Man-Machine Studies, 14,* 461—488.

Sanders, A. F., Streitz, N. A., Eberleh, E. & Lieser, A. (1986). *Mentale Belastung und kognitive Prozesse bei komplexen Dialogstrukturen*. (Arbeitsbericht Nr. I/38. 1. Zwischenbericht an die Bundesanstalt für Arbeitsschutz, Dortmund). Aachen: Institut für Psychologie der RWTH Aachen.

Salvendy, G. (Ed.). (1987). *Handbook of human factors*. New York: Wiley.

Shackel, B. (1969). Man-computer interaction: the contribution of the human sciences. *Ergonomics, 12,* 485—499.

Shackel, B. (Ed.). (1981). *Man-computer interaction: Human factors aspects of computers and people*. The Netherlands: Sijthoff & Noordhoof.

Shackel, B. (1985). Human factors and usability — whence and whither? In H. Bullinger (Hrsg.), *Software-Ergonomie '85 — Mensch-Computer Interaktion* (S. 13—31). Stuttgart: Teubner.

Shneiderman, B. (1982). The future of interactive systems and the emergence of direct manipulation. *Behavior and Information Technology, 1,* 237—256.

Shneiderman, B. (1983). Direct manipulation: A step beyond programming languages. *IEEE Computer, 16* (8), 57—69.

Shneiderman, B. (1987). *Designing the user interface: Strategies for effective human-computer interaction.* Reading: Addison-Wesley.

Smith, R. B. (1987). Experiences with the alternate reality kit: An example of the tension between literalism and magic. In J. Carroll & P. Tanner (Eds.), *Proceedings of the CHI + GI '87 Conference on Human Factors in Computing Systems and Grafics Interface* (pp. 61—68). New York: ACM.

Smith, C., Irby, C., Kimball, R., Verplank, B. & Harslem, E. (1982). Designing the Star User Interface. *BYTE, 7* (4), 242—282.

Spinas, P., Troy, N. & Ulich, E. (1983). *Leitfaden zur Einführung und Gestaltung von Arbeit an Bildschirmplätzen.* Zürich: Verlag Industrielle Organisation.

Streitz, N. A. (1983). The importance of knowledge representation in problem solving: An example of text comprehension and problem solving. In G. Lüer (Hrsg.), *Bericht über den 33. Kongreß der Deutschen Gesellschaft für Psychologie in Mainz* (S. 403—407). Göttingen: Hogrefe.

Streitz, N. A. (1985). Die Rolle von mentalen und konzeptuellen Modellen in der Mensch-Computer Interaktion: Konsequenzen für die Software-Ergonomie? In H. J. Bullinger (Hrsg.), *Software-Ergonomie '85: Mensch-Computer-Interaktion* (S. 280—292). Stuttgart: Teubner.

Streitz, N. A. (1986a). Subjektive Wissensrepräsentationen als Determinanten kognitiver Prozesse. Unveröffentlichte Dissertation. RWTH Aachen.

Streitz, N. A. (1986b). Cognitive Ergonomics: An approach for the design of user-oriented systems. In F. Klix & H. Wandke (Eds.), *Man-Computer Interaction Research: MACINTER I* (pp. 21—33). Amsterdam: North-Holland.

Streitz, N. A. (1987). Cognitive compatibility as a central issue in human-computer interaction: Theoretical framework and empirical findings. In G. Salvendy (Ed.), *Cognitive engineering in the design of human-computer interaction and expert systems* (pp. 75—82). Amsterdam: Elsevier.

Streitz, N. A. (1988a). Mental models and metaphors: Implications for the design of adaptive user-system interfaces. In H. Mandl & A. Lesgold (Eds.), *Learning issues for intelligent tutoring systems* (pp. 164—186). Cognitive Science Series. New York: Springer.

Streitz, N. A. (1988b). Fragestellungen und Forschungsstrategien der Software-Ergonomie. In H. Balzert, H. Hoppe, R. Oppermann, H. Peschke, G. Rohr & N. A. Streitz (Hrsg.), *Einführung in die Software-Ergonomie* (S. 3—25). Berlin: de Gruyter.

Streitz, N. A. & Eberleh, E. (1988). *Mentale Belastung und kognitive Prozesse bei komplexen Dialogstrukturen.* (Arbeitsbericht Nr. I/48. Abschlußbericht an die Bundesanstalt für Arbeitsschutz, Dortmund). Aachen: Institut für Psychologie der RWTH Aachen.

Streitz, N. A., Lieser, A. & Wolters, A. (1988). The combined effects of metaphor worlds and dialogue modes in human-computer-interaction. In F. Klix, N. A.

Streitz, Y. Waern & H. Wandke (Eds.), *Man-Computer Interaction Research: MACINTER II* (pp. 75—88). Amsterdam: North-Holland.

Streitz, N. A., Spijkers, W. & Van Duren, L. (1987). From novice to expert user: A transfer of learning experiment on different interaction modes. In H. Bullinger & B. Shackel (Eds.), *Proceedings of the Second IFIP Conference Human-computer-interaction INTERACT '87* (pp. 841—846). Amsterdam: North-Holland.

Sutherland, I. E: (1963). Sketchpad: A man-machine graphical communication system. *Proceedings of the Spring Joint Computer Conference,* 329—346.

Sutton, J. & Sprague, R. (1978). *A study of display generation and management in interactive business applications.* (IBM Research Report RJ 2392-31804). Yorktown Heights, NY: IBM.

Teitelbaum, R. & Granda, R. (1983). The effects of positional constancy on searching menus for information. In E. Janda (Ed.), *Proceedings of the CHI '83 Conference on Human Factors in Computing Systems* (pp. 150—153). New York: ACM.

Tesler, L. (1981). The Smalltalk environment. *BYTE, 6* (8), 90—147.

Tombaugh, J. & McEwen, S. (1982). Comparison of two information retrieval methods on Videotext: Tree-structure versus alphabetic directory. *Proceedings of the Conference on Human Factors in Computing Systems* (pp. 106—110). New York: ACM.

Tulving, E. & Watkins, M. (1973). Continuity between recall and recognition. *American Journal of Psychology, 86,* 739—748.

Ulich, E. (1988). Arbeits- und organisationspsychologische Aspekte. In H. Balzert, U. Hoppe, R. Oppermann, H. Peschke, G. Rohr & N. Streitz (Hrsg.), *Einführung in die Software-Ergonomie* (S. 55—73). Berlin: de Gruyter.

Widdel, H. & Kaster, J. (1985). Untersuchung zur formalen Transparenz eines Menüsystems. In H. J. Bullinger (Hrsg.), *Software-Ergonomie '85: Mensch-Computer-Interaktion* (S. 228—238). Stuttgart: Teubner.

Williams, G. (1983). The Lisa Computer System. *BYTE, 8* (2), 33—50.

Williams, G. (1984). The Apple Macintosh Computer. *BYTE, 9* (2), 30—54.

Williges, B. & Williges, R. (1984). Dialogue design considerations for interactive computer systems. In F. Muckler (Ed.), *Human Factors Review* (pp. 167—209). Santa Monica, CA: The Human Factors Society.

Young, R. (1983). Surrogates and mappings: Two kinds of conceptual models for interactive devices. In D. Gentner & A. Stevens (Eds.), *Mental models* (pp. 35—52). Hillsdale, NJ: Erlbaum.

Ziegler, J. (1987). Grunddimensionen von Interaktionsformen. In W. Schönpflug & M. Wittstock (Hrsg.), *Software-Ergonomie '87 — Nützen Informationssysteme dem Benutzer?* (S. 489—497). Stuttgart: Teubner.

10. Kapitel

# Bewertung und Vorhersage der Systemzuverlässigkeit

*Heiner Bubb*

## 1 Einführung

Seitdem Menschen sich technischer Hilfsmittel bedienen und die in der Natur liegenden Kräfte zum eigenen Nutzen verwenden, spielt neben den Methoden der Ausnutzung die Frage der Zuverlässigkeit dieser Hilfsmittel eine bedeutende Rolle. Über eine lange Periode der menschlichen Geschichte wurde die Frage implizit und ohne wissenschaftliches Kalkül behandelt. Mit dem Beginn der modernen Technik zu Anfang des letzten Jahrhunderts wurde nicht nur das Entwickeln von Geräten und Vorrichtungen mit Hilfe der emotionsfreien Logik der Mathematik rationalisiert, sondern auch das Streben nach Zuverlässigkeit. Versuchte man über eine weite Strecke der Entwicklung diese Zuverlässigkeit durch erhöhte Materialstärken (sog. Sicherheitszuschläge), durch Auswahl von besonderen Materialien und durch besonders hohe Anforderungen an Genauigkeit und Sauberkeit — bis zu einem gewissen Grade mit großem Erfolg — zu erreichen (Bereich der traditionellen Sicherheitstechnik), so zeigte insbesondere die Entwicklung zu vorrangig informationverarbeitenden technischen Elementen, daß scheinbar zufallsgenerierte Fehler auftreten, die sich mit diesen klassischen Methoden nicht beherrschen lassen. Moderne technische Anlagen stellen äußerst komplexe Gebilde dar, die in ihren Bestandteilen die unterschiedlichsten Techniken nutzen. Durch die hohe Vernetzung der Bestandteile verzweigt sich eine Störung weit und kommt an scheinbar willkürlichen Stellen zum Vorschein. Wie die Analyse von Systemausfällen, Katastrophen und Störfällen außerdem zeigt, ist ein nicht unerheblicher Anteil (je nach Autor und Anwendungsbereich zwischen 30 % und 90 %) auf menschliches Versagen zurückzuführen. Damit muß die Richtigkeit des üblichen ingenieurwissenschaftlichen Vorgehens, nämlich alle Eingriffe, die unter Variation aller möglichen Zustände nicht mit ausreichender Zuverlässigkeit technisch beherrschbar sind, dem bedienenden Menschen zu übertragen, überdacht werden.

In der fortschreitenden Entwicklung haben sich mit dem Wunsch nach mehr Nutzen naturgemäß aber auch die Energiemengen, über die technisch verfügt wird, vermehrt und damit die möglichen Folgen einer Störung vergrößert. Wie die jüngste, über punktuelle Katastrophenereignisse hinaus anhaltende, gesellschaftliche Diskussion über die Zuverlässigkeit der Technik und die Folgen einer exzessiven technischen Nutzung zeigt, steht in vielen Fällen nicht nur eine emotionale Beurteilung im Vordergrund, sondern häufig wird eine Lösung im „Einfrieren" des gegenwärtigen technischen Standes gesehen, da man in jeder Veränderung einen gefährlichen Schritt von dem Pfade des scheinbar Überschaubaren und Beherrschbaren sieht.

In dieser Situation ist es Aufgabe der Systemtechnik, gesicherte Daten über Systemrisiken bereitzustellen, die Aufschluß über die Größe von Gefahren und die Wahrscheinlichkeit ihres Auftretens vermitteln. Diese Daten sollten so beschaffen sein, daß sie Grundlage für eine begründete Entscheidung über Annahme oder Ablehnung eines technischen Systems und zwischen verschiedenen Systemalternativen sein können.

## 2 Grundlagen der Systemzuverlässigkeit

### 2.1 Grundlegende Zusammenhänge

#### 2.1.1 System

Unter einem *System* versteht man die sinnvolle, einen bestimmten Zweck verfolgende Anordnung von technischen Einheiten allein, die Anordnung von technischen Einheiten *und* Menschen oder eine Anordnung von Menschen, wobei die technischen Einheiten und Menschen untereinander und miteinander in Wechselbeziehung stehen. Mit einem System wird eine Systemaufgabe verfolgt, die durch eine bestimmte gewünschte Änderung von Informationen definiert ist.

Unter Information ist dabei jede Abweichung vom natürlichen (thermischen) Verteilungszustand von Energie und Materie zu verstehen. Praktisch kann die angestrebte Informationsänderung sowohl in der Veränderung von Materie (Aufgabe der „Arbeitsmaschinen") als auch in der von Energie (Aufgabe der „Kraftmaschinen" bzw. „Energieerzeugung") als auch in der örtlichen Veränderung von Energie/Materie (Aufgabe der Hebezeuge, Förderanlagen, Pumpen, Ventilatoren, Fahrzeuge) oder in der Veränderung von Materie/Energieverteilung (Aufgabe der informationsverarbeitenden Maschinen, wie z. B. Computer, Datenträger u. ä.) bestehen.

Die gewünschte Änderung kann nur erfolgen, indem das System mit der sog. Systemumgebung im Informationsaustausch steht. Das System besitzt somit eine Eingangsseite („input"), durch die aus der Umgebung Information (d. h. Energie bzw. Materie) auf einem oder mehreren Kanälen aufgenommen wird, und eine Ausgangsseite („output"), durch die die gewandelte Information auf einem oder mehreren Kanälen abgegeben wird.

Jedes System läßt sich aus Elementen zusammengesetzt denken, wobei diese Elemente miteinander im Informationsaustausch stehen. Durch die *Systemstruktur* werden die Wirkbeziehungen der Elemente untereinander vorgegeben. Graphisch werden die Informationskanäle als Pfeile dargestellt, die somit auch die Wirkrichtung der Information kennzeichnen. Innerhalb eines solches Wirkungsgefüges werden die Teile als *Elemente* bezeichnet, die die eingehende Information auf charakteristische Weise verändern. Man unterscheidet Elemente, die Informationen miteinander verknüpfen bzw. Informationen verteilen (Summenpunkt, Verzweigungspunkt, Schalter), und Elemente, die einkanalige Informationen gemäß einer Funktion verändern, wobei wiederum solche, bei denen die Zeit keine Rolle spielt („Element ohne Gedächtnis"), von solchen, bei denen die Zeit eine Rolle spielt („Element mit Gedächtnis"), separiert werden (näheres siehe Bubb & Schmidtke, 1981). Unter diesem Aspekt kann sowohl die Maschine als auch der Mensch als Bestandteil eines „Mensch-Maschine-Systems" angesehen werden.

Die Systemelemente Mensch bzw. Maschine können aber auch als Subsysteme aufgefaßt werden. Solche Subsysteme enthalten dann weitere einfache Elemente und deren Verknüpfung. Eine solche Aufgliederung in Subsysteme und Elemente ist in der praktischen Systembeurteilung bis zu dem Grade notwendig, der eine ausreichende Beschreibung des Systemverhaltens in allen relevanten Situationen erlaubt. Für viele allgemeine Betrachtungen ist es unerheblich, ob man einen Bereich eines Systems als Element oder Subsystem bezeichnet. Wenn diese Unterscheidung nicht notwendig ist, spricht man von *Systemkomponenten*.

### 2.1.2 Qualität und Zuverlässigkeit

Im Zusammenhang mit der Bewertung und Vorhersage der Systemzuverlässigkeit interessiert den Nutzer und Anwender vorrangig die Güte der Aufgabenerfüllung, die Zeitdauer, für die diese Güte garantiert werden kann, die Wahrscheinlichkeit für Systemausfälle und die zu erwartenden Folgen eines solchen Ausfalls für unterschiedliche zur Auswahl stehende Systeme.

Die Güte der Aufgabenerfüllung kennzeichnet allgemein die *Qualität*. Nach DIN 55 350, Teil 11 versteht man darunter „die Beschaffenheit einer Einheit bezüglich ihrer Eignung, festgelegte und vorausgesetzte Erfordernisse zu erfüllen". Bezogen auf die Ausführung einer Handlung kann die spezifischere Definition der „Ausführungsqualität" hilfreich sein; sie ist entsprechend definiert als „Beschaffenheit der Ergebnisse von Tätigkeiten und Prozessen für ein oder mehrere Qualitätselemente bezüglich ihrer Eignung, die für die Ergebnisse vorgegebenen Forderungen zu erfüllen" (siehe auch Masing, 1980).

Der Begriff der Qualität ist die Basis für die Definition der *Zuverlässigkeit*, wobei nun auch noch die Zeitabhängigkeit mitberücksichtigt wird. Nach DIN 55 350 versteht man darunter „die Fähigkeit eines Erzeugnisses, den Verwendungszweck während einer gegebenen Zeitdauer unter festgelegten Bedingungen zu erfüllen", d. h. die Fähigkeit, während einer gegebenen Zeitdauer unter festgelegten Bedingungen eine geforderte Qualität zu erbringen. Wenn man noch die Tatsache berücksichtigt, daß bei der in der Systemtechnik üblichen Betrachtungsweise des Input-Output-Verhaltens eines Systems bzw. eines Elementes Qualitätsverluste scheinbar zufällig auftreten können, kann man in Anlehnung an die Definition der menschlichen Zuverlässigkeit von Peters und Meyna (1980) angeben (siehe auch Dhillon, 1986):

*Zuverlässigkeit (reliability) ist die Wahrscheinlichkeit, daß ein Element eine definierte Qualität während eines vorgegebenen Zeitintervalls und unter vorgegebenen Bedingungen erbringt.*

Eine Kenngröße für die Zuverlässigkeit ist der mittlere Ausfallabstand MTTF (mean time to failures). Durch eine ähnliche Kenngröße kann die Reparierbarkeit eines Systems beschrieben werden: Die mittlere Reparaturdauer MTTR (mean time to repair) kennzeichnet somit die *Instandhaltbarkeit* (maintainability) eines Systems. Aus diesen beiden Kenngrößen ergibt sich die *Verfügbarkeit* (availability) eines Systems, also die Wahrscheinlichkeit, daß ein System bzw. eine Systemkomponente für den vorgesehenen Gebrauch funktionsfähig bereitsteht, wenn der Einsatz gefordert wird (Def. nach Dhillon, 1986):

$$V = \frac{MTTF}{MTTF + MTTR} \qquad (1)$$

(siehe auch Schneeweiss, 1973)

Wegen der großen Bedeutung für die Systemzuverlässigkeit und der teilweisen Andersartigkeit gegenüber technischen Elementen wird die Eigenschaft des Subsystems Mensch in diesem Zusammenhang eigens definiert. Die *menschliche Zuverlässigkeit* (human reliability) wird durch die Wahrscheinlichkeit beschrieben, eine Aufgabe unter vorgegebenen Bedingungen für ein gegebenes Zeitintervall im Akzeptanzbereich durchzuführen. Dabei ist ein grundsätzlicher Unterschied zwischen der technischen und der menschlichen Zuverlässigkeit zu berücksichtigen: Technische Subsysteme haben Funktionen, die zwar in den sie aufbauenden Elementen überwacht werden können, bei Funktionsausfall jedoch nicht mehr zur Verfügung stehen. Der Mensch übt demgegenüber im Mensch-Maschine-System Funktionen aus, indem er Aufgaben erfüllt. Im Gegensatz zur Maschine handelt er zielgerichtet, nicht funktionell. Das bedeutet: Die Wahrscheinlichkeit des fehlerhaften Ausführens einzelner Handlungsschritte kann zwar hoch sein, die Wahrscheinlichkeit, das Gesamtziel nicht zu erreichen, aber dennoch sehr klein werden. Der Mensch verfügt über die Fähigkeit, sein Handeln selbst zu überwachen; fehlerhafte Handlungsschritte oder Handlungen können korrigiert werden, ehe sie sich auf das Systemverhalten auswirken.

Durch die menschliche Fehlerwahrscheinlichkeit (human error probability, HEP) wird die Wahrscheinlichkeit charakterisiert, daß eine Tätigkeit zu irgendeinem beliebigen Zeitpunkt fehlerhaft ausgeführt wird. Sie läßt sich definieren als

$$\text{HEP} = \frac{\text{Anzahl der fehlerhaft durchgeführten Aufgaben}}{\text{Anzahl aller durchgeführten Aufgaben}} \qquad (2)$$

Aus der Fehlerwahrscheinlichkeit HEP läßt sich unter Hinzuziehung der Zeitabhängigkeit die entsprechende Zuverlässigkeitsfunktion berechnen (siehe 2.2.2). Eine menschliche Handlung nennt man dann einen Fehler, wenn sie eine bestimmte gesetzte Toleranzgrenze überschreitet. Die fehlerhafte Ausführung selbst wird „menschliche Fehlhandlung", „menschliches Fehlverhalten" bzw. auch „menschliches Versagen" (human error) genannt (der letztgenannte deutsche Ausdruck ist dabei nach Kuhlmann, 1981, nicht sehr glücklich gewählt).

### 2.1.3 Begriffe der Sicherheitstechnik

Im Zusammenhang mit der Systemzuverlässigkeit tritt auch der Begriff der *Sicherheit* auf. Sowohl nach allgemeinem Sprachgebrauch wie nach den verschiedenen lexikalischen Definitionen (z. B. großer Brockhaus) kann Sicherheit mit „Nichtvorhandensein von Gefahr" bzw. „Freisein von Gefahr und Verletzung" definiert werden. Zuverlässigkeit und Sicherheit stehen insofern in einem Zusammenhang, als es im Versagensfalle einer Systemkomponente bzw. des Systems zu sicherheitsgefährdenden Zuständen kommen kann. Maßnahmen zur Zuverlässigkeitserhöhung können also, müssen aber nicht, auch Maßnahmen zur Verbesserung der Sicherheit sein. Die Sicherheitstheorie lehnt sich an die Zuverlässigkeitstheorie (2.2) an, stellt aber nicht die Ausfälle als solche in den Mittelpunkt der Betrachtung, sondern die sicherheitsrelevante Teilmenge der Ereignisse, die eine Gefährdung bewirken. Ebenso wie die Zuverlässigkeit als eine Wahrscheinlichkeit definiert ist, werden auch in der Sicherheitstheorie Kenngrößen für die Sicherheit verwendet, die vor allem den probabilistischen Aspekt betonen. Danach ist absolute Sicherheit nicht möglich. Man spricht deshalb von Sicherheitswahrscheinlichkeit bzw. als mathematisches Komplement dazu von Gefährdungswahrscheinlichkeit (siehe Peters & Meyna, 1980).

Nach allgemeinem technischen Verständnis wird dabei die Sicherheit an dem vertretbaren Risiko gemessen (siehe DIN 31004, Teil 1).

Das *Risiko*, das mit einem bestimmten Vorgang oder Zustand verbunden ist, wird zusammenfassend durch eine Wahrscheinlichkeitsaussage beschrieben, die

— die zu erwartende Häufigkeit H des Eintritts eines zum Schaden führenden Ereignisses und

— das beim Ereigniseintritt zu erwartende Schadensausmaß S berücksichtigt (unter Schaden wird dabei ein Nachteil durch Verletzung von Rechtsgütern verstanden).

In bestimmten Fällen läßt sich das Risiko RI somit quantifizieren:

$$RI = H \cdot S \tag{3}$$

In der Praxis werden diese Größen häufig auf einen Bezugszeitraum bezogen (z. B. 1 Jahr).

Unter Sicherheit versteht man eine Sachlage, bei der das Risiko nicht größer ist als ein vorher festgelegtes Grenzrisiko. Dieses ist wiederum das größte noch vertretbare Risiko eines bestimmten technischen Vorgangs oder Zustands. Im allgemeinen läßt es sich nicht quantitativ erfassen. Es wird in der Regel indirekt durch sicherheitstechnische Festlegungen, wie Angaben über einzuhaltende technische Werte oder Verhaltensanweisungen, beschrieben. Überschreitet das tatsächliche Risiko das Grenzrisiko, befindet sich das System im Bereich der Gefahr.

## 2.2 Zuverlässigkeitstheorie

### 2.2.1 Grundbegriffe

Die Zuverlässigkeitstheorie ist wesentlich durch die Methode der Wahrscheinlichkeitsrechnung (sog. probabilistische Methode) charakterisiert. Der klassische Wahrscheinlichkeitsbegriff stammt von Laplace (1749—1827): Die Wahrscheinlichkeit p ist das Verhältnis der Zahl i der Ergebnisse E in Relation zur Zahl n der möglichen Ereignisse:

$$p(E) = \frac{i}{n} \tag{4}$$

Die Laplacesche Wahrscheinlichkeit kennzeichnet die sogenannte a priori-Wahrscheinlichkeit, also eine theoretische Wahrscheinlichkeit. Im Experiment und in den meisten Fällen der Praxis kann man die Wahrscheinlichkeit nur schätzen, indem man die beobachtete Häufigkeit f(E) des Ereignisses E auf die Zahl der Beobachtungen N bezieht. Die so erhaltene relative Häufigkeit $f_{rei}$

$$f_{rei} = \frac{f(E)}{N} = \hat{p} \tag{5}$$

stellt nach Kolmogoroff einen guten Schätzwert p̂ für die Wahrscheinlichkeit p des Ereignisses E dar, die man genau erhalten würde, wenn man die Zahl der Beobachtungen gegen Unendlich gehen lassen würde (Satz von Mises; a posteriori-Wahrscheinlichkeit):

$$p(E) = \lim_{N \to \infty} \frac{f(E)}{N} \qquad (6)$$

Die Fehlerwahrscheinlichkeit F kann nach dieser Methode definiert werden:

$$F = \frac{\text{Zahl der Fehler}}{\text{Zahl der möglichen Fehler}} \qquad (7)$$

(siehe auch die Definition der menschlichen Fehlerwahrscheinlichkeit in Gleichung (2)).

Entsprechend wird die Zuverlässigkeit R als mathematisches Komplement der Fehlerwahrscheinlichkeit betrachtet:

$$R = 1 - F \qquad (8)$$

Wahrscheinlichkeiten sind definitionsgemäß dimensionslose Zahlen. In den meisten praktischen Fällen können diese Wahrscheinlichkeiten weder a priori bestimmt, noch a posteriori beobachtet werden (z. B. weil „die Zahl der möglichen Fehler" nicht bestimmbar ist). Beobachten kann man aber die sogenannte Fehlerrate λ. Sie ist als eine auf die Zeiteinheit bezogene Größe definiert:

$$\lambda = \frac{\text{Zahl der Fehler}}{\text{Zeiteinheit}} \qquad (9)$$

Erst mit Hilfe von Modellen über die Wahrscheinlichkeitsverteilung kann die Fehlerrate in eine Wahrscheinlichkeit umgerechnet werden.

Für die Auswertung von Daten und für die Ermittlung von statistischen Kenngrößen für die Zuverlässigkeit bzw. Sicherheitswahrscheinlichkeit sind folgende Wahrscheinlichkeitsdichtefunktionen von besonderer Bedeutung (siehe Kuhlmann, 1981):

— Die *Gauß-Verteilung* stellt ein sehr allgemein verwendbares Verteilungsmodell dar. Sie eignet sich beispielsweise auch für Verschleißausfälle. Die Ausfallrate stellt eine mit der Zufallsvariablen stetig steigende Funktion dar.

— Die *logarithmische Gauß-Verteilung* ist dadurch gekennzeichnet, daß sie nur für positive Werte der Zufallsvariablen definiert ist. Sie eignet sich also gut für Daten, die durch natürliche Gegebenheiten für diesen Wertebereich festgeschrieben sind, wie z. B. Massen, Längen, Zeiten. Durch Wahl der Parameter kann eine steigende oder fallende Ausfallrate berücksichtigt werden.

— Die *Weibull-Verteilung* ist wegen ihrer großen Anpassungsfähigkeit gerade im Bereich der Zuverlässigkeitstheorie besonders geeignet. Allerdings bereitet die exakte Bestimmung der drei sie beschreibenden Parameter — Anfangszeitpunkt, charakteristische Lebensdauer und Ausfallsteilheit — manchmal erhebliche Schwierigkeiten, insbesondere bei unzureichend großen Datenmengen. Die Ausfallrate kann je nach Größe und Kombination der Parameter steigend oder fallend gewählt werden.

— Die *Exponential-Verteilung* ist ein Sonderfall der Weibull-Verteilung, der gegeben ist, wenn man die Ausfallsteilheit gleich „1" und den Anfangszeitpunkt zu „0" wählt. In diesem Fall erhält die Wahrscheinlichkeitsdichtefunktion f(t) die Form

$$f(t) = \lambda \cdot e^{-\lambda t}, \tag{10}$$

wobei die Ausfallrate $\lambda$ eine zeitunabhängige Konstante ist, die Zerfallsrate bzw. Fehlerrate genannt wird (siehe Gleichung 9). Wegen ihres einfachen Aufbaues ist die Exponentialverteilung in der Anwendung außerordentlich weit verbreitet, obwohl sie im Prinzip auf Elemente, deren Funktionszuverlässigkeit beispielsweise durch Verschleiß zeitabhängig ist, nicht anwendbar ist (siehe auch 2.2.2).

### 2.2.2 Zeitabhängigkeit der Zuverlässigkeit (Zuverlässigkeitsfunktion)

Mit Hilfe der Gleichung (10) kann die Wahrscheinlichkeit F(t) dafür berechnet werden, daß bis zum Zeitpunkt t ein Fehler auftritt; sie kann als Fehlerfunktion bezeichnet werden:

$$F(t') = \int_{-\infty}^{t'} f(t)\, dt \tag{11}$$

Die *Zuverlässigkeitsfunktion* R(t) ist als Komplement dazu definiert:

$$R(t') = 1 - \int_{-\infty}^{t'} f(t)\, dt \tag{12}$$

bzw. gewöhnlich auch (siehe Dhillon, 1986):

$$R(t') = \int_{t'}^{\infty} f(t)\, dt. \tag{13}$$

Unter der Voraussetzung einer konstanten Fehlerrate erhält man:

$$R(t') = e^{-\lambda t'}. \tag{14}$$

In Abbildung 1b ist der Verlauf der Zuverlässigkeit für den Fall einer Fehlerrate $\lambda_1$ von 0,2 Fehlern/h (Abbildung 1a) dargestellt. Die Zuverlässigkeit $R_1$ nimmt mit zunehmender Betriebszeit allein deswegen ab, weil auch bei konstanter Fehlerrate die Wahrscheinlichkeit für einen Fehler ständig zunimmt. Im Falle des Beispiels ist sie nach 5 Stunden auf einen Wert von $1/e = 0{,}368$ abgesunken.

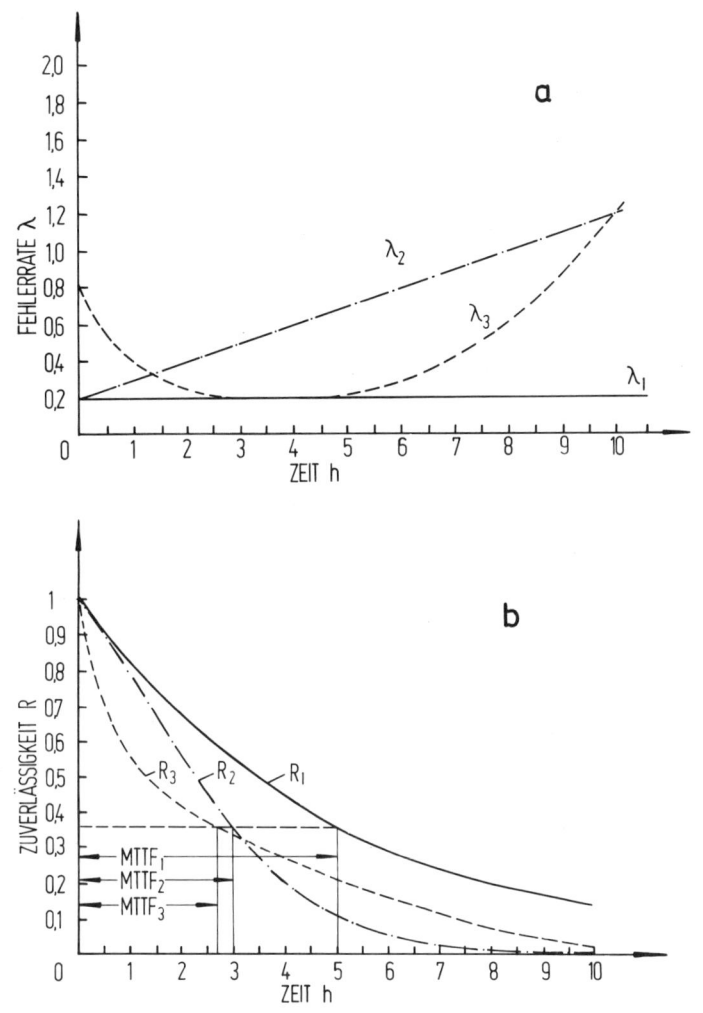

Abb. 1: Zeitverlauf der Zuverlässigkeit R (Bildteil b) in Abhängigkeit von einer
——————— konstanten Fehlerrate
— · — · — über der Zeit zunehmenden Fehlerrate
............ Fehlerrate mit spezieller Abhängigkeit von der Zeit („Badewannenkurve"
— jeweils Bildteil a).

Diese Zeit wird mittlere Zeit bis zu einem Fehler (MTTF = mean time to failure) genannt. Für den einfachen Fall der Gleichung (14) läßt sich aus der Fehlerrate $\lambda$ angeben:

$$\text{MTTF} = \frac{1}{\lambda} \tag{15}$$

Falls die Fehlerrate selbst von der Zeit abhängig ist, ist die Berechnung der Zuverlässigkeitsfunktion und ebenso die MTTF nicht mehr mit einfachen algebraischen Mitteln möglich. In der Abbildung sind für zwei Zeitverläufe der Fehlerrate die Zuverlässigkeitsfunktionen mit Hilfe eines Analogrechners berechnet worden. Neben der Berechnung auf einem Analogrechner bietet sich die Simulation auf einem Digitalrechner mit Hilfe Markoffscher Ketten an (Albers, 1987). Für die Zuverlässigkeitsfunktion $R_2$ wurde angenommen, daß die Fehlerrate $\lambda_2$ über der Betriebszeit linear zunimmt (Abbildung 1a). Eine solche kann beispielsweise beim Menschen unter dem Einfluß eintöniger mentaler Prozesse beobachtet werden (siehe Schmidtke & Schwabe, 1981). Im Beispiel der Abbildung 1 wurde angenommen, die Fehlerrate nehme auf einem Niveau von 0,2 Fehlern/h beginnend, pro Stunde um 0,1 Fehler zu (siehe Abbildung 1a). Die entsprechende Zuverlässigkeitsfunktion $R_2$ nimmt sehr viel stärker als $R_1$ ab, so daß die MTTF bereits nach 3 Stunden überschritten ist.

In vielen praktischen Fällen muß man mit einem U-förmigen Verlauf der Fehlerrate rechnen (siehe Deixler, 1980). Dies gilt sowohl für technische Systemelemente als auch für das Systemelement Mensch. Im ersten Fall folgt auf eine Periode mit hoher Fehlerrate in der Einlaufzeit im größten Zeitanteil eine Fehlerrate konstanten Niveaus, dem sich aufgrund von Alterungsprozessen eine Periode von stark zunehmender Fehlerrate anschließt. Beim Systemelement Mensch kann ein ähnlicher Verlauf als Anpassungsprozeß, Bereich hohen Übungsniveaus und Bereich zunehmender Ermüdung interpretiert werden.

Im Beispiel der Abbildung 1 wurde ein zeitlicher Verlauf der Fehlerrate $\lambda_3$ angenommen, der bei 0,8 Fehlern/h beginnt, sich auf ein „Übungsniveau" von 0,2 Fehlern einpendelt, aber nach ca. 5 Stunden wieder einen Anstieg verzeichnet, der schließlich bei 1,2 Fehlern/h endet. Wie der zugehörige Zuverlässigkeitsverlauf $R_3$ zeigt, ist die MTTF zwar noch kürzer als in den ersten beiden Fällen ($MTTF_3 = 2,66$ Stunden), dann aber wird ein höheres Niveau als bei stetig ansteigender Fehlerrate gehalten. Deutlich ist auch der Knick nach unten in der Zuverlässigkeitsfunktion zu erkennen, der durch den Anstieg der Fehlerrate nach 5 Stunden zustandekommt.

Die Übertragung der Modellbildung technischer Systeme auf den Menschen ist oftmals problematisch. Der geschilderte U-förmige Verlauf der Fehlerrate ist nämlich so zu interpretieren, daß zunächst eine Gruppe von Personen mit einer gleichartigen Aufgabe beginnt. Im ersten Zeitabschnitt kommt es vermehrt zu Fehlern. Im Sinne der Modellanalogie bedeutet das, daß die betroffenen Personen nach einem Fehler mit ihrer Tätigkeit aufhören. Die gleiche Bedingung gilt für Personen, die im weiteren Verlauf und im Bereich des Ermüdungsanstiegs Fehler machen. Mittelt man unter diesen Bedingungen die fehlerfreien Zeiten aller Personen, so erhält man die erwähnte mittlere fehlerfreie Zeit von 2,66 Stunden.

In der Realität durchläuft der Mensch jedoch erst eine Übungsphase, die durch Fehler charakterisiert ist, die keine schwerwiegenden Folgen haben; anschließend erreicht er gegebenenfalls die erforderliche hohe Zuverlässigkeit. In vielen Prozessen merkt der Mensch selber nichts von diesen Fehlern. Zur Modellierung dieses Sachverhalts kann man in Analogie zu technischen Prozessen den Menschen mit einer reparaturfähigen Systemkomponente vergleichen, die nach Ausfall und Reparatur dem System wieder zur Verfügung steht. Bleibt ein Fehler zunächst ohne direkte Auswirkung, setzt der Mensch seine Tätigkeit unmittelbar fort; die „Reparaturzeit" geht gegen „0".

Albers (1987) verwendet zur mathematischen Modellierung von fehlerbehafteten Prozessen die Erneuerungstheorie. Diese beschäftigt sich mit dem Ausfall und der Erneuerung von Systemkomponenten. Allerdings enthält auch diese Theorie eine die Praxis nur beschränkt beschreibende Forderung: Die ausgefallenen und reparierten Systemkomponenten werden als neuwertig angesetzt (Cox, 1966). Albers schlägt deshalb vor, den Erneuerungsprozeß zum Ersatzprozeß zu erweitern. Dadurch ist sowohl eine Verschlechterung als auch eine Verbesserung der menschlichen Zuverlässigkeit in Abhängigkeit von der Arbeitszeit zu modellieren. Beides kann aus a priori-Informationen abgeschätzt werden.

*2.2.3 Verknüpfungen von Wahrscheinlichkeiten*

Wie bereits in 2.1 angesprochen, setzt sich ein System auf unterschiedliche Weise aus Subsystemen bzw. Elementen zusammen. Wenn die Zuverlässigkeit einzelner Systemkomponenten bekannt ist, kann die Gesamtzuverlässigkeit durch Anwendung der Verknüpfungsregeln für Wahrscheinlichkeiten berechnet werden. Mit Hilfe der logischen Operationen UND, ODER und NEG(ation) können im Prinzip alle Verknüpfungen aufgebaut werden.

Ist die Wahrscheinlichkeit $p(X)$ für ein Ereignis X bekannt, so ergibt sich die Wahrscheinlichkeit $\bar{p}$ dafür, daß das Ereignis nicht (logisches Zeichen $\bar{X}$) eintritt, zu:

$$\bar{p}(X) = p(\bar{X}) = 1 - p(X). \tag{16}$$

Für UND-Verknüpfungen (logisches Zeichen: $\wedge$) der Einzelwahrscheinlichkeiten $p(X_i)$ gilt das Multiplikationstheorem der Wahrscheinlichkeitsrechnung:

$$p(X_1 \wedge X_2 \wedge ... \wedge X_n) = p(X_1) \cdot p(X_2) \cdot ... \cdot p(X_n) = \prod_{i=1}^{n} p(X_i). \tag{17}$$

Für ODER-Verknüpfungen (logisches Zeichen: v) der Einzelwahrscheinlichkeiten $p(X_i)$ für die Ereignisse $X_i$ gilt das Additionstheorem der Wahrscheinlichkeitsrechnung:

$$p(X_1 \vee X_2 \vee \ldots X_n) = 1 - (1 - p(X_1))(1 - p(X_2)) \ldots (1 - p(X_n))$$
$$= 1 - \prod_{i=1}^{n}(1 - p(X_i)). \tag{18}$$

## 3 Maßnahmen zur Verbesserung und Abschätzung der Zuverlässigkeit

In der Praxis sind verschiedene Maßnahmen und Methoden gebräuchlich, durch die erfahrungsgemäß eine Erhöhung der Zuverlässigkeit eines Systems erreicht werden kann. Mit unterschiedlichem Gewicht sind das im wesentlichen konstruktive Maßnahmen, Sicherheitsanalysen, Maßnahmen der Zuverlässigkeitsplanung (siehe Deixler, 1980) und ggf. heuristische Methoden (siehe Schneider, 1985). Im folgenden wird nur auf die zuerst genannten eingegangen. Alle Maßnahmen beziehen sich primär auf eine Betrachtung der technischen Systemkomponenten. Im Prinzip kann die Beeinflussung der Gesamtzuverlässigkeit durch das Systemelement Mensch aber ebenfalls nach diesen Schemata behandelt werden. Da insbesondere für die Datengewinnung, deren Interpretation und die Schlußfolgerungen für technisch-organisatorische Maßnahmen beim Menschen Besonderheiten gelten, wird dieser Gesichtspunkt in einem eigenen Kapitel behandelt.

### 3.1 Konstruktive Maßnahmen der sicherheitsgerechten Systemgestaltung

*Fail-Safe-Prinzip:* Man versteht darunter eine konstruktive Auslegung, die gewährleistet, daß ein System bei Ausfall eines Elements oder eines Subsystems sofort in den sicheren Zustand übergeführt wird und das System diesen sicheren Zustand erst dann wieder verlassen kann, wenn das ausgefallene Element/Subsystem repariert ist. In vielen Fällen wird das Fail-Safe-Prinzip dadurch verwirklicht, daß bei Ausfall eines Elements/Subsystems das System energielos geschaltet wird (z. B. Prinzip der elektrischen Sicherung). Problematisch dabei ist, daß insbesondere bei dynamischen Systemen mit großen Energiespeichern der sichere Zustand erst nach Ablauf einer gewissen Zeit erreicht werden kann, während der gefährliche Situationen eintreten können.

*Redundanz-Prinzip:* Man versteht darunter eine Systemstruktur, die die Erfüllung der gleichen Aufgabe durch mehrere parallele Zweige erlaubt; bei Ausfall eines Zweiges gewährleisten die verbleibenden Zweige daher die Aufrechterhaltung der Systemfunktion. Die Anwendung des Redundanz-Prinzips ist immer dann geboten, wenn das System per se keinen sicheren Zustand besitzt oder wenn aus Gründen der Systemdynamik der Übergang vom gefährlichen Zustand zum sicheren Zustand zu lange dauern würde. Grundsätzlich unterscheidet man zwischen Systemredundanz und Komponentenredundanz. Mit

*Systemredundanz* ist folgender Sachverhalt gemeint: Mehrere gleichwertige Systeme sind einsatzbereit (z. B. für die Erledigung einer Transportaufgabe mittels Kraftfahrzeuge stehen mehrere Kraftfahrzeuge zur Verfügung; oder um elektrische Energie für einen bestimmten Bezirk bereitzustellen, stehen mehrere Kraftwerke zur Verfügung; siehe auch Abbildung 2). Demgegenüber bedeutet *Komponentenredundanz* bzw. *Bauelementeredundanz:* Innerhalb eines Systems stehen bestimmte Elemente bzw. Subsysteme mehrfach zur Verfügung (z. B. beim Kraftfahrzeug zwei getrennte und voneinander unabhängige Bremsversorgungsleitungen; oder beim Kraftwerk zwei oder mehrere gleichwertige Generatoren; siehe auch Abbildung 3).

Eine weitere Unterscheidung der Systeme mit Redundanz bezieht sich auf die Art der Zusammenschaltung des Ausgangs der Systemkomponenten. Dies kann in Form des Summenpunkts geschehen (siehe Abbildung 4). Dies bedeutet, alle Systeme sind ständig in Betrieb. Man spricht dann von einer *funktionsbeteiligten Redundanz*. Der Vorteil dieser Schaltung ist darin zu sehen: Bei Ausfall eines Systems wird die Aufgabe ohne merkliche Änderung weiterausgeführt; ihr Nachteil: Durch den ständigen Betrieb aller Systeme ist die in der Zeit zunehmende Wahrscheinlichkeit des Systemausfalls bei allen Systemen gleich (siehe 2.2.2).

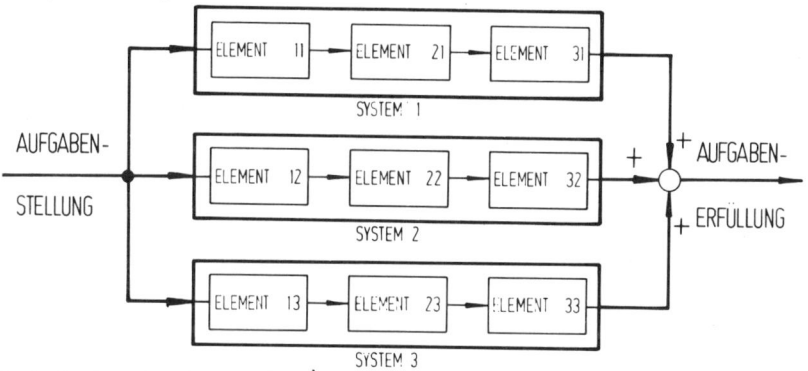

Abb. 2: Struktur einer Systemredundanz.

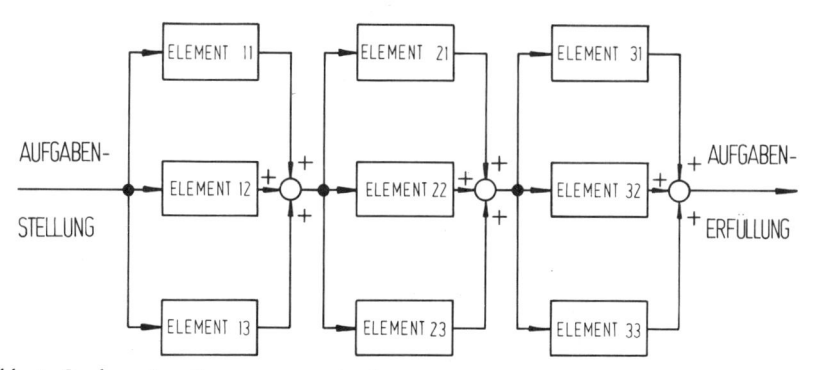

Abb. 3: Struktur einer Komponentenredundanz.

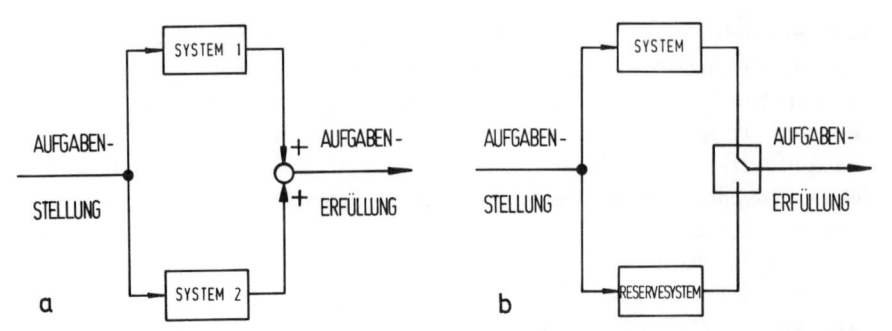

Abb. 4: Beispiel der Struktur einer funktionsbeteiligten (a) und einer nichtfunktionsbeteiligten (b) Redundanz.

Eine andere Möglichkeit der Verbindung zweier redundanter Systeme stellt der Schalter dar (siehe Abbildung 4). In diesem Fall wird erst bei Ausfall einer Systemkomponente das andere, sogenannte Reservesystem in Betrieb genommen. Man spricht in diesem Falle von *nichtfunktionsbeteiligter Redundanz*. Ihr Vorteil ist das unbenutzte Reservesystem. Ihr Nachteil ist aber die Notwendigkeit des Erkennens des Systemausfalls und die eventuell zeitaufwendige Umstellungsprozedur (z. B. Reservereifen im Kraftfahrzeug).

Eine besondere Variante der funktionsbeteiligten Redundanz ist das *n-v-n-Vergleichssystem* (sprich n von n). In diesem Fall werden die Ergebnisse von n parallelen Teilsystemen miteinander verglichen. Für den Fall, daß Abweichungen festgestellt werden, die über eine vorgegebene Toleranz gehen, wird das System in einen sicheren Zustand geschaltet (siehe Abbildung 5; Beispiel: parallel geschaltete Computersysteme in der Weltraumtechnik). Die hohe Sicherheit dieser Vernetzung wird durch die Unzuverlässigkeit des Gesamtsystems erkauft. Häufig geht beim Einsatz dieses Sicherheitsprinzips in die Sicherheits- bzw. Zuverlässigkeitsberechnung nicht ein, daß das ausgefallene System u. U. zeitweise von einem wesentlich unzuverlässigeren Ersatzsystem substituiert wird.

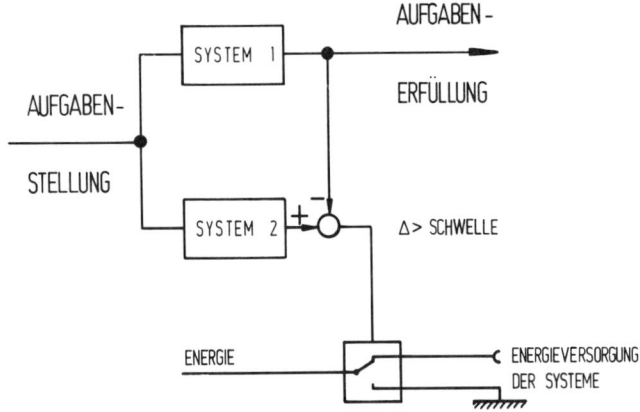

Abb. 5: Beispiel eines 2-v-2-Vergleichssystems.

Neben diesen Prinzipien der Vernetzung von Systemen bzw. Systemkomponenten ist weiterhin von großer Bedeutung, ob ausgefallene Systeme reparaturfähig sind oder nicht. Bei gleicher Ausfallwahrscheinlichkeit aller Komponenten ist bei guter Reparaturmöglichkeit beispielsweise die Systemredundanz der Komponentenredundanz vorzuziehen. Falls diese Reparaturmöglichkeiten fehlen (z. B. Systeme im Weltraum) ist allerdings die Komponentenredundanz im Vorteil (Deixler, 1980).

## 3.2 Zuverlässigkeitsanalysen

Analysen und Prognosen über das Zuverlässigkeitsverhalten eines Systems können mit Hilfe verschiedener Verfahren durchgeführt werden. Die meisten in der Literatur beschriebenen Verfahren lassen sich auf die Ausfalleffektanalyse, die Störfallablaufanalyse und die Fehlerbaummethode zurückführen. Daneben stellt die Entscheidungstabellentechnik ein gutes Arbeitsinstrument dar (siehe Kuhlmann, 1981).

### 3.2.1 *Ausfalleffektanalyse*

Die Ausfalleffektanalyse ist im wesentlichen ein qualitatives Prognoseverfahren. Es werden damit keine Ausfallkombinationen untersucht. Dennoch dient sie einer systematischen und vollständigen Analyse eines Systems. Sie kann zudem eine Entscheidungshilfe dafür bieten, ob weitergehende Analysen, wie sie in 3.2.2 bis 3.2.4 beschrieben werden, durchgeführt werden sollen. Vom Prinzip her werden bei der Ausfalleffektanalyse alle Systemkomponenten aufgelistet. Sodann werden die möglichen Fehlerarten jeder Komponente, die sich daraus ergebenden Fehlerfolgen und die abgeschätzte Reaktion des Gesamtsystems beschrieben. Im letzten Schritt wird dann für jede Systemkomponente eine geeignete Schutzaktion vorgeschlagen.

### 3.2.2 *Störfallablaufanalyse*

Bei der induktiven Methode der Störfallablaufanalyse geht man von der vorhandenen Systemstruktur aus und untersucht, welche Möglichkeiten entstehen, wenn eine, zwei bzw. n Systemkomponenten ausfallen. Mit Hilfe der Methode der Wahrscheinlichkeitsrechnung wird dann — bei Kenntnis der jeweiligen Ausfallwahrscheinlichkeit der Systemkomponenten — die Ausfallwahrscheinlichkeit für das Gesamtsystem berechnet. Abbildung 6 zeigt ein Beispiel für ein aus zwei Elementen bestehendes System. Die möglichen Kombinationen von Ereignissen werden in einem sogenannten Ereignisbaum (event tree) dargestellt. Nach Abbildung 6 beschreibt für eine *serielle Schaltung* der Systemele-

**SYSTEMSTRUKTUR**

a) SERIELL

b) PARALLEL [REDUNDANZSYSTEM]

EREIGNISBAUM

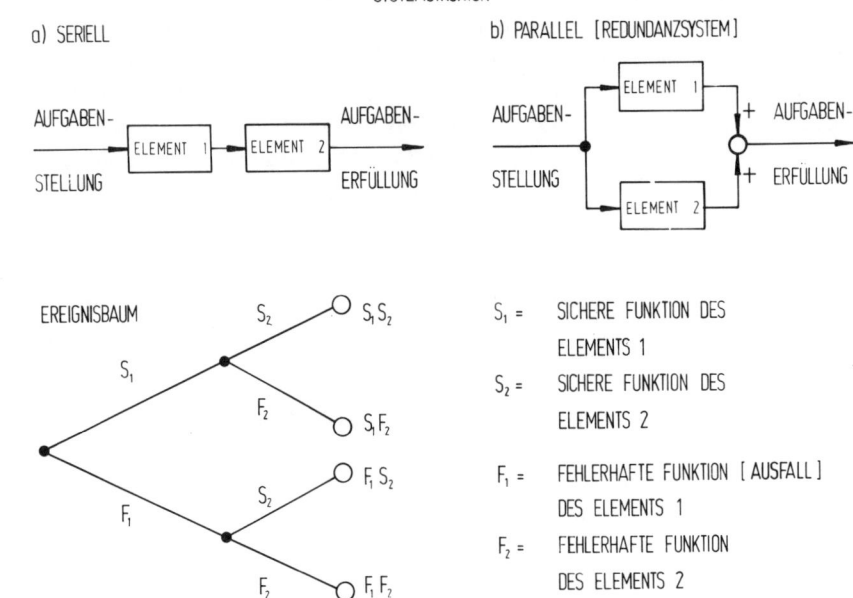

$S_1$ = SICHERE FUNKTION DES ELEMENTS 1
$S_2$ = SICHERE FUNKTION DES ELEMENTS 2
$F_1$ = FEHLERHAFTE FUNKTION [AUSFALL] DES ELEMENTS 1
$F_2$ = FEHLERHAFTE FUNKTION DES ELEMENTS 2

Abb. 6: Beispiel einer Störfallablaufanalyse mittels eines Ereignisbaumes mit Anwendung auf eine serielle bzw. parallele Schaltung der Elemente eines Systems.

mente nur *eine* Kombination von Ereignissen den sicheren Zustand, nämlich die, bei der die beiden Systeme in Funktion sind (Zustand $S_1S_2$). Für eine quantitative Analyse läßt sich nach 2.2.3 die UND-Verknüpfungsregel anwenden. Es gilt damit für die Systemzuverlässigkeit $R_{ges}$

$$R_{ges} = \prod_{i=1}^{n} R_i. \tag{19}$$

*Beispiel:* Ein Mensch bedient eine Maschine. Das Gesamtsystem funktioniert nur dann sicher, wenn sowohl der Mensch als auch die Maschine fehlerfrei arbeiten (z. B. „Autofahren"). Die Zuverlässigkeit $R_1$ der Maschine sei zeitkonstant 0,95, die des Menschen $R_2 = 0,9$. Die Gesamtzuverlässigkeit ist dann:

$$R_{ges} = 0,95 \cdot 0,9 = 0,855.$$

Die Gesamtzuverlässigkeit bei serieller Schaltung ist immer kleiner als die des unzuverlässigsten Systemgliedes. Je größer die Zahl der Komponenten, um so unzuverlässiger ist das Gesamtsystem.

Bei einer *parallelen Schaltung* gibt es nur eine Kombination von Ereignissen, die einen Fehler beschreibt, nämlich die, daß beide Systeme zugleich ausfallen (Zustand $F_1F_2$ in Abbildung 6). Es läßt sich also die ODER-Verknüpfung anwenden und für die Systemzuverlässigkeit $R_{ges}$ allgemein angeben:

$$R_{ges} = 1 - \prod_{i=1}^{n} (1 - R_i), \tag{20}$$

wenn die Zuverlässigkeiten $R_i$ der einzelnen Systemkomponenten i bekannt sind.

*Beispiel:* Einem automatisch arbeitenden System wird parallel ein Mensch als Beobachter zugeordnet, der im Falle des Automatikausfalls das System von Hand steuert. Die Zuverlässigkeit der Automatik liege zeitkonstant bei $R_1 = 0{,}95$, die des Menschen bei und nach Übernahme bei $R_2 = 0{,}5$. Die Gesamtzuverlässigkeit beträgt dann:

$$R_{ges} = 1 - (1 - 0{,}95)(1 - 0{,}5) = 0{,}975.$$

Auch eine vergleichsweise geringe Zuverlässigkeit eines Zweiges eines redundanten Systems erhöht also die Gesamtzuverlässigkeit.

Die für die Störfallablaufanalyse und die im folgenden beschriebene Fehlerbaumanalyse notwendigen Zuverlässigkeitskennwerte (Wahrscheinlichkeiten) erhält man, indem man

— Vorerfahrung über Daten, die bei ähnlichen Prozessen früher gewonnen wurden, ausnutzt,

— Kundenreklamationen berücksichtigt,

— Daten, die während der Entwicklungsphase gewonnen wurden, verwertet,

— Reparaturberichte analysiert,

— Feldtests durchführt,

— Daten der Qualitätskontrolle bzw. aus sog. Akzeptanztests auswertet, und schließlich

— aus gezielten labormäßigen Zuverlässigkeitsanalysen (nach Hahn, 1972).

In vielen Fällen sind die so gewonnenen Daten jedoch nicht ausreichend; daher ist man — auch für technische Systemkomponenten — auf Expertenschätzungen angewiesen.

### 3.2.3 Fehlerbaummethode

Bei der deduktiven Methode der Fehlerbaummethode geht man von einem bestimmten denkbaren Fehler (unerwünschtes Ereignis, „top-event") aus und verfolgt rückwärts die Ereignisse und die Art der Verknüpfung der Ereignisse, die zu diesem Fehler geführt haben. Abbildung 7 zeigt ein Beispiel eines solchen Fehlerbaumes. Die Verbindung der Ereignisse kann prinzipiell durch UND- bzw. ODER-Verknüpfungen beschrieben werden. Kennt man oder kann man die Wahrscheinlichkeit für das Eintreten eines Ereignisses einschätzen, so läßt sich die Wahrscheinlichkeit für den „top-event" unter Zuhilfenahme der mathematischen Regeln für die Wahrscheinlichkeitsverknüpfungen berechnen. In Abbildung 7 ist dies für hypothetische Wahrscheinlichkeiten der Primärereignisse geschehen.

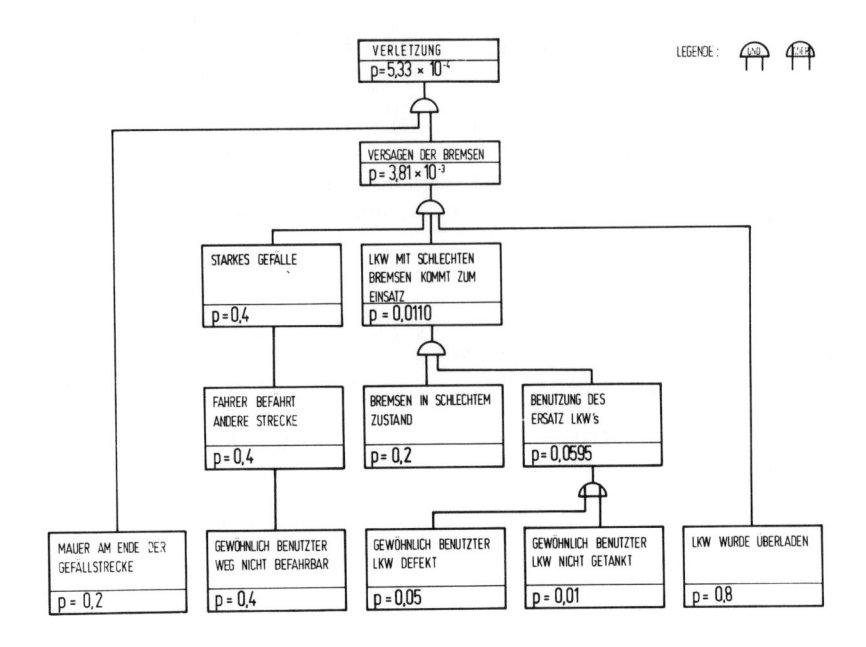

Abb. 7: Fehlerbaum für das Ereignis: „Ein LKW-Fahrer befördert Baustoff zu einer Baustelle. Auf der starken Gefällstrecke möchte er sein Fahrzeug anhalten, jedoch versagen die Bremsen. Der vom Fahrer überladene Lkw stößt gegen eine Mauer. Der Fahrer erleidet leichte Kopfverletzungen."
*Anmerkung:* Beispiel nach Monteau, 1980, zitiert nach Hoyos, 1980; willkürliche Annahme der Eintrittswahrscheinlichkeit für die in der unteren Reihe stehenden primären Einflußereignisse.

Die so errechneten Wahrscheinlichkeiten können heuristisch in die Erfahrung berücksichtigende Klassen eingeteilt werden (Peters & Meyna, 1980):

— Fehlerwahrscheinlichkeit: $10^{-7}$ sehr unwahrscheinlich

— Fehlerwahrscheinlichkeit: $10^{-5} - 10^{-7}$ unwahrscheinlich

— Fehlerwahrscheinlichkeit: $10^{-4} - 10^{-5}$ ziemlich wahrscheinlich

— Fehlerwahrscheinlichkeit: $1 - 10^{-4}$ wahrscheinlich

Auf der Basis der hier nur für die einfachsten Fälle dargestellten Verschaltungsmöglichkeiten lassen sich die Zuverlässigkeit und damit auch der mittlere Ausfallabstand MTTF für die verschiedenen Systemkonfigurationen berechnen. Dabei kann auch die Reparaturfähigkeit von Systemkomponenten berücksichtigt werden. Dies geschieht durch eine Reparaturrate μ, die im umgekehrten Sinn zur Fehlerrate definiert ist. Mit diesen Kenngrößen ist man dann in der Lage, gemäß Gleichung (1) auch die Verfügbarkeit eines Systems oder Subsystems zu kalkulieren.

## 3.2.4 Entscheidungstabellentechnik

Die Entscheidungstabellentechnik ist besonders dafür geeignet, ausgehend von einem „top-event", eine zunächst unbekannte logische Struktur des Systems zu finden. Im Prinzip werden in der Tabelle in der Vorspalte alle zuverlässigkeitsrelevanten Komponenten eines Systems aufgelistet. Die eigentliche Tabelle enthält $2^k$ Spalten, wenn k die Zahl der Komponenten ist. In jedes dieser Tabellenfächer werden nun die Zustände jeder Komponente als Boolsche Variable eingetragen, und zwar mit der Bedeutung „0" für „in Funktion" und „1" für „außer Funktion". Im folgenden wird für jede Spalte im Sinne einer UND-Verknüpfung untersucht, ob die jeweilige Konfiguration zu einem System/Subsystem-Ausfall führt. Dies wird in der untersten Zeile „Systemausfall" vermerkt. Über mehrere Schritte (näheres siehe Kuhlmann, 1981) erhält man schließlich verdichtete Entscheidungstabellen, die angeben, bei welchen UND- bzw. ODER-Verknüpfungen es zu Systemausfällen kommt. Die Entscheidungstabellentechnik macht augenfällig, welche Systemkomponenten in bezug auf die Zuverlässigkeit besonders kritisch sind.

# 4 Berücksichtigung der menschlichen Zuverlässigkeit

Die intensive Einbindung des Menschen in das Wirkungsgefüge technischer Systeme zeigt bereits den großen Einflußgrad des Menschen auf die Gesamtzuverlässigkeit, macht verständlich, warum in der retrospektiven Analyse dem menschlichen Versagen ein prozentual so hoher Stellenwert zukommt und verdeutlicht den großen Fehler, der häufig gemacht wird, wenn die Beeinflussung der Systemzuverlässigkeit durch den Menschen unberücksichtigt bleibt. Grundvoraussetzung für eine analytisch-kalkulatorische Betrachtung des Menschen ist — ähnlich wie im technischen Bereich — eine hinreichend gute Modellvorstellung des behandelten Objektes.

## 4.1 Modellierung menschlicher Eigenschaften und Fähigkeiten

Aufgrund der Vielfältigkeit menschlicher Eigenschaften und Fähigkeiten wird in der Literatur eine große Zahl unterschiedlicher Modelle geschildert. Stein (1987) hat vorgeschlagen, als Oberbegriff für alle Ansätze zur Repräsentation menschlicher Eigenschaften und Funktionen im Bezugsfeld technischer Systeme den Ausdruck „*Bedienermodelle*" zu verwenden. Neben den hier nicht interessierenden anthropometrischen und biomechanischen Modellen, die im wesentlichen die geometrischen Eigenschaften repräsentieren, gehören dazu vor allem die Leistungs- und Zuverlässigkeitsmodelle.

Die Leistungsmodelle orientieren sich an den sogenannten Tätigkeitskomponenten. Stein schlägt hierfür folgendes Einteilungsschema vor:

— *Motorisch-effektorische Funktionen* stellen Handlungen zur manuellen Ausführung von informatorischen Bedienaufgaben dar.
— *Blickbewegung und Beobachtung* beziehen sich auf die menschliche Informationsaufnahme, wobei in den Modellbildungen der visuelle Kanal im Vordergrund steht.
— *Regelung von Prozessen* im Sinne eines kontinuierlichen Zur-Deckung-Bringens von Soll- und Istwerten durch den Menschen wird als Dauertätigkeit — abgesehen von der Fahrzeugführung — zwar durch die zunehmende Automatisierung immer seltener, doch kann auf die Möglichkeit eines manuellen Regelungseingriffes, z. B. bei Notfällen, wohl kaum gänzlich verzichtet werden.
— *Überwachung und Entscheidung* erhält mit der fortschreitenden Automatisierung zunehmende Bedeutung. Überwachungsziel ist u. a. die Entdeckung unerwünschter Ereignisse, damit die Wiederherstellung des zulässigen Systemzustandes möglichst kurzfristig begonnen werden kann. Unter diesem Punkt werden Aufgabentypen wie die Toleranzbereichsüberwachung und die Fehlerentdeckung zusammengefaßt. Damit besteht ein gewisser Bezug zu den Modellen der Blickbewegung und Beobachtung.
— *Diagnose* erlaubt, von vorliegenden Meßwerten ausgehend, eine Aussage darüber, ob und aufgrund welcher lokalisierbarer Defekte die Funktionsfähigkeit eines technischen Systems von einer geforderten Normfunktion abweicht. Sie ist also ein Schlußfolgerungsprozeß, der von der Meßwertebene auf die Symptomebene und von dort — soweit möglich — auf die Symptomursachen schließen läßt. In diesem Zusammenhang ist auch auf mathematische Diagnoseverfahren und auf die Nutzung der Methoden der künstlichen Intelligenz hinzuweisen (Pau, 1981; Rasmussen, 1986).
— *Planung* im Rahmen von Prozeß- und auch Fahrzeugführungen bedeutet die Suche nach einer Sequenz von Aktionen, die — ausgehend von einem Startzustand — einen Zielzustand erreichen lassen. Ein Plan ist also die Repräsentation einer Sequenz von Aktionen. Man unterscheidet hierarchische, skriptorientierte und opportunistische Planung.

Wie Stein darlegt, befindet sich der Bereich der Regelung, der Überwachung und Entscheidung in einem reifen anwendungsfähigen Modellstadium. Genannt seien hier die Arbeiten von McRuer (1980), Card, Moran und Newell (1983), Sheridan und Ferrell (1974), Moray (1985), Stein (1986, 1987) und speziell das optimaltheoretische Modell (Baron, 1984; Johannsen, Boller, Donges & Stein, 1977). Diagnose und Planung haben das Forschungsstadium noch nicht verlassen (z. B. Arbeiten von Hertzberg, 1986; Rasmussen, 1986; Wilkins, 1984; nähere Einzelheiten zu dem ganzen Themenkomplex siehe Stein, 1987).

Zuverlässigkeitsmodelle des Menschen nehmen in mehrfacher Hinsicht eine Sonderstellung ein, da sie im Gegensatz zu den eben beschriebenen Leistungsmodellen nicht vom normalen Betriebsfall ausgehen, sondern von den eine geringe Teilmenge ausmachenden bedienfehlerbehafteten Leistungsdaten. 90 % der vorkommenden Bedienfehler liegen in einem Bereich der Fehlerwahrscheinlichkeit von

0,001 < HEP < 0,01,

was allein schon auf die Probleme der Datengewinnung für diese Modelle hinweist (die notwendigen Beobachtungzeiträume wachsen mit dem Kehrwert der Wahrscheinlichkeit!). Als Folge dieser Schwierigkeit weisen menschliche Zuverlässigkeitsdaten ein wesentlich höheres Reduktionsniveau auf als Leistungsdaten. Zur Behebung dieses Nachteils könnte man Aussagen aus dem Bereich der Leistungsmodelle heranziehen, um auf die entsprechenden Zuverlässigkeitsdaten „hochzurechnen". Bis jetzt bestehen jedoch hierfür keine Ansätze; auch läßt sich kaum eine formale Beziehung in der gewünschten Weise angeben, weil sowohl Leistungs- wie Zuverlässigkeitsmodelle auf induktivem, nicht auf deduktivem Aussagenniveau angesiedelt sind.

Wenngleich gegenwärtig keine formalen Bezüge zwischen den beiden Modellklassen aufgezeigt werden können, so lassen sich dennoch bedeutungsmäßige Bezüge herstellen. Man kann davon ausgehen, daß die die Leistung beeinflussenden Faktoren, d. h. Belastungsgröße, Belastungsfaktoren und Belastungszeit, auch auf die Zuverlässigkeit einen ähnlichen Einfluß ausüben. In dem Beitrag von Zimolong (in diesem Band) wird auf zwei prädiktive Modelle zur Bewertung der Zuverlässigkeit menschlichen Handelns eingegangen.

## 4.2 Das Problem der Komplexität der Zusammenhänge

Die auf probabilistischen Verfahren beruhenden Methoden bieten grundsätzlich die Möglichkeit, verschiedene zur Wahl stehende Systemkonfigurationen unter dem Gesichtspunkt der Zuverlässigkeit miteinander zu vergleichen. Selbst wenn die Daten über die Zuverlässigkeit von Systemkomponenten teilweise mit weiten Vertrauensbereichen versehen sind, kann doch in den meisten Fällen unterstellt werden, daß zumindest die Relation zwischen den verglichenen Systemen stimmt. Nur in den einfachsten Fällen bietet allerdings diese Methode die Chance, Verbesserungsvorschläge für die Gestaltung eines neuen Systems zu erarbeiten. Dies mag zwar für Vorschläge zur Verbesserung der technischen Systemkomponenten und ihren Verknüpfungen aufgrund der relativ guten Übertragbarkeit von Zuverlässigkeitsdaten von einem zum anderen System noch recht gut möglich sein; für Vorschläge, durch eine Veränderung des technischen Layouts zu einer verbesserten menschlichen Zuverlässigkeit zu kommen, reichen die vorhandenen Daten jedoch im allgemeinen nicht aus.

Es ist in diesem Zusammenhang zu empfehlen, die Zuverlässigkeitsanalyse eingebunden in ein System von Gesetzmäßigkeiten über die Interaktion von Mensch und Maschine zu behandeln und zu verlangen, daß von den sich aus Gesetzmäßigkeiten ergebenden Forderungen so viele wie möglich erfüllt sein müssen. Das bedeutet z. B. eine konsequente Anwendung der in diesem Buch behandelten Zusammenhänge. Bubb und Reichart (1984) haben eine solche

Vorgehensweise erarbeitet, die es erlaubt, konkrete technische Vorschläge zu machen, deren Auswirkung auf die menschliche Zuverlässigkeit zwar prinzipiell gegeben ist, teilweise sogar erheblich sein kann (z. B. Assmann, 1987; Mayer, 1987), deren zahlenmäßige Auswirkungen auf die Fehlerwahrscheinlichkeit aber unbekannt sind und sicherlich in großem Maße von der jeweiligen Systemkonfiguration abhängen. In dem Verfahren wird ein gewisses Gewicht auf die technische Verbesserung der Bedienbarkeit gelegt. Erst wenn es nicht mehr möglich ist, durch technische Maßnahmen eine Verbesserung des Informationsflusses im Mensch-Maschine-System zu erreichen, sollte eine Anpassung des Menschen an die Systemkonfiguration durch Auswahl, Weiterbildung und Training erfolgen.

Vorschläge und Regeln für die ergonomische Gestaltung von Mensch-Maschine-Systemen, wie das erwähnte Verfahren, leiten sich aus den Leistungsmodellen des Menschen ab. Die besprochenen fehlenden formalen Bezüge zwischen Leistungs- und Zuverlässigkeitsmodellen haben zur Folge, daß die Auswirkung von tiefergreifenden ergonomischen Maßnahmen auf die Zuverlässigkeit häufig nicht hinreichend vorhergesagt werden kann. Möglicherweise könnte ein Ansatzpunkt künftiger Forschung gerade darin liegen, solche Bezüge herzustellen.

## 5 Anwendung von Zuverlässigkeitsabschätzungen

### 5.1 Die Probleme der Verknüpfung extrem kleiner Werte

Tittes (1986) weist auf einige Punkte hin, die sich als Ursache für spätere Probleme erweisen können, wenn man sich bei Zuverlässigkeits- bzw. Sicherheitsanalysen ausschließlich auf die Methode der Wahrscheinlichkeitsrechnung verläßt. Dazu gehören:

— Der Systemanalytiker hat in dem Ereignisbaum oder Fehlerbaum einen wichtigen einflußnehmenden Faktor übersehen. Es gibt kein systematisches Verfahren, mit dem man testen kann, ob ein Modell alle Systemzustände erfaßt, die für das unerwünschte Ereignis relevant sind.

— Die gegenseitige Abhängigkeit von Ereignissen wurde nicht berücksichtigt. Bei der Realisierung hochzuverlässiger Systeme werden zwar die Fehler, die zur Klasse der *common cause failures* (Ausfälle mit gemeinsamer Ursache) und der *common mode failures* (Ausfälle aufgrund eines gemeinsamen Mechanismus) gehören, besonders sorgfältig untersucht; gelegentlich entgehen sie dennoch dem Systemanalytiker.

— Die zugrundeliegenden mathematischen Modelle sind nur idealisierende, vereinfachende Abbildungen der Realität. Die Güte dieser Abbildungen kann nur anhand ausreichender Mengen empirischer Daten geprüft werden. Je weniger Daten vorhanden sind, um so größer ist die Unsicherheit bei der

Auswahl des Modells und der Schätzung der Verteilungsparameter. Der asymptotische Verlauf von Verteilungsfunktionen spielt dabei eine große Rolle. Gerade der Bereich, der für die Berechnung der Versagenswahrscheinlichkeit am wichtigsten ist, wird durch die empirischen Daten am wenigsten abgesichert. Auch wenn die Verteilungsparameter im mittleren Teil des Wertebereichs mit einiger Sicherheit abgeschätzt werden können, ist die Extrapolation zu den Ausläufern der Verteilung rein hypothetisch.

Auch die zeitunabhängige Fehlerrate $\lambda$ in der Exponentialfunktion (siehe 2.2.2) stellt eine solche Vereinfachung dar. Zeitabhängige Fehlerraten würden zwar die Realität genauer abbilden; solche Modelle lassen sich in der Praxis der Fehlerbaumauswertung aber nur schwer handhaben. Die üblichen statistischen Modelle für den Ausfall technischer Komponenten enthalten in guter Übereinstimmung mit der Erfahrung entweder eine zeitlich konstante, eine mit der Zeit monoton fallende oder eine mit der Zeit monoton zunehmende Ausfallrate. Bei der Modellierung der menschlichen Fehlerrate müssen dagegen auch relativ komplizierte Zeitabhängigkeiten in Betracht gezogen werden (Albers, 1986, 1987).

— Die Ausfallraten bestimmter Komponenten sind oft ungenau bekannt. Dies ist allerdings ein Mangel, der bei der Berechnung der Eintrittswahrscheinlichkeit seltener Ereignisse in komplizierten Systemen am ehesten verkraftet werden kann: Durch Empfindlichkeitsanalysen bei der Systemdurchrechnung läßt sich ermitteln, ob solche Ungenauigkeiten die berechnete Eintrittswahrscheinlichkeit für das unerwünschte Ereignis stark oder weniger stark beeinflussen. Im Falle einer starken Beeinflussung muß entweder die Datenbasis verbessert oder die Abhängigkeit von unsicheren Daten durch Eingriffe in die Systemstruktur verringert werden (z. B. zusätzliche Redundanzen).

## 5.2 Zuverlässigkeits- bzw. Sicherheitsbewertung

Die nach den beschriebenen Methoden berechneten Zuverlässigkeitskenngrößen werden im allgemeinen nicht an absoluten Maßstäben gemessen, um so zu einer Bewertung des jeweiligen Systems zu kommen. Die Berechnungen dienen nur dem Zweck, verschiedene Systemalternativen hinsichtlich der zu erwartenden Zuverlässigkeit gegeneinander abzuwägen. Sie werden durchgeführt, um zuverlässigkeitskritische Systemelemente zu erkennen und um den Erfolg von Verbesserungsvorschlägen abschätzen zu können.

Wie bereits erwähnt, finden für Sicherheitsanalysen die gleichen mathematischen Methoden Anwendung. Zum größten Teil werden auch die gleichen Daten verwendet. Das Ziel der Betrachtung ist jedoch nicht die Verfügbarkeit des Systems, sondern die Häufigkeit und die Größe des zu erwartenden Schadens, also die Abschätzung des Risikos (siehe 2.1.3). Hierfür kommt es aber unter

Umständen doch auf eine Bewertung der berechneten Sicherheitskenngrößen anhand eines absoluten Maßstabes an.

Tittes (1986) weist in diesem Zusammenhang darauf hin, daß zwischen den mit extremer Sorgfalt durchgeführten Zuverlässigkeitsberechnungen für risikoträchtige Anlagen und den Werten, die durch Betriebserfahrung abgesichert sind, eine Lücke klafft, die nie geschlossen werden kann. Die empirische Nachprüfbarkeit endet oberhalb der Betrachtungsebene der Komponenten, bei denen die Beobachtung von realen Ausfallereignissen noch möglich ist. Aus diesem Grunde schlägt Tittes vor, bei der üblichen Darstellung des Risikos im logarithmischen Maßstab für Schadenshöhe und Ereignisrate, bei der konstantes Risiko durch eine abfallende Gerade (siehe auch Gleichung (3)) wiedergegeben wird, zwei Grenzen einzuführen. Abbildung 8 zeigt diese Darstellung und die erwähnten Grenzen, die auf der einen Seite durch den jeweiligen Erfahrungshorizont (extrem seltene Ereignisse) gekennzeichnet werden, unterhalb dessen alle Wahrscheinlichkeitsangaben hypothetischen Charakter haben; andererseits durch eine Grenzschadenshöhe, die ein gesellschaftlich akzeptierbares Maß prinzipiell nicht überschreiten darf. Sie dürfte auf keinen Fall so groß sein, daß bei einem Schadenseintritt die Regenerationsfähigkeit von Gesellschaft und Umwelt überfordert wird. Zu diesen beiden Grenzen kommt noch das in 2.1.3 erwähnte Grenzrisiko, das den Bereich der Sicherheit von dem der Gefahr trennt.

Für die genannten Grenzen können folgende Kompetenzen angegeben werden:

— Die den Erfahrungshorizont beschreibende Grenzwahrscheinlichkeit ist aufgrund wissenschaftlicher Erfahrung festlegbar. Sie dürfte im allgemeinen bei ca. $p \geq 10^{-6}$ liegen, wobei durch die logische Verknüpfung der Einzelwahrscheinlichkeiten entsprechend der Systemkonfiguration gegebenenfalls

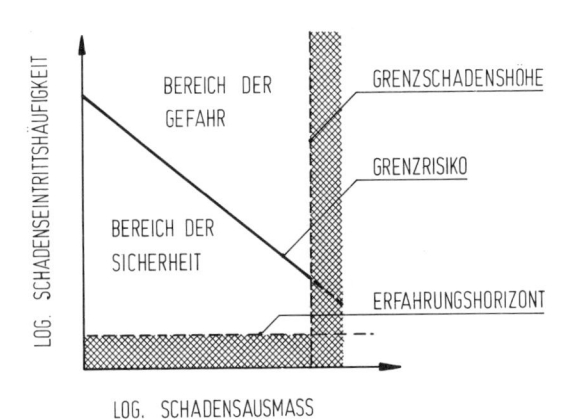

Abb. 8: Abhängigkeit der Sicherheit bzw. Gefahr vom Grenzrisiko unter Berücksichtigung der Begrenzung des Risikobegriffs nach einem Vorschlag von Tittes (1986).

auch niedrigere Wahrscheinlichkeitswerte für das Gesamtsystem als Grenze
angenommen werden können.

— Die Grenzschadenshöhe ist ein von der Gesellschaft festzulegendes Maß,
das demzufolge auch einem geschichtlichen Wandel unterworfen ist.

— das Grenzrisiko ist eine Sache von Verhandlungen zwischen Auftraggeber,
öffentlicher Aufsicht und Betreiber.

Die praktische Festlegung dieser Grenzen, insbesondere des Grenzrisikos, ist
allerdings schwierig. Häufig orientiert man sich an dem Risiko natürlicher Katastrophen (siehe Abbildung 9). In die Darstellung der Abbildung 10 ist das Risiko für „Naturereignisse insgesamt" als eine Alternative für das Grenzrisiko
aufgenommen.

In vielen Fällen wird vorgeschlagen, statt dessen das geringste natürliche Sterberisiko, das im 5. bis 15. Lebensjahr $21{,}9 \cdot 10^{-4}$ Tote/Jahr beträgt, als Basis für
das Todesrisiko beim Umgang mit der Technik zu machen. Es wird deshalb
häufig empfohlen, das Risiko gegen Unfalltod etwa bei $1 \cdot 10^{-5}$ Tote/Jahr mit
einem Maximalumfang bis zu 100 Toten/Jahr festzulegen (Peters & Meyna,
1980). Diese Grenze ist als eine weitere Möglichkeit zur Definition des Grenzrisikos in Abbildung 10 eingetragen. Außerdem finden sich dort die Risiken
einiger auf technischer Nutzung zurückzuführender Katastrophen, die aus der
Registrierung geschehener Ereignisse kalkuliert werden konnten (nach der Re-

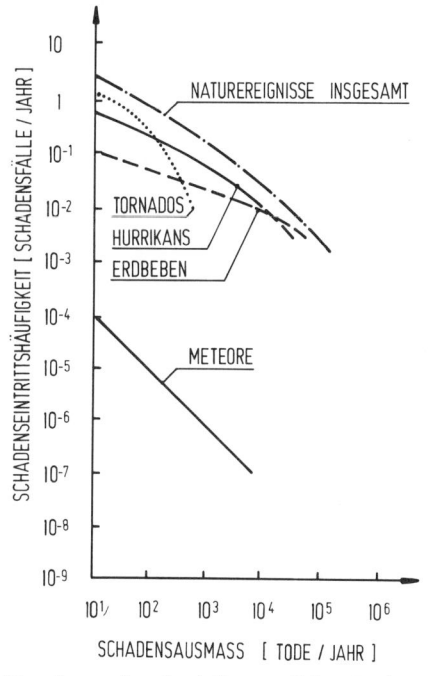

Abb. 9: Risiko einiger Naturkastrophen (nach Reactor-Safety-Study, 1975).

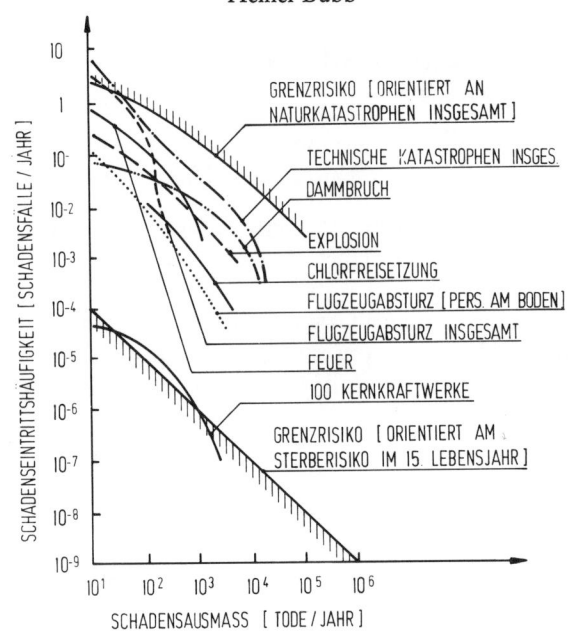

Abb. 10: Risiken verschiedener auf technische Nutzung zurückzuführender Katastrophen (nach Reactor-Safety-Study, 1975) sowie zweier Vorschläge von Grenzrisiken (nach Peters & Meyna, 1980).

actor Safety Study, 1975). Die zuletzt erwähnte Risikogrenze wird annähernd eigentlich nur von den, gerade wegen der zu erwartenden Unfallauswirkungen und den dazugehörigen quantitativ noch ungenügend erfaßten Langzeitwirkungen, von der Bevölkerung mehrheitlich abgelehnten Kernkraftwerken unterschritten. Die hier vorgestellten Überlegungen zeigen, wie weit man heute noch von einer objektiven Beurteilung der Sicherheit von technischen Systemen entfernt ist. Dennoch konnten einige Gedanken dargelegt werden, die einen Weg zu einer solchen Beurteilung zeigen. Fischhoff, Lichtenstein, Slovic, Derby und Keeney (1981) stellen in diesem Zusammenhang einen Katalog von Forderungen auf, die sich an die verschiedenen gesellschaftlichen Gruppierungen wenden. An die *Techniker* wird die Forderung nach einer Verbesserung der Ausbildung gerade auf dem Gebiet der Sicherheit gestellt. Die Darstellung technischen Handelns sollte sich durch Vollständigkeit und Durchschaubarkeit auszeichnen. Für die *Öffentlichkeit* wird bessere Information, aber auch größere Verantwortung gefordert.

An die *wirtschaftlichen Kräfte* (im allgemeinen der Auftraggeber) wird der Anspruch gestellt, die eingesetzten technischen Mittel sorgfältiger zu beobachten und auf Sicherheitsinformationen angemessener zu reagieren. An die *Regierung* (öffentliche Aufsicht) geht die Forderung, eindeutigere Richtlinien und Zuweisung von Zuständigkeiten im Umgang mit dem öffentlichen Risiko aufzustellen.

## Literatur

Albers, S. (1986). Using a simulation model to represent the time dependence of human reliability. *Proc. 5th EuReData Conf.* (p. 445). Heidelberg.

Albers, S. (1987). *Zeitabhängiger Ersatzprozeß als Modell für die Fehlerhäufigkeit bei menschlicher Tätigkeit.* Sicherheitswissenschaftliche Monographien, Bd. 12. Wuppertal: Gesellschaft für Sicherheitswissenschaft.

Assmann, E. (1987). Möglichkeiten und Grenzen der Informationsdarstellung im PKW am Beispiel des Head-up-Displays. *Bericht über das 7. Symposium Verkehrssicherheit des ADAC vom 20. bis 21. November 1986 in Baden Baden* (S. 113—120). München: Allgemeiner Deutscher Automobilclub.

Baron, S. (1984). A control theoretic approach to modelling human supervisory control of dynamic systems. In W. B. Rouse (Ed.), *Advances in man-machine system research.* Greenwich, Conn.: JAI Press.

Bubb, H. & Reichart, G. (1984). Systemergonomische Betrachtung sicherheitsrelevanter Zusammenhänge von Mensch-Maschine-Systemen. *Fortschrittsbericht der VDI-Zeitschriften* (S. 6—60). Düsseldorf: VDI-Verlag.

Bubb, H. & Schmidtke, H. (1981). Analyse der Systemstruktur. In H. Schmidtke (Hrsg.), *Lehrbuch der Ergonomie* (S. 263—285). München: Hanser.

Card, S., Moran, T. P. & Newell, A. (1983). *The Psychology of human computer interaction.* Hillsdale, NJ: Erlbaum.

Cox, D. R. (1966). *Erneuerungstheorie* (Übersetzung von E. Henze), München: Oldenbourg (Original erschienen 1962: Renewal Theory. London: Methuen).

Deixler, A. (1980). Zuverlässigkeitsplanung. In W. Masing (Hrsg.), *Handbuch der Qualitätssicherung* (S. 475—494). München: Hanser.

Dhillon, B. S. (1986). *Human reliability with human factors.* New York: Pergamon Press.

Fischhoff, B., Lichtenstein, S., Slovic, P., Derby, S. L. & Keeney, R. (1981). *Acceptable risk.* Cambridge: Campridge University Press.

Hahn, R. F. (1972). Data collection techniques. *Proceedings of Annual Reliability and Maintainability Symposium* (p. 38—43) New York: IEEE.

Hertzberg, J. (1986). Planerstellungs-Methoden der künstlichen Intelligenz. *Informatik Spektrum, 9,* 149—161.

Hoyos, C. Graf (1980). Psychologische Unfall- und Sicherheitsforschung. Stuttgart: Kohlhammer.

Johannsen, G., Boller, H. E., Donges, E. & Stein, W. (1977). *Der Mensch im Regelkreis. Lineare Modelle.* München: Oldenbourg.

Kuhlmann, A. (1981). *Einführung in die Sicherheitswissenschaft.* Köln: Verlag TÜV Rheinland.

Masing, W. (1980). Qualitätspolitik des Unternehmens. In W. Masing (Hrsg.), *Handbuch der Qualitätssicherung* (S. 1—12). München: Hanser.

Mayer, A. (1987). Untersuchung über den Einfluß eines aktiven Bedienelements auf die menschliche Regelungsleistung. *Fortschrittsbericht, VDI-Reihe 17, Nr. 37,* 1—83.

McRuer, D. T. (1980). Human Dynamics in Man-Machine-Systems. *Automatica, 16,* 237—253.

Monteau, M. (1977). *Praktische Methoden zur Untersuchung von Unfallfaktoren. Grundsätze und Anwendung im Versuch.* Luxembourg: Kommission der Europäischen Gemeinschaften.

Moray, N. (1985). Monitoring behavior and supervision control. In K. R. Boff, J. C. Kaufmann, J. P. Thomas (Eds.), *Handbook of perception and human performance.* Chapter 40. New York: Wiley.

Pau, L. F. (1981). *Failure diagnosis and performance monitoring.* New York: Marcel Dekker.

Peters, O. H. & Meyna, A. (1980). Sicherheitstechnik. In W. Masing (Hrsg.), *Handbuch der Qualitätssicherung* (S. 435—456). München: Hanser.

Rasmussen, J. (1986). *Information processing and human-machine interaction. An approach to cognitive engineering.* New York: North-Holland.

Reactor Safety Study (1975). An assessment of accident risks. In *U.S. Commercial Nuclear Power Plants.* WASH — 1400 (NUREG 75/014).

Schmidtke, H. & Schwabe, M. (1981). *Wirkung von Verkehrslärm auf die Konzentrationsfähigkeit.* Forschungsbericht UBA-F8B-81-10501107.

Schneeweiss, W. (1973). *Zuverlässigkeitstheorie.* Berlin: Springer.

Schneider, W. (1985). *Fehlerdiagnose in komplexen Fertigungsanlagen.* Vortrag auf der 13. Fachtagung „Technische Zuverlässigkeit", 21.—22. Mai 1985 in Nürnberg.

Sheridan, T. B. & Ferrell, W. R. (1974). *Man-Machine Systems: information, control, and decision models of human performance.* Cambridge, Mass: MIT Press.

Stein, W. (1987). Eine Übersicht zum Stand der Bedienermodelle. In R. Bernotat, K.-P. Gärtner & H. Widdel (Hrsg.), *Spektrum der Anthropotechnik.* Meckenheim: Warlich.

Stein, W. (1986). *Menschliches Überwachungs- und Entscheidungsverhalten bei der Fahrzeug- und Prozeßführung. Untersuchungsansatz, Ergebnisse und Modelle.* Wachtberg-Werthhoven: Forschungsinstitut für Anthropotechnik.

Tittes, E. (1986). *Zur Problematik der Wahrscheinlichkeitsrechnung bei seltenen Ereignissen.* Vortrag anläßlich des VII. Internationalen GfS-Sommersymposiums, Bonn, 26.—28. Mai 1986.

Wilkins, D. E. (1984). Domain-independent planning: representation and plan generation. *Artifical Intelligence, 22,* 269—301.

DIN 31004 (1984). *Begriffe der Sicherheitstechnik,* Teil 1, Vornorm, Berlin: Beuth Verlag.

DIN 55350 (1987). *Begriffe der Qualitätssicherung und Statistik,* Teil 11, Berlin: Beuth Verlag.

## 11. Kapitel

# Fehler und Zuverlässigkeit

*Bernhard Zimolong*

## 1 Stand der Fehlerforschung

Aufgrund jahrelanger Fehlerbeobachtungen und Fehlersammlungen stellte Weimer erstmals 1921 auf einem Kongreß seine Untersuchungen und Überlegungen zur ‚Fehlerkunde' vor. Er verarbeitete die Ergebnisse der linguistischen Fehlerforschung ebenso vollständig wie die Erkenntnisse psychologischer Forschungsrichtungen. In den Arbeiten von 1922 und 1923 beschäftigte sich Weimer intensiv mit der Erörterung des Fehlerbegriffs. Er unterscheidet, wie das durch den Sprachgebrauch nahegelegt wird, zwischen Fehlern, die man hat und solchen, die man macht. Die ersteren sind bedingt durch körperliche Gebrechen und psychische Schädigungen und führen zu Handlungsstörungen. Die letzteren müssen vom Aspekt der Handlungsausführung her analysiert werden und sind daher als Handlungsfehler zu bezeichnen. Unterliegen die auszuführenden Handlungen einer eigenen oder fremden Bewertung, dann sollten sie als Fehlleistung bezeichnet werden. Schließlich macht Weimer auf den Unterschied zwischen Fehler und Irrtum aufmerksam. „Danach beruht die Wesenseigentümlichkeit des Fehlers auf dem Versagen einer oder mehrerer der Hauptleistungsfunktionen Aufmerksamkeit, Gedächtnis und Denken, die des Irrtums dagegen in der Unkenntnis oder mangelhaften Kenntnis gewisser Tatsachen, die für das Zustandekommen einer richtigen Erkenntnis oder einer richtigen Handlung von wesentlicher Bedeutung sind" (Weimer, 1931, S. 48 f.).

Neben den beiden Hauptarten von Fehlleistungen, dem Fehler und dem Irrtum, grenzte Weimer die Fehlerarten von den Fehlerformen ab und kritisierte damit die Beliebigkeit früherer Arbeiten bei der Fehlereinteilung. Als Fehlerart definierte Weimer (1925) den gewohnheitsbedingten oder Geläufigkeitsfehler, den Perseverationsfehler (Nachwirkungs-, Vorwirkungs-, Einstellungsfehler), den Ähnlichkeitsfehler (allgemeine Ähnlichkeits- und Wahlfehler, Ranschburgsche Hemmung), den Mischfehler (assoziative Mischwirkungen) und die gefühls- und willensbedingten Fehler. Die psychischen Funktionen, die bei einem Fehler versagen, sind nach Weimer in erster Linie die der Aufmerksamkeit, des

Gedächtnisses und des Denkens. Phantasie und Gefühlsleben hingegen kommen lediglich als fehlerfördernde Bedingungen in Betracht; sie können die Aufmerksamkeit ablenken, das Gedächtnis beeinträchtigen und das Denken in falsche Bahnen lenken. Fehlerformen fassen die äußere Erscheinung des Fehlers bezüglich eines Leistungsbereichs zusammen und sagen nur wenig über die zugrundeliegenden psychologischen Vorgänge aus. So sind beispielsweise die neun Fehlergruppen von Meringer und Mayer (1895) sowie ihre Erweiterung um die Lautbildungsfehler durch Wundt (1911) lediglich Formen falscher Leistung und helfen, die Fehlersammlung eines Leistungsgebietes zu ordnen.

Wie Wehner (1984) kritisch anmerkt, ist die Weimersche Unterscheidung zwischen Fehler und Irrtum sowie Fehlerart und -form in den neueren Arbeiten zum menschlichen Fehler nicht weiter verfolgt worden. Dagegen wird die von Hacker (1986) betonte Unterscheidung zwischen Fehlhandlung und Handlungsfehler häufiger aufgegriffen (u. a. Hoyos, 1980). Fehlhandlungen bezeichnen Störungen in der Ausführungsregulation von Tätigkeiten, die ihre Ursachen in einer falschen Informationsaufnahme, -verarbeitung oder Ausführung haben können. Urteils- und Denkfehler werden von Hacker nicht berücksichtigt. Die sichtbaren Folgen von Fehlhandlungen können Fehlausführungen sein, die sich als Fehler in der Handlung zeigen. Einige Beispiele aus dem Produktionsbereich sind: Zeitverlust, Qualitätsminderung, Produktionsunterbrechung und Unfall. Als Handlungsfehler bezeichnet Hacker die Folgen von Fehlhandlungen derjenigen Personen, die die Tätigkeiten „eigentlich" beherrschen sollten. Danach ist der Zeitverlust, der von einem Lehrling wegen des Gebrauchs des falschen Werkzeugs zu verantworten ist, kein Handlungsfehler im obigen Sinn, sondern könnte auf einen Denkfehler oder einen Irrtum zurückzuführen sein, während die Verwechslung der Stellteile durch den erfahrenen Kranführer der Kategorie der Handlungsfehler zuzurechnen ist. In der anglo-amerikanischen Literatur wird diese Unterscheidung bislang nicht getroffen (eine zusammenfassende Darstellung der neueren Ergebnisse zur Fehler- und Zuverlässigkeitsforschung liefert Meister, 1984). Zwar unterscheidet Norman (1986) in einer jüngeren Arbeit zwischen slips (Handlungsfehler) und mistakes (Denkfehler), doch hat sich diese Unterscheidung bisher — noch — nicht durchsetzen können.

Für unsere Absicht erscheint es sinnvoll, den Fehler zunächst einmal aus einer phänomenalen Sicht zu beschreiben. Wie sich aus eigener Erfahrung leicht feststellen läßt, passieren die meisten Fehler unabsichtlich oder aus Versehen, weil wir zu spät oder gar nicht bemerken, daß die ausgeführte Handlung (wozu auch das Sprechen gehört) mit der eigenen Absicht nicht vereinbar oder für die betreffende Situation ungeeignet war. Viele Fehler kommen durch das Vergessen, Auslassen oder Vertauschen von Teilschritten in einer längeren Aufgabensequenz zustande. Ein Teil der Fehler wird mit „Absicht" begangen, weil man annimmt, das Ergebnis der Überlegung sei richtig, man sich aber im Irrtum befindet. Andere Fehler müssen auf mangelnde Erfahrung und fehlende Ausbildung zurückgeführt werden. Das absichtliche Herbeiführen von Schäden oder die Sabotage gehört nicht in die Kategorie der hier betrachteten menschlichen Fehler. Die hier nur beispielhaft aufgeführten Fehlerformen lassen verschiedene Ursachen vermuten, die im Bereich der Ausbildung und Erfahrung, der Informationsaufnahme und -verarbeitung und in der motorischen Ausführung liegen. Ihre systematische Behandlung ist Gegenstand dieses Beitrages. Um im folgenden eine frühzeitige Festlegung auf Fehlerursachen zu vermeiden, spreche ich vom Fehler, wenn eine Fehlleistung aufgrund eines Denkfehlers *oder* einer Fehlhandlung gemeint ist. Im übrigen verwende ich die von Weimer und Hacker eingeführten Begriffe im Sinne ihrer Bedeutungen.

Die Auftretenshäufigkeit von Fehlern läßt sich prinzipiell empirisch ermitteln; hat man Kenntnis über die Zahl der Fehler und die Zahl der Gelegenheiten, in denen ein Fehler auftreten kann, dann läßt sich die menschliche Fehlerwahrscheinlichkeit abschätzen (human error probability, HEP). Gewöhnlich wird sie wie folgt berechnet:

HEP = n/N,

wobei n = Zahl der Fehler, N = Zahl der Gelegenheiten. Die Zuverlässigkeit (Reliabilität, R) einer menschlichen Handlung ist das Gegenteil der Fehleranfälligkeit einer Handlung:

R = 1 − HEP
R = 1 − n/N

In Tabelle 1 sind einige Fehlerwahrscheinlichkeiten bei der Erledigung von Arbeitsaufgaben in Atomkraftwerken zusammengestellt.

Die Begriffsbestimmungen der menschlichen Zuverlässigkeit lehnen sich eng an die technischen Definitionen an (u. a. Dhillon, 1986; Meister, 1966; Swain & Guttmann, 1983). Wie in der DIN 55350 festgelegt, wird unter der technischen Zuverlässigkeit die Fähigkeit eines Erzeugnisses verstanden, den Verwendungszweck während einer gegebenen Zeitdauer unter festgelegten Bedingungen zu erfüllen, d. h. eine geforderte Qualität zu erbringen. Timpe (1976) sieht die menschliche Zuverlässigkeit in der Arbeitstätigkeit unter dem Aspekt der Erledigung einer Aufgabe gemäß einer vorgegebenen

Tab. 1: Fehlerwahrscheinlichkeiten (HEP) für Aufgaben in Kernkraftwerken

| Aufgabe | Beschreibung | HEP |
| --- | --- | --- |
| 1 | eine Analoganzeige falsch ablesen | 0.003 |
| 2 | einen Graphen falsch ablesen | 0.01 |
| 3 | eine Störanzeige übersehen | 0.003 |
| 4 | ein Stellteil unter hohem Streß in die falsche Richtung bewegen | 0.5 |
| 5 | ein Ventil nicht schließen | 0.005 |
| 6 | eine Checkliste nicht benutzen | 0.01 |
| 7 | eine Checkliste nicht in der richtigen Reihenfolge abarbeiten | 0.5 |

*Anmerkungen:* Daten aus Swain und Guttmann, 1983

Zielstellung. Er definiert Zuverlässigkeit als „die angemessene Erfüllung einer Arbeitsaufgabe über eine bestimmte Zeitdauer hinweg und unter zuverlässigen Bedingungen, die ebenfalls zeitveränderlich sein können" (a.a.O., S. 39). Derartige Festlegungen setzen Kriterien für die ‚Aufgabenerfüllung' und für ‚Angemessenheit' voraus, die in der Regel durch betriebsinterne Merkmale festgelegt werden. In der Praxis liegt meist auch eine Klassifikation abweichenden Verhaltens, des sogenannten Fehlverhaltens vor, das als unerwünscht gilt und durch die Qualitätssicherung oder Arbeitssicherheit näher spezifiziert wird. Ebenfalls müssen Toleranzbereiche für die noch erfolgreiche Aufgabenerfüllung durch die Angabe von Variabilitätsbereichen festgelegt werden. In der Arbeitssicherheitsforschung hat sich das Variabilitätskonzept zur Erhöhung der menschlichen Zuverlässigkeit durch die Gestaltung von fehlertoleranten Abweichungsbereichen bewährt (Kjellen, 1984).

Die Fehlerklassifikation in der betrieblichen Praxis ist zumeist verrichtungsorientiert und weniger an den psychologischen Ursachen ausgerichtet. Entsprechend unterscheiden Rouse und Rouse (1983a) auch zwei Ansätze zur Beschreibung des menschlichen Fehlers: den Häufigkeits- und den Ursachenansatz. Der *Häufigkeitsansatz* ist vor allem in der Qualitätsplanung und -sicherung sowie bei der Bestimmung der Zuverlässigkeit der Systemkomponenten in einem Arbeitssystem anzutreffen. Hier konzentriert sich das Interesse des Planers auf die Auftretenshäufigkeit menschlicher Fehler. Analog der Vorgehensweise in der Bestimmung der technischen Zuverlässigkeit sollen Handlungsergebnisse als richtig oder falsch klassifiziert und eindeutige Kriterien für deren Unterscheidung festgelegt werden, um die technische und menschliche Zuverlässigkeit einfach und wirtschaftlich bestimmen zu können. Hierzu entworfene Fehlerklassifikationen weisen nur eine begrenzte Zahl von Fehlerformen auf. Zum Beispiel unterscheidet die Fehlerklassifikation von Swain und Guttmann (1983) nur zwischen zwei Fehlerkategorien, der zweiten Kategorie werden allerdings noch weitere Unterteilungen hinzugefügt (Tabelle 2). Der *Ursachenansatz* wird im nächsten Abschnitt behandelt.


Tab. 2: Verrichtungsorientierte Fehlerklassifikation

| Fehlerkategorie | Beispiele |
|---|---|
| Auslassung (omission) | einen Zwischenschritt, z. B. in einer Checkliste, auslassen |
| Fehlhandlung (commission) | |
| Auswahl | die falsche Mutter für eine Schraube auswählen |
| Reihenfolge | den zweiten Schritt vor dem ersten tun |
| Zeitfehler | zu früh, zu spät anfangen |
| qualitativer Fehler | einem Irrtum unterliegen |

*Anmerkungen:* nach Swain und Guttmann, 1983

## 2 Fehlerbedingungen und Fehlerursachen

Psychologische Modelle zur Ursachenerklärung menschlicher Fehler gehen von den psychodynamischen Vorgängen im Menschen aus und berücksichtigen informatorische und motivationale Prozesse. Singleton (1973) faßt in seinem Übersichtsartikel die verschiedenen theoretischen Ansätze zusammen, einen neueren Überblick liefern Hoyos und Zimolong (1988).

Bei einer psychologischen Betrachtung des menschlichen Fehlers sind zunächst einmal Zweifel angebracht, ob bestimmte Handlungen, die im industriellen Kontext zu Fehlern führen, sich überhaupt von den sogenannten normalen oder fehlerfreien Handlungen sinnvoll trennen lassen. Um Arbeitstätigkeiten zu optimieren, funktionale Fertigkeiten zu erwerben und ökonomische Verfahren einzusetzen, ist es für den Menschen nötig, verschiedene Techniken auszuprobieren und auch durch die Methode von Versuch und Irrtum neue Lösungen herauszufinden. Dieses ganz normale und ansonsten auch wünschenswerte Verhalten wird dann zum Problem, wenn in einem Arbeitssystem derartige Handlungen nicht vorgesehen sind, sondern es nach dem Prinzip des ‚one best way‘-Verfahrens arbeitet. Abweichungen von der festgelegten Handlungsausführung werden als Fehler beurteilt, oder, von der Person her betrachtet, als ‚mißglückte Optimierungsversuche mit nicht akzeptablen Folgen‘ für das System (Rasmussen, 1982). Darüber hinaus werden viele vom Standard abweichende Handlungen nur deshalb als Fehlleistungen registriert, weil es für den Menschen nicht möglich ist, die Folgen des Fehlers zu korrigieren, bevor sie zu Störungen im System führen. Entweder sind die Auswirkungen des Fehlers nicht zu beobachten oder sie stellen sich, bedingt durch die technische Konstruktion, als irreversibel heraus. Singleton (1973) liefert für den letzten Fall ein anschauliches Beispiel. Statt beim Wählen einer Telefonnummer die elektrischen Impulse direkt einzuspeisen, sieht eine fehlertolerante Lösung vor, die Nummer zunächst einmal zu speichern und sie auf einer Anzeige erscheinen zu lassen. Die gewählte Ziffernfolge wird dann vom Benutzer geprüft und erst danach mit einem Tastendruck in das Telefonnetz eingegeben.

Ebenfalls bedeutsam für die menschliche Zuverlässigkeit sind die Folgen der Automatisierung in Mensch-Computer Systemen, z. B. bei der Überwachung und Steuerung von Luftfahrzeugen oder bei der Prozeßkontrolle in kerntechnischen oder chemischen Anlagen. Durch konventionelle Formen der Automatisierung kommt es sowohl bei sensumotorischen als auch bei kognitiven Fertigkeiten zu einem Erfahrungsverlust, da die erworbenen Fertigkeiten verkümmern, wenn sie nur selten oder überhaupt nicht benötigt werden. Bainbridge (1983) diskutiert in ihrem Artikel ‚Ironies of Automation‘ die Auswirkungen: Wenn in außergewöhnlichen oder Notfallsituationen der Mensch plötzlich wieder die Kontrolle und Steuerung übernehmen muß, dann sind die Fertigkeiten bestenfalls nur mit Anstrengung, größerem Zeitbedarf und geringerer Zuverlässigkeit einsetzbar. Ein Beispiel wäre die weitere Automatisierung von Flugphasen (u. a. Start und Landung) durch den Autopiloten und die Auswirkungen auf die manuellen Fertigkeiten des Flugkapitäns (siehe auch Johannsen, in diesem Band). Die Erkenntnis darüber führte in jüngerer Zeit zur Entwicklung von Automatisierungshilfen mit größerem Entscheidungsspielraum für den Menschen. Ihre Umsetzung durch Expertensysteme wird u. a. in Zimolong, Nof, Eberts und Salvendy (1987) diskutiert.

Tatsächlich sind die hier angeführten Überlegungen zu den Ursachen menschlicher Variabilität und Zuverlässigkeit nicht neu. Schon Ernst Mach (1905, S. 84) formulierte: „Wissen und Irrtum fließt aus derselben geistigen Quelle, nur der Erfolg unterscheidet das eine vom anderen." Zu ergänzen bleibt: Nur mit Fertigkeiten gibt es Fehler und ohne Fehler verkümmert die menschliche Zuverlässigkeit.

Die vielfältigen Ansätze zur *Klassifizierung* fehlerauslösender Bedingungen und Ursachen treffen keine Unterscheidung zwischen Fehler oder Unfall. Der Unterschied liegt nur in den Folgen: Ein Fehler kann unentdeckt bleiben oder keine Konsequenzen haben, während der Unfall oder die Betriebsunterbrechung den Fehler voraussetzt. Aus diesem Grund können die Erkenntnisse der Unfall- und Sicherheitsforschung auch mit Gewinn für die Erklärung des Fehlers und für die Ableitung zuverlässigkeitsförderlicher Bedingungen genutzt werden. Der Systemansatz in der Arbeitssicherheit (Hoyos & Zimolong, 1988) geht von einer Klassifikationsstruktur aus, die drei Gruppen von externen Einflußfaktoren auf die menschliche Zuverlässigkeit unterscheidet: die Aufgabe, die Arbeitsbedingungen und die Leistungsvoraussetzungen (s. Tabelle 3). Swain und Guttmann (1983) haben nach externen und internen Faktoren (performance shaping factors, PSF) unterschieden. Externe PSF beziehen sich auf die Faktoren außerhalb der Person und umfassen die Aufgabe, Arbeitsgestaltung und Leistungsanforderungen, interne PSF beeinflussen die Handlung über Wissen, Fertigkeiten und Fähigkeiten, die vom einzelnen zur Erledigung der Aufgabe benötigt werden.

Der weitaus größte Teil menschlicher Fehler dürfte seine Ursachen in einer ‚fehlerhaften' Gestaltung des Arbeitssystems haben. Diese Aussage widerspricht nur scheinbar den Behauptungen von Experten, der menschliche Fehler mache 70—80 % aller Unfallursachen aus (u. a. Dhillon, 1986; Skiba, 1985). In diesen Aussagen wird nicht berücksichtigt, wie hoch der Anteil unangemessener Arbeitsbedingungen ist, der zu den Unfällen geführt hat. Meister (1966) schätzt diesen Anteil auf 50—80 % aller Fehler. Andere Ansätze, die die Fehlerkonstanz der Situation berechnen, um zu einer Abschätzung des Varianzan-

Tab. 3: Einflußfaktoren für die zuverlässige Erledigung einer Arbeitsaufgabe

| Aufgabe | Arbeitsbedingungen | Leistungsvoraussetzungen |
|---|---|---|
| Schwierigkeit | Arbeitsplatzgestaltung | Wissen |
| Komplexität | Arbeits- und Betriebsmittel | Fertigkeiten |
| logische Struktur | Beleuchtung | Fähigkeiten |
| zeitliche Struktur | Lärm | Motivation |
| Rückmeldung | Klima | Einstellung |
|  | Arbeitszeit und -ablauf |  |

teils am Verhalten der Person zu gelangen, kommen zu ähnlichen Größenordnungen (Mittenecker, 1966; Zimolong, 1982).

## 3 Psychologische Fehlermodelle

### 3.1 Handlungsfehler

Der Forderung von Weimer (1925), nur eine die psychologischen Grundvorgänge kennzeichnende Fehlerklassifikation verspreche einen Erkenntnisgewinn, wurde in jüngerer Zeit in mehreren Arbeiten entsprochen. In den Modellen werden die Bedingungen motorischer Handlungsfehler aus informationsverarbeitender Sicht erklärt und mit den heutigen Vorstellungen über Gedächtnisprozesse verbunden. Im folgenden soll auf die Arbeiten von Norman (1981, 1986) und Reason (1986; Reason & Mycielska, 1982) näher eingegangen werden; dabei werden die Ergebnisse von Hacker (1986) und Rasmussen (1986) eingearbeitet. Norman und Reason gehen von einer Schematheorie der Bewegungsausführung aus. Wahrnehmungs- und Handlungsprozesse werden durch im Gedächtnis gespeicherte interne Modelle gelenkt, den sogenannten Schemata. Schematheorien lassen sich den Netzwerkansätzen zuordnen (Minsky, 1977; Schank & Abelson, 1977). In ihnen werden typischerweise Alltagswissen, Konzepte, Begriffe und Handlungen abgebildet. Eine Spezifikation allgemeiner Schemata sind motorische Programme, in denen Bewegungsabfolgen gespeichert sind. Sie werden von Schmidt (1976) noch als starre Schablonen für Bewegungseinheiten charakterisiert, während Norman (1986) sie als flexible Konfigurationen beschreibt, die aus bisherigen Erfahrungen generalisiert, durch Lernprozesse stets in Veränderung begriffen sind und automatisch fehlende Komponenten aus der Erfahrung ergänzen können.

Die motorische Schematheorie läßt sich durch drei zentrale Annahmen kennzeichnen (s. auch Zimmer, in diesem Band):

1. Das komplette Bewegungsprogramm, das aus im Gedächtnis gespeicherten Bewegungsschemata besteht, wird vor dem Handlungsbeginn bereitgestellt.

2. Die Schemata werden auf der Grundlage definierter ‚Auslösebedingungen' abgerufen, die entweder durch die Umgebung bereitgestellt werden oder selbst durch Schemata definiert sind.

3. Für die Kontrolle der Bewegungsausführung wird keine periphere visuelle oder kinästhetische Rückmeldung gebraucht; sie läuft autonom ab.

Aus diesem Konzept lassen sich drei Fehlerarten ableiten: die falsche Zielsetzung, der Aktivierungsfehler beim Abruf und die falsche Auswahl von Bewegungsschemata. Auf dem Hintergrund der Schematheorie kommt Norman (1981) zu einem Klassifikationsschema von Fehlern, das auf der Analyse von ca.

1000 Fehlern basiert. Der größte Teil der Fehler (ca. 800) stammt aus den Fehlersammlungen von Reason (1979), Hurst (1976) und Fitts und Jones (1961a, b). Die beiden letzten Autoren haben Pilotenfehler zusammengestellt, während Reason sich vor allem auf Alltagsfehler bezieht. Die Fehlertaxonomie von Norman ist in Tabelle 4 zusammengefaßt. Ursprünglich hat Norman den vorliegenden Ansatz nur für Handlungsfehler (action slips) entworfen und erst in einer späteren Arbeit (1986) die Denkfehler in der Planung, Entscheidung und Problemlösung als eine weitere Kategorie von Fehlern (mistakes) mit einbezogen. Wie aber nicht erst die dabei vollzogene Umgruppierung der Fehler (die unter 1.3 und 2.1 abgehandelten Fehler wurden mit denen in 1.1 zu der neuen Kategorie ‚mistakes' zusammengefaßt) zeigt, ist eine zuverlässige Zuordnung anhand eines Schemamodells kaum möglich. Weder sind die Klassifikationsmerkmale einander ausschließende Merkmale — eine falsche Klassifikation (Verwechslungsfehler 1.2) kann als Ursache die Ähnlichkeit von Merkmalen aufweisen (Beschreibungsfehler 1.3) — noch dürften die Unterscheidungsmerkmale trennscharf genug für eine zuverlässige Zuordnung zu den Kategorien sein (z. B. Fehler 2.2 und 3.2). Wie Wehner (1984) betont, entsprechen die von Norman vorgenommenen Zuordnungen häufig nicht denen von Reason (1976) bei denselben verwendeten Fehlerbeschreibungen. Einschränkend muß allerdings betont werden, daß sich die theoretischen Ansätze beider Autoren auch unterscheiden.

## 3.2 Ein Fehlermodell unter Berücksichtigung von Kontrollprozessen

Allerdings reicht die Unterscheidung zwischen Denkfehlern (mistakes) und Handlungsfehlern (action slips) nicht aus. Bekanntlich unterscheiden sich Fehler in der Ausübung hochgeübter Tätigkeiten von denen zu erlernender Tätigkeiten; auch gibt es typische Fehlerformen beim Auftreten neuer, überraschender Situationen. Offensichtlich besteht ein Zusammenhang zwischen den auf verschiedenen Ebenen ablaufenden Kontrollprozessen und den daraus resultierenden Fehlerarten. Hacker (1986) und Rasmussen (1983) haben weitgehend übereinstimmende Vorstellungen zu den Kontrollprozessen bei der Handlungsausführung entwickelt. In Tabelle 5 ist das Modell von Rasmussen mit der Einteilung in gewohnheitsorientierte, regelorientierte und wissensbasierte Prozesse wiedergegeben.

Jede menschliche Aktivität läßt sich im wesentlichen durch zwei Kontrollprozesse beschreiben. Die aufmerksamkeitsbezogene Kontrolle dominiert auf der Wissensebene, während die schemaorientierte Kontrolle mit der Gewohnheits- und Regelebene verknüpft ist. Gewöhnlich kann durch die Aufmerksamkeit nur eine von vielen gleichzeitig ablaufenden Aktivitäten bewußt gesteuert wer-

Tab. 4: Eine Klassifikation von Handlungsfehlern (action slips)

| Fehlerart/Fehlerformen | Kennzeichnung und Beispiele |
|---|---|
| 1. *Fehler in der Zielbildung* | |
| 1.1 Fehler, die bei der Planung, Entscheidung und Problemlösung entstehen. | Fehler auf der wissensbasierten Ebene (u. a. Irrtümer, die wegen unzureichender oder falscher Kenntnis entstehen). |
| 1.2 Verwechslungsfehler: Falsche Klassifikation einer Situation führt zu unpassender Handlung. | B: Bei einer elektrischen Schreibmaschine den nicht vorhandenen Wagenrücklaufhebel mit der Hand bedienen wollen. |
| 1.3 Beschreibungsfehler: Ähnliche Situationensmerkmale führen zu Verwechslungen von Bewegungsprogrammen. | B: Einen Bleistift beim Zeichnen mit einer Zigarette vertauschen. |
| 2. *Aktivierungsfehler* | |
| 2.1 Unabsichtliche Aktivierung | |
| Stereotypisierungsfehler (capture error): Situationsmerkmale sind einander ähnlich, unterscheiden sich aber in ihrer Auftretenshäufigkeit: Das geläufigere Merkmal übernimmt die Kontrolle. | B: Der von James berichtete Handlungsfehler: Jemand betritt sein Schlafzimmer, um sich für das Essen umzuziehen, und findet sich im Bett wieder. |
| Externe Aktivierung: Situationsmerkmale erzwingen eine Änderung der Handlungsausführung. | B: Stroop-Effekt: Die Namen von Farben (z. B. blau) sind in Farben gedruckt, die sich von den Namen unterscheiden (blau ist in rot geschrieben). Es muß der Farbname angegeben werden, in dem das Wort geschrieben ist. |
| Assoziationsfehler: Derzeit aktive Schemata rufen die mit ihnen assoziierten auf. | B: Bremslichtkontrolle bei abgeschaltetem Motor: Der Fahrer tritt auf das Bremspedal *und* gleichzeitig auf die Kupplung. |
| 2.2 Aktivierungsverlust: Ziel einer Handlung vergessen; einzelne Komponenten einer Handlung vertauschen; einzelne Schritte auslassen; einzelne Schritte wiederholen. | B: Die Wahrscheinlichkeit, beim Abarbeiten einer Checkliste eine Anweisung auszulassen, beträgt p = .003. |
| 3. *Falscher Aufruf aktiver Schema* | |
| 3.1 Falsche Auslösebedingungen: Ein aktiviertes Schema wird zur falschen Zeit aufgerufen. | B: Vermischungen von Gedanken und/oder Handlungskomponenten. |
| 3.2 Fehlende Auslösebedingungen: Ein aktiviertes Schema wird überhaupt nicht aufgerufen, weil die Handlung zuvor durch ein anderes Schema beendet wurde oder weil die Auslösebedingungen schlecht definiert waren. | B: Vergessen, an einer Bank anzuhalten, einen Brief einzuwerfen, eine Besorgung zu erledigen. |

*Anmerkungen:* nach Norman, 1981. Die unter 1.1 genannten Fehler gehören zu den Denkfehlern (mistakes), s. Text.

Tab. 5: Ein Drei-Ebenen-Handlungsmodell

| Handlungsebene | Information | Psychische Prozesse |
|---|---|---|
| Gewohnheitsebene | Signale | stereotype Reaktionen<br>automatisierte Reiz-Reaktionsmuster |
| Regelebene | Zeichen | Wiedererkennen<br>Wenn ⟨Situation⟩ Dann ⟨Handlung⟩<br>gespeicherte Regeln für Aufgabenerledigung |
| Wissensebene | Symbole | Analyse Ausgangs-/Endzustand, Planung,<br>Entscheidung, Problemlösung |

*Anmerkung:* nach Rasmussen, 1983

den. Dieser Kontrollprozeß ist anstrengend und mühsam. Außerdem ist er besonders fehleranfällig, doch gibt es für die vielen Fehlerformen auf der Wissensebene bis heute noch kein verbindliches Klassifikationsverfahren. Der größte Teil menschlicher Aktivitäten wird durch schemaorientierte Kontrollprozesse auf der Gewohnheits- und z. T. auf der Regelebene koordiniert. Auf der Gewohnheitsebene, die der sensorisch-motorischen Regulationsebene von Hacker (1986) entspricht, werden die vorprogrammierten Handlungsschemata durch die entsprechenden *Signale* aus der Umgebung oder aus dem Gedächtnis aufgerufen. Signale müssen nicht interpretiert werden, sondern haben eine unmittelbare Auslösefunktion für Handlungsschemata. Sie laufen über kurze Zeitspannen hinweg vollkommen autonom und nicht bewußt ab. Schemata haben die bemerkenswerte Eigenschaft, auch ohne willentliche Vorgaben auf der Basis der zu erwartenden Datenstruktur unvollständige Muster und fehlende Daten zu ergänzen. Das ist eine der Ursachen für den sogenannten Stereotypisierungs- oder Erwartungsfehler.

Die Regelebene oder begrifflich-perzeptive Ebene läßt sich durch Produktionen einer listenverarbeitenden Programmiersprache kennzeichnen: Wenn <Situation> Dann <Aktion>. Wenn-dann-Regeln werden durch Training, durch eigene Tätigkeiten oder durch Instruktionen erworben. Sie können im Gegensatz zu den Schemata auf der Gewohnheitsebene prozeßgetreu verbalisiert und erläutert werden. Die Regelprozeduren werden von *Zeichen* abgerufen, die in Abhängigkeit vom Kontext interpretiert werden müssen; Eingriffe in die Abfolge der Prozeduren können vorgenommen werden. Ein Beispiel ist das Abarbeiten einer Checkliste: Die Einzelaufgaben können bereits vollautomatisch durchgeführt werden, während die Reihenfolge ihrer Abarbeitung durch die Checkliste kontrolliert wird.

Bei neuartigen Ereignissen oder Situationen, für die kein adäquates Regelwissen vorliegt, wird die Information in Form von *Symbolen* auf der Wissensebene interpretiert. Dieser Prozeß ist durch besonders hohe Anforderungen an die Verarbeitungsressourcen gekennzeichnet und umfaßt die Prozesse der Analyse des Ausgangs- und Zielzustands, der Planung und Entscheidung sowie der

Auswahl und Anwendung von Mitteln zur Zielerreichung und Überprüfung der angewendeten Strategie.

Die erfolgreiche Wiederholung jeder menschlichen Aktivität führt zur Verlagerung der Kontrollprozesse auf eine untergeordnete Ebene. Dieser als Lernvorgang bekannte Prozeß gilt ebenso für kognitive Fertigkeiten wie auch für psychomotorische Leistungen. Bedeutsam ist der Wechsel von einer Kontrollebene zur nächsten. Wenn z. B. bei einer Routineüberwachung oder -steuerung eines Prozesses eine Abweichung registriert wird, dann erfolgt nicht sogleich ein Übergang zur Wissensebene mit zielgerichteter Aktivität, wie man annehmen könnte, sondern es wird zunächst einmal auf der Regelebene probiert, ob die mit weniger Anstrengung verbundenen Regelprozeduren für die Klassifikation der Abweichung nicht ausreichend sind.

Rasmussen (1981) beschreibt diesen Prozeß in der Diagnosetätigkeit als *topografische* Fehlersuche: Das gespeicherte Zeichenmuster wird mit dem aktuellen Systemzustand nach der schlichten Ja/Nein-Methode auf Übereinstimmung überprüft. Wenn diese Prüfung zufriedenstellend ausfällt, ist wieder ein Wechsel zur Gewohnheitsebene möglich. Vermutlich wird der Wechsel zwischen den Ebenen mehrfach vollzogen; ohnehin laufen Routinehandlungen parallel zu Prozessen auf der Regel- und Wissensebene ab. Erst wenn die Suche nach Ähnlichkeiten, Unterschieden oder Abweichungen ohne Erfolg bleibt, wird z. T. sehr zögernd auf die aufwendigere Form des Problemlösens zurückgegriffen. Diese als *symptomatische* Diagnose bezeichnete Verfahrensweise ist funktionsorientiert, fehleranfällig und explizit oder implizit an ein kognitives, mentales Modell des Systems angelehnt.

Ein Modell menschlicher Fehler muß daher auch die Kontrollprozesse berücksichtigen, die zu bestimmten Fehlerarten führen. Ein solches Modell ist von Rasmussen (1982) vorgeschlagen und von Reason (1986) überarbeitet worden. In Tabelle 6 ist es in einer von mir erweiterten Form wiedergegeben.

Auf der *Gewohnheitsebene* sind die nicht intendierten Handlungsfehler zu finden, durch die der Handlungsplan gestört oder unterbrochen wird. Das sind vor allem die in Tabelle 4 beschriebenen Ausrutscher und Versehen (action slips), die mit den Fehlerformen von Reason und Mycielska (1982) zusammengefügt und bereits diskutiert wurden.

Der *Regelebene* sind die Verwechslungs- und Beschreibungsfehler zugeordnet (Fehlerarten 1.2 und 1.3 aus Tab. 4). Wegen ähnlicher Merkmale oder ihres gemeinsamen häufigen Auftretens kommt es zu einer falschen Klassifikation der Situationskomponente, die zum Abruf der mit ihr verbundenen, in diesem Fall unangemessenen Aktion führt. Die Gründe hierfür sind vielfältig und in der Psychologie verschiedentlich beschrieben worden.

*Einstellung* (set; Luchins & Luchins, 1950): Hierbei handelt es sich um Fehler, die auf eine schematische Sichtweise der Situation und eine mechanische Anwendung von Regeln zurückzuführen sind. Sie resultieren aus der grundlegenden Tendenz der menschlichen Informationsverarbeitung, nach Übereinstimmung zwischen vorliegenden Sachverhalten und gespeicherten Schemata auf Kosten vorhandener Unterschiede zu suchen. Werden Ähnlichkeiten registriert, auch wenn dabei Lücken ergänzt und Informationen ignoriert werden müssen, dann wird das Schema mit der ihr verknüpften Aktion auf die Situation angewendet. *Verfügbarkeit* (Tversky & Kahneman, 1973, 1974): Die Gründe für das Handeln von Personen in ausgewählten Situationen lassen sich auf wenige intuitive Regeln oder Heuristiken verdichten. Heuristiken werden für die Interpretation von Sachverhalten genutzt, die komplex, unübersichtlich und mit Unsicherheit behaftet sind. In der Regel arbeiten die Heuristiken zum Vorteil des einzelnen, weil sie Handlungsanleitungen geben und die kognitiven Anforderungen reduzieren. Sie führen aber auch zu vorhersagbaren Fehlern, wenn sie ‚blind‘, d. h. ohne Berücksichtigung der Situation angewendet werden. Der Verfügbarkeitsheurismus bezeichnet den Umgang mit Gedächtnisinhalten, die für einen gegebenen Anlaß zur Verfügung stehen: Alles, was dem Menschen sofort, leicht und schnell einfällt, wird als häufiger, wahrscheinlicher und brauchbarer beurteilt als die schwer zu erinnernden Gedächtnisinhalte. Daher beobachtet man auch in der ersten Phase von Diagnosestrategien in technischen Systemen das ökonomische Verfahren, zunächst einmal nach den bekannten, vertrauten Fehlern zu suchen. Untypischen Fehlern wendet man sich später zu; eine Vorgehensweise, die vor allem bei Prozeßabläufen zu kumulierenden Effekten und kritischen Situationen führen kann. Der Verfügbarkeitsheurismus hat auch eine Kehrseite, die sich ebenfalls aus der Arbeitsweise des Gedächtnisses ergibt: Was nicht erinnert wird, kann auch nicht behandelt werden. Insbesondere in Streßsituationen greift man auf schon erörterte und relevante Daten nicht mehr zurück, wenn sie nicht unmittelbar präsent sind: Erinnern ist schwerer als wiedererkennen! *Repräsentativität* (Slovic, 1987): Mit der Repräsentativität ist die Einordnung eines Sachverhalts oder Zustands in eine Kategorie aufgrund von dominierenden, als repräsentativ beurteilten Ähnlichkeiten gemeint. Andere Merkmale, die subjektiv weniger bedeutsam sind, werden ignoriert. Das kann z. B. bei Diagnosetätigkeiten in komplexen Systemen dazu führen, daß eine selektive Auswahl der angezeigten Systemparameter durchgeführt wird und, wie in dem Störfall im Kernkraftwerk Three Mile Island, nur diejenigen Anzeigen berücksichtigt werden, die eine Entsprechung im eigenen Funktionsmodell haben. Diskrepante Informationen werden ‚hinwegdiskutiert‘ bzw. nicht weiter verfolgt. *Übervereinfachung und übersteigertes Selbstvertrauen* (Osgood, Suci & Tannenbaum, 1957). Vor allem bei der Berücksichtigung komplexer Merkmale mit unterschiedlichen Dimensionen (Häufigkeit, Eintrittswahrscheinlichkeit, Gefährlichkeit, Bedeutung) neigen Personen in ihrem Urteil dazu, die verschiedenen Dimensionen zu einer einzigen zu verdichten und sie nach der Regel ‚gut/schlecht‘ zu bewerten. Die Gewichtung und Bedeutung der Dimensionen wird nicht angemessen durchgeführt. Ferner ist ein übersteigertes Selbstvertrauen bei der Beurteilung der Richtigkeit einer Lösung zu beobachten. Der Mensch sucht für seine Lösung unterstützende Informationen und ignoriert widersprüchliche Hinweise. Die Urteilstendenz führt dazu, an unpassenden Regeln festzuhalten, auch wenn das Gegenteil evident wird. Die beiden zuletzt genannten Heuristiken spielen auch auf der Wissensebene eine bedeutsame Rolle, wie überhaupt eine Trennung zwischen den Ebenen z. T. obsolet erscheint.

Auf der *Wissensebene* können die meisten Fehlerformen Simons Prinzip der ‚begrenzten Rationalität‘ zugeordnet werden. Ebenfalls gehören die Irrtümer im Weimerschen Sinn dazu, die sich aus unzureichender Information oder falscher Kenntnis ergeben. „The capacity of human mind for formulating and solving complex problems is very small compared with the size of the problems

whose solution is required for objectively rational behavior in the real world —
or even for a reasonable approximation of such objective rationality" (Simon,
1957, S. 198). Diese fundamentale Begrenzung in der rationalen Entscheidung
und Problemlösung führt zu Teillösungen auf Kosten der Optimierung von
Gesamtlösungen. Besonders zu beobachten sind derartige suboptimale Strategien in komplexen, vernetzten Systemen (Dörner, Kreuzig, Reither & Stäudel, 1983). Die vielen bislang bekannten Fehlerformen auf der Wissensebene werden von Kluwe (in diesem Band) ausführlich untersucht. Die *Selektivität* in Daten und Fakten beschreibt die mitunter wenig rational verlaufende Auswahlprozedur von Daten aus einem großen Angebot, die *Verfügbarkeit* und *Repräsentativität* sind eng mit der Selektivität verknüpft. Die *Begrenzung des Arbeitsgedächtnisses* auf wenige gleichzeitig zu bearbeitende Inhalte verlangt Vereinfachungsstrategien und führt zum Übersehen, Auslassen und Nichtberücksichtigen von Sachverhalten. Im Vergleich zu präskriptiven, rationalen Entscheidungsstrategien verwendet der Mensch *unvollständige* und suboptimale *Entscheidungsregeln*, die vor allem in neuen und komplexen Situationen einen Bedarf an Entscheidungshilfen entstehen lassen (Zimolong & Rohrmann, 1988).

Als Beispiel für die *begrenzte Rationalität* beim Problemlösen soll nur kurz das Phänomen der ‚Gebundenheit im Denken' (Duncker, 1935) oder anders ausgedrückt, das Beharren auf einer einmal getroffenen Entscheidung gestreift werden. Als unterstützende Prozesse für das wohlbekannte Problem kommen folgende Verarbeitungsmechanismen und Urteilstendenzen in Betracht:

— Die Ähnlichkeit zwischen physikalischem Ereignis und wahrgenommenem Ereignis (der Verwechslungs- und Beschreibungsfehler).

— Die Neigung, diskrepante Informationen zu ignorieren oder ‚hinwegzudiskutieren' (Repräsentativitätsheurismus).

— Die Suche nach Bestätigung der eigenen Meinung und der Verzicht auf kritische Prüfung (übersteigertes Selbstvertrauen).

Das Phänomen der ‚Gebundenheit im Denken' dürfte eng mit dem ‚fixierten Denken' verknüpft sein, das vor allem in belastenden Situationen oder unter Zeitdruck zu rigiden Denk- und Problemlösungsschablonen führt.

Mit dem Ansatz aus Tabelle 6 wird ein Fehlerverursachenskonzept vorgestellt, das praktischen Erfahrungen entspricht und wirksame Fehlerverhütungsmaßnahmen abzuleiten gestattet. Allerdings dürften sich bei der Zuordnung der Fehlerformen zu den Fehlerarten wiederum Unschärfen ergeben, und es müßten vor allem trennscharfe Kriterien entwickelt und erprobt werden. Der wesentliche Fortschritt im Vergleich mit den bisher erörterten Ansätzen liegt in dem größeren Gültigkeitsbereich, da hier nach Fehlern von Anfängern und Könnern und nach neuen und vertrauten Situationen differenziert werden kann. Die sich aus diesem Konzept ergebenden Maßnahmen zur Erhöhung der Zuverlässigkeit werden im nächsten Abschnitt erläutert.

Tab. 6: Fehlerarten und fehlerbeeinflussende Faktoren auf verschiedenen Kontrollebenen

| Kontrollebene und dominierende Fehlerart | Fehlerauslösende Bedingungen |
|---|---|
| Gewohnheitsebene Handlungsfehler | — Zeitliche Nähe und Häufigkeit in der vorherigen Nutzung (Gewohnheit, Stereotypisierung).<br>— Unbeabsichtigte Auslösung durch gemeinsame Merkmale (Assoziationsfehler).<br>— Vertauschungen oder Auslassungen von Handlungskomponenten durch parallele Zielsetzungen (falsche/fehlende Auslösebedingungen). |
| Regelebene Verwechslungs- oder Beschreibungsfehler | — Einstellung: schematische Sichtweise („Das haben wir schon immer so gemacht").<br>— Verfügbarkeit: Ideen und Sachverhalte („Was zuerst kommt, wird bevorzugt behandelt" und „Aus den Augen, aus dem Sinn").<br>— Repräsentativität von Sachverhalten und Lösungsmustern („Das hatten wir schon").<br>— Übervereinfachung: Reduktion auf wenige Merkmale und übersteigertes Selbstvertrauen („Ich bin sicher, ich habe recht"). |
| Wissensebene Begrenzte Rationalität und Irrtümer | — Selektivität in Daten und Fakten<br>— Begrenzung des Arbeitsgedächtnisses<br>— Unvollständige Entscheidungsregeln<br>— Begrenzte Rationalität beim Problemlösen (u. a. Gebundenheit im Denken)<br>— Schwierigkeiten im Umgang mit zeitlichen Prozessen<br>— Falsches/unvollständiges Wissen |

*Amerkungen:* erweitert nach Rasmussen, 1982; Reason, 1986

## 3.3 Maßnahmen zur Erhöhung der Zuverlässigkeit

Der bedeutsame Einfluß ergonomischer Faktoren des Arbeitssystems auf die menschliche Zuverlässigkeit wurde bereits erörtert, ebenso die Bedeutung der reversiblen Arbeitssystemgestaltung am Beispiel der Ziffernwahl beim Telefon. Auf ergonomische Gestaltungen zur Erhöhung der Zuverlässigkeit wird insbesondere in den Beiträgen von Colin sowie Rühmann und Schmidtke (in diesem Band) eingegangen. Über Entscheidungshilfen auf der wissensbasierten Ebene referiert Kraiss (in diesem Band). Im folgenden sollen deshalb nur einige allgemeine Überlegungen zu Entscheidungshilfen (EH) für die Regel- und Wissensebene angestellt werden, im übrigen haben Zimolong und Rohrmann (1988) eine systematische Beurteilung und Einordnung von EH für stationäre und dynamische Prozesse vorgenommen.

Eine der beeindruckendsten Leistungen des kognitiven Systems ist die Delegation der bewußten Kontrolle an untergeordnete Instanzen. Damit werden Ressourcen für das Planen, Entscheiden und Problemlösen frei. Der Automatisierungsprozeß führt zur Auslösung des Verhaltens durch Signale und Zeichen ohne eine vorherige Interpretation und Analyse auf der Wissensebene. Das Verhalten paßt sich rasch, zielsicher und zuverlässig den vertrauten Umgebungsbedingungen an. Die negativen Auswirkungen der Delegation von Kontrolle an die große ‚Gemeinde von Lokalexperten' (Reason, 1985) besteht darin, daß sie nur an eng umgrenzten Weltausschnitten interessiert sind und mit ‚unerschütterlicher Sicherheit' auf ihrer Antwort als der einzig richtigen bestehen, auch wenn nur ein Teil der Auslösebedingungen erfüllt ist. Meistens ist dieser Vorgang sinnvoll und ökonomisch. Wenn sich aber Ziele und Umstände einer Routinehandlung ändern, dann führt dieses Vorgehen zu vorhersagbaren Fehlern. Je häufiger eine Routine in der Vergangenheit erfolgreich war, um so wahrscheinlicher ist es, daß sie unter veränderten Bedingungen eine ‚strong but wrong'-Antwort produziert. Eine Abhilfe kann geschaffen werden durch einen Hinweis auf veränderte Bedingungen, z. B. in Form einer optischen Anzeige oder eines akustischen Signals. Technisch aufwendigere Verfahren, z. B. in der Prozeßsteuerung, verwenden intelligente Entscheidungshilfen, die aus dem vorangegangenen Muster von Ereignissen auf veränderte Bedingungen schließen können (Zimolong & Rohrmann, 1988).

Man wird allerdings zu Recht skeptisch sein, ob diese Art von Anzeigen oder Hilfen auch tatsächlich helfen. Jedes rote blinkende Lämpchen auf einer Anzeigentafel kann einen veränderten Zustand anzeigen, der dennoch in vielen Fällen übersehen wird, und jeder Computerausdruck mit einem Diagnosevorschlag kann als unzutreffend abgelehnt werden. Für die z. T. geringe Effektivität ist eine Reihe zusätzlicher Faktoren verantwortlich. Überforderung durch zu viele gleichzeitig aktivierte Signale in einem Störfall (Signalschauer), unvollständiges Wissen, unzureichendes Training, unzuverlässige Anzeigen, die mitunter auch im Normalzustand einen Störfall anzeigen, mangelnde Übereinstimmung zwischen mentalem Funktionsmodell und physikalischem Zustand. Die Gründe für die Nichtbeachtung des Signals sind vielfältig, und die Lösung des Problems dürfte daher weniger in Voranzeigen oder Veränderungsanzeigen liegen, sondern vielmehr im Aufbrechen von Routinehandlungen durch die Übernahme der Situationsanalyse auf die regel-/wissensbasierte Ebene. Der Veränderungshinweis ist daher eine notwendige, wenn auch nicht eine hinreichende Bedingung für die richtige Anwendung einer Regel. Zur Entlastung des Arbeitsgedächtnisses bieten die elektronischen Displays die Möglichkeiten, diagnostisch relevante Informationen parallel zur Verfügung zu stellen. Rouse und Rouse (1983b) fordern eine adaptive Darstellung: Der Bediener muß die Möglichkeit haben, entsprechende Informationsdarstellungen selbst auswählen zu können (topografisch, funktional, tabellarisch); andererseits muß das System eine Reduktion der anfallenden Information unterstützen und die für den Nutzer als wichtig erachtete, diagnostisch bedeutsame Information bevorzugt darstellen.

## 4 Zuverlässigkeitsberechnung

### 4.1 Konzepte und Verfahren

Die Erklärung menschlicher Fehler und die daraus abzuleitenden Fehlervermeidungsstrategien gehören nach der von Rouse und Rouse (1983a) vorgeschlagenen Einteilung zum *Ursachenansatz* in der Behandlung der menschlichen Zuverlässigkeit. Die Entwicklung von Methoden zur Berechnung der Zuverlässigkeit zählt zum *Häufigkeitsansatz;* Ursachenerklärung und Vermeidungsstrategien spielen hierbei eine untergeordnete Rolle.

Die Gründe für die Durchführung einer Zuverlässigkeitsberechnung werden von Embrey (1983) wie folgt angegeben:

— Die Gesamtzuverlässigkeit eines Systems besteht aus der technischen Komponentenzuverlässigkeit und der menschlichen Zuverlässigkeit. Beide Datensätze lassen sich erst dann zu einer Gesamtberechnung vereinigen, wenn sie in quantitativer Form vorliegen.

— Die Kenntnis der Auftretenshäufigkeiten von Fehlern erlaubt eine quantitative Schwachstellenanalyse eines technischen Prozesses, z. B. durch einen Gefährdungsbaum. Die für das Systemziel wirtschaftlich vertretbaren Maßnahmen lassen sich durch eine Nutzen-Kosten-Rechnung bestimmen.

Wie allerdings betont werden muß, implizieren die Argumente für eine quantitative Berechnung nicht automatisch die Verwendung von Fehlerwahrscheinlichkeiten. In einigen Fällen dürfte es wegen der damit verbundenen Schwierigkeiten in der Datensammlung leichter sein, andere Maße für Sicherheit oder Gefährdung zu verwenden. Beispielsweise können Alternativentwürfe einer qualitativen oder einer relativen Analyse unterzogen und der Entwurf mit dem niedrigsten Risikopotential gewählt werden. Einige der Verfahren zur menschlichen Zuverlässigkeitsberechnung sind in Tabelle 7 aufgeführt. THERP und SLIM-MAUD werden in den nächsten Abschnitten behandelt, über weitere hier nicht angeführte Verfahren berichten Pew, Feehrer, Baron und Miller (1977) und Meister (1984).

Im allgemeinen sind die quantitativen Verfahren der menschlichen Zuverlässigkeitsberechnung eng verknüpft mit denen der technischen Zuverlässigkeitsberechnung (s. Bubb, in diesem Band). Folgende generelle Vorgehensweise für eine Zuverlässigkeitsanalyse wird empfohlen (u. a. Swain & Guttmann, 1983):

1. Zerlegung der Aufgaben in Teilaufgaben und Einzelelemente;

2. Analyse der Fehlermöglichkeiten mittels eines Gefährdungsbaums (z. B. Fehlerbaum oder Ereignisbaum);

3. Bestimmung der Fehlerwahrscheinlichkeit für das betreffende Aufgabenelement aus einer Tabelle oder Abfrage in einer Datenbank;

Fehler und Zuverlässigkeit 329

Tab. 7: Verfahren zur Berechnung der menschlichen Zuverlässigkeit

| Verfahren | Autoren | Kennzeichnung |
|---|---|---|
| 1. THERP<br>Technique for Human Error Rate Prediction | Swain & Guttman, 1983 | Zuverlässigkeitsberechnung für Aufgaben in Kernkraftwerken |
| 2. MAPPS<br>Maintenance Personal Performance Simulation | Siegel & Wolf, 1969<br>Siegel et al., 1984 | Zuverlässigkeitsabschätzungen für Wartungsaufgaben durch Simulationstechniken (Monte-Carlo-Methode) |
| 3. OAT<br>Operator Action Tree | Hall et al, 1982 | Berechnung der Fehlerwahrscheinlichkeit für Diagnose und Entscheidungsaufgaben nach einen Störfall im Kernkraftwerk durch ein Zeit-Zuverlässigkeitsmodell |
| 4. Expertenschätzungen<br>Allgemeine Verfahren | Comer et al., 1983<br>Seaver & Stillwell, 1983 | Anwendung formalisierter Schätzverfahren für die Gewinnung von Fehlerwahrscheinlichkeiten |
| SLIM-MAUD<br>Success-Likelihood Index Methodology | Embrey et al., 1984 | Beurteilung verhaltensbeeinflussender Faktoren mit dem MAUD-Computerprogramm (Multi Attribute Utility Decomposition) |

4. Berichtigung der gefundenen (Basis-)Fehlerwahrscheinlichkeit durch eine betriebliche Analyse der verhaltensbeeinflussenden Bedingungen (Expertenurteil);

5. Berechnung der Aufgabenzuverlässigkeit aus den Einzelelementen nach den Regeln der Wahrscheinlichkeitsrechnung.

In den fünf Schritten sind drei Bedingungen implizit enthalten, die für die Berechnung der menschlichen Zuverlässigkeit erfüllt sein müssen: 1. die Bedingung einer reliablen und validen Aufgabenklassifikation, 2. die der umfassenden Sammlung menschlicher Fehlerwahrscheinlichkeiten für Teilaufgaben und 3. die einer linearen Funktion der Einzelwahrscheinlichkeiten für die Berechnung der Gesamtfehlerwahrscheinlichkeit. Die dritte Voraussetzung bezieht sich auf die Annahme, die menschliche Zuverlässigkeit ergibt sich aus der Addition der Fehlerwahrscheinlichkeiten der Aufgabenelemente. Um z. B. die Fehlerwahrscheinlichkeit der Kontrolltätigkeit eines Operateurs in einem Kraftwerk zu ermitteln, die sich aus den Teilaufgaben ‚Anzeige ablesen', ‚Werte in eine Tabelle eintragen' und ‚Quittieren der Werte durch den Schichtführer' zusammensetzt, werden die Fehlerwahrscheinlichkeiten der Einzelaufgaben miteinander multipliziert. Diese Rechenvorschrift ergibt sich aus der Produktregel der Wahrscheinlichkeitsrechnung, die besagt, daß die Wahrscheinlichkeit für das Auftreten mehrerer unabhängiger Ereignisse i gleich dem Produkt der Wahrscheinlichkeiten für jedes dieser Ereignisse ist:

$$HEP = \prod_{i=1}^{n} HEP_i \qquad i = \text{Einzelaufgabe/Ereignis.}$$

Die Vorteile für das elementaristische Vorgehen liegen auf der Hand: Eine breite Palette von Aufgaben läßt sich auf wenige Aufgabenelemente reduzieren, sie lassen sich relativ einfach auch vom Nichtfachmann verrichtungsorientiert zusammenstellen, und eine Datenbank kann für die Fehlerwahrscheinlichkeiten zentral erstellt werden.

Die methodischen Schwierigkeiten des Ansatzes sind ebenso deutlich (Adams, 1982; Embrey, 1983):

1. *Aufgabenklassifikation.* — Die Aufgaben müssen zuverlässig vom Beurteiler unterschieden und klassifiziert werden können und von der handelnden Person als Einheit erlebt werden. Es gibt aber weder eine allgemein akzeptierte Aufgabenklassifikation (Fleishman, 1975), noch läßt sich das menschliche Verhalten aus der Summe der Einzelverrichtungen ermitteln. Abgesehen von wenigen hochgeübten und standardisierten Handlungen auf der Fertigkeits- bzw. Regelebene ist das menschliche Vorgehen sehr variabel und aufgabenorientiert. Die Aufeinanderfolge, Kombination sowie das Einfügen und Weglassen von Aufgabenelementen wird durch das jeweilige Ziel bestimmt. Wie experimentelle Studien, z. B. die von Mills und Hatfield (1974) gezeigt haben, gilt die Produktregel für die Kombination von Aufgabenelementen in komplexen Aufgaben nur dann, wenn gemeinsame Faktoren, beispielsweise die Aufgabenschwierigkeit, in allen Aufgabenelementen die gleiche Bedeutung haben.

2. *Klassifikation der Bedingungsfaktoren.* — Die externen (arbeitsplatzbezogenen) und die internen (personalen) Faktoren müssen ermittelt und ihr Einfluß auf die Fehlerhäufigkeit bekannt sein. Die Fehlerwahrscheinlichkeit für die Aufgabenerledigung hängt nicht nur von den ergonomischen Faktoren wie Größe, Helligkeit und Ähnlichkeit ab. Berücksichtigt werden müssen Faktoren wie Erfahrung, Motivation und Streßanforderungen im betrachteten System ebenso wie die Fehlerarten auf verschiedenen Kontrollebenen, wie sie in Tabelle 6 dargestellt wurden.

3. *Auftretenshäufigkeit.* — Die Art und Zahl der Gelegenheiten für das Auftreten von Fehlern muß erfaßt sein, um eine Berechnung der Fehlerwahrscheinlichkeit durchführen zu können.

4. *Abhängigkeit.* — Gewöhnlich sind die Aufgaben nicht unabhängig voneinander. Hat jemand für die Erledigung der ersten Aufgabe zu lange Zeit verbraucht, dann wird das die Erfolgswahrscheinlichkeit für die Erledigung der nächsten Aufgabe beeinträchtigen.

Ansätze zur Sammlung von Fehlerformen und Häufigkeiten gibt es in größerem Umfang seit Beginn der 60er Jahre (u. a. AIR, Meister, 1964). Sie scheiterten aber an den unter 1—4 genannten fehlenden Voraussetzungen für eine betriebsübergreifende Nutzung. In jüngerer Zeit gibt es Ansätze, verbesserte Datenbanken einzurichten, u. a. in den USA das ASRS (National Aeronautics and Space Administration's Aviation Safety Reporting System) und das LERP (Licensee Event Reports Program) der amerikanischen Atomenergiebehörde. Topmiller, Eckel und Kozinsky (1982) haben die bisher verfügbaren Datenbanken im Nuklearbereich zusammengestellt und bewertet (s. auch Comer, Donovan & Gaddy, 1985). In der Bundesrepublik wären die Unfalldatensammlungen der Berufsgenossenschaften und das von der Bundesanstalt für Arbeitsschutz seit 1982 eingeführte Dokumentationsprogramm für tödliche Unfälle (Henter & Hermanns, 1982) zu erwähnen. In allen Fällen sind jedoch die oben genannten Voraussetzungen für die Berechnung der Fehlerwahrscheinlichkeiten nur teilweise erfüllt, insbesondere bleibt die Auftretenshäufigkeit weiterhin unbekannt und muß geschätzt werden.

Die Fehlerwahrscheinlichkeiten für die Aufgabenelemente können prinzipiell aus vier Datenquellen gewonnen werden: Feld-, Simulator-, Experimentalstudien und Schätzungen von Experten. Auf den ersten Blick scheinen Felddaten aus dem industriellen Bereich die größte Repräsentativität zu haben. Aber auch wenn derartige Fehler gut dokumentiert (was sie nicht sind) und die Auftretenshäufigkeiten bekannt wären, müßten sie noch auf andere Betriebe mit geänderten technischen, oranisatorischen und personellen Voraussetzungen übertragbar sein können. Daher stellen Daten aus Simulatorstudien unter gewissen Bedingungen die beste Informationsquelle dar (Beare, Dorris, Bovell, Crowe & Kozinsky, 1984). Die Fehler- und Auftretenshäufigkeiten können zuverlässig ermittelt werden. Allerdings sind sie als repräsentative Fehlerwahrscheinlichkeiten nur dann zu verwenden, wenn Kalibrierungsfaktoren für die gewöhnlich hohe Motivation der beteiligten Personen, für die geänderten Anforderungen (keine Routinesituation) und für die geänderten technischen und organisatorischen Abläufe bekannt sind. Fehlerhäufigkeiten aus experimentellen Studien kommen fast gar nicht in Betracht, weil die Laborsituation nicht auf die Praxis übertragbar ist und vor allem längere Studien aus Kostengründen kaum durchgeführt werden. Expertenschätzungen gelten für viele als die am wenigsten verläßliche Datenquelle. Tatsächlich können Expertenurteile, die mit Hilfe standardisierter Verfahren erhoben wurden, eine zufriedenstellende Zuverlässigkeit und Gültigkeit erreichen (Stillwell, Seaver & Schwartz, 1982). Zum Beispiel ließ Embrey (1983) Fehlerwahrscheinlichkeiten mit einem standardisierten Verfahren schätzen und erzielte eine Übereinstimmung mit den empirischen Fehlerwahrscheinlichkeiten von $r = .71$ bei 18 Aufgaben (s. auch Abschnitt 4.3). Vermehrt werden auch computergestützte Schätzverfahren eingesetzt wie z. B. MAUD (Multi Attribute Utility Decomposition; Humphreys & Wisudha, 1983), die gleichzeitig die für die Gültigkeit des Schätzprozesses zu erfüllenden Bedingungen kontrollieren und den Nutzer auf Inkonsistenzen in seinen Beurteilungen aufmerksam machen. In vielen Fällen bleibt die Expertenschätzung ohnehin als einzige Möglichkeit übrig, wenn beispielsweise ein technisches Verfahren neu eingeführt wird oder sich die Betriebsbedingungen aufgrund von betrieblichen Maßnahmen geändert haben.

## 4.2 Ereignisbaummethode THERP

THERP (Technique for Human Error Rate Prediction) ist mit Abstand das bekannteste Verfahren zur Berechnung der menschlichen Zuverlässigkeit. Es wurde von Rook und Swain in den frühen 60er Jahren entwickelt und in seiner jetzt gültigen Fassung von Swain und Guttmann (1983) publiziert. Die Möglichkeit des Auftretens menschlicher Fehlhandlungen wird von THERP mit einem Ereignisbaum (event tree) analysiert. Im Gegensatz zur Fehlerbaumanalyse liegt hier ein induktiver Ansatz vor, d. h., die Analyse beginnt mit der Erledigung der ersten Teilaufgabe, die falsch oder richtig ausgeführt werden kann, und verfolgt dann die weiteren Arbeitsschritte bis zum Abschluß der Aufgabe. Die Fehlerbaumanalyse geht demgegenüber von einem Fehler aus und arbeitet die Ereignisse ‚rückwärts' in der Zeit ab, bis das auslösende Ereignis gefunden wurde oder die Analyse aus anderen Gründen abgebrochen wird. In einem Fehlerbaum können daher als logische Symbole das ‚Und' und ‚Oder' auftreten, während in einem Ereignisbaum grundsätzlich nur das exklusive ‚Oder' und Verzweigungen möglich sind.

Die THERP-Zuverlässigkeitsanalyse beginnt mit einer Aufgabenanalyse. Die Sequenz von Erfolgen/Mißerfolgen bei der Lösung der Teilaufgaben wird als eine Abfolge von binären Entscheidungsknoten dargestellt. An jedem Knoten ist die Aufgabe entweder richtig oder falsch gelöst. Die entsprechenden Wahrscheinlichkeiten müssen sich bei jeder Verzweigung zu 1.0 addieren. Bis auf die Wahrscheinlichkeiten des ersten Aufgabenelements handelt es sich um bedingte Wahrscheinlichkeiten. In Diagrammen bezeichnen Großbuchstaben die Fehler und ihre Auftretenswahrscheinlichkeiten, Kleinbuchstaben Erfolge und ihre Wahrscheinlichkeiten. In Abbildung 1 ist ein sehr einfaches Beispiel für die Erledigung einer Aufgabe durch zwei Teilaufgaben mittels eines Ereignisbaumes dargestellt.

Die Fehlerwahrscheinlichkeit für die Gesamtaufgabe, die aus n Teilaufgaben besteht, wird aus den Einzelwahrscheinlichkeiten des Fehlerpfads berechnet.

In einer Serienanordnung aus n Teilaufgaben wird die Gesamtaufgabe erfolgreich gelöst, wenn alle n Teilaufgaben gelöst sind. Im Beispiel müssen die Teilaufgaben ‚A' und ‚B' gelöst sein. Die Wahrscheinlichkeit für Erfolg (E) und Fehler (F) ergibt sich aus:

$P(E) = a(b/a)$
$P(F) = 1 - a(b/a)$
$P(F) = a(B/a) + A(b/A) + A(B/A)$

In einer Parallelanordnung ist die Aufgabe dann gelöst, wenn eine der beiden Teilaufgaben ‚A' oder ‚B' erfolgreich gelöst ist. Ein Fehler tritt auf, wenn beide Teilaufgaben nicht gelöst sind:

$P(E) = 1 - A(B/A)$
$P(E) = a(b/a) + a(B/a) + A(b/A)$
$P(F) = A(B/A)$

Fehler und Zuverlässigkeit 333

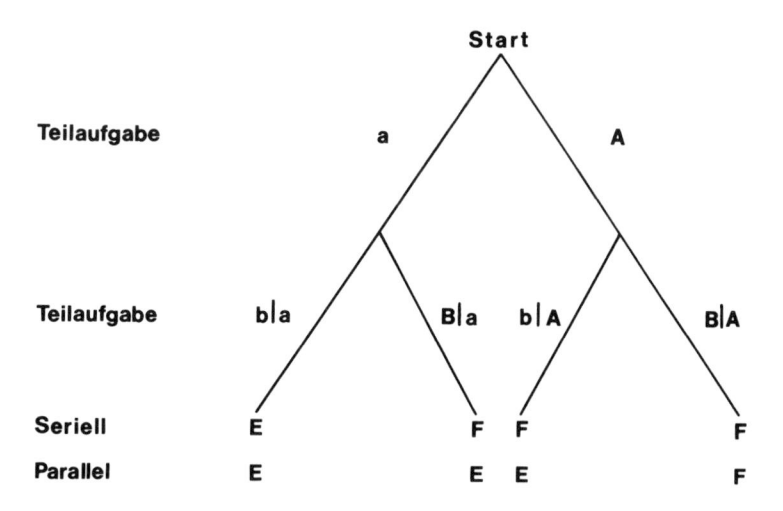

```
Teilaufgabe              a            A

Teilaufgabe        b|a      B|a   b|A     B|A

Seriell            E         F     F       F
Parallel           E         E     E       F
```

Abb. 1: Beispiel für einen Ereignisbaum mit zwei Teilaufgaben ‚A' und ‚B' in einer Serien- und Parallelanordnung. A = Wahrscheinlichkeit für einen Fehler bei der Erledigung von Teilaufgabe ‚A', a = Wahrscheinlichkeit für den Erfolg bei der Erledigung von Teilaufgabe ‚A'; B und b sind die entsprechenden Wahrscheinlichkeiten für Teilaufgabe ‚B'.

Würde die Abhängigkeit zweier Ereignisse nicht berücksichtigt, könnte die Berechnung zu einer niedrigeren Fehlerwahrscheinlichkeit führen; ein ‚Ereignis', das für die Zuverlässigkeitsberechnung auf der ‚falschen Seite' liegt. Grundsätzlich können Abhängigkeiten in der Aufgabenerledigung zwischen zwei oder mehreren Personen beobachtet werden, wenn sie gemeinsam an einer Aufgabe arbeiten. Abhängigkeiten können aber auch zwischen einzelnen Aufgaben auftreten, die von einer Person bearbeitet werden. Manchmal sind Teilaufgaben sogar so eng miteinander verknüpft, daß ein Vergessen eines Teils das Vergessen der gesamten Sequenz zur Folge hat. Swain und Guttmann (1983) haben zur Lösung dieser Schwierigkeiten eine 5stufige Abhängigkeitsskala mit den Endpunkten Unabhängigkeit und vollständige Abhängigkeit eingeführt. Für jede Stufe wird eine Korrekturformel zur Änderung der Nominalfehlerwahrscheinlichkeit angegeben, die als Basisfehlerwahrscheinlichkeit z. B. in einer Datenbank vorliegt. Der Nutzer muß bei jeder Teilaufgabe entscheiden, inwieweit die Fehlerwahrscheinlichkeit von der vorherigen Teilaufgabe N-1 abhängig ist, muß die Abhängigkeitsstufe festlegen und die Neuberechnung der bedingten Fehlerwahrscheinlichkeit durchführen.

Der Einfluß externer und interner Faktoren wird durch Gewichtungsfaktoren modelliert, mit denen die Nominaldaten beim Vorliegen der entsprechenden Bedingungen multipliziert werden. Beispielsweise wird die Wahrscheinlichkeit der richtigen Aufgabenlösung durch Streßfaktoren beeinflußt. Eine Störfallsituation in einem Kernkraftwerk (hoher Streß) kann die Wahrscheinlichkeit für das Auftreten eines Fehlers um den Faktor 2 bis 5 erhöhen (Swain & Guttmann, 1983). In Verbindung mit der Berufserfahrung ergeben sich spezifische Gewichtungsfaktoren, die in Tabelle 8 zusammengefaßt sind.

Tab. 8: Gewichtungsfaktoren für Streß und Berufserfahrung bei der Ermittlung der Fehlerwahrscheinlichkeiten

| Streß-Niveau | Erhöhung der Fehlerwahrscheinlichkeit | |
|---|---|---|
| | mit Erfahrung | ohne Erfahrung |
| sehr niedrig (Monotonie) | × 1 | × 2 |
| optimal | × 1 | × 1 |
| hoch | × 2 | × 4 |
| extrem hoch | × 5 | × 10 |

*Anmerkung:* Swain & Guttmann, 1983

Für jede der zu analysierenden Teilaufgaben müssen die entspechenden Fehlerwahrscheinlichkeiten zur Verfügung stehen. Tatsächlich liegen die Daten aber bisher nur in geringem Umfang vor, so daß Swain und Guttmann in den meisten Fällen auf Expertenschätzungen zurückgreifen mußten.

## 4.3 Bewertung von THERP

Die neueste Version von THERP (Swain & Guttmann, 1983) unterscheidet sich in einigen Punkten von vorherigen Versionen. Der wichtigste Unterschied besteht darin, daß die Aufgabenelemente durch Operationen oder Teilaufgaben ersetzt wurden, die für Arbeiten in Kernkraftwerken typisch sind. Operationen sind auf verschiedenen Komplexitätsstufen definiert, sie reichen vom Ablesen eines Instruments bis hin zum Inspektionsgang in einem Kontrollraum. Für jede der Operationen sind verhaltensbeeinflussende Faktoren (performance shaping factors, PSF) definiert, die einen Einfluß auf die Fehlerwahrscheinlichkeit für die Aufgabenerledigung haben können. Die Stärke und zugleich Schwäche der vorliegenden Technik liegt in ihrer Datenbasis. Der Anspruch, auf eine empirische Datenbasis für die Fehlerwahrscheinlichkeiten zurückgreifen zu können, verleiht der Methode sowohl eine wissenschaftliche als auch praktische Attraktivität. Dieser Anspruch wird derzeit nicht eingelöst. Die Daten basieren auf Schätzungen. Auch wenn man einmal davon ausgeht, daß die Schätzungen der Fehlerwahrscheinlichkeiten hinreichend zuverlässig sind und laufend verbessert werden (Miller & Swain, 1987), dann verlangen die betriebsspezifischen Besonderheiten vom Anwender Interpolationen des Ausgangsmaterials, die wiederum auf Schätzungen basieren.

Die Berücksichtigung interner und externer Einflußfaktoren auf die Zuverlässigkeit der Aufgabenerledigung stellt keinen neuen Ansatz dar, sondern lediglich die Umsetzung bekannter Verhaltenskonzepte aus der Arbeitssicherheitsforschung (BDP, 1987). Die Quantifizierung der Einflußfaktoren beruht ebenfalls auf Expertenschätzungen und ist bisher weder experimentell noch empirisch überprüft worden. Ähnliches gilt für die vorgeschlagenen Korrekturformeln zur Berücksichtigung von Aufgabenabhängigkeiten. Die Aufgabenklassifikation ist verrichtungsorientiert und vernachlässigt die psychischen Vorgänge bei der Aufgabenerledigung. Das führt u. a. zu folgendem Ergebnis: Die Teilaufgaben für unerfahrene und erfahrene Operateure sind identisch strukturiert, obwohl bekannt ist, daß die Zahl und der Umfang der Operationen für die Erledigung derselben Teilaufgabe für beide Gruppen höchst unterschiedlich sind (s. Sonntag, in diesem Band). Außerdem können Aufgaben nicht nur danach klassifiziert werden, ob sie richtig oder falsch durchgeführt wurden. Viele Aufgaben können in einer anderen Reihenfolge, mit anderen Operationen oder zeitlich versetzt ausgeführt werden, ohne daß die Zuverlässigkeit des Systems darunter leiden muß.

Trotz dieser Einwände dürfte eine Technik wie THERP erfolgreich für die Zuverlässigkeitsberechnung von Routineaufgaben eingesetzt werden, die hauptsächlich sensumotorische Operationen verlangen. In solchen Fällen sind Abhängigkeitsprobleme zwischen einzelnen Teilaufgaben vernachlässigbar oder rechnerisch lösbar und der Einfluß von ergonomischen und personalen Faktoren bestimmbar. Ebenfalls ist das Datenproblem nicht unlösbar. Wie Embrey (1983) ausführt, gelten diese Überlegungen auch für weitgehend standardisierte Prozeduren auf der regelbasierten Ebene, wie z. B. Checklistenverfahren. Nicht verwendet werden kann die Technik für Aufgaben, die auch kognitive Operationen auf der wissensbasierten Ebene, wie z. B. Aktivitäten der Planung, Beurteilung und Problemlösung umfassen.

## 4.4 Expertenschätzverfahren SLIM-MAUD

Die Methode der Indexberechnung für die Erfolgswahrscheinlichkeit einer Aufgabe (Success Likelihood Index Methodology, SLIM) ist ein Expertenschätzverfahren der multiattributiven Nutzentheorie (Humphreys & Wisudha, 1983). Embrey, Humphreys, Rosa, Kirwan und Rea (1984) gehen von der Annahme aus, die Wahrscheinlichkeit für das Auftreten eines menschlichen Fehlers sei abhängig vom Einfluß verhaltensbeeinflussender Faktoren. Eine theoretisch fundierte oder systematische Taxonomie von PSF liegt nicht vor: Die Faktoren werden für die zu beurteilende Arbeitssituation jeweils neu bestimmt; im Prinzip wird die Einteilung von Swain und Guttmann (1983) benutzt. Jeder Faktor wird vom Beurteiler nach seiner allgemeinen Wichtigkeit und seinem spezifischen Beitrag für die erfolgreiche Aufgabenerledigung beurteilt. Als Verfahren wurde zunächst ein einfaches Ratingverfahren von Edwards (1977) verwendet, in neueren Arbeiten wird die rechnergestützte Ratingtechnik MAUD (Multi Attribute Utility Decomposition) eingesetzt. Die relative Wichtigkeit (W) und Bedeutung (R) des Faktors i für die Erfolgswahrscheinlichkeit der Aufgabe werden multipliziert und die Produkte über alle Faktoren zu einem Erfolgswahrscheinlichkeitsindex addiert:

$$SLI = \sum_{i=1}^{n} W_i R_i \qquad i = \text{Faktor}$$

Der Index stellt eine Schätzung der Erfolgswahrscheinlichkeit einer auszuführenden Aufgabe bei Berücksichtigung der verhaltensbeeinflussenden Faktoren dar. Eine wichtige Bedingung ist, daß der Index eine konsistente Beziehung zur empirischen Erfolgswahrscheinlichkeit hat und entsprechend umgerechnet werden kann. Die bisherige Überprüfung des Verfahrens wurde in drei Schritten durchgeführt. In einer ersten Studie (Embrey, 1983) konnte der logarithmische Zusammenhang zwischen der empirischen Erfolgswahrscheinlichkeit und dem Median des Indexes bestätigt werden ($r = 0.98$). Allerdings war die Interraterübereinstimmung nicht signifikant und der Bereich der zu schätzenden Wahrscheinlichkeiten lag zwischen 0.32 und 0.95. Tatsächlich weisen industrielle Tätigkeiten aber sehr viel größere Erfolgswahrscheinlichkeiten (d. h. kleinere Fehlerwahrscheinlichkeiten) auf, die schwieriger zu schätzen sein dürften. In einer zweiten, umfassenderen Studie (Embrey et al., 1984) wurden 21 Aufgaben mit bekannten Fehlerwahrscheinlichkeiten aus der Nuklear- und Prozeßindustrie von 8 Fachleuten beurteilt, die im Bereich der Zuverlässigkeitsplanung, der Ergonomie und in Kernkraftwerken tätig waren. Die Aufgaben waren in drei Gruppen zu je 7 Aufgaben entsprechend dem Drei-Ebenen-Modell von Rasmussen eingeteilt. Die Fehlerwahrscheinlichkeit in den Aufgaben variierten zwischen $10^{-1}$ und $5 \times 10^{-5}$. Aufgrund einer Sensitivitätsanalyse wurden drei von den 21 Aufgaben aus der Regressionsgleichung herausgenommen und für die restlichen 18 ein Korrelationskoeffizient von $r = -0.71$ zwischen den log HEP und dem Median des SL Index gefunden. Die Übereinstimmung zwischen den Beurteilern wurde nicht berichtet, ebenfalls wurde keine Kalibrierungsfunktion berechnet. In der dritten, abschließenden Feldstudie beurteilten 12 Experten je 8 Arbeitsaufgaben, die aus 5 Arbeitsplatzszenarien von Atomkraftwerken stammten. Die Beurteilungsfaktoren (PSF) sind in Tabelle 9 dargestellt.

Der Gewichtungs- und Bewertungsprozeß wurde einzeln von jedem Beurteiler durchgeführt, erst danach wurden die Ergebnisse in der Gruppe diskutiert und z. T. geändert. Für jeden Beurteiler konnte für jedes der 5 Szenarien eine Erfolgswahrscheinlichkeit berechnet werden; die Konstanten für die Kalibrierung

Tab. 9: Rangfolge der verhaltensbeeinflussenden Faktoren (PSF) mit ihren Gewichtungen

| PSF | Mittlere Bedeutung | Standardisierte mittlere Bedeutung |
|---|---|---|
| Kompetenz | 93.90 | .20 |
| Arbeitsteam | 86.91 | .19 |
| Arbeitsverfahren | 85.71 | .19 |
| Arbeitsgestaltung | 68.47 | .14 |
| Streß | 58.24 | .13 |
| Arbeitseinstellung | 35.80 | .08 |
| Aufgabenausführung | 31.60 | .07 |
| Summe | 460.53 | 1.00 |

*Anmerkungen:* Embrey et al., 1984

wurden mit der Grenzwerttechnik geschätzt. Die Interraterübereinstimmung zwischen drei Beurteilern, die an allen 56 Bewertungen teilgenommen hatten, verfehlte knapp ein statistisch signifikantes Ergebnis. Die varianzanalytische Auswertung zeigte allerdings ein signifikantes Ergebnis bei der Berechnung der Varianz zwischen den Szenarien und nicht zwischen den Beurteilern. Die Rangfolge der Faktoren mit ihren Gewichtungen ist in Tabelle 9 zu finden. Die ersten drei Faktoren Kompetenz, Arbeitsteam und Arbeitsverfahren wurden als doppelt so wichtig wie die restlichen Faktoren von den Beurteilern eingestuft. Wie die statistischen Analysen ferner zeigten, bestehen zwischen den Betrieben und zwischen den Arbeitsplatzszenarien signifikante Unterschiede in der Beurteilung der Einflußfaktoren; allerdings änderte sich nicht die Rangordnung der Faktoren, sondern nur ihre relativen Ausprägungen.

In dieser Studie wurde das computergestützte Ratingverfahren MAUD eingesetzt, das wie SLIM auf der multiattributiven Nutzendekomposition beruht. Wie bereits ausgeführt, genügt es den theoretischen und praktischen Ansprüchen besser als die bisher erörterten Methoden. Eine Beschreibung und Beurteilung von MAUD im Zusammenhang mit anderen entscheidungsanalytischen Verfahren ist in Schütz und Jungermann (1988) zu finden.

## 5 Zusammenfassende Bewertung

Die wissenschaftliche und technische Beschäftigung mit dem Fehler und der menschlichen Zuverlässigkeit gewinnt an Bedeutung. Die Gründe liegen in den gestiegenen Anforderungen an den Menschen, seine ihm übertragenen Aufgaben zuverlässig in investitionsintensiven Produktionsbetrieben, vielfältig vernetzten Prozeßindustrien und sicherheitskritischen Verkehrssystemen zu erfüllen. Ebenfalls steigt die Verantwortung: Die durch Betriebsstörungen hervorgerufenen Auswirkungen auf andere Menschen und die Umwelt lassen sich vom einzelnen in einigen Bereichen weder räumlich noch zeitlich begrenzen. Die Aufgaben werden komplexer und abstrakter und verlagern sich von der manuellen Tätigkeit zur kognitiv anspruchsvollen Überwachungs- und Steuerungstätigkeit. Führte das Interesse an der manuellen Steuerung und seiner Verfeinerung vor allem in den fünfziger und sechziger Jahren zu einer intensiven Beschäftigung mit Kontroll- und Steuerungsmodellen, so dominiert heute die Optimierung kognitiver Prozesse durch Methoden und Verfahren der künstlichen Intelligenzforschung. Im Wissensbereich wird aber ein starkes Erkenntnisdefizit spürbar. Wie die Diskussion in den Abschnitten 1—3 zeigt, gibt es für Fehlleistungen auf der Wissensebene keine allgemeine Fehlertheorie oder -taxonomie, ganz abgesehen von theoretisch begründeten Fehlervermeidungsstrategien. Die eher praxisorientierten Bemühungen zielen auf die Ermittlung von Wissensdefiziten und Urteilsfehlern ab sowie auf die Entwicklung von Entscheidungshilfen oder Expertensystemen. Es sollte nicht erwartet werden, person- oder situationsunabhängige Hilfen zu finden; vielmehr sind anlaßspezifische Hilfen eher wahrscheinlich. Vermutlich werden auch hier pragmatisch orientierte Einzellösungen den zeitlichen Vorrang vor theoretisch fundierten Teil- oder Gesamtlösungen haben.

Aber auch die häufiger und eingehender untersuchten psychischen Prozesse auf der Gewohnheits-/Regelebene und die damit verbundenen Fehlerformen sind weit davon entfernt, richtig verstanden zu werden. Die zahlreichen Ansätze zur Ursachenerklärung verdeutlichen diesen Sachverhalt. In der Wissenschaft jeweils dominierende Modellvorstellungen führen zu immer neuen Klassifikationsschemata; inwieweit sie auch zu neuen Erkenntnissen in der Vermeidung von Fehlern führen, muß mitunter bezweifelt werden. In der praktischen Auseinandersetzung mit Fehlervermeidungsstrategien hat sich aber ein Regelkanon zur Erhöhung der Zuverlässigkeit in Arbeitssystemen etabliert. Zu den Regeln zählen die ergonomisch orientierten Ansätze sowie die Arbeitsgestaltungs- und Qualifizierungsmaßnahmen. Eine ähnliche Entwicklung ist für den Bereich der Überwachungs- und Steuerungstätigkeiten zu erwarten. Die klassische „Hardware"-Ergonomie entwickelt sich zu einer „kognitiven" Ergonomie. Wie die Auseinandersetzung mit den Denk- und Handlungsfehlern zeigt, wächst die Einsicht, daß Fertigkeit und Können einerseits und der Fehler andererseits als Einheit zu begreifen sind. Ohne die Möglichkeit des Fehlers sind keine Verbesserungen der Fertigkeiten zu erwarten, ein Tatbestand, der aber den Planer eines Fertigungsleitsystems in einem Betrieb noch vor ungelöste Probleme stellt. Sie beziehen sich nicht nur auf die fehlertolerante Gestaltung des Systems, sondern auch auf die Ermittlung des aktuellen Zuverlässigkeitszustandes des Arbeitssystems.

Die Zuverlässigkeitsberechnung scheitert in der Regel am Datenproblem. Nicht nur für menschliche Tätigkeiten, auch für viele technische Systemkomponenten liegen keine Angaben über Fehlerwahrscheinlichkeiten vor. Inwieweit die geplanten Datenbanken für die Verwendung von THERP hier eine Abhilfe schaffen können, muß wegen der bereits erörterten Schwierigkeiten auch deshalb kritisch gesehen werden, weil sich die zu beurteilenden Tätigkeiten und technischen Komponenten laufend ändern. Diese Erkenntnis ist ebenfalls nicht neu, scheiterte doch u. a. die Einführung eines automatischen Warn- und Diagnosesystems (DAS, Disturbance Analysis System) für Kernkraftwerke an den sich in kurzen Abständen verändernden technischen Systemdaten durch Reparatur, Wartung und Modernisierung (Embrey & Humphreys, 1985). Wegen der ungünstigen Datenlage sind praktisch alle Verfahren zur Zuverlässigkeitsberechnung, auch die für die technische Zuverlässigkeit, auf Schätzungen von Experten angewiesen. Allerdings scheint es fraglich, ob Expertenurteile unter allen Bedingungen als Ersatz für die fehlenden empirischen Daten herangezogen werden können. Wie die Ergebnisse zu den Urteilsfehlern zeigen, verletzen auch Fachleute systematisch die Prinzipien der rationalen Entscheidungsfindung (Kahneman, Slovic & Tversky, 1982).

Die Schätzungen von Experten unterliegen ähnlichen Urteilsfehlern wie die von Laien, vor allem dann, wenn sie gezwungen sind, über die Grenzen der verfügbaren Daten hinauszugehen und auf ihre Intuition als Experte zu vertrauen (Zimolong, 1985). Wie die Forschungsergebnisse zeigen, lösen sich Diskrepanzen zwischen objektiven Fehlerdaten und ihren Einschätzungen nicht schon allein durch die Gegenüberstellung mit der Empirie auf. Starke Voreinstellungen sind resistent gegenüber Änderungen, weil sie die Art und Weise beeinflussen, wie die folgende Information interpretiert wird. Neue Informationen gelten als zuverlässig und gültig, wenn sie mit den Vorinformationen übereinstimmen, bei gegenteiliger Information neigt man eher dazu, sie als unzuverlässig, fehlerhaft oder wenig repräsentativ zu interpretieren (Nisbett & Ross, 1980).

Auf der anderen Seite passiert genau das Gegenteil, wenn Menschen keine ausgeprägten Meinungen haben: Sie sind dem Rahmenkonzept der Problemformulierung ausgeliefert. Wenn z. B. die gleiche Information über Risiken in unterschiedlicher Weise ausgedrückt wird, einmal als Todesrate und einmal als Überlebensrate, dann ändert sich jeweils die Beurteilung der Perspektive und die entsprechende Bewertung (Tversky & Kahneman, 1981).

Eine Minimierung der Fehler kann durch die Anwendung standardisierter Schätzverfahren erfolgen, z. B. durch Skalierungstechniken (Torgerson, 1967), Delphi- und Gruppentechniken oder auch durch verschiedene Entscheidungsstrukturierungshilfen, wie sie bereits als Computerprogramme vorliegen, u. a. GODDESS (Pearl, Leal & Salch, 1980), REASON (Engemann, Radke & Sachs, 1984), DM (Decision Maker; Pauker, 1982) oder MAUD. Die zuletzt genannten Entscheidungshilfen beruhen auf der multiattributiven Nutzentheorie (MAUT; Borcherding, 1983), sind kontextfrei und damit für verschiedene Entscheidungsprobleme flexibel einsetzbar.

Das Hauptproblem des SLIM-Ansatzes beruht daher auch nicht auf dem Schätzverfahren, sondern auf dem gänzlichen Fehlen eines Modells der zuverlässigen Aufgabenerledigung. Durch eine Expertenauswahl verhaltensbeeinflussender Faktoren soll die Zuverlässigkeit bestimmbar sein; ein systematischer Ansatz, wie er z. B. aus Tabelle 3 zu entnehmen ist, fehlt vollständig. Die Einflußfaktoren werden als unabhängig voneinander betrachtet, gewichtet und additiv zu einem Gesamtindex verrechnet. Unterschiedliche Fehlerhäufigkeiten, die sich unter Berücksichtigung der Handlungsebenen ergeben, können nicht beurteilt und von den Experten geschätzt werden, dadurch entfallen ganze Fehlerkategorien. Ebenfalls können Wechselwirkungen, wie sie z. B. zwischen Streß und Motivation auftreten (McGrath, 1976), in dem Ansatz nicht berücksichtigt werden; beispielsweise nehmen Swain und Guttmann (1983) eine 10fache Erhöhung der Fehlerwahrscheinlichkeiten an, wenn hoher Streß und schlechtes ergonomisches Design bei einer Aufgabenerledigung zusammentreffen.

Wie abschließend noch einmal betont werden soll, sind standardisierte Schätzverfahren, wie sie in der SLIM-MAUD-Technik vorliegen, für die technische und menschliche Zuverlässigkeitsberechnung dringend erforderlich. Nur sollten die zu schätzenden Sachverhalte nicht hinter den Stand der in Abschnitt 2 und 3 dokumentierten Fehlerforschung zurückfallen. Der von Rouse und Rouse (1983) konstatierte Häufigkeits- und Ursachenansatz in der Fehlerforschung würde nämlich dann nicht nur auf eine tätigkeitsspezifische Unterscheidung verweisen, sondern mehr noch, auf eine inhaltliche Unterscheidung in dem Sinne, daß beide Ansätze nur begrenzt voneinander Kenntnis nehmen.

## *Literatur*

Adams, J. A. (1982). Issues in human reliability. *Human Factors, 24*, 1—10.

Bainbridge, L. (1983). Ironies of Automation. *Automatica, 19*, 775—779.

BDP (1987). *Arbeitspsychologische Fortbildung von Sicherheitsfachkräften*. Bonn: Sektion Arbeits- und Betriebspsychologie im BDP.

Beare, A. E., Dorris, R. E., Bovell, C. R., Crowe, D. S. & Kozinsky, E. J. (1984). *Simulator-based study of human errors in nuclear power plant control rooms*. Washington DC: US Nuclear Regulatory Commission.

Borcherding, K. (1983). Entscheidungstheorie und Entscheidungshilfeverfahren für komplexe Entscheidungssituationen. In M. Irle (Hrsg.), *Methoden und Anwendungen in der Marktpsychologie* (S. 64—173). (Bd. D/III/5 der Enzyklopädie der Psychologie). Göttingen: Hogrefe.

Comer, M. K., Donovan, M. D. & Gaddy, C. D. (1985). *Human reliability data bank: Evaluation results*. (General Physics Corporation and Sandia National Laboratories, NUREG/CR-4009). Washington DC: US Nuclear Regulatory Commission.

Comer, M. K., Kozinsky, E. J., Eckel, J. S. & Miller, D. P. (1983). *Human reliability data bank for nuclear power plant operations, Vol. 2, A data bank conception and system description*. (General Physics Corporation and Sandia National Laboratories, NUREG/CR-2744). Washington DC: US Nuclear Regulatory Commission.

Dhillon, B. S. (1986). *Human reliability with human factors*. New York: Pergamon Press.

Dörner, D., Kreuzig, H., Reither, F. & Stäudel, T. (1983). *Lohausen. Vom Umgang mit Unbestimmtheit und Komplexität*. Bern: Huber.

Duncker, K. (1935). *Zur Psychologie des produktiven Denkens. (Neuauflage 1966)*. Berlin: Springer.

Edwards, W. (1977). How to use multiattribute utility measurement for social decision making. *IEEE Transactions on Systems, Man, and Cybernetics, SMC 7*, 340—362.

Embrey, D. E. (1983). *Use of performance shaping factors and quantified expert judgement in the evaluation of human reliability: An initial appraisal*. Washington DC: US Nuclear Regulatory Commission.

Embrey, D. E., Humphreys, P., Rosa, E. A., Kirwan, B. & Rea, K. (1984). *SLIM-MAUD: An approach to assessing human error probabilities using structured expert judgement*. Washington DC: US Nuclear Regulatory Commission.

Embrey, D. & Humphreys, P. (1985). Support for decision making and problem solving in abnormal conditions in nuclear power plants. In L. B. Methlie & R. H. Sprague (Eds.), *Knowledge representation for decision support systems* (pp. 109—124). Amsterdam: North-Holland.

Engemann, A., Radke, M. & Sachs, S. (1984). Simulation von Verhaltensintentionen mit „REASON". *Psychologische Beiträge, 26,* 185—201.

Fitts, P. M. & Jones, R. E. (1961a). Analysis of factors contributing to 460 „pilot error" experiences in operating aircraft controls. In W. H. Sinaiko (Ed.), *Selected papers on human factors in the design and use of control systems* (pp. 332—358). New York: Dover.

Fitts, P. M. & Jones, R. E. (1961b). Psychological aspects of instrument display: Analysis of 270 „pilot-error" experiences in reading and interpreting aircraft instruments. In W. H. Sinaiko (Ed.), *Selected papers on human factors in the design and use of control systems* (pp. 359—396). New York: Dover.

Fleishman, E. A. (1975). Toward a taxonomy of human performance. *American Psychologist, 30,* 1127—1149.

Hacker, W. (1986). *Arbeitspsychologie: Psychische Regulation von Arbeitstätigkeiten*. Bern: Huber.

Hall, R. E., Fragola, J. & Wreathall, J. (1982). *Post event human decision errors: Operator action tree/time reliability correlation*. (Brookhaven National Laboratory, NUREG/CR-3010). Washington DC: US Nuclear Regulatory Commission.

Henter, A. & Hermanns, D. (1982). *Tödliche Arbeitsunfälle 1979. Statistische Analyse nach einer Erhebung der Gewerbeaufsicht*. Dortmund: Bundesanstalt für Arbeitsschutz.

Hoyos, C. Graf (1980). *Psychologische Unfall- und Sicherheitsforschung*. Stuttgart: Kohlhammer.

Hoyos, C. Graf & Zimolong, B. (1988). *Occupational safety and accident prevention*. Amsterdam: Elsevier.

Humphreys, P. C. & Wisudha, A. (1983). *MAUD — An interaction computer program for the structuring decomposition and recomposition of preferences between multiattributed alternatives*. London: Decision Analysis Unit.

Hurst, R. (1976). *Pilot error: A professional study of contributory factors*. London: Granada.

Kahneman, D., Slovic, P. & Tversky, A. (Eds.). (1982). *Judgement under uncertainty*. New York: Cambridge University Press.

Kjellen, U. (1984). The deviation concept in occupational accident control — I, Definition and classification. *Accident Analysis & Prevention, 16,* 289—306.

Luchins, A. S. & Luchins, E. H. (1950). New experimental attempts at preventing mechanization in problem solving. *Journal of General Psychology, 42,* 279—297.

Mach, E. (1905). *Erkenntnis und Irrtum. Skizzen zur Psychologie der Forschung.* Leipzig: Barth.

McGrath, J. E. (1976). Stress and behavior in organizations. In M. D. Dunnette (Ed.), *Handbook of industrial and organizational psychology* (pp. 1351—1395). Chicago: Rand McNally.

Meister, D. (1964). Methods of predicting human reliability in man-machine systems. *Human Factors, 6,* 621—646.

Meister, D. (1966). Human factors in reliability. In W. G. Ireson (Ed.), *Reliability handbook* (pp. 12.1—12.38). New York: McGraw-Hill.

Meister, D. (1984). Human reliability. In F. A. Muckler (Ed.), *Human Factors Review* (pp. 17—25). Santa Monica, California: Human Factors Society.

Meringer, R. & Mayer, C. (1895). *Versprechen und Verlesen. Eine psychologisch-linguistische Studie.* Stuttgart: Goeschen.

Miller, D. P. & Swain, A. D. (1987). Human error and human reliability. In G. Salvendy (Ed.), *Handbook of human factors* (pp. 219—250). New York: Wiley.

Mills, R. G. & Hatfield, S. A. (1974). Sequential task performance: Task module relationships, reliabilities, and times. *Human Factors, 16,* 117—128.

Minsky, M. (1977). Frame system theory. In P. N. Johnson-Laird & P. C. Wason (Eds.), *Thinking* (pp. 355—376). Cambridge: University Press.

Mittenecker, E. (1966). Wie groß ist die Unfallneigung der Straße? *Psychologische Beiträge, 9,* 288—293.

Nisbett, R. & Ross, L. (1980). *Human inference.* Englewood Cliffs: Prentice Hall.

Norman, D. A. (1981). Categorization of action slips. *Psychological Review, 88,* 1—14.

Norman, D. A. (1986). New views of information processing: Implications for intelligent decision support systems. In E. Hollnagel, G. Mancini, D. D. Woods (Eds.), *Intelligent decision support in process environment* (pp. 123—136). Berlin: Springer.

Osgood, C. S., Suci, G. J. & Tannenbaum, P. H. (1957). *The measurement of meaning.* Urbana, Illinois: University of Illinois Press.

Pauker, S. D. (1982). *Decision-maker.* Boston: Tuft-University School of Medicine.

Pearl, J., Leal, A. & Salch, J. (1980). *Goddess: A goal-directed decision structuring system.* UCLA-ENG-CSI 8034, School of Engineering and Applied Science. Los Angeles: University of California.

Pew, R. W., Feehrer, C. E., Baron, S. & Miller, D. C. (1977). *Critical review and analysis of performance models applicable to man-machine evaluation* (AFOSR-TR-77-0520). Washington DC: Air Force Office of Scientific Research, Bolling Air Force Base.

Rasmussen, J. (1981). Models of mental strategies in process plant diagnosis. In J. Rasmussen & W. B. Rouse (Eds.), *Human detection and diagnosis of system failures* (pp. 241—258). New York: Plenum Press.

Rasmussen, J. (1982). Human errors. A taxonomy for describing human malfunction in industrial installations. *Journal of Occupational Accidents, 4,* 311—333.

Rasmussen, J. (1983). Skills, rules, knowledge, signals, signs and symbols and other distinctions in human performance models. *IEEE Transactions on Systems, Man, and Cybernetics, 3*, 266—275.

Rasmussen, J. (1986). *Information processing and human-machine interaction. An approach to cognitive engineering.* Amsterdam: Elsevier.

Reason, J. T. (1976). Absent Minds. *New Society, 4*, 244—245.

Reason, J. T. (1979). Actions not as planned: The price of automation. In G. Underwood & R. Stevens (Eds.), *Aspects of consciousness* (pp. 67—89). London: Academic Press.

Reason, J. T. & Mycielska, K. (1982). *Absent Minded? The psychology of mental lapses and everyday errors.* Englewood Cliffs, NJ: Prentice Hall.

Reason, J. T. (1985). *Recurrent error forms in nuclear power plants and their implications for the design and deployment of intelligent decision aids.* Paper presented at NATO Advanced Study Institute: San Miniato, Pisa.

Reason, J. T. (1986). Recurrent errors in process environments: Some implications for intelligent decision support systems. In E. Hollnagel, G. Mancini & D. Woods (Eds.), *Intelligent decision support in process environment.* NATO ASI Series (Bd. 21, pp. 255—271). Berlin: Springer.

Rook, L. W. (1962). *Reduction of human error in industrial production* (SCMT 93-62(14)9). Albuquerque, NM: Sandia National Laboratories.

Rouse, W. B. & Rouse, S. H. (1983a). Analysis and classification of human error. *IEEE Transactions on Systems, Man, and Cybernetics, 4*, 539—549.

Rouse, W. B. & Rouse, S. H. (1983b). *A framework for research on adaptive decision aids.* (AFAM-TR-83-082) Wright-Patterson Air Force Base. Ohio: Air Force Aerospace Medical Research Laboratory.

Schank, R. & Abelson, R. (1977). *Scripts, plans, goals and understanding.* Hillsdale, NJ: Erlbaum.

Schmidt, R. A. (1976). The schema as a solution to some persistent problems in motor learning theory. In G. E. Stelmach (Ed.), *Motor control: Issues and trends* (pp. 41—65). New York: Academic Press.

Schütz, H. & Jungermann, H. (1988). *Ansätze und Verfahren zur Hilfe bei persönlichen Entscheidungen.* Berlin: Technische Universität. Institut für Psychologie.

Seaver, D. A. & Stillwell, W. G. (1983). *Procedures for using expert judgement to estimate human error probabilities in nuclear power plant operations.* (Decisions Science Consortium and Sandia National Laboratories NUREG/CR-2743). Washington DC: US Nuclear Regulatory Commission.

Siegel, A. I., Bartter, W. D., Wolf, J. J., Knee, H. E. & Haas, P. M. (1984). *Maintenance personnel performance simulation (MAPPS) model: Summary description.* (Applied Psychological Services and Oak Ridge National Laboratory, NUREG/CR-3626). Washington DC: US Nuclear Regulatory Commission.

Siegel, A. I. & Wolf, J. A. (1969). *Man-machine simulation models.* New York: Wiley.

Simon, H. A. (1957). *Models of man: Social and rational.* New York: Wiley.

Singleton, W. T. (1973). Theoretical approaches to human error. *Ergonomics, 16,* 637—727.

Skiba, R. (1985). *Taschenbuch Arbeitssicherheit.* Bielefeld: Erich Schmidt Verlag.

Slovic, P. (1987). Perception of risk. *Science, 236,* 280—285.

Stillwell, W. G., Seaver, D. A. & Schwartz, J. P. (1982). *Expert estimation of human error probabilities in nuclear power plant operations: A review of probability assessment and scaling.* Washington DC: Nuclear Regulatory Commission.

Swain, A. D. & Guttmann, H. E. (1983). *Handbook of human reliability analysis with emphasis on nuclear power plant applications.* (Sandia National Laboratories, NUREG/CR-1278). Washington DC: US Nuclear Regulatory Commission.

Timpe, K. P. (1976). Zuverlässigkeit in der menschlichen Arbeitstätigkeit. *Zeitschrift für Psychologie, 1,* 37—50.

Topmiller, D. A., Eckel, J. S. & Kozinsky, E. J. (1982). *Human reliability data bank for nuclear power plant operations, Vol. 1: A review of existing human reliability data banks.* (General Physics Corporation and Sandia National Laboratories, NUREG/CR-2744). Washington DC: US National Regulatory Commission.

Torgerson, W. S. (1967). *Theory and methods of scaling.* New York: Wiley.

Tversky, A. & Kahneman, D. (1973). Availability: A heuristic for judging frequency and probability. *Cognitive Psychology, 4,* 207—232.

Tversky, A. & Kahneman, D. (1974). Judgement under uncertainty: Heuristics and biases. *Science, 184,* 1124—1131.

Tversky, A. & Kahneman, D. (1981). The framing of decisions and the psychology of choice. *Science, 211,* 453—458.

Wehner, T. (1984). *Im Schatten des Fehlers — Einige methodisch bedeutsame Arbeiten zur Fehlerforschung.* Bremer Beiträge zur Psychologie, 34. Bremen: Universität.

Weimer, H. (1922). Wesen und Arten der Fehler. I. Der Fehlerbegriff. *Zeitschrift für Pädagogische Psychologie, 23,* 17—25.

Weimer, H. (1923). Wesen und Arten der Fehler. II.—IV. Teil. *Zeitschrift für Pädagogische Psychologie, 24,* 84—98, 267—282.

Weimer, H. (1925). *Psychologie der Fehler.* Leipzig: Klinkhardt.

Weimer, H. (1931). Fehler oder Irrtum. *Zeitschrift für Pädagogische Psychologie, 32,* 48—53.

Wundt, W. (1911). Die Sprache. *Völkerpsychologie.* Leipzig: Engelmann.

Zimolong, B. (1982). Verkehrskonflikttechnik — Grundlagen und Anwendungsbeispiele. *Unfall und Sicherheitsforschung Straßenverkehr* (Heft 35). Köln: Bundesanstalt für Straßenwesen.

Zimolong, B. (1985). Hazard perception and risk estimation in accident causation. In R. E. Eberts & C. G. Eberts (Eds.), *Trends in Ergonomics/Human Factors* (pp. 463—470). Amsterdam: Elsevier.

Zimolong, B., Nof, S. Y., Eberts, R. E. & Salvendy, G. (1987). On the limits of expert systems and engineering models in process control. *Behavior and Information Technology, 6,* 15—36.

Zimolong, B. & Rohrmann, B. (1988). Entscheidungshilfetechnologien. In C. Graf Hoyos, D. Frey & D. Stahlberg (Hrsg.), *Angewandte Psychologie* (S. 624—646). München: Psychologie Verlags Union.

12. Kapitel

# Gestaltungsmaßnahmen zur Erhöhung von Sicherheit und Zuverlässigkeit

*Ingrid Colin*

## 1 Zuverlässigkeit und Sicherheit

Mechanisierung und Automatisierung industrieller Prozesse haben eine hohe Betriebszuverlässigkeit gefordert und bewirkt. Die Reihung von Anlagen und Arbeitsprozessen setzt einen planmäßigen, reibungslosen und störungsfreien Arbeitsablauf voraus. Der Normallauf des Produktionsprozesses ist aber nicht nur eine Funktion der Zuverlässigkeit technischer Komponenten, vielmehr mit steigender Bedeutung auch eine Funktion des Systemteils Mensch und der Interaktion zwischen beiden Komponenten. Dabei ist eine Bemerkung von Faverge (1972) von Interesse, der zufolge Betriebszuverlässigkeit günstige Auswirkungen nicht allein auf die Produktion, sondern darüber hinaus auf das Wohlbefinden des Menschen hat. Wohlbefinden ist dabei ebenso nüchtern wie breit auszulegen. Es umfaßt körperliche Unversehrtheit und den Ausschluß von Überforderung.

Im folgenden konzentrieren wir uns auf Zuverlässigkeitsprobleme menschlichen Arbeitsverhaltens und seiner Interaktion mit der Systemkomponente. Die Beschäftigung mit diesem Problembereich verlangt zunächst eine Erläuterung des Zuverlässigkeitsbegriffes (siehe hierzu die Kapitel von Bubb und Zimolong in diesem Band).

Zuverlässigkeitsdefinitionen beziehen sich ursprünglich auf technische Systeme und quantifizieren den fehlerfreien planmäßigen Betriebsablauf. Auf menschliches Arbeitsverhalten ausgerichtete Definitionen der Zuverlässigkeit befassen sich entsprechend vorrangig mit der quantitativen Erfassung von Fehlern in definierten Bereichen und Zeitabschnitten (Crawford & Altmann, 1972; Hacker, 1973; Kantowitz & Sorkin, 1983; McCormick & Sanders, 1982; Meister, 1966; Miller & Swain, 1987; Zorger, 1966). Fehler sind die Abweichungen vom vorgesehenen Arbeitsprozeß oder — enger auf menschliches Arbeitsverhalten bezogen — Abweichungen vom geforderten, genormten Verhalten. Ihre Erfassung orientiert sich an den Auswirkungen auf das Arbeitsziel, das Produk-

# Gestaltungsmaßnahmen zur Erhöhung von Sicherheit und Zuverlässigkeit

tionsergebnis. Das quantitative Maß der Zuverlässigkeit ist im allgemeinen der Anteil fehlerfreier Arbeitshandlungen an allen Arbeitshandlungen oder die Relation der Fehlhandlungen zu den fehlerfreien Handlungen.

Die Erfassung der *Auswirkungen* von Fehlern auf die Arbeitsergebnisse erscheint jedoch für die Bestimmung der Zuverlässigkeit von Arbeitshandlungen nicht ausreichend. Die bloße Ermittlung der über die Auswirkungen erfaßten Fehlerquantitäten muß zu erheblichen Unterschätzungen des tatsächlichen Fehlverhaltens führen, da viele Fehler folgenlos bleiben. Ein solches Vorgehen vernachlässigt außerdem, daß qualitativ unterschiedliche Fehler gleiche Folgen haben und andererseits Minderungen des Arbeitsergebnisses ohne Fehlverhalten auftreten können. Hier ist ein erweiterter methodischer Zugang zu wählen, der an der Analyse der Fehler ansetzt.

Der Begriff der Zuverlässigkeit ist auch auf das Kriterium der Arbeitssicherheit übertragbar. Zuverlässigkeit in diesem Sinne bedeutet das Frei-Sein von Unfällen und kritischen Vorfällen. Zuverlässiges Arbeitsverhalten ist die Einhaltung von inhaltlich definierten, sicherheitsfördernden Arbeitsweisen. Welcher Art diese Arbeitsweisen sind, ist in Unfallverhütungsvorschriften, Sicherheitsregeln und betrieblichen Arbeitsanweisungen fixiert. Abweichungen von diesen Normen und Regeln begünstigen das Eintreten von Unfällen, sind Verhaltensfehler im oben definierten Sinne. Ziel der darauf aufbauenden Verhaltensmodifikationen ist es, die (technisch nicht oder noch nicht ausschließbaren) Gefährdungen zu kompensieren.

Stärker als bei den Zuverlässigkeitsdefinitionen unter dem Kriterium des Arbeitsproduktes wird in der Arbeitssicherheit der Gesichtspunkt der Stabilität des Verhaltens (z. B. als Korrelation zwischen Zeitabschnitten) in den Vordergrund gerückt. Die Wirkungen und Folgen von Fehlverhalten, die Unfälle, kennzeichnen zwar die Auftretenswahrscheinlichkeit von Fehlern, sind aber keinesfalls eine ausreichende Basis für deren vollständige Erfassung. Beinaheunfälle, kritische Vorfälle, Unregelmäßigkeiten oder sichtbare Verhaltensabweichungen führen näher an die Fehlererfassung heran. Der psychologische Beitrag zur Bestimmung von Maßnahmen, die zur Verbesserung sicherheitlicher Zuverlässigkeit menschlichen Arbeitsverhaltens führen, beginnt mit der Bestimmung von Fehlerarten. Es schließt sich eine Ursachen- und Bedingungsanalyse an. Ergebnisse dieser Analyse dienen der Festlegung von Art, Ausmaß und Bedeutsamkeit von Maßnahmen.

Zuverlässigkeitsprobleme menschlichen Arbeitsverhaltens werden im folgenden sowohl auf das Kriterium reibungsloser Produktionsabläufe wie auf das der Arbeitssicherheit bezogen. Die Gliederung der nächsten Abschnitte nimmt die Systemkomponenten technisches System und Mensch im Mensch-Maschine-System auf. Es werden die Objektseite und Maßnahmen zu ihrer Gestaltung bearbeitet.

## 2 Nutzung psychologischer Erkenntnisse für die Gestaltung

### 2.1 Grundlagen

Der Beitrag der Psychologie zum Mensch-Maschine-System besteht in der Nutzung ihrer Erkenntnisse über das menschliche Wahrnehmen, Denken und Handeln für die Gestaltung von Arbeitssystemen (s. a. Hollnagel, in diesem Band). In den Kategorien des Mensch-Maschine-Systems entsprechen diese psychologischen Bereiche der Informationsaufnahme, der Informationsverarbeitung, den Arbeitshandlungen und der Kommunikation. Jede dieser Kategorien umfaßt spezifische Leistungsanforderungen an den sensorischen Bereich, an intelligible Fähigkeiten und Gedächtnisprozesse, an Sensomotorik und an Kommunikationsfunktionen. Vielfältige psychologische Untersuchungen in diesen Bereichen zeigen Bedingungen auf, unter denen Fehler vermindert werden können. Nutzung solcher Erkenntnisse führt zu einer Steigerung der Zuverlässigkeit.

Die folgende Aufstellung enthält Arbeitsaufgaben am Beispiel von Steuer- und Überwachungstätigkeiten, die entsprechend dem mensch-internen Informationsregelkreis des Mensch-Maschine-Systems zugeordnet sind:

Bereich Informationsaufnahme und Informationsverarbeitung
— Erkennen optischer und akustischer Zeichen und Signale
— Ablesen und Verfolgen von Meßwerten
— Beobachtung des Materialflusses
— Entdecken von Materialfehlern/Qualitätskontrolle
— Abschätzen von Entfernungen/von Geschwindigkeiten
— Identifizieren und Interpretieren von Störungen
— Unterscheiden von Intensitäten und Frequenzen
— Verstehen sprachlicher Informationen
— Beurteilen von Eingriffsnotwendigkeiten
— Planen von Eingriffsabfolgen
— Abrufen von Informationen aus dem Gedächtnis
— kurzzeitiges Speichern von Informationen

Bereich Arbeitshandlungen und Kommunikation
— Ein- und Ausschalten von Teilsystemen und Anlagenteilen
— kontinuierliches Stellen und Regeln
— Eingeben von Daten und Meßwerten
— Abrufen von Rückmeldungen
— Kontaktaufnahme zu speziellen Gruppen
— Weitergeben von Informationen

Wie leicht zu erkennen ist, lassen sich diese Arbeitsaufgaben auf vielfältige Funktionen der Wahrnehmung, der Informationsverarbeitung, des Handelns und der Kommunikation zurückführen (eine Systematisierung dieser Funktionen wird im folgenden Abschnitt vorgenommen; s. a. die Kapitel 4—6 in diesem Band). Die Verknüpfung von psychologischen Erkenntnissen und den für genannte Arbeitsaufgaben relevanten Bedingungen soll an zwei Beispielen erläutert werden.

— Ein Charakteristikum menschlicher Wahrnehmung ist u. a. die Tendenz, aufgenommene Informationen zu gruppieren, zu kategorisieren und zu vereinheitlichen. Diese Eigenart wird in den psychologischen Gestaltgesetzen dargestellt. Das Gestaltgesetz der Nähe besagt, daß örtlich nahe beieinander liegende Elemente eher zu einer (Funktions-)Einheit zusammengefaßt werden als voneinander entfernt liegende Elemente (Katz, 1961). Werden bei der Anordnung von Meßanzeigen auf dem Schaltpult oder bei der Anordnung von Meßanzeigen und Stellteilen Gruppierungsgesichtspunkte außer acht gelassen, erhöht sich die Wahrscheinlichkeit von inhaltlichen Zuordnungsfehlern.

— Unterschiede zwischen Informationen müssen auf einem physikalischen Kontinuum einen Mindestabstand voneinander haben, um zweifelsfrei identifiziert zu werden. Dabei ist entscheidend, ob diese Informationen gleichzeitig oder nacheinander dargeboten werden. Bei simultaner Darbietung kann man mehr als hundert Farben (Van Cott & Warrick, 1972) voneinander unterscheiden. Bei sukzessiver Darbietung reduziert sich die zweifelsfreie Unterscheidungsfähigkeit auf etwa zehn Farben. Bei Farbdarbietungen auf Monitoren liegt die sukzessive Unterscheidungsfähigkeit noch deutlich darunter. Kodiert man Informationen über die Farbe und bietet man mehr als zehn verschiedene Informationen an, muß mit einer hohen Fehlerzahl bei der Identifikation gerechnet werden.

In analoger Weise sind andere Arbeitsaufgaben mit psychologischen Leistungsfunktionen verbunden. So ist beispielsweise

— das zuverlässige Erkennen von Materialfehlern eine Funktion der Unterschiede von Leuchtdichten;

— das Verstehen sprachlicher Informationen eine Funktion des Abstandes zwischen Sprachpegel und Lärmpegel;

— das Stellen und Regeln eine Funktion der Sensomotorik.

Bleiben die genannten und andere im folgenden Abschnitt zusammengestellten Gesetzmäßigkeiten und/oder Erkenntnisse über psychologische Funktionen bei der Gestaltung von Arbeitsmitteln und Arbeitsumgebung unberücksichtigt, ist mit Fehlern im Arbeitsverhalten zu rechnen, vermindert sich die Leistungszuverlässigkeit. Eine Minimierung der Fehler setzt deswegen die Kenntnis psychologischer Ergebnisse voraus.

Wie eingangs bereits erwähnt, ist es sinnvoll, von einer Systematisierung typischer Fehler auszugehen, die Ursachen der Fehler zu ermitteln und auf dieser

Basis Maßnahmen abzuleiten. Die Erschließung der Fehlerursachen ist demnach das Bindeglied zwischen der Registrierung auftretender Fehler und dem angemessenen Ansatz von Gestaltungsmaßnahmen. Wie diese Verbindung, von den Fehlern ausgehend, herausgestellt werden kann, erläutern die folgenden drei Beispiele:

— Unterbleibt die geforderte Quittierung eines optischen Signals (Fehlhandlung), weil das Signal übersehen wurde (Fehlerursache), wird zu prüfen sein, ob bei der Gestaltung des Signals Gesetzmäßigkeiten und Funktionen der optischen Wahrnehmung nicht beachtet wurden.

— Wird eine falsche Entscheidung über Maßnahmen zur Beseitigung einer Störung getroffen (Fehlhandlung), weil nicht alle zur Verfügung stehenden Informationen genutzt wurden (Fehlerursache), wird man sich fragen müssen, ob Erkenntnisse über menschliche Verarbeitungskapazitäten (für einen gegebenen Zeitabschnitt) bei der Konzeption des Informationstableaus vernachlässigt wurden.

— Wird ein Kranhaken mit anhängender Last plötzlich herabgelassen (Fehlhandlung), weil die Stellhebel verwechselt wurden (Fehlerursache), wird zu untersuchen sein, ob durch unterschiedlich geformte Stellhebel eine taktile Identifikation auch ohne visuelle Kontrolle gewährleistet werden kann.

Die Verwendung psychologischer Erkenntnisse führt zu einem weiteren bedeutsamen Vorteil. Es ist in bestimmtem Maße zufallsabhängig, welche Auswirkungen Fehler haben, ob Fehlhandlungen unbemerkt bleiben oder rechtzeitig korrigiert werden. Korrektur des Systems in Verfolgung aufgetretener Fehler kann deswegen zu einem nicht repräsentativen Maßnahmenkatalog führen. Es ist vielmehr das Ziel ergonomischer und sicherheitlicher Bemühungen, die Auftretenswahrscheinlichkeit von Fehlern a priori zu minimieren, am besten bereits im Planungsstadium einer Anlage. Ansatzpunkte für diese Aufgabenstellung bieten die auf psychologische Gesetzmäßigkeiten und Funktionen zurückführbaren Arbeitshandlungen.

## 2.2 Gestaltungsansätze der Informationsaufnahme und Informationsverarbeitung

Fehler und ihre Ursachen sind vielfältig beschrieben und systematisiert worden (Hacker, 1973; Kantowitz & Sorkin, 1983; McCormick & Sanders, 1982; Meister, 1971). Eine ausführliche Darstellung ist dem Beitrag von Zimolong (in diesem Band) zu entnehmen. Die folgende Behandlung beschränkt sich auf Fehlerarten und Fehlerursachen, die durch Gestaltung im Bereich der Informationsaufnahme und Informationsverarbeitung, der Arbeitshandlungen und

Kommunikation beeinflußt werden können. Meister (1966) schätzt den Anteil von Fehlern im menschlichen Verhalten, der auf unangemessene Arbeitsbedingungen zurückzuführen ist, auf 50 bis 80 % aller Fehler. Das macht deutlich, welche Bedeutung der Gestaltungsseite bei der Verbesserung der Zuverlässigkeit zugemessen werden muß.

Tabelle 1 gibt eine Übersicht über die Gesetzmäßigkeiten und Funktionen, damit im Zusammenhang stehende typische zuverlässigkeitssenkende Fehler und

Tab. 1: Informationsaufnahme und -Verarbeitung

| Gesetzmäßigkeiten und Funktionen | typische Fehler | Gestaltungsansätze |
|---|---|---|
| Sehschwellen für Größen, Farben, Formen | übersehen, nicht erkennen | Zeichen vergrößern, Intensitäten erhöhen |
| Hörschwellen für Intensitäten und Frequenzen | überhören, nicht hören | Frequenz wechseln, Intensitäten erhöhen |
| Unterschiedsschwellen für Kontraste, Farben, Intensitäten und Frequenzen | Veränderungen nicht erkennen, nicht differenzieren | neutrale Beleuchtung schaffen, ggf. Beleuchtungsniveau reduzieren, Signal-Lärm-Abstände gewährleisten, Kodierdimension wechseln |
| optische und akustische Maskierung | übersehen, überhören, mißachten | Darbietungszeiten erhöhen, neutrale Umgebung schaffen, ggf. Intensitäten erhöhen, Mengen reduzieren |
| Gestaltgesetze | verwechseln, mißdeuten, unvollständig erfassen | Layout verbessern, Gruppierungen vornehmen, Aufforderungscharakter erhöhen, Kodierungssystem verbessern |
| Bewegungs-, Zeit- und Tiefenwahrnehmung | falsch orten, verschätzen | Beleuchtungsniveau erhöhen, Orientierungspunkt schaffen, Informationsgeber bereitstellen |
| Wahrnehmungsselektion | unzureichend filtern | Informationsmenge reduzieren, verdichten, Hierarchien einführen |
| Stereotypien, Analogiebildungen | falsch zuordnen, falsch dekodieren, Bedeutung verkennen | Kodiersystem anpassen, Darbietungsabläufe abstimmen |
| bildliche, symbolische, semantische Verknüpfungen | falsch bewerten, automatisiertes Verarbeiten, falsche Erwartungen | Vorsignale setzen, Darbietungsart anpassen, mit akustischen Signalen koppeln |
| Kurz- und Langzeitgedächtnis | vergessen, versäumen, falsch speichern und abrufen | Rückmeldungssystem schaffen, Darbietungszeiten erhöhen, Speicherhilfen und Dokumentationsmöglichkeiten bereitstellen |
| Aufmerksamkeits- und Konzentrationsverläufe | mangelnde Flexibilität, beharren auf Entscheidungswegen | Simulationssysteme ermöglichen, Tätigkeitswechsel einplanen, vom optischen auf akustischen Kanal wechseln |

*Anmerkungen:* In Anlehnung an Burkardt, 1985; Burkardt und Colin 1978; Förster, 1984.

die Gestaltungsansätze, die sich sowohl auf die Gestaltung von Informationen und Informationsgebern als auch auf die Gestaltung der Umgebungsbedingungen beziehen, für die Stadien der Informationsaufnahme und der Informationsverarbeitung. Zahlreiche beispielhaft angeführte Gestaltungsansätze lassen sich je nach Arbeitsaufgaben und Betriebsbedingungen auf andere Zeilen der Systematik übertragen bzw. können weitere ergänzende Verbesserungen schaffen.

## 2.3 Gestaltungsansätze der Arbeitshandlungen und der Kommunikation

Analog zum Vorgehen im vorausgehenden Abschnitt werden in Tabelle 2 Gesetzmäßigkeiten und Funktionen des Bedienens, Stellens, Regelns und der betriebsinternen und arbeitsbedingten Kommunikation typischen zuverlässigkeitssenkenden Fehlern und entsprechenden Gestaltungsansätzen gegenübergestellt. Auch hier sind die Gestaltungsansätze beispielhaft zu werten. Überschneidungen ergeben sich mit Gestaltungsansätzen für Informationen, wenn es z. B. um Rückmeldungen über erfolgreich ausgeführte Stellhandlungen geht.

Tab. 2: Arbeitshandlungen und Kommunikation

| Gesetzmäßigkeiten und Funktionen | typische Fehler | Gestaltungsansätze |
|---|---|---|
| Greifräume und Greifgenauigkeit | Fehlbedienung, unbeabsichtigtes Stellen, verwechseln | Stellteile gruppieren, ausreichende Abstände zwischen den Stellteilen, häufig verwendete und wichtige Stellteile im engen Greifraum anordnen, Tasten versenken, Form und Oberflächen variieren |
| Kompatibilität | zu langsames Reagieren, initiale Richtungsfehler, Fehlbedienung | Analogie zwischen Stell- und Wirkrichtung sichern, optische Verbindung zwischen Stellteil und entsprechendem Informationsgeber herstellen |
| Feinmotorik | verlangsamte, überschießende kontinuierliche Stellbewegung | Analogie zwischen Stell- und Meßstrecke herstellen, Stellwiderstand erhöhen oder vermindern |
| sprachliche Kommunikation | undeutlich, unvollständig signalisieren, Signale verwechseln | Handzeichen standardisieren, auf Verständlichkeit prüfen, Arme zur Signalisierung einsetzen, fluoreszierende Kleidung tragen |
| Feed-back/Rückmeldung | nicht auslösen, zweifach auslösen, wiederholen | Folientastatur durch Drucktastatur ersetzen, Druckwiderstand optimisieren, optische/akustische Rückmeldungssysteme einführen, Rückmeldung über Stellteilposition verdeutlichen |

## 3 Gestaltungsmaßnahmen

Seit Jahrzehnten liegt eine ganze Reihe von Untersuchungen vor, die den Einfluß von Gestaltungsmaßnahmen auf die menschliche Leistung belegen. Die Arbeiten von Elkin (1959), Graham (1956), Grether (1949) und Sleight (1948) stellen die Bedeutung der Art der Informationsdarbietung auf Ableseleistungen heraus, die an verschiedenen Zifferblattdesigns durchgeführt wurden. Grether (1949) gelang dabei sogar der Nachweis, daß die Leistungsunterschiede zwischen hochtrainierten und nicht trainierten Personen deutlich geringer waren als die Unterschiede der Leistung zwischen den untersuchten Instrumentenarten. Somit erwies sich hier die Gestaltung der Instrumente als einflußreicher auf das Leistungsniveau als der Grad des Trainings und der Erfahrungen der untersuchten Personengruppen.

Dieser Ansatz, auf der Grundlage psychologischer Erkenntnisse die Gestaltung von Information und Informationsgebern, die Zuverlässigkeit der Leistung mit der Zielsetzung der Erhöhung der Sicherheit bzw. der Reduzierung von Gefährdung zu verbessern, ist insbesondere in der angelsächsischen ergonomischen Literatur immer verfolgt worden (Chapanis, 1976; Ireson, 1966; Kryter, 1970; McCormick, 1970; Meister, 1971; Van Cott & Kinkade, 1972). In den letzten Jahren häufen sich auch im deutschsprachigen Raum Einzelergebnisse, die die Bedeutung der Gestaltung hervorheben, insbesondere für die Gebiete der Steuer- und Überwachungstätigkeiten.

Der folgende Abschnitt behandelt eine Auswahl von konkreten Maßnahmen zur Gestaltung von Informationen und Informationsgebern sowie Stellteilen.

### 3.1 Kodierung optischer Zeichen und Signale

Sprachliche und schriftliche Informationen werden durch Kodierung umgewandelt, verkürzt und verdichtet. Hierfür stehen Kodierdimensionen wie Farben, Größen (Längen, Flächen), Formen, Positionierungen, alphanumerische Zeichen, Helligkeiten, Blinkfrequenzen, Symbole und Bildzeichen — um die wichtigsten und gebräuchlichsten zu nennen — zur Verfügung. An die kodierte Information wird dabei die Anforderung gestellt, daß sie mindestens gleich schnell, besser schneller erfaßt wird als die Langversion und daß sie mindestens gleichen, besser deutlich höheren Aufforderungscharakter besitzt. Darüber hinaus sollte sie zweifelsfrei erkannt werden und die Wahl der Kodierdimension mit dem Inhalt der Information abgestimmt sein. Für die Gestaltung kodierter Informationen lassen sich folgende Empfehlungen nennen:

— Die Wahl der Kodierdimension hat sich an der Zahl der zu kodierenden Informationen zu orientieren. Werden 2 oder 3 Zustandsbilder verwendet und diese gar noch simultan dargeboten, kann jede der genannten Dimensionen eingesetzt werden. Erhöht sich diese Zahl auf 4 und mehr und ist sukzessive Darbietung vorgesehen, sollten mindestens zwei Kodierdimensionen redundant miteinander gekoppelt werden (z. B. Form und Größe der Fläche).

— Alphanumerische Kodierung hat eine unbegrenzte Zahl von Abstufungsmöglichkeiten, birgt aber die Gefahr des Verwechselns von Buchstaben und Ziffern in sich. Da häufig Wortabkürzungen in Verbindung mit Ziffern verwendet werden, muß die am besten verständliche Abkürzungsmethode gewählt werden (z. B. Anfangs- und Endbuchstabe eines Wortes, erste Silbe und erster Buchstabe der zweiten Silbe eines Wortes; Rogers & Moeller, 1984).

— Farb- und Blinkkodierung haben den größten Auffälligkeitsgrad und ziehen die schnellsten Reaktionen nach sich (Christ, 1975). Da Blinkkodierung nur in zwei Frequenzen abgestuft werden sollte und Farbkodierung bei sukzessiver Darbietung unter hohem Sicherheitskriterium in nicht mehr als 6 Abstufungen, sollten diese Kodierdimensionen nur außerordentlich wichtigen Informationen vorbehalten bleiben, um den genannten hohen Aufforderungswert nicht aufzuheben. Die Kombination von Blink- und Farbkodierung erbringt eine weitere Leistungsverbesserung.

— Die Wahl der Kodierdimensionen wird von der Art der Wahrnehmungsaufgabe bestimmt. Bei Suchaufgaben empfiehlt sich eher eindimensionale Kodierung, wobei Farbe der erste Rangplatz zukommt. Bei Identifikationsaufgaben haben sich Kombinationen mehrerer Kodierdimensionen bewährt (Jones, 1962).

— Nur bei Gefahren- und Alarmsignalen darf die optische Kodierung mit einem akustischen Signal gekoppelt werden, da sonst durch Gewöhnungsprozesse der hohe Aufforderungswert verlorengeht.

— Die Wahl der Kodierdimensionen setzt eine außerordentlich sorgfältige Prüfung aller Möglichkeiten voraus, da sie, einmal eingeführt, überall und in gleicher Weise einzusetzen sind. Orientierungshilfen leisten Normenwerke (DIN 4844, Teil 1, Teil 2).

— Die Wahl der Kodierdimensionen ist auf die Umgebungsbedingungen abzustimmen, wie Raumlichtfarben, allgemeines Beleuchtungsniveau, Sehentfernung etc. Ggf. ist optische durch akustische Kodierung zu ersetzen. Letztere bietet jedoch erheblich weniger Möglichkeiten an.

## 3.2 Digitale Anzeigen

Der Einsatz digitaler Anzeigen ist nach wie vor weit verbreitet, obwohl sie nur im Falle des genauen Ablesens, wie der nächste Abschnitt zeigen wird, allen anderen Analoganzeigen überlegen sind. Für die wenigen Fälle, in denen digitale Anzeigen nutzbringend eingesetzt werden können, gelten die folgenden Gestaltungsempfehlungen:

— Sieben-Segment-Ziffern-Systeme führen wegen der Ähnlichkeit der Zifferngestalten zu Verwechslungsfehlern. Alle Ziffern, die dem arabischen Ziffernsystem angenähert sind, sind vorzuziehen.
— Schwarz-Weiß- bzw. Weiß-Schwarz-Kontrast von Ziffern und Anzeigenhintergrund liefern die günstigsten Voraussetzungen für die sehschärfebestimmten Ableseleistungen. Grüne Ziffern oder rote Ziffern auf dunklem Grund bedeuten deutliche, die Wahrnehmung beeinträchtigende Kontrastreduzierungen.
— Die Größe der Ziffern richtet sich nach dem Sehabstand. Die Angaben über optimale Symbolgrößen variieren ganz erheblich und der Zusammenhang zwischen Sehentfernung und Objektgröße scheint trotz einer unübersehbaren Zahl von Veröffentlichungen hierzu noch nicht gültig geklärt zu sein (Thau et al., 1981). Im allgemeinen gilt ein Sehwinkel von 55' als optimal.

## 3.3 Skalenanzeigen

Unter den Skalenanzeigen können die Kreisskalen und die Kreissegmentskalen am ehesten für unterschiedliche Wahrnehmungsaufgaben eingesetzt werden. Sie bieten den Vorteil zweifacher Orientierungsmöglichkeiten durch die Position der Spitze des Zeigers an der Skale und durch die Winkelstellung des Zeigers.

Tab. 3: Eignung von Meßanzeigen für verschiedene Wahrnehmungsaufgaben — bewegliche Zeiger, feste Skale

| Anzeigen | | | Wahrnehmungsaufgabe | | |
|---|---|---|---|---|---|
| | Ablesen | Checken | Regeln | Mischung von Wahrnehmungsaufgaben |
| Vollkreis | +[2] | ++[1] | + | ++ |
| Dreiviertelkreis | + | ++ | ++ | + |
| Halbkreis | + | ++ | ++ | + |
| Viertelkreis | + | ++ | + | + |
| Querskale | + | + | + | + |
| Senkrechtskale | —[4] | + | + | + |
| offenes Fenster | — | — | — | — |
| digitale | ++ | — | + | +/—[3] |

*Anmerkungen:* In Anlehnung an DIN 33 413, Teil 1.
[1] gut geeignet, [2] geeignet, [3] bedingt geeignet, [4] nicht geeignet.

Folgende generelle Empfehlungen gelten für alle Arten von Skalenanzeigen (Förster, 1984):

— Die Unterteilungen von Skalen sollen nicht feiner als die Klassengenauigkeit des verwendeten Instruments sein.

— Die Skale sollte nur die für die jeweilige Aufgabe notwendige Information enthalten.

— Jeder angezeigte Wert der Skale sollte direkt ablesbar sein und Interpolationen überflüssig machen.

— Der Skalenanfang ist stets links anzuordnen und Nullstellungen sind zu vereinheitlichen.

— Werden von Null aus positive und negative Werte angezeigt, sollte die Nullstellung bei „9 Uhr" oder bei „12 Uhr" liegen.

— Die Skale ist in Haupt-, Zwischen- und Unterteilstriche zu gliedern.

— Die Zeigergestaltung kann durch Form, Länge und Parallaxenvermeidung einen erheblichen Beitrag zur Erleichterung der Sehaufgabe leisten.

— Farbige Bereichsmarkierungen erleichtern Soll-Ist-Vergleiche.

— Sinnfällige Anordnungen von Anzeigen erleichtern den Überblick, indem sie je nach Zugehörigkeit in Gruppen zusammengefaßt oder im Sinne eines Prozeßablaufs in ein Flußdiagramm einbezogen werden.

## 3.4 Information auf Bildschirmen

Bildschirme bzw. Datensichtgeräte haben den ungeheuren Vorteil universeller Darbietungsformen, flexibler Darbietungsmengen und räumlicher Konzentration von Information. Zugleich birgt dies die Gefahr in sich, die Informationsaufnahmefähigkeit zu überfordern durch dicht gedrängte und farblich variierte Darstellungen. Es werden daher im folgenden die Empfehlungen auf die Gestaltung der Information selbst konzentriert. Nicht minder große Bedeutung kommt allerdings technischen Determinanten von Bildschirmgeräten zu, wie Rasterung der Symbole, Wahl der Phosphore bei monochromatischen Monitoren, Beschaffenheit der Bildschirmoberfläche, Positionierung des Gerätes, Beleuchtungsbedingungen der Umgebung u. a. m. Ausführliche und detailreiche Empfehlungen sind hierfür u. a. folgenden Veröffentlichungen zu entnehmen: Cakir (1983), DIN 66234, Teil 3/Teil 5, Grandjean und Vigilani (1980) und Institut für angewandte Arbeitswissenschaften [IfaA] (1982).

— Unter allen auf Farbmonitoren darstellbaren Kontrasten ist dem Hell-Dunkel- bzw. dem Dunkel-Hell-Kontrast (bzw. Weiß-Schwarz- oder Schwarz-Weiß-Kontrast) der Vorzug zu geben. Hierbei besteht der größte Leuchtdichteunterschied zwischen Symbolen und Hintergrund. Sehschärfeabhängige Leistungen aber verbessern sich mit zunehmendem Kontrast (Burkardt & Scholz, 1970).

— Heller Bildschirmhintergrund ist nur bei kleinflächigen Darstellungen zu empfehlen, solange marktübliche Geräte lediglich eine (Halb-)Bildwiederholungsfrequenz von 50 Hz aufweisen. Da die Flimmerverschmelzungsschwelle nicht allein von der Reizwiederholungsrate, sondern auch von der Leuchtdichte abhängig ist, führen große Flächen mit hoher Leuchtdichte zu Flimmereffekten.

— Werden Farben zu Ordnungs- oder Kodierzwecken eingesetzt, ist ein dunkler Bildschirmhintergrund zu wählen. Heller Bildschirmhintergrund führt zu einer Überstrahlung der Farben und reduziert so den Farbeindruck.

— Sollen Informationen in farbigen Kontrasten dargeboten werden, sind bei der Auswahl sowohl die Leuchtdichteunterschiede zwischen den Farben als auch deren Wellenlängendistanz zu berücksichtigen. Die Mehrzahl der Farbkontraste ist jedoch bei geringen Sehabständen für die verschiedenen Wahrnehmungsaufgaben geeignet. Tabelle 4 bringt eine Zusammenstellung besonders günstiger und besonders ungünstiger Farbkontraste (Colin, 1985).

Tab. 4: Günstige und ungünstige Farbkontraste auf Monitoren

| günstig | ungünstig |
|---|---|
| violett/weiß | weiß/grün |
| blau/weiß | blau/schwarz |
| weiß/blau | schwarz/blau |
| gelb/schwarz | gelb/grün |
| | rot/orange |
| | violett/orange |

— Verbindliche Angaben über die auf einem Bildschirm zu empfehlenden Datenmengen sind kaum festzulegen, da die Art der Darstellung und die Art der Informationsinhalte von entscheidendem Einfluß sind. Berücksichtigt man jedoch, daß üblicherweise auf einem Monitor mit 32 Zeilen und 64 Spalten maximal 2048 Zeichen verfügbar sind, die Bildschirmränder wegen möglicher Unschärfen nicht beschrieben werden sollten, alphanumerische Daten in Zeilen und Spalten zur Verbesserung der Übersichtlichkeit zu gruppieren sind und für eine Information etwa 10 Zeichen verwendet werden müssen, so wird man vernünftigerweise 50 Informationen kaum überschreiten können. Will man Ablesefehler durch Verrutschen in Zeilen und Spalten vermeiden, wird man eine weitere Reduzierung auf 20 bis 30 Informationen hinnehmen müssen. Können alphanumerische Informationen dagegen in sinnvolle graphische Darstellung umgesetzt werden, ist wiederum eine größere Informationsmenge möglich.

— Graphische Darstellungen wie Blockdiagramme und Fließbilder führen insbesondere bei mehrstündiger Überwachungstätigkeit zu einem erheblich höheren mittleren Leistungsniveau als alphanumerische Darstellungen (Colin, 1980; Miska, 1985). Sie können einen Zuverlässigkeitsgewinn von 50 % bringen.

### 3.5 Anpassung der Informationsdarstellung an Steuer- und Regelaktivitäten

Zu besonderen Zeitpunkten des Prozeßverlaufs, aber insbesondere bei Störungsmeldungen, sollen Informationen den Operateur zu Eingriffen in den Prozeß veranlassen. Hierbei treten, wie schon im vorausgehenden Kapitel behandelt, vor allem drei Fehlerarten auf: Fehler des Vergreifens, Genauigkeitsfehler und initiale Richtungsfehler.

— Unbeabsichtigtes Stellen kann durch versenkten Einbau, bei Stellteilen, die nur selten verwendet werden, durch Abdeckung oder eine zu lösende Sperre verhindert werden. Vorteilhaft ist zugleich die Gewährleistung eines ausreichenden Stellwiderstandes und ausreichende Abstände zwischen den Stellteilen (Jüptner, 1977).

— Stellteile selbst sollten als Informationsträger dienen. Zu diesem Zweck empfiehlt sich, die gleichen Kodierdimensionen zu verwenden wie bei den optischen Informationen. Die Möglichkeiten der Kodierung werden bestimmt durch herrschende Arbeitsbedingungen (Kodierung der Oberflächenstruktur oder deren Form beim Tragen von Handschuhen; Kodierung durch Oberflächenfarben, nicht geeignet bei geringem Beleuchtungsniveau, monochromatischem Licht oder bei nicht optisch kontrollierten Stellaktivitäten).

— Sorgfältige Gruppierung von Stellteilen erleichtert die Zuordnung. Für die Gruppenbildung können je nach betrieblicher Gegebenheit andere Kriterien für die Anordnung leitend sein. Dazu gehören: Analogie zur Anlage oder zum Prozeß, Häufigkeit oder Dringlichkeit der Nutzung, geforderte Stellgenauigkeit oder die Trennung nach Betriebszuständen (Förster, 1984).

— Genauigkeitsfehler beim Stellen und Regeln sind im allgemeinen auf zwei Ursachen zurückzuführen: Ein Mißverhältnis zwischen Meß- und Stellstrecke oder ein zu geringer oder zu hoher Stellwiderstand. Stell- und Meßstrecke sollten einander möglichst angenähert sein. Ist die Meßstrecke wesentlich kürzer als die Stellstrecke, fallen die Stellbewegungen extrem langsam aus, ist sie erheblich länger als die Stellstrecke, fallen die Stellbewegungen extrem ungenau aus (McCormick, 1970).

— Die Vereinheitlichung von Meß- und Stellrichtung verringert (hochsignifikant) die Anzahl der initialen Richtungsfehler um ein Vielfaches, wie Abbildung 1 verdeutlicht, die die Ergebnisse einer Untersuchung mit hochkompatibler und nicht kompatibler Bedingungsvariation zeigt (Colin, 1985).

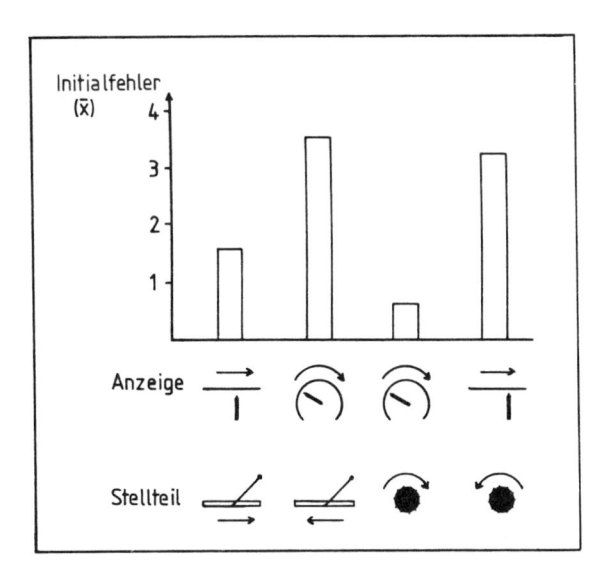

Gestaltungsmaßnahmen zur Erhöhung von Sicherheit und Zuverlässigkeit   359

Abb. 1: Anzeigen und Stellteile: Zahl der initialen Richtungsfehler bei hochkompatibler und nicht kompatibler Bedingungsvariation. (Die Pfeile kennzeichnen die Bewegungsrichtung der Zeiger bei entsprechend angegebener Stellrichtung der Stellteile.).

## 4 Bewertung der Wirksamkeit

Die aus der Analyse von Fehlern und Ermittlung von Fehlerursachen abgeleiteten Gestaltungsmaßnahmen haben das Ziel, das Arbeitsverhalten mit den Sicherheitsanforderungen in Einklang zu bringen, d. h. sicherheitswidriges Verhalten möglichst auszuschließen und sicherheitsgemäßes Verhalten zu fördern. Das Verhalten wird somit über die Gestaltung der Arbeitsbedingungen beeinflußt.

Man wird einwenden können, warum dieses Ziel nicht auf direkterem Wege erreicht werden kann, nämlich durch unmittelbare Verhaltensbeeinflussungsmaßnahmen wie Unterweisung, Training, die weit verbreiteten Prämiensysteme, durch den Einsatz verschiedener Führungsmittel. Hier öffnet sich in der Tat ein weiterer Weg für die Sicherheitsarbeit. Die theoretischen Ansätze und betrieblichen Anwendungsmethoden werden im Rahmen dieses Artikels nicht behandelt. Aber diese Ansätze haben sich vielfach in eindrucksvollem Maße bewährt und werden derzeit intensiv diskutiert, weil einerseits die Unfallentwicklung in den letzten Jahren stagnierte und andererseits Sicherheitsfachleute den Vorrat an technischen Maßnahmen schwinden sehen.

Naheliegend sind nun Vergleiche zwischen Maßnahmen, die durch Verhaltensmodifikation, und solchen, die durch Modifikation der Arbeitsbedingungen das Unfallgeschehen beeinflussen. Der Weg der Verhaltensmodifikation erscheint auf den ersten Blick als der einfachere, weil mit weniger Kosten verbunden und daher leichter realisierbar. Dieser Eindruck täuscht. Beeinflussung von Verhalten, insbesondere wenn es sich um jahrelang übliche Verhaltensketten und Einstellungen handelt, ist schwierig, langwierig und von zahlreichen Rückschlägen („Rückfällen") gekennzeichnet. Ausdauer, Geduld, Phantasie und Intelligenz der Führungs- und Sicherheitsfachkräfte gehören dazu, Verhaltensmodifikation zum Erfolg zu führen (Burkardt, 1981). Gestaltungsmaßnahmen sind kostenaufwendig, insbesondere wenn es sich um Nachrüstungen handelt, aber sie sind sofort effizient und wirken aus sich selbst heraus weiter.

Leider liegen kaum Untersuchungen vor, in denen beide beschriebenen Ansätze unter praktischen Bedingungen nebeneinander eingesetzt wurden, um so weniger ist ein quantitativer Vergleich des Erfolgs beider Methoden möglich. Hochinteressante Daten liefert hierzu eine Untersuchung aus der stahlerzeugenden Industrie. Schneider (1986) berichtet in einem eindrucksvollen Ergebnis, wie vorteilhaft die Integration beider Ansätze sein kann. In einer Evaluierung des Befolgungsgrades von Verhaltensforderungen gelang der Nachweis, daß Verhaltensänderungen in Verbindung mit ergonomischen Gestaltungsmaßnahmen der weitaus mengenmäßig größte und zeitlich stabilste Erfolg beschieden ist. Schneider betont entsprechend die Notwendigkeit der Verhaltensmodifikation durch Information und Motivation *und* durch ergonomische Gestaltung.

Somit wäre das integrative Vorgehen nach beiden Ansätzen wünschenswert. Vorrang in bezug auf allgemeine Gültigkeit, Breite, Schnelligkeit und Stabilität der Wirksamkeit kommt jedoch den ergonomischen Gestaltungsmaßnahmen zu.

## *Literatur*

Burkardt, F. (1981). *Information und Motivation zur Arbeitssicherheit.* Wiesbaden: Universum Verlagsanstalt.

Burkardt, F. (1985). *Die Zuverlässigkeit von Überwachungstätigkeiten.* Hannover: Nordwestliche Eisen- und Stahl-Berufsgenossenschaft.

Burkardt, F. & Colin, I. (1978). *Auswirkungen ergonomischer Maßnahmen auf das Unfallgeschehen* (Dok. Nr. 2779/77 d — ACE). Luxembourg: Ergonomische Gemeinschaftsaktion.

Burkardt, F. & Scholz, H. (1970). Licht und Leistung. In A. Mayer & B. Herwig (Hrsg.), *Handbuch der Psychologie* (Bd. 9) (S. 333—370). Göttingen: Hogrefe.

Cakir, A. (Hrsg.). (1983). *Bildschirmarbeit. Konfliktfelder und Lösungen.* Berlin: Springer.

Chapanis, A. (1976). Engineering psychology. In M. D. Dunette (Ed.), *Handbook of industrial and organizational psychology* (pp. 697—744). Chicago: Rand McNally.

Christ, R. E. (1975). Review and analysis of color coding research for visual displays. *Human Factors, 17*, 542—570.

Colin, I. (1980). *Untersuchung zur Reliabilität von Wahrnehmungs- und Verarbeitungsleistungen bei Steuer- und Überwachungstätigkeiten.* Forschungsauftrag der Europäischen Kommission für Kohle und Stahl in Luxembourg. Frankfurt am Main.

Colin, I. (1985). Informationsergonomie. In J. W. Goethe-Universität, Frankfurt am Main, Institut für Psychologie (Hrsg.), *Psychologische Beiträge zum Arbeitsschutz. 2. Workshop, Psychologie der Arbeitssicherheit* (S. 131—147). Frankfurt am Main.

Crawford, B. M. & Altmann, J. W. (1972). Designing for maintainability. In H. P. Van Cott & R. G. Kinkade (Eds.), *Human engineering guide to equipment design* (pp. 585—631). Washington D. C.: U. S. Superintendent of Documents.

Elkin, E. H. (1959). *Effect of scale shape, exposure time and display complexity on scale reading efficiency.* USAF, WADC, TR 58-472 (zitiert nach McCormick, 1970).

Faverge, J. M. (1972). Der Begriff der Betriebszuverlässigkeit aus ergonomischer Sicht. In Generaldirektion „Verbreitung der Kenntnisse", Zentralstelle für Information und Dokumentation — ZID (Hrsg.), *Kommission der Europäischen Gemeinschaften Generaldirektion „Soziale Angelegenheiten". Arbeitsphysiologische und arbeitspsychologische Studien.* Studie Nr. 7. Luxembourg.

Förster, G. (Hrsg.). (1984). *Ergonomische Gestaltung von Steuerständen. Forschungsbericht der EGKS.* Luxembourg: Europäische Gemeinschaft für Kohle und Stahl.

Graham, N. E. (1956). The speed and accuracy of reading horizontal, vertical, and circular scales. *Journal of Applied Psychology, 40*, 228—232.

Grandjean, E. & Vigilani, E. (Eds.). (1980). *Ergonomic aspects of visual display terminals.* London: Taylor & Francis.

Grether, W. F. (1949). Instrument reading: I. The design of long-scale indicators for speed and accuracy of quantitative readings. *Journal of Applied Psychology, 33*, 363—372.

Hacker, W. (1973). *Allgemeine Arbeits- und Ingenieurpsychologie.* Berlin: VEB Deutscher Verlag der Wissenschaften.

Institut für angewandte Arbeitswissenschaften e. V. [IfaA] (Hrsg.) (1982). *Arbeiten mit Bildschirmgeräten.* Köln: Bachem.

Ireson, W. G. (1966). *Reliability handbook.* New York: McGraw-Hill.

Jones, M. R. (1962). Color coding. *Human Factors, 4*, 355—365.

Jüptner, H. (1977). Gestaltung von Stellteilen und Griffen. In Institut für angewandte Arbeitswissenschaften [IfaA] (Hrsg.), *Taschenbuch der Arbeitsgestaltung.* Köln: Bachem.

Kantowitz, B. H. & Sorkin, R. D. (1983). *Human factors: Understanding people-system relationship.* New York: Wiley.

Katz, D. (1961). *Gestaltpsychologie.* Basel: Schwabe.

Kryter, K. D. (1970). *The effects of noise on man.* New York: Academic Press.

McCormick, E. J. (1970). *Human factors engineering* (3rd ed.). New York: McGraw-Hill.

McCormick, E. J. & Sanders, M. S. (1982). *Human factors in engineering and design* (2nd ed.). New York: McGraw-Hill.

Meister, D. (1966). Human factors in reliability. In W. G. Ireson (Ed.), *Reliability handbook* (chap. 12, pp. 1—38). New York: McGraw-Hill.

Meister, D. (1971). *Human factors, theory and practice.* New York: Wiley.

Miller, D. P. & Swain, A. D. (1987). Human error and human reliability. In G. Salvendy (Ed.), *Handbook of human factors* (pp. 219—250). New York: Wiley.

Miska, H. (1985). Informationsdarstellung auf Bildschirmgeräten. In J. W. Goethe-Universität, Ffm., Institut für Psychologie (Hrsg.), *Psychologische Beiträge zum Arbeitsschutz, 2. Workshop, Psychologie der Arbeitssicherheit* (S. 147—163). Frankfurt/M.

Rogers, W. H. & Moeller, G. (1984). Comparison of abbreviation methods: Measures of preference and decoding performance. *Human Factors, 26,* 49—59.

Schneider, B. (1986). *Motivation der Arbeitnehmer und Führungskräfte während des Übergangs der Belegschaft vom Kokillen- zum Stranggießen* (Projekt-Nr. 7259-S 003/01) Europäische Kommission für Kohle und Stahl, Erstes Gemeinschaftsprogramm über die Arbeitssicherheit in der Eisen- und Stahlindustrie (Vergießen von Stahl). Düsseldorf/Duisburg-Huckingen: Mannesmann-Röhren-Werke AG.

Sleight, R. B. (1948). The effect of instrument dial shape on legibility. *Journal of Applied Psychology, 32,* 170—188.

Thau, G., Bohr, E. & Becker, G. (1981). Größen und Sehentfernungen von Wahrnehmungsobjekten auf Mensch-Maschine-Interfaces. Anhang. In Technischer Überwachungsverein Rheinland e. V., Institut für Unfallforschung (Hrsg.), *Ergonomische Gestaltung von Schaltwarten in Kernkraftwerken* (Bd. 3). Köln.

Van Cott, H. P. & Warrick, M. J. (1972). Man as a system component. In H. P. Van Cott & R. G. Kinkade (Eds.), *Human engineering guide to equipment design* (pp. 17—39). Washington D.C.: U.S. Superintendent of Documents.

Zorger, P. H. (1966). Reliability estimation. In W. G. Ireson (Ed.), *Reliability handbook* (chap. 5, pp. 1—39). New York: McGraw-Hill.

DIN 33 413, Teil 1. Ergonomische Gesichtspunkte für Anzeigeneinrichtungen; Arten, Wahrnehmungsaufgaben, Eignung. 1981.

DIN 4844, Teil 1. Sicherheitskennzeichnung, Grundsätze. 1977.

DIN 4844, Teil 2. Sicherheitskennzeichnung, Sicherheitsfarben. 1982.

DIN 66 234, Teil 3. Bildschirmarbeitsplätze, Gruppierungen, Formatierung von Daten. 1981.

DIN 66 234, Teil 5. Bildschirmarbeitsplätze, Kodierung von Information. 1981.

13. Kapitel

# Informationstechniken in der Konstruktion

*Ekkehart Frieling und Ilka Hilbig*

## 1 Einleitung

Es ist erforderlich, die Auswirkungen neuer, in der Regel rechnergestützter Arbeitsmittel auf den arbeitenden Menschen zu untersuchen, um abschätzen zu können, ob sie den Vollzug der Arbeitstätigkeit erleichtern und die Arbeitsbedingungen verbessern oder ob sie zusätzliche physische und/oder psychische Beeinträchtigungen verursachen (vgl. Hoyos, 1986). Im folgenden wird der Versuch unternommen, am Beispiel des rechnergestützten Konstruierens bzw. der rechnergestützten Zeichnungserstellung (Computer Aided Design — CAD) zu zeigen, wie mit ingenieurspsychologischen Analysekriterien die Auswirkungen dieser Technik auf die Konstruktionstätigkeit beschrieben werden können. Hierfür ist eine inhaltliche Auseinandersetzung mit dem Arbeitsbereich erforderlich, um ein allgemeines Verständnis über die ablaufenden technischen und organisatorischen Prozesse zu erzeugen.

Psychologisch orientierte Analysen der Konstrukteurstätigkeit (Barfield, Chang & Salvendy, 1986; Buresch, 1986; Majchrzak, Chang, Barfield, Eberts & Salvendy, 1987; Wingert, Duus, Rader & Riehm, 1984) liegen erst in Anfängen vor. In einschlägigen Texten der Arbeitspsychologie (z.B. Hacker, 1986; Kleinbeck & Rutenfranz, 1987) findet dieser Tätigkeitsbereich kaum Beachtung, obgleich er wesentlich zur Gestaltung der Arbeitswelt beiträgt. Die zunehmend engere Anbindung der Konstrukteurstätigkeit an den Produktionsprozeß (vgl. Lay, 1988) und ihre Veränderung durch das Arbeitsmittel Rechner sind jedoch Anlaß genug, sich mit ihr intensiver zu befassen. Darüber hinaus besteht die Hoffnung, über einen arbeits- und aufgabenzentrierten Dialog mit den Konstrukteuren ihr Bewußtsein für Technikfolgen zu stärken. Konstrukteure bestimmen durch ihre Tätigkeit den Arbeitsinhalt und die Arbeitsbedingungen anderer Menschen.

Im folgenden werden wir uns in Form einer Mehrebenenanalyse mit der Tätigkeit des Konstrukteurs und den entsprechenden betrieblichen Rahmenbedingungen beschäftigen, soweit durch bestimmte organisatorisch-technische Bedingungen Effekte auf die Tätigkeit beobachtet werden können. Bevor jedoch auf die spezifischen ingenieurspsychologischen Inhalte eingegangen wird, erfolgt ein kurzer Überblick über die einzelnen Komponenten der CAD-Technik, wobei auf den Entwicklungsstand innerhalb der Automobilindustrie Bezug genommen wird, da in diesem Industriezweig schon mehrjährige Erfahrungen in der Anwendung der CAD-Technik vorliegen.

## 1.1 Beschreibung der Technik

Computer Aided Design (CAD) umfaßt die alphanumerische und grafische Informationsverarbeitung in der Konstruktion und Arbeitsplanung (vgl. Spur & Krause, 1984), aber auch die rechnergestützte Zeichnungserstellung im grafischen Gewerbe oder (vgl. Magnenat-Thalmann & Thalmann, 1985) in der Filmindustrie. Einen Überblick über die verschiedenen Anwendungsfelder der CAD-Technik gibt Abbildung 1.

In den folgenden Ausführungen beschränken wir uns auf den Konstruktionsbereich. Die gewünschte Grafik entsteht durch Umwandlung digital codierter numerischer Daten in ein grafisch analoges Darstellungsformat, das sich je nach hinterlegtem Geometriemodell unterscheidet. Bei der interaktiven Zeichnungserstellung, die durch die CAD-Technik eine zentrale Stellung einnimmt, gibt

| MASCHINEN- UND ANLAGENBAU | BAUPLANUNG |
|---|---|
| — Anlagen und Rohrleitungsbau<br>— Stahlbau<br>— Fahrzeug-, Flugzeug- und Schiffsbau<br>— Produktions- und Verfahrenstechnik | — Gebäudeplanung<br>— Fabrikplanung<br>— Layout für Maschinen, Büromöbel etc. |
| MECHANIK UND ELEKTRONIK | KARTOGRAPHIE |
| — mechanische Bauteile<br>— Elektrotechnik<br>— Elektronik<br>  (Schaltungs- und Logikentwurf) | — Raumplanung<br>— Landkarten<br>— Straßenkarten<br>— Leitungspläne |
| BAUWESEN | DRUCKINDUSTRIE |
| — Architektur<br>— Städtebau/Stadtplanung<br>— Bebauungspläne<br>— Hoch- und Tiefbau<br>— Straßen- und Brückenbau | — Layout, Grafik |
| | DESIGN |
| | — Industrieformen<br>— Verpackungsgestaltung<br>— Mode |
| | FILMWIRTSCHAFT |
| | — Trickbilder<br>— Zeichentrickfilme |

Abb. 1: Anwendungsfelder für CAD (modifiziert nach Schuhmacher, 1985, S. 14).

der Benutzer im „Dialog" über ein Eingabemedium Daten ein, die an einem Bildschirm grafisch veranschaulicht werden (zur Entwicklung der CAD-Technik und ihrer Beschreibung siehe Eigner & Maier, 1984; Majchrzak et al., 1987; Spur & Krause, 1984).

Der interaktive grafische Arbeitsplatz (vgl. Abbildung 2) besteht in der Regel aus einem Farbraster- oder Vektorbildschirm, Eingabemedien, wie z. B. Tastatur, Menütablett, Maus, Funktionstastatur, Wertgebern, Elektro- oder Lichtstift etc., der Gerätesteuerung und einem Rechner, der entweder als zentraler Rechner oder als freiprogrammierbarer Satellitenrechner ausgeführt ist, wobei auch dieser Rechner üblicherweise an ein zentrales Rechnersystem angeschlossen ist. Als Ausgabegeräte zur Fixierung des flüchtigen Bildschirminhaltes dienen Hardcopygeräte und Plotter.

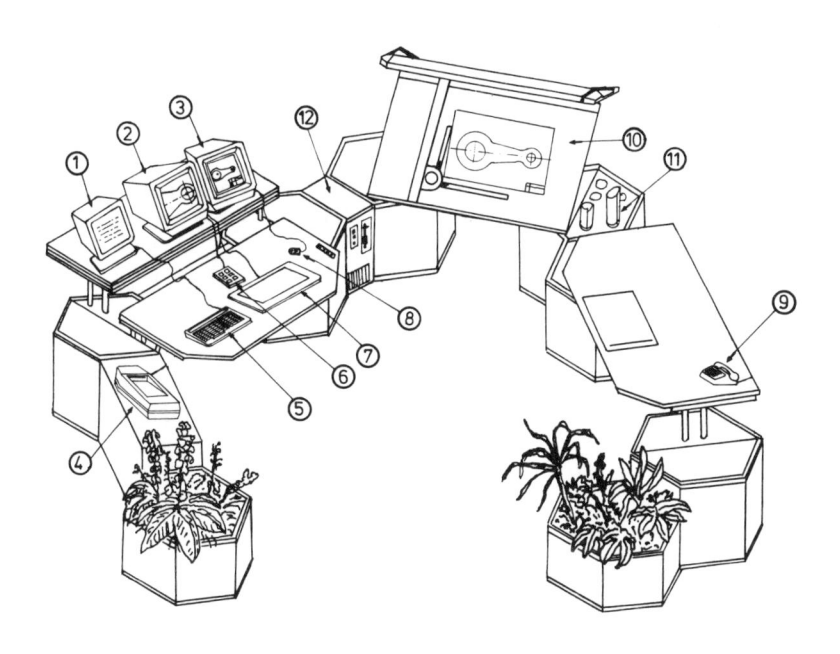

① alphanumerischer Bildschirm
② graphischer Bildschirm zur Darstellung von Vergrößerungen, Details, Änderungen
③ graphischer Bildschirm (zur Gesamtdarstellung)
④ Hardcopygerät
⑤ alphanumerisches Tastaturgerät
⑥ Funktionstastatur
⑦ Eingabetablett
⑧ Lupe
⑨ Telefon/DFü-Anschluß
⑩ Zeichenfläche für konventionelle Arbeiten und Handskizzen
⑪ Zeichnungshalter
⑫ Vorortintelligenz

Abb. 2: Aufbau eines integrierten CAD-Arbeitsplatzes.

Wie aus Abbildung 2 ersichtlich, gibt es an einem CAD-Arbeitsplatz bis zu drei Bildschirme, wobei zwei für die Grafik und ein alphanumerischer für die Dateneingabe bzw. das Funktionsprotokoll verwendet werden. In Ausnahmefällen werden zwei Grafik-Bildschirme eingesetzt, um komplizierte Zeichnungsinhalte im Detail und in der Gesamtansicht bearbeiten zu können. In der Regel befindet sich an einem CAD-Arbeitsplatz aus Kostengründen nur ein Grafikbildschirm. Die Funktion des zweiten Grafikbildschirms kann z. T. von einem Hardcopygerät übernommen werden, bei dem der Bildschirminhalt zu Kontrollzwecken oder als Arbeitshilfe auf Papier ausgedruckt wird.

Beim derzeitigen Stand der Technik ist die CAD-Software in der Regel an eine bestimmte Hardware gebunden. Vermutlich aber werden in den nächsten Jahren unterschiedliche Softwarepakete für spezifische Anwendungsbereiche auf einem Rechner laufen. Bei sog. Low-cost-Systemen zeichnet sich diese Entwicklung schon jetzt ab (z. B. im Bereich des Bauwesens, vgl. hierzu Pawelski & Winke, 1987).

Je nach Aufgabengebiet gibt es entsprechende Softwarepakete für die zwei- und dreidimensionale Darstellung. In der Automobilindustrie, auf die wir hier exemplarisch Bezug nehmen, werden für die verschiedensten Einsatzzwecke unterschiedliche CAD-Systeme verwendet (vgl. Abbildung 3). Derzeit läßt sich der Wunsch, mit einem mächtigen Universalpaket alle Probleme der Konstruktion zu bearbeiten, nicht realisieren. Bis heute gibt es auch kein CAD-System, das gestattet, die grafischen Informationen vom Konzept bis zur Detaillierung durchgängig aufzubauen, d. h. eines, mit dem man nicht nur zeichnen, sondern auch gestalten kann (Ehrlenspiel & Rutz, 1985). Aus diesem Grunde findet man in den meisten Entwicklungsabteilungen sowohl Brett- als auch CAD-Arbeitsplätze.

## 1.2 Charakterisierung der Konstrukteurstätigkeit

Die Situation in den Konstruktionsabteilungen ist geprägt von dem Wunsch, die Zyklen der Produktentwicklung zu verkürzen. Dies erzeugt einen wachsenden Termin- und Leistungsdruck, der durch die Übernahme fertigungsplanerischer Aufgaben noch verstärkt wird (vgl. Spur, Krause & Gross, 1985).

Je nach Art der Arbeitsteilung wird der in die drei Hauptphasen Planen/Konzipieren, Entwerfen und Ausarbeiten/Detaillieren (vgl. Hubka, 1985; Ott, 1985) zu gliedernde Konstruktionsprozeß von einem oder mehreren Konstrukteur/en ausgeführt. Bei einer produktbezogenen Arbeitsteilung bearbeitet der Konstrukteur alle drei Phasen, wobei die Initiierung der ersten Phase durch das verantwortliche Management geschieht. Bei einer prozeßbezogenen Arbeitsteilung werden die drei Phasen von verschiedenen Konstrukteuren bearbeitet,

| Einsatzgebiete CAD/CAM – Anwendungen ||||||
|---|---|---|---|---|---|
| | 2D || 3D |||
| | DIAGRAMME | SCHEMATISCHE DARSTELLUNGEN | MECHANISCHE KONSTRUKTION (Bauteilkonstruktion) || 3D-OBERFLÄCHEN ||
| | | | KONSTRUKTION | NC-PROGRAM-MIERUNG | KONSTRUKTION | NC-PROGRAM-MIERUNG |
| AUFGABEN-GEBIET ANWENDUNGEN | Berechnungen Versuch Datenbankaus-wertungen Präsentations-graphik | Autoelektrik Elektronik Büroraum-planung Werksplanung Dokumentation | Varianten-konstruktion Einbauunter-suchungen Zeichnungs-erstellung | Bohren Drehen Fräsen | Entwicklung und Konstruktion von Freiformflächen für die Karosserie-entwicklung und Motorrad | Risslinien- und Flächen-fräsen für Urmodelle und Werkzeuge |

Abb. 3: Einsatzmöglichkeiten der CAD-Technik am Beispiel der Automobilindustrie (modifiziert nach Schuster & Schliep, 1985, S. 141).

z. B. von einem Konstrukteur aus der Vorentwicklung, einem Entwurfs- und einem Detailkonstrukteur (vgl. hierzu Martin, 1988).

Legt man für die folgende Beschreibung eine produktbezogene Arbeitsteilung zugrunde, so erarbeitet der Konstrukteur auf der Basis einer Aufgabenstellung ein Konzept, d. h. er sucht nach einer geeigneten Lösung für das konstruktive Problem. Beim nächsten Schritt, dem „Entwerfen", wird das Konzept in einen oder mehrere konkret gestaltete Konstruktionsentwürfe umgesetzt. In dieser Phase finden in der Regel für die wichtigsten Teile die Wahl der Werkstoffe statt und für die Detailauslegungen die notwendigen Berechnungen. In der letzten Phase, dem „Ausarbeiten", werden aus dem Entwurf die Werkstattzeichnungen bzw. die Fertigungsunterlagen erstellt. Innerhalb dieser drei Konstruktionsphasen lassen sich wiederum einzelne Verrichtungen aufzeigen, wie z. B. in der Ausarbeitungsphase das Detaillieren oder das Bearbeiten von Stücklisten (vgl. hierzu Beitz, 1987). Diese Phaseneinteilung ist allerdings idealtypisch und spiegelt nicht die Realität des individuellen Konstruktionsprozesses wider (vgl. Riehm, 1982; Wingert & Riehm, 1985). Die Konstruktionstätigkeit wird darüber hinaus durch zeitaufwendige Teiltätigkeiten wie ‚kontrollieren', ‚ändern', ‚informieren', ‚allgemeine Büroarbeiten', ‚Meldungen/Berichte abfassen', ‚Gespräche mit Zulieferern', ‚Telefonate' etc. charakterisiert.

Nach Beitz (1985) haben umfangreiche Untersuchungen in Industrieunternehmen des Maschinenbaus und der Elektrotechnik über die Tätigkeitsstruktur mehrerer hundert Mitarbeiter im Konstruktionsbereich ergeben, daß sich die Teiltätigkeiten häufig abwechseln und die gesamte Informationsbeschaffung einen großen Zeitanteil ausmacht (vgl. hierzu auch Rouse, 1986a, 1986b, der in seinen Untersuchungen zu ähnlichen Ergebnissen kommt). Einzelne unterscheidbare Tätigkeitsabschnitte dauern nach Beitz im Durchschnitt nur etwa sieben Minuten, bis sie von einem anderen abgelöst werden. Dieser häufige Wechsel im Arbeitsablauf wird zum einen durch die vielschichtigen Informationsbedürfnisse der Konstrukteure und zum anderen durch die parallele Bearbeitung unterschiedlicher Aufträge verursacht.

Einen Überblick über die Elemente der Konstruktionstätigkeit und ihre jeweiligen Zeitanteile vermittelt Abbildung 4. In dieser Grafik werden die Untersuchungsergebnisse von Buresch (1986) dargestellt, wie er sie aus den Selbsteinschätzungen von 414 Konstrukteuren eines Automobilunternehmens ermittelt hat. Die zur Beurteilung vorgelegten Elemente der Konstrukteurstätigkeit sind einer Erhebung zum Anforderungsprofil von Konstrukteuren entnommen (Eversheim, 1978). Die Konstrukteure sollten in der Befragung durch Buresch einschätzen, in welchem zeitlichen Umfang (in Prozenten der durchschnittlichen Arbeitszeit) sie mit den jeweiligen Tätigkeiten befaßt sind (IST) und in welchem Umfang sie damit befaßt sein möchten (SOLL). Dieser Vergleich zwischen Wunsch und wahrgenommener Wirklichkeit diente zur Ableitung von Gestaltungsempfehlungen.

Informationstechniken in der Konstruktion 369

## Selbsteinschätzung
### IST-SOLL-Zustand (N=414)

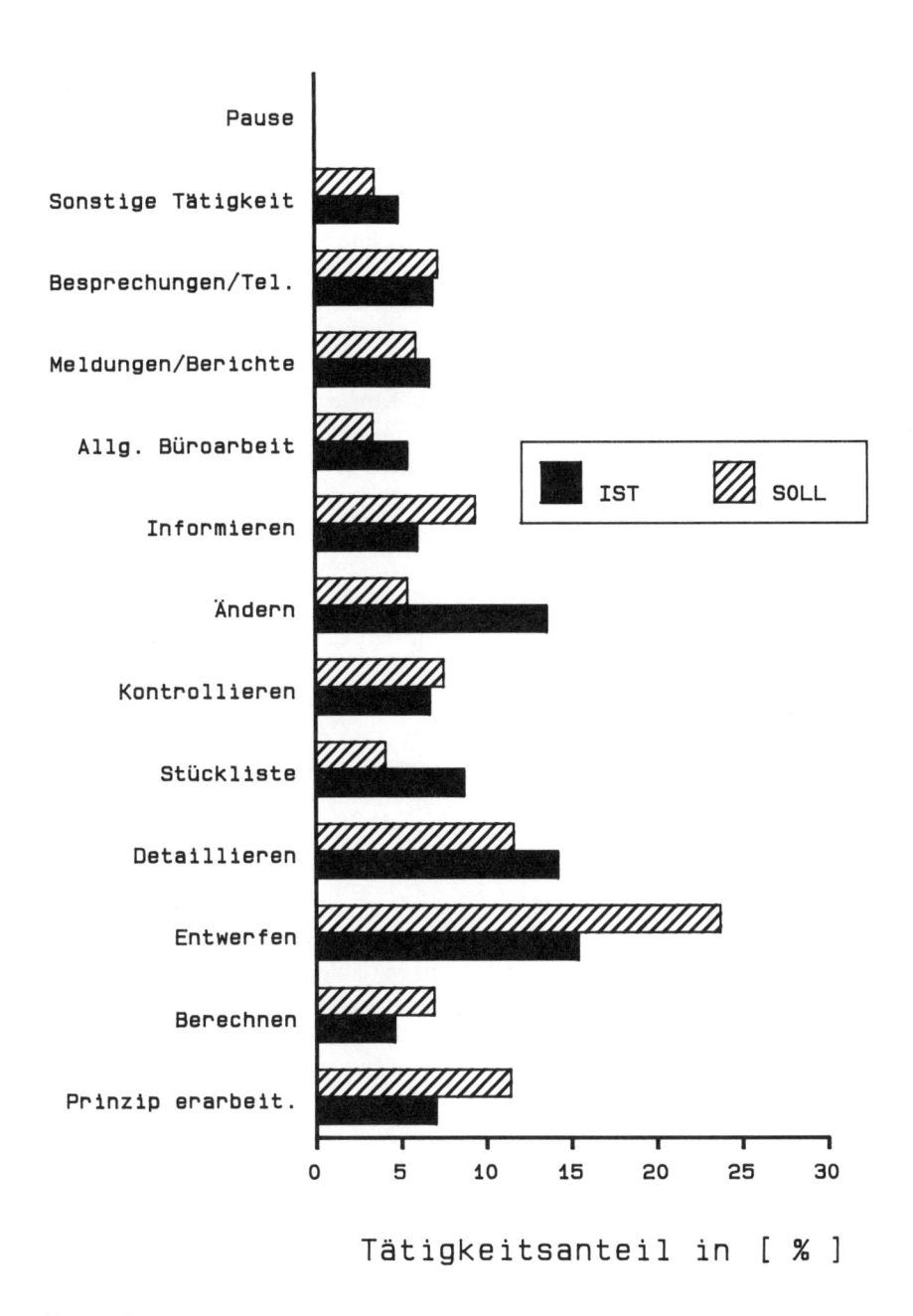

Abb. 4: Selbsteinschätzung von 414 Konstrukteuren (modifiziert nach Buresch, 1986).

Durch die Einführung der CAD-Technik hat sich — wie noch zu zeigen sein wird — die Tätigkeitsstruktur in den Konstruktionsabteilungen gewandelt. Es gibt bestimmte Arbeitsanforderungen, die neu entstanden sind, andere, die wegfallen und solche, die sich verändert haben. Nach Bechmann, Vahrenkamp und Wingert (1979) erscheint es riskant, so etwas wie ein infolge von CAD verändertes Tätigkeitsprofil zu skizzieren, das nicht auf branchen- und unternehmensbedingte Unterschiede eingeht.

Daten aus einer laufenden Untersuchung zur Ermittlung der Belastung und Beanspruchung beim computerunterstützten Konstruieren in den Ressorts Entwicklung/Konstruktion zweier Großunternehmen aus dem Automobil- und Flugzeugbau (gefördert vom BMFT, vgl. Derisavi-Fard, Frieling & Hilbig, 1988) zeigen den Einfluß von CAD-Systemen auf die Struktur der Konstruktionstätigkeit. Neben einer standardisierten Selbsteinschätzung (SEB) der durchschnittlichen Zeitdauer der zu verrichtenden Teiltätigkeiten — bezogen auf einen typischen Arbeitstag — füllten die Konstrukteure über 14 Arbeitstage einen Selbstaufschreibungsbogen (SAB) aus. Dieser Bogen diente der Erfassung der Variabilität der Konstrukteurstätigkeit sowie der Zeitbudgeterfassung für die einzelnen Teiltätigkeiten. In Abbildung 5 werden die Ergebnisse aus der Selbsteinschätzung den Selbstaufschreibungen gegenübergestellt.

Auffallend sind die großen Übereinstimmungen zwischen den geschätzten subjektiven Befragungsdaten (SEB-Werte) und den empirisch gewonnenen Daten aus den Selbstaufschreibungen (SAB-Werte). Diese hohe Übereinstimmung kann als Bestätigung der Vermutung gewertet werden, Stelleninhaber seien in der Lage, relativ zuverlässige Angaben über ihre Arbeitstätigkeit zu machen. Die relevanten Abweichungen sind z. T. darauf zurückzuführen, daß sich die Teiltätigkeiten wie z. B. Besprechungen, allgemeine Büroarbeiten oder ‚Sonstiges' aus mehreren Handlungen und Teilhandlungen zusammensetzen und somit ungenauer eingeschätzt werden.

Wie die Werte der Selbsteinschätzung und Selbstaufschreibungen verdeutlichen, übt die untersuchte Stichprobe sehr variable Tätigkeiten aus, die *nicht* durch Extremwerte einzelner Teiltätigkeiten (z. B. hohe Zeitanteile mit über 50 % im Bereich der Stücklistenbearbeitung oder dem Detaillieren) gekennzeichnet sind. Durch den CAD-Einsatz wird hier die Differenzierung der Gesamttätigkeit eher verstärkt als gemindert, da zum gegenwärtigen Zeitpunkt die Arbeitsmittel CAD und Zeichenbrett parallel zum Einsatz kommen. Bei einer arbeitsmittelbezogenen Arbeitsteilung, die im vorliegenden Fall nicht gegeben ist, sind extreme Werte in den Teiltätigkeiten ‚Ändern' und ‚Detaillieren' zu erwarten, da diese bevorzugt mit CAD-Systemen bearbeitet werden. Eine solche Form der Arbeitsteilung ist aber nach dem Konzept vollständiger Tätigkeiten (vgl. Hacker, 1986) nicht wünschenswert (vgl. hierzu die Untersuchungsergebnisse bei Martin, 1988).

## 2 Veränderungen und Gestaltungsmöglichkeiten auf der Ebene der Operationen bzw. des Handlungsvollzuges

### 2.1 Vergleich zwischen Brett- und Bildschirmarbeit

Durch die Einführung der CAD-Technik wird der traditionelle Arbeitsmitteleinsatz in der Konstruktion erheblich verändert. Anstelle oder zusätzlich zum

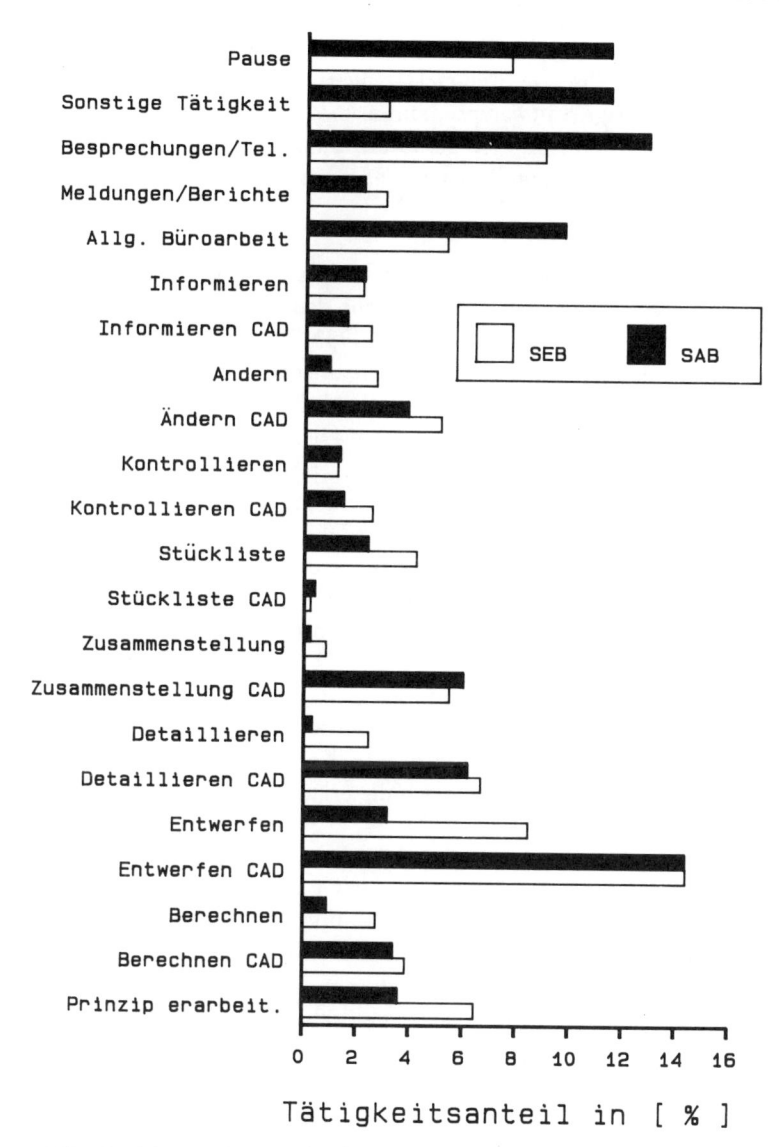

Abb. 5: Selbsteinschätzung (SEB) und Selbstaufschreibung (SAB) von N = 47 Konstrukteuren aus dem Forschungs- und Entwicklungsbereich zweier Großbetriebe (modifiziert nach Buresch, 1986).

Zeichenbrett kommen Bildschirme zum Einsatz und statt Tuschestiften, Linealen, Schablonen, Radiergummis etc. werden Eingabetastatur, Leuchtstift, Menütablett usw. verwendet. Dieser Wechsel vom herkömmlichen zum computerunterstützten Arbeitsplatz verändert die Arbeitsoperationen bzw. Teilhandlungen der Konstruktionstätigkeit. Es wandelt sich die Bearbeitung von Aufgaben, nicht der Aufgabeninhalt (Muggli & Zinkl, 1985 bzw. Abbildung 5). Dies gilt aber nur für die traditionellen Aufgabenbereiche. Da die CAD-Technik neue Möglichkeiten der Problemlösung eröffnet (z. B. Simulation von Bauteilbewegungen), ändern sich auch in gewissem Umfang die Arbeitsinhalte. Innerhalb der Zeichnungserstellung (Entwurf/Detaillierung) werden durch den Rechner und das dazugehörige Softwareprogramm vom Konstrukteur im Vergleich zur ‚Brettarbeit' andere Operationen gefordert, die aber in der Regel zum gleichen Ergebnis, z. B. zu einer Bauteilzeichnung führen.

Um die Veränderungen zwischen konventioneller Konstruktion und CAD-Arbeit systematisch zu verdeutlichen, soll auf das menschliche Informationssystem (vgl. hierzu Card, Moran & Newell, 1983; Wessells, 1984) Bezug genommen werden, wobei insbesondere die sensorischen, kognitiven und motorischen Komponenten des Systems, also die Informationsaufnahme/-verarbeitung und -abgabe Berücksichtigung finden. Diese etwas schematische Darstellung sollte nicht den Eindruck erwecken, die Trennung in einzelne Systemkomponenten entspräche der Realität von Arbeitstätigkeiten. Wie die Arbeiten von Neumann (1987), Neumann und Prinz (1987) oder Heuer und Prinz (1986) zur Handlungssteuerung zeigen, sind die Prozesse zwischen Informationsaufnahme und -verarbeitung nicht isoliert für sich zu betrachten, sondern nur im funktionellen Rahmen der Ausführung einer Intention zu analysieren. Das Motiv zur Tätigkeit ist entscheidend für die Selektion der Informationen und für deren Speicherung bzw. Verarbeitung im Gedächtnis. Da es bei der vorliegenden Darstellung aber weniger auf die Intention des einzelnen Konstrukteurs ankommt, sondern mehr auf die typischen Komponenten des Arbeitsprozesses, mag die vorgenommene Vereinfachung erlaubt sein.

*Sensorisches System.* — Auf der Ebene des sensorischen Systems hat der Konstrukteur beim Umgang mit der neuen Technik zahlreiche zusätzliche Informationsquellen zu beachten. Die unterschiedlichen Eingabegeräte stellen Anforderungen an die Aufmerksamkeit des Bedieners, und es kommt zu einer Signalflut am Grafik- und alphanumerischen Bildschirm, die durch den Zeichnungsinhalt, die farbliche Kodierung, die Dialogabfragen etc. verursacht wird. Durch die große Anzahl von Signalgebern (optische und vereinzelt auch akustische) ist die Aufnahme von ständig wechselnden Reizen erforderlich. Neben den Bildschirminhalten müssen zusätzlich noch geschriebene Arbeitsunterlagen gelesen und Zeichnungen betrachtet werden (siehe hierzu Abbildung 2). Da sich der Bildschirminhalt ändert, sind die aktuellen Bildinformationen mit den vorhergehenden, im Gedächtnis gespeicherten Inhalten zu vergleichen. Im Gegensatz zur Brettarbeit erschweren ständige Akkomodations- und Adaptationsanforderungen die Informationsaufnahme (v. d. Heiden, 1985).

Überträgt man experimentelle Befunde von Neumann (1985, 1987) auf die Arbeit mit CAD-Systemen, bei denen auf dem Bildschirm neben der konstruktiven Grafik auch die Menüsteuerung am linken/rechten und/oder oberen/unteren Bildrand eingeblendet ist, so ist zu vermuten, daß die Anforderungen an die Aufmerksamkeit sehr hoch sind, da Merkmale beachtet werden müssen, die zu verschiedenen „Gegenständen" gehören. Die Interferenz zwischen Änderungen in der Zeichnung und Änderungen in der Menüleiste oder -zeile beeinflussen zumindest in der Übungsphase die Fehlerhäufigkeit oder Reaktonsgeschwindigkeit, da sich bei der Auslösung bestimmter Funktionen entweder der Grafikteil oder die Menüleiste/-zeile bzw. beides ändert. Je nach Handlungsintention ist zu erwarten, daß die Änderungen im einen oder anderen Bereich übersehen werden und somit Fehler sehr wahrscheinlich sind. Experimentelle Untersuchungen zur Frage: Erleichtert ein Menütablett mit grafischen und/oder alphanumerischen Symbolen gegenüber einem Bildschirmmenü das Lernen am System? stehen noch aus (vgl. Majchrzak et al., 1987).

*Kognitives System.* — Auf der Ebene des kognitiven Systems lassen sich folgende Arbeitsanforderungen vermuten: Bei der Arbeit mit dem Bildschirm verringert sich durch das interaktive System die Überlegenszeit, und durch den Wegfall vieler Routinetätigkeiten nimmt die Konzentrationsleistung für die Bewältigung von mental höher beanspruchenden Tätigkeiten zu. Dieses Phänomen wird in der Literatur als „Sogwirkung des Bildschirmes" bezeichnet (Finne, 1983; Hoss, Gerhardt, Kramer & Weber, 1983). Die ständig wechselnden Signale und Informationen verlangen Entscheidungen, die durch selbstgesetzte Leistungsziele zu verstärktem Zeitdruck führen können. Es ist erhöhte Konzentration und Aufmerksamkeit erforderlich, um Fehlhandlungen, wie z. B. das Drücken einer falschen Taste oder das Eingeben eines falschen Befehls zu vermeiden, was u. U. weitreichende Folgen hat (Williges & Williges, 1984).

Um mit dem Rechner interagieren zu können, hat der Konstrukteur bestimmte Befehlsabfolgen einzuhalten. Hierfür muß er Wissen über Dialogstrukturen und die Arbeitsweise des CAD-Systems aus dem Langzeitgedächtnis abrufen. Im Kurzzeitgedächtnis sind die ständigen Abfolgen von Eingaben und Befehlen zu speichern. Dieses ist besonders in der Einarbeitungsphase der Fall, in der noch keine oder wenige Makro-Operatoren im Umgang mit dem Rechner gebildet worden sind. Besonders wichtig beim „Dialog" mit dem Rechner ist die Antizipation von Folgen der Handlungsausführungen, damit Fehler vermieden bzw. bei ihrem Auftreten diese analysiert und auf bestimmte Ursachen zurückgeführt werden können.

Der Konstrukteur muß zahlreiche neue Kenntnisse erwerben, beispielsweise über die Bedienung des CAD-Systems, den Umgang mit speziellen 2D- oder 3D-Systemen, Sprachkenntnisse für den z. T. englischen Dialog oder Wissen über die Zeichnungsverwaltung und die Zeichnungsausgabe.

Bedingt durch den Rechnereinsatz wandeln sich z. T. traditionelle Konstruktionsmethoden (Spur et al., 1985). Die einschränkende, redundante, wenig anschauliche 2-D-Darstellungstechnik des technischen Zeichnens, als Abbildung des gedanklichen Modells, wird durch die beliebig modellierbare rechnerinterne dreidimensionale Darstellung ersetzt (s. hierzu Reinking, 1987). Dieses 3-D-Körpermodell kann als anschauliche Darstellung auf dem Bildschirm zur Simulation der Eigenschaften des Fertigproduktes, für Einbauuntersuchungen bzw. Kollisionsanalysen, Schwerpunktlagebestimmungen oder Berechnungen (z. B. Spannungsverteilungen nach der Finite-Element-Methode) genutzt werden.

Durch die Möglichkeit, rechnerinterne Modelldaten für Fertigungs-, Montage- und Meßprozesse weiterverwenden zu können, wird der Konstrukteur in zunehmendem Maße gezwungen, das rechnerinterne Produktmodell so zu organisieren, daß tatsächlich eine Weiterverwendung der Daten in der Prozeßkette (Entwicklung, Konstruktion, Versuch, Fertigung, Montage, Verpackung, Versand) möglich ist. Dazu ist es allerdings erforderlich, die produktspezifische Prozeßkette zu antizipieren und über Kenntnisse der innerbetrieblichen Informationsverarbeitung zu verfügen.

Große Veränderungen gegenüber der Arbeit am Zeichenbrett haben sich auch im „Überblick" über die konstruktiven Inhalte ergeben. Während es am Zeichenbrett die Möglichkeit gibt, mehrere Entwürfe nebeneinander zu betrachten, ist dies am CAD-System je nach Größe des Teils nicht möglich oder nicht sinnvoll, da die Details nicht mehr erkennbar sind. Bedingt durch die Größe des Bildschirms arbeitet der Konstrukteur häufig nur mit Ausschnitten aus seiner Konstruktion. Dennoch muß er, um richtige Entscheidungen treffen zu können, auch die zur Zeit ausgeblendeten, nicht sichtbaren Teile berücksichtigen, also „im Kopf" präsent haben. Im Gedächtnis müssen nicht nur die konstruktiven Sollvorstellungen abgespeichert sein, sondern auch die schon erstellten Zeichnungen, soweit sie nicht auf Papier abgelegt sind (z. B. als Hardcopy- oder Plotterzeichnung) und anschaulich während des Arbeitsprozesses zur Verfügung stehen. So wird die Konstruktionsarbeit durch den Einsatz von CAD auf der einen Seite abstrakter und auf der anderen Seite anschaulicher. Arbeitsinhalt ist nicht nur eine zu erstellende Entwurfsskizze, sondern auch die Manipulation von Programmen.

In Verbindung mit dem physikalischen System ist es zweckmäßig, über mentale Modelle (Gentner & Stevens, 1983; Johnson-Laird, 1980, 1983; Wessells, 1984) oder operative Abbildungssysteme (Hacker, 1986) des Konstrukteurs nachzudenken. Mentale Modelle, verstanden als Repräsentationen des konkreten Wissens, ermöglichen das Verstehen der Welt und beziehen sich auf einen spezifischen Gegenstandsbereich. Mit dem Begriff des operativen Abbildsystems werden die relativ beständigen tätigkeitsregulierenden psychischen Repräsentationen bezeichnet, die sich auf das Handlungsziel, die Ausführungsbedingungen und die Transformationsmaßnahmen beziehen. Die Angemessenheit der mentalen Modelle bzw. operativen Abbildsysteme ist eine Voraussetzung für effektive Arbeitstätigkeiten. Bei der Tätigkeit am Zeichenbrett erarbeitet sich der Konstrukteur ein mentales Modell über den von ihm zu bearbeitenden Gegenstandsbereich — in diesem Fall das zu konstruierende Bauteil. Da der Konstrukteur den Gegenstand am Brett in Form einer Zeichnung entwickelt, ist zu vermuten, daß die Repräsentation im Gedächtnis überwiegend bildhaft-analog und weniger verbal-propositional erfolgt (Bower, 1972; Paivio, 1971, 1975; Wessells, 1984).

Bei der Arbeit am CAD-System ist u. a. durch die veränderte Arbeitsweise und den häufigen Wechsel der Bildausschnitte wahrscheinlich der Aufbau eines modifizierten mentalen Modells erforderlich und in Verbindung damit eine Umstrukturierung im operativen Abbildsystem. Das CAD-System erzwingt eine systemspezifische Vorgehensweise, die durch bauteilspezifische Voreinstellungen (verstärkt bei dem Bemühen, durch die rechnerinterne Bauteildarstellung die Prozeßketten zu optimieren) noch mehr eingeengt werden kann. In Abhängigkeit von der jeweiligen Softwarelogik muß der Konstrukteur neben dem bildhaft analogen Geometriemodell ein eher propositionales Modell aufbauen, das den Funktionsvorrat, die Menüstruktur und die prozeßkettenorientierte Begründung für die bauteilspezifischen Voreinstellungen enthält. Der Konstrukteur muß über einen im semantischen Gedächtnis gespeicherten Funktionsvorrat und über ein prozedurales Wissen verfügen, das im Vergleich zu Brettarbeit sehr umfangreich ist und durch die häufigen System- oder Versionswechsel einem ständigen Änderungsprozeß unterworfen wird. Je nach Art der CAD-Schulung, dem Aufbau der Schulungsunterlagen und der Plausibilität der einzelnen Systemfunktionen wird es dem Konstrukteur gelingen, mehr oder weniger angemessene mentale Modelle bzw. operative Abbildsysteme zu entwickeln.

*Motorisches System.* — Durch den CAD-Einsatz werden bestimmte Fähigkeiten und Fertigkeiten des motorischen Systems nicht mehr in derselben Form wie früher benötigt. Darunter fallen alle handwerklichen Fertigkeiten, wie das saubere und exakte Zeichnen, das Hantieren mit Zirkeln, Schablonen und Linealen etc. Die Korrektur von Fehlern in der Zeichnung wird durch den Einsatz von CAD-Systemen ebenso erleichtert wie die Ausführung von Änderungen. Mit dem Rechner lassen sich Geometrieteile löschen, die am Zeichenbrett mühsam durch Radieren bzw. bei Tuschezeichnungen mit Rasierklingen beseitigt werden müssen. Bei ergonomisch günstiger Gestaltung der Dateneingabegeräte ist die beim Zeichnen notwendige Beidhandkoordination entbehrlich, so daß auch Einhänder ohne größere Arbeitsgestaltungsmaßnahmen die Arbeit am Bildschirm ausführen können. Für die Zeichnungserstellung mit dem CAD-System spielen zeichnerische Fertigkeiten des Konstrukteurs kaum noch eine Rolle. Hier besteht die Gefahr, daß möglicherweise Qualifikationen verlorengehen. Freihandzeichnungen und Skizzen als wesentliches Kommunikationsmittel werden auch weiterhin für die Diskussion mit Vorgesetzten oder Vertretern von Fremdfirmen benötigt.

## 2.2 Gestaltungs- bzw. Eingriffsmöglichkeiten im Bereich der Handlungsausführung

Die Handlungsausführung mit ihren einzelnen Operationen wird beim Einsatz der CAD-Technik von den Daten-Eingabe- und -Ausgabegeräten bestimmt sowie von der Software, die festlegt, durch welche Befehlseingaben und Funktionen die gewünschten Zeichenelemente auf dem Bildschirm erscheinen. Innerhalb der CAD-Technik finden sich zwei unterschiedliche Funktionseingabeformen. Zum einen ist der Funktionsvorrat auf einer oder mehreren Menütablettvorlage/n abgelegt und kann durch Antippen mit dem Elektrostift aktiviert werden, und zum anderen werden die Funktionen nach Auswahl der Funktionsgruppe mittels Funktionstastatur und Maus über den Cursor direkt am Bildschirm ausgewählt. Das Funktionsmenü ist hierarchisch abgelegt und zwingt den Anwender, einer bestimmten Ablauflogik zu folgen.

Bei neueren CAD-Systemen wird eine Kombination beider Darstellungsarten vorgenommen, indem auf dem Bildschirm neben einer Textzeile/-spalte ein Ausschnitt aus einer Menüvorlage eingeblendet wird, der bestimmte Funktionsgruppen enthält. Diese können mit dem Cursor — gesteuert über eine Maus — aufgerufen werden.

Je nach Art des CAD-Systems werden bis zu mehreren hundert Funktionen angeboten. Der Anwender hat in der Regel keine Möglichkeit, gestaltend in das überaus komplexe Softwaresystem (für deren Entwicklung bis zu mehreren hundert ‚Personjahre' benötigt werden) einzugreifen. Für ihn besteht lediglich die Möglichkeit, Unterprogramme für spezifische Zeichnungselemente (z. B. Symbole oder Normteile — sog. Makros) ergänzend zu erzeugen.

Softwareergonomische Untersuchungen über die Angemessenheit der einzelnen Befehle und Funktionen (z. B. Trimmen, Erzeugen von Punkten, Kreisen, Flächen, Verbindung von Punkten durch spezielle mathematische Funktionen zu einer Kurve etc.) in Abhängigkeit von der Konstruktionsaufgabe stehen noch aus. Ebenso fehlen systemvergleichende Untersuchungen über die Angemessenheit, Zweckmäßigkeit, Ökonomie oder Erwartungskonformität einzelner Funktionsanwendungen in Abhängigkeit von einer definierten Konstruktionsaufgabe. Da in der Bearbeitung einer Modell- oder Standardaufgabe Unterschiede auf den Übungsgrad, auf Vorerfahrungen oder die Kreativität des Benutzers zurückgeführt werden können, erweisen sich entsprechende Untersuchungen als ausgesprochen schwierig. Darüber hinaus finden sich selten Konstrukteure, die mit zwei oder mehreren CAD-Systemen gleichermaßen vertraut sind. (Ein Vertrautwerden mit einem umfangreichen CAD-System dauert z. T. ein Jahr und länger).

Systemvergleichende Untersuchungen gibt es lediglich bezogen auf den Funktions- und Befehlsvorrat, auf die Art der Datenein- und -ausgabe, das Geometriemodell, Modellmanipulationen, Bildschirmfunktionen, implementierte Berechnungsmodelle etc. (Abbildung 6). Diese kriterienbezogenen Systemvergleiche, die auch von Softwarehäusern durchgeführt werden, erleichtern die Auswahl des Systems, sagen aber wenig über die Aufgabenangemessenheit aus (vgl. Majchrzak et al., 1987). Die in der DIN 66234/Teil 8 genannten Kriterien zu einer benutzerfreundlichen Dialoggestaltung (z. B. Aufgabenangemessenheit, Selbsterklärungsfähigkeit, Steuerbarkeit, Erwartungskonformität oder Fehlertoleranz) sind für CAD-Systeme noch nicht ausreichend spezifiziert (vgl. Martin, 1988).

| Eingabeform | Bildschirmmenue deutsch/fremdsprachig<br>Fadenkreuzsteuerung durch:<br>Rändelschrauben, Joystick, Rollkugel, Maus etc. |
|---|---|
| Eingabehilfen | Benutzerführung |
| Hilfsfunktionen | deutsch/fremdsprachig |
| Darstellung<br>des aktiven Elementes | — farbig<br>— durch nachzeichnen<br>— blinken ... |
| Beschreibungsmodell<br>(rechnerinterne<br>Geometriedarstellung) | — 2 D Kanten/Drahtmodell<br>— 2 D Flächen<br>— 2 1/2 D<br>— 3 D Flächen<br>— 3 D Volumen<br>— 2 D kompatibel zu 3 D |
| Modellgenerierung | 2-D Grundelemente, z. B.<br>— kubische Splines<br>— B-Spline<br>— Bezier-Kurve |
| Modellmanipulation | — Translation<br>— Rotation<br>— Duplizieren<br>— Verschieben ... |
| Projektionsmethoden | — Parallelprojektion<br>— Mehrtafelprojektion |
| Bemaßungsarten | — horizontal<br>— vertikal |

Abb. 6: Ausschnitt aus einer Checkliste zur Gestaltung der Bedieneroberfläche (modifiziert nach Martin, Widmer & Lippold, 1986).

## 2.2.1 Schnittstellengestaltung

Die aus psychologischer Sicht relevante Mensch-Maschine-Schnittstelle ist bei CAD-Sytemen durch die schon erwähnte enge Kopplung zwischen Hard- und Software nur begrenzt veränder- bzw. gestaltbar. Da die wesentlichen Charakteristika der Bildschirme von den Herstellern festgelegt werden (z. B. Zahl der Bildpunkte, Größe, Wiederholungsfrequenz, Art der Schirmoberfläche etc.), können Benutzer nur durch die Art der Auswahlkriterien Einfluß auf die Anschaffung der Geräte nehmen.

Derzeit gelten Farbrasterbildschirme mit den Merkmalen: hohe Bildwiederholung zur Vermeidung von Flimmereffekten (60 Hz und höher); Blendfreiheit; gute Konvergenz der roten, grünen und blauen Farbstrahlen; hohe Pixelzahl ($1024 \times 1280$ und mehr); hohe Leuchtdichtekontraste (die eine ausreichende Umfeldbeleuchtung von 300—500 Lx erlauben), als optimal. Nach Harbeck (1987) ist zu erwarten, daß Bildschirme in Zukunft größer werden (statt 19 Zoll — 30 Zoll), über eine höhere Auflösung verfügen (bei Monochromröhren liegt die Grenze bei $4096 \times 3278$ Bildpunkten in der Rastertechnik) und mit einer Bildwiederholungsfrequenz von 90 Hz ausgestattet sind.

Die von den CAD-Bildschirmen ausgehende ionisierende und nicht-ionisierende Strahlung wird nach den in Majchzrak et al. (1987) dargestellten Untersuchungen angesichts der allgemein verbreiteten Strahlenbelastung durch medizinische Tests (55,6 %), durch Gestein, Erde und Wasser (21,6 %), kosmische Strahlung (16,7 %), nuklearen Fall-out (3,29 %), mit nur 0,5 % und damit relativ gering in ihren Auswirkungen auf den Menschen eingeschätzt. Die an Bildschirmarbeitsplätzen üblichen hohen elektrischen Potentiale und Felder fördern nach Ungethüm, Hegardt und Johannsson (1985) die Gefahr von Haut- und Augenirritationen, die aber durch erhöhten Luftumsatz und Erdung der elektrischen Felder gemildert werden können.

Ergonomisch begründete Veränderungen können von den Anwendern und Benutzern an der Menütablettvorlage (Derisavi-Fard & Frieling, 1986; Frieling & Pfitzmann, 1987) vorgenommen werden, um die Lesbarkeit und Sinnhaftigkeit der Texte und Symbole zu verbessern. Die aus kognitionspsychologischer Sicht (Wessells, 1984) sinnvolle Gruppierung von Funktionen zu Gruppen oder Befehlseinheiten erleichtert das Auffinden der einzelnen Funktionen und fördert in Abhängigkeit vom Übungsgrad die Parallelverarbeitung beim Wiedererkennen. Neben der Tastatur hat sich bei Menütablettvorlagen der Elektrostift und die Fadenkreuzlupe mit Tasten als Befehlsauslöser weitgehend durchgesetzt. Bei Bildschirmmenüs finden sich die Maus und Fadenkreuzlupe zur Cursorsteuerung und Funktionsauswahl.

In Abbildung 7 werden die wichtigsten Eingabegeräte gezeigt und grob bewertet. Generell ist zu sagen: Es gibt bei der Vielzahl von Eingabegeräten und

Informationstechniken in der Konstruktion

| Art des Eingabemenues | Vorteile | Nachteile bzw. Probleme |
|---|---|---|
| Analoge Eingabegeräte | | |
| 1) Tablett mit Stift | einfache Handhabung; schnelle und direkte Auslösung der Befehle und Funktionen; freie Positionierung der Arbeitsunterlage; beidhändig bedienbar | z. T. schlechte Griffgestaltung; zu starker Druckpunkt; steife Verbindungskabel; schlecht gedruckte Menuevorlagen; schlecht erkennbare Symbole, Zeichen etc.; glänzende, weiche Oberflächen; schlechte Befestigung |
| 2) Tablett mit Fadenkreuzlampe | einfache Handhabung bei bis zu vier Funktionstasten | z. T. schlechte Griffgestaltung, besonders wenn viele Tasten angebracht sind; Lupen mit mehr als vier Tasten sind schwierig zu bedienen; die Treffsicherheit ist geringer als bei 1); für Zahlen und Texteingaben weniger geeignet als 1) |
| 3) Rändelräder | genaue Verschiebung des Fadenkreuezes in x und y | nur für Rechtshänder; langsame Fadenkreuzsteuerung; nicht frei positionierbar; längere Übung erforderlich |
| 4) Steuerknüppel (Joystick), z. T. mit Drehgriff für Zoomfunktion | beidhändig bedienbar; schnelle Positionierung von Fadenkreuz; frei aufstellbar | mit Tastatur nur beidhändig bedienbar; falls in Tastatur integriert, nicht frei positionierbar |
| 5) Maus mit Tasten | schnelle Cursorsteuerung | der Cursor ist nicht völlig synchron bei Bewegung der Maus; bei nicht ganz glatter Oberfläche ruckartige Bewegung des Cursors; Führungspunkt nicht in der Spitze, daher Kompatibilitätsprobleme; z. T. schlechte Griffgestaltung |
| 6) Drehwertgeber (Dials) | frei positionierbar; schnelle und direkte Manipulation von wichtigen Parametern (z. B. Rotation, Zoom, Farbe etc.) | zusätzliches Gerät mit Kabel und Platzbedarf |
| Digitale Eingabegeräte | | |
| 7) Funktionstastaturen | frei positionierbar; schneller Aufruf von Untermenüs z. T. frei programmierbare Tasten | Probleme bei Mehrfachbelegung der Tasten; Lesbarkeit der Schablonen zur Identifizierung z. T. schwierig |
| 8) Alphanumerische Tastatur | frei positionierbar; schnelle Eingabe von Text und Zahlen | falls fest verankert — Zwangshaltung; z. T. laute Tastendruckpunkte |
| Direkt auf den Bildschirm wirkendes Eingabegerät | | |
| 9) Lichtgriffel | leichte Identifizierung der Bildpunkte | statische Haltearbeit; geringer Abstand zum Auge |

Abb. 7: Überblick über die wesentlichen CAD-Eingabegeräte.

CAD-Systemen einige, die unter ergonomischen Gesichtspunkten und hier vor allem unter dem der Kompatibilität (Greenstein & Arnaut, 1986; Hoyos, 1974) völlig unbefriedigend sind (z. B. Joysticks mit zwei und mehr Tasten, die nur beidhändig bedient werden können oder ‚Mäuse', bei denen die Tasten in der Mitte angeordnet werden, oder bei denen sich der Führungspunkt nicht in Richtung der Fingerspitzen befindet (Ohlson, 1978, zitiert in Majchrzak et al., 1987)). Je mehr Eingabegeräte benötigt werden, um ein System zu bedienen, um so größer ist der Platzbedarf, um so aufwendiger ist die Verkabelung und um so beeinträchtigter ist die Bedienbarkeit. Alle Eingabegeräte sollten möglichst frei positionierbar sein um die Rechts-/Linksbedienung zu ermöglichen.

### 2.2.2 Arbeitsplatzgestaltung

Da die Arbeit am Bildschirm in der Regel zeitlich begrenzt ist und ein Arbeitsplatz von mehreren Konstrukteuren benutzt wird, ist es sinnvoll, den Arbeitsplatz so zu gestalten, daß verschiedene Personen daran bequem arbeiten können. Herkömmliches Büromobiliar ist den neuen Anforderungen nicht gewachsen. Die für typische rechnerunterstützte Textbe- und -verarbeitung oder Dateneingabestationen verwendeten marktgängigen Möbel (Krüger & Müller-Limmroth, 1983) werden den Anforderungen an die Höhenverstellbarkeit, die großen Gewichte, die vielen Dateneingabegeräte und den damit aufwendigeren Verkabelungen nicht gerecht. Im Rahmen eines HdA-Projektes wurden für die Gestaltung von CAD-Arbeitsplätzen und ihren Umgebungsbedingungen einige Anforderungen formuliert, auf die der interessierte Leser verwiesen sei (Frieling, Schliep, Scholz & Klein, 1987; vgl. hierzu auch die Untersuchungen von van der Heiden, 1985).

In Abbildung 8 ist ein modellhafter Arbeitsplatz mit ergonomisch wünschenswerten Abmessungen und Verstellmöglichkeiten dargestellt. Neben der getrennten Verstellbarkeit von Arbeits- und Bildschirmplatte ist insbesondere auf die Bereitstellung ausreichender Arbeitsflächen zu achten. Während der CAD-Arbeit werden Unterlagen, Handbücher, Pläne und Skizzen benötigt, die große Ablagen erfordern, ebenso wie die Vielzahl der eingesetzten Eingabe- und Ausgabegeräte. Die in Abbildung 8 angegebenen Maße sind daher als Mindestmaße zu verstehen. Ergänzend zu diesen Mobiliaranforderungen sind aufgabenangemessene Sitze (vgl. Grandjean & Hünting, 1983) ebenso mitzuberücksichtigen, wie geeignete blendfreie Beleuchtungskörper und Einrichtungen zur Vermeidung der elektrostatischen Aufladungen (z. B. Kupfermatten, Wasserverdampfer etc.).

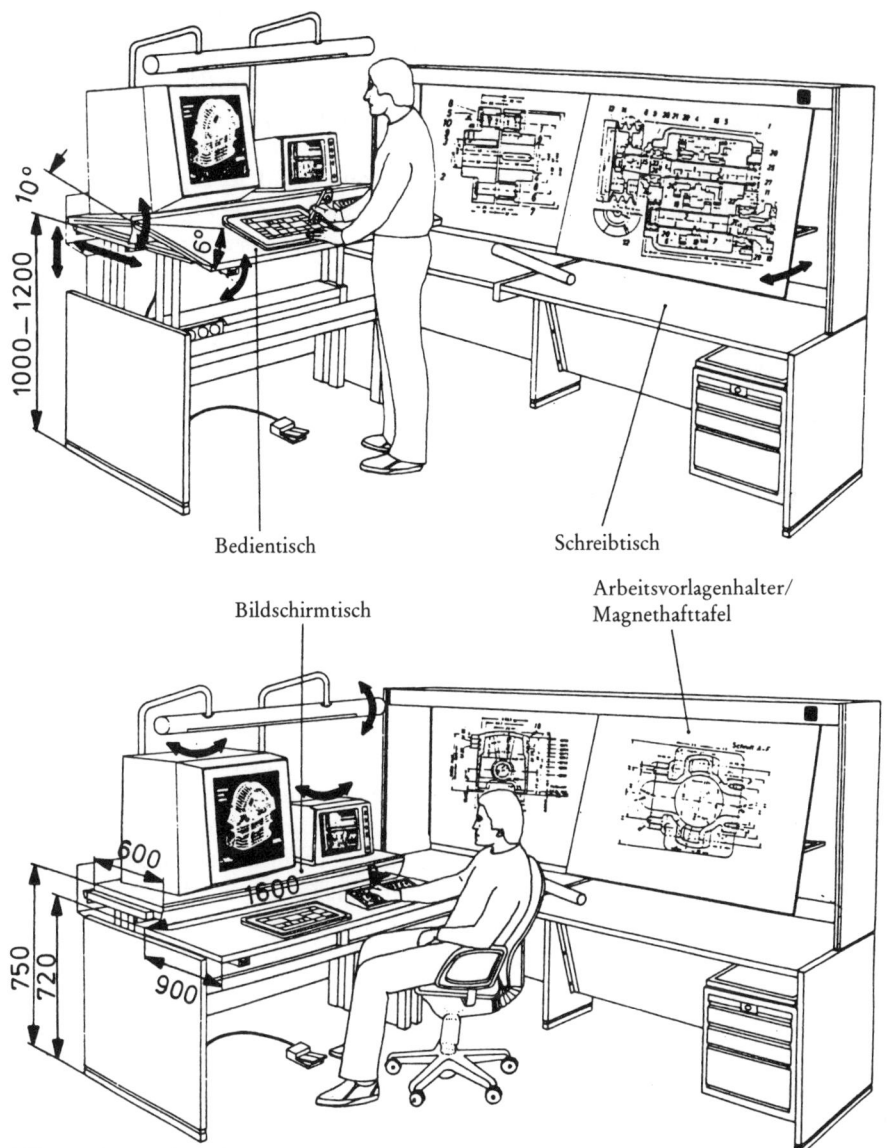

Abb. 8: CAD-Arbeitsplatz mit Abmessungen und Verstellmöglichkeiten (modifiziert nach Leuwico-Büromöbel).

## 3 Veränderungen und Gestaltungsmöglichkeiten auf der Ebene der Tätigkeit und des Betriebes

Steigende Anforderungen an neue Produkte und neue Eigenschaften der Produkte kennzeichnen die heutige Situation in den Konstruktionsabteilungen ebenso wie die erhöhten Anforderungen an kurze Konstruktionsdauer und hohe Arbeitseffektivität (vgl. Hubka, 1985). Durch die zunehmende datentechnische Verknüpfung werden die Konstrukteure gezwungen, ihre Innovationsfähigkeit nicht nur an den Produkten, sondern auch an den Prozessen, die zur Erzeugung der Produkte erforderlich sind, zu erproben.

Um diesen Anforderungen entsprechen zu können, sind unter dem Aspekt der CAD-Technik eine Vielzahl von Gestaltungsmaßnahmen zu ergreifen, die langfristig zu einer Veränderung der gesamten Konstruktionstätigkeit führen können. Folgende Bereiche sollen unter Berücksichtigung der genannten Situationscharakteristika kurz angesprochen werden: Qualifikation und berufliche Entwicklung, Arbeitsablauf und Arbeitsorganisation, Arbeitsraum und Arbeitsumfeld.

## 3.1 Qualifikation und berufliche Entwicklung

Der verstärkte Einsatz von Rechnern verändert das Aufgabenspektrum der Konstrukteure und macht Qualifikationsmaßnahmen erforderlich. Diese erstrecken sich auf den Hochschulbereich ebenso wie auf die innerbetriebliche Fort- und Weiterbildung. Durch die CAD-spezifische Qualifizierung und die CAD-Anwendung entstehen neue Tätigkeitsfelder für Konstrukteure und EDV-Fachkräfte. In Abbildung 9 sind neue Aufgabenfelder beispielhaft aufgeführt. Je nach Formalqualifikation ergeben sich unterschiedliche Entwicklungsmöglichkeiten, die im Rahmen von Laufbahnkonzepten für Konstrukteure und Technische Zeichner beachtet werden sollten. Um Technische Zeichner vor einer allzu engen Bindung an das CAD-System zu schützen, sollten sie nicht zu CAD-Zeichnern für reine Serviceleistungen qualifiziert werden, sondern zu Detailkonstrukteuren, die mit dem CAD-System umgehen können. Auf diese Weise wird eine arbeitsmittelspezifische Arbeitsteilung vermieden, die in der Regel mit einseitigen Belastungen verbunden ist (siehe hierzu auch Buschhaus, 1984).

Im Rahmen der innerbetrieblichen CAD-Qualifizierung, auf die im folgenden näher eingegangen werden soll, ist es sinnvoll, zwischen Führungskräften, die für den CAD-Einsatz verantwortlich sind und Nutzern, die mit dem jeweiligen CAD-System umgehen, zu unterscheiden. Zusätzlich sollten alle Beschäftigten eines Unternehmens, die mit Konstruktionsdaten direkt oder indirekt befaßt sind, in CAD-Qualifizierungsmaßnahmen einbezogen werden, um die Rationalisierungseffekte, die mit dieser Technik verbunden sein können, tatsächlich zu nutzen. Wie aus einer Erhebung bei General Motors (Majchrzak et al., 1987) und anderen Untersuchungen (z. B. Frieling & Schliep, 1985; Heeg, Conrads, Schreuder & Stinshoff, 1987; Schniz, 1985) hervorgeht, benötigen CAD-Konstrukteure in Zukunft folgende Qualifikationen in größerem Umfang als dies bisher der Fall ist, z. B.:

| Stellen-/ Aufgabenbezeichnung | Erforderliche Formalqualifikation | Erforderliche Kenntnisse/Berufserfahrungen |
|---|---|---|
| CAD-Systementwickler | Dipl.-Informatiker Dipl.-Mathematiker | Programmierkenntnisse; Softwarestrukturen, Geometriedatenverarbeitung etc.; anwenderspezifische Kenntnisse sind erwünscht (z. B. mechanische Konstruktion, Oberflächenbearbeitung etc.) |
| CAD-Systemanalytiker | | |
| — Software | Dipl.-Informatiker Dipl.-Mathematiker Dipl.-Ingenieur | CAD- und anwenderspezifische Kenntnisse; CAD-Informatikkenntnisse |
| — Hardware | Dipl.-Ingenieur (E-Technik) Dipl.-Ingenieur Dipl.-Informatiker (mit Einschränkung | Hardwarekenntnisse müssen vorhanden sein |
| CAD-Systembetreuer | Dipl.-Ingenieur Dipl.-Mathematiker | mit Informatikkenntnissen; mit sehr guten, auf den Anwendungsfall bezogenen Kenntnissen |
| CAD-Vorortbetreuer/ trainer (Poolbetreuer) | Dipl.-Ingenieur | geübter Konstrukteur mit sehr guten CAD-Kenntnissen |
| CAD-Ausbilder (Grundschulung) | Pädagoge | mit sehr guten CAD- und anwendungsspezifischen Kenntnissen |
| CAD-Konstrukteur | Dipl.-Ingenieur (TU/FH) Techniker Technischer Zeichner | mit CAD-Vorbildung bzw. EDV-Grundkenntnissen |

Abb. 9: Neue Aufgabenfelder durch den Einsatz von CAD/CAE (aus Frieling & Schliep, 1985; vgl. auch Majchrzak et al., 1987).

— Kenntnisse in Systemanalyse, um den gesamten betrieblichen Informationsverarbeitungsprozeß verstehen zu können (z. B. Konzeptionen zum Computer Integrated Manufacturing — CIM);

— Kenntnisse in Mathematik, um die in CAD-Systemen verwendeten Glättungsfunktionen (z. B. B-Spline) nachvollziehen zu können;

— Kenntnisse in Modellbildung und Simulationstechniken;

— Kenntnisse in 3-D-Grafik, die als Basis für die Entwurfs- und Zeichentätigkeit dienen;

— Grundkenntnisse in einer Programmiersprache;

— Grundkenntnisse in Elektronik und Elektrotechnik, um Systemfehler lokalisieren zu können;

— Kenntnisse in Arbeitsgestaltung und Arbeitsplanung.

Diese Grundkenntnisse werden z. T. an den Hoch- und Fachschulen vermittelt; sie sollten aber auch zum Bestandteil von Fort- und Weiterbildungsmaßnahmen innerhalb der CAD-Schulung werden, um den Konstrukteuren den Umgang mit dem CAD-System zu erleichtern. Die CAD-Schulung hat möglichst systematisch zu erfolgen, um häufig beobachtete negative Effekte bei der CAD-Einführung zu vermeiden (siehe Schniz, 1985; Vanja, 1987; Wingert et al., 1984). Solche negativen Effekte sind unter anderem folgende:

— In der Anfangsphase der Technikeinführung findet eine Selektion zwischen technikbegeisterten und Skeptikern statt. Diese Selbstselektion schwächt die Bereitschaft der Herstellerfirmen und CAD-Anwender, für alle potentiellen Nutzer geeignete, d. h. methodisch und didaktisch ausgearbeitete Schulungsprogramme mit den entsprechenden Unterlagen zu entwickeln. Die derzeit angebotenen Programme orientieren sich primär an den Technikbegeisterten und vernachlässigen diejenigen, die z. B. älter, skeptischer oder lernungewohnter sind. Bei einer angestrebten 100 %igen Durchdringung der CAD-Technik müssen auch diese Personen in Schulungsprogramme einbezogen werden. An ihnen sollten sich die Hersteller von Schulungsunterlagen orientieren, um Frustationen und Versagensängste der Kursadressaten zu vermeiden.

— Wenig geschulte Führungskräfte können den Einführungs- und Übungsaufwand nicht adäquat einschätzen und setzen daher die „CAD-Anfänger" unter Leistungs- und Termindruck.

— Die Schulung der Mitarbeiter durch CAD-Geübte, ohne daß diese selbst entsprechend geschult sind (z. B. durch train-the-trainer-Programme), erweist sich als Problem, da ohne Systematik in der Vermittlung erforderliche theoretische Grundlagen fehlen, die für eine effektive CAD-Nutzung unerläßlich sind.

Um solche Effekte zu vermeiden, sind in systematischer Form betriebspezifische und adressatengerechte Schulungskonzepte zu entwickeln. Diese enthalten im allgemeinen Angaben darüber, welche Personenkreise in welchem Zeitraum mit welchen Systemen von wem an welchem Ort wie geschult werden sollen. Hinzu kommen Angaben zu den einzelnen Schulungsbausteinen, die in einem Schulungsprogramm zu integrieren sind. Ein solches Schulungsprogramm für ‚mächtige' CAD-Systeme, das zur Erzeugung von Freiform-Geometrien und mechanischen Konstruktionen geeignet ist, kann wie folgt gegliedert werden (vgl. Frieling & Schliep, 1985; Heeg et al., 1987; Schniz, 1985; Vanja, 1987):

— Ein eintägiges CAD-Seminar für *alle interessierten Mitarbeiter* des Betriebes, um einen Überblick über Anwendungsmöglichkeiten und Probleme der CAD-Technik zu geben.

— Zwei- bis fünftägige *Führungskräfteschulungen,* um den Verantwortlichen in ‚Konstruktion' und ‚Entwicklung' den Umgang mit CAD zu erläutern, einschließlich der ergonomischen Probleme bei der Einrichtung von CAD-Arbeitsplätzen.

— *CAD-Grundschulung* für *Konstrukteure* (2D-Grundschulung ca. 14 Tage, 3D-Grundschulung ca. 3 Wochen). Neben der Grundschulung hat bei Bedarf ein Sprachkurs ‚Technisches Englisch' zu erfolgen.

— *Vor-Ort-Schulung für Konstrukteure* durch CAD-Spezialisten, die eine Trainerschulung absolviert haben und Spezialisten auf einem konstruktiven Fachgebiet sind. In der Vor-Ort-Schulung steht das intensive Einüben der Funktionen und die Vermittlung der anwenderspezifischen Konstruktionslogik im Vordergrund. Die Schulung dauert je nach Anwendungsgebiet zwischen 70 und 150 Stunden.

— *Aufbauschulung für CAD-Konstrukteure*. In einwöchigen Aufbaukursen werden dem geübten CAD-Konstrukteur die Anwendung spezieller CAD-Programmpakete (z. B. Robotics oder Bewegungssimulation) beigebracht.

Um Schulung effektiv zu gestalten und den Konstrukteuren das selbständige Wiedererlernen des CAD-Systems nach längeren Pausen zwischen CAD-Training und -Anwendung zu erleichtern, sind entsprechende Schulungsunterlagen zu erarbeiten; Handbücher der Hersteller sind hierzu untauglich. Schulungsunterlagen, die mit dem CAD-System kompatibel sind (z. B. Darstellung der Funktionen auf dem Menütablett müssen denjenigen im Text entsprechen), erleichtern das Wiedererlernen. Computerunterstützte Trainingsprogramme, die zum Einüben schwieriger Zeichenfunktionen (z. B. Trimmen) geeignet sein können (Penna, 1985), sind nur als Hilfsmittel und nicht als Ersatz geeigneter Trainingsprogramme zu betrachten.

Da CAD-Systeme ständigen Modifikationen unterworfen sind, wird die CAD-Schulung zu einer Daueraufgabe. Bei umfangreichen CAD-Systemen ist alle 2—3 Jahre mit einer neuen, in der Regel komfortableren Version und beinahe jährlich mit Änderungen und Korrekturen (Release) zu rechnen. Hinzu kommt, daß Großkonzerne in den Einführungsphasen — in der Automobilindustrie dauert diese zwischen zehn und zwanzig Jahren — verschiedene Systeme anschaffen. Die geringe Kompatibilität dieser Systeme (es bestehen Unterschiede in den Funktionen, den Eingabemedien, der Bedienerführung etc.) macht jeweils eigene Schulungsprogramme erforderlich.

## 3.2 Arbeitsablauforganisation

Zur Strukturierung der vielen CAD-bedingten Veränderungen und Gestaltungsmöglichkeiten innerhalb der Arbeitsablauforganisation, sollen die Kooperationsbeziehungen zwischen den Konstruktionsabteilungen kurz dargestellt werden, um in Verbindung damit auf die erforderliche Koordination im Konstruktionsablauf einzugehen. Im Anschluß daran soll die im Zusammenhang mit der Rechnereinführung häufig zu beobachtende, verstärkte Formalisierung, Zentralisierung und Kontrolle behandelt werden.

*Kooperation.* — Wenn man die Variabilität der Konstrukteurstätigkeit aufrecht erhalten will (Abbildung 4) dürfen nur bestimmte Phasen des Konstruktionsprozesses durch die CAD-Technik verändert werden, nämlich die Entwurfsarbeit und das Detaillieren. Berechnungen werden, soweit es sich um spezielle Programme wie Finite Elementmethoden handelt, von spezialisierten Berechnungsabteilungen und nur zum geringen Teil von den Konstrukteuren selbst durchgeführt. Irreführend ist die Vorstellung, wie sie bei Spur et al. (1985) nahegelegt wird, im Gegensatz zur konventionellen Konstruktion würden Erfahrungsaustausch, Teamarbeit und gruppendynamische Effekte durch CAD-Arbeit an Bedeutung verlieren bzw. seien nicht mehr zu beobachten und ein Großteil der gesamten Kommunikationprozesse laufe über den Rechner. Ein solches Bild spiegelt die Realität der CAD-Anwendung nicht wider (vgl. die Datenauswertung, Abbildung 5). Selbst im Flugzeugbau mit der längsten und umfassendsten CAD-Erfahrung wird die Konstruktion bestimmter Teile am Brett ausgeführt, und es besteht noch lange nicht die Möglichkeit, alle für die Konstruktion wesentlichen Informationen über den Rechner abzurufen. Projekt- und Teamarbeit werden sowohl dort als auch in der Automobilindustrie in zunehmendem Maße betont, um der Gefahr vorzubeugen, daß die einzelnen Konstrukteure für sich zwar optimale Lösungen finden, diese in ihrer Kombination aber nicht zu einer kompromißfähigen Gesamtlösung führen. Wie Schniz (1985) daher zurecht fordert, soll der gewohnte Ablauf der Entwicklungsarbeit nicht wesentlich geändert werden.

*Koordination.* — Eine human orientierte Arbeitsablauf- und Organisationsgestaltung hat in Verbindung mit CAD die Aufgabe, die aufeinanderbezogene Entwicklung der Konstruktionsbausteine so zu koordinieren, daß der einzelne CAD-Konstrukteur tatsächlich auf die benötigten Zeichnungen im Rechner zurückgreifen kann, um diese als Rahmenparameter seiner eigenen Konstruktion nutzen zu können. Darüber hinaus sollten über den Rechner Informationen abgefragt werden können, die für die Konstruktionsarbeit wesentlich sind (z. B. Norm- und DIN-Teile, Patentdokumentation und abgelegte Zeichnungen). In der Praxis zeigen sich erhebliche Schwierigkeiten, diese benötigten Daten aus schriftlichen Unterlagen so im Rechner abzulegen, daß ein benutzerfreundlicher Zugriff möglich ist (hier ergibt sich für die Softwareergonomie ein weites Aufgabenfeld).

*Formalisierung.* — Nach den Überlegungen vieler Konstruktionstheoretiker (Ehrenspiel & Rutz, 1985; Pahl, 1985; Pahl & Engelken, 1985) auf der Internationalen Konferenz über Engineering Design 1985 in Hamburg darf die CAD-Technik nicht dazu führen, das methodische Konstruieren noch mehr zu standardisieren und zu formalisieren. Im Gegensatz zum konventionellen Konstruieren empfiehlt es sich aber, mit CAD viele konstruktive Festlegungen möglichst früh vorzunehmen, um die neue Arbeitstechnik tatsächlich effektiv nutzen zu können (Pahl & Engelken, 1985). Diese Festlegungen sollten nur im Team und unter Berücksichtigung der beteiligten Konstrukteure erfolgen. Wingert et al. (1984) diagnostizieren daher zurecht, mit der CAD-Einführung sei ein Anstieg an arbeitsorganisatorischen Aufgaben zu verzeichnen.

*Zentralisierung.* — In den CAD-Einführungsphasen ist eine räumliche Zentralisierung der ‚workstations' kaum zu vermeiden, d. h. die Konstrukteure werden gezwungen, im Rahmen der Schulung- und CAD-Nutzung in CAD-Pools mit 2 bis 30 Workstations (WS) zu arbeiten. Die Arbeit im Pool verlangt zum einen eine abteilungsbezogene WS-Zuordnung und zum anderen einen Belegungsplan, der eine Auslastung von ca. 80 % gestattet um zu garantieren, daß in Ausnahmefällen mindestens eine WS frei ist, um unvorhergesehene Arbeiten schnell erledigen zu können. CAD-Pools haben für die Konstrukteure in der Einarbeitungsphase den Vorteil der gegenseitigen Hilfeleistung, da in der Regel geübte Konstrukteure in der Nähe sind, die bei Systemzusammenbrüchen oder sonstigen Problemen helfend eingreifen können. Lange Wegzeiten und unruhige Arbeitsbedingungen in Großpools wirken sich dagegen nachteilig aus (Frieling, 1986). Zentralisierungstendenzen im Zusammenhang mit CAD (-Pools) sollten nur solange als Übergangserscheinungen behandelt werden, bis jeder Konstrukteur neben dem Brett auch über eine eigene CAD-WS verfügt, bzw. sie nur mit einem Kollegen teilen muß.

*Kontrolle.* — Die räumliche Trennung der CAD-WS von den Konstruktionsbüros erschwert aus der Sicht der Vorgesetzten die Kontrolle der Mitarbeiter und die Überwachung des Arbeitsfortschrittes. In konventionellen Konstruktionsbüros bietet dem Vorgesetzten ein Gang zu den Zeichenbrettern in der Regel ausreichend Informationen über den Arbeitsfortschritt. Durch den CAD-Einsatz ist dies nicht mehr möglich. Vorgesetzte müssen ihre Mitarbeiter bitten, den aktuellen Stand der Konstruktion auszuplotten. Die Besprechung muß geplant sein. Die üblichen Zufallskontrollen beim Gang durch das Konstruktionsbüro haben nur noch geringen Informationswert.

Die Kontrollen durch die Vorgesetzten werden durch die Ausdehnung der Betriebszeiten erschwert. Diese Ausdehnung hat ihre Ursachen in dem Bemühen, die Arbeitszeiten von 6.00 bis 20.00 Uhr auszudehnen, um so die CAD-Nutzungszeiten zu erhöhen und die Betriebskosten zu senken. Auf diese Situation reagieren die Vorgesetzten z. B. mit verstärkter Formalisierung und Standardisierung der Überwachung von Arbeitsfortschritten, indem sie sich EDV-gestützter Projektsteuerungssysteme bedienen.

## 3.3 Arbeitsraum und Arbeitsumfeld

Untersuchungen über die ergonomischen Bedingungen an CAD-Arbeitsplätzen (v. d. Heiden, 1985) und eigene Erhebungen in der Automobil- und Flugzeugindustrie zeigen die Notwendigkeit, bei der Einführung neuer Arbeitstechniken auf die Umgebungsbedingungen (Beleuchtung, Klima, Lärm) ebenso zu achten wie auf die Gestaltung der Ein- und Ausgabegeräte, der Arbeitstische und Stühle. Vor allem bei der Verwendung der Vektorbildschirme mit ihren geringen Helligkeitskontrasten finden sich Umfeldbeleuchtungen bis zu 5 Lx, bei denen das Ablesen von Zeichnungsdaten und Menütablettinformationen sehr erschwert ist. Durch die Wärmeabgabe der Bildschirme und Vor-Ort-Rechner entstehen hohe Umfeldtemperaturen mit geringer Luftfeuchte (z. B. 33°C und 30 %). Aus der bereits erwähnten Untersuchung von Derisavi-Fard, Frieling und Hilbig (in Druck) stammen die in der Tabelle 1 aufgeführten Meßwerte. Unter diesen Bedingungen wird die kreative Entwurfsarbeit erheblich beeinträchtigt. Weiße Wände und ungünstige Beleuchtungskörper verursachen Spiegelungen und beeinträchtigen die Sehleistung. Gestaltungsempfehlungen finden sich bei v. d. Heiden (1985); Grandjean (1986); Martin und Widmer (1987); Frieling und Sonntag (1987) oder Frieling et al. (1987).

Tab. 1: Umgebungsbedingungen in 6 CAD-Poolräumen mit insgesamt 41 Arbeitplätzen

| Beleuchtung (Lux) | Temperatur (°C) | Luftfeuchtigkeit (%) | Lärm (dB(A)) |
|---|---|---|---|
| 6—24 | 24,6 | 30—40 | 66 |
| 145 | 28,5 | 40 | 62 |
| 23 | 24,9 | 45 | 51 |
| 4—7 | 24,3 | 80 | 68 |
| 5 | 24,3 | 80 | 68 |
| 57 | 24,5 | 38 | 69 |

Nach Erfahrungen in einem HdA-Projekt innerhalb der Automobilindustrie sind die räumlichen Anforderungen für die Arbeit an Zeichenbrettern bzw. CAD-WS unterschiedlich und unter ergonomischen Aspekten nicht vereinbar. Es empfiehlt sich daher, möglichst konstruktionsgruppennah dezentral Mini-CAD-Pools mit 2—4 WS einzurichten. In diesen Räumen mit 30—80 m² sind die baulichen Voraussetzungen (Klimatisierung, dimmerfähige blendfreie Beleuchtung — indirekt/direkt —, Lamellen, Jalousien, elektrostatisch leitende Fußböden, getönte Wände mit Reflexionsgraden zwischen 30—40 %, EDV-Fußboden zur stolperfreien Verkabelung der Anlagen etc.) besser zu realisieren als bei einer Kombination von CAD-WS mit Brettarbeitsplätzen. Diese Anforderungen werden weitgehend gegenstandslos, wenn integrierte Einzelarbeitsplätze geschaffen werden, bei denen Konstrukteure in Einzelbüros arbeiten.

## 4 Ausblick

Die Durchdringung der Konstrukteurstätigkeit mit CAD-Systemen befindet sich je nach Anwendungsgebiet auf unterschiedlichen Stufen. Für eine umfassende Technikfolgenabschätzung ist es daher zu früh. Aus den derzeit vorhandenen Untersuchungen wird aber deutlich, daß sich die Großindustrie (z. B. Automobil- und Flugzeugbau) mehr und mehr auf einige wenige CAD-Systeme konzentriert. Diese Systeme haben eine relativ lange Entwicklungszeit hinter sich und sind eng mit einer spezifischen Hardware gekoppelt. Für die Ingenieurpsychologie ergibt sich hier wenig Gestaltungsspielraum, da die z. T. veralteten Eingabemedien und Dialogführungen nur mit sehr großem Aufwand verändert werden können. Durch die Internationalisierung des Arbeitsmittels ist eine betriebsspezifische Änderung von Funktionen oder Dialogstrukturen kaum möglich. Verbesserungsvorschläge lassen sich nur in Einzelfällen und dann weltweit nach entsprechenden bürokratischen Prozeduren durchsetzen.

Anders stellt sich die Situation bei den Low-cost-Systemen dar, die zunehmend in mittelständischen Unternehmen, in großen Konstruktionsbüros, aber auch bei Einzelanwendern Eingang finden. Diese CAD-Systeme eröffnen größere Gestaltungsspielräume für den Endanwender, aber auch für den mit softwareergonomischen Fragen befaßten Psychologen. Gerade für letzteren erschließen sich neue Untersuchungsfelder, z. B. Untersuchungen über die Eingabemedien (Tablett-Bildschirmmenü) unter Berücksichtigung der schnellen Erlern- und Wiedererlernbarkeit, der einfachen Bedienbarkeit und der Flexibilität in Abhängigkeit vom Übungsgrad des Nutzers oder Untersuchungen zur Farbcodierung von Layern (Ebenen/Folien), Symbolen und Linien, die je nach Strichstärke unterschiedliche Bedeutung haben können. Untersuchungen über die Tauglichkeit der Schulungsunterlagen oder die Einsatzmöglichkeiten computerunterstützter Unterrichtseinheiten können darüber hinaus wichtige Anregungen zur Gestaltung von CAD-Systemen geben (z. B. inwieweit Helpfunktionen durch grafische Darstellungen und Lerneinheiten zu ergänzen sind).

Mit der Verbreitung der Low-cost-Systeme wächst der Druck auf die Hersteller, Schnittstellen zu schaffen, die einen problemlosen Datenaustausch zwischen den einzelnen Systemen inner- und zwischenbetrieblich ermöglichen. Die für einen solchen Datenaustausch erforderlichen Konventionen über die Art der Dokumentation und Archivierung der Teile, bzw. deren Wiederauffinden im Rechner, stellen auch softwareergonomische Problemstellungen (vgl. hierzu den Teile-Klassifikationsschlüssel in Klingenberg & Kränzle, 1987). Diese müssen gelöst werden, soll das CAD-System nicht nur als komplexes Werkzeug des Konstrukteurs verstanden werden, sondern auch als ein wesentliches Hilfsmittel zur Gewinnung von Daten, die im Rahmen der Fertigung (CAM) und Qualitätssicherung (CAQ) weitere Verwendung finden (Kochan, 1986). Je direkter die Konstruktionsdaten zur NC-Programmierung genutzt werden können, um so größer ist der Rationalisierungsgewinn. Die Nutzung der Konstruktionsdaten für die Fertigung, besonders bei Varianten und Änderungskonstruktionen, zwingt den Konstrukteur in verstärktem Umfang, die Erfordernisse der Fertigung mitzubedenken — eine Notwendigkeit, die dazu führen kann, daß die durch CAD angeblich geschaffenen Freiräume zur kreativen Konstruktion ins Gegenteil verkehrt werden und die Entwicklung von Alternativen zugunsten ‚fertigungsgerechter' Konstruktionen unterbleiben.

Untersuchungen über den Zusammenhang zwischen dem Einsatz von CAD-Systemen und kreativen Problemlösungen stehen noch aus, ebenso wie Antworten auf die Frage, wie Voreinstellungen/Grundmodelle bzw. Anwendermodelle in Kooperation mit den Nutzern entwickelt werden können, um fertigungsgerechte und weiterverwendbare Konstruktionszeichnungen (mit den dazugehörigen Daten) erstellen zu können.

Wenn der Konstrukteur in zunehmendem Maße mit der Umsetzung von Geometriedaten in NC-Daten beauftragt wird, so bedeutet dies für die Werkstattmitarbeiter eine Einschränkung der Möglichkeit, selbständig Programmierungen durchzuführen. In einer Erhebung des Fraunhofer-Instituts für Systemtechnik und Innovationsforschung (ISI-Karlsruhe) über die Verknüpfung von CAD- und NC-Programmierung bei 115 Betrieben wird deutlich, daß schon jetzt bis zu 15 % (Lay, 1988) der Konstrukteure in vollem Umfang auch die Tätigkeiten der NC-Programmierung übernehmen.

Offen ist allerdings, ob sich über das Organisationsprinzip „Fertigungs- und Produktinsel" eine konkurrierende Entwicklungstendenz verstärkt, qualifizierte Werkstattmitarbeiter (siehe Klingenberg & Kränzle, 1987) mit der NC-Programmierung zu betrauen und ihnen damit den Zugang zu den CAD-Daten zu eröffnen, oder ob im Sinne einer zunehmenden Rechnerintegration (CIM-Konzeption) die Konstrukteure in größerem Umfang in die Fertigung einbezogen werden.

*Literatur*

Barfield, W., Chang, T.-C., Majchrzak, A., Eberts, R. & Salvendy, G. (1986). Technical and human aspects of Computer Aided Design (CAD). In G. Salvendy (Ed.), *Handbook of Human Factors* (pp. 1617—1656). New York: Wiley.

Bechmann, G., Vahrenkamp, R. & Wingert, B. (1979). *Mechanisierung geistiger Arbeit.* Frankfurt: Campus.

Beitz, W. (1985). Kreativität des Konstrukteurs. *Konstruktion, 37* (10), 381—386.

Beitz, W. (1987). General approach of systematic design — Application of VDI-Guideline 2221. *International Conference of Engineering Design, 1* (pp. 15-20). Boston.

Bower, G. H. (1972). Mental imagery and associative learning. In L. W. Gregg (Ed.), *Cognition in learning and memory* (pp. 51—88). New York: Wiley.

Buresch, J. (1986). *Arbeitspsychologische Untersuchungen zur Analyse und Gestaltung komplexer Systeme in der betrieblichen Praxis. — Eine empirische Studie im Konstruktionsbereich.* Unveröffent. Diss., Gesamthochschule Kassel.

Card, S. K., Moran, T. P. & Newell, A. (1983). *The Psychology of human computer interaction.* Hillsdale, NJ: Erlbaum.

Derisavi-Fard, F. & Frieling, E. (1986). Dialogdesign und Informationsdarstellung am Beispiel einer CAD-Menütablettvorlage. *CAD/CAM, 2,* 78—83.

Derisavi-Fard, F., Frieling, E. & Hilbig, I. (1988). Belastung und Beanspruchung beim computerunterstützten Konstruieren — Erste Ergebnisse einer Felduntersuchung. In E. Frieling & H. Klein (Hrsg.), *Rechnerunterstützte Konstruktion — Bedingungen und Auswirkungen von CAD* (S. 288—306). Bern: Huber.

Ehrlenspiel, K. & Rutz, A. (1985). *Denkpsychologie als neuer Impuls für die Konstruktionsforschung — Folgerungen aus der Unmöglichkeit geschlossener algorithmischer Behandlung des Konstruktionsprozesses.* Vortrag auf der ICED (International Conference on Engineering Design) vom 26. 8.—28. 8. 85 in Hamburg. Tagungsband, 863—873.

Eigner, M. & Maier, H. (1984). *Einstieg in CAD.* München: Hanser.

Eversheim, W. (1978). Wie erkennt man Problemschwerpunkte im Konstruktionsbereich? *Das Konstruktionsbüro: Arbeitsmittel und Organisation.* VDI-Bericht Nr. 311, 1—13. Düsseldorf: VDI.

Finne, H. (1983). *The Designer and his job in the face of integration CAD-CAM-Systems.* In IFAO „Design of work in automated manufacturing Systems". Karlsruhe. Institutsbericht.

Frieling, E. (1986). Arbeitsbedingungen von Konstrukteuren im F & E Bereich unter besonderer Berücksichtigung des Computereinsatzes (CAD-Bereich). In Rationalisierungskuratorium der deutschen Wirtschaft (RWK) e. V. (Hrsg.), *RKW-Handbuch Forschung, Entwicklung, Konstruktion (F + E)* (S. 1—33). Berlin: Schmidt.

Frieling, E. & Schliep, W. (1985). Qualifikationsanforderungen im CAD-Bereich — unter besonderer Berücksichtigung betrieblicher Belange bei der Durchführung der CAD-Schulung. In Kh. Sonntag (Hrsg.), *Neue Produktionstechniken und qualifizierte Arbeit* (S. 153—168). Köln: Bachem.

Frieling, E., Schliep, W., Scholz, H. & Klein, W. (1987). *Gestaltung von CAD-Arbeitsplätzen und ihrer Umgebung.* Schriftenreihe der Bundesanstalt für Arbeitsschutz, FB 503. Bremerhaven: Wirtschaftsverlag NW.

Frieling, E. & Pfitzmann, J. (1987). Neuentwicklung einer Menütablett-Vorlage. In W. Schönpflug & M. Wittstock (Hrsg.), *Software-Ergonomie '87. Nützen Informationssysteme dem Benutzer?* Tagungsband in der Reihe: Berichte des German Chapter of the ACM (S. 156—165). Stuttgart: Teubner.

Frieling, E. & Sonntag, Kh. (1987). *Arbeitspsychologie.* Bern: Huber.

Gentner, D. & Stevens, A. L. (1983). *Mental models.* Hillsdale, NJ: Erlbaum.

Grandjean, E. (1986). Design of VDT workstations. In G. Salvendy (Ed.), *Handbook of human factors* (pp. 1359—1397). New York: Wiley.

Grandjean, E. & Hünting, W. (1983). *Sitzen Sie richtig?* Sitzhaltung und Sitzgestaltung am Arbeitsplatz. München: Bayerisches Arbeitsministerium für Arbeit und Sozialordnung.

Greenstein, J. & Arnaut, L. J. (1986). Human factor aspects of manual computer input devices. In G. Salvendy (Ed.), *Handbook of human factors* (pp. 1450—1486). New York: Wiley.

Hacker, W. (1986). Arbeitspsychologie. Bern: Huber.

Harbeck, G. (1987). Technologische Trends in der Computergrafik. *CAD/CAM Report, 1,* 52—59.

v. d. Heiden G. H. (1985). *Ergonomische Anforderungen an Arbeitsplätze für Computer Aided Design (CAD).* Unveröffentl. Diss., ETH Zürich.

Heeg, F. J., Conrads, G., Schreuder, S. & Stinshoff, K. D. (1987). Entwicklung und Durchführung von CAD-Schulungsmaßnahmen. *CAD/CAM Report, 7,* 54—64.

Heuer, H. & Prinz, W. (1986). Initiierung und Steuerung von Handlung und Bewegung. In M. Amelang (Hrsg.), *Bericht über den 35. Kongreß der Deutschen Gesellschaft für Psychologie in Heidelberg 1986,* Bd. 2 (S. 289—299). Göttingen: Hogrefe.

Hoss, D., Gerhardt, H.-U., Kramer, H. & Weber, A. (1983). *Die sozialen Auswirkungen der Integration von CAD und CAM* (Vorstudie eines RKW-Projektes). Frankfurt.

Hoyos, C. Graf (1974). Kompatibilität. In H. Schmidtke (Hrsg.), *Ergonomie,* Bd. II (S. 93—122). München: Hanser.

Hoyos, C. Graf (1986). Anmerkungen zur ergonomischen Gestaltung von Mensch-Maschine-Systemen. In G. Dirlich, C. Freska, U. Schwatlo & K. Wimmer (Hrsg.), *Kognitive Aspekte der Mensch-Computer-Interaktion,* Informatikfachberichte 120 (S. 13—21). Berlin, Heidelberg: Springer.

Hubka, V. (1985). *Führung des Konstruktionsprozesses.* Vortrag auf der ICED (International Conference on Engineering Design) vom 26. 8.—28. 8. 85 in Hamburg. Tagungsband, 1—18.

Johnson-Laird, P. N. (1980). Mental models in cognitive science. *Cognitive Psychology, 4,* 71—115.

Johnson-Laird, P. N. (1983). *Mental models.* Cambridge: Cambridge University Press.

Klingenberg, H. & Kränzle, H.-P. (1987). *Fertigung und Fertigungssteuerung. Kleinbetriebe unter einem Dach: Produzieren nach dem Inselprinzip.* (Humanisierung bringt Gewinn — Modelle aus der Praxis — Bd. 2). Eschborn: RKW.

Kleinbeck, U. & Rutenfranz, J. (Hrsg.). (1987). *Arbeitspsychologie,* Bd. D. III. 1. Enzyklopädie der Psychologie. Göttingen: Hogrefe.

Kochan, D. (Ed.). (1986). *Developments in Computer-Integrated Manufacturing.* New York: Springer.

Krüger, H. & Müller-Limmroth, W. (1983). *Arbeiten mit dem Bildschirm, aber richtig.* München: Bayerisches Staatsministerium für Arbeit und Sozialordnung.

Lay, G. (1988). *Arbeitsorganisatorische Modelle bei der Kopplung von CAD und CAM.* In E. Frieling & H. Klein (Hrsg.), *Rechnerunterstützte Konstruktion* (S. 307—316). Bern: Huber.

Majchrzak, A., Chang, T. C., Barfield, W., Eberts, R. & Salvendy, G. (1987). *Human aspects of Computer aided design.* London: Tayler & Francis.

Magnenat-Thalmann, N. & Thalmann, D. (1985). *Computer Minimation — Theory & Practice.* New York: Springer.

Martin, P. (1988). CAD im Konstruktionsprozeß. Bad Salzdetfurth: Franzbecker.

Martin, P. & Widmer, H.-J. (1987). Ergonomische Arbeits- und Dialoggestaltung von CAD-Systemen. *CAD-CAM Report, 6* (3), 118—136.

Martin, P., Widmer, H.-J. & Lippold, M. (1986). *Ergonomische Gestaltung der Hard- und Software von CAD-Systemen.* Kooperationsmaterialien 20. Kassel: Brüder Grimm.

Muggli, Ch. & Zinkl, W. D. (1985). *CAD in der Maschinenindustrie und im Architekturbüro.* Zürich: Verlag der Fachvereine an den Schweizerischen Hochschulen und Technischen Universitäten.

Neumann, O. (Hrsg.). (1985). *Perspektiven der Kognitionspsychologie.* Heidelberg: Springer.

Neumann, O. (1987). Zur Funktion der selektiven Aufmerksamkeit für die Handlungssteuerung. *Sprache & Kognition, 3,* 107—125.

Neumann, O. & Prinz, W. (1987). Kognitive Antezedenzien von Willkürhandlungen. In H. Heckhausen, P. M. Gollwitzer & F. E. Weinert, *Jenseits des Rubikon* (S. 195—215). Berlin, Heidelberg: Springer.

Ohlson, M. (1978). System design consideration for graphics input devices. *Computer, 11,* 9—18.

Ott, H. M. (1985). *Übergang vom konventionellen zum methodischen Konstruieren in der Industrie.* Vortrag auf der ICED (International Conference on Engineering Design) vom 26. 8.—28. 8. 85 in Hamburg. Tagungsband, 156—165.

Pahl, G. (1985). *Denkpsychologische Erkenntnisse und Folgerungen in der Konstruktionslehre.* Vortrag auf der ICED (International Conference on Engineering Design) vom 26. 8.—28. 8. 85 in Hamburg. Tagungsband, 817—832.

Pahl, G. & Engelken, G. (1985). *Das Entwerfen maschinenbaulicher Gebilde mit Hilfe von CAD-Systemen.* Vortrag auf der ICED (International Conference on Engineering Design) vom 26. 8.—28. 8. 85 in Hamburg. Tagungsband, 268—277.

Paivio, A. (1971). *Imagery and verbal processes.* New York: Holt, Rinehart & Winston.

Paivio, A. (1975). Perceptual comparisons through the mind's eye. *Memory & Cognition, 3,* 635—647.

Pawelski, M. & Winke, J. (Hrsg.). (1987). *CAD-Leitfaden für Architekten*. Karlsruhe: C. F. Müller.

Penna, D. E. (1985). The use of a Colour Graphics Display and Touch Screen to help naive users understand and control a multi-Function computer system. In B. Shackel (Ed.), *Human Computer Interaction*, Interact '84 (pp. 795—799). North-Holland: Elsevier Science Publishers, B. V.

Reinking, J.-D. (1987). CAD-Arbeitstechnik als optimierbarer Modellierungsprozeß. *Konstruktion*, 2, 39, 64—70.

Riehm, U. (1982). *Der Beitrag der Konstruktionswissenschaft zum Einsatz des Rechners in der Konstruktion (Primärbereich)*. Karlsruhe: Kernforschungszentrum, Abt. für angewandte Systemanalyse (AFAS).

Rouse, W. B. (1986 a). A Note on the nature of creativity in engineering. Implications for supporting system design. *Information Processing & Management*, 22 (4), 001—007.

Rouse, W. B. (1986b). On the value of information in system design: A framework for understanding and aiding designers. *Information Processing & Management*, 22 (2), 217—228.

Schniz, H. (1985). *Personalführung beim Einsatz von CAD in der Karosserie-Entwicklung*. Vortrag auf der ICED (International Conference on Engineering Design) vom 26. 8.—28. 8. 85 in Hamburg. Tagungsband, 142—151.

Schuhmacher, B. (1985). *Rechnergestütztes Konstruieren und Fertigen (CAD/CAM)*. München: Bayerisches Staatsministerium für Arbeit und Sozialordnung.

Schuster, R. & Schliep, W. (1985). Computerunterstütztes Konstruieren. In Kh. Sonntag (Hrsg.), *Neue Produktionstechniken und qualifizierte Arbeit* (S. 139—152). Köln: Bachem.

Spur, G. & Krause, F. L. (1984). *CAD-Technik*. München/Wien: Hanser.

Spur, G., Krause, F. L. & Gross, G. (1985). *Veränderungen der Konstruktionsmethodik durch Anwendung von CAD-Systemen*. Vortrag auf der ICED (International Conference on Engineering Design) vom 26. 8.—28. 8. 85 in Hamburg. Tagungsband, 612—622.

Ungethüm, E., Hegardt, T. & Johannsson, B. (1985). Die arbeitshygienische Bedeutung hoher elektrischer Felder an Bildschirmarbeitsplätzen. *Zentralblatt für Arbeitsmedizin*, 35 (12), 378—383.

Vanja, S. (1987). Konzept und Realisierung einer anwendergerechten CAD/CAM-Ausbildung. *CAD/CAM Report*, 9, 98—111.

Wessells, M. G. (1984). *Kognitive Psychologie*. New York: Harper & Row.

Wingert, B., Duus, W., Rader, M. & Riehm, U. (1984). *CAD im Maschinenbau. Wirkungen, Chancen, Risiken*. Berlin: Springer.

Wingert, B. & Riehm, U. (1985). Computer als Werkzeug. Anmerkungen zu einem verbreiteten Mißverständnis. In W. Rammert, G. Bechmann & H. Nowotny (Hrsg.), *Technik und Gesellschaft*. Jahrbuch 3, (S. 107—131). Frankfurt: Campus.

Williges, B. H. & Williges, R. C. (1984). Dialogue design considerations for interactive computer systems. In F. A. Muckler (Ed.), *Human Factors Review* (pp. 167—209). Santa Monica, Ca.: Human Factors Society.

DIN 66 234/Teil 8 (Entwurf): Bildschirmarbeitsplätze — Grundsätze der Dialoggestaltung. 1984.

14. Kapitel

# Steuerung und Überwachung industrieller Prozesse

*Heino Widdel*

## 1 Prozeß

Unter einem Prozeß versteht man den dynamischen Vorgang in einem System, der fortwährend Änderungen des Systems von einem bestimmten Vorzustand in einen Folgezustand herbeiführt. Ein Gesamtprozeß kann als Folge sequentieller Teilprozesse, als Gesamtheit paralleler oder konkurrierender Teilprozesse oder als Mischform realisiert sein. Technische und industrielle Prozesse sind durch Umwandlung, Transport oder Verarbeitung von Energie und Stoffen oder von Information charakterisiert. In der Praxis sind vorwiegend Kombinationen dieser Erscheinungsformen zu finden. Ein Schema, das Prozesse nach ihrem System, Art des Mediums und der Aktivität klassifiziert, ist in Tabelle 1 aufgeführt. Grundformen technischer Prozesse sind diskrete bzw. Stückprozesse, kontinuierliche Prozesse und Chargenprozesse, die bei Schnieder (1986) und Lauber (1989) detaillierter beschrieben sind.

Tab. 1: Klassifikation von Prozessen nach dem Medium und der Aktivität

| Prozeßsystem | Klassifikation nach | |
| --- | --- | --- |
| | Art des Mediums | vorherrschender Aktivität |
| Kraftwerk | Energie | Umwandlung |
| Pipeline | | Transport |
| Verbundnetz | | Verteilung |
| Talsperre | | Speicherung |
| Kohleverflüssigung | | Verarbeitung |
| Verkehr (Straße, Wasser etc.) | Material | Transport |
| Fertigung, Walzwerk | | Verarbeitung |
| Raffinerie, Gießerei | | Umwandlung |
| Versandhaus | | Verteilung |
| Lager | | Speicherung |
| Telefon, -fax, -vision | Information | Transport |
| Archiv, Datenbank | | Speicherung |
| Bank, Reisebüro | | Verarbeitung |
| Steuerungs-, Leitsysteme | | |

*Anmerkung:* Schnieder, 1986, S. 19.

In einer eng gefaßten Definition des technisch-wissenschaftlichen Sprachgebrauchs soll jeder Vorgang als industrieller Prozeß verstanden werden, bei dem in quantitativ und qualitativ beschreibbarer Weise Energie oder Stoffe transportiert oder umgeformt werden. Ein umfassenderes Verständnis schließt informatorische Verarbeitungsprozeduren und die Fahrzeugführung mit ein, die an anderer Stelle des vorliegenden Buches beschrieben werden. Ein so verstandener Prozeß ist z. B. der Transport von Rohöl einer Ölquelle über Rohrleitungen durch Pumpen und Ventile zum Tanksystem einer Hafenanlage oder die Erzeugung elektrischer Energie aus thermischer und nachfolgend mechanischer Energie durch Verbrennung von Kohle im Feuerraum eines Dampfkessels sowie durch den mit dem Dampf bewirkten Antrieb einer Turbine.

## 2 Steuerung von Prozessen

### 2.1 Definition

Ein Prozeß kann durch geeignete zielgerichtete Eingriffe in Richtung eines gewünschten Zustandes beeinflußt werden. Orientiert sich die Beeinflussung allein an der Zieldefinition, liegt eine offene Prozeßsteuerung vor. Eine geschlossene Steuerungsstruktur nach dem Prinzip eines Regelkreises wird verwirklicht, wenn die Steuerung neben den eigentlichen Zielvorgaben auch aktuelle oder vorangegangene Prozeßzustände berücksichtigt. Damit können Störungen kompensiert und kritische Prozesse ausbalanciert werden. Der Steuerung eines Prozesses liegen Vorstellungen von Eingriffsmöglichkeiten in den Prozeß und über den Zielzustand zugrunde. Das Steuern eines stofflich-energetischen Prozesses kann als dessen zielgerichtete Beeinflussung durch Konkretisierung struktureller Information in physikalischen Größen mit Hilfe technischer Einrichtungen verstanden werden. Die Steuerungsinformation wird technisch realisiert durch die Umsetzung informationstechnischer Mittel und Gerätekonfigurationen in stofflich-energetische Wirkungen zur Prozeßbeeinflussung. In einem geschlossenen Wirkungskreis wird wiederum der entsprechende stofflich-energetische Zustand des Prozesses mit Hilfe von Sensoren informationstechnisch erfaßt. Diese Daten werden zur Prozeßüberwachung herangezogen.

Das Bindeglied zwischen informationsverarbeitender Einheit und dem Prozeß ist die Stelleinrichtung. Sie hat die Funktion, die mit geringem Energieaufwand ausgestattete Stellinformation in einen stofflich-energetischen Zustand meist sehr viel höheren Energieinhalts zum Steuern des Prozesses umzuformen. Stellglieder zur Prozeßbeeinflussung sind im oben angeführten ersten Beispiel Ventile und Pumpen, im zweiten Beispiel Kohlezuführung, Gebläse und Ventile.

## 2.2 Automatisierung

In nichtautomatisierten industriellen Prozessen nimmt der menschliche Operateur alle Aufgaben der Steuerung wahr. Eingriffe in den Prozeß werden von Hand mit Steuergeräten oder durch Bedienung von Stellgeräten ausgeführt. Bei genügend fortgeschrittener Mechanisierbarkeit der Prozesse ist eine automatische Prozeßsteuerung möglich. In einer schematischen Darstellung zeigt Abbildung 1 den prinzipiellen Aufbau einer automatisierten Prozeßsteuerung. Meßfühler und Stellglieder bilden den Grenzbereich zwischen Prozeß und Steuerung. Schaltwerk und Regler liegen auf der ersten, Programmgeber und Führungsgrößenrechner auf der zweiten und ein oder mehrere Prozeßleitrechner auf der dritten Ebene der Informationsverarbeitung. Über eine direkte Steuerung und Regelung können alle drei Ebenen mit einem Prozeßrechner zusammengefaßt werden und sind dann in das Programmierungssystem eingegliedert. Eine Reihe von Nachteilen zentraler Systeme führte dazu, verteilte Prozeßleitsysteme bzw. die dezentral-hierarchische Prozeßführung mit busgekoppelten Rechnern auf verschiedenen Ebenen zu favorisieren. Derzeitige Entwicklungstendenzen zielen auf eine Angleichung der Leistungsfähigkeit von zentralen und verteilten Systemen hin. Bis auf eine Überlegenheit der dezentralen Systeme in der freien Programmierung dürften Unterschiede zukünftig eher graduell als prinzipiell sein (Strohrmann, 1987).

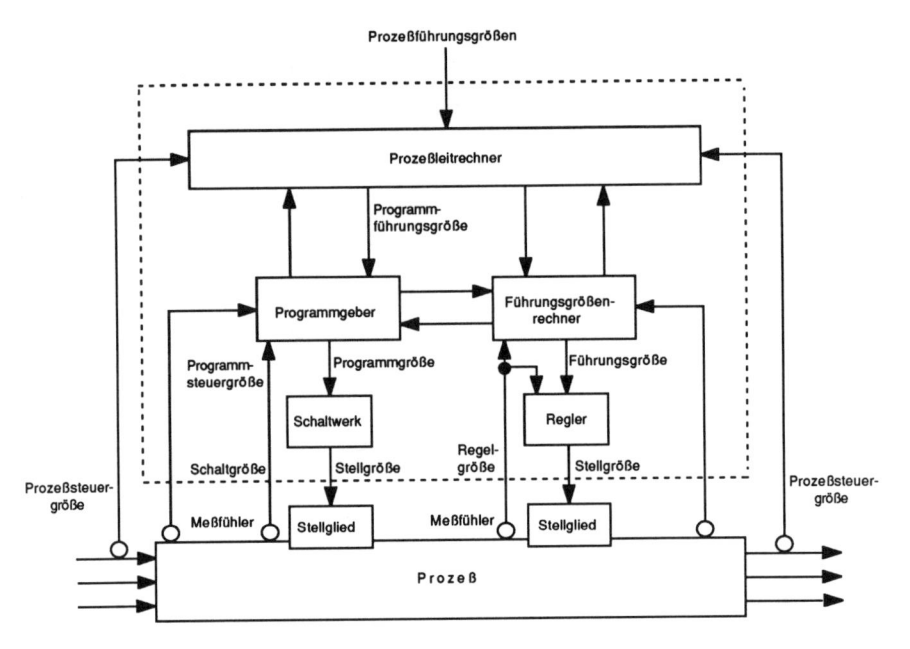

Abb. 1: Automatische Prozeßsteuerung mit drei Ebenen der Informationsverarbeitung (Syrbe, 1974, S. 122).

In der automatisierten Prozeßsteuerung halten Regler aufgrund permanenter Messungen Größen auf einen vorgegebenen Sollwert, die bei Unter- oder Überschreiten eine Änderung der Prozeßführung erfordern. Bei komplexen Prozessen können abgrenzbare Teilprozesse mit einer eigenen automatischen Prozeßsteuerung ausgestattet werden. Beispielsweise ist die Einrichtung zum automatischen Anfahren, Betreiben und Abfahren einer Turbine eine automatische Prozeßsteuerung der Turbine, aber eine automatische Teilprozeßsteuerung eines Kraftwerks.

Der Grad der Automation eines Prozesses wird bestimmt von dem Prozentsatz an Systemaufgaben, die vom automatisierten Teil des Systems ausgeführt werden. In der Großindustrie ist der Grad der Automatisierung sehr hoch. Für Operationen mit Stapelbetrieb in der Kleinindustrie genügen oft geringe Automatisierungsgrade, beginnend beim automatischen Abschalten des Systems bei höchster Gefahrenstufe. Die aktuelle Entwicklung der Automatisierung in der Prozeßindustrie ist in Abbildung 2 skizziert. Zur Gewinnung detaillierter Grundkenntnisse über technische und informatorische Bedingungen von Prozessen empfiehlt sich das Studium einschlägiger technischer bzw. informationstechnischer Literatur, z. B. Syrbe (1972), Schnieder (1986) und Lauber (1989).

Im Kontext der Operateurfunktionen erscheint es wichtig, die Flexibilität der automatischen Prozeßsteuerung zu betrachten. Im einfachsten Fall erfolgt die Steuerung über ein festes Programm, z. B. beim Personenaufzug. Ein Beispiel für eine prozeßabhängige Änderung der Führungsparameter bietet die automa-

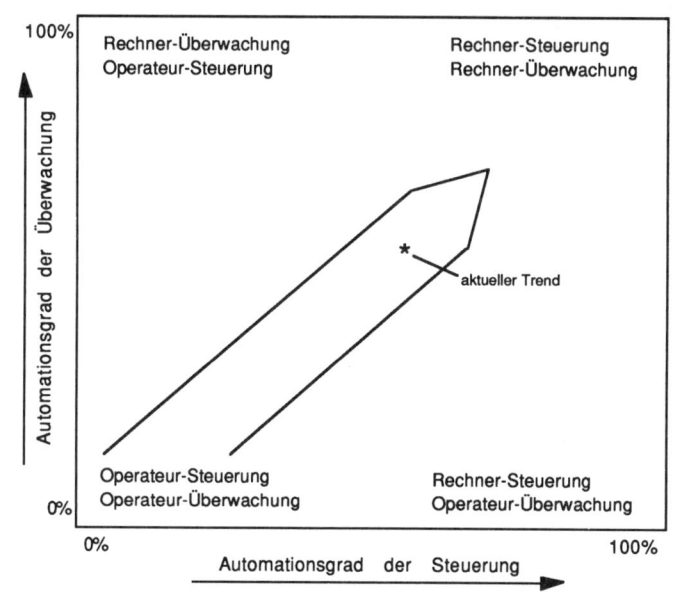

Abb. 2: Entwicklungstendenz der Automatisierung von Überwachung und Steuerung (Brouwers, 1984, p. 186).

tische Prozeßsteuerung eines Blockwalzwerkes. Eine Vielzahl fester Programme, aus denen je nach Prozeßzustand und -ziel Programme selbsttätig ausgewählt werden, wird benötigt, wenn wesentliche Prozeßgrößen eine hohe Variationsbreite aufweisen. Beispiele sind die Steuerung eines Kraftwerkblocks mit Kessel, Turbine und Generator oder einer Transporteinrichtung. Eine weitere Flexibilisierung kann über Prozeßmodelle erfolgen. Die Optimierung der Führungs- und Stellgrößen wird dabei aus der Verrechnung der Prozeßziel- und -zustandsdaten erreicht. Dieses Vorgehen setzt die mathematische Beschreibbarkeit des zu beherrschenden Prozesses voraus. Zur Verarbeitung von Ein- und Ausgangsgrößen können auch Änderungen der Eingangsgröße im voraus berücksichtigt werden und auf die Führungsgröße einwirken. Schließlich erscheint es erstrebenswert, mit Hilfe von Such- und Lernverfahren selbstoptimierende Systeme mit rückgekoppelter Schaltung zu entwerfen. Dieses Verfahren der Prozeßoptimierung eignet sich allerdings nicht generell, z. B. nicht in der chemischen Industrie aufgrund der enormen Verzögerungszeiten chemischer Reaktionen.

## 2.3 Arbeitsorganisation

Mit einem wachsenden Automatisierungsstandard verschiebt sich das Tätigkeitsspektrum des Bedienpersonals zu reinen Überwachungsaktivitäten hin. Sie werden zunächst von der Arbeitsorganisation, die in der Prozeßindustrie wesentlich von der Produktionstechnologie mitbestimmt wird, beeinflußt. Rijnsdorp (1984) unterscheidet dabei drei Fälle arbeitsorganisatorischer Strukturen:

— Eine zentrale Überwachung des Prozesses findet durch Innenoperateure in der Zentralwarte statt. Diese Organisationsform verlangt eine intensive Kommunikation mit den Außenoperateuren. Wird eine einzige Zentralwarte verwendet, wird auch eine direkte Kommunikation zwischen den Innenoperateuren notwendig. Die Wartengestaltung muß diesen Kommunikationsbedürfnissen angepaßt werden, z. B. durch eine kreisförmige Anordnung der Bedienpulte. Beispiele für derartige Lösungen finden sich bei chemischen Großanlagen, Ölraffinerien, Hochofenbetrieb und Dampferzeugungsanlagen.

— Eine wandernde Überwachung des Prozesses sieht das Hin- und Hergehen der Operateure zwischen den Bedienpulten und den Prozeßapparaturen vor, wenn es den Innenoperateuren nicht möglich ist, den Prozeßzustand zu beurteilen (Lenior, Rijnsdorp & Verhagen, 1980). Beispiele für örtliche Beobachtungsnotwendigkeiten der Prozeßapparatur sind bei kontinuierlichen Feststoffprozessen in der Nahrungsmittelindustrie oder chemischen Industrie anzutreffen.

— Bei niedrig automatisiertem Chargenbetrieb in der feinmechanischen Industrie muß das Ein- und Umschalten an der Prozeßapparatur geschehen, während der Überwachungsvorgang in der Warte durchgeführt werden kann. Eine mögliche Arbeitsorganisation könnte die Überwachung mehrerer Prozesse durch einen Operateur in der Zentralwarte vorsehen, während andere Operateure die übrige Prozeßbedienung übernehmen.

Über die Arbeitsverteilung zwischen den verschiedenen Operateuren sowie über den Grad der Spezialisierung ihrer Funktionen bestehen unterschiedliche Philosophien. Wie allgemein angenommen werden kann, bleibt mit wachsender Automatisierung mehr Raum zur Organisation von Teamarbeit. Die Flexibilität des Operateurs ist durch job rotation zu erhöhen und der Grad an Autonomie eines Teams dadurch zu steigern. Mit wachsender Automatisierung in der Prozeßindustrie kann andererseits ein Entwöhnungsvorgang einhergehen, der das Verlernen von Fertigkeiten und den Verlust von angemessenen geistigen Vorstellungen des Operateurs vom System zur Folge hat (Bainbridge, 1987). Diesen Nachteilen wird durch geeignete Trainingsmaßnahmen zu begegnen versucht, die mit Simulationen außerhalb des aktuellen Tätigkeitsbereiches durchgeführt werden. Während das Training in Simulatoren bereits intensiviert wird, ist über Selektionsmaßnahmen von Personal für Operateurtätigkeiten zur Optimierung der Leistung von Mensch-Maschine-Systemen wenig bekannt. Die Probleme von Training und Selektion werden bei Kragt und Daniels (1984) eingehend diskutiert.

Im weiteren Verlauf dieses Beitrages wird der Begriff *Operateur* als abstrahierte Größe der Gesamtheit der Tätigkeiten oder Tätigkeitsmerkmale verwendet, die ein oder mehrere Operateure auszuführen haben.

## 3 Verhalten des Operateurs

## 3.1 Informationsaufnahme und -verarbeitung

### 3.1.1 Visuelle Suche

Eine Basisanforderung an den Operateur stellt bei der Aufnahme von Information über Anzeigen die visuelle Suche dar. Die Aufgaben der Prozeßsteuerung und Überwachung mit Hilfe komplexer Steuerpanels erfordern einen erheblichen Grad an Suchaufwand, wenn in problematischen Situationen z. B. ein kritisches Steuerelement zu finden ist. Die auf elektronischen Bildschirmen dargestellte Information hat oft eine sehr hohe Dichte. Vorwiegend in Gefahrensituationen oder bei Störfällen sind zur Entscheidungsfindung die rasche Entdeckung und Identifikation der Störquellen notwendig. Es besteht daher ein hohes Interesse, die Bedingungen zu finden, die für kurze Such- und Entdeckungszeiten visueller Information verantwortlich sind.

Die Extraktion und Operationalisierung visueller Suchstrategien sind zentrale Fragestellungen der anwendungsorientierten Suchforschung. Sie bedient sich der experimentellen Untersuchung von visuellem Material (Prinz & Rübenstrunk, 1979), der Blickbewegungsanalyse (Widdel & Kaster, 1981) und der Modellierung mit queueing-Modellen (Rouse, 1980). Zur Reliabilität und Erlernbarkeit visueller Suchstrategien bzw. von Blickbewegungspfaden liegen keine konsistenten Ergebnisse vor. Die Ursache dürfte in der Schwierigkeit ihrer Operationalisierung und in der Aufgabenabhängigkeit liegen, da bei sinnreichem Material individuelle, problemabhängig wechselnde Hypothesen die Suche leiten. Eine weitere Komplizierung ergibt sich aus der Abhängigkeit des funktionalen Gesichtsfelds von physikalischen Reizbedingungen wie Reizdichte, Ähnlichkeit von Zielobjekt, Kontextelementen etc. (Bartz, 1976; Courtney & Chan, 1986; Johnson, Keltner & Ballestrery, 1978; Reinert, 1985; Widdel & Kaster, 1981). Als funktionales Gesichtsfeld ist der periphere Blickbereich definiert, aus dem während einer Fixation spezifische Information extrahiert werden kann. Eine Vielzahl von Methoden zur Messung dieses Parameters wurde entwickelt (Bellamy & Courtney, 1981; Engel, 1977; Mackworth, 1976; Megaw & Richardson, 1979b; Widdel, 1983a).

Eine andere Quelle der Suchzeit liegt in der Dauer einzelner Fixationen, die während eines visuellen Suchvorgangs gesetzt werden. Aus der industriellen Inspektion ist im Kontext dieser Fragestellungen eine Reihe empirischer Untersuchungen bekannt (z. B. Bloomfield, 1975; Drury, 1978; Megaw & Richardson, 1979a). Moffitt (1980) reanalysierte eine Vielzahl der Daten und stellte fest, daß die Fixationsdauer bei wenig komplexem Reizmaterial durch Training und mit wachsender Erfahrung abnimmt, bei sehr komplexem dagegen stabil bleibt.

### 3.1.2 Beobachten und Überwachen

Bei Steuerungs- und Regelungstätigkeiten wirkt der Operateur in einem oder mehreren Regelkreisen aktiv als Regler auf die Maschine ein. Die Bedienhandlungen können kontinuierlich oder zeitdiskret sein. Erfolgt die Regelung voll- oder teilautomatisch, tritt die Funktion des Operateurs als Überwacher in den Vordergrund. Er muß Fehler im Prozeß entdecken, identifizieren und entsprechende Korrekturmaßnahmen einleiten. Zwei Aspekte der Überwachungstätigkeit lassen sich voneinander abheben: Die Beobachtung einer Vielzahl von Informationsquellen ohne Eingriffsmöglichkeit und die Überwachung, die ein manuelles Eingreifen des Operateurs in teilautomatisierten Systemen oder bei Störfällen vorsieht. Diese Thematik ist umfassend abgehandelt in Edwards und Lees (1974) und Moray (1986).

Ein Schema, das die Aufgaben des Operateurs und die Funktionen der Automatisierungskomponenten in der Prozeßsteuerung und -überwachung strukturiert, wurde von Sheridan (1986) entworfen (Abbildung 3). Der Operateur als Überwacher muß üblicherweise die Aufgabenausführung planen, dem Rechner

Steuerung und Überwachung industrieller Prozesse            403

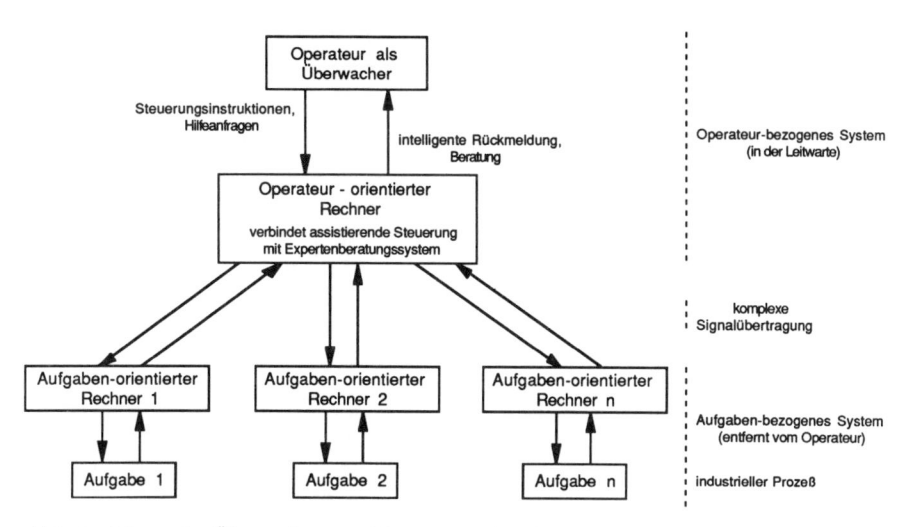

```
                    ┌──────────────┐
                    │ Operateur als│
                    │  Überwacher  │
                    └──────────────┘
    Steuerungsinstruktionen,    ▲
       Hilfeanfragen   │        │ intelligente Rückmeldung,
                       ▼        │ Beratung
                    ┌──────────────────────┐
                    │ Operateur - orientierter │
                    │       Rechner            │
                    │ verbindet assistierende Steuerung │
                    │ mit Expertenberatungssystem │
                    └──────────────────────┘
         ┌──────────────┼──────────────┐
         ▼              ▼              ▼
   ┌───────────┐  ┌───────────┐  ┌───────────┐
   │Aufgaben-  │  │Aufgaben-  │  │Aufgaben-  │
   │orientierter│  │orientierter│  │orientierter│
   │ Rechner 1 │  │ Rechner 2 │  │ Rechner n │
   └───────────┘  └───────────┘  └───────────┘
         ▼              ▼              ▼
   ┌───────────┐  ┌───────────┐  ┌───────────┐
   │ Aufgabe 1 │  │ Aufgabe 2 │  │ Aufgabe n │
   └───────────┘  └───────────┘  └───────────┘
```

| | |
|---|---|
| | Operateur-bezogenes System (in der Leitwarte) |
| | komplexe Signalübertragung |
| | Aufgaben-bezogenes System (entfernt vom Operateur) |
| | industrieller Prozeß |

Abb. 3: Schema der Überwachung und Steuerung (Sheridan, 1986, p. 4).

seine Entscheidung übermitteln, die automatische Durchführung seiner Instruktionen beobachten, im Störfall intervenieren, um die Steuerung zu übernehmen und Korrekturen oder Reparaturen zu initiieren, sowie aus den Erfahrungen einen Lerngewinn schöpfen für die Verbesserung zukünftiger Planungen. Ein mit dem Operateur kommunizierender Rechner sollte eine angemessene Wissensbasis bezüglich der zu bewältigenden Aufgaben zur Verfügung halten, die Simulation alternativer Steuerungsstrategien durchführen können, das Potential zur Entdeckung und Antizipation von Störungen besitzen, Möglichkeiten der Erinnerung, zum Aufruf und zur Bewertung von früheren Leistungsdaten haben und eine flexible Schnittstelle für den Operateur anbieten. Auf einem niedrigeren Niveau des Steuerungs- und Überwachungssystems werden aufgaben-orientierte Rechner zur automatischen Steuerung der Aufgabenbewältigung in Echtzeit eingesetzt.

Die Operateurleistungen werden von einer Vielzahl von Variablen determiniert. Die Maschinenseite stellt die Informationsträger und Bedienfunktionen für den Operateur zur Verfügung. Besondere Bedeutung kommt dabei der Informationsdarstellung auf elektronischen Anzeigen zu, die in der Prozeßindustrie vermehrt eingesetzt werden. Die Information über den Prozeß, die von Rechnersystemen vorverarbeitet ist, wird in einem zentralen Raum dargestellt, der als *Leitwarte* bezeichnet wird. Feststehende Einrichtungen innerhalb der Leittechnik, die mit Informations- und Aktionseinrichtungen zum Fahren eines Prozesses versehen sind, werden als *Leitstände* definiert. In einem Kernkraftwerk unterscheidet man beispielsweise Leitstände in der Warte, örtliche Leitstände und Leitstände in der Notsteuerstelle. Beispielhaft wird der Grundriß eines neueren Entwurfs einer Leitwarte aus dem Bereich der Nuklearindustrie von Hinz (1984) vorgestellt und in Abbildung 4 gezeigt.

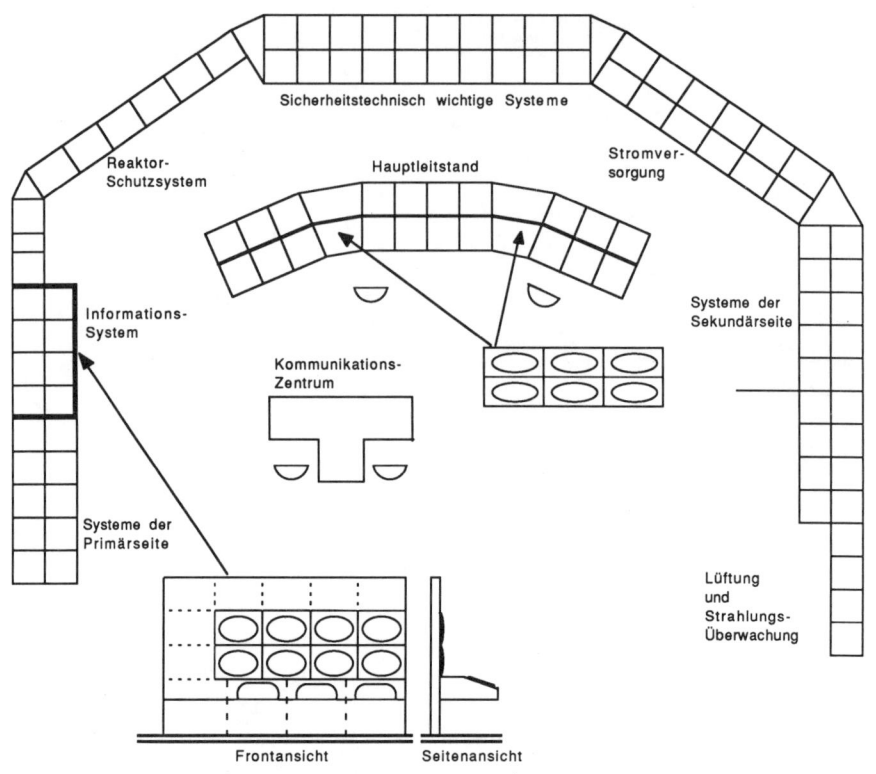

Abb. 4: Grundriß einer Konvoi-Warte (Hinz, 1986, S. 640).

Der Operateur beobachtet und bewertet den Prozeßzustand im Kontext einer Vielfalt von Mensch-Maschine-Interaktionen, d. h. er überwacht und korrigiert automatisierte Systeme und kompensiert ihre Mängel. Sowohl die ergonomische Gestaltung der Gesamtheit der Informationsträger in einem Kontrollraum bzw. einer Leitwarte (Färber, Polke & Steusloff, 1985; Grimm, 1984; Pikaar, 1986) als auch die Informationsdarstellung auf dem einzelnen Bildschirm hängt von menschlichen Ressourcen ab. *Visuelle Suche, Fehlerentdeckung, mentales Verhalten, Vorhersagefähigkeit* und *Beanspruchung* sind die im vorliegenden Kontext vornehmlich interessierenden Variablen auf der Operateurseite, die auch im Zusammenhang mit Prozeßsteuerung empirisch untersucht wurden. Sind dem Operateur beim Überwachen Eingriffe erlaubt oder im Störfall als Pflichtfunktion vorgeschrieben, geschieht dies über die Interaktion mit einem Rechner. Dabei treten Interaktionsprobleme in der Mensch-Rechner-Kommunikation auf, deren Analyse und Lösung sich die Software-Psychologie und kognitive Ergonomie annehmen. Die Sachthematik, d. h. das prozeßimmanente Problem, erfordert vom Operateur neben der Fehlerentdeckung und -diagnose auch die Ausführung von Maßnahmen zur Fehlerkompensation und -korrektur. Auf höherer Ebene verlangen diese Tätigkeiten ein Entscheidungsverhalten von unterschiedlicher Komplexität.

## 3.2 Kognitive Anforderungen

### 3.2.1 Vorhersage

Das Verhalten des Operateurs kann in systematischen experimentellen Untersuchungen analysiert werden oder durch systematische Beobachtung in realen oder simulierten Arbeitsumgebungen. Zur Erfassung wesentlicher Verhaltenskomponenten dienen auch Tätigkeitstaxonomien und Ableitungen von Tätigkeitsmerkmalen. Die Methode der systematischen Beobachtung in einer simulierten Prozeßumgebung wurde z. B. in Untersuchungen von Reinartz, Reinartz, Heyden und Liere (1986) und von Leplat und Rocher (1984) verwendet.

Leplat und Rocher identifizierten die Antizipationsfähigkeit als eine wesentliche kognitive Verhaltenskomponente des Operateurs. Ihr fällt eine entscheidende Bedeutung für Arbeits- bzw. Tätigkeitsplanung über eine große zeitliche Periode zu. Die Wirksamkeit der Antizipationsfähigkeit wird durch die Menge des Wissens über das System sowie über mögliche Störfälle bestimmt. Sie erlaubt dem Operateur die Vorhersage des Systemverhaltens aufgrund eigener Interventionen oder des Einflusses bestimmter situativer Bedingungen. Das Wissen über Störfälle erleichtert ihre Entdeckung, ihre Vorhersehbarkeit, die Möglichkeit von Korrekturen und vergrößert die Chance ihrer Vermeidung.

Zur Optimierung der Vorhersagefähigkeit schlagen Leplat und Rocher (1984) Trainingsmaßnahmen vor, mit denen die Bewertung von Prioritäten geübt wird, die bei time-sharing-Operationen notwendig werden. Sie empfehlen dazu das Simulieren von statischen und dynamischen Problemen, bei denen Entscheidungen über zeitliche Folgen von Handlungen zu treffen sind und das Ordnen von Prozeduren gefordert wird. Mit dem zusätzlichen Einsatz von Interviews und Fragebögen können Ursachen von Denk- und Planungsfehlern analysiert werden. Ein weiterer Vorschlag zielt auf das Training der Rechnerbenutzung ab, da Prozesse vornehmlich rechnergesteuert betrieben werden. Die Bedeutung einer benutzerfreundlichen Gestaltung von Mensch-Rechner-Schnittstellen für ungeübte und gelegentliche Benutzer kommt in einer experimentellen Studie von Widdel und Kaster (1987) zum Ausdruck.

Die Kenntnis und das Verständnis über das Verhalten des Operateurs in Störfallsituationen ist wesentlich für die Gestaltung und Bewertung von Mensch-Maschine-Systemen in der Prozeßführung. Für die Steuerung diskreter Systemabläufe sind Verhaltensprozeduren notwendig, die als fixierte Handlungsfolgen in sequentiellen Tätigkeitslisten vorgeschrieben werden. Bei kontinuierlichen Aufgaben müssen die angezeigten Größen einer Zieltrajektorie folgen oder einen dynamischen Grenzbereich vermeiden. Sie erfordern eine dynamische Komponente im kognitiven Leistungskontext des Operateurs, weil Eingaben zur Erreichung wechselseitig abhängiger Wirkungsziele vorgenommen werden müssen. Der zweite Aufgabentyp ist mit großer Häufigkeit in einer von Woods

(1984) in diesem Betrachtungsrahmen analysierten Datenbasis über Operateurleistungen bei Störfällen in Kernkraftwerken vertreten. Er ist charakterisiert durch die Anforderung, verschiedene interagierende, kontinuierliche Steuervariablen auszubalancieren und zielgerichtet antizipierend zu manipulieren. Das Bestreben des Operateurs zur Fehlerkontrolle und -beseitigung ist dann häufig durch eine Unangemessenheit seiner auf statischen Prozeduren basierenden Intervention in ein dynamisches Ereignis geprägt. Eine höhere Flexibilität der Operateurreaktionen muß aber durch eine Anpassung des aktuellen Verhaltens an die wechselnden Zustände des zielgesteuerten Systems erreicht werden. Dazu bieten sich Trainingsmaßnahmen für Bedienmannschaften an, die Unterstützung durch wissensbasierte Automatismen sowie Voranzeigesysteme.

Voranzeigen erweisen sich von hohem Nutzen für die Unterstützung des Operateurs bei der Bedienung von Systemen hoher Ordnung, d. h. bei der Steuerung komplexer, träge reagierender Prozesse (Kelley, 1968). Ihre Verwendung steigert die Leistung des Mensch-Maschine-Systems, senkt die Belastung und Beanspruchung des Operateurs und seinen Lernaufwand, da zur Aufgabenbewältigung benötigte raum-zeitliche Leistungskomponenten nicht aus seinen kognitiven Ressourcen abgerufen werden müssen, sondern vom Rechner übernommen werden (Laios, 1978; Widdel, 1983b). Van Bussel (1980), van Heusden (1980) und Rouse (1973) überprüften die mentale Prädiktion von dynamischen Systemen und Zeitreihen durch den Operateur und stellten fest, daß er bestenfalls suboptimale Vorhersagen generiert. Es dürfte andererseits als erwiesen gelten, daß für Systeme niedriger Ordnung und die Führung einfacher Prozesse die Effektivität von Voranzeigen sinkt (Kelley, 1968).

Für den Bereich der Steuerung und Überwachung von industriellen Prozessen sind derzeit vermehrt Bemühungen zu erkennen, Voranzeigekonzepte zu integrieren. Van der Veldt und van den Boomgaard (1986) wiesen die Überlegenheit von Voranzeigen zur Steuerung und Überwachung eines simulierten Versorgungsbetriebes nach. Bennett, Woods, Roth und Haley (1986) bestätigen diesen Befund mit einer simulierten Kernkraftwerksaufgabe, die eine manuelle Regelung des Speisewasserflusses während des Anfahrens der Reaktoranlage forderte, bei der die Verwendung einer Voranzeige zu besseren Operateurleistungen führte.

### 3.2.2 Fehlerbehandlung

Entdecken, Identifizieren und Beseitigen eines Störfalles stellen sich als das zentrale Aufgabenspektrum des Operateurs dar. Er muß die Störung entdecken, ihren Ort und ihre Ursache ermitteln, danach kompensatorische Maßnahmen einleiten und schließlich die fehlerhafte Komponente reparieren oder ersetzen lassen. Neben systemspezifischen Kenntnissen erfordern derartige Aufgaben allgemeinere Fähigkeiten der Fehlersuche, -diagnose und -beseitigung. Das Entdecken und Identifizieren spezieller Systemteile und deren Austausch oder Reparatur dürfte eher zur Kategorie der systemspezifischen Kenntnisse zählen. Ein höherer Allgemeinheitsgrad kommt der systematischen Suche nach einem auftretenden Problem, d. h. der Suchstrategie, zu. Sie schließt eine ständige Wechselwirkung zwischen den Ergebnissen durchgeführter Tests und Hypothesen bzw. ihrer Änderungen ein.

Im Vergleich mit guten Fehlersuchern zeigen schlechte einen Mangel an elementaren Systemkenntnissen, führen weniger valide und mehr überflüssige Tests durch. Sie folgen unangepaßten und unvollständigen Suchstrategien und bilden ineffektive Suchhypothesen (Baldwin, 1978; McDonald, Waldrop & White, 1983). Die Leistung bei der Fehlersuche nimmt mit wachsendem Umfang und steigender Komplexität eines Systems ab (Brooke & Duncan, 1981; Rouse, 1979; Wohl, 1982). Zeitliche Beschränkungen (Rouse, 1978) und mangelhaft gestaltete Hypothesen (Gettys, Manning, Mehle & Fisher, 1980) erweisen sich ebenfalls von negativer Wirkung auf die Fehlersuche. Duncan (1981) überprüfte Trainingsmodi zur Fehlerdiagnose und wies nach, daß Operateure, die mit heuristischen Strategien trainiert wurden, Operateuren, denen die Physik der repräsentierten Prozesse erläutert wurde, bei der Fehlerdiagnose in neuen Situationen überlegen waren. Wie differentiell-psychologische Betrachtungen zeigen, korrespondiert die Leistung bei der Fehlersuche schwach mit der allgemeinen *Problemlösefähigkeit* (Henneman & Rouse, 1984) sowie mit dem *closure-Faktor* und *räumlichem Abtasten* (Rose, Fingerman, Wheaton, Eisner & Kramer, 1974). Eine engere Beziehung besteht zum *kognitiven Stil* in dem Sinne, daß Personen mit starker Feldabhängigkeit eine geringere Leistung erzielen als Personen mit schwacher Feldabhängigkeit (Moran, 1986), aber nach einem Training deren Leistung zu erreichen in der Lage sind. Stark impulsive Personen erreichen geringere Leistungen als stark reflektive, verändern jedoch ihr relatives Leistungsniveau auch nach einem Training nicht (Henneman & Rouse, 1984; Rouse & Rouse, 1982). In anderem Problemkontext berichtet Federico (1983) ähnliche Ergebnisse.

Ein umfassender Überblick und eine Bewertung der umfangreichen Literatur zur Fehlerbehandlung insbesondere unter dem Gesichtspunkt von Systemkenntnissen ist bei Morris und Rouse (1985a) zu finden. Eine Analyse menschlichen Fehlverhaltens im Kontext der Prozeßüberwachung gibt Sanders (1987). Er differenziert zwischen Fehlern im sensumotorischen und Fehlern im kognitiven Bereich menschlicher Leistungen. Dabei verdeutlicht er die Bedeutung grundlagenorientierter Erkenntnisse der Fehlerforschung für das anwendungsorientierte Feld hochautomatisierter Überwachungs- und Steuerungssysteme. Die gesamte Breite und Perspektivenvielfalt der Problematik wird in Rasmussen, Duncan und Leplat (1987) thematisiert.

### 3.2.3 Mentales Modell

Das mentale Modell des Operateurs (Bainbridge, 1979) und dessen Bedingungen können auf unterschiedlichen Abstraktionsniveaus strukturiert und beschrieben werden. Miller, Galanter und Pribram (1973) postulieren *Pläne* und *Bilder* eines Menschen, die in komplizierter Weise von seinen Vorstellungen und seinem Wissen über die Umwelt abhängen. Oschanin (1976) führt *operative Abbilder* als innere Repräsentation von beruflichen Tätigkeiten ein. Im engeren Feld des Mensch-Maschine-Systems und der anwendungsbezogenen Informationstechnik hat sich der Begriff *mentales Modell* durchgesetzt (Norman, 1983; Streitz, 1985; Widdel & Kaster, 1986). Wickens (1984) ordnet diesen Begriff in die Kategorie der hypothetischen Konstrukte ein. Rouse und Morris (1986) strukturieren die heterogenen Begriffsbestimmungen und diskutieren die Verwendung des Begriffs und seine Bedeutung im Kontext der Mensch-Maschine-Interaktion.

Die Erfassung des mentalen Modells bzw. der geistigen Vorstellungen vom System durch den Operateur kann über verbale Protokollierung gelingen, die als Methode des *lauten Denkens* bezeichnet wird und erfolgreich erprobt wurde (Bainbridge, 1979; Umbers, 1979a, 1979b, 1981). Dazu notwendige Verhaltensstudien am Operateur lassen sich bevorzugt in Simulationen durchführen, die auch in realen Situationen sehr selten auftretende Ereignisse in beliebiger Häufigkeit anbieten können (Buck & Maltas, 1979; Moraal & Kragt, 1984; Paternotte & Verhagen, 1979; Reinartz, 1984). Ein mentales Modell entwickelt sich durch die Interaktion des Operateurs mit dem System, die zu einer internen Repräsentation seiner dynamischen und statischen Eigenschaften führt. Relevante Determinanten eines mentalen Modells vom komplexen Erscheinungsbild eines Systems sind z. B. das Verstehen eines Prozesses, Fehlereinflüsse und -wirkungen oder das Erkennen stabilisierender Wirkungen von automatischen Regeleinrichtungen. Der Designer eines Systems oder einer Anlage kann durch Realisierung seines konzeptuellen Modells, d. h. dem Modell, das er vom zu erwartenden mentalen Modell des Operateurs hat, die Bildung dieses mentalen Modells des Operateurs beschleunigen oder ein bereits bestehendes modifizieren. Diese Realisierung kann durch Wissensagglomeration in bildlicher Form (Kaster & Widdel, 1987), in metaphorischer Form (Carroll & Mack, 1985) und als verbale Instruktion vom Systemverhalten (Kieras & Bovair, 1984) oder von prinzipiellen Systemregeln (Morris & Rouse, 1985b) geschehen. Dabei erweist sich der verbale Kenntnisaufbau dem erfahrungsmäßig aufgebauten durchweg nicht als überlegen und der Interaktion als nicht förderlich.

Die Arbeit des Menschen mit hochkomplexen technischen Systemen, die im Rahmen der Prozeßindustrie als Mensch-Maschine-Interaktion definiert ist, findet ein mehr grundlagen-orientiertes Äquivalent im Bereich des Systemdenkens. Diese Forschungsrichtung analysiert komplexes Problemlösen in vernetzten dynamischen Bezügen mit vorwiegend nichttechnischen oder -stofflichen

Korrelaten (Dörner, Kreuzig, Reither & Stäudel, 1983). Sie bedient sich derselben Methoden der Denkanalyse und Simulation. Ein innovativer, verbindender Ansatz zur Integration der beiden Forschungsrichtungen wird von Opwis (1985) vertreten und in einer Rahmenkonzeption als Umgang von Personen mit Systemen weiterentwickelt (vgl. auch Kluwe, in diesem Band).

In der Prozeßindustrie ist bereits ein hoher Automatisierungsstandard erreicht, der auch zukünftig weiter ausgebaut wird. Bainbridge (1987) hat damit sich verschärfende Probleme des Operateurverhaltens akzentuiert, die der eigentlichen Automatisierungsintention entgegenwirken. Operateure führen nur noch mit geringer Häufigkeit manuelle Steuerhandlungen aus, müssen selten aktiv in das Prozeßgeschehen eingreifen, besitzen nur noch geringe Erfahrungen bei der Bewältigung von Störfällen und sehen sich mit einem Systemverhalten konfrontiert, das sich mit der Einführung automatischer Steuereinrichtungen bzw. einzelner Steuerkomponenten verändert. Diese Entwicklung in der Interaktion zwischen Mensch und Maschine erschwert die Bildung eines differenzierten, angemessenen mentalen Modells durch den Operateur vom System erheblich.

Tab. 2: Fehler des Bedienpersonals in Tschernobyl und ihre Konsequenzen

| Verstoß | Beweggrund | Folgen |
| --- | --- | --- |
| 1. Verringerung der Reaktivitätsreserve weit unter den zulässigen Wert | Bestreben, über den Xenonberg hinwegzukommen | Das Notabschaltsystem des Reaktors erwies sich als unwirksam |
| 2. Verringern der Leistung unter den im Versuchsprogramm vorgesehenen Wert | Fehler des Operateurs beim Abschalten der lokalen automatischen Regelung | Der Reaktor war nur noch schlecht zu regeln |
| 3. Zuschalten sämtlicher Hauptumwälzpumpen mit einem höheren Durchsatz in einzelnen Hauptumwälzpumpen als in der Vorschrift festgelegt | Erfüllung der Forderungen des Versuchsprogramms | Die Temperatur des Kühlmittels des Reaktorkreislaufs näherte sich dem Sättigungspunkt |
| 4. Blockierung des Notfallschutzsignals ‚zwei Turbogeneratoren abgeschaltet' | Absicht, erforderlichenfalls Versuch mit abgeschalteten Turbogeneratoren zu wiederholen | Keine automatische Reaktorabschaltung mehr möglich |
| 5. Blockierung der Schutzvorrichtungen für den Wasserstand und den Dampfdruck in der Abscheidetrommel | Bestreben, die Erprobung durchzuführen, obwohl der Reaktor nicht einwandfrei arbeitete | Die Schutzvorrichtung des Reaktors für die Überwachung der thermischen Parameter war vollkommen abgeschaltet |
| 6. Abschaltung des Schutzsystems gegen einen Auslegungsstörfall (Abschaltung des Notkühlsystems) | Bestreben, eine Fehlanregung des Notkühlsystems während des Versuchs zu vermeiden | Keine Möglichkeit, das Ausmaß des Unfalls zu verringern |

*Anmerkung:* Memmert, 1986, S. 6.

Shiff (1983) trainierte mit Operateuren über mehrere Stunden die Steuerung einer simulierten Papierfabrik. Anschließend wurden die Operateure vier Gruppen zugeordnet, um die Steuerung manuell, rechnerkommentiert, rechnerunterstützt oder vollautomatisch durchzuführen. Nach einem experimentell provozierten Rechnerausfall zeigte sich die vierte Gruppe den anderen bei der notwendig gewordenen manuellen Steuerung der Fabrik deutlich unterlegen. Diese befürchteten Nachteile der Hochautomatisierung können nur durch geeignete, permanent durchgeführte Trainingsmaßnahmen, die sich der mehrfach angesprochenen Simulationsmethoden bedienen, gemildert werden. Unklaren bzw. falschen Vorstellungen des Bedienpersonals vom Systemverhalten könnte zur Erklärung der Katastrophe des Kernkraftwerks Tschernobyl eine entscheidende Rolle zukommen. Die sechs vermuteten Hauptverstöße des Bedienpersonals, die während eines experimentellen Testlaufs des Reaktors auftraten, sind in Tabelle 2 aufgeführt. Die Betrachtung der Beweggründe und der realisierten Maßnahmen läßt auf ein unangemessenes mentales Modell der Operateure vom System schließen.

## 4 Streß und Monotonie

Die Überwachungstätigkeit in Leitwarten durch den Operateur bezieht in Abhängigkeit vom Grad der Prozeßautomatisierung zwei unterschiedliche Situationen ein. Im Störfall sieht sich der Operateur einer hohen Arbeitsbelastung ausgesetzt, wenn er mit großen Informationsmengen und hohem Aktivitätsbedarf zur Fehlersuche, -diagnose und zu Reparaturmaßnahmen konfrontiert wird. Während des Überwachungsgeschehens im normalen Prozeßzustand führt dagegen eine hohe Autonomie des Steuerungssystems zu einer Unterforderung des Operateurs.

### 4.1 Einfluß von Streß

Die Beanspruchung des Operateurs nimmt in extremen Streßsituationen erheblich zu, insbesondere bei dem abrupten Auftreten eines Störfalls. Zu dieser Thematik sind aus der Prozeßindustrie kaum empirische Untersuchungen bekannt; sie beziehen sich vorwiegend auf den Bereich der Kernkraftwerke. Unter hohem Streßeinfluß neigt der Operateur zu rigidem Denken und regressivem Verhalten und seine Bewußtheit und Informationsaufnahme sind stark eingeschränkt (Sargent, 1981). In derartigen Situationen zeigt der Operateur ein konditioniertes Verhalten, das von Woods (1984) als fixierte Handlungssequenz definiert wird. Es entspricht den im Normalfall geforderten Tätigkeitsabläufen und ist daher fest gespeichertes Verhaltensrepertoire. Zur Bewältigung von streßerzeugenden Störfallsituationen muß dagegen ein wissensbasiertes (Sargent, 1981) bzw. dynamisches Verhalten (Woods, 1984) eingesetzt werden. Da dieses Verhalten nur selten vom Operateur verlangt wird, müssen tätigkeitsbegleitende Simulationen als Trainingsmaßnahmen empfohlen werden, um flexible Verhaltensmuster zur Problemlösung unter Streß verfügbar zu halten (Woods, O'Brien & Hanes, 1987).

## 4.2 Einfluß von Monotonie

Das andere Belastungsextrem von Überwachungssituationen bei industriellen Prozessen kann zu einer Unterforderung des Operateurs führen mit zwei negativen Konsequenzen. Eine Überwachung von hochautomatisierten Prozessen, die vom Operateur die Beobachtung normal ablaufender technischer Operationen erfordert, kann Monotonie und Langeweile erzeugen. Auf längere Sicht ist eine Degradierung des mentalen Modells vom Systemverhalten und damit ein Verlust der Fähigkeit zur Fehlerbehandlung zu erwarten. Auf kurze Sicht wird ein Abfallen der Aufmerksamkeit die Fehlerentdeckung beeinträchtigen.

Die Beobachtung visueller Anzeigen wurde traditionell innerhalb der experimentellen Psychologie im Rahmen der Vigilanzproblematik behandelt. Der Vigilanzabfall ist im industriellen Prozeßkontext wie bei der visuellen Inspektion oder der Qualitätskontrolle bedeutsam. Er korrespondiert mit der Komplexität und dem Automatisierungsgrad der Prozesse, d. h. er dürfte eher bei niedriger Komplexität und unter dem Einfluß hochautomatisierter Prozeßsteuerung erkennbar werden. Beim Beobachten und Absuchen eines oder vieler Bildschirme sind Fehler des Systems oder Störfälle zu entdecken; derartige Ereignisse können sehr selten und nicht vorhersagbar auftreten. Der Operateur hat der Überwachungsaufgabe über lange Zeit einen hohen Grad an Aufmerksamkeit entgegenzubringen, ohne daß ein Ereignis ihn zu einer Reaktion oder Ausführung einer Handlungssequenz veranlaßt. Als Folge derartig monotoner Arbeitssituationen können ein Vigilanz- und Leistungsabfall erwartet werden und folgende nachteilige Konsequenzen provozieren (Hopkin, 1984):

— Der Operateur empfindet seine Aufgabe als unsinnig und menschenunwürdig, als Vergeudung seiner Fähigkeiten und die Dominanz des Systems über seine Bedürfnisse als bedrohlich.

— Die ihm verbleibende Restrolle wird nicht als effektiv ausgefüllt erlebt. Dem Operateur ist es nicht möglich, durch seine Einbindung in die Führungs- und Steuerungsschleife des Systems einen in angemessener Stärke Aktivität fordernden Part zu übernehmen sowie dauerhaft einen detaillierten Kenntnisstand über den Systemzustand und die notwendige Aufmerksamkeit aufrechtzuerhalten.

— Monotonie und Langeweile führen zu Widerspruch und negativer Einstellung dem System und seiner Umgebung gegenüber.

## 4.3 Operationale Relevanz

Die Vigilanzproblematik wird in der industriellen Prozeßführung als relevant angesehen (Davies, Shackleton & Parasuraman, 1983; Smith, 1981; Thackray, 1981). Auch Craig (1984) vertritt prononciert die Auffassung, daß Vigilanzaufgaben einen wesentlichen Aspekt der Operateurtätigkeit darstellen. Die Auswirkung des monotoniebedingten Aufmerksamkeitsabfalls unter operationalen Bedingungen ist jedoch nicht unstrittig. Er konnte unter Laborbedingungen mit spezifischen Untersuchungsdesigns konsistent nachgewiesen werden, ist aber in industriellen Arbeitssituationen seltener identifizierbar (Davies & Parasuraman, 1982). Beispielsweise fanden Astley und Fox (1975) und Saito und Tanaka (1977) bei visueller Kontrolle von industriellen Produkten einen Leistungsabfall über die Zeit, der auf hoch monotone Arbeit zurückgeführt wurde. In Überwachungssituationen, in denen die Steuerungsprozeduren weitgehend automatisiert sind und kritische, zu entdeckende Ereignisse selten auftreten (Sheridan & Ferrell, 1974), könnte eine Prononcierung des Vigilanzabfalls angenommen werden (Lees, 1973; Tye, 1979). Wie die äußerst geringe Zahl an Studien im Bereich der Prozeßüberwachung (Lees & Sayers, 1976; Wickens & Kessel, 1979) jedoch zeigt, ist ein Vigilanzabfall nur mühsam nachweisbar. Ein Grund könnte das Fehlen von typischen Vigilanzsituationen in der Praxis sein, wie sie in Laborexperimenten simulierbar sind. Gestaltungsmaßnahmen für Tätigkeiten in Leitwarten könnten bereits monotoniereduzierende Elemente integrieren, wie z. B. Pausengestaltung, Zusatztätigkeiten, Informationsdesign (Bernotat, Gärtner & Widdel, 1987; Widdel, Grossmann, Post & Walraven, in Druck) und generelle Motivationshebung. So konnten Pfendler und Widdel (1986, 1987) beispielsweise zeigen, daß sich bereits die farbliche Gestaltung von elektronischen Anzeigen mäßigend auf den Vigilanzabfall auswirkt.

In neueren Prozeßsteuerungs- und -überwachungssituationen können Vigilanzprobleme durch geeignete Gestaltungsmaßnahmen der Operateurtätigkeit, z. B. die Vigilanz steigernde Aufgabenverteilung zwischen Automatik und Mensch durch Expertensysteme und ähnliche Technologien oder durch Teamarbeit, reduziert werden:

— Der Vigilanzabfall tritt bei einer passiven Rolle des Operateurs auf. Der Operateur kann jedoch aktiv in den Überwachungs- und Steuerungsprozeß involviert werden durch dauerhafte Parameterüberprüfung, Zustandsanpassung, Informationssuche etc.

— Der Vigilanzabfall tritt bei der Entdeckung einzelner, isolierter und selten auftretender Ziele oder Ereignisse auf. Der Operateur kann aber in die übergeordnete Aufgabenstellung eingeordnet werden. Er hat das System in optimalem Zustand zu halten, dazu seine Aufmerksamkeit auf eine Vielzahl von Informationsquellen zu richten und intern Steuerungsprozeduren zu simulieren.

— Der Vigilanzabfall bezieht kaum kognitive Ressourcen mit ein, wie z. B. Gedächtnis und Planung. Prozeßüberwachung schließt dagegen die Antizipation von möglichen Problembereichen und die kontinuierliche Bewertung des aktuellen Systemzustandes ein.

— Der Vigilanzabfall tritt bei isolierter Einzeltätigkeit auf. Bei Tätigkeiten im Leitstand befindet sich der Operateur aber häufig in einem Arbeitsteam, das die Aufgaben in gruppendynamischem Kontext durchführt.

## 5 Sicherheit in der Prozeßführung

Ziel der Gestaltung industrieller Systeme und ihrer Leitstände ist es, ein System mit maximaler Produktion, minimalen Kosten, akzeptablen menschlichen Arbeitsbedingungen und höchster Sicherheit zu erstellen. Die Sicherheitsproblematik wurde ins öffentliche Blickfeld gerückt mit der wahrgenommenen steigenden Bedrohung der Umwelt durch großtechnische Systeme bzw. dem sensibilisierten öffentlichen Sicherheitsbedürfnis. Neben der Erfassung der subjektiven Wahrnehmung von Bedrohung durch die Großtechnik (Jungermann, 1982), die mit der objektiven Kalkulation nur schwach korreliert, aber in politische Entscheidungsprozesse stark einwirkt, wird eine Eingrenzung objektiver Bedrohungspotentiale, das Restrisiko, über Zuverlässigkeitsschätzungen angestrebt. Dieses Bestreben intensiviert die Nachfrage nach reliablen und validen Techniken und Methoden der Zuverlässigkeitsschätzung. Analysen und Modellierungsbemühungen zur Zuverlässigkeit industrieller Prozesse konzentrieren sich in der Überzahl auf maschinen-immanente Probleme und greifen in nur geringer Zahl Operateurprobleme mit auf.

Die klassischen Methoden zur Bestimmung der Zuverlässigkeit des Operateurs in Mensch-Maschine-Systemen gründen auf Modellen, die direkt aus dem technischen Anwendungsbereich übernommen und auf menschliches Verhalten übertragen wurden. Dieses Vorgehen impliziert eine fragwürdige Gleichsetzung menschlichen Verhaltens mit technischen Funktionsabläufen und eine extrem reduzierte Sichtweise des Operateurverhaltens. Die verwendeten klassischen Modelle beruhen in der Regel auf Kalkulationen von Fehlerwahrscheinlichkeiten, sowohl der hardware-Komponenten als auch der menschlichen Verhaltenselemente, die als Fehlerbaum dargestellt zu werden pflegen. Die Kombination aller Einzelwahrscheinlichkeiten führt über entsprechende mathematische Operationen letztlich zur Gesamtfehlerwahrscheinlichkeit. Einen generellen Überblick und grundsätzliche Kritik an Schätzmethoden der Operateurzuverlässigkeit gibt Embrey (1979). Die Validität der Modelle erscheint ungesichert, weil eine Synthetisierung komplexen menschlichen Verhaltens durch bestenfalls multiplikative Kombination seiner konstituierenden Elemente nicht im Einklang steht mit Theorien zur Erklärung von Prozessen der Aufgabenbewältigung. Zwar ist eine Taxonomisierung des Operateurverhaltens legitim, jedoch ist die Hypothese zweifelhaft, daß eine Synthese mit gleicher Signifikanz versehener Elemente und ihre sequentielle Verarbeitung das Operateurverhalten angemessen repräsentieren kann.

Das wohl bekannteste, für den Bereich der Nuklearindustrie konzipierte Modell dieser Provenienz ist die *Technique for Human Error Prediction* (THERP) von Swain und Guttmann (1983). Sie spaltet eine Aufgabe in eine Serie sequentieller Elemente auf und bildet einen Ereignisbaum, der die potentiellen Fehlerereignisse modelliert. Aus Tafeln mit Fehlerwahrscheinlichkeiten für die einzelnen Aufgabenelemente in Leitwartensituationen, die auf subjektiven Experteneinschätzungen beruhen, kann die generelle Störfallwahrscheinlichkeit für die Gesamtaufgabe berechnet werden. Als ein Nachteil wird angesehen, daß sich THERP vorwiegend für prozedurale, regelbasierte und sequentielle Aufgaben anwenden läßt und nicht auf wissensbasierte Situationen, in denen Entscheidungsfindung und Problemlösung verlangt wird.

Neuere Entwicklungen der *Human Reliability Assessment Techniques* (HRA) finden bereits während des kompletten Gestaltungsvorhabens und bei Veränderungsvorhaben von Anlagen und Fabriken als Hilfsmittel Anwendung. Ansätze zur Modellierung, die die Kommunikation zwischen hardware-Designer und HRA-Experte erleichtern können, bietet der *Operator Action Event Tree* (OAET) von Brown, von Herrman und Quilliam (1982). Er ist funktionsorientiert und definiert die Abfolge der vom System vorgeschriebenen Funktionen als Operateurhandlungen. Insofern stellt er eine hardware-orientierte Sicherheitsanalyse dar und diagnostiziert oder modelliert nicht menschliches Verhalten. Die operateur-orientierte Betrachtungsweise findet eher Berücksichtigung bei *Critical Decision Action*-Methoden (CDA), die menschliche Zuverlässigkeit in komplexen und unstrukturierten Situationen zu bewerten erlauben. Strukturierende Komponenten werden z. B. im Modell von Rasmussen (1983) herausgestellt, der menschliches Leistungsverhalten in fertigkeits-, regel- und wissensbasierte Bereiche gliedert. Mit diesen Verhaltensniveaus, die hierarchisch strukturiert sind, können charakteristische Fehlertypen verknüpft werden, die bei einer CDA auftreten. Um Analytikern und Designern detaillierte Hinweise auf Fehlerursachen zu liefern, können zusätzlich Murphy-Diagramme (Pew, Miller & Feerher, 1981) verwendet werden, die eine weitere Dekomposition von Fehlverhalten erfordern. Anwendungsbeispiele dieser Methode zur Analyse des Operateurverhaltens bei Störfällen in Kernkraftwerken der USA mit Empfehlungen für zukünftige Designs finden sich in Pew et al. (1981). In neuerer Zeit wurden ganzheitliche Techniken zur Abschätzung der menschlichen Zuverlässigkeit entwickelt. Interessierende Aufgaben werden nicht mehr in eine Serie sequentieller Teilaufgaben eingeteilt, sondern als ganze Aufgaben evaluiert durch explizite numerische Einschätzungen von Expertengruppen. Von diesem Typ der Zuverlässigkeitsschätzmethoden sind auf einem anwendungsfähigen Entwicklungsstand zwei Verfahren bedeutsam. Die *Success Likelihood Index Methodology* (SLIM), beschrieben in Embrey (1983), erlaubt

z. B. die Identifizierung der Designkomponente mit dem stärksten Einfluß auf die Gesamtwahrscheinlichkeit für eine erfolgreiche Aufgabenbewältigung. Ein weiteres Verfahren, dem quantifizierte Expertenschätzungen zugrundeliegen, stellt das *Influence Diagram Approach* (IDA) dar (Embrey, 1984).

## 6 Ausblick

Wie sich aus der Abbildung 2 ablesen läßt, wird die Automatisierung in der Prozeßindustrie fortschreiten. Steuerung und Überwachung industrieller Anlagen werden in steigendem Maße rechnergestützt durchgeführt. Die Bestrebungen zu weiterer Automatisierung schließen auch höhere kognitive Funktionen des Menschen ein, z. B. Problemlösen, Entscheiden und Diagnostizieren. Sie sollen mit Methoden der künstlichen Intelligenz informationstechnischer Handhabung zugänglich werden. Ansätze und Methoden zur Modellierung kognitiver Prozesse, zur Schnittstellengestaltung und zum Entwurf von Entscheidungshilfesystemen werden in Garg-Janardan, Ray, Zimolong, Shimon und Salvendy (1987) und Kraiss (1985) vorgestellt.

Eine zentrale, wachsende Bedeutung wird zukünftig dem Einsatz von Expertensystemen zufallen. Generell wird bei einem Expertensystem eine anwendungsorientierte Wissensbasis von einem anwendungsneutralen Kernsystem getrennt. In der Wissensbasis unterscheidet man Sach- von Erfahrungswissen, im Kernsystem werden Problemlösungs-, Erklärungs-, Wissensakquisitions- und Dialogkomponenten unterschieden. Die Struktur eines Expertensystems ist in Abbildung 5a skizziert (Ahrens, 1987). In der Wissensbasis integriert die hybride Wissensrepräsentation Produktionsregeln, prädikatenlogische Klauseln und objektorientierte Formen der Wissensrepräsentation. Der auf die Produktionsregeln fokussierte Teil der Problemlösungskomponente vereinigt Strategien der Vorwärts- und Rückwärtsverkettung mit der Möglichkeit gezielter und ungezielter Suche in der Datenbasis sowie der Hypothesenbildung und -überprüfung. Die Erklärungskomponente soll dem Operateur Lösungen für Probleme, die häufig unklar, unscharf und fehlerbehaftet vorliegen, anbieten und den Lösungsweg und seine Plausibilität erklären. Den am schwierigsten zu erzeugenden Teil eines Expertensystems stellt die Wissensakquisitionskomponente dar. Sie dient der Erstellung der Wissensbasis durch Repräsentation von Wissen der Experten und der Überprüfung der Wissensbasis auf Fehler. Die Dialogkomponente realisiert die Benutzeroberfläche. Eine objektzentrierte Betrachtung gestattet es, eine adäquate Objektwelt, welche die von technischen Objekten geprägte Prozeßleittechnik repräsentiert, zu visualisieren und dem Operateur als Kommunikationswerkzeug anzubieten.

Anwendungsbereiche in der industriellen Prozeßsteuerung und -überwachung, auf die Expertensysteme vornehmlich zielen, sind die Diagnose, die Sicherheitsanalyse und die Planung (Ahrens, 1987). Das klassische Anwendungsge-

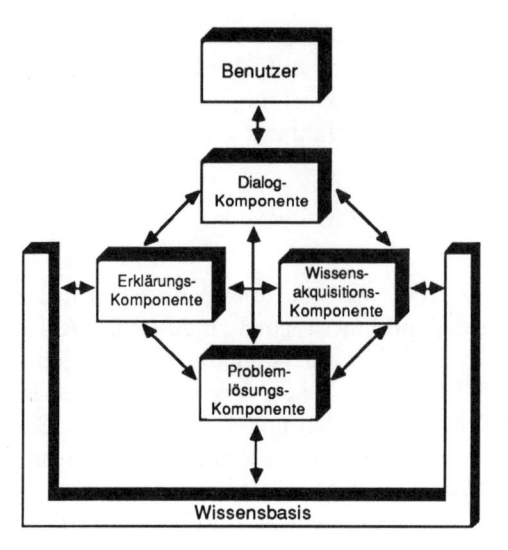

Abb. 5: a) Architektur von Expertensystemen
b) Zusammenwirken von Prozeßleitsystem und Expertensystem. (Ahrens, 1987, S. 476 und 482).

a)

b)

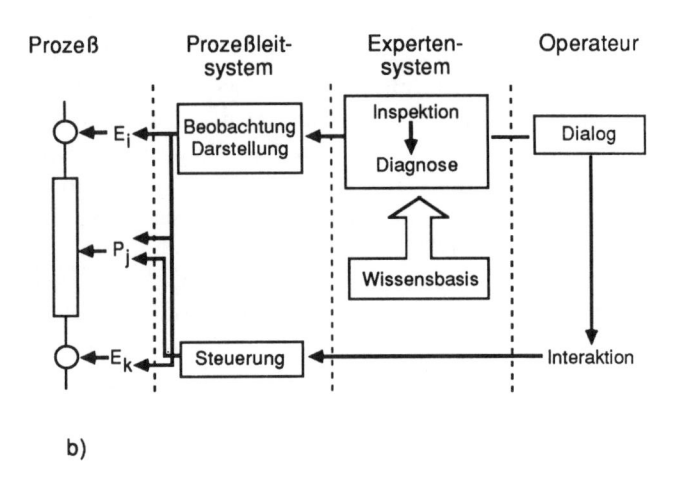

biet der Expertensystemtechnologie ist die Diagnose. In der industriellen Prozeßführung steht das Expertensystem, das Operateure effektiv unterstützen soll und ein präzises Abbild des Prozesses beinhalten muß, damit in direkter Konkurrenz zum Prozeßleitsystem. Dem Prozeßleitsystem liegen funktionale Zusammenhänge, z. B. als Algorithmen zur Steuerung, zugrunde, die es ihm zwar auch erlauben, dem Operateur modellgestützt Hilfestellung bei der Analyse von Fehlersituationen zu geben. Es fehlt ihm aber das symbolische und argumentative Wissen des Expertensystems, um daraus weitere Schlüsse zu ziehen. Das Prozeßleitsystem zeichnet sich durch Vollständigkeit der Information aus, das Expertensystem durch „Verständnis" der Information. Es wird daher oberhalb des Prozeßleitsystems angesiedelt, aber noch unterhalb oder parallel zu den Führungsrechnern (siehe Abbildung 5b; Ahrens, 1987). Eine direkte Interaktion des Operators mit dem Prozeß ist noch nicht vorgesehen. Sie setzt eine Erweiterung des Prozeßleitsystems mit wissensbasierten Komponenten voraus. Anwendungen von Expertensystemen in der Prozeßindustrie sind derzeit noch sehr eingeschränkt (Eiben, Eisermann & Fedderwitz, 1987). Der enorme Einsatz bei der Entwicklung von Expertensystemen und Fortschritte im Bereich der Wissensakquisition deuten aber auf ein rasch expandierendes Anwendungspotential hin. Ziel der Forschungs- und Entwicklungsbemühungen sind technische Expertensysteme zur Überwachung von Großanlagen, wie Kernreaktoren, fossile Kraftwerke, chemische Anlagen und Rechnernetze. Fortgeschrittene Überwachungssysteme liefern dem Operator wertvolle Information und Ratschläge zur Optimierung der Prozeßabläufe. In seinem Verantwortungsbereich bleibt jedoch die Aufgabe, geeignete Aktionen und Maßnahmen auszuwählen und durchzuführen. Zukünftige Entwicklungen sehen zusätzlich eine Überwachungsfunktion des technischen Systems über die Operateuraktivität vor. Diese Überwachung des Operators, die eine Erhöhung der Fehlertoleranz des Gesamtsystems bewirkt, ist insbesondere bei zeitkritischen Prozeßabläufen wünschenswert. Höhere regelungs- und informationstechnische Konzepte lassen bereits Vorstellungen über selbst-optimierende Systeme realisierbar erscheinen. Als Vorläufer derartiger adaptiver Prozeßsteuerungs- und -überwachungssysteme kann das „self tuning"-Verfahren (Brombacher & Polke, 1987) gelten.

Vorteile der skizzierten Entwicklung zeigen sich in einer größeren Sicherheit des Gesamtsystems Mensch-Maschine sowie in der Entlastung des Operators von stark beanspruchenden Tätigkeitsfaktoren. Nachteilige Auswirkungen treten auf, wenn nicht bereits im Gestaltungsansatz komplexer technischer Systeme menschliche Bedürfnisse Berücksichtigung finden. Es müssen daher solche Aufgaben definiert werden, d. h. im industriellen Steuerungs- und Überwachungskontext auch gefunden und dem Operator übertragen werden, die seine Stärken, z. B. Kreativität und Flexibilität, zur Entfaltung gelangen lassen. Vor möglichen negativen sozialen Konsequenzen warnt Sheridan (1987), der zehn Faktoren unter den Überbegriffen Entzug und Entfremdung der Arbeit definiert. Eine dringliche Forderung läßt sich daraus ableiten, daß die Gestaltung zukünftiger Tätigkeitsbereiche des Operators sich auf die Vermeidung monotoner Arbeit konzentrieren muß. Die Aktualität dieser Forderung wird drastisch von einem Beispiel belegt. Nach einer Meldung der Deutschen Presse-Agentur (1987) wurde aus Gründen der Sicherheitsgefährdung ein Kernkraftwerk in Delta im US-Bundesstaat Pennsylvania vorübergehend abgeschaltet, da technisches Aufsichtspersonal wiederholt beim Schlafen angetroffen wurde.

Korrespondierend mit dem Wachsen der Automatisierung steigt zukünftig der Bedarf an Trainingsmaßnahmen für den Operator. Mit Simulatoren lassen sich Tätigkeiten vom Operator fordern und üben, die in der normalen Steuerungs- und Überwachungssituation selten oder nicht verlangt werden. Dies trifft insbesondere auf die Fehlerbehandlung und Störfallbeseitigung zu, aber zunehmend auch auf solche Tätigkeiten, die dem Operateur von der Automation zuvor entzogen wurden. Die Informationstechnik schafft durch diese Tätigkeitsentlastung dem Operateur einen Freiraum, um Simulationen für sein Training in den noch verbleibenden realen Arbeitsvorgang zu integrieren. Damit werden dem Operateur die mit fortschreitender Automatisierung der Steuerung und Überwachung abhandenkommenden Aufgaben wieder zugänglich, aber Bedenken bleiben, am Ende der informationstechnischen Entwicklung nur noch eine „Simulation der Arbeit" vorzufinden.

## Literatur

Ahrens, W. (1987). Einsatz von Expertensystemen in der Prozeßleittechnik. *Automatisierungstechnische Praxis, 29*, 475—485.

Astley, R. W. & Fox, J. G. (1975). The analysis of an inspection task in rubber industry. In C. G. Drury & J. G. Fox (Eds.), *Human reliability in quality control* (pp. 253—272). London: Taylor and Francis.

Bainbridge, L. (1979). Verbal reports as evidence of the process operator's knowledge. *International Journal of Man-Machine Studies, 11*, 411—436.

Bainbridge, L. (1987). Ironies of automation. In J. Rasmussen, K. Duncan & J. Leplat (Eds.), *New technology and human error* (pp. 271—283). New York: John Wiley.

Baldwin, R. D. (1978). *Training the electronics maintenance technician* (Hum RRO Prof. Paper 7-78). Alexandria, VA: Human Resources Research Organization.

Bartz, A. G. (1976). Peripheral detection and central task complexity. *Human Factors, 18*, 63—70.

Bellamy, L. J. & Courtney, A. J. (1981). Development of a search task for the measurement of peripheral visual acuity. *Ergonomics, 24*, 497—509.

Bennett, K. B., Woods, D. D., Roth, E. M. & Haley, P. H. (1986). Predictor displays for complex, dynamic tasks: a preliminary investigation. In *Proceedings of the Human Factors Society 30th Annual Meeting. A cradle for human factors* (pp. 684—688). Santa Monica, CA: The Human Factors Society.

Bernotat, R., Gärtner, K.-P. & Widdel, H. (Hrsg.). (1987). *Spektrum der Anthropotechnik*. Meckenheim: Warlich.

Bloomfield, J. D. (1975). Studies in visual search. In C. G. Drury & J. G. Fox (Eds.), *Human reliability in quality control* (pp. 19—29 und 31—43). London: Taylor and Francis.

Brombacher, M. & Polke, M. (1987). Perspektiven der Prozeßleittechnik. *Automatisierungstechnische Praxis, 29*, 501—510.

Brooke, J. B. & Duncan, K. D. (1981). Effects of system display format on performance in a fault location task. *Ergonomics, 24*, 175—189.

Brouwers, A. F. (1984). Automation and the human operator: effects in process operations. In Institution of Chemical Engineers (Ed.), *Ergonomic problems in process operations* (pp. 179—190). Oxford: Pergamon Press.

Brown, R. G., Herrman, J. L. von & Quilliam, J. F. (1982). *Operator action event trees for the Zion 1 pressurized water reactor* (NUREG/CR-2888). Idaho Falls, Idaho: EG+G Idaho Inc.

Buck, J. R. & Maltas, K. L. (1979). Simulation of industrial man-machine systems. *Ergonomics, 22,* 785—797.

Bussel, F. J. van (1980). Human prediction of time series. *IEEE Transactions on Systems, Man, and Cybernetics, SMC-10,* 410—414.

Carroll, J. M. & Mack, R. L. (1985). Metaphor, computing systems, and active learning. *International Journal of Man-Machine Studies, 22,* 39—57.

Courtney, A. J. & Chan, H. S. (1986). Visual lobe dimensions and search performance for targets on a competing homogeneous background. *Perception and Psychophysics, 40,* 39—44.

Craig, A. (1984). Process control operation as a watchkeeping task. In Institution of Chemical Engineers (Ed.), *Ergonomic problems in process operations* (pp. 36—37). Oxford: Pergamon Press.

Davies, D. R. & Parasuraman, R. (1982). *The psychology of vigilance.* London: Academic Press.

Davies, D. R., Shackleton, V. J. & Parasuraman, R. (1983). Monotony and boredom. In G. R. Hockey (Ed.), *Stress and fatigue in human performance* (pp. 1—31). New York: Wiley.

Deutsche Presse-Agentur (1987, 1. 4.). Atomkraftwerk abgeschaltet. *Bonner General-Anzeiger,* S. 28.

Dörner, D., Kreuzig, H., Reither, F. & Stäudel, T. (1983). *Lohhausen. Vom Umgang mit Unbestimmtheit und Komplexität.* Bern: Huber.

Drury, C. G. (1978). Integrating human factors models into statistical quality control. *Human Factors, 20,* 561—572.

Duncan, K. D. (1981). Training for fault diagnosis in industrial process plant. In J. Rasmussen & W. B. Rouse (Eds.), *Human detection and diagnosis of system failures* (pp. 553—573). New York: Plenum Press.

Edwards, E. & Lees, F. P. (1974). *The human operator in process control.* London: Taylor and Francis.

Eiben, B., Eisermann, J. & Fedderwitz, W. (1987). Ein Expertensystem für die Leitwartentechnik. In H. Balzert, G. Heyer & R. Lutze (Hrsg.), *Expertensysteme '87 Konzepte und Werkzeuge* (S. 102—116). Stuttgart: Teubner.

Embrey, D. (1979). The reliability of human observers as system components. In J. N. Clare & M. A. Sinclair (Eds.), *Search and the human observer* (pp. 40—49). London: Taylor and Francis.

Embrey, D. (1983). *The use of performance shaping factors and quantified expert judgement in the evaluation of human reliability: An initial appraisal* (NUREG/CR-

2986). Upton, N.Y.: Department of Nuclear Energy, Brookhaven National Laboratory.

Embrey, D. (1984). Application of human reliability assessment techniques to process plant design. In Institution of Chemical Engineers (Ed.), *Ergonomic problems in process operations* (pp. 43—45, 65—80). Oxford: Pergamon Press.

Engel, F. L. (1977). Visual conspicuity, visual search, and fixation tendencies of the eye. *Vision Research, 17,* 95—108.

Färber, G., Polke, M. & Steusloff, H. (1985). Mensch-Prozeß-Kommunikation. *Chemie-Ingenieur-Technik, 57,* 307—317.

Federico, P.-A. (1983). Changes in the cognitive components of achievement as students proceed through computer-managed instruction. *Journal of Computer-Based Instruction, 9,* 156—168.

Garg-Janardan, C., Ray, E. E., Zimolong, B., Shimon, Y. N. & Salvendy, G. (1987). Expert Systems. In G. Salvendy (Ed.), *Handbook of human factors* (pp. 1130—1176). New York: Wiley.

Gettys, C. F., Manning, C., Mehle, T. & Fisher, S. (1980). *Hypothesis generation: A final report of three years of research* (Technical Report 15-10-10). Norman, OK.: University of Oklahoma, Decision Processes Laboratory.

Grimm, R. (1984). Zur ergonomischen Gestaltung der Mensch-Prozeß-Schnittstelle: Prozeßbeobachtung und Prozeßbedienung. *Regelungstechnische Praxis, 26,* 153—160.

Henneman, R. L. & Rouse, W. B. (1984). Measures of human problem solving perform ance in fault diagnosis tasks. *IEEE Transactions on Systems, Man, and Cybernetics, SMC-14,* 99—112.

Heusden, A. R. van (1980). Human prediction of third-order autoregressive time series. *IEEE Transactions on Systems, Man, and Cybernetics, SMC-10,* 38—43.

Hinz, W. (1984). Warte und ergonomische Gestaltung. *Ortung und Navigation, 25,* 630—646.

Hopkin, V. D. (1984). Human implications of task and system design. In Institution of Chemical Engineers (Ed.), *Ergonomic problems in process operation* (pp. 33—35). Oxford: Pergamon Press.

Johnson, C. A., Keltner, J. L. & Ballestrery, F. (1978). Effects of target size and eccentricity on visual detection and resolution. *Vision Research, 18,* 1217—1222.

Jungermann, H. (1982). Zur Wahrnehmung und Akzeptierung des Risikos von Großtechnologie. *Psychologische Rundschau, 33,* 217—238.

Kaster, J. & Widdel, H. (1987). Effect of visual presentation of different dialogue structures on human-computer interaction. In B. Knave & P.-G. Widebäck (Eds.), *Work with display units* (pp. 822—830). Amsterdam: North-Holland.

Kelley, C. R. (1968). *Manual and automatic control.* New York: Wiley.

Kieras, D. E. & Bovair, S. (1984). The role of a mental model in learning to operate a device. *Cognitive Science, 8,* 255—273.

Kragt, H. & Daniels, M. J. (1984). Some remarks on the process operator and his job: the human operator in the control room of tomorrow. In Institution of Chemical Engineers (Ed.), *Ergonomic problems in process operations* (pp. 191—200). Oxford: Pergamon Press.

Kraiss, K.-F. (1985). *Fahrzeug- und Prozeßführung. Kognitives Verhalten des Menschen und Entscheidungshilfen.* Berlin: Springer.

Laios, L. (1978). Predictive aids for discrete decision tasks with input uncertainty. *IEEE Transactions on Systems, Man, and Cybernetics, SMC-8,* 19—29.

Lauber, R. (1989). *Prozeßautomatisierung.* Band 1. Berlin: Springer.

Lees, F. P. (1973). Quantification of man-machine system reliability in process control. *IEEE Transactions on Reliability, R 22,* 124—131.

Lees, F. P. & Sayers, B. (1976). The behavior of process operators under emergency conditions. In T. B. Sheridan & G. Johannsen (Eds.), *Monitoring behavior and supervisory control* (pp. 331—341). New York: Plenum Press.

Lenior, T. M., Rijnsdorp, J. E. & Verhagen, L. H. (1980). From field operator to central control room operator: an integrated educational research and consultancy approach. *Ergonomics, 23,* 741—749.

Leplat, J. & Rocher, M. (1984). Ergonomics of the control of simultaneous processes: case study in biochemical industry. In Institution of Chemical Engineers (Ed.), *Ergonomic problems in process operation* (pp. 7—9). Oxford: Pergamon Press.

Mackworth, N. H. (1976). Stimulus density limits of the useful field of view. In R. A. Monty & J. W. Senders (Eds.), *Eye movements and psychological processes* (pp. 305—321). Hillsdale, N.J.: Lawrence Erlbaum.

McDonald, L. B., Waldrop, G. P. & White, V. T. (1983). *Analysis of fidelity requirements for electronics equipment maintenance* (Technical Report NAVTRAEQUIPCEN-81-C-0065-1). Orlando, FL: Naval Training Equipment Center.

Megaw, E. D. & Richardson, J. (1979a). Eye movement and industrial inspection. *Applied Ergonomics, 10,* 145—154.

Megaw, E. D. & Richardson, J. (1979b). Target uncertainty and visual scanning strategies. *Human Factors, 21,* 302—315.

Memmert, G. (1986). Der Reaktorunfall in Tschernobyl. *Forschung aktuell, 3,* 3—6.

Miller, G. A., Galanter, E. & Pribram, K. H. (1973). *Strategien des Handelns.* Stuttgart: Klett.

Moffitt, K. (1980). Evaluation of the fixation duration in visual search. *Perception and Psychophysics, 27,* 370—372.

Moraal, J. & Kragt, H. (1984). Alarminformation für Prozeßüberwachung — eine vergleichende Simulationsstudie. *Ortung und Navigation, 25,* 602—613.

Moran, A. P. (1986). Field independence and proficiency in electrical fault diagnosis. *IEEE Transactions on Systems, Man, and Cybernetics, SMC-16,* 162—165.

Moray, N. (1986). Monitoring behavior and supervisory control. In K. R. Boff, L. Kaufmann & J. P. Thomas (Eds.), *Handbook of perception and human performance* (Volume II. Cognitive processes and performance, pp. 40.1.—40.51). New York: Wiley.

Morris, N. M. & Rouse, W. B. (1985a). Review and evaluation of empirical research in troubleshooting. *Human Factors, 27,* 503—530.

Morris, N. M. & Rouse, W. B. (1985b). The effects of type of knowledge upon human problem solving in a process control task. *IEEE Transactions on Systems, Man, and Cybernetics, SMC-15,* 698—707.

Norman, D. A. (1983). Some observations on mental models. In D. Gentner & L. Stevens (Eds.), *Mental models* (pp. 7—14). Hillsdale, NJ: Erlbaum.

Opwis, K. (1985). *Mentale Modelle dynamischer Systeme: Analyse und Weiterführung methodischer Grundlagen von psychologischen Experimenten zum Umgang von Personen mit Systemen* (Forschungsbericht Nr. 30). Freiburg: Universität Freiburg, Psychologisches Institut.

Oschanin, D. A. (1976). Dynamisches operatives Abbild und konzeptionelles Modell. *Probleme und Ergebnisse der Psychologie, 59,* 37—48.

Paternotte, P. H. & Verhagen, L. H. (1979). Human operator research with a simulated distillation process. *Ergonomics, 22,* 19—28.

Pew, R. W., Miller, D. C. & Feerher, C. E. (1981). *Evaluation of proposed control room improvements through analysis of critical operator decisions* (Report No. NP-1982). Palo Alto, CA: Electric Power Research Institute.

Pfendler, C. & Widdel, H. (1986). Vigilance performance when using colour on elec tronic displays. *Perceptual and Motor Skills, 63,* 939—944.

Pfendler, C. & Widdel, H. (1987). Der Einfluß von Farbe in elektronischen Anzeigen auf die Leistung in Vigilanzaufgaben. In R. Bernotat, K.-P. Gärtner & H. Widdel (Hrsg.), *Spektrum der Anthropotechnik* (S. 212—220). Meckenheim: Warlich.

Pikaar, R. N. (1986). Man-machine-interaction in process control. In H.-P. Willumeit (Ed.), *Human decision making and manual control* (pp. 157—172). Amsterdam: North-Holland.

Prinz, W. & Rübenstrunk, G. (1979). Suchen als Thema der Experimentalpsychologie: Zur Steuerung visueller Suchprozesse. *Psychologische Rundschau, 30,* 198—218.

Rasmussen, J. (1983). Skills, rules, and knowledge: signals, signs, and symbols, and other distinctions in human performance models. *IEEE Transactions on Systems, Man, and Cybernetics, SMC-13,* 257—266.

Rasmussen, J., Duncan, K. D. & Leplat, J. (Eds.). (1987). *New technology and human error.* New York: Wiley.

Reinartz, S. J. (1984). Vorläufige Ergebnisse einer Pilot-Studie über das Verhalten von Kraftwerks-Operateuren bei simulierten Störungen. *Ortung und Navigation, 25,* 365—381.

Reinartz, S. J., Reinartz, G., Heyden, W. & Liere, B. (1986). *Verhalten des Kernkraftwerk-Wartenpersonals* (BMFT Forschungsbericht 1500469/8 und A). Köln: TÜV Rheinland e. V.

Reinert, G. (1985). Schemata als Grundlage der Steuerung von Blickbewegungen bei der Bildverarbeitung. In O. Neumann (Hrsg.), *Perspektiven der Kognitionspsychologie* (S. 113—145). Berlin: Springer.

Rijnsdorp, J. E. (1984). Beziehungen zwischen Produktionstechnologie, Arbeitsorganisation und Leitwartengestaltung. *Ortung und Navigation, 3,* 587—594.

Rose, A. M., Fingerman, P. W., Wheaton, G. R., Eisner, E. & Kramer, G. (1974). *Methods for predicting job-ability requirements: II. Ability requirements as a function of changes in the characteristics of an electronic fault-finding task* (Technical Report R-74-6). Washington, D.C.: American Institute for Research.

Rouse, W. B. (1973). A model of the human in a cognitive prediction task. *IEEE Transactions on Systems, Man, and Cybernetics, SMC-3,* 473-477.

Rouse, W. B. (1978). Human problem solving performance in a fault diagnosis task. *IEEE Transactions on Systems, Man, and Cybernetics, SMC-8,* 258—271.

Rouse, W. B. (1979). Problem solving performance of maintenance trainees in a fault diagnosis task. *Human Factors, 21,* 195—203.

Rouse, W. B. (1980). *Systems engineering models of human-machine interaction.* New York: North-Holland.

Rouse, W. B. & Morris, N. M. (1986). On looking into the black box: prospects and limits in the search for mental models. *Psychological Bulletin, 100,* 349—363.

Rouse, S. H. & Rouse, W. B. (1982). Cognitive style as a correlate of human problem solving performance in fault diagnosis tasks. *IEEE Transactions on Systems, Man, and Cybernetics, SMC-12,* 649—652.

Saito, M. & Tanaka, T. (1977). Visual bottle inspection performance in highly paced belt-conveyor systems. *Journal of Human Ergology, 6,* 127—137.

Sanders, A. F. (1987). Human error in performance and process-control. In R. Bernotat, K.-P. Gärtner & H. Widdel (Hrsg.), *Spektrum der Anthropotechnik* (S. 75—84). Meckenheim: Warlich.

Sargent, T. O. (1981). Towards accurate emergency response behavior. In Proceedings of the Fourth Symposium on *Training of nuclear facility personnel* (pp. 183—197). Gatlinburg, Tennessee: Oak Ridge National Laboratory.

Schnieder, E. (1986). *Prozeßinformatik.* Wiesbaden: Vieweg.

Sheridan, T. B. (1986). Forty-five years of man-machine systems: history and trends. In G. Mancini, G. Johannsen & L. Martensson (Eds.), *Analysis, design, and evaluation of man-machine systems* (pp. 1—9). New York: Pergamon Press.

Sheridan, T. B. (1987). Supervisory Control. In G. Salvendy (Ed.), *Handbook of Human Factors* (pp. 1243—1268). New York: Wiley.

Sheridan, T. B. & Ferrell, W. R. (1974). *Man-machine systems: Information, control, and decision models of human performance.* Cambridge, Mass.: MIT Press.

Shiff, B. (1983). An experimental study of the human-computer interface in process control. Unpublished thesis, Department of Industrial Engineering, University of Toronto. Zitiert in N. Moray (1986).

Smith, R. P. (1981). Boredom: A review. *Human Factors, 23,* 329—340.

Streitz, N. (1985). Die Rolle von mentalen und konzeptuellen Modellen in der Mensch-Computer-Interaktion: Konsequenzen für die Software-Ergonomie? In H.-J. Bullinger (Hrsg.), *Software-Ergonomie '85 Mensch-Computer-Interaktion* (S. 280—292). Stuttgart: Teubner.

Strohrmann, G. (1987). atp-Seminar: Prozeßleittechnik. *Automatisierungstechnische Praxis, 29*, 25—28.

Swain, A. D. & Guttmann, H. E. (1983). *Handbook of human reliability analysis with emphasis on nuclear power plant applications* (Sandia National Laboratories, NUREG/CR-1278). Washington, D. C.: US National Regulatory Commission.

Syrbe, M. (1972). *Messen, Steuern, Regeln mit Prozeßrechnern*. Frankfurt: Akademische Verlagsgesellschaft.

Syrbe, M. (1974). Prozeßdatenverarbeitung. In K. Steinbuch & W. Weber (Hrsg.), *Taschenbuch der Informatik* (Band III, S. 121—218). Berlin: Springer.

Thackrey, R. I. (1981). The stress of boredom and monotony: A consideration of the evidence. *Psychosomatic Medicine, 43*, 165—176.

Tye, L. S. (1979). *Looking but not seeing: The federal nuclear power plant inspection program*. Cambridge, Mass.: Union of Concerned Scientists.

Umbers, I. G. (1979a). A study of the control skills of gas grid control engineers. *Ergonomics, 22*, 557—571.

Umbers, I. G. (1979b). Models of the process operator. *International Journal of Man-Machine Studies, 11*, 263—284.

Umbers, I. G. (1981). A study of control skills in an industrial task, and in a simulation, using the verbal protocol technique. *Ergonomics, 24*, 275—293.

Veldt, R. J. van der & Boomgard, W. A. van den (1986). Predictive information in the control room. In H.-P. Willumeit (Ed.), *Human decision making and manual control* (pp. 249—264). Amsterdam: North-Holland.

Wickens, C. D. (1984). *Engineering psychology and human performance*. Columbus, OH: Merrill.

Wickens, C. D. & Kessel, C. (1979). The effects of participatory mode and task work load on the detection of dynamic systems failures. *IEEE Transactions on Systems, Man, and Cybernetics, SMC-9*, 24—34.

Widdel, H. (1983a). A method of measuring the visual lobe area. In R. Groner, C. Menz, D. F. Fisher & R. A. Monty (Eds.), *Eye movements and psychological functions: International views* (pp. 73—83). Hillsdale, NJ: Erlbaum.

Widdel, H. (1983b). Ergonomische und kognitive Determinanten der Steuerung eines simulierten Unterwasserfahrzeuges. *Zeitschrift für Arbeitswissenschaft, 37*, 92—97.

Widdel, H. & Kaster, J. (1981). Eye movement measurement in the assessment and training of visual performance. In J. Moraal & K.-F. Kraiss (Eds.), *Manned systems design* (pp. 251—270). New York: Plenum Press.

Widdel, H. & Kaster, J. (1986). Transparency of a dialogue through pictorial presentation of the dialogue structure. In H.-P. Willumeit (Ed.), *Human decision making and manual control* (pp. 135—143). Amsterdam: North-Holland.

Widdel, H. & Kaster, J. (1987). Wirkungen visuell präsentierter Dialog-Strukturen auf die Interaktion ungeübter Benutzer mit dem Rechner. In W. Schönpflug & M.

Wittstock (Hrsg.), *Software-Ergonomie '87 — Nützen Informationssysteme dem Benutzer?* (S. 329—339). Stuttgart: Teubner.

Widdel, H., Grossmann, J. D., Post, D. L. & Walraven, J. (Eds.). (in Druck). *Color in electronic displays. Human engineering evaluation.* New York: Plenum Press.

Wohl, J. G. (1982). Maintainability prediction revisited: Diagnostic behavior, system complexity, and repair time. *IEEE Transactions on Systems, Man, and Cybernetics, SMC-12,* 241—250.

Woods, D. D. (1984). Some results on operator performance in emergency events. In Institution of Chemical Engineers (Ed.), *Ergonomic problems in process operations* (pp. 21—32). Oxford: Pergamon Press.

Woods, D. D., O'Brien, J. F. & Hanes, L. F. (1987). Human factors challenges in process control: the case of nuclear power plants. In G. Salvendy (Ed.), *Handbook of Human Factors* (pp. 1724—1770). New York: Wiley.

15. Kapitel

# Fahrzeugführung

*Gunnar Johannsen*

## 1 Aufgaben und psychische Prozesse in der Fahrzeugführung

Die Fahrzeugführung dient dem Transport von Personen und Gütern zwischen verschiedenen geographischen Orten. Um diesen Zweck zu erfüllen, müssen der Fahrzeugführer (ein Mensch) und das Fahrzeug (eine Maschine im allgemeinsten Sinne) zusammenwirken. Sie bilden ein Mensch-Maschine-System, das eine vorgegebene Transportaufgabe — auch bei etwa auftretenden Störungen — genau und sicher erledigen soll. Je nach Einsatzbereich unterscheidet man zwischen Land-, See- und Luftfahrzeugen. Diese sind technische dynamische Systeme, deren Komplexität und Zeitverhalten beträchtlich voneinander abweichen. Flugzeuge verändern ihre Position und Lage im Raum schnell, große Schiffe dagegen sehr langsam. Die Komplexität und Kompliziertheit ist ebenfalls bei Flugzeugen am größten, hingegen bei Kraftfahrzeugen am geringsten. Der Mensch übernimmt die Rolle des Fahrers, Lokführers, Steuermanns oder Piloten. Für einige der Mensch-Maschine-Systeme sind manchmal auch die Bezeichnungen Fahrer-Fahrzeug-System oder Pilot-Flugzeug-System gebräuchlich. Die Aufgaben der Fahrzeugführung untergliedert man in Navigation, Lenkung und Stabilisierung (s. Johannsen & Rouse, 1979; Kraiss, 1985). Das übergeordnete Ziel der Transportaufgabe, nämlich die Bewegung von einem Ort A zu einem Ort B, wird durch die Navigation mittels Standortbestimmung und Kursführung erreicht. Dabei wird anhand eines Netzes alternativer Wegstrecken unter Berücksichtigung vorhersehbarer Störeinflüsse (wie z. B. Wetterlagen, Baustellen oder dichter Verkehr) der günstigste Streckenverlauf geplant. Zwischenstationen, an denen von einem Wegelement zu einem anderen gewechselt wird, oder solche, die der Standortbestimmung und Orientierung dienen, werden festgelegt und deren Erreichen überwacht. Die verschiedenen Fahrzeugarten unterscheiden sich bezüglich der verfügbaren Wahlfreiheiten bei der Wegplanung.

Aus der planenden und überwachenden Tätigkeit der Navigation ergeben sich die Zielvorgaben für die Lenkung. Die Bewegungsrichtung bzw. der Kurs des Fahrzeuges sowie dessen Geschwindigkeit sind stets so zu wählen, daß dem festgelegten Streckenverlauf bestmöglich gefolgt wird. Dabei ist Hindernissen und anderen Fahrzeugen auszuweichen. Kollisionen sind unbedingt zu vermeiden, um eine hohe Verkehrssicherheit zu gewährleisten. Die momentan anstehenden Lenkaufgaben sind daher vorrangig zu erfüllen, bevor sich der Mensch weiteren Teilaufgaben der übergeordneten Navigation zuwenden kann. In einer hierarchischen Mehrebenenstruktur der Fahrzeugführung ist die Lenkung zwischen der Navigation auf der oberen Ebene und der Stabilisierung auf der unteren einzuordnen (s. z. B. Johannsen, 1986a). Man kann auch von Wirkungskreisen sprechen, die hierarchisch ineinander verschachtelt sind. Die zu erreichenden Ziele jedes Wirkungskreises werden von der nächsthöheren Ebene vorgegeben. Andererseits können die Aufgaben in einem bestimmten Wirkungskreis erst fortgeführt werden, wenn die Zielerfüllung auf der nächstniedrigen Ebene sichergestellt ist. Die Stabilisierungsaufgaben auf der untersten Ebene sind daher von elementarer Bedeutung. Hierbei wird die Lage des Fahrzeuges ständig auf sinnvollen Werten gemäß den Gesetzen der Mechanik gehalten. Beispielsweise kann eine zu große Schräglage eines Schiffes oder das zu starke Aufrichten der Flugzeugnase zu einem unkontrollierbaren Fahrzeugzustand und damit zum Unfall führen. Die Stabilisierungsaufgaben werden häufig durch Automatisierungseinrichtungen unterstützt oder dem Menschen gänzlich abgenommen, sofern nicht bereits eine ausreichende Eigenstabilität des Fahrzeuges vorliegt.

Neben der eigentlichen Fahrzeugführung sind vom Menschen weitere Tätigkeiten im Fahrzeug auszuführen, nämlich die Überwachung und Bedienung der verschiedenen Antriebs- und Versorgungssysteme. Da ein Fahrzeug während der Transportaufgabe ständig in Bewegung ist, muß es eigene Antriebs- und Versorgungssysteme, z. B. für Energie, an Bord mitführen. Eine Ausnahme besteht bei elektrisch betriebenen Schienenfahrzeugen. Bei einigen Schiffen, wie z. B. Supertankern, werden die Antriebssysteme von einer eigenen Leitwarte aus überwacht (s. z. B. Döring, 1984). Den Aufgaben des Maschinisten solcher Schiffe entsprechen die Aufgaben des Flugingenieurs in den 3-Mann-Besatzungen älterer Verkehrsflugzeuge. Zunehmend müssen derartige Aufgaben von Fahrzeugführern mit übernommen werden.

Alle Tätigkeiten in Mensch-Maschine-Systemen, und damit auch alle an Bord eines Fahrzeuges, lassen sich nach Johannsen, Rijnsdorp und Sage (1983) in Kontroll- und Problemlösungstätigkeiten, d. h. in eher sensomotorisch und eher kognitiv bestimmte Tätigkeiten, einordnen. Andere Aufgaben, wie z. B. Überwachung, Entscheidung und Kommunikation, werden als Unteraufgaben oder als unterstützende Aufgaben aufgefaßt. Die Kontrolltätigkeiten umfassen Greifen, Schalten, manuelle Regelung und überwachend-eingreifende Regelung bzw. Kontrolle (supervisory control). Da Entscheidungsvorgänge stärker an Problemlösungs- als an Kontrolltätigkeiten beteiligt sind, kann man die kognitiv bestimmten Tätigkeiten auch als Entscheidungs- und Problemlösungstätigkeiten bezeichnen. Die beiden wesentlichen Teilbereiche dieser Tätigkeiten sind

Fehlermanagement und Planung. Stabilisierungs- und Lenkaufgaben sowie die Überwachung der Antriebs- und Versorgungssysteme erfordern in normalen Betriebssituationen vornehmlich Kontrolltätigkeiten, während die Navigationsaufgaben mehr den Entscheidungs- und Problemlösungstätigkeiten zuzuordnen sind. In außergewöhnlichen und Notfallsituationen kann der Anteil der Entscheidungs- und Problemlösungstätigkeiten beträchtlich zunehmen.

Die psychischen Prozesse der beschriebenen Tätigkeiten können bezüglich des Grades der kognitiven Inanspruchnahme des Menschen durch die Handlungsmodelle von Rasmussen (1983) bzw. Hacker (1973, 1986) differenzierter behandelt werden. Rasmussen unterscheidet drei kognitive Verhaltens- bzw. Fertigkeitsebenen, nämlich sensomotorische Fertigkeiten (bei Rasmussen nur Fertigkeiten genannt), regelbasiertes Verhalten und wissensbasiertes Verhalten. Auf ähnliche Weise betrachtet Hacker sowohl die kognitive Handlungsvorbereitung als auch die Handlungsrealisierung auf je drei Ebenen. Hinsichtlich der Handlungsvorbereitung werden die sensomotorische, die perzeptiv-begriffliche und die intellektuelle Regulationsebene unterschieden. Von ihnen aus können die drei Ebenen der Handlungsrealisierung — Bewegungsentwurf, Handlungsschema und Plan — aktiviert werden, und zwar jeweils auf der gleichen oder einer niedrigeren Ebene gegenüber der Handlungsvorbereitung. *Fertigkeiten* im Sinne gewohnheitsmäßigen Verhaltens (skill-based behaviour) gemäß Rasmussen sind erlernte, stark automatisierte sensomotorische Verhaltensweisen, denen bei Hacker bewegungsorientierte, nicht bewußtseinspflichtige Abbilder und Bewegungsentwürfe entsprechen. Sie erfordern keine willentliche Aufmerksamkeit oder Steuerung mehr. Die meisten Kontrolltätigkeiten in normalen Betriebssituationen werden auf dieser niedrigsten Regulationsebene ausgeführt. *Regelbasiertes Verhalten* (rule-based behaviour) liegt in vertrauten Situationen vor, die durch gespeicherte Regeln behandelt werden können. Hacker kennzeichnet die entsprechende mittlere Regulationsebene durch perzeptiv-begriffliche Vorgänge und Handlungsschemata. Erkannte Systemzustände werden mit auszuführenden Aufgaben auf einfache Weise verknüpft. Die gespeicherten Regeln stehen auf dieser höheren kognitiven Ebene bereit, um Unterprogramme, z. B. Bewegungsentwürfe, auf der niedrigeren Ebene der sensomotorischen Fertigkeiten zu koordinieren. *Wissensbasiertes Verhalten* (knowledge-based behaviour) auf der höchsten kognitiven Ebene wird erforderlich, wenn Situationen unbekannt und geeignete Regeln nicht vorhanden sind. Eine vorliegende Situation wird identifiziert und nach den Prioritäten verschiedener Zielgrößen bewertet, woraus sich Entscheidungen bezüglich der zu bewältigenden Aufgabe ergeben. Dieser zielgesteuerte Vorgang führt zu Planungsaktivitäten, die auf die Auswahl zu modifizierender Alternativen oder auf deren Neuschöpfung für die Bildung von Regeln und die mögliche Auslösung von Bewegungsentwürfen gerichtet sind. Hacker spricht in diesem Zusammenhang von intellektueller Analyse und der Notwendigkeit, Pläne bzw. Strategien zu entwickeln. *Entscheidungs- und Problemlösungstätigkeiten* in Navigationsaufgaben sowie in außergewöhnlichen und Notfallsituationen werden möglichst durch regelbasiertes Verhalten und, wenn dieses wegen unvorhergesehener Ereignisse nicht erfolgreich sein kann, durch wissensbasiertes Verhalten bewältigt. Gerade auch in besonders kritischen Situationen, in denen z. B. mehrere gleichzeitig auftretende Ereignisse zu einem Unfall führen könnten, wird vom Menschen angemessenes regel- oder wissensbasiertes Verhalten erwartet. Es hat sich jedoch in der Praxis gezeigt (z. B. in der Flugsicherungskontrolle), daß durch eine Überlastung des Menschen mit sehr vielen Informationen, die gerade in solchen Situationen benötigt werden, und/oder durch Zeitdruck das menschliche Verhalten stärker stereotyp wird und damit auf die untere kognitive Ebene zurückfällt (De Keyser, 1986). Um diesen Widerspruch aufzulösen, müssen zukünftig verstärkt an die Aufgaben des Menschen angepaßte Rechnerunterstützungen entwickelt werden (s. z. B. Johannsen, 1987 und Abschnitt 5).

Im folgenden werden zunächst die speziellen Aufgabensituationen der Flug-, Kraftfahrzeug- und Schiffsführung umrissen. Daran anschließend werden die manuelle Fahrzeugregelung (einschließlich supervisory control) und danach Fehlermanagement und Planung behandelt. Je ein Abschnitt über Rechnerunterstützungen an Bord von Fahrzeugen sowie über Training und dafür geeignete Simulatoren folgen.

## 2 Spezielle Aufgabensituationen

Die verschiedenen Fahrzeugarten unterscheiden sich, wie schon erwähnt, bezüglich Freizügigkeit bei der Wegplanung sowie bezüglich Komplexität und dynamischem Verhalten. Ferner ist wesentlich, ob der Mensch die sensorische Kontrolle der Fahrzeugbewegung unmittelbar über Außensichtinformationen oder vermittelt über Instrumentenanzeigen ausführt. Alle diese Unterschiede tragen zu den Eigenheiten der jeweiligen fahrzeugtypischen Aufgabensituationen bei. Sie können im folgenden wegen des beschränkten Platzes in diesem Buch nur kurz angedeutet werden.

### 2.1 Flugführung

Das Flugzeug wird hier zuerst behandelt, da es das komplizierteste und ein auf Bedien- und Störsignale schnell ansprechendes Fahrzeug ist. Außerdem können sowohl Sicht- als auch Instrumentenflugbedingungen gegeben sein. Die Freizügigkeit der Wegplanung wird durch ortsfeste Funkfeuer und Flugsicherungsanweisungen auf Luftstraßen beschränkt. Mehr Freizügigkeit besteht unter Sichtflugbedingungen, z. B. in der Sportfliegerei, und in geringerem Maße auch bei der sogenannten Flächennavigation. Ein Flugzeug ist ein starrer Körper, der sich im dreidimensionalen Raum bewegt und sechs Freiheitsgrade besitzt. Die Längsbewegung wird durch zwei translatorische Freiheitsgrade (Bewegung in

Flugbahnrichtung: Fahrt und senkrecht dazu: Höhe) und einen rotatorischen (Drehung um die durch die Tragflügel verlaufende Querachse: Nicken) gekennzeichnet. Die Seitenbewegung weist einen translatorischen (Bewegung quer zur Bahnrichtung: Querabweichung vom Flugweg) und zwei rotatorische Freiheitsgrade auf (Drehung um die durch die Flugzeugnase nach vorne gerichtete Längsachse: Rollen und Drehung um die nach unten gerichtete Hochachse: Gieren).

Der künstliche Horizont ist das für die Stabilisierung wichtigste Anzeigeninstrument. In einem flugzeugfesten Bezugssystem bewegt sich die Horizontlinie parallel zur natürlichen beim Nicken auf oder ab und dreht sich beim Rollen im oder gegen den Uhrzeigersinn. Weitere für den Instrumentenflug erforderliche Anzeigen sind vor allem die Kursrose (Radiokompaß) sowie die Anzeigen für Fahrt, Höhe und Sink- bzw. Steiggeschwindigkeit. In schwierigen Flugsituationen ist der Fahrtanzeiger besonders wichtig für die Prüfung, ob die Fahrt ausreicht, um genügend Auftrieb zu garantieren. Für die Navigation nach Instrumentenflugregeln werden ferner Informationen über die Funkfeuerpei-

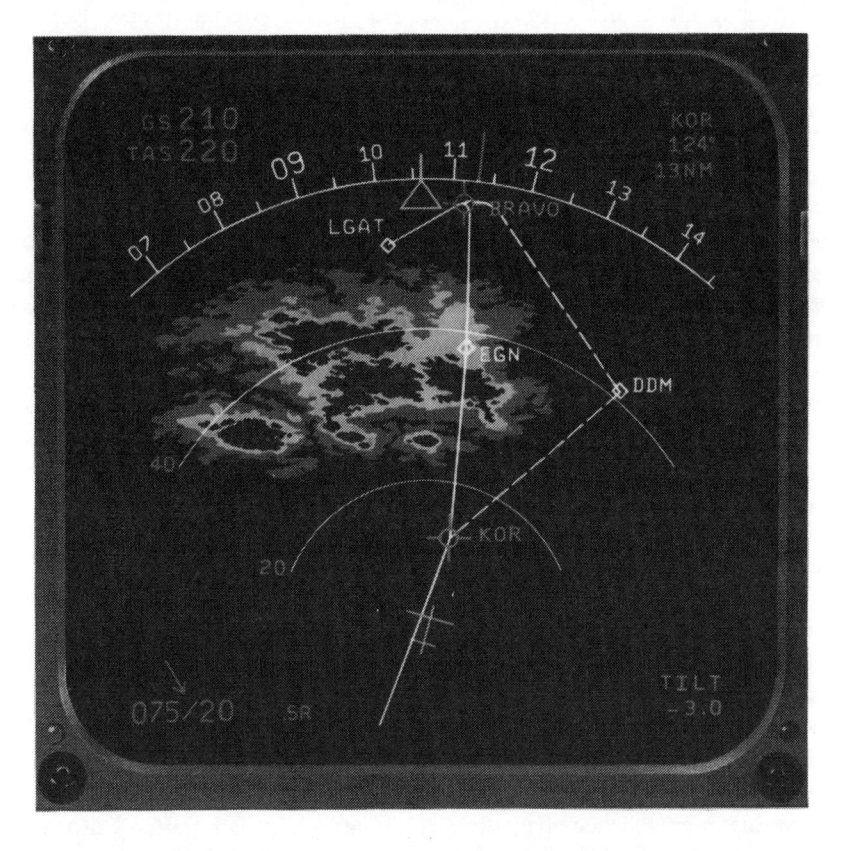

Abb. 1: Elektronisches Navigationsanzeigensystem. Aus „Die Technik im Cockpit eines modernen Verkehrsflugzeuges" von J.-P. Hach, 1984, *Ortung und Navigation, 25*, S. 463.

lung und -entfernung sowie über die Ablagen von der Anfluggrundlinie und dem Gleitpfad beim Instrumentenlandesystem (ILS) benötigt. Außerdem gibt es Anzeigen, die über die Stellung von Landeklappen und Fahrwerk informieren, sowie solche, die die Überwachung der Triebwerke und der Versorgungssysteme gestatten. In modernen Verkehrsflugzeugen werden spezielle elektronische Farbgraphiksysteme verwendet (Hach, 1984). Das im zentralen Blickfeld des Piloten angeordnete primäre Fluganzeigensystem faßt Fluglage- und Flugbahnparameter zusammen; den größten Raum nimmt dabei der künstliche Horizont ein. Das darunter oder daneben eingebaute Navigationsanzeigensystem zeigt dem Piloten eine Landkarte mit integrierter Darstellung von Funkfeuern und Information des Bordwetterradars (s. Abbildung 1). Weitere Farbgraphiksysteme werden für die Systemüberwachung und für Warnanzeigen eingesetzt.

Ein ganz einfaches Flugmanöver soll die Aufgabensituation des Piloten verdeutlichen. Will man beispielsweise, wie in Abbildung 2 gezeigt, an einem Funkfeuer von einer Standlinie (d. h. einem Flugweg mit einem bestimmten Kurs) zu einer anderen wechseln, dann muß man rechtzeitig vorher vom Geradeausflug in eine Linkskurve übergehen, die wiederum ein Rollen nach links und damit eine Drehbewegung des künstlichen Horizonts im Uhrzeigersinn voraussetzt. Der Pilot ermittelt zunächst den richtigen Abstand vor dem Funkfeuer. Dann bewegt er das Steuerhorn nach links. Der Ausschlag ist ungefähr proportional der Rollgeschwindigkeit, so daß das Steuerhorn vor Erreichen des gewünschten Rollwinkels in die Nullage zurückgeführt werden muß. Wegen der Massenträgheit des Flugzeugs benötigt die Lageänderung eine gewisse Zeit. Dementsprechend muß auch bereits vor Erreichen der neuen Standlinie das Flugzeug wieder aus der Kurve herausgenommen werden. Der in Abbildung 2 gezeigte Standlinienwechsel soll ohne wesentliche Fahrt- und Höhenschwankungen erflogen werden; Höhenänderungen werden über eine Veränderung des Nickwinkels erreicht. Demgemäß besteht die Stabilisierungsaufgabe für den Piloten während der Flugabschnitte Geradeausflug oder Linkskurve in der Einhaltung jeweils fester Werte für die Fluglagegrößen Nickwinkel und Rollwinkel sowie für Fahrt und Höhe. Der Einfluß von Böen muß ausgeregelt werden. Die Lenkaufgabe dient dem Übergang zwischen den einzelnen Flugabschnitten durch gezielte Veränderung einiger Größen, hier Rollwinkel und Kurs, wobei gleichzeitig andere Größen wie die Höhe weiter zu stabilisieren sind. In der Navigationsaufgabe bereitet sich der Pilot schließlich auf die nächsten Flugabschnitte vor, z. B. durch Berechnungen und Anwahl von Funkfeuern.

Viele Einzelaufgaben, wie z. B. die Höhenhaltung, aber auch komplexere Aufgaben, wie der Landeanflug, kann der Pilot durch Anwahl entsprechender Betriebsarten dem Autopiloten übertragen. Dadurch wird der Pilot von der manuellen Regelung entlastet. Er muß stattdessen mittels der Anzeigen die Handlungen des Autopiloten überwachen und bei etwaigen Störungen eingreifen, z. B. wieder manuell übernehmen. Die Navigationsaufgaben werden in der jüngsten Zeit bei modernen Verkehrsflugzeugen ebenfalls zunehmend durch

wieder Geradeausflug

Linkskurve:
Künstlicher
Horizont

Funkfeuer

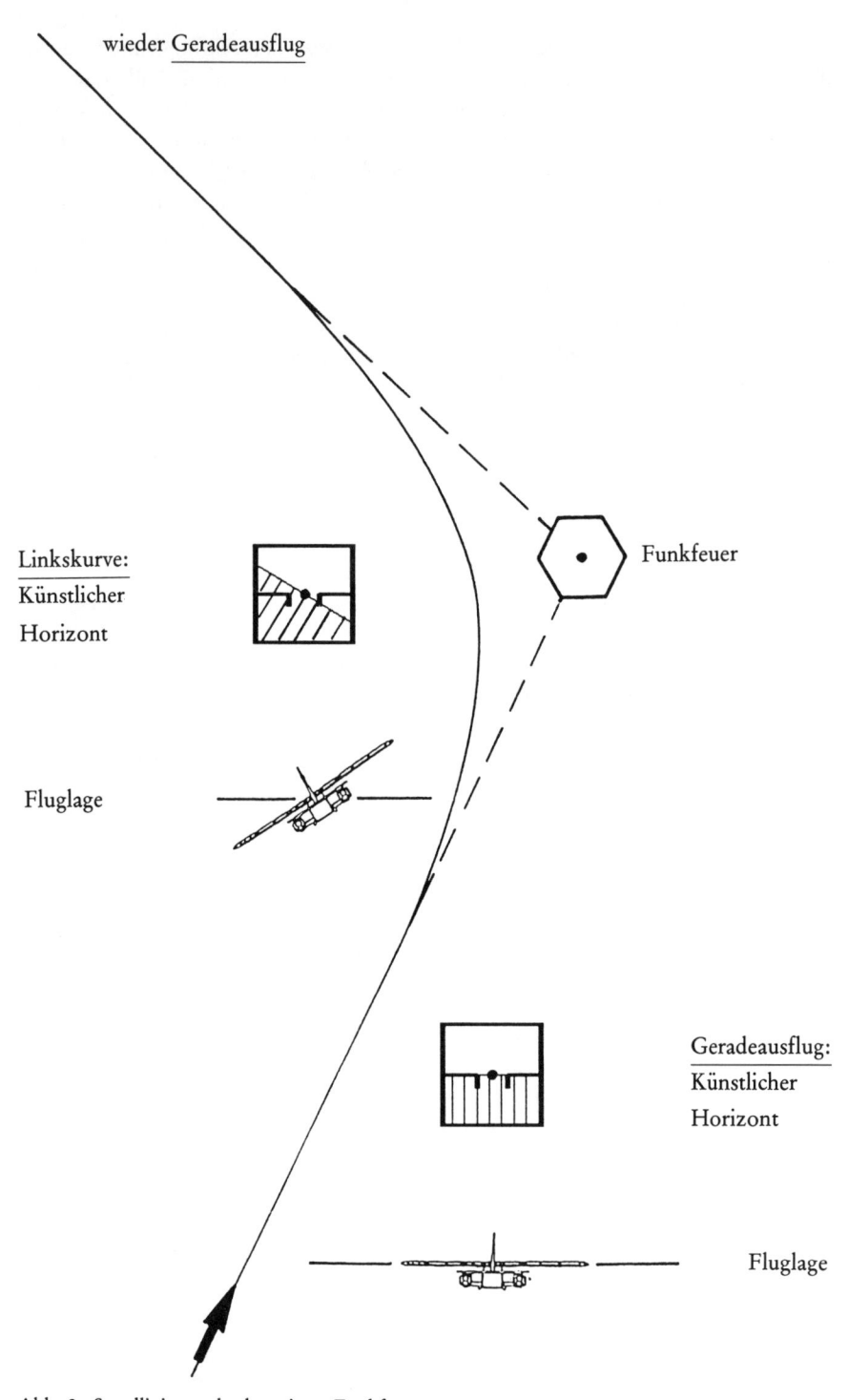

Fluglage

Geradeausflug:
Künstlicher
Horizont

Fluglage

Abb. 2: Standlinienwechsel an einem Funkfeuer.

Automatisierungseinrichtungen unterstützt, und zwar durch sogenannte Flight Management Computer.

Wie Bainbridge (1983) betont, tritt durch konventionelle Formen der Automatisierung ein Erfahrungsverlust des Menschen sowohl bei sensomotorischen als auch bei kognitiven Fertigkeiten ein. Die durch Lernen erworbenen und nur durch ständigen Gebrauch erhaltbaren Fertigkeiten verkümmern, wenn sie in automatisierten technischen Systemen nicht oder selten benötigt werden. Sie stehen dann aber auch nicht mehr zur Verfügung oder sind bestenfalls nur mit Anstrengung und Zeitaufwand aktivierbar, wenn sie in außergewöhnlichen und Notfallsituationen plötzlich eingesetzt werden sollen, z. B. bei der manuellen Übernahme von Autopilotfunktionen. Ein solcher Erfahrungsverlust ist für den praktischen Einsatz von Mensch-Maschine-Systemen nicht tolerierbar. Er kann derzeit im wesentlichen nur durch regelmäßige Übung in Simulatoren mit geeigneten Trainingsprogrammen kompensiert werden (s. auch Abschnitt 6). Angemessenere Aufgabenverteilungen während aller Betriebssituationen durch neue Formen der Automatisierung und Rechnerunterstützung werden für zukünftige Flugzeuge gefordert (Wiener, 1985). Dem Menschen soll eine aktivere, aber gegenüber früher veränderte Rolle im Mensch-Maschine-Wirkungskreis zurückgegeben werden, um einseitigen Beanspruchungen vorzubeugen, die zu Wachsamkeitsverlusten und sogar Unfällen führen können. Eine umfassende Übersicht über neuere experimentelle Befunde zur Erfassung der mentalen Beanspruchung in vier verschiedenen Flugführungsaufgaben wird von Wierwille, Casali, Connor und Rahimi (1985) gegeben. Auf neue Formen der Rechnerunterstützung wird im Abschnitt 5 eingegangen.

## 2.2 Kraftfahrzeugführung

Das Kraftfahrzeug weist im wesentlichen nur drei Freiheitsgrade auf: zwei translatorische (in Fahrtrichtung und quer dazu) sowie einen rotatorischen (Gieren). Rollen und Nicken sind entsprechend der Fahrzeugfederung nur sehr begrenzt möglich. Die Wegplanung ist an Straßen gebunden, ansonsten aber sehr freizügig. Die meisten wichtigen Informationen für die Navigations-, Lenk- und Stabilisierungsaufgaben werden aus der Außensicht abgeleitet. Damit werden menschliche Leistungen der Wahrnehmung einschließlich Mustererkennung und Informationsreduktion angesprochen. Die Stabilisierung beschränkt sich auf die normale Spurhaltung in vorgegebenen Fahrbahnen und auf die Abstandshaltung bei Kolonnenfahrt. Den Lenkaufgaben kommt wegen der Kollisionsvermeidung in dichtem Verkehr besondere Bedeutung zu. Für die Navigation stehen Straßen-Verkehrszeichen und gedruckte Landkarten im Fahrzeug zur Verfügung. Im allgemeinen sind Instrumente nur für die Anzeige der Geschwindigkeit und der beabsichtigten Fahrtrichtungsänderung sowie für die Überwachung einiger Größen der Antriebs- und Versorgungssysteme (Motordrehzahl, Tankinhalt, Kühlmitteltemperatur) vorhanden. Der Automatisierungsgrad heutiger Kraftfahrzeuge ist noch vergleichbar niedrig, soll aber im Rahmen des EUREKA-Projektes „Prometheus" erhöht werden (s. auch Abschnitt 5). Die Aufgabensituationen der Stadtfahrt und der Fahrt auf Schnellstraßen unterscheiden sich grundsätzlich bezüglich der Anforderungen an den Fahrer bei der Navigation und Lenkung. Weiter muß man zwischen Tag- und Nachtfahrt unterscheiden. Die Informationsarmut bei Nachtfahrten kann zu Schläfrigkeit führen, die nach Skipper und Wierwille (1986) gemessen werden kann, zunächst wenigstens im Fahrsimulator.

## 2.3 Schiffsführung

Schiffe sind bezüglich ihrer Freiheitsgrade Kraftfahrzeugen vergleichbar. Roll- und Nickbewegungen können bei Seegang aber ausgeprägter sein, sind jedoch nur zu stabilisieren und werden nicht gezielt für die Lenkung beeinflußt. Vor allem große Schiffe sind sehr langsam ansprechende technische Systeme, d. h. sie weisen große, das Bewegungsverhalten kennzeichnende Zeitkonstanten auf. In engen Wasserstraßen muß daher mit reduzierter Geschwindigkeit, gegebenenfalls mit Unterstützung durch einen ortskundigen Lotsen an Bord, gefahren werden. Auf offener See besteht eine vergleichsweise große Freizügigkeit für die Wegplanung. Für die Navigation werden Hilfsmittel verwendet, die sowohl der Kraftfahrzeug- als auch der Flugführung entsprechen (Schiffahrtszeichen, Landkarten, Funk, Radar), da mit und ohne Sicht gefahren wird. Historisch betrachtet ist die Navigation in der Schiffahrt entstanden. Die Navigation, die Lenkung mittels Steuerruder und die Fernsteuerung der Antriebsmaschinen erfolgen von der Kommandobrücke aus. Für die Besatzung besteht ein relativ großer Handlungs- und Entscheidungsspielraum, da Standardprozeduren im Gegensatz zur Flugführung fehlen. Die Überwachung der Antriebs- und Versorgungssysteme wird zunehmend aus dem Maschinenkontrollraum in die Brücke verlagert, wodurch sich diese zur integrierten Schiffsführungszentrale wandelt. Ergonomische Gestaltungsmaßnahmen sind dabei auf eine Verbesserung der Arbeitsbedingungen gerichtet (Froese, 1984; Schütte, Schwier & Luczak, 1984), die neben erhöhter Wirtschaftlichkeit und Sicherheit erreicht werden soll.

## 3 Manuelle Fahrzeugregelung

Die Kontrolltätigkeiten des Menschen zur Stabilisierung und Lenkung von Fahrzeugen werden in der manuellen Fahrzeugregelung experimentell untersucht und modellmäßig beschrieben. Seit 1964 wird in den USA die „Annual Conference on Manual Control" (kurz: Annual Manual) durchgeführt, seit 1967 jährlich. Die entsprechende European Annual Manual (vollständig: „European Annual Conference on Human Decision Making and Manual Control") wird seit 1981 veranstaltet. Auf diesen Konferenzen sind viele Arbeiten über manuelle Fahrzeugregelung zuerst veröffentlicht worden. Dennoch wird in diesem Kapitel auf besser zugängliche Literatur verwiesen, die vielfach aus den Konferenzbeiträgen hervorging.

## 3.1 Experimentelle Untersuchungen

Die manuelle Regelung von Fahrzeugen wird experimentell mit vereinfachtem Laboraufbau, im Simulator oder mit einem echten Testfahrzeug untersucht. Bei grundlegenden Arbeiten zu Stabilisierungs- und einfachen Lenkaufgaben des Menschen wird das dynamische Verhalten des Fahrzeugs sehr grob näherungsweise auf Rechnern nachgebildet. Der Mensch kann als Regler über elektronische Anzeigen und Bedienelemente in Echtzeit mit dem vereinfachten Fahrzeug im Regelkreis zusammenwirken. In der Regelungstechnik wird das zu regelnde System, hier das Fahrzeug, Regelstrecke genannt.

Das Prinzip der manuellen Regelung wird in Abbildung 3 anhand eines einschleifigen Regelkreises gezeigt, in dem nur eine von der Zeit t abhängige Regelgröße $y(t)$ rückgekoppelt und mit der vorgegebenen Führungsgröße $r(t)$ in bestmöglicher Übereinstimmung zu halten ist. Demgemäß soll die Regeldifferenz $e(t) = r(t) - y(t)$ möglichst ständig Null sein, obwohl eine Störgröße $w(t)$ auf die Regelstrecke einwirkt. Dazu erzeugt der Mensch mit dem Bedienelement die Stellgröße $u(t)$. Derartige einfache, im Englischen auch Tracking genannte Regelungsaufgaben wurden bereits in den 50er Jahren untersucht (s. z. B. Poulton, 1974). Bis in die 70er Jahre hinein wurden so viele experimentelle Befunde gesammelt, daß daraus gut validierte, verallgemeinerte Regler-Mensch-Modelle abgeleitet werden konnten (s. Sheridan & Ferrell, 1974). Die beiden wichtigsten werden in 3.2 vorgestellt.

In jüngeren experimentellen Untersuchungen werden realistischere und damit kompliziertere manuelle Fahrzeugregelungsaufgaben behandelt. Sie setzen aufwendigere Simulatoren oder sogar Testfahrzeuge voraus. Einige dieser Untersuchungen führten zu den in späteren Unterabschnitten dargestellten Piloten- und Fahrer-Modellen. Daneben sind vor allem die Untersuchungen der Führbarkeit als Beitrag zur Verbesserung der aktiven Sicherheit erwähnenswert. Der Einfluß unterschiedlicher Kraftfahrzeugdynamiken auf die erzielbare Regelleistung und auf die dafür erforderliche Aufmerksamkeit ist im Experimentalfahrzeug von Godthelp und Käppler (1988) ermittelt worden. Dabei wird ein Verfahren eingesetzt, das das völlige Ausblenden der visuellen Wahrnehmung durch eine mittels Flüssigkristallschicht umschaltbare Brille ermöglicht. Der Fahrer kann diese für jeweils 0,5 Sekunden auf Durchsicht schalten, wenn Führungsinformation von der Straßenszene benötigt wird. Der Informationsbedarf des Fahrers kann somit gemessen und beurteilt werden. Es wird angestrebt, ein Testverfahren für die Bewertung der Führbarkeit von Fahrzeugen zu entwickeln.

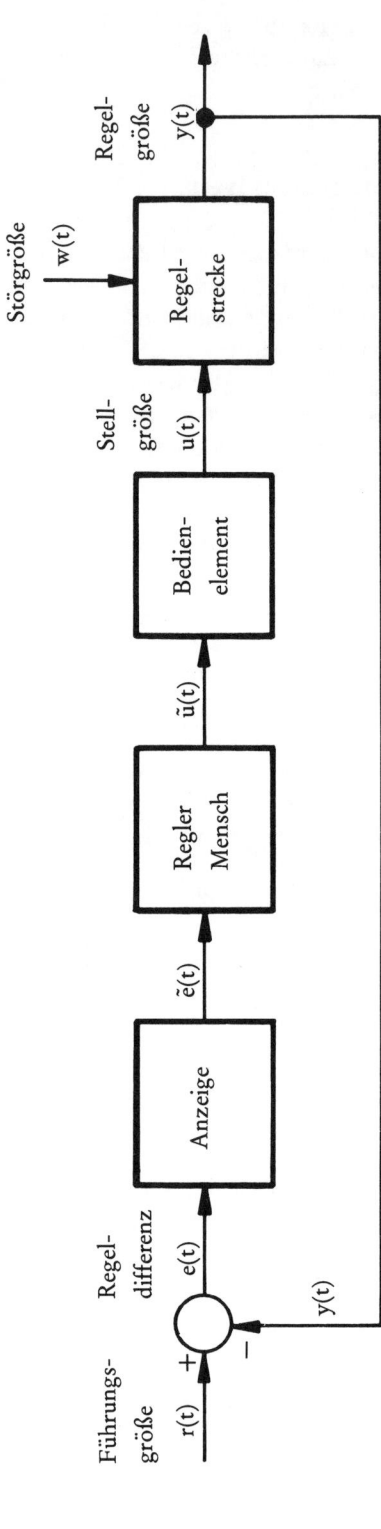

Abb. 3: Einschleifiger manueller Regelkreis.

## 3.2 Grundlegende Regler-Mensch-Modelle

Die beiden wichtigsten Modelle für den Menschen als Regler sind das Schnittfrequenzmodell (McRuer & Jex, 1967) und das optimaltheoretische Modell (Kleinman, Baron & Levison, 1970). Beide wurden in den USA entwickelt und weltweit überprüft. Sie werden von Johannsen, Boller, Donges und Stein (1977) ausführlich mit allen mathematischen und regelungstechnischen Grundlagen erläutert. Hier kann in der Kürze nur die Grundidee vermittelt werden. Voraussetzung für beide Modelle ist die Annahme, daß der Mensch die jeweilige Regelungsaufgabe bei einer fest vorgegebenen Regelstreckendynamik gut trainiert und motiviert ausführt. Das Schnittfrequenzmodell sagt aus, daß für viele Regelstrecken unterschiedlicher Dynamik der Regler Mensch und die Regelstrecke zusammen das gleiche Zeitverhalten aufweisen. Das Modell läßt sich durch eine Totzeit $\tau$ (d. h. eine reine Verschiebung einer Zeitfunktion) und eine Integration beschreiben. Bei dieser Betrachtung geht man von idealem Übertragungsverhalten der Anzeige und des Bedienelementes aus. Dann sind gemäß Abbildung 3 $\tilde{e}(t) = e(t)$ und $u(t) = \tilde{u}(t)$. Die Totzeit $\tau$ verschlechtert die Regelung, ist aber unvermeidlich. Sie ist eine pauschale Näherung für begrenzende Eigenschaften des Menschen, nämlich sein Reaktionsverhalten infolge zentralnervöser Informationsverarbeitung und seine neuromuskulären Verzögerungseigenschaften bei der Ausgabe von Stellsignalen.

Das Schnittfrequenzmodell läßt sich mathematisch wie folgt angeben (s. Abbildung 3):

$$y(t) = \omega_c \int e(t - \tau) \, dt.$$

Diese Gesetzmäßigkeit gilt nur in der Nähe der sogenannten Schnittfrequenz $\omega_c$. Der hierdurch gekennzeichnete mittlere Frequenzbereich des Übertragungsverhaltens bestimmt jedoch die Stabilität als wichtigstem Gütemaß eines Regelkreises. Das Schnittfrequenzmodell sagt damit aus, daß der Mensch sein Übertragungsverhalten an die Dynamik der Regelstrecke in weiten Grenzen anpassen kann. Das Anpaßglied des Reglers Mensch wird durch geeignete Parametereinstellung in der Struktur verändert. Der Mensch kann ein Eingangssignal (die Regeldifferenz) proportional, integrierend oder differenzierend in ein Ausgangssignal (die Stellgröße) übertragen, wenn die Regelstreckendynamik näherungsweise eine Integration, eine Proportionalität bzw. zwei Integrationen aufweist. Dabei wird $\omega_c$ so gewählt, daß die Stabilität und ein möglichst gutes Führungsverhalten erreicht werden.

Das optimaltheoretische Modell des Menschen als Regler (s. Abbildung 4) stützt sich auf die Erkenntnisse des Schnittfrequenzmodells und der zugehörigen Untersuchungen. Die Totzeit für das Reaktionsverhalten des Menschen und die neuromuskuläre Verzögerungszeitkonstante werden vorgegeben. Ferner sind das motorische Rauschen als Störung der beabsichtigten Stellbewe-

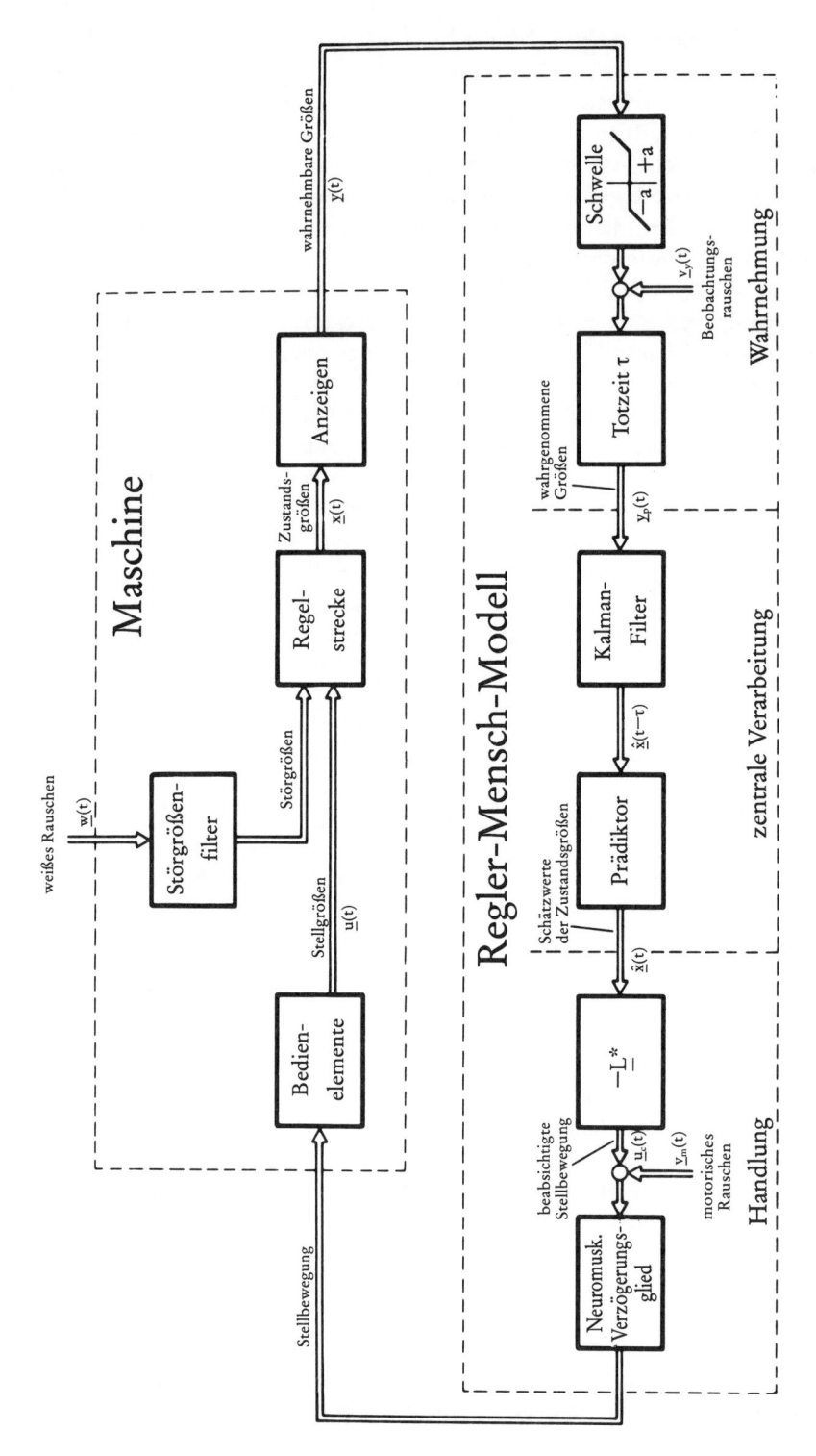

Abb. 4: Optimaltheoretisches Modell des Menschen im Mensch-Maschine-Regelkreis. Aus „Auslegung von Flugführungsanzeigen mit Hilfe des optimaltheoretischen Modells für den Menschen als Regler" von G. Johannsen (1978).

gung und das Beobachtungsrauschen als Ungenauigkeit des Wahrnehmungsvorgangs zu kennzeichnen. Hierfür liegen Erfahrungswerte vor. Das Modell ist als Rechnerprogrammsystem aufgebaut worden. Es basiert auf der optimalen Regelungs- und Schätztheorie und gestattet die Behandlung manueller Mehrgrößenregelungssysteme mit linearisierten Regelstreckendynamiken. Verschiedene Anzeigenformate können durch eine Beobachtungsgleichung beschrieben werden. Damit können relativ realistische manuelle Fahrzeugregelungsaufgaben modelliert werden.

Wie Abbildung 4 veranschaulicht, ist das optimaltheoretische Modell in einen Wahrnehmungsteil, einen zentralen Informationsverarbeitungsteil und einen Handlungsteil gegliedert. Das Anpaßglied dieses Modells enthält den zentralen Informationsverarbeitungsteil (bestehend aus einem Kalman-Filter zur Kompensation des Beobachtungsrauschens und einem Prädiktor zur Vorhersage der Zeitfunktionen und damit zur Kompensation der Totzeit) sowie eine optimale deterministische Rückführung als Regler und wesentliche Komponente des Handlungsteils (in Abbildung 4 mit $-L^*$ bezeichnet). Kalman-Filter und Prädiktor enthalten ein internes Modell der Regelstreckendynamik. Die Parameter der optimalen Rückführung werden durch Minimierung eines quadratischen Kostenkriteriums errechnet. Die Gewichtsfaktoren für die einzelnen Regel- oder Zustandsgrößen in dieser Kriteriumsfunktion müssen vorgegeben werden. Der Anwender des Modells bestimmt dadurch entscheidend die gewünschten Eigenschaften der manuellen Regelung. Soll z. B. ein größerer Passagierkomfort durch geringere Nickbewegungen des Flugzeugs erzielt werden, dann muß der Faktor für die Gewichtung der Nickwinkelgeschwindigkeit entsprechend erhöht werden.

Verschiedene Erweiterungen des optimaltheoretischen Modells sind vorgeschlagen worden, um Entscheidungs- und Fehlerentdeckungsvorgänge in die Modellierung einzuschließen oder um eine modellgestützte Anzeigengestaltung zu entwickeln (s. z. B. Baron, 1984; Johannsen & Govindaraj, 1980; Pew & Baron, 1983; Stein & Wewerinke, 1983). In den nächsten Unterabschnitten bzw. im Abschnitt 5 wird hierauf näher eingegangen. Die Funktion, Leistungsfähigkeit und praktische Verwendbarkeit aller Modelle dieses Abschnittes sowie die Grenzen ihrer Aussagefähigkeit werden teilweise in den nächsten Unterabschnitten verdeutlicht und zusammenfassend in 3.6 diskutiert.

## 3.3 Piloten-Modelle

Ausgehend vom optimaltheoretischen Modell ist vor einigen Jahren das Modell PROCRU (Procedure-Oriented Crew Model) von Baron (1984) und von seinen Mitarbeitern entwickelt worden. Es bildet das Verhalten einer Cockpit-Besatzung mit zwei Piloten für einen ILS-Landeanflug nach. Aus einer vorgegebenen Menge von Aufgaben, sogenannten Verfahren (procedures), die ausgewählt werden können, beschäftigt sich der fliegende Pilot hauptsächlich mit der eigentlichen Flugaufgabe. Diese wird im wesentlichen durch das optimaltheoretische Modell beschrieben. Der nicht fliegende Pilot ist dagegen vor allem für die Überwachung und Kommunikation verantwortlich. Der Wahrnehmungsteil beider Piloten-Modelle überwacht nicht nur visuelle, sondern auch auditive Signale. Im zentralen Informationsverarbeitungsteil wird neben der kontinuierlichen Signalverarbeitung auch die Entdeckung diskreter Ereignisse vorgenommen. Der Handlungsteil enthält einen Mechanismus zur Auswahl der ausführbaren Verfahren und deren zeitlicher Abfolge sowie getrennte Ausführungskomponenten für Regelung, Überwachung und verbale Kommunikation. In Simulationsläufen mit PROCRU kann für verschiedene Anflugverfahren der Zeitablauf bei der Erfüllung der einzelnen Teilaufgaben und damit auch der Zeitablauf der zu erwartenden Beanspruchungen der Piloten vorausgesagt werden. Gegenwärtig wird PROCRU unter anderem im amerikanischen Industrieforschungsprojekt „Crew Centered Cockpit Design" für die Aufgaben- und Anzeigengestaltung eingesetzt.

Hess und McNally (1986) haben das Schnittfrequenzmodell in einer manuellen Mehrgrößenregelungsaufgabe eingesetzt, und zwar in allen hierarchisch strukturierten Regelkreisen. Es wird die simulierte Längsbewegung im Schwebeflug eines Hubschraubers untersucht. Der Automatisierungsgrad wird systematisch verändert. Dabei wird das Schnittfrequenzmodell auch als automatischer Regler, jedoch ohne die ungünstige Totzeit, verwendet, um in allen Regelkreisen jeweils zwischen automatischer und manueller Regelung vergleichbare dynamische Eigenschaften zu erreichen. Entsprechend ausgelegte Autopiloten würden dem Piloten die manuelle Übernahme erleichtern. Für alle Automatisierungsstufen stimmen die Modellergebnisse zufriedenstellend mit den experimentellen Daten überein. Die subjektive Schätzung der Aufgabenschwierigkeit kann ebenfalls mit dem Modell vorausbestimmt werden.

### 3.4 Fahrer-Modelle

Für die Kraftfahrzeugführung sind in den letzten zehn Jahren verschiedene Modelle des Fahrers entwickelt worden, die durch ein besseres Verständnis der Stabilisierungs- und Lenkaufgaben zur Erhöhung der aktiven Sicherheit beitragen. Donges (1978a, b) beschreibt ein Zwei-Ebenen-Modell des menschlichen Lenkverhaltens. Er hat dieses im Fahrsimulator mit quasinatürlicher Außensicht experimentell überprüft. Die Versuchspersonen sollten der Straßenmittellinie folgen. Die visuelle Außensichtszene gestattet dem Fahrer die Wahrnehmung der für den Lenkvorgang wichtigen Größen, nämlich der Sollkrümmung der Straße, der Istkrümmung der Fahrspur, der Krümmungsdifferenz, des Gierwinkelfehlers und der Querabweichung von der Mittellinie.

In Abbildung 5 sind die beiden Ebenen des Fahrer-Modells mit „Antizipatorische Steuerung" und „Kompensatorische Regelung" bezeichnet. Die „Antizipatorische Steuerung" beschreibt die aufgrund der Vorausschau in den Straßenverlauf um die Antizipationszeit $T_A$ vorzeitig eingeleitete Lenkung. Sie erfolgt in einem offenen Wirkungssinn, also ohne Rückkopplung. Die drei Größen Krümmungsdifferenz, Gierwinkelfehler und Querabweichung werden über drei parallel arbeitende Rückkopplungsschleifen im kompensatorischen Regelkreis auf Null stabilisiert. Alle drei Übertragungsglieder enthalten den aus dem Schnittfrequenzmodell bekannten Parameter der Totzeit $\tau$ und je verschiedene Verstärkungsfaktoren h, d. h. verschiedene Empfindlichkeiten der Signalübertragung. Die Totzeit nimmt in dem untersuchten Geschwindigkeitsbereich bis 60 km/h mit wachsender Fahrgeschwindigkeit ab. Der Fahrer läßt sich demnach zu einer schnelleren Reaktionsweise durch höhere Geschwindigkeiten zwingen. Das nicht aufgabenbezogene Lenkverhalten (gemäß Abbildung 5) beschreibt vom Menschen erzeugte unbeabsichtigte Störungen des Lenkvorganges.

In jüngster Zeit weiterentwickelte Fahrer-Modelle berücksichtigen in realistischerer Weise, daß für die Fahrzeugbewegung die gesamte Fahrbahnbreite zur Verfügung steht, kleine seitliche Abweichungen also nicht ausgeregelt werden müssen. Die überwachend-eingreifende Regelung (supervisory control) beschreibt die wirklichen Verhältnisse besser als die kontinuierliche Regelung. Blaauw (1984) hat ein Fahrer-Modell entwickelt, das durch eine Erweiterung des optimaltheoretischen Modells entstanden ist. Ein Entscheidungselement wird parallel zum Übertragungsweg der Beobachtung, Vorhersage und Regelung eingesetzt. Es entscheidet in Abhängigkeit von beobachteten und vorhergesagten Eingangsgrößen, wann kontinuierliche Stellsignale erzeugt und wann sie konstant gehalten werden.

Noch stärker als in den Modellen von Donges und Blaauw sind die Wahrnehmungsaspekte des Menschen im Fahrer-Modell von Kramer (1986) nachgebildet worden. Der Fahrer ermittelt aus allen Punkten der visuellen Szene mit einiger Unschärfe die interessierende vorausliegende Bahnbreite. Die Theorie der unscharfen Mengen und Beziehungen wird in diesem Modell angewendet. Intern werden zwei Muster, Prototyp- und Referenzmuster, gebildet und mit dem aktuellen Straßenverlauf verglichen. Drei unscharfe Korrelationen sind notwendig, um ein unscharfes Lenkkommando zu erzeugen, aus dem das tatsächliche Lenksignal ausgewählt wird. Eine der Korrelationen dient der Schätzung der Augenbewegungen des Fahrers, die zweite einem internen Mustervergleich unter Berücksichtigung der Vorausschau des Fahrers und die dritte der Verknüpfung der beiden ersten. Das Modell weist die drei freien Parameter Verstärkungsfaktor, Vorausschau und Totzeit auf.

Eine andere Idee für die Modellierung des Fahrverhaltens bei endlicher Fahrbahnbreite hat Godthelp (1984, 1986) verfolgt. Er schlägt das Maß Zeit-bis-

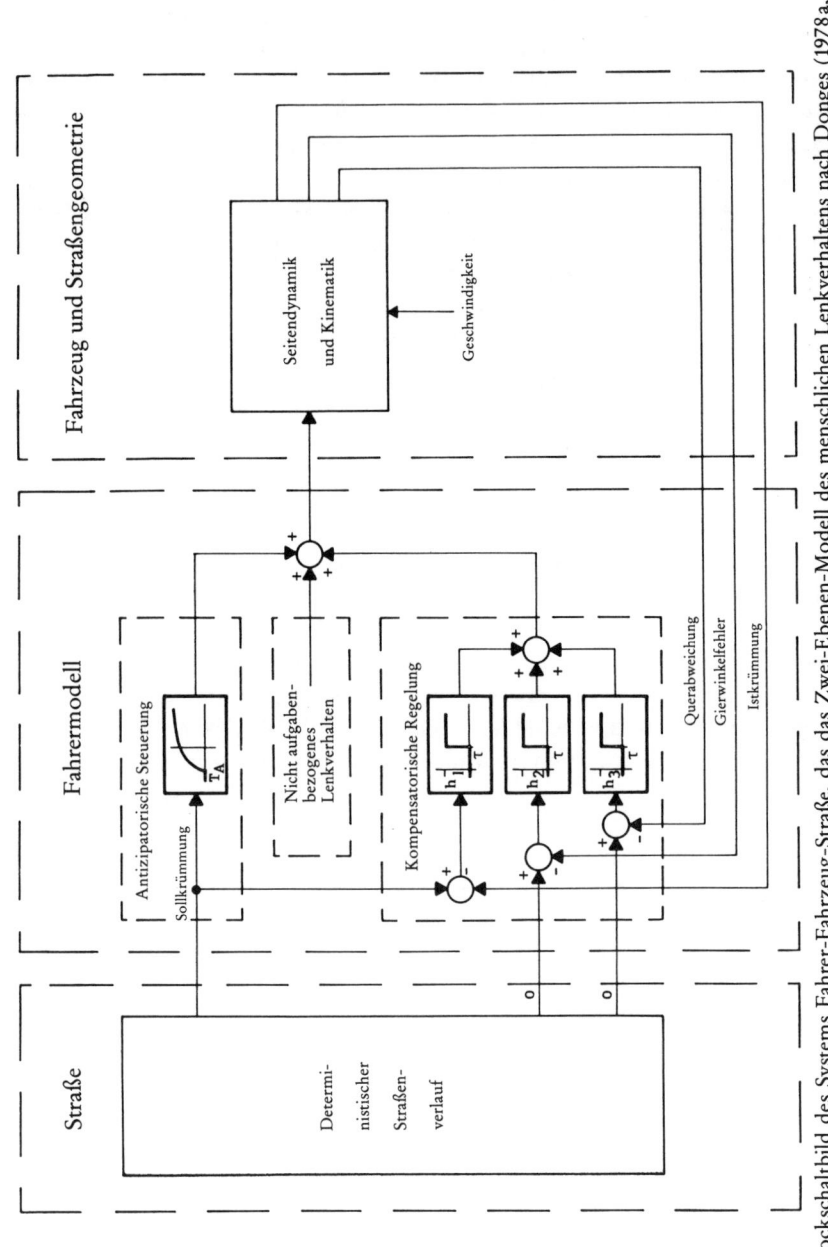

Abb. 5: Blockschaltbild des Systems Fahrer-Fahrzeug-Straße, das das Zwei-Ebenen-Modell des menschlichen Lenkverhaltens nach Donges (1978a, b) veranschaulicht.

zur-Linienüberschreitung (Time-to-Line Crossing; TLC) vor. Damit lassen sich Strategien der Fehlervernachlässigung quantifizieren. Ein Fahrzeug kann sich bei einem konstanten Lenksignal beispielsweise stetig der rechten Straßenbegrenzungslinie nähern, d. h. das Maß TLC-rechts wird immer kleiner. Es drückt die noch verfügbare Zeit für eine zulässige Fehlervernachlässigung aus. Kurz bevor diese abgelaufen ist, möge sich der Fahrer für einen Lenkausschlag nach links entscheiden. Dann entsteht sprunghaft ein der Fahrbahnbreite entsprechender relativ großer Wert TLC-links. Das TLC-Maß wird in einem Vorausschau-Vorhersage-Modell ermittelt. Die experimentelle Überprüfung ist für Geradeaus- und Kurvenfahrten sowie für Fahrbahnwechsel durchgeführt worden.

## 3.5 Überwachend-eingreifende Regelung

Ein dem Fahrer-Modell von Blaauw prinzipiell ähnlicher Ansatz bezüglich eines Entscheidungselements für das Umschalten zwischen den verschiedenen Verhaltensweisen bei der überwachend-eingreifenden Regelung ist von Veldhuyzen und Stassen (1976) in einem Modell des Steuermanns von Supertankern gewählt worden. Ansonsten unterscheiden sich diese beiden Modelle beträchtlich. Ganz allgemein gewinnt die überwachend-eingreifende Regelung an Bedeutung, wenn das zu regelnde technische System in seinem Zeitverhalten langsamer ist. Der Mensch ist dann außerstande, kontinuierliche Stellsignale mit den erforderlichen geringen zeitabhängigen Amplitudenänderungen zu erzeugen (Sheridan & Johannsen, 1976). Demgemäß ist die überwachend-eingreifende Regelung vor allem in der industriellen Prozeßführung anzutreffen. Ein wesentliches Merkmal des Supervisory Control besteht in der hierarchischen Strukturierung der Regelung und Überwachung, wobei die Aufgaben der prozeßnahen Ebenen von Rechnern ausgeführt werden und der Mensch nur zur Vorgabe von Sollwerten, Parametern und Bedingungen sowie zur Fehlerbehandlung eingreift (Johannsen, 1987; Sheridan, 1986). Ein besonders interessanter Anwendungsbereich der überwachend-eingreifenden Regelung liegt bei der Telerobotik vor (Sheridan, 1987). Hier werden Arbeitstätigkeiten von Manipulatoren ausgeführt, die an Unterwasser- und Raumfahrzeugen befestigt sind. Die Überwachung dieser Tätigkeiten, z. B. mit Fernsehkameras, sowie das gegebenenfalls notwendige Eingreifen in die Arbeitsabläufe kann von Menschen an Bord eines Überwasserschiffes oder von einer Bodenstation aus erledigt werden. Durch die räumliche Entfernung und die eventuell große Laufzeit bei der Signalübertragung können sich Probleme bei der Wahrnehmung unscharfer und dreidimensional schwierig interpretierbarer Bilder sowie bei der stark totzeitbehafteten eingreifenden Regelung ergeben. Der Einsatz von Rechnerunterstützungen zur Bildverbesserung und zur Totzeitkompensation mittels Vorhersagemodellen ist erforderlich, um die Anforderungen an den Menschen zufriedenstellend zu gestalten.

## 3.6 Bewertung der Modelle des Menschen

In den vorangehenden Unterabschnitten sind die grundlegenden Regler-Mensch-Modelle sowie spezielle Modelle für Pilot, Fahrer und Steuermann behandelt worden. Die bereits erwähnte Voraussetzung eines gut trainierten und gut motivierten Menschen gilt für alle Modelle. Sie wird für den Bereich der Fahrzeugführung nicht als Einschränkung gesehen, da eine gründliche Ausbildung diese Voraussetzung meistens ohnehin schafft. Gemessen an den im Abschnitt 1 dargestellten Handlungsmodellen von Rasmussen und Hacker ergibt sich eine Einordnung aller behandelten Modelle auf der sensomotorischen, automatisierten Regulationsebene des Menschen. Damit werden die Stabilisierungs- und Lenkaufgaben in normalen Betriebssituationen für eine ingenieurmäßige Behandlung hinreichend gut modelliert. Daß die Arbeitstätigkeiten des Menschen, die modellierbar sind, häufig bereits automatisiert wurden (Johannsen, 1987), gilt in besonderem Maße für die industrielle Prozeßführung. Dagegen ist diese Aussage weit weniger für die Fahrzeugführung gültig, da hierbei die manuelle Regelung trotz Automatisierung einen wesentlichen Anteil der menschlichen Arbeitstätigkeiten ausmacht.

Neben dem rein wissenschaftlichen Erkenntnisgewinn sind vor allem die praktischen Verwendungen der einzelnen Modelle von Bedeutung. So lassen sich beispielsweise Regelstreckendynamiken durch automatische Hilfsregler oder durch konstruktive fahrzeugmechanische Maßnahmen gezielt an die Leistungsbereiche des Menschen anpassen; Anzeigen und Aufgabenabläufe können gestaltet sowie Beiträge zur aktiven Sicherheit geleistet werden. Eine neuere Weiterentwicklung des optimaltheoretischen Modells, das für die Stabilisierungs- und Lenkaufgaben in der Schiffsführung die visuelle Außensichtszene abtastet und sequentielle Entscheidungen trifft, kann für die Markierung und Befeuerung von Hafeneinfahrten genutzt werden (Wewerinke, 1987). Mathematische und algorithmische Modelle zwingen grundsätzlich zur besseren gedanklichen Durchdringung der jeweiligen Fahrzeugführungsaufgabe. Weitere Ideen zur Verbesserung des Mensch-Fahrzeug-Wirkungskreises können und haben sich daraus ergeben. Die Regler-Mensch-Modelle sind bei vielen Kraftfahrzeug- und Flugzeugherstellern bekannt und teilweise für die beschriebenen Gestaltungsaufgaben genutzt worden. Hierüber wird in der Literatur häufig gar nicht oder nur sehr knapp berichtet.

## *4 Fehlermanagement und Planung*

Kognitiv bestimmte Tätigkeiten des Menschen in Mensch-Maschine-Systemen werden zu Entscheidungs- und Problemlösungstätigkeiten zusammengefaßt, wie im Abschnitt 1 erläutert wurde. Die beiden Teilbereiche Fehlermanagement und Planung werden im folgenden behandelt. Sie gewinnen mit zunehmender Automatisierung auch der Fahrzeugführung immer mehr an Bedeutung. Allgemein wird die Modellierung dieser Tätigkeiten schwieriger, verglichen mit denen des Abschnittes 3, da höhere kognitive Verhaltensebenen vorliegen. Entsprechendes gilt auch für Stabilisierungs- und Lenkaufgaben in außergewöhnlichen Betriebssituationen. Statt quantitativer, deskriptiver Modelle lassen sich dann nur qualitative oder bestenfalls normative Modelle entwickeln. Es ist zu erwarten, daß zukünftig die im Abschnitt 5 beschriebenen Entscheidungsunterstützungs- und Expertensysteme diese Tätigkeiten des Menschen unterstützen können (s. z. B. Zimolong, Nof, Eberts & Salvendy, 1987).

### 4.1 Fehlermanagement im Fahrzeug

Unter Fehlerbehandlung bzw. Fehlermanagement versteht man Vorgehensweisen, die aus gegenwärtig gestörten Betriebssituationen in möglichst kurzer Zeit in normale oder wenigstens vorläufig befriedigende Betriebszustände zurückführen. Dabei werden die Fehlermanagement-Phasen Entdeckung, Diagnose, Korrektur und Kompensation unterschieden (Johannsen, 1984). Die Fehlerentdeckung wird in der Flugführung häufig automatisch durchgeführt, da der Mensch hierfür zu langsam reagiert (Curry & Gai, 1976). Nachdem aufgetretene Fehler entdeckt wurden, beginnt die Fehlerdiagnose. Diese Phase ist meistens die zeitlich und kognitiv aufwendigste. Ausgehend von beobachteten Symptomen werden die Gründe für das Auftreten der Fehlerereignisse gesucht und fehlerhafte Systemkomponenten ermittelt. Schließlich wird eine Fehlerkorrektur gemäß einem Satz erlernter Regeln durchgeführt. In der Fahrzeugführung kann stattdessen oft nur eine Fehlerkompensation als vorläufige Maßnahme vorgenommen werden. Eine vollständige Fehlerkorrektur und gelegentlich auch der Abschluß der Fehlerdiagnose erfordern in vielen Fällen eine Außerbetriebnahme des technischen Systems. Im Gegensatz zu manchen industriellen Anlagen kann bei Fahrzeugen eine Notabschaltung nicht vorgenommen werden. Beispielsweise muß ein Flugzeug zunächst sicher landen. Die Fehlerkompensation ist bis zu diesem Zeitpunkt die geeignete Maßnahme. Eine Einschränkung der Leistungsfähigkeit, z. B. der Manövrierfähigkeit, muß dann in Kauf genommen werden.

Die besonderen Sicherheitserfordernisse der Fahrzeugführung und die Tatsache, daß außer technischen Fehlern auch Bedienfehler des Menschen auftreten können, haben zu einer weitgehenden Rechnerunterstützung des Fehlermanagements in neueren Flugzeugen geführt (s. z. B. Brauser, 1984). Bei langsamer ansprechenden Fahrzeugen, z. B. großen Schiffen, kann die Fehlerdiagnose der Antriebs- und Versorgungssysteme dagegen von entsprechend geschultem Personal während der Fahrt bewerkstelligt werden (Van Eekhout & Rouse, 1981). Für das Training der Bedienungsmannschaften werden spezielle Schiffsmaschinen-Simulatoren eingesetzt. Simulatoren erweisen sich generell als wertvolles Instrumentarium zum Einüben von Fehlermanagement-Strategien und zur weitgehenden Vermeidung von Bedienfehlern. Die Modellierung des menschlichen Verhaltens in Fehlermanagementtätigkeiten ist weniger weit entwickelt als die Verhaltensmodellierung von Regelungstätigkeiten. Rouse (1983) gibt einen Überblick über die bis vor fünf Jahren entwickelten Modelle. Bezüglich der Fahrzeugführung hat es seitdem keine dem Autor dieses Beitrags bekannten neuen Modelle gegeben.

## 4.2 Online-Planungsverhalten des Fahrzeugführers

Bei der Planung werden Problemlösungen im Hinblick auf zukünftige Betriebssituationen vorgenommen. Alternative Handlungsstrategien werden vorausgedacht, um rechtzeitig auf die Ausführung notwendiger Handlungen vorbereitet zu sein. Damit soll ein geordneter Handlungsablauf sichergestellt werden, ohne daß die mentale Beanspruchung zu stark anwächst. In der Fahrzeugführung wird ein großer Anteil der Planungsaufgabe, insbesondere im Hinblick auf die Navigation und die Energieversorgung, vor Verlassen des Startortes erledigt. Hierfür sind teilweise Standardprozeduren vorgeschrieben. Während der eigentlichen Ausführungsphase der Transportaufgabe ist diese Vorplanung jedoch ständig zu überprüfen und zu verfeinern. Die dann mit kürzerem Planungshorizont zu erledigenden Aufgaben werden online-Planung genannt (Heßler, 1987; Johannsen & Rouse, 1983). Die experimentellen Untersuchungen von Johannsen und Rouse (1983) stützen sich auf eine eigens dafür entwickelte online-Befragungsmethode. Sie ermöglicht die Erfassung der Planungsintensität von Piloten und ist in simulierten Landeanflügen unter normalen, außergewöhnlichen und in Notfall-Situationen erprobt worden. Es wurde sowohl manuell als auch mit Autopilot geflogen. Die Planungsintensität bezüglich vorausliegender Flugphasen und Teilaufgaben ist von der jeweiligen Flugsituation und dem Automatisierungsgrad abhängig. Es kann zwischen Planungsverhalten, das durch Ereignisse angestoßen wird, und solchem, das durch das zeitliche Näherrücken auszuführender Handlungen ausgelöst wird, unterschieden werden. Heßler (1987) hat die Untersuchungen des Planungsverhaltens fortgesetzt und erste Ansätze zur Modellierung der online-Planung mittels normativer Handlungsschemata vorgeschlagen.

## 5 *Rechnerunterstützungen*

Mehrere technologische Entwicklungen der letzten Jahre werden einen Einfluß auf die Fahrzeugführung nehmen oder sind bereits wirksam. Hierzu gehören vor allem Entwicklungen in der Automatisierungstechnik, der Rechner-Hardware, der Rechnergraphik und der Expertensysteme. Letztlich wird eine neue Qualität der Mensch-Maschine-Wechselbeziehung durch die technologischen Veränderungen ermöglicht. Voraussetzung dafür ist allerdings, daß bei der Gestaltung zukünftiger Mensch-Fahrzeug-Systeme von den Informationsbedürfnissen des Fahrzeugführers ausgegangen wird und die technologischen Alternativen daran angepaßt werden. Das Anpassungspotential der neuen Technologien ist viel größer als das konventioneller Automatisierungseinrichtungen und Anzeigen.

## 5.1 Rechnergestützte Anzeigen

Die Rechnergraphik bietet heute fast unbegrenzte Möglichkeiten für die Informationsdarstellung in der Mensch-Maschine-Schnittstelle. Wie Johannsen, Rijnsdorp und Tamura (1986) betonen, muß eine entsprechend sorgfältige Auswahl getroffen werden. Teilweise können auch ältere Forschungsergebnisse über unkonventionelle Anzeigen erstmals in der praktischen Anwendung realisiert werden, was früher an den beschränkten technologischen Möglichkeiten scheiterte (s. z. B. Roscoe, 1980, 1983). Hierzu gehören Voranzeigen, die getrennte Anzeige langsamer und schneller Bewegungsanteile sowie die Darstellung eines dreidimensionalen Toleranzschlauchs einer Luftstraße.

Für die Auswahl der benötigten Informationen können die Regler-Mensch-Modelle verwendet werden. Wie Johannsen und Govindaraj (1980) zeigen, ist das optimaltheoretische Modell für die Dimensionierung von Voranzeigen geeignet. Die modellgestützte Berechnung gestattet die Auswahl des günstigsten Anzeigenformates aufgrund der Regelleistung und der prozentualen Verteilung der Aufmerksamkeit auf die einzelnen Anzeigenelemente. Die experimentelle Überprüfung stützt sich auf die Messung der Regelleistung und der Blickbewegungen. In rechnergestützten Anzeigen kann somit relativ aufwendige Informationsvorverarbeitung durchgeführt werden. Die Gestaltungsaufgabe kann selbst ebenfalls rechnergestützt erfolgen, wenigstens bezüglich der Informationsauswahl. Darüber hinaus sind die ergonomischen Gestaltungsmaßnahmen, z. B. hinsichtlich Farbe, Form sowie serieller gegenüber paralleler Informationsdarbietung, zu beachten. Die Möglichkeiten, auch hierfür Rechnerunterstützungen vorzusehen, werden von Johannsen, Borys und Fejes (1986) diskutiert. Die Wahrnehmungsaspekte, die mit verschiedenartigen Informationsdarstellungen besonders auch der Fahrzeugführung verbunden sind, werden von Wickens (1984) behandelt.

## 5.2 Entscheidungsunterstützungs- und Expertensysteme

Die Automatisierung der Fahrzeugführung hat sich historisch von den Wirkungskreisen der niedrigeren zu höheren Ebenen hin entwickelt. Beispielsweise existieren Stabilisierungshilfssysteme in der Flugführung seit Jahrzehnten, wohingegen die Navigation bis heute weitgehend von Piloten ausgeführt wird. Die Weiterentwicklung system- und regelungstheoretischer Methoden in der Automatisierungstechnik sowie leistungsfähigere Rechner-Hardware, die zugleich bei niedrigeren Kosten weniger Platz beansprucht, schaffen Voraussetzungen für qualitativ neuartige Automatisierungskonzepte. Für deren Entwicklung sind ferner die in den vergangenen Jahren entstandenen Rechner-Softwaretechnologien der Entscheidungsunterstützungssysteme und der Expertensysteme von großer Bedeutung. Die Verbindung dieser verschiedenen Technologien kann dazu genutzt werden, die von Wiener (1985) sowie anderen geforderte angemessenere Aufgabenverteilung zwischen Mensch und Maschine während aller Betriebssituationen zu erreichen. Das amerikanische Forschungsprojekt „Crew Centered Cockpit Design" berücksichtigt auch diese Möglichkeiten. Ähnliche Anstrengungen werden im europäischen EUREKA-Projekt „Prometheus" zur Entwicklung zukünftiger Kraftfahrzeuge unternommen. Für die industrielle Prozeßführung beschreibt Johannsen (1987) die Architektur eines Unterstützungssystems aus dem europäischen ESPRIT-Projekt „GRADIENT" für graphik- und wissensbasierten Dialog (s. auch Alty & Johannsen, 1987).

Entscheidungsunterstützungssysteme (Decision Support Systems; DSS) und Expertensysteme weisen viele Ähnlichkeiten auf (Johannsen, 1986b). Die einen (DSS) sind in den Managementwissenschaften und die anderen (Expertensysteme) in der KI-Wissenschaft (Künstliche Intelligenz) entstanden. Beide weisen eine Dialogkomponente für die interaktive Benutzung, eine Wissensbasis und einen Schlußfolgerungsmechanismus auf. Dieser Mechanismus dient der jeweiligen Problemlösung und soll die vom Benutzer benötigte Entscheidungsunterstützung liefern. Bei Expertensystemen ist der Mechanismus, der auch Problemlösungskomponente genannt wird, explizit ausgebildet, bei DSS dagegen in der Managementsoftware enthalten. Expertensysteme können ferner eine Erklärungskomponente aufweisen, die den Benutzer über den Weg der Problemlösung informiert.

Für den praktischen Einsatz von Expertensystemen ist bedeutsam, welche Formen der Wissensrepräsentation gewählt werden und wie der Wissenserwerb bewältigt wird. Wissen kann in Form von Regeln, Feldern, Hierarchien und Netzen repräsentiert werden (s. z. B. Raulefs, 1982). Der Aufbau entsprechender Wissensbasen kann durch Expertensystem-Entwicklungswerkzeuge, beispielsweise KEE, unterstützt werden (s. z. B. Borndorff et al., 1986). Besonders aufwendig ist häufig der Wissenserwerb, bei dem das Wissen menschlicher Experten durch Interviews, Beobachtungen und verwandte Methoden erschlossen sowie mit Wissen aus schriftlichen Unterlagen verbunden werden muß. Das prinzipielle Vorgehen wird von Borys, Johannsen, Hansel und Schmidt (1987) beschrieben.

In der Fahrzeugführung hat, wie allgemein bei der Führung dynamischer Systeme, das Zeitverhalten einen Einfluß auf die Art der erforderlichen Expertensystem-Unterstützung. Man unterscheidet zwischen Beratungssystemen und eingebetteten Systemen. Im ersten Fall wird unabhängig vom dynamischen System ein Beratungsdialog zwischen dem Benutzer und einem autonomen Expertensystem durchgeführt. Die meisten bisher entwickelten Expertensysteme gehören zu dieser Gruppe. Der für die Fahrzeugführung interessantere Fall ist der des eingebetteten Systems. Hierbei wird das Expertensystem mit dem Fahrzeug verbunden und kann dadurch seine Wissensbasis ständig dem Fahrzeugzustand anpassen. Aufgaben der Zustandsüberwachung und der Fehlerdiagnose lassen sich dann intelligent unterstützen. Allerdings ist dies ein Gebiet, in dem noch beträchtliche Forschungsanstrengungen erforderlich sind. Eine Übersicht über die grundsätzlich zu bewältigenden Probleme findet man bei Gallanti und Guida (1986).

Ein spezielles Problem mit Expertensystemen ist, daß sie nicht für die Entscheidungsunterstützung eingesetzt werden können, wenn sie als eigenständige Lösungsfinder konzipiert sind. Der Mensch hat dann die Funktion, Daten einzugeben sowie Lösungen für sich auszusuchen (Lösungen können mit bestimmten Sicherheitswahrscheinlichkeiten angeboten werden). Der Benutzer eines Expertensystems ist somit degradiert zum Dateneingeber und Lösungsfilter. Interaktive oder kooperative Expertensysteme strukturieren dagegen zusammen mit dem Benutzer ein Entscheidungsproblem und kompensieren Denkschwächen des Benutzers.

## 6 Training und Simulatoren

Die Arbeitstätigkeiten des Fahrzeugführers erfordern ein gründliches Training. Darüber hinaus muß bei komplizierten Fahrzeugen, z. B. dem Flugzeug, durch Auswahl geeigneter Personen sichergestellt werden, daß die Ausbildung mit hoher Wahrscheinlichkeit überhaupt erfolgreich abgeschlossen werden kann. Hierbei wird durch Testverfahren geprüft, ob die bei der Fahrzeugführung benötigten Fähigkeiten angelegt und entwicklungsfähig sind. Sensomotorische Fähigkeiten, räumliches Vorstellungsvermögen und Problemlösungsfähigkeiten werden vor allem erwartet.

Im Training werden diese Fähigkeiten durch Übung weiter ausgebildet und durch Wissensvermittlung ergänzt. Der Einfluß des Trainings auf die verschiedenen Fähigkeiten wird von Wickens (1984) behandelt. Dabei wird der hohe Aufwand für ein intensives Training betont, um z. B. motorische Fertigkeiten einzuüben. Mehrere Untersuchungen des Flugtrainings sind von Roscoe (1980) und seinen Mitarbeitern durchgeführt worden.

Aus Sicherheits- und Kostengründen werden Simulatoren für das Training eingesetzt. Dieser Weg wird in der Luft- und Raumfahrt seit langem beschritten. Beispielsweise schulen die Luftfahrtgesellschaften auf Flugsimulatoren, die das Bewegungsverhalten des Flugzeugs in Echtzeit mit Prozeßrechnern nachbilden. Der Rechner steuert die Anzeigen in einem originalgetreu gestalteten Cockpit an, ferner gegebenenfalls die mit Rechnergraphik realisierte Außensicht-Simulation sowie die hydraulische Bewegungssimulation. Über Original-Bedienelemente wirkt der Pilot direkt auf die fortlaufende Berechnung der Bewegungsgleichungen im Prozeßrechner ein und schließt damit den Wirkungskreis zwischen Mensch und simuliertem Flugzeug. Es ist eine alte Streitfrage, wie hoch die Realititätsgüte der Simulation getrieben werden sollte. Sicherlich ist einerseits eine absolut mit der Realität übereinstimmende Simulation nicht möglich und deren bestmögliche Annäherung sehr teuer, andererseits beeinträchtigt ein zu geringer Aufwand für die Simulation die Übertragbarkeit trainierter Fähigkeiten in die Realität. Besonders für das Anfängertraining sind Teilaufgaben-Simulatoren wegen ihrer geringeren Komplexität und damit leichteren Überschaubarkeit wirkungsvoller und kostengünstiger. Hierbei kann auf hydraulisch erzeugte Bewegungseindrücke meistens vollständig verzichtet werden. Soll dagegen ein erfahrener Pilot auf ein anderes Flugzeugmuster umgeschult werden oder besonders kritische Notfallsituationen üben, dann ist eine möglichst hohe Realitätsgüte wünschenswert. In den USA und Großbritannien wurde die Realitätsgüte für Flugsimulatoren definiert und durch gesetzliche Maßnahmen festgeschrieben. Ebenso wurden dort Qualitätskriterien für die Umschulung definiert. Fahrzeugsimulatoren werden heutzutage auch in der Schiffs- und Kraftfahrzeugführung verwendet, allerdings häufiger zu Forschungs- und Entwicklungszwecken als zum Training. Auf Schiffsmaschinen-Simulatoren für das Einüben von Bedien- und Fehlermanagement-Strategien wurde bereits im Abschnitt 4 hingewiesen. In der Kraftfahrzeugführung wären preiswerte Fahrsimulatoren für die Anfängerschulung und gegebenenfalls für die regelmäßige Überprüfung der Fahrtauglichkeit erstrebenswert, um zu einer höheren Verkehrssicherheit beizutragen (Johannsen, 1986a).

## 7 Schlußbemerkung

Die Fahrzeugführung ist bei allen Transportmitteln derzeit durch dichteren Verkehr und fortschreitende Automatisierung gekennzeichnet. Es erfordert größere Anstrengungen, die Verkehrssicherheit trotz dichteren Verkehrs noch zu erhöhen. Neue Technologien können hierzu wesentlich beitragen. Dabei ist jedoch eine neue Qualität der Automatisierung erforderlich, die nicht primär von den technischen Möglichkeiten, sondern verstärkt von den Fähigkeiten und Bedürfnissen des Menschen ausgeht. Ansätze in diese Richtung sind vorhanden und wurden im vorliegenden Kapitel angesprochen. Sie beschränken sich nicht auf die Fahrzeugführung, sondern betreffen auch industrielle Mensch-Maschine-Systeme. Bemerkenswert ist, daß der entschiedene Weg einer benutzerbezogenen Gestaltung durch einige neue Technologien begünstigt, ja teilweise erst möglich wird. Konsequenterweise wächst damit die Notwendigkeit für die Zusammenarbeit zwischen einerseits Ingenieuren und Informatikern, die psychologische Grundkenntnisse besitzen, und andererseits Psychologen, die über ausreichende Kenntnisse über das jeweils interessierende technische System verfügen. Die Einsicht in diese Notwendigkeit hat in den vergangenen Jahren weltweit beträchtlich zugenommen. Es soll jedoch nicht verschwiegen werden, daß dieser Weg schwierig ist und in diesem Kapitel nur angedeutet werden konnte.

## Literatur

Alty, J. L. & Johannsen, G. (1987). Knowledge based dialogue for dynamic systems [Survey Paper]. In R. Isermann (Ed.), *Proc. IFAC 10th World Congress on Automatic Control* (Preprints, Vol. 7) (pp. 358—367). Düsseldorf: VDI/VDE-Gesellschaft Meß- und Automatisierungstechnik (GMA).

Bainbridge, L. (1983). Ironies of automation [Special Issue on Control Frontiers in Knowledge Based and Man-Machine Systems]. *Automatica, 19*, 775—779.

Baron, S. (1984). A control theoretic approach to modelling human supervisory control of dynamic systems. In W. B. Rouse (Ed.), *Advances in Man-Machine Systems Research* (Vol. 1) (pp. 1—47). Greenwich, Conn.: JAI Press.

Blaauw, G. J. (1984). *Car driving as a supervisory control task.* Unveröff. Diss., Delft University of Technology.

Borndorff, S., Borys, B.-B., Johannsen, G., Schmidt, J., Elzer, P., Siebert, H. & Weisang, C. (1986). *Mapping of power plant structures into KEE elements* (ESPRIT-GRADIENT Projekt Bericht Nr. 4). Kassel: GhK Universität, Laboratorium für Mensch-Maschine-Systeme.

Borys, B.-B., Johannsen, G., Hansel, H.-G. & Schmidt, J. (1987). Task and knowledge analysis in coal-fired power plants. *IEEE Control Systems Magazine, 7*, (3), 26—30.

Brauser, K. (1984). Methoden des Fehlermanagements im Cockpit eines Hochleistungsflugzeuges. *Ortung und Navigation, 25*, 475—487.

Curry, R. E. & Gai, E. G. (1976). Detection of random process failures by human monitors. In T. B. Sheridan & G. Johannsen (Eds.), *Monitoring behavior and supervisory control* (pp. 205—220). New York: Plenum Press.

De Keyser, V. (1986). Technical assistance to the operator in case of incident: Some lines of thought. In E. Hollnagel, G. Mancini & D. D. Woods (Eds.), *Intelligent decision support in process environments* (pp. 229—253). Berlin: Springer-Verlag.

Donges, E. (1978a). Ein regelungstechnisches Zwei-Ebenen-Modell des menschlichen Lenkverhaltens im Kraftfahrzeug. *Zeitschrift für Verkehrssicherheit, 3*, 98—112.

Donges, E. (1978b). A two-level model of driver steering behavior. *Human Factors, 20*, 691—707.

Döring, B. (1984). Arbeitsanalyse bei einem hochautomatisierten schiffstechnischen Leitstand. *Ortung und Navigation, 25*, 388—400.

Froese, J. (1984). Integration von Schiffsführungs- und Systemüberwachungsaufgaben in der Kommandobrücke. *Ortung und Navigation, 25*, 437—445.

Gallanti, M. & Guida, G. (1986). Intelligent decision aids for process environments: An expert system approach. In E. Hollnagel, G. Mancini & D. D. Woods (Eds.), *Intel-

*ligent decision support in process environments* (pp. 373—394). Berlin: Springer-Verlag.

Godthelp, H. (1984). *Studies on human vehicle control.* Unveröffentl. Diss., Delft University of Technology.

Godthelp, H. (1986). Vehicle control during curve driving. *Human Factors, 28,* 211—221.

Godthelp, H. & Käppler, W.-D. (1988). Effects of vehicle handling characteristics on driving strategy. *Human Factors, 30,* 219—229.

Hach, J.-P. (1984). Die Technik im Cockpit eines modernen Verkehrsflugzeuges. *Ortung und Navigation, 25,* 456—466.

Hacker, W. (1973). *Allgemeine Arbeits- und Ingenieurpsychologie.* Berlin: VEB Deutscher Verlag der Wissenschaften.

Hacker, W. (1986). *Arbeitspsychologie.* Berlin: VEB Deutscher Verlag der Wissenschaften.

Hess, R. A. & McNally, B. D. (1986). Automation effects in a multiloop manual control system. *IEEE Transactions on Systems, Man, and Cybernetics SMC-16,* 111—121.

Heßler, C. (1987). *Experimentelle Untersuchung der Online-Planung in der Fahrzeug- und Prozeßführung* (DFG-Forschungsvorhaben Bericht Nr. 5). Kassel: GhK — Universität, Laboratorium für Mensch-Maschine-Systeme.

Johannsen, G. (1978). Auslegung von Flugführungsanzeigen mit Hilfe des optimaltheoretischen Modells für den Menschen als Regler. In *Jahrbuch der Deutschen Gesellschaft für Luft- und Raumfahrt (DGLR)* (S. 149/1—149/14). Bonn.

Johannsen, G. (1984). Experimentelle Untersuchung und Modellierung der menschlichen Arbeitstätigkeiten in Fehlermanagement-Situationen. *Ortung und Navigation, 25,* 671—682.

Johannsen, G. (1986a). Vehicular guidance. In H.-P. Willumeit (Ed.), *Human decision making and manual control* (pp. 3—16). Amsterdam: North Holland.

Johannsen, G. (1986b). Architecture of man-machine decision making systems. In E. Hollnagel, G. Mancini & D. D. Woods (Eds.), *Intelligent decision support in process environments* (pp. 327—339). Berlin: Springer-Verlag.

Johannsen, G. (1987). Neue Entwicklungen bei Mensch-Maschine-Systemen. *Automatisierungstechnik, 35,* 385—395.

Johannsen, G., Boller, H. E., Donges, E. & Stein, W. (1977). *Der Mensch im Regelkreis (Lineare Modelle).* München: Oldenbourg.

Johannsen, G., Borys, B.-B. & Fejes, L. (1986). Ergonomic knowledge support in graphical interface design for industrial process operators. In *Proc. 2nd Symposium on Human Interface* (pp. 579—584). Tokyo: The Society of Instrument and Control Engineers.

Johannsen, G. & Govindaraj, T. (1980). Optimal control model predictions of system performance and attention allocation and their experimental validation in a display design study. *IEEE Transactions on Systems, Man, and Cybernetics SMC-10,* 249—261.

Johannsen, G., Rijnsdorp, J. E. & Sage, A. P. (1983). Human system interface concerns in support system design [Special Issue on Control Frontiers in Knowledge Based and Man-Machine Systems]. *Automatica, 19,* 595—603.

Johannsen, G., Rijnsdorp, J. E. & Tamura, H. (1986). Matching user needs and technologies of displays and graphics. In G. Mancini, G. Johannsen & L. Mårtensson (Eds.), *Analysis, design, and evaluation of man-machine systems* (Proc. 2nd IFAC/IFIP/IFORS/IEA (Conf.) (pp. 51—61). Oxford: Pergamon Press.

Johannsen, G. & Rouse, W. B. (1979). Mathematical concepts for modeling human behavior in complex man-machine systems. *Human Factors, 21,* 733—747.

Johannsen, G. & Rouse, W. B. (1983). Studies of planning behavior of aircraft pilots in normal, abnormal, and emergency situations. *IEEE Transactions on Systems, Man, and Cybernetics SMC-13,* 267—278.

Kleinman, D. L., Baron, S. & Levison, W. H. (1970). An optimal control model of human response. Part 1: Theory and validation. *Automatica, 6,* 357—369.

Kraiss, K.-F. (1985). *Fahrzeug- und Prozeßführung (Kognitives Verhalten des Menschen und Entscheidungshilfen).* Berlin: Springer-Verlag.

Kramer, U. (1986). *Analyse mobiler Systeme (Ein Beitrag zur Theorie der Fahrzeugführung)* (Reihe 12: Verkehrstechnik/Fahrzeugtechnik, Nr. 7). Düsseldorf: VDI Verlag.

McRuer, D. T. & Jex, H. R. (1967). A review of quasi-linear pilot models. *IEEE Transactions on Human Factors in Electronics HFE-8,* 231—249.

Pew, R. W. & Baron, S. (1983). Perspectives on human performance modelling [Special Issue on Control Frontiers in Knowledge Based and Man-Machine Systems]. *Automatica, 19,* 663—676.

Poulton, E. C. (1974). *Tracking skill and manual control.* New York: Academic Press.

Rasmussen, J. (1983). Skills, rules and knowledge; signals, signs, and symbols, and other distinctions in human performance models. *IEEE Transactions on Systems, Man, and Cybernetics SMC-13,* 257—266.

Raulefs, P. (1982). Expertensysteme. In W. Bibel & J. H. Siekmann (Hrsg.), *Künstliche Intelligenz* (S. 61—98). Berlin: Springer-Verlag.

Roscoe, S. N. (1980). *Aviation psychology.* Ames, Iowa: The Iowa State University Press.

Roscoe, S. N. (1983). Computer-animated displays for vertical and translational flight. In R. S. Jensen (Ed.), *Proc. Second Symposium on Aviation Psychology* (pp. 55—67). Columbus, Ohio: The Ohio State University.

Rouse, W. B. (1983). Models of human problem solving: Detection, diagnosis, and compensation for system failures [Special Issue on Control Frontiers in Knowledge Based and Man-Machine Systems]. *Automatica, 19,* 613—625.

Schütte, M., Schwier, W. & Luczak, H. (1984). Arbeitswissenschaftliche Ergebnisse zur Gestaltung der Schiffsführungszentrale (SFZ) eines Schiffs der Zukunft (SdZ). *Ortung und Navigation, 25,* 401—424.

Sheridan, T. B. (1986). Forty-five years of man-machine systems: History and trends. In G. Mancini, G. Johannsen & L. Mårtensson (Eds.), *Analysis, design, and evalua-*

*tion of man-machine systems* (Proc. 2nd IFAC/IFIP/IFORS/IEA Conf.) (pp. 1—9). Oxford: Pergamon Press.

Sheridan, T. B. (1987). Telerobotics [Plenary Paper]. In R. Isermann (Ed.), *Proc. IFAC 10th World Congress on Automatic Control* (Preprints, Vol. 1) (pp. 103—117). Düsseldorf: VDI/VDE-Gesellschaft Meß- und Automatisierungstechnik (GMA).

Sheridan, T. B. & Ferrell, W. R. (1974). *Man-machine systems: information, control, and decision models of human performance.* Cambridge, Mass.: MIT Press.

Sheridan, T. B. & Johannsen, G. (Eds.). (1976). *Monitoring behavior and supervisory control.* New York: Plenum Press.

Skipper, J. H. & Wierwille, W. W. (1986). Drowsy driver detection using discriminant analysis. *Human Factors, 28,* 527—540.

Stein, W. & Wewerinke, P. H. (1983). Human display monitoring and failure detection: Control theoretic models and experiments [Special Issue on Control Frontiers in Knowledge Based and Man-Machine Systems]. *Automatica, 19,* 711—718.

van Eekhout, J. M. & Rouse, W. B. (1981). Human errors in detection, diagnosis and compensation for failures in the engine control room of a supertanker. *IEEE Transactions on Systems, Man, and Cybernetics SMC-11,* 813—816.

Veldhuyzen, W. & Stassen, H. G. (1976). The internal model — What does it mean in human control? In T. B. Sheridan & G. Johannsen (Eds.), *Monitoring behavior and supervisory control* (pp. 157—171). New York: Plenum Press.

Wewerinke, P. H. (1987). Model of the human observer and controller of a dynamic system. *Proc. IEEE Conference on Systems, Man and Cybernetics.* Alexandria, USA, Oct. 1987.

Wickens, C. D. (1984). *Engineering psychology and human performance.* Columbus, Ohio: Charles E. Merrill.

Wiener, E. L. (1985). Beyond the steril cockpit. *Human Factors, 27,* 75—90.

Wierwille, W. W., Casali, J. G., Connor, S. A. & Rahimi, M. (1985). Evaluation of the sensitivity and intrusion of mental workload estimation techniques. In W. B. Rouse (Ed.), *Advances in man-machine systems research* (Vol. 2) (pp. 51—127). Greenwich, Conn.: JAI Press.

Zimolong, B., Nof, S. Y., Eberts, R. E. & Salvendy, G. (1987). On the limits of expert systems and engineering models in process control. *Behaviour and Information Technology, 6,* (1), 15—36.

16. Kapitel

# Entscheidungshilfen in hochautomatisierten Systemen

### Karl-Friedrich Kraiss

## 1 Kognitive Anforderungen in hochautomatisierten Systemen

Dieses Kapitel gilt dem Zusammenwirken von Mensch und Technik beim Entscheiden und Problemlösen. Die betrachteten Mensch-Maschine-Systeme (MMS) stellen eine Organisation von Menschen und Maschinen dar, die zielgerichtet zusammenwirken, um vorgegebene Aufgaben durchzuführen. Repräsentative Beispiele sind:

— Luft-, See-, Landfahrzeuge,

— Verkehrssysteme/Verkehrsüberwachungssysteme,

— Fertigungs- und Verfahrensprozesse,

— Energieerzeugungs- und -verteilungssysteme,

— elektromedizinische Überwachungssysteme,

— Roboter/Handhabungssysteme.

In diesen Systemen sind Teilfunktionen weitgehend automatisiert, während sich ein vollständiger Verzicht auf die Mitwirkung von Menschen verbietet, sei es aus technischen, ökonomischen, psychosozialen oder sicherheitstechnischen Überlegungen. Für den Benutzer ergeben sich dadurch ganz besondere Anforderungen, denen er häufig nicht oder nur unvollkommen gewachsen ist (Sheridan, 1983):

— Hauptaktivitäten sind Überwachung, Zustandsdiagnose, Fehlerbeseitigung und Programmänderungen, selten manuelle Regelung.

— Manuelle Eingriffe sind selten und vorhersagbar, haben jedoch oft große Tragweite. Häufig sind Maßnahmen unter Zeitdruck erforderlich.

— Eingriffe sind nur nach Verarbeitung großer Informationsmengen oder nach Durchführung schwieriger Schlußfolgerungen möglich.

— Die Verantwortung für das überwiegend automatisch betriebene System verbleibt beim Menschen.

Die Aktivitäten zur Gestaltung von Mensch-Maschine-Systemen konzentrierten sich lange Zeit vor allem auf die Analyse und Bewertung menschlicher Leistungsfähigkeit auf perzeptiv-motorischer Ebene (Arp, 1971). Auch heute ist eine Beachtung dieser Gesichtspunkte notwendig, jedoch für hochautomatisierte Arbeitsplätze nicht hinreichend. Der Schwerpunkt der Systemgestaltung muß sich aufgrund dieser Entwicklung auf eine stärkere Berücksichtigung kognitiver Aspekte verschieben (Fischer, 1982; Hollnagel, Mancini & Woods, 1986; Hollnagel & Woods, 1983; Kraiss, 1985; Wiener & Curry, 1980). Hier sind qualitativ zwei Zielrichtungen zu unterscheiden:

— *Schnittstellengestaltung:* Anpassung der informatorischen Anforderungen an die Grenzen und Gesetzmäßigkeiten der Informationsverarbeitung des Menschen durch geeignete Informationsorganisation und -darstellung.

— *Entscheidungsunterstützung:* Technische Hilfestellung für Denkprozesse durch die Übertragung kognitiver Teilaufgaben auf einen Rechner, wie z. B. das Aufzeigen und Beachten von Randbedingungen, Risikoabschätzungen oder die Erkundung von Lösungswegen.

Sowohl die Schnittstellengestaltung als auch die Entscheidungsunterstützung sind wichtige Hilfsmittel zur Begrenzung der kognitiven Belastung des Menschen in hochautomatisierten Mensch-Maschine-Systemen. Hier eröffnet sich „den kreativen Gestaltungskräften von Mensch-Maschine-Systemen ein weitreichendes, neues ... Entwicklungsfeld" (Spur, 1984). Für die Bewältigung dieser Aufgabenstellung ist die interdisziplinäre Zusammenarbeit verschiedener Wissenschaftssparten unerläßliche Voraussetzung: „Ingenieure werden Informatiker und Psychologen benötigen, um Mensch-Maschine-Systemen mit intelligentem Verhalten entwickeln zu können." (Spur, 1984) Die vorliegende Arbeit gilt einem Beitrag hierzu (siehe auch Timpe, Rühmann & Schmidtke sowie Streitz in diesem Band).

Die Handlungen einer Bedienperson beim Umgang mit technischen Einrichtungen haben im allgemeinen den Zweck, ein System, ausgehend vom Istzustand über eine Reihe von Zwischenstufen in einen Zielzustand zu überführen (Card, Moran & Newell, 1983). Ein Problem stellt diese Aufgabe dann dar, wenn der Lösungsweg zum Zielzustand nicht direkt erkennbar ist. In aller Regel erfordert die Problemlösung dann eine bestimmte Vorstellung der Problemsituation oder, mit anderen Worten, eine Problemstrukturierung. Welche Formen diese Repräsentation individuell annimmt, ist unklar. Besonders naheliegend erscheint die von Ernst und Newell (1969) eingeführte Strukturvorstellung zum Problemraum als Zustands-Aktions-Baum. Ausgehend von möglichen Systemzuständen und zulässigen Operatoren läßt sich damit theoretisch die Gesamtheit aller bei der Bedienung eines Systems realisierbaren Handlungsfolgen als Graph darstellen (Abbildung 1).

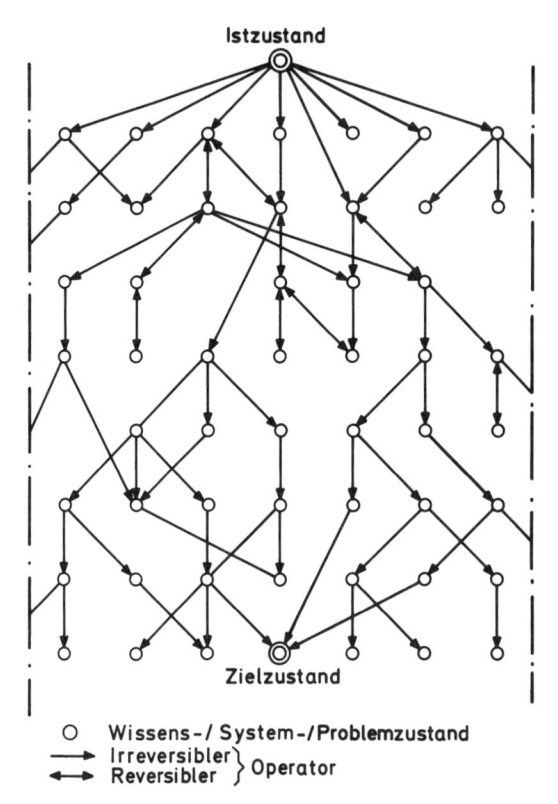

Abb. 1: Schematische Darstellung eines Problemraums als Zustands-Aktions-Baum. Ausgehend von möglichen Systemzuständen und zulässigen Operatoren stellt der Graph alle bei der Bedienung eines Systems realisierbaren Handlungsfolgen dar.

Ein Problem wird im Problemraum durch die Angabe des Anfangszustands und des gewünschten Ziels definiert, wobei sich durch die Ausprägung der Systemzustände und Operatoren eine Vielzahl unterschiedlicher Probleme beschreiben lassen. Die Systemzustände können unvollkommen oder unscharf definiert sein (in welchem Zustand befindet sich ein System zu einem bestimmten Zeitpunkt?), ebenso ist das Ziel nicht immer klar umrissen (Fehler kompensieren oder Abschalten?), während die Operatoren u. U. irreversibel oder mit Risiken behaftet sind. Infolgedessen gibt es Lösungspfade, die in verschiedener Hinsicht optimal sind (Zeit, Kosten, Risiko). Grundsätzlich eignet sich diese Betrachtungsweise sowohl für die Beschreibung abstrakter Vorgänge (Lösen einer Gleichung) als auch für die Abbildung einer Handlungssequenz (Starten eines Flugzeugs). Problemlösen besteht offenbar darin, eine Folge von Operatoren zu finden, die den Anfangszustand unter Beachtung vorgegebener Kriterien in den Zielzustand überführen.

Der mentale Aufbau eines Problemraums nach Abbildung 1, d. h. eines sogenannten „inneren Modells", ist nur innerhalb eines begrenzten Planungshorizonts und selten in allen Einzelheiten möglich. Es besteht die Gefahr der Inkorrektheit (durch falsches Training) und der Unvollständigkeit (durch Übungsmangel). Menschliches Planen und Problemlösen kann deshalb nur im Rahmen der mental erreichbaren Planungstiefe und Modellgenauigkeit rational sein (bounded rationality, Simon, 1955). Einzelne Knoten des Zustands-Aktions-Baums lassen sich als Entscheidungsmatrix darstellen (Abbildung 2). Damit wird angegeben, welche (Handlungs-)Alternativen in welcher Situation zu welchen Konsequenzen führen. Umgekehrt läßt sich daraus ablesen, welche Aktivitäten unter Berücksichtigung bestimmter Umweltbedingungen zur Erreichung eines Ziels erforderlich sind. Beim eigentlichen Entscheiden handelt es sich um die Auswahl der optimalen Handlungsalternative aus dem Vorrat an Optionen, der während des Prozesses der Problem-Strukturierung erarbeitet wurde. Die Auswahl erfolgt in einem mehrstufigen Prozeß, der Informationsauswahl, Wahrscheinlichkeitsschätzung, Bewertung und Handlungsauswahl umfaßt und meist iterativ durchlaufen wird.

|     | $e_1$     | $e_2$     | ..... | $e_n$     |
|-----|-----------|-----------|-------|-----------|
| $a_1$ | $k_{1,1}$ | $k_{1,2}$ | ..... | $k_{1,n}$ |
| $a_2$ | $k_{2,1}$ | $k_{2,2}$ | ..... | $k_{2,n}$ |
| .   | .         | .         |       | .         |
| .   | .         | .         |       | .         |
| $a_m$ | $k_{m,1}$ | $k_{m,2}$ | ..... | $k_{m,n}$ |

Abb. 2: Strukturierte Entscheidungssituation, dargestellt als Entscheidungsmatrix. Wenn man die Alternative $a_m$ unter der Umweltbedingung $e_n$ wählt, tritt die Konsequenz $k_{m,n}$ ein.

Bei der Informationssammlung besteht Unsicherheit hinsichtlich der Datenauswahl und des notwendigen Stichprobenumfangs. Die subjektive Bewertung von Wahrscheinlichkeiten folgt nicht den Axiomen der Wahrscheinlichkeitstheorie, da die hierzu notwendige Arithmetik mental nicht zuverlässig durchgeführt werden kann. Die Schätzwerte sind generell zu konservativ, d. h. geringe Wahrscheinlichkeiten werden über, hohe Wahrscheinlichkeiten unterschätzt. Auch werden Gegenhypothesen nicht angemessen berücksichtigt. Für den eigentlichen Entscheidungsprozeß gibt es eine ganze Reihe von Modellvorstellungen (Zimolong & Rohrmann, 1987). Eine dieser Vorstellungen, die durch zahlreiche Beobachtungen gestützt wird, besagt: Die Auswahl der Konsequenzen erfolgt in der Regel in einem zweistufigen Prozeß, wobei zunächst solche Lösungen verworfen werden, die bestimmten Mindestanforderungen nicht genügen (Satisfaktionskriterium). Unter dem verbleibenden Rest von Alternativen erfolgt eine Auswahl nach dem Maximalitätskriterium. Hierbei eignet sich zur Beschreibung menschlichen Verhaltens das SEU-Modell (Subjectively Expected Utility), in dem sowohl für die Nutzwerte $w_{i,j}$ der Konsequenzen $k_{i,j}$ als auch für die Wahrscheinlichkeiten $p(e_j)$ subjektive Schätzwerte verwendet werden. Die Bewertung einer Handlungsalternative $a_i$ erfolgt dementsprechend mit dem Erwartungswert $EW(a_i)$:

$$EW(a_i) = \sum_{i=1}^{n} w_{i,j} \cdot p(e_j) \qquad (1)$$

Die getroffenen Entscheidungen werden subjektiv als rational empfunden. Sie sind jedoch infolge der vorgegebenen Mängel mentaler Informationsspeicherung und -verarbeitung objektiv suboptimal, inkonsistent und variabel. Maßnahmen zur Kompensation der aufgezeigten kognitiven Schwächen durch geeignete technische Hilfsfunktionen sowie Hinweise zur sinnvollen Nutzung der besonderen Fähigkeiten des Menschen in einer Mensch-Maschine-Beziehung sind Gegenstand der folgenden Abschnitte.

## 2 Methoden zur Unterstützung kognitiver Prozesse

Mit verstärkter Automatisierung läßt sich, wie schon erwähnt, eine kognitive Überlastung von Bedienpersonen nur bedingt abwenden. Die Zielrichtung muß deshalb primär der Unterstützung des Operateurs, nicht seinem Ersatz gelten. Dieser Sachverhalt kommt in der Definition von Barnes (1980) für ein Entscheidungshilfesystem treffend zum Ausdruck:

A mechanism that extends the intellect of the decision maker and puts structure to what would otherwise be a confusing situation, rather than a device which makes decisions according to preset rules which are programmed without any form of intervention by the decision maker. (a.a.O., S. 4)

Sinnvolle Entscheidungshilfen lassen sich durch Veränderungen der Benutzerschnittstelle erreichen, die zu einem besseren Informationsstand des Operateurs und zu einem vereinfachten Datenaustausch beitragen. Für weitergehende Unterstützungsmaßnahmen kommt das Konzept des „intelligenten Assistenten" zur Anwendung, der gewisse Intelligenzleistungen vollbringen kann (Abbildung 3).

Für die Einbindung dieses Assistenten in den Arbeitsablauf gibt es zunächst das Konzept der Aufgabendelegation, bei dem der Operateur Teilaufgaben zur Lösung an einen künstlichen Experten überträgt. Hierbei ergeben sich Akzeptanzprobleme, weil der Lösungsprozeß des Rechners häufig nur schwer nachvollzogen werden kann. Die Qualifikationsanforderungen an den Operateur verschärfen sich, da er die Korrektheit der Rechnerlösungen überprüfen muß. Vorzuziehen ist deshalb eine arbeitsteilige Bearbeitung kognitiver Aufgaben

```
┌─────────────────────────┐
│       Operateur         │
└─────────────────────────┘
     ↑↓
┌─────────────────────────┐
│ Grafisch - interaktive  │
│  Benutzerschnittstelle  │
└─────────────────────────┘
     ↑↓        
      ┌──────────────┐
   ←──│ Intelligenter│──→
      │  Assistent   │
      └──────────────┘
     ↑↓
┌─────────────────────────┐
│    Fahrzeug/Prozeß      │
└─────────────────────────┘
```

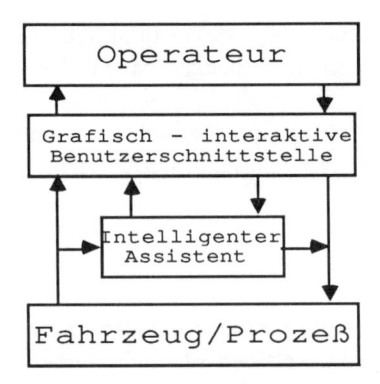

Abb. 3: Schematische Darstellung der Gestaltungsmöglichkeiten für Unterstützungsmaßnahmen bei Entscheidungs- und Problemlösungstätigkeiten.

zwischen Mensch und Rechner, in der die Mängel menschlicher Denk- und Gedächtnisleistungen kompensiert und gleichzeitig deren Vorzüge wie z. B. Assoziations- und Mustererkennungsfähigkeit genutzt werden. Bei diesem Konzept wird vom Rechner mehr als eine Problemlösung erwartet, die man akzeptieren oder zurückweisen kann, sondern vielmehr der Hinweis auf Hindernisse, Seiteneffekte, Interaktionen und Kompromisse als eine umfassende Hilfestellung für die Konzipierung oder Korrektur eines Aktionsplans. Das Wissen um den Kontext und die Implikationen eines Aktionsplans verbessert das Akzeptanzverhalten und führt zu einer Höherqualifikation der Operateure. An eine sinnvolle Entscheidungshilfe werden somit folgende Anforderungen gestellt, wobei in jedem Fall die eigentliche Entscheidung dem Operator überlassen bleiben muß:

— Übernahme von Routinearbeit,

— Strukturierung der Entscheidungssituation,

— Interaktivität,

— Transparenz,

— Selbsterklärungsfähigkeit,

— Abstimmung auf kognitive Fähigkeiten und Trainingszustand.

Anatzpunkte für kognitive Unterstützungsfunktionen ergeben sich aus der Analyse kognitiver Leistungsmerkmale. Auf dieser Grundlage lassen sich wichtige Gestaltungsprinzipien für Entscheidungshilfen formulieren, die im folgenden, zusammen mit Hinweisen zur Realisierung, aufgeführt sind:

*Reduzierung der Gedächtnisbelastung* durch:

— Visualisierung von Information, dabei wird Erinnern durch Wiedererkennen ersetzt;

— Verwendung moderner Darstellungs- und Interaktionstechniken, die den Informationsaustausch an der Benutzerschnittstelle fördern.

*Unterstützung von Planungs- und Problemlösungstätigkeiten* durch:

— Bereitstellung von Rechnerunterstützung beim wissensbasierten Schlußfolgern.

*Entlastung von mentaler Arithmetik* durch:

— Delegation der statistischen, wahrscheinlichkeits- und nutzentheoretischen Komponenten von Entscheidungsprozessen soweit möglich zur Bearbeitung an den Rechner.

*Verminderung des Ausbildungs- und Trainingsaufwands* durch:

— Bereitstellung von Rechnermodellen und Simulationen für Test- und Erkundungsfunktionen;

— Übungsmöglichkeiten, auch während des operationellen Einsatzes eines Systems (eingebettetes Training);

— „Help"-Funktionen, zur on-line-Erläuterung von Systemprozeduren;

— Anpassung der Dialogformen an den Trainingsstand der Benutzer.

*Eingrenzung und Kompensation menschlicher Fehler* durch:

— unmittelbare Rückmeldung der Systemreaktion (z. B. Voranzeige);

— Bereitstellung reversibler Funktionen zur Fehlerkorrektur.

*Nutzung der visuellen Fähigkeiten des Menschen* durch:

— Berücksichtigung der Gestalt- und Formerkennung bei der Informationscodierung;

— Verwendung integrierter synthetischer Bildformate.

## 3 Implementierung von Entscheidungshilfesystemen

Als Methoden zur Berücksichtigung der genannten Gestaltungsprinzipien bei der Realisierung kognitiver Unterstützungsfunktionen kommen in Betracht (Barnes, 1980; Hankins, Pennington & Barker, 1983; Kraiss, 1985):

— Visualisierungs- und Interaktionstechniken,

— Entscheidungstheoretische Hilfen,

— Simulations- und Prädiktionsverfahren,

— Suchverfahren in Graphen,

— Expertensysteme.

Die folgenden Ausführungen behandeln die grundlegende Funktionsweise der verwendeten Konzepte und geben Beispiele ihrer praktischen Anwendung.

### 3.1 Moderne Techniken der Schnittstellengestaltung

Aufgrund neuerer technischer Entwicklungen ergeben sich an der Schnittstelle Mensch-Maschine vielfältige, bisher nicht verfügbare Freiheitsgrade der Informationsdarstellung und des Datenaustauschs. Zu berücksichtigen sind in diesem Zusammenhang insbesondere Fortschritte der Computergraphik sowie neue Dialogtechniken und Eingabemedien (Bolt, 1984; Foley & van Dam, 1982).

Die Verwendung von Bildschirmterminals hat durch technische Weiterentwicklungen wie hochauflösende Bitmap-Graphik und eine erhebliche Steigerung der Rechenkapazität und -schnelligkeit sowie durch die Einführung schneller analoger Zeigeinstrumente (Maus) dramatische Veränderungen erfahren. Wichtiges Merkmal ist dabei die Abbildung von Systemfunktionen als graphische Objekte auf der Schirmoberfläche. Für die eigentliche Auswahl einer Funktion am Bildschirmarbeitsplatz steht mit der sogenannten „direkten Manipulation" ein revolutionäres Interaktionsprinzip zur Verfügung. Dabei wird mit einem Zeigerinstrument, z. B. der „Maus", eine der angebotenen Funktionen angefahren und durch Tastendruck aktiviert (Lu, 1984). Durch das Gestaltungsprinzip der direkten Manipulation entsteht eine Benutzerschnittstelle, die sich von herkömmlichen Schnittstellen grundlegend unterscheidet: Es ist nicht mehr erforderlich, Kommandos zu erinnern und alphanumerisch einzugeben, sondern es genügt das Wiedererkennen graphischer Symbole und die Auslösung von Kommandos durch Markierung. Das Medium Bildschirm erlaubt auch, in Verbindung mit der Bitmap-Technik, die beliebige An- und Zuordnung variabler Fenster. Intensitäts-, Farb- und Formänderungen eignen sich dabei hervorragend zur Fokussierung der visuellen Aufmerksamkeit und zur Signalisierung von Modusänderungen (Verplanck, 1986).

Hinsichtlich der Informationsdarstellung werden integrierte Bildformate angestrebt, die zwar eine hohe Informationsdichte aufweisen, aber dennoch leicht abzulesen sind. Die Vorteile integrierter Bildformate werden zunehmend im Bereich der Prozeßüberwachung genutzt, u. a. für die in Entwicklung befindlichen „Safety Parameter Display Systems" (Woods, Wise & Hanes, 1981). Abbildung 4 gibt als Beispiel ein Bildformat wieder, bei dem die Parameter eines Reaktor-Kühlsystems als Polardiagramm angeordnet sind. Die Skalierung der einzelnen Meßgrößen ist so gewählt, daß sich bei Normalbetrieb die Gestalt

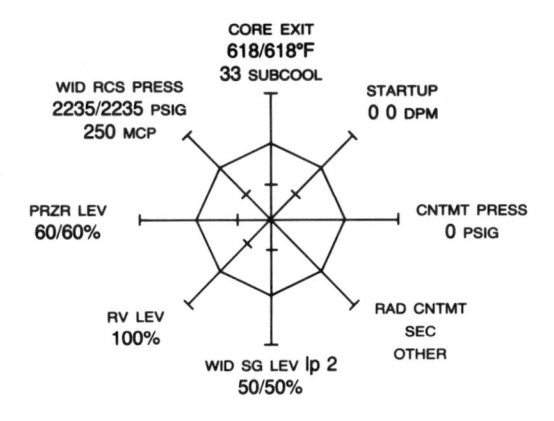

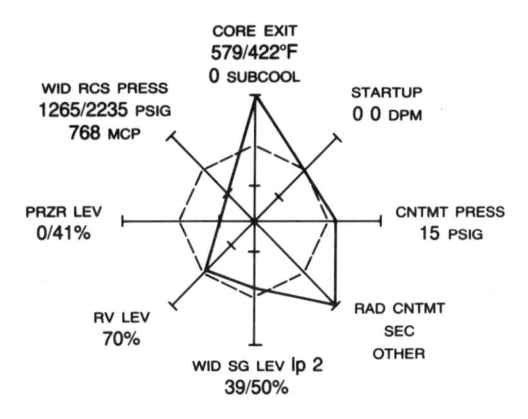

Abb. 4: Polardiagramm zur Parameterüberwachung eines Reaktor-Kühlsystems: (a) Normalbetrieb, (b) Störfall. Die Ablesung von Einzelanzeigen wird durch Figurerkennung ersetzt (Woods, Wise & Hanes, 1981).

„Kreis", bei Störfällen jedoch eine andere markante Figur ausbildet. Die Ablesung von Einzelanzeigen wird auf diese Weise umgesetzt in die kognitiv weniger belastende Aufgabe „Figurerkennung".

Kriterium für die Auswahl einer bestimmten Dialogform am Bildschirmarbeitsplatz ist die Qualifikation des jeweiligen Benutzers. Bei einem ungeübten Operator steht der Gesichtspunkt der Benutzerführung im Vordergrund (Geiser, 1983). Der Operator soll Hinweise erhalten, welche Aktionen in einer bestimmten Betriebssituation zur Erreichung eines Ziels zulässig sind. Zusätzlich besteht die Möglichkeit, alle übrigen Bedienoptionen zu sperren. Durch diese Maßnahme verringert man die Unsicherheit eines Operateurs hinsichtlich der richtigen Aktion, d. h. man reduziert die Komplexität des Problems. Üblich sind folgende Varianten:

— *Frage und Antwort:* Das System stellt Fragen, der Benutzer antwortet. Dies ist die am wenigsten fehleranfällige Dialogform.

— *Maske ausfüllen:* Das System zeigt Formulare, die der Benutzer ausfüllt. Diese Methode ist für flexible Dateneingabe geeignet.

— *Menüauswahl:* Das System zeigt Alternativen, aus denen der Benutzer auswählt.

Die Wirksamkeit der geschilderten neuen Techniken der Schnittstellengestaltung beruht vor allem auf folgenden Faktoren:

— Generelle Verbesserung des Informationsstands hinsichtlich Systemsituation und Handlungsalternativen durch verstärkte Visualisierung,

— Herstellung einer engeren Ursache-Wirkungsbeziehung durch das Konzept der direkten Manipulation,

— Verwendung besser angepaßter und fehlertoleranter Methoden der Dateneingabe.

## 3.2 Unterstützung von Entscheidungsprozessen

Wie die Betrachtungen zum Entscheidungsverhalten gezeigt haben, ist die Leistung des Menschen im Hinblick auf riskante Entscheidungen suboptimal. Wie eingangs erläutert, ist dies vor allem auf die mentale Informationsverarbeitung zurückzuführen, die eine exakte Durchführung der notwendigen entscheidungstheoretischen Arithmetik nicht zuläßt. Zur Kompensation dieser Leistungsmängel werden statistische, wahrscheinlichkeits- und nutzentheoretische Berechnungen zur Bearbeitung an Rechner delegiert, so daß sich die Mitwirkung des Menschen auf die Formulierung der Problemstellung und die Auswahl unter vorab bewerteten Alternativen beschränkt.

Das bekannteste Entscheidungshilfsmittel trägt die Bezeichnung „Probabilistic Information Processor" (Edwards, 1962). Damit läßt sich die Bayessche Arithmetik vom Rechner abwickeln, während die Eingaben für die a priori-Wahrscheinlichkeiten und für die Zuverlässigkeit neu hinzukommender Informationen beim Menschen liegen. In dem stufenweisen Aufbau wird auf der untersten Stufe Information gesammelt, sortiert und ausgewählt. Auf der nächsten Stufe wird den Daten von Experten eine Wahrscheinlichkeit $p(D_k | H_i)$ für die Information $D_k$ unter der Annahme der Gültigkeit der Hypothese $H_i$ zugeordnet. Ein Rechner (Bayes-Processor) führt schließlich mit diesen Daten die Revision für die Wahrscheinlichkeit der a priori-Hypothesen durch. Systeme des „PIP"-Typs überlassen dem Operateur somit die Schätzung von Wahrscheinlichkeiten oder von Nutzwerten, mitunter auch beides. Die Verknüpfung dieser Werte in dem SEU-Modell übernimmt jedoch ein Rechner, der daraus einen Entscheidungsvorschlag ableitet. Damit wird ein deutlich verbessertes Entscheidungsverhalten erreicht, besonders in Phasen hoher Beanspruchung der Operateure. Dieser Ansatz umgeht die menschlichen Unzulänglichkeiten bei der Datenkombination und -bewertung. Außerdem werden Vorurteile, die ein Beobachter im Normalfall hat, bewußt gemacht und kompensiert. Neuere Entwicklungen wie MAUD (Humphreys & Wishuda, 1980), GODDESS (Pearl, Leal & Salch, 1980) oder DM (Decision Maker, Pauker, 1982) stellen eine Weiterentwicklung dieses Ansatzes dar.

Gelegentlich ist es sinnvoll, dem Benutzer zu einem Entscheidungsproblem nicht nur das Ergebnis eines Rechneralgorithmus mitzuteilen, sondern zusätzlich auch die Entwicklung bedingter Wahrscheinlichkeiten und die verfügbaren Alternativen. Zur Demonstration dieses Ansatzes sei von einer Situation ausgegangen, bei der ein Operateur unter verschiedenen Handlungsalternativen $a_j$ zu wählen hat. Für die Ermittlung der subjektiven Präferenzen wird das Maximalitätsprinzip unterstellt, d. h. daß z. B. die Alternative $a_i$ gegenüber $a_k$ dann den Vorzug erhält, wenn der erwartete Nutzen dieser Handlung größer ist:

$$EW(a_i) > EW(a_k) \Rightarrow a_i > a_k. \qquad (2)$$

Diese Beziehung kann nach einem interessierenden $p(e_i)$-Wert aufgelöst und graphisch dargestellt werden (vgl. (1)). In einer zweidimensionalen Anzeige lassen sich die Wahrscheinlichkeiten $p(e_i)$ von jeweils drei Systemzuständen z. B. als Dreieck abbilden (Abbildung 5). Die Wahrscheinlichkeit der verschiedenen Systemzustände erscheint im Dreieck als Zeiger. Treffen neue Informationen ein, durch die sich die Wahrscheinlichkeiten entsprechend dem Bayes-Theorem verändern, so bewegt sich der Zeiger in eine andere Position. Zu paarweisen Präferenzrelationen (vgl. (2)) werden außerdem Grenzlinien für Handlungsalternativen in der Wahrscheinlichkeitsebene eingetragen, indem an diesen Grenzen die Ungleichungen zu Gleichungen werden: Die Nutzenerwartung ist in diesen Linien für zwei Alternativen gleich groß.

Da sich die Zeigerposition im Verlauf der Informationssammlung verändert, sind bestimmte Trends leicht zu erkennen. Übergänge zwischen Bereichen und damit notwendige Veränderungen der Entscheidungsstrategien treten deutlich hervor. Diese Anzeige macht auch das Ergebnis von Sensitivitätsanalysen durch die Begrenzungslinien unmittelbar sichtbar. Daraus ergibt sich, welche a priori-Annahmen sich kritisch auf das Ergebnis auswirken. Die Anwendung des SEU-Modells als Entscheidungshilfe setzt voraus, daß ein Operateur subjektive Nutzwerte $w_{i,j}$ vollständig und reproduzierbar angeben kann. In verschiedenen Anwendungsbereichen, wie bei der Klassifizierung von Sensordaten oder bei Diagnoseaufgaben, ist dies oft nicht der Fall. Viele der Kriterien, die ein

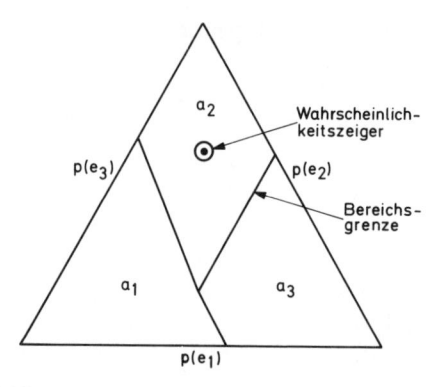

Abb. 5: Graphische Darstellung von Entscheidungsparametern. In der Wahrscheinlichkeitsebene für drei Zustände $p(e_i)$ ist die aktuelle Wertekonfiguration als Wahrscheinlichkeitsanzeiger eingetragen. Außerdem sind Präferenzbereiche für drei Handlungsalternativen $a_i$ angegeben (Amey, Feuerwerger & Gulick, 1979).

Operateur anwendet, beruhen auf langjährigen Erfahrungen, die nicht quantitativ in Wissensbasen zu erfassen sind. Außerdem ist in schwierigen Situationen mit einer großen Streubreite des Expertenurteils zu rechnen.

Falls infolge fehlender Nutzwerte die Erwartungswerte nicht nach dem SEU-Modell zu ermitteln sind, kann die Hilfestellung für den Operateur nur in der Anleitung zur kritischen Überprüfung des eigenen Urteils bestehen. Hierzu wird der Zusammenhang zwischen der vorliegenden Entscheidungssituation und der jeweils getroffenen Entscheidung von einem Rechner fortlaufend beobachtet und zum Training eines adaptiven Musterklassifizierers benutzt, der nach einer hinreichenden Zahl von Entscheidungen in der Lage ist, das bisher gezeigte individuelle Verhalten eines Operateurs zu kopieren. Die darauf beruhenden Entscheidungsprognosen des Rechners können dem Operateur angezeigt werden, der sie dann zur Kontrolle der Konsistenz des eigenen Entscheidungsverhaltens benutzt. Dadurch entsteht ein geschlossener Regelkreis (Abbildung 6). Dem Beobachter wird ein intelligenter Monitor zur Seite gestellt,

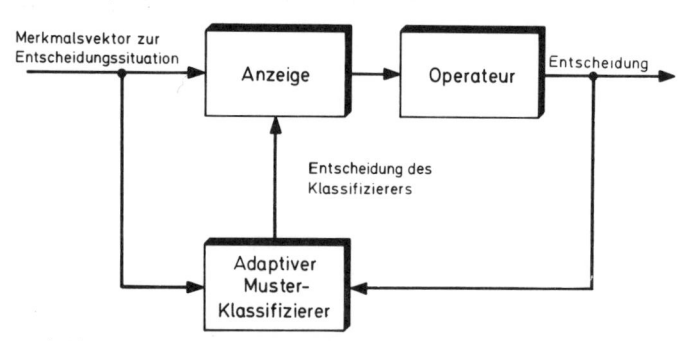

Abb. 6: Entscheidungsunterstützung durch adaptive Nutzenschätzung. Dem Operateur wird ein lernfähiger Monitor zur Seite gestellt, der auf inkonsistente Entscheidungen hinweist und deren Überprüfung provoziert (Freedy, Madni & Samet, 1985).

der auf Inkonsistenzen hinweist und deren Überprüfung provoziert. Die Freiheit der individuellen Entscheidung und die Möglichkeit zum Strategiewechsel bleiben davon unberührt. Mit der Strategie ändert sich die subjektive Gewichtung (Nutzenschätzung) der einzelnen Attribute einer Situation. Für dieses Konzept findet sich in der Literatur die Bezeichnung ADDAM (Adaptive Dynamic Decision Aiding Mechanism, Freedy, 1976).

Ein besonderer Vorzug der beschriebenen Methode ist darin zu sehen, daß die Nutzenschätzung des Operateurs nicht durch Befragung, sondern durch Beobachtung in einer Echtsituation und in Echtzeit dynamisch ermittelt wird. Die Anordnung reagiert somit laufend auf Änderungen der Strategie oder des Entscheidungsstils, die u. a. durch wachsende Erfahrung, nachlassende Aufmerksamkeit oder Änderung der Randbedingungen des Problems bedingt sein können, indem sie das Verhalten des Menschen einschließlich seiner Fehler kopiert (Madni, Samet & Freedy, 1982).

## 3.3 Simulationsverfahren

Die Verminderung des Ausbildungs- und Trainingsaufwands sowie die Eingrenzung und Kompensation menschlicher Fehler sind wichtige Gestaltungsprinzipien beim Entwurf kognitiver Unterstützungsfunktionen. Erreichen lassen sich diese Ziele durch unmittelbare Rückmeldung der Systemreaktion an den Operateur sowie durch die Bereitstellung von Test- und Erkundungsfunktionen auf der Grundlage von Simulations- und Prädiktionsverfahren. Besonders anzusprechen ist in diesem Kontext der Einsatz von Voranzeigen zur Unterstützung manueller Regelaufgaben. Die Anzeige vorausberechneter Systemgrößen ist eine bekannte Maßnahme zur Reduzierung der Schwierigkeit manueller Regelaufgaben (Bernotat, Dey & Widlok, 1968; Kelley, 1962, 1968; Smith & Kennedy, 1975). Zur Prädiktion von Zustandsgrößen ist ein hinreichend genaues Prozeßmodell erforderlich. Weiterhin ist zu berücksichtigen, daß Messungen fehlerbehaftet sein können und daß im allgemeinen Störgrößen auf das System einwirken. Unter diesen Randbedingungen sollte der Wert einer vorausberechneten Größe x(t) so gut wie möglich mit dem tatsächlichen um die Zeit τ später eintretenden Wert x(t+τ) übereinstimmen, d. h. es soll gelten:

$$(x(t) - x(t + \tau))^2 \Rightarrow 0. \tag{3}$$

Die Forderung nach dem kleinsten Fehlerquadrat wird z. B. befriedigt durch das Kalman-Filter. Als Alternative sind bei kleinen Störungen auch deterministische Prädiktoren denkbar. Diese arbeiten z. B. mit linearisierten System-Modellen, die in verkürztem Zeitmaßstab ablaufen (fast time models). Ein weiterer Schritt zur Reduzierung des Rechenaufwandes besteht im völligen Verzicht auf System-Modelle. Die Vorausrechnung stützt sich dann lediglich auf die Extrapolation der Meßdaten, z. B. nach der Taylor-Entwicklung. Als Beispiel für ein

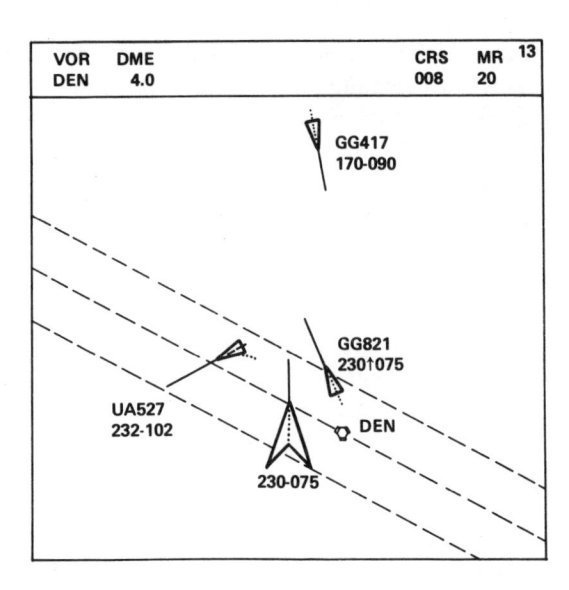

Abb. 7: Verwendung der Voranzeige bei einer bordfesten Flugverkehrsanzeige. Die Dynamik der Flugzeuge ist durch eine Bahnspur (...) und durch eine Bahnvorhersage (___), beide für 30 Sekungen, angegeben (Smith, Ellis & Lee, 1982).

modernes Voranzeigesystem zeigt Abbildung 7 den Entwurf für eine bordfeste Flugverkehrsanzeige, die im Rahmen des NASA CDTI-Projektes (Cockpit Displayed Traffic Information) entwickelt worden ist. Für den Beobachter ist es vergleichsweise einfach, aus der Bahnspur und Bahnprädiktion der benachbarten Flugzeuge eine Strategie für das eigene Flugverhalten abzuleiten.

Die Vorteile, die eine Voranzeige bei der manuellen Regelung eines dynamischen Systems bietet, sind höhere Regelgenauigkeit, kürzere Lernzeiten und geringere mentale Belastung (Kraiss, 1981). Der einleuchtende Grund hierfür ist die Tatsache, daß die Voranzeige einer Systemgröße einen Teil des Wissens visualisiert, der sonst durch ein inneres Modell repräsentiert werden müßte. Daneben erfüllt die Voranzeige eine wichtige Erkundungsfunktion, die einem eingebetteten Training gleichzusetzen ist. Sie gestattet dem Benutzer Testhandlungen (Was passiert, wenn?) und unmittelbare Korrekturen, noch bevor eine Aktion wirksam wird. Dies erfüllt die Forderung nach der Eingrenzung eventueller Fehlerfolgen.

## 3.4 Graphentheoretische Methoden

Zur Beschreibung eines sequentiellen Entscheidungsproblems ist ein Graph als Zustands-Aktions-Baum vorgestellt worden (Abbildung 1). Den Knoten des Graphen sind die Systemphasen zugeordnet, den gerichteten Kanten (Pfeilen) die Operatoren, die einen Zustand in einen anderen überführen (Hässig, 1979).

Für die Lösungssuche in Graphen gibt es vollständige und heuristische Verfahren. Da in der Praxis die Anwendung der vollständigen Suche häufig an der benötigten Rechenzeit scheitert, haben im Hinblick auf die interaktive Lösung von Problemen in Mensch-Maschine-Systemen heuristische Suchmethoden mehr Bedeutung. Heuristische Informationen sind spezielle Annahmen über das zu lösende Problem, die geeignet sind, die Suche nach der Lösung zu vereinfachen. Hierzu gehören intuitive Ansätze, Daumenregeln, allgemein gültige Prinzipien und Plausibilitätsschlüsse. Sie werden dazu verwendet, Prioritäten hinsichtlich der Reihenfolge zu setzen, in der Knoten entwickelt werden sollen. Die heuristische Lösungssuche stellt somit eine Kombination zwischen systematischer und intuitiver Vorgehensweise dar. Derjenige Knoten des Graphen, der mit größter Wahrscheinlichkeit zum Zielknoten führt, wird als erster entwickelt, nachdem verschiedene zur Wahl stehende Knoten bewertet und in eine Rangreihe gebracht sind.

Im Hinblick auf Mensch-Maschine-Systeme interessieren insbesondere interaktive Möglichkeiten der Lösungssuche in Echtzeit. Für ein Navigationsproblem könnte man sich z. B. vorstellen, daß der Operateur am Bildschirm, nach Inspektion der aktuellen Situation, Eckdaten eines wünschenswerten Bahnverlaufs zusammen mit Kriterien wie Treibstoffverbrauch, Reisezeit und Verkehrslage eingibt. Ein Computer berechnet dann mit diesen Werten eine Optimaltrajektorie, die in der Nähe des anfangs gewünschten Pfades liegt, jedoch im Detail möglicherweise davon abweicht. Zu diesem Pfad läßt sich auch ein rechnerisch ermittelter Nutzwert angeben. Dem Operateur steht es frei, vom Rechner alternative Trajektorien untersuchen zu lassen, um dann das Optimum auszuwählen (Irving, Hornick & Walsh, 1977).

Das im letzten Abschnitt beschriebene heuristische Verfahren kann zur interaktiven Lösungssuche z. B. in der Weise eingesetzt werden, daß man dem Rechner bestimmte Suchstrategien vorgibt, für die er dann die jeweils passende Lösung selbsttätig bestimmt. Lösungsalternativen und Handlungskonsequenzen können somit vorab und für verschiedene Strategien abgeschätzt werden. Der entscheidende Beitrag des Operateurs besteht dabei in der effektiven Formulierung einer Bewertungsfunktion, in der die gewünschte Strategie richtig zum Ausdruck kommt. Bei einem derartigen interaktiven System liegt die Wahl der globalen Strategie beim Menschen, während der Computer die Feinabstimmung innerhalb vorgegebener Grenzen übernimmt. Die Vorauswahl plausibler Strategien durch den Operateur reduziert den notwendigen Rechenumfang, verglichen mit einer „blinden" Vorgehensweise, erheblich. Dieses Funktionsprinzip wird treffend durch folgendes Zitat umschrieben: „man helping the machine help the man" (Barnes, 1980).

Zur Verdeutlichung einer interaktiven Lösungssuche im Bereich der Schiffsnavigation sei ein Frachtschiff betrachtet, das in einer stark befahrenen Wasserstraße navigiert. Für den Kapitän stellt sich die Aufgabe, die Verkehrssituation zu beobachten und das eigene Schiff sicher von einem Startpunkt zu einem Zielpunkt zu überführen. Randbedingungen sind dabei, daß zu keiner Zeit ein Mindestabstand zu anderen Schiffen unterschritten und die Reisezeit ein Minimum wird. Zur rechnergestützten Lösung dieses Problems werden in einem ersten Schritt die möglichen Wege des eigenen Schiffs vom Start bis zum Ziel diskretisiert. Dies ergibt einen Graphen, falls das Schiff sich abschnittsweise linear und mit konstanter Geschwindigkeit fortbewegt. Der Graph ist ausgelegt unter der Bedingung, daß bei Ausweichmanövern die Abweichung vom richtigen Kurs begrenzt sein soll. Weitere bestimmende Faktoren sind natürliche Hindernisse und die Rechnerkapazität. Die Position und Bewegung der übrigen im Fahrwasser befindlichen Schiffe ist durch Radarmessungen bekannt und kann für bestimmte Zeiten vorausberechnet werden. Zur Kollisionsvermeidung muß jederzeit ein Mindestabstand zwischen Schiff und Zielen eingehalten werden. Um diesen Abstand zu bestimmen, werden die Ziele periodisch beobachtet. Alle gefährlichen Bereiche bilden zusammen eine zeitvariable Kontur, deren Durchdringung zur Kollision führen könnte. Von den verbleibenden Wegen ohne Kollisionsgefahr wird der schnellste als Lösung des Navigationsproblems z. B. auf einem Bildschirm angegeben. Die interaktive Komponente dieses Systems besteht darin, daß der Benutzer auf einfache Weise die Strategie wechseln, das Risiko verändern und die Alarmschwelle variieren kann.

Die Anwendung graphentheoretischer Methoden bietet sich auch im Bereich der Systemüberwachung und Fehlerdiagnose an. Als Hilfestellung für Operateure sind verschiedene rechnergestützte Systeme zur Störfallanalyse in der Entwicklung, die sich auf Graphen zur Ermittlung von Fehlerursachen stützen. Hilfsmittel für die Analyse sind z. B. Ereignisbäume, wobei zunächst aus dem Flußdiagramm des Prozesses ein Graph abgeleitet wird. Knoten entsprechen dabei Systemkomponenten oder Fehlermodes von Komponenten und die Pfeile geben die Wirkungsrichtung an. Aus dieser Darstellung ist abzulesen, auf welchen Wegen sich Fehler im System ausbreiten können. Daraus folgt, welche Betriebsarten bei einem Störfall noch möglich sind (Kokawa, Miyazaki & Shingai, 1983). Während des Betriebs laufen von verschiedenen Knoten des Ereignisbaums Sensormeldungen ein, die normale oder unnormale Betriebszustände signalisieren. Von diesen Zuständen aus wird im Graphen eine rückwärtsgerichtete Suche nach den Fehlerursachen gestartet. Dabei bleiben in der Regel verschiedene Komponenten als Kandidaten übrig. Zur Bildung einer Rangreihe der möglichen Fehlerursachen stützt man sich auf zusätzliches a priori-Wissen wie z. B. statistische Fehlerrate einzelner Komponenten, Fehlerausbreitungsgeschwindigkeit zwischen Komponenten sowie Fehlerübertragungswahrscheinlichkeit zwischen Komponenten. Mit diesem Wissen ist es möglich, Fehlerursachen auf einige wenige Alternativen einzugrenzen und nach Prioritäten zu ordnen.

Demonstriert wird dies für das Not-Kühlsystem eines Reaktorkerns, das im Rahmen des REACTOR-Projekts der Firma EG & G simuliert wurde (Nel-

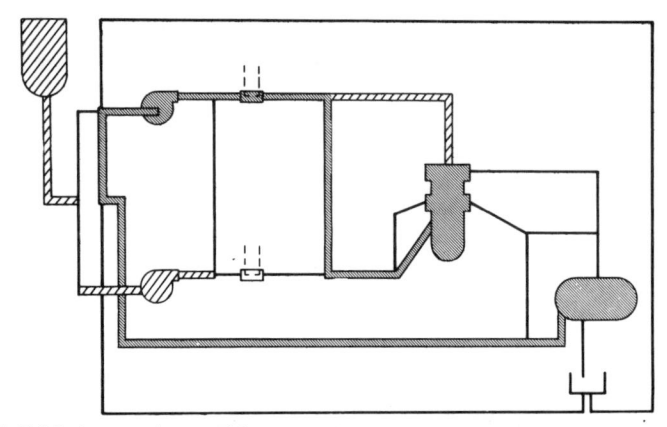

Abb. 8: Flußbild eines Reaktor-Kühlsystems. Die vom Rechner anhand des Ereignisbaums als optimal ermittelte Konfiguration des Kühlungs-Kreislaufs (▨▨▨) und die ausgefallenen Komponenten (▨▨▨) sind auf dem Bildschirm gekennzeichnet (Nelson, Bray & Blackman, 1983).

son, Bray & Blackman, 1983). Die entsprechende Bildschirm-Darstellung des Flußdiagramms für diesen Prozeß zeigt Abbildung 8. Da dieses System den Reaktorkern unter allen denkbaren Umständen mit Kühlwasser versorgen soll, ist es redundant ausgelegt, indem es vielfältige Kombinationen der vorhandenen Komponenten erlaubt. Jede Kühlungsvariante erfordert eine bestimmte Prozedur, die der Operateur lernen muß. Der Ereignisbaum faßt alle diese Kombinationsmöglichkeiten graphisch zusammen, wobei die einzelnen Äste nach dem Urteil von Experten heuristisch gewichtet sind. Wenn im Betrieb eine Störung auftritt, unterstützt der Ereignisbaum sowohl die Fehlerdiagnose als auch die Fehlerkompensation. Zweige, die ausgefallene Komponenten enthalten, stehen nicht zur Verfügung. Ungestörte Zweige stellen weiterhin verwendbare „Erfolgspfade" dar. Von den verbleibenden Möglichkeiten wird in der Regel diejenige mit der höchsten Priorität gewählt, Alternativen stehen jedoch bei Bedarf gleichfalls zur Verfügung.

Für den Operateur stellt diese graphische Unterstützung bei der Reaktionsauswahl eine wesentliche kognitive Entlastung dar. Es findet quasi eine Transformation vom wissenbasierten zum regelbasierten Verhalten statt, da die wissensbasierte Analyse schon vorab erledigt wurde.

## 3.5 Expertensysteme

Zur Vorbereitung einer Diskussion der Leistungsfähigkeit und Anwendungsmöglichkeiten von Expertensystemen als Entscheidungshilfen empfiehlt es sich, zunächst deren typische Architektur und Funktionsweise näher zu betrachten, da sich hieraus bereits wesentliche Erkenntnisse ergeben. Wichtige Komponenten sind Wissens- bzw. Datenbasen, die sogenannte Inferenzmaschine, sowie die Benutzerschnittstelle. Die Funktion der einzelnen Bausteine wird im weiteren näher erläutert (Feigenbaum, 1980; Hayes-Roth, Waterman & Lenat, 1983):

— In der *Wissensbasis* ist kodifiziertes Expertenwissen, aber auch heuristisches, pragmatisches und a priori-Wissen abgelegt. Diese Information ist bei Produktionssystemen als Regeln gespeichert in der Form: Wenn < Bedingung > dann < Folge >.

— Die *Inferenzmaschine* dient der Durchführung von Schlußfolgerungen im Rahmen der Wissensbasis. Grundsätzlich zu unterscheiden ist zwischen Vorwärtsschließen (vom Wenn-Teil zum Dann-Teil einer Produktion) und Rückwärtsschließen (von der Folge zur Bedingung einer Produktion).

— Die *Datenbasis* enthält Massendaten, die für den Entscheidungsprozeß gebraucht werden.

— Die *Benutzerschnittstelle* ermöglicht und unterstützt den Dialog zwischen Expertensystem und Benutzer.

Operationell eingesetzt wurden Expertensysteme bisher vor allem im medizinischen Bereich. Beispiele hierfür sind MYCIN, ein System zur Diagnose bakterieller Infektionen (Shortliffe, 1976) und INTERNIST, ein System zur Diagnose innerer Krankheiten (Pople, 1977). Eine umfassende, gut lesbare Darstellung anderer Anwendungsgebiete für Expertensysteme gibt Gevarter (1983). Inwieweit sich solche Systeme in der Praxis tatsächlich bewähren, kann derzeit noch nicht abschließend gesagt werden. Die Bewertung der Leistung eines Expertensystems stellt nämlich insofern ein prinzipielles Problem dar, als sich, wie man weiß, auch Experten selten auf eine richtige Diagnose einigen können. Das oben erwähnte MYCIN stimmt z. B. nach einer Studie in 70 % aller Fälle mit dem Urteil der besten Experten überein, während durchschnittliche Ärzte nur in 35 % aller Fälle zur selben Diagnose gelangen. Erwiesenermaßen erbringen Expertensysteme für jeweils eng abgegrenzte Fachgebiete im Durchschnitt bessere Diagnoseleistungen als Menschen, vor allem durch die konsistente und vollständige Anwendung des verfügbaren, wenn auch lückenhaften Wissens.

Wie die Erfahrung zeigt, ist die Erfassung von Expertenwissen ein kritischer Prozeß mit vielen Fehlermöglichkeiten. Umfangreiche Faktensammlungen finden sich zwar in Handbüchern, Anwendungs- und Erfahrungswissen muß dagegen durch Expertenbefragungen erhoben werden. Eine gängige Methode ist die Erörterung und Analyse hypothetischer Situationen im Dialog zwischen Experten und dem Wissensingenieur. Die Entwicklung geeigneter Befragungstechniken stellt ein aktuelles Problem dar, da die Art der Befragung das Ergebnis nicht beeinflussen soll. In jedem Fall ist eine kritische Bewertung der Informationsqualität durchzuführen, da die subjektive Einschätzung von Experten oft kritiklos ist. Außerdem gilt es, gezielte oder unbeabsichtigte Fehlinformationen aufzuspüren. Unerläßlich ist auch die aktive Beteiligung der späteren

Endbenutzer am Entwicklungsprozeß. Nur so läßt sich erreichen, daß sich das fertige Produkt konsistent zu den Erwartungen des Anwenders verhält.

Die Wissensrepräsentation, d. h. die rechnerintern verwendeten Datenstrukturen, sollen der vorliegenden symbolischen Informationscodierung angepaßt sein. Viele der verwendeten Konstrukte haben ihre Entsprechung bei der menschlichen Informationsverarbeitung bzw. sind unmittelbar den dort vermuteten Mechanismen nachempfunden. Hierzu gehören Assoziationslisten, Property-Listen, Produktionen sowie Frames und Scripts (Winston & Horn, 1981). Ein Problem besonderer Art stellt die Repräsentation unsicherer und diffuser Angaben wie „vielleicht", „wahrscheinlich", „meistens", „manchmal" dar. Hier wird derzeit mit fuzzy sets und wahrscheinlichkeitstheoretischen Bewertungsfunktionen versucht, ein zutreffendes Konfidenzmaß für subjektive Präferenzen zu entwickeln (Dubois & Prade, 1986; Zadeh, 1984). Es zeigt sich auch, daß die bisher häufig benutzte Form wissensbasierten Schlußfolgerns durch die naive Anwendung von Regeln nur eine flache Schlußweise (shallow reasoning) zuläßt. In fortgeschrittenen Expertensystemen versucht man deshalb, physikalische Modelle und Simulationen in die Wissensbasis zu integrieren, um eine tiefergehende Schlußweise (deep reasoning) zu ermöglichen (Chien, 1982). Neben der Wissensrepräsentation stellt auch die Strukturierung des erfaßten Wissens, das aus Fakten, Regeln und Meta-Regeln besteht, noch ein Problem dar. Hinsichtlich der „korrekten" Architektur von Datenbasen und Inferenzmaschine besteht häufig Unsicherheit.

Anwendungen von Expertensystemen im Bereich der Fahrzeug- und Prozeßführung sind noch selten, jedoch befindet sich eine größere Zahl von Systemen im Entwicklungsstadium (Nees, 1986; Sriram, 1984; Wittig, 1985). Eines der wenigen bereits im Einsatz befindlichen Beispiele ist das Diagnosesystem DELTA (Diesel Electric Engine Troubleshooting Aid) der Firma General Electric (Bonissone, 1982). Es enthält etwa 530 Wenn-Dann-Regeln, die das Wissen eines erfahrenen Wartungsingenieurs repräsentieren. MODIS (Motor-Diagnosis System), ein Expertensystem zur Erstellung von Reparaturdiagnosen für den Ottomotor und seine Aggregate, wurde an der Universität Kaiserslautern entwickelt (Borrmann, 1983). Im Aufbau ähnlich wie DELTA, arbeitet MODIS mit über 2100 Regeln. Die Diagnostik deckt neben dem Motor auch die Kraftstoff-, Vergaser-, Zünd-, Start-, Schmier-, Auspuff- und Kühlanlage ab. Anders als bei vielen anderen Systemen liegen für MODIS bereits recht positive Ergebnisse zum Einsatz durch erfahrene Kfz-Mechaniker vor.

Die bisher genannten Expertensysteme lassen sich als off-line-Diagnosehilfen klassifizieren, sind also nicht direkt an einen dynamischen Prozeß gekoppelt. Wenn zu viele und zeitkritische Daten eingegeben werden müssen, sind off-line-Konsultationssysteme nicht mehr sinnvoll einzusetzen, vielmehr ist eine on-line-Kopplung zwischen Expertensystem und dynamischem Prozeß unumgänglich. Für den Aufbau eines Expertensystems sind dies erheblich erschwerte

Bedingungen. Da Schlußfolgerungen nun in Echtzeit mit einer dynamisch veränderlichen Datenbasis durchzuführen sind, ist z. B. nach erfolgter Diagnose jeweils zu prüfen, ob das Ergebnis angesichts mittlerweile veränderter Randbedingungen überhaupt noch relevant ist. Eine besondere Schwierigkeit ergibt sich aus der Tatsache, daß heutige Expertensysteme meist eine spezielle Software und Hardware benötigen und deshalb gegenüber konventionellen informationstechnischen Systemen eine ziemlich isolierte Welt bilden. Um in einer betrieblichen Umwelt nutzbringend eingesetzt werden zu können, müssen Expertensysteme aber mit den bereits vorhandenen Systemen kommunizieren können, etwa mit Datenbanken, Simulationsmodellen oder Prozessen.

## 4 Bewertung und Ausblick

Automatisierung ist ein Prozeß, der immer weiter fortschreitet. Sobald die Technologie entsprechende Möglichkeiten bietet, werden diese auch genutzt und eingesetzt. Von aktuellem Interesse ist z. Z. die Automatisierung intellektueller Fähigkeiten wie Entscheiden und Problemlösen. Wie zahlreiche Beispiele belegen, ist von einem erhöhten Automatisierungsgrad allein keine Steigerung der Systemleistung zu erwarten. Die Übertragung weiterer Aufgabenteile an die Automatik führt zu einer Verarmung von Arbeitsinhalten und zu Qualifikationsverlusten der Benutzer. Der Operateur läuft Gefahr, zum passiven Beobachter zu werden, der zwar formal verantwortlich bleibt, tatsächlich jedoch die Prozeßabläufe nicht mehr kompetent bewerten und bei Bedarf auch nicht mehr qualifiziert eingreifen kann (siehe auch Hollnagel, in diesem Band).

Als Möglichkeit, Operateure auch in hochautomatisierten Systemen wieder stärker in das Prozeßgeschehen einzubinden, gilt eine interaktive Beziehung Mensch-Rechner, d. h. ein Operateur bleibt mit dem System ständig in Kontakt. Gleichzeitig wird er von mentalen Routineaufgaben entlastet und beim eigentlichen Entscheiden und Problemlösen wirkungsvoll unterstützt. Für die Gestaltung dieser interaktiven Beziehung muß das kognitive Verhalten des Menschen richtungweisend sein. Aus der Analyse kognitiver Leistungsmerkmale ergeben sich Ansatzpunkte für kognitive Unterstützungsfunktionen. Auf dieser Grundlage wurden wichtige Gestaltungsprinzipien für Entscheidungshilfen vorgestellt. Im weiteren wurden verschiedene Verfahren zur interaktiven Unterstützung kognitiver Aktivitäten wie Diagnostizieren, Entscheiden und Problemlösen untersucht. Eine kognitive Unterstützung und Entlastung ist u. a. durch eine verbesserte Gestaltung der Benutzerschnittstelle zu erreichen, d. h durch umfassendere, aufbereitete und menschgerecht präsentierte Information sowie durch einen flexiblen fehlertoleranten Informationsaustausch. Als herausragende Neuentwicklung ist in diesem Zusammenhang das Konzept der direkten Manipulation zu erwähnen, das bisher nur in einigen wenigen Rechnersystemen realisiert ist.

Andere Methoden der Hilfestellung bestehen im Einsatz von Modellen der Entscheidungstheorie, Simulationsverfahren, Suchverfahren in Graphen und Expertensystemen. Bei diesen Ansätzen wird aufgrund deterministischer oder heuristischer Modelle eine normative Beziehung zwischen bestimmten Ausgangssituationen und sinnvollen Reaktionen hergestellt. Für Operateure erweisen sich diese Resultate als nützlich im Sinne eines Bezugsmaßes. Den Zusammenhang zwischen Gestaltungsprinzipien für kognitive Unterstützungsfunktionen und Methoden zu deren Implementierung faßt Tabelle 1 zusammen, wobei die angebrachten Markierungen die Haupteffekte einer bestimmten Maßnahme bezeichnen.

Wenig untersucht ist bisher das Akzeptanzverhalten, das Operateure solchen Entscheidungshilfen entgegenbringen. Hier fehlt es sowohl an praktischen Erfahrungen als auch an Bewertungsmethoden. Benötigt werden insbesondere analytische Verfahren, die eine vergleichende benutzerbezogene Bewertung verschiedener Systemkonzepte schon in einer frühen Entwicklungsphase ermöglichen. Im Hinblick auf eine enge Beteiligung künftiger Benutzer an der Systemgestaltung sind darüber hinaus Werkzeuge zur raschen Simulation von Benutzerschnittstellen (rapid prototyping) am Bildschirm zu entwickeln.

Tab. 1: Gestaltungsprinzipien für kognitive Unterstützungsfunktionen und Methoden der Implementierung

| Gestaltungs-prinzipien | Methoden | | | | |
|---|---|---|---|---|---|
| | Verbesserte Schnittstellen-gestaltung | Einsatz von Simulations- u. Prädiktions-verfahren | Bereitstellung von Entscheidungs-hilfen | Graphen-theoretische Methoden | Experten-systeme |
| Reduzierung der Gedächtnisleistung | x | | | | |
| Unterstützung von Planungs- und Problem-lösungstätigkeiten | x | | | x | x |
| Entlastung von mentaler Arithmetik | x | | x | | |
| Verminderung des Ausbildungs- und Trainingsaufwands | x | x | x | x | x |
| Eingrenzung und Kompensation menschlicher Fehler | x | x | | | |
| Nutzung der visuellen Fähigkeiten des Menschen | x | | | | |

## Literatur

Amey, D. M., Feuerwerger, P. H. & Gulick, R. (1979): *Documentation of decision-aiding software: OPINT users manual.* McLean, VA: Decision and Designs.

Arp, H. (1971). Anthropotechnik in Leitständen. In M. Syrbe (Hrsg.), *INTERKAMA 1971* (S. 171—181). München und Wien: Oldenbourg.

Barnes, M. J. (1980). *Review of five military decision aids* (NWCTP 6171). China Lake: Naval Weapons Center.

Bernotat, R., Dey, D. & Widlok, H. (1968). *Die Voranzeige als anthropotechnisches Hilfsmittel bei der Führung von Fahrzeugen* (Forschungsbericht Nr. 1893 des Landes NRW). Köln.

Bolt, R. A. (1984). *The human interface, where people and computers meet.* Belmont, CA.: Lifetime Learning Publications.

Bonissone, P. P. (1982). Outline of the Design and Implementation of a Diesel Electric Engine Troubleshooting Aid. In *Proceedings of Expert Systems* (pp. 68—72). Egham, England: Brunel University.

Borrmann, H. P. (1983). *MODIS — Ein Expertensystem zur Erstellung von Reparaturdiagnosen für den Ottomotor und seine Aggregate* (MEMO SEKI-KL-83-05). Kaiserslautern: Universität, Institut für Informatik.

Card, S., Moran, T. P. & Newell, A. (1983). *The psychology of human-computer interaction.* Hillsdale, NJ: Erlbaum.

Chien, R. T. (1982). *Multilevel semantic analysis and problem solving in the flight domain* (CR-169282). Washington: NASA Headquarters.

Dubois, D. & Prade, H. (1986). Recent models of uncertainty and imprecision as a basis for decision theory: Towards less normative frameworks. In E. G. Hollnagel, G. Mancini & D. D. Woods (Eds.), *Intelligent decision support in process environment* (pp. 3—24). Berlin: Springer.

Edwards, W. (1962). Dynamic decision theory and probabilistic information processing. *Human Factors, 4,* 59—74.

Ernst, G. W. & Newell, A. (1969). *GPS: A case study in generality and problem solving.* New York: Academic Press.

Feigenbaum, E. A. (1980). *Expert systems in the 1980's.* Stanford: University, Computer Science Department.

Fischer, G. (1982). *Mensch-Maschine-Kommunikation (MMK): Theorien und Systeme.* Stuttgart: Universität, Institut für Informatik.

Freedy, A. (1976). *Adaptive computer aiding in dynamic decision processes: Methodology, evaluation and application* (PFTR-1016). Woodland Hills, CA: Perceptronics.

Freedy, A., Madni, A. & Samet, M. (1985). Adaptive user models: Methodology and applications in man-computer systems. In W. B. Rouse (Ed.), *Advances in man-machine systems research, 2* (pp. 249—294). Greenwich: JAI Press.

Foley, J. D. & van Dam, A. (1982). *Fundamentals of interactive computer graphics*. Reading, MA: Addison-Wesley.

Geiser, G. (1983). Systematik zur ergonomischen Gestaltung der Mensch-Maschine-Kommunikation. *NTZ, 36*, (9), 582—586.

Gevarter, W. B. (1983). *An overview of artificial intelligence and robotics* (TM 85836, 85838 & 85839). Washington:NASA Headquarters.

Hässig, K. (1979). *Graphentheoretische Methoden des Operations Research*. Stuttgart: Teubner.

Hankins, W. W., Pennington, J. E. & Barker, L. K. (1983). *Decision-making and problem solving methods in automation technology* (TM-83216). Washington: NASA Headquarters.

Hayes-Roth, F., Waterman, D. A. & Lenat, D. B. (1983). *Building expert systems*. London: Addison-Wesley.

Hollnagel, W. & Woods, D. D. (1983). Cognitive systems engineering, new wine in new bottles. *International Journal of Man-Machine Studies, 18*, 583—600.

Hollnagel, E. G., Mancini, G. & Woods, D. D. (Eds.) (1986). *Intelligent decision support in process environments*. Berlin: Springer.

Humphreys, P. & Wishuda, A. (1980). *Multi-attribute utility decomposition, MAUD* (TR 79-2/2). Egham, England: Brunel University, Decision Analysis Unit.

Irving, G., Hornick, J. & Walsh, D. (1977). *Experimental investigation of sketch model accuracy and usefulness in a simulated decision aiding task* (Rep. No. 215-3). Santa Monica, CA: Integrated Sciences Corporation.

Kelley, C. R. (1962). *The predictor instrument*. Stamford, Conn.: Dunlap and Associates Inc.

Kelley, C. R. (1968). *Manual and automatic control, a theory of manual control and its application to manual and to automatic systems*. New York: Wiley.

Kokawa, M., Miyazaki, S. & Shingai, S. (1983). Fault Location using digraph and inverse direction search with application. *Automatica, 19* (6), 729—735.

Kraiss, K.-F. (1981). A display design and evaluation study using task network models. *IEEE-SMC, 11* (5), 339—351.

Kraiss, K.-F. (1985). *Fahrzeug- und Prozeßführung — kognitives Verhalten des Menschen und Entscheidungshilfen*. Berlin: Springer.

Lu, C. (1984). Computer pointing devices: Living with mice. *High Technology, 1*, 61—65.

Madni, A. M., Samet, M. G. & Freedy, A. (1982). A trainable on-line model of the human operator in information acquisition tasks. *IEEE-SMC, 12* (4), 504—511.

Nees, G. (1986). Expertensysteme für die Mustererkennung. In H. Niemann (Hrsg.), *Mustererkennung 85* (S. 138—158). Berlin: Springer.

Nelson, W. R., Bray, M. A. & Blackman, H. S. (1983). *Response tree rule-based operator aiding* (Report No. EGG-IS-6206). Idaho: National Engineering Laboratory.

Pauker, S. D. (1982). *Decision-maker*. Boston: Tufts University, School of Medicine.

Pearl, J., Leal, A. & Salch, J. (1980). *GODDESS: A goal-directed decision structuring system* (UCLA-ENG-CSI 8034). Los Angeles: University of California, School of Engineering and Applied Science.

Pople, H. E. (1977). The formation of composite hypotheses in diagnostic problem solving. *5th IJCAI*, 1030—1037.

Shortliffe, E. H. (1976). *Computer-based medical consultations: MYCIN*. New York: Elsevier.

Smith, R. & Kennedy, R. (1975). *Predictor displays: History, research and applications*. Inglewood, CA: Dunlap and Associates.

Smith, J. D., Ellis, S. R. & Lee, E. (1982). *Avoidance maneuvers selected while viewing cockpit traffic displays* (TM 84269). Washington: NASA Headquarters.

Simon, H. A. (1955). A behavioral model of rational choice. *Quarterly Journal of Economics, 69*, 99.

Sheridan, T. B. (1983). Supervisory control systems. In R. W. Pew (Ed.), *Research needs for human factors*. Washington: National Academy Press.

Spur, G. (1984). Über intelligente Maschinen und die Zukunft der Fabrik. *Forschung — Mitteilungen der DFG, 3*, 16—20.

Sriram, D. (1984). A bibliography on knowledge-based expert systems in engineering. *SIGART, 7*, 32—40.

Verplanck, W. B. (1986). Graphics in human-computer communication: Principles of graphical user-interface design. In H. E. Petersen & W. Schneider (Eds.), *Human computer communications in health care* (pp. 113—130). Amsterdam: North Holland.

Wiener, E. L. & Curry, R. E. (1980). Flight deck automation: Promises and problems. *Ergonomics, 23* (10), 995—1011.

Winston, P. H. & Horn, B. K. P. (1981). *LISP*. London: Addison-Wesley.

Wittig, T. (1985). Expertensysteme in der Prozeßleittechnik. In W. Bauer & B. Radig (Hrsg.), *Wissensbasierte Systeme* (S. 384—397). Berlin: Springer.

Woods, D. D., Wise, J. A. & Hanes, L. F. (1981). An evaluation of nuclear power plant safety parameter display systems. *Proceedings of the 25th Annual Meeting of the Human Factors Society* (pp. 110—114).

Zadeh, L. A. (1984). Making computers think like people. *IEEE Spectrum, 8*, 26—32.

Zimolong, B. & Rohrmann, B. (1987). Entscheidungshilfetechnologien. In D. Frey, C. Graf Hoyos & D. Stahlberg (Hrsg.), *Angewandte Psychologie* (S. 624—646). München: Psychologie Verlags Union.

17. Kapitel

# Information und Kommunikation im Büro

*Helmut v. Benda*

## 1 Arbeit in Büro und Verwaltung

Der Ausdruck „Bürokommunikation" hat sich für den Einsatz moderner Informations- und Kommunikationstechniken in Büro und Verwaltung eingebürgert. Dieser Innovationsprozeß bedeutet nicht nur die Einführung neuer Arbeitsmittel, sondern er beeinflußt das Arbeitssystem als Ganzes. Daher müssen auch die technischen und organisatorischen Randbedingungen insbesondere für die zukünftige Entwicklung skizziert werden, bevor aus ingenieurpsychologischer Sicht die Ansätze für eine soziotechnische Gestaltung mit ihren Problemen dargestellt werden. Der so entstehende Gestaltungsspielraum eröffnet die Chance, die Arbeitsaufgaben und die Arbeitsbedingungen im Interesse und unter Mitwirkung der Mitarbeiter zu verbessern und zugleich die Produktivität der Organisation zu steigern.

Die traditionelle Arbeit in Büro und Verwaltung läßt sich als Umgang mit Information umschreiben. Typische Bürovorgänge wie Ablage, Telefonkommunikation, Schriftguterstellung, Terminkoordination, Informationsbeschaffung und Entscheidungsvorbereitung erfordern die Aufnahme, Speicherung, Verarbeitung und Weitergabe von Informationen. Historisch hat sich im Vergleich zur Produktion ein geringerer Grad an Arbeitsteilung herausgebildet. Pragmatisch lassen sich Führungs- (Manager-), Fach- (Experten-), Sachbearbeiter-, Assistenz- und Hilfstätigkeiten unterscheiden (Szyperski, Grochla, Höring & Schmitz, 1982), an die jeweils auch Status und Berufsqualifikation geknüpft sind. Die Zuordnung kann im Einzelfall schwierig sein, z. B. bei einer Chefsekretärin.

Die bisher oft an der Rationalisierung der Textverarbeitung ausgerichtete Forschung verstellt ein wenig den Blick darauf, daß auf Sekretärinnen und Schreibkräfte nur etwa 6 % der Büropersonalkosten entfallen, wobei Sekretärinnen im Durchschnitt nicht mehr als ein Viertel ihrer Arbeitszeit mit Maschineschreiben verbringen (Karcher, 1985, S. 369). Die eigentliche Zielgruppe für neue Büroinformationssysteme ist daher in den Managern, Experten und qualifizierten

Sachbearbeitern zu sehen. Immer mehr wird auch das obere Management miteinbezogen. Dies setzt allerdings nicht leicht zu erreichende Verhaltensänderungen voraus, z. B. die Bedienung des Terminals, Daten nach bestimmten Formvorschriften zu strukturieren, Arbeitsvollzüge sofort in Datenbanken zu dokumentieren und informelle Kontakte zugunsten formeller zu reduzieren (Frieling, 1986). Nach der Analyse von Mintzberg (1973) wird die Arbeit der Manager durch außerordentlich komplexe Sachverhalte, Reaktionen auf kaum vorhersehbare Ereignisse, schnelle Erledigung unter Zeitdruck sowie bruchstückhafte, nicht abgeschlossene Tätigkeiten kurzer Dauer gekennzeichnet. Computer-Werkzeuge, die diese Tätigkeiten unterstützen können, müssen sehr genau auf die Bedürfnisse der Führungskräfte abgestimmt werden. Die traditionelle Arbeit im Büro kann als Mischtätigkeit gelten, die dem einzelnen einen relativ großen Handlungsspielraum bei der Erledigung seiner Arbeitsaufgaben beließ.

Seit den 70er Jahren ist eine zunehmende Tendenz zu beobachten, das Bemühen um Rationalisierung vom Fertigungsbereich verstärkt auf Büro und Verwaltung auszudehnen — in der Hoffnung, dort bisher ungenutzte Möglichkeiten der Produktivitätssteigerung ausschöpfen zu können. Schien doch die rasante Entwicklung der Informationstechnik die Grundlage für eine weitreichende Rationalisierung und Automatisierung von Büro- und Verwaltungstätigkeiten zu schaffen. Die ersten, insgesamt eher enttäuschenden Versuche dieser Art, wie z. B. die Einrichtung von zentralen Schreibdiensten oder Management-Informationssysteme, haben jedoch auf die Bedeutung der Arbeitsorganisation und arbeitswissenschaftlicher Gesichtspunkte hingewiesen, die — wenn sie nicht berücksichtigt werden — den Rationalisierungserfolg bei Einführung von Systemen der Bürokommunikation in Frage stellen, ja erwiesenermaßen kontraproduktiv wirken können.

## 2 Technische Grundlagen

Bezeichnungen wie „Büroautomation", „Büroautomatisierung", „Büro der Zukunft", „papierloses Büro" verweisen auf eine schnelle und — bei der Vielzahl von angebotenen Systemen und Produkten — für den Anwender unübersichtliche Entwicklung der zur Unterstützung der Büro- und Verwaltungsarbeit konzipierten Hard- und Software (Karcher, 1985). Derzeit dominieren mit einem zentralen Rechner verbundene dialogfähige Terminals bzw. Personalcomputer als Arbeitsplatzrechner. Diese klassischen Geräte der Büromaschinen- und der Computertechnik werden weiterentwickelt bis hin zur 5. Generation und werden mehr und mehr mit Systemen der Nachrichtentechnik verknüpft. Ein derartiges integriertes Informationssystem verbindet die Arbeitsplatz-Stationen über ein lokales (Gebäude-internes) Kommunikationsnetz (Local Area Network, LAN). Das vor der Einführung stehende öffentliche Wählnetz der Bundespost (Integrated Services Digital Network, ISDN) wird die technische

Grundlage für eine überörtliche Übertragung von Sprache, Daten, Texten und Bildern über eine Schnittstelle schaffen. Darüber hinaus bemüht sich die Internationale Organisation für Normung (International Standards Organization, ISO) um Richtlinien, nach denen die internationale Kommunikation hardwareunabhängig abgewickelt werden soll. Auf der Basis dieser genormten Schnittstelle für Geräte und Netze, des ISO-Schichtenmodells (Open System Interconnection, OSI) für lokale Netze (Abbildung 1), können heute schon Mitteilungen weltweit über öffentliche Netze von Büro zu Büro versandt werden. Damit könnte der an einem großen Hersteller orientierte sogenannte Industriestandard (Systems Network Architecture, SNA) ergänzt bzw. ersetzt werden. Die technische Entwicklung bei der Hardware erzwingt in der Regel auch Änderungen bei den Betriebssystemen und Anwenderprogrammen. In dem Betriebssystem UNIX, einer Entwicklung der Bell-Laboratorien, steht inzwischen ein hardware-unabhängiges Betriebssystem zur Verfügung, das sich bei den meisten Herstellern durchzusetzen beginnt.

Die Netzwerke und die Bemühungen um eine Vereinheitlichung der Schnittstellen wurden deshalb hervorgehoben, weil die freie Austauschbarkeit von Mitteilungen aller Art unabhängig von Systemschranken die wichtigste technische Voraussetzung für wirkliche Rationalisierungsfortschritte darstellt. Das „papierlose Büro" wird wohl immer eine Fiktion bleiben, da komplexe Unterlagen auf Papier besser zu übersehen sind, Papier geräteunabhängig zur Verfügung steht und immer ein Teil der Korrespondenz (z. B. Post von Einzelpersonen) nicht über Systeme einlaufen wird. Noch, auch dies muß betont werden, herrschen isolierte Anwendungen (Insellösungen) vor, und auch diese be-

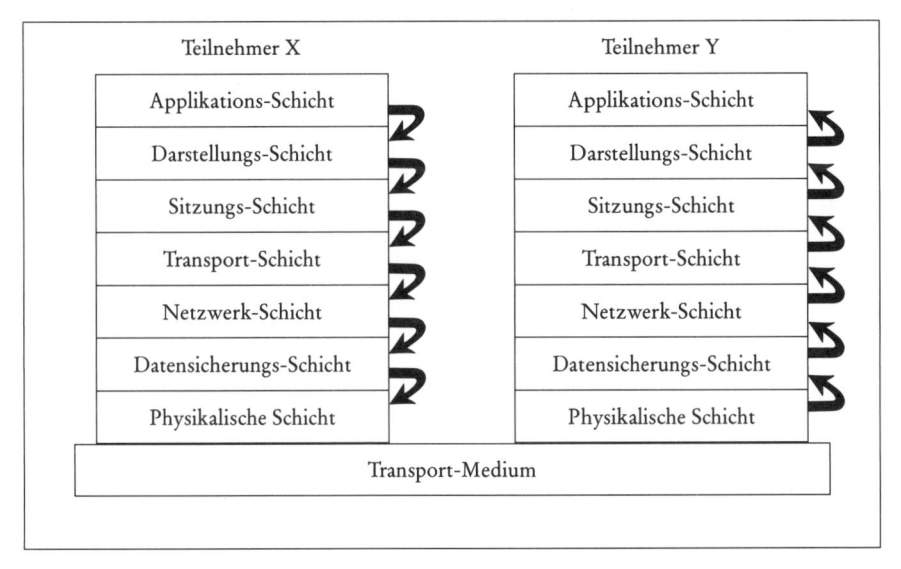

| Teilnehmer X | Teilnehmer Y |
|---|---|
| Applikations-Schicht | Applikations-Schicht |
| Darstellungs-Schicht | Darstellungs-Schicht |
| Sitzungs-Schicht | Sitzungs-Schicht |
| Transport-Schicht | Transport-Schicht |
| Netzwerk-Schicht | Netzwerk-Schicht |
| Datensicherungs-Schicht | Datensicherungs-Schicht |
| Physikalische Schicht | Physikalische Schicht |
| Transport-Medium ||

Abb. 1: Sieben-Schichten-Architekturmodell für offene Kommunikationsprozesse (Open Systems Interconnection, OSI) der ISO.

schränken sich auf größere Organisationen und Betriebe. Nach Expertenschätzungen aus dem Jahr 1984 besteht die Bürotechnik von rund 90 % aller Betriebsstätten in der Bundesrepublik Deutschland aus Telefon, Schreibmaschine und Kopierer.

## 3 Anwendungssysteme

Derzeit werden unter der Bezeichnung „Bürokommunikation" folgende Standard-Funktionen (Programmsysteme) zusammengefaßt:

— Aufgaben- und vorgangsorientierte Datenerfassung,

— Textbe- und -verarbeitung,

— Deskriptive Abfragesprache für innerbetriebliche Datei(en),

— Tabellen-Kalkulationsprogramm,

— Büro- und Präsentationsgrafik,

— Elektronische Post,

— Datenbankdialog für die Abfrage externer Datenbanken,

— Computergestütztes Telefonieren,

— Externe Kommunikation über Teletex, Telefax, Bildschirmtext (BTX) usw.

Zusätzlich werden Systeme angeboten, die das individuelle Termin-Management oder die Abwicklung von Projekten unterstützen. Relativ neu ist das computerunterstützte Publizieren (Desktop Publishing, Computer Aided Publishing), bei dem Text und Grafik gemischt und mit nahezu beliebig vielen Schrifttypen repro- bzw. fotosatzfähige Vorlagen hergestellt werden können. Fotos, Abbildungen und Grafiken lassen sich dabei über Bildabtaster (Scanner) erfassen und integrieren. Viele dieser Werkzeuge setzen hochwertige netzfähige Arbeitsplatzrechner (PC-Workstation) mit Farbbildschirmen voraus, die nicht zuletzt wegen der hohen Investitionskosten noch nicht weit verbreitet sind. Durch die Vernetzung wird die elektronische Post (Electronic Mail) eine besondere Bedeutung erlangen. Ihre Vorzüge liegen nach Bair (1978) in folgenden Punkten:

— dauerhaft gespeicherte, wiederauffindbare Mitteilungen,

— kein Zwang zur simultanen Aktivität,

— Reduzierung von Verabredungen und Besprechungen,

— die günstigste Zeit für Erstellen, Lesen und Beantworten kann selbst gewählt werden,

— räumliche Nähe von Arbeitspartnern ist nicht notwendig,

— keine Unterbrechungen,

— automatische Verteilung von Nachrichten an einen spezifizierten Teilnehmerkreis,

— schnelle und kostengünstige Übermittlung.

Offenkundig wird gegenüber traditionellen Arten der Telekommunikation, wie Telefon und Briefpost, der Handlungsspielraum und die Kontrolle über die eigene Arbeitszeit der Tendenz nach erhöht. So wird der „Angeschriebene" dank der Asynchronizität nicht — wie beim Telefongespräch — gestört bzw. unterbrochen, sondern er kann nach Wunsch die eingegangenen Mitteilungen ansehen.

Die derzeitige Situation ist eher durch einen organisatorischen Wildwuchs gekennzeichnet: Ohne zentrale Planung und Abstimmungen wurden zu verschiedenen Zeiten Komponenten wie Telefon, Telex, kommerzielle und technische Datenverarbeitung, Textsysteme und Personalcomputer beschafft und installiert, die nicht integriert und z. T. aus technischen Gründen nicht integrierbar sind. Dies ist jedoch für eine Produktivitätssteigerung der Organisation zwingend notwendig (Picot & Reichwald, 1984b).

## 4 Entwicklungstendenzen

Einige Entwicklungstendenzen der Bürokommunikation lassen sich anhand von Forschungs- und Entwicklungsvorhaben und Pilotprojekten nachzeichnen. So wird angestrebt, die zahlreichen Funktionen in ein Endgerät (Multifunktionsterminal) zu integrieren, bei einer gemeinsamen anwendungsunabhängigen Schnittstelle. Die grundlegenden Kommandos zur Bearbeitung z. B. sollten identisch sein, unabhängig davon, ob Text redigiert, Grafik gestaltet oder eine Anfrage an eine Datenbank formuliert wird.

Überdies soll der oft umständliche Übergang von einer Anwendung zur anderen und die „Mitnahme" von Daten erleichtert werden. Das integrierte Terminal kann je nach Arbeitsplatz modular mit etwas unterschiedlichen Funktionen bestückt werden, dies führt zum Manager-, Sachbearbeiter- bzw. Sekretärinnen-Endgerät. Die Integration auf Geräteebene ist schon deswegen notwendig, weil sich viele der Stand alone-Geräte in ihrem Funktionsangebot stark überlappen. Parallel zu dieser notwendigen Funktionsintegration und Standardisierung der Dialog-Schnittstelle müssen aber auch die Möglichkeiten verbessert werden, das Arbeitsmittel flexibler als bisher an die Individualität des Benutzers und die Eigenart seiner Arbeitsaufgabe anzupassen, und zwar nicht durch Computerspezialisten, sondern durch den Benutzer selbst.

Eine weitere Anforderung stellt der oft heterogene Benutzerkreis einer Arbeitsstation: Sie muß sowohl für den gelegentlichen Nutzer einer Anwendung als auch für den geübten Experten und für ein unterschiedliches Spektrum an

Tätigkeiten wie bei Führungs-, Fach- und Assistenzaufgaben einsetzbar sein. Auch die Integration über den einzelnen Arbeitsplatz hinaus wird zunehmend bedeutsam. So ermöglicht die Vernetzung eine Computerunterstützung für Gruppen, deren Mitglieder arbeitsteilig an einer gemeinsamen Aufgabe zusammenarbeiten. Die Konsequenzen dieser Integration sind sehr weitreichend (Szyperski, 1981), so daß ihr strategische Bedeutung für das Unternehmen zukommt (Lay, Maisch, Schneider, Frei, Mussmann & Schilling, 1986).

Ein weiterer Entwicklungsschritt — der Übergang von der Informations- zur Wissensverarbeitung — steht mit der Einführung von Expertensystemen bevor. Hier läßt sich zwischen fachlichen Expertensystemen und solchen, die organisatorisches Wissen zur Unterstützung bereitstellen, unterscheiden. Zur ersten Gruppe gehören z. B.

— Vermögensanlageberatung bei Kreditinstituten,

— Angebotserarbeitung bei komplexen Anlagen,

— Einkauf bei komplexen Produkten,

— Steuerberatung,

— Dienstreisen,

— Personaleinstellung,

— Versicherungsberatung.

Als Beispiel für die zweite Gruppe sei das vom Bundesministerium für Forschung und Technologie (BMFT) geförderte Verbundprojekt WISDOM (Wissensbasierte Systeme zur Bürokommunikation: Dokumentenbearbeitung, Organisation, Mensch-Computer-Kommunikation) genannt. In ihm wird u. a. ein Expertensystem geplant, das die Postbearbeitung unterstützen, interne Mitteilungen an die zuständigen Stellen weiterleiten und einen Teil der Planung von Projekten übernehmen soll. Ein anderes Beispiel für eine „intelligente" Dialogschnittstelle ist das System AiD der GMD (Hein, Smith & Thomas, 1985). Ob sich Expertensysteme auf breiter Front durchsetzen werden, ist schwer abzusehen. Bisher haben sie sich lediglich in begrenzten, relativ gut strukturierten Bereichen von einigem Wert erwiesen.

## 5 Auswirkungen auf das Arbeitssystem

Die Auswirkungen der Bürokommunikation auf das Arbeitssystem zu beschreiben, ist aus verschiedenen Gründen eine schwierige Aufgabe: Vorhandene Erfahrungen beziehen sich in der Regel auf Automatisierungsinseln, z. B. auf die Textverarbeitung, und können nicht ohne weiteres verallgemeinert werden. Dies gilt auch für Pilotprojekte, in denen ansatzweise integrierte Systeme eingesetzt werden, da die Mitarbeiter überdurchschnittlich motiviert und herausgehoben sind (Hawthorne-Effekt). Naturgemäß ist auch so gut wie nichts über die langfristigen Auswirkungen bekannt. Schließlich kann und wird die Technik organisatorisch so unterschiedlich eingesetzt werden, daß Aussagen über „die" Bürokommunikation nicht möglich sind. Positiv ausgedrückt erweitern die Systeme der Bürokommunikation den Gestaltungsspielraum für Organisatoren in einem bisher nicht bekannten Ausmaß (Sydow, 1985). Dabei gewinnen gesellschaftliche und institutionelle Bedingungen (Werte und Zielvorstellungen der Organisation, der Sozialpartner) ein größeres Gewicht (Karlsen, Kühn & Oppen, 1985). Diese Optionen können dazu genutzt werden, die Produktivität der Organisation und die Qualität der Arbeitsplätze zu steigern. Ob diese Ziele auch erreicht werden, hängt von einer gründlichen, die gesamte Organisation umfassenden Planung ab und ist auch dann noch mit Risiken behaftet, auf die noch im einzelnen einzugehen ist.

## 5.1 Arbeitsorganisation

Von der Einführung der Bürokommunikation wird eine Reihe positiver Effekte für die Gesamtorganisation und ihre Teilbereiche erwartet:

— Erhöhung der Flexibilität,

— Verbesserung der Wettbewerbsfähigkeit,

— Steigerung der Innovationsfähigkeit,

— Verbesserung des Images,

— Erhöhte Qualität von Entscheidungen,

— Beschleunigung von Abstimmungsprozessen,

— Optimierung innerorganisatorischer Abläufe,

— Bewältigung steigender Informationsmengen.

Die Organisationsformen, mit denen diese hochgesteckten Ziele am ehesten erreicht werden können, zeichnen sich erst ab, doch können einige Aspekte benannt werden. Die Bürokommunikation ermöglicht prinzipiell eine ganzheitliche Vorgangsbearbeitung, bei der bisher arbeitsteilig erledigte Teilaufgaben bei einer Person oder Gruppe zusammengeführt werden. Insellösungen durch die Automatisierung einzelner Teilaufgaben (Textkorrektur, Grafikerstellung, Telefonvermittlung, Berechnungen) bedeuten noch lange nicht einen Produktionsfortschritt bei der Erledigung der gesamten Aufgabe (Weltz, 1985). Bei der Reintegration können Assistenzaufgaben in die Sachbearbeiterebene „aufsteigen" (Aufwärtsintegration), Sekretärinnen können dafür — dank besserer Möglichkeiten der Kommunikation und Information — auch manche Planungs- und Kontrollfunktionen übernehmen (Abwärtsintegration).

Auch die herkömmliche Trennung zwischen betrieblichen Bereichen wie Verwaltung und Fertigung kann z. B. durch die Verbindung von rechnergestützten Systemen der Fertigung (CAD) mit denen der Arbeitsvorbereitung und Fertigungssteuerung (CAM) aufgehoben werden. Die angestrebte Integration stößt allerdings auf erhebliche organisatorische und technische Probleme, funktionierende Beispiele sind noch selten. Die Umstellung ist zeitaufwendig, so daß es oft zu einem Nebeneinander von traditionell manueller, technisch unterstützter und automatisierter Bearbeitung kommt (Baethge & Oberbeck, 1986).

Am stärksten betroffen von einer Umstellung ist das mittlere und zum Teil auch das obere Management, da sowohl alte Funktionen wegfallen als auch neue übernommen und zusätzliche Fachkompetenz erworben werden muß. Als Bedrohung wird nicht selten empfunden, daß ein Teil des in langer Berufstätigkeit erworbenen Herrschaftswissens in Form von Programmen und in Datenbanken „veröffentlicht" wird. Auch die Rolle der zentralisierten EDV-Abteilung ändert sich, die bisher vom Management oft als Tyrannei und Kontrolle empfunden wurde. Nun wandert die Initiative und die Kontrolle über die Nutzung stärker zurück zu den Führungskräften und Mitarbeitern.

Vielfach wird eine Verringerung der hierarchischen Stufen erwartet. Der Trend zur Abflachung der betrieblichen Hierarchie gerade im mittleren Bereich könnte durch die Erweiterung der Kontrollspanne des Vorgesetzten verstärkt werden, d. h. er ist dank der verbesserten Möglichkeiten für die horizontale Kooperation und der vertikalen Informationsweiterleitung in der Lage, mehr Mitarbeiter zu führen als bisher. Auch wird sicherlich die Flexibilität der Organisation in Richtung dezentraler Strukturen und Gruppenarbeit größer, wie überhaupt der Gestaltungsspielraum in räumlicher und zeitlicher Hinsicht (Telearbeit, Arbeitszeitflexibilisierung) anwächst. Allerdings wird der Telearbeit in reiner Form auf absehbarer Zeit keine große Chance eingeräumt (Dostal, 1985). Darüber hinaus werden auch im einzelnen nicht vorhersehbare Generierungseffekte erhofft, d. h. die Mitarbeiter nutzen die Möglichkeiten der Bürokommunikation in neuartiger und produktiver Weise. Trotz dieser arbeitswissenschaftlich gesehen positiven Möglichkeiten wurde an Beispielen aufgezeigt, daß die tatsächliche Entwicklung auch auf eine Stärkung zentraler Steuerungspotentiale und auf die Vertiefung hierarchischer Betriebsstrukturen hinauslaufen kann (Baethge & Oberbeck, 1986).

Der praktische Einsatz der Bürokommunikation hat bisher jedoch nur selten den angestrebten Erfolg gebracht. Im besten Fall können jedoch nach ersten empirischen Studien auch Produktivitätsfortschritte in betriebswirtschaftlich interessanter Größenordnung eintreten (Mertens, Zeitler, Schumann & Koch, 1986). Allein wegen des gewaltigen Planungsaufwands, der hohen Investitionskosten und des evolutionären Charakters wird sich die Diffusion über längere Zeit hinziehen.

## 5.2 Die Arbeitsaufgabe

Das Rationalisierungspotential der Bürotechnik bei der Neugestaltung von Arbeitsaufgaben wird in folgenden Punkten gesehen:

— in der Verkürzung von Bearbeitungs-, Durchlauf- und Übertragungszeiten,

— in der Reduzierung des Ablagebedarfs,

— in der Dateneingabe am Ursprungsort, deren Ergebnis allen weiteren Abnehmern zur Verfügung steht,

— in der Verlagerung von Routinearbeit in das System,

— in der Vermeidung von Doppelarbeit bei der Vorgangsbearbeitung,

— in qualitativ besseren Entscheidungen und Dienstleistungen, da der Sachbearbeiter schnell auf alle notwendigen Informationen zugreifen kann.

Aus der Sicht der Ingenieurpsychologie erwünscht ist die Nutzung der bei Einführung der Bürokommunikation prinzipiell vorhandenen Spielräume in Richtung einer

— Intensivierung der Kooperation,

— Erweiterung des Handlungsspielraums,

— Ausdehnung der Mitwirkung bei Entscheidungen und Gestaltungen,

— Erweiterung und Bereicherung des Arbeitsinhaltes.

Unzumutbare Resttätigkeiten, wie die der Datenerfassung, könnten verschwinden. Der Sachbearbeiter könnte einerseits seinen Schriftverkehr — früher die Aufgabe der Sekretärin — mit Hilfe von Textsystem, Textbausteinen und elektronischer Adressenkartei mit wenig Aufwand selbst führen, andererseits erschließen sich ihm über den netzfähigen Arbeitsplatzrechner neue, oft recht anspruchsvolle Aufgaben wie Analyse, Planung, Beratung und Problemlösen. Auch Führungskräfte sind durchaus bereit, kleine eilige Schreibarbeiten selbst zu erledigen (Sorg & Zangl, 1985). Die Sekretärin wiederum kann im günstigsten Fall zu dem Rest an verbleibenden Tätigkeiten Assistenzaufgaben wie Planung, Berechnungen, Geschäftsgrafik und Verwaltung einer Datenbank übernehmen, da ein Teil des dazu erforderlichen Wissens in Form von Programmen (Tabellenkalkulation, Netzplantechnik etc.) zur Verfügung steht.

Die angesprochenen Möglichkeiten der horizontalen und vertikalen Aufgabenzusammenführung sind auch betriebswirtschaftlich positiv zu werten, da die traditionelle Arbeitsteilung bei Hilfs- und Assistenztätigkeiten wegen der mehrfachen Einarbeitung in ein- und denselben Vorgang, des Koordinations- und Abstimmungsaufwandes und des Problems des Medienbruchs kostenträchtig ist. Die positiven Effekte eines Job Enrichment für Angestellte — auch unabhängig von der Einführung der Bürokommunikation — wurde in zahlreichen Studien eindrücklich belegt (Karasek, 1979; Lüsebrink & Petrowsky, 1986; Schreyögg, Steinmann & Zauner, 1978). Das traditionelle Denken in arbeitsteiligen Strukturen ist allerdings immer noch weit verbreitet; daher können auch zahlreiche Beispiele für die Taylorisierung geistiger Arbeit angeführt werden (Friedrich, Wicke & Wicke, 1982; Koch, 1978; Rödiger, Nullmeier & Oesterreich, 1986; Schardt & Knepel, 1981).

Die Erleichterung der Informationsübermittlung und -verarbeitung führt nahezu zwangsläufig zu einem Anwachsen der Informationsmenge und damit zur Gefahr der Informationsüberflutung. Strikte Zugangs- und Berechtigungsregeln könnten wiederum die erhoffte Flexiblität einschränken. Auch eine andere Frage harrt der arbeitswissenschaftlichen Bearbeitung: Wo liegt die Grenze der Aufgabenintegration, vor allem in der vertikalen Dimension? Sollte sie im Sinne des Prinzips der dynamischen Arbeitsgestaltung (Ulich, 1983) offen gehalten werden? Die tatsächliche Nutzung des Spielraums für eine Umstrukturierung der Arbeitsaufgaben hängt stark von den vorhandenen Strukturen, Gewohnheiten und der Stärke der Interessengruppen in der Organisation ab. Andererseits wächst mit dem zunehmenden Bildungsgrad der Anspruch der Beschäftigten auf befriedigende Arbeitsaufgaben mit Möglichkeiten zur Qualifizierung und Selbstverwirklichung am Arbeitsplatz (Afheldt, 1984).

## 5.3 Qualifikation

Wie verändert sich durch die Bürokommunikation die erforderliche Qualifikation der Mitarbeiter? Diese Frage wird oft genug verengt auf eine EDV-Qualifikation im Sinne eines „Computer-Führerscheins", der die Betreffenden dazu qualifizieren soll, die Funktionsweise von Computern zu verstehen und grundlegende Anwendungen kennenzulernen. Die Bedeutung dieses computerspezifischen Wissens wird momentan sicher zuungunsten fachlich-organisatorischer Inhalte überbewertet:

— Fortschritte bei den Techniken der Mensch-Computer-Interaktion können zusammen mit einer Standardisierung der Schnittstelle die Belastung bei der Nutzung der Computerunterstützung verringern.

— In die gleiche Richtung geht die Entwicklung der schon genannten Expertensysteme.

— Das weiter steigende Niveau der schulischen und beruflichen Ausbildung zusammen mit der zunehmenden Verbreitung von Computern in allen Bereichen der Gesellschaft verringert den Charakter des Außergewöhnlichen, Neuartigen und vielleicht auch Bedrohlichen der Computernutzung.

Wichtiger jedoch werden neue und steigende Anforderungen in fachlich-organisatorischer Hinsicht — vorausgesetzt, die Bürokommunikation wird in menschengerechter Weise eingesetzt:

— Durch die Erweiterung und Bereicherung des Arbeitsinhalts wird eine größere Breite an Fachkenntnissen gefordert.
— Es wird mehr als bisher auf die Eigeninitiative und Selbständigkeit der Mitarbeiter ankommen.
— Die technischen und organisatorischen Strukturen im Betrieb und mit ihm verbundener Organisationen müssen überblickt werden.
— Die Bereitschaft und Fähigkeit zum Um- und Neulernen nimmt an Bedeutung zu.
— Mit der Abflachung der Hierarchie und der angestrebten ganzheitlichen Vorgangsbearbeitung steigt die Verantwortung für das eigene Arbeitsergebnis.
— Die neuen Möglichkeiten der Kommunikation erfordern ein hohes Maß an Kooperationsfähigkeit.

Diese Tendenz zur Höherqualifizierung konnte in einigen Studien belegt werden (Brödner, 1986; Fürstenberg & Steininger, 1986; Gottschall, Mickler & Neubert, 1985). Wie schon jetzt abzusehen ist, können ohne erhebliche Anstrengungen der Betriebe in Form von Qualifizierungsmaßnahmen der verschiedensten Art die angestrebten Ziele nicht erreicht werden. Vielfach erweist sich die mangelnde Qualifikation der Mitarbeiter, aber auch des Managements, als Bremse für eine Innovation (Kirsch et al., 1975).

Es fehlen aber noch systematische Methoden der Bedarfsermittlung, auf denen sich schlüssige Gesamtkonzepte errichten ließen, die z. B. auch im Vorlauf die Ausbildung der Ausbilder enthalten. Es muß auch die Frage gestellt werden, was aus denen wird, die diesen der Tendenz nach anspruchsvolleren Arbeitsaufgaben nicht gewachsen sind. Dies wird vor allem die mit traditionellen Hilfs- und Assistenzaufgaben betrauten Personen betreffen, deren Tätigkeiten ganz wegfallen, ins System verlagert oder in die Arbeit der übergeordneten Ebene integriert werden. Eine Lösung ist nicht in Sicht, da nicht erkennbar ist, wie in dem notwendigen Umfang neue Aufgaben vergleichbarer Art geschaffen werden können. Darüber hinaus müssen auch die Konsequenzen für die schulische und berufliche Bildung analysiert werden, die sich aus dem Strukturwandel ergeben (v. Rothkirch & Weidig, 1985).

## 6 Problemfelder

Die Bürokommunikation bietet im Prinzip ungeahnte Möglichkeiten einer sowohl produktiven als auch menschengerechten Arbeitsgestaltung. Der Blick auf die oft faszinierenden technischen Systeme läßt jedoch leicht vergessen: Entscheidend für die Leistung des Gesamtsystems ist der Mensch. Einzelne Automatisierungsinseln, z. B. Textsysteme, tragen nichts Nennenswertes zur Produktivitätssteigerung des Betriebs bei. Das Problem ist also die Abstimmung zwischen Mensch und Computer sowie die Suche nach passenden Organisationsstrukturen, klassische Aufgaben der Arbeitswissenschaft und Ingenieurpsychologie. National und international werden seit einiger Zeit erhebliche Anstrengungen unternommen, in Erkenntnis der volkswirtschaftlichen und sozialen Bedeutung dieser Probleme über Forschungs- und Entwicklungsvorhaben mehr Klarheit über die Auswirkungen zu gewinnen. Ein Beispiel ist das Förderprogramm „Menschengerechte Gestaltung der Arbeitsbedingungen in Büro und Verwaltung" der Bundesregierung im Rahmen der Forschung zur Humanisierung des Arbeitslebens (Skarpelis, Thunecke & Kasten, 1985). Standen am Anfang mehr die technischen Systeme im Mittelpunkt, so verlagert sich der Schwerpunkt derzeit auf sozial- und verhaltenswissenschaftliche Aspekte. Im folgenden werden die wichtigsten Problemfelder aus ingenieurpsychologischer Sicht mit Lösungsansätzen kurz vorgestellt.

## 6.1 Mensch-Computer-Interaktion

Da diesem Thema in diesem Band ein eigener Beitrag (Streitz) gewidmet ist, soll nur kurz auf noch zu lösende Aufgaben und Entwicklungsrichtungen hingewiesen werden. Allgemein geht es darum, den Aufwand des Benutzers beim Einsatz von Computersystemen zu minimieren, d. h. die Lösung der eigentlichen Arbeitsaufgabe — des Sachproblems — soll nicht mehr als unbedingt notwendig durch die Handhabung des Computersystems — das Interaktionsproblem — behindert werden. Im Rahmen der sogenannten Hardware- und Software-Ergonomie wird versucht, benutzerfreundliche Lösungen zu entwickeln. Ein Schwerpunkt zukünftiger Entwicklungsarbeit wird die Flexibilisierung von Rechnerwerkzeugen (Bullinger, Fähnrich & Ziegler, 1987) sein, die es dem Arbeitnehmer einerseits ermöglicht, das Softwaresystem an seine Person anzupassen und ihm andererseits erlaubt, auch Sonderfälle und individuelle Lösungen bei einem erweiterten Tätigkeitsspektrum computergestützt zu bearbeiten. Dies schließt auch die sogenannte Benutzerprogrammierung ein, bei der Fachkräfte die Kernsoftware durch eigene Programme auf ihre Bedürfnisse zuschneiden (Döbele-Berger & Schwellach, 1987). Wie Ackermann (1987) zeigen konnte, sind Computersysteme, die dem Benutzer Handlungsspielraum bei der Wahl seiner Arbeitsschritte lassen, vermutlich generell effizienter und befriedigender. Gute Problemlösungen können auf sehr unterschiedliche Art und Weise erreicht werden. Derartige individuelle Arbeitsstile können als Selbstoptimierung aufgefaßt werden, bei der die Anforderungen der Arbeitsaufgaben mit den vom System bereitgehaltenen Handlungs- und Kontrollmöglichkeiten in Einklang gebracht werden. Viele vorhandene Programmsysteme sind dagegen durch einen relativ starren und vorstrukturierten Ablauf der Interaktion gekennzeichnet und entsprechen eher dem tayloristischen ‚one best way'.

Ein anderer Aspekt weist auf ein erhebliches Manko bestehender Computersysteme hin: Manager, Experten und qualifizierte Sachbearbeiter haben mehr oder weniger gleichzeitig mit zahlreichen Aufgaben, Problemen und Projekten zu tun, die sich zum Teil über längere Zeit erstrecken und daher nicht in einem Zug erledigt werden können. Der Bildschirm als primäres Ausgabemedium wirkt hier als Flaschenhals, der eine quasi parallele Arbeit an verschiedenen Vorhaben erschwert und den jeweiligen ‚historischen' Kontext weitgehend ausblendet (Wandke, 1987). Hier muß noch nach Wegen gesucht werden, wie das System multiple Tätigkeiten wirksam unterstützen kann (Miyata & Norman, 1986). Die sogenannten Fenstersysteme (Norman, Weldon & Shneiderman, 1986) können dieses Dilemma nur in Grenzen aufheben; dies gilt auch für das von Moran (1986) vorgestellte System ROOMS, das mehrere parallele Anwendungen zugleich erlauben soll. Auch die Unterstützung der Kooperation hat bisher noch nicht genügend Aufmerksamkeit auf sich gezogen. So sind Fragen zu beantworten wie: Welche Faktoren bestimmen Erfolg oder Mißerfolg elektronischer Konferenzen? Wie verändert sich das Kommunikationsverhalten und die soziale Interaktion durch elektronische Post? Inwieweit können Erkenntnisse der Sozialpsychologie und Betriebspsychologie über die Zusammenarbeit in Gruppen auf die technisierte Art der Kommunikation übertragen werden (Short, Williams & Christie, 1976)?

Von Telefonkonferenzen (Video-, Audio- und Computerkonferenzsysteme) (Truckenmüller, Niemeier & Fähnrich, 1985) wird eine Reduzierung der Dienstreisen erhofft; neben diesem wirtschaftlichen Aspekt wird auch der ökologische genannt (Einsparung von Energie). Bei genauerer Analyse stellt sich jedoch heraus, daß nur ein kleiner Teil der Geschäftsreisen sich zur Substitution eignet; da mit ihnen auch zahlreiche Vorteile verbunden sein können, wie Prestige, Erholung, Abwechslung, Treffen mit Freunden, Touristik etc., wird auf derartige Reisen ungern verzichtet. Elektronische Konferenzen sind am ehesten geeignet, eine aufgabenbezogene Kommunikation zu unterstützen; die Art des Konferenzsystems ist demgegenüber relativ zweitrangig (Christie & de Alberdi, 1985). Viele Anlässe für eine Konferenz lassen sich nicht mit der der Telekommunikation anhaftenden Einschränkung der nichtverbalen Kommunikation vereinbaren, dies gilt z. B. für Kontaktpflege, Gewinnen eines persönlichen Eindrucks, Konfliktlösung, kritische Diskussionen, Besichtigung. Telekonferenzsysteme sind wegen des erheblichen technischen Aufwand bisher wenig verbreitet. Wie in einigen amerikanischen Pilotprojekten festgestellt wurde, stieg das gesamte Kommunikations- und Reisevolumen nach der Einführung hochentwickelter Bürokommunikationssysteme sogar an (Karcher, 1985, S. 317).

## 6.2 Belastung und Beanspruchung

Gibt es zusätzlich zu den aus der Arbeitspsychologie bekannten Belastungsformen (Udris, 1980) spezifische Stressoren computerunterstützter Arbeit? Können mit ihr auch neue Ressourcen und Möglichkeiten verbunden sein, die insgesamt die Arbeit weniger beanspruchend werden lassen? Diese viel diskutierten Fragen lassen sich so allgemein nicht beantworten, dazu sind die Arbeitssituationen zu verschieden. Dennoch lassen sich aufgrund vieler Untersuchungen einige Hinweise geben. Allerdings liegen ihnen zumeist die schon erwähnten ‚Insellösungen' zugrunde, da die integrierte Bürokommunikation im eingangs skizzierten Sinn immer noch Seltenheitswert besitzt. Ein weiteres Manko ist das Fehlen von aussagekräftigen Langzeitstudien, die es gestatten, die verbleibende Belastung nach Abzug der unvermeidlichen Anfangsschwierigkeiten abzuschätzen. In zahlreichen Studien wurde über im Vergleich zur traditionellen Büroarbeit vermehrt auftretende Beschwerden im Bereich von Nacken, Hals und Schulter berichtet (Berquist, 1984; Grandjean, 1984; Mussmann, 1985; Östberg, 1976). Als Ursache wird eine durch die Gerätekonfiguration bedingte Zwangshaltung angenommen. Auch wird häufig über Augenbeschwerden (asthenopische Beschwerden) geklagt, die hauptsächlich auf unzureichend gelöste Beleuchtungsprobleme und die mangelhafte Qualität der Zeichendarstellung zurückgeführt werden. Erstaunlicherweise ist der Lärm durch (zu) laute Drukker (vor allem Nadel- und Typenraddrucker) und Gebläse immer noch ein Problem; er überschreitet am Arbeitsplatz vielfach den nach der Arbeitsstättenverordnung zulässigen Grenzwert (55 dB(A)) und stört ernsthaft die Konzentration. Darüber hinaus wird immer noch über die möglichen Gefahren durch vom Bildschirmgerät ausgehende elektromagnetische Wellen (vor allem Röntgenstrahlen) diskutiert, obwohl nach bisherigen Studien keine negativen Auswirkungen zu befürchten sind.

Während bei relativ monotonen Tätigkeiten wie die der Datentypistin die Beschwerden mit der am Sichtgerät verbrachten Zeit zunehmen, gilt dies für anspruchsvollere Mischtätigkeiten wie die des Journalisten, des Programmierers oder der Einzelsekretärin nur bedingt (Cakir, 1981; Läubli, Hünting & Grandjean, 1980; Smith, 1984), ein Indiz für eine u. U. psychosomatische Verstärkung von Beschwerden durch ungünstige Arbeitsinhalte. Nach Ruch und Troy (1986) treten gesundheitliche Beschwerden gehäuft auf, wenn die Arbeit am Bildschirm die Hälfte der täglichen Arbeitszeit überschreitet. Hier bieten sich noch genügend Ansätze für ergonomische Fortschritte, die zum großen Teil schon in Form verbesserter Geräte und sonstiger Arbeitsmittel realisiert wurden, aber aus Kostengründen nur langsam Eingang in die Praxis finden. Doch auch die vorhandenen Erkenntnisse und Normen werden — zum größten Teil aus Unkenntnis — zu wenig berücksichtigt, zumindest fanden sich bei fast allen bisher untersuchten Bildschirm-Arbeitsplätzen erhebliche Mängel insbesondere bei der Gestaltung der Umgebungsbedingungen und des Mobiliars (z. B. Cakir, Reuter, v. Schmude & Armbruster, 1978; Grandjean & Vigliani, 1980; Spinas, 1984).

Zu den psychologischen Stressoren zählen die verbreiteten Probleme mit der Antwortzeit des Systems. Verzögerte Rückmeldung über eigenes Handeln beeinträchtigt Bewegungsabläufe, stört und verhindert die Ausbildung von psychomotorischen Automatismen, die ein wichtiger Bestandteil vieler beruflicher Fertigkeiten sind. Anschläge, Cursorbewegungen, die nicht sofort (innerhalb von 0,1 Sekunde) akustisch, taktil oder optisch rückgemeldet werden, sondern nachhinken, irritieren und stören z. B. den automatisierten Bewegungsablauf des Maschineschreibens, mit der Folge einer erhöhten Fehlerzahl. Unabhängig davon kann auch eine zu lange Antwortzeit des Systems auf eine Eingabe des

| Benutzeraktivität | tolerierbare System-Antwortzeit (in sec) |
|---|---|
| Betätigen einer Taste, eines Schalters (visuelle, auditive, taktile Rückmeldung) | 0,1 |
| einfaches, häufig verwendetes Kommando | 1 |
| Fehlermeldung | 2 |
| einfache Auskunft | 2 |
| komplexe Anfrage | 4 |
| Seitenwechsel | 0,5—1 |

Abb. 2: Empfohlene System-Antwortzeiten (nach v. Benda, 1986, S. 76).

Benutzers diesen belasten und zur Leistungsverschlechterung führen (v. Benda, 1986; Boucsein, Greif & Wittekamp, 1984; Shneiderman, 1984). Die Erklärung für diesen, viele Informatiker überraschenden Tatbestand kann je nach Arbeitsaufgabe und den Erwartungen des Benutzers in einer Überlastung des Arbeitsgedächtnisses, der Störung von Handlungsplänen (Frese, 1987) oder der Unvorhersehbarkeit insbesondere bei stark variierenden Reaktionszeiten mit dem Gefühl der fehlenden Kontrolle über das Geschehen gesucht werden. In Abbildung 2 sind empfohlene Antwortzeiten für verschiedene Dialog-Aktivitäten zusammengestellt.

Die Arbeit am Terminal erzeugt bei vielen Personen das Gefühl, unter Zeitdruck zu stehen und hochkonzentriert arbeiten zu müssen (Johansson & Aronsson, 1984; Spinas, 1986; Weltz, 1982). Zu dieser Empfindung können auch — die sonst erwünschten — sehr kurzen Antwortzeiten (Shneiderman, 1987, S. 30), das auffordernde Blinken des Cursors und das voreingestellte Erlöschen der Anzeige nach kurzer „Untätigkeit" beitragen. Erlebter Zeitdruck führt zu schlechter Leistung, vor allem bei anspruchsvollen Aufgaben und verstärkt die psychische Ermüdung (Schulz & Höfert, 1981). Verstärkt werden kann dieser Eindruck weiterhin durch den Wegfall von früher vorhandenen Routinetätigkeiten, die — oft nicht bewußt — einen Erholungs- und Entspannungseffekt gehabt haben. Neben dieser Arbeitsverdichtung spielt vielfach das Gefühl eine Rolle, von der Betriebsleitung über das System kontrolliert zu werden, z. B. über die automatische Erfassung der Anschläge auf der Tastatur. Obwohl eine derartige detaillierte personenbezogene Leistungskontrolle in der Bundesrepublik in allen Betriebsvereinbarungen ausgeschlossen wird, ist diese Befürchtung doch unter den Arbeitnehmern weit verbreitet (Jacobi, Greiner, Lay & Scheifele, 1981; Smith, 1984).

Ein anderer, mehr diskutierter als empirisch untersuchter Aspekt der psychologischen Belastung ist die Abstraktheit der Arbeit, oft auch als Entsinnlichung bezeichnet (Volpert, 1985; Weltz, 1982). Das Arbeitsergebnis verschwindet im Unsichtbaren, das konkrete Hantieren mit Papier, Akten und Ordnern entfällt. Es wird fast nur noch das optische Sinnesorgan angesprochen. Einige Formen der Telekommunikation sind ebenfalls relativ abstrakt, erfordern nicht mehr den direkten Kontakt mit einer anderen Person. Das große Interesse an der Interaktionsform der sogenannten direkten Manipulation (Hutchins, Hollan & Norman, 1986), bei der versucht wird, einen gewissen Grad an Anschaulichkeit über das Hantieren mit virtuellen, auf dem Bildschirm sichtbaren Büroobjekten zurückzugewinnen, mag auch in diesem Hintergrund begründet sein.

Insbesondere für ältere Arbeitnehmer bedeutsam ist die Belastung des Kurz- und Langzeitgedächtnisses. Gut gestaltete Software kann die sehr begrenzte Kapazität des Arbeitsgedächtnisses entlasten (Hacker, 1983) und dem Menschen das zeitraubende Suchen in großen Datenbeständen abnehmen. Andererseits erfordert ein Anwendungssystem die Kenntnis von interaktionsspezifischen Regeln, Kommandos etc., die für schnelles Arbeiten im Langzeitgedächtnis bereitgehalten werden müssen. Unterscheiden sich die Dialog-Schnittstellen für verschiedene Programme — was derzeit noch die Regel darstellt —, so kommt schnell eine erhebliche Menge an Gedächtnisinhalten zusammen, die nichts mit der eigentlichen Fachaufgabe zu tun haben. Diese Regeln, die Bedeutung der Codes, Abkürzungen usw. werden dazu wegen ihrer Abstraktheit besonders leicht vergessen und zwingen gelegentliche Benutzer, aber auch geübte Personen nach Urlaub, Krankheit etc. zur erneuten Einarbeitung. Dies ist das wichtigste psychologische Argument für die Forderung nach einer anwendungsunabhängigen, in ihren Grundzügen genormten Dialogschnittstelle für Systeme der Bürokommunikation.

Ein weiterer Aspekt ist die Überflutung mit Informationen, nicht nur irrelevanter, sondern auch für die Bearbeitung der Aufgabe bedeutsamer. Hier spielt nicht nur die leichtere Erreichbarkeit und der umfangreichere Inhalt von Informationsquellen (Datenbanken) eine Rolle, sondern bei komfortableren Verbindungen (elektronische Post) wird auch mehr und differenzierteres Material produziert und an einen größeren Adressatenkreis verschickt (Karcher, 1985, S. 317).

Der Hinweis auf Expertensysteme, „intelligente" Speicherung und Suche in Datenbanken als Mittel zur Reduzierung und Verdichtung der Nachrichtenmenge geht an der Tatsache vorbei, daß derjenige, der Entscheidungen zu treffen bzw. Probleme zu lösen hat, den Problemraum mit seinem Kontext im Gedächtnis gespeichert haben muß. Da der menschliche Informationsbedarf immer problem- und situationsspezifisch ist, können Expertensysteme bzw. Verfahren der Informationsreduktion bei Personen, die sich der Grenzen der in der Datenbank enthaltenen Informationsbasis nicht klar bewußt sind, zu einer nicht problemangemessenen Filterung und Verdichtung der Primärdaten führen. Darüber hinaus besteht die Gefahr, daß u. U. wichtige Informationen, die nicht im System enthalten sind, nicht nachgefragt und zur Kenntnis genommen werden.

Es ist bisher kaum erforscht, wie Führungskräfte und Sachbearbeiter mit diesem Problem umgehen: Wie wird die Fülle der Informationen subjektiv geordnet? Wie wird versucht, den Zustrom zu bremsen, zu blockieren, zu kontrollieren? Werden Scheinlösungen angestrebt, wie z. B. die „Delegation" an Mitarbeiter, das Anhäufen in schwer zugänglichen Datenfriedhöfen? Welche externen Speicher (Notizbuch, private Dateien) werden angelegt (Klix, 1986; Schönpflug, 1986)? Insgesamt müssen die Denkgewohnheiten und die Gedächtnisstrukturen des Menschen stärker beachtet werden. Werden z. B. die aus der kognitiven Psychologie bekannten Gesetzmäßigkeiten über die Bildung von Begriffen nicht berücksichtigt, treten erhebliche Probleme bei der Abfrage von Datenbanken über Btx auf (Zimmer, Körndle & Karger, 1987).

Als letztes Stichwort sei die Belastung durch soziale Isolation genannt. Computergestützte Arbeit kann zu einer relativen sozialen Isolierung am Arbeitsplatz führen, da die zur Erledigung der Arbeitsaufgabe notwendigen Informationen nicht mehr über persönlichen oder telefonischen Kontakt mit Kollegen eingeholt, sondern vom System geliefert werden. Bei verschiedenen Formen flexibler Arbeit kann dazu noch eine zeitliche und räumliche Trennung hinzutreten, die die Möglichkeit informeller, nicht arbeitsbezogener Kontakte mit Kollegen einschränkt.

Der direkte soziale Kontakt am Arbeitsplatz besitzt eine Reihe von Funktionen, die in ihrer Bedeutung für die Zufriedenheit der Mitarbeiter und das Betriebsklima von Organisatoren und Systementwicklern noch zu wenig erkannt und anerkannt wird:

— Soziale Unterstützung ist eines der wichtigsten Mittel zur Bewältigung von Streß (House, 1981),

— der inoffizielle Austausch von Erfahrungen ist für eine effiziente Organisation unverzichtbar,

— Kontakt und Zusammenarbeit in der Gruppe ist die Voraussetzung für die Entwicklung und den Erhalt sozialer Kompetenz,

— sozialer Kontakt befriedigt das Bedürfnis nach Anerkennung und positiver Rückmeldung zur eigenen Person.

Auch hier hängt es entscheidend von den organisatorischen Bedingungen ab, ob es zu einer als belastend empfundenen sozialen Isolierung kommt. Der persönliche Kontakt muß daher ggf. durch organisatorische und räumliche Maßnahmen bewußt gefördert werden (Frieling, 1986). Eine ganzheitlich strukturierte Mischarbeit dürfte dieser Gefahr am ehesten entgegenwirken (Krüger & Nagel, 1986; Ruch, 1986; Troy, 1986; Ulich & Troy, 1986). Es gibt inzwischen zahlreiche Verfahren, mit denen der Grad der erlebten Beanspruchung durch informatorische Belastung abgeschätzt werden kann (Schütte, 1986). Insgesamt läßt sich feststellen: Der wichtigste potentielle Belastungsfaktor bei computerunterstützter Arbeit liegt in einer unzureichenden Organisations- und Aufgabenstruktur (Hacker & Schönfelder, 1986).

## 6.3 Akzeptanz

Die Fälle, in denen ein neu eingeführtes computerunterstütztes Arbeitssystem nicht in der geplanten und erhofften Weise angenommen wurde, sind nicht selten (Kirsch et al., 1975); man hat daher verallgemeinernd von einer „Akzeptanzkrise" gesprochen. Indikatoren für eine Ablehnung des Systems können sein (Baroudi, Olson & Ives, 1986; Hirschheim, Land & Smithson, 1985; Weltz & Bollinger, 1987):

— Klagen und Beschwerden der betroffenen Mitarbeiter,

— suboptimale Nutzung des Systems,

— sehr lange Lernzeiten bis zu einer ausreichenden Beherrschung des Systems,

— offene Ablehnung, Nichtgebrauch und Sabotage.

Unter diesen Umständen ist kaum ein Produktivitätszuwachs zu erwarten; es kann sogar die wirtschaftliche Existenz eines Betriebs gefährdet sein. Es wäre allerdings verfehlt, die Ursache für diese Schwierigkeiten in einer ungünstigen Einstellung der Arbeitnehmer zu suchen, wie das Wort „Akzeptanz" zu suggerieren scheint. Zwar gibt es gerade in der Bundesrepublik Deutschland eine verbreitete kritische und ambivalente Haltung gegenüber Computern (Lange, 1984; v. Rosenstiel, 1984), doch hat die bisherige Akzeptanzforschung (Helmreich, 1985; Reichwald, 1987) sehr klar Mängel bei der Planung und Einführung sowie Verschlechterung der Arbeitssituation als Hauptursache einer Ablehnung aufgezeigt. Die wichtigste Voraussetzung ist zweifellos ein iterativer Prozeß der Einführung unter der Beteiligung und frühzeitiger Information aller Betroffenen (Kühlmann, 1987). Wird so vorgegangen, kann eine überaus große Akzeptanz erreicht werden (Bösze, Ackermann & Lüthi, 1987; Picot & Reichwald, 1984a).

Akzeptanz ausweislich von Umfragen ist kein Gütesiegel für ein neues System. Sie zeigt in der Regel auch keinen engen Zusammenhang mit der Arbeitsleistung. Akzeptanzforschung, die sich mit der Erhebung von Zufriedenheitsdaten begnügt, ohne auf die aufgezeigten strukturellen Bedingungen einzugehen, verdient diesen Namen nicht. Akzeptanz kann und muß vom Management geplant werden, eine bisher noch nicht ausreichend erkannte Aufgabe (Helmreich, 1986).

## 6.4 Planung und Einführung

Wie seit langem bekannt ist, lassen sich Widerstände (Reaktanz) bei einem technisch-organisatorischen Wandel am besten über eine direkte Mitwirkung aller Beteiligten überwinden (Coch & French, 1948). Eine partizipative Systemgestaltung, die diesen Namen verdient, ist an einige Grundvoraussetzungen gebunden:

— Mitwirkung der Betroffenen von Anfang an,

— Gestaltung als soziotechnisches System,

— iterativer Entwicklungsprozeß.

„Von Anfang an" bedeutet die Mitwirkung — die nicht zu verwechseln ist mit den im BVG geregelten beschränkten Mitbestimmungs- und Mitwirkungsrechten des Betriebsrates — der von der geplanten Umstellung erfaßten Mitarbeiter schon in der allerersten Phase, in der die wichtigsten Vorentscheidungen, z. B. über die Art der Arbeitsorganisation und die Struktur der Arbeitsaufgaben, fallen. Versäumnisse in diesem Stadium können durch noch so intensive Mitarbeit an der Ausarbeitung der Spezifikationen, Pflichtenhefte etc. nicht aufgewogen werden. Die Arbeitnehmer können aufgrund der z. T. nur bei ihnen vorhandenen Sachkompetenz die Grenzen und Unzulänglichkeiten von Expertenvorschlägen aufdecken (Baitsch, Frei, Duell & Casanova, 1986). Gestaltung als soziotechnisches System bedeutet, neben den technisch-betriebswirtschaftlichen Kriterien, die üblicherweise im Entscheidungprozeß dominieren, auch arbeitswissenschaftliche und soziale Kriterien zu berücksichtigen. Die übliche Systemanalyse bzw. Kommunikationsanalyse (z. B. Schröder, 1987) muß nach diesem Ansatz durch arbeits- und sozialwissenschaftliche Methoden ergänzt werden. Inzwischen gibt es eine ganze Reihe derartiger Verfahren (Moll, 1987), die sich auf computerunterstützte Tätigkeiten anwenden lassen bzw. auf sie zugeschnitten sind (Debusmann, 1984; Frieling, Kannheiser, Facaoaru, Wöcherl & Dürhold, 1984; Hacker, Iwanowa & Richter, 1984; Hackman & Oldham, 1975; Haider & Rohmert, 1981; Haider, Rohmert, Ohl & Reus, 1980; Mumford & Welter, 1984; Murchner, Oppermann, Paetau, Pieper, Simm & Stellmacher, 1987; Rödiger, Nullmeier & Österreich, 1986; Rudolph, Schönfelder & Hacker, 1988). Die meisten von ihnen versuchen, die psychologische Handlungstheorie im Sinne von Hacker (1986) und Volpert (1975) für die Praxis nutzbar zu machen.

Das aufgrund der Ist-Analyse entstehende Soll-Konzept wird von den Entscheidern in erster Linie nach Kriterien der Wirtschaftlichkeit beurteilt (Krallmann, 1986). Wie sich jedoch gezeigt hat, kann eine rein monetäre Wirtschaftlichkeitsrechnung, die noch am ehesten bei stark arbeitsteiliger Organisation der Arbeit möglich ist, zu irreführenden, ja kontraproduktiven Ergebnissen führen (Gaugler, Althauser, Kolb & Mallach, 1980; Reichwald, 1984; Weltz & Lullies, 1983).

Picot und Reichwald (1984a) haben ein mehrstufiges Modell der Wirtschaftlichkeitsbetrachtung vorgestellt, in dem neben den klassischen Kosten- und Leistungsgrößen auch nicht quantifizierbare Kriterien wie Flexibilitätserhöhungen, Qualitätssteigerung und ausdrücklich auch die Arbeitssituation und die gesellschaftliche Umwelt einbezogen wurden. Eine vom Verein Deutscher Ingenieure (VDI) beauftragte Kommission hat diese Ansätze in einer VDI-Richtlinie „Bürokommunikation — Technikbewertung" (Entwurf) in sehr detaillierter Form (Abb. 3) aufgenommen und um zahlreiche Gesichtspunkte erweitert (VDI, 1987).

Aus arbeitspsychologischer Sicht muß der Neugestaltung von Arbeitsaufgaben eine normative Vorstellung von humaner Tätigkeit zugrundegelegt werden, aus der sich auch präzise Hinweise für die wünschenswerte Funktionsverteilung

| Bezugsebene und Bewertungskriterien<br>Standpunkt der Bewertung | organisationsinterne Kriterien | organisationsübergreifende Kriterien |
|---|---|---|
| 1. Entscheider in Unternehmen | 1.1.<br>— Kostenkriterien<br>— Leistungskriterien<br>— Informationsangebot und -nachfrage<br>— Flexibilität<br>— Qualität der Aufgabenerfüllung<br>— Humanfaktoren | 1.2.<br>— Geschäftsführungssystem und Markt<br>— Beziehungen zum sonstigen Umfeld<br>— Verträglichkeit zu und Anpassung an Kommunikationsstrukturen |
| 2. Entscheider in Verwaltung | 2.1.<br>— Kostenkriterien<br>— Quantitative Leistungskriterien<br>— Informationsangebot und -nachfrage<br>— Flexibilität in Struktur und Prozeß (Organisationsqualität)<br>— Qualität der Aufgabenerfüllung<br>— Humanfaktoren | 2.2.<br>— Beziehungen zum Bürger<br>— Beziehungen zum sonstigen Umfeld<br>— Beziehungen zu Verbänden, polit. Gruppen u. a.<br>— Beziehungen zu anderen Behörden und Verwaltungen (national)<br>— Beziehungen zu übernationalen Organisationen und Verwaltungen |
| 3. Mitarbeiter als Benutzer | 3.<br>— Arbeitsorganisation<br>— Arbeitsbedigungen/Arbeitsmittel<br>— Entwicklung von Persönlichkeit und Fähigkeiten<br>— Informationelle Selbstbestimmung | |
| 4. Entscheider in Politik und Gesellschaft | 4.<br>— Beschäftigung<br>— Wettbewerbsfähigkeit<br>— Standortstruktur (regional, national, international)<br>— Ausbildungsanforderungen<br>— Möglichkeiten des Informations- und Wissenserwerbs<br>— Förderung der internationalen Verflechtung (Information, Handel)<br>— Verkehrsaufkommen und Energieverbrauch | |

Abb. 3: Bewertungsmatrix Bürokommunikation (aus VDI, 1987).

zwischen Mensch und Computer ergeben (Ulich & Troy, 1986). Die Arbeitsanalyse zeigt die notwendigen Teilschritte zur Erledigung der gesamten Arbeitsaufgabe auf. Nur diejenigen Teilschritte sollten vom System übernommen werden, die auf niederen Ebenen der Handlungsregulation angesiedelt sind, vor allem solche der sensomotorischen Regulation und einfacher Handlungsplanung. Die Planung von Teilzielen, die Koordination verschiedener Arbeitsprozesse und anspruchsvollere kognitive Aufgaben wie Planen, Prüfen und Problemlösen sollen beim Mitarbeiter verbleiben (Rödiger & Nullmeier, 1986; Hacker, 1987).

Die Schäden aus einer technozentrierten Funktionsteilung zwischen Mensch und Computer und aus einer tayloristischen Arbeitsteilung zwischen verschiedenen Menschen sind auch durch die beste Software nicht zu heilen! (Hacker, 1987, S. 33)

Mit dem Stichwort „iterative Entwicklung" ist gemeint, den Prozeß von vornherein für Änderungen und Erweiterungen offenzuhalten (Carroll & Rosson, 1985; Eason, 1982; Gould & Lewis, 1984; Shneiderman, 1987). So muß es möglich sein, alternative Varianten zu konzipieren und sie als Prototypen oder in der Simulation nicht nur auf ihre technische Effizienz, sondern auch auf ihre Benutzerfreundlichkeit zu überprüfen (Hoyos & Zang, 1986). Tests müssen mit echten Arbeitsaufgaben und mit künftigen Benutzern durchgeführt werden; Experten machen andere Fehler (Mack, Lewis & Carroll, 1983). Olson (1985) hat die Vorzüge dieses Vorgehens demonstriert. Ein modularer Aufbau des Systems trägt zur Flexibilität auch für größere Modifikationen bei (Bösze et al., 1987). Wird diesem Gesichtspunkt nicht Rechnung getragen, so sind nachträglich an sich notwendige Korrekturen in grundlegenden Aspekten aufgrund der hohen Kosten und des Zeitaufwands meist unmöglich. Mehr und mehr stellt sich heraus: Das verbreitete Ideal vieler Organisatoren, eine bis ins Detail fertige Planung, die nur noch umgesetzt werden muß, ist illusionär geworden. Die Arbeitswirklichkeit ist zu komplex und dynamisch als daß sie vom Planer — noch zu einem Zeitpunkt, der zwei bis vier Jahre vor der tatsächlichen Einführung liegt — angemessen erfaßt und umgesetzt werden könnte (Staudt, 1983). Darüber hinaus kommen im Lauf der Zeit immer mehr Wünsche und Ideen hinzu. Es bestehen auch Überlegungen, wie die benutzerorientierte Systemgestaltung durch Software-Werkzeuge unterstützt werden kann (Floyd, 1987; Maass, Rosson & Kellog, 1987).

Der vieldiskutierte Königsweg einer partizipativen Systemgestaltung wird überraschenderweise trotz seiner theoretischen und betriebswirtschaftlichen Vorzüge in der Praxis selten beschritten (Gottschall et al., 1985; Sydow, 1984; Töpfer, Lechelt & Pinkwart, 1987), obwohl inzwischen eine ganze Reihe von Modellen vorgeschlagen und z. T. erfolgreich erprobt wurde (Eason, 1982; Floyd & Keil, 1983; Friedrich, 1983; Heilmann, 1981; Jacobi, Greiner, Lay & Scheifele, 1981; Kolf & Oppelland, 1979; Kubicek, 1980; Mumford & Welter, 1984; Oppermann, 1983; Spinas, Troy & Ulich, 1983; Weltz & Bollinger, 1987; Wojda, Friedrich, Adlbrecht & Holzhacker, 1983).

Werden wichtige Probleme von der Partizipation ausgenommen, können allerdings für die Betroffenen insgesamt negative Lösungen entstehen (Frei, 1984). In manchen Fällen gibt es für den Systementwickler kaum eine Möglichkeit, die zukünftigen Nutzer miteinzubeziehen, z. B. bei Standardsoftware. Der Planungsprozeß stellt insgesamt hohe Anforderungen, die sich nur mit Experten bewältigen lassen.

## 6.5 Schulung und Training

Der Aufwand für die Schulung und das Training am System wird von Herstellern und Software-Anbietern aus Wettbewerbsgründen gerne heruntergespielt. Es wäre verfehlt, die Qualifizierungsmaßnahmen allein auf die produktbezogene Einübung des neuen Handwerkzeugs zu beschränken, da sich mit der Einführung eines integrierten Systems der Bürokommunikation sowohl die Arbeitsorganisation als auch die Arbeitsaufgaben und die Kooperationsbeziehungen ändern.

Die Qualifikationsmaßnahmen zur Vorbereitung und Begleitung technisch-organisatorischer Änderungen bestehen im betrieblichen Alltag vielfach aus „Insellösungen", die oft recht willkürlich erscheinen, z. B. vom Angebot eines Herstellers abhängen. Die verbreitete Praxis kurzfristiger technischer Bedienungsanweisung und anschließendem „Lernen am Arbeitsplatz" muß zugunsten eines ganzheitlichen Konzepts überwunden werden, das von einer Ermittlung der zu erwartenden Qualifikationsanforderungen und einer Bestandsaufnahme bestehender Maßnahmen auszugehen hat.

Der Verweis auf Handbücher und zum Teil in das System integrierter Lernhilfen (Tutorials) ist bei der bescheidenen bis unzumutbaren Qualität dieser Materialien gerade für Anfänger nicht befriedigend (Dutke, 1987). Die Tutorials konkurrieren mit den Arbeitsinformationen um den Platz auf dem Bildschirm, so daß on-line-Unterstützung sogar zu geringerer Leistung führen kann als bei der Nutzung eines gedruckten Handbuchs (Dunsmore, 1980; Relles, 1978).

„Intelligente" tutorielle Systeme (Kunz & Schott, 1987; Spada & Opwis, 1985), bei denen systematisch kognitionspsychologische Erkenntnisse und die Erfahrungen mit programmiertem Unterricht genutzt werden, könnten zur Entspannung dieser unbefriedigten Situation beitragen. Gerade Anfänger nutzen Handbücher selten und ungern, obwohl sie für diese Gruppe geschrieben werden (Mack et al., 1983; Scharer, 1983). Sie fühlen sich von der Fülle der für sie oft schwer verständlichen Informationen erschlagen. Sie suchen in erster Linie bei Arbeitskollegen Rat und Hilfe (Lang, Auld & Lang, 1982; O'Malley, 1986). In den meisten Arbeitsgruppen findet sich mindestens ein (jüngerer) Kollege, der sich so gut eingearbeitet hat, daß er für die anderen zum gesuchten Gesprächspartner bei Problemen mit dem Computer wird (Bannon, 1986; Long, Hammond, Barnard, Morton & Clark, 1982; Scharer, 1983). Die Fülle der in der Erstschulung vermittelten Inhalte ist so groß, daß sie auch nicht annähernd behalten werden kann. Es muß sich daher noch eine längere Trainingsperiode mit selbständigem Anwenden des Gelernten anschließen, in der die neuen Tätigkeiten automatisiert werden können. Im normalen Arbeitsablauf kaum vorkommende Schritte (Funktionen) werden nicht mitgeübt und schnell vergessen. Dies ist eine Ursache für die Bevorzugung weniger und einfacher Kommandos, die immer wieder beobachtet wurde (Eason, 1983; Waern, 1985).

## 7 Ausblick

Wie ein Blick auf den Versuch verschiedener Autoren, die zukünftige Entwicklung der computerunterstützten Büro- und Verwaltungsarbeit abzuschätzen (Beckurts & Reichwald, 1984; Friedrich, Jansen, Kaup, Laubrock & Manz, 1987; Katz, Ruch, Betschart & Ulich, 1987) deutlich werden läßt, kann bei den zahlreichen Problemen technischer, wirtschaftlicher, organisatorischer und ingenieur-psychologischer Natur nicht mit einer raschen Durchsetzung und Verbreitung dieser Technik gerechnet werden. Vermutlich werden Fragen der Akzeptanz in Zukunft an Bedeutung gewinnen, da die große Zielgruppe der Manager und Fachexperten — anders als einfache Sachbearbeiter und Sekretärinnen — aufgrund ihres höheren Status und ihrer Machtposition mehr Möglichkeiten besitzen, die Art und das Ausmaß der Systemnutzung selbst zu bestimmen. Software-Werkzeuge werden sich nur dann durchsetzen, wenn sie genau auf die vielfältigen und komplexen Arbeitsaufgaben abgestimmt sind und vom Benutzer selbst ohne großen Aufwand weiter optimiert werden können. Dies setzt erhebliches ingenieurpsychologisches Wissen voraus; software-ergonomisches Wissen wird somit zum Schlüssel für den Erfolg künftiger Systeme. Integrierte multifunktionale Systeme der Bürokommunikation mit den typischen Bausteinen Textverarbeitung, Grafik, Kalkulation, Datenbank und Kommunikation erreichen einen so hohen Grad an Komplexität, daß sie einen erheblichen Qualifizierungsaufwand erfordern. Die in der Praxis angebotenen Schulungen, Handbücher und Tutorials reichen erfahrungsgemäß nicht annähernd aus, um in kurzer Zeit eine souveräne Beherrschung dieser Arbeitsmittel zu erlauben (Kühlmann, 1987). Hier ist die Psychologie aufgerufen, ihre Anstrengungen zu verstärken; als Stichworte seien genannt „intelligente tutorielle Systeme", „entdeckendes Lernen", „Lernen in Qualitätszirkeln".

Planung und Einführung neuer Techniken der Bürokommunikation muß als ganzheitlicher, die Systeme und den sozialen Organismus Betrieb umfassender Prozeß aufgefaßt werden, der nur erfolgreich ist, wenn die Mitarbeiter miteinbezogen werden.

*Literatur*

Ackermann, D. (1987). *Handlungsspielraum, Mentale Repräsentation und Handlungsregulation am Beispiel der Mensch-Computer-Interaktion.* Unveröff. Diss., Universität Bern.

Afheldt, H. (1984). Entwicklungstendenzen in Wirtschaft und Gesellschaft zur Jahrtausendwende. *Stahl und Eisen, 104,* 1—6.

Baethge, M. & Overbeck, H. (1986). *Die Zukunft der Angestellten.* Frankfurt: Campus.

Bair, J. H. (1978). Communication in the office of the future. Where the real payoff may be. *Invited paper of the International Conference on Computer Communication (Kyoto, Japan), 8,* 10.

Baitsch, C., Frei, F., Duell, W. & Casanova, R. (1986). *Qualifizierende Arbeitsgestaltung — Bericht über zwei Veränderungsprojekte* (BMFT-FB-HA 86). Eggenstein-Leopoldshafen: Fachinformationszentrum.

Bannon, L. J. (1986). Helping users help each other. In S. W. Draper & D. A. Norman (Eds.), *User centered system design* (pp. 399—410). Hillsdale, NJ: Erlbaum.

Baroudi, J. L., Olson, M. H. & Ives, B. (1986). An empirical study of the impact of user involvement on system usage and information satisfaction. *Communications of the ACM, 29,* 232—242.

Beckurts, K. H. & Reichwald, R. (1984). *Kooperation im Management mit integrierter Bürotechnik.* München: CW-Publikationen.

Benda, H. v. (1986). *Leitfaden zur benutzergerechten Gestaltung der Dialogschnittstelle für Bildschirmarbeitsplätze von Sachbearbeitern in Büro und Verwaltung.* Hamburg: Stollmann.

Berqvist, U. (1984). Video display terminals and health. *Scandinavian Journal of Work, Environment and Health, 10* (Suppl. 2).

Bösze, J., Ackermann, D. & Lüthi, H.-J. (1987). Computer-Laien als Experten? Warum Benutzerpartizipation bei der Entwicklung von Benutzerschnittstellen wichtig ist. In W. Schönpflug & M. Wittstock (Hrsg.), *Software-Ergonomie 87* (S. 465—476). Stuttgart: Teubner.

Boucsein, W., Greif, S. & Wittekamp, J. (1984). Systemresponsezeiten als Belastungsfaktor bei Bildschirm-Dialogtätigkeiten. *Zeitschrift für Arbeitswissenschaft, 38,* 113—122.

Brödner, P. (1986). Computereinsatz in der Produktion: Technik für den Menschen? In K. Schröder (Hrsg.), *Arbeit und Informationstechnik* (S. 132—141). Heidelberg: Springer.

Bullinger, H.-J., Fähnrich, K.-P. & Ziegler, J. (1987). Software-Ergonomie: Stand und Entwicklungstendenzen. In W. Schönpflug & M. Wittstock (Hrsg.), *Software-Ergonomie 87* (S. 17—31). Stuttgart: Teubner.

Cakir, A. (1981). Belastung und Beanspruchung bei Bildschirmtätigkeiten. In M. Frese (Hrsg.), *Streß im Büro* (S. 46—71). Bern: Huber.

Cakir, A., Reuter, H. J., Schmude, L. v. & Armbruster, A. (1978). *Anpasssung von Bildschirmarbeitsplätzen an die physikalische und psychische Funktionsweise des Menschen*. Bonn: Der Bundesminister für Arbeit und Sozialordnung.

Carroll, J. M. & Rosson, M. B. (1985). Usability specifications as a tool in iterative development. In H. R. Hartson (Ed.), Advances in human-computer interaction (pp. 1—28). Norwood, NJ: Ablex.

Christie, B. & Alberdi, M. de (1985). Electronic Meetings. In B. Christie (Ed.), *Human factors of information technology in the office* (pp. 97—126). New York: Wiley.

Coch, L. & French, J. R. P. (1948). Overcoming resistance to change. *Human Relations, 19,* 39—56.

Debusmann, E. (1984). *Das VAB-Verfahren zur Analyse und Gestaltung von Bürotätigkeiten*. Frankfurt: Peter Lang.

Döbele-Berger, C. & Schwellach, G. (1987). Untersuchung programmierbarer Softwaresysteme anhand tätigkeitsbezogener und qualifikatorischer Kriterien der Software-Ergonomie. In W. Schönpflug & M. Wittstock (Hrsg.), *Software-Ergonomie 87* (S. 428—439). Stuttgart: Teubner.

Dostal, W. (1985). Telearbeit — Anmerkungen zur Arbeitsmarktrelevanz dezentraler Informationstätigkeiten. *Mitteilungen aus der Arbeitsmarkt- und Berufsforschung, 4,* 467—480.

Dunsmore, H. (1980). Designing an interactive facility for non-programmers. *Proceedings of the ACM National Conference, 475*—483.

Dutke, S. (1987). Wann nützt ein Handbuch? Eine handlungsorientierte, empirische Analyse und ihre Ergebnisse. In W. Schönpflug & M. Wittstock (Hrsg.), *Software-Ergonomie 87* (S. 398—407). Stuttgart: Teubner.

Eason, K. (1983). Patterns of acceptability: problems and solutions. *Interact, 8,* 10—13.

Eason, K. D. (1982). The process of introducing information technology. *Behaviour and Information Technology, 1,* 197—213.

Floyd, C. (1987). STEPS — Eine Orientierung der Softwaretechnik auf sozialverträgliche Technikgestaltung. In W. Schönpflug & M. Wittstock (Hrsg.), *Software-Ergonomie 87* (S. 500—503). Stuttgart: Teubner.

Floyd, C. & Keil, R. (1983). Softwaretechnik und Betroffenenbeteiligung. In P. Mambrey & R. Oppermann (Hrsg.), *Beteiligung von Betroffenen bei der Entwicklung von Informationssystemen* (S. 137—164). Frankfurt: Campus.

Frei, F. (1984). Partizipative Arbeitsgestaltung und Automatisierung: Einige Fallstricke. *Zeitschrift für Arbeitswissenschaft, 38,* 65—70.

Frese, M. (1987). Human-computer interaction in the office. In C. L. Cooper & I. T. Robertson (Eds.), *International review of industrial and organizational psychology 1987* (pp. 117—165). New York: Wiley.

Friedrich, G. (1983). Methoden und Instrumente für die partizipative Planung von Arbeitssystemen — Eine Fallstudie. *Zeitschrift für Arbeitswissenschaft, 37,* 204—210.

Friedrich, J., Jansen, K.-D., Kaup, N., Laubrock, R. & Manz, T. (1987). *Zukunft der Bildschirmarbeit*. Bremerhaven: Wirtschaftsverlag NW.

Friedrich, J., Wicke, F. & Wicke, W. (1982). *Computereinsatz: Auswirkungen auf die Arbeit.* Reinbek bei Hamburg: Rowohlt.

Frieling, E. (1986). Verändern neue Technologien die Anforderungen an Führungskräfte? In R. Hackstein, F.-J. Heeg & F. v. Below (Hrsg.), *Arbeitsorganisation und Neue Technologien* (S. 769—786). Berlin: Springer.

Frieling, E., Kannheiser, W., Facaoaru, C., Wöcherl, H. & Dürholt, E. (1984). *Entwicklung eines theoriegeleiteten, standardisierten verhaltenswissenschaftlichen Verfahrens zur Tätigkeitsanalyse.* (Zusammenfassender Endbericht des HdA-Projekts 01 HA 029. ZA-TAP-0015). München: Universität München, Lehrstuhl für Organisations- und Wirtschaftspsychologie.

Fürstenberg, F. & Steininger, S. (1986). Soziokulturelle Faktoren der Qualifikationsentwicklung beim Technologieeinsatz. *Zeitschrift für Arbeitswissenschaft, 40,* 129—131.

Gaugler, E., Althauser, U., Kolb, M. & Mallach, A. (1980). *Rationalisierung und Humanisierung von Büroarbeiten.* Mannheim: Kiehl.

Gottschall, K., Mickler, O. & Neubert, J. (1985). *Computerunterstützte Verwaltung — Auswirkungen der Reorganisation von Routinetätigkeiten.* Frankfurt: Campus.

Gould, J. D. & Lewis, C. (1984). Designing for usability — key principles and what designers think. In A. Janda (Ed.), *Human factors in computing systems.* CHI '83 Conference Proceedings (pp. 50—53). Amsterdam: North Holland.

Grandjean, E. (1984). *Ergonomics and health in modern offices.* London: Taylor & Francis.

Grandjean, E. & Vigliani, E. (Eds.) (1980). *Ergonomic aspects of visual display terminals.* London: Taylor & Francis.

Hacker, W. (1983). Psychische Beanspruchung bei Text- und Datenverarbeitungstätigkeiten. *Zeitschrift für Psychologie,* Supplement 5, 24—41.

Hacker, W. (1986). *Arbeitspsychologie.* Bern: Huber.

Hacker, E. (1987). Software-Ergonomie: Gestalten rechnergestützter geistiger Arbeit?! In W. Schönpflug & M. Wittstock (Hrsg.), *Software-Ergonomie 87* (S. 31—55). Stuttgart: Teubner.

Hacker, W., Iwanowa, A. & Richter, P. (1984). *Tätigkeitsbewertungssystem (TBS).* Göttingen: Hogrefe.

Hacker, W. & Schönfelder, E. (1986). Job organization and allocation of functions between man and computer: I. Analysis and assessment. In F. Klix & H. Wandke (Hrsg.), *Man-computer interaction research — MACINTER-I* (pp. 403—420). Amsterdam: Elsevier.

Hackman, J. R. & Oldham, G. R. (1975). Development of the Job Diagnostic Survey. *Journal of Applied Psychology, 60,* 159—170.

Haider, E. & Rohmert, W. (1981). Anforderungsermittlung für Tätigkeiten der Daten- und Textverarbeitung. In K. Landau & W. Rohmert (Hrsg.), *Fallbeispiele zur Arbeitsanalyse: Erfahrungen zum AET-Einsatz.* Bern: Huber.

Haider, E., Rohmert, W., Ohl, B. & Reus, J. (1980). Anforderungsermittlung im Bereich der Daten- und Textverarbeitung mit einem arbeitswissenschaftlichen Erhebungsverfahren zur Tätigkeitsanalyse (DVT-AET). *International Archives of Occupational and Environmental Health, 46,* 203—217.

Heilmann, H. (1981). *Modelle und Methoden der Benutzermitwirkung in Mensch-Computer-Systemen.* Stuttgart: Forkel.

Hein, H.-W., Smith, S. R. & Thomas, C. G. (1985). Konzeptionelle Grundlagen einer wissensbasierten Mensch-Maschine-Schnittstelle. In H. Wedekind & K. Kratzer (Hrsg.), *Büroautomation 1985* (S. 260—268). Stuttgart: Teubner.

Helmreich, R. (1985). Human aspects of office systems: User acceptance research results. In B. Shackel (Ed.), *Human-Computer Interaction* (pp. 715—718). Amsterdam: Elsevier.

Helmreich, R. (1986). *Planning user acceptance — a management task.* In Proceedings Part 2 of the International Scientific Conference (May 12—15), Work with Display Units (pp. 777—780). Stockholm: International Scientific Conference.

Hirschheim, R. A., Land, F. & Smithson, S. (1985). Implementing computer-based information systems in organizations: Issues and strategies. In B. Shackel (Ed.), *Human-Computer Interaction* (pp. 855—863). Amsterdam: Elsevier.

House, J. S. (1981). *Work stress and social support.* London: Addison-Wesley.

Hoyos, C. Graf & Zang, B. (1986). Einführung rechnergestützter Systeme im Bürobereich: Arbeitsfeld für Psychologen. *Transferinformation, 3/4,* 67—85.

Hutchins, E. L., Hollan, J. D. & Norman, D. A. (1986). Direct manipulation interfaces. In D. A. Norman & J. W. Draper (Eds.), *User centered system design* (pp. 87—124). Hillsdale, NJ: Erlbaum.

Jacobi, H. F., Greiner, T., Lay, K. & Scheifele, M. (1981). *Grundlagenuntersuchungen zur Benutzerpartizipation bei Systementwicklungen.* (Abschlußbericht, 3 Bände, vervielfältigtes Manuskript, 53). Stuttgart: Fraunhofer-Institut für Produktionstechnik und Automatisierung.

Johansson, G. & Aronsson, G. (1984). Stress reactions in computerized administrative work. *Journal of Occupational Behaviour, 5,* 159—181.

Karasek, R. A. (1979). Job demands, job decision latitude, and mental strain: Implications for job redesign. *Administrative Science Quarterly, 24,* 285—311.

Karcher, H. B. (1985). *Büro der Zukunft.* Baden-Baden: Fachverlag für Büro- und Organisationstechnik.

Karlsen, T., Kühn, H. & Oppen, M. (1985). *Informationstechnologie im Dienstleistungsbereich.* Berlin: Wissenschaftszentrum Berlin.

Katz, C., Ruch, L., Betschart, H. & Ulich, E. (1987). *Arbeit im Büro von Morgen.* Zürich: Verlag des Schweizerischen Kaufmännischen Verbandes.

Kirsch, W., Gabele, E., Borsig, C., Dumont Du Voitel, R., Esser, W. M. & Knopf, R. (1975). *Reorganisationsprozesse in Unternehmen.* München: Florentz.

Klix, F. (1986). Memory research and knowledge engineering. In F. Klix & H. Wandke (Eds.), *Man-computer interaction research — MACINTER-I* (S. 97—116). Amsterdam: Elsevier.

Koch, R. (1978). *Elektronische Datenverarbeitung und kaufmännische Angestellte*. Auswirkungen der Rationalisierung in der Verwaltung von Industrieunternehmen. Frankfurt: Campus.

Kolf, F. & Oppelland, H. J. (1979). Berücksichtigung von Benutzerinteressen bei der Entwicklung von Informationssystemen. In H. R. Hansen, K. T. Schröder & H. J. Weihe (Hrsg.), *Mensch & Computer* (S. 307—325). München: Oldenbourg.

Krallmann, H. (Hrsg.). (1986). *Planung, Einsatz und Wirtschaftlichkeitsnachweis von Büroinformationssystemen*. Berlin: Erich Schmidt.

Krüger, D. & Nagel, A. (1986). *Mischarbeit im Büro- und Verwaltungsbereich beim Einsatz neuer Technologien*. Dortmund: Bundesanstalt für Arbeitsschutz.

Kubicek, H. (1980). *Interessenberücksichtigung beim Technikeinsatz im Büro- und Verwaltungsbereich: Grundgedanken und neuere skandinavische Entwicklungen*. München: Oldenbourg.

Kühlmann, T. (1987). *Technische und organisatorische Neuerungen im Erleben betroffener Arbeitnehmer*. Habilitationsschrift. Nürnberg: Fakultät für Wirtschafts- und Sozialwissenschaft der Universität Erlangen-Nürnberg.

Kunz, G. C. & Schott, F. (1987). *Intelligente Tutorielle Systeme — Neue Ansätze der computerunterstützten Steuerung von Lehr-Lern-Prozessen*. Göttingen: Hogrefe.

Läubli, T., Hüntling, W. & Grandjean, E. (1980). Visual impairments in VDU operators related to environmental conditions. In E. Grandjean & E. Vigliani (Eds.), *Ergonomic aspects of visual display terminals* (pp. 85—94). London: Taylor & Francis.

Lang, K., Auld, R. & Lang, T. (1982). The goals and methods of computer users. *International Journal of Man-Machine Studies, 17*, 375—399.

Lange, K. (1984). *Das Image des Computers in der Bevölkerung* (GMD-Studie Nr. 80). St. Augustin: Gesellschaft für Mathematik und Datenverarbeitung (GMD).

Lay, G., Maisch, K., Schneider, R., Frei, F., Mussmann, C. & Schilling, A. (1986). *Vernetzung betrieblicher Bereiche*. Bremerhaven: Wirtschaftsverlag NW.

Long, J., Hammond, N., Barnard, P., Morton, J. & Clark, I. (1982). *Introducing the interactive computer at work: the users views* (Hursley Human Factors Laboratory HF 060).

Lüsebrink, K. & Petrowsky, W. (1986). Mischarbeitsplätze im Schreibdienst: „Der Schnee von gestern?" *Angestellten-Magazin, 12*, 3—4.

Maass, S., Rosson, M. B. & Kellog, A. (1987). Wann nützt ein Handbuch? Eine handlungsorientierte, empirische Analyse und ihre Ergebnisse. In W. Schönpflug & M. Wittstock (Hrsg.), *Sofware-Ergonomie 87* (S. 417—427). Stuttgart: Teuber.

Mack, R. L., Lewis, C. H. & Carroll, J. (1983). Learning to use word processors: Problems and prospects. *ACM Transactions on office information systems, 1*, 254—271.

Mertens, P., Zeitler, P., Schumann, M. & Koch, H. (1986). Untersuchungen zum Nutzen-Kosten-Verhältnis der Büroautomation. In H. Krallmann (Hrsg.), *Planung, Einsatz und Wirtschaftlichkeitsnachweis von Büroinformationssystemen* (S. 103—134). Berlin: Erich Schmidt.

Mintzberg, H. (1973). *The nature of managerial work*. New York: Academic Press.

Miyata, Y. & Norman, D. A. (1986). Psychological issues in support of multiple activities. In S. W. Draper & D. A. Norman (Eds.), *User centered system design* (pp. 265—284). Hillsdale, NJ: Erlbaum.

Moll, T. (1987). On methods of analysis and evaluation of interactive computer systems. In M. Frese, E. Ulich & W. Dzida (Eds.), *Psychological issues of human-computer interaction in the work place* (pp. 403—417). Amsterdam: North-Holland.

Moran, T. P. (1986). *Where is the action in Human-Computer Interaction?* (Vortrag auf der Konferenz „Work with visual display units"). Stockholm: Swedish National Board of Occupational Safety and Health.

Mumford, E. & Welter, G. (1984). *Benutzerbeteiligung bei der Entwicklung von Computer-Sytemen*. Berlin: Erich Schmidt.

Murchner, B., Oppermann, R., Paetau, M., Pieper, M., Simm, H. & Stellmacher, I. (1987). EVADIS — Ein Leitfaden zur software-ergonomischen Evaluation von Dialogschnittstellen. In W. Schönpflug & M. Wittstock (Hrsg.), *Software-Ergonomie 87* (S. 307—316). Stuttgart: Teubner.

Mussmann, C. (1985). Sachbearbeitung mit Computerunterstützung: Anstrengender und weniger anspruchsvoll? In A. Schorr (Hrsg.), *Bericht über den 13. Kongreß für Angewandte Psychologie*. Bonn: Deutscher Psychologen Verlag.

Norman, K. L., Weldon, L. J. & Shneiderman, B. (1986). Cognitive layouts of windows and multiple screens for user interfaces. *International Journal of Man-Machine Studies, 25*, 229—248.

Östberg, O. (1976). *Office computerization in Sweden: Worker participation, workplace design considerations, and the reduction of visual strain*. Luleå: University of Luleå, Department of Work Sciences.

Olson, J. R. (1985). *Expanded design procedures for learnable, usable interfaces*. In Proceedings of the ACM, CHI '85 Conference (pp. 142—143). Baltimore: Association of Computing Machinery.

Oppermann, R. (1983). *Forschungsgegenstand und Perspektiven partizipativer Systementwicklung*. In Berichte der Gesellschaft für Mathematik und Datenverarbeitung, Bericht Nr. 140. München: Oldenbourg.

O'Malley, C. (1986). Helping users help themselves. In D. A. Norman & S. W. Draper (Eds.), *User centered systems design* (pp. 377—398). Hillsdale, NJ: Erlbaum.

Picot, A. & Reichwald, R. (1984a). *Bürokommunikation — Leitsätze für den Anwender*. München: CW-Publikationen.

Picot, A. & Reichwald, R. (1984b). Zur Effektivierung der Büroarbeit mit neuer Kommunikationstechnik. *Office Management, 6*, 528—531.

Reichwald, R. (1984). Neue Kommunikationstechniken in der öffentlichen Verwaltung — programmierte Ineffizienz durch verkürztes Wirtschaftlichkeitsdenken? In Computer-Welt-Edition, *Wirtschaftliches Informations-Management in der öffentlichen Hand* (S. 41 ff.). München.

Reichwald, R. (1987). *Zur Notwendigkeit der Akzeptanzforschung bei der Entwicklung neuer Systeme der Bürotechnik*. Düsseldorf: Akzente.

Relles, N. (1978). *The design and implementation of user-oriented systems* (Computer sciences technical report No. 357). Ph. D. Dissertation, University of Wisconsin.

Rödiger, K.-H., Nullmeier, E. & Oesterreich, R. (1986). *Verfahren zur Ermittlung von Regulationserfordernissen in der Arbeitstätigkeit im Büro (VERA-B)* (Unveröff. Manuskript). Berlin: Technische Universität Berlin, Fachbereich Informatik.

Rosenstiel, L. v. (1984). Aufgaben der Arbeits- und Betriebspsychologie bei sich wandelnden Technologien, Organisationsstrukturen und Werthaltungen. In Berufsverband Deutscher Psychologen, *Arbeit in moderner Technik* (S. 15—50). Duisburg: Berufsverband Deutscher Psychologen.

Rothkirch, C. v. & Weidig, J. (1985). *Die Zukunft der Arbeitslandschaft. Zum Arbeitskräftebedarf nach Umfang und Tätigkeiten bis zum Jahre 2000* (PROGNOS/IAB-Studie). Nürnberg: Bundesanstalt für Arbeit.

Ruch, L. (1986). The use of word processors: A survey in Switzerland's Federal Government Administration. In E. Ulich (Ed.), *Computer-aided office work* (pp. 17—23). Zürich: Eidgenössische Technische Hochschule, Lehrstuhl für Arbeits- und Organisationspsychologie.

Ruch, L. & Troy, N. (1986). *Textverarbeitung im Sekretariat*. Zürich: Verlag der Fachvereine.

Rudolph, E., Schönfelder, E. & Hacker, W. (1988). *Verfahren zur objektiven Analyse, Bewertung und Gestaltung geistiger Arbeitstätigkeiten mit und ohne Rechnerunterstützung (TBS-GA)*. Berlin: Humboldt-Universität, Psychodiagnostisches Zentrum. (Göttingen: Hogrefe-Vertrieb)

Schardt, L. P. & Knepel, W. (1981). Psychische Beanspruchung kaufmännischer Angestellter bei computerunterstützter Sachbearbeitung. In M. Frese (Hrsg.), *Streß im Büro* (S. 125—158). Bern: Huber.

Scharer, L. L. (1983). User training: Less is more. *Datamation, 7,* 175—182.

Schönpflug, W. (1986). Internal representation of externally stored information. In F. Klix & H. Wandke (Eds.), *Man-computer interaction research — MACINTER-I* (pp. 125—130). Amsterdam: Elsevier.

Schreyögg, G., Steinmann, H. & Zauner, B. (1978). *Arbeitshumanisierung für Angestellte*. Stuttgart: Kohlhammer.

Schröder, K. T. (1987). Bürokommunikation — Untersuchungsgegenstände und methodische Aspekte. *Berichte der Fraunhofer-Gesellschaft, 1,* 72—79.

Schütte, M. (1986). Zusammenstellung von Verfahren zur Ermittlung des subjektiven Beanspruchungserlebens bei informatorischer Belastung. *Zeitschrift für Arbeitswissenschaft, 40,* 83—89.

Schulz, P. & Höfert, W. (1981). Wirkungsmechanismen und Effekte von Zeitdruck bei Angestelltentätigkeiten: Feld- und Laborstudien. In M. Frese (Hrsg.), *Streß im Büro* (S. 72—93). Bern: Huber.

Shneiderman, B. (1984). Response time and display rate in human performance with computers. *Computing Survey, 16,* 265—285.

Shneiderman, B. (1987). *Designing the user interface* (Strategies for effective human-computer interaction). Reading, MA: Addison-Wesley.

Short, J., Williams, E. & Christie, B. (1976). *The social psychology of telecommunications*. London: Addison-Wesley.

Skarpelis, C., Thunecke, H. & Kasten, C. (1985). Gestaltung der Arbeitsbedingungen in Büro und Verwaltung. In H. J. Warnecke & H.-J. Bullinger (Hrsg.), *Menschen — Arbeit — Neue Technologien* (S. 325—380). Berlin: Springer.

Smith, M. J. (1984). Health issues in VDT work. In J. Bennett, D. Case, J. Sandelin & M. J. Smith (Eds.), *Visual display terminals: Usability issues and health concerns* (pp. 193—228). Englewood Cliffs: Prentice Hall.

Sorg, S. & Zangl, H. (1985). Vorteile integrierter Bürosysteme für Führungskräfte — Erfahrungen aus einem Pilotprojekt. *Office Management, 5,* 474—479.

Spada, H. & Opwis, K. (1985). Intelligente tutorielle Systeme aus psychologischer Sicht. In M. Mandl & P.-M. Fischer (Hrsg.), *Lernen im Dialog mit dem Rechner* (S. 13—23). München: Urban & Schwarzenberg.

Spinas, B., Troy, N. & Ulich, E. (1983). *Leitfaden zur Einführung und Gestaltung von Arbeit mit Bildschirm-Systemen*. Zürich: Industrielle Organisation.

Spinas, P. (1984). Bildschirmeinsatz und psycho-soziale Folgen für die Beschäftigten. In Bund Deutscher Psychologen, *Arbeit in moderner Technik* (S. 503—516). Duisburg: Bund Deutscher Psychologen.

Spinas, P. (1986). Analysis of dialogue systems: Field study. In E. Ulich (Ed.), *Computer-aided office work* (pp. 9—16). Zürich: Eidgenössische Technische Hochschule, Lehrstuhl für Arbeits- und Organisationspsychologie.

Staudt, E. (1983). *Freiräume in der Gestaltung von Arbeitsorganisationen, technische und organisatorische Potentiale des Wandels von Industriegesellschaften*. Berichte aus der angewandten Innovationsforschung, 38.

Sydow, J. (1984). Sociotechnical change and perceived work situations. Some conceptual propositions and an empirical investigation in different office settings. *Office, Technology, and People, 2,* 121—132.

Sydow, J. (1985). *Organisationsspielraum und Büroautomation*. Berlin: De Gruyter.

Szyperski, N. (1981). Bürosysteme der Zukunft. *IBM-Nachrichten, 253,* 7—13.

Szyperski, N., Grochla, E., Höring, K. & Schmitz, P. (1982). *Bürosysteme in der Entwicklung*. Braunschweig: Vieweg.

Töpfer, A., Lechelt, F. & Pinkwart, U. (1987). Der Einführungsprozeß neuer Techniken der Bürokommunikation. *Personalwirtschaft, 3,* 103—108.

Troy, N. (1986). Designing attempt 1: Secretariats in a federal agency. In E. Ulich (Ed.), *Computer-aided office work* (pp. 24—29). Zürich: Eidgenössische Technische Hochschule, Lehrstuhl für Arbeits- und Organisationspsychologie.

Truckenmüller, T. W., Niemeier, J. & Fähnrich, K.-P. (1985). Videokonferenzen — Entscheidender Schritt in der Unterstützung von Managern und Fachspezialisten durch integrierte Bürosysteme. In H. Wedekind & K. Kratzer (Hrsg.), *Büroautomation 1985* (S. 241—259). Stuttgart: Teubner.

Udris, I. (1980). Streß in arbeitspsychologischer Sicht. In J. R. Nitsch (Hrsg.), *Streß* (S. 391—440). Bern: Huber.

Ulich, E. (1983). Differentielle Arbeitsgestaltung — ein Diskussionsbeitrag. *Zeitschrift für Arbeitswissenschaft, 37,* 12—15.

Ulich, E. & Troy, N. (1986). Job organization and allocation of functions between man and computer: II. Job Organization. In F. Klix & H. Wandke (Eds.), *Man-Computer Interaction Research — MACINTER-I* (pp. 421—428). Amsterdam: Elsevier.

Verein Deutscher Ingenieure (VDI) (1987). *Entwurf der VDI-Richtlinie (5015) „Bürokommunikation — Technikbewertung der Bürokommunikation".* Berlin: Beuth.

Volpert, W. (1975). *Handlungsstrukturanalyse als Beitrag zur Qualifikationsforschung.* Köln: Pahl-Rugenstein.

Volpert, W. (1985). Zauberlehrlinge: Die gefährliche Liebe zum Computer. Weinheim: Beltz.

Waern, Y. (1985). Learning computerized tasks as related to prior task knowledge. *International Journal of Man-Machine Studies, 22,* 441—455.

Wandke, H. (1987). *Mensch-Rechner-Interaktion: Sequentieller oder paralleler Informationsaustausch.* Vortrag auf der Software-Ergonomie 87.

Weltz, F. (1982). Arbeitsplatzgestaltung an Bildschirmarbeitsplätzen aus soziologischer Sicht. *AFA-Informationen, 35,* 15—20.

Weltz, F. (1985). Veränderung der Leitungsfunktion durch neue Technik. *Office Management, 5,* 468—470.

Weltz, F. & Bollinger, H. (1987). *Mitarbeiterbeteiligung bei technisch-organisatorischen Veränderungen im Verwaltungsbereich.* München: Sozialwissenschaftliche Projektgruppe München.

Weltz, F. & Lullies, V. (1983). *Innovation im Büro: Das Beispiel Textverarbeitung.* Frankfurt: Campus.

Wojda, F., Friedrich, G., Adlbrecht, G. & Holzhacker, H. (1983). *Zur Praxis der Arbeitssystemgestaltung. Explorative Studie zur Partizipation und Methodik der Planung in österreichischen Unternehmen.* Wien: Technische Universität Wien, Institut für Arbeits- und Betriebswissenschaften.

Zimmer, A. C., Körndle, H. & Karger, C. (1987). Informativität vs. Robustheit. Vergleich von Suchvorgängen im menschlichen Gedächtnis mit Mensch-Maschine-Dialogen am Beispiel Btx. In W. Schönpflug & M. Wittstock (Hrsg.), *Software-Ergonomie 87* (S. 285—296). Stuttgart: Teubner.

18. Kapitel

# Individualisierung und differentielle Arbeitsgestaltung

*Eberhard Ulich*

## 1 Bewertungskriterien und Strategien der Arbeitsgestaltung

Zu den Aufgaben der Arbeits- und Ingenieurpsychologie gehören die Analyse und Bewertung von Arbeitstätigkeiten und Arbeitssystemen nach definierten Humankriterien mit dem Ziel der Erarbeitung von Gestaltungshinweisen. Gegenstand der Gestaltung sind die Arbeitsinhalte und Arbeitsabläufe, die Arbeitsumgebung und die Arbeitsmittel sowie die Schnittstellen zwischen Mensch und Maschine. Im folgenden liegt der Schwerpunkt auf der Gestaltung der Arbeitsinhalte und Arbeitsabläufe. Als Kriterien der humanen Gestaltung von Arbeitstätigkeiten und Arbeitssystemen gelten für uns die Schädigungsfreiheit, die Beeinträchtigungslosigkeit, die Persönlichkeitsförderlichkeit und die Zumutbarkeit. Sie finden ihren Niederschlag in der folgenden Definition:

Als human werden Arbeitstätigkeiten bezeichnet, die die psychophysische Gesundheit der Arbeitstätigen nicht schädigen, ihr psychosoziales Wohlbefinden nicht — oder allenfalls vorübergehend — beeinträchtigen, ihren Bedürfnissen und Qualifikationen entsprechen, individuelle und/oder kollektive Einflußnahme auf Arbeitsbedingungen und Arbeitssysteme ermöglichen und zur Persönlichkeitsentwicklung im Sinne der Entfaltung von Potentialen und Förderung von Kompetenzen beizutragen vermögen.

Sowohl unter den Kriterien als auch in der Definition hat das Konzept der Persönlichkeitsförderlichkeit einen zentralen Stellenwert (vgl. Hacker, 1978; Ulich, 1978a; Volpert, 1979). Mit Rubinstein nehmen wir an, daß die Persönlichkeit des erwachsenen Menschen sich weitgehend in der Auseinandersetzung mit der Arbeitstätigkeit entwickelt. Nach Rubinstein (1958) ist die Arbeit sogar „das wichtigste Mittel zur Formung der Persönlichkeit. Im Prozeß der Arbeit wird nicht nur ein bestimmtes Produkt der Arbeitstätigkeit des Subjekts erzeugt, sondern dieses selbst wird in der Arbeit geformt" (S. 704); in der Arbeitstätigkeit entwickeln sich Fähigkeiten, Normen und Einstellungen. Damit kommt den Strategien der Gestaltung von Arbeitstätigkeiten erhebliche Bedeutung zu (vgl. Kasten 1).

> Kasten 1
> *Strategien der Arbeitsgestaltung*
>
> Es entspricht einer weit verbreiteten Erfahrung, daß Arbeitssysteme und Arbeitsabläufe nach ihrer Einführung adaptiert bzw. geändert werden müssen, damit sie nicht im Widerspruch zu arbeitswissenschaftlich gesicherten Erkenntnissen stehen.
>
> Derartige *korrektive Arbeitsgestaltung* wird immer dann notwendig, wenn ergonomische, physiologische, psychologische, sicherheitstechnische oder rechtliche Erfordernisse von Planern, Konstrukteuren, Anlagenherstellern oder Organisatoren nicht oder nicht angemessen berücksichtigt worden sind. Korrektive Arbeitsgestaltung ist — sofern sie hinreichend wirksam sein soll — nicht selten mit erheblichem ökonomischen Aufwand verbunden; ihre Unterlassung kann andererseits unter Umständen Schädigungen oder Beeinträchtigungen im oben genannten Sinne bewirken. Im ersten Fall haben die Betriebe, im zweiten Fall die betroffenen Arbeitnehmer und die Volkswirtschaft die Folgen zu tragen. Beide Arten von Folgen können aber vermieden oder doch erheblich vermindert werden, wenn korrektive Arbeitsgestaltung wo immer möglich durch präventive Arbeitsgestaltung ersetzt wird.
>
> *Präventive Arbeitsgestaltung* meint die Berücksichtigung arbeitswissenschaftlicher Konzepte und Regeln zur gedanklichen Vorwegnahme möglicher Schädigungen oder Beeinträchtigungen bereits im Stadium der Planung bzw. des Entwurfs von Arbeitssystemen und Arbeitsabläufen, spätestens zu dem Zeitpunkt, in dem die Funktionsteilung zwischen Mensch und Maschine bzw. die Aufgaben und die Ausführungsbedingungen festgelegt werden. Die Forderung nach Schaffung persönlichkeitsförderlicher Arbeitstätigkeiten verlangt darüber hinaus eine Vorgehensweise, die wir als prospektive Arbeitsgestaltung bezeichnen.
>
> *Prospektive Arbeitsgestaltung* meint die bewußte Vorwegnahme von Möglichkeiten der Persönlichkeitsentwicklung im Stadium der Planung bzw. des Entwurfs — oder: der Neustrukturierung — von Arbeitssystemen durch Schaffung objektiver Tätigkeits- bzw. Handlungsspielräume, die von den Beschäftigten in unterschiedlicher Weise genutzt und — nach Vereinbarung — gegebenenfalls auch erweitert werden können.

Eine optimale Entwicklung der Persönlichkeit in der Auseinandersetzung mit der Arbeitstätigkeit kann ohne Berücksichtigung interindividueller Differenzen kaum gewährleistet werden. Schließlich verfügen „verschiedene Menschen als Folge ihrer zurückliegenden Erfahrungen ... für verschiedene Bereiche ihres Lebensraumes über verschiedene konzeptuelle Strukturen zur Informationsverarbeitung" (Schroder, Driver & Streufert, 1975, S. 181). Nach Leontjew (1977, S. 71) gilt als allgemeinste Regel, daß mit zunehmender Komplexität der Lebenserscheinungen und ihrer Organisation die Ausprägung von Unterschieden hinsichtlich der angeborenen und erworbenen Besonderheiten zunimmt.

Die im vorliegenden Zusammenhang relevanten interindividuellen Differenzen finden ihren Niederschlag in individualisierten Vorgehensweisen, die von Hakker (1964) als „persönliche Arbeitsweise" bezeichnet wurden. Dabei können Unterschiede in der kognitiven Komplexität (Schroder, Driver & Streufert, 1975; Schroder, 1978) und in der Gedächtnisorganisation (Dörner, Kreuzig, Reither & Stäudel, 1983) eine ebenso bedeutsame Rolle spielen wie Unterschiede in der Antizipationsweite (Skell, 1972; Triebe, 1977), der motivationalen

Orientierung (Kuhl, 1980, 1983), der kognitiven Stile (Clauss, 1978; Witkin & Goodenough, 1977), der Lernstile (Pask & Scott, 1972), der Informationsverarbeitungsstile (Hockey, 1987; Schroder et al., 1975), der Handlungsstile (Frese, Stewart & Hannover, 1987) oder der Kontrollerwartungen (Frese, 1978; Rotter, 1966). Die Aufzählung macht deutlich, daß es sich dabei um sehr heterogene Stile bzw. Persönlichkeitsmerkmale handelt.

Außerdem besteht noch keineswegs hinreichend Klarheit darüber, auf welche Weise welche Merkmale von Arbeitstätigkeiten mit welchen Persönlichkeitsmerkmalen interagieren. Auch über die Persönlichkeitmerkmale selbst besteht nicht in jedem Fall hinreichende Klarheit. So scheinen etwa zwischen den von Hacker (1986) beschriebenen Vorgehensweisen — ‚momentane' versus ‚planende' Strategie — und den von Frese, Stewart und Hannover (1987) beschriebenen Handlungsstilen gewisse Ähnlichkeiten zu bestehen. Dies legt schon der zur Klassifizierung von Handlungsstilen benutzte Begriff ‚planfulness' nahe: „A highly planful person wants to lay out the plan of work beforehand, a person with low planfulness will start right away, completing the plan as he goes..." (Frese, 1987, p. 142).

Auch wenn solche Unklarheiten noch bestehen, läßt sich begründbar postulieren, daß interindividuelle Differenzen bzw. Persönlichkeitsmerkmale der hier genannten Art in der Gestaltung von Arbeitstätigkeiten Berücksichtigung finden müssen. Nach Hacker (1986) besitzt sogar „die Ausprägung von Persönlichkeitszügen in Arbeitstätigkeiten Wert als *Kriterium* für den Stand der Persönlichkeitsförderlichkeit von Arbeitsgestaltungsmaßnahmen" (S. 501).

## 2 Das Prinzip der differentiellen Arbeitsgestaltung

Empirische Daten stützen die Annahme, daß das Konzept eines für jede Auftragsausführung vorhandenen ‚one best way', den es nur herauszufinden und den Beschäftigten zu vermitteln gelte, einen grundlegenden und folgenschweren Irrtum traditioneller Arbeitsgestaltung darstellt. Vielmehr wird immer deutlicher erkennbar, „daß es keine einheitliche, für *alle* Mitarbeiter optimale Arbeitsstruktur geben kann" (Zink, 1978, S. 46). So zeigen etwa die Untersuchungen von Triebe (1980, 1981): Bei nicht detailliert als Abarbeiten eines Vorranggraphs vorgeschriebenen Montagefolgen — hier: der kompletten Montage von Kraftfahrzeugmotoren — sind interindividuell unterschiedliche Vorgehensweisen möglich, deren Realisierung keineswegs zwangsläufig zu Unterschieden in Effizienz oder Effektivität führt. „Während am Band jeder Arbeiter nur einige sehr abgegrenzte, ständig wiederkehrende Verrichtungen ausführt und hierbei oft bis in die einzelnen Handgriffe hinein festgelegt ist, ergeben sich bei der Montage des gesamten Motors eine Fülle von ‚Freiheitsgraden' für den Monteur; d. h. mit Ausnahme einer Reihe von Vorschriften und von Zwängen, die vom Produkt her gegeben sind, steht es ihm vielfach frei, ob er dieses Teil zuerst montiert, dann jenes, oder anders verfährt. Er kann bestimmte *Montage-Strategien* wählen und diese je nach Situation wieder abwandeln oder grundsätzlich verändern" (Triebe, 1980, S. 26). Eine Längsschnittanalyse der Komplettmontage von Motoren führte schließlich zu folgendem Ergebnis: „Die in die Untersuchung einbezogenen Arbeiter entwickelten im Lauf der Zeit eine Vielzahl unterschiedlicher Strategien, aus denen sich erkennen läßt, daß a) die objektiv vorhandenen ‚Freiheitsgrade' für ein individuelles Vorgehen zunehmend erkannt und genutzt wurden, b) es durchaus verschiedene Vorgehensweisen gibt, die als gleich effizient gelten können" (Triebe, 1980, S. 97f.). Für Arbeiten am Bildschirm finden sich bei Aschwanden und Zimmermann (1984, 1985) sowie bei Ackermann (1986, 1987) experimentelle Befunde, die in die gleiche Richtung weisen. Solche Ergebnisse bedeuten im Umkehrschluß, daß das strikte Vorschreiben von vermeintlich ‚optimalen' Arbeitsabläufen im einzelnen sogar zu ineffizienter Arbeitsweise führen kann. Die Tatsache derartiger interindividueller Differenzen sollte Planer, Konstrukteure, Anlagenhersteller und Arbeitsvorbereiter ebenso wie Softwareentwickler und Organisatoren dazu veranlassen, Arbeitssysteme nach Möglichkeit so auszulegen, daß interindividuell unterschiedliche Arbeitsweisen realisiert werden können. Das damit postulierte *Prinzip der flexiblen Arbeitsgestaltung* (Ulich, 1978b) bezieht sich indes nur auf die Berücksichtigung interindividueller Differenzen innerhalb einer vorgegebenen Arbeitsstruktur.

Im Unterschied dazu und in bewußter Abhebung von der klassischen Suche nach dem ‚one best way' für die Gestaltung von Arbeitsinhalten und Arbeitsabläufen — die schon von Lipmann (1932) und Christensen (1976) in Frage gestellt wurde — postuliert das von uns formulierte *Prinzip der differentiellen Arbeitsgestaltung* das gleichzeitige Angebot verschiedener Arbeitsstrukturen, zwischen denen die Arbeitenden wählen können (Ulich, 1978b, 1983a). Das Angebot alternativer Arbeitsstrukturen sollte in besonderer Weise geeignet sein, eine optimale Entwicklung der Persönlichkeit in der Auseinandersetzung mit der Arbeitstätigkeit auf dem Hintergrund interindividueller Differenzen zu gewährleisten. Wir betrachten hier interindividuelle Merkmalsunterschiede also nicht im Sinne dispositionsorientierter Ansätze, sondern „vereinfacht als Ergebnis vergangener Konfrontation mit der Lernumwelt" (Herrmann, 1976, S. 430).

Zu Recht haben Steinmann und Schreyögg (1980, S. 76) auf die Möglichkeit hingewiesen, daß sich Beschäftigte, „bei denen sich aufgrund jahrelanger Unterforderung und fehlender Entwicklungsmöglichkeiten eine resignativ gestimmte Grundeinstellung und ein Zustand mehr oder weniger apathischer ‚Hilflosigkeit' ... eingestellt hat", beim Angebot solcher Wahlmöglichkeiten für ihre gewohnten Arbeitsbedingungen entscheiden. Aus diesem Grunde wurde es notwendig, Vorgehensweisen zu entwickeln, mit deren Hilfe die Subjektposition der Arbeitenden zur Geltung gebracht, Qualifizierungsbarrieren abgebaut und Qualifizierungsbereitschaften entwickelt werden können (vgl. Alioth, 1980; Baitsch, 1985; Duell & Frei, 1986; Ulich, 1981, 1983b).

Damit nun Prozesse der Persönlichkeitsentwicklung, *intra*individuellen Differenzen über die Zeit also, Rechnung getragen werden kann, bedarf das Prinzip der differentiellen Arbeitsgestaltung der Ergänzung durch das *Prinzip der dynamischen Arbeitsgestaltung.* Damit ist die Möglichkeit der Erweiterung bestehender oder der Schaffung neuer Arbeitsstrukturen gemeint sowie die Möglichkeit des Wechsels zwischen verschiedenen Strukturen.

Als mögliche Quellen solcher über die Zeit variierender intraindividueller Differenzen sind etwa in Betracht zu ziehen:

O eine zunehmende Reduzierung genutzter Freiheitsgrade aufgrund der Gewöhnung an bestimmte Arbeitsweisen im Sinne der Entwicklung eines subjektiven ‚one best way';

O mit wiederkehrenden Anforderungen zunehmende Bildung von Entscheidungsroutinen;

O Veränderungen des Anspruchsniveaus aufgrund neuartiger Arbeitserfahrungen und deren Auswirkungen auf das Selbstkonzept;

O qualitative Veränderungen der Arbeitszufriedenheit, zum Beispiel Ablösung einer eher resignativen Zufriedenheitsform durch eher progressive Formen der (Un-)Zufriedenheit (vgl. Ulich, Frei & Baitsch, 1980).

In ihren Anmerkungen zum Entwicklungsstand und zur Entwicklungsperspektive der Arbeitswissenschaft schreiben Abholz et al. (1981, S. 197) dem Konzept der differentiellen und dynamischen Arbeitsgestaltung „eine erhebliche Ausstrahlung auf die zukünftige Arbeitsgestaltung" zu. Nach der von Grob und Haffner (1982, S. 29) inzwischen vertretenen Auffassung wäre es sogar „falsch, größere Betriebsbereiche einheitlich zu strukturieren". Unter Verweis auf das Prinzip der differentiellen Arbeitsgestaltung postulieren sie vielmehr, den Mitarbeitern müsse „eine breite Palette unterschiedlicher Arbeitsstrukturen angeboten werden" (a.a.O.). Auch Hacker (1986, S. 501) wies neuerdings auf den „vermeintlichen Widerspruch" zwischen den für eine Vielzahl von Beschäftigten gedachten Arbeitsgestaltungsmaßnahmen und den interindividuell verschiedenen Voraussetzungen und Bedürfnissen hin: „Das Angebot wählbarer Freiheitsgrade zur Beeinflussung der eigenen Tätigkeit ist das entscheidende Kettenglied zur Lösung dieses Widerspruchs (Blumenfeld, 1932; *Prinzip der differenziellen Arbeitsgestaltung,* Ulich 1978)".

## 2.1 Differentielle Arbeitsgestaltung im Fertigungsbereich

Plausibilität und Realitätsbezug unserer Überlegungen zum Konzept der differentiellen Arbeitsgestaltung sollen zunächst am ‚Fix-Vario-Prinzip' und dann an einem Beispiel aus dem Fertigungsbereich verdeutlicht werden.

Nach den Überlegungen von Zink (1978), „daß die Reaktion auf einfach oder komplex strukturierte Aufgaben in Abhängigkeit von personenspezifischen Daten sehr unterschiedlich sein kann" (S. 46), stellt das ‚Fix-Vario-Prinzip' eine der Möglichkeiten der systematischen Berücksichtigung interindividueller Unterschiede im Fertigungsbereich dar (vgl. Kasten 2).

---

**Kasten 2**
*Angebot unterschiedlicher Arbeitsstrukturen nach dem Fix-Vario-Prinzip*

Für das Angebot unterschiedlicher Arbeitsformen bzw. Wahlmöglichkeiten „können zunächst — gezielter als bisher — die in vielen Organisationen vorhandenen ‚natürlichen Ausweichmöglichkeiten' im Sinne unterschiedlicher Arbeitsstrukturen für ähnliche Aufgaben mit ähnlichem Anforderungsniveau herangezogen werden. Ist dies nicht möglich, wie z. B. in vielen Fällen im Montagebereich bei Massenfertigung, sind entsprechende Parallelsysteme zu konzipieren. Dabei hat es sich als positiv erwiesen, Systeme nach dem ‚Fix-Vario-Prinzip' zu entwickeln. Basis dieses Konzepts ist die Überlegung, daß in Endprodukten, die in unterschiedlichen Varianten angeboten werden, ein gewisser Prozentsatz aller Einzelteile und Baugruppen und somit auch der Anteil der entsprechenden Fertigungs- und Montagearbeiten ‚fix' ist. Außerdem gibt es variantenbedingt variable Arbeitsinhalte mit unterschiedlichem Komplexitätsgrad. Diese unterschiedlichen Aufgaben werden nun in einem Arbeitssystem so verknüpft, daß der einzelne Mitarbeiter zwischen fixen und variablen Tätigkeitsinhalten sowie zwischen Einzel- und Gruppenarbeitsplätzen wählen kann... Das dem Fix-Vario-System zugrunde liegende Konzept, die Aufgaben eines Arbeitssystems in ‚fixe' und ‚variable' Tätigkeitsinhalte aufzuspalten und den Mitarbeitern eine Wahlmöglichkeit bezüglich der Zuordnung zuzugestehen, muß jedoch auch im Zusammenhang mit technologischen Nebenbedingungen gesehen werden.

So ist diese Organisationsform zunächst für den Montagebereich konzipiert... Wesentlich weniger Möglichkeiten für einen Fix-Vario-Einsatz ergeben sich unter anderem im Bereich ‚klassischer Prozeßfertigung' (wie zum Beispiel in der chemischen Industrie). Die Übertragbarkeit auf den Verwaltungsbereich in Organisationen ist dagegen weitgehend uneingeschränkt möglich."

*Anmerkung:* aus Zink, 1978, S. 47

---

## 2.2 Der Fall Flachbaugruppenfertigung

Ein besonders interessantes Beispiel für systematische und erfolgreiche Berücksichtigung interindividueller Differenzen bei der Strukturierung von Arbeitstätigkeiten haben Zülch und Starringer (1984) in ihrem Bericht über ‚Differentielle Arbeitsgestaltung in Fertigungen für elektronische Flachbaugruppen' beschrieben. Das Konzept der differentiellen Arbeitsgestaltung wurde für die praktische Umsetzung wie folgt operationalisiert: „Gestaltung eines Makro-Arbeitssystems, in dem unterschiedlich befähigten und motivierten Mitarbeitern mehrere Formen der Arbeitsorganisation mit verschieden ausgeprägten Arbeitsinhalten gleichzeitig angeboten werden" (Zülch & Starringer, 1984, S. 211).

Herkömmlicherweise ist die Flachbaugruppenfertigung nach dem Verrichtungsprinzip organisiert, d. h. Vormontage, Bestücken, Fertiglöten und Endmontage sind organisatorisch und räumlich voneinander getrennt. Räumliche Trennung und unterschiedliche Bearbeitungszeiten machen Werkstattlager erforderlich, deren Bestände dadurch vergrößert werden, „daß ein Fertigungslos erst dann in die nächste Fertigungsstufe weitergegeben wird, wenn es komplett den vorhergehenden Arbeitsabschnitt durchlaufen hat" (a.a.O., S. 213). Dadurch ergibt sich eine Reihe von Schwachstellen, die von den Autoren als organisatorische, kostenmäßige und personelle Schwachstellen aufgelistet werden. Zu den monetär bewertbaren Zielen der Neugestaltung werden die Verringerung der Werkstattbestände und die Senkung der Kosten für Fehlerbeseitigung gerechnet, zu den monetär nicht ohne weiteres berechenbaren Zielen die Erhöhung der Flexibilität und der Motivation der Mitarbeiter sowie erweiterte Möglichkeiten zu deren Höherqualifizierung.

Unter den geprüften Alternativen — die von der manuellen Bestückung an Fließbändern über den verstärkten Einsatz von Bestückungsautomaten bis zur Arbeit in teilautonomen Gruppen reichten — hat sich die differentielle Arbeitsgestaltung „als die beste Lösung herausgestellt ..., weil sie sowohl die monetären als auch die nicht monetären Zielkriterien am besten erfüllt" (a.a.O., S. 213). Zur Realisierung dieser Lösung waren sowohl arbeitsorganisatorische Veränderungen als auch Umstellungen des Layouts erforderlich. Die neuen Arbeitssysteme wurden in Form von Fertigungsnestern zu beiden Seiten der Bestückungslinie angeordnet. Dem Konzept der differentiellen Arbeitsgestaltung entsprechend ist die Bewältigung des Arbeitsauftrages in verschiedenen Arbeitsstrukturen realisierbar. „Die Möglichkeiten reichen von technologisch voneinander getrennten Einzelarbeitsplätzen bis hin zu Fertigungsnestern, bei denen jedes Gruppenmitglied alle vorkommenden Tätigkeiten beherrscht... Je nach Neigung, Fähigkeit und Leistung der Gruppenmitglieder können somit verschiedene Stufen realisierbar sein" (Zülch & Starringer, 1984, S. 214). Das von Zülch und Starringer erwähnte Stufenkonzept wird in Abbildung 1 verdeutlicht. Eine ausführliche Erläuterung findet sich im Kasten 3. Nach dem Bericht der Autoren werden die neuen Arbeitsstrukturen als interessant und motivierend erlebt. Zudem bewirken die Möglichkeiten des Tätigkeitswechsels eine Verminderung einseitiger Beanspruchungen. Zu den betriebswirtschaftlich relevanten Effekten gehören nach der Erfahrung aus mehreren Projekten „eine Senkung der Durchlaufzeiten und der Werkstattbestände auf jeweils die Hälfte des vorhergehenden Wertes" (Zülch & Starringer, 1984, S. 215).

Nach Grob (1985) — in dessen Arbeit sich zahlreiche Einzeldaten und Hinweise auf mögliche Erweiterungen finden —, eignet sich diese Struktur nicht nur für die hier vorgestellte Flachbaugruppenfertigung, „sondern für alle Tätigkeiten im Betrieb,

— die mehrere (in der Regel 4 bis 10) Mitarbeiter erfordern,

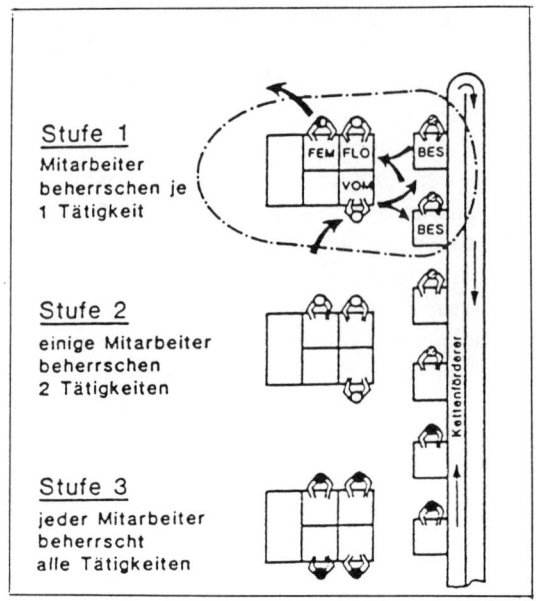

Abb. 1: Stufenkonzept für differentielle Arbeitsgestaltung in der Flachbaugruppen-Fertigung (aus Zülch & Starringer, 1984).

---

Kasten 3
*Beschreibung verschiedener Arbeitsstrukturen in der Flachbaugruppenfertigung*

„In der ersten Stufe beherrscht jede Mitarbeiterin nur eine Tätigkeit, sie arbeitet also spezialisiert. Zwei Arbeitsplätze bleiben in der Regel frei, an ihnen können aber bei Bedarf weitere Mitarbeiter beschäftigt werden, um Kapazitätsschwankungen aufzufangen. Das Fertigungsnest erreicht so eine größere Flexibilität bei Stückzahlschwankungen und Typenwechsel. Bei dieser Organisationsform bilden sich jedoch noch immer — wenn auch kleinere — Werkstattbestände, da die Bearbeitungszeiten in den einzelnen Arbeitsgängen recht unterschiedlich sein können. Für die Mitarbeiter ergeben sich bereits Verbesserungen bezüglich der Kommunkationsmöglichkeiten.

In der zweiten Stufe beherrschen die Mitarbeiterinnen jeweils eine zweite Tätigkeit. So kann zum Beispiel die Vormontiererin (VOM) das Fertigmontieren (FEM) übernehmen, die Bestückerin (BES) das Fertiglöten und die Fertiglöterin (FLÖ) das Vormontieren. Damit ist die Gruppe bereits in der Lage, auf Engpaßsituationen selbststeuernd zu reagieren. Allerdings bedarf auch diese Gruppe bei bestimmten Situationen der Mithilfe von außen. Die Gruppe erhält damit bereits eine gewisse Teilautonomie.

In der dritten Stufe beherrscht jedes Gruppenmitglied alle vorkommenden Tätigkeiten. Jeder kann jeden bei der Arbeit unterstützen, bei Engpässen aushelfen und bei Abwesenheit, zum Beispiel infolge Krankheit, die Arbeit des anderen übernehmen. Dies setzt bei den Mitarbeiterinnen allerdings ein hohes Maß an Teamgeist und Verantwortungsbewußtsein für das gemeinsame Arbeitsergebnis voraus."

*Anmerkung:* aus Zülch und Starringer, 1984, S. 214

— die im häufigen Wechsel an verschiedenen Typen und Varianten auszuführen sind,

— die nur mit geringen Werkstattbeständen auskommen müssen,

— die einen maßgeblichen Beitrag zur Verkürzung der Durchlaufzeiten leisten können" (S. 106).

Im vorliegenden Kontext ist von besonderer Bedeutung, daß Zülch und Starringer die Realisierbarkeit des Konzepts differentieller Arbeitsgestaltung auch im Zuge fortschreitender Automatisierung modellhaft nachweisen konnten. Am Beispiel einer Fertigung elektronischer Flachbaugruppen für Kommunikationsgeräte können sie zeigen, daß ein Verzicht auf Automatisierung aller automatisierbaren Operationen eine sinnvolle Gliederung in ‚maschinelle' und ‚personelle' Arbeitsabschnitte ermöglicht. „Diese sinnvolle Arbeitsteilung konnte jedoch nur dadurch erreicht werden, daß Arbeitswissenschafter rechtzeitig in die Neuplanung einbezogen wurden" (Zülch & Starringer, 1984, S. 215). Im vorliegenden Fall bedeutete dies die Mitwirkung bei Produktgestaltung und Arbeitsplanerstellung. Das Ergebnis des Einbringens individuumsorientierter Überlegungen führte zu der in Abbildung 2 dargestellten Fertigungsstruktur. Voraussetzung für die Realisierbarkeit von Lösungen, wie sie beispielhaft in Abbildung 2 dargestellt sind, ist allerdings, daß Technologie die Art ihrer Umsetzung in Technik und Aufgabenstruktur nicht determiniert. Dies gilt insbesondere auch für computerunterstützte Büroarbeitstätigkeiten.

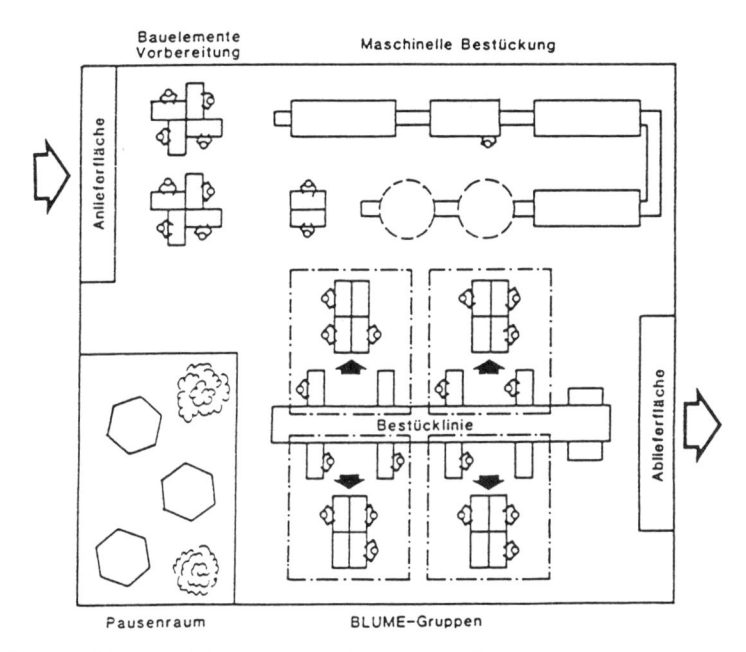

Abb. 2: Teilautomatisierte Flachbaugruppen-Fertigung (aus Zülch & Starringer, 1984).

## 3 Differentielle Arbeitsgestaltung und computerunterstützte Büroarbeit

Fragen nach interindividuellen Differenzen in der Mensch-Computer-Interaktion beziehen sich üblicherweise auf die Rolle des Benutzers als Anfänger, Fortgeschrittener oder Experte im Umgang mit dem technischen System. Das heißt zugleich: Fragen und Antworten sind eher am System als am Benutzer orientiert. Typisch dafür sind Diskussionen über die Entwicklung ‚adaptiver' Systeme (‚adaptive interfaces' im Sinne von Williges, Williges & Elkerton, 1987), die in der Lage sein sollen, den Lernstatus des Benutzers zu diagnostizieren und sich seinem Lernfortschritt anzupassen: „Hilfreich wäre eine Mensch-Computer-Schnittstelle, die sich dem Erfahrungsgrad des Benutzers anpassen könnte und ihm Dialogformen mit unterschiedlichen Schwierigkeiten anbieten würde" (Paetau, 1984, S. 1203). Voraussetzung dafür ist allerdings, daß Software wirklich ‚soft' ist. Tatsächlich ist diese Voraussetzung aber in zahlreichen Fällen nicht erfüllt. So stellte Fischer (1983) fest: „Wenn wir als Software alle Teile eines Computersystems verstehen, auf die der Benutzer gestaltend eingreifen kann, und als Hardware alle Teile, die, einmal vorhanden, nicht mehr modifiziert werden können", dann „stellen sich heutige Computersysteme dem Benutzer fast ausschließlich als Hardware dar" (S. 37f.). Mit dieser Formulierung ist allerdings nicht mehr nur die ‚Adaptivität' der Systeme, sondern auch deren ‚Adaptierbarkeit' durch den Benutzer angesprochen.

### 3.1 Kriterien für benutzerorientierte Dialoggestaltung

Unter den Kriterien für benutzerorientierte Dialoggestaltung spielen nach der hier vertretenen Auffassung die — miteinander zusammenhängenden — Kriterien Flexibilität/Individualisierbarkeit und Partizipation eine zentrale Rolle (vgl. Tabelle 1). Hinweise auf mögliche Operationalisierungen des Kriteriums Flexibilität/Individualisierbarkeit finden sich im Kasten 4.

Tab. 1: Kriterien für benutzerorientierte Dialoggestaltung

---

Transparenz
Konsistenz
Toleranz
Kompatibilität
Unterstützung
Flexibilität/Individualisierbarkeit
Partizipation

---

*Anmerkung:* aus Ulich, 1986a, S. 105.

Die in Tabelle 1 wiedergegebenen Kriterien für benutzerorientierte Dialoggestaltung stimmen mit den in der Deutschen Norm DIN 66234/Teil 8 wiedergegebenen Kriterien teilweise, aber nicht vollständig überein. Dies ist u. a. in der unterschiedlichen Herleitung und empirischen Überprüfung begründet (vgl. Dzida, Herda & Itzfeldt, 1978; Moll & Ulich, 1988; Ulich, 1988).

Mehrheitlich wird bisher die Auffassung vertreten, daß das Flexibilitätspotential neuer Bürotechnologien zugenommen hat und weiter zunehmen wird (vgl. etwa Katz, Ruch, Betschart & Ulich, 1987; Staudt, 1982). Sydow (1985) erwartet allerdings, „daß technologische Faktoren in der industriellen Produktion arbeitsorganisatorische Gestaltungsmöglichkeiten eröffnen, im Büro- und Verwaltungsbereich teilweise aber auch verschlissen werden" (S. 465).

Im Bereich der sogenannten Software-Ergonomie wird die Relevanz differentieller Konzepte jedenfalls immer deutlicher erkennbar. So berichteten Paetau und Pieper (1985) — die sich explizit auf das Konzept der differentiellen Arbeitsgestaltung berufen — über Ergebnisse von Laboruntersuchungen, in denen u. a. danach gefragt wurde, ob Versuchspartner „mit annähernd gleichem Kenntnis- und Erfahrungsstand und bei gleicher Aufgabenstellung auch gleiche Präferenzen für bestimmte Systeme herausbilden " (S. 361). Für verschiedene Büroanwendungssysteme zeigt sich eine Übereinstimmung dahingehend, daß zunächst ein hoher Grad an Benutzerführung durch das System bevorzugt wurde. Mit zunehmender Erfahrung nahm die Übereinstimmung der Präferenzen jedoch deutlich ab. Aufgrund ihrer Ergebnisse und der Erfahrungen und Konzepte anderer Autoren gibt es für Paetau und Pieper (1985) „keinen Grund, nach einer im System zu verankernden, scheinbar objektiven optimalen Dialoggestaltung zu suchen" (S. 318).

---

Kasten 4
*Mögliche Operationalisierungen des Kriteriums Flexibilität/Individualisierbarkeit*

Flexibilität

meint O  Beeinflußbarkeit des Systemverhaltens
     O  Möglichkeit unterschiedlichen Vorgehens (Individualisierungsmöglichkeiten) zur Berücksichtigung
        — (inter-)individueller Unterschiede je nach Arbeitsstil, Problemlösungsstrategien
        — (intra-)individueller Unterschiede über die Zeit je nach Vorerfahrung, Geübtheit
        — unterschiedlicher Anforderungen bei Bewältigung verschiedener Aufgaben, unterschiedlicher Anwendungsbereiche
     O  Möglichkeit zu einem vom Benutzer bestimmten Einsteigen, Unterbrechen und Aussteigen aus dem Dialog

durch +  Angebot unterschiedlicher Formen der Informationsdarstellung
      +  Angebot unterschiedlicher Dialogformen bzw. in Grenzen frei wählbarer Abfolgen im Dialog
      +  Möglichkeit zu verschiedenen Lösungswegen
      +  Angebot von wahlweise abrufbaren Informationen unterschiedlicher Detaillierungsstufen
      +  Angebot von bezüglich Zeitpunkt und Ausführlichkeit wahlweise abrufbaren Rückmeldungen
      +  Angebot von Unterbrechungs-, Umschalt- und Sprungfunktionen

*Anmerkung:* aus Spinas, Troy und Ulich, 1983, S. 59

Forderungen nach programmierbaren Software-Systemen (Döbele-Berger & Schwellach, 1987), adaptierbaren Benutzerschnittstellen (Rathke, 1987) oder Wahlmöglichkeiten zwischen alternativen Dialogformen (Eberleh, Korffmacher & Streitz, 1987) unterstreichen die Notwendigkeit der Berücksichtigung interindividueller Differenzen durch differentielle und dynamische Arbeitsgestaltung. So kommen auch Triebe, Wittstock und Schiele (1987) zu dem Ergebnis, daß die Schaffung von ‚Individualisierungsfreiräumen' durch individuell adaptierbare Benutzer-Schnittstellen vermutlich „eines der wichtigsten Mittel zur Beanspruchungsoptimierung, Streßprävention und Persönlichkeitsförderlichkeit darstellen" (S. 185).

## 3.2 Empirische Untersuchungen und Vorgehensweisen

Möglichkeiten und Folgen der Schaffung derartiger Freiräume wurden bisher vorwiegend experimentell überprüft (vgl. Ackermann & Ulich 1987; Ulich, 1987a, b, c). So haben Aschwanden und Zimmermann (1984) zwei Gruppen von je 15 Versuchspartnerinnnen mit je verschiedenen Dialogvarianten zur Bearbeitung von Preisofferten für Büromaterialbestellungen konfrontiert. Dialogvariante 1 war durch einen hohen Grad an Rigidität gekennzeichnet. Dialogvariante 2 zeichnete sich durch einen deutlich höheren Grad an Wahl- und Eingriffsmöglichkeiten aus; diese betrafen sowohl die Maskengestaltung als auch das Vorgehen und die Keyboard-Funktionalität. Die Ergebnisse lassen sich so zusammenfassen: (1) Die mit der flexiblen Dialogvariante gegebenen Handlungs- und Gestaltungsspielräume wurden genutzt, (2) leistungsmindernde oder beanspruchungserhöhende Auswirkungen der vermehrten Nutzung von Freiheitsgraden wurden nicht erkennbar, (3) die Benutzerinnen der flexiblen Dialogvariante machten tendenziell weniger schwere Fehler, und (4) es wurden von dieser Gruppe vergleichsweise doppelt so viele Vorschläge zur Verbesserung von Arbeitsablauf und Gesamtsystem gemacht. Das zuletzt genannte Ergebnis erinnert an das von Karl Duncker (1935) formulierte Prinzip der funktionalen Gebundenheit des Denkens.

Ausgehend vom Konzept der differentiellen Arbeitsgestaltung konzipierte Akkermann (1986, 1987) das Computerspiel PRIMP-1 (*Programmable Robot for Investigation of Mental Processes*), das erlaubt, einfache Befehle zu hierarchischen Befehlseinheiten zusammenzufassen. Die Aufgabe der Versuchspartner besteht darin, einen Roboter durch ein Labyrinth zu steuern, in dem Objekte in verschiedenen Kammern zu sortieren sind. Das Spiel wurde bisher vor allem eingesetzt, um die Effizienz selbst entwickelter Befehlssätze im Vergleich zu vorgegebenen Befehlssätzen zu überprüfen. Die Ergebnisse der bisherigen Untersuchungen (vgl. Ackermann, 1987) lassen sich wie folgt zusammenfassen: (1) In mehr als der Hälfte der möglichen Vergleiche erweist sich eine größere Effizienz der individuellen Befehlssätze. (2) Handlungsorientierte nutzen

Handlungs- und Gestaltungsspielräume tendenziell stärker aus als Lageorientierte. (3) Lageorientierte formulieren tendenziell mehr kleine Einzelbefehle, ohne diese zu Makros zusammenzufassen.

Die Überlegenheit von ‚self-defined commands' konnte auch von Morrison und Noble (1987) belegt werden. Ackermann und Greutmann (1987) konnten anhand anderer Aufgaben inzwischen zeigen, daß selbst bei gleichen Folgen elementarer Interaktionen — deutliche interindividuelle Unterschiede in der kognitiven Strukturierung der Aufgabe bestehen (vgl. dazu auch Moll, 1987). Aufgrund ihrer experimentellen Befunde kamen Greif und Gediga (1987) zu dem Schluß: „The alternative approach of ‚Different-Best-Way-Models' and the principles of ‚differential job design' seem preferable as long as scientific evidence for the adequacy of the description of human capacities through simple models is lacking and when research such as ours show individual differences and flexible adaptions to tasks and context conditions to be important" (S. 373).

Mit Hilfe einer von Nievergelt entwickelten und von der Nippon Telegraph and Telephone Company enwickelten Fünf-Finger-Maus untersuchten Ackermann und Nievergelt (1985) Möglichkeiten und Auswirkungen der Individualisierung in bezug auf Eingabemedien. Als Versuchsaufgabe wurde das Computerspiel PRIMP-1 verwendet. Die Zuordnung der Grundbefehle zu den Funktionstasten wurde entweder vorgegeben oder konnte selbst gewählt werden. Die individuelle Zuordnung konnte während des Versuchs gewechselt werden. Jeder Versuchspartner hatte die Aufgabe unter zwei verschiedenen Versuchsbedingungen durchzuführen (vgl. Tabelle 2).

Die Ergebnisse der Untersuchung lassen sich wie folgt zusammenfassen: (1) Hinsichtlich der für die Beurteilung der Effizienz relevanten Parameter zeigte die Keyboard-Gruppe die schlechtesten Resultate. (2) Die Möglichkeit der Benutzung der Kugelsteuerung führte bei allen Leistungsparametern zu einer Verbesserung bei gleichzeitig geringerer Beanspruchung. (3) Hinsichtlich

Tab. 2: Versuchsbedingungen zur experimentellen Untersuchung von Eingabemedien

| Versuchspartner | 1. Versuch | 2. Versuch |
|---|---|---|
| Laien | Maus mit vorgegebener Tastenzuordnung ohne Kugel | Maus mit vorgegebener Tastenzuordnung mit Kugel |
| Laien | Tastatur (keyboard) | Maus mit vorgegebener Tastenzuordnung mit Kugel |
| Laien | Maus mit individueller Tastenzuordnung ohne Kugel | Maus mit individueller Tastenzuordnung mit Kugel |
| Experten | Maus mit individueller Tastenzuordnung mit Kugel | Maus mit individueller Tastenzuordnung ohne Kugel |

*Anmerkung:* aus Ackermann und Nievergelt, 1985.

der Parameter der Befehlseffizienz und der Qualität fällt die Mehrzahl der möglichen Vergleiche zugunsten der individuellen Tastenzuordnung aus.

Ergebnisse solcher und anderer Untersuchungen (z. B. Morrison & Noble, 1987; Spinas, 1987; Troy, Baitsch & Katz, 1986) unterstützen das Postulat der Ablösung von generalisierenden ‚One-best-way'-Konzepten durch Konzepte einer differentiellen Arbeitsgestaltung. Dem Prinzip der differentiellen Arbeitsgestaltung entspricht im übrigen auch das von Raum (1984, 1986) formulierte ‚Prinzip des wählbaren Informationsangebots'. Einordnung und Bedeutung des Konzepts sind im Kasten 5 dargestellt.

---

Kasten 5
*Prinzip des wählbaren Informationsangebots sensu Raum*

„Das Gestalten der übergeordneten Aufgabenmerkmale bestimmt den möglichen Gestaltungsspielraum für die Einzelmerkmale der Aufgabe. Das gilt in doppeltem Sinne: Übergeordnete Aufgabenmerkmale schränken einerseits die Gestaltungsmöglichkeiten von Einzelheiten ein und machen andererseits Angebote dafür. Daher gibt es nicht *die* optimale ‚nutzerfreundliche' Dialogform, Gruppierung von Informationen oder Kommandoform *an sich*, sondern nur unterschiedlich ‚nutzerfreundliche' Lösungen *für Klassen von Aufgaben und von Nutzern!*

Aber was ist zu tun im Falle *unbekannter oder öfter wechselnder Aufgaben und Nutzer?* In diesem Fall ist schwerlich eine Vorgabe der jeweils günstigsten Form eines Dialogs, eines Informationsfelds auf dem Bildschirm oder einer einzelnen Information zu erreichen. Ein Ausweg ist hier das Prinzip des wählbaren Informationsangebots (Raum, 1986): Es werden verschiedene wählbare Varianten von Dialogen, Hilfen, Bildaufbauformen oder Kodierungen von Angaben oder Kommandos vorgesehen. Die überwiegende Mehrheit der Nutzer nutzt diese Wahlmöglichkeiten sowie Anpassungsmöglichkeiten der Benutzerschnittstellen und trifft rasche und zweckmäßige, den individuellen Leistungsmöglichkeiten und der jeweiligen Aufgabe angemessene Wahlen.

Dieses Prinzip des wählbaren Informationsangebots untersetzt das wichtigste Hauptprinzip der modernen Arbeitsgestaltung, nämlich das Prinzip des Einräumens von Tätigkeitsspielraum. Es ist also ein Ausweg, der mehr ist als ein Notbehelf und der wichtige Vorteile einbringt."

*Anmerkung:* aus Hacker, 1987, S. 41

---

Möglichkeiten der Individualisierung bestehen vor allem aber in der Entwicklung adaptierbarer, d. h. durch den Benutzer selbst anpaßbarer und erweiterbarer Schnittstellen. „Adaptierbare Benutzerschnittstellen bilden zugleich eine wichtige Grundlage dafür, daß auch im Bereich der neuen Informationstechniken die ... Prinzipien der ‚differentiellen' und ‚dynamischen' Arbeitsgestaltung realisiert werden können" (Triebe et al., 1987, S. 78). Dem entspricht auch die Forderung modularer, anwendungsneutraler Benutzerschnittstellen (Herczeg, 1986). Zum Explorieren technisch realisierbarer objektiver Handlungs- und Gestaltungsspielräume ist der Einbezug möglicher Benutzer bereits in die Systementwicklung angebracht. Dies kann etwa mit Hilfe des ‚Rapid Prototyping' erleichtert werden.

„Über den für die Entwicklung der Software-Ergonomie u. E. auch weiterhin entscheidenden Gedanken adaptierbarer, durch die Benutzer selbst anpaßbarer und mittels eigener ‚Makro'-Befehle erweiterbarer Schnittstellen schließt sich auch der Kreis zu den begründeten Forderungen nach einer verstärkten Benutzerbeteiligung bei der Systementwicklung, etwa mittels möglichst frühzeitig erprobter Schnittstellen-Prototypen (‚Rapid Prototyping'). Beides sind ... einander ergänzende Ansätze: Die gezielte Verwendung der Adaptierbarkeit durch den erfahrenen Benutzer kommt aus psychologischer Sicht einer Aufgaben-Redefinition gleich, die erst auf der Grundlage einer fortgeschrittenen Erfahrung mit dem Werkzeug ‚Dialogsystem' möglich ist. Rapid Prototyping kann schon frühzeitig — und nach Möglichkeit fortlaufend — zur Veranschaulichung des technisch Realisierbaren dienen. Der Optimierungsprozeß im Sinne der Aufgaben-Redefinition sollte sinnvollerweise in Schleifen mehrfach durchlaufen werden und bildet dann schließlich einen Übergang zur selbständigen Nutzung der Adaptierbarkeit" (Triebe et al., 1987, S. 186f.).

In einem Projekt zur Evakuierungsplanung des Zivilschutzes konnten Bösze, Ackermann und Lüthi (1987) zeigen, daß eine erfolgreiche Benutzerbeteiligung mit geringerem Aufwand auch auf anderem Wege möglich ist (vgl. Kasten 6).

---

**Kasten 6**
*Beispiel für Benutzerbeteiligung bei der Systementwicklung*

„Um den detaillierten Entwurfsprozeß zu unterstützen, wurde von einer Vielzahl von Techniken Gebrauch gemacht. In einer ersten Phase wurden anhand von Papierskizzen Vorschläge zur Dialog- und Bildschirmgestaltung, insbesondere die Aufteilung und Anordnung der Fenster, diskutiert. In einem nächsten Schritt wurde, um ein Gefühl für den Dialog und den ganzen Problemlösungsprozeß zu bekommen, mit ‚Comics-Serien' (von Hand skizzierte kommentierte Bildschirmzustände) gearbeitet. In einer weiteren Phase wurde in einem iterativen Prozeß mittels eines interaktiven Graphikprogrammes der Bildschirmlayout definiert. Bedingt durch die direkte Arbeit auf dem Bildschirm war es möglich, *wahrnehmungspsychologische Kriterien* bei der Gestaltung der Bildschirmdarstellung auf einfachste Art und Weise zu berücksichtigen und auszutesten (wie z. B. bei der Darstellung von Kartenelementen (Strichkarten, Füllmuster), Plazierung der verschiedenen Arbeitsfenster und Fehler-Informationen, Cursortypen). Besonders beim Design der oben genannten Kartendarstellung erwies sich die Verwendung des Graphik-Programmes als äußerst nützlich. Mit Hilfe dieser Techniken war es möglich, viele Eigenschaften des Systems zu definieren, zu testen und wertvolle Erkenntnisse für die Gestaltung des Handlungsspielraums zu gewinnen, ohne aber auch nur eine Zeile programmiert zu haben...

Anschließend an die Abklärungen wurde das System programmiert, wobei bewußt ein etwas höherer Implementationsaufwand in Kauf genommen wurde, um ein *leicht adaptierbares System* zu erhalten, welches in weiten Grenzen modular entwicklungs- und änderungsfähig ist, sowohl *bezüglich der Funktionalität als auch der Dialogführung*. Die Entwicklungs- und Änderungsfähigkeit des Systems bildet eine der wichtigsten Voraussetzungen, um eine iterative Systementwicklung (und Anpassung) mit Benutzerbeteiligung durchführen zu können."

*Anmerkung:* aus Bösze, Ackermann und Lüthi, 1987, S. 467 f.

Sowohl durch die partizipative Entwicklung von Tätigkeitsspielräumen als auch durch die Möglichkeit der Wahl zwischen verschiedenen Arbeitsstrukturen wird die Kontrolle — im Sinne der Möglichkeit, relevante Arbeitsbedingungen zu beeinflussen — objektiv erhöht. Damit wird zugleich deutlich, daß Möglichkeiten der Individualisierung und differentiellen Arbeitsgestaltung bereits in der Softwareentwicklung festgelegt werden. Ähnliches gilt für den Fertigungsbereich: Handlungs- und Gestaltungsspielräume werden wesentlich mitbestimmt durch die Tätigkeit von Konstrukteuren und Planern.

## 4 Zur Konstrukteurstätigkeit

Die Güte der Ergebnisse der Konstrukteurstätigkeit wird weitgehend von der Güte der verfügbaren inneren Modelle bzw. operativen Abbilder bestimmt. Operative Abbildsysteme beziehen sich (1) auf Arbeitsergebnisse bzw. Sollwerte, (2) auf die Ausführungsbedingungen von Arbeitstätigkeiten und (3) auf die „Transformationsbeziehungen zwischen Ist- und Sollzustand der Produkte" (Hacker, 1978, S. 83). Sie haben bildhaft-anschaulichen Charakter und sind die entscheidende Regulationsgrundlage für die Arbeitstätigkeit. D. h., die Güte der Aufgabenerfüllung wird davon bestimmt, wie adäquat und differenziert das operative Abbild ausgeformt ist. In Zusammenhang mit der Konstrukteurstätigkeit ist die von Oschanin (1976) eingeführte Unterscheidung zwischen dem informationellen und dem konzeptionellen Modell von besonderem Interesse[1]. Als informationelles Modell ist die Abbildung der *realen* Dynamik eines Objektes, d. h. der tatsächliche Ablauf etwa eines zu kontrollierenden Prozesses zu verstehen. Das konzeptionelle Modell dagegen meint die Abbildung der *vorgegebenen* Dynamik des Objekts, d. h. die Sollwertvorstellung hinsichtlich der prozessualen Abläufe und/oder der Endzustände.

Nach Oschanin wird das konzeptionelle Modell weitgehend mitbestimmt „durch den Grad der Variabilität des in ihm widergespiegelten Prozesses". Ist lediglich ein Algorithmus abzuarbeiten, so stellt das konzeptionelle Modell nur ein Abbild dieses Algorithmus dar. Mit zunehmender Variabilität allfällig zu kontrollierender Prozesse muß der Verallgemeinerungsgrad des konzeptionellen Modells ebenfalls zunehmen. Bei hoher Variabilität widerspiegelt das konzeptionelle Modell also „die ganze potentielle Vielfalt des Prozesses, nimmt in sich die Gesamtheit aller möglichen (zulässigen) Varianten auf, wird dadurch reicher als jede von ihnen und tritt in bezug zu ihnen als Sammelplatz der Möglichkeiten, als die Ebene der Bedeutungen, als ihr ‚Familienbild' in Erscheinung" (Oschanin, 1976, S. 43).

---

[1] Oschanin (1976, S. 42) nennt dieses Modell ‚informelles Modell' oder ‚Informationsmodell'. Wir bevorzugen hier den Begriff ‚Informationelles Modell' aus semantischen Gründen.

Vom Konstrukteur muß nun einerseits erwartet werden, daß er ein inneres — in diesem Falle: ein konzeptionelles — Modell von dem mit Hilfe seiner Konstruktion herzustellenden Produkt hat. Darüber hinaus muß er über Abbilder in bezug auf die Ausführungsbedingungen der durch seine Konstruktion erforderlich werdenden Arbeitstätigkeiten verfügen. D. h., Funktionsweisen von Maschinen, Auftrittswahrscheinlichkeiten von Fehlern etc. müssen ihm intern repräsentiert verfügbar sein. Die Entwicklung operativer Abbildsysteme bereitet auf diesen beiden Ebenen kaum unüberwindbare Schwierigkeiten; ein Teil der bestehenden Probleme — insbesondere in bezug auf die Antizipation des Produktes und seiner Eigenschaften — kann zudem mit Hilfe von CAD-Systemen bei entsprechender Ausbildung u. U. besser gelöst werden als dies früher der Fall war (vgl. Gottschalch, 1986; Martin, Widmer & Lippold, 1986). Hingegen ist die Entwicklung operativer Abbilder in bezug auf die Transformationsbeziehungen zwischen Ist- und Sollzustand der Produkte dem Konstrukteur insofern erschwert, als hierzu das nur durch die praktische Tätigkeit entstehende informationelle Modell — die Abbildung der realen Dynamik also — erforderlich ist.

Der Umstand, daß operative Abbilder für diesen Teil des Produktionsprozesses dem Konstrukteur üblicherweise nicht oder nicht ohne weiteres verfügbar sind, ist vermutlich eine der Ursachen dafür, daß immer wieder Konstruktionen entstehen, die der nachträglichen Korrektur bedürfen. Im übrigen aber läßt sich daraus die Forderung ableiten, die Variationsbreite möglicher Transformationsbeziehungen nicht unnötig einzuschränken, sondern objektive Handlungs- und Gestaltungsspielräume bewußt vorzuplanen und damit interindividuelle Differenzen systematisch zu berücksichtigen.

Umgekehrt scheinen interindividuell unterschiedliche Vorgehensweisen aber auch bei der Konstrukteurtätigkeit selbst eine Rolle zu spielen. Dies geht u. a. aus einer Arbeit von von der Weth (1988) hervor, die sich mit der Anwendung von Konzepten und Methoden der psychologischen Problemlöseforschung auf die Konstruktionstätigkeit beschäftigt. Konstrukteure, die als Versuchspartner agierten, hatten eine Konstruktionsaufgabe zu lösen und dabei — im Sinne von Duncker (1935) — laut zu denken. Ihr Verhalten wurde über Videokamera registriert. Eines der im vorliegenden Kontext relevanten Ergebnisse besagt, daß Versuchsteilnehmer mit adäquater Problemlösung keine einheitliche Vorgehensweise zeigten: „Sowohl die Strategie, einen in Grundzügen am Anfang bereits vorliegenden Entwurf immer weiter zu konkretisieren als auch die andere Möglichkeit, von der Lösung der einzelnen Detailprobleme erst zum Schluß zu einer Gesamtlösung zu gelangen, hat jeweils zum Erfolg geführt" (von der Weth, 1988, S. 36). Aufgrund der vorliegenden Ergebnisse kommt der Autor zu dem Schluß, daß ein für alle Personen gleich effizienter Lösungsweg nicht existiert. Er äußert die Vermutung, daß dies auf unterschiedliche Handlungsstile zurückzuführen ist, die ihrerseits mit motivationalen Komponenten wie etwa dem Kontrollbedürfnis zu tun haben.
Für das computerunterstützte Konstruieren wird daraus abgeleitet, daß den Konstrukteuren „eine breite Palette von visuellen und sprachlichen Möglichkeiten" angeboten werden muß, um Informationen darzustellen und miteinander zu verknüpfen. Wird im Gegenteil dazu den Benutzern durch das System eine bestimmte Vorgehensweise aufgezwungen, so „geht viel kreatives Potential verloren" (von der Weth, 1988, S. 38).

## 5 Zukünftige Möglichkeiten und Einschränkungen

Im Rahmen einer Studie über Entwicklungen im Bereich der Büroarbeit wurden Expertengespräche mit Mitarbeitern aus international tätigen Computerfirmen durchgeführt (Katz, Ruch, Betschart & Ulich, 1987; Ulich, 1986b). Die Gespräche bezogen sich inhaltlich vor allem auf zukünftige technische Entwicklungen und deren Auswirkungen auf Arbeits- und Organisationsstrukturen. Zu den eindrucksvollsten Übereinstimmungen in den Aussagen insbesondere der japanischen und amerikanischen Gesprächspartner gehörte die Feststellung, daß die demnächst verfügbaren und die zur Zeit in der Entwicklung befindlichen Systeme neben vermehrt wählbaren Ein- und Ausgabemöglichkeiten auch weit mehr Möglichkeiten für Flexibilisierung und Individualisierbarkeit von Arbeitsabläufen und Arbeitsstrukturen bieten als die gegenwärtig angebotenen Systeme. Von einer Reihe von Gesprächspartnern wurde dies sogar als wichtiges Entwicklungsziel formuliert.

Zumindest teilweise gegenläufige Entwicklungen sind im Fertigungsbereich beobachtbar. Dies gilt zum Beispiel dort, wo mit dem Einsatz flexibler Fertigungssysteme zugleich eine personenarme Fertigung angestrebt wird. Eine derartige Tendenz haben wir schon vor einer Reihe von Jahren in einigen japanischen Betrieben gefunden (Alioth, 1984; Ulich, 1985). Tatsächlich bestehen aber auch hier unterschiedliche Möglichkeiten der Arbeitsteilung und -strukturierung (Brödner, 1985; Lay, 1986; Lutz & Schultz-Wild, 1982).

In diesem Zusammenhang entsteht zugleich die Frage nach den Möglichkeiten des Erwerbs und des Einsatzes handlungsregulierender Kognitionen bei computergesteuerter Prozeßüberwachung. Dazu ist zunächst festzuhalten, daß in computerunterstützten Fertigungssystemen eine direkte Prozeßüberwachung und -steuerung in zahlreichen Fällen nicht mehr möglich ist. So führt beispielsweise die mit hoher Geschwindigkeit erfolgende gleichzeitige Bearbeitung mehrerer Werkstücke — etwa beim mehrspindligen Fräsen — wegen der erforderlichen Kühlmittelzufuhr zu einer Abdeckung von Bearbeitungsvorgang und Bearbeitungsort. Dies hat zur Folge, daß menschliche Wahrnehmungsprozesse zur vorauseilenden Erfassung von Störungssignalen nur noch sehr beschränkt oder überhaupt nicht mehr nutzbar gemacht werden können. D. h., die maschinellen Bearbeitungsprozesse laufen weitgehend losgelöst von unmittelbarer Überwachung und direkten Eingriffsmöglichkeiten des Operateurs ab. Die Überwachung erfolgt mittelbar über digitalisierte Information am Bildschirm. In Ausnahmesituationen erforderliche Eingriffe erfolgen indirekt über — von der Fertigungsanlage gegebenenfalls räumlich getrennte — Steuerstände.

Für den Operator ist der Aufbau eines analogen mentalen Abbildes des realen Fertigungsprozesses unter derartigen Umständen naturgemäß erheblich erschwert. Eine entscheidende Frage ist hier also, wie handlungsregulierende Kognitionen aufgebaut werden können, oder: wie Erfahrungswissen erworben und erhalten werden kann (vgl. Schüpbach, 1988). In Zusammenhang mit der Diskussion von Möglichkeiten der Effektivitätserhöhung durch Verbesserung der operativen Abbilder weist Hacker (1986, S. 131f.) — am Beispiel des Fahrens automatisierter Anlagen in der chemischen Industrie — darauf hin, daß Theorieaneignung und Übung im praktischen Umgang mit Anlagenteilen in der Ausbildung vereint sein müßten. Außerdem könne das theoretische Durchdringen, „speziell das außerordentlich schwierige Begreifen des Verhaltens von vernetzten technischen Systemen" durch Maßnahmen der Aufgabenerweiterung gefördert werden.

Für den Einsatz von CNC-Werkzeugmaschinen konnten Boffo, Fix-Sterz, Schneider und Wengel (1988) aufgrund einer Umfrage in 155 Betrieben fünf Grundtypen des Arbeitsorganisatorischen Einsatzes nachweisen (s. Abbildung 3). Einerseits legen die vorliegenden Erfahrungen die Annahme nahe, die vorfindbaren Varianten der Arbeitsteilung seien weniger durch fertigungstechnische Sachzwänge bestimmt als durch vorhandene, unternehmenstypische Organisationskonzepte, deren Ausprägung durch die Art des Einsatzes neuerer Technologien noch zusätzlich verstärkt wird. Andererseits ist überall dort, wo derart vielfältige Möglichkeiten der Arbeitsteilung und -strukturierung bestehen, die Schaffung verschiedenartiger Arbeitsstrukturen prinzipiell denkbar.

Schließlich müssen aber in solchen Fällen Handlungs- und Gestaltungsspielräume durch Planer und Konstrukteure bewußt offen gehalten werden, damit Möglichkeiten für Individualisierung und differentielle Arbeitsgestaltung nicht systematisch verschlossen werden.

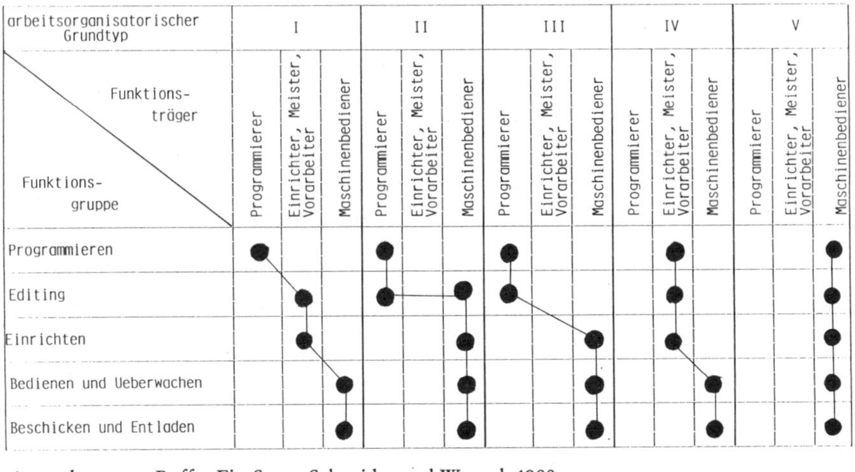

*Anmerkung:* aus Boffo, Fix-Sterz, Schneider und Wengel, 1988

Abb. 3: Grundtypen des arbeitsorganisatorischen Einsatzes von CNC-Werkzeugmaschinen.

## *Literatur*

Abholz, H.-H., Hildebrandt, E., Ochs, P., Rosenbrock, R., Spitzley, H., Stebani, J. & Wotschak, W. (1981). Von den Grenzen der Ergonomie und den Möglichkeiten der Arbeitswissenschaft. *Zeitschrift für Arbeitswissenschaft, 35,* 193—199.

Ackermann, D. (1986). Untersuchungen zum individualisierten Computerdialog: Einfluß des Operativen Abbildsystems auf Handlungs- und Gestaltungsspielraum und die Arbeitseffizienz. In G. Dirlich, C. Freska, U. Schwatlo & K. Wimmer (Hrsg.), *Kognitive Aspekte der Mensch-Computer-Interaktion* (S. 95—110). Berlin: Springer.

Ackermann, D. (1987). Handlungsspielraum, mentale Repräsentation und Handlungsregulation am Beispiel der Mensch-Computer-Interaktion, Unveröff. Diss., Universität Bern.

Ackermann, D. & Greutmann, T. (1987). Interaktionsgrammatik und kognitiver Aufwand. In W. Schönpflug & M. Wittstock (Hrsg.), *Software-Ergonomie '87: Nützen Informationssysteme dem Benutzer?* Berichte des German Chapter of the ACM, Band 29 (S. 317—326). Stuttgart: Teubner.

Ackermann, D. & Nievergelt, J. (1985). Die Fünf-Finger-Maus: Eine Fallstudie zur Synthese von Hardware, Software und Psychologie. In H. J. Bullinger (Hrsg.), *Software-Ergonomie '85, Mensch-Computer-Interaktion.* Berichte des German Chapter of the ACM, Band 24 (S. 376—385). Stuttgart: Teubner.

Ackermann, D. & Ulich, E. (1987). On the question of possibilities and consequences of individualisation of human-computer interaction. In M. Frese, E. Ulich & W. Dzida (Eds.), *Psychological issues of human-computer-interaction in the work place* (pp. 131—145). Amsterdam: North-Holland.

Alioth, A. (1980). *Entwicklung und Einführung alternativer Arbeitsformen.* Schriften zur Arbeitspsychologie, Band 27. Bern: Huber.

Alioth, A. (1984). Flexible automation and job design in manufacturing systems: conclusions from a visit in Japan. In T. Martin (Ed.), *Design of work in automated manufacturing systems* (pp. 41—43). Oxford: Pergamon Press.

Aschwanden, C. & Zimmermann, M. (1984). *Flexibilität in der Arbeit am Bildschirm.* Unveröffentl. Arbeit. Universität/ETH, Zürich.

Aschwanden, C. & Zimmermann, M. (1985). Software gestalten heißt auch Arbeit gestalten. In H. G. Klopic, R. Marty & E. H. Rothauser (Hrsg.), *Arbeitsplatzrechner in der Unternehmung* (S. 227—247). Stuttgart: Teubner.

Baitsch, C. (1985). *Kompetenzentwicklung und partizipative Arbeitsgestaltung.* Bern: Lang.

Blumenfeld, W. (1932). Über die Fraktionierung der Arbeit und ihre Beziehung zur Theorie der Handlung. *Bericht über den XII. Kongreß der Deutschen Gesellschaft für Psychologie* (S. 291—294). Jena: G. Fischer.

Boffo, M., Fix-Sterz, J., Schneider, R. & Wengel, J. (1988). Arbeitsschutzaspekte der CNC-Technik und des CAD-Einsatzes. In G. Peters (Hrsg.), *Arbeitsschutz, Gesundheit und neue Technologien* (S. 13—33). Opladen: Westdeutscher Verlag.

Bösze, J., Ackermann, D. & Lüthi, H.-J. (1987). Computer-Laien als Experten? Warum Benutzerpartizipation bei der Entwicklung von Benutzerschnittstellen wichtig ist. In W. Schönpflug & M. Wittstock (Hrsg.), *Software-Ergonomie '87: Nützen Informationssysteme dem Benutzer?* Berichte des German Chapter of the ACM, Band 29 (S. 465—474). Stuttgart: Teubner.

Brödner, P. (1985). *Fabrik 2000. Alternative Entwicklungspfade in die Zukunft der Fabrik.* Berlin: Edition Sigma Bohn.

Christensen, J. M. (1976). Ergonomics: Where have we been and where are we going: II. *Ergonomics, 19,* 287—300.

Clauss, G. (1978). Zur Psychologie kognitiver Stile — Neuere Entwicklungen im Grenzbereich von Allgemeiner und Persönlichkeitspsychologie. In M. Vorwerg (Hrsg.), *Zur psychologischen Persönlichkeitsforschung 1* (S. 122—140). Berlin: VEB Deutscher Verlag der Wissenschaften.

Döbele-Berger, C. & Schwellach, G. (1987). Untersuchung programmierbarer Softwaresysteme anhand tätigkeitsbezogener und qualifikatorischer Kriterien der Software-Ergonomie. In W. Schönpflug & M. Wittstock (Hrsg.), *Software-Ergonomie '87: Nützen Informationssysteme dem Benutzer?* Berichte des German Chapter of the ACM, Band 29 (S. 428—439). Stuttgart: Teubner.

Dörner, D., Kreuzig, H. W., Reither, F. & Stäudel, T. (Hrsg.). (1983). *Lohhausen.* Bern: Huber.

Duell, W. & Frei, F. (1986). *Leitfaden für qualifizierende Arbeitsgestaltung.* Köln: TÜV Rheinland.

Duncker, K. (1935). *Zur Psychologie des produktiven Denkens.* Berlin: Springer.

Dzida, W., Herda, S. & Itzfeldt, W. D. (1978). User-perceived quality of interactive systems. *IEEE Transactions on Software Engineering, 4,* 270—276.

Eberleh, E., Korffmacher, W. & Streitz, N. (1987). Denken oder Handeln? Zur Wirkung von Dialogkomplexität und Handlungsspielraum auf die mentale Belastung. In W. Schönpflug & M. Wittstock (Hrsg.), *Software-Ergonomie '87: Nützen Informationssysteme dem Benutzer?* Berichte des German Chapter of the ACM, Band 29 (S. 317—326). Stuttgart: Teubner.

Fischer, G. (1983). Entwurfsrichtlinien für die Software-Ergonomie aus der Sicht der Mensch-Maschine-Kommunikation. In H. Balzert (Hrsg.), *Software-Ergonomie* (S. 30—48). Stuttgart: Teubner.

Frese, M. (1978). Partialisierte Handlung und Kontrolle: Zwei Themen der industriellen Psychopathologie. In M. Frese, S. Greif & N. Semmer (Hrsg.), *Industrielle Psychopathologie.* Schriften zur Arbeitspsychologie, Band 23 (S. 159—183). Bern: Huber.

Frese, M. (1987). The industrial and organizational psychology of human-computer interaction in the office. In C. L. Cooper & I. T. Robertson (Eds.), *International review of industrial and organizational psychology* (pp. 117—165). London: Wiley.

Frese, M., Stewart, J. & Hannover, B. (1987). Goal-orientation and planfulness: action styles as personality concepts. *Journal of Personality and Social Psychology, 52,* 1182—1194.

Gottschalch, H. (1986). *Methoden der Ausbildung für Arbeit mit Informationstechniken am Beispiel von CADCAM-Lehrgängen für technische Zeichner.* (CADCAM-Werkstattberichte Nr. 8). Kiel.

Greif, S. & Gediga, G. (1987). A critique and empirical investigation of the „one-best-way-models" in human-computer interaction. In M. Frese, E. Ulich & W. Dzida (Eds.), *Psychological issues of human-computer-interaction in the work place* (pp. 357—377). Amsterdam: Elsevier.

Grob, R. (1985). *Flexibilität in der Fertigung.* Berlin: Springer.

Grob, R. & Haffner, H. (1982). *Planungsleitlinien Arbeitsstrukturierung*. Berlin/München: Siemens AG.

Hacker, W. (1964). Die Arbeitsweise als Persönlichkeitsmerkmal. *Probleme und Ergebnisse der Psychologie, 10,* 59—70.

Hacker, W. (1978). *Allgemeine Arbeits- und Ingenieurpsychologie* (2. Aufl.). Bern: Huber.

Hacker, W. (1986). *Arbeitspsychologie*. Bern: Huber.

Hacker, W. (1987). Software-Ergonomie: Gestalten rechnergestützter geistiger Arbeit? In W. Schönpflug & M. Wittstock (Hrsg.), *Software-Ergonomie '87: Nützen Informationssysteme dem Benutzer?* Berichte des German Chapter of the ACM, Band 29 (S. 31—54). Stuttgart: Teubner.

Herczeg, M. (1986). Modulare anwendungsneutrale Benutzerschnittstellen. In G. Fischer & R. Gunzenhäuser (Hrsg.), *Methoden und Werkzeuge zur Gestaltung benutzergerechter Computersysteme* (S. 73—100). Berlin: de Gruyter.

Herrmann, T. (1976). *Lehrbuch der empirischen Persönlichkeitsforschung*. Göttingen: Hogrefe.

Hockey, R. J. (1987). *Styles, skills and strategies: cognitive variability and its implications for the study of mental models in HCI*. Paper presented to the 6th Interdisciplinary Workshop on „Informatics and Psychology", Schärding.

Katz, C., Ruch, L., Betschart, H. & Ulich, E. (1987). *Arbeit im Büro von morgen: Technologie, Organisation, Arbeitsinhalte und Qualifikationsanforderungen*. Schriftenreihe Arbeit im Büro, Band 1. Zürich: Verlag des Schweizerischen Kaufmännischen Verbandes.

Kuhl, J. (1980). Action- vs. state-orientation: A meta-cognitive moderator of expectancy-value interactions. *Proceedings XXII. International Congress of Psychology,* Vol. II (p. 251). Leipzig.

Kuhl, J. (1983). *Motivation, Konflikt und Handlungskontrolle*. Berlin: Springer.

Lay, G. (1986). Wege aus der Sackgasse der Arbeitsteilung. *Technische Rundschau, 78* (34), 12—17.

Leontjew, A. N. (1977). *Tätigkeit, Bewußtsein, Persönlichkeit*. Stuttgart: Klett.

Lipmann, O. (1932). *Lehrbuch der Arbeitswissenschaft*. Jena: G. Fischer.

Lutz, B. & Schultz-Wild, R. (Hrsg.). (1982). *Flexible Fertigungssyteme und Personalwirtschaft*. Frankfurt: Campus.

Martin, P., Widmer, H. J. & Lippold, M. (1986). *Ergonomische Gestaltung der Hard- und Software von CAD-Systemen*. Kassel: Brüder Grimm.

Moll, T. (1987). *Untersuchungen zur Entwicklung von mentalen Modellen*. Unveröffentlichte Materialsammlung. Zürich: Lehrstuhl für Arbeits- und Organisationspsychologie der ETH.

Moll, T. & Ulich, E. (1988). Einige methodische Fragen in der Analyse von Mensch-Computer-Interaktionen. *Zeitschrift für Arbeitswissenschaft, 42,* 70—76.

Morrison, P. R. & Noble, G. (1987). Individual differences and ergonomic factors in performance on a videotex-type task. *Behavior and Information Technology, 6,* 69—88.

Oschanin, D. A. (1966). *Das operative Abbild eines gesteuerten Objekts.* Vortrag am 18. Intern. Kongr. für Psychologie. Moskau.

Oschanin, D. A. (1976). Dynamisches operatives Abbild und konzeptionelles Modell. *Probleme und Ergebnisse der Psychologie,* Heft 59, 37—48.

Paetau, M. (1984). Arbeitswissenschaftliche Bewertung der Mensch-Maschine-Kommunikation auf dem Prüfstand. *Office Management, 32,* 1198-1203.

Paetau, M. & Pieper, M. (1985). Differentiell-dynamische Gestaltung der Mensch-Maschine-Kommunikation. In H. J. Bullinger (Hrsg.), *Software-Ergonomie '85: Mensch-Computer-Interaktion.* Berichte des German Chapter of the ACM, Band 24 (S. 316—324). Stuttgart: Teubner.

Pask, E. & Scott, B. C. (1972). Learning strategies and individual competence. *International Journal of Man-Machine Studies, 4,* 217—253.

Rathke, Ch. (1987). Adaptierbare Benutzerschnittstellen. In W. Schönpflug & M. Wittstock (Hrsg.), *Software-Ergonomie '87: Nützen Informationssysteme dem Benutzer?* Berichte des German Chapter of the ACM, Band 29 (S. 121—135). Stuttgart: Teubner.

Raum, H. (1984). Zum Prinzip des alternativen Informationsangebots. *Psychologie und Praxis. Zeitschrift für Arbeits- und Organisationspsychologie, 28,* 149—154.

Raum, H. (1986). Alternative information presentation as a contribution to user related dialogue design. In F. Klix & H. Wandtke (Eds.), *Man-Computer Interaction Research* (pp. 339—348). Amsterdam: North-Holland.

Rotter, J. B. (1966). Generalized expectancies for internal vs. external control of reinforcement. *Psychological Monographs, 80,* Nr. 609, 1—28.

Rubinstein, S. L. (1958). *Grundlagen der Allgemeinen Psychologie.* Berlin: Volk und Wissen.

Schroder, H. M. (1978). Die Bedeutsamkeit von Komplexität. In H. Mandl & G. L. Huber (Hrsg.), *Kognitive Komplexität* (S. 35—50). Göttingen: Hogrefe.

Schroder, H. M., Driver, M. J. & Streufert, S. (1975). *Menschliche Informationsverarbeitung.* Weinheim: Beltz.

Schüpbach, H. (1988). Arbeitspsychologische Gestaltung sensorüberwachter spanender Fertigung. In G. Romkopf, W. D. Fröhlich & I. Lindner (Hrsg.), *Forschung und Praxis im Dialog* (S. 130—132). Bonn: Deutscher Psychologen Verlag.

Skell, W. (Hrsg.) (1972). *Psychologische Analysen von Denkleistungen in der Produktion.* Berlin: VEB Deutscher Verlag der Wissenschaften.

Spinas, P. (1987). *Arbeitspsychologische Aspekte der Benutzerfreundlichkeit von Bildschirmsystemen.* Unveröff. Diss., Universität Bern.

Spinas, P., Troy, N. & Ulich, E. (1983). *Leitfaden zur Einführung und Gestaltung von Arbeit mit Bildschirmsystemen.* München: CW-Publikationen/Zürich: Verlag Industrielle Organisation.

Staudt, E. (1982). Entkoppelung im Mensch-Maschine-System durch neue Technologien als Grundlage einer Flexibilisierung von Arbeitsverhältnissen. In K. Meyer-Abich & U. Steger (Hrsg.), *Mikroelektronik und Dezentralisierung*. Angewandte Innovationsforschung, Band 4 (S. 53—68). Berlin: E. Schmidt.

Steinmann, H. & Schreyögg, G. (1980). Arbeitsstrukturierung am Scheideweg. *Zeitschrift für Arbeitswissenschaft, 34*, 75—78.

Sydow, J. (1985). *Organisationsspielraum und Büroautomation*. Berlin: de Gruyter.

Triebe, J. K. (1977). Entwicklung von Handlungsstrategien in der Arbeit. *Zeitschrift für Arbeitswissenschaft, 31*, 221—228.

Triebe, J. K. (1980). *Untersuchungen zum Lernprozeß während des Erwerbs der Grundqualifikation (Montage eines kompletten Motors)*. Arbeits- und sozialpsychologische Untersuchungen von Arbeitsstrukturen im Bereich der Aggregatefertigung der Volkswagenwerk AG, Bonn: BMFT 1980, 80—019.

Triebe, J. K. (1981). *Aspekte beruflichen Handelns und Lernens*. Unveröff. Diss., Universität Bern.

Triebe, J. K., Wittstock, M. & Schiele, F. (1987). *Arbeitswissenschaftliche Grundlagen der Software-Ergonomie*. Schriftenreihe der Bundesanstalt für Arbeitsschutz. Bremerhaven: Wirtschaftsverlag NW.

Troy, N., Baitsch, C. & Katz, C. (1986). *Bürocomputer — Chance für die Organisationsgestaltung?* Schriftenreihe ‚Arbeitswelt', Band 3. Zürich: Verlag der Fachvereine.

Ulich, E. (1978a). Über mögliche Zusammenhänge zwischen Arbeitstätigkeit und Persönlichkeitsentwicklung. *Psychosozial, 1*, 44—63.

Ulich, E. (1978b). Über das Prinzip der differentiellen Arbeitsgestaltung. *Industrielle Organisation, 47*, 566—568.

Ulich, E. (1980). Psychologische Aspekte der Arbeit mit elektronischen Datenverarbeitungssystemen. *Schweizerische Technische Zeitschrift, 75*, 66—68.

Ulich, E. (1981). Subjektive Tätigkeitsanalyse als Voraussetzung autonomorientierter Arbeitsgestaltung. In F. Frei & E. Ulich (Hrsg.), *Beiträge zur psychologischen Arbeitsanalyse* (S. 327—347). Bern: Huber.

Ulich, E. (1982). Vorwort zu J. Linke, *Determinanten und Konsequenzen des Führungsverhaltens in industriellen Arbeitsstrukturen* (S. 5—7). Bern: Huber.

Ulich, E. (1983a). Differentielle Arbeitsgestaltung — ein Diskussionsbeitrag. *Zeitschrift für Arbeitswissenschaft, 37*, 12—15.

Ulich, E. (1983b). Präventive Intervention im Betrieb: Vorgehensweisen zur Veränderung der Arbeitssituation. *Psychosozial, 20*, 48—70.

Ulich, E. (1984). Psychologie der Arbeit. In *Management-Enzyklopädie*, Band 7 (S. 914—929). Landsberg: Moderne Industrie.

Ulich, E. (1985). Arbeitspsychologische Konzepte und neue Technologien. In K. Zink (Hrsg.), *Personalwirtschaftliche Aspekte neuer Technologien* (S. 135—159). Berlin: E. Schmidt.

Ulich, E. (1986a). Aspekte der Benutzerfreundlichkeit. In W. Remmele & M. Sommer (Hrsg.), *Arbeitsplätze morgen*. Berichte des German Chapter of the ACM, Band 27 (S. 102—122). Stuttgart: Teubner.

Ulich, E. (1986b). *Ergebnisse von Expertengesprächen mit Mitarbeitern aus international tätigen Computerfirmen in Japan und den USA*. Interne Materialsammlung. Zürich: Lehrstuhl für Arbeits- und Organisationspsychologie der ETH.

Ulich, E. (1987a). Some aspects of user-oriented dialogue-design. In K. Fuchs-Kittowski, P. Docherty, P. Kolm & L. Mathiassen (Eds.), *System design for human development and productivity: Participation and beyond* (pp. 33—47). Amsterdam: North-Holland.

Ulich, E. (1987b). Zur Frage der Individualisierung von Arbeitstätigkeiten unter besonderer Berücksichtigung der Mensch-Computer-Interaktion. *Zeitschrift für Arbeits- und Organisationspsychologie, 31*, 86—93.

Ulich, E. (1987c). Individual differences in human-computer interaction: concepts and research findings. In G. Salvendy (Ed.), *Cognitive engineering in the design of human-computer interaction and expert systems* (pp. 29—36). Amsterdam: Elsevier.

Ulich, E. (1988). Arbeits- und organisationspsychologische Aspekte neuer Technologien. In K. Zink (Hrsg.), *Arbeitswissenschaft und Neue Technologien* (S. 117—140). Frankfurt: RKW.

Ulich, E., Frei, F. & Baitsch, C. (1980). Zum Begriff der persönlichkeitsförderlichen Arbeitsgestaltung. *Zeitschrift für Arbeitswissenschaft, 34*, 210—213.

Volpert, W. (1979). Der Zusammenhang von Arbeit und Persönlichkeit aus handlungstheoretischer Sicht. In P. Groskurth (Hrsg.), *Arbeit und Persönlichkeit* (S. 21—46). Reinbek: Rowohlt.

von der Weth, R. (1988). Konstruktionstätigkeit und Problemlösen. In E. Frieling & H. Klein (Hrsg.), *Rechnerunterstützte Konstruktion* (S. 32—39). Bern: Huber.

Williges, R. C., Williges, B. H. & Elkerton, J. (1987). Software Interface Design. In G. Salvendy (Ed.), *Handbook of human factors* (pp. 1416—1449). New York: Wiley.

Witkin, H. A. & Goodenough, D. R. (1977). Field dependence and interpersonal behavior. *Psychological Bulletin, 84*, 661—689.

Zink, K. (1978). Zur Begründung einer zielgruppenspezifischen Organisationsentwicklung. *Zeitschrift für Arbeitswissenschaft, 32*, 42—48.

Zülch, G. & Starringer, M. (1984). Differentielle Arbeitsgestaltung in Fertigungen für elektronische Flachbaugruppen. *Zeitschrift für Arbeitswissenschaft, 38*, 211—216.

DIN 66234/Teil 8 — Bildschirmarbeitsplätze. Grundsätze ergonomischer Dialoggestaltung. 1988.

19. Kapitel

# Qualifikation und Qualifizierung bei komplexen Arbeitstätigkeiten

*Karlheinz Sonntag*

## 1 Einleitung

### 1.1 Ingenieurpsychologie und Qualifizierung

Gegenstand der Ingenieurpsychologie ist nach Wickens und Kramer (1985) die Untersuchung des menschlichen Verhaltens mit dem Ziel der Verbesserung der Interaktion des Menschen mit Systemen. Bei zunehmendem Einsatz der Mikroelektronik entspricht dies der Mensch-Maschine-Interaktion bei *rechnergestützten Systemen*. Klix (1971) spricht in diesem Zusammenhang von der Optimierung des Informationsaustausches in Mensch-Maschine-Systemen als psychologische Aufgabenstellung. Dabei stellen sich drei grundsätzliche Optimierungsaufgaben im Rahmen der Ingenieurpsychologie:

„das Koordinations- oder Kompatibilitätsproblem;
das Kodierungs- oder Kapazitätsproblem;
das Stabilitäts- oder Zuverlässigkeitsproblem" (Klix, 1971, S. 50).

Alle drei Problembereiche tangieren Qualifizierungsaspekte. Der erste Bereich befaßt sich mit dem Training sensumotorischer Koordinationsleistungen. Kodierungs- und Kapazitätsprobleme insbesondere hinsichtlich der Reizkomplexität von Signalelementen bedingen die Ausbildung schneller und sicherer Erkennungsleistungen. Die Förderung von Denkleistungen, adäquater Strategiebildung und die Fähigkeit des Durchspielens von Konsequenzen möglicher Fehlentscheidungen begünstigen die Reduktion bestehender Unsicherheiten oder eingetretener bzw. zu erwartender Störsituationen. Qualifizierungsmaßnahmen des Bedienerpersonals tragen dazu bei, labile Systemzustände in stabilere oder optimal stabile zu überführen. Damit sind Qualifizierungsfragen der Mitarbeiter neben der Gestaltung beispielsweise zentraler Überwachungseinheiten wesentlicher Forschungsgegenstand für die Optimierung des Informationsaustausches in Mensch-Maschine-Systemen. Der Bedeutung entsprechend finden sich qualifizierungsrelevante Aufgabenstellungen in der von Timpe (1971) entwickelten Struktur der Ingenieurpsychologie wieder (Abbildung 1).

```
                    ┌─────────────────────────┐
                    │ Wesentliche Anwendungsgebiete │
                    │   der Ingenieurpsychologie   │
                    │      in der Industrie        │
                    └─────────────────────────┘
```

```
┌──────────────────┐  ┌──────────────────┐  ┌──────────────────┐
│ Gestalten zentraler │  │                  │  │     Mitarbeit    │
│ Überwachungseinheiten,│  │ Untersuchungen zur │  │ bei der Optimierung │
│ Datenverarbeitungsanlagen │  │ Beanspruchungsmessung │  │   der Ausbildung  │
│       u. a.       │  │                  │  │ in speziellen Berufen │
└──────────────────┘  └──────────────────┘  └──────────────────┘
```

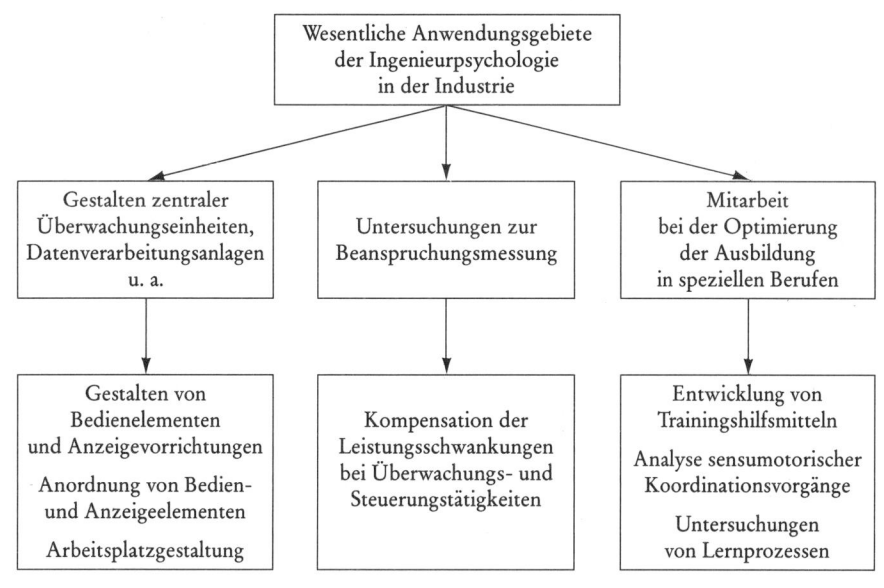

```
┌──────────────────┐  ┌──────────────────┐  ┌──────────────────┐
│   Gestalten von    │  │  Kompensation der  │  │  Entwicklung von  │
│   Bedienelementen  │  │ Leistungsschwankungen │  │ Trainingshilfsmitteln │
│ und Anzeigevorrichtungen │  │ bei Überwachungs- und │  │ Analyse sensumotorischer │
│ Anordnung von Bedien- │  │ Steuerungstätigkeiten │  │ Koordinationsvorgänge │
│ und Anzeigeelementen │  │                  │  │  Untersuchungen   │
│ Arbeitsplatzgestaltung │  │                  │  │ von Lernprozessen │
└──────────────────┘  └──────────────────┘  └──────────────────┘
```

Abb. 1: Anwendungsgebiete der Ingenieurpsychologie (nach Timpe, 1971).

Diese Aufgabenstellungen ergeben sich aufgrund der technischen Entwicklungen komplexer automatisierter Anlagen. Hacker (1978) unterstreicht die Bedeutung von Qualifizierungsmaßnahmen und sieht eine der Aufgaben der Arbeits- und Ingenieurpsychologie in der Erarbeitung psychologischer Grundlagen von Qualifizierungsmaßnahmen. Im einzelnen sind zu nennen:

— die Anforderungsermittlung zur Ableitung von Qualifizierungserfordernissen,

— die Ermittlung vorhandener Leistungsvoraussetzungen,

— die Ermittlung und Verallgemeinerung optimaler Arbeitsverfahren,

— die Entwicklung rationeller Ausbildungsverfahren und -hilfsmittel,

— psychologische Beiträge zur Entwicklung der Arbeitsmotivierung.

Der vorliegende Beitrag befaßt sich mit der Darstellung und Diskussion von Analyseansätzen und -verfahren zur Ableitung von Qualifikationsanforderungen und von Methoden einer anforderungsgerechten Qualifizierung für die Bewältigung von Aufgabenstellungen bei komplexen Arbeitstätigkeiten.

## 1.2 Anforderungsveränderungen durch technische Entwicklung

Entwicklungstendenzen technischer Systeme sind gekennzeichnet durch eine zunehmende Komplexität und Automatisierung sowie eine Zunahme der Systemgröße. Jede technische Neuentwicklung hat Rückwirkungen auf die Interaktionsstruktur von Mensch und Maschine und führt zu Aufgabenverlagerungen, die sich bis zu einer umfassenden Neuaufteilung der Funktionen zwischen Mensch und Maschine erstrecken können und damit arbeitsorganisatorische und -gestalterische Maßnahmen einleiten. Diese Tendenzen zeigen sich exemplarisch im Bereich der industriellen Produktion, der Energieerzeugung und der Luft- und Raumfahrt. Trotz der hohen Automatisierung technischer Systeme werden Einwirkungen des Menschen aus Gründen der Leistungs- und Sicherheitseinbuße nicht überflüssig. Autonome Großsysteme sind auf absehbare Zeit nicht zu verwirklichen. Das gilt sowohl für den Fahrzeug- und Prozeßführungsbereich (vgl. Stein, 1987) als auch für die „mannlose Fabrik" im Fertigungsbereich (vgl. Martin, 1985; Sinclair, 1986).

Bei entsprechendem Einsatz und qualifikationsförderlicher Gestaltung der Technik — *und nur dann* — läßt sich die Qualifikationsentwicklung bei Tätigkeiten in Leitwarten, im direkten sowie im indirekten (i. S. von Wartungs- und Instandhaltungstätigkeiten) Bereich der Fertigung, exemplarisch wie folgt charakterisieren:

Untersuchungen über die Qualifikationsentwicklung des *Bedienerpersonals an Leitständen* kommen zu folgendem Ergebnis: Aufgaben mit vorwiegend physisch-effektorischen Komponenten werden zurückgedrängt, während die Überwachungs- und Entscheidungserfordernisse deutlich zunehmen, wobei sich die Anforderungen an die geistigen Fähigkeiten des Leitpersonals qualitativ und quantitativ verändern; motorische Anforderungen sinken, während perzeptive und kognitive steigen (vgl. Bainbridge, 1983; Sheridan & Johannsen, 1976; Stein, 1987; Wiener & Curry, 1980). Betrachtet man die *Bedienertätigkeit* im *industriellen Produktionsbereich,* so läßt sich auch hier eine Reihe von Änderungen in Abhängigkeit der jeweiligen Fertigungsstruktur feststellen. Die wesentliche Veränderung besteht dabei in der Einführung von gruppenorientierten Fertigungsstrukturen, die eine Reduzierung der hierarchischen, fachlichen und funktionalen Arbeitsteilung voraussetzen (vgl. Asendorf & Schultz-Wild, 1984; Gerwin & Leung, 1980) und damit die Tätigkeit um dispositive und planerische Anforderungsteile anreichern.

In einem *flexiblen Fertigungssystem* mit einer gruppenorientierten Arbeitsorganisation werden folgende Anforderungen für das Bedienerpersonal festgestellt (vgl. Sonntag, 1985; Sonntag & Wöcherl, 1985):

— Der zunehmende Bedienerkomfort der Steuerungen (wie bspw. die Verwendung von Unterprogrammtechniken, Programmerstellung im Dialog aufgrund der Menütechnik, in die Steuerung integrierte Programmiersysteme, graphische Simulationsmöglichkeiten) erfordert höhere fachliche Qualifikationen.

— Die manuellen Eingriffe in den Bearbeitungsprozeß werden insgesamt geringer. Psychomotorische Leistungen beschränken sich im wesentlichen auf Aufspanntätigkeiten oder die Eingabe von Steuerbefehlen an den Tastaturen des Displays sowie flüssiges und treffsicheres Bedienen der Tastatur.

— Denkleistungen, wie „Dekodieren" (Verstehen der sich hinter den progammsprachlichen Symbolen bzw. den Symbolen des Bedienfeldes verbergenden Arbeitsgängen bzw. Funktionen), „Gedankliche Transformationsleistungen" (Transformation der für die x-, y- und z-Koordinaten angegebenen Programmdaten in Fahrwege, -richtungen und -distanzen des Werkstücks bzw. Werkzeugs) sowie „Analoges Vergleichen/Zuordnen" (Vergleichen der Programmbefehle und der eingegebenen Steuerbefehle mit den tatsächlichen Arbeitsschritten) sind erforderlich und liegen auf einem insgesamt hohen Niveau (vgl. auch Dähn, 1987).

— Im Rahmen der Diagnose von Betriebsmittel-, Programm- sowie Ablaufstörungen und der Entscheidung für bestimmte Gegenmaßnahmen sind Denkleistungen gefordert, wie „Auswählen und Bewerten von Alternativen", „Schlußfolgerndes Denken" und „gedankliches Probehandeln" (vgl. auch Plath & Risch, 1987).

Zu ähnlichen Ergebnissen kam Korndörfer (1985) über Qualifikationsanforderungen bei *Bedienertätigkeiten* in *Produktionssystemen* mit *Industrierobotereinsatz*. Die Zunahme der Denkleistungen äußerte sich vor allem in den Anforderungserhöhungen bei

— analytisch-diagnostischen Leistungen an abstrakt-symbolischen Gegenständen (z. B. Programme),

— Reproduktionsleistungen mit oft hohem Exaktheitsanspruch von invariablen Kenntniselementen (z. B. Befehlsumfang des IR) und algorithmischen Abläufen,

— algorithmische Entscheidungs- und Beurteilungsleistungen,

— synthetisch-konzeptionelle Leistungen an abstrakt-symbolischen Objekten (Programmierung),

— systematisch-vorbedenkendes Handeln.

Der kombinierte Einsatz von Industrierobotern und CNC-Werkzeugmaschinen bzw. Bearbeitungszentren in komplexen Fertigungssystemen, beispielsweise in *Flexiblen Transferstraßen*, eröffnet Möglichkeiten, die strikte Trennung von Produktionspersonal und Wartungs- und Instandhaltungspersonal aufzuheben. So umfaßt die Tätigkeit eines *Anlagenführers* in der flexibel automatisierten Fertigung die Bedienung der Maschinen- und Anlagensteuerung, die Überwachung des Fertigungsablaufs, das Einrichten und Umrüsten der Anlage sowie die Störungsdiagnose und Beseitigung von Störungen. Auch hier zeigen erste Analyseergebnisse aufgrund des erweiterten Aufgabenbereichs eine Zunahme kognitiver Anforderungsteile (vgl. Sonntag, Heun & Benedix, 1987).

Will man also die „Bedienerschnittstelle" in Mensch-Maschine-Systemen auf der Personenseite durch Qualifizierungsmaßnahmen optimieren — in besonderem Maße für die kognitiven Anforderungsteile —, so müssen Verfahren und Instrumente eingesetzt werden, die eine solche Anforderungsermittlung leisten, und zum anderen Trainingsmethoden aufgeführt werden, die die kognitive Kompetenz bei der Aufgabenbewältigung in automatisierten Produktionssystemen fördern bzw. entwickeln helfen. Vor diesem Hintergrund werden im folgenden zunächst Verfahren zur Ableitung von Qualifikationsanforderungen diskutiert.

## 2 Verfahren zur Ermittlung von Qualifikationsanforderungen

Im Rahmen von Qualifizierungsmaßnahmen gehört die Bestimmung der zur Aufgabenerledigung erforderlichen Qualifikationen zu den ersten Arbeitsschritten (vgl. Frieling, 1987; Kannheiser, in diesem Band; Matern, 1984; Matern & Hacker, 1986; Sonntag, in Druck). Hierzu stehen eine Reihe von Vorgehensweisen, Verfahren und Instrumenten zur Verfügung, wie beispielsweise Inhaltsanalysen curricularer Unterlagen, Befragungen von Experten durch Interviewleitfaden oder strukturierte Inhaltskataloge über Anforderungen und Tätigkeitsstrukturen an Arbeitsplätzen. Im allgemeinen wird in den Arbeitsanalysen, trotz teilweise aufwendiger Durchführung, ein Mittel zur Objektivierung bei der Darstellung qualifizierungsrelevanter Aussagen gesehen. Die Bedeutung von Arbeitsanalysen zur Ermittlung von Qualifikationserfordernissen steigt in dem Maße, in dem aufgrund technischer Veränderungen bestehende Arbeitsstrukturen, Berufsbenennungen und Berufsbilder keine verläßliche Quelle mehr darstellen, aus der noch aussagefähige Informationen über Tätigkeitsstrukturen und Qualifikationsanforderungen gewonnen werden können.

Vor der Darstellung vorhandener arbeitsanalytischer Ansätze wird zunächst auf den Anforderungsbegriff im Rahmen der Qualifikationsermittlung näher eingegangen.

### 2.1 Anforderungen als Gegenstand der Qualifikationsermittlung

*Zum Anforderungsbegriff im Rahmen der Qualifikationsermittlung.* — Ausgangspunkt einer psychologischen Beschreibung von Qualifikationen sind *Anforderungen,* die an spezifischen Arbeitsplätzen und bei bestimmten Tätigkeiten an das Arbeitsvermögen des Menschen herangetragen werden und analytisch erfaßbar sind. Zur Verdeutlichung des Anforderungsbegriffs im Rahmen der Qualifikationsermittlung ist es sinnvoll, zwischen *individuumunabhängigen Anforderungen,* die sich dann ergeben, wenn eine Aufgabe übernommen wird, und *individuumbezogenen Anforderungen,* die sich bei der Realisierung der übernommenen Aufgabe ergeben, zu unterscheiden (vgl. Frieling, 1980; Hacker, 1986). Bei der *individuumunabhängigen* Anforderungsermittlung wird zunächst das Zusammenwirken zwischen einem gegebenen *Arbeitsauftrag* (mit Instruktionen, welche Operationen im Hinblick auf eine bestimmte Zielsetzung oder Zustandsänderung mit welchen Verfahren durchgeführt werden müssen), *Arbeitsbedingungen,* unter denen er zu erfüllen ist, und *allgemein (nicht individuellen) Leistungsvoraussetzungen* (z. B. „durchschnittlich gesunde Erwachsene", Formalqualifikation, allgemeines Bildungsniveau) reflektiert.

Anforderungen von dieser Qualität sind für die Ermittlung von Qualifikationen und das Ableiten von Trainingsmaßnahmen weniger geeignet, da sie *indivi-*

*duelle* Unterschiede in der Aufgabendurchführung nicht berücksichtigen: Bekanntlich unterscheiden sich Menschen bei der Durchführung einer Aufgabe bei objektiv gleichen Anforderungen. Begründet liegt dies in der Redefinition objektiver Gegebenheiten und festgelegter Ziele durch den einzelnen Arbeitenden (vgl. hierzu Hackman, 1970; Hoyos, 1974; Udris, 1981). Eine übernommene Aufgabe, die ausgeführt wird, ist demnach „die subjektive Repräsentation (Widerspiegelung) oder das Redefinitionsprodukt objektiver — technischer, organisationaler, sozialer — Inputbedingungen im Arbeitsprozeß" (Udris, 1981, S. 284). Wichtige personale Determinanten (individuelle Leistungsvoraussetzungen) bei einer Interaktion von objektiven Inputbedingungen und Merkmalen des Arbeitenden bei der Aufgabenerfüllung sind nach Hackman (1970, S. 212)

— das Ausmaß des „Verstehens" bzw. „Mißverstehens" der Aufgabe durch den Arbeitenden,

— das Ausmaß des „Akzeptierens" der Aufgabe und der Bereitschaft, die Aufgabe auszuführen,

— Bedürfnisse, Ansprüche und Wertvorstellungen, die der Arbeitende in die Aufgabensituation einbringt,

— der Einfluß früherer Erfahrungen mit ähnlichen Aufgaben.

Bestimmt wird der Redefinitionsprozeß somit von individuellen Leistungsvoraussetzungen kognitiver und motivational emotionaler Art.

Erst aus dem Bezug von Anforderungen auf die individuellen Leistungsvoraussetzungen ergibt sich nach Hacker (1986) der *Schwierigkeitsgrad* einer Tätigkeit sowie die Beanspruchung (Anstrengungsgrad, Art und Umfang der beanspruchten Leistungsvoraussetzungen). Zur Beschreibung erforderlicher Qualifikationen bei der Arbeitstätigkeit sind demnach die Ermittlung bzw. Darstellung individuumabhängiger Anforderungen beim Realisieren einer übernommenen Aufgabe von Relevanz.

*Formulierung von Anforderungen.* — Die Formulierung und die zu wählende Abstraktionsebene der einzelnen Anforderungskategorien und -merkmale richtet sich nach dem Anwendungszweck der Analyse. Nach Quaas und Raum (1973) und Hacker (1983, 1986) lassen sich Anforderungen grundsätzlich angeben als

— auszuführende Solltätigkeiten mit ihren regulierenden psychischen und auszuführenden Teilverrichtungen und/oder
— (psychische) Leistungsvoraussetzungen entweder
    — in Prozeßbegriffen als erforderliche kognitive Operationen (mit den zugehörigen Kenntnissen) oder
    — in Eigenschaftsbegriffen, insbesondere als erforderliche Fähigkeiten.

Es wird darauf hingewiesen, daß Anforderungen nur durch *auszuführende Tätigkeiten* zu beschreiben sind, da nur dann zwischen Aufgabe und den psychischen Vorgängen ein vermittelter Zusammenhang besteht. Problematisch ist vor allem das „methodenunkritische Schließen" von Aufgaben oder Tätigkeiten auf gedachte psychische Leistungsvoraussetzungen ohne eine Realanalyse („Fähigkeit zu", „Vermögen zu") (vgl. Hacker, 1986; Volpert, 1974).

Diese Problematik trifft neben der Bestimmung von Eignungsanforderungen vor allem die Ermittlung von Qualifikationsanforderungen. Aus dem sinnvollen Bestreben, einen eingeschränkten Qualifikationsbegriff, der nur die prozeßspezifischen Fertigkeiten (bzw. Funktionen) thematisiert, zu überwinden, wurden sog. berufsübergreifende Fähigkeiten formuliert (vgl. bspw. Kern & Schumann, 1970), ohne solche Denkleistungen tatsächlich erfaßt zu haben. Wohl unbestritten sind die sich aus dem Einsatz neuer Techniken ergebenden organisatorischen und qualifikatorischen Gestaltungspotentiale mit einem eingeschränkten Qualifikationsbegriff, der die funktionale Sichtweise in den Vordergrund der betreffenden Arbeitstätigkeit rückt, nicht zu realisieren. Gerade für den Einsatz neuer Techniken sind aber entsprechende Anforderungsmerkmale zu formulieren, die (gedachte) Leistungsvoraussetzungen einer Aufgabe oder Tätigkeit auch real erfassen können. *Qualifikationsanforderungen* sind in diesem Sinne die aus bestimmten Arbeitsaufgaben und die damit verbundenen Ausführungsbedingungen resultierenden Anforderungen an die Handlungskompetenz des Arbeitenden.

Die Operationalisierung eines entsprechend breit ausgelegten Qualifikationsbegriffes macht daher Analyseverfahren erforderlich, die sowohl die Ableitung fachlich-funktionaler Qualifikationen (wie bspw. Maschinen- und Anlagekenntnisse, arbeitsorganisatorische Kenntnisse) als auch „die hinter dem Erscheinungsbild des Arbeitsplatzes" (Rüger, 1974, S. 15) bzw. der Arbeitstätigkeit liegenden psychischen Leistungsvoraussetzungen, d. h. die intellektuellen und sozialen kommunikativen Anforderungen (wie bspw. beim Erkennen, Diagnostizieren und Beheben von Störungen) zu leisten imstande sind. Vor diesem Hintergrund werden im folgenden Verfahren und Instrumente dargestellt und diskutiert.

## 2.2 Darstellung ausgewählter Ansätze und Instrumente zur Ermittlung von Qualifikationsanforderungen

Arbeitsanalytische Vorgehensweisen, zu deren Anwendungsgebiet auch oder ausschließlich die Bestimmung und Ableitung von Qualifikationsanforderungen und Ausbildungsinhalten zählen, lassen sich aufteilen in Verfahren zur Ermittlung von Qualifikationsanforderungen

— durch aufgabenanalytische Untersuchungen,

— durch Expertenurteile in Begriffen erforderlicher Leistungsvoraussetzungen,
— durch die Analyse psychischer Regulationsgrundlagen,
— durch experimentelle Analysen.

### 2.2.1 Ermittlung durch aufgabenanalytische Untersuchungen

Aufgabenorientierten Vorgehensweisen liegt eine funktionale Sichtweise der Arbeitstätigkeit zugrunde. Es werden Funktionen oder Aufgabeninhalte erfaßt, die von einem Mitarbeiter zur Erreichung des Auftragsziels durchgeführt werden müssen. Als Beispiel seien hier die „task analysis inventories" genannt.

Task-inventory-Ansätze (vgl. Christal & Weißmüller, 1977; AT & T, 1980) sind in den USA relativ verbreitet. Der Zweck solcher Aufgaben-Analyse-Fragebogen besteht darin, Daten über Qualifizierungsinhalte, zur Bestimmung des Trainingsbedarfs für die Analyse von Tätigkeitsänderungen, für die Personalbeschaffung und Arbeitsorganisation zu erheben. Erfaßt werden die für den Tätigkeitsvollzug erforderlichen Aufgabeninhalte. Unter „Aufgaben" sind Aktivitäten zu verstehen, deren Beginn und Ende definiert ist. Die Beschreibung einer „Task" erschöpft sich in der Bildung einfacher Sätze, die durch *ein* Objekt und *ein* Verb gekennzeichnet sind, wie beispielsweise „Schleifen eines Drehmeißels" oder „Einlegen von Papier in eine Schreibmaschine". Die einzelnen Aufgaben werden dann unter Verwendung unterschiedlicher Skalen (bspw. Wichtigkeit, Häufigkeit oder Schwierigkeit) von den Stelleninhabern eingestuft; zur Beschreibung und Ablauf einer solchen aufgabenanalytischen Untersuchung vgl. Frieling und Sonntag (1987), Kannheiser und Frieling (1982), McCormick (1979).

Eine ähnliche Vorgehensweise wird in der Bundesrepublik zur Bestimmung von Qualifikationen und Ausbildungsinhalten im Rahmen der Neuordnung elektrotechnischer und metallindustrieller Ausbildungsberufe angewandt.

Das Anwendungsgebiet dieser Ansätze liegt primär in der Festlegung von Ausbildungsinhalten, die ohne Transformation aufgrund ihres verrichtungsbezogenen Charakters formuliert werden können. Eine Reihe von Nachteilen schränkt die Verwendung dieser Ansätze jedoch für die Ermittlung von Qualifikationsanforderungen ein. So werden individuelle Unterschiede in der Aufgabendurchführung ebensowenig berücksichtigt wie verhaltensbezogene Aspekte der Arbeitstätigkeit. Ähnlich dem Erfassungsmodus von arbeitswissenschaftlichen Zeit- und Bewegungsstudien orientiert sich der Untersucher an der Oberflächenstruktur der Tätigkeit (Folge von Verrichtungselementen). Eine Analyse der die Tätigkeitselemente steuernden psychischen Prozesse und Strukturen des Arbeitenden kann somit nicht geleistet werden. Problematisch ist auch, daß Tätigkeiten nicht in ihrem Gesamtzusammenhang gesehen werden, sondern lediglich als Summe „von Tätigkeitselementen", bei denen Fertigkeiten und Kenntnisse zu aktivieren sind. Aufgabenanalytischen Ansätzen liegt somit ein eingeschränkter Qualifikationsbegriff zugrunde.

### 2.2.2 Ermittlung durch Expertenurteile in Begriffen erforderlicher Leistungsvoraussetzungen

Gegenstand dieser Art von Qualifikationsermittlung sind Angaben über die zu erlernenden bzw. erforderlichen Leistungsvoraussetzungen für das Ausführen von Arbeitstätigkeiten. Ursprung und Hauptanwendungsgebiet dieser Vorgehensweise liegen im Bereich der Eignungsdiagnostik. Durch Expertenurteile mit Hilfe von Attributenlisten und Einstufungsskalen werden einzelnen Aufgaben die für deren Realisierung erforderlichen Fähigkeiten zugeteilt.

So werden bei dem „ability requirement approach" (vgl. Theologus, Romashko & Fleishman, 1970; Fleishman & Quaintance, 1984) Arbeitstätigkeiten nach *Eigenschaftsbegriffen* (Fähigkeiten) wie „verbaler Ausdruck", „Ideenfluß", „Originalität" usw. eingeschätzt (vgl. zur ausführlichen Darstellung Frieling, 1977). Das informationstheoretisch orientierte „Aufgabenvokabular" nach Miller (1971) ermöglicht die Beschreibung von Tätigkeiten durch die Angabe *kognitiver Prozesse*, wie „Suchen", „Identifizieren", „Kodieren", „Speichern" usw. (vgl. die ausführliche Darstellung bei Hoyos & Frieling, 1977).

Eine für die Ermittlung von Qualifikationsanforderungen geeignete und in gewisser inhaltlicher Analogie zum Ansatz der Fleishman-Gruppe befindliche Vorgehensweise liegt mit der „Job Element Method" von Primoff (1975) vor (ausführliche Darstellung bei Kannheiser & Frieling, 1982; McCormick, 1979). Mehr für die Zwecke der Berufsbeschreibungen dürfte die Weiterentwicklung der „Functional Job Analysis" von Fine (1973) gedacht sein, auch wenn Olson, Fine, Myers und Jennings (1981) diesen Ansatz speziell zur Bestimmung tätigkeitsbezogener Leistungsstandards als Grundlage zur Ermittlung von Ausbildungsinhalten entwickelt haben.

Auf einen weiteren Ansatz im Rahmen einer breitangelegten ingenieurwissenschaftlichen Untersuchung in der Bundesrepublik soll etwas näher eingegangen werden. Diese analytische Vorgehensweise wurde zur Bewertung der Auswirkungen rechnergestützter Werkzeugmaschinen auf Tätigkeitsstrukturen und Qualifikationsanforderungen zugrunde gelegt (vgl. Lay, 1987; Rempp, Boffo & Lay, 1981).

Ausgehend von einem von Oberhoff (1976) und Maskow und Thomas (1977) entwickelten deskriptiven arbeitsaufgabenbezogenen Analyseschema (Funktionsliste) wurden zunächst typische CNC-Einsatzformen und -Arbeitsplätze ermittelt. Dieser von der Technik der CNC-Werkzeugmaschinen weitgehend bestimmte Katalog teilt sich auf in die Tätigkeitsbereiche Programmiertätigkeiten, Einrichttätigkeiten, Beschick- und Entladetätigkeiten, Bedienungs- und Überwachungstätigkeiten, Kontrolltätigkeiten sowie Nebentätigkeiten.

Diese Tätigkeitsbereiche werden funktionsbezogen in knappen Sätzen beschrieben, wie beispielsweise „Erstellen einer Programmliste nach Arbeitsplan", „Eintippen von Programmen in die Steuerung". Auf diesem Hintergrund ließen sich Tätigkeitsstrukturen und verschiedene arbeitsorganisatorische Einsatzformen für CNC-Bedienerarbeitsplätze herausarbeiten. Daran anschließend wurde eine Bewertung dieser Arbeitsplätze hinsichtlich der Qualifikationsanforderungen durchgeführt. Hierfür wurden Bewertungskategorien verwendet, wie

— durch Ausbildung erworbene Arbeitskenntnisse,

— durch Erfahrung erworbene Arbeitskenntnisse,

— Geschicklichkeit,

— Aufmerksamkeit und Reaktion,

— Denkanforderungen,

— Verantwortung.

Die Bewertung der Qualifikationsanforderungen erfolgte anhand einer fünfstufigen Skala („sehr gering, gering, mittel, hoch, sehr hoch") durch die Forschungsgruppe und in einem weiteren Schritt durch Mitarbeiter der Arbeitsvorbereitung, Meister und Bediener.

Den in den genannten Ansätzen ermittelten Qualifikationsanforderungen ist ein zentrales Problem gemeinsam. Es erfolgt eine Beurteilung der Qualifikationsanforderungen einer Arbeitstätigkeit durch Experten mit Hilfe von Beurteilungslisten. Die Urteile basieren auf subjektiven Meinungen von „Ratern" über das, was eine Arbeitstätigkeit ausmachen könnte. Es bleibt offen, inwieweit die Untersucher zu der erforderlichen differenzierten Einsicht in die Tätigkeiten als Grundlage weiterer Ableitungen gelangen. Desweiteren ist anzuführen, daß die kognitiven Anforderungen (bspw. „Denkanforderungen") selbst nicht beobachtbar oder aussagbar sind, sondern „verallgemeinernd Schlüsse über Vorgehensweisen und Arbeitstätigkeiten bzw. deren Aufträge und Redefinitionen (darstellen)" (Matern, 1984, S. 42).

### 2.2.3 Ermittlung durch die Analyse psychischer Regulationsgrundlagen

Methodische Vorgehensweisen, die die Analyse und Bewertung bestehender Tätigkeiten einschließlich anfallender Qualifizierungserfordernisse zum Inhalt haben, müssen eine Aufklärung über die Grundlagen der psychischen Regulation von Arbeitstätigkeiten leisten. Solche psychologischen Arbeitsanalysen werden sich bei Arbeitstätigkeiten im Bereich komplexer technischer Anlagen und Prozesse auf die Ermittlung tätigkeitsleitender mentaler Repräsentationen, intellektueller Strategien und Aktionsprogramme konzentrieren. Die Bedeutung der Analyse psychischer Regulationsgrundlagen im Rahmen der Qualifikationsanforderungsermittlung wird unterstrichen durch eine Reihe inhaltlicher und methodischer Argumente:

— Die technische Entwicklung verlangt Verfahren, die zuverlässig Aussagen über die in Tätigkeiten geforderten psychischen, speziell kognitiven Voraussetzungen leisten können.

— Die funktionsorientierten aufgabenanalytischen Vorgehensweisen beschreiben menschliche Tätigkeiten und die daraus resultierenden Anforderungen nur unzureichend und lassen sich allenfalls im Kontext des auftragsanalytischen ersten Schrittes umfassender tätigkeitsanalytischer Konzeptionen einordnen (Hacker & Matern, 1980; Matern, 1984).

— Das methodenunkritische Schließen von Tätigkeiten auf als Voraussetzung gedachte psychische Funktionen (Fähigkeiten) erfordert Analyseverfahren, die diese auch tatsächlich ermitteln.

*Verfahren auf handlungstheoretischer Basis.* — Für die Entwicklung solcher Verfahren wird eine handlungstheoretische Konzeption, die die Ermittlung motivationaler und kognitiver Regulationsvorgänge (Antriebs- und Ausführungsregulation) leistet, für unerläßlich angesehen (vgl. Hacker & Matern, 1980; Rüger, 1974; Volpert, 1974). Zum gegenwärtigen Zeitpunkt läßt sich jedoch hinsichtlich der Anwendung solcher Verfahren für die Qualifikationsermittlung feststellen:

Die zu Beginn der 70er Jahre in der Bundesrepublik von Arbeitswissenschaftlern und Berufsbildungsforschern eingeleiteten Bemühungen, auf handlungstheoretischer Basis Qualifikationsanalysen zu entwickeln und einzusetzen, sind über den Stand theoretischer Ausarbeitungen und einige Projektskizzen (vgl. insbesondere Boehm, Mende, Riecker & Schuchardt, 1976; Rüger, 1974; Volpert, 1973, 1974) nicht hinausgekommen. Das im Rahmen von industriesoziologischen Untersuchungen von Mickler, Mohr und Kadritzke (1977) für die Entwicklung eines Kategorienschemas zur Analyse von Qualifikationsanforderungen adaptierte Modell der hierarchischen Handlungsregulation liefert nur allgemeine Beschreibungen von Qualifikationen.

Erprobte Analyseinstrumente, die auf der Grundlage der psychologischen Handlungstheorie entwickelt wurden, wie

— das Verfahren zur Ermittlung von Regulationserfordernissen in der Arbeitstätigkeit (VERA; Volpert, Oesterreich, Gablenz-Kolakovic, Krogoll & Resch, 1983),

— das Tätigkeitsbewertungssystem (TBS; Hacker, Iwanowa & Richter, 1983),

— das Verfahren zur Erfassung von Regulationshindernissen in der Arbeitstätigkeit (RHIA; Greiner, Leitner, Weber, Hennes & Volpert, 1987)

dienen nicht qualifikationsbezogenen Fragestellungen.

Die mit handlungstheoretischen Implikationen versehene subjektive Tätigkeitsanalyse (STA; Ulich, 1981) versucht in Teilen ihrer Vorgehensweise, Qualifikationsdefizite zu ermitteln, erforderliche Qualifikationen zu bestimmen und Trainingsprogramme abzuleiten. Sie strebt eine „antriebsregulatorische Stimulation" für Arbeitsgruppen bei der kognitiven Umstrukturierung aller in der Gruppe vorhandenen Tätigkeiten an. Dieser Ansatz hat sein Hauptanwendungsgebiet aber mehr in der Arbeitsgestaltung (Udris & Ulich, 1987).

Insgesamt bleibt festzuhalten: Qualifikationsanforderungsanalysen auf handlungstheoretischer Basis liegen in erprobter Form und allgemein anwendbar nicht vor. Allenfalls werden handlungstheoretisch relevante Anforderungsbereiche für die Ermittlung spezifischer Qualifikationen (wie bspw. in Produktionssystemen mit Industrierobotereinsatz; vgl. Korndörfer, 1985) formuliert.

*Verfahren mit einem breiteren theoretischen Anspruch: Das Tätigkeits-Analyse-Inventar (TAI).* — Aufgrund der bisherigen Aussagen läßt sich feststellen: Mit den vorhandenen Ansätzen kann nur eine unzureichende qualifikatorische Erfassung entsprechend bedingter Veränderungen in der Arbeitswelt erfolgen:

— Nichtpsychologische Verfahren stellen die Aufgabenanalyse mit ihrer funktionsspezifischen Betrachtungsweise in den Vordergrund.

— Psychologische Verfahren thematisieren von ihrem theoretischen Anspruch her die Erfassung psychischer Regulationsgrundlagen zu wenig (bspw. verhaltensorientierte Ansätze auf der Basis des S-O-R-Modells) oder beschränken sich ausschließlich auf deren Erfassung (bspw. handlungsregulationstheoretische Konzepte). Hinsichtlich der Anwendungsbereiche sind diese Verfahren entweder universell ausgelegt (bspw. der Fragebogen zur Arbeitsanalyse (FAA) von Frieling & Hoyos (1978)) oder speziell für Zwecke der Bewertung und Gestaltung von Arbeitstätigkeit (bspw. TBS, VERA und RHIA) gedacht.

Vor diesem Hintergrund wurde ein Verfahren entwickelt, dessen theoretischer Rahmen handlungstheoretische, tätigkeitstheoretische (i. S. Leontjews, 1977) und informationstheoretische (vgl. Klix, 1973; Reitmann, 1966) Konzepte mit einschließt. Das Tätigkeits-Analyse-Inventar (TAI) ist das vorläufige Ergebnis eines Grundlagenprojektes (Frieling, Kannheiser, Facaoaru, Wöcherl & Dürholt, 1984), auf dessen Basis weitere Forschungsarbeiten für eine praxisnahe und handhabbare Version vorgenommen werden (Frieling & Sonntag, 1985; Kannheiser, 1985). Das Verfahren soll über die Auswirkungen neuer Techniken in der Produktion und Verwaltung im Hinblick auf zwei Anwendungsgebiete Aussagen zulassen:

— die Belastungs- und Gefährdungsermittlung zum Zwecke der Ableitung organisatorischer, technischer, ergonomischer Gestaltungsempfehlungen,

— die Ermittlung von Qualifikationsanforderungen (wie kognitive und sensumotorische Anforderungen, fachspezifische und fachübergreifende Kenntnisse) zum Zwecke der Ableitung von Ausbildungsinhalten und Lernzielen zur Entwicklung beruflicher Curricula und arbeits- bzw. anforderungsgerechter Trainingskonzepte und -programme.

Das *qualifikationsbezogene Teilverfahren* des TAI stellt sich zur Aufgabe, Art und Niveau der zur Ausführung von Arbeitstätigkeiten erforderlichen Qualifikationen von Arbeitspersonen in Abhängigkeit vom Tätigkeitsvollzug und den Vollzugsbedingungen auf einem differenzierten und für die Praxis aussagegerechten Analyseniveau zu erfassen. Dazu wird in Anlehnung und Erweiterung traditioneller Kategorien der beruflichen Bildung (wie bspw. Fertigkeiten, Kenntnisse, Verhaltensweisen) ein Qualifikationsbegriff zugrunde gelegt, der von einer ganzheitlichen Konzeption des Wirksamwerdens menschlicher Befähigung ausgeht. Das bedeutet: In dem komplexen Prozeß der Wechselwirkung zwischen Subjekt und Umwelt, der sich beispielsweise in Arbeitstätigkeiten konkretisiert, verstehen sich Qualifikationen als ein Ensemble intraindividuell variierender psychischer und physischer Dispositionen, die als veränderbares Potential in Tätigkeiten sichtbar werden.

Zur Operationalisierung der *kognitiven Anforderungen,* denen sowohl bei der Erfassung informatorischer Belastungen als auch bei der Ermittlung von Qualifikationserfordernissen eine zentrale Bedeutung zukommt, wird auf informationstheoretische Modellvorstellungen zurückgegriffen. Diesen Vorstellungen entsprechend ist es sinnvoll, Problemlösungsprozesse in empirisch abgrenzbare Ablaufstadien der Informationsaufnahme, -verarbeitung und -abgabe zu unterteilen. Die in Arbeitstätigkeiten zugrunde liegenden kognitiven Operationen und Prozesse werden mit dieser Vorgehensweise aus den äußerlich sichtbaren, gegenständlichen und informatorischen Tätigkeitsbereichen erfaßbar (vgl. Facaoaru & Frieling, 1986). Analysiert und bewertet werden zeitlicher Umfang, Komplexität, Beurteilungsleistung, Gedächtnisleistung und Aufmerksamkeitsleistung bei konkreten Arbeitshandlungen der Informationsaufnahme (wie Beobachten/Überwachen, Zuhören/Befragen, Betrachten von Zeichnungen/Graphiken, Lesen von Texten) und der Informationsumsetzung/-erzeugung (wie Reden/Sprechen, Zeichnen, Rechnen, Schreiben).

Erste Erprobungen des Verfahrens zur Ableitung von Qualifikationsanforderungen bei Tätigkeiten in einem Flexiblen Fertigungssystem und an CNC-Werkzeugmaschinen (Sonntag, 1985; Sonntag & Wöcherl, 1985) sowie bei der Störungsdiagnose und -beseitigung im Rahmen von Wartungs- und Instandsetzungstätigkeiten an einer Schweißtransferstraße (Sonntag et al., 1987) zeigten brauchbare Ergebnisse, auf deren Basis die inhaltliche Gestaltung von Qualifizierungsmaßnahmen geleistet werden kann. Die Tauglichkeit und praktikable Anwendbarkeit des Verfahrens wird anhand weiterer konkreter Betriebsuntersuchungen verbessert.

### 2.2.4 Ermittlung durch experimentelle Analysen

Untersuchungsgegenstand dieser von Matern (1984) und Hacker und Matern (1980) genannten Feinanalysen ist nicht die gesamte Arbeitstätigkeit, sondern Teilaspekte bzw. Arbeitsaufträge, bei deren Bewältigung kognitive Regulationsvorgänge im Mittelpunkt stehen und mentale Repräsentationen die Voraussetzung einer effektiven Handlungsplanung sind. Als Analyseergebnis wird die Identifizierung von lücken- oder fehlerhaften kognitiven Regulationsgrundlagen sowie die Ableitung von erforderlichen Qualifizierungsmaßnahmen genannt. Im Mittelpunkt steht die systematische Variation des Informationsangebotes bei simulierten Aufträgen und die Ermittlung der Kovariation der mentalen Repräsentation, deren Qualität sich in angemessenen oder fehlerhaften (Eingriffs-) Handlungen äußert.

Matern (1984) beschreibt vier methodische Prinzipien der experimentellen Analyse psychologischer Regulationsgrundlagen:

— die systematische Variation des Informationsangebotes (z. B. die Variation der quantitativen Ausprägung einzelner Signale, die systematische Kombination mehrerer Signale),
— der systematische Informationsentzug (z. B. Abdecken von Instrumenten oder Belegteilen),
— die Vorgabe eines regellosen Informationsangebotes mit der Aufforderung zur Ordnung,
— die systematische Informationseinspeisung (z. B. werden durch Wirkungen zusätzlicher Hilfen oder von Lernprozessen mögliche Denkerfordernisse aufgedeckt).

Festgelegt werden die abhängigen Variablen durch Sachverhalte, wie von den Probanden durchgeführte Diagnosen und Maßnahmen einschließlich deren Begründung, Bitten um Zusatzinformation, Anzahl der Korrekturen, Skalierung subjektiv erlebter Schwierigkeiten usw., die während der experimentellen Analyse protokolliert wurden.

Nach Matern (1984) machen sorgfältige Planungen von Einarbeitungshilfen und Trainingsprogrammen, die jeweils für mehrere Jahre vorgenommen werden und in breiterem Umfang genutzt werden sollen, die Feinanalyse kognitiver Regulationsgrundlagen erforderlich. Zur Lösung von Detailproblemen der Mensch-Maschine-Funktionsteilung (bspw. in Leitwarten) und von Überarbeitungen der bedienseitigen Gestaltung von Maschinen und Anlagen finden simulierte Auftragssituationen in der Ergonomie und den Ingenieurwissenschaften seit längerer Zeit breite Anwendung, ebenso wie experimentelle Untersuchungen zum Planungs- und Entscheidungsverhalten in Störsituationen (vgl. Johannsen & Borys, 1985).

## 2.3 Zusammenfassende Diskussion

Die dargestellten analytischen Ansätze zur Ermittlung von Qualifikationsanforderungen und Bestimmung von Ausbildungsinhalten weisen auf ein grundlegendes Problem hin: Auf der einen Seite liegen aufgabenanalytische und funktionsorientierte Ansätze vor, die ausschließlich fachliche Funktionen thematisieren. Werden extrafunktionale Qualifikationen aufgeführt bzw. ermittelt, dann können sie bei der zugrundegelegten methodischen Vorgehensweise nicht aus der Beschreibung der Tätigkeit hergeleitet werden, sondern werden quasi von außen eingeführt. Andererseits liegen Verfahren vor, die eine Erfassung der psychischen Prozesse bei der Aufgabenerfüllung ermöglichen, aber eine inhaltlich-fachliche Qualifikationsdarstellung weitgehend nicht leisten.

Für betriebliche Praktiker dürfte eine inhalts- und funktionsbezogene Aufgabenbeschreibung im Rahmen der Qualifikationsermittlung attraktiver und nachvollziehbarer sein als Verfahren, deren theoretischer Hintergrund und psychologische Analysekategorien für sie schwer verständlich sind — auch auf die Gefahr hin, daß bei der anschließenden Ableitung der Qualifikationen tautologische Schlüsse über erforderliche Fähigkeiten zustandekommen und pragmatische Zuordnungen durch Experten erfolgen. Die Operationalisierung eines durch den Einsatz neuer Techniken bedingten breit ausgelegten Qualifikationsbegriffes — wie er weiter oben gefordert wurde — ist mit einer solchen Vorgehensweise allerdings nur beschränkt möglich.

Mit dem vorgestellten Tätigkeits-Analyse-Verfahren scheint ein — noch in der Erprobung befindliches — Verfahren vorzuliegen, das ansatzweise fachlich-funktionale Anforderungen (bspw. Kenntnisse) ebenso ermitteln kann wie prozeßunspezifische übergreifende Qualifikationen. Die für den Umgang mit neuen Techniken wichtigen Denk- und Gedächtnisleistungen können über beobachtbare und abfragbare Arbeitshandlungen erfaßt werden. Das differenzierte Analyse- und Auswertevorgehen dürfte auch dem betrieblichen Qualifizierungsexperten zuverlässige Informationen liefern, auf deren Grundlage Trainings- und Qualifizierungskonzepte entwickelt werden können, insbesondere dann, wenn zusätzliche Inhaltskataloge zur Erhöhung der inhaltlichen Aussagefähigkeit eingesetzt werden.

## 3 Methoden zur Vermittlung von Qualifikationen

Aufgrund des Bedeutungszuwachses intellektueller Tätigkeiten in komplexen automatisierten Produktionsanlagen wird die Förderung von Denkleistungen der Mitarbeiter immer evidenter. Qualifizierungsmaßnahmen müssen in diesem Sinne einen wirkungsvollen Beitrag zur Entwicklung geistiger Fähigkeiten leisten. Wie im folgenden zu zeigen sein wird, betrifft dies aus handlungstheoretischer Sicht vor allem die intellektuelle Regulation von Produktionstätigkeiten als komplexester Form kognitiver Aufgabenbewältigung.

### 3.1 „Fähigkeiten" und „Verallgemeinerte Verfahren" als Qualifizierungsgegenstand

In der Auseinandersetzung des Menschen mit Aufträgen beim Ausführen von Tätigkeiten entwickeln sich *Fähigkeiten*. Sie beziehen sich inhaltlich auf die jeweilige Tätigkeit, indem sie ihren Verlauf charakterisieren. Fähigkeiten stellen demnach „verfestigte Systeme verallgemeinerter psychischer Prozesse dar, die den Tätigkeitsvollzug steuern" (Hacker, 1978, S. 305) bzw. ihn regulieren. Fähigkeiten betreffen hauptsächlich kognitive Vorgänge, wie beispielsweise perzeptive bei der Signalaufnahme und -verarbeitung, mnestische als Leistungen des Gedächtnisses, intellektuelle als gedanklich analysierende und synthetisierende Vorgänge. Somit stehen „geistige Fähigkeiten" und ihre Ausbildung im Mittelpunkt der Betrachtungen. Als qualitative Besonderheiten im Verlauf psychischer Prozesse beziehen sich die Fähigkeiten auf alle anderen Momente der Qualifikation.

So wird beispielsweise das *Können* bzw. die Art und Weise, in der sich Können äußert, durch Fähigkeiten entsprechend beeinflußt. Ebenso hängt es vom Niveau in der Fähigkeitsausbildung ab, „in welcher Qualität und mit welchem Kraftaufwand *Fertigkeiten* gebildet und mit welchem Erfolg sie eingesetzt werden" (Lompscher, 1972, S. 42). Schließlich wird der Aneignungsprozeß sowie die Qualität der *Kenntnisse* vom Vorhandensein spezifischer Fähigkeiten geprägt. Die Beziehung zwischen Fähigkeiten und den genannten Qualifikationsmomenten ist nicht linear, vielmehr ist von einer wechselseitigen Beeinflussung auszugehen. Zur Relativierung einer ausschließlich kognitiven Festlegung von Fähigkeiten sei darauf verwiesen, daß die Fähigkeitsentwicklung auch vom Charakter der beim Lernenden vorhandenen Einstellungen, Motiven und ähnlichem abhängen (vgl. Boehm et al., 1976). Auch hier bedingen sich Fähigkeiten und emotional-motivationale Aspekte wechselseitig.

Bezogen auf den Produktionsprozeß formuliert Milerjan (1968, zit. nach Skell, 1972) *allgemeine Arbeitsfähigkeiten* als die auf Kenntnisse und Fertigkeiten gegründete Fähigkeit des Arbeiters, ein gestelltes Ziel bei sich ändernden Bedingungen auf dem Wege der Anwendung *verallgemeinerter Verfahren* zur Ausführung von Tätigkeiten erfolgreich zu erreichen. Matern und Hacker (1986) weisen auf die Bedeutung verallgemeinerter Vorgehensweisen für das Ausführen von Tätigkeiten hin. Aus vergleichenden Untersuchungen der Leistungsvoraussetzungen leistungsstärkerer und leistungsschwächerer Arbeitskräfte ist belegt, daß einer der wesentlichen Gründe für Leistungs- und Beanspruchungsunterschiede in komplexen Vorgehensweisen unterschiedlichen Verallgemeinerungsgrades zu suchen ist, nicht aber in isolierten Kenntnis- und Fertigkeitsunterschieden (vgl. Anderson, 1982; Matern & Hacker, 1986; Neubert & Tomcyk, 1976; Norman, 1982; Rühle, 1984; Rühle, Matern & Skell, 1980). Verallgemeinerte Verfahren umfassen nach Matern und Hacker (1986) Entscheidungsregeln und -kriterien (sog. Meta-Regeln), Strategien und heuristische Techniken zur Auswahl und Organisation von Handlungen, Vorstellungen und Kenntnissen (mentale Repräsentationen) über die Aufträge und Ausführungsbedingungen einschließlich der Arbeitsmittel, Zuordnungen von Bedingungen zu Operationen und psychisch automatisierten Ausführungsmethoden (Fertigkeiten). Entsprechend der streng hierarchisch angeordneten Handlungsregulationsebenen schreibt Volpert (1974) verallgemeinerte Verfahren auf der intellektuellen Regulationsebene fest. „Formen des Könnens" und „sensumotorische Fähigkeiten" als weitere psychologisch-qualifikatorische Merkmale werden der perzeptiv-begrifflichen bzw. der sensumotorischen Regulationsebene zugeordnet. Für das Erlernen von Tätigkeiten kommt ihrer psychischen Regulation eine wesentliche Rolle zu. Die Handlungsregulationstheorie, wie sie speziell von Hacker (1978) und Volpert (1975) vorgestellt wurde (vgl. auch Stadler & Seeger, 1981), bietet einen theoretischen Rahmen, in dem das „bewußtlose Tätigsein" des Menschen überwunden wird zugunsten einer planvollen, zielgerichteten und bewußten Auseinandersetzung mit der Umwelt.

Denken ist demnach keine autonome Funktion, sondern erweist sich als integrierter Bestandteil aktiven Tätigseins (vgl. Stachowiak, 1969). Die pädagogischen Konsequenzen aus der Handlungsregulationstheorie beziehen sich vor allem auf unterstützende Maßnahmen beim Erwerb psychischer Regulationsgrundlagen. Darunter sind Formen der Übung zu verstehen, die durch den Zusammenhang von theoretisch-orientierten und praktisch ausführenden Lernelementen intellektuelle Voraussetzungen für ein planmäßig durchdachtes und effektives Arbeitshandeln ausbilden können. Bezogen auf komplexere Arbeitstätigkeiten, wie sie etwa bei der Maschinenüberwachung und -kontrolle an Leitständen oder rechnergestützten Produktionsanlagen auftreten, ist vor allem die Optimierung kognitiver Regulationsgrundlagen erforderlich. Im folgenden werden dafür geeignete Qualifizierungsmaßnahmen beschrieben.

## 3.2 Vorstufen kognitiver Trainingsverfahren

Die Entwicklung kognitiver Trainingsverfahren geht zurück auf Untersuchungen über das sensumotorische Lernen als Grundlage von Trainingsvorgängen in Arbeit und Sport (vgl. Ulich, 1964; Ungerer, 1971; Volpert, 1971). Nach diesen Untersuchungen ist das Lernen von Bewegungen nicht als eine einfache Verkettung von Reaktionen aufzufassen, sondern findet unter dem Einfluß und der Kontrolle von Denkvorgängen statt.

Zur Überwindung des tayloristischen Prinzips der Trennung von Denken und Tun und damit einer stärkeren geistigen Durchdringung einer zu erlernenden berufspraktischen Fertigkeit fanden observatives, mentales und verbales Training — später „psychoregulativ akzentuierte Trainingsmethoden" genannt (vgl. Triebe & Wunderli, 1976; Wunderli, 1978) — verstärkt Beachtung: Der Erwerb sensumotorischer Fertigkeiten soll durch solche Trainingsverfahren gefördert werden, die das Schwergewicht auf Sprech-, Denk- und Vorstellungsprozesse legen. Als günstig für den Lernprozeß werden Kombinationen der genannten Methoden angesehen (vgl. Volpert, 1976). Die praktische Bewährung solcher Methodenkombinationen liegt vorwiegend bei der (Höher)Qualifizierung von Erwachsenen im Rahmen von Arbeitsstrukturierungsmaßnahmen (vgl. Brandstetter & Korndörfer, 1983; Warnecke & Kohl, 1979; Witzgall, 1984) oder in Anlernmaßnahmen für das Schweißen mit Industrierobotern (vgl. Korndörfer, 1985).

Bedingt durch die Verlagerung der Anforderungen an den arbeitenden Menschen von der effektorisch-motorischen Komponente hin zur psychisch-(kognitiven) Seite gewinnen spezielle Qualifizierungsmaßnahmen an Bedeutung. Mit Hilfe *kognitiver Trainingsverfahren* sollen die Mitarbeiter in die Lage versetzt werden, komplexe Arbeitstätigkeiten, die eine intellektuelle Durchdringung des Arbeitsprozesses erfordern und Funktionen höherer psychologischer Regulationsebenen, wie die des Denkens, Planens und Entscheidens miteinbeziehen, zu bewältigen. Im Gegensatz zur Aneignung sensumotorischer Fertigkeiten sollen nicht konkrete Tätigkeitsabläufe erlernt werden, sondern Arten des gedanklichen vorstellungsmäßigen Operierens in bezug auf Aufgabeninhalte und Realisierungsbedingungen. Damit soll der Lernende befähigt werden, in den verschiedensten konkreten Situationen praktische Lösungen in Gestalt verfahrens- und ergebnisgünstiger Handlungsfolgen zu finden.

### 3.3 Elemente kognitiven Trainings

Es erscheint sinnvoll, zunächst die methodischen und lernpsychologischen Elemente, die für die Durchführung kognitiver Trainingsmaßnahmen wesentlich sind, näher zu beschreiben.

Im einzelnen sind dies

— die etappenweise Ausbildung geistiger Handlungen,

— der Einsatz von Regeln und Verfahrensvorschriften,

— die Verwendung von Selbstinstruktionstechniken.

*Die etappenweise Ausbildung geistiger Handlungen.* — Die von Galperin (1967) entwickelte „Theorie der etappenweisen Ausbildung geistiger Handlungen" wird als ein wesentliches lernmethodisches Element im Bereich der Trainingsforschung begriffen. Ursprünglich entstand sie aus Fragestellungen über das Wesen von Denkvorgängen und dem Verhältnis der psychischen zur äußeren Tätigkeit. Galperins Hauptthese besagt, „daß die psychische Tätigkeit das Ergebnis der Übertragung des äußeren materiellen Handelns in die Form der Widerspiegelung ist — in die Form der Wahrnehmungen der Vorstellungen und Begriffe. Eine solche Übertragung geht in einer Reihe von Etappen vor sich" (1967, S. 374).

Er unterscheidet drei miteinander verflochtene Phasen von Lernhandlungen

— die Schaffung einer Orientierungsgrundlage der Lernhandlung,

— die Handlungsausführung,

— die Kontrollhandlung.

Der Ausführungsteil der Lernhandlung stellt den eigentlichen, in sich nach Verallgemeinerungs-, Verkürzungs- und Verbalisierungsmechanismen feinstrukturierten Interiorisationsvorgang dar. Er muß nicht in jeder Lernsituation in seiner detaillierten Grundform vollzogen werden. Je nach Vertrautheit bzw. Fremdheit des Lerngegenstandes werden einzelne Phasen, z. B. die der materiellen Operationen übersprungen oder in spezifisch vereinfachter Form bewältigt.

Eine besondere Rolle bei der Entwicklung kognitiver Trainingsverfahren kommt der Sprache zu. Wie beschrieben, vollzieht sich nach Galperin (1967) die Ausbildung geistiger Handlungen als etappenweise Verinnerlichung zunächst äußerer praktischer Handlungen über die Sprache. In den meisten Untersuchungen zum kognitiven Training werden deshalb Verbalisierungsphasen eingebaut. Die Sprache übt damit zwei Funktionen aus (vgl. auch Hacker, 1978; Rühle et al., 1980): eine *Kommunikationsfunktion* in dem Sinne, daß über Sprache, Wissen und Erfahrung vermittelt wird und daß im Team Probleme artikuliert und gemeinsame Lösungswege gesucht werden; zum anderen eine *individuelle Regulationsfunktion* durch Wirkungsmechanismen, wie

— Selbstinstruktionswirkung,

— Behaltenserleichterung,

— Erhöhung der allgmeinen Aktiviertheit,

— Anhebung des psychischen Regulationsniveaus,

— Ermöglichung von Rückmeldungen (bspw. in der Phase der Handlungsplanung).

Die Bedeutung und Anwendung der Sprache wird beim Einsatz heuristischer Regeln und Selbstinstruktionstechniken ersichtlich.

*Der Einsatz von heuristischen Regeln und Verfahrensvorschriften.* — Heuristische Regeln dienen allgemein der Verbesserung der Planung und Realisierung der eigenen, vorwiegend komplexer, Arbeitstätigkeit. Sie basieren auf möglichst knapp und eindeutig formulierten Anweisungen für den Lernenden, die dessen Denken in eine bestimmte Richtung lenken sollen. Mit ihrer Hilfe wird „zu einer präziseren Situationsanalyse angeregt, der Problemraum mitgestaltet und zu einer Reflexion über und zu einer Bewertung bereits vollzogener Denkschritte aufgefordert" (Matern & Hacker, 1986, S. 33). Eine wesentliche Bedeutung im Hinblick auf den Trainingseffekt kommt der *Formulierung* der Regeln zu. Skell (1985, 1986) führt eine Reihe nach Inhalt und Umfang unterschiedlicher Formulierungen auf, die entsprechend der Leistungsvoraussetzungen der Lernenden im Arbeits- und Ausbildungsprozeß eingesetzt werden können.

*Die Verwendung von Selbstinstruktionstechniken.* — Eng mit den vorangegangenen Elementen kognitiven Trainings ist die Selbstinstruktionstechnik verbunden. Selbstinstruktion bezieht sich im allgemeinen „auf die Fähigkeit eines Lernenden, Bedingungen für die Erleichterung seines eigenen Lernens selbst zu bestimmen" (Martin, 1984, S. 159). Techniken des selbständigen Wissens- und Könnenserwerb haben ihre Bedeutung aufgrund der sich rasch ändernden Arbeitstätigkeiten und des damit einhergehenden Aufbaus neuer Arbeitsverfahren. Die Lernenden werden dazu angeleitet, sich selbständig aufgabenrelevante Kenntnisse anzueignen, indem sie ihre eigenen Arbeitsvollzüge protokollieren und bewerten oder erfahrene Arbeitskollegen (bzw. Lehrkräfte) hinsichtlich bestimmter Tätigkeitsmerkmale (wie bspw. Abweichungen vom Normalzustand und die Signale zu deren Erkennung, Maßnahmen und deren Folgen) beobachten (vgl. Rühle et al., 1980).

Matern und Hacker (1986) beschreiben ausführlich solche „Selbstbelehrungstechniken" für das Erlernen von Arbeitsverfahren bei Erwachsenen. Skell (1980) stützt seine Konzeption des Selbstinstruktionstrainings auf den Interiorisierungsverlauf bei der Aneignung und Anwendung heuristischer Regeln.

Untersuchungen von Skell und Ringel (1978) und Freier und Huybrechts (1980) weisen auf die Überlegenheit der Selbstinstruktionsmethode hin. Ähnliche positive Ergebnisse wurden auch durch die Verwendung der „Leittextmethode" in der gewerblich-technischen (vgl. Koch, 1986; Koch, Neumann & Schneider, 1983; Koch & Schneider, 1985; Kröll, Rottluff & Weissker, 1985) und in der kaufmännischen Berufsausbildung (vgl. Koch & Schneider, 1985) erzielt. Auch bei dieser erprobten Technik liegt der Grundgedanke darin, Lernende systematisch so anzuleiten, daß komplexe Aufgabenstellungen planmäßig und selbständig gelöst werden können.

## 4 Anwendungsgebiete und Formen kognitiver Trainingsverfahren

Menschliche Arbeitstätigkeiten lassen sich in Mensch-Maschine-Systemen in Kontroll- und Problemlösetätigkeiten untergliedern (vgl. Johannsen, 1984 und in diesem Band). Gegenüber den Kontrolltätigkeiten sind die Problemlösungstätigkeiten auf einer höheren kognitiven Ebene angesiedelt und können weiter in *Planung* und *Fehlermanagement* unterteilt werden. Eine inhaltlich ähnliche Aufteilung findet man bei Tschebyschewa (1968), die Denkanforderungen im Produktionsbereich gliedert in

— diagnostische (zustandsanalysierende) und

— prognostische (maßnahmeorganisierende).

Aufgaben mit *diagnostischem* Charakter sind solche der Aufdeckung von Signalen, die Produktionszustände oder technologische Verläufe kennzeichnen, sowie von Beziehungen zwischen Signalen und erforderlichen Maßnahmen. Aufgaben mit *prognostischem* Charakter umfassen die Umsetzung von technologischen Vorgaben in Handlungen auf der Grundlage gedanklicher Antizipation und zweckmäßiger Verfahrenswahl. Beide Aufgabenarten gewinnen in hochautomatisierten Produktionsanlagen an Bedeutung. Kognitive Trainingsverfahren können solche leistungsbestimmenden Teiltätigkeiten, wie vorbereitendes Handeln und/oder Störungssuche und -beseitigung, im Arbeitsprozeß optimieren.

## 4.1 Planung und Vorbereitung von Arbeitstätigkeiten

Hohe Planungserfordernisse an Bediener, sowohl beim Normalverlauf als auch in Störsituationen, ergeben sich beim Tätigkeitsvollzug in der flexibel automatisierten Fertigung (vgl. Dähn, 1987; Plath & Risch, 1987; Sonntag, 1985). Nach Hacker (1986) stellt die planende Aufgabenbewältigung die effektivste Form der Handlungsorganisation dar: „Sie erzielt höchste Leistungen und ermöglicht gleichzeitig das Verringern der Beanspruchung" (a.a.O., S. 329). Kognitive Trainingsverfahren, die die Vorbereitung von Arbeitstätigkeiten zum Gegenstand haben, sind darauf ausgerichtet, die Aneignung genauer Abbilder des Produktionsprozesses sowie Kenntnisse, die in die Planung von Maßnahmen eingehen müssen, zu fördern. Sie beziehen sich vor allem auf *Hilfen* zur technologischen Planung der Arbeitstätigkeit, wobei gedankliches Probehandeln im Vordergrund steht.

Untersuchungen über das Zustandekommen von Plänen als einem dem Handeln jeweils vorausgehendes Denken wurden von Görner (1968), Pilopp und Skell (1968) und Skell (1968) durchgeführt. Diese Studien, die überwiegend im Rahmen der beruflichen Erstausbildung angefertigt wurden, zeigten, daß eine angemessene Planung

— andere und höhere intellektuelle Anforderungen stellte als die intellektuellen Anforderungen während der praktischen Ausführung und

— einen nachweisbaren Leistungsgewinn bewirkt. (Die Anzahl überflüssiger Bearbeitungsschritte und Hilfsoperationen ist nach vorheriger Planung signifikant geringer).

In weiteren Arbeiten verwendeten Skell und Rameik (1969) *heuristische Regeln,* um die Auszubildenden *bei der Anfertigung eines technologischen Plans* für Arbeiten in der spanenden Fertigung zu unterstützen. Die Vorgabe der Regeln in schriftlicher Form führte zu einer Erhöhung der Vollständigkeit und Differenziertheit des Plans sowie einer zeitökonomisch günstigeren und fertigungstechnisch richtigeren Planung der Abfolge der Arbeitsschritte. Allerdings konnten diese Ergebnisse nicht schon beim Erstentwurf des technischen Plans, sondern erst nach dessen Überprüfung und Neufassung erzielt werden.

Bezogen auf den Operateur beschreibt Bainbridge (1978) die Konsequenz eines solchen Lernprozesses: „Ein erfahrener Operateur kontrolliert und greift nur wenig ein. Er antizipiert seine Eingriffe. Die genaue Größe und das Timing der antizipierten Aktionen sind kritisch für den Erfolg" (S. 170).

## 4.2 Störungssuche und -beseitigung

Die Befähigung, zutreffende Diagnosen zu stellen, wird für Anlagenführer, Personal in Leitwarten, Wartungs- und Instandhaltungspersonal zum Kernstück ihrer beruflichen Qualifikation. Hierzu sind die kognitiven Regulationsgrundlagen für die Vorgänge der Zustandsanalyse, des Hypothesenbildens und -prüfens und des Entscheidens in Störungssituationen zu entwickeln. Adäquate und effektive Qualifizierungsmaßnahmen orientieren sich grundsätzlich an den drei oben genannten Elementen kognitiven Trainings. Untersuchungen und Studien liegen hauptsächlich vor über das Bereitstellen von Hilfsmitteln für die Gewinnung von Beurteilungsgrundlagen in Form von algorithmischen Strategien oder von Systemen heuristischer Regeln. Je nach Komplexität gewinnen anstelle von algorithmischen Strategien Finderegeln vom Typus heuristischer Regeln an Bedeutung.

Freier und Huybrechts (1980) führten ein Training durch, dessen Zielsetzung im Erwerb optimaler und fehlerfreier Vorgehensweisen bei der Zustandsidentifikation im Rahmen von Überwachungstätigkeiten bei Meßwartefahrern lag. In einem ersten Versuch erfolgte die Unterstützung durch die Vermittlung generalisierender Regeln. Ein zweiter Versuch sah das selbständige Erarbeiten solcher Regeln vor.

Höpfner (1981) entwickelte ein *2-Phasenmodell* für das Training von *Instandhaltungs- und Montagetätigkeiten* bei Elektromonteurlehrlingen. Die *1. Phase* enthielt eine Unterweisung der Lehrlinge im Umgang mit allgemeinen heuristischen Regeln, die beim Erwerb fachspezifischer Tätigkeiten (z. B. Fehlersuche und -beseitigung) selbständig eingesetzt werden sollen. Der Umgang wird anhand von einfachen Aufgaben unter Anleitung und Aufsicht der Lehrmeister trainiert. In einer 2. *Phase* bekommen die Lehrlinge Handzettel mit heuristischen Regeln und müssen anhand der Vorgehensweise auch in mehreren Fällen protokollieren. Nach bestimmten Zeiträumen werden diese Protokolle in Gruppendiskussionen vorgelegt und die Vorgehensweise erklärt. Die Diskussionsbeiträge werden anschließend jeweils ausgewertet.

Im Rahmen eines Kontrollgruppendesigns wurde die Effektivität eines *kognitiven Trainings mit heuristischen Regeln* bei der Bewältigung von Wartungs- und Instandhaltungsaufgaben (Suche, Eingrenzung und Beseitigung von Störungen und Fehlern) hin überprüft (vgl. Sonntag & Schaper, 1988). Bereits beim ersten Versuchsdurchlauf konnte eine Verbesserung der Problemlösefähigkeit und der Selbststeuerung des Arbeitshandelns aufgrund des kognitiven Trainings festgestellt werden. Die Trainigsgruppen zeigten signifikant weniger Korrekturhandlungen, ein nach Zwischenzielen besser gegliedertes Handeln sowie ein ausführliches und systematisches Vorbereitungs- und Orientierungshandeln.

Neben den genannten Untersuchungen sei auf weitere gezielte Trainingsmöglichkeiten zur Störungsdiagnose hingewiesen:

— Zur Verbesserung der Störungserkennung bei der Operateurtätigkeit in Anlagen der chemischen Industrie entwickelten Richter, Seeber, Stümper, Gutewort und Mlytz (1980) 3 unterschiedliche Strategien. Das Erkennen von Störsituationen wurde an simulierten Chemieanlagen mit Meßstellenschemata trainiert.

— Josif und Ené (1980) führten zur Erhöhung der Diagnosekapazitäten bei Operateuren in Wärmekraftwerken „experimentelle Lektionen" durch. In zwei Phasen wurden zunächst Wissen und Informationen über Diagnosemethoden aktualisiert und dann Übungen in einer simulierten Diagnosetätigkeit durchgeführt.

— Weber (1984) berichtet von einer EDV-gestützten Wartensimulation zum Training von Störfällen. Die Versuchsgruppe, die während des 8stündigen Versuchsablaufs mehrere unterschiedliche Störfälle zu bearbeiten hatte, war hinsichtlich der Zielgerichtetheit des Handelns und störfallbereinigter Leistungsvariablen einer Kontrollgruppe, die anfänglich nur zwei Störfälle zu bearbeiten hatte, beim Beheben eines massiven Störfalls deutlich überlegen.

Eine weitere Trainingsform, Störungen zu vermeiden und/oder bei unvermeidbaren Störfällen die richtigen Maßnahmen einzuleiten, stellen betriebliche *Diagnosetechniken bzw. -methodiken* dar. Zur Steigerung der Effektivität des Instandhaltungspersonals werden Schrittabfolgen bei Diagnosetätigkeiten durch differenzierte Fragetechniken eingeübt. Diese situationsangepaßten Fehlersuchsystematiken sollen zu einem systematischen Durchdenken und Prüfen von Wirkungszusammenhängen und -ketten zwingen (vgl. MSE, 1981). Gleichzeitig wird dadurch eine effektivere Kommunikation und Kooperation zwischen dem Wartungspersonal, dem Produktionsmeister und dem Anlagenführer angestrebt.

## 4.3 Kollektive Formen des kognitiven Trainings

Die Förderung kognitiver *und* kommunikativer Kompetenz hat kollektive Trainingsformen zum Gegenstand.

Neubert und Tomczyk (1976) schlugen zur Optimierung von Arbeitsverfahren bei Farbdruckern die Bildung eines „überbetrieblichen Neuererkollektivs" zur Erarbeitung und Einführung von Prinzipien einer verbesserten Anforderungsbewältigung vor. Als Ergebnis der kollektiven Bemühungen entstand als Studienmaterial, Nachschlagewerk und Orientierungsquelle ein schriftlich fixiertes Regelwerk von situationsadäquat nutzbaren detaillierten Regeln. Die Regeln bezogen sich insbesondere auf die Fehlerursachenidentifizierung und die vorbeugende Fehlervermeidung. Ein Prozeß der Praxisüberführung erübrigte sich, da die Mitglieder der Arbeitsgruppe aktiv und selbständig in kollektiver Auseinandersetzung die verbesserten Regulationsgrundlagen erwarben und praktizierten. Bezogen auf Vergleichszeiträume reduzierte sich die durch Druck beeinflußbare Minderqualität der Ware um 45 %.

Diese Ergebnisse ermutigten zur Weiterentwicklung des in kollektiver Form sich vollziehenden kognitiven Trainings. Neubert (1980) untersuchte unter Berücksichtigung einer mehr allgemeinpsychologischen Fragestellung, „unter welchen Voraussetzungen in rationeller Weise individueller Lerngewinn durch Teilnahme an einem *aufgabenorientierten Informationsaustausch (AI)* entsteht" (S. 252). In einem varianzanalytischen Design unter variierten Bedingungen von Abfolgen individueller Lernphasen und einer Phase der Gruppendiskussion mit Diskussionsleiter, ohne Diskussionsleiter und externem Diskussionsleiter (ohne Kenntnis der Aufgabenlösung) ergab sich, daß ein erhöhter individueller Lerngewinn durch die Kooperation von Personen beim AI entsteht. Insbesondere die Gruppe mit Diskussionsleiter, der Erfahrungen in der Leitung von Gruppen hatte, erzielte die besten Resultate.

Auch die *Gruppendiskussionsphasen* bei den Studien von Höpfner (1981) und Korndörfer (1985) sind als kollektive Formen des kognitiven Trainings anzusehen, die mit anderen Formen kombiniert worden sind. Eine ähnliche Vorgehensweise liegt in Teilen auch der in Abschnitt 2.2.3 dargestellten subjektiven Tätigkeitsanalyse (vgl. Udris & Ulich, 1987) zugrunde. Witzgall (1984) erprobte ein *handlungsregulatorisch orientiertes Interaktionstraining* von Semmer und Pfäfflin (1978) zum Training „organisatorisch-dispositiver" Tätigkeiten. Durch Diskussion von positiven und negativen Modellsituationen gemeinsam zu bewältigender Fertigungsprozesse wurden Verhaltensregeln und verbale Codes der Handlungsregulation gemeinsam in einer Orientierungsphase erarbeitet. In Form von Produktionsplanspielen in Kleingruppen mit individueller Erarbeitung von Zielvorstellungen wurde der Aufbau neuer sozialkommunikativer Aktionsprogramme geübt. Als Ergebnis des Trainings konnte eine erhebliche Verselbständigung in der Fertigungssteuerung bei den Einrichtern festgestellt werden.

## 4.4 Kognitives Training auf der Grundlage von Simulationstechniken

Die Simulation von Arbeitstätigkeiten bietet sich immer dann an, wenn bestimmte Abläufe, die trainiert werden sollen, in der betrieblichen Realität bei Fehlhandlungen zu kosten- und zeitintensiven Ausfällen des Systems führen (vgl. 4.2) oder die Handhabung mit Gefahren verbunden ist. Simulationstechniken sind insbesondere verbreitet im Flugzeug- und Automobilbau, wo mittels perfekt konstruierter Simulatoren Flug- und Fahrverhalten nachgeahmt werden und in denen die Versuchspersonen die Möglichkeit haben, ohne Gefahr für Leib und Leben kritische Situationen zu proben (vgl. Drosdol & Panik, 1985; Frieling & Sonntag, 1987). Simulation zum Zwecke des Trainings hat ihre Tradition in der Psychotechnik. Hier sind vor allem die von Tramm in der Fahrschule der Berliner Straßenbahn eingerichteten *Anlernstände* zur Ausbildung und Anlernung von Straßenbahnfahrern zu nennen (vgl. Tramm, 1919). An einem der Realität nachempfundenen Fahrerstand wurden mittels Film Verkehrssituationen vorgegeben, um Reaktionsweisen, Arbeitsleistung und Gefahrenverhalten des Probanden zu erfassen und zu trainieren.

An Bedeutung gewonnen haben Simulatoren in neuerer Zeit durch den zunehmenden Einsatz rechnergestützter Werkzeugmaschinen und -anlagen. Der simulierten Werkstückbearbeitung bei unterschiedlichen Zerspannungsvorgängen (Drehen, Fräsen, Schleifen usw.) kommt dabei eine besondere Bedeutung zu. Als Vorstufe zur Bedienung der komplexen Produktionsmaschinen werden solche graphisch-dynamischen CNC-Simulatoren zunehmend in betrieblichen Ausbildungsabteilungen eingesetzt (Abbildung 2). Nach Laur-Ernst (1986) eignen sich CNC-Simulatoren als Einstieg des Metallfacharbeiters in die Informationstechnik, da diese Simulatoren am ehesten die technikspezifischen neuen

Qualifikationen und Anforderungen im abstrakt-kognitiven Bereich der Facharbeit abbilden. Trainiert wird an CNC-Simulatoren das *Programmieren* (Analysieren und Planen von Bearbeitungsvorgängen, die Aufgliederung in steuerungsgerechte Schritte sowie deren Übersetzung in einen festgelegten Code mit vorgegebener Befehlsfolge) und das Durchführen unterschiedlicher *Dialogprozeduren* zur Programmeingabe und -korrektur, zum Wechsel zwischen verschiedenen System-(Betriebs-)zuständen, zur Vermaßung oder Generierung verschiedener Schnitte/Ansichten des gefertigten Teils usw.

Simulatoren für die Qualifizierung an rechnergestützten Werkzeugmaschinen liegen grundsätzlich in zwei Versionen vor:

— *als eigenständige Konstruktion auf der Basis eines Personalcomputers (s. Abbildung 2).*
  — Solche Graphiksimulatoren bestehen mindestens aus einem Rechner, einem Monitor und der entsprechenden CNC-Software. In den meisten Fällen kann diese Grundausstattung um einen Drucker und Lochstreifenstanzer erweitert werden (bei vorhandener Schnittstelle). Über maschinennahe CNC-Tastaturen erfolgt die Bedienung des CNC-Simulators, der im Einricht-, Programmier- und Automatikbetrieb gefahren werden kann. Bei Anschlußmöglichkeiten für einen Lochstreifenstanzer können funktionierende Programme auf Lochstreifen übertragen und an einer CNC-Werkzeugmaschine „abgefahren" werden.

— *als Teil einer CNC-Produktionsmaschine.* — Diese Art von Simulatoren besteht aus der elektronischen Steuerung der CNC-Werkzeugmaschine, die über eine maschi-

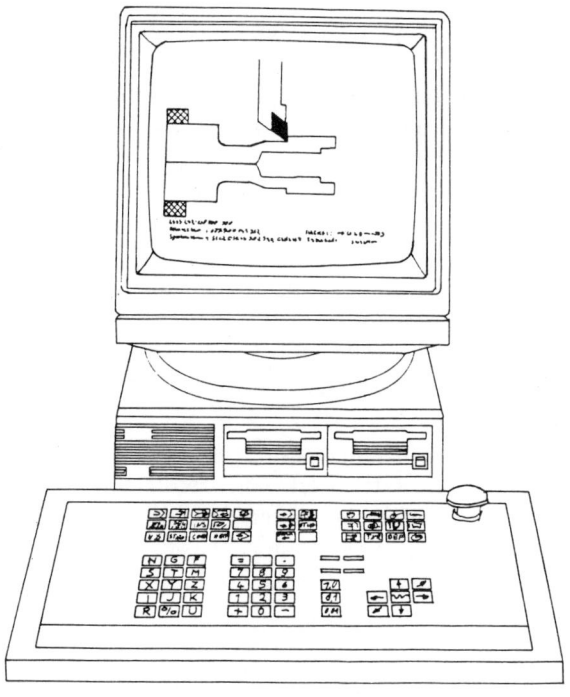

Abb. 2: Simulator auf der Basis eines Personalcomputers.

nenspezifische CNC-Funktionstastatur und einen Bildschirm verfügt. Bei moderneren Ausführungen wird der Ablauf eines eingegebenen Bearbeitungsprogramms wie beim Graphiksimulator auf dem Bildschirm dynamisch dargestellt.

Bewertet man die lernfördernden Eigenschaften von CNC-Simulatoren, so ist nach Laur-Ernst (1986) im kognitiven Bereich die Reduktion komplexer Sachverhalte zu nennen, die besonders in der Anfangsphase der CNC-Ausbildung das Lernen begünstigt. Auf der emotional-motivationalen Ebene führt eine solche Komplexitätsreduktion und Verteilung der Bearbeitung auf verschiedene Schritte und Anforderungsstufen zu einer Verminderung „subjektiv erlebbarer Bedrohlichkeit" (S. 114). Für Lernende, die „Berührungsängste" gegenüber teuren und komplexen CNC-Werkzeugmaschinen empfinden, schaffen Simulatoren bessere emotionale Lernbedingungen.

Als Nachteil wird die begrenzte Qualifizierung für den Umgang mit CNC-Werkzeugmaschinen genannt. Denkt man an das Einrichten, die Wartung und Instandhaltung der Maschinen, an das konkrete Herstellen von Werkstücken und ihre Qualitätskontrolle, weiterhin an die Fähigkeit, potentielle Fertigungsstörungen rechtzeitig zu erkennen und zu beheben, so wird deutlich, daß die mit Simulatoren vermittelten und auf informationstechnische Aspekte ausgerichteten Qualifikationen nur einen Teil des Qualifikationspotentials kompetenter Maschinenführer ausmachen. Simulatoren liefern nur den Einstieg und die Grundqualifizierung in CNC-Technik.

## 5 Bewertung

Kognitive Trainingsverfahren sind Formen der Übung, die auf die Verbesserung kognitiver Grundlagen der Arbeitstätigkeit abzielen. Darunter sind grundsätzliche, auf der psychologischen Handlungsregulationstheorie beruhende Vorgehensweisen zu verstehen, die die tätigkeitsbezogenen Sprech-, Denk- und Vorstellungsprozesse des Lernenden ansprechen. Unter Verwendung von Selbstinstruktionstechniken und dem Einsatz heuristischer Regeln werden kognitive Regulationsgrundlagen etappenweise ausgebildet. Die Hauptanwendungsgebiete kognitiver Trainingsverfahren liegen in der Optimierung leistungsbestimmender komplexer Teiltätigkeiten, wie dem Planen von Arbeitstätigkeiten und der Störungssuche und -beseitigung. Kognitive Trainingsverfahren zeigen sich in den genannten Studien traditionellen Methoden generell überlegen und liefern eine Reihe von Anregungen für die Bessergestaltung von Lernprozessen in der Industrie. Dennoch sind auch kritische Überlegungen für den breiten Einsatz kognitiver Trainingsverfahren angebracht.

*Methodische Probleme.* — Bedingt durch forschungsorganisatorische Besonderheiten liegt den genannten Studien vorwiegend ein Kleingruppen- und quasi-experimenteller Ansatz zugrunde, der im Hinblick auf die Generalisierbarkeit der

Ergebnisse und der Effektkontrolle prinzipielle Schwächen aufweist. Weil teilweise mit vorgegebenen Gruppen gearbeitet werden muß, besteht immer die Gefahr, daß die in einem Nachtest festgestellten Gruppenunterschiede nicht — wie vermutet — auf unterschiedliche experimentelle Behandlungen zurückgehen, sondern auf den oder die Faktoren, die die Gruppenzugehörigkeit bestimmt hatten. Weiterhin kann bei quasi-experimentellen Versuchsplänen insgesamt aufgrund der Versuchsanlage nicht ausgeschlossen werden, daß der beobachtbare Effekt nicht auf das Treatment, sondern auf andere Faktoren zurückgeht.

Dies muß man in einer sorgfältigen Versuchskonzipierung und -durchführung ausgleichen, wobei potentielle Störfaktoren thematisiert werden. Gerade in dieser Sicht weisen Kleingruppenexperimente aber auch Vorzüge auf: Die Bedingungsvariation kann exakt vorgenommen werden, was bei größeren Versuchsgruppen pädagogisch-praktisch kaum zu gewährleisten ist. Die Bedingungskontrolle, z. B. mittels sorgfältiger Homogenisierung der Versuchsgruppenzusammensetzung, kann exakter als bei größeren Gruppen durchgeführt werden. Ebenso ist eine umfassendere und unmittelbarere Evaluation der Entwicklungsprozesse im Verlauf des Experimentes aufgrund kleinerer Versuchspersonenzahlen meist besser möglich als bei größeren.

*Probleme der Umsetzung.* — Der in den Studien nachgewiesenen Effektivität kognitiver Trainingsverfahren stehen relativ aufwendige und zeitintensive Vorbereitungen gegenüber. Nach einer ausführlichen Analyse der Aufgabenstruktur der zu erlernenden Tätigkeit mit Verfahren und Instrumenten, wie sie beispielsweise in Abschnitt 2 beschrieben wurden, sind Denk- und Handlungshilfen zu formulieren. Es gilt, ein Vermittlungskonzept zu entwerfen, das die Lernenden sukzessiv dazu anleitet und motiviert, die Denkhilfen für gestellte Aufgaben schrittweise selbständig anzuwenden. Für die Trainer bzw. Ausbilder setzt die Anwendung kognitiver Trainingsverfahren eine hohe Umstellungs- und Umlernbereitschaft voraus, was in der Anfangsphase einen erheblichen Mehraufwand an Zeit bedeutet. In vielen Fällen wird hierfür eine Weiterqualifizierung erforderlich sein. Kognitive Trainingsmethoden bedürfen auch einer Unterstützung durch Lern-Hard- und -Software. So müssen Trainingsplätze mit entsprechenden maschinellen Übungsgeräten und Simulationsanlagen eingerichtet und/oder bestimmte Lernhilfen kostenaufwendig entwickelt werden (z. B. Videofilme). Stellt man jedoch die mit der Einführung kognitiver Trainingsverfahren verbundenen Investitionen den potentiellen Kosten und Schäden gegenüber, die aufgrund von Störfällen und Stillstandszeiten an den hochkomplexen Anlagen und Fertigungssystemen entstehen, so dürften die im Rahmen von Qualifizierungsprogrammen anfallenden Aufwendungen eine vernachlässigbare Größe darstellen.

Wird die Entwicklung oder Durchführung kognitiver Trainingsmaßnahmen allein dem Ausbildungspraktiker überlassen, so kann dies zu einer unkritischen

Übernahme von theoretischen Modellen (bspw. der Handlungsregulationstheorie) auf Ausbildungs- bzw. Trainingsmethoden führen, mit dem Ziel, die Ausbildung im kognitiven Bereich im Sinne eines ökonomischen Drills intellektueller Regulationserfordernisse zu rationalisieren. Organisation und Vorbereitung für die Anwendung kognitiver Methoden erfordern einen in der Thematik erfahrenen Arbeitspsychologen. Zu seinen Aufgaben gehört nach Matern und Hacker (1986)

— die Gestaltung der einzelnen Trainingsbausteine auf der Grundlage vorausgegangener Arbeitsanalysen (vgl. Abschnitt 2);

— das Erfassen und Auswerten von Effektivitätskriterien während der aktiven Trainingsphasen zur Bewertung und Steuerung des Trainingsprozesses;

— die Auswahl und Kombination von Trainingsbausteinen mit dem Ziel, die Aneignung möglichst vollständiger psychischer Regulationsgrundlagen zeitökonomisch zu gewährleisten und deren selbständigen und situationsgerechten Einsatz zu üben;

— die Entscheidung über die Art der Kombination von individuellem Lernen und Gruppenlernen.

Unter diesen Voraussetzungen kann es gelingen, Lernende mit Hilfe kognitiver Trainingsverfahren zur gedanklichen Auseinandersetzung mit der zu erlernenden Tätigkeit anzuregen und sie an Techniken des selbständigen Wissens- und Könnenserwerb heranzuführen. Gerade das ist bei den sich infolge der technischen Entwicklung rasch ändernden Arbeitstätigkeiten gefragt.

## *Literatur*

Anderson, J. R. (1982). Acquisition of cognitive skill. *Psychological Review, 89,* 369—406.

Asendorf, J. & Schultz-Wild, R. (1984). Work organization and training in a flexible manufacturing system. An alternativ approach. In T. Martin (Ed.), *Design of work in automated manufacturing systems.* Proceedings of the IFAC Workshop, Karlsruhe, 7.—9. November 1983 (pp. 45—49). Oxford: Pergamon Press.

AT & T (American Telephone and Telegraph Company) (1980). *The work performance survey system. A procedural guide.* Human resources department/AT &T Baskin Ridge, New Jersey, 3.

Bainbridge, L. (1978). Forgotten alternatives in skill and work load. *Ergonomics, 21,* 169—185.

Bainbridge, L. (1983). Ironies of automation. *Automatica, 10,* 775—779.

Boehm, U., Mende, M., Riecker, A. & Schuchardt, W. (1976). *Qualifikationsstruktur und berufliche Curricula.* Hannover: Schroedel.

Brandstetter, W. & Korndörfer, V. (1983). Arbeitsstrukturierung in der hochautomatisierten Fertigung — Was kann durch geeignete Qualifizierungsmaßnahmen erreicht werden? In H.-J. Bullinger & H. D. Warnecke (Hrsg.), *Wettbewerbsfähige Arbeitssysteme — Problemlösungen für die Praxis* (S. 381—389). Vorträge der 2. IAO-Arbeitstagung v. 22./23. November 1983. Stuttgart: Verein zur Förderung produktionstechnischer Fertigung.

Christal, R. E. & Weißmüller, I. I. (1977). New Comprehensive Occupational Data Analysis Program (CODAP) for analyzing task factor information. *Catalog of selected documents in Psychology, 7* (1).

Dähn, C.-J. (1987). Anforderungen an Facharbeiter in flexiblen automatisierten Fertigungssystemen. *Forschung sozialistischer Berufsbildung, 21,* 45—51.

Drosdol, I. & Panik, F. (1985). The Daimler Benz Driving Simulator. A tool for vehicle development. *SAE-Technical Paper Series 850334.* Detroit, Mich.

Facaoaru, C. & Frieling, E. (1986). Verfahren zur Ermittlung informatorischer Belastungen — Teil II: Aufbau und Darstellung eines Verfahrensentwurfs. *Zeitschrift für Arbeitswissenschaft, 40,* 90—96.

Fine, S. A. (1973). *Functional Job Analysis. An approach to a technology for manpower planning.* Kalamazoo, Mich.: The W. E. Upjohn Institute for Employment Research.

Fleishman, E. A. & Quaintance, M. K. (1984). *Taxonomies of human performance.* Orlando, FL: Academic Press.

Freier, B. & Huybrechts, R. (1980). Untersuchung zum Training kognitiver Grundlagen von Arbeitsverfahren. In W. Hacker & H. Raum (Hrsg.), *Optimierung von kognitiven Arbeitsanforderungen* (S. 229—235). Bern: Huber.

Frieling, E. (1977). Die Arbeitsplatzanalyse als Grundlage der Eignungsdiagnostik. In J. K. Triebe & E. Ulich (Hrsg.), *Beiträge zur Eignungsdiagnostik* (S. 20—90). Bern: Huber.

Frieling, E. (1980). Arbeitsaufgabe und Anforderung. In C. Graf Hoyos, W. Kroeber-Riel, L. v. Rosenstiel & B. Strümpel (Hrsg.), *Grundbegriffe der Wirtschaftspsychologie* (S. 488—496). München: Kösel.

Frieling, E. (1987). Entwicklungsperspektiven für wissenschaftliche Arbeitsanalyseverfahren. In Kh. Sonntag (Hrsg.), *Arbeitsanalyse und Technikentwickung* (S. 33—45). Köln: Wirtschaftsverlag Bachem.

Frieling, E. & Hoyos, C. Graf (1978). *Fragebogen zur Arbeitsanalyse (FAA).* Bern: Huber.

Frieling, E., Kannheiser, W., Facaoaru, C., Wöcherl, H. & Dürholt, E. (1984). *Entwicklung eines theoriegeleiteten, standardisierten, verhaltenswissenschaftlichen Verfahrens zur Tätigkeitsanalyse (TAI).* (Unveröffentlichter) Endbericht zum HdA-Forschungsvorhaben 01 HA 029. München.

Frieling, E. & Sonntag, Kh. (1985). *Weiterentwicklung des TAI.* Forschungsantrag an das BMFT. Kassel.

Frieling, E. & Sonntag, Kh. (1987). *Lehrbuch Arbeitspsychologie.* Bern: Huber.

Galperin, P. I. (1967). Die Entwicklung der Untersuchungen über die Bildung geistiger Operationen. In H. Hiebsch (Hrsg.), *Ergebnisse der sowjetischen Psychologie* (S. 367—405). Berlin: Akademie Verlag.

Gerwin, D. & Leung, T. K. (1980). The organizational impacts of the flexible manufacturing systems: some initial findings. *Human Systems Management, 1,* 237—246.

Görner, R. (1968). Vorgestellter und ausführlicher Tätigkeitsvollzug — eine Möglichkeit der Erfassung von Denkverläufen in der Arbeitstätigkeit. In W. Hacker, W. Skell & W. Straub (Hrsg.), *Arbeitspsychologie und wissenschaftlich-technische Revolution* (S. 59—72). Berlin: Deutscher Verlag der Wissenschaften.

Greiner, B., Leitner, K., Weber, W.-G., Hennes, K. & Volpert, W. (1987). RHIA — ein Verfahren zur Erfassung psychischer Belastung. In Kh. Sonntag (Hrsg.), *Arbeitsanalyse und Technikentwicklung* (S. 145—161). Köln: Wirtschaftsverlag Bachem.

Hacker, W. (1978). *Allgemeine Arbeits- und Ingenieurpsychologie. Psychische Struktur und Regulation von Arbeitstätigkeiten.* Bern: Huber.

Hacker, W. (1983). Psychische Anforderungen. In F. Stoll (Hrsg.), *Arbeit und Beruf.* Kindlers „Psychologie des 20. Jahrhunderts", Bd. 2 (S. 86—109). Weinheim: Beltz.

Hacker, W. (1986). *Arbeitspsychologie. Psychische Regulation von Arbeitstätigkeiten.* Berlin: Deutscher Verlag der Wissenschaften.

Hacker, W., Iwanowa, A. & Richter, P. (1983). *Tätigkeitsbewertungssystem (TBS).* Berlin: Psychodiagnostisches Zentrum der Humboldt Universität.

Hacker, W. & Matern, B. (1980). Methoden zum Ermitteln tätigkeitsregulierender kognitiver Prozesse und Repräsentationen bei industriellen Arbeitstätigkeiten. In W. Volpert (Hrsg.), *Beiträge zur Psychologischen Handlungstheorie* (S. 29—49). Bern: Huber.

Hacker, W., Rühle, R. & Schneider, N. (1978). Effektivitätssteigerung durch neue Verfahren zum Erlernen leistungsbestimmender Teiltätigkeiten. *Sozialistische Arbeitswissenschaft, 22,* 363—368.

Hackman, J. R. (1970). Tasks and task performance in research on stress. In I. E. McGrath (Ed.), *Social and psychological factors in stress* (pp. 202—237). New York: Holt, Rinehart & Winston.

Höpfner, H.-D. (1981). *Ein selektives kognitives Training für die Ausbildung des Könnens zur anforderungsgerechten Bewältigung von Arbeitstätigkeiten in der Berufsausbildung.* Informationen der Technischen Universität Dresden 22-07-81, Sektion Arbeitswissenschaften.

Hoyos, C. Graf (1974). *Arbeitspsychologie.* Stuttgart: Kohlhammer.

Hoyos, C. Graf & Frieling, E. (1977). Die Methodik der Arbeits- und Berufsanalyse. In K. H. Seifert (Hrsg.), *Handbuch der Berufspsychologie* (S. 103—140). Göttingen: Hogrefe.

Johannsen, G. (1984). *Interaction between controlling planning and fault managing in complex man-machine systems.* Preprints of the 9th world congress of the International Federation of Automatic Control. Budapest. Hungary, July 2—6 1984.

Johannsen, G. & Borys, B.-B. (1985). *Investigation of display contents and decision support in a rule based fault correction task.* Proceedings 2nd IFAC/IFIP/IFORS/IEA

Conference on Analysis Design and Evaluation of Man-Machine Systems, Varese, Italy, Sept. 1985.

Josif, Gh. & Ené, P. (1980). Entwicklung der Diagnosetätigkeit bei Operateuren in Wärmekraftwerken. In W. Hacker & H. Raum (Hrsg.), *Optimierung von kognitiven Arbeitsanforderungen* (S. 248—251). Bern: Huber.

Kannheiser, W. (1985). Forschungsantrag an das BMFT zur Weiterentwicklung des TAI-Teilverfahrens I. München.

Kannheiser, W. & Frieling, E. (1982). Zum Stand der Arbeitsanalyse in den USA (II). *Zeitschrift für Arbeitswissenschaft, 36,* 132—137.

Kern, H. & Schumann, M. (1970). *Industriearbeit und Arbeiterbewußtsein.* Teil I und Teil II. Frankfurt: Europäische Verlagsanstalt.

Klix, F. (1971). Die Optimierung des Informationsaustausches in Mensch-Maschine-Systemen als psychologische Aufgabenstellung. In F. Klix, I. Neumann, A. Seeber & K. P. Timpe (Hrsg.), *Psychologie in der sozialistischen Industrie. Ingenieur- und arbeitspsychologische Beiträge zur Komplexautomatisierung* (S. 40—74). Berlin: Deutscher Verlag der Wissenschaften.

Klix, F. (1973). *Information und Verhalten.* Kybernetische Aspekte der organismischen Informationsverarbeitung. Berlin: Deutscher Verlag der Wissenschaften.

Koch, J. (1986). Neues aus der „Welt der Leittextmethode". *Betriebliche Ausbildungspraxis, 4,* 4—5.

Koch, J., Neumann, E. & Schneider, P.-I. (1983). *Das Lehr-/Lernsystem Hobbymaschine.* Berlin: Bundesinstitut für Berufsbildung.

Koch, J. & Schneider, P.-I. (1985). *Modellversuch „Leittextgesteuerte" Untersuchungsprojekte unter Nutzung moderner Bürotechnologien in der kaufmännischen Ausbildung.* Zwischenbericht. Salzgitter.

Korndörfer, V. (1985). Qualifikationsanforderungen und Qualifizierung beim Einsatz von Industrierobotern. In Kh. Sonntag (Hrsg.), *Neue Produktionstechniken und qualifizierte Arbeit* (S. 117—137). Köln: Wirtschaftsverlag Bachem.

Kröll, W., Rottluff, I. & Weissker, D. (1985). Veränderte Anforderungen im Betrieb erfordern veränderte Angebote in der Ausbildung. In H. Passe-Tietjen & M. Stiehl (Hrsg.), *Betriebliches Handlungslernen und die Rolle des Ausbilders* (S. 29—39). Wetzlar: W.-v.-Siemens-Schule.

Laur-Ernst, U. (1986). Mit CNC-Simulation lernen — Möglichkeiten und Grenzen. In M. Hoppe & H.-H. Erbe (Hrsg.), *Rechnergestützte Facharbeit* (S. 106—118). Wetzlar: W.-v.-Siemens-Schule.

Lay, G. (1987). Analyse von Tätigkeitsstrukturen und Bewertung der Qualifikationsanforderungen an CNC-Werkzeugmaschinen. In Kh. Sonntag (Hrsg.), *Arbeitsanalyse und Technikentwicklung* (S. 109—125). Köln: Wirtschaftsverlag Bachem.

Leontjew, A. N. (1977). *Tätigkeit, Bewußtsein, Persönlichkeit.* Stuttgart: Klett.

Lompscher, I. (1972). *Theoretische und experimentelle Untersuchungen zur Entwicklung geistiger Fähigkeiten.* Berlin: Volk und Wissen.

Martin, I. (1984). Toward a cognitive schemata theory of self-instruction. *Instructional science, 13,* 159—180.

Martin, T. (1985). Stand und Entwicklung neuer Fertigungstechnologien. In Kh. Sonntag (Hrsg.), *Neue Produktionstechniken und qualifizierte Arbeit* (S. 11—35). Köln: Wirtschaftsverlag Bachem.

Maskow, I. & Thomas, W. (1977). *Entwicklung von Planungs- und Entscheidungstabellen zur rationellen Gestaltung des Zusammenwirkens von Arbeitskräften und Betriebsmitteln bei hochmechanischen Fertigungen (RKW-Projekt A-120).* Eschborn: RKW.

Matern, B. (1984). *Psychologische Arbeitsanalyse.* Berlin: Springer.

Matern, B. & Hacker, W. (1986). Erlernen von Arbeitsverfahren. *Psychologie für die Praxis, 1,* 25—38.

McCormick, E. I. (1979). *Job analysis: Methods and applications.* New York: Amacom.

Mickler, I., Mohr, W. & Kadritzke, U. (1977). *Produktion und Qualifikation — eine empirische Untersuchung zur Entwicklung von Qualifikationsanforderungen in der industriellen Produktion und deren Ursachen.* Teil I und Teil II. Göttingen: SOFI.

Milerjan, E. A. (1968). *Psychologische Ausbildung allgemeiner Arbeitsfähigkeiten.* Unveröffentlichte Dissertation, Leningrad (russ. Rohübersetzung TU Dresden).

Miller, R. B. (1971). *Development of a taxonomy of human performance: design of a system task vocabulary.* Technical Report No. 11. Washington D.C.: American Institutes for Research.

MSE (Gesellschaft für Methoden systematischer Entscheidungsfindung und Organisationsentwicklung). (1981). *Konzept Diagnosetraining.* Stuttgart: MSE (Manuskriptdruck).

Neubert, I. (1980). Aufgabenorientierter Informationsaustausch und individueller Lerngewinn. In W. Hacker & H. Raum (Hrsg.), *Optimierung von kognitiven Arbeitsanforderungen* (S. 252—258). Bern: Huber.

Neubert, I. & Tomczyk, R. (1976). Mit regulationsorientiertem Handlungstraining zur Optimierung von Arbeitsverfahren. *Sozialistische Arbeitswissenschaft, 20,* 438—445.

Norman, D. A. (1982). *Learning and memory.* San Francisco: Freeman.

Oberhoff, H. (1976). *Beanspruchung der Arbeitspersonen an hochtechnisierten Arbeitsplätzen, dargestellt am Beispiel „Numerisch gesteuerte Werkzeugmaschinen".* Frankfurt: Athenäum.

Olson, H. C., Fine, S. A., Myers, D. & Jennings, M. C. (1981). The use of Functional Job Analysis in establishing performance standards for heavy equipment operators. *Personnel Psychology, 34,* 351—364.

Pilopp, M. & Skell, W. (1968). Zur Entstehung technologischer Pläne und deren Verwirklichung in der praktischen Produktionstätigkeit. In W. Hacker, W. Skell & W. Straub (Hrsg.), *Arbeitspsychologie und wissenschaftlich-technische Revolution* (S. 73—82). Berlin: Deutscher Verlag der Wissenschaften.

Plath, H.-E. & Risch, W. (1987). Arbeitsweise des Dispatchers bei Störungen in flexiblen Fertigungssystemen. *Sozialistische Arbeitswissenschaft, 31,* 35—46.

Primoff, E. S. (1975). *How to prepare and conduct job-element examinations*. Washington, DC: U.S. Government Printing Office.

Quaas, W. & Raum, H. (1973). Zur Problematik der Begriffsfassung von Arbeitsanforderungen, ihrer Ermittelbarkeit und praktischen Bedeutung. In W. Hacker, W. Quaas, H. Raum & H. J. Schulz (Hrsg.), *Psychologische Arbeitsuntersuchung* (S. 42—77). Berlin: Deutscher Verlag der Wissenschaften.

Reitmann, W. R. (1966). *Cognition and thought: an information processing approach*. New York: Wiley.

Rempp, H., Boffo, M. & Lay, G. (1981). *Wirtschaftliche und soziale Auswirkungen des CNC-Werkzeugmaschineneinsatzes* (RKW-Projekt A-133). Eschborn: RKW.

Richter, I., Seeber, A., Stümper, R., Gutewort, T. & Mlytz, H. (1980). Beziehungen zwischen kognitiven Anforderungen bei unterschiedlichen Trainingsformen, psychischen Leistungsvoraussetzungen und biochemischen Variablen der Aktivierung in einer simulierten Operateurtätigkeit. In W. Hacker & H. Raum (Hrsg.), *Optimierung von kognitiven Arbeitsanforderungen* (S. 236—241). Bern: Huber.

Rüger, S. (1974). Tätigkeitsanalysen zur Erhebung beruflicher Bildungsinhalte. *Zeitschrift für Berufsbildungsforschung, 3*, 15—20.

Rühle, R. (1984). Analyse und Vermittlung leistungsbestimmender Regulationsgrundlagen bei Bedientätigkeiten der Mehrstellenarbeit. *Psychologie für die Praxis, 3*.

Rühle, R., Matern, B. & Skell, W. (1980). Training kognitiver Regulationsgrundlagen. In W. Hacker & H. Raum (Hrsg.), *Optimierung von kognitiven Arbeitsanforderungen* (S. 223—241). Bern: Huber.

Semmer, N. & Pfäfflin, M. (1978). *Interaktionstraining. Ein handlungstheoretischer Ansatz zum Training sozialer Fertigkeiten*. Weinheim: Beltz.

Sheridan, T. B. & Johannsen, G. (Hrsg.). (1976). *Monitoring behavior and supervisory control*. New York: Plenum Press.

Sinclair, M. A. (1986). Ergonomic aspects of the automated factory. *Ergonomics, 29*, 1507—1523.

Skell, E. (1968). Zur Auswirkung fördernder Bedingungen auf Planungstätigkeit und nachfolgenden Fertigungsprozeß. In W. Hacker, W. Skell & W. Straub (Hrsg.), *Arbeitspsychologie und wissenschaftlich-technische Revolution* (S. 83—91). Berlin: Deutscher Verlag der Wissenschaften..

Skell, W. (1972). Analyse von Denkleistungen bei der Planung und praktischen Durchführung von Produktionsarbeiten in der Berufsausbildung. In W. Skell (Hrsg.), *Psychologische Analysen von Denkleistungen in der Produktion* (S. 13—100). Berlin: Deutscher Verlag der Wissenschaften.

Skell, W. (Hrsg.). (1972). *Psychologische Analysen von Denkleistungen in der Produktion*. Berlin: Deutscher Verlag der Wissenschaften.

Skell, W. (1980). Erfahrungen mit Selbstinstruktionstraining beim Erwerb kognitiver Regulationsgrundlagen. In W. Volpert (Hrsg.), *Beiträge zur Psychologischen Handlungstheorie* (S. 50—79). Bern: Huber.

Skell, W. (1985). *Gesichtspunkte für einen effektiven Einsatz von Denkhilfen im Arbeitsprozeß.* Informationen der Technischen Universität Dresden 22-07-85, Sektion Arbeitswissenschaften.

Skell, W. (1986). Gesichtpunkte für einen effektiven Einsatz von Denkhilfen im Ausbildungsprozeß. In H. Raum & W. Hacker (Hrsg.), *Optimierung geistiger Arbeitstätigkeiten* (S. 188—193). Referate des V. Dresdner Symposiums zur Arbeits- und Ingenieurpsychologie 11.—13. Februar 1986, Bd. 2 (Manuskriptdruck).

Skell, W. & Rameik, A. (1969/1970). Der Einfluß von Denkhilfen auf die Entwicklung der Fähigkeit zum technologischen Planen. *Berufsbildung, 12,* 640—645, und *1,* 17—20.

Skell, W. & Ringel, M. (1978). *Erste Erfahrungen mit Selbstinstruktionstraining in einer praxisnahen Lernsituation.* Informationen der Technischen Universität Dresden 22-11-78, Sektion Arbeitswissenschaften.

Sonntag, Kh. (1985). Erforderliche Qualifikationen beim Tätigkeitsvollzug in der flexiblen automatisierten Fertigung. *Zeitschrift für Arbeitswissenschaft, 39,* 193—200.

Sonntag, Kh. (1989). Trainingsforschung in der Arbeitspsychologie. Bern: Huber.

Sonntag, Kh. & Wöcherl, H. (1985). *Qualifikationsanforderungen im Flexiblen Fertigungssystem.* Forschungsbericht über den arbeitspsychologischen Untersuchungsteil des BMBW/BiBB-Projektes D 0560.00. Kassel (Manuskriptdruck).

Sonntag, Kh., Heun, D. & Benedix, J. (1987). Tätigkeitsanalyse als Beitrag zur Qualifikationsforschung und Trainingsgestaltung: Das qualifikationsbezogene Teilverfahren des TAI. In Kh. Sonntag (Hrsg.), *Arbeitsanalyse und Technikentwicklung* (S. 89—108). Köln: Wirtschaftsverlag Bachem.

Sonntag, Kh. & Schaper, N. (1988). Kognitives Training zur Bewältigung steuerungstechnischer Aufgabenstellungen. *Zeitschrift für Arbeits- und Organisationspsychologie, 32* (N.F. 6), 128—138.

Stachowiak, H. (1969). *Denken und Erkennen im kybernetischen Modell.* New York: Springer.

Stadler, M. & Seeger, F. (1981). Psychologische Handlungstheorie auf der Grundlage des materialistischen Tätigkeitsbegriffs. In H. Lenk (Hrsg.), *Handlungstheorien — interdisziplinär,* Bd. 3, 1. Halbband (S. 191—263). München: Fink.

Stein, W. (1987). *Fahrzeug- und Prozeßführung: Menschliches Überwachungs- und Entscheidungsverhalten.* Berlin: Springer.

Theologus, G. C., Romashko, T. & Fleishman, E. A. (1970). *Development of a taxonomy of human performance: a feasibility study of ability dimensions for classifying human tasks.* Technical Report No. 5. Washington, D.C.: American Institutes for Research.

Timpe, K.-P. (1971). Die Aufgaben der Ingenieurpsychologie beim Aufbau des entwickelten gesellschaftlichen Systems im Sozialismus. In F. Klix, I. Neumann, A. Seeber & K.-P. Timpe (Hrsg.), *Psychologie in der sozialistischen Industrie. Ingenieur- und arbeitspsychologische Beiträge zur Komplexautomatisierung* (S. 13—39). Berlin: Deutscher Verlag der Wissenschaften.

Tramm, K. (1919). Die rationelle Ausbildung des Fahrpersonals für Straßenbahnen auf psychotechnischer Grundlage. *Praktische Psychologie,* Heft 1/2.

Triebe, J. K. & Wunderli, R. (1976). Die Bedeutung verschiedener Trainingsmethoden für industrielle Anlernverfahren. *Zeitschrift für Arbeitswissenschaft, 30,* 114—118.

Tschebyschewa, W. W. (1968). Einige Besonderheiten des Denkens in Arbeitstätigkeiten — nach sowjetischen Untersuchungsergebnissen. In W. Hacker, W. Skell & W. Straub (Hrsg.), *Arbeitspsychologie und wissenschaftlich-technische Revolution* (S. 129—138). Berlin: Deutscher Verlag der Wissenschaften.

Udris, I. (1981). Redefinition als Problem der Arbeitsanalyse. In F. Frei & E. Ulich (Hrsg.), *Beiträge zur psychologischen Arbeitsanalyse* (S. 283—307). Bern: Huber.

Udris, I. & Ulich, E. (1987). Organisations- und Technikgestaltung: Prozeß- und partizipationsorientierte Arbeitsanalysen. In Kh. Sonntag (Hrsg.), *Arbeitsanalyse und Technikentwicklung* (S. 49—68). Köln: Wirtschaftsverlag Bachem.

Ulich, E. (1964). Das Lernen sensumotorischer Fertigkeiten. In *Handbuch der Psychologie,* 1. Bd., 2. Halbband (S. 326—346). Göttingen: Hogrefe.

Ulich, E. (1981). Subjektive Tätigkeitsanalyse als Voraussetzung autonomie-orientierter Arbeitsgestaltung. In F. Frei & E. Ulich (Hrsg.), *Beiträge zur psychologischen Arbeitsanalyse* (S. 327—347). Bern: Huber.

Ungerer, D. (1971). Zur Theorie des sensomotorischen Lernens. Schorndorf: Hoffmann.

Volpert, W. (1971). *Sensomotorisches Lernen.* Frankfurt: Limpert.

Volpert, W. (1973). Arbeitswissenschaftliche Grundlagen der Berufsbildungsforschung. In J. H. Kirchner, W. Rohmert, W. Volpert, H. Pornschlegel & G. Schrick (Hrsg.), *Arbeitswissenschaftliche Studien zur Berufsbildungsforschung* (S. 51—109). Hannover: Schroedel.

Volpert, W. (1974). *Handlungsstrukturanalyse als Beitrag zur Qualifikationsforschung.* Köln: Pahl-Rugenstein.

Volpert, W. (1975). Handeln, Planen, Handeln-Lernen. Überlegungen zur psychologischen Handlungstheorie. In H. Hartmann (Hrsg.), *Emanzipation im Sport? Ein Reader zu Problemen des Schulsports* (S. 263—289). Gießen: Achenbach.

Volpert, W. (1976). *Optimierung von Trainingsprogrammen: Untersuchungen über den Einsatz des mentalen Trainings beim Erwerb einer sensumotorischen Fertigkeit.* Lollar: Achenbach.

Volpert, W., Oesterreich, R., Gablenz-Kolakovic, S., Krogoll, T. & Resch, M. (1983). *Verfahren zur Ermittlung von Regulationserfordernissen in der Arbeitstätigkeit (VERA).* Köln: Verlag TÜV Rheinland.

Warnecke, H. J., Kohl, W. (1979). Höherqualifizierung in neuen Arbeitsstrukturen. *Zeitschrift für Arbeitswissenschaft, 33,* 69—75.

Weber, P. (1984). Eine EDV-gestützte Warten-Simulation zum Training von Störfällen. *Ortung und Navigation, 3,* 382—387.

Wickens, C. D. & Kramer, A. (1985). Engineering psychology. *Annual Review of Psychology, 36,* 307—348.

Wiener, E. L. & Curry, R. E. (1980). Flight deck automation promises and problems. *Ergonomics, 23,* 995—1011.

Witzgall, E. (1984). *Höherqualizierung in der Industriearbeit.* Unveröffentlichte Dissertation, Universität Bamberg.

Wunderli, R. (1978). Psychoregulativ akzentuierte Trainigsmethoden. *Zeitschrift für Arbeitswissenschaft, 32,* 106—111.

20. Kapitel

# Technikbewertung als integrativer Bestandteil der Ingenieurpsychologie

*Walter Bungard und Jürgen Schultz-Gambard*

## 1 Einleitung in die Thematik

Der Begriff „Technik" — vom griechischen Wort „techne" als Bezeichnung für Handwerk und Kunstfertigkeit abstammend — bedeutet im engeren Sinn die Art und Weise, wie Mittel für bestimmte Zwecke angewandt werden. Im weiteren Sinn kann man unter Technik die Beherrschung der Natur durch Geräte und Verfahren im Dienste der menschlichen Lebensgestaltung verstehen. Damit kann Technik als Grundvoraussetzung menschlicher Existenz gelten. In diesem Sinn wird der Begriff Technik im folgenden benutzt werden, wobei wir zwischen Technik und Technologie nicht weiter unterscheiden, da beide Begriffe in der gängigen Literatur meistens als Synonyma behandelt werden.

Alle lebenden Organismen müssen sich, um zu überleben, ihrer Umwelt anpassen. Dies kann entweder als weitgehend passive Anpassung an vorgefundene Umweltbedingungen geschehen oder — je nach Entwicklungsstand der Spezies und Verhältnis ihrer Fähigkeiten zu den Anforderungen durch die Umwelt — als Anpassung durch aktive Veränderung der Umwelt entsprechend den eigenen Bedürfnissen und Lebensnotwendigkeiten. Als „biologisches Mängelwesen" einerseits und als kognitiv am weitesten entwickelte Spezies andererseits hat der Mensch von jeher versucht, die Anpassung an seine Umwelt im aktiven Sinne durch materielle Gestaltungen zum Zwecke der Ausnutzung und Beherrschung der Naturgesetze und -gewalten zu verbessern. Als Technik bezeichnet man dabei das Gesamt der dazu geschaffenen Objekte (wie z. B. Werkzeuge, Geräte und Maschinen), Maßnahmen und Verfahren. Von daher ist also Technik grundsätzlich ausgerichtet auf Innovation, Veränderung und Verbesserung menschlicher Lebensbedingungen.

Technikbewertung, oder auch Folgenabschätzung von Techniken, ist diejenige Forschung, die gegebene oder zukünftige technische Entwicklungen bezüglich ihrer Voraussetzungen und Folgen für die menschliche Gesellschaft und die Umwelt analysiert. Auf der Basis derartiger Analysen können entsprechende Empfehlungen zur Einführung, Gestaltung und Kontrolle von Technik an die zuständigen Entscheidungsinstanzen in Politik und Wirtschaft gegeben werden. Dabei wird weniger die technische Qualität oder die Wirtschaftlichkeit der auszuweitenden oder neu einzuführenden Techniken mit dem Ziel technischer Optimierung beurteilt, vielmehr werden diese auf mögliche Nebenwirkungen — u. U. schwer erkennbare und vorhersagbare Sekundär- und Tertiärfolgen medizinischer, ökologischer, ökonomischer, psychischer, sozialer und politischer Art — hin überprüft. Insofern handelt es sich bei der Technikbewertung um ein per Definition interdisziplinäres Forschungsgebiet (Böhret & Franz, 1982; Bungard & Lenk, 1988; Metze, 1980).

Das Konzept der Technikbewertung basiert auf einer in den 60er Jahren als „technology assessment" bekanntgewordenen Initiative des amerikanischen Kongreßausschusses für Wissenschaft und Raumfahrt. Zu ergänzen wäre, daß es in der Bundesrepublik seit den 80er Jahren eine Enquête-Kommission des Deutschen Bundestages zur „Einschätzung und Bewertung von Technikfolgen" (Deutscher Bundestag, 1987) gibt. Angesichts der zentralen Bedeutung von Technik für unsere Gesellschaft und der daraus folgenden Bedeutung einer permanenten Technikbewertung auf interdisziplinärer Basis gerade vor dem Hintergrund des oft anzutreffenden Wachstumsfetischismus und „technologischen Imperativs" (Lenk & Bungard, 1988) stellt sich die Frage, welche Rolle die Psychologie dabei einnimmt bzw. einnehmen könnte. Von der Problematik her betrachtet dürfte es evident sein, daß neben anderen Aspekten auch psychologische Faktoren in den komplexen Wirkungszusammenhängen beachtet werden müssen. In den folgenden Abschnitten werden wir diese Frage erörtern, wobei zunächst von den bisherigen Defiziten im Bereich der Psychologie berichtet wird, um dann aus der Analyse möglicher Ursachen entsprechende Vorschläge für eine zukünftige Umorientierung abzuleiten.

## 2 Psychologie und Technik: Beschreibung und Erklärung eines Defizits

Technikbewertung durch eine Wissenschaft setzt voraus, daß Technik auch ein Forschungsthema dieser Wissenschaft ist. Hintergründe, Vorbedingungen, Abläufe und Konsequenzen technischer Entwicklungen müssen in irgendeiner Form in bezug auf bestimmte Sachverhalte, wie z. B. menschliches Erleben und Verhalten, beschrieben und erklärt worden sein. Eine derartige Auseinandersetzung mit Technik hat aber in der Psychologie bisher nur partiell und in einer reduzierten Form stattgefunden.

## 2.1 Beschreibung des Defizits

Zwar bilden in der Angewandten Psychologie — zumal in der Ingenieurpsychologie — technische Veränderungen sehr oft den Problemhintergrund der Forschung — man denke nicht zuletzt an den gesamten Bereich der industriell orientierten Psychotechnik in den 20er und 30er Jahren —, aber eine „Psychologie der Technik" hat man in der gängigen psychologischen Literatur lange Zeit vergebens gesucht. Wie wir zu diesem Problem an anderer Stelle bemerkt haben (Bungard & Schultz-Gambard, 1988), sind selbst in den Standardlehrbüchern derjenigen psychologischen Teildisziplin, von der man am ehesten eine Initiative zur Technikbewertung erwarten würde — nämlich der Arbeits- und Organisationspsychologie —, auch heute noch nur kursorische Anmerkungen zur Technik zu finden. Zumeist wird in diesen Anmerkungen bestenfalls das hier beschriebene Defizit als Anspruch an zukünftige psychologische Forschung thematisiert (z. B. Weinert, 1987).

Der empirische Forschungsstand ist also zusammenfassend betrachtet defizitär und damit folgerichtig der Anteil der Psychologie bei der Technikbewertung nach wie vor gering. Selbst in Forschungsprojekten zu Fragen, von denen man annehmen könnte, die Psychologie hätte gerade hier Entscheidendes beizutragen — z. B. wie weitgreifende technische Veränderungen das Zusammenleben der Menschen, ihr Lebensgefühl und ihren Lebensstil beeinflussen —, bleibt die Psychologie eher unterrepräsentiert. Beispiele hierfür wären u. a. die Großforschungsprojekte zur „Sozialverträglichkeit von Energiesystemen" (Meyer-Abich, Schefold & v. Weizsäcker, 1981; Roßnagel, 1983) oder zur „Sozialverträglichkeit von Technikgestaltung" (Aleman & Schatz, 1986).

Die Überwindung dieses Defizits — im Sinne einer eigenen wissenschaftlichen Standortfindung der Psychologie zur Technik — scheint um so dringlicher, als die Wissenschaft allgemein — und so auch die Psychologie — gegenwärtig immer stärker in die gesellschaftliche und politische Praxis eingebunden wird und sich die Trennungslinie zwischen Wissenschaft, Wirtschaft und Politik zunehmend verwischt. Nach Weingart (1983) wird im Zuge dieses Prozesses speziell auch die Grundlagenforschung in steigendem Maße kommerzialisiert und auf politisch gesetzte Ziele hin orientiert. Wenn auch der Wert einer Wissenschaft grundsätzlich nicht einseitig nur an ihrer Nützlichkeit und Verwertbarkeit gemessen werden kann, so bestimmen doch Überlegungen dazu entscheidend die Qualität wissenschaftlicher Arbeitsbedingungen z. B. über deren Förderung und Finanzierung. Wissenschaftsbereiche, die sich — aus welchen Gründen auch immer — an der Diskussion und Lösung zentraler gesellschaftlicher Probleme nicht beteiligen können oder wollen, werden Einbußen zu verzeichnen haben: Z. B. könnten Forschungsförderungsmittel ausbleiben, der wissenschaftliche Apparat reduziert oder spezielle Forschungszentren nicht gegründet werden. Für die Wissenschaft ist es demnach überlebensnotwendig, gegenüber der sie tragenden und unterstützenden Gesellschaft ihre Daseinsberechtigung zu legitimieren, nicht in Form vordergründiger Anpassung an verschärfte Existenzbedingungen, sondern als grundsätzliche wissenschaftspolitische Notwendigkeit. Wissenschaften, die dieser Notwendigkeit nicht nachkommen, laufen Gefahr auszusterben (Schultz-Gambard, 1987; Singer, 1987). Man könnte ohne weiteres von einem „faktischen Wissenschaftsdarwinismus" sprechen. Außerdem sind — und das ist symptomatisch — psychologische Fachvertreter in den Entscheidungsgremien für die Vergabe und Finanzierung von Forschungsprojekten (z. B. im Rahmen des Programms zur Humanisierung der Arbeit oder ähnlichen technikaffinen Bereichen) deutlich unterrepräsentiert.

Das konstatierte Forschungsdefizit zum Thema Technik ist um so erstaunlicher, als die Psychologie durchaus ein starkes Eigeninteresse haben sollte, sich auch außerhalb der Ingenieurpsychologie mit Technik zu beschäftigen. Immerhin wird der Hauptanteil alltäglichen menschlichen Lebens in unterschiedlichster Form durch Technik bestimmt. In letzter Zeit scheint sich allerdings erfreulicherweise ein gewisser Wandel in der Bereitschaft zur Auseinandersetzung mit Technik abzuzeichnen. In Überblicken über die internationale wissenschaftliche psychologische Literatur finden sich vermehrt Angaben zum Stichwort „Technologie" außerhalb des Bereiches der Nukleartechnologie, zu dem es bereits seit längerem eine sehr umfangreiche psychologische Literatur gibt. Noch handelt es sich bei den meisten Arbeiten um allgemeine theoretische Betrachtungen des Phänomens Technik und um Aufforderungen an die Psychologie, sich damit zu beschäftigen. Es finden sich aber auch vermehrt Arbeiten zum Einsatz neuer Technologien in speziellen Bereichen, z. B. in Erziehung und Unterricht (Ball, 1985; Carkhuff, 1986), der Rehabilitation von Behinderten (Bungard, 1988a; Burkhead, Sampson & Mc Mahon, 1986). Auf Probleme, die durch die Einführung neuer Technologien entstehen, weist auch die zunehmende Anzahl von Arbeiten hin, die sich mit Problemen von Qualifikation und Laufbahnplanung im Zusammenhang mit neuen Techniken beschäftigen (Bungard, 1988b; Hoyt, 1987; Mogens & Kristensen, 1985; Patterson, 1985).

Die Auseinandersetzung mit Technik könnte im übrigen auch eine augenfällige Polarisierung aufheben, die sich im Verhältnis der Psychologie zur Technik ergeben hat: Die „etablierte" Psychologie hat in der Regel eher technikunterstützende Forschungsbefunde erbracht; daneben gibt es natürlich auch eine „kritische" Richtung, die sich vornehmlich außerhalb der konventionellen Institutionen etabliert hat. Korrespondierend mit der laut demoskopischen Umfragen rapide zunehmenden Technikfeindlichkeit in unserer Gesellschaft (v. Klipstein & Strümpel, 1984; v. Rosenstiel, Molt & Rüttinger, 1986) wird hier Technik im Zuge eines globalen Zivilisationspessimismus — oft in Zusammenhang mit einer Art „Anti-Science-Bewegung" — grundsätzlich eine systemstabilisierende Funktion unterstellt, und sie wird daraufhin undifferenziert abgelehnt. Derart bildet die Psychologie häufig in ihren eigenen Aktivitäten nur gesellschaftliche Standpunkte gegenüber Technik ab, anstatt sich auf wissenschaftliche Art und Weise mit dem Problem Technik selbst, zu dem auch öffentliche Meinungen und kollektive Bewertungen der Technik gehören, umfassend auseinanderzusetzen.

## 2.2 Versuch einer Erklärung des Defizits

Bevor überlegt wird, wie das beschriebene Forschungsdefizit zu überwinden wäre, muß gefragt werden, wie es überhaupt entstehen konnte. Wir gehen davon aus, daß die Vernachlässigung der Technik als Forschungsthema der Psychologie weder ein Zufallsprodukt noch ein programmatischer Entschluß der Psychologen gewesen ist. Vielmehr sind die Gründe in einer bestimmten methodischen und theoretischen Entwicklung und im wissenschaftlichen Selbstverständnis dieser Disziplin zu suchen. Wir unterscheiden im folgenden zwischen: 1. wissenschaftshistorischen Hintergründen, 2. wissenschaftsstrukturellen Hintergründen, 3. wissenschaftspsychologischen Hintergründen und 4. wissenschaftspolitischen Hintergründen.

### ad 1 Wissenschaftshistorische Hintergründe

Das Verhältnis von Psychologie und Technik ist sozusagen historisch „belastet". Als sich die Psychologie von der Philosophie in Richtung einer Institutionalisierung und Akademisierung als anerkannte eigenständige wissenschaftliche Disziplin zu lösen begann, war dieser Prozeß der Verselbständigung mit der Adaption an naturwissenschaftlichen Meß- und Untersuchungsmethoden verknüpft (Bungard, 1984). Die Forschung in dieser ersten Phase der Psychologie wurde primär durch psychophysische und sinnesphysiologische Fragestellungen bestimmt. In den Forschungsarbeiten von Fechner (1801—1887) zur Psychophysik wurden das „Messen" und das „Experimentieren" zu den Grundsätzen der neuen Wissenschaft *Psychologie* gemacht. Auf der Grundlage dieser Forschungsarbeiten etablierte Wundt (1832—1920), der das erste psychologische Institut gründete, die Psychologie als experimentelle Wissenschaft.

Auch die Entwicklung der Angewandten Psychologie durch Kraepelin (1856—1926) und Stern (1871—1938) wurde durch eine naturwissenschaftliche Orientierung bestimmt. Als Hauptaufgaben einer Angewandten Psychologie nannte Stern damals die „Psychodiagnostik" als psychologische Beurteilung und die „Psychotechnik" als psychologische Intervention. Speziell die heutige Arbeits- und Organisationspsychologie entwickelte sich u. a. aus der industriell orientierten Psychotechnik. Was unsere Fragestellung anbetrifft, so hat die Orientierung der Psychotechnik das Verhältnis der wissenschaftlichen Beschäftigung der Psychologie mit Technik bis zum heutigen Tag mit beeinflußt.

Die grundlegenden Schriften zur Psychotechnik stammen von Münsterberg (1914), Giese (1927) und Moede (1930). In ihren Ausführungen heben diese Autoren den Forschungsbereich der Psychotechnik im Hinblick auf Fragen technischer und wirtschaftlicher Verbesserung hervor. Der Mensch wird dabei primär auf den Aspekt reduziert, in der industriellen Fertigung ein Produktionselement unter anderen zu sein. Aufgabe des Psychotechnikers ist es, dieses Produktionselement Mensch im Sinne wirtschaftlicher Zielvorgaben durch Beurteilung der Eignung, fachgerechte Ausbildung und eine der psychobiologischen Natur des Menschen entsprechende Gestaltung der Arbeitsbedingungen zu optimieren. Giese (1927) teilt entsprechend den Aufgabenbereich in eine „Subjektpsychotechnik" und eine „Objektpsychotechnik" auf, wobei unter Subjektpsychotechnik die Anpassung des Menschen an die Bedingungen des Wirtschaftslebens und unter Objektpsychotechnik die Anpassung der (vorwiegend materiellen) Gegebenheiten der Wirtschaft an die psychischen und physischen Bedingungen des menschlichen Organismus verstanden wird. Giese betont dabei für die Zwecke des Wirtschaftslebens ausdrücklich ein Primat der Objekt- gegenüber der Subjektpsychotechnik.

Die Begründung und die kritische Abwägung der wirtschaftlichen und technischen Ziele, die Vorgabe von psychologischen Rahmenbedingungen für die Aufstellung der Ziele, die Suche nach unbeabsichtigten mittel- oder langfristigen Nebenwirkungen technischer Veränderungen oder die Suche nach Auswirkungen von Technik außerhalb des unmittelbaren Arbeitsplatzes gehören daher erklärtermaßen nicht zu den Aufgaben des Psychotechnikers. Damit wurden diese Fragestellungen auch für die zukünftige Entwicklung der Psychologie aus dem Spektrum klassischer psychologischer Forschungsfragen ausgeblendet. Psychologen, die einen eher ganzheitlichen Ansatz vertraten und von denen entsprechende Impulse hätten ausgehen können, wie z. B. Hellpach (vgl. hierzu z. B. Lang & Hellpach, 1922), hatten keinen entscheidenden Einfluß auf die Entwicklung der Arbeits- und Betriebs- bzw. Organisationspsychologie.

Der Einfluß der klassischen Psychotechnik auf das Verhältnis von Psychologie und Technik war auch deswegen so groß, weil die damals etablierte wissenschaftliche Orientierung im Bereich der ergonomisch orientierten Arbeitspsychologie in der Folgezeit nicht grundlegend revidiert wurde. Zwar geriet die Psychotechnik Ende der 30er Jahre in eine theoretische Krise, als sich u. a. in der Folge der Untersuchungen von Mayo und seinen Mitarbeitern die Einsicht durchsetzte, viele psychotechnische Probleme seien von sozialen Faktoren abhängig (Frieling & Sonntag, 1987). Die anschließende Betrachtung des Menschen im Wirtschaftsleben unter sozialpsychologischen Gesichtspunkten, die in die Human relations-Bewegung in der Organisationslehre und Organisationspsychologie mündete, hob wiederum weniger auf Probleme von Technik ab, sondern mehr auf Fragen der Arbeitsorganisation. Zentrale Aufgabe wurde es hier, den Menschen an das soziale Gefüge des Wirtschaftsunternehmens anzupassen.

Technische Fragestellungen wurden deshalb später in erster Linie nur in einzelnen Bereichen der Arbeitspsychologie und speziell in der Ingenieurspsychologie behandelt, das aber in der von der Psychotechnik her bekannten weitgehend reduzierten Weise. Erst als sowohl durch technischen Wandel als auch durch sozialpolitische Weiterentwicklungen, an denen auch die Arbeits- und Organisationspsychologen Anteil hatten, Fragen neuartiger Arbeitsgestaltungsmaßnahmen aufgeworfen wurden, wurde Technik zu einem zentralen Thema (Hacker, 1978; Leontjew, 1973; Volpert, 1980). Spätestens im Zuge der neuen Informations- und Kommunikationstechnologien, durch deren Einführung Arbeitsplatz-, Arbeitsorganisations-, Qualifikations- und Organisationsstrukturbedingungen zwangsläufig entscheidend verändert werden und deren Einfluß weit über den Arbeitsplatz hinausgeht und sämtliche Bereiche des Lebens durchdringt, ist Technik als zentrales psychologisches Forschungsobjekt „entdeckt" worden (vgl. den historischen Überblick bei Bungard & Jöns, 1989). Mit ausschlaggebend dafür ist sicherlich die Tatsache, daß allein durch die Geschwindigkeit der Weiterentwicklung dieser Technologien gravierende Akzeptanzprobleme entstehen und deren Veränderungspotential die Diskussion, ob alles was technisch machbar auch ethisch vertretbar und politisch verantwortbar ist, neu belebt (vgl. zur geschichtlichen Entwicklung der Ingenieurspsychologie die ausführliche Darstellung von Hoyos in diesem Band).

Abschließend zu dem historischen Rückblick soll noch festgehalten werden: Die Psychotechnik ist — bei aller kritischen Distanz aus der heutigen Sicht — ein wichtiger Meilenstein auf dem Wege zu einer modernen Arbeits- und Organisations- und Ingenieurspsychologie. Ihre Forschung war schon insofern sehr verdienstvoll, als ohne die von ihr gelieferten Grundlagen die erreichten Verbesserungen der Arbeitsbedingungen im Dienste des Menschen nicht möglich gewesen wären. Im Hinblick auf den Bereich der Technikbewertung im eingangs definierten Sinn aber muß der Reduktionismus dieser Forschung notwendigerweise als Defizit erscheinen.

*ad 2 Wissenschaftstrukturelle Gründe*

Auf der Grundlage der beschriebenen historischen Entwicklung wird deutlich, wie die Psychologie bei ihrer Auseinandersetzung mit Technik nicht zuletzt durch selbstgewählte Begrenzungen ihrer Methoden eingeengt wird. Da in der psychologischen Forschung traditionell die untersuchte Realität auf wenige einzelne Ursache-Wirkungszusammenhänge reduziert wird, werden nur solche Aspekte von Technik interessant, bei denen sich eine begrenzte Anzahl von Einzelvariablen isolieren und ihr Ausprägungsgrad willkürlich manipulieren läßt und bei denen sich weiterhin alle sonstigen Kontextbedingungen weitgehend ausschalten bzw. kontrollieren lassen. Hinzu kommt noch: Die untersuchten Personen sollen nach Möglichkeit per Zufall den zu untersuchenden Bedingungen zugeordnet werden. Die akademische Psychologie hat in ihrer

Grundlagenforschung Fragestellungen, bei denen sich diese Prämissen nicht oder nur schwer realisieren ließen, mit Rücksicht auf methodische Standards tendenziell ausgeklammert: Die Untersuchung menschlichen Erlebens und Verhaltens in realen Situationen und im Gesamtzusammenhang ihres natürlichen Auftretens war bis zur Wiederbelebung einer ökologischen Perspektive in der Psychologie (vgl. Proshansky, Ittelson & Rivlin, 1970) nicht Gegenstand psychologischer Forschung. Stattdessen suchte man — zumeist im Labor — nach zwar hoch reduzierten, aber situationsunabhängigen nomologischen Gesetzmäßigkeiten menschlichen Verhaltens.

Die Bewertung von Technik, notwendigerweise in ihrem natürlichen Kontext, eignet sich nicht für einen derartigen klassischen psychologischen Versuchsplan mit der Manipulation weniger fester Variablen. Auch Kontrollgruppen lassen sich kaum realisieren (Bungard, Schultz-Gambard & Antoni, 1988). Entsprechend wurde Technik vorwiegend nicht im Rahmen übergeordneter, die Komplexität der Realität abbildender Wechselwirkungsmodelle analysiert, sondern sie wurde allzuoft auf spezifisch zu untersuchende Einzelaspekte reduziert. Als Folge daraus entwickelte sich die eingeschränkte Forschung zur Gestaltung von Arbeitsmitteln und -bedingungen in der Ingenieurspsychologie und in der Arbeits- und Organisationspsychologie als dem anderen Bereich der Psychologie, der sich überhaupt mit Technik beschäftigt hat, und zwar im Sinne einer begrenzten Akzeptanz- oder Wirkungsforschung. Die *„Wirkung"* einer technischen Veränderung am Arbeitsplatz kann im Idealfall auch im Labor untersucht werden, wobei einzelne Bedingungen des Arbeitsplatzes die unabhängigen und in der Regel sogenannte „harte" — weil quantifizierbare — Variablen wie z. B. physiologische Indikatoren die abhängigen Variablen bilden. Cakir (1983) diskutiert und kritisiert den Wert derartiger Forschung z. B. zur Büroarbeit, die bei der Analyse von Bildschirmarbeit den Einfluß der gesamten Arbeitssituation außer acht läßt und lediglich eine ergonomische Betrachtungsweise darstellt. Ein Beispiel aus der aktuellen psychologischen Forschung wäre die Analyse des Einflusses von Kurzpausen auf die Streßwirkung von Bildschirmarbeit (Boucsein, Greif & Wittekamp, 1984). Die Analyse übergreifender Wirkungen oder auch Voraussetzungen bei der Implementierung von Technik fällt bei diesem Vorgehen zwangsläufig unter den Tisch.

Die *Akzeptanz*forschung baut auf den methodischen und theoretischen Grundlagen der sozialpsychologischen Einstellungsforschung auf. Mit diesen Mitteln konnte man ohne zusätzlichen Aufwand Akzeptanzforschung betreiben, solange man Akzeptanz als ein Konstrukt betrachtete, das mit Hilfe klassischer standardisierter Beurteilungsskalen erfaßbar war (vgl. hierzu insbesondere die Akzeptanzforschung bezüglich der neuen Medien; Stachelsky, 1983). Problematisch werden die Ergebnisse dieser Forschung, wenn — alle in der Grundlagenforschung vorherrschende Skepsis bezüglich der Entsprechung von Einstellung und Verhalten über Bord werfend — von den gemessenen Beurteilungsausprägungen häufig vorschnell auf der Basis ungeprüfter Plausibilitätsüberlegungen auf z. B. einstellungskonformes zukünftiges Verhalten der Betroffenen geschlossen wird.

Zusätzlich zu den genannten grundsätzlichen methodischen Zwängen, die die Psychologie in der Auseinandersetzung mit Technik behindern, kommen noch einige eher pragmatisch-methodologische Beeinträchtigungen, die allgemein für diejenige Forschung im Arbeits- und Organisationsbereich, die über konventionelle Untersuchungsstrategien hinauszugehen beabsichtigt, zutreffen: Z. B.

— durch Einspruch der Betriebsleitung oder des Betriebsrates werden untersuchungsnotwendige Variationen der Variablen beeinträchtigt;

— die Untersuchungen selbst stören den Arbeitsablauf in der Organisation, was einmal Implikationen bezüglich der Durchführbarkeit hat und zum anderen bedeutet, daß das Untersuchungsobjekt selbst sich durch die Untersuchung und während ihres Verlaufs ändert;

— die Untersuchungen werfen juristische Probleme (z. B. des Daten- und Persönlichkeitsschutzes) auf und

— die Tätigkeit von Psychologen bewirkt häufig Reaktivitätseffekte bei den Betroffenen (Bungard et al., 1988).

*ad 3 Wissenschaftspsychologische Gründe*

In der Psychologie besitzen die Methoden einen besonderen Stellenwert. Sie haben gewissermaßen eine Doppelfunktion: Primär dienen sie der Erhebung der für die Überprüfung von Theorien benötigten empirischen Daten; nicht unerheblich ist aber auch: Die Einhaltung (naturwissenschaftlicher) methodischer Standards repräsentiert das akademische Selbstverständnis und garantiert den wissenschaftlichen Status. Diese Doppelfunktion hat wissenschaftspsychologische Konsequenzen, von denen einige hier deswegen interessant sind, weil sie unserer Meinung nach u. a. das Verhältnis von Psychologie und Technik entscheidend geprägt haben.

Die Affinität der Mehrzahl von Psychologen zum naturwissenschaftlichen Paradigma bewirkt bereits eine Affinität zu Technik und dürfte entsprechend eine negative Bewertung von Technik eher dissonant zum eigenen wissenschaftlichen Selbstverständnis erscheinen lassen. Wenn darüber hinaus qua Methode Technik als Untersuchungsobjekt immer nur in Einzelaspekten erscheint, die es weiterzuentwickeln und zu verbessern gilt, dann ist eine positive Einstellung zum Thema Technik geradezu vorprogrammiert. Die Affinität von Psychologen zur Technik ergibt sich aber nicht nur auf dieser wissenschaftlich-methodischen Ebene, sondern manifestiert sich ganz konkret in ihrer Forschungstätigkeit. Seit jeher werden in der Psychologie technische Apparaturen eingesetzt, und ganze Bereiche haben offensichtlich nur die Weiterentwicklung dieser psychologischen Apparatetechnik zur Aufgabe. Beim Einsatz der elektronischen Datenverarbeitung wird besonders deutlich, wie sich z. T. die Technik gegenüber der inhaltlichen Fragestellung verselbständigt, indem nämlich häufig die Magie von Zahlenreihen auf dem Bildschirm — produziert über unkritisch angewendete statistische „Benutzerpakete" — über konzeptuelle Schwächen der Untersuchungen hinwegtäuscht. Techniken, wie z. B. die elektronische Datenverarbeitung, haben nicht nur eine Signalwirkung nach außen, sondern auch nach innen; d. h. ihr Einsatz verhilft Psychologen wahrscheinlich oft über inhaltliche Verunsicherungen und wissenschaftliche Selbstzweifel hinweg, indem er per se „Wissenschaftlichkeit" suggeriert. Dadurch ist eine stark positive Bewertung dieser Technologie fast zwangsläufig gegeben; oder, umgekehrt ausgedrückt, geht so eine kritische Distanz zu ihr u. U. verloren.

*ad 4 Wissenschaftspolitische Gründe*

Wie deutlich geworden sein dürfte, ist aufgrund der geschilderten Charakteristika psychologischer Forschung bei der Auseinandersetzung mit Technik Psychologie vornehmlich zur Lösung von Detailfragen einsetzbar. Dadurch entsteht vor dem Hintergrund wissenschaftshistorischer und wissenschaftstheoretischer Vorbedingungen eine wissenschaftspolitische Situation, die folgende Selektivität bei den mit Technik verknüpften Fragestellungen vorzeichnet:

— Wirkungsforschung kann — und wurde auch oft so eingesetzt — Anhaltspunkte für Maßnahmen liefern, mit denen schädigende Nebeneffekte bei der Einführung neuer Technologien als objektiv „unschädlich" akademisch sanktioniert werden („Reparatur Humanisierung" nach Volpert, 1985, S. 118).

— Akzeptanzforschung kann — und wurde auch oft so eingesetzt — den Beweis liefern, daß eine „Akzeptanzverweigerung" innovativer Technologie bestenfalls irrational und schlimmstenfalls pathologisch ist. Die Zielsetzung besteht dann darin, die bewußten wie unbewußten Widerstände gegenüber neuen Technologien durch rationaleres Verhalten abzubauen. Dabei soll die Psychologie behilflich sein, notfalls durch quasi-therapeutische Interventionen in Form spezieller Trainingsseminare, wie sie z. B. zunehmend zum Thema „Büro der Zukunft" angeboten werden.

Bei dieser Art wissenschaftlicher Tätigkeit ist die Gefahr sehr groß, daß von der Forschung Interessen der Auftraggeber unter Hintanstellung wissenschaftlicher Zielsetzungen übernommen werden. Besonders dort, wo Forschung privatwirtschaftlich organisiert und damit Marktgesetzen unterworfen ist, kann sie unter den Forderungen der gegebenen situativen Bedingungen zu einem „Zulieferanten für Korrekturwissen zur Modernisierung" (Beck, 1982) schrumpfen, „Folgenmilderungstechnologie" bereitstellen oder je nach Umständen „Dramatisierungs- oder Beschwichtigungsforschung" betreiben. Wenn die Psychologie in der Auseinandersetzung mit Technik nicht mehr zu bieten hat, könnte Technik in der Tat eine Art psychologisch begleiteter Selbstläufer werden. Weiterhin muß berücksichtigt werden, inwieweit psychologische Forschung ohne öffentliche finanzielle Fundierung bei der Analyse von Problemen der Praxis sehr schnell unverhofft in den Sog sozialer Konflikte geraten kann und sich unvorbereitet mit gravierenden Interessensgegensätzen konfrontiert sieht.

Fazit der bisherigen Ausführungen: Die Psychologie hat sich lange Zeit mit Technik insgesamt wenig und wenn, z. B. im Rahmen der Ingenieurs- und der Arbeits- und Organisationspsychologie — einmal abgesehen von den Studien zur Arbeitsgestaltung von Ulich (1980), Volpert (1980) u. a. und den Forschungsarbeiten zur Lohnarbeitspsychologie (Groskurth & Volpert, 1975) oder zur Psychopathologie der Arbeit wie etwa bei Frese, Greif und Semmer (1978) — vornehmlich nur mit Einzelfragen auseinandergesetzt, so daß bezüglich einer Technikbewertung ein deutliches Forschungsdefizit zu verzeichnen ist. Gründe dafür sind:

— eine methodologisch begründete Selektivität hinsichtlich der Fragestellungen psychologischer Forschung,

— spezielle Probleme der Forschungspraxis im Anwendungsbereich Technik und

— eine wissenschaftspsychologisch angenommene und wissenschaftshistorisch begründbare subjektive Affinität von Psychologen zum Thema Technik.

## 3 Technikbewertung als notwendige Ergänzung der Technikforschung in der Ingenieurspsychologie

### 3.1 Grundsätzliche Überlegungen zur Forschungsstrategie

Im folgenden soll nun diskutiert werden,

— welche Orientierung die Psychologie für eine Auseinandersetzung mit Technik im Sinne von Technikbewertung einnehmen müßte,

— welche in der Psychologie schon vorhandenen Anteile besonders gefordert wären und

— inwieweit die Psychologie zur Technikbewertung einen eigenständigen Beitrag leisten kann.

Nach den Überlegungen der vorausgegangenen Abschnitte scheinen uns für die Psychologie vor allem zwei Perspektiven von Bedeutung zu sein:

1. Die Übernahme einer systemwissenschaftlichen Perspektive und

2. die Ausdehnung der wissenschaftlichen Betrachtung und Behandlung von Technik auf den gesamten Kreislauf der Technikverwendung, d. h. vom Entwurf einer Technik bis zu ihrer Ablösung durch eine neue Technik. Diese Perspektive sollte die Betrachtung von Teilabschnitten dieses Nutzungskreises, wie z. B. die Gestaltung der Arbeitsmittel, ablösen.

*ad 1 Systemwissenschaftliche Perspektive*

Eine Betrachtung von Technik unter systemtheoretischem Aspekt nimmt das System, in das die Technik eingebettet ist — sei es die Gesellschaft, ein Konzern, ein einzelner Betrieb, eine Arbeitsgruppe oder ein einzelner Arbeitsplatz (Beispiele für Systeme auf unterschiedlichen hierarchischen Analyseebenen) — als eine Menge von Elementen und eine Menge von Relationen, die zwischen diesen Elementen bestehen (Klaus, 1968). Technik ist entweder ein Element oder eine Untermenge von Elementen in dem jeweiligen System. Unmittelbar deutlich wird: Bei systemaren Zusammenhängen von Mensch und Technik handelt es sich u. a. um *komplexe, dynamische* und *offene* Zusammenhänge. Eine derartige Charakterisierung impliziert folgende Erfordernisse an die psychologische Forschung:

— In *komplexen Systemen* ziehen Eingriffe in das System viele Effekte an unterschiedlichen Stellen nach sich. Statt also, wie in der traditionellen Psychologie, zu versuchen, die vorliegende Komplexität des untersuchten Phänomens auf möglichst einfache Variablenstrukturen zu reduzieren, wird durch eine systemwissenschaftliche Betrachtungsweise nahegelegt, nach multiplen Nebenwirkungen zu fahnden und für ihre Abbildung geeignete Methoden bereitzustellen.

— *Dynamische Systeme* durchlaufen über die Zeit zahlreiche Veränderungen. Dabei muß neben Ursache-Wirkungszusammenhängen auch nach spezifischen „Wirkungsverzögerungen", Spätfolgen und Zusammenhangsänderungen gesucht werden. Hierzu sind z. B. detaillierte Verlaufsanalysen unabdingbar.

— *Offene Systeme* lassen sich sowohl theoretisch als auch praktisch-methodisch schlechter handhaben als geschlossene Systeme. Tatsächlich sind gegenwärtig in der Psychologie kaum Möglichkeiten vorhanden, derartige offene Systeme überhaupt zu analysieren. Daher müssen für Analysezwecke offene Systeme künstlich geschlossen werden. Eine systemwissenschaftliche Betrachtungsweise verweist darauf, daß das Ausmaß einer solchen Schließung prinzipiell beliebig ist. Zur Hypothesengenerierung ist z. B. eine frühzeitige Schließung unsinnig, zur Hypothesentestung u. U. notwendig (Stapf, 1978). Da das Ausmaß der Schließung disponibel ist, gibt es auch keine wissenschaftliche Notwendigkeit, eine frühe Schließung (wie bei vielen Fragestellungen der Ingenieurpsychologie notwendig) für alle Fragen der Technikbewertung als verbindlich zu betrachten. Das Ausmaß der Schließung sollte je nach Fragestellung diskutiert werden.

Angemerkt sei: Eine systemtheoretische Betrachtungsweise bedeutet per se noch keinen faktischen Erkenntniszugewinn. Weder stellt sie selbst die oben geforderten Methoden zur Verfügung, noch liefert eine Formalisierung in systemtheoretische Termini irgendwelche Informationen über Zusammenhänge und Wirkungsbezüge, die nicht schon vorher auf sprachlicher Ebene eingegeben wurden. Der eigentliche Wert einer systemischen Betrachtungsweise liegt darin, die Kommunikation der Technikbewertungsexperten untereinander — zumal in den notwendigerweise multidisziplinären Teams — zu erleichtern und ein heuristisch nützliches Rahmenkonzept zu liefern, indem sie zur Betrachtung der vielfältigen Nebeneffekte und Wechselwirkungen jenseits der traditionell in der Psychologie untersuchten eindimensionalen Ursache-Wirkungszusammenhänge anhält.

*ad 2 Betrachtung des gesamten Kreislaufs der Technikbewertung*

Verschiedene historische und wissenschaftsstrukturelle Charakteristika scheinen die Psychologie für die Behandlung bestimmter Fragestellungen — wie z. B. Detailfragen der ergonomisch optimalen Gestaltung von Arbeitsmitteln — zu prädisponieren. Diese Art Forschung ist sicherlich sinnvoll und wichtig. Allerdings ist in ihr aber auch die Gefahr des Hervorbringens problemverkürzender Lösungen angelegt, da sie erstens nur ein Teilsegment im gesamten Prozeß des Einsatzes von Technik behandelt und zweitens in ihren Analysen zumeist nicht den gesamten Verwertungkontext von Technik einbezieht.

Man kann sich den Einsatzzyklus von Technik als Kreis vorstellen, der bei dem Problem der Diagnose von Unzulänglichkeiten einer veralteten Technik beginnt, über die Planung, den Entwurf, die Entwicklung, Erprobung, Implementation, Nutzung, Erfahrungssammlung und Bewertung fortschreitet und mit der Ablösung dieser Technik durch eine wiederum neuere Technik in sich aufgeht. Die Psychologie sollte zu allen Teilsegmenten dieses Kreises einen Beitrag leisten; psychologische Technikforschung hätte darum den gesamten Kreislauf der Technikverwendung als ihr Forschungsgebiet zu definieren. Eine solche Ausweitung des psychologischen Forschungsspektrums zum Thema Technik hat ihrerseits wiederum Implikationen für 1. die psychologische Methodologie und 2. die professionelle Rolle des Psychologen.

Bezüglich der einzusetzenden Methodologie sollte folgende Konsequenz gezogen werden: Forschung im Bereich der Technikbewertung sollte sehr viel häufiger als sonst in der Psychologie üblich auf die Beobachtung von in Verbindung mit technischen Veränderungen im natürlichen Kontext auftretenden menschlichen Erlebens- und Verhaltensphänomenen gründen. Darauf aufbauend müßten zunächst mit Hilfe theoretischer Modelle die Breite, Wichtigkeit, Generalisierbarkeit und Erklärbarkeit der untersuchten Phänomene geklärt werden. Die Beobachtung natürlicher Ereignisse sollte nicht nur am Anfang zum Zwecke der Problemspezifikation stehen (dies wäre ja keine neue Erkenntnis), sondern zur Kontrolle der ökologischen Validität der Forschungsergebnisse immer wieder während des gesamten o. g. Zyklus durchgeführt werden.

Zur Rolle des Psychologen ist folgendes zu sagen: Bei den traditionell in der Ingenieurs- und der Arbeits- und Organisationspsychologie behandelten Fragestellungen zum Einsatz von Technik wurde der Psychologe meist als Experte zur Lösung spezieller psychotechnischer (Folge-)Probleme herangezogen und schied nach deren Lösung aus der weiteren Bearbeitung des Einsatzprozesses aus. Bei einer Mitarbeit über den gesamten Einsatzzyklus wird dagegen der Psychologe weniger als Spezialist für psychotechnische Einzelprobleme, sondern als allgemein für die Psychologie zuständiger Experte in einem erweiterten multiprofessionellen Technikbewertungsteam benötigt. Seine Aufgabe ist es, alle Segmente des Einsatzkreises von Technik mit psychologischer Problemsicht zu bewerten und psychologische Konzepte, theoretische Modelle, empirisches Erfahrungswissen und Methodiken verfügbar zu machen. Gerade bezüglich geeigneter Methoden für die Zwecke der Technikbewertung kann die Psychologie auf beachtliche Fortschritte innerhalb der Evaluationsforschung hinweisen (vgl. Bungard et al., 1988).

War für die traditionellen Aufgaben des Arbeits- und Ingenieurspsychologen bereits eine interdisziplinäre Kooperation speziell mit Technikern notwendig, so weitet sich im Rahmen der Technikbewertung die Interdisziplinarität der Arbeit auf nahezu alle wissenschaftlichen Disziplinen aus. Der Psychologe stellt „ein Rädchen im Getriebe vielfältiger Bemühungen" (Hoyos, 1988, S. 185) dar, die je nach Fragestellung unterschiedliche professionelle Besetzungen erfordern. Selbstverständlich kann der Psychologe diese Rolle nur ausfüllen, wenn er auch die für den jeweiligen Bereich notwendigen sonstigen Fachkompetenzen, z. B. verfahrenstechnische, organisatorische oder wirtschaftliche Kenntnisse, erworben hat. Diese bereichsspezifischen Kompetenzen stellen aber nur die Voraussetzung für die Mitarbeit, nicht aber ihren eigentlichen Kern dar.

Diese Rolle eines eher allgemein zuständigen Beraters, der seine Kompetenz je nach Problemstellung punktuell in multiprofessionelle Forschungsbemühungen einbringt, ist für den Psychologen im Gegensatz zu beispielsweise Juristen oder Wirtschaftswissenschaftlern neu. Sie erfordert Umstellungen z. B. der Zeitplanung und der Gütekriterien der eigenen wissenschaftlichen Arbeit. Zeit wird, anders als in der akademischen Forschung, zu einem wichtigen Bewertungskriterium. Die Übernahme der beschriebenen Rolle hätte sicherlich auch Implikationen für die Ausbildung von Psychologen.

Im folgenden soll an Beispielen aus den drei Teilsegmenten des Einsatzzyklus von Technik, nämlich Planung und Entwicklung, Implementation und politische Entscheidung über Technik skizzenhaft demonstriert werden, welche Beiträge von der Psychologie außer den bekannten Aufgaben der Ingenieurspsychologie erwartet werden können. Aufgaben der Technikgestaltung und -nutzung werden in diesem Abschnitt nicht weiter behandelt, weil sie im vorliegenden Band schon an anderer Stelle ausgiebig behandelt worden sind.

## 3.2 Die Aufgabe der Psychologie bei der Planung und Entwicklung von Technik

Die Geschichte der Technik ist eingangs als die Geschichte der Versuche des Menschen beschrieben worden, sich möglichst optimal an seine Umwelt anzupassen. Insofern stellen Bemühungen, aufgrund sogenannter wirtschaftlicher oder technischer Sachzwänge den Menschen an technische Routinen zu adaptieren, grundsätzlich immer eine Umkehrung des ursprünglichen Zieles dar. Aufgabe der Psychologie kann es von daher auch nicht sein, nur Auswirkungen von Technik auf den Menschen mit dem Ziel der Optimierung der Mensch-Technik-Interaktion zu untersuchen. Aufgabe der Psychologie muß es ergänzend sein, an menschlichen Entwicklungsprozessen orientierte Zielvorgaben für Technik zu liefern und folgeabschätzend zu analysieren, ob die technische Realisation den Zielen entspricht und gegebenenfalls auf Diskrepanzen und zu erwartende Konsequenzen aufmerksam zu machen.

Aus den Erkenntnissen der Psychologie über die Möglichkeiten, Begrenzungen und Gesetzmäßigkeiten menschlichen Erlebens und Verhaltens lassen sich in Verbindung mit dem Einsatz von Technik fast beliebig viele partikulare Zielvorgaben ableiten. Diese Vielzahl möglicher Vorgaben muß zu übergeordneten Kriterien der Arbeitsgestaltung gebündelt werden.

In der Arbeitspsychologie sind derartige Kriterienkataloge entwickelt worden, die u. a. bei Arbeitsgestaltungsmaßnahmen im Rahmen der Projekte zur Humanisierung des Arbeitslebens (HdA) Leitfunktionen gehabt haben. Am bekanntesten ist wohl der von Ulich (1980, 1983) entwickelte Kriterienkatalog. Ähnliche Listen stammen von Rohmert (1973), Hacker (1980) und Neuberger (1980). Ulich (1980) stellt folgende Kriterien zur Bewertung von Arbeitstätigkeiten auf: 1. Schädigungsfreiheit, 2. Beeinträchtigungslosigkeit, 3. Persönlichkeitsförderlichkeit und 4. Zumutbarkeit, wobei besonders das Kriterium der Persönlichkeitsförderlichkeit ausgiebig diskutiert worden ist (Ulich, Frei & Baitsch, 1980).

Bezüglich des Kriteriums der Persönlichkeitsförderlichkeit haben besonders die handlungstheoretisch orientierten Arbeitspsychologen (Greif, 1983; Hacker, Volpert & Cranach, 1983; Volpert, 1980) die tayloristische Arbeitsorganisation der konventionellen industriellen Fertigung und der meisten Bürotätigkeiten auf der unteren Mitarbeiterebene kritisiert. Eine durch hohe Partialisierung, Spezialisierung und zentrale Kontrolle gekennzeichnete Arbeitsorganisation reduziert den Entscheidungsspielraum und die

Handlungskontrolle der Mitarbeiter auf ein Minimum. Wie mittlerweile zahlreiche empirische Untersuchungsergebnisse übereinstimmend belegen, führen Arbeitsplätze mit geringem Entscheidungs- und Handlungskontrollspielraum über eine Verringerung des Wohlbefindens zu chronischen psychischen und somatischen Schädigungen, negativen Veränderungen der Persönlichkeit in Form von einer Reduktion der geistigen Flexibilität, einem Abbau der intellektuellen Leistungsfähigkeit und einer Verarmung des sozialen Verhaltens (zusammenfassend z. B. Frese, 1982; Frese et al., 1978; Kohn, 1981; Kohn & Schooler, 1983a; Lempert, 1977; Semmer, 1984). Diese negativen Auswirkungen bleiben nicht auf den Arbeitsbereich beschränkt, sondern können sich u. a. auf das Freizeitverhalten, die Kindererziehung und das politische Engagement auswirken (Semmer, 1984). Die Ergebnisse konnten auch in Vergleichsuntersuchungen mehrerer Industrieländer bestätigt werden (Kohn & Schooler, 1983b).

Insofern stellt das Vorhandensein direkter Kontrolle im Sinne von Beeinflußbarkeit der Arbeitsbedingungen und Arbeitstätigkeit eine wichtige Bedingung für die Erreichung des Zieles Persönlichkeitsförderlichkeit dar. Kontrolle wird aber als psychologisches Konstrukt weiter gefaßt als seine umgangssprachliche Bedeutung impliziert, und Ergebnisse des diesbezüglichen Forschungsbereiches sollten u. M. n. für die Technikbewertung aufgegriffen werden. Zugrundeliegt dem Kontrollkonzept die Annahme einer allgemeinen menschlichen Motivation, sich als Ursache von Ereignissen und Veränderungen der Umwelt zu erleben (vgl. de Charms, 1968; Lefcourt, 1973; White, 1959). Am eindeutigsten ist Kontrolle gegeben, wenn objektive Kontingenzen zwischen Handlung und Handlungskonsequenzen bestehen, d. h. wenn eine Person sie betreffende Ereignisse aktiv durch eigenes Handeln beeinflussen kann (dieser Aspekt entspricht auch dem alltäglichen Verständnis von Kontrolle). Diese Kontrolle im Sinne von Beeinflussungskontrolle nennen Rothbaum, Weisz und Snyder (1982) „primäre Kontrolle". Daneben definieren sie eine „sekundäre Kontrolle". Viele Ereignisse in der Umwelt entziehen sich aber der direkten Beeinflußbarkeit, ohne daß man ihnen gegenüber das Erleben von Kontrollverlust wahrnimmt, solange man weiß, wie und wann sie sich ereignen. Man kann sie dadurch antizipieren, sich auf sie einstellen oder sich ihnen entziehen. Entsprechend sind Erklärbarkeit und Vorhersagbarkeit wichtige Dimensionen der „sekundären Kontrolle". Als besonders bedrohlich und aversiv werden Ereignisse erlebt, die weder beeinflußbar noch vorhersagbar sind, wie z. B. Naturkatastrophen oder technische Katastrophen. Hier bietet eine nachträgliche Erklärbarkeit nur eine schwache Kompensation.

Gegenüber zahlreichen Ereignissen, die wir weder selbst erklären noch beeinflussen können, haben wir — gerade in unserer technischen Umwelt — dennoch ein Kontrollerleben, weil sie von signifikanten anderen — z. B. technischen Experten, deren Kompetenz wir vertrauen — kontrolliert werden. Diese „stellvertretende Kontrolle" ist eine weitere Dimension der „sekundären Kontrolle".

Wir sind bei den bisherigen Überlegungen davon ausgegangen, daß objektiv gegebene Kontrollmöglichkeiten (Beeinflußbarkeit, Vorhersagbarkeit, Erklärbarkeit, stellvertretende Kontrolle) auch von den Betroffenen subjektiv wahrgenommen werden. Dies muß für die Kontrollwirksamkeit nicht notwendigerweise gegeben sein. Wie die psychologische Forschung zeigen könnte, haben sowohl subjektiv nicht wahrgenommene, aber objektiv gegebene als auch subjektiv wahrgenommene Kontrolle ohne objektive Entsprechung („illusion of control", Langer, 1975) vorhersagbare Auswirkungen auf das menschliche Erleben und Verhalten. Langer (1975) nimmt sogar ein gewisses Ausmaß an illusionärer Kontrolle als notwendige Vorbedingung für normales psychisches Funktionieren an.

Für das Thema Technikbewertung scheinen uns besonders die Überlegungen und Befunde zur sekundären Kontrolle und zur subjektiven Kontrollwahrnehmung von Bedeutung zu sein. Technische Innovationen und Veränderungen entziehen sich heutzutage weitgehend aktiver Einflußnahme, Erklärbarkeit und partiell auch der Vorhersagbarkeit ihrer Folgen und Nebenwirkungen. Dadurch und durch ihre breit gefächerten Auswirkungen auf eine Vielzahl von Lebensbereichen können z. T. weitreichende Kontrollverlusterlebnisse auftreten. So läßt sich auch der in Umfragen aufgezeigte Trend zu negativen Einstellungen gegenüber Technik und technischer Entwicklung (Ministerium für Wissenschaft und Kunst Baden-Württemberg, 1982) über eine umfassende kollektive Antizipation von Kontrollverlust durch technischen Fortschritt erklären. Angst und Befürchtung werden dabei besonders gegenüber unüberschaubaren und in ihren Folgen schwer kalkulierbaren Großtechnologien geäußert. Gewünscht wird nicht nur eine umweltfreundliche, sondern auch eine überschaubare und kontrollierbare Technik (vgl. Klipstein & Strümpel, 1984). Wenn dergestalt Kontrollierbarkeit zu einem Kriteriumswert für die Akzeptanz von Technik wird, müssen die Determinanten kognizierter Kontrolle für die Planer, Hersteller und Anbieter von Technik bedeutungsvoll werden. Wie empirische Untersuchungen gezeigt haben, werden Techniken, mit denen man direkte persönliche Erfahrung und mit denen man freiwillig zu tun hat, als weniger risikoreich erlebt als Techniken, die man nicht direkt und persönlich kenengelernt hat oder über die man keine Kontrolle hat; z. B. gewichteten Industriemanager und Tankstellenwärter das Katastrophenpotential von Flüssiggas signifikant geringer als Anwohner und Umweltschützer (vgl. Kuyper & Vlek, 1984).

Wenn aber die Psychologie erst bei der Implementierung von Technik zur Erstellung von Einführungsstrategien und Methoden der Akzeptanzerleichterung herangezogen wird, erscheint uns dies zu spät. Kriterien kognizierter Kontrolle sollten als quasi normative Vorgaben bereits in die Planung und Gestaltung von Technik mit einbezogen werden. Für die Psychologie würde die Beschäftigung mit dem Problem kognizierter Kontrolle gegenüber Technik eine Vielzahl neuer interessanter Forschungsfragen aufwerfen. Um die Rolle und soziale Funktion technischer Experten besser verstehen zu können, müßten z. B. die Determinanten sekundärer Kontrolle genauer eruiert werden. Einer Abklärung bedarf auch die Frage, unter welchen Voraussetzungen und inwieweit Beeinflußbarkeit durch Vorhersagbarkeit, Erklärbarkeit, sekundäre Kontrolle oder Kombinationsformen dieser Kontrollmöglichkeiten kompensierbar ist. Auch ist bisher nicht hinreichend zwischen der Kontrolle über Ereignisse und Kontrolle über die Folgen von Ereignissen unterschieden worden, ein Problem, das gerade für die Akzeptanz von Großtechnologien, bei denen sich zwar die ablaufenden technischen Prozesse, nicht aber ihre sämtlichen Folgen hinreichend kontrollieren lassen, von Bedeutung zu sein scheint. Wie die empirische Risikoforschung gezeigt hat, wird der Nutzen von Kernkraftwerken in der Meinung der Öffentlichkeit für eher niedrig, aber akzeptabel gehalten, die mit Kernkraft verbundenen Risiken aber für unakzeptabel hoch, obwohl Experten versichern und zu belegen vorgeben, daß das Risiko von Kernkraftwerken gesellschaftlich akzeptabel sei (vgl. Jungermann & Slovic, 1989).

Welche politische Kraft und Brisanz in der kollektiven Wahrnehmung eines Kontrollverlustes liegen kann, vermitteln die Untersuchungen zu den Auswirkungen eines technologischen Unfalls im Kernkraftwerk von Three Mile Island in den USA. Dieser Unfall wurde zum Katalysator einer über den spezifischen lokalen Rahmen hinausgehenden sozialen Bewegung gegen die Nutzung von Kernenergie überhaupt (vgl. Baum, Fleming & Davidson, 1983). Erfahrungen aus der jüngsten Vergangenheit mit Reaktionen der Bevölkerung in der Bundesrepublik Deutschland auf den Reaktorunfall in Tschernobyl scheinen in dieselbe Richtung zu deuten.

### 3.3 Die Aufgabe der Psychologie bei der Implementation und Nutzung von Technik

Nach der Planungsphase folgt die Phase der konkreten Einführung einer spezifischen Technik. Wie die Praxis in den letzten Jahrzehnten gezeigt hat, findet das „psychologielose" Planen in dieser Implementationsphase seine Fortsetzung, da wiederum wichtige kognitive und motivationale Faktoren bei den Betroffenen unterschlagen werden. Die technokratische Ignoranz der Technikpromotoren in den Organisationen wird gerade in diesem Zeitraum besonders deutlich und beschert den Psychologen und Organisationsberatern die späteren psychologischen Reparatur- und Beschwichtigungsaufgaben. Bei der Einführung einer Technik gibt es in der Regel die typischen Aufgaben eines Projekt-Managements. Daraus leitet sich die primär strategische Funktion ab, diesen Prozeß optimal zu steuern. Im Idealfall wird ein Steuerungskomitee mit Vertretern verschiedener Funktionsbereiche und Interessensvertreter diese Zielsetzung in Angriff nehmen.

Einem Psychologen in diesem Implementations-Steuerungs-Team, der selbstverständlich auch Grundkenntnisse über die jeweilige Technik haben muß, können nun vielfältige Teilfunktionen zufallen, die im folgenden in aller Kürze thesenartig aufgeführt sind:

— Beratung bei der Auswahl und Zusammenstellung der Teilnehmer dieses Komitees unter Beachtung gruppendynamischer Aspekte und organisationsspezifischer Konfliktfelder.

— Direkte oder indirekte Steuerung der Teambesprechungen durch gezielte Analyse der Kommunikationsprobleme. Der Psychologe als Experte für zwischengeschaltete Reflexionen der Teammitglieder über die Effizienz der eigenen Arbeit.

— Damit zusammenhängend ist er insbesondere als Katalysator und Konfliktberater tätig, wenn unterschiedliche Paradigmen (z. B. repräsentiert durch Ingenieure, Techniker auf der einen und Kaufleuten auf der anderen Seite) aufeinanderstoßen. Interdisziplinarität ist nicht nur innerhalb der Universitäten, sondern auch in den Betrieben meistens nur ein Lippenbekenntnis.

— Die antizipierten psychologischen Aspekte, die während der Planungsphase herausgestellt wurden, müssen jetzt in der Implementationsphase entsprechend eingebracht und umgesetzt werden. Aus den zuvor dargestellten kontrolltheoretischen Überlegungen lassen sich z. B. eine Fülle von konkreten Maßnahmen von vornherein ableitend in die Einführungsstrategie integrieren.

— Die Implementation einer Technik erfordert in vielen Fällen eine vorbereitende Organisationsdiagnose, die unter maßgeblicher Beteiligung von Psychologen sowohl unter inhaltlichen als auch erhebungstechnischen und methodologischen Gesichtspunkten erfolgen muß.

— Teilaspekte der Implementationsstrategien beziehen sich unmittelbar auf psychologische Sachverhalte. Die Einführung einer Technik erfordert z. B. die Erarbeitung eines spezifischen Informationsprogramms, damit die Mitarbeiter frühzeitig verständliche Informationen darüber erhalten, was auf sie zukommt.

— Wichtige Instrumente in der Einführungsphase stammen aus dem Bereich der Organsiationsentwicklung (Becker & Langosch, 1984). So werden z. B. immer häufiger zur Einführung einer Technik spezielle Einführungsteams auf unterschiedlichen Hierarchieebenen konstituiert. Man denke z. B. an Qualitäts-Zirkel oder Werkstattkreise. Auch hier ist die Kompetenz der Psychologen gefordert (Bungard & Wiendieck, 1986; Bungard, 1988c).

— Die Frage der Qualifizierung der Mitarbeiter ist in der Regel nicht mehr auf der Basis der bisherigen Trainingsphilosophie plan- und durchführbar. Unter Beachtung didaktischer und psychologischer Faktoren müssen stattdessen bereichsspezifische Personalentwicklungsmaßnahmen getroffen werden. Gerade in diesem Bereich haben sich Psychologen bislang viel zu wenig engagiert.

— Konfliktträchtig dürfte insbesondere die Rolle des Psychologen dann sein, wenn er für eine frühzeitige Einbeziehung der Mitarbeiter mit entsprechenden Gestaltungsspielräumen plädiert und damit zentrale Führungsmaximen in Frage stellt, die gerade in diesem Punkt von den Technokraten in der Expertenrunde verteidigt werden. Das noch immer tayloristisch gefärbte Menschenbild von technisch ausgebildeten Managern bezüglich ihrer Mitarbeiter führt zu der bequemen Einstellung, angesichts der beschränkten Kompetenz von „Handarbeitern" stelle jedwede Integration der Betroffenen in der Einführungsphase oder gar die nach „Basisdemokratie" anmutende Schaffung von Gestaltungsspielräumen vergebene Liebesmühe bzw. ökonomisches Fehlverhalten dar. Der Psychologe muß dann die Kurzsichtigkeit dieser Argumentation und Diskrepanz zu anderen (ethischen) Organisations-Kultur-Werten innerhalb der Organisation offenlegen und für entsprechende „Implementationsgrundsätze" eintreten.

Diese sicherlich unvollständige Liste möglicher psychologischer Funktionsbereiche dürfte deutlich gemacht haben, wie wichtig dieser Aspekt im Rahmen der Implementationsphase ist. Anhand zahlreicher Beispiele könnte man nun zeigen, wie oft gerade dieser Bedarf nach psychologischem Know-how nicht gesehen und folglich abgerufen worden ist und folglich auch die Einführung nicht zuletzt auf dem Rücken der Betroffenen gründlich mißlungen ist.

Derartige Strategiefehler wirken sich natürlich besonders negativ aus, wenn die einzuführende Technik sozusagen flächendeckend eine gesamte Organisation auf den Kopf stellt. Die hier thematisierten Phänomene lassen sich besonders eindrucksvoll am Beispiel „CIM" illustrieren. Die Abkürzung CIM steht für „Computer Integrated Manufacturing" und wird zur Zeit als Zauberformel für die Gestaltung der Fabrik der Zukunft gehandelt. Ohne im Detail auf diese Firmenphilosophie näher einzugehen, ist vor dem Hintergrund der Ausführungen in diesem Abschnitt folgende Erkenntnis interessant. Nach übereinstimmender Auffassung vieler CIM-Experten in den Betrieben ist die technologische Realisierung eines CIM-Konzeptes heute kein großes Problem mehr; die einzelnen Elemente wie CAD, CAM, PPS usw. einschließlich der Kompatibilitätsmöglichkeiten sind vorhanden. Schwierigkeiten ergeben sich zur Zeit primär aus der Inflexibilität der Organisationen aufgrund traditionaler hierarchischer Strukturen und daraus folgenden Ressortegoismen (Bullinger & Warnecke, 1985; Förster & Syska, 1985; Scheer, 1986). Die CIM-Philosophie findet keinen Eingang in die Köpfe der Organisationsmitglieder, und die Diskussion über das Für und Wider des CIM-Konzepts spielt sich symptomatischerweise auf der Ebene rein technisch orientierter Expertengespräche ab. In der Fachliteratur wird die Implementationsstrategie bei CIM-Lösungen nur tangentiell behandelt, und wenn, dann wird die inhärente Grundproblematik nicht thematisiert. Bei Scheer (1987), einem anerkannten betriebswirtschaftlich orientierten CIM-Experten, findet sich z. B. ein derartiger Vorschlag für die CIM-Einführung, bei dem der Prozeß analog zu anderen Projektdurchführungen als bottom-up-Vorgehen strukturiert wird. Die dort formulierten idealtypisch konzipierten Schritte sind aber geradezu dazu prädestiniert, die vorhandene Organisationsstruktur zu stabilisieren und die abteilungsspezifischen Eigeninteressen zur Wirkung kommen zu lassen, so daß zwangsläufig der Kerngedanke der CIM-Philosophie per Implementationsstrategie torpediert wird. Dieser Teufelskreis kann nur durch langjährige Organisationsentwicklungs-Projekte durchbrochen werden, und hierzu werden arbeits- und organisationspsychologisch ausgebildete Psychologen benötigt — eine Erkenntnis, die sich angesichts der ersten CIM-Ruinen allmählich in der Praxis durchzusetzen scheint.

## 3.4 Die Rolle der Psychologie bei der Kommunikation und bei Entscheidungen über Technik

Die meisten Menschen haben der Technik gegenüber eine eher ambivalente Einstellung. Technischer Fortschritt wird nicht mehr eindeutig mit einer Verbesserung der menschlichen Lebensverhältnisse gleichgesetzt. Untersuchungen des Instituts für Demoskopie in Allensbach zufolge hat sich zwischen 1966 und 1986 der Prozentsatz der Bundesbürger, die Technik „eher für einen Fluch" als „eher für einen Segen" halten, verfünffacht. Besonders ausgeprägt ist der Trend zu einer negativeren Bewertung der Technik interessanterweise bei der jüngeren Generation, den 16—20jährigen (vgl. MWK, 1982). Die Negativbewertung der Technik hat vor allem deswegen zugenommen, weil in den letzten Jahren eine Reihe umfangreicher Gefährdungen der Menschen und ihrer Umwelt durch technische Entwicklungen bekannt geworden ist. Besonders gefährlich an diesen Technikfolgen scheint zu sein, daß sie bei der Einführung der Technik meist nicht direkt und unmittelbar erkennbar waren. Die Risiken beschränken sich schon lange nicht mehr auf die Großtechnologie, sondern betreffen technische Sachverhalte in allen Bereichen des täglichen Lebens, von der Körperpflege bis zu Baumaterialien.

Die deutlich negative Bewertung von Technik in der Öffentlichkeit irritiert sowohl Experten als auch politische Entscheidungsträger, die sich in ihren Bemühungen unverstanden sehen, und führt zu starken Konflikten zwischen sogenannten Laien und Experten. Die Experten halten den Laien vor, sie verstünden oder berücksichtigten technisches Fachwissen nicht und urteilten emotional und irrational. Die Laien halten die Experten für betriebsblind und politisch ignorant. Offensichtlich ist ein Teil der Konflikte nicht in der Technik selbst, sondern in den Unzulänglichkeiten der Kommunikation darüber begründet. Aufgabe von Psychologen wäre es, die unterschiedlichen Kognitionen und Bewertungen von Technik abzubilden, ihr Zustandekommen zu erklären und mit dieser „Aufklärungsarbeit" zum Abbau von Kontroversen und Konflikten bei der Bewertung von Technik beizutragen.

Anhand der Ergebnisse der psychologischen Risikoforschung diskutieren Jungermann und Slovic (1989) diese Rolle von Psychologen. Technische Informationen werden wie jede andere Information verarbeitet und unterliegen damit den allgemeinen Fehlern menschlicher Informationsverarbeitung (vgl. Kahneman, Slovic & Tversky, 1982; Nisbett & Ross, 1980) sowie motivationalen Einflüssen. Erste Urteilsabweichungen können sich dadurch ergeben, daß von Laien und Experten unterschiedliche Informationen zur Beurteilung von Technik herangezogen werden. Experten orientieren sich an Meßwerten und statistischen Kennwerten, während Laien ihr Urteil auf punktuellen Informationen von Alltagsgesprächspartnern und Medien und auf Intuition gründen. Daher werden in Laienbeurteilungen von Technik Faktoren relevant, die bei Expertenurteilen kaum eine Rolle spielen. Hierzu zählen z. B. die Freiwilligkeit der

Techniknutzung (Renn, 1984; Starr, 1969) oder die eigene Betroffenheit (Borcherding, Rohrmann & Eppel, 1986; Marks & v. Winterfeldt, 1984; v. d. Plight, Eiser & Spears, 1986). Aber auch wenn sich Experten und Laien auf dasselbe Faktenwissen beziehen, können sie dieses unterschiedlich einschätzen (Slovic, Fischhoff & Lichtenstein, 1980).

Weiter kann dieselbe technische Information von Laien und Experten kognitiv unterschiedlich verarbeitet werden. Am Beispiel der Kennwerte für extrem geringe Auftretenswahrscheinlichkeiten verdeutlichen Jungermann und Slovic (1989), wie dasselbe technische Faktum für Laien gar keinen, für Experten aber einen sehr großen Informationswert haben kann. Ein identisches Faktenwissen über Auftretenshäufigkeiten, Wahrscheinlichkeiten und Wirkungsgrad eines technischen Risikos führt nicht unbedingt auch zu gleichen Erwartungen über das Ausmaß des potentiellen Schadens. Gegner und Befürworter von Kernkraftwerken unterschieden sich im angenommenen Schadensausmaß eines Reaktorunfalls, gemessen an der Anzahl von zu erwartenden Todesfällen in der Bevölkerung, fast um das 20fache (v. Winterfeldt, John & Borcherding, 1981).

Die beidseitige Orientierung an Fakten verhindert auch deswegen nicht die Entstehung von Kontroversen, weil oftmals Fakten unterschiedlich gut empirisch belegt sind bzw. weil u. U. oft kolportierte Meinungen einfach auf dem Wege der ständigen Wiederholung den Status von Fakten erworben haben oder weil sich die Fakten auf unterschiedliche Wertvorstellungen beziehen können. Die Vielschichtigkeit von Konflikten bei der Kommunikation über Technik demonstrieren v. Winterfeldt und Edwards (1984), indem sie folgende mögliche Konfliktfelder auflisten: Konflikte um 1. Statistiken und Daten, 2. Wahrscheinlichkeiten und Schätzungen, 3. Definitionen und Annahmen, 4. Kosten-Nutzen-Vergleiche, 5. das Verhältnis von Kosten und Nutzen zum geschätzten Risiko und 6. um grundlegende soziale Wertvorstellungen. Kontroversen um Techniken können demnach also unterschiedliche Konfliktfelder betreffen. Je mehr Felder betroffen sind, desto schwerer sind die Konflikte natürlich zu lösen. Die Kontroversen um die Kernkraft z. B. sind deshalb so gravierend, weil sie alle Konfliktfelder betreffen. Jungermann (1986) weist bei der Behandlung technischer Konflikte außerdem auf folgenden Sachverhalt hin: Die bisher auch von uns vorgenommene Einteilung in Experten und Laien stellt eine grobe Vereinfachung der tatsächlichen Konstellation von Meinungsgruppen dar, da einerseits viele Laien inzwischen über ein gutes Faktenwissen verfügen und andererseits technische Experten nicht unbedingt immer an konventionellen Werten orientiert sein müssen.

Wie wir glauben, können psychologische Ordnungsschemata und Kategorien dadurch, daß sie die Entstehung und Wirkung von Konflikten überschaubarer und erklärbarer machen, bei einer Konfliktlösung hilfreich sein. Das Wissen um die kognitive und motivationale Beeinflussung von Kommunikationsprozessen kann zu einer rationaleren Kommunikation über Technik beitragen. Wie wir aus der Individualkommunikation wissen, bedeutet die Offenlegung von Kommunikationsstörungen noch nicht ihre Auflösung, aber sie ist ein notwendiger erster Schritt auf dem Weg dahin. Entsprechend könnte die Psychologie im Rahmen der Technikbewertung unter Rückgriff auf Erkenntnisse aus der psychologischen Entscheidungs- und Kommunikationsforschung einen eigenen Beitrag zur Überwindung der Konflikte leisten, die bei der Kommunikation und bei politischen Entscheidungen über Technik entstehen.

## 4 Abschließende Bemerkungen

In diesem Beitrag ist vor dem Hintergrund der bisherigen Abstinenz dafür plädiert worden, die Psychologie solle sich im allgemeinen und die Arbeits-, Organisations- und Ingenieurpsychologie im besonderen umfassend mit dem Thema Technik auseinandersetzen. Bei der Erörterung der Problematik wurde deutlich, daß diese Kurskorrektur nur dann gelingen kann, wenn grundlegende methodologische und methodische Konsequenzen gezogen werden und wenn systemorientierte Theorieansätze zugrunde gelegt werden. Mit anderen Worten: Die Forschungsstrategie muß verändert werden, damit dieses relevante Thema in die akademische Forschungslandschaft paßt. Mit einem derartigen Perspektivenwechsel ist zwangsläufig auch eine erweiterte Aufgabenstellung für die Psychologie verbunden. Wie wir meinen, ist zusammenfassend betrachtet aus all unseren Überlegungen die Konsequenz zu ziehen, daß die Technikbewertung eine notwendige Ergänzung zur Technikforschung wird. Der Begriff Technikbewertung wird dabei sehr weit gefaßt, und der Übergang zwischen Technikbewertung und -forschung ist sicherlich fließend.

Es ist nicht daran gedacht, daß psychologische Technikbewertung eine wie auch immer abgegrenzte eigene Disziplin wird, sondern sie muß ein integrativer Bestandteil der Arbeits- und Ingenieurspsychologie darstellen. Erst dann, wenn die Psychologie ihren Beitrag bei der Auseinandersetzung mit Technik so formuliert und sich auch entsprechend konzeptionell bei ihren Studien ausrichtet, wird sie bei vielen zentralen Fragestellungen wirklich etwas zu sagen haben, zur Lösung von Problemen etwas beizutragen haben.

Die Zukunft unserer Gesellschaft wird entscheidend davon abhängig sein, ob es uns allen gelingt, den technischen Fortschritt moralisch zu zähmen, indem wir uns von dem scheinbar aufgezwungenen „technologischen Imperativ" loslösen. Die ethische Aufgabe, von der die Lösung unserer Existenz u. U. abhängen wird, sollte von einer interdisziplinären Technikforschung und -bewertung begleitet bzw. vorbereitet werden, und die oben dargelegten Überlegungen könnten der Psychologie helfen, zu diesem Bemühen ihren Anteil beizutragen.

## Literatur

Alemann, U. v. & Schatz, H. (1986). *Mensch und Technik. Grundlagen und Perspektiven einer sozialverträglichen Technikgestaltung.* Opladen: Westdeutscher Verlag.

Ball, S. (1985). Responsibility of universities toward technology. *College Student Journal, 19,* 370—379.

Baum, A., Fleming, R. & Davidson, L. M. (1983). Natural disaster and technological catastrophe. *Environment and Behavior, 15,* 333—354.

Beck, U. (1982). Folgeprobleme der Modernisierung und die Stellung der Soziologie in der Praxis. In U. Beck (Hrsg.), *Soziologie und Praxis* (S. 3—23). Göttingen: Otto Schwartz & Co.

Becker, H. & Langosch, I. (1984). *Produktivität und Menschlichkeit. OE und ihre Anwendung in der Praxis.* Stuttgart: Enke.

Böhret, C. & Franz, P. (1982). *Technologiefolgenabschätzung.* Frankfurt.

Borcherding, K., Rohrmann, B. & Eppel, T. (1986). A psychological study on the cognitive structure of risk evaluations. In Brehmer, H. Jungermann, P. Lourens & G. Sévon (Eds.), *New directions in research on decision making* (pp. 245—262). Amsterdam: North-Holland.

Boucsein, W., Greif, S. & Wittekamp, J. (1984). *Systemresponsezeiten als Belastungsfaktor bei Bildschirm-Dialogtätigkeiten.* Wuppertaler Psychologie-Berichte, Nr. 1.

Bullinger, H.-J. & Warnecke, H.-J. (Eds.). (1985). Toward the Factory of the Future. *Proceedings of the 8th International Conference on Production.* Heidelberg: Springer.

Bungard, W. (1984). *Sozialpsychologische Forschung im Labor.* Göttingen: Hogrefe.

Bungard, W. (1988a). Neue Technologien in der Arbeitswelt: Chancen und Risiken für psychisch Kranke. *Gruppendynamik, 2,* 113—135.

Bungard, W. (1988b). Arbeitsplatzorientiertes Lernen durch Qualitätszirkel. In P. Meyer-Dohm, E. Tuchtfeldt & E. Wesner (Hrsg.), *Der Mensch im Unternehmen* (S. 311—334). Bern, Stuttgart: Haupt.

Bungard, W. (1988c). Qualitäts-Zirkel als Gegenstand der Arbeits- und Organisationspsychologie. *Zeitschrift für Arbeits- und Organisationspsychologie, 2,* 54—63.

Bungard, W., Schultz-Gambard, J. & Antoni, C. (1988). Zur Methodik der Angewandten Psychologie. In D. Frey, C. Graf Hoyos & D. Stahlberg (Hrsg.), *Angewandte Psychologie: Ergebnisse und Perspektiven* (S. 588—606). München: Psychologie Verlags Union.

Bungard, W. & Jöns, I. (1989). Neue Kommunikations- und Informationstechniken im Büro- und Verwaltungsbereich als Gegenstand der Arbeits- und Organisationspsychologie. *Medienpsychologie, 1* (in Druck).

Bungard, W. & Lenk, K. (Hrsg.). (1988). *Technikbewertung.* Frankfurt: Suhrkamp.

Bungard, W. & Schultz-Gambard, J. (1988). Technikbewertung: Versäumnisse und Möglichkeiten der Psychologie. In W. Bungard & K. Lenk (Hrsg.), *Technikbewertung* (S. 153—178). Frankfurt: Suhrkamp.

Bungard, W. & Wiendieck, G. (1986). *Qualitätszirkel als Instrument zeitgemäßer Betriebsführung.* Landsberg: Verlag Moderne Industrie.

Burkhead, E. J., Sampson, J. P. & Mc Mahon, B. T. (1986). The liberation of disabled persons in a technological society: Access to computer technology. *Rehabilitation Literature, 47,* 162—168.

Carkhuff, R. R. (1986). Learning in the age of information. *Education, 106,* 264—267.

Cakir, A. (1983). *Bildschirmarbeit — Konfliktfelder und Lösungen.* Berlin: Springer Verlag.

DeCharms, R. (1968). *Personal causation.* New York: Academic Press.

Deutscher Bundestag (1987). *Bericht der Enquete-Kommission „Einschätzung und Bewertung von Technik-Folgen".* Material zur Drucksache 10/6801, Bd. 6. Bonn: 3/1987.

Förster, H.-U. & Syska, A. (1985). CIM: Schwerpunkte, Trends, Probleme. Ergebnisse einer Umfrage. *VDI-Z, 127,* 17, 649—652.

Frese, M. (1982). Occupational socialization and psychological development. *Journal of Occupational Psychology, 55,* 209—224.

Frese, M., Greif, S. & Semmer, N. (Hrsg.) (1978). *Industrielle Psychopathologie.* Bern: Huber.

Frieling, E. & Sonntag, K. (1987). *Arbeitspsychologie.* Bern: Huber.

Giese, F. (1927). Methoden der Wirtschaftspsychologie. In E. Abderhalden (Hrsg.), *Handbuch der biologischen Arbeitsmethoden,* Abt. V, C, Bd. 2. Berlin, Wien: Urban & Schwarzenberg.

Greif, S. (1983). *Konzepte der Organisationspsychologie. Eine Einführung in grundlegende theoretische Ansätze.* Bern: Huber.

Groskurth, P. & Volpert, W. (1975). Lohnarbeitspsychologie. Frankfurt/M.: Fischer.

Hacker, W. (1978). *Allgemeine Arbeits- und Ingenieurpsychologie* (2. Aufl.). Bern: Huber.

Hacker, W. (Hrsg.). (1980). *Spezielle Arbeits- und Ingenieurpsychologie. Lehrtext 1 und 2.* Berlin: Deutscher Verlag der Wissenschaften.

Hacker, W., Volpert, W. & Cranach, M. v. (Hrsg.) (1983). *Kognitive und motivationale Aspekte der Handlung.* Berlin: Deutscher Verlag der Wissenschaften; Bern: Huber.

Hoyos, C. Graf (1988). Psychologische Aspekte der Technikbewertung unter der Perspektive der Sicherheitsproblematik. In W. Bungard & K. Lenk (Hrsg.), *Technikbewertung* (S. 183—193). Frankfurt: Suhrkamp.

Hoyt, K. B. (1987). The impact of technology on occupational change: implications for career guidance. *Career Development Quarterey, 35,* 269—278.

Jungermann, H. (1986). Die öffentliche Diskussion technologischer Mega-Themen: Eine Herausforderung für Experten und Bürger. In H. Jungermann, W. Pfaffenberger, G. F. Schäfer & W. Wild (Hrsg.), *Die Analyse der Sozialverträglichkeit für Technologiepolitik* (S. 92—101). München: High Technology Verlag.

Jungermann, H. & Slovic, P. (1989). Die Psychologie der Kognition und Evaluation von Risiko. In G. Bechmann (Hrsg.), *Risiko und Gesellschaft*. Opladen: Westdeutscher Verlag (in Druck).

Kahneman, D., Slovic, P. & Tversky, A. (Eds.). (1982). *Judgment under uncertainty: Heuristics and biases*. Cambridge, Mass.: Cambridge University Press.

Klaus, G. (1968). *Wörterbuch der Kybernetik*. Berlin: Dietz.

Klipstein, M. & Strümpel, B. (1984). *Der Überdruß am Überfluß*. München, Wien: Olzog.

Kohn, M. L. (1981). *Persönlichkeit, Beruf und soziale Schichtung*. Stuttgart: Klett-Cotta.

Kohn, M. L. & Schooler, C. (1983a). *Work and personality*. Norwood: Ablex.

Kohn, M. C. & Schooler, C. (1983b). The cross-national universality of the interpretive model. In M. C. Kohn & C. Schooler (Eds.), *Work and personality* (pp. 281—295). Norwood: Ablex.

Kuyper, H. & Vlek, Ch. (1984). Contrasting risk perceptions among interest groups. *Acta Psychologica, 56*, 205—218.

Lang, R. & Hellpach, W. (1922). *Gruppenfabrikation*. Sozialpsychologische Forschungen des Instituts für Sozialpsychologie an der Technischen Hochschule Karlsruhe, Bd. 1. Berlin.

Langer, E. J. (1975). The illusion of control. *Journal of Personality and Social Psychology, 32*, 311—328.

Lefcourt, H. M. (1973). The function of the illusions of freedom and control. *American Psychologist, 28*, 310—417.

Lempert, W. (1977). *Untersuchungen zum Sozialisationspotential gesellschaftlicher Arbeit*. Berlin (West): Max-Planck-Institut für Bildungsforschung.

Lenk, H. & Bungard, W. (1988). Einleitung. In W. Bungard & H. Lenk (Hrsg.), Technikbewertung (S. 7—18). Frankfurt/M.: Suhrkamp.

Leontjew, A. N. (1973). *Probleme der Entwicklung des Psychischen*. Frankfurt/M.: Athenäum Fischer.

Marks, G. & v. Winterfeldt, D. (1984). „Not in my back yard": Influence of motivational concerns on judgments about risky technologies. *Journal of Applied Psychology, 69*, 408—415.

Metze, G. (1980). *Grundlagen einer allgemeinen Theorie und Methodik der Technologiebewertung*. Göttingen: Vandenhoeck & Ruprecht.

Meyer-Abich, K. M., Schefold, B. & v. Weizsäcker, C. F. (1981). *Zwischenbericht über den Stand der Arbeiten im Forschungsprogramm: Die Sozialverträglichkeit verschiedener Energiesysteme in der industriegesellschaftlichen Entwicklung*. Essen, Frankfurt, Starnberg.

Ministerium für Wissenschaft und Kunst Baden-Württemberg (Hrsg.) (1982). *Kritik an der Technik und die Zukunft der Industrienationen*. Villingen-Schwenningen: Neckar Verlag.

Moede, W. (1930). *Lehrbuch der Psychotechnik*. Berlin: Springer.

Mogens, A. & Kristensen, O. S. (1985). Erfarne arbejdere og ny teknologi. Den ny teknologies invirkning pa erfarne arbejdstagere med hoverdvögten legt pa fysisk og psykisk stress. (Erfahrene Arbeiter und neue Technologie: Die Auswirkungen neuer Technologie auf erfahrene Arbeiter unter besonderer Berücksichtigung physischen und psychischen Stresses.) *Arbejdspsykologisk Bulletin, 1,* 16—27.

Münsterberg, H. (1914). *Grundzüge der Psychotechnik.* Leipzig: Barth.

MWK (1982). *Gründe und Hintergründe.* Informationen des Ministeriums für Wissenschaft und Kunst Baden-Württemberg 2, April.

Neuberger, O. (1980). Woran wird Humanisierung gemessen — wann gilt sie als eingelöst? In L. v. Rosenstiel & M. Weinkamm (Hrsg.), *Humanisierung der Arbeitswelt — Vergessene Verpflichtung?* (S. 6—23). Stuttgart: Poeschel.

Nisbett, R. & Ross, C. (1980). *Human inference: Strategies and short-comings of social judgement.* Englewood Cliffs: Prentice Hall.

Patterson, J. (1985). Career development: Revolution, reform and renaissance. *Journal of Career Development, 12,* 129—144.

v. d. Plight, J., Eiser, J. R. & Spears, R. (1986). Construction of a nuclear power station in one's locality: Attitudes and salience. *Basic and Applied Social Psychology, 7,* 1—15.

Proshansky, H. M., Ittelson, W. H. & Rivlin, L. G. (Eds.). (1970). *Environmental psychology. Man and his physical setting.* New York: Holt, Rinehart & Winston.

Renn, D. (1984). *Risikowahrnehmung der Kernernergie.* Frankfurt, New York: Campus.

Rohmert, W. (1973). *Psycho-physische Belastung und Beanspruchung von Fluglotsen.* Berlin: Beuth-Vertrieb.

Rosenstiel, L. v., Molt, W. & Rüttinger, B. (1986). *Organisationspsychologie.* Stuttgart: Kohlhammer.

Roßnagel, A. (1983). *Bedroht die Kernenergie unsere Freiheit?* München: Beck.

Rothbaum, F., Weisz, J. R. & Snyder, S. S. (1982). Changing the world and changing the self: A two-process model of perceived control. *Journal of Personality and Social Psychology, 42,* 5—37.

Scheer, A. W. (1986). Organisatorische Entscheidungen bei der CIM-Implementierung. *CIM-Management, o. Jg., 2,* 14—20.

Scheer, A. W. (1987). *CIM. Der computergesteuerte Industriebetrieb.* Berlin: Springer.

Schultz-Gambard, J. (Hrsg.). (1987). *Angewandte Sozialpsychologie. Konzepte, Ergebnisse, Perspektiven.* München: Psychologie Verlags Union.

Semmer, N. (1984). *Streßbezogene Tätigkeitsanalyse.* Weinheim: Beltz.

Singer, J. E. (1987). Es ist sehr interessant, aber warum ist es Sozialpsychologie? In J. Schultz-Gambard (Hrsg.), *Angewandte Sozialpsychologie: Konzepte, Ergebnisse, Perspektiven* (S. 3—16). Weinheim: Psychologie Verlags Union.

Slovic, P., Fischhoff, B. & Lichtenstein, S. (1980). Characterizing perceived risk. In R. W. Kates, C. Hohenemser & J. X. Kasperson (Eds.), *Perilous progress: Managing the hazards of technology* (pp. 9—126). Boulder, CO: Westview.

Stachelsky, F. v. (1983). Typologie und Methodik von Akzeptanzforschungen zu neuen Medien. *Publizistik, Heft 1, Jan. — März*, 46—55.

Stapf, K. (1978). Ökopsychologie und Systemwissenschaft. In C. F. Graumann (Hrsg.), *Ökologische Perspektiven in der Psychologie* (S. 251—273). Bern: Huber.

Starr, C. (1969). Social benefit versus technological risk. *Science, 165*, 1232—1238.

Ulich, E. (1980). *Veränderungen in der Arbeitswelt. Eine Herausforderung für die Psychologie.* Vortrag auf dem Bundeskongreß der Sektion Arbeits- und Betriebspsychologie im BdP, Düsseldorf 1980.

Ulich, E. (1983). Industrieroboter. Chance oder Gefahr für die Humanisierung der Arbeit. *Psychosozial, 18*, 109—124.

Ulich, E., Frei, F. & Baitsch, C. (1980). Zum Begriff der persönlichkeitsförderlichen Arbeitsgestaltung. *Zeitschrift für Arbeitswissenschaft, 34*, 210—213.

Volpert, W. (Hrsg.). (1980). *Beiträge zur Psychologischen Handlungstheorie.* Bern: Huber.

Volpert, W. (1985). Handeln in Maschinenwelten. Gedanken zur Verbindung von ökologischer Psychologie und Arbeitspsychologie. In P. Day, U. Fuhrer & U. Laucken (Hrsg.), *Umwelt und Handeln. Ökologische Anforderungen und Handeln im Alltag* (S. 105—124). Tübingen: Attempto.

Weinert, A. (1987). *Lehrbuch der Organisationspsychologie* (2. Aufl.). München: Psychologie Verlags Union.

Weingart, P. (1983). Verwissenschaftlichung der Gesellschaft. Politisierung der Wissenschaft. *Zeitschrift für Soziologie, 12*, 225—241.

White, P. W. (1959). Motivation reconsidered: The concept of competence. *Psychological Review, 66*, 297—333.

Winterfeldt, D. v., John, R. S. & Borcherding, K. (1981). Cognitive components of risk ratings. *Risk Analysis, 1*, 277—287.

Winterfeldt, D. v. & Edwards, W. (1984). Patterns of conflict about risky technologies. *Risk Analysis, 4*, 55—68.

21. Kapitel

# Perspektiven einer Ingenieurpsychologie

*Heinz Schmidtke*

In den vorhergehenden Kapiteln dieses Bandes wurde der Versuch gemacht, den derzeitigen wissenschaftlichen Erkenntnisstand über das Problemfeld der Schnittstelle Mensch — technisches System darzulegen. Dieser Versuch mußte bei vorgegebenem Umfang des Bandes den Mut zur Lücke einschließen. Eine maßgebliche Lücke ist darin zu sehen, daß die physikalischen Umwelt- oder Umgebungsfaktoren in ihrer Wirkung auf den Menschen als Glied eines Arbeitssystems hier nicht behandelt werden. Fehlende Aussagen zu Problemfeldern wie Lärm, mechanische Schwingungen, Beleuchtung, Klima, toxische Einwirkungen usw. sollten jedoch nicht den Eindruck auslösen, daß diese Faktoren im Rahmen der Ingenieurpsychologie vernachlässigt werden können. Aus diesem Grunde ist ein Querverweis auf den Band „Arbeitspsychologie" notwendig, in dem einige der vorgenannten Faktoren dargestellt werden. Viel wichtiger jedoch als die Auseinandersetzung mit einzelnen Komponenten des Wirkungsgefüges Mensch — Maschine scheint die Frage zu sein, welcher Stellenwert dem Menschen in einer zunehmend technisierten und computerisierten Arbeitswelt verbleibt. Von dem Versuch einer Beantwortung dieser Frage wird es abhängen, welche Perspektiven sich für eine Ingenieurpsychologie eröffnen.

## 1 Perspektiven technischer Entwicklung

Bis zum Beginn des 17. Jahrhunderts, der Zeit Galileo Galileis, verlief die technische Entwicklung äußerst langsam — ganz im Gegensatz zu der der verschiedenen Künste. Jedoch schon im 18. Jahrhundert erfand James Watt die Dampfmaschine. Mit ihrer Hilfe war ein Übergang von handwerklicher Einzelfertigung zur Industrieproduktion möglich, eine Ereigniskette, die man heute als erste industrielle Revolution beschreibt. Im Verein mit naturwissenschaftlich-technischen und mathematischen Entdeckungen kam es in den vergangenen zwei Jahrhunderten zu einem immer schneller anwachsenden Fundus an Erkenntnissen, der die Entwicklung einer industriellen Technologie möglich machte. Diese Entwicklung prägte die Gesellschaft genauso, wie die damit verknüpfbaren Änderungen von Organisations- und Führungsstrukturen, Arbeitsinhalten und Maschinen nachhaltige Rückwirkungen auf Leben und Denken aller Menschen hatten, die mit diesen Entwicklungen in Berührung kamen.

In der Mitte dieses Jahrhunderts konnte man den Eindruck gewinnen, daß sich eine zweite industrielle Revolution anbahnte, für die Begriffe wie Mechanisierung und Automatisierung die Schlagworte und numerisch gesteuerte Werkzeugmaschinen und Transferstraßen die anschaulichen Bilder lieferten. Dieser Eindruck aus den 50er Jahren hat sich jedoch nicht bestätigt. Die industrielle Produktion, die Betriebsorganisation und die Konstruktion technischer Systeme haben sich zwar verändert, einen durchgreifenden Strukturwandel hingegen hat es nicht gegeben, auch wenn immer mehr Güter von immer weniger Menschen erzeugt werden. Noch immer sind die Produktions- und Dienstleistungsunternehmen hierarchisch organisiert, mit Zentralisierungstendenzen und einer gehörigen Portion Rigidität. Auch der Führungsstil zeigt noch vielfach autoritäre Tendenzen mit zentraler Entscheidungsfindung und zentraler Wissenbündelung. Die breite Masse der Arbeitnehmer hat immer noch ein vergleichsweise niedriges Bildungsniveau bei relativ hoher beruflicher Spezialisierung und längerer Betriebszugehörigkeit, verrichtet mechanisch-repetitive Aufgaben innerhalb fest vorgegebener Arbeitszeit ohne weitergehende Einsicht in den Sinn ihres Auftrages und arbeitet nicht selten mit „gefährlichen" Betriebsmitteln (van Cott, 1986).

Allerdings ist nunmehr ein echter Wandel, der das Ausmaß einer zweiten industriellen Revolution erreichen könnte, am Horizont zu sehen. Immer mehr dringen Rechner in die Entwicklung, Erzeugung und Verteilung von Gütern vor, steuern Servicefunktionen und verändern das Freizeitverhalten des Menschen. Diese Revolution wäre aber keine industrielle, sondern würde den Übergang zu einer Informationsgesellschaft kennzeichnen. In einer solchen Gesellschaft dürften sich die hierarchischen Organisationsstrukturen abflachen, dezentrale Entscheidungsfindung und zunehmende Delegation an Boden gewinnen, Mitarbeiter mit höherer Bildung und zugleich geringerer Spezialisierung gesucht werden, die in flexibler Arbeitszeit häufig wechselnden Aufgaben mit überwiegend mentaler Beanspruchung nachgehen und an Betriebsmitteln mit geringerem Gefahrenpotential arbeiten. Bezogen auf die Schnittstellen Mensch — Maschine oder Mensch — Arbeitssystem werden die heute in zahlreichen Leitständen zusammengefaßten Anzeigen und Stellteile einer dezentralen Mensch-Computer-Interaktion weichen, wobei die Einwirkung auf den Rechner über berührungsempfindliche Bildschirmoberflächen (z. B. virtuelle Tastaturen) oder mittels Spracheingabe erfolgt. Flexible Handhabungsautomaten (Roboter) werden — so angesteuert — schwere, gesundheitsgefährdende, repetitive und einförmige Arbeiten übernehmen.

Ansätze eines solchen Scenarios sind schon jetzt unübersehbar. In vielen komplexen technischen Systemen, wie z. B. dem Airbus-Cockpit oder Kernkraftwerks-Warten hat die Mensch-Rechner-Interaktion bereits vollen Einzug gehalten und — wie auch in diesem Band gezeigt wurde — konventionelle Anzeigen- und Stellteile wenigstens teilweise auf den Rang redundanter Notfallsysteme verwiesen. Diese Entwicklung wird sich explosionsartig ausdehnen, je leistungsfähiger, schneller und billiger die elektronischen Bauelemente werden. Ausdrücke wie Datenbanken, Expertensysteme, künstliche Intelligenz, Computer Aided Design, Computer Integrated Manufacturing u. ä. werden Bestandteile der technischen Umgangssprache. Zugleich ist unübersehbar, daß die hinter solchen Ausdrücken stehenden Sachverhalte immer komplexer werden und nur noch von einer kleinen technischen Elite durchschaut werden. Das bedeutet jedoch, daß eine solche Elite nicht nur einen massiven Informationsvorsprung gewinnt, sondern — im Bilde einer big-brother-Gesellschaft — auch Kontrollfunktionen übernimmt, die über ihr Aufgaben- und Zuständigkeitsspektrum hinausgehen.

## 2 Perspektiven einer Ingenieurpsychologie

Ob die technische Entwicklung in die vorstehend skizzierte Richtung verläuft, können wir nicht genau voraussagen. Immerhin ist absehbar, daß technische Kapazitäten vorhanden sein werden, praktisch alle von Menschen wahrgenommenen Aufgaben auf Maschinen zu übertragen. Die experimentelle Psychologie wendet — mit beachtlichem Erfolg — große Kraft auf, Theorien über kognitive Prozesse sowie menschliches Entscheidungs- und Problemlöseverhalten empirisch zu überprüfen. Aus den Ergebnissen solcher Studien können vereinfachte mentale Modelle extrahiert werden, die bei Vorhandensein eines geeigneten Algorithmus und in die Computersprache übersetzt, zu automatisch generierter Aktionsplanung führen. Die Propheten der künstlichen Intelligenz und der Expertensysteme sehen den Menschen ohnehin nicht selten als ein schwaches Informationsverarbeitungssystem an, das vielfältigen irrationalen Einflüssen unterworfen ist und daher am besten durch Maschinen ersetzt werden sollte. Wie weit wir — um mit Weizenbaum (1977) zu sprechen — einen solchen Prozeß der Selbstkastration über den Weg einer Substitution des Menschen durch technische Einrichtungen selbst fördern, wird die Zukunft zeigen.

Unbeschadet der Frage, wie weit die Informationstechnologie in die Arbeitwelt vordringt, sind Umstrukturierungen in diesem Bereich sicher. Diese berühren zunächst die Organisations- und Arbeitspsychologie. Hier ergibt sich z. B. die Frage, ob die derzeit üblichen Methoden der Arbeits- oder Aufgabenanalyse, die u. a. die Basis sowohl für eine Anforderungsanalyse als auch für die betriebliche Ausbildungsplanung bilden, für Arbeitsfelder mit hoher kognitiver Komponente geeignet sind. Weiterhin wird zu klären sein, welche Aus- und Weiterbildungsinhalte für Arbeitssysteme notwendig sind, die sich weniger durch Beständigkeit als vielmehr durch steten Aufgabenwandel auszeichnen. Schließlich werden sich diese Anwendungsgebiete der Psychologie auch mit dem Problem auseinanderzusetzen haben, welche Rückwirkungen eine häufig wechselnde

Zusammensetzung von Arbeitsgruppen auf die Stabilität von Organisationsstrukturen und auf die individuelle Arbeitszufriedenheit hat. Die hier beispielhaft aufgeworfenen Fragen betreffen jedoch die Ingenieurpsychologie nur am Rande. Unterstellt man einmal, der Arbeitspsychologe im Betrieb sei Partner der für Planung, Organisation und Abwicklung der Fertigung zuständigen Institutionen, so könnte der Ingenieurpsychologe Partner des Systemplaners und Konstrukteurs sein. Eine solche Partnerschaft existiert jedoch bis heute praktisch nicht, und es sind auch kaum Ansätze erkennbar, die in diese Richtung weisen. Während der Arbeitspsychologe z. B. mit seinen Instrumenten zur Arbeits- und Beanspruchungsanalyse dem Fertigungsingenieur in Fragen der Personalauswahl, der Aus- und Weiterbildung genauso wie in Fragen beanspruchungsgerechter Arbeitsstrukturierung zur Seite stehen kann, hat die psychologische Wissenschaft in unserem Raum bisher nur ansatzweise Instrumente oder Methoden entwickelt, die in perspektivischer Weise auf Probleme der Konzeption komplexer technischer Systeme und deren Konstruktion anwendbar wären.

## 3 Perspektiven der Psychologen-Ausbildung

Ob die Ursache für dieses Defizit in dem weit verbreiteten Unbehagen mit der modernen Technik, in einer Kultivierung Rousseauscher Technikfeindlichkeit, einer — wie es Pestel (1985) einmal ausdrückte — noch immer beobachtbaren Geringschätzung technischen Wissens im deutschen Bildungsbürgertum zu suchen ist oder in dem Sachverhalt, daß *Partnerschaft* zur Systemplanung und Konstruktion ohne naturwissenschaftlich-technische Grundbildung nicht zustande kommen kann, mag dahingestellt bleiben. Tatsache ist, daß es in der Bundesrepublik Deutschland einen Studienschwerpunkt Ingenieurpsychologie in der Ausbildung zu Diplom-Psychologen nicht gibt und auch entsprechende Weiterbildungsangebote fehlen (s. Weinert & Lüer, 1987). So kann es nicht überraschen, daß Inhalte der Ingenieurpsychologie heute auf breiter Front von Ingenieuren und Ergonomen mit ingenieurwissenschaftlicher oder naturwissenschaftlicher Grundausbildung wahrgenommen werden, die sich — wenn überhaupt — im Selbststudium mit den für sie relevanten Erkenntnissen der Psychologie vertraut gemacht haben.

Soll das wichtige Teilgebiet der Ingenieurpsychologie für die Psychologie als Wissenschaftsdisziplin nicht verlorengehen, dann sind Modifikationen in den akademischen Ausbildungsgängen unerläßlich. Es muß die Frage erlaubt sein, ob es in der heutigen Berufsausbildung zum Psychologen tatsächlich von so großer Bedeutung ist, in zahlreiche Verästelungen der Statistik vorzudringen, während gleichzeitig jedes Verständnis für eine das dynamische Verhalten eines technischen — und vielfach auch biologischen — Systems beschreibende Differentialgleichung fehlt. Während die Ausbildung zum Psychologen für zahlreiche Anwendungsgebiete — z. B. klinische Psychologie, Erziehungsberatung,

Schulpsychologie — gute Grundlagen bietet, erkennt schon der im Gebiet der Arbeitspsychologie Tätige relativ schnell mehr oder weniger große Informationslücken. Eine erfolgreiche ingenieurpsychologische Tätigkeit ist derzeit nur mit einer wissenschaftlichen Doppelqualifikation oder mit einer äußerst mühevollen persönlichen Weiterbildung möglich.

Geht man von den eingangs angerissenen Perspektiven technischer Entwicklung aus, so bilden Kenntnisse in der Informationstechnologie und der Systemtheorie zusätzlich zu den schon erwähnten naturwissenschaftlich-technischen Kenntnissen die Basis für ein gestaltendes Mitwirken an technischen und gesellschaftlichen Entwicklungen. Gestaltendes Mitwirken wird hier jedoch nicht im Sinne einer möglichst präzisen Ausführung erhaltener Anweisungen verstanden, sondern als freie Entscheidung über den einzuschlagenden Gestaltungsweg auf der Grundlage von Einsicht und Sachkenntnis. Diese zu vermitteln ist wesentliche Aufgabe der akademischen Institutionen. Für Vergangenheit und Gegenwart der Psychologenausbildung gilt aber, daß Einsichten in unser technisches Umfeld prüfungsordnungskonform nicht vertieft werden können. Ohne eine solche Vertiefung bleiben jedoch komplexe technische Zusammenhänge unverständlich, lösen Bedrohungsängste aus und begünstigen Technikfeindlichkeit. Da man nach der von Magnus (1982) zitierten „intellektuellen Unschärferelation" Natur und Technik nicht zugleich exakt *und* allgemeinverständlich beschreiben kann, führt nur der Weg über eine zumindest partielle Modifikation von Studieninhalten zugunsten naturwissenschaftlich-technischer Grundlagen zu einer größeren Transparenz des Kulturphänomens Technik für den Studierenden. Würden Grundlagen dieser Art geschaffen, böten sich für solcherart ausgebildete Psychologen breite Kooperationsfelder in den Bereichen der System-, Informations- und Konstruktionstechnik. Der vorliegende Band Ingenieurpsychologie spiegelt derartige Perspektiven umrißweise wider. Er läßt die Breite des ingenieurpsychologischen Arbeitsgebietes und dessen enge Verzahnung mit den psychologischen Basisfächern erkennen. Die Aufnahme einer praktisch nicht existenten Teildisziplin in eine enzyklopädische Darstellung der Psychologie erweckt Hoffnungen für die Zukunft. Stets haben neue Techniken die Arbeitsbedingungen, das soziale Umfeld sowie menschliche Einstellungen und Werthaltungen verändert, haben Unsicherheit über den weiteren Entwicklungsverlauf und Ängste vor „dem Aufbruch in eine neue Zeit" (Pestel, 1985) ausgelöst. Die Ingenieurpsychologie könnte in solchen Entwicklungen Moderatorfunktionen und anstelle korrigierender Einwirkungen auf Fehlentwicklungen echte Gestaltungsfunktionen übernehmen. So mag denn am Schluß dieses Bandes der Aufruf gestattet sein: Mögen alle, denen die Entwicklung der Psychologie und deren Verankerung sowohl im Gefüge der Wissenschaften als auch in der Gesellschaft am Herzen liegt, ihren Beitrag leisten, die Teildisziplin Ingenieurpsychologie in Lehre, Forschung und Anwendung zu etablieren.

*Literatur*

Magnus, K. (1982). Fronten im Streit um die Technik. In Technische Universität München (Hrsg.), *Jahrbuch 1981* (S. 115—126). München: Technische Universität.

Pestel, E. (1985). *Kultur und Technik*. München: Hanser.

Van Cott, H. P. (1986). *Freedom of Choice in Constrained Systems*. Plenary address given at the 2nd International Symposium on Human Factors and Organizational Design and Development, Vancouver, Canada, August 1986.

Weinert, F. E. & Lüer, G. (1987). *Graduiertenstudien in der Psychologie*. Göttingen: Hogrefe.

Weizenbaum, J. (1977). *Die Macht der Computer und die Ohnmacht der Vernunft*. Frankfurt: Suhrkamp.

# Autorenregister

Abelson, R. 319, 343
Abholz, H. H. 515, 529
Ackermann, D. 490, 496, 502, 514, 522, 523, 525, 530
Adams, J. A. 11, 25, 80, 86, 149, 155, 157, 158, 174, 330, 340
Adlbrecht, G. 499, 510
Afheldt, H. 402, 488
Ahrens, W. 415, 416, 418
Alberdi, M. de 491, 503
Albers, S. 294, 295, 307, 311
Albert, S. M. 155, 175
Alemann, U. von 8, 9, 25, 574, 595
Alioth, A. 514, 528, 530
Allen, R. W. 229, 239
Allport, D. A. 77, 86
Alluisi, E. A. 5, 6, 25, 28
Allwood, C. M. 125, 143
Althauser, U. 404, 497
Altmann, J. W. 346, 361
Alty, J. L. 448, 451
American Telegraph and Telephone (AT&T) 563
Amey, D. M. 466, 476
Anderson, I. R. 551, 563
Anderson, J. R. 93, 95, 108, 112, 114, 154, 174, 245, 253, 279
Antoni, C. 579, 595
Antonis, B. 77, 86
Arbib, M. A. 156, 158, 159, 174
Armbruster, A. 492, 503
Arnaut, L. J. 380, 390, 392
Aronsson, G. 493, 505
Arp, H. 456, 476
Aschwanden, C. 514, 522, 530
Asendorf, J. 538, 563

Askren, W. B. 65, 68, 86
Assmann, E. 306, 311
Astley, R. W. 412, 418
Attneave, F. 19, 25, 41, 53
Auld, R. 500, 506

Baddeley, A. D. 111, 114
Baethge, M. 486, 502
Bahrdt, H. P. 8, 25
Bailey, P. 192, 199
Bainbridge, L. 126, 127, 140, 143, 317, 340, 401, 408, 409, 418, 433, 451, 538, 556, 563
Bair, J. H. 482, 502
Baitsch, C. 55, 497, 502, 514, 524, 530, 534, 535, 586, 599
Baldwin, R. D. 407, 418
Ball, S. 575, 595
Balzert, H. 242, 265, 279
Bannon, L. J. 501, 502
Barclay, S. 65, 86
Barfield, W. 363, 390, 393
Barker, L. K. 461, 477
Barnard, P. 268, 281, 501, 506
Barnard, P. J. 94, 114
Barnes, M. J. 459, 461, 469, 476
Barnes, R. M. 70, 86
Baron, S. 304, 311, 328, 342, 437, 439, 451, 453
Baroudi, J. L. 496, 502
Bartenwerfer, H. G. 78, 86
Bartlett, F. C. 155, 156, 158, 174
Bartz, A. G. 402, 418
Baum, A. 589, 595
Beare, A. E. 331, 340
Bechmann, G. 370, 390
Beck, U. 581, 595
Becker, C. A. 112, 115

Becker, H. 590, 595
Beckurts, K. H. 501, 502
Beevis, D. 65, 86
Beitz, W. 368, 390
Bellamy, L. J. 402, 418
Bellmann, R. 156, 177
Benda, H. von 16, 20, 23, 25, 83, 86, 194, 196, 199, 493, 502
Benedix, J. 539, 569
Bennett, K. B. 406, 418
Benz, C. 193, 199
Bernhardt, U. 82, 86, 87
Bernotat, R. B. 5, 25, 26, 184, 186, 187, 199, 412, 418, 467, 476
Bernstein, N. A. 153, 155, 156, 174
Berqvist, U. 492, 502
Betschart, H. 501, 505, 521, 528, 532
Blaauw, G. J. 441, 451
Blackman, H. S. 471, 477
Blauert, J. 266, 279
Bloomfield, J. D. 402, 418
Blumenfeld, W. 515, 530
Bobrow, D. 240, 279
Boehm, U. 546, 551, 563
Boff, K. R. 94, 100, 114
Boffo, M. 529, 530, 544, 568
Boller, H. E. 11, 27, 304, 311, 437
Bollinger, H. 499, 510
Bolt, R. A. 462, 476
Bonissone, P. P. 473, 476
Boomgard, W. A. van den 406, 424
Borcherding, K. 339, 340, 593, 595, 599
Boring, E. G. 31, 53
Bormann, L. 195, 199
Borndorff, S. 448, 451

Borning, A. 273, 279
Borrmann, H. P. 473, 476
Borys, B. B. 447, 448, 451, 452, 549, 565
Boucsein, W. 493, 502, 579, 595
Bovair, S. 258, 262, 281, 408, 420
Bovell, C. R. 331, 340
Bower, G. H. 375, 390
Böhret, C. 573, 595
Bösze, J. 496, 402, 499, 525, 530
Brady, M. 152, 174
Brandstetter, W. 552, 564
Bransford, J. D. 117, 119
Brauser, K. 445, 451
Bray, M. A. 471, 477
Brehmer, B. 137, 143
Bright, J. R. 9, 26
Broadbent, D. E. 110, 114, 126, 143
Brombacher, M. 417, 418
Brooke, J. B. 407, 418
Brouwers, A. F. 399, 419
Brown, J. S. 161, 174
Brödner, P. 8, 26, 489, 502, 528, 530
Bruce, V. 107, 114
Brüning, B. 4, 26
Bubb, H. 207, 225, 237, 287, 305, 311
Buck, J. R. 408, 419
Budge, B. 274, 279
Bullinger, H. J. 215, 217, 237, 490, 496, 402, 591, 595
Bundesverband Deutscher Psychologen (BDP) 334, 340
Bungard, W. 8, 26, 573, 574, 575, 576, 578, 579, 580, 585, 590, 595, 597
Burandt, U. 210, 237
Buresch, J. 363, 368, 369, 391
Burkardt, F. 351, 357, 360
Burke, D. 229, 237
Burkhead, E. J. 575, 596

Burton, R. R. 161, 167, 174
Bussel, F. J. van 406, 419

Cakir, A. 193, 199, 356, 360, 492, 502, 503, 579, 596
Campbell, K. B. 125, 144
Card, S. K. 6, 26, 94, 98, 111, 114, 118, 194, 199, 249, 289, 304, 311, 371, 391, 456, 476
Carkhuff, R. R. 575, 596
Carroll, J. 112, 114, 127, 143, 253, 258, 259, 280, 403, 406, 408, 419, 499
Carterette, E. D. 100, 114
Casali, J. G. 433, 454
Casanova, R. 497, 402
Cassirer, E. 158, 159, 174
Chan, H. S. 402, 419
Chang, T. C. 363, 390, 391, 393
Chapanis, A. 1, 4, 6, 15, 26, 63, 87, 187, 193, 199, 353, 361
Chase, W. 125, 143
Chi, M. 125, 143
Chien, R. T. 473, 476
Christ, R. E. 354, 361
Christal, R. E. 69, 87, 543, 564
Christensen, J. M. 514, 531
Christie, B. 491, 503, 509
Chu, Y. Y. 17, 18, 26
Chubb, G. P. 79, 89
Clancey, W. 45, 53
Clark, I. 501, 506
Clarke, A. A. 21, 26
Clauss, G. 513, 531
Clauß, A. 223, 237
Coch, L. 496, 503
Cohn, T. E. 100, 115
Colin, I. 351, 357, 358, 360
Colovita, F. B. 110, 115
Comer, M. K. 331, 340
Connor, S. A. 77, 91, 433, 454
Conrad, R. 189, 199
Conrads, G. 382, 391
Conway, E. 156, 174
Cook, W. A. 6, 28

Coombs, M. J. 48, 53
Corbett, J. M. 63, 87
Courtney, A. J. 402, 418, 419
Cox, D. R. 295, 311
Craig, A. 412, 419
Craik, F. I. 111, 115
Cranach, M. von 586, 596
Crawford, B. M. 364, 361
Crowe, D. S. 331, 340
Curry, R. E. 445, 451, 456, 478, 538
Curtis, B. 195, 199
Cutting, J. E. 107, 115, 158, 174

d'Ydewalle, G. 195, 199
Daniels, M. J. 401, 421
Dark, V. J. 110, 116
Davidson, L. M. 589, 595
Davies, D. R. 95, 118, 412, 419
Day, P. 93, 115
Dähn, C. J. 539, 556, 564
De Boer, E. 100, 114
De Keyser, V. 429, 451
Debusmann, E. 497, 503
DeCharms, R. 587, 596
DeGreene, K. B. 61, 63, 87
Deixler, A. 294, 296, 299, 311
Derby, S. L. 310, 311
Derisavi-Fard, F. 370, 378, 388, 391
Derrick, W. L. 77, 87
Deutsche Presse-Agentur 417, 419
Deutscher Bundestag 573, 596
Dey, D. 467, 476
Dhillon, B. S. 288, 292, 311, 315, 318, 340
Diggles, V. A. 156, 167, 173, 177
Diringshofen, H. von 5, 26
Dittmayer, S. 63, 91
Donchin, E. 95, 110, 115
Donges, E. 11, 27, 304, 311, 437, 440, 442, 451, 452
Donnell, M. L. 85, 88

Donovan, M. D. 331, 340
Dorris, R. E. 331, 340
Dorsch, F. 4, 26
Dostal, W. 486, 503
Döbele-Berger, C. 490, 503, 522, 531
Döring, B. 427, 451
Dörner, D. 122, 123, 126, 128, 130, 137, 144, 245, 253, 280, 325, 340, 409, 419, 512, 531
Dreschler, W. A. 100, 114
Driver, M. J. 512, 533
Drosdol, I. 559, 564
Drury, C. G. 402, 418, 419
Dubois, D. 473, 476
Duell, W. 497, 502, 514, 531
Dumais, S. T. 21, 26, 263, 280
Dumont Du Voitel, R. 505
Duncan, K. D. 92, 118, 407, 418, 419, 422
Duncker, K. 121, 129, 144, 325, 340, 522, 527, 531
Dunsmore, H. 500, 503
Durding, B. M. 112, 115
Dutke, S. 500, 503
Duus, W. 363, 391, 394
Dürholt, E. 61, 87, 497, 504, 547, 564
Dzida, W. 241, 280, 520, 531

Eason, K. D. 63, 87, 499, 501, 503
Easterby, R. S. 190, 199
Eberleh, E. 253, 254, 265, 270, 278, 280, 282, 283, 522, 531
Eberts, R. E. 17, 30, 142, 147, 318, 345, 363, 390, 393, 445, 454
Eckel, J. S. 331, 340, 344
Eckert, S. K. 191, 202
Edwards, E. 63, 87, 184, 199, 402, 419
Edwards, W. 335, 340, 464, 476, 593, 599
Egan, D. 125, 144
Egan, J. P. 100, 115

Eggemeier, F. T. 110, 118
Ehrenreich, S. 268, 280
Ehrich, R. 266, 280
Ehrlenspiel, K. 366, 386, 391
Eiben, B. 417, 419
Eigner, M. 365, 391
Eijkman, G. J. 100, 115
Eiser, J. R. 593, 598
Eisner, E. J. 77, 89
Elkerton, J. 520, 535
Elkin, E. H. 353, 361
Ellis, S. R. 468, 478
Embrey, D. E. 321, 330, 331, 335, 336, 338, 340, 341, 413, 414, 415, 419, 420
Ené, P. 557, 566
Engel, F. L. 402, 420
Engelkamp, J. 154, 174
Engelken, G. 386, 387, 391, 393
Engemann, A. 339, 341
Eppel, T. 593, 599
Ernst, G. W. 456, 476
Evans, J. S. 110, 115
Eversheim, W. 368, 391

Facaoaru, C. 61, 87, 497, 504, 547, 548, 564
Falmagne, J. C. 100, 115
Faverge, J. M. 346, 361
Fähnrich, K. P. 243, 280, 490, 491, 502, 509
Färber, B. 100, 110, 115
Färber, G. 404, 420
Federico, P. A. 407, 420
Feehrer, C. E. 328, 342, 422
Feigenbaum, E. A. 129, 144, 472, 476
Fejes, L. 447, 452
Feldmann, I. 129, 144
Feltovich, P. 125, 143
Ferrell, W. R. 304, 312, 412, 435, 454
Feuerwerger, P. H. 466, 476
Fine, S. A. 544, 564, 567
Fingerman, P. W. 423
Finne, H. 373, 391

Fischer, G. 161, 174, 456, 476, 520, 531
Fischhoff, B. 130, 144, 310, 311, 593, 599
Fisk, A. D. 77, 87
Fitts, P. M. 6, 13, 26, 63, 75, 87, 184, 200, 320, 341
Fitzgerald, P. 126, 143
Fix-Sterz, J. 529, 530
Fleishman, E. A. 20, 26, 69, 87, 153, 174, 330, 341, 544, 564, 569
Fleming, R. 589, 595
Floyd, C. 499, 503
Fodor, J. A. 107, 115
Foley, J. 462, 477
Forehand, G. A. 62, 328
Fox, J. G. 412, 418
Förster, G. 351, 356, 358, 361
Förster, H. U. 591, 596
Franz, P. 573, 595
Freedy, A. 18, 26, 30, 466, 467, 476, 477
Frei, F. 484, 497, 500, 502, 503, 506, 514, 515, 531, 535, 586, 599
Freier, B. 555, 557, 564
French, J. R. 496, 503
Frese, M. 15, 30, 493, 503, 513, 531, 582, 587, 596
Frey, D. 4, 6, 26, 27
Friedman, M. P. 100, 114
Friedrich, G. 499, 503, 510
Friedrich, J. 488, 501, 503, 504
Frieling, E. 20, 27, 58, 61, 69, 78, 85, 87, 88, 370, 378, 380, 382, 383, 384, 388, 391, 480, 495 497, 504, 540, 543, 544, 547, 548, 559, 564, 565, 566, 577, 596
Froese, J. 434, 451
Frommann, R. 125, 147
Fürstenberg, F. 489, 404

Gablenz-Kolakovic, S. 546, 570
Gaddy, C. D. 331, 340

Gai, E. G. 445, 451
Gaines, B. 244, 280
Galanter, E. 155, 176, 408, 421
Galitz, W. O. 75, 87
Gallanti, M. 46, 53, 449, 451
Gallistel, C. R. 153, 154, 159, 174
Galperin, P. I. 553, 554, 565
Garg-Janardan, C. 415, 420
Garner, W. R. 6, 26
Garvey, W. D. 40, 54
Gaugler, E. 497, 504
Gazzaniga, M. W. 166, 174
Gärtner, K. P. 184, 186, 199, 418
Gediga, G. 523, 531
Geer, C. W. 62, 72, 73, 87
Geiser, G. 463, 477
Geissler, H. G. 191, 200
Gelade, G. 107, 119
Gentner, D. R. 112, 115, 126, 144, 156, 174, 262, 280, 374, 392
Gerhardt, H. U. 373, 392
Gerwin, D. 538, 565
Gesellschaft für Methoden systematischer Entscheidungsfindung und Organisationsentwicklung (MSE) 558, 567
Gettys, C. F. 407, 420
Gevarter, W. B. 472, 477
Gibbs, C. B. 229, 237
Gibson, J. J. 100, 105, 107, 108, 115, 157, 174
Giese, F. 3, 27, 577, 596
Gigerenzer, G. 13, 27
Gilardoni, L. 46, 53
Gilbreth, F. B. 70, 88
Gilson, W. 179, 197, 200
Gittins, D. 190, 196, 200
Giuliano, V. E. 243, 280
Glaser, R. 125, 143
Glencross, D. J. 156, 174
Goddard, C. J. 229, 239
Godthelp, H. 435, 441, 452

Goldberg, A. 273, 280
Goodenough, D. R. 513, 535
Gopher, D. 95, 110, 115, 118, 168, 175
Gordon, S. E. 17, 27
Gottschalch, H. 527, 531
Gottschall, K. 489, 499, 504
Gould, J. D. 112, 115, 249, 281, 499, 504
Govindaraj, T. 439, 447, 452
Görner, R. 556, 565
Graham, N. E. 353, 361
Granda, R. 272, 284
Grandjean, E. 193, 194, 200, 356, 361, 380, 388, 392, 492, 504, 506
Green, D. M. 100, 107, 115
Green, B. F. 1, 27
Green, P. 107, 114
Greeno, J. 122, 144, 253, 281
Greenstein, J. 380, 392
Greenwald, A. G. 155, 175
Greif, S. 493, 502, 523, 531, 579, 582, 586, 595, 596
Greiner, B. 546, 565
Greiner, T. 493, 499, 505
Grether, W. F. 353, 361
Greutmann, T. 523, 530
Grimm, R. 195, 197, 200, 404, 420
Grischowsky, N. L. 127, 143
Grob, R. 62, 88, 193, 199, 515, 517, 531
Grochla, E. 479, 509
Groskurth, P. 582, 596
Gross, G. 366, 394
Grossmann, J. D. 425
Grudin, J. 156, 170, 172, 174, 175, 268, 281
Gstalter, H. 25, 27
Guida, G. 46, 53, 449, 451
Gulick, R. 466, 476
Gutewort, T. 557, 568
Gutman, J. C. 91

Guttmann, H. E. 63, 77, 79, 80, 91, 315, 316, 318, 328, 332, 333, 334, 335, 339, 344, 414, 424

Haas, P. M. 343
Hach, J. P. 188, 200, 430, 431, 452
Hacker, W. 3, 15, 16, 22, 25, 27, 55, 61, 63, 70, 71, 77, 80, 82, 84, 88, 149, 155, 175, 183, 184, 185, 186, 191, 198, 200, 223, 237, 242, 281, 314, 319, 320, 322, 341, 350, 361, 363, 370, 374, 392, 428, 452, 494, 495, 497, 499, 504, 508, 511, 512, 513, 515, 524, 526, 528, 532, 537, 540, 541, 542, 546, 548, 550, 551, 554, 556, 563, 565, 567, 578, 586, 596
Hackman, J. R. 20, 27, 497, 504, 541, 565
Haffner, H. 62, 88, 515, 532
Hahn, R. F. 301, 311
Haider, E. 497, 504, 505
Haider, H. 127, 145
Haken, H. 159, 175
Halasz, F. 262, 264, 281
Haley, P. H. 406, 418
Hallam, J. 17, 30
Hammond, N. 501, 506
Hanes, L. F. 425, 462, 463, 478
Hankins, W. W. 461, 477
Hannover, B. 513, 531
Hansel, H. G. 448, 451
Harbeck, G. 378, 392
Harslem, E. 259, 283
Hart, D. J. 193, 199
Hart, S. G. 63, 88
Hartley, R. T. 48, 53
Hasher, L. 97, 112, 116
Hatfield, S. A. 330, 342
Haubner, P. 193, 199
Hauke, G. 62, 86
Hawkins, H. L. 77, 88
Hayes, J. R. 124, 144

HayesRoth, F. 472, 477
Hässig, K. 468, 477
Head, H. 156, 157, 158, 175
Hebb, D. O. 156, 175
Heeg, F. J. 382, 384, 392
Hegardt, T. 378, 394
Heiden, G. H., van der 373, 380, 388, 392
Heilmann, H. 499, 505
Heimke, H. 58, 90
Heimke, K. 15, 25, 29
Hein, H. W. 484, 505
Heldt, P. H. 188, 200
Hell, W. 6, 27
Hellpach, W. 577, 597
Helm, W. R. 58, 88
Helmreich, R. 496, 505
Hendrick, H. W. 1, 6, 27
Hennemann, R. L. 407, 420
Hennes, K. 546, 565
Henry, F. M. 156, 158, 175
Henter, A. 331, 341
Herczeg, M. 524, 532
Herda, S. 520, 531
Hermanns, D. 331, 341
Herrman, J. L. von 414, 419
Herrmann, T. 514, 532
Hertzberg, J. 304, 311
Hess, R. A. 440, 452
Heßler, C. 446, 452
Heuer, H. 186, 200, 371, 392
Heun, D. 539, 569
Heusden, A. R. van 406, 420
Heyden, W. 405, 422
Hicks, T. G. 77, 88
Hilbig, I. 370, 388, 391
Hildebrandt, E. 529
Hinz, W. 189, 200, 403, 404, 420
Hirschheim, R. A. 496, 505
Hirtle, S. C. 125, 145
Hitch, G. 111, 114
Hockey, R. J. 513, 532
Hoffmann, R. 167, 175
Hofmann, J. 186, 200

Hohneck, R. 167, 175
Hollan, J. D. 21, 27, 253, 274, 281, 494, 405
Hollnagel, E. 6, 27, 32, 40, 44, 45, 50, 54, 456, 477
Holst, E. von 153, 175
Holzhacker, H. 499, 510
Hopkin, V. D. 411, 420
Hopkins, R. H. 125, 144
Horn, B. K. 473, 478
Hornick, J. 469, 477
Horton, D. L. 111, 116
Hoss, D. 373, 392
House, J. S. 495, 505
Houssiadas, L. 184, 203
Howell, W. C. 6, 28, 98, 116
Howland, D. 228, 237
Hoyos, C. Graf 4, 6, 9, 20, 25, 26, 27, 61, 82, 86, 87, 100, 119, 183, 184, 200, 202, 302, 311, 314, 317, 318, 341, 361, 380, 392, 499, 505, 541, 544, 547, 564, 565, 585, 596
Hoyt, K. B. 575, 596
Höfert, W. 493, 508
Höpfner, H. D. 557, 559, 565
Höring, K. 479, 509
Huber, O. 122, 144
Hubka, V. 366, 382, 392
Hulse, S. H. 1, 27
Humphreys, P. 331, 335, 338, 341, 465, 477
Hurst, M. W. 77, 88
Hurst, R. 92, 116, 320, 341
Hutchins, E. 253, 274, 281
Hutchins, E. L. 21, 27, 494, 505
Huybrechts, R. 555, 557, 564
Huys, J. 195, 199
Hünting, W. 380, 392, 492

Institut f. angewandte Arbeitswissenschaften e. V. (IfaA) 356, 361
Irby, C. 259, 283
Ireson, W. G. 353, 361
Irving, G. 469, 477

Ittelson, W. H. 579, 598
Itzfeld, W. D. 520, 531
Ives, B. 496, 502
Iwanowa, A. 61, 88, 497, 504, 546, 565

Jacobi, H. F. 493, 499, 505
Jansen, K. D. 501, 503
Jeannerod, M. 152, 175
Jenkins, J. J. 93, 116
Jenney, L. 63, 89
Jennings, M. C. 544, 567
Jex, H. R. 437, 453
Johannsen, G. 11, 27, 67, 88, 187, 200, 304, 311, 426, 427, 429, 437, 438, 439, 443, 444, 445, 446, 447, 448, 450, 451, 452, 454, 493, 502, 538, 549, 555, 565, 568
Johannson, B. 378, 392, 394
John, R. S. 593, 599
Johnson, C. A. 402, 420
Johnson, M. 260, 281
Johnson, M. K. 97, 112, 116
Johnson, W. B. 82, 88
Johnson-Laird, P. N. 112, 116, 153, 177, 374
Johnston, S. 65, 90
Johnston, W. A. 110, 116
Jones, M. R. 354, 361
Jones, P. M. 11, 27
Jones, R. E. 75, 87, 320, 341
Jones, W. 263, 280
Josif, G. 557, 566
Jöns, I. 578, 595
Jungermann, H. 337, 343, 413, 420, 589, 592, 593, 596, 597
Jüptner, H. 358, 361
Jüres, E. A. 8, 29

Kadritzke, U. 546, 567
Kahneman, D. 12, 28, 135, 137, 144, 147, 324, 338, 339, 341, 344, 592, 597
Kamouri, A. L. 127, 144

Kannheiser, W. 58, 61, 64, 69, 85, 87, 88, 91, 497, 504, 543, 544, 547, 564, 566
Kant, I. 157, 158, 175
Kantowitz, B. H. 15, 28, 66, 74, 75, 77, 89, 93, 94, 95, 100, 116, 346, 350, 361
Karasek, R. A. 487, 505
Karcher, H. B. 479, 480, 491, 494, 505
Karger, C. 495, 510
Karlsen, T. 485, 505
Kasten, C. 490, 509
Kaster, J. 272, 284, 402, 405, 408, 420, 424
Katz, C. 501, 505, 521, 524, 528, 532, 534
Katz, D. 349, 361
Kaufmann, L. 94, 114
Kaup, N. 501, 503
Kautto, A. 191, 201
Kay, B. A. 158, 159, 175
Käppler, W. D. 435, 452
Keeney, R. 310, 311
Keil, R. 499, 503
Kelley, C. R. 406, 420, 467, 477
Kellog, A. 499, 506
Kelso, J. A. 158, 159, 175
Kennedy, R. 467, 478
Kern, H. 8, 9, 28, 542, 566
Kern, P. 64, 91, 217, 237
Kessel, C. 412, 424
Kesting, H. 8, 29
Ketchum, R. D. 77, 88
Kieras, D. E. 258, 262, 281, 408, 420
Kiger, J. 211, 281
Kimball, R. 259, 283
Kimchi, R. 94, 95, 107, 118
Kinkade, R. G. 100, 119, 205, 239
Kintsch, W. 95, 112, 116
Kirsch, W. 489, 496, 505
Kirwan, B. 335, 341
Kjellen, U. 316, 341
Klahr, D. 127, 147
Klatzky, R. L. 6, 28, 112, 116

Klaus, G. 583, 597
Klein, W. 380, 391
Kleinbeck, U. 363, 392
Kleinman, D. L. 437, 453
Klingenberg, H. 389, 390, 392
Klipstein, M. 575, 588, 597
Klir, G. 123, 144
Klix, F. 10, 19, 28, 181, 182, 183, 184, 186, 191, 194, 195, 198, 200, 201, 253, 281, 495, 505, 536, 547, 566
Kluwe, R. H. 122, 123, 126, 127, 128, 130, 135, 144, 145, 146
Knapp, T. J. 94, 116
Knave, B. 195, 201
Knepel, W. 488, 508
Knight, J. L. 148, 175, 77, 89, 95, 116
Knowles, W. B. 77, 89
Koch, H. 486, 506
Koch, J. 555, 566
Koch, R. 488, 506
Kochan, D. 389, 392
Kohl, W. 552, 570
Kohn, M. L. 587, 597
Kokawa, M. 470, 477
Kolb, M. 497, 504
Kolf, F. 499, 506
Korffmacher, W. 278, 280, 522, 531
Korkan, K. D. 65, 68, 86
Korndörfer, V. 539, 547, 552, 559, 564, 566
Kossakowski, M. 195, 203
Kosslyn, S. M. 112, 116
Kozinsky, E. J. 331, 340, 344
Körndle, H. 161, 175, 495, 510
Kragt, H. 43, 45, 401, 408, 421
Kraiss, K. F. 14, 21, 28, 228, 237, 415, 421, 426, 453, 456, 461, 468, 477
Krallmann, H. 497, 506
Kramer, A. 5, 9, 11, 30, 55, 56, 91, 563, 570
Kramer, H. 373, 392

Kramer, U. 441, 453
Krause, F. L. 364, 365, 366, 394
Krause, W. 253, 281
Kränzle, H. P. 389, 390, 392
Kreuzig, H. 126, 144, 325, 340, 419
Kreuzig, H. W. 512, 531
Kristensen, O. S. 575, 598
Krogoll, T. 546, 570
Kröll, W. 555, 566
Krüger, D. 495, 506
Krüger, H. 380, 393
Kryter, K. D. 353, 362
Kubicek, H. 499, 506
Kuhl, W. 513, 532
Kuhlmann, A. 289, 291, 299, 303, 311
Kunz, G. C. 500, 506
Kuyper, H. 588, 597
Kühlmann, T. 496, 501, 506
Kühn, H. 485, 505

Lachman, J. L. 93, 94, 111, 116
Laios, L. 406, 421
Lakoff, G. 260, 281
Laming, D. 100, 116
Lanc, O. 13, 14, 28
Land, F. 496, 505
Landauer, T. K. 271, 281
Landeweerd, J. A. 58, 89
Lane, D. M. 110, 116
Lang, K. 500, 506
Lang, R. 577, 597
Lang, T. 500, 506
Lange, K. 496, 506
Langer, E. J. 588, 597
Langosch, I. 590, 595
Larkin, J. 125, 145
Lashley, K. S. 156, 175
Laska, T. J. 75, 87
Lasley, D. J. 100, 115
Lauber, R. 396, 399, 421
Laubrock, R. 501, 503
Laughery, K. R. 71, 89
Laur-Ernst, U. 559, 561, 566

Lay, G. 363, 390, 393, 484, 506, 528, 532, 544, 566, 568
Lay, K. 493, 499, 505
Läubli, T. 492, 506
Leal, A. 339, 342, 465, 478
Lechelt, F. 499, 509
Lee, E. 468, 478
Lees, F. P. 63, 87, 184, 199, 402, 412, 419, 421
Lefcourt, H. M. 587, 597
Leitner, K. 546, 565
Lempert, W. 587, 597
Lenat, D. B. 472, 477
Lenior, T. M. 400, 421
Lenk, H. 573, 595, 597
Leontjew, A. N. 512, 532, 547, 566, 578, 597
Leplat, J. 20, 21, 28, 92, 118, 405, 418, 421, 422
Leroi-Gourhan, A. 93, 116
Leung, T. K. 538, 565
Levine, J. M. 77, 89
Levison, W. H. 437, 453
Lewin, K. 164, 171, 175
Lewis, C. H. 127, 143, 249, 281, 499, 504, 506
Lichtenstein, S. 310, 311, 593, 599
Liere, B. 405, 422
Lieser, A. 253, 263, 264, 276, 281, 282, 283
Lind, M. 45, 50, 54
Lipmann, O. 514, 532
Lippert, S. 75, 89
Lippold, M. 377, 393, 527, 532
Lockhart, R. S. 111, 115
Loftus, E. F. 112, 116
Lomow, B. F. 2, 28, 183, 184, 201
Lompscher, I. 551, 566
Long, J. 501, 506
Loveless, V. E. 184, 201
Lu, C. 462, 477
Luchins, A. S. 135, 145, 323, 341
Luczak, H. 434, 453
Ludwig, J. 15, 28
Lullies, V. 497, 510

Lutz, B. 528, 532
Lüer, G. 129, 145, 603, 605
Lüsebrink, K. 487, 506
Lüthi, H. J. 496, 502, 525, 530

Maass, S. 499, 506
Mace, W. M. 107, 117
Mach, E. 318, 342
Mack, R. L. 127, 143, 259, 280, 408, 419, 499, 500, 506
Mackworth, N. H. 402, 421
Madni, A. M. 466, 467, 476, 477
Magdaleno, R. E. 229, 237
Magnenat-Thalmann, N. 364, 393
Magnus, K. 604, 605
Maier, H. 365, 391
Maier, N. R. 135, 145
Maisch, K. 484, 406
Majchrzak, A. 363, 365, 373, 377, 378, 380, 382, 383, 390, 393
Malessa, A. 15, 25, 29, 58, 90
Mallach, A. 497, 504
Maltas, K. L. 408, 419
Mancini, G. 456, 477
Mandl, H. 253, 282
Manz, T. 501, 503
Marks, G. 593, 597
Marks, L. E. 106, 117
Marr, D. 95, 107
Martin, I. 554, 567
Martin, J. 266, 282
Martin, P. 368, 370, 377, 388, 393, 527, 532, 538, 567
Masing, W. 287, 311
Maskow, I. 544, 567
Mason, A. F. 92, 118
Matern, B. 183, 201, 540, 545, 546, 548, 549, 551, 554, 563, 565, 567, 568
Mayer, A. 306, 312
Mayer, C. 314, 342
Mayr, G. 215, 238
McClelland, J. L. 95, 117

McCormick, E. J. 93, 94, 97, 117, 183, 184, 186, 190, 201, 346, 350, 353, 358, 362, 543, 544, 567
McCracken, D. 271, 282
McDermott, J. 125, 145
McDonald, L. B. 407, 421
McEwen, S. 271, 284
McGrath, J. E. 339, 342
McKeithen, K. 125, 145
McMahon, B. T. 575, 596
McNally, B. D. 440, 452
McRuer, D. T. 229, 237, 304, 312, 437, 453
Megaw, E. D. 402, 421
Meinel, K. 152, 175
Meister, D. 15, 28, 57, 58, 59, 62, 65, 66, 67, 68, 69, 70, 71, 75, 80, 85, 89, 314, 315, 318, 328, 331, 342, 346, 350, 351, 353, 362
Memmert, G. 409, 421
Mende, M. 546, 563
Meringer, R. 314, 342
Mertens, P. 486, 506
Mertes, F. 63, 89
Metze, G. 573, 597
Metzger, H. 62, 89
Meyer-Abich, K. M. 574, 597
Meyna, A. 288, 289, 302, 309, 310, 312
Mickler, I. 546, 567
Mickler, O. 489, 504
Mielke, M. 84, 89
Milerjan, E. A. 551, 567
Miller, D. C. 328, 334, 342, 422
Miller, D. P. 254, 271, 282, 340, 342, 346, 362
Miller, G. A. 41, 54, 95, 111, 116, 117, 124, 145, 155, 176, 408, 421
Miller, R. B. 69, 89, 544, 567
Mills, C. B. 111, 116
Mills, R. G. 330, 342
Milton, J. L. 75, 87

Ministerium für Wissenschaft und Kunst Baden-Württemberg (MWK) 588, 592, 597, 598
Minsky, M. 108, 117, 342
Mintzberg, H. 480, 506
Misiak, C. 123, 126, 127, 128, 135, 145, 146
Miska, H. 358, 362
Mitchell, C. M. 11, 27, 140, 141, 145
Mitkin, A. A. 191, 203
Mittal, S. 240, 279
Mittelstädt, H. 153, 175
Mittenecker, E. 319, 342
Miyata, Y. 97, 117, 491, 507
Miyazaki, S. 470, 477
Mlytz, H. 557, 568
Moede, W. 577, 597
Moeller, G. 354, 362
Moffitt, K. 402, 421
Mogens, A. 575, 598
Mohr, W. 546, 567
Moll, T. 497, 507, 520, 523, 532
Molt, W. 575, 598
Monk, A. 183, 201
Monteau, M. 302, 312
Moraal, J. 408, 421
Moran, A. P. 407, 421
Moran, T. P. 6, 26, 98, 114, 194, 199, 249, 262, 264, 280, 281, 304, 311, 371, 391, 456, 476, 491, 507
Moray, N. 10, 11, 28, 89, 95, 111, 117, 121, 124, 128, 130, 139, 141, 142, 143, 145, 304, 312, 402, 421
Morgan, B. B. 5, 6, 25, 26
Morris, N. M. 407, 408, 422, 423
Morrison, P. R. 523, 524, 533
Morton, J. 501, 506
Muggli, C. 371, 393
Mumford, E. 497, 499, 507
Munipow, W. M. 183, 202
Munzert, J. 127, 147

Murchner, B. 497, 507
Murphy, E. 140, 141, 145
Murrell, K. F. 184, 186, 201
Mussmann, C. 484, 492, 506, 507
Muthig, K. P. 93, 108, 112, 117, 118
Muybridge, E. 152, 176
Müller-Limmroth, W. 380, 393
Münsterberg, H. 3, 28, 577, 598
Mycielska, K. 132, 146, 171, 176, 319, 323, 343
Myers, D. 544, 567

Nachbar, D. W. 271, 281
Nagel, A. 495, 506
Navon, D. 95, 117, 118, 168, 175
Nees, G. 473, 477
Neisser, U. 93, 94, 107, 118, 157, 158, 176
Nelson, W. R. 471, 477
Neuberger, O. 586, 598
Neubert, I. 551, 558, 567
Neubert, J. 489, 504
Neumann, E. 555, 566
Neumann, J. 183, 184, 185, 186, 191, 193, 201
Neumann, O. 97, 119, 153, 176, 371, 373, 393
Newell, A. 6, 26, 94, 98, 114, 118, 122, 129, 130, 132, 145, 194, 199, 249, 253, 262, 271, 280, 282, 304, 311, 371, 391, 456, 476
Nguyen, V. L. 215, 234, 238
Nickerson, R. 244, 282
Niemeier, J. 491, 509
Nievergelt, J. 523, 530
Nisbett, R. 339, 342, 592, 598
Noble, G. 523, 524, 533
Noble, M. E. 228, 237
Nof, S. Y. 17, 30, 142, 147, 318, 345, 445, 454
Norman, D. A. 12, 20, 21, 22, 23, 27, 28, 97, 117, 126, 132, 134, 138, 139, 141, 145, 146, 156, 166, 170, 171, 172, 176, 253, 258, 259, 268, 274, 279, 281, 282, 314, 319, 320, 321, 342, 408, 422, 491, 494, 505, 507, 551, 567
Norman, K. L. 491, 507
Norros, L. 191, 201
North, K. 58, 89
Novak, G. S. 124, 146
Nullmeier, E. 488, 497, 499, 508

O'Donnell, R. D. 110, 118
O'Malley, C. 500, 507
Oberhoff, H. 544, 567
Oborne, J. D. 183, 201
Oesterreich, R. 488, 497, 508, 546, 570
Ogden, G. D. 77, 89
Ohl, B. 497, 505
Ohlson, M. 380, 393
Oldemeyer, E. 8, 29
Oldham, G. R. 497, 504
Olson, D. R. 93, 118
Olson, H. C. 544, 567
Olson, J. R. 499, 507
Olson, M. H. 496, 502
Oppelland, H. J. 499, 506
Oppen, M. 485, 505
Oppermann, R. 497, 499, 507
Opwis, K. 409, 422, 500, 509
Ortony, A. 167, 176, 261, 282
Oschanin, D. A. 191, 198, 201, 408, 422, 526, 533
Osgood, C. S. 324, 342
Ott, H. M. 366, 393
Overbeck, H. 486, 502
Östberg, O. 493, 507

Paetau, M. 497, 507
Pahl, G. 386, 387, 393
Paitau, M. 520, 521, 533
Paivio, A. 375, 393
Palmer, S. E. 93, 94, 95, 107, 118
Panik, F. 559, 564

Parasuraman, R. 95, 100, 118, 412, 419
Pask, E. 513, 533
Paternotte, P. H. 408, 422
Pattee, H. H. 159, 176
Patterson, J. 575, 598
Pau, L. F. 304, 312
Pauker, S. D. 339, 342, 465, 477
Pawelski, M. 366, 394
Pearl, J. 339, 342, 465, 478
Pellegrino, S. 131, 146
Penna, D. E. 385, 394
Pennington, J. E. 461, 477
Perrow, C. 32, 33, 54
Pestel, E. 603, 604, 605
Peters, O. H. 289, 302, 309, 310, 312
Peterson, N. S. 125, 144
Petrowsky, W. 487, 506
Pew, R. W. 77, 89, 156, 158, 176, 328, 342, 414, 422, 439, 453
Pfäfflin, M. 559, 568
Pfendler, C. 412, 422
Pfitzmann, J. 378, 391
Pichert, J. W. 108, 114
Pick, H. L. 106, 119
Pickett, R. M. 100, 119
Picot, A. 483, 496, 497, 507
Piekara, F. H. 108, 118
Pieper, M. 497, 507, 521, 533
Pikaar, R. N. 404, 422
Pilopp, M. 556, 567
Pinkwart, U. 499, 509
Plath, H. E. 78, 89, 539, 556, 567
Plight, J. v. d. 593, 598
Polke, M. 417, 418, 420
Polya, G. 129, 146
Pomerantz, J. R. 112, 116
Popitz, H. 8, 29
Pople, H. E. 472, 478
Porcu, T. 268, 280
Postman, L. 112, 118
Poulton, E. C. 227, 228, 237, 435, 453
Prade, H. 473, 476
Pribram, K. H. 155, 159, 176, 408, 421

Price, H. E. 13, 14, 15, 29, 63, 65, 89
Primoff, E. S. 544, 568
Prinz, W. 153, 176, 371, 392, 393, 402, 422
Pritsker, A. A. 79, 89
Proshansky, H. M. 579, 598
Puff, C. R. 95, 118
Pylyshyn, Z. W. 107, 115, 157, 176

Quaas, W. 541, 568
Quaintance, M. K. 20, 26, 69, 87, 153, 174, 544, 564
Quiliam, J. F. 414, 419

Rader, M. 363, 394
Radke, M. 339, 341
Rahimi, M. 433, 454
Rameik, A. 569
Ranta, J. 191, 201
Rasmussen, J. 12, 13, 22, 29, 34, 43, 53, 54, 55, 63, 80, 90, 92, 94, 95, 96, 97, 98, 106, 107, 108, 109, 110, 112, 113, 114, 118, 130, 131, 132, 134, 136, 141, 146, 248, 279, 282, 304, 312, 317, 319, 320, 322, 323, 326, 342, 343, 414, 418, 419, 422, 428, 453
Rathke, Ch. 522, 533
Raulefs, P. 448, 453
Raum, H. 184, 194, 200, 202, 524, 533, 541, 568
Ray, E. E. 415, 420
Rea, K. 335, 341
Reactor Safety Study 309, 310, 312
Reason, J. T. 123, 126, 131, 132, 133, 134, 135, 138, 139, 142, 143, 146, 170, 171, 172, 176, 319, 320, 323, 326, 327, 343
Reed, L. E. 69, 90
Rees, E. 125, 143
Regulinski, T. L. 80, 90
Reichart, G. 305, 311

Reichwald, R. 483, 496, 497, 501, 502, 507
Reid, P. 190, 202
Reinartz, G. 405, 422
Reinartz, S. J. 405, 408, 422
Reinert, G. 402, 422
Reinking, J. D. 374, 394
Reither, F. 126, 144, 325, 340, 419, 512, 531
Reitmann, J. S. 125, 145
Reitmann, W. R. 547, 568
Relles, N. 500, 508
Rempp, H. 544, 568
Renn, D. 593, 598
Requin 186, 202
Resch, M. 546, 470
Reus, J. 497, 505
Reuter, H. J. 492, 503
Reynolds, P. 77, 86
Richardson, J. 402, 421
Richter, I. 468, 557
Richter, P. 15, 25, 29, 58, 61, 77, 78, 88, 89, 90, 183, 200, 497, 504, 546, 565
Riecker, A. 546, 563
Riehm, U. 363, 368, 394
Rijnsdorp, J. E. 187, 200, 400, 421, 423, 427, 447, 453
Ringel, M. 555, 569
Ringelband, O. 126, 135, 145, 146
Risak, V. 22, 29
Risch, W. 539, 556, 567
Rivlin, L. G. 579, 598
Robertson, G. 271, 282
Robertson, L. C. 94, 116
Robertson, S. R. 127, 143
Rocher, M. 405, 421
Rogers, D. E. 156, 158, 175
Rogers, W. H. 354, 362
Rohmert, W. 9, 16, 29, 75, 90, 211, 234, 237, 497, 504, 505, 586, 598
Rohrmann, B. 17, 30, 325, 326, 327, 345, 458, 478, 593, 595
Romashko, T. 544, 569
Rookmaker, D. P. 58, 89

Rosa, E. A. 335, 341
Roscoe, S. N. 447, 449, 453
Rose, A. M. 407, 423
Rose, R. M. 77, 88
Rosenbaum, D. A. 155, 158, 172, 176
Rosenstiel, L. von 496, 508, 575, 598
Ross, C. 592, 598
Ross, L. 339, 342
Rosson, M. B. 192, 202, 499, 503, 506
Roßnagel, A. 574, 598
Roth, E. M. 406, 418
Rothbauer, G. 229, 237
Rothbaum, F. 587, 598
Rothe, H. J. 16, 30, 190, 202
Rothkirch, C. von 489, 508
Rotter, J. B. 513, 533
Rottluff, I. 555, 566
Rouse, S. H. 80, 81, 82, 89, 131, 132, 146, 316, 327, 328, 340, 343, 407, 423
Rouse, W. B. 17, 26, 29, 80, 81, 82, 88, 89, 110, 118, 368, 394, 402, 406, 407, 408, 419, 420, 422, 423, 426, 445, 446, 453, 454
Rödiger, K. H. 488, 497, 499, 508
Rubinstein, S. L. 511, 533
Rubinstein, T. 92, 118
Ruch, L. 492, 495, 501, 505, 508, 521, 528, 532
Rudolph, E. 497, 508
Rueter, H. H. 125, 145
Rumelhart, D. E. 107, 119, 156, 166, 169, 170, 171, 172, 176, 253, 282
Runeson, S. 157, 159, 176
Rutenfranz, J. 16, 29, 363, 392
Rutz, A. 366, 386, 391
Rübenstrunk, G. 402, 422
Rüger, S. 542, 546, 568
Rühle, R. 551, 554, 555, 565, 568

Rühmann, H. 204, 205, 206, 211, 215, 225, 228, 229, 230, 231, 234, 237, 238, 239
Rüttinger, B. 575, 598

Sachs, S. 339, 341
Sagaria, S. 137, 147
Sage, A. P. 427, 453
Saito, M. 412, 423
Salch, J. 339, 342, 465, 478
Salvendy, G. 17, 30, 46, 56, 90, 142, 147, 148, 149, 266, 282, 318, 345, 363, 390, 393, 415, 420, 445, 454,
Samet, M. G. 466, 467, 476, 477
Sampson, J. P. 575, 598
Sanders, A. F. 183, 184, 201, 202, 253, 282, 407, 423
Sanders, M. S. 346, 350, 362
Sanford, A. J. 93, 119
Sargent, T. O. 410, 411, 423
Sayers, B. 412, 421
Schaffert, E. 266, 279
Schank, R. 319, 343
Schaper, N. 557, 569
Schardt, L. P. 488, 508
Scharer, L. L. 500, 501, 508
Schatz, H. 8, 9, 25, 574, 595
Scheer, A. W. 591, 598
Schefold, B. 574, 597
Scheifele, M. 493, 499, 505
Schiele, F. 522, 534
Schiff, W. 190, 202
Schilling, A. 484, 506
Schindler, R. 195, 196, 202
Schlesinger, G. 151, 152, 177
Schliep, W. 367, 380, 82, 383, 384, 391, 394
Schmidle, R. 123, 128, 145
Schmidt, J. 448, 451
Schmidt, R. A. 156, 157, 158, 177, 319, 343
Schmidtke, H. 4, 29, 93, 94, 100, 119, 183, 182,

202, 205, 206, 215, 218, 220, 223, 229, 230, 234, 238, 239, 287, 294, 311, 312
Schmitz, P. 479, 509
Schmude, L. von 492, 503
Schneeweiss, W. 288, 312
Schneider, B. 360, 362
Schneider, P. I. 555, 566
Schneider, R. 484, 506, 529, 530
Schneider, W. 77, 87, 97, 119, 296, 312
Schnieder, E. 396, 399, 23
Schniz, H. 382, 384, 386, 394
Schober, H. 230, 239
Scholz, H. 357, 360, 380
Schooler, C. 587, 597
Schott, F. 500, 506
Schönfelder, E. 242, 281, 497, 504, 508
Schönpflug, W. 13, 15, 18, 29, 195, 202, 495, 508
Schreuder, S. 382, 392
Schreyögg, G. 488, 508, 514, 534
Schroder, H. M. 512, 513, 533
Schröder, K. T. 497, 508
Schuchardt, W. 546, 563
Schultz-Gambard, J. 8, 26, 574, 575, 579, 595, 598
Schultz-Wild, R. 528, 532, 538, 563
Schulz, J. 195, 203
Schulz, P. 493, 508
Schumacher, B. 364, 394
Schumann, M. 8, 9, 28, 486, 506, 542, 566
Schuster, R. 367, 394
Schüpbach, H. 528, 533
Schütte, M. 434, 453, 495, 508
Schütz, H. 337, 343
Schwabe, M. 294, 312
Schwartz, B. 125, 144
Schwartz, J. P. 331, 344
Schwellach, G. 490, 503, 522, 531
Schwier, W. 434, 453

Scott, B. C. 513, 533
Seaver, D. A. 331, 343, 344
Seeber, A. 193, 201, 557, 568
Seeger, F. 551, 569
Seeger, M. 184, 200
Seidenstein, S. 191, 201
Seifert, D. J. 79, 89
Seifert, R. 5, 29, 196, 202
Seminara, J. G. 191, 202
Semmer, N. 568, 582, 587, 596, 598
Seum, C. S. 79, 89
Shackel, B. 241, 244, 279, 282
Shaffer, L. H. 170, 171, 172, 177
Shaw, R. E. 107, 119
Shepard, R. N. 107, 108, 119
Sheridan, T. B. 11, 29, 30, 63, 88, 139, 146, 304, 312, 402, 403, 412, 417, 423, 435, 443, 453, 455, 478, 538, 568
Shiff, B. 410, 423
Shiffrin, R. M. 97, 119
Shimon, Y. N. 415, 420
Shingai, S. 470, 477
Shneiderman, B. 12, 30, 183, 196, 202, 244, 266, 267, 270, 271, 273, 282, 283, 491, 493, 499, 507, 508
Short, J. 491, 509
Shortliffe, E. H. 472, 478
Shrager, J. 127, 147
Siegel, A. I. 79, 90, 343
Simm, H. 497, 507
Simon, D. 122, 124, 125, 129, 130, 132, 143, 144, 145, 147
Simon, H. A. 31, 42, 50, 54, 161, 177, 253, 262, 282, 325, 343, 458, 478
Sinclair, M. A. 538, 568
Singer, J. E. 575, 598
Singleton, W. T. 183, 187, 202, 317, 344
Sintschenko, W. P. 183, 202

Skarpelis, C. 490, 509
Skell, E. 556, 568
Skell, W. 512, 533, 551, 554, 555, 556, 567, 568
Skiba, R. 318, 344
Skinner, B. F. 155, 177
Skipper, J. H. 434, 454
Sleight, R. B. 353, 362
Slovic, P. 12, 28, 310, 311, 324, 338, 341, 344, 589, 592, 593, 597, 599
Smith, C. 259, 263, 273, 283
Smith, D. L. 191, 202
Smith, J. D. 468, 478
Smith, K. H. 127, 144
Smith, K. U. 1, 2, 30
Smith, M. J. 488, 492, 493, 509
Smith, R. 467, 478
Smith, R. P. 412, 423
Smith, S. R. 484, 505
Smithson, S. 496, 505
Smoljan, G. L. 183, 202
Snyder, S. S. 587, 598
Solf, J. J. 217, 237
Sonntag, K. 78, 87, 388, 391, 538, 539, 540, 543, 547, 548, 556, 557, 559, 564, 569, 577, 596
Sorg, S. 487, 509
Sorkin, R. D. 15, 28, 66, 74, 75, 77, 89, 93, 94, 100, 116, 346, 350, 361
Spada, H. 253, 282, 500, 509
Spears, R. 593, 598
Spijkers, W. 277, 284
Spinas, P. 83, 90, 242, 283, 492, 493, 499, 509, 521, 524, 533
Sprague, R. 240, 284
Spur, G. 364, 365, 366, 375, 386, 394, 456, 478
Sriram, D. 473, 478
Stachelsky, F. v. 579, 99
Stachowiak, H. 552, 569
Stadler, M. 551, 569
Stahlberg, D. 4, 6, 26, 27
Stammers, R. B. 17, 30
Stapf, K. 583, 599

Starr, C. 593, 599
Starringer, M. 516, 517, 518, 519, 535
Stassen, H. G. 443, 454
Staudt, E. 499, 509, 521, 534
Stäudel, T. 126, 144, 325, 340, 419, 512, 531
Steeb, R. 18, 26, 65, 90
Stefanini, A. 46, 53
Stefik, M. 241, 279
Stein, W. 11, 27, 303, 304, 311, 312, 437, 439, 452, 454, 538, 569
Steininger, S. 489, 504
Steinmann, H. 488, 508, 514, 534
Stellmacher, I. 497, 507
Stelmach, G. E. 156, 167, 173, 177, 186, 202
Sternberg, S. 95, 119
Stevens, A. L. 112, 115, 126, 144, 374, 392
Stewart, J. 513, 531
Stewart, T. F. 193, 199
Stier, F. 234, 239
Stillwell, W. G. 331, 343, 344
Stinshoff, K. D. 382, 392
Strasser, H. 78, 79, 90
Streitz, N. A. 241, 244, 245, 249, 251, 253, 254, 258, 263, 264, 276, 277, 278, 279, 280, 281, 282, 283, 284, 408, 423, 522, 531
Strelow, E. R. 106, 107, 119
Streufert, S. 512, 533
Strohrmann, G. 398, 424
Strube, V. 25, 27
Strümpel, B. 575, 588, 597
Stümper, R. 557, 568
Suci, G. J. 324, 342
Summers, J. J. 159, 177
Sutherland, I. E. 273, 284
Sutton, J. 240, 284
Swain, A. D. 63, 79, 80, 91, 315, 316, 318, 328, 332, 333, 334, 335, 339, 342, 344, 346, 362, 414, 424
Swets, J. A. 100, 115, 119

Sydow, J. 485, 499, 509, 521, 534
Syrbe, M. 398, 399, 424
Syska, A. 591, 596
Szyperski, N. 479, 484, 509

Tabachnick, B. J. 15, 29
Tamura, H. 187, 200, 447, 453
Tanaka, T. 412, 423
Tannenbaum, P. H. 324, 342
Taylor, F. V. 6, 20, 30, 40, 54
Taylor, F. W. 70, 91, 152, 177
Teitelbaum, R. 272, 284
Tesler, L. 273, 284
Thackrey, R. I. 412, 424
Thalmann, D. 364, 393
Thau, G. 355, 362
Theologus, G. C. 544, 569
Thom, R. 150, 177
Thomas, C. G. 484, 505
Thomas, J. 254, 259, 280, 282
Thomas, J. G. 192, 202
Thomas, J. P. 94, 114
Thomas, W. 544, 567
Thunecke, H. 490, 509
Timpe, K. P. 3, 16, 30, 63, 91, 180, 183, 184, 185, 186, 187, 190, 191, 200, 201, 202, 203, 315, 344, 536, 537, 569
Tittes, E. 306, 308
Tomada, L. 46, 53
Tombaugh, J. 271, 284
Tomczyk, R. 551, 558, 567
Tomovic, R. 156, 177
Topmiller, D. A. 331, 344
Torgerson, W. S. 339, 344
Töpfer, A. 499, 409
Tramm, K. 559, 569
Treisman, A. M. 107, 110, 119
Triebe, J. K. 512, 513, 514, 522, 524, 525, 534, 552, 570

Troy, N. 83, 90, 242, 283, 492, 495, 499, 508, 509, 510, 521, 524, 533, 534
Truckenmüller, T. W. 491, 509
Tschebyschewa, W. W. 550, 570
Tulving, E. 269, 284
Tversky, A. 12, 28, 135, 137, 144, 147, 324, 338, 339, 341, 344, 592, 597
Tye, L. S. 412, 424

Udris, I. 15, 30, 491, 509, 541, 546, 559, 570
Ulich, E. 83, 90, 242, 283, 284, 488, 495, 499, 501, 505, 509, 510, 511, 514, 515, 520, 521, 522, 528, 530, 532, 533, 534, 546, 552, 559, 570, 582, 586, 599
Ullman, S. 107, 119
Ulrich, R. 108, 118
Umbers, I. G. 408, 424
Underwood, B. J. 112, 118
Ungerer, D. 552, 570
Ungethüm, E. 378, 394

Vahrenkamp, R. 370, 390
Vallerie, L. L. 69, 91
Van Cott, H. P. 100, 119, 205, 239, 349, 353, 362, 601, 605
Van Duren, L. 277, 284
van Eekhout, J. M. 445, 454
Van Rensbergen, J. 195, 199
Vanja, S. 384, 394
Vähning, H. 64, 91
Veldhuyzen, W. 443, 454
Veldt, R. J. van der 406, 424
Verband f. Arbeitsstudien u. Betriebsorganisation e. V. (REFA) 70, 90
Verein Deutscher Ingenieure (VDI) 498, 510
Verhagen, L. H. 408, 421, 422

Verplanck, W. B. 462, 478
Verplanck, W. L. 11, 30
Verplank, B. 259, 283
Vigilani, E. 356, 361, 492, 504
Vlek, Ch. 588, 597
Volger, B. 167, 177
Volpert, W. 8, 13, 16, 25, 30, 127, 147, 167, 177, 493, 497, 510, 511, 535, 542, 546, 551, 552, 565, 570, 578, 581, 582, 586, 596, 599

Waern, Y. 501, 510
Waganaar, W. 137, 147
Walk, R. D. 106, 109
Walsh, D. 469, 477
Wandke, H. 184, 189, 190, 195, 196, 201, 202, 203, 491, 510
Warnecke, H. J. 63, 91, 552, 570, 591, 595
Warren, D. H. 106, 107, 119
Warrick, M. J. 349, 362
Wason, P. C. 153, 177
Waterman, D. A. 472, 477
Waterworth, J. 192, 203
Watkins, M. 296, 284
Weber, A. 373, 392
Weber, G. 64, 91
Weber, P. 537, 570
Weber, W. G. 546, 565
Wehner, T. 314, 320, 344
Weidig, J. 489, 508
Weimer, H. 313, 319, 344
Weimer, W. B. 155, 177
Weinert, A. 574, 599
Weinert, F. E. 603, 605
Weingart, P. 574, 599
Weissker, D. 555, 566
Weissmüller, J. J. 69, 87
Weisz, A. Z. 229, 239
Weisz, J. R. 587, 598
Weißmüller, I. I. 534, 564
Weizenbaum, J. 602, 605
Weizsäcker, C. F. von 574, 597
Welch, R. B. 106, 119
Weldon, L. J. 491, 507

Welford, A. T. 184, 187, 203
Weller, B. 64, 91
Welter, G. 497, 499, 507
Weltz, F 485, 493, 496, 497, 499, 510
Wenda, B. F. 191, 203
Wengel, J. 529, 530
Wenninger, G. 82, 86
Werth, R. von der 527, 535
Wessells, M. G. 371, 374, 375, 378, 394
Wetzenstein, E. 189, 195, 203
Wewerinke, P. H. 439, 444, 454
Wheatley, E. 187, 203
White, P. W. 587, 599
White, R. T. 69, 91
Whiting, H. T. 153, 177
Wicke, F. 488, 504
Wicke, W. 488, 504
Wickens, C. D. 5, 9, 11, 12, 30, 55, 56, 91, 94, 97, 98, 110, 120, 136, 147, 184, 203, 408, 412, 424, 447, 449, 454, 536, 570
Widdel, H. 272, 284, 402, 405, 406, 408, 412, 418, 420, 422, 424, 425
Widebäck, P. G. 195, 201
Widlok, H. 467, 476
Widmer, H. J. 377, 388, 393, 527, 532
Wiener, E. L 433, 448, 454, 456, 478, 538, 578
Wiendieck, G. 590, 596
Wierwille, W. W. 77, 88, 91, 433, 434, 454
Wilkins, D. E. 304, 312
Williams, E. 491, 509
Williams, G. 259, 273, 284
Williges, B. H. 254, 255, 266, 270, 280, 284, 373, 395, 520, 535
Williges, R. C. 373, 395, 520, 535
Wingert, B. 363, 368, 370, 384, 387, 390, 394
Winke, J. 366, 394
Winston, P. H. 473, 478
Winterfeldt, D. v. 593, 597, 599
Wise, J. A. 462, 463, 478
Wishuda, A. 331, 335, 341, 465, 477
Witkin, H. A. 513, 535
Wittekamp, J. 493, 502, 579, 595
Wittig, T. 473, 478
Wittstock, G. 195, 202
Wittstock, M. 522, 534
Witzgall, E. 552, 559, 571
Wojda, F. 499, 510
Wolf, J. H. 79, 90
Wolters, A. 263, 264, 281, 283
Woods, D. D. 6, 27, 44, 45, 54, 405, 406, 410, 411, 418, 425, 456, 462, 463, 477, 478

Woodson, W. E. 100, 120, 205, 239
Wortman, D. B. 79, 89
Wöcherl, H. 61, 87, 497, 504, 538, 547, 548, 564, 569
Wright, A. L. 21, 26
Wright, P. 137, 147
Wunderli, R. 552, 570, 571
Wundt, W. 314, 344

Yates, J. 108, 109, 120
Young, R. 258, 284

Zadeh, L. A. 473, 478
Zang, B. 25, 27, 499, 405
Zangl, H. 487, 509
Zauner, B. 488, 508
Zeitler, P. 486, 506
Ziegler, J. 284, 490, 502
Zimmer, A. C. 154, 160, 161, 177, 495, 510
Zimmer, H. D. 154, 174
Zimmermann, L. 194, 202, 203
Zimmermann, M. 514, 522
Zimolong, B. 17, 30, 142, 147, 317, 318, 319, 325, 326, 327, 339, 341, 344, 345, 415, 420, 445, 454
Zink, K. 513, 516, 535
Zinkl, W. D. 371, 393
Zorger, P. H. 346, 361
Zülch, G. 516, 517, 518, 519, 535

# Sachregister

Abhängigkeit 330—333 (s. a. Fehler)
Ability requirement approach 544
Abkürzung 235, 268
Adaption 100
ADDAM (Adaptive Dynamic Decision Aiding Mechanism) 467
Aktionsplan 460
Akzeptanz 459, 475, 496, 501
— Akzeptanzkrise 496
— Akzeptanz neuer Technologien 6
Akzeptanzforschung 579
Alterungsprozeß 294
Anfänger 277
Anforderung 537, 540 f.
— Anforderung als Gegenstand der Qualifikationsermittlung 540
— kognitive Anforderung 45 f., 48
— Veränderung 537
Anforderungsanalyse 602
Anlage, großtechnische 10
Anlernmethode 3
Anpassungsfehler 99
Anthropometrie 4, 35
Anthropotechnik 4 f.
Antizipation 403 f.
Antriebssystem 427, 433 f.
Antwortzeit 492
Anzeige 34 f., 110 f., 217, 435, 444
— analoge Anzeige 284
— Bildschirmanzeige 194
— digitale Anzeige 234, 354
— Instrumentenlandesystem 431
— integrierte Anzeige 187
— künstlicher Horizont 430
— rechnergestützte Anzeige 447
— situationsanaloge Anzeige 234
— Skalenanzeige 355
— Voranzeige 191, 406, 447, 461, 467
Anzeigeelemente 180
Anzeigefenster 35
Anzeigegerät 178
Anzeigenformat 439
Arbeit 4, 427, 449
— Büro und Verwaltung 479, 487 f.

Arbeitsablauforganisation 385
Arbeitsanalyse 499
— Handlungsregulation 499
— Ermittlung von Qualifikationsanforderungen 540
Arbeitsaufgabe 487, 490, 498
Arbeitsauftrag 540
Arbeitsgestaltung 15, 326, 338, 516
— Bewertungskriterien 511
— differentielle Arbeitsgestaltung 17, 511, 515, 520
— dynamische Arbeitsgestaltung 488, 515
— flexible Arbeitsgestaltung 514
— Fix-Vario-Prinzip 516
— Strategie 511
Arbeitshandlung 348, 352
Arbeitsmethode 3
Arbeitsmittel 186
Arbeitsplatz
— grafischer Arbeitsplatz 365
— rechnergestützter Arbeitsplatz 240
Arbeitsorganisation 400, 485
Arbeitsphysiologie 55 f.
Arbeitspsychologie
— Methoden 56, 61, 85
Arbeitssicherheit 220, 318, 334
Arbeitsraum 388
Arbeitstempo 34
Arbeitsumfeld 388
Arbeitszeit 601
Arbeitszufriedenheit 38, 603
Arithmetik 458, 461
— Bayessche Arithmetik 464
Assoziationsfähigkeit 460
Assoziationsliste 473
Atomkraftwerk 315, 324, 333, 336, 338
Auditives System 101—106
— Funktion 106
— Spezialisierung 106
Aufgabe 44, 46, 48, 487
Aufgabenanalyse 36, 45, 69, 71, 543
Aufgabendefinition 20
Aufgabendelegation 459

Aufgabenklassifikation 330
Aufgabenverteilung 7, 13 f., 37, 433, 448
Aufgabenzentriertheit 278
Aufmerksamkeit 93—99, 109 f., 113, 447
— Ausrichtung der Aufmerksamkeit 106, 462
— selektive Aufmerksamkeit 110
— verteilte Aufmerksamkeit 110
Augenbeschwerden 492
Augenbewegung 441
   (s. a. Blickbewegung)
Ausbildung 2, 602
Ausfalleffektanalyse 299
Ausfallrate 292
Außensicht 429, 433, 440 f., 444
— visuelle Außensichtszene 444
Automat 35
Automatisierung 11, 24, 37, 167 f., 234, 398—400, 409—412, 417, 443 f., 447, 601
Automatisierungseinrichtungen 427
— Autopilot 431, 440, 446
— Flight Management Computer 433
— konventionelle Automatisierungseinrichtung 447
Automatisierungsgrad 18, 434 f., 440, 446, 474
Automatisierungsstufe 220

Baumstruktur 270
— Tiefe-vs.-Breite-Konflikt 271
Beanspruchung 218, 277, 491, 495
— mentale Beanspruchung 76—78, 235, 433, 446, 601
— Meßverfahren 76—78
Beanspruchungsanalyse 603
Bedienelement 178, 186, 205, 435, 450
— Art 110
— Verteilung 110
Bedienermodell 303
— Leistungsmodell 303
— Zuverlässigkeitsmodell 304
Bedienfehler 445
Bedienfeld 236
Bedienung 205
Begleitforschung 252
Belastung 305, 406, 410 f., 491
— Gedächtnisbelastung 255
— informatorische Belastung 495
— kognitive Belastung 456
— mentale Belastung 277

Belastungsgröße 305
Belastungszeit 305
Benutzer 258
— benutzerfreundliche Schnittstelle 279
Benutzerbeteiligung 525
Benutzerfreundliche Gestaltung 279, 450, 499
Benutzerführung 463
Benutzeroberfläche 236
Benutzerschnittstelle 141, 472, 522, 524
Benutzertraining 111
Beobachtung 42, 304
Beschleunigungskraft 233
Beschleunigungssystem 225
Beschreibungsproblem 254, 257, 268
Beschreibungswelt (cover story) 261
Betätigung 207, 211, 213
Betätigungswiderstand 211—213
Betriebssituation 428, 446
— normale Betriebssituation 428
— Notfallsituation 428
Bewegungsart 206
Bewegungs-Effekt-Stereotypie 218
Bewegungssteuerung 34, 98, 234
Bewegungsumfang 211
Bewegungswiderstand 212, 224, 227
Bildformate 461 f.
Bildschirm 19, 35 f., 178 f., 187, 193 f., 196—198, 357
Bildschirmarbeit 371
Bildschirmtechnik 196—198
Bildungsniveau 601
Biomechanik 4
Bitmap-Graphik 462
Blickbewegung 304, 441, 447
Blindschaltbild 223
Bottom-Up-Ansatz 36
Brettarbeit 371
Büro 24
Bürokommunikation 497 f., 482, 484—489, 492, 494, 501

CAD (Computer Aided Design) 246, 364, 375 f., 382—384, 602
— Arbeitsplatz 366, 380, 388
— Ein- und Ausgabegeräte 376, 378
— Grundkenntnisse 384
— Nutzungszeit 387
— Qualifizierung 382
— Schulung 375, 384 f.
— Umgebungsbedingungen 388

Chunk 124
CIM (Computer Integrated Manufacturing) 602
Circadiane Rhythmik 106
Cognitive Engineering 12, 248, 279
Cognitive science 241
Cognitive Systems Engineering 44
Common cause failure 306
Common mode failure 306
Computer 10 f., 21, 35, 37, 41, 44, 49, 51, 286
Computeranalogie 31, 48
Computergraphik 278, 462

Datenbank 328, 330 f., 338, 602
Datensichtgerät 356
Datenstruktur 473
Datenträger 286
Daueraufmerksamkeit 35
Dauerleistungsgrenze 215, 234
Deduktion 47
Dekodierung 223
DELTA (Diesel Electric Engine Troubleshooting Aid) 473
Denken 46, 52
— symbolisches Denken 98
— Unterstützung des Denkens 139
Diagnose 37, 48, 304, 323
Diagnosetechnik 558
Dialog 20, 254 f., 265
Dialogform 254 f., 265, 463 f.
Dialoggestaltung 42, 241, 265, 520
Dialogschnittstelle 483 f., 494
Dialogtechnik 462
Dimensionalität 207
Direkte Manipulation 22, 263, 266, 273, 462, 464, 494
— Definition 273
— Metaphernwelt 275
— Objektorientiertheit 275
Diskrimination 100
Display 22, 236
DM (Decision Maker) 465
Doppelaufgabe 110
Düsentriebwerk 222

Echospeicher 107
Editor 267
Effizienz 36
Eignungsmerkmal 207
Eignungsprüfung 3

Eingabemedium 21, 462
Eingriff 123
Einschätzen 42
Elektrische Felder 378
Elektronische Post 482, 491
Empfindlichkeitsanalyse 307
Entdeckung 42, 100
Entkopplung
— räumliche Entkopplung 35
— zeitliche Entkopplung 35
Entlastung 471
Entscheidung 12, 19, 37, 42, 304, 427
— riskante Entscheidung 464
Entscheidungshilfe 325 f., 337, 339, 448 f., 455 f., 461, 475
Entscheidungsmatrix 458
Entscheidungsprozeß 427, 464
— Stufen des Entscheidungsprozesses 130
Entscheidungstabellen 303
Entscheidungstheorie 13
— Modell 475
Ereignisbaum 470
Erfahrung 21, 433
Erfolgspfad 471
Ergonomie 4, 19, 35, 55, 93 f., 241
— Bewegungsergonomie 35
— kognitive Ergonomie 279
Ergonomische Gestaltungsmaßnahme 447
Erholung 17
Erkundungsfunktion 461, 467
Ermüdung 38, 220, 294
Erneuerungstheorie 295
Erwartung 21
Erwartungswert 459
Experimentelle Analyse 435, 548
Experte 277
Expertenkonferenz 63
Expertenurteile (-schätzung) 17, 301, 331, 334, 339
Expertensystem 13, 415—417, 446—448, 462, 471, 475, 484, 488, 494, 602
— Beratungssystem 448
— Erklärungskomponente 448
— Wissensbasis 448
Exponential-Verteilung 292

Fähigkeit 9, 20 f., 35, 348, 550
— allgemeine Arbeitsfähigkeit 551
Fahrer-Fahrzeug-System 426

Fahrer-Modell 440 f.
Fahrgeschwindigkeit 441
Fahrzeug 286
Fahrzeugführung 99, 426 f., 444, 450
Fahrzeugregelung
— manuelle Fahrzeugregelung 434 f.
Fail-Safe-Prinzip 296
Fallstudie 251
Farbfehlsichtigkeit 223
Farbgraphiksystem 378, 431
— Navigationsanzeigensystem 431
— primäres Fluganzeigensystem 431
— Systemüberwachung 431
— Warnanzeige 431
Farbwahrnehmung 223
Federkraft 226, 228 f.
— Federzentrierung 229
Fehler 2, 42, 79—82, 138, 313—318, 323—325, 328 f., 333, 337 f., 404, 470
— Alltagsfehler 320
— Pilotenfehler 320
— Übertragungswahrscheinlichkeit 470
— Ursachenansatz 328
Fehlerarten 313 f., 319 f., 323, 325, 350, 358
— Bedienfehler 445
— Denkfehler 320, 338
— Erwartungsfehler 322
— Genauigkeitsfehler 358
— Handlungsfehler 313 f., 319 f., 338
— initialer Richtungsfehler 358
— Urteilsfehler 314, 338 f.
— Vergreifen 358
— Verletzung von Normen 138
Fehlerbaummethode 301
Fehlerbeseitigung 10
Fehlerdiagnose 10, 404, 407, 445
Fehlerentdeckung 404, 406, 439, 445
Fehlerfreiheit 13
Fehlerhäufigkeit 330 f.
Fehlerklasse 138
Fehlerklassifikation 316, 318 f., 338
Fehlerkompensation 404, 461
Fehlerkorrektur 404
Fehlermanagement 34, 428, 444 f.
Fehlerquelle 134—138
Fehlersuche 106, 113, 323
Fehlertaxonomie 320, 337
Fehlerursache 138, 317—320, 338, 350
Fehlerwahrscheinlichkeit 315, 328—334, 336

— menschliche Fehlerwahrscheinlichkeit 289
Fehlhandlung 110, 289, 314
Fehlleistung 38, 313, 317, 337
Fehlverhalten 289
Feldstudie 251
Fertigkeit 22, 99, 150 f., 153—155, 157—159, 161, 164, 167, 169—173
Figurerkennung 463
Filter
— logischer Filter 35
— zeitlicher Filter 35
Flugführung 429
— Instrumentenflugbedingung 429
— Sichtflugbedingung 429
Flugsicherungskontrolle 429
Flußdiagramm 223
Förderanlage 286
Formalisierung 386
Formerkennung 461
Forschungsdefizit 576
Forschungsstrategie 248, 251
Frame 473
Freiheitsgrad 207, 211
Freizeitverhalten 601
Führbarkeit 435
Führungsstil 601
Funktion 376
— kognitive Funktion 43
— reversible Funktion 461
Funktionalität 256, 259, 279
Funktionsverteilung Mensch und Computer 256, 498 f.
Fuzzy set 473

Gauß-Verteilung 291
Gedächtnis 93, 95, 99, 111—113, 348
— Arbeitsgedächtnis 111
Gedächtnisbelastung
— Reduzierung 460
Gedächtnisprozeß 348
Gedächtnisspanne 111
Gefährdungsbaum 328
Gefährdungswahrscheinlichkeit 289
Gefahr 290
Gelenkkette 211
Genauigkeit 13
Geruchssystem 101—104
Geschmackssystem 101—104
Geschwindigkeit 35
Geschwindigkeitssystem 225

Gestalt 462
Gestalterkennung 461
Gestaltung 243, 279
— Arbeitsgestaltung 242
— ergonomische Gestaltung 240
— Inhaltsgestaltung 22
— Softwaregestaltung 242
Gestaltungsspielraum 9, 486
Gewohnheitsebene 320, 322 f., 338
Gleichgewichtssystem 101—104
GODDESS 465
Graph 456, 468
Greifbagger 222
Greifraum 229—234
Griffoberfläche 215
Gruppenbildung 182, 191
Gruppierung 189, 196, 218, 220 f., 229
— alphabetische Gruppierung 271
— semantische Gruppierung 271

Haltearbeit 215
Hand-Arm-System 210
Handhabungsautomat 601
Handlung 19, 98 f., 108 f.
— fehlangepaßte Handlung, s. Fehlhandlung
— intelligente Handlung 43
— situationsadäquate Handlung 93
— wissensbasierte Handlung 99
— zielgerichtete Handlung 99
Handlungsausführung 181, 428
Handlungsauswahl 458
Handlungsfehler 42, 173
Handlungsmodell 444, 446
Handlungsregulationstheorie 551, 561
Handlungsspielraum 254 f., 277, 483, 487
Handlungstheorie 497
Handlungsziel 21
Handmotorik 22
Hardware-Ergonomie 241, 490
Hebezeug 286
Heuristische Methode 128 f.
— GPS-Programm 129
Heuristische Regel 554, 556 f.
Hierarchie 270
Hierarchische Zerlegung 50
Human engineering 244
Human Factors 93 f., 241
Human Factors Engineering 1—5, 55 f.
Humanisierung der Arbeit 16
Hygiene 17

Ikon 107, 263
Individualisierung 511
Inferenzmaschine 472
Information 2, 286
— Gestaltung 353
— räumlich strukturierte Information 105
— zeitlich strukturierte Information 105
— Visualisierung 460
Informationsaufnahme 22, 93—114, 181 f., 348
— endosomatischer Aspekt 93
— exosomatischer Aspekt 93
— Modell 98
— Möglichkeiten und Grenzen 92 f., 105
— statische Aufgabe 111
— Überforderung 92
— Umgebungsinformation 105
Informationsaustausch 558
Informationsauswahl 458
Informationsdarstellung 22, 100, 113, 192, 205
Informationsfluß 95
Informationsgeber 18, 36, 185, 353
Informationsgesellschaft 601
Informationskodierung 109, 461, 473
Informationsmittel 234
Informationsnutzung 52
Informationsquelle 109
Informationssuche 19
Informationstechnologie 243, 578, 602
Informationsumsetzung 217
Informationsverarbeitung 19, 24, 41, 93—114, 181—184, 191, 194 f., 241, 269, 348
— automatisierte Informationsverarbeitung 98, 108
— begrenzte Kapazität 95, 98
— bewußte Informationsverarbeitung 98 f., 107—113
— Ebenen 130 f.
— interne Abbildung 134
— Kapazität 47
— Kontextbedingung 97
— mentale Informationsverarbeitung 464
— Modell 95—98, 107
— selektive Informationsverarbeitung 110
— Strategie 110—113
— Stufen 95
— Überforderung 92

Informationsverdichtung 236
Informationsverwertung 93
Ingenieurpsychologie 1—5, 19, 22, 94, 97, 105
— Abgrenzung 55 f.
— Systembegriff 55
— Methoden 55—85
— Methodenüberblick 59 f.
Instrument 19, 34
Instrumentenablesung 109
Instrumentenanzeige 429
Integration 207
Intelligenz
— künstliche Intelligenz 13, 43, 98, 304, 602
Interaktion 245
— soziale Interaktion 38
Interaktionsform 254, 265, 276
— direkte Manipulation 266
— Interaktionssprachen 266
— Kommandointeraktion 276
— Menüauswahl 266, 276
Interaktionssprache 266
— Abfragesprache 266
— Kommandosprache 266, 277
— Programmiersprache 266
Interaktionstechnik 461
Interaktionstraining 559
Interface 196
Interferenz
— bei Ausbildung motorischer Fertigkeiten 99
INTERNIST 472
Irrtum (mistake) 132, 313 f., 324

Job Element Method 554

Kalman-Filter 467
Kennlinie 212, 227
Kenntnis 18
Klassifikation 253
— interaktiver Systeme 254
— s. a. Fehlerklassifikation
Kode 187
Kodealphabet 184
Kodierdimension 353
Kodierung 109, 184, 197, 218, 223, 229, 461, 473
— alphanumerische Kodierung 354
— Blinkkodierung 354
— Farbkodierung 223, 354

— Größenkodierung 223
Kognition 41, 43, 428 f., 528
Kognitive Aktivität
— Ebenen der kognitiven Aktivität 132
Kognitive Ergonomie 241
Kognitive Hysterese 138
Kognitiver Prozeß
— Methode zur Unterstützung 459
Kognitives System 373
Kognitives Training 552, 555, 557 f., 561
Kommunikation 38, 43, 49, 348, 352
— sprachliche Kommunikation 106, 193
Kommunikationsanalyse 497
Kommunikationsfunktion 348
Kommunikationsmodell 19
Kommunikationstechnologie 243, 578
Kommunikationstheorie 41
Kompatibilität 11, 113, 184 f., 218, 220, 229, 235, 254
— Folgekompatibilität 235
— Funktionskompatibilität 218
— Inkompatibilität 220
— Kognitive Kompatibilität 258, 279
— Positionskompatibilität 218, 223, 235
— Richtungskompatibilität 235
Komplexität 31 f., 36, 51, 156 f., 160 f.
— funktionelle Komplexität 42
— kognitive Komplexität 278
Konstrukteurtätigkeit 386, 526
— Anforderungsprofil 368
— Charakterisierung 366
— Elemente 368
Konstruktionsprozeß 366
— Phasen 366
Kontaktgriff 208
Kontrast 100
Kontrollanzeige 34
Kontrollaufgabe 36
Kontrolle 34, 43, 49, 98, 326 f., 387, 427, 587
— antizipatorische Kontrolle 108 f.
— automatische Kontrolle 37
— primäre Kontrolle 587
— sekundäre Kontrolle 587
Kontrollmodell 12
Kontrollprozeß 320, 322 f.
Kontrollraum 35
Kontrollverlust 587
Kooperation 386
Koordination 386
Kopplung 32

Kraftfahrzeugführung 433
Kraftrückmeldung 212
Kreativität 24
Kurzzeitgedächtnis 43, 111, 494
Kurzzeitspeicher 109 f.
Kybernetik 19

Lärm 492
Langzeitgedächtnis 43, 109, 111 f., 494
Leistungsbereitschaft 220
Leistungsfähigkeit 204
Leistungsgrenze 16
Leistungsmerkmal 474
Leitstand 234
Leittextmethode 555
Lenkung 426, 441
Lernen 205, 218
Leuchtmelder 208

Markoffsche Kette 294
Maschine 10, 34, 36 f., 39
Maschinendynamik 224
Maschinenoberfläche 22
Massenträgheit 225—227
MAUD (Multi-attribute Utility Decomposition) 331, 335, 465
Maximalitätsprinzip 459, 465
Maximalkraft 233
Mechanische Schwingung 227
Mechanisierung 9, 601
Mehrebenenanalyse 363
Mensch
— Interaktion mit technischem System 96, 112 f.
— Abstraktionsebenen 96
Mensch-Computer-Interaktion 6, 11, 22, 42, 75, 241—245, 249, 484, 488, 490, 601
— Erlernbarkeit 276
— Modelle 249
Mensch-Computer-System 25, 317
Menschliche Informationsaufnahme
— s. Informationsaufnahme
Menschliche Informationsverarbeitung 92—114, 241, 269
— s. Informationsverarbeitung
Menschlicher Fehler
— s. Fehler
Mensch-Maschine-Interaktion 12, 18, 24, 243
Mensch-Maschine-Kopplung 37

Mensch-Maschine-Schnittstelle 7, 18, 34, 53, 240
Mensch-Maschine-System 1, 5, 10, 13, 15, 17, 19, 21, 24 f., 31—33, 35 f., 49, 51, 110, 178 f., 190—192, 196—198, 204, 224, 348, 426, 450, 455
— Abstraktionsebenen 96
— Arbeitsanforderung 92
— Arbeitsteilung 63, 65
— Bewertung 83—85
— ganzheitliche Betrachtung 61
— Gestaltung 62, 65—70, 92—94, 100, 111, 113
— Gestaltungsphasen 58—82
— Schnittstelle 72, 83, 100
— Teilsystem Mensch 99
— Zuverlässigkeit 75, 79—82
Mensch-Mensch-Interaktion 243
Mensch-Umwelt-Interaktion 105
Menü 263, 276
Menüauswahl 266, 268, 270
Menüstrukturen 270—272
Menütablettvorlage 378
Merkmal 122 f.
Metapher 257—261
— Büro-Metapher 259
— Schreibtischmetapher 276
Metaphernwelt 264, 268, 275 f.
Methode
— graphentheoretische Methode 468
Mikrocomputer 244
Modell 13, 24, 39 f., 257, 261 f.
— externes Modell 112 f.
— inneres Modell 218, 468
— kognitives Modell 41
— mathematisches Modell 444
— mentales Modell 109, 112 f., 125—128, 257—260, 374, 408 f.
— optimaltheoretisches Modell 437, 439 f.
MODIS (Motor-Diagnosis System) 473
Monitor 466
Monotonie 410—412
Motorik 148—154, 205
Motorische Äquivalenz 156
Motorisches Programm 156, 158
Motorisches System 304, 375
Motorischer Prozeß 109
Motorische Steuerung 154, 170
Muskelermüdung 211
Mustererkennungsfähigkeit 460

Musterklassifizierer 466
MYCIN 472

Nachführverhalten (tracking) 148 f., 160
Nachrichtentechnik 19
Navigation 426, 428, 434
— Kommandobrücke 434
— Wegplanung 426, 429, 434
Neotaylorismus 4
Netzwerk 271
Nuklearindustrie 336
Nutzenerwartung 465
Nutzer 4, 17, 19, 44, 48—50
Nutzerbedürfnis 205
Nutzerfreundlichkeit 22

Oberflächengestaltung 215
Objekt 462
Objektidentifikation 108
Objektmanipulation 92, 99, 109
Operateur 4, 10 f., 16, 18 f., 22, 24, 34—38, 40, 52, 456
Operation
— mentale Operation 93
Operatives Abbild 526
— CAD-Schulung 375
Operatives Abbildsystem 375
Ordnungsgrad 225
Organisation 235
Organisationsstruktur 603

Parallelanordnung 332
Persönlichkeitsförderlichkeit 511
Persönlichkeitsmerkmal 513
Personalauswahl 2, 603
Physiologie 4
Piktogramm 190, 196, 235, 263
Pilot
— Aufgaben des Piloten 431
— Piloten-Modell 439
Plan 171
Planung 37, 42 f., 48, 304, 427 f., 444, 446, 461, 556
— hierarchische Planung 304
— online-Planung 446
— opportunistische Planung 304
— skriptorientierte Planung 304
Planungshorizont 446, 457 f.
Planungsintensität 446
Planungstiefe 458

Positionierungsinstrument 247, 265, 273
— Maus 273
Positionssystem 225
Prädiktor 467
Prädiktionsverfahren 461, 467
Präferenz 465
Präsentation 254
Präzision 35
Probabilistic Information Processor 464
Probehandeln 109
Problemlösen 45, 99, 109, 245, 325, 427 f., 444, 461
— analoges Problemlösen 259
— interaktives Problemlösen 245, 253
Problemraum 457
Problemstrukturierung 456, 458
Problemtyp 122
PROCRU 439
Produktion 10, 24, 473
Programm 39
Proprioceptive Rückmeldung 224
Prototyp 499
Prozessor 42 f.
— sequentieller Prozessor 98, 109 f.
— verteilter Prozessor 98
— zentraler Prozessor 43
Prozeß 396, 402
— industrieller Prozeß 396
— mentaler Prozeß 42
— technischer Prozeß 396
Prozeßabstimmung 34
Prozeßführung 196, 443 f.
Prozeßkontrolle 36
Prozeßmodell 467
Prozeßoberfläche 39
Prozeßsteuerung 37, 46, 397, 402
Prozeßüberwachung 36, 402
PSF (performance shaping factors) 318, 335 f.
Psychologe 51, 604
Psychologie 3
— Angewandte Psychologie 6 f.
— Angewandte Kognitive Psychologie 6
— Engineering Psychology 55
— Experimentelle Psychologie 6
— Kognitive Psychologie 43, 93—98
— s. a. Ingenieurpsychologie
Psychophysik 100
Psychotechnik 3, 576
Pult 234
Pumpe 286

Qualifikation 382, 488, 538, 550
Qualifikationsanforderungen 69 f., 542—545, 548
Qualifikationsentwicklung 538
Qualifizierung 6
Qualifizierungsmaßnahmen 489, 500
Qualität 287, 315 f.

Rapid Prototyping 475
REACTOR 470
Reaktion auf unerwartete Ereignisse 108
Reaktionszeit 235
Reasoning 473
Rechnergraphik 446
Rechnermodell 461
Rechnerunterstützung 433, 443, 445 f.
— Bildverbesserung 443
— Entscheidungsunterstützungssystem 448
— Totzeitkompensation 443
Redefinition 541
Redundanz 296—298
Regelabweichung 224
Regelaufgabe 224 f., 467
Regelebene 322 f., 327, 338
Regelfehler 229
Regelgröße 224
Regelkreis 435
— einschleifiger Regelkreis 435
— kompensatorischer Regelkreis 441
Regelstrecke 224, 228
Regelung 154, 157, 160, 206, 224, 228 f. 304
— Führungsgröße 224
— manuelle Regelung 427, 431, 435
— Nachführgröße 224
— supervisory control 427, 441
— überwachend-eingreifende Regelung 427, 441
Regenerationsfähigkeit 308
Regler 11
Regler-Mensch-Modell 435, 437, 444
Regulation 153, 155, 158, 167
Regulationsebene 428, 444
— gewohnheitsmäßiges Verhalten 428
— regelbasiertes Verhalten 428
— wissensbasiertes Verhalten 428
Regulierung 153
Reibung 227
Reibungsbeiwert 215
Rekodierung 111, 113

Repräsentation 254, 258
Repräsentation, interne 124 f., 131, 153, 155—157, 167—169
Reproduktion 111 f.
Resonanzprinzip 107
Ressource 97, 277
Rezeptor 108
— retinaler Rezeptor 100
Risiko 289, 339
— Grenzrisiko 290, 309
— Risiko natürlicher Katastrophen 309
— Todesrisiko 309
Roboter 601
Rotationsbewegung 217
Rückkoppelung 236

Sachbearbeiter 246
Sachprobleme 245
Satisfaktionskriterium 458
Satzverständlichkeit 193
Schadenshöhe 308
Schaltung 299 f.
Schema 150, 157—162, 164, 166—169, 171—173
Schemata 109, 319, 321 f.
Schematheorie 319
Schiffsführung 434
Schlußfolgern
— pragmatisches Schlußfolgern 51
— wissensbasiertes Schlußfolgern 461
Schnelligkeit 13
Schnittfrequenzmodell 437, 440 f.
Schnittstelle 19, 52, 204, 483 f., 494
— Mensch-Computer-Schnittstelle 240, 279
Schnittstellengestaltung 47, 378, 456
Schulung 500 f.
Schutzkleidung 211
Schwelle 182
— absolute Schwelle 100
— Unterschiedsschwelle 100
Scientific Management 34 f., 37
Script 473
Sehraum 229
Sehwinkel 229
Sekundäraufgabe 278
Selbstaufschreibungsbogen (SAB) 370
Selbsteinschätzungsbogen (SEB) 370
Selbstinstruktionstechnik 554
Selbstorganisation 158, 173
Sensomotorik 108, 348

Sensor 34
Sensorische Informationsaufnahme 99—106
Sensorische Kontrolle 429
Sensorisches System 371
Serienanordnung 332
SEU (Subjektivety Expected Utility)-Modell 459, 465
Sicherheit 36, 289, 413, 435, 444
Sicherheitstheorie 289
Signal 99, 108, 322
— Alarmsignal 254
— Gefahrensignal 254
Signalentdeckung 24
Signalentdeckungstheorie 100
Silbenverständlichkeit 193
Simulation 403, 409, 411, 418, 461
Simulationstechnik 559
Simulationsverfahren 467, 475
Simulator 433, 435, 449, 559
— Außensicht-Simulation 449
— Bewegungssimulation 450
— CNC-Simulator 559
— Fahrsimulator 450
— Flugsimulator 449
— Realitätsgüte 450
— Schiffsmaschinen-Simulator 450
— Teilaufgaben-Simulator 450
Sinnesmodalität 105 f.
Sinnesorgan 100
Sinnesphysiologie 100
Sinnessystem 99—105
— Charakteristika 100—105
— Evolution 105
— Möglichkeiten und Begrenzungen 99—105
— Sensitivität 99—105
SLIM-MAUD 335, 340
Software-Ergonomie 83, 236, 241, 490
Software-Psychologie 12
Somato-viscerales system 101—104
Soziale Isolation 495
Soziotechnische Gestaltung 479
Soziotechnisches System 497
Speicherung 111
Speisekarte 268
Spiel 227
— mechanisches Spiel (Hysterese) 227
Sprache 45, 554
Sprachverständlichkeit 193
Spurfolgeverhalten 24

Stabilisierung 427
Stellteil 18, 21, 34—36, 205—215, 236, 358
— analoges Stellteil 206
— Auswahl 207
— digitales Stellteil 206, 212
— Drehknopf 211
— Flugzeugsteuerhorn 207
— Kippschalter 211
— Maus 207
— Mindestwiderstand 212
— Motorradlenker 207
— Notausschalter 230
— Rollband 207, 228
— rotatorisches Stellteil 206, 228
— Steuerkugel 228
— translatorisches Stellteil 206, 228
— virtuelle Tastatur 211, 234
Stellteilbeschriftung 229
Stellteildynamik 226
Stellteilgestaltung 210, 217, 224
Stellteilnutzung 220
Stellteilsicherung 233
Stellweg 210
Stellwinkel 210
Steuerpult 35, 236
Steuerstand 10
Steuerung 43, 48, 206
— kognitive Steuerung 36
— manuelle Steuerung 35
Steuer- und Überwachungstätigkeit
— Arbeitsaufgabe 348
Steuerzentrale 34
Störfall 10, 12
Störfallablaufanalyse 299
Störfallreaktion 108
Störungsbeseitigung 99, 556
Störungsdiagnose 99, 557
Strahlung
— ionisierende Strahlung 378
Strahlungsexposition 16
Streß 38, 410
Suche 462
— heuristische Suche 469
— rückwärtsgerichtete Suche 470
— vollständige Suche 469
Supervisory Control 443
Superzeichenbildung 111
Symbol 109—111, 235, 322
Symbolgestaltung 190
Symbolische Repräsentation 110

Symbolmanipulation 109
Syntax 267
System 5, 36, 50, 52, 149 f., 153, 156 f., 159, 161, 278, 386
— Antwortzeit 492
— aufgabenzentriertes System 278
— benutzerorientiertes System 258, 278
— hochautomatisiertes System 455
— kognitives System 43
— lebenserhaltendes System 16
— physikalisches System 21
— technisches System 1, 24
— Waffensystem 4
— wissensbasiertes System 39
— s. a. Mensch-Maschine-System
Systemanalyse 497
Systemanalytiker 306
Systemaufgabe 286
Systemdesign
— aufgabenzentriertes Systemdesign 248
— benutzerorientiertes Systemdesign 248
— technologiebewußtes Systemdesign 251
Systemdesigner 243
Systemdiagnose 112
Systemelemente 287
Systementwurf 52
Systemfehler 92
Systemgestaltung
— partizipative Systemgestaltung 496 f., 499
Systemkomplexität 50, 52
Systemkomponente 287
Systemoberfläche 22
Systemrealisierung 258, 260
Systemstruktur 287
Systemtheorie 604
Systemumgebung 286
Systemverhalten 112, 287
Systemziel 18
Systemzustand 37, 456
Szenenanalyse 107

Tätigkeits-Analyse-Inventar (TAI) 547
Tafel 234
Taschenrechner 262
Task-inventory-Ansatz 543
Taylor-Entwicklung 467
Taylorismus 4
Technologie 6

Technologiefolgeabschätzung 6, 572
Technologischer Determinismus 8
Technik 4, 7, 9, 572, 584, 589 f.
Technik, neue
— Bewertungsverfahren 62
— Einführung 57
Technikbewertung 498, 572
Technikentwicklung 8
Technikfeindlichkeit 575, 604
Technischer Wandel 7—9
Telefonkonferenz 491
Telerobotik 443
Terminal
— Multifunktionsterminal 483
Testfahrzeug 435
Testfunktion 461, 467
THERP 332, 334 f., 338
Time-sharing 110 f.
Top-Down-Analysetyp 36
Totzeit 437, 441
Tracking 11, 435
Training 2, 148, 152, 167, 173, 401, 405, 407, 418, 433, 445, 449, 500
— Anfängertraining 450
— eingebettetes Training 461
— Flugtraining 449
— Übung 449
— Wissensvermittlung 449
Trainingsaufwand 461
Trainingsprogramme
— computergestützte Trainingsprogramme 385
Trainingsverfahren
— kognitive Trainingsverfahren 552, 557, 561
— sensomotorisches Lernen 552
— psychoregulativ akzentuierte Trainingsmethode 552
Transfer 154, 161 f., 164—169, 173, 277
— negativer Transfer 218
Transferstraße 601
Transformationsleistung 223
Transformationsmodell 112 f.
Translationsbewegung 217
Transparenz 52
— Transparenz des Systems 49

Überlegen 42
Überwachung 304
Übungsniveau 294
Übungsphase 294

## Sachregister

Umgebung 49
Umgebungsbedingung 217
Umgebungsfaktor 600
Umgebungsinformation 108, 110
Umgebungssimulation 98, 109
Umgebungsverhalten 109
Umsetzung 19
Unfall 318, 331
UNIX 268
Unterstützungsfunktion
— kognitive Unterstützungsfunktion 474
Unversehrtheit
— psychische Unversehrtheit 16
Urteilen 12 f., 47
— pragmatisches Urteilen 48

Variabilität 156 f.
Variabilitätskonzept 316
Ventilator 286
Verarbeitung
— Anforderungen 110 f.
— perzeptuelle Verarbeitung 22
Verfügbarkeit 288
Verhaltensebenen
— regelbasiertes Verhalten 471
— wissensbasiertes Verhalten 471
Verkehrssicherheit 450
Versehen 132
Versorgungssystem 427, 433
Verstellung 208
Vibrationsbelastung 228
Vigilanz 12, 24, 411 f.
Viskose Dämpfung 226, 228
Visualisierung 464
Visualisierungstechnik 461
Visuelle Dominanz 110
Visuelles System 101—105
Visuelle Suche 401
Visus 229
Vorlauffforschung 252
Vorurteile 47
Vorwissen 258
Vorwissensstruktur 270

Wahrnehmung 19, 93, 95, 99 f., 107—109, 113, 205, 349, 433, 439—441
— Antizipationszeit 441
— Ausrichtung 98
— Informationsarmut 434
— Lenkvorgang 440

— Vorausschau 441
Wahrnehmungssystem 100—109
— aktive Umwelterkundung 107
— Aktivierung 108
— Ausrichtung 107—109
— Charakteristika 101—104
— Funktion 100, 104 f.
— Möglichkeiten und Grenzen 99—104
— Orientierungsfunktion 104 f.
Wahrscheinlichkeit 290 f.
— a posteriori-Wahrscheinlichkeit 291
— a priori-Wahrscheinlichkeit 290
— Fehlerrate 291
— Fehlerwahrscheinlichkeit 291
— probabilistische Methode 290
Wahrscheinlichkeitsdichtefunktion 291
Wahrscheinlichkeitsrechnung 295
Wahrscheinlichkeitsschätzung 458
Wahrscheinlichkeitstheorie 458
Warnsignal 108
Warte 234
— Meßwarte 10, 19
Wartengestaltung 10
Wartungspersonal 4
Weibull-Verteilung 291
Weltmodell 98, 108—110, 112
Werkzeug 92 f., 99, 109
Wiedererkennen 112, 269
— Abrufprozesse 269
Wirkungsforschung 579
Wirtschaft 4
Wissen 18, 22, 46
— a priori Wissen 470
— logisches Wissen 47
— Oberflächenwissen 48
— Organisation 112
— Repräsentation 112
— Speicherung 112
— technisches Wissen 8
Wissensbasis 472
Wissenschaft
— kognitive Wissenschaft 43
Wissensebene 320, 322—324, 327
Wissenserwerb 448
Wissensrepräsentation 258, 279, 473
Wissenstiefe 46
Wortverständlichkeit 193
WYSIWYG-Prinzip 274

Zentralisierung 387
Zeichen 322

Zeigermeßgerät 186
Zeitdruck 493
Ziel 21
Ziele-Mittel-Netzwerk 45—48
Ziel-Mittel-Verhältnis 45
Zustands-Aktions-Baum 456, 468
Zustandsidentifikation 51
Zuverlässigkeit 42, 288, 315, 326, 332, 337 f., 347, 413 f.
— Berechnung 328, 338
— Definition 346
— menschliche Zuverlässigkeit 38, 289, 315—318, 326, 337
— technische Zuverlässigkeit 315 f., 328
Zuverlässigkeitsfunktion 289, 292
Zuverlässigkeitskennwert 301
Zuverlässigkeitsmodell 304
Zuverlässigkeitstheorie 290
Zuverlässigkeitsverhalten 299

# Beiträge zur Organisationspsychologie

Eine Schriftenreihe
hrsg. von Prof. Dr. Heinz Schuler und Dr. Willi Stehle

### Band 1
**Organisationspsychologie und Unternehmenspraxis: Perspektiven der Kooperation**
hrsg. von Prof. Dr. Heinz Schuler und Dr. Willi Stehle
1985, XI/181 Seiten, DM 29,80 · ISBN 3-87844-003-0

### Band 2
**Biographische Fragebogen als Methode der Personalentwicklung**
hrsg. von Prof. Dr. Heinz Schuler und Dr. Willi Stehle
1986, VIII/147 Seiten, DM 28,- · ISBN 3-87844-004-9

### Band 3
**Assessment Center als Methode der Personalentwicklung**
hrsg. von Prof. Dr. Heinz Schuler und Dr. Willi Stehle
1987, VII/191 Seiten, DM 38,- · ISBN 3-87844-006-5

### Band 4
**Beurteilung beruflicher Leistung**
hrsg. von Prof. Dr. Heinz Schuler und Dr. Willi Stehle
1989, ca. 200 Seiten, ca. DM 38,- · ISBN 3-87844-017-0

### Band 5
**Arbeitszufriedenheit**
hrsg. von Prof. Dr. Lorenz Fischer
1989, ca. 200 Seiten, ca. DM 38,- · ISBN 3-87844-014-6

### Band 6
**Innovation und Organisation**
von Dr. Wolfgang Meißner
mit einem Vorwort von Prof. Dr. Lutz von Rosenstiel
1989, X/214 Seiten, DM 46,- · ISBN 3-87844-015-4

### Band 7
**Qualitätszirkel**
hrsg. von Prof. Dr. Walter Bungard
in Vorbereitung

## Verlag für Angewandte Psychologie
## Stuttgart

Daimler Straße 40 · D-7000 Stuttgart 50

## Kaufentscheidungen im privaten Haushalt
### von Dr. ERICH KIRCHLER, Linz
*309 Seiten, DM 54,– · ISBN 3–8017–0348–7*

Wenn von Kaufentscheidungen in der Familie die Rede ist, werden im allgemeinen Informationen über die Einflußverteilung zwischen Mann und Frau erwartet. Nach den bekannten Stereotypen entscheidet der Mann über den Kauf des Autos und hört die Frau allenfalls an, wenn es um die Farbe geht. Die Frau wählt autonom die Kücheneinrichtung aus, und gemeinsam beraten die Partner, wo sie den nächsten Urlaub verbringen. In dieser Arbeit wird gezeigt, daß das Studium von Kaufentscheidungen in der Familie tiefer schürfen muß.

Das Studium familiärer Kaufentscheidungen verlangt sowohl die Analyse des Familienalltags als auch die Analyse des Entscheidungsproblems. In bisherigen Arbeiten wurde nicht im gebührenden Ausmaß bedacht, inwieweit die Eigenheiten der Partnerschaft, speziell die Beziehungsqualität, den Entscheidungsverlauf lenken. Hier wird gezeigt, daß in der Art und Weise, wie Ehepaare ökonomische Entscheidungen treffen, die Qualität ihrer Partnerschaft als Ganzes erscheint.

Verlag für Psychologie · Dr. C. J. Hogrefe · Göttingen

## Selbst- und Fremdbeobachtung in der Psychologischen Arbeitsanalyse
### von Dr. Dieter Zapf
*196 Seiten, DM 38,– · ISBN 3–8017–0318–5*

Die Analyse von Zusammenhängen zwischen belastenden Arbeitsbedingungen und psychischen und psychosomatischen Gesundheitsbeeinträchtigungen ist von hohem Stellenwert für die menschengerechte Gestaltung von Arbeitsplätzen. Im ersten Teil dieses Buches wird, ausgehend von handlungstheoretischen Überlegungen, der Gegenstand arbeitspsychologischer Streßforschung diskutiert. Ausführlich wird auf die Probleme eingegangen, die sich bei der Messung von Arbeitsmerkmalen durch Befragungs- und Beobachtungsmethoden ergeben. Eine zentrale Frage ist dabei, inwieweit sich innerhalb von Befragungsdaten Zusammenhänge zwischen Stressoren und Gesundheitsbeeinträchtigungen als Methodenartefakte erklären lassen.

Im zweiten Teil des Buches wird von einer Untersuchung berichtet, bei der Stressoren mit Hilfe verschiedener Methoden erhoben wurden. Es zeigte sich, daß bei Befragungsdaten ein Teil der Zusammenhänge als Methodeneffekt erklärt werden kann, ein Teil der Zusammenhänge jedoch substantieller Natur ist. Weiterhin zeigte sich, daß Methodeneffekte keinesfalls bei allen untersuchten Arbeitsmerkmalen auftraten. Die vorliegende Arbeit ist deshalb ein Plädoyer dafür, daß die Diskussion um methodische Zugänge zur Erfassung von Streß am Arbeitsplatz differenzierter geführt werden muß, als dies häufig geschieht.

Verlag für Psychologie · Dr. C. J. Hogrefe · Göttingen